# DICTIONNAIRE

RAISONNÉ

# D'ARCHITECTURE

ET DES

SCIENCES ET ARTS QUI S'Y RATTACHENT

PAR

## ERNEST BOSC

ARCHITECTE

TOME PREMIER

ABACULE — CYMAISE

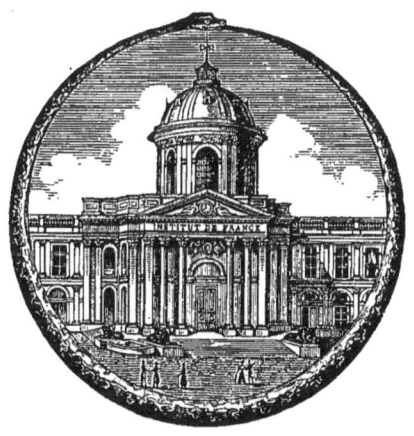

## PARIS

### LIBRAIRIE DE FIRMIN-DIDOT ET Cⁱᴱ

IMPRIMEURS-LIBRAIRES DE L'INSTITUT DE FRANCE

Rue Jacob, 56

—

1877

# DICTIONNAIRE

## RAISÔNNÉ

# D'ARCHITECTURE

———

TOME I

TYPOGRAPHIE FIRMIN-DIDOT. — MESNIL (EURE).

# PRÉFACE

Dans tous les temps et chez tous les peuples, l'Architecture a été le plus utile des arts et par cela même le plus répandu et le plus cultivé.

C'est par les monuments de pierre que beaucoup de peuples ont révélé leur histoire et le degré de civilisation auquel ils sont arrivés.

En France, il y a à peine un siècle, les classes supérieures de la société s'occupaient seules d'architecture, tandis que la masse du peuple était complétement étrangère à cet art. Il n'en est plus de même aujourd'hui : les conditions sociales, différentes de ce qu'elles étaient avant la révolution française, ont modifié sensiblement nos goûts, nos aptitudes et nos aspirations. Chacun considère aujourd'hui les monuments nationaux, comme un bien propre, s'intéresse à leur édification, les critique ou les admire, et discute avec beaucoup de passion parfois sur leur caractère et leurs proportions.

L'affluence des visiteurs dans les salles où sont exposés les projets de nos monuments mis au concours, témoigne hautement de ce que nous venons d'avancer et nous fournit une preuve du puissant intérêt que chacun porte à l'architecture.

Il résulte de ce mouvement progressif, qu'une nouvelle langue, *la langue technique de l'architecte*, est venue se confondre avec la langue usuelle, parce que les artistes, les critiques d'art, les publicistes emploient tous les jours des expressions nouvelles, expressions qui ne sont pas toujours comprises par la majorité des lecteurs. De là, la nécessité d'un ouvrage expliquant à ceux qui le désirent cette langue de l'architecte. En outre, si le goût et la curiosité des choses d'art tendent aujourd'hui de plus en plus à passer

dans le domaine de tous, jamais aussi le développement du bien-être, la
préoccupation dominante du comfort et même du luxe n'ont fait attacher plus
de prix, dans les constructions privées, à l'emploi rationnel des meilleurs
procédés consacrés par l'expérience ou admis par le progrès.

L'utilité pratique, la nécessité même d'un livre donnant tous ces renseignements sont amplement démontrées, mais il restait à déterminer la forme à
donner à ce livre initiateur. Une seule était possible, celle du dictionnaire,
qui facilite au dernier point les recherches. Du reste, rien ne prouve plus en
faveur de l'utilité des dictionnaires que la multiplicité de ceux qu'on a pu-
bliés dans ces dernières années.

Le dictionnaire admis, il fallait adopter un nouveau plan et ne pas nous
borner à copier nos devanciers, par une compilation plus ou moins habile.
Nous avons évité cet écueil, et nous nous flattons de présenter au public une
œuvre essentiellement originale, créée de toutes pièces. Certes, nous avons
consulté de nombreux auteurs, et dans le domaine de l'art et de la science, il
n'est pas un seul écrivain de valeur dont nous n'ayons mis l'œuvre à contribu-
tion; mais toujours nous avons indiqué la source à laquelle nous avons puisé,
ce qui n'a pas été une des moindres difficultés de notre tâche; car les recherches et les citations ont été faites avec une conscience que le lecteur appré-
ciera. Cette manière de faire nous a permis de développer un très-vaste
ensemble de notions indispensables aux hommes de l'art, mais rédigées
cependant en termes assez clairs, assez élémentaires pour pouvoir être con-
sultées avec fruit par les plus modestes praticiens et par les gens du monde.

Si notre dictionnaire n'est pas le premier qui ait paru sur la matière, nous
croyons pouvoir affirmer qu'aucun n'est aussi complet (nous le prouverons
bientôt) et ne répond aussi bien à la double indication que nous venons de
signaler.

Du reste les acquisitions de la science sont trop importantes et en trop
grand nombre pour qu'il soit possible de les trouver dans un dictionnaire ancien. La science fait chaque jour d'incessants progrès, et si elle influe d'une
manière générale sur la société, son influence se fait également sentir d'une
manière directe et particulière sur l'architecture. A leur tour les études
historiques ont amené des découvertes archéologiques importantes, et ont
introduit dans la langue des néologismes, dont il faut bien tenir compte; enfin,

le perfectionnement de l'outillage et des apparaux, en donnant naissance à de nouveaux outils et engins, a créé de nouveaux termes et de nouvelles locutions qu'il nous a bien fallu enregistrer. Ces termes ne pouvaient se trouver dans les dictionnaires anciens, et il faut à une période nouvelle des livres nouveaux.

La plupart des publications parues répondent insuffisamment, en effet, au besoin auquel nous avons voulu satisfaire.

La première en date est une « explication des termes d'architecture » que Daviler donne à la suite de son *Cours d'architecture*. Cet ouvrage a eu deux éditions : la première est de 1691 et la seconde de 1720.

En 1697, Félibien, à la suite de ses *Principes de l'architecture, de la sculpture et de la peinture*, donne également « un Dictionnaire des termes propres à chacun de ces arts ; » mais les ouvrages de Daviler et de Félibien sont l'un et l'autre très-incomplets. Ce sont à peine des vocabulaires contenant les termes généraux de l'architecture. Il nous faut arriver jusqu'en 1770 pour rencontrer un véritable dictionnaire, celui de Rolland le Virloys.

Enfin, en 1832, Quatremère de Quincy refond en un dictionnaire son encyclopédie d'architecture. Nous nous dispenserons de porter un jugement sur cet ouvrage, dont la réputation a été grande, un archéographe, A. Berty, l'ayant jugé d'une manière impartiale ; or voici ce que dit cet auteur, dans la préface de son *Dictionnaire du moyen âge*, publié en 1845 : « D'un autre côté, les dictionnaires d'architecture ne peuvent être que d'un secours très-incomplet ; ceux qui sont anciens, c'est-à-dire qui datent d'une époque où on ne s'occupait guère que de l'architecture antique, y sont consacrés exclusivement ; quant à ceux qui sont plus modernes, généralement pauvres copies des précédents et rédigés tous dans le même esprit exclusif, ils n'offrent pas plus de ressources. Il existe, il est vrai un livre qui, par la quantité de matières qu'il contient et l'époque récente à laquelle il a été publié pour la dernière fois, semblerait devoir être d'une grande utilité pour l'intelligence de tous les genres d'architecture : c'est l'ouvrage de M. Quatremère de Quincy. Malheureusement, si une grande érudition s'y déploie dans ce qui a rapport à l'architecture antique, au contraire, lorsqu'il s'agit de celle du moyen âge, l'auteur, qui la méprise et s'ingénie sans cesse à la dénigrer, ce qui a lieu sans doute parce qu'il ne la connaît en aucune façon, l'auteur, disons-nous, n'en parle qu'assez peu, et ce qu'il en dit, criblé des plus inexcusables erreurs, est aussi loin que possible de la hauteur des connaissances actuelles. D'ailleurs, on ne trouve pas plus dans le dictionnaire de M. Quincy que dans les autres les expressions, telles que *pinacle*, *clocheton*, *lancette*, etc., qui sont maintenant d'un usage général. »

Quant au dictionnaire de Berty, il ne traite que du moyen âge; il ne contient que 1098 mots, et encore son auteur s'est-il renfermé dans un cadre fort restreint (1 vol. in-8° de 332 pages).

Notre éminent confrère Viollet-le-Duc a publié également de 1858 à 1868 un *dictionnaire raisonné de l'architecture du* XIᵉ *au* XVIᵉ *siècle;* mais ce long et remarquable travail, bien digne du succés qu'il a obtenu, est une histoire architectonique du moyen âge classée alphabétiquement, plutôt qu'un véritable dictionnaire, car certains articles, celui d'*Architecture* par exemple, ne possèdent pas moins de 336 pages, celui de *construction*, 279. Or un dictionnaire, aussi raisonné qu'il soit, ne peut comporter des développements aussi considérables. Il est bien évident que M. Viollet-le-Duc n'a pas voulu faire un simple dictionnaire, puisque les neuf volumes dont se compose son ouvrage ne donnent que 515 mots, tandis que notre dictionnaire en fournira 8 à 9,000, peut-être davantage. La seule lettre A en renferme 617.

Il est vrai que notre confrère n'a écrit que sur l'architecture du moyen âge, mais il reste vrai aussi que Berty, qui n'a fait qu'un vocabulaire sur la même époque, a le double de mots, comme nous l'avons déjà vu.

Ainsi, la plupart des publications déjà parues sont restées incomplètes ou se sont bornées à l'étude d'une partie ou d'une époque de l'art, sans en embrasser l'ensemble ; celles qui ont le plus de valeur sont généralement conçues dans un sens exclusivement historique ou archéologique.

D'autres publications, au contraire (et ces dernières sont fort nombreuses), n'ont eu en vue que de définir strictement, avec plus ou moins d'exactitude, les termes usuels de la construction. Cette dernière série se compose de livres et d'opuscules dont la substance est plus ou moins compilée dans Urbain Vitry, Laboulaye, Morisot, Demanet, Pernot, Toussaint et d'autres auteurs anciens ou modernes.

Pour suppléer à ce qui manque chez nos devanciers, nous avons conçu un nouveau plan, beaucoup plus vaste que celui des auteurs qui nous ont précédé. En voici l'exposition : Après avoir donné le mot, sa qualification, son genre, sa signification, son origine ou son étymologie s'il y a lieu, pour les articles importants, nous faisons d'abord l'historique, surtout si le mot appartient à l'archéologie; sous la rubrique *pratique*, nous étudions la construction sous toutes ses faces, enfin, quand les mots peuvent entrer dans le domaine juridique, nous résumons soit la législation, soit la jurisprudence, et souvent ces deux éléments à la fois. Une attention toute particulière a été apportée à cette partie de notre ouvrage, si importante pour les architectes, pour les propriétaires et tous les constructeurs en général. Les textes principaux des lois et ordonnances qui régissent les bâtiments ont été indiqués avec soin, ainsi que les opinions des auteurs qui les ont commentés et les décisions de la justice civile ou administrative qui en ont fait l'application. Ces opinions, ces commentaires, ces décisions ont été vérifiés avec le plus grand soin et les citations sont faites avec renvoi aux grands recueils où elles figurent. Il va sans dire que dans cette partie juridique nous ne nous occupons que de la législation et la jurisprudence de notre pays; tandis que, pour l'architecture, l'archéologie et la construction, nous l'étudions chez tous les peuples et à toutes les époques. Les articles importants donnent, dans une bibliographie, les ouvrages spéciaux écrits sur le même sujet.

Dans l'outillage nous signalons bien quelquefois les outils anciens au point de vue archéologique, mais c'est surtout l'outillage moderne le plus perfectionné dont nous donnons la description. Nous décrivons et nous dessinons cet outillage non en théoricien, d'après les albums des fabricants, faits pour des amateurs, mais d'après les outils ramassés sur les chantiers, et comme un praticien qui en connaît le maniement et saurait au besoin s'en servir.

Notre dictionnaire emprunte donc des éléments et des exemples à toutes les époques et à toutes les sciences et les arts qui se rattachent à l'architecture.

Pour rendre un aussi vaste plan d'ensemble, deux projets se présentaient à l'esprit : ou bien ne faire strictement qu'un dictionnaire sec et aride, sans commentaires, sans explication, une simple nomenclature, et dans ce cas un volume eût suffi; ou bien raisonner les mots et les termes importants. Nous avons préféré nous arrêter à ce dernier mode, sans nous départir toutefois de la concision qui est l'essence même d'un dictionnaire, et nous espérons offrir un travail des plus complets au point de vue à la fois théorique, esthétique, historique et juridique.

Nous avons dit précédemment que les mots dans notre œuvre sont en plus grand nombre que dans aucun autre dictionnaire d'architecture, mais nous devons ajouter qu'ils n'en sont pas moins choisis avec la plus scrupuleuse attention. Aucun d'eux ne paraîtra inutile, nous le pensons du moins, et nous nous sommes efforcé de les définir tous avec le plus de clarté possible. Suivant leur nature, ces mots comportent une démonstration technique, très-précise, ou bien une exposition historique ou esthétique.

Dans ce dernier genre, les mots (et ils sont nombreux) qui se rapportent aux différents styles d'architecture pourraient, réunis en faisceau, former une véritable histoire générale de l'architecture.

Mais les plus brillantes démonstrations, quelque claire qu'en soit l'exposition, peuvent ne pas être rapidement comprises, si elle ne sont appuyées d'un exemple graphique. En matière d'art surtout, rien ne peut remplacer l'enseignement par les yeux, et si celui qui est déjà instruit en éprouve le besoin, à plus forte raison, l'homme du monde ne saurait s'en passer. C'est pourquoi nous avons intercalé plus de 4,000 figures dans le texte, afin de l'élucider, et d'en rendre la lecture plus attrayante, plus facile et plus profitable. Ces figures sont toujours dessinées à petite échelle, afin d'économiser le terrain; cependant elles sont toujours très-intelligibles, puisque certains détails de construction sont faits au dixième, au cinquième, à moitié même de leur grandeur véritable. Le praticien pourra donc dans bien des cas construire d'après nos figures.

La majeure partie de nos bois n'occupe que la largeur de la colonne, et ceux-là seuls qui atteignent de plus grandes proportions occupent la largeur de la page entière; ce système nous a permis de donner un texte très-compact. Si notre texte eût été à lignes pleines, nous eussions perdu beaucoup d'espace pour l'intercalation des bois, et, sans offrir plus de matériaux et de documents, notre ouvrage aurait eu six volumes.

Enfin, des gravures hors texte et des lithochromies reproduisent de grands ensembles d'architecture et de décoration. Tel est le plan que nous avons adopté.

Par ce qui précède, le lecteur peut se rendre compte de la tâche que nous avons entreprise ; c'est dans la grandeur même de cette tâche que nous avons puisé et que nous puiserons le courage nécessaire pour l'accomplir.

Nous ajouterons que les encouragements que les maîtres contemporains les plus illustres nous ont prodigués, de même que les sacrifices que se sont imposés nos éditeurs, nous ont largement soutenu dans notre travail et l'ont facilité singulièrement. Le même concours nous étant assuré, nous terminerons notre œuvre dans un délai assez rapproché et de façon à satisfaire les plus difficiles. Nous l'espérons, du moins !

E. B.

*N. B.* A la fin du quatrième volume, le lecteur trouvera l'explication des signes abréviatifs, ainsi que la table des auteurs cités dans cet ouvrage.

# DICTIONNAIRE

## RAISONNÉ

# D'ARCHITECTURE

---

## A

**ABACULE**, *s. m.* — De ἀϐαϰίσϰος, diminutif de ἄϐαξ, ἀϐάϰιον. — Petit carreau, dé ou cube de verre, d'émail ou de toute autre composition vitreuse imitant la pierre, le marbre de différentes couleurs, qui sert soit dans la marqueterie, soit dans les pavés de mosaïque. L'usage des abacules est très-ancien, puisque Pline (*Hist. nat.*, XXVI, 67) en fait mention. (Voy. MOSAÏQUE.)

**ABAISSEMENT**, *s. m.* — Action d'abaisser, diminution de hauteur d'un mur, d'un appui, etc.; en algèbre l'abaissement d'une équation, c'est sa réduction à un degré moindre.

**ABAISSER**, *v. a.* — Rendre moins haut, faire descendre, abaisser un mur, un appui de fenêtre ; en algèbre, abaisser une équation, c'est en diminuer le degré ; en géométrie, on abaisse une perpendiculaire sur une droite.

**ABANDON**, *s. m.* (Jurisp.) — On nomme *abandon*, *abandonnement*, *délaissement*, le fait de la part du propriétaire d'une chose, de l'abandonner à un tiers afin de n'avoir pas d'obligation à remplir à l'égard de cette chose.

Le droit de se libérer d'une obligation par abandon est formellement consacré par le code civil ; ainsi l'article 656 vise l'abandon de la mitoyenneté d'un mur et l'article 699 celui du fonds servant ; voici ces articles :

« Art. 656. — Cependant tout copropriétaire d'un mur mitoyen peut se dispenser de contribuer aux réparations et reconstructions, en abandonnant le droit de mitoyenneté, pourvu que le mur mitoyen ne soutienne pas un bâtiment qui lui appartienne. »

Cet article s'applique également aux murs, haies vives, aux clôtures rurales, et même aux fossés mitoyens suivant certaines distinctions. (Voy. CLOTURE et FOSSÉS.)

« Art. 699. — Dans le cas même où le propriétaire du fonds assujetti est chargé par le titre de faire à ses frais les ouvrages nécessaires pour l'usage ou la conservation de la servitude, il peut toujours s'affranchir de la charge en abandonnant le fonds assujetti au propriétaire du fonds auquel la servitude est due. »

Cet article s'applique aux cas de servitude d'AQUEDUC, de PASSAGE, de PUISAGE, de SUPPORT ou d'APPUI. (Voy. ces mots.)

L'abandon est encore admis entre copropriétaires au sujet d'une FOSSE D'AISANCES, d'un CANAL, d'un ÉTANG (voy. ces mots), et même des parties d'une maison appartenant à différentes personnes.

Par l'abandon le propriétaire romain pouvait anciennement se soustraire à l'obligation de réparer le tort causé par son esclave ou son animal domestique. (*Institut.*, liv. 4, tit. 8 et 9.) La loi romaine permettait aussi à un propriétaire l'abandon des matériaux de l'édifice écroulé, afin de se dispenser de toute autre réparation, ainsi que du dommage qu'aurait pu causer au voisin l'écroulement de la construction. (*L.* 6, *de Damno infecto*, Dig. 39, 2.) La loi française ne va pas aussi loin, et quoique n'admettant pas ce mode de libération, elle reconnaît d'après Toullier (t. 2, n°s 324 et 325) le droit d'abandon suivant : « Celui dont les matériaux ou autres objets ont été transportés par un débordement sur l'héritage du voisin, a le droit de les y aller reprendre, à condition d'indemniser ce voisin, tant du tort causé par l'arrivée des objets que de celui occasionné par leur enlèvement ou reprise. »

Le propriétaire de ces objets peut se soustraire à la réparation du dommage par l'abandon des objets qui l'ont causé, mais il faut que l'abandon porte sur la totalité desdits objets ; si le propriétaire en avait déjà enlevé une partie, l'abandon de ce qui reste pourrait être refusé, et il y aurait pour le propriétaire des objets l'obligation d'enlever le tout avec dommages-intérêts.

Quand l'abandon est permis, il doit être notifié à qui de droit, et celui qui l'accepte peut exiger qu'il en soit dressé un acte authentique aux frais du cédant. (Pardessus, *Servitudes*, t. 1, n° 185.)

Celui à qui l'abandon est notifié et qui refuse de l'accepter peut y être contraint, et peut être traduit, après préliminaires de conciliation en justice de paix, devant le tribunal civil au ressort duquel appartient l'immeuble, à l'effet de s'entendre condamner à fournir une acceptation écrite de l'abandon, et faute par lui de fournir cette acceptation, d'entendre dire que le jugement à intervenir en tiendra lieu.

Dans le cas où l'opposant, le voisin, est condamné, il a à supporter les frais de la procédure, du jugement et de sa mise en exécution, mais restent à la charge de celui qui a fait l'abandon, l'acte d'abandon, sa noti-fication et l'acceptation, si elle a été consentie.

D'après ce qui précède, il semblerait résulter qu'on peut toujours forcer son voisin d'accepter un abandon ; il n'en est pas ainsi : s'il s'agit, par exemple, d'une chose commune et mitoyenne qui nécessite des travaux ou des réparations d'entretien considérables, le copropriétaire peut à son tour refuser de les faire seul, et il fait à son tour abandon de la chose qui dans ce cas se détériore et périt. (Pardessus, *Servitudes*, t. 1, n° 168 ; et Demolombe, *Servitudes*, t. 1, n° 390.)

Si l'abandon a été accepté ou admis en justice, il a pour effet de dépouiller celui qui l'a fait et de rendre propriétaire exclusif le voisin, et cela non-seulement pour l'objet abandonné (c'est élémentaire), mais encore pour tous les accessoires nécessaires, qui ne pourraient en être séparés sans nuire à la chose abandonnée.

Le droit de propriété exclusive compte du jour de l'acte d'acceptation ou de celui du jugement qui en a tenu lieu. (Solon, *Servitudes*, n° 515.)

**ABANDONNEMENT**, *s. m.* — Même signification qu'Abandon. (Voy. ce mot.)

**ABAQUE**, *s. m.* — De ἄβαξ, ἀβάκιον, plateau, table, etc. — Tablette carrée, nommée aussi *tailloir*, et qui forme la partie supérieure du chapiteau d'une colonne. On a donné ou plutôt conservé ce nom à ce qu'on appelle un *coussinet*, c'est-à-dire à cette espèce de second tailloir qui constitue un membre particulier, distinct du chapiteau et de son tailloir ; puis, à la longue, abaque est devenu synonyme de tailloir.

Le coussinet a joué un rôle important en architecture, dès que l'arcade eut complétement détrôné l'architrave comme moyen de relier le sommet des colonnes. L'abaque est donc, à proprement parler, une sorte de coussin, de sommier placé sur le chapiteau permettant, par un surcroît de saillie ajouté à l'encorbellement, de reporter la retombée des arcs en porte-à-faux sur le fût des colonnes, et d'augmenter ainsi l'assiette des parties portantes de la construction supérieure. La figure 1 représente un exemple de chapiteau corinthien pouvant recevoir la retombée de deux arcades.

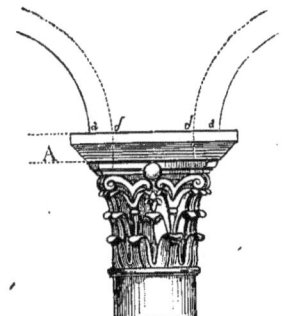

Fig. 1. — Abaque.

L'existence de l'abaque A, a permis de placer en *aa* les points de retombée qui auraient dû, en l'absence de cette superfétation du chapiteau, se rapprocher jusqu'en *dd*.

Quelle que soit l'origine qu'on veuille donner à ce membre d'architecture, l'abaque dut composer primitivement à lui seul le chapiteau (fig. 2 et 3). Placé sur des colonnes en bois ou

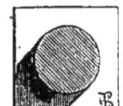

Fig. 2. — Abaque primitif (Plan).

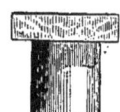

Fig. 3. — Abaque primitif (Élévation).

en pierre, il servait non-seulement à les protéger, mais encore à offrir une assiette plus large que le sommet de la colonne.

Dans l'architecture égyptienne, l'abaque ne dépasse jamais la saillie de la colonne, c'est un fait caractéristique qui mérite d'être consigné ; le lecteur en trouvera des exemples au mot CHAPITEAU et dans le spécimen que nous donnons (fig. 4), qui est un chapiteau du palais de Ménephtah Ier, à Karnac.

Dans le dorique grec, au contraire, ainsi que dans le toscan, il conserve toujours avec son importance son caractère primitif, et une large moulure appelée *échine* (ἐχῖνος) forme pour ainsi dire encorbellement à l'abaque.

Il existe un exemple très-frappant de cette moulure formant encorbellement dans deux colonnes votives trouvées à l'acropole d'Athè-

nes. (L. Rossi, *Annal. dell' Instit. di corr. arch.*, 1841, *tav. d'agg.* 100.) La forme archaïque de

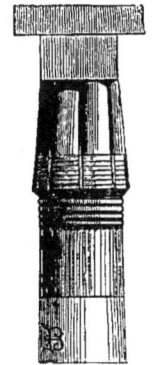

Fig. 4. — Abaque égyptien.

ces chapiteaux ainsi que les inscriptions gravées sur l'une d'elles témoignent hautement de l'ancienne origine de l'abaque. Notre fig. 5 montre un spécimen de l'abaque de l'une de ces colonnes.

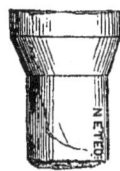

Fig. 5. — Abaque archaïque.

Les chapiteaux du Parthénon ne sont en définitive qu'un type perfectionné de ce chapiteau.

Vitruve (liv. 4, c. 7) en décrivant l'ordre toscan donne à l'abaque le nom de *plinthe* (de πλίνθος, *brique*), parce que, dit-il, dans cet ordre l'abaque conserve sa simplicité primitive et rappelle une brique.

L'abaque reçut un grand développement et joua un rôle important dans l'architecture byzantine, où il présente généralement la forme d'une pyramide quadrangulaire tronquée et renversée, dont les faces sont couvertes d'ornements riches et variés. Les chapiteaux eux-mêmes prirent cette forme pyramidale, la plus en rapport avec leur destination.

Le chapiteau cubique, qu'on rencontre assez fréquemment dans les églises romanes des bords du Rhin, paraît une dérivation du goût byzantin. Sa forme est celle d'une demi-calotte

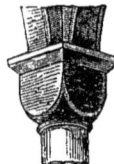

Fig. 6. — Abaque de chapiteau cubique.

sphérique, dont la partie courbe tronquée est coupée à quatre pans.

Notre figure 6 en montre un spécimen, dans lequel l'abaque est une simple plinthe biseautée.

Notre figure 7 en représente un type bilobé, avec une riche ornementation, dans lequel l'a-

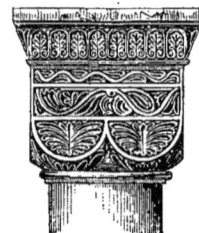

Fig. 7. — Abaque du chapiteau cubique.

baque fort et robuste rappelle, avec sa moulure inférieure, celui de notre figure 5. Ce chapiteau est tiré de l'abbaye de Maurmoûtiers (Alsace). Nous avons donné ces deux exemples, parce que ces chapiteaux sont caractéristiques et typiques et n'ont pas d'analogue dans l'architecture antique.

Dans l'architecture arabe, les abaques sont puissants, décorés d'arabesques et souvent superposés au nombre de deux ou trois.

Dans les pays occidentaux, l'abaque conserva jusqu'à la fin du XIIe siècle la forme pyramidale que lui avaient assignée les architectes byzantins, mais il fut toujours d'une forme moins élevée. Il eut sa face lisse ou décorée d'ornements alors fort en usage, tels que : BILLETTES, ÉCHIQUIERS, ÉCAILLES, ENROULEMENTS, ARABESQUES (voy. ces mots), ou de combinaisons géométriques, etc. Quelquefois même des inscriptions concourent à son ornementa-

tion. Bientôt leur profil se fouille et se décore de moulures de plus en plus nombreuses. Puis, leur plan quittant la forme du carré, les angles des abaques furent tronqués ; enfin, ils prirent la forme d'un octogone régulier.

Au XIIIe siècle, on rencontre fréquemment des abaques circulaires en Angleterre et en Normandie, à Bayeux, à Coutances, au Mont-Saint-Michel ; partout ailleurs ils sont rares, bien que cependant on en trouve encore sur divers édifices du commencement du XIVe siècle, tels que sur la porte de l'ancien collége de Bayeux, à Paris.

Avec le XIVe siècle, l'abaque perdit de son importance ; sa saillie fut réduite et, cessant de former une assise séparée, il ne fut pour ainsi dire qu'une bague, ou simple bracelet.

Au XVIe siècle, alors qu'on chercha de nouveau à se pénétrer de l'esprit de l'architecture antique, on tenta de reprendre l'usage de l'abaque, et depuis il n'a plus été abandonné, tant il a sa raison d'être.

Ce qui prouve encore combien l'abaque fut un membre nécessaire, c'est son existence sur les culots, recevant la retombée des voûtes, et cela dans des conditions identiques à celles des chapiteaux. (Voy. CULOT.)

Les abaques sont quelquefois triangulaires, lorsque les chapiteaux qu'ils surmontent sont faits pour porter des trépieds.

Les Romains donnaient aussi ce nom d'abaque à tout revêtement décoratif en lave ou en marbre qui affectait une forme triangulaire.

En archéologie, le mot abaque a plusieurs significations :

I. On donne ce nom à une table ou tablette légèrement évidée que l'on remplissait de sable fin, sur lequel on traçait des nombres à l'aide d'une pointe, ou même avec le doigt ; cette tablette servait à enseigner le calcul.

Quelques passages de certains auteurs indiquent aussi que l'abaque servait aux géomètres. (Pers., I, 131 ; Plutarch., Cato min., 70 ; Apul., Apol., p. 126.)

II. Table à calcul en bois ou en pierre, sur laquelle il existait des divisions indiquant différents ordres d'unités. On y plaçait des marques, des cailloux (calculi, ψῆφοι), ce qui facilitait des calculs ou des comptes même assez compliqués.

Notre figure 8 représente un abaque à calcul

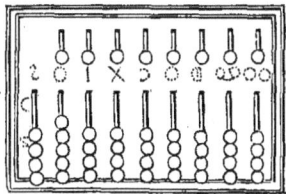

Fig. 8. — Abaque à calcul.

tiré du musée Kircher à Rome. (Garruci, *Bull. Napol.* N. S. II, pl. 6, n° 2 et page 93.)

III. Table, ou damiers qui servaient à différents jeux, *duodecim scripta*, *latrunculi*, *diagrammismos*, *pentegramma* et autres, mais qui avaient tous pour principe des jetons qu'on faisait marcher, comme par exemple nos jeux modernes de *dames* ou d'*échecs*.

On désignait ainsi ces tables à jeux, parce qu'elles se rapprochaient plus ou moins des tables à calculs.

IV. Buffet ou dressoir qui était couronné d'une large moulure, sorte d'abaque qui donna son nom au meuble tout entier.

V. Caton (*de Re Rustica*, X, 4, 5) cite parmi les ustensiles indispensables à une ferme, un abaque, sorte de pétrin ou maie dont il eût été bien difficile de préciser la forme sans un bas-relief qui se trouve sur le tombeau du boulanger Eurysacès. (*Mon. ined. dell'Instit. di corresp. arch.*, II, tav. 58.) Découvert à Rome vers 1837 ou 1838, ce bas-relief montre une table avec des rebords assez élevés pour retenir la pâte, ce qui établit un rapprochement avec la signification d'abaque que nous avons vue au paragraphe I.

VI. Plateau, sorte de récipient propre à retenir des fruits ou même des mets, d'après le dire de Pollux (VI, 90; X, 106).

Nous devons ajouter que dans ces temps modernes, des mathématiciens ont établi des abaques pour faciliter des calculs logarithmiques ou autres; ces abaques se nomment : *bâtons de Néper, abaque de Picard, de Lalanne*, etc.

ABATAGE, *s. m.* — I. Opération qui consiste à abattre vigoureusement et sans précaution de la pierre faisant ou non saillie. L'abatage ne devrait être pratiqué qu'au marteau, mais souvent, pour aller plus rapidement, les ouvriers emploient à tort le Têtu. (Voy. ce mot.)

II. Manœuvre employée par les charpentiers ou les tailleurs de pierre pour tourner d'une face sur l'autre, ou soulever une pièce de bois ou une pierre; dans les chantiers, les charpentiers disent plus communément *faire un abatage*, et les tailleurs de pierre, *faire quartier*.

Suivant la dimension des blocs, on emploie pour cette manœuvre des Boulins et des Cales, des Leviers ou des Crics. (Voy. ces mots.)

Pour lever une forte pièce de bois les charpentiers introduisent le bout d'un levier ou boulin sous cette pièce, ils mettent ensuite une cale sous le levier, le plus près possible de son extrémité, et ils opèrent une pesée soit directement, soit à l'aide d'une corde attachée à l'extrémité supérieure du levier; ou bien, quand on emploie une chèvre, deux hommes grimpent alternativement sur les échelons ou traverses des montants de cette chèvre et ils se suspendent à l'extrémité du levier. Dans cette position, le charpentier est suspendu dans le vide; l'effort qu'il produit, joint au poids de son corps, lui fait atteindre le sol, et le rouleau du treuil opère un demi-tour.

III. En sylviculture, on nomme ainsi le travail qui consiste à abattre les arbres sur pied; plusieurs procédés sont en usage, mais nous n'avons pas à nous en occuper ici, nous en parlerons plus loin, lors de la conservation des Bois. (Voy. ce mot.)

Rem. L'Académie ne met qu'un seul *t* à *abatage;* mais elle en met deux à *abattre :* la conséquence veut qu'on mette deux *t* à *abatage* ou un seul à *abattre* (Littré). Rolland le Virloys a satisfait bien longtemps avant Littré au désir qu'il exprime, car, dans son Dictionnaire, il écrit *abattage*.

ABATANT, *s. m.* — I. Châssis vitré ou volet de menuiserie ferré avec gonds, fiches ou paumelles à la traverse supérieure d'un dormant d'une baie. On manœuvre ce châssis à l'aide d'une corde glissant sur la roue d'une ou plusieurs poulies; on règle l'entrée de l'air en donnant plus ou moins de corde. Les abatants sont d'un usage fréquent ; ils jouent un grand rôle pour la ventilation du logement des animaux, ils servent aussi à fermer les impostes de certaines portes. Les abatants sont quelquefois assujettis dans leur axe au moyen de tourillons qui arment le milieu des montants du châssis.

II. On nomme aussi abatants certaines parties de tablettes mobiles fixées à l'aide de gonds, ce qui permet de les relever et de les abaisser pour livrer passage.

Les strapontins dans les théâtres sont de véritables abatants.

Dans les gares de chemins de fer, les banquettes qui supportent les bagages pour leur enregistrement sont souvent interrompues par des abatants.

Le couvercle à charnières placé dans les water-closets sur la lunette du siége est aussi nommé abatant.

ABATIS, *s. m.* — I. Partie de pierre abattue par les carriers, qu'elle soit bonne pour bâtir ou de rebut.

II. Démolitions et décombres d'un bâtiment, ensemble de constructions démolies pour le percement d'une voie publique, pour l'isolement d'un monument ou pour la formation de l'aire ou emplacement d'un édifice projeté.

III. On désigne encore sous ce nom toute construction, plantation, etc., qui se trouve dans le voisinage immédiat d'une place forte et qui permettrait à l'ennemi de s'en approcher à couvert. Ces constructions ou plantations sont abattues d'urgence, sans indemnités pour le propriétaire et sans formalités préalables. Comme on ne peut en général bâtir ou faire de hautes plantations qu'à certaines distances des fortifications appelées *zones militaires*, on court les risques, en cas d'attaque de la place fortifiée, de voir abattre ce qu'on a édifié ou planté. (Voy. SERVITUDES, art. 5, *Servitudes militaires*.)

IV. Fragments de pavés nommés aussi ÉCALES. (Voy. ce mot.) Ces débris de carrières ne servent qu'à paver des lieux de peu d'importance ou les DÉBORDS. (Voy. ce mot.)

ABAT-JOUR, *s. m.* — I. Inclinaison qu'un appui de fenêtre présente dans l'intérieur d'un édifice pour y faciliter l'accès de la lumière, qui par cette disposition frappe plus verticalement.

Quand cette inclinaison existe à l'extérieur, on lui donne le nom de *glacis*, que portent du reste toutes les constructions inclinées de cette manière.

La figure 1 montre cette disposition : *a* est l'extérieur de la pièce, c'est la partie inclinée de ce côté qui porte le nom de glacis; *b* est l'intérieur, c'est de ce côté que les murs sont taillés en abat-jour.

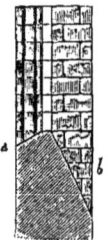

Fig. 1. — Abat-jour.

La disposition en abat-jour existe quelquefois seule, mais le plus souvent elle complète l'ébrasement de la fenêtre. On la rencontre principalement dans les soupiraux de caves, dans les fenêtres de peu de hauteur, comme celles de cryptes, ainsi que dans celles dont l'appui est placé à une certaine élévation au-dessus du sol.

Notre figure 2 montre une baie ébrasée seu-

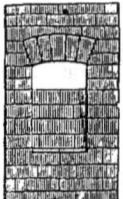

Fig. 2. — Abat-jour.

lement sur son appui, tandis que la figure 3 en montre un spécimen ébrasé sur tous ses côtés.

Les architectes emploient quelquefois cette

disposition pour raccorder la décoration intérieure et extérieure d'un édifice, comme l'a fait Lemercier aux baies des vitraux du dôme de la Sorbonne.

II. On appelle aussi abat-jour, un coffre en bois qui s'applique extérieurement à une fenêtre; ce coffre, plus large au sommet qu'à sa base, laisse pénétrer le jour par en haut. Les joues de ce coffre sont en menuiserie pleine, mais les faces sont souvent faites avec des lames de persiennes.

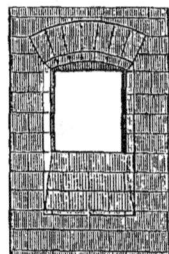

Fig. 3. — Abat-jour.

On utilise ces abat-jour dans les fenêtres des rez-de-chaussée pour les écoles, afin que les enfants ne soient point distraits par la vue de la rue. On les utilise aussi dans les prisons et dans les monastères, pour empêcher les personnes enfermées dans ces établissements de communiquer avec le dehors. Ce mot est invariable au pluriel; on écrit des *abat-jour*. (Voy. ÉBRASEMENT, SOUPIRAIL, GLACIS.)

ABATON, *s. m.* — De ἄβατος, *inaccessus,* inaccessible. — Édifice de Rhodes dont l'entrée était défendue à tous les citoyens, parce qu'il renfermait un trophée et des bronzes que la reine Arthémise y avait fait enfermer en mémoire de son triomphe sur cette ville.

ABAT-SONS, *s. m.* — On nomme ainsi des lames de bois recouvertes de plomb, de zinc ou d'ardoises, qui, posées dans les baies d'un clocher, empêchent la pluie d'atteindre les beffrois. Ces lames sont aussi disposées de façon à renvoyer le son des cloches vers le sol.

Sans remonter à l'origine des cloches, l'usage des abat-sons est fort ancien. Ils apparaissent vers le XIIᵉ ou le XIIIᵉ siècle. À cette époque les abat-sons étaient fort bien décorés, à en juger par les exemples qu'on trouve dans les anciens manuscrits, tandis que ceux construits postérieurement sont nus et d'une grande lourdeur. Leur disposition présente même l'inconvénient de couper et masquer en partie l'architecture des clochers.

Les abat-sons étant des constructions secondaires, sont subordonnés à la disposition, à la forme et à la décoration des clochers.

Pour des exemples, voir les figures au mot CLOCHER.

ABATTOIR, *s. m.* — Ensemble de constructions ou établissement affecté à l'abatage et au dépeçage des animaux destinés à l'alimentation de l'homme.

Avant la création, assez récente du reste, des abattoirs, les bestiaux étaient égorgés dans l'intérieur des villes, où les bouchers possédaient des *tueries* ou *écorcheries* particulières. On comprend les graves inconvénients que devait présenter un tel état de choses sous le rapport de l'hygiène et de la salubrité publiques, surtout dans les cités populeuses.

Les abattoirs doivent être situés aux extrémités des villes, et même hors des murs ou rayons d'enceinte, si c'est possible. Lorsqu'on peut les établir sur les bords d'une rivière ou d'un fleuve, on doit le faire; mais il est indispensable que ce soit en aval de la ville. Il est utile que ces établissements soient isolés et entourés d'un mur d'enceinte suffisamment élevé et percé d'une ou deux portes au plus, car un plus grand nombre pourrait nuire à la surveillance des entrées et des sorties. Enfin, l'accès doit en être facile, afin d'éviter l'encombrement, lors de l'introduction des bestiaux.

Généralement près des abords des abattoirs il existe un grand parc entouré de clôtures et possédant un ou plusieurs abreuvoirs; ce parc sert de *marché aux bestiaux*.

Ces conditions élémentaires une fois remplies, il n'est pas moins essentiel que l'intérieur des abattoirs soit distribué de telle sorte que toutes les opérations puissent s'y pratiquer sans se nuire les unes aux autres.

À Paris, les inconvénients signalés précédemment présentaient plus de gravité que partout ailleurs; cependant, malgré de nombreuses plaintes et réclamations formulées depuis une époque très-ancienne, les premiers abattoirs ne furent ouverts qu'en 1818.

Depuis lors, ceux de la Villette, construits par M. Janvier et terminés en 1873, peuvent être considérés comme un type modèle de ce genre d'établissement. Ne pouvant donner ici un plan général de ces abattoirs, car, vu ses vastes proportions, son échelle serait si réduite, qu'il ne serait d'aucune utilité pour le lecteur, nous nous contenterons aux dif-

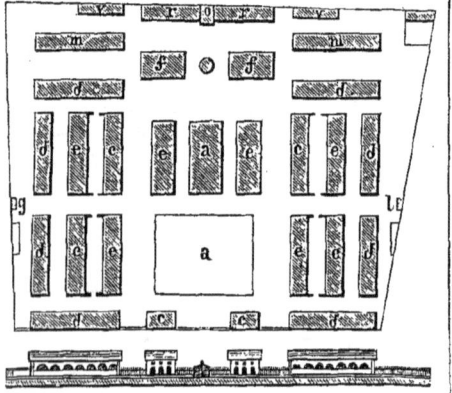

Fig. 1. — Abattoir de Ménilmontant.

férents mots correspondant aux diverses parties d'un abattoir de fournir des détails utiles. Pour l'instant nous indiquerons les dispositions et distributions intérieures d'un ancien abattoir de Paris, celui de Ménilmontant (fig. 1). Ces distributions peuvent être suivies pour une construction analogue dans une ville de second ordre.

Au centre, et près de l'entrée, se trouvent des parcs à bœufs et à moutons *a*; à droite et à gauche les échaudoirs *e*, autour desquels sont réparties, suivant l'usage, des bouveries et bergeries *d*; dans le fond il y a deux fondoirs *f*, destinés à l'extraction et à la préparation des suifs; ces bâtiments doivent être non-seulement isolés, mais encore éloignés des autres et construits avec des matériaux incombustibles (fers et briques). Une pompe à feu, avec des réservoirs *rr*, doit distribuer une eau abondante dans toutes les parties de l'établissement, et surtout dans les échaudoirs. L'eau doit arriver dans des réservoirs très-

élevés, car plus elle aura de pression, plus l'économie qu'on pourra en faire sera notable. La canalisation dans un abattoir doit être faite avec le plus grand soin, afin de ne point perdre les urines, le sang, les eaux grasses, qui doivent se rendre directement dans les fosses à purin, car les engrais provenant des abattoirs sont fort riches en matières ammoniacales et azotées et sont, par conséquent, fort recherchés pour l'agriculture; aussi les administrations des villes affermeront-elles à un prix beaucoup plus élevé les abattoirs, si les fermiers peuvent tirer un gros revenu des purins et des fumiers.

A l'entrée du plan (fig. 1) il y a deux pavillons *c,c*, pour des *bureaux d'inspecteurs*, pour

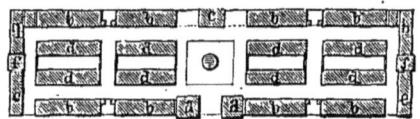

Fig. 2. — Abattoir de Vienne.

la perception des droits d'octroi et le *poids public*, pour logement de concierge, etc.; des *remises* et des *écuries* pour les bouchers sont en *v*, des magasins en *m* et des latrines en *l* et *g*. Quelques logements pour certains employés complètent l'ensemble de l'établissement.

Enfin, un abattoir doit renfermer des locaux pour la porcherie et une salle pour égorger les porcs, placée aussi loin que possible des autres constructions pour que les cris des porcs n'effrayent point les autres animaux, ce qui rendrait plus pénible le travail de ceux qui abattent les bœufs et les moutons.

A proximité des porcheries, ou plutôt dans leur voisinage, on doit construire un *brûloir*.

Le plan de l'abattoir que nous venons de donner (fig. 1) est un carré ayant ses côtés à peu près égaux.

Nous donnons (fig. 2) un plan qui a la forme d'un rectangle allongé, c'est l'abattoir de Gumpendorf à Vienne (Autriche), qui peut servir de type pour une ville moins importante que Paris. Il comprend deux bâtiments pour l'administration *a*, huit étables *b*, un réservoir *c*, huit salles d'abattoir *d*, deux salles communes *e*, deux triperies *f*, des bains pour les animaux *q*, et une fabrique d'alumine *h*.

La figure 3 représente une des salles où l'on abat, c'est l'*abattoir* proprement dit; il se com-

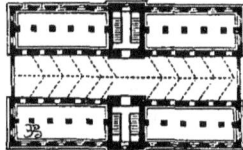

Fig. 3. — Abattoir de Vienne.
(Salle d'abat.)

pose d'une cour ayant, sur chacun de ses longs côtés, dix compartiments dans lesquels les bouchers vident l'animal abattu et parent la viande ; les lignes ponctuées de la cour indiquent des canalisations souterraines pour recueillir les eaux de lavage.

Enfin, notre figure 4 donne le plan d'un abattoir pour une petite ville; on y voit, à

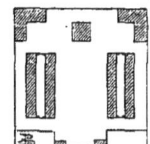

Fig. 4. — Petit abattoir.

droite et à gauche de l'entrée, des bâtiments d'administration, avec deux parcs pour les bestiaux, deux salles d'abattoirs, un brûloir au centre et, dans le fond, des étables.

JURISP. — Les abattoirs sont rangés dans la première classe des établissements insalubres et incommodes, parce qu'ils dégagent de l'odeur et peuvent altérer les qualités de l'eau dans leur voisinage.

Par une circulaire ministérielle en date du 12 juin 1853, la création de ces établissements était dans les attributions du ministère de l'intérieur, mais un décret en date du 1er août 1864 a autorisé les préfets à statuer sur les propositions qui leur seraient faites pour établir des abattoirs.

La mise en activité de tout abattoir légalement établi entraîne de plein droit la suppression des tueries particulières situées dans la localité (Ord. du 15 avril 1838, art. 2), sans que les propriétaires de celles-ci puissent réclamer aucune indemnité, quelque anciens que

puissent être leurs établissements.(24 déc. 1839, Cass.; S. V. 1840, 1, 493.)

Enfin, l'action en réparation du préjudice causé aux propriétés voisines par celui qui exploite un abattoir communal est de la compétence des tribunaux civils. (16 avril 1866, Cass.; S. V. 1866, 1, 196.)

Comme complément et pour plus de détails sur les abattoirs, voyez les articles ABREUVOIRS, BOUVERIES, BRULOIRS, ÉCHAUDOIRS, ÉCURIES, ÉTABLES, FONDOIR, GRENIER A FOIN, PORCHERIES, PURINIÈRES, REMISES, SUIFERIE, TRIPERIE, etc.

ABATTRE, *v. a.* — Faire un ABATAGE. (Voy. ce mot.) Les maçons abattent la pierre; les sculpteurs qui dégrossissent la pierre, le marbre, abattent la pierre, le marbre; enfin l'*épannelage* n'est obtenu qu'en abattant la pierre. (Voy. ÉPANNELAGE.)

En forêt, on abat les arbres.

Le mot abattre signifie aussi renverser, jeter bas; on dit abattre une construction, une maison, etc.

ABATTRE EN CHANFREIN. (Voy. CHANFREINER.)

ABATTUE, *s. f.* — Peu usité aujourd'hui, synonyme de RETOMBÉE. (Voy. ce mot.)

ABAT-VENT, *s. m.* — Sorte de tuyau ou d'appendice en tôle de fer qu'on place sur les mitres de cheminées ou directement sur l'orifice du tuyau. Le but des abat-vent est d'em-

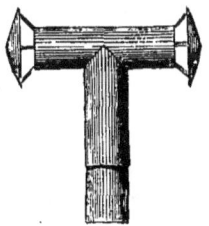

Fig. 1. — Abat-vent.

pêcher le vent de refouler la fumée dans le tuyau d'ascension et de la rabattre dans les pièces où se trouve le foyer. On construit souvent des abat-vent mobiles qui fonctionnent comme des girouettes et qui présentent toujours l'orifice par lequel sort la fumée à l'opposé du vent qui souffle. On les nomme T (fig. 1), gueule de loup *b*, lanternon *c* (fig. 2), suivant la forme qu'ils affectent. Ce dernier abat-vent prend aussi le nom de champignon. Un modèle de tuyau coiffé d'un demi-cylindre de tôle se nomme *capote, cauchoise*.

Anciennement, on donnait le nom d'abat-vent à des châssis faits avec des lames de persiennes qui permettaient la ventilation des sécheries, séchoirs, ateliers, etc. ; aujourd'hui, on ne dit plus poser des abat-vent à un séchoir, mais des châssis à persiennes, ce qui est plus logique; ces châssis en effet n'ont pas pour objet d'a-

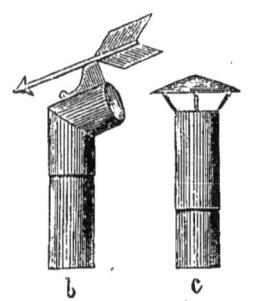

Fig. 2. — Abat-vent.

battre le vent, mais au contraire de le laisser pénétrer dans l'enceinte qu'ils enveloppent, afin d'obtenir un prompt séchage des objets enfermés.

III. Ce mot est aussi synonyme d'abat-sons, mais dans ce sens l'usage en a encore vieilli, il est même probable qu'il sera bientôt délaissé. (Voy. FUMIFUGE, FUMIVORE, GUEULE DE LOUP, LANTERNON.)

ABAT-VOIX, *s. m.* — Sorte de plafond surmontant une chaire à prêcher et renvoyant vers l'auditoire la voix du prédicateur. L'usage des abat-voix ne devint général que dans le cours du XVI° siècle, encore à cette époque l'abat-voix n'était-il employé que pour les chaires placées dans les grandes nefs des églises. Celles au contraire qui étaient placées dans les chapelles ou dans tout autre local restreint n'en possédaient point, ou seulement à titre de décoration. Une forme pyramidale

couronne fréquemment les abat-voix, qui sont souvent richement ornés et quelquefois décorés de figures sculptées, notamment de la statue de saint Jean-Baptiste. (Voy. CHAIRE.)

ABBATIAL, LE, *adj.* — Qui a rapport ou qui appartient à l'abbé, à l'abbesse, qui dépend d'une abbaye; ainsi on dit *église abbatiale, palais abbatial, maison abbatiale.*

ABBAYE, *s. f.* — Communauté religieuse gouvernée par un abbé ou une abbesse.

Ensemble des bâtiments servant à l'habitation et aux exercices religieux de cette communauté.

La plus ancienne des abbayes fut celle fondée en 340 par saint Pachôme dans la haute Thébaïde, au milieu d'une île du Nil nommée *Tabennæ*. Le plus ancien plan connu est celui de l'abbaye de Saint-Gall en Suisse, construite vers 820 ; car l'abbaye du Mont-Cassin (dont nous parlerons plus loin), quoique fondée en 529, a été si souvent détruite, qu'on peut considérer son plan actuel comme de beaucoup postérieur à 820.

Les abbayes tenaient le premier rang parmi les établissements monastiques. Le nombre, la disposition et la destination de leurs bâtiments satisfaisaient au programme du monastère le plus complet.

Le plan des abbayes était des plus variables, car les moines ne suivirent pas dans leur construction une règle fixe. Cependant le plan le plus généralement adopté consistait en bâtiments rangés autour d'une ou plusieurs cours quadrangulaires servant de cloîtres. L'ensemble des bâtiments étaient souvent entourés de murailles, quelquefois crénelées, ce qui donnait aux abbayes vues d'une certaine distance l'aspect de petites villes fortifiées.

Les abbayes étaient fondées le plus souvent par les moines, mais lorsqu'elles étaient de fondation royale, on les nommait *palais abbatiaux;* l'ancienne abbaye de Saint-Germain-des-Prés à Paris, celle de Saint-Denis étaient de ce nombre.

Les abbayes renfermaient dans leur enceinte une *église* et ses dépendances ; une *salle capitulaire*, dans laquelle se réglaient les affaires de la communauté; la *maison abbatiale*, souvent attenante à l'église ou à la salle capitulaire, et qui servait de demeure à l'abbé.

Ces vastes enceintes renfermaient encore un *réfectoire*, une *salle pour la distribution des aumônes* ou *aumônerie*, des *dortoirs*, des *ateliers*, une *infirmerie*, une *pharmacie*, une *bibliothèque* avec *cellules* pour les copistes (*scriptoria*) et une *salle de discussion pour les thèses théologiques*, des *parloirs*, une *hôtellerie* ou *pavillon des étrangers*, des hôtes du couvent, enfin la *maison du portier*, parfois d'une grande importance; dans ce cas, elle était flanquée de deux tours, comme on peut le voir encore aujourd'hui dans les abbayes célèbres de Saint-Albans et de Saint-Augustin de Cantorbéry, en Angleterre.

En dehors des locaux que nous venons de citer, les riches abbayes possédaient en outre un *clos* ou *enclos* (*clausum*) qui comprenait des terres labourées, des jardins potagers et fruitiers avec des bâtiments d'exploitation agricole, tels que granges, écuries, étables, fenils et moulins, et quelquefois des tanneries dans certaines localités.

A part les abbayes précédemment citées, nous nommerons parmi les plus célèbres celles de Cluny, de Clairvaux, de Saint-Ouen, de Jumièges, de Saint-Vandrille, de Jouarre dans le département de Seine-et-Marne, d'Ourscamp près de Compiègne, du Mont Saint-Michel et celles de Saint-Victor à Paris, de Fontevrault, de Chelles, de Fécamp, des hommes et des dames à Caen, de Luxeuil.

Dans le midi de la France, nous citerons les abbayes de Valmagne près Montpellier, de Montmajour près Arles, de St-Michel de Cuxa dans les Pyrénées-Orientales; la célèbre abbaye de Lorsch, près d'Heidelberg; celles d'Altemberg en Allemagne, de Maalbronn en Wurtemberg, de Rommersdorf près de Neuwied, en Prusse, de Poblet en Catalogne, d'Alcobaça dans la province de l'Estramadure.

En Italie, les abbayes étaient si nombreuses qu'on pourrait appeler l'Italie la terre classique des abbayes; aussi nous n'essayerons même pas d'en citer les plus célèbres, l'énumération en serait trop longue.

Nous nous contenterons de nommer la plus ancienne de toutes (1), l'*abbaye du Mont-Cassin*, bâtie sur un plateau des Apennins. Elle fut fondée en 529 sur les ruines d'un temple dédié à Apollon; elle fut ravagée et en partie détruite par les guerres, les révolutions et les tremblements de terre; mais chaque fois elle a été relevée, restaurée ou reconstruite avec une persistance remarquable.

Pour plus de détails sur les abbayes, nous renvoyons le lecteur aux articles MONASTÈRE et ARCHITECTURE MONASTIQUE.

ABBÉE, *s. f.* — Terme d'architecture hydraulique; ouverture par laquelle s'écoule l'eau d'un courant d'eau quelconque, et qui sert à faire tourner la roue d'un moulin. On peut fermer les abbées au moyen de PALES ou LANÇOIRS (voy. ces mots) quand on veut arrêter le travail; l'eau s'écoule alors par le déversoir. On écrit aussi *abée*.

ABEILLE, *s. f.* — Cet insecte connu de tout le monde symbolise le travail, l'obéissance et la flatterie douce et insinuante.

Chez les anciens, l'abeille était l'image de la colonie.

Éphèse avait une abeille au revers de sa médaille. Les abeilles figurées sur les monnaies d'Athènes font allusion au miel du mont Hymette; sur celles des Cyclades, elles rappellent le culte d'Aristée.

Dans l'iconographie chrétienne, les abeilles sont l'attribut de saint Ambroise.

JURISP. — Les abeilles en état de liberté, le miel et la cire fabriqués par elles deviennent la propriété du premier occupant. (L. 6, *de Acq. rer. dom.*, Dig.; Fournel, vᵒ *Abeilles*, pag. 17.)

Le propriétaire du fonds sur lequel se trouve un essaim libre peut empêcher qui que ce soit de venir s'en emparer, parce qu'il a le droit de s'opposer à l'introduction d'un étranger dans sa propriété; mais, une fois enlevé, l'essaim reste à celui qui se l'est approprié, sauf le droit du propriétaire du fonds d'intenter une action à raison du fait d'introduction.(Fournel, vᵒ *Abeil-*

(1) Nous mentionnerons aussi Santa-Croce d'Avellana, célèbre par le séjour qu'y fit le Dante.

*les*, p. 18 ; *Institut.*, lib. 2, t. 1 ; *C. pén.*, 471, n° 13 et 475 n° 9 ; *C. civ.*, 1382.)

Les abeilles une fois enfermées dans des ruches appartiennent à celui qui s'en est emparé ; dans ce cas, elles sont immeubles par destination si leur propriétaire a établi un rucher pour le service et l'exploitation de son fonds ; dans le cas contraire, les abeilles sont réputées meubles. (*C. civ.*, art. 524 ; Toullier, t. 4, n. 50.)

**ABONNIR**, *v. a.* — Faire sécher de la terre à demi, la mettre en état d'être rebattue, pour fabriquer des briques, tuiles, carreaux ; pour les constructions en pisé, on *abonnit* la terre.

**ABORDS**, *s. m. p.* — Ce qui entoure un monument, une construction ; on dit, par exemple, les abords de l'arc de triomphe de l'Étoile sont admirablement percés.

**ABORNEMENT.** (Voy. BORNAGE.)

**ABOUCHER**, *v. a.* — Joindre les pièces d'une charpente, des tuyaux, etc.

**ABOUT**, *s. m.* — Extrémité d'un objet de forme allongée et particulièrement d'une pièce de bois ou de charpente taillée à onglet.

Les abouts de pièces de charpente sont libres, posés sur un point d'appui, assemblés dans une autre pièce de bois ou scellés dans un mur. Suivant ces différents cas, l'about prend le nom de *simple about*, celui de *portée d'assemblage* ou de *scellement*, mais seulement après la mise en place des pièces ; jusque-là, quelles que soient sa forme et sa condition future, il conserve le simple nom d'about qu'on applique indifféremment à toute extrémité libre.

Les abouts affectent des formes extrêmement variées suivant le mode d'assemblage, et chacun d'eux tire de ces formes une qualification différente ; ainsi, par exemple, un about est dit *carré* ou *ordinaire*, si le tenon est coupé d'équerre suivant la direction oblique du joint ; *about ordinaire à embrèvement*, s'il est embrevé ; il est dit *tournisse*, quand le tenon est coupé d'équerre suivant la direction des faces

du bois, etc. ; du reste, presque chaque localité lui donne un nom différent.

Quand les abouts sont libres, ils sont taillés en pointe de diamant ou profilés soit en doucines, soit à la manière de corbeaux ou de modillons ; notre figure 1 montre ces derniers types.

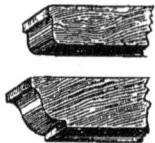

Fig. 1. — About en modillon et en doucine.

D'autres fois les abouts sont terminés par des figurines, des marmousets ou des grotesques (fig. 2). Ce type se rencontrait autrefois assez fréquemment dans des bâtiments d'un caractère rustique.

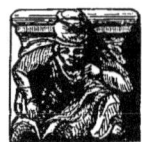

Fig. 2. — About en marmouset.

Au moyen âge, les abouts des pannes, solives, et autres pièces des maisons en bois étaient souvent ouvrés ; d'autres fois, de simples moulures faisaient place à de riches et délicates sculptures.

On dit aussi assembler en *about*, lorsqu'on joint un bout de planche à l'extrémité d'une autre planche qui se trouve trop courte. On emploie aussi l'expression *remanier à bout*, c'est-à-dire d'un bout à l'autre, une couverture, le pavé d'une rue, pour exprimer que la tuile, l'ardoise, le pavé sont relevés entièrement, afin d'être réparés à neuf.

ABOUT. — Extrémité par laquelle une tringle, un tirant de fer se joint, se fixe à quelque chose.

**ABOUTAGE**, *s. m.* — Action de réunir par un nœud les bouts de deux cordages.

**ABOUTER**, *v. a.* — Mettre bout à bout deux pièces de bois, deux tringles ou deux barres de fer, etc.

En plomberie, c'est raccorder deux tuyaux de différents diamètres ; si ces tuyaux sont en grès, en fonte, en fer, en cuivre, ou en toute autre matière, on les aboute à l'aide d'un collet de plomb qui va en diminuant du grand au petit. Ce collet est donc de forme conique. Cette expression signifie encore revêtir de tables minces de plomb blanchi, soit une corniche, soit un ornement ou toute autre saillie de sculpture ou d'architecture en bois.

On pratique cette opération à l'aide d'outils qui permettent de conserver les moulures ou profils, en un mot la forme architecturale malgré l'épaisseur du métal.

ABOUTIR, v. a. — Même signification qu'Aboucher, Abouter. (Voy. ces mots.) C'est à tort que quelques auteurs, notamment Quatremère de Quincy (*Diction. d'architecture*), regardent ce mot comme synonyme d'Amboutir et Emboutir. (Voy. ce dernier mot.)

ABRAS, s. m. — Garniture en fer d'un marteau de forgeron.

ABREUVER, v. a. — I. En maçonnerie, c'est jeter de l'eau avec une truelle, une brosse, un balai de bruyère sur un vieux mur PLUMÉ et DÉGRADÉ (voy. ces mots), c'est-à-dire dépouillé à vif de son enduit, afin qu'un nouvel enduit puisse s'y accrocher. On abreuve aussi l'aire d'un plancher qu'on a haché, afin que le plâtre du nouveau carreau puisse faire corps avec cette aire. Quand on coule du plâtre ou du mortier entre deux pierres, on *abreuve* aussi les joints.

II. En peinture, c'est mettre une première couche de couleur très-liquide, ou d'encollage, sur un mur, sur de la pierre, sur du bois ou toute autre matière poreuse, pour en boucher les pores et pour servir d'APPRÊTS (voy. ce mot) et disposer ces matières à recevoir d'autres couches de couleur.

III. Terme de tonnelier, remplir d'eau une cuve, un réservoir, un tonneau, après qu'on a achevé leur construction, pour s'assurer si ces récipients sont étanches et pour faire gonfler le bois, afin de resserrer les joints.

IV. Terme de construction navale ; abreuver un vaisseau, c'est remplir d'eau l'espace compris entre son franc-bord et le ferrage, pour s'assurer s'il est bien étanche, avant de le lancer.

ABREUVOIR, s. m. — I. Lieu disposé pour faire boire ou baigner les animaux domestiques.

Il existe deux sortes d'abreuvoirs : ceux qui sont situés sur les bords d'un fleuve, d'une rivière, d'un canal, et dont un barrage doit limiter l'étendue ; ceux-ci possèdent généralement une pente douce pavée, soit en grès, en porphyre ou en cailloux.

Les seconds consistent en une sorte de bassin ouvert sur un ou deux côtés opposés et possédant une ou deux pentes également pavées. Ceux-ci sont alimentés par une source, une pompe ou par les eaux pluviales recueillies sur les toitures des bâtiments, ou de toutes autres manières, et de là ces eaux sont dirigées à l'abreuvoir.

Les abreuvoirs de ce dernier genre doivent être construits comme les BASSINS (voy. ce mot). On doit leur ménager un orifice de décharge, afin de pouvoir les assécher et en opérer le curage.

Ces sortes d'abreuvoirs font nécessairement partie du plan des fermes, ils sont placés au centre de la cour.

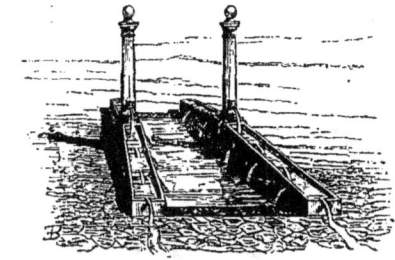

Abreuvoir de Parme.

En Orient, dans beaucoup de villes, il existe à l'angle des rues de magnifiques abreuvoirs publics qui affectent une forme semi-circulaire ou polygonale. Ces abreuvoirs sont protégés contre les ardeurs du soleil par des couvertures. On donne encore à tort le nom d'abreuvoir à de grandes auges qui ne servent qu'à faire boire les animaux domestiques.

A Parme, il existe un abreuvoir d'un aspect assez curieux : c'est un vaste bassin (voy. notre figure) dont les murs latéraux en pente sont formés par des auges alimentées par des mascarons appliqués sur des colonnes; le trop-plein des auges s'échappe dans l'abreuvoir proprement dit.

Un autre abreuvoir remarquable est celui de Marly, dont il ne reste aujourd'hui que des ruines. Ce dernier était décoré de deux magnifiques chevaux en marbre blanc sculptés par Coyzevox en 1702 et qui ornent actuellement la grille d'entrée des Tuileries, située sur la place de la Concorde à Paris (1).

Il y a des abreuvoirs publics et des abreuvoirs privés : les premiers sont à la charge des communes, qui peuvent les établir avec la permission des préfets. Les abreuvoirs privés sont naturellement entretenus aux frais de leurs propriétaires, qui dans certains cas sont obligés, comme nous allons le voir bientôt, d'en donner la jouissance à des étrangers.

Jurisp. Des règlements municipaux en vigueur dans la plupart des communes de France interdisent avec raison dans les abreuvoirs à eau dormante, Mares (voy. ce mot), le lavage du linge et des laines, le rouissage du chanvre et toutes les autres opérations qui, pouvant corrompre l'eau, nuiraient à la santé des animaux qui viennent s'y désaltérer, et pourraient occasionner des émanations dangereuses pour les habitants de la localité, surtout pour ceux qui vivent dans le voisinage de ces abreuvoirs.

D'après une ordonnance de police, les mineurs au-dessous de dix-huit ans, ainsi que les femmes, ne peuvent conduire les chevaux à l'abreuvoir; d'après une autre ordonnance, un homme ne peut conduire plus de trois chevaux à la fois et jamais pendant la nuit; les postillons des maîtres de poste pouvaient seuls en conduire quatre. (*Déclarat. du roi*, 28 avril 1782; *ord.* 21 déc. 1787; L. 16-24 août 1790, tit. II, art. 3, n. 5; *ord. du préf. de police de Paris*, 26 déc. 1825; *Cass.* 8 sept. 1808, au rép. de Merlin, v° *Abreuvoir*.)

Le droit de conduire ses bestiaux à la fontaine, à la mare ou à l'abreuvoir d'autrui, droit qui ne peut s'acquérir que par un titre et non par prescription, sauf ce qui sera dit ci-dessous, constitue la *servitude d'abreuvoir;* mais quand l'abreuvoir d'un particulier est reconnu nécessaire, indispensable aux habitants d'une commune, d'un village ou d'un hameau dans lequel il se trouve, le propriétaire est tenu d'en concéder l'usage moyennant une indemnité convenue ou fixée par des experts. (*C. civ.*, 643, 645.)

Le droit d'abreuver entraîne nécessairement celui du passage du bétail pour accéder à l'abreuvoir. (*C. civ.*, 696.) Les habitants d'une commune, d'un village, d'un hameau, auxquels l'eau d'un abreuvoir est reconnue nécessaire, peuvent acquérir par la prescription trentenaire le droit d'user de cet abreuvoir; ce que ne peut faire le particulier. L'art. 643 du code civil qui s'applique aux sources, aux eaux courantes, est également applicable aux abreuvoirs. (*C. civ.*, 643, 2262; 3 juillet 1822, *Cass.*; S. V. 7, 1, 105, J. P. — *Contrà*, Poitiers, 26 janv. 1825, J. P.)

II. Petit auget, en forme de bassin, que les Poseurs (voy. ce mot) font avec du plâtre ou du mortier sur le joint vertical de deux pierres, qu'on remplit de Coulis (voy. ce mot) pour les sceller.

Pour les joints de lit ou joints horizontaux, les poseurs font ces petits augets en forme de coquille au bord du joint sur l'un des parements,

---

(1) En fait de chevaux de Marly, on ne connaît guère que les chevaux de Coustou qui sont à l'entrée des Champs-Élysées; aussi nous ferons remarquer que les chevaux de la grille des Tuileries sont également de Marly, car il en a été exécuté quatre pour l'abreuvoir en question. Piganiol de Laforce (*Nouvelle description des châteaux et parcs de Versailles*, 1751, t. 2, p. 293 et 294) nous l'apprend en ces termes : « Après la mort du roi Louis XIV, ceux qui avaient soin de l'embellissement des maisons et des jardins royaux, trouvèrent que les deux chevaux de marbre blanc faits par Coyzevox, et placés à l'abreuvoir, n'étaient pas d'un assez grand volume pour remplir la place qu'ils y occupaient, les firent transporter au fer à cheval des Tuileries où ils convenoient infiniment mieux; et l'on chargea en même temps Coustou le cadet de travailler à deux chevaux de marbre blanc plus proportionnés au grand espace qu'ils devaient y remplir à Marly, où ces deux chevaux furent transportés par un le 24 juillet 1745 et où ils font l'effet que les connoisseurs en avoient attendu. » Ce sont ces derniers qui sont à l'entrée des Champs-Élysées.

et le remplissent avec la Scie a ficher ou la Batte. (Voy. ces mots.)

III. Petites tranchées que les tailleurs de pierre font avec le marteau ou la hachette sur les lits et les joints des pierres, afin que le mortier ou le plâtre y adhère plus fortement, s'y accroche mieux.

ABRI, *s. m.* — Ce mot, même en nous renfermant dans le cadre de ce dictionnaire, s'applique à une quantité de constructions ; aussi dirons-nous, d'une manière générale : un abri est un lieu abrité, couvert ou même découvert ; un mur, par exemple, constitue un abri pour des arbres en espaliers.

Une toiture sert d'abri à ce qui se trouve au-dessous d'elle ; un hangar, un appentis, une serre, un cabinet de verdure sont, chacun dans leur genre, des abris.

ABRI-VENT, *s. m.* — Tout ce qui sert à garantir du vent ; petite hutte de bivouac pour une garde, pour un poste ; paillasson servant à abriter, à protéger contre le vent.

ABSCISSE, *s. f.* — Terme de géométrie. L'une des Coordonnées (voy. ce mot), l'autre s'appelle Ordonnée (voy. ce mot), par lesquelles on définit la position d'une ligne ou d'une courbe plane. L'abscisse est horizontale. On dit *axe des abscisses, axe des ordonnées*, droites indéfinies qui se coupent et de l'intersection desquelles se mesurent les abscisses et les ordonnées ; comme on le voit, le mot explique bien sa racine *ab-scindere*.

ABSIDAL, LE, *adj.* — Qui dépend de l'abside d'une église ; qui a rapport à l'abside. Ainsi, on dit *chapelles absidales, élévation absidale*, etc. On dit aussi *apsidal, le ;* mais ce dernier terme, quoique se rapprochant plus de la racine du mot ἀψὶς, est à tort moins usité.

ABSIDE, *s. f.* — I. Partie ordinairement circulaire ou polygonale qui termine le chœur d'une église. On disait anciennement *apside*, de ἀψὶς, *voûte*, qui signifie aussi jante d'une roue et arceau d'une voûte, de ἅπτω, ἅπτειν, qui veut dire *toucher, joindre, unir*.

En effet, dans les basiliques romaines, l'abside était un enfoncement semi-circulaire où se tenait le juge sur son siége ; c'était la seule partie recouverte d'une voûte en cul-de-four ou en demi-coupole ; aussi à cause de cette forme l'appelait-on *concha*. (Voy. Église et Basilique.) A cette époque l'abside n'avait point de fenêtres.

Plus tard, lorsque les basiliques civiles furent consacrées au culte chrétien, l'évêque occupa la place du juge, et cet *hémicycle* devint le lieu saint, le sanctuaire, où furent placés l'autel, les bancs pour les prêtres et le trône pour l'évêque. Le sanctuaire était alors séparé du reste de l'église par des rideaux qu'on écar-

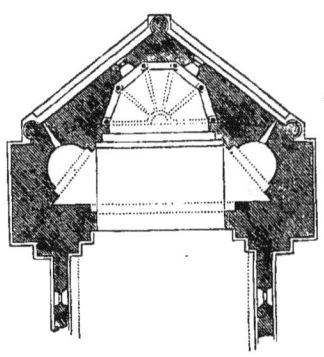

Fig. 1. — Abside de Saint-Quenin de Vaison.

tait dans certains moments, ou par des grillages, *cancelli*. Cette disposition subsiste encore aujourd'hui dans les églises consacrées au culte catholique grec.

On désignait encore l'abside par les noms de tribunal, de *presbiterium*, de *capitium* ou Chevet (voy. ce mot) ; c'était la partie la plus ornée et la plus riche de l'église, elle était pavée en marbre ou en riches mosaïques, et ses murs étaient revêtus de lamelles d'or et d'argent, ainsi que de peintures. L'abside était élevée de plusieurs degrés, d'où son nom de *apsis gradata* ou βῆμα.

L'abside fut longtemps regardée comme sacrée, et à cause de cela interdite aux laïques.

Pendant toute la période romane, on employa presque exclusivement à toute autre la forme circulaire pour les absides ; cependant dès cette époque on en voit de forme triangulaire, par exemple à Saint-Quenin de Vaison, comme le montre notre figure 1.

Aux XIIᵉ, XIIIᵉ et XIVᵉ siècles, on commence à entourer les absides de chapelles rayonnantes au nombre de trois (fig. 2), de cinq ou même de sept. Nous devons observer aussi qu'à toutes les époques, on trouve des églises terminées par des absides carrées ; citons la cathédrale de Laon, l'église de Dol en Bretagne, Saint-Martin de Clamecy (XIIIᵉ siècle), l'église de Vernouillet et de Montréal (Yonne), de la même époque, de Gassicourt près Mantes (XIVᵉ siècle), de Saint-Julien de Tours, ainsi que beaucoup de petites églises de la Bour-

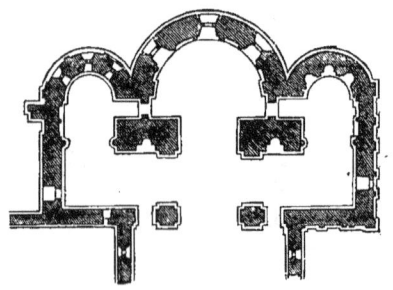

Fig. 2. — Abside de Saint-Guilhem du Désert (Hérault).

gogne, de la Bretagne, de la Champagne, de l'Ile-de-France et de la Normandie.

Les absides carrées sont surtout en usage en Angleterre ; on retrouve aussi cette disposition à Saint-Cyriaque d'Ancône, à Saint-Michel de Pise, etc.

Dans l'est de la France et dans la vallée du Rhin, certaines églises possèdent une seconde abside à l'extrémité de l'édifice, opposée au sanctuaire, et qu'on nomme à cause de cela *contre-abside;* telles sont les cathédrales de Mayence, de Trèves et l'église de Saint-Sabald à Nuremberg. Pareille disposition existe à la cathédrale de Nevers.

Quelques églises ont des *absides jumelles,* c'est-à-dire placées de chaque côté de la nef principale, comme à l'église du Taur, à Toulouse.

Enfin, dans d'autres églises, les transepts sont terminés soit par des pans coupés, soit par des hémicycles, auxquels on donne le nom d'absides. Dans ce cas, les portes des transepts sont rejetées sur les flancs de l'édifice. Parmi les églises où se trouve cette disposition, nous citerons les cathédrales de Soissons, de Noyon, de Bonn, de Tournay et de Saint-Pierre-ès-liens à Rome.

Un grand nombre d'églises ont leur grande nef flanquée de BAS COTÉS (voy. ce mot) qui se terminent par des absides qu'on nomme ABSIDIOLES (voy. ce mot); les nefs collatérales ou les COLLATÉRAUX (voy. ce mot) possédant des absides, servaient autrefois, celle de droite à la consécration des offrandes, πρόθεσις ; celle de gauche à la sacristie et au trésor, διακονικον.

Généralement, la chapelle absidale centrale, qui a plus d'importance que les autres, est dédiée à la Vierge, celles de droite et de gauche à saint Joseph, ou à un saint ou une sainte sous le vocable desquels l'église est placée.

Quand les églises possèdent des cryptes, elles sont placées en général sous l'abside ; c'est pourquoi celle-ci est quelquefois surélevée de quinze à vingt marches au-dessus du sol de l'église, comme cela existe à l'église abbatiale de Saint-Denis.

II. On donne aussi le nom d'abside aux châsses renfermant les reliques des saints ; on les nomme ainsi, parce qu'on les conservait dans l'abside, ou qu'elles avaient elles-mêmes la forme d'une voûte.

ABSIDIOLE, *s. m.* — Diminutif d'abside. En général toute abside de peu d'importance. On nomme aussi *absidioles* la saillie que font les chapelles rayonnantes d'un chœur, lorsqu'elles sont chacune accusées au dehors.

Mais ce mot s'applique plus particulièrement aux absides secondaires, qui dans un certain nombre de basiliques latines et d'églises romanes terminent chacun des collatéraux et flanquent l'abside de la nef centrale.

Ces absidioles, dont sont dépourvues les basiliques civiles des Romains, ainsi que celles élevées primitivement pour le culte chrétien, furent d'abord (nous l'avons vu dans le précédent article) affectées l'une à la sacristie et l'autre au trésor.

Plus tard, le culte ayant admis la multiplicité des autels, ce furent les absidioles qui reçurent les autels secondaires. (Voy. AUTEL et CHAPELLE.)

Sous le rapport de la forme, de la construction et de la décoration tant extérieure qu'intérieure, les absidioles ne diffèrent en rien des absides principales.

Anciennement, on disait *apsidioles.*

**ABUB,** *s. m.* — Instrument à vent des anciens Hébreux, dont on ne connaît pas précisément la forme et que certains archéologues ont cru reconnaître dans des fragments de bas-reliefs. Kircher prétend que cet instrument ressemblait à un cornet, et Dom Calmet à une flûte, celle que les Latins appelaient *ambubaia ;* enfin d'autres y voient une baguette de tambour.

**ABUS,** *s. m.* — Ce mot, dans le langage des arts, caractérise l'usage excessif, l'emploi irréfléchi et exagéré de certains procédés, de certains ornements, que de parti pris on applique systématiquement partout.

Par exemple, un architecte trouve-t-il à son goût un rinceau, une arabesque, un motif ou un style d'architecture ; s'il le reproduit à satiété dans ses compositions, on dit qu'il abuse de ce rinceau, de ce motif, de ce style d'architecture.

L'abus est aussi ancien que le monde, car l'homme tend à l'exagération, et c'est cette tendance qui a créé la plus grande partie des passions qui désolent l'humanité.

De son temps, Vitruve (liv. 7, chap. 5) se plaignait amèrement des *abus* introduits par les peintres dans la décoration des édifices. « On ne dessine sur les murs, dit-il, que des monstres extravagants. On emploie pour colonnes des roseaux qui supportent un entortillement de tiges, de plantes avec leurs feuillages refendus et tournés en volutes. On fait des chandeliers qui portent des petits châteaux, desquels surgissent des branches grêles sur lesquelles sont placées des figures assises, dont les unes ont des têtes d'hommes et les autres des têtes d'animaux. »

Enfin il termine en disant : « Nous aurions grand besoin que Licinius pût ressusciter, pour nous reprendre d'un pareil abus... J'ai voulu faire savoir cela, afin d'ôter les abus en peinture. »

Palladio, dans son *Traité d'architecture,* consacre tout un chapitre (ch. 20, *Degli abusi*) aux abus qu'il étudie et analyse avec grand soin ; il rédige même des préceptes absolus pour se préserver des *abus.*

**ABUTER,** *v. a.* et *v. n.* — Joindre ; en termes de marine, mettre bout à bout, ou toucher par un bout ; ainsi on dit : ces pièces de bois abutent. Anciennement on écrivait *abbutter. Fault lui (âme) fournir d'object où elle s'abutte.* (Mont., I, 21.)

**ACACIA,** *s. m.* — I. Les variétés de cet arbre sont fort nombreuses, aussi les qualités de son bois sont-elles bien différentes suivant l'espèce ; nous distinguerons donc *l'acacia véritable* (*acacia mimosa, famille des légumineuses*), le *faux-acacia, Robinia pseudo-acacia,* ou ROBINIER. (Voy. ce mot.)

L'acacia véritable, assez rare dans notre pays, est originaire d'Afrique, mais il croît en Europe et en Asie ; c'est un arbre très-branchu armé d'épines, ayant les feuilles opposées et des fleurs jaunes sans odeur.

Le bois de cet acacia dur et liant est propre à la charpente et à la menuiserie.

II. — Objet que les empereurs du bas empire, depuis Athanase, tiennent à leur main sur les statues qui les représentent.

Les antiquaires ne sont pas d'accord sur ce que représente cet objet : les uns y voient un morceau d'étoffe que les empereurs déroulaient pour donner le signal des jeux, les autres un placet ou un mémoire, d'autres enfin pensent que c'était un petit sac rempli de terre et destiné à rappeler à ces empereurs qu'ils étaient mortels.

**ACACIA FAUX,** ou **ACACIA BLANC.** (Voy. ROBINIER.)

**ACADÉMICIEN,** *s. m.* — Membre d'une société appelée *Académie ;* les architectes qui font partie de la 4ᵉ classe de l'Institut sont *académiciens.*

**ACADÉMIE,** *s. f.* — I. Terrain marécageux qui était situé dans la partie du Céramique qui s'étendait hors d'Athènes, à 6 stades (1) au nord-ouest de la ville, et qu'un certain Academus légua aux Athéniens, à la condition qu'ils le transformeraient en GYMNASE. (Voy. ce mot.) Cimon desséeha ce marécage au moyen d'un AQUEDUC (voy. ce mot); ce fut lui qui le fit planter de platanes et d'oliviers, qui en dessina les allées et y créa un stade pour les courses. (Paus., I, 30, 2 ; Soph., *Œd. col.*, 56, 701.)

Avant lui, Hipparque, fils de Pisistrate (Suidas, II, 2, p. 1162, *ed. Bernh.*), l'avait entouré de murs et y avait établi un *gymnase*. (Plut., *Cimon*, 13 ; Plin. *Hist. Nat.*, 1, 5, 9.)

A l'entrée se trouvait un autel et une statue de l'Amour. (Paus., I, 30, 2.) Pour arriver au Céramique, on sortait par la porte Dipyle (Leake, *Researches in greece*, p. 73 ; Barthélemy, *Anach.*, VII), et l'on suivait une voie ornée de tombeaux parmi lesquels on remarquait ceux de *Thrasybule*, de *Chabrias*, de *Phormium* et de *Périclès*. (Paus., I, 29.) Dans son enceinte, à part l'autel de l'Amour, il y avait un autel consacré aux Muses, un à Minerve (Paus., I, 30, 2), d'autres à Mercure, à Hercule et à Promethée. C'est Platon qui le premier réunit ses disciples et ses amis dans ces lieux pour conférer avec eux. Ce fut lui qui éleva un édicule aux Muses, appelé Μουσεῖον, et dans lequel son élève et son successeur Speusippe plaça les statues des Grâces. (Diog. Laërce, IV, 1, 3, 8.)

Platon fut enterré dans le voisinage de l'Académie (Paus., *l. c.*), dans un lieu appelé Κολωνὸς ἵππιος, parce qu'on y voyait les autels de Neptune et de Minerve équestres.

Telle est l'origine et l'étymologie du mot *académie*, ἀκαδημία et ἀκαδήμεια, dérivée d'Académus, dont l'orthographe n'était pas constante, puisqu'on écrivait aussi Hécadémus, Ἑκάδημος, et par conséquent ἑκαδημία.

D'autres prétendent que académie vient de ἄκος, remède, et δῆμος, peuple, qui guérit le peuple ; mais cette dérivation n'est-elle pas trop subtile ? Pour notre part, nous préférerions adopter celle d'ἑκάδημος venant de ἑκάς, loin,

et δῆμος, peuple, qui est loin du peuple ; cette dernière nous paraît la plus vraisemblable, sinon la plus vraie, puisque l'Académie était hors de la ville, et qu'ensuite les lieux de réunion dans lesquels discutaient les philosophes devaient toujours être à l'écart, loin du bruit, c'est-à-dire éloignés des places publiques, et par conséquent loin du peuple.

Quoi qu'il en soit de ces diverses origines, dans le langage moderne l'Académie ne désigne plus le lieu où s'assemblent les savants, les littérateurs et les artistes, mais la réunion elle-même de ces hommes ; de sorte que l'Académie est la société des savants, des littérateurs et des artistes. Nous devons ajouter qu'on a abusé de ce mot et qu'on l'a appliqué à toutes sortes d'écoles; en effet, il existe en France des académies de musique, de danse, d'escrime, d'équitation, de commerce, etc.

A l'étranger, on nomme académie les universités, les établissements d'enseignement supérieur et même secondaire, mais ceux qui fréquentent ces cours ou ces écoles ne s'appellent pas *académiciens*, mais *académistes*.

Pour d'autres renseignements, voyez INSTITUT.

II. Figure dessinée, peinte ou modelée d'après le modèle nu, dans le but de se perfectionner dans le dessin et afin d'étudier les formes et les proportions du corps humain. Dans cette acception le mot académie est technique.

ACADÉMIQUE, *adj.* — Qui appartient ou qui convient à l'Académie, aux académiciens ; ainsi on dit figure, séance, style, discours, concours académiques.

ACAJOU, *s. m.* — L'acajou à planche ou à meubles (*mahogon*) est un arbre de première grandeur, de la famille des térébinthacées; son écorce est d'un gris cendré, ses fleurs blanchâtres et ses feuilles alternes, ailées. Cet arbre croît aux Antilles, dans l'Amérique méridionale, à Cayenne, etc.

Le bois d'acajou est ordinairement d'un rouge brun ou marbré de jaune et de blanc, il brunit beaucoup en vieillissant. Parmi les diverses espèces d'acajou, celui de Cayenne est

---

(1) Et à 10 stades, d'après Cicéron, *De Finib.* V, 1.

le plus recherché pour la finesse de son grain et la brillante nuance de ses fibres ; il se vend en billes dans le commerce, et, suivant les dessins que présentent ses veines, il est dit : *acajou moucheté*, quand il présente des taches brillantes, sorte de moucheture : cette variété est la plus recherchée pour les bois de placage ; *acajou moiré* ou simplement *rance moirée*, lorsque le bois provient d'un arbre très-âgé.

Enfin une sorte d'*acajou uni*, nommé par les ouvriers *acajou femelle*, JACARANDA (voy. ce mot), est utilisée pour bâtis ou fortes pièces de bois ; on l'emploie en menuiserie pour porte cochère et en charpenterie pour des escaliers, parce que le prix de ce bois n'est guère plus élevé que celui du beau bois de chêne ; du reste, depuis la facilité des transports maritimes, le prix du bois d'acajou a considérablement diminué en Europe, où, la cherté des autres essences aidant, il finira par se substituer à beaucoup d'autres bois.

**ACANTHE**, *s. f.* — De ἄκανθος, ἄκανθα, *épine, acanthe;* cette plante de la famille des acanthacées croît spontanément dans le sud de l'Europe. Ses feuilles ont fourni aux architectes anciens l'un des plus beaux motifs d'ornementation et de décoration, notamment pour le chapiteau corinthien qu'elles caractérisent tout particulièrement.

L'acanthe sauvage est celle que les Grecs ont le plus souvent imitée ; elle a été tellement employée dans l'architecture ancienne et moderne, elle se prête à tant d'exigences et de combinaisons, qu'on peut dire avec raison, que c'est la feuille ornementale par excellence. Aussi donne-t-on vulgairement le nom d'acanthe à des feuilles d'ornement d'une configuration analogue et se présentant dans des conditions semblables, quoique tirées de plantes différentes, telles que les feuilles de bouillon-blanc, de laurier, d'olivier, de chardon, d'ache et de persil, parce qu'elles sont disposées symétriquement comme la feuille d'acanthe.

La légende racontée par Vitruve (IV, 1) de la jeune fiancée de Corinthe est si connue que nous ne la rappellerons pas, pensant d'ailleurs que cette origine du chapiteau corinthien doit être reléguée au nombre des fables, puisque bien longtemps avant Callimaque, qui vivait 416 ans environ avant J.-C., les Égyptiens avaient inventé un chapiteau en forme de corbeille (*calathus*), et ce chapiteau était orné de feuillages ou de plantes, ou de fleurs de lotus.

Or les Grecs, qui avaient pénétré en Égypte 200 ans avant l'époque de Callimaque, avaient trop de goût pour ne s'être pas emparés d'une forme et d'une ornementation de chapiteau si remarquables.

Pour nous, toute l'invention de Callimaque s'est bornée à arranger admirablement les feuilles d'acanthe autour du calathus égyptien, et cette seule étude dénote chez l'architecte grec un grand talent et beaucoup de goût, car ce motif de décoration est fin, élégant, gracieux, et riche au delà de toute expression.

Il existe dans la nature douze variétés d'acanthe, mais trois espèces sont principalement employées en architecture.

L'acanthe épineuse est la plus connue. A cause de l'élégance particulière de ses feuilles, c'est la première qui ait été appliquée à la décoration et à l'ornementation. Elle se distingue par la profonde découpure de ses feuilles, dont le pétiole, la tige et le dessous des feuilles sont armés d'épines. Elle a été employée aux chapiteaux du temple de Vesta à Rome, à ceux du temple de Castor et de Pollux, et à ceux du temple de Livie à Vienne (Isère).

Ce furent les Grecs qui l'employèrent les premiers, mais l'acanthe épineuse à l'exclusion des autres variétés se perpétua dans les pays orientaux, dans lesquels les arts byzantins et arabes l'emploient, à peu de chose près, comme dans les temps antiques.

En Italie, on trouve encore l'acanthe épineuse à Pompéi, ville essentiellement grecque par le caractère de son architecture.

Quant aux Romains, ils ne paraissent l'avoir employée en Occident qu'à une époque assez avancée de la décadence, dans les édifices du style qualifié *latin* et sous l'influence de l'art byzantin qui brillait alors en Orient.

Elle continua à obtenir la préférence en France dans les contrées limitrophes de l'Italie, même sous les Mérovingiens et les Carlovingiens, jusqu'au moment où le style latin eut complétement cédé la place au Roman.

L'acanthe molle a des feuilles médiocrement étalées et découpées, les Grecs l'employèrent moins que les deux autres ; les Romains au contraire semblent l'avoir préférée, puisqu'elle est presque la seule qu'ils aient appliquée à tout et partout, lorsqu'ils ne faisaient pas usage de la feuille d'olivier, sa rivale, avec laquelle il ne faut pas la confondre.

L'acanthe molle fut transformée par les Romains, et pour augmenter la richesse de leur ornementation, ils y mêlèrent d'autres plantes ; ainsi modifiée, ils en couvrirent des moulures, des modillons, des consoles, des frises d'entablements, etc., comme on peut le voir sur la cymaise du temple de Jupiter Serapis à Pouzzoles, sur les frises du temple du Soleil et sur les rinceaux et consoles du forum de Trajan.

La troisième variété d'acanthe est l'*acanthe frisée*, qui n'est autre pour nous que le *bouillon-blanc* ou *chou gras*, et dont notre figure 1

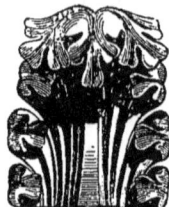

Fig. 1. — Temple de Vesta à Tivoli.

montre un spécimen tiré du chapiteau du temple de Vesta à Tivoli. La même acanthe se retrouve encore aux rosaces du plafond sous le portique du même temple, ainsi qu'aux chapiteaux de la basilique et du temple de la Fortune à Preneste ; mais, où ce genre d'acanthe est admirablement caractérisé, c'est sur un chapiteau de Cori.

L'acanthe frisée fut moins employée que les deux autres par les artistes romains, on en rencontre cependant à Pompéi de nombreux spécimens sur des édifices confiés à des artistes grecs. On la retrouve aussi sur un tombeau antique de saint Remy en Provence, mais ce monument romain accuse sous plus d'un rapport l'influence de l'art grec.

L'acanthe qui sans aucun doute a été la plus employée, c'est un genre mixte que nous pourrions appeler l'acanthe conventionnelle, et qui représente tantôt du laurier, comme aux chapiteaux du Panthéon d'Agrippa (fig. 2), tantôt de l'olivier, comme aux chapiteaux à

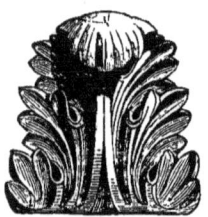

Fig. 2. — Panthéon d'Agrippa.

têtes de bélier de l'intérieur du temple de la Concorde (fig. 3) à Rome.

Cette même acanthe conventionnelle se voit aussi sur les chapiteaux du temple de Mars Vengeur, de Jupiter Stator, d'Antonin et de Faustine, et sur les chapiteaux du portique d'Octavie et de l'arc de Titus.

Les anciens, une fois l'acanthe adoptée dans leur ornementation, la prodiguèrent dans les corniches et les frises de leurs monuments ; on en voit des exemples aux bains romains dits *temple de Diane* à Nîmes, à la *Maison carrée* ; dans des frises d'entablement conservées à la villa Médicis ; enfin ils l'employèrent pour la décoration des vases, dont le plus célèbre peut-être est celui de la galerie de Florence, qu'on nomme le *vase des Médicis*.

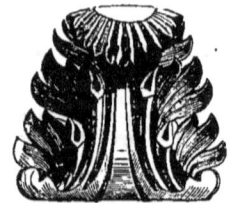

Fig. 3. — Temple de la Concorde.

Mais là ne se borna point l'emploi de l'acanthe chez les anciens, ils l'utilisèrent dans la décoration : le char funèbre d'Alexandre pourrait en témoigner, puisque, au dire de Diodore de Sicile (XVIII, 26), des acanthes d'or surgissaient du milieu de chacune des colonnes de ce char et s'élevaient insensiblement jusqu'aux chapiteaux (Quatremère de Quincy, *Monuments et ouvr. d'antiquités restit.*, tom. 2, pag. 46.)

Les poëtes latins, à défaut des monuments réels fort rares, nous ont laissé la description de vases et de coupes en airain et en bois sur lesquels l'acanthe serpente en s'entrelaçant avec d'autres plantes ; c'est Théocrite (*Idyl.* I, 55), Ovide, (*Métam.* XVIII, v. 701), Properce (*Élég.* III, 9) et Virgile (*Bucol.*, III, 44), qui nous l'apprennent.

Ce qui montre que l'acanthe jouait aussi un rôle en orfèvrerie, c'est un vase en argent conservé au musée de Naples. On y voit représenté Homère, l'*Iliade* et l'*Odyssée* portés sur des rinceaux d'acanthe. (*Mus. Borbon.*, XIII, 9.)

En France, au moyen âge, la feuille d'acanthe est plus ou moins altérée, abâtardie, ce qui fait que quelques archéologues, Berty par exemple (*Dictionn. de l'arch. du moy. âge*, p. 5), prétendent qu'elle n'a jamais été employée. Cependant elle a beau être défigurée, on la retrouve dans l'ornementation des édifices de l'époque romaine et des premiers temps de l'art ogival. Elle cède bientôt la place au chardon ou *fausse acanthe*, ainsi qu'à d'autres plantes indigènes, enfin au chardon à feuilles profondément déchiquetées, qui furent en usage jusqu'au moment du retour à l'architecture antique.

De nos jours, on emploie indifféremment l'acanthe molle ou épineuse dans notre architecture ; nous pouvons même ajouter que les architectes du dernier siècle en ont peut-être abusé.

L'acanthe est appelée aussi vulgairement *branche-ursine* (*branca ursina*, en italien) ou griffe d'ours. (Pline, *Hist. nat.*, XXII, 34.)

ACCASTILLAGE, *s. m.* — Terme de marine, partie de l'œuvre morte d'un grand bâtiment qui reçoit ordinairement des décorations ou des ornements de sculpture ; anciennement on appliquait ce mot aux châteaux de l'avant et de l'arrière d'un vaisseau.

ACCASTILLER, *v. a.* — Garnir un vaisseau de son accastillage ; s'occuper de l'accastillage ; anciennement on écrivait avec un seul *c*, acastiller, acastillage.

ACCESSION, *s. f.* — JURISP. Droit d'un propriétaire sur ce que produit sa propriété, soit mobilière, soit immobilière, ou sur ce qui s'y unit ou s'y incorpore. Les atterrissements insensibles, les arbres qui naissent ou qu'on plante sur un terrain, sont des accessions et appartiennent au propriétaire par voie d'accession.

L'accession est donc l'union d'une chose à une autre par l'effet, soit d'un événement commandé, soit d'un cas fortuit ; l'effet de cette union, d'un objet de création récente ou d'une moindre importance, devient la dépendance de l'objet principal, appartient au propriétaire de cet objet par *droit d'accession*, par l'article suivant du code civil :

Art. 546. — La propriété d'une chose, soit mobilière, soit immobilière, donne droit sur tout ce qu'elle produit, et sur ce qui s'y unit accessoirement, soit naturellement, soit artificiellement. (*C. civ.*, 547-577, 712, 1018 et suiv., 1614 et suiv., 2118, 2133, 2204.)

Ce droit s'appelle droit d'*accession*.

Le droit d'accession s'exerce sur les choses qui s'y unissent et s'y incorporent ; il existe pour les choses immobilières, comme on peut le voir par les articles suivants du code civil ; il existe aussi pour les choses mobilières, mais nous n'avons pas à nous occuper de celles-ci dans notre travail.

Art. 551. — Tout ce qui s'unit et s'incorpore à la chose appartient au propriétaire suivant les règles qui seront ci-après établies. (*C. civ.*, 546, 552-577.)

Art. 552. — La propriété du sol emporte la propriété du dessus et du dessous.

Le propriétaire peut faire au-dessus toutes les plantations et constructions qu'il juge à propos, sauf les exceptions établies au titre des *Servitudes* ou *Services fonciers*.

Il peut faire au-dessus toutes les constructions et fouilles qu'il jugera à propos, et tirer de ces fouilles tous les produits qu'elles peuvent fournir, sauf les modifications résultant des lois et règlements relatifs aux mines et des lois et règlements de police. (*C. civ.*, 641, 671, 674, 678, 679, 686 ; Loi du 21 avril 1810.)

Art. 553. — Toutes constructions, plantations et ouvrages sur un terrain ou dans l'intérieur, sont présumés faits par le propriétaire à ses frais et lui appartenir, si le contraire n'est prouvé ; sans préjudice de la propriété qu'un tiers pourrait avoir acquise ou pourrait acquérir par prescription, soit d'un souterrain sous le bâtiment d'autrui, soit de toute autre partie du bâtiment. (*C. civ.*, 552, 554, 664, 690, 691, 1350, 1352, 2228 et suiv., 2262, 2265 et suiv.)

Art. 554. — Le propriétaire du sol qui a fait des constructions, plantations et ouvrages avec des matériaux qui ne lui appartiennent pas, doit en payer la valeur ; il peut aussi être condamné à des dommages et intérêts, s'il y a lieu : mais le propriétaire des matériaux n'a pas le droit de les enlever. (*C. civ.*, 1149 ; *C. de proc.*, 126, 128, 523 et suiv.)

Art. 555. — Lorsque les plantations, constructions et ouvrages ont été faits par un tiers et avec ses matériaux, le propriétaire du fonds a droit ou de les retenir, ou d'obliger ce tiers à les enlever.

Si le propriétaire du fonds demande la suppression des plantations et constructions, elle est aux frais de celui qui les a faites sans aucune indemnité pour lui ; il peut même être condamné à des dommages et intérêts, s'il y a lieu, pour le préjudice que peut avoir éprouvé le propriétaire du fonds.

Si le propriétaire préfère conserver ces plantations et constructions, il doit le remboursement de la valeur des matériaux et du prix de la main-d'œuvre, sans égard à la plus ou moins grande augmentation que le fonds a pu recevoir. Néanmoins, si les plantations, constructions et ouvrages ont été faits par un tiers évincé qui n'aurait pas été condamné à la restitution des fruits, attendu sa bonne foi, le propriétaire ne pourra demander la suppression desdits ouvrages, plantations et constructions ; mais il aura le choix, ou de rembourser la valeur des matériaux et du prix de la main-d'œuvre, ou de rembourser une somme égale à celle dont le fonds a augmenté la valeur. (*C. civ.*, 549 et suiv., 599, 867, 1149, 1673, 1948 ; *C. de proc.*, 126, 128, 523 et suiv.)

En résumé le *droit d'accession* s'applique :

1° Aux Alluvions et aux Atterrissements (voy. ces mots) ;

2° A tout ce qu'on peut extraire d'un terrain au moyen de fouilles, sauf les exceptions relatives aux Mines et Carrières (voy. ces mots) ;

3° Aux îles et îlots qui se forment dans les rivières non navigables, ni flottables, vis-à-vis la propriété riveraine ;

4° Aux constructions et aux plantations, à moins que des preuves ne fassent cesser la présomption que le propriétaire en est l'auteur et le droit qui en dérive.

ACCESSOIRE, *adj.* et *s. m.* — Qui est regardé comme la dépendance de quelque chose de principal. Ce qui dépend du principal. L'accessoire suit le principal. On disait en droit romain : *ut accessio cedat principali.* (L. 19, § 13, Dig., *De auro, argento, etc., legatis.*) Aujourd'hui on regarde ce mot comme synonyme d'Accession. (Voy. ce mot.)

ACCIDENT, *s. m.* — Jurisp. Événement malheureux et imprévu, duquel résulte un dommage. Causé par imprévoyance ou par toute autre faute, l'accident entraîne la responsabilité et peut faire intenter à son auteur une action en dommages et intérêts.

Les accidents sont appelés *accidents de force majeure*, ou *cas fortuit*, lorsqu'ils sont indépendants de la volonté humaine. Tels sont ceux produits par une inondation, par un tremblement de terre, par la foudre, et dans ce cas nul n'en est responsable, à moins toutefois qu'il ne s'en soit expressément chargé. (*C. civ.*, 1148, 1302.)

Quelquefois les accidents sont en partie imputables à la volonté humaine ; le hasard peut y avoir joué un certain rôle, mais l'imprudence, la négligence ou la maladresse de l'homme ont contribué à l'accident ; il n'y a pas eu malveillance, mais faute : cela suffit pour engager la responsabilité de celui qui a occasionné l'accident ; il est civilement responsable du préjudice causé (*C. civ.*, 1382 et suiv.), et même, s'il y a eu mort d'homme ou simplement blessure, l'auteur de l'accident encourt également une répression pénale. (*C. pén.*, 319, 320.)

Ainsi dans les travaux de construction, l'architecte ou l'ingénieur sont responsables dans les cas où les accidents surviennent par suite des vices de construction des plans, ou des obligations qu'ils auraient imposées à leurs entrepreneurs ; de même que ceux-ci sont responsables des accidents ou dommages survenus aux passants ou à leurs propres ouvriers. Les entrepreneurs sont également responsables de la mort de leurs ouvriers ou des blessures qu'ils auraient reçues par suite d'une imprudente direction des travaux, ou un mauvais état des équipages ou apparaux, dont se seraient servis les ouvriers.

Il faut aussi distinguer les cas d'accidents provenant de la négligence ou de l'imprudence des ouvriers ; nous dirons que ces accidents sont malheureusement les plus fréquents ; aussi s'est-il formé des compagnies d'assurances contre les accidents, soit pour assurer les patrons ou les ouvriers.

Pour détails complémentaires, voy. Assurance, Entrepreneur, Ouvrier.

ACCLAMPER, v. a. — Terme de marine ; renforcer un mât de navire, avec des *clams* ou *gemelles*, sortes de pièces de bois plates et flexibles, qu'on lie et qu'on attache autour du mât, afin qu'il puisse résister plus efficacement aux coups de vent.

Dans les chantiers, les ouvriers acclampent certaines pièces de bois, les montants des échelles, etc., pour les fortifier.

ACCOLADE, s. f. (Voy. Arc en).

ACCOLEMENT, s. m. — Terme vieilli, remplacé aujourd'hui par celui d'Accotement. (Voy. ce mot.)

ACCOLER, v. a. — I. Embrasser en jetant les bras autour du cou. Dans le langage des architectes, ce terme a d'abord exprimé les révolutions que forme autour d'une colonne l'entrelacement de branches de laurier, de palmier, de lierre, de pampre de vignes, etc. ; plus tard, ce même mot a servi à indiquer une décoration qui ornait la colonne, soit que cette décoration s'enroulât ou qu'elle fût simplement posée à plat sur cette colonne.

Dans l'antiquité, les architectes ont souvent employé ce genre d'ornementation ; nous en donnons deux exemples remarquables qui font partie des collections de marbres de la villa Albani. (Voy. nos figures.)

Dans les temps modernes, au XVIe et au XVIIe siècle, cette ornementation, qui a été fort employée, se remarque surtout sur les colonnes torses.

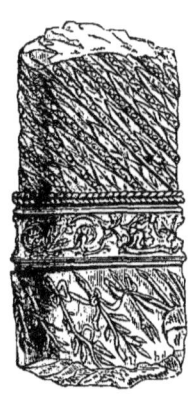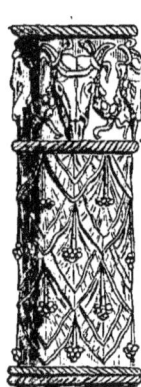

Colonnes accolées.

II. Juxtaposer deux ou plusieurs pièces de bois, pour en former une pièce unique ou une poutre, qui par ce moyen présentent une grande résistance.

On réunit ces pièces de bois, soit par des Frettes, des Armatures ou des Boulons a vis. (Voy. ces mots.)

ACCON, s. m. — Petit bateau plat qui sert à aller sur la vase, dans les marais ou sur les bords de la mer, lorsque l'eau s'est retirée.

ACCORD, s. m. — On entend par ce mot une juste pondération dans les différentes parties d'un édifice, d'une décoration, d'un style, etc.

L'accord constitue l'unité, qualité essentielle, fondamentale d'une œuvre d'art.

Quatremère de Quincy (*Dict. hist. d'arch.*) distingue deux sortes d'*accord* : l'un qu'on peut appeler *accord de composition*, l'autre *accord de goût et de style*. Nous avouons ne pas bien saisir la nuance, car pour nous la composition, une bonne composition est la résultante du goût et du style ; pour nous, l'accord est à la fois la perfection de la composition, du style, du goût, de l'expression, de l'exécution ; ce n'est que la réunion de toutes ces qualités qui fait l'accord qu'on doit retrouver dans une œuvre d'art.

Dans un monument, c'est la justesse et la simplicité des proportions, l'entente d'un bonne décoration, qui produit un tout homogène et harmonieux qui détermine l'accord.

**ACCORDER**, *v. a.* — I. Mettre d'accord. Ce mot est surtout d'usage en peinture, en architecture il a vieilli; il exprimait la jonction d'un vieil ouvrage à un neuf; on dit aujourd'hui RACCORDER. (Voy. ce mot.)

II. Faire joindre et affleurer des pièces de marbre avant de les polir.

**ACCORE**, *s. m.* — Pièce de bois servant à étayer un vaisseau en construction, en réparation; les accores sont de fortes pièces de bois, des étançons.

**ACCORER**, *v. a.* — Placer des accores, afin de soutenir un vaisseau sur un chantier ou dans sa forme.

**ACCOTAR**, *s. m.* — Pièce de bordage qui empêche que l'eau ne tombe entre le ferrage et le franc-bord; on dit aussi *accotoirs*.

**ACCOTEMENT**, *s. m.* — Espace de terrain compris entre une chaussée et son fossé, entre le ruisseau et un mur ou une maison.

Par extension, on donne ce nom aux deux parties de la plate-forme d'un chemin de fer extérieures aux rails. La largeur des accottements varie suivant la nature des terrains.

On disait aussi anciennement *accolement*.

**ACCOTER**, *v. a.* — Soutenir à l'aide d'accotars.

**ACCOTOIR**, *s. m.* — I. Ce qui sert à s'appuyer par côtés; les anciens fauteuils avaient des accotoirs fort commodes; on dit aussi les accotoirs d'un carrosse.

C'est aussi une forte tringle de bois qu'on attache aux côtés des caisses à fleurs; enfin ce mot est aussi synonyme d'*accotar* et d'*accoudoir*, qui sont loin d'avoir la même signification.

II. Parties de la berge d'un fleuve, d'une rivière ou d'un canal joignant un pont. Les accotoirs sont revêtus de maçonnerie et présentent une face plus ou moins inclinée, ce qui les distingue des murs de quai.

**ACCOUDOIR**, *s. m.* — Ce qui sert à s'accouder; balustrade ou mur à hauteur d'appui, couronnement d'une grille de balcon, d'une séparation de stalle, d'un appui placé dans une baie, en un mot tout appui à hauteur des coudes. (Voy. ALLÈGE, APPUI.)

Cependant, ce mot s'applique surtout à la membrure qui couronne les séparations des stalles d'église, sur laquelle on peut s'appuyer comme sur les bras élevés d'un fauteuil.

Ces accoudoirs sont souvent élargis à leur extrémité en forme de spatule, pour permettre aux personnes assises dans des stalles contiguës de s'accouder sans se gêner réciproquement. Souvent aussi les accoudoirs sont ornés de moulures qui suivent leur courbe; ils sont décorés de sculptures sur leur face. Cette sculpture est tantôt un bouquet de feuillages, une colonnette ou une tête d'animal; de là le nom de *museau* sous lequel le vulgaire désignait autrefois les accoudoirs.

Les plus remarquables, dont l'ornementation la plus délicate est marquée au coin du meilleur goût, sont les accoudoirs du XVIᵉ siècle. Il en existe encore dans les églises d'Auch, d'Amiens, de Montréal (Yonne) et de Saint-Denis; ceux de cette dernière église proviennent du château de Gaillon. (Voy. STALLES.)

On nomme encore accoudoir, de petites grilles en fer ou en cuivre, que dans certaines boutiques on place devant les vitres qui se trouvent à la hauteur des coudes du public, pour protéger celles-ci contre les chocs et les ruptures.

**ACCOULINS**, *s. m. p.* — Atterrissements ou amas de sable, de terre ou de graviers formés par des dépôts que laissent les eaux d'une rivière débordée en se retirant.

**ACCOUPLÉ, ÉE**, *part. pas.* — Deux colonnes sont dites accouplées, lorsqu'elles sont placées à côté l'une de l'autre, et assez rapprochées. Dans ce cas, elles sont couronnées par le même tailloir et leurs plinthe et base se touchent et quelquefois ne sont pas séparées.

Au point de vue esthétique, les architectes ne sont pas d'accord sur l'opportunité d'avoir dans un monument des colonnes accouplées : les uns trouvent que ce motif n'est pas logique, les autres pensent qu'il ne pèche pas contre le goût et l'admettent volontiers.

Perrault, dans ses commentaires de Vitruve (l. I, III, p. 79), défend chaudement les colonnes accouplées. L'auteur de la colonnade du Louvre ne pouvait faire moins, et nous devons ajouter que nous partageons entièrement l'avis de Perrault. En effet, cette décoration, pour n'être pas classique, n'en est pas moins fort belle. Elle est même logique et rationnelle dans beaucoup de cas, ce qui devrait la faire accepter même par les artistes les plus difficiles.

Ainsi, quand les colonnes servent à fortifier les angles d'un édifice, ou bien lorsqu'elles supportent des portiques ou se combinent avec des arcades, comme on le voit dans la plupart des dômes, les colonnes accouplées donnent de solides points d'appui, autrement élégants que de lourds massifs ou piliers en maçonnerie.

Les colonnes accouplées sont encore d'un effet utile et d'une bonne décoration lorsqu'elles reçoivent la retombée des arcs-doubleaux, ou qu'elles supportent les principales pièces de bois qui composent les compartiments d'un plafond.

Comme preuve à l'appui de notre dire, nous citerons des exemples de l'emploi utile et très-décoratif de colonnes accouplées ; ce sont à Paris les monuments de Gabriel, place de la Concorde, le château de Versailles, la cour du palais Borghèse.

Du reste, de grands architectes en ont fait usage et, indépendamment de ceux déjà désignés, nous citerons : Bramanto, Michel-Ange, San Gallo, Serlio, Palladio Scamozzi, Philibert de l'Orme, Jean Goujon, du Cerceau, Metzeau, de Brosse, Lemercier et Mansard.

L'architecture orientale a souvent employé avec goût et discernement les colonnes accouplées.

Aujourd'hui on accouple souvent des colonnes en fonte, afin de soutenir les poitrails d'une certaine largeur et portée. Ces colonnes sont surtout employées pour les devantures de boutiques et de magasins, et doivent être établies d'après les prescriptions et règlements administratifs qui varient suivant les localités et que pour cette raison nous ne donnerons pas.

De même que les colonnes, on accouple aussi les pilastres.

ACCOUPLÉES (TÊTES). — On nomme ainsi deux têtes adossées sur le même socle ou le même buste.

Il est probable que la première statue fut un buste posé sur une gaîne quadrangulaire ; en Grèce, on appelait ces gaînes des HERMÈS. (Voy. ce mot.) Beaucoup d'hermès au lieu d'une tête en possédaient deux (Lucien, *Jupiter tragœdus*, ed. Tib. Hemster, t. 2, p. 691), on les nommait διπρόσωπος, trois (Philochare), τριχέφαλος, ou même quatre (Eustathius, *Comment. ad Homeri Iliad.*, I, XXIV, v. 333, p. 1353, 8).

Ces hermès servaient à indiquer aux passants la direction des chemins et des routes, et remplaçaient avec avantage, au point de vue de l'art, nos vulgaires poteaux.

On voit également sur les médailles et les pierres gravées des têtes accouplées, qu'il ne faut pas confondre avec les têtes AFFRONTÉES. (Voy. ce mot.)

ACCOUPLEMENT, *s. m.* — On entend par ce mot l'action de réunir fort près des colonnes ou des pilastres. Ce mot est aujourd'hui fort peu usité.

ACCOUPLER, *v. a.* — Disposer des colonnes ou des pilastres deux à deux le plus près possible, de telle sorte que leur base et leur chapiteau soient très-rapprochés, se touchent presque. On trouvera au mot COLONNE la différence qui existe entre des colonnes *accouplées*, *doublées* et *cantonnées*. On accouple deux fers à T, en les reliant avec des brides ou des boulons, afin d'en former un filet, un poitrail, etc.

ACCOURSE, *s. f.* — Galerie extérieure par laquelle on communique à un appartement.

ACCROUPI, IE, *part. passé du verbe*

s'accroupir. — Assis sur ses talons, et aussi agenouillée ; les figures accroupies servent pour la décoration des niches : une des plus belles et des plus répandues est une *Vénus accroupie* ou Vénus de Cnide attribuée à Praxitèle.

ACCRUE, *s. f.* — Agrandissement d'un terrain par le retrait des eaux, par l'extension des bois. — Pour la jurisprudence, voyez AL-LUVION.

ACENS, *s. m.* — Terme d'anciennes coutumes. Terre, bois, propriété quelconque tenue à cens.

ACENSER, *v. a.* — Terme d'anciennes coutumes. Tenir à cens, donner à cens, c'est-à-dire sous la redevance d'une rente.

ACÉRÉ, ÉE, *p. pas. du verbe actif* acérer. — Rendu tranchant par l'acier, fer acéré, pointe acérée.

ACÉRER, *v. a.* — (*Serr.*) C'est souder un morceau d'acier à l'extrémité d'un outil en fer, pour en rendre la pointe tranchante et susceptible de s'affûter convenablement.

ACERIN, *s. m.* — (*Serr.*) Fer qui tient de la nature de l'acier et se durcit à la trempe. Les ouvriers disent *acléreux*.

ACERURE, *s. f.* — (*Serr.*) Morceau d'acier préparé pour être soudé à l'extrémité d'une pièce qu'on veut acérer.

ACERRA. — Petit coffret en bronze dans lequel les Romains mettaient la farine mêlée de sel, qui servait pour les sacrifices. L'acerra a été employé dans la décoration des frises de certains temples; on le voit aussi sur la colonne Trajane et sur l'arc de Constantin.

ACHE, *s. f.* — L'ache est une plante de la famille des ombellifères, dont la feuille est à trois lobes recoupés. Elle a été employée dans l'ornementation de l'architecture (fig. 1) pendant le moyen âge comme crête de couronnement ou comme balustrade, mais elle a été plus particulièrement appliquée à la décoration des couronnes nobiliaires, comme celles des ducs et

Fig. 1. — Crête d'ache.

des marquis (fig. 2). Il existe plusieurs variétés

Fig. 2. — Couronne avec feuille d'ache.

de cette plante, mais celle qui est la plus employée ressemble à de grosses feuilles de persil.

L'étymologie de ce mot vient d'*apium*, du grec ἄπιον.

ACIDE, *s. m.* — Substance qui peut se combiner avec un autre corps (une base), pour former un sel. Les acides ont en général une saveur aigrelette et rougissent la teinture de tournesol. Ils servent à décaper les métaux, c'est-à-dire à enlever les couches d'oxyde qui les recouvrent. Les acides sont surtout employés par les corps d'état qui travaillent les métaux. Ceux dont l'usage est le plus fréquent sonts les acides sulfurique, azotique, chlorhydrique ou muriatique, que les ouvriers appellent huile de vitriol, eau-forte, esprit de sel.

ACIER, *s. m.* — L'acier est un composé de fer et de carbone susceptible d'acquérir par la *trempe*, c'est-à-dire par un refroidissement subit, lorsqu'il a été porté à une température élevée, un grand degré de dureté et de tenacité. Ce sont ces propriétés remarquables qui le rendent propre à la confection des outils et autres engins.

L'acier est blanc grisâtre ; sa cassure est compacte, unie et possède un reflet métallique moins brillant cependant que celui de la cassure du fer. Sa texture est grenue, fine, égale et serrée.

On distingue plusieurs sortes d'acier : l'*a-cier naturel*, appelé aussi *acier de forge* et *acier de fonte ;* il s'obtient soit en fondant ensemble des fontes et des vieux fers, et cela dans des proportions convenables, soit en affinant in-complétement la fonte dans des creusets au contact de l'air. Cet acier est moins cher que les autres, il est moins fragile et se laisse tra-vailler aisément à chaud ; aussi est-il employé pour les instruments aratoires, les outils et les armes grossières.

L'*acier. de cémentation* ou *acier poule*, qu'on produit en faisant absorber au fer en le chauf-fant au rouge pendant longtemps, une cer-taine quantité de carbone, absorption obtenue au moyen du charbon en poudre, dans lequel plonge le fer chauffé.

L'*acier de cémentation* possède plus de du-reté que le précédent, mais il se travaille moins bien à chaud et à froid ; il sert à faire des outils qui doivent être très-durs, comme les burins, les râpes, les limes, etc.

Un troisième acier, c'est l'*acier fondu* qu'on obtient en soumettant le précédent acier à une fusion parfaite. Cet acier est employé pour la bijouterie, pour la fabrication des instruments de chirurgie, etc.

Par un traitement particulier de la fonte on obtient, depuis quelques années, une subs-tance qui ressemble beaucoup à l'acier, mais qui n'est pas propre à la fabrication des outils ; elle sert pour des objets de quincaillerie : cette substance est connue sous le nom d'*acier Bes-semer.*

Enfin l'acier est encore dit : *laminé, étiré, martelé* et *corroyé*, suivant qu'il a subi diffé-rentes opérations au laminoir, au marteau-pilon, etc.

Historique. — L'acier a été connu et em-ployé dans l'antiquité la plus reculée ; les bas-reliefs égyptiens ainsi que les autres sculp-tures de ce grand peuple ne peuvent laisser subsister aucun doute à cet égard, puisque les porphyres, les granits, les basaltes même n'ont pu être travaillés et ciselés qu'avec des outils en acier.

Un passage d'Homère (*Odys.*, IX) prouve que les anciens trempaient les haches et les scies pour leur donner une plus grande dureté.

Plutarque (*Dialog. de la cess. des orac.*) dit que : « La chaleur donne de la force à l'âme, comme la *trempe*, de la dureté à l'acier. » Plus loin, en parlant d'une coupe formée de la-melles de fer soudées, le même auteur ajoute : « Ce qui a permis de faire cette coupe, c'est le feu qui a amolli la matière, le fer et l'eau qui a servi à la trempe de ce dernier. »

Les anciens connaissaient aussi comme nous diverses espèces d'acier, qui suivant leur pro-venance étaient plus ou moins estimées. Au dire de Pline (l. 34, c. 41) la première qualité (la meilleure marque, dirait le commerce mo-derne) était l'acier de la Sérique, puis celui des Parthes.

Le peuple juif devait aussi connaître l'acier, puisque le prophète Ézéchiel (cap. 27, v. 19) parle d'une sorte de fer fabriqué (*ferreum fa-brefactum*) qu'on importait de Tyr, comme un objet précieux ; or ce fer fabriqué ne peut être, selon nous, que de l'acier, qu'on utilisait pour la fabrication des bijoux et des objets de luxe.

ACIÉRAGE, *s. m.* — Procédé qui consiste à recouvrir de fer, à l'aide de la pile, des plan-ches de cuivre gravées, afin de leur permettre un tirage pour ainsi dire illimité ; car chacun sait que l'*essuyage* des planches en taille-douce les use rapidement, si le métal employé est mou, comme le sont le cuivre, le zinc par exemple.

Si, au contraire, on tire sur des planches aciérées, quand l'aciérage est usé, on peut le remplacer indéfiniment et conserver à la taille du métal tout son *brillant.*

ACIÉREUX, EUSE, *adj.* — Qui peut être converti en acier : fer aciéreux, fonte aciéreuse ; ce terme n'est guère employé que par les ou-vriers au lieu et place de Acérin. (Voy. ce mot.)

ACOMAS, ou ACOMAT, *s. m.* — Arbre de première grandeur, originaire de l'Amérique méridionale. Cet arbre, de la famille des rosa-cées, a ses rameaux grisâtres et ponctués ; ses fleurs sont blanches en grappes, ses fruits jaunes et amers. Le bois de l'acomat est bon pour la menuiserie, mais il est surtout employé pour la construction des vaisseaux. On peut en tirer des poutres de 20 à 22 mètres de longueur sur 0,48 à 0,50 centimètres d'équarrissage.

ACOMPTE, *s. m.* — Payement partiel qu'on fait sur une somme totale, sur une dette. L'architecte donne des acomptes à valoir sur les règlements définitifs des mémoires; un entrepreneur donne des acomptes à ses ouvriers.

Employé comme adverbe il s'écrit en deux mots. On donne dix mille francs *à compte* sur un mémoire.

ACOSTILLAGE et Acostiller, mots vieillis et hors d'usage, remplacés par Accastillage et Accastiller. (Voy. ces mots.)

ACOUSTIQUE, *adj.* et *s. f.* — Qui sert à produire ou à modifier le son. Branche des sciences physiques qui traite des lois suivant lesquelles le son se produit et se transforme. L'acoustique embrasse tous les *sons*, bruits, échos, oscillations, ondes sonores et réflexions.

Les vibrations exécutées d'abord par le corps sonore se communiquent à l'air ambiant avec une vitesse de 340 mètres environ par seconde.

La musique est le principal rameau de l'acoustique, rameau tellement important qu'on ne peut faire un pas sérieux dans l'étude de cette science et dans l'application de ses lois sans connaître un peu la musique.

Vitruve a écrit un chapitre fort obscur sur l'acoustique des théâtres (l. 5, c. 5); nous avouons ne pas en avoir compris le sens, ni dans le texte original, ni dans les traductions; nous avons seulement appris par l'architecte romain, qu'on plaçait dans de petites chambres (*cellæ*) ou cavités pratiquées sur plusieurs points des théâtres, des vases en bronze accordés entre eux, qui contribuaient par leur résonnance à faire mieux entendre aux spectateurs la voix des acteurs ou celles des chanteurs et des musiciens; un fait pour nous tout à fait inexplicable, c'est lorsqu'il dit que, quand les chanteurs attaquaient des notes élevées, ils se tournaient vers les portes (*valvæ*) de la scène

et que les spectateurs saisissaient ainsi plus facilement les modulations de l'artiste. Il est difficile d'expliquer ce fait, à moins qu'on admette que le fond de la scène fît écho.

Les anciens, qui connaissaient parfaitement la théorie de la musique et de la production du son, ne nous ont rien laissé sur l'*acoustique;* ou du moins, aucun de leurs écrits sur ce sujet ne nous est encore parvenu, tandis que nous avons des travaux de Pythagore et d'Aristote, qui témoignent que ces philosophes avaient des notions très-saines et très-vraies sur la théorie de la musique.

Aujourd'hui, malgré de nombreuses études et les travaux de beaucoup de savants (1) sur cette question, les lois de l'acoustique sont fort peu connues, et il n'existe pas de formules précises permettant d'appliquer rigoureusement une théorie quelconque.

Aussi nous n'essayerons même pas de résumer des principes généraux, car cette science est fort en retard, et nous pensons qu'il s'écoulera encore beaucoup de temps avant qu'on puisse établir des données théoriques à peu près certaines. Nous conseillerons seulement aux architectes qui ont à construire des salles de cours, de concerts, et surtout des théâtres, d'étudier la construction et la disposition des locaux analogues à ceux qu'ils se proposent d'ériger, et qui sont reconnus excellents au point de vue qui nous occupe. Ils agiront sagement en s'en rapportant plutôt à l'expérience qu'à une théorie tout à fait incomplète.

ACOUTRIES, *s. m. pl.* — Pièces de charpente qui portent la travure d'un bateau.

ACQUEREAUX, *s. m. pl.* — Machines dont

---

(1) Ce sont : Mersenne, Sauveur, Daniel Bernoulli et son frère, Euler, Lagrange, d'Alembert, Laplace, Poisson, Duhamel, Chladni, auteur d'un *Traité d'acoustique;* Savart, Despretz, Scheibler, Wheatstone, Cagniard de Latour, inventeur de la *sirène,* sorte de boîte à mesurer le son ; Lissajoux et Th. Lachez, auteur d'un ouvrage sur l'acoustique et l'optique des salles de réunions publiques, théâtres et amphithéâtres, un vol. in-8° de 137 pag. et 3 pl. grav. Paris, Lemoine, 1848.

où se servait anciennement pour jeter des pierres.

**ACQUÉRIR**, *v. a.* — Devenir propriétaire par achat, échange ou de toute autre manière. (Voy. MURS MITOYENS.)

**ACQUISITION**, *s. f.* — Action d'acquérir. (Voy. MURS MITOYENS et PRESCRIPTION.)

**ACQUIT**, *s. m.* — Quittance, décharge. Après avoir reçu le montant d'un mémoire, on met au bas *pour acquit*, et l'on signe.

**ACRE**, *s. f.* — Mesure de terre en usage dans diverses contrées. L'acre anglaise vaut 40 ares 467.

**ACROBATICON**, *s. m.* — Machine de guerre des anciens; c'était une sorte d'échelle pliante, dont on se servait pour observer l'ennemi et reconnaître ses travaux.

**ACROLITHE**, *s. f.* — On nomme ainsi une statue dont les extrémités (tête, pieds et mains) étaient en pierre ou en marbre, tandis que le reste du corps était d'une autre matière.

Les sculpteurs de l'antiquité ont fait beaucoup de statues *acrolithes*, et l'une d'elles se trouve citée dans le livre de Vitruve (l. 2, c. 8, 11); c'est la statue colossale de Mars placée dans l'acropole d'Halicarnasse par le roi Mausole; et, fait assez curieux et qui prouverait que le mot n'avait peut-être pas été latinisé, c'est que Vitruve écrit ce mot en caractères grecs (*statua colossica* ἀκρόλιθος).

De nos jours, quelques sculpteurs ont fait des sculptures *acrolithes*.

**ACROPODIUM**, *s. m.* — Socle ou piédestal élevé en bronze ou en marbre surmonté d'une statue. Ce mot d'origine grecque (ἄκρος et ποῦς) se trouve dans un texte latin du poëte Hyginus (Fab. 88) : *Et rediens* (Pelopia) *in templum sub* acropodio *Minerva abscondit.*

**ACROPOLE**, *s. f.* — A l'origine des civilisations, les peuples redoutaient des conflits avec leurs voisins et craignaient leurs incursions. Aussi, pour être en état de se défendre, ils choisissaient pour bâtir leurs villes, principalement en Grèce, des lieux élevés d'un accès difficile, souvent même un rocher escarpé, par conséquent facile à défendre, d'autant que le plateau élevé était ceint de fortes murailles. Telle fut l'origine des *acropoles*, dont l'étymologie ἀκρόπολις (*ville haute*) caractérise parfaitement la situation.

Plus tard, l'accroissement de la population donne de la sécurité aux villes, en leur fournissant des défenseurs en plus grand nombre; aussi la population ose-t-elle sortir de l'enceinte primitive devenue, du reste, trop étroite pour la contenir. On voit naître en ce moment et pour ainsi dire aux pieds des *acropoles*, sur les flancs de la montagne, la ville, πόλις, et souvent une ville basse, ὑπόπολις, située dans la plaine et quelquefois aux bords de la mer.

Dès cette époque la ville haute, l'*acropole*, cesse d'être habitée d'une manière continue; elle ne sert qu'à renfermer les autels des dieux, particulièrement celui de la divinité *Polliade*, les colléges sacrés, le trésor public, les tombeaux des hommes illustres qui avaient été la gloire de la cité, en un mot toutes les choses saintes et sacrées, toutes les institutions qui étaient la sauvegarde même de l'État. C'était la ville par excellence, la *cité*.

L'acropole avait donc une destination plus étendue que nos citadelles modernes, avec lesquelles quelques auteurs ont voulu la comparer.

On parvenait aux acropoles par de larges rampes, par des escaliers quelquefois en marbre. Il existait souvent à leur entrée un bâtiment important, appelé *Propylées*, dont l'architecture remarquable ne le cédait en rien à celle des autres édifices.

C'est dans les acropoles anciennes que nous retrouvons de précieux vestiges de la construction dite PÉLAGIQUE, l'APPAREIL CYCLOPÉEN (voy. ces mots) avec ses énormes blocs irréguliers de pierres grossièrement équarries. Plusieurs de ces acropoles présentent des galeries d'une structure analogue; elles sont couvertes d'après le même système employé à celles de

Tyrinthe et d'Argos, consistant en des pierres posées en saillie l'une au-dessus de l'autre.

Avant de donner une nomenclature des acropoles anciennes, dont il nous reste des vestiges plus ou moins considérables, nous parlerons en premier lieu de l'ACROPOLE D'ATHÈNES, la plus célèbre de toutes, où se dressent encore aujourd'hui des ruines imposantes qui témoignent de la richesse et de la puissance du peuple athénien, et de l'importance qu'ils attachaient à cette enceinte vénérée, fondée, dit-on, par Cécrops ; de là son nom archaïque de cécropie (Κεκροπία) (Pausanias, I, 26).

Le plateau de forme oblongue (pl. 1), qui fut le berceau d'Athènes et de sa civilisation, mesure 300 mètres de longueur sur environ 150 de largeur.

Dans le principe, et jusqu'à l'arrivée des Pélasges, ce rocher n'était environné que d'une simple palissade en bois, comme le rapporte Hérodote (VII, 142) ; mais les Pélasges l'entourèrent de murs et défendirent le côté occidental de plusieurs murailles percées de neuf portes, d'où les noms de πελασγικόν et Ἐννεάπυλον donnés par les auteurs anciens à cet ouvrage défensif. (Hérod., VI, 137 et Strab., IX.) A dater de cette époque, l'acropole passe par des phases de démolition et de reconstruction pour arriver jusqu'à nous à l'état d'imposantes ruines.

Cinq cents ans avant J.-C., Xercès s'empare d'Athènes ; il dévaste l'acropole et en brûle ses temples. (Hérod., VIII, 52, 53.)

Après la bataille de Salamine (20 oct. 480 av. J.-C.), Thémistocle rebâtit en toute hâte le mur du nord. Il prend aussi les matériaux qu'il a sous la main : ce sont des colonnes ayant deux mètres de diamètre, l'entablement du vieux Parthénon détruit par les Perses. (Thuc., I, 90 et 93.)

Cimon, fils de Miltiade, relève le mur du sud-ouest, nommé pour cela le *mur Cimonien.*

Plus tard, Sylla fait démanteler la ville et l'entrée de la citadelle ; enfin l'invasion des barbares ruine une grande partie des édifices.

Au VIIᵉ siècle de l'ère vulgaire, le Parthénon et l'Érecthéion sont transformés en églises byzantines.

Aux croisades, la noblesse française établit au XIIIᵉ siècle les ducs d'Athènes, qui font leur demeure des Propylées ; ils y élèvent cette tour féodale qui subsiste encore aujourd'hui ; mais qu'on va bientôt démolir. (Voy. pl. en couleur, *état actuel de l'acropole d'Athènes.*)

Sous la domination turque, un chef militaire, un aga transforme les églises byzantines du VIIᵉ siècle ; le Parthénon devient une mosquée, tandis que la basilique de l'Érecthéion est un harem.

C'est à cette époque que le temple de la *Victoire aptère* est démoli pour faire place à une batterie de canons (1).

En 1687, les Vénitiens assiégent Athènes et l'acropole. Une de leurs bombes fait même sauter une poudrière contenue dans le Parthénon, qui se trouve par ce fait malheureux très-profondément ruiné. Trente ans auparavant, en 1656, une poudrière établie dans les propylées avait fait explosion et les avait détruits en grande partie.

Telles sont les tristes péripéties par lesquelles ont passé les monuments de l'acropole, ces monuments qui ont tant coûté au peuple athénien, qui faisaient leur orgueil et qui même profondément ruinés font encore tant d'impression aux véritables artistes.

Étudions maintenant l'intérieur de l'acropole, nous suivrons pour cela le chemin parcouru par Pausanias, et après avoir visité ses monuments, nous en donnerons une restauration, planche en couleur, — pour essayer de la

---

(1) On peut voir dans les *Antiquités d'Athènes*, par Stuart et Revett (pl. 2, t. 2), un plan de l'acropole d'Athènes telle qu'elle était en 1753.

Il existe au département des estampes de la bibliothèque nationale de Paris, un dessin à la plume de la seconde moitié du XVIIᵉ siècle, qui représente une perspective de l'acropole d'Athènes prise avant 1687. Ce croquis offre un grand intérêt pour la représentation du Parthénon ; on remarque en effet, que le toit antique du temple s'interrompt sur tout l'espace occupé par la cella.

Ce croquis, qui a appartenu au célèbre consul Fauvel, porte dans le bas, à gauche, cette suscription : Vérifié par Fauvel en mai 1791. Cette vue du château d'Athènes a été prise du musée près le monument de Philopappus. Elle a été faite, à ce que je crois, pendant l'ambassade de M. Nointel à Constantinople.

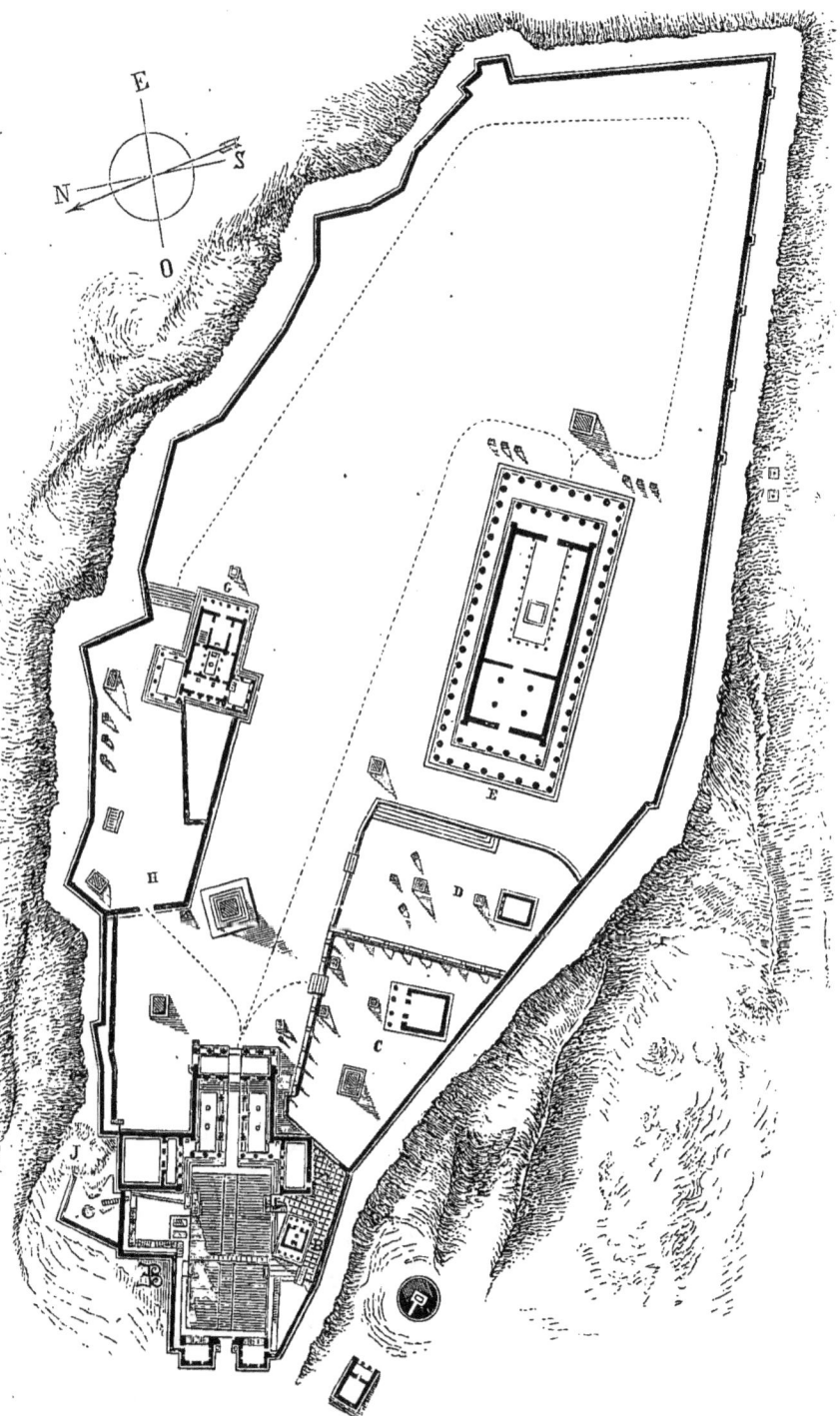

Pl. 1. — Plan de l'acropole.

représenter à nos lecteurs telle qu'elle était au temps de sa splendeur.

Pausanias, longeant les rochers, quitte le théâtre de Bacchus, au bas de la muraille sud; il trouve une grotte que décore le monument choragique de Thrasyllus, aujourd'hui disparu, mais qui a été relevé et dessiné par Stuart et Revett. Sur l'emplacement de ce monument on retrouve encore aujourd'hui (voy. la pl. 1) des colonnes A surmontées de trépieds choragiques.

Avant de pénétrer dans la citadelle, Pausanias rencontre ensuite plusieurs temples, celui d'Esculape et d'Apollon, celui de la terre nourricière (Γῆ κουροτρόφος), enfin celui de Cérès verdoyante (Δημήτηρ Χλόη), dont on n'a jamais pu retrouver les traces.

Notre voyageur arrive ensuite à l'entrée de la citadelle; il gravit le magnifique escalier, traverse les propylées, dont la grandeur et la beauté le frappent d'admiration. Il remarque deux statues équestres, qui selon lui représenteraient les fils de Xénophon (Diog. Laërce, II, 52), puis sur sa droite il aperçoit le temple de la Victoire aptère B; poursuivant sa route, il décrit un grand nombre de statues, dont nous nous dispenserons de donner la longue nomenclature; il pénètre dans l'enceinte de Diane Brauronia C, puis dans celle de Minerve Ergané D.

Pausanias arrive au Parthénon E, mais il n'en parle guère que pour dire que le fronton principal représente la naissance de Minerve et le fronton postérieur la dispute de Minerve et de Neptune. Il pénètre dans le temple pour décrire le chef-d'œuvre de Phidias, la fameuse statue Chryséléphantine. En sortant du temple, Pausanias signale à notre attention de nouvelles statues, et parmi elles une attribuée à Phidias, c'est la statue en bronze d'Apollon Parnopius.

Enfin notre guide arrive dans l'enceinte sacrée de Minerve Polliade H, au-devant de l'Érecthéion G, il remarque (VIII, 2, 3) l'autel de Jupiter très-haut (Ζεὺς ὕπατος).

Ici finit la narration de Pausanias, mais elle est, croyons-nous, suffisante pour la complète intelligence de notre planche 1. Il est probable que notre guide sort de l'enceinte de Minerve et qu'il traverse de nouveau les propylées pour quitter l'acropole.

En jetant les yeux sur notre planche.2, nos lecteurs pourront se faire une juste idée de l'état actuel de ces ruines célèbres; en portant leur attention sur la planche 3, ils verront l'acropole d'Athènes telle qu'elle était à l'époque de sa splendeur.

Avant de quitter ce célèbre plateau, nous devons informer nos lecteurs que pour rédiger cette étude et en composer les dessins, nous avons puisé nos renseignements aux meilleures sources (1).

Maintenant signalons les autres acropoles qui existent encore ou qui existaient en Grèce, en Sicile, dans l'Italie centrale et en Asie Mineure.

I. ACROPOLES DE LA GRÈCE. — Indépendamment de l'acropole d'Athènes, il existait dans son territoire, dans l'Attique, d'autres acropoles : celle de SUNIUM, qui renferme encore les restes d'un temple consacré à *Minerve Suniade* (*Mémoire sur les ruines de Sunium*, par Terrier, *Archives des missions scientifiques*, 2e série, t. 3, p. 79 et suiv.); l'acropole de RHAMNUS, qui renferme des édifices en ruines et trois puits taillés dans le roc (*Uned. antiq. of Attica*, trad. par Hittorff, p. 45); enfin l'acropole D'ÉLEUTHÈRES, située sur les confins de la Béotie. (Ph. Le Bas, *Voy. archéol. en Grèce et en Asie Min.*, *Itinér.*, pl. 9 et 10.)

En Béotie, aujourd'hui territoire de Livadia et de Thiva, l'acropole de THÈBES (Paus., IX, 8), appelée aussi la *Cadmée*, du nom de Cadmus son fondateur; celle de LEBADÉE (Dodwel, *A classic. tour trough Greece, etc.*, t. 1, p. 210; — Paus. IX, 39), dans le voisinage de laquelle il existait un des sanctuaires les plus anciens et les plus révérés, l'oracle de Trophonius; celle d'ORCHOMÈNE DES MYNIENS, profondé-

---

(1) Nous dirons notamment que pour la restauration du plan, nous nous sommes surtout inspiré des travaux de Desbuissons, et pour les autres dessins, nous avons étudié les travaux de nos confrères Lebouteux, Paccard, Tetaz et Moyaux. Nous avons également consulté l'*Acropole d'Athènes*, par E. Beulé, 2 vol. in-8° avec 8 planches, Paris, Firmin-Didot frères, 1854.

ment ruinée au IV⁰ siècle après J.-C. (Dodwel, *A tour, etc.*, p. 229; Leake, *North Greece*, t. 2, p. 144; Forchammer, *Hellenika*, p. 173; Brandis, *Mittheil über Griechenl.* I, 241; Ulrichs, *Reisen in Griechenland*, I, p. 58); enfin l'acropole de CHÉRONÉE (Paus. IX, 40 et 41; Dodwel, *A classic. tour, etc.*, t. 1, p. 210), rebâtie après les guerres médiques, et qui présente des tours carrées et des fragments d'architecture ionique.

En Phocide il existe deux acropoles, celle d'ÉLATÉE (Paus., X, 34) et celle d'AMBRYSSA (Paus., X, 36).

En Arcadie, dans le Péloponèse, intérieur de la Morée actuelle, nous trouvons sept acropoles. La plus ancienne de toutes, au dire de Pausanias (VIII, 38), *la plus ancienne cité que le soleil eût vu construire*, c'était LYCOSURE : découverte par sir Dodwel, sur le mont Lycée (Dodwel, *A class., etc.*, t. 2, p. 394; W. Gell, *Argolis*, p. 44, pl. 14), elle a été dessinée par Gell et relevée par Blouet (*Expéd. de Morée*, tom. 2, pl. 35, p. 40); les six autres sont l'acropole de PHIGALIE (Paus. VIII, 39; Blouet, *ib.*, tom. 2, pl. 1, p. 3); celle de MANTINÉE (Blouet, *ib.*, t. 2, pl. 44 et 53, p. 85); celle de GARTYS (Paus., VIII, 28; Blouet, *ib.*, t. 2, pl. 31, p. 34); celle d'ALÉA (Rhangabé, *Mém. de l'acad. des Ins., Recueil des Savants étrangers*, pl. 11); celle de STYMPHALUS (Rhangabé, *l. c.*, pl. 12), enfin celle d'ORCHOMÈNE (Paus., VIII, 13), qui existait du temps d'Homère.

En Argolide, partie orientale de la Morée, nous avons à citer quatre acropoles.

En premier lieu, celle d'ARGOS, qu'on nommait aussi *acropole Larisse* et *Aspis* (bouclier), du nom de sa citadelle *Larissa*, et à cause des jeux qu'on y célébrait, et du bouclier que recevait le vainqueur pour prix. Du reste, ce nom de *Larissa* a été donné par divers auteurs aux acropoles pélasgiques. (Strabon, IX, p. 440; XIII, p. 621; Steph. Byz., au mot Λάρισσα; Dionys. Halic., *Ant. Rom.*, I, p. 17.)

C'était ensuite, l'acropole de TYRINTHE (Paus., II, 25; Blouet, *op. c.*, t. 2, pl. 72, 73, p. 155); de MYCÈNES (Paus., II, 24; Blouet, *op. c.*, t. 2, pl. 56, 57, p. 91); enfin celle de CORINTHE, ou de son nom antique ACROCO-

RINTHE Ἀκρόκορινθος (Corinthe la haute), du sommet de laquelle on apercevait, à 44 milles de distance, l'acropole d'Athènes.

Le point culminant de l'Acrocorinthe était un temple dédié à Vénus qui existait encore parfaitement conservé au temps de Pausanias (II, 4), ce qui ferait supposer que Mummius, le général romain ayant fait le sac de Corinthe, se borna à démolir les murailles de l'Acrocorinthe sans toucher à ses édifices; du reste, au dire de Pouqueville (*Voy. en Grèce*, t. 4, p. 452), il subsiste même en plusieurs endroits des assises de l'enceinte qui sont en constructions cyclopéennes.

En Messénie, partie sud-ouest de la Morée, les acropoles encore existantes sont au nombre de quatre : celles d'IRA (Paus., IV, 18, 19, 20, 21; Blouet, *op. c.*, t. 2, pl. 35, p. 39); de CYPARISSA (Paus., IV, 36; Blouet, t. 1, pl. 49, p. 48, 49); de PYLOS (Paus., IV, 36; Blouet, t. 1, pl. 5 et 6, p. 45); enfin l'acropole de MESSÈNE (Paus., IV, 31; Blouet, t. 1, pl. 22, p. 24 et 25).

En Laconie, la Tzaconie actuelle, le pays des Maïnates dans la Morée, nous ne connaissons que l'acropole de SPARTE. (Paus., III, 17, 18; Blouet, t. 1, pl. 49, p. 48, 49.)

Dans la Triphylie, pays situé vers les embouchures de la Rophia, il existait deux acropoles : celle de SAMICUM (Paus., V, 36; Blouet, t. 1, pl. 53, p. 53; *Fragments d'un voyage dans le Péloponèse*, par Boutan; *Arch. des Missions scient.*, 1ʳᵉ série, t. 3, p. 389), et celle de LÉPREUM ou LÉPROS. (Paus., V, 35; Blouet, t. 1, pl. 50, 51, 52, p. 51 et suiv.; Boutan, *op. c.*, p. 202.)

Terminons cette longue et aride nomenclature par deux acropoles de la Grèce occidentale, celle de LIMNŒA (L. Heuzey, *le mont Olympe et l'Acarnanie*, pl. 5, p. 320), qui offre un curieux exemple de longs murs bien conservés reliant une acropole au rivage de la mer et à un port maritime; l'autre est l'acropole de PALŒROS. (L. Heuzey, *op. c.*, pl. 10, p. 390.)

II. ACROPOLES DE LA SICILE. — La Sicile avait un sol qui se prêtait fort bien à la construction des acropoles; elle fut à l'époque pélasgique le siège de nombreuses colonies, et

Pl. II.                                                          Page 32 bis

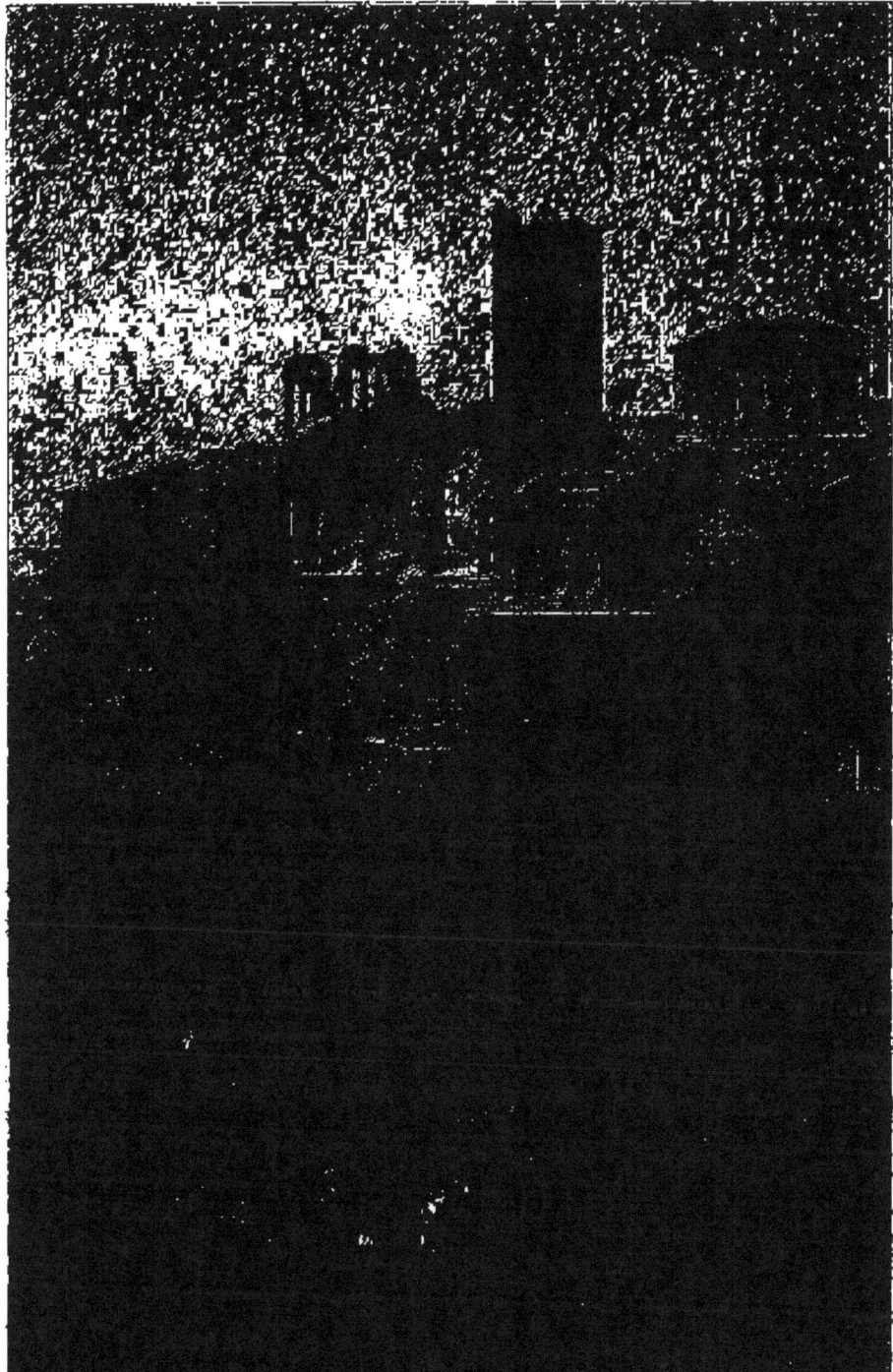

ETAT ACTUEL DE L'ACROPOLE D'ATHÈNES.

posséda beaucoup de villes hautes, dont trois nous ont laissé des vestiges.

C'est l'acropole d'AGRIGENTE (*Girgenti*) (Serradifalco, *Antichita della Sicilia*, t. III, pl. B, p. 24), celle de CÉFALU, l'ancien *Cephalædium*, dans laquelle on voit les débris d'un temple dorique (*Annali dell'Inst. di corresp. archeol.*, t. III, p. 270, 275), et l'acropole de SÉLINONTE (Serradifalco, *op. cit.*, t. 2, pl. 2, p. 12), qui conserve trois temples doriques assez importants avec les restes d'un quatrième et des ruines éparses çà et là sur son sol. (Hittorff et Zanth, *Monuments de la Sicile antique*, pl. 10.)

III. ACROPOLES DE L'ITALIE CENTRALE. — Les acropoles de l'Italie centrale paraissent remonter aux temps préhistoriques, par leur construction faite par des peuples d'origine pélasgique qui eurent probablement pour successeurs les Èques et les Volsques. La plupart de ces villes hautes ont conservé leurs anciennes murailles presque tout entières. Ces acropoles, au nombre de neuf, sont : les acropoles d'ATINA (*Annali dell'Inst. archeol.*, t. 3, p. 412), d'ALATRI (Petit-Radel, *Recherches sur les monuments cyclopéens ou pélasgiques*, p. 161), d'ARPINUM (*Annali dell'Inst. archéol.*, t. 3, p. 157), de CORA (Petit-Radel, *op. cit.*, p. 186), de FERENTINUM (Petit-Radel, *op. cit.*, p. 172), de NORBA (Petit-Radel, *op. cit.*, p. 188 ; *Monumenti ined.*, etc., t. 1, pl. 1 et 2 ; Canina, *Architettura romana*, pl. 47), de PRŒNESTE, de SIGNIA (Petit-Radel, *op. cit.*, p. 174 à 185 ; *Annali dell' Instit. arch.*, 1834, p. 143, 353, 361), et de TUSCULUM, cette dernière explorée par Canina (*Descrizione dell' antico Tusculo*, pl. 6 et 7, p. 73 ; voy. aussi *l'Antica Veia descritta*, etc.).

Pour compléter cette liste des acropoles d'Italie nous citerons deux villes hautes étrusques, VEIES (Canina, *l'Antica Etruria marittima*, t. 1, p. 103) et FIESOLE, dans les environs de Florence (*Annali dell' Inst.*, etc. 1835, p. 14).

IV. ACROPOLES DE L'ASIE MINEURE. — Les acropoles de l'Asie Mineure et des îles de la mer Égée sont fort nombreuses. Nous mentionnerons l'acropole de NICOMÉDIE en Bithynie, dont on peut voir encore les murailles (Texier, *Descript. de l'Asie Mineure*, t. 1, p. 18 ; du même auteur, *Univers pittoresque*, *Asie Mineure*, p. 61) ; l'acropole de CIUS avec ses murailles pélasgiques (Perrot et Guillaume, *Exploration archéolog.*, p. 12) ; celle de PRUSA.

En Mysie, nous citerons trois acropoles, celles de CYZIQUE, de PERGAME et d'ASSOS ; celle-ci possède un temple dorique, dont on peut voir les bas-reliefs au musée du Louvre, et qui sont, dit-on, d'un style antérieur au siècle de Périclès. (Texier, *Descrip. de l'Asie Mineure*, t. 1, pl. 108 et 115, p. 197.)

Sur le mont Sipyle, dans l'antique Mœonie, sa capitale, détruite par un tremblement de terre, nous montre l'acropole de TANTALIS qui appartient à une époque très-reculée. (Texier, *Descrip. de l'Asie Min.*, t. 2, pl. 129, p. 254, 255.)

La Lydie possède des restes de l'acropole de SARDES, l'Ionie ceux de l'acropole de PRIÈNE sur le mont Pagus, et celle de SMYRNE. Enfin sur les bords du littoral, nous signalerons encore, en Lycie, les acropoles de TELMISSUS et d'ANTIPHELLUS, qui datent de temps helléniques (Hamilton, *Researches*, etc., t. I et t. 2) ; dans la Carie, les acropoles d'HALICARNASSE et de CNIDE (Texier, *Descrip. de l'Asie Mineure*, t. 3, pl. 159, p. 174 ; Newton, *Halicarnass.*, *Cnide and the Branchides*, pl. 73), et dans la Pamphylie l'acropole de PERGA.

Si nous pénétrons dans l'intérieur de la grande presqu'île, nous voyons en Phrygie l'acropole de KOTIAICON, en Galatie celle de PESINUNTE, et en Cappadoce celle de PTERIUM, l'ancienne capitale de la Ptérie, détruite par Crésus. (Perrot et Guillaume, *Expl.*, etc., pl. 34.)

Citons aussi dans le royaume de Pont, l'acropole d'AMASIA, de construction hellénique (Perrot et Guillaume, *Exploration*, etc., pl. 70 et 71), et dans la Troade, l'acropole de TROIE, qui renfermait, dit-on, un grand nombre de tombeaux élevés à ses grands hommes.

Si maintenant nous abordons les îles de la mer Égée, nous citerons, pour compléter notre nomenclature, les acropoles de SAMOS (Guérin, *Descrip. de l'île de Samos et de Patmos*, p. 11), de PATMOS, de DÉLOS sur le mont Cinthius, de SAMOTHRACE, et celle de MITYLÈNE dans l'île de Lesbos. (*Topog. et hist. de l'île de Lesbos*, par Boutan, *Arch. des missions scientifiques*, 1ʳᵉ série, t. 5, p. 273; *Mission dans l'île de Samothrace*, par G. Deville et Coquart, *Arch. des miss. scient.*, 2ᵉ s., t. 4, p. 254 et 258.)

Pour terminer ce long article sur les acropoles, mentionnons encore en Afrique celles de CARTHAGE qui, fondée par les Phéniciens, fut le berceau de la ville primitive; de BYRSA; autour de laquelle la ville prit de grands développements. (Beulé, *Fouilles à Carthage*, p. 3, 6, 15 et 26.)

ACROSTOLE, ACROSTOLIUM, *s. m.* — Ornement que les anciens mettaient à l'extrémité supérieure de la proue des navires (*stolus*) et qu'il ne faut pas confondre avec la partie inférieure nommée *rostrum*, bec que les vaisseaux de guerre portaient pour leur défense.

L'acrostole était un simple ornement qui affectait la forme d'un bouclier, d'un casque, d'une spirale, d'un cercle, d'un animal quelconque, mais surtout d'un col de cygne ou plutôt d'une oie, oiseau symbolique de bon augure. (Voy. CHÉNISQUE.)

Cet ornement, qui élevait la proue du navire, lui donnait une forme gracieuse.

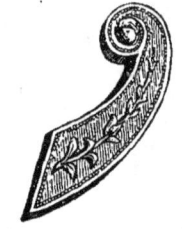

Acrostole de l'arc de triomphe d'Orange.

C'était l'usage de détacher les acrostoles des navires pris sur l'ennemi et de les accrocher à ceux des vainqueurs. Cet usage a sans doute fait passer les acrostoles dans l'ornementation des monuments triomphants, et c'est dans les bas-reliefs antiques que nous avons pu retrouver les diverses formes des *acrostolia*. (Bottari et Fuggini, *Mus. cap.*, t. 4, tab. 34, p. 169 à 180.)

En France, nous avons vu cet ornement sur l'arc de triomphe d'Orange. (Caristie, *Monuments ant. à Orange*.) Nous le donnons ci-dessous.

On figurait souvent les acrostoles sur les revers des médailles.

Il ne faut pas confondre l'acrostole avec l'A-PLUSTRE (voy. ce mot), qui était un ornement supérieur de la poupe.

ACROTÈRE, *s. m.* — De Ἀκρωτήριον, de ἄκρος, pointu, placé à l'extrémité; dans son acception générale, ce mot signifie extrémité ou sommet quelconque d'un objet et même du corps humain, les pieds, les mains, les ailes d'une statue, l'éperon ou la proue d'un navire, le pic d'une montagne, les créneaux d'une muraille, le faîte d'un édifice.

Nous donnons dans la figure ci-dessous l'un des griffons posés en acrotère sur le temple d'Égine et qui se trouve actuellement au musée de Munich.

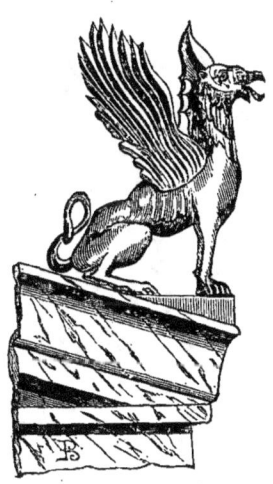

Acrotère du temple d'Égine.

Plutarque nomme *acrotère* une surélévation décorative que le sénat fit placer sur la maison de César, comme marque d'honneur; malheureusement cet auteur ne nous dit pas autre chose sur ce genre de surélévation, de sorte que nous pouvons nous perdre en conjectures, et nous demander si c'était une tour, une terrasse, un édicule quelconque, un trépied. (Plut., *Cæs.* LXIII.) Vitruve donne ce nom aux socles avec ou sans moulures, aux piédestaux portant des statues, des groupes que les anciens plaçaient aux sommets et aux extré-

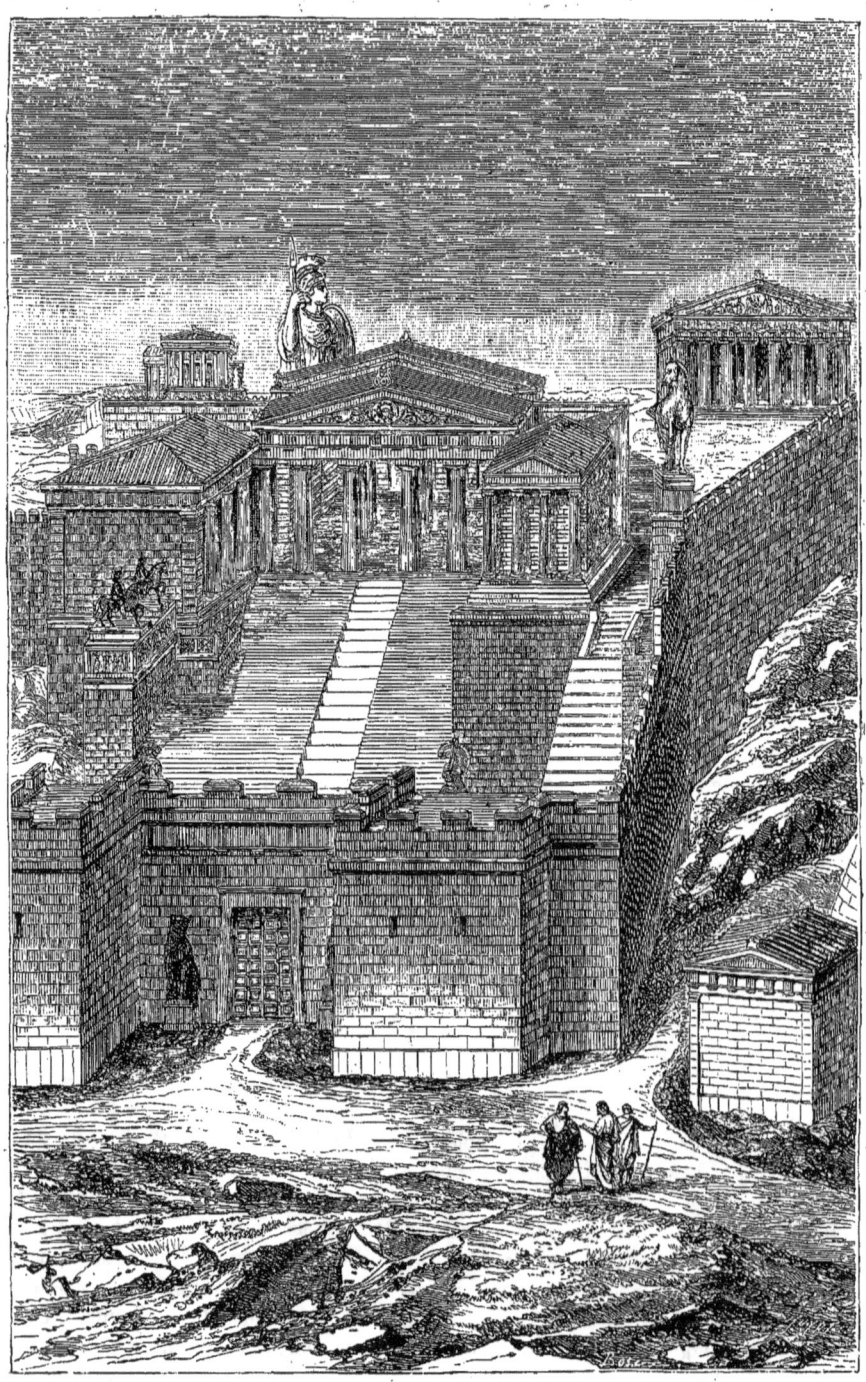

Pl. 3. — Restauration de l'Acropole d'Athènes.

mités des frontons. (Vit., l. III, 3.) Les statues elles-mêmes prirent le nom d'acrotères, ainsi que ces appendices nus ou décorés qui en tinrent lieu dans les petits monuments; par suite l'ornementation découpée qui régnait sur les rampants des frontons reçut le même nom. Cette ornementation empreinte souvent d'une grande élégance était exécutée en terre cuite, en marbre, parfois même en bronze doré. Sur les corniches horizontales formant l'entablement des faces latérales d'édifices, une ornementation semblable résultait de la présence des antéfixes sur lesquelles venaient aboutir les tuiles creuses faisant partie de la couverture. (Voy. ANTÉFIXE.)

Dans l'architecture moderne, on nomme acrotères les dés en pierres engagés de distance en distance dans les balustrades qui couronnent les bâtiments, et qui servent à dissimuler les chéneaux ; nous n'en citerons pas d'exemples, car chacun connaît de nombreux monuments qui sont couronnés de la sorte.

Enfin, par une trop grande licence, dans ces temps modernes on a quelquefois appelé acrotères des ATTIQUES (voy. ce mot).

ACTION, s. f. — Dans une acception générale, ce mot a de nombreuses significations; mais, en ce qui nous concerne, l'action est le moyen que nous tenons de la loi de nous faire rendre ce qui nous est dû ; c'est le droit qu'on a de former une demande en justice.

Suivant leur objet les actions sont administratives, civiles ou pénales; les premières se portent en premier ressort devant les conseils de préfecture et devant le conseil d'État en dernier ressort. Les actions civiles, suivant leur importance, se portent devant les juges de paix, les tribunaux d'arrondissement; en appel, devant les tribunaux d'arrondissement, s'il s'agit de sentence rendue par les juges de paix, et en cour d'appel, si les sentences au contraire ont été rendues par les tribunaux d'arrondissement.

Contre toute sorte de décision, en dernier ressort on peut se pourvoir devant la cour de cassation, mais seulement pour violation de la loi.

Les actions pénales se portent devant les tribunaux de simple police ou de police correctionnelle, ou devant les cours d'assises, suivant que le fait qui a donné lieu à l'action constitue une contravention, un délit ou un crime.

En droit romain, on entend par le mot *actio*, le fait ou bien la faculté de recourir à l'autorité publique pour faire valoir ses droits. Ce mot désigne aussi une forme particulière de procédure.

Les Romains pratiquèrent successivement trois systèmes de procédure : 1° l'*ordo judiciorum*, 2° le *manus injectio ;* 3° le *pignoris capio*.

Nous n'entrerons pas dans des détails au sujet de ces systèmes de procédure, car il nous faudrait sortir du cadre de notre travail ; nous renverrons seulement ceux de nos lecteurs qui désireraient approfondir ce sujet aux *Commentaires* de Gaius, à Aulu-Gelle, à Varron et aux *Institutes* de Justinien.

ACTUS, s. — Mesure de longueur des Romains qui avait 120 pieds romains (35 m. 489). (Pline, *Hist. nat.*, XVIII, 3, 9 ; Columelle, II, 27.)

ADAPTER, v. a. — Signifie, comme dans le langage usuel, appliquer après coup avec précision, ajuster par encastrement ou par assemblage. (Voy. ENCASTREMENT et ASSEMBLAGE.)

ADDITION, s. f. — Constructions ou bâtiments nouveaux ajoutés après coup à un édifice terminé.

Les additions doivent parfaitement se raccorder avec les parties exécutées antérieurement, tant pour les dispositions et les proportions que pour le style de l'architecture ou de la décoration. Il faut aussi fonder avec beaucoup de soin les additions qu'on fait à un bâtiment, sans quoi il se produit des tassements qui occasionnent des déchirures entre les anciennes et les nouvelles constructions.

ADENT, s. m. — Assemblage tel que les pièces assemblées ont la forme de *dents ;* on pratique cet assemblage au moyen de tenons et de languettes pénétrant dans des rainures ou mortaises taillés en forme de *dents*.

Les *queues d'aronde*, les *grains d'orge* sont des assemblages dits en *adent*. (Voy. Assemblage.)

On nomme encore *adent* deux planches réunies au moyen d'une languette et d'une rainure triangulaires.

**ADHÉSION**, *s. f.* — Force qui unit, qui retient deux corps en contact.

**ADJUDICATION**, *s. f.* — Acte par lequel on adjuge une chose ; par exemple des travaux sont données en adjudication.

Les adjudications peuvent être *privées*, *restreintes* ou *publiques*, suivant qu'elles sont faites par et pour des particuliers, entre un nombre restreint de concurrents à l'adjudication, ou par tous ceux qui ont les qualités requises pour se rendre adjudicataires.

L'adjudication publique est faite généralement par les administrations; c'est un marché fait aux enchères publiques.

Pour les travaux qui relèvent des administrations de l'État, ils doivent, dès que le montant des dépenses dépasse dix mille francs, être tous donnés en adjudication publique, faite sur enchères et avec concurrence.

Des affiches apposées vingt et un jours avant l'adjudication doivent annoncer qu'elle, aura lieu un jour déterminé et dans tel local désigné.

Pour prendre part à l'adjudication, les concurrents doivent déposer entre les mains de qui de droit :

1° Un cautionnement en rapport avec l'importance des travaux (c'est ordinairement un vingtième du montant desdits travaux) ;

2° Un certificat de capacité signé de deux architectes ayant une notoriété suffisante et ayant employé le concurrent à l'adjudication ;

3° Une soumission cachetée indiquant le rabais consenti, si les travaux sont faits sur série de prix ou sur devis définitif.

Nous devons ajouter cependant, que si les prix relatés à la série ou dans le devis sont trop faibles, les entrepreneurs, au lieu de faire un rabais, demandent au contraire une augmentation sur les prix fixés; dans ce cas, est déclaré adjudicataire celui qui a réclamé le moins d'augmentation.

L'adjudication ne devient définitive qu'après un délai de vingt-quatre heures, pendant lequel le concessionnaire peut se désister en payant la différence qui existe entre son enchère et celle qui l'a immédiatement précédée. On dresse procès-verbal séance tenante de l'opération d'adjudication, et l'adjudicataire signe l'acceptation.

**ADOS**, *s. m.* — Couche de terre que l'on forme en talus pour contrebuter des terres, ou petits tertres qu'on élève pour activer la germination des graines.

Ce mot s'emploie plutôt adverbialement; ainsi on dit qu'une allée, une chaussée sont *en ados* quand elles sont convexes dans le sens de leur largeur.

**ADOSSER**, *v. a.* — Appliquer une construction contre une autre plus élevée et plus importante qui lui sert d'appui. Un comble *en appentis* est généralement un comble adossé; il en est de même pour un bâtiment couvert en appentis. Une colonne est adossée lorsque le nu d'un mur de fond est tangent à la circonférence de son fût, ou encore lorsqu'il n'y a entre le fût et le mur qu'une distance égale à la saillie de la base et du chapiteau. (Voy. Colonnes, Figures, etc.).

Les souches de cheminée sont souvent adossées ; les tuyaux de descente le sont également presque toujours, etc.

Des figures, des statues, des cariatides sont adossées, quand elles sont adhérentes ou presque adhérentes à l'architecture; les portails d'églises de l'époque romane ou du moyen âge nous montrent beaucoup d'exemples de statues adossées.

Un édicule, un monument religieux commémoratif sont dits *adossés* lorsqu'ils sont adhérents à la construction. Nous citerons, pour exemples, le monument de Ingres dans le vestibule de l'École nationale des beaux-arts à Paris, le magnifique tombeau du maréchal de Saxe à Strasbourg.

En termes d'antiquités, on dit que deux têtes sont adossées lorsqu'elles sont sur la même ligne en sens opposé. Le contraire des têtes adossées sont des têtes Affrontées (voy. ce mot).

Certaines constructions ne peuvent être adossées à un mur mitoyen qu'avec des conditions et des précautions déterminées : par exemple, les CHEMINÉES, les MAGASINS A SEL, les FOSSES D'AISANCES, les FOURS, les ÉCURIES (voy. ces mots).

**ADOUBER**, *v. n.* — Calfeutrer, boucher des trous, réparer, raccommoder un navire. Dans ce sens, ce terme a vieilli ; on dit aujourd'hui RADOUBER (voy. ce mot).

**ADOUCI**, *s. m.* — Opération qui a pour but de dresser une glace en la frottant avec du sable, du grès en poudre et une MOLETTE (voy. ce mot). C'est la première façon qu'on donne aux glaces brutes ou au cristal ébauché pour la taille.

Pour rendre l'adouci plus parfait, on emploie en second lieu des poudres de sable plus fin et même de l'émeri.

Dans les manufactures, les ouvrières disent aussi *doucissement* des glaces.

**ADOUCIR**, *v. a.* — Dans la langue des beaux-arts, ce terme exprime divers procédés, suivant qu'on l'applique à l'architecture, à l'aquarelle, à la peinture, à la sculpture, à la marbrerie et à la dorure. En architecture, dans la composition de certains profils, on emploie diverses courbes qui servent à raccorder deux membres d'architecture faisant saillie l'un sur l'autre ; on emploie dans ce but des chanfreins en cavet, des SCOTIES, des CONGÉS ou APOPHYGE (voy. ces mots).

Les plinthes qui règnent autour d'un bâtiment s'unissent avec le nu du mur, soit à l'aide d'un talon renversé, soit à l'aide d'un simple chanfrein.

En aquarelle, ce mot signifie fondre les teintes d'un lavis de façon à ce que les demi-teintes et même les ombres vigoureuses ne tranchent pas trop avec les claires. On doit adoucir surtout son lavis pour rendre les colonnes et en général tous les corps cylindriques et sphériques ; on doit agir de même pour les corps de moulures et les ornements qu'on tient à modeler finement.

En peinture, adoucir est fondre une teinte

pour la raccorder avec une autre ; pour la peinture décorative, ce mot exprime la même chose que pour l'aquarelle.

En sculpture, adoucir a deux significations : l'une concerne l'étude et le modelé ; l'autre veut dire purger un plâtre ou un marbre des aspérités qui ne nuisent pas à la perfection de l'étude d'un sujet, mais qui ôtent le poli, le fini à une œuvre, la transparence au marbre.

En marbrerie, l'opération de l'adouci succède à l'égrisage et au rabat. On adoucit le marbre avec des pierres ponces dures et en employant toujours de l'eau.

Après cette opération, on procède au piqué ou adouci à fond avec un tampon ou molette de chiffons de linge fin et bien serrés et imprégnés de la boue provenant du polissage des glaces ou de la taille des pierres précieuses.

En dorure, on emploie bien aussi le mot adoucir, mais on pratique plutôt l'adoucissage. Cette dernière expression diffère un peu du mot *adoucir*. (Voy. ADOUCISSAGE.)

**ADOUCISSAGE**, *s. m.* — Sorte de poli qu'on donne aux métaux au moyen de poudre provenant de diverses substances.

En marbrerie, c'est la troisième opération du polissage du marbre.

L'adoucissage des marbres consiste à les frotter avec de l'eau et une pierre ponce très-dure. (Voy. ADOUCIR.)

En dorure, en pratique l'adoucissage de la façon suivante : quand on a donné les dernières couches de blanc et qu'on a rebouché, on mouille à l'eau froide la surface et on la passe légèrement avec de la pierre ponce profilée suivant les moulures à adoucir. Pour les parties finement sculptées où l'on ne peut arriver avec de la ponce, on emploie une prêle (*hippuris*), plante semi-aquatique qui croît dans les fossés humides ou dans les terrains marécageux ; on l'appelle aussi queue de cheval. Enfin, on passe un linge ou une toile sur la surface à dorer, ce qui la rend lisse et douce au toucher.

L'adoucissage est une opération qui ne se pratique que pour la dorure à la détrempe. (Voy. DORURE.)

**ADOUCISSEMENT**, *s. m.* — Transition

obtenue au moyen d'une inclinaison entre deux membres d'architecture de saillies différentes.

L'adoucissement est ordinairement galbé; dans ce cas, il affecte le profil de la cimaise ou de la doucine renversée, mais bien plus souvent celui du cavet, comme le montrent les figures ci-dessous. Un simple chanfrein constitue un adoucissement.

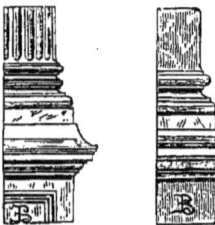

Adoucissement en cavet et en doucine.

Il peut trouver son emploi sur bien des parties d'un édifice ; il nous serait difficile de les énumérer toutes.

On ne peut guère se dispenser d'en faire usage, car l'adoucissement aide à constituer des membres d'architecture aussi élégants qu'utiles, attendu que par sa forme et sa situation ordinaire il facilite l'écoulement des eaux pluviales. Seulement il faut bien se garder d'en abuser, sous peine d'introduire de la mollesse dans les lignes architecturales.

Le goût seul peut et doit en régler l'emploi, ainsi que le galbe.

Il ne faut pas confondre l'adoucissement avec ce qu'on appelle le *raccordement,* bien qu'il y ait entre ces deux emplois une grande similitude dans le but commedans l'exécution. (Voy. RACCORDEMENT.)

ADYTUM et ADYTON, *s. m.* — De ἄδυτον, ἄ privatif et δύω, je pénètre ; ce mot a la même signification que ἄβατον (ἄ βάω, βαίνω) (voy. ABATON), lieu dans lequel on ne peut pénétrer. Ce mot s'applique plus particulièrement à une partie du temple interdite aux profanes. C'était un sanctuaire sacré et obscur où les prêtres seuls, et même dans quelques temples une seule prêtresse, pouvait pénétrer. La disposition de l'adyton facilitait une foule de su-

percheries pour tromper les fidèles : c'était de l'adyton que sortaient les voix surnaturelles et que se montraient les apparitions.

« Ce sanctuaire, dit Rich (*Dict. des antiq. rom. et grec.,* p. 14), n'avait ni portes ni communication visible qui ouvrît sur le corps du temple. On n'y entrait que par la porte dérobée d'une enceinte fermée de murs, sur les derrières de l'édifice : c'était par là que les prêtres s'introduisaient avec leurs machines sans être vus ni reconnus. Mais il est un fait remarquable, un fait qui prouve sans réplique la destination de l'*adytum,* c'est qu'on y trouve une quantité de tubes et de conduits qui communiquent de ce réduit avec l'intérieur du temple, qui aboutissent aux différentes parties des parvis de la *cella,* et qui permettent ainsi à une voix de se faire entendre dans tout endroit du temple pendant que la personne et la place d'où part la voix restent cachées. »

Nous donnons d'après Rich, qui l'a tiré lui-même de l'ouvrage de Labacco (*Libro dell' architteture,* Rome, 1558), le plan *a* de l'*adytum* d'un petit temple dorique existant jadis près du théâtre de Marcellus, à Rome. Cet adytum a été vu encore au XVIe siècle par Labacco.

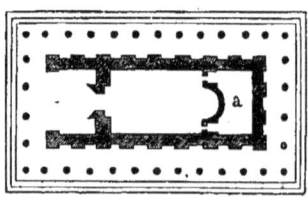

Temple dorique avec son adytum *a*.

Nous avons donné cet exemple parce que nous le croyons unique dans son genre et qu'on peut le considérer comme vrai, puisqu'il a été décrit et dessiné par un témoin oculaire.

On ne sait pas au juste comment les *adyta* étaient construits ; mais ce qui paraît certain, c'est que les uns se trouvaient au niveau du sol et les autres étaient souterrains, et que leur entrée était quelquefois sous terre : ce dernier point est établi d'une manière évidente par le passage suivant de Pausanias (liv. II, c. 2) : « Le temple de Palémon est dans l'enceinte de celui de Neptune, à gauche... Il y a aussi un *adytum* dont *l'entrée est sous terre.* On dit que Palémon y est caché. »

Les anciens profitaient aussi des grottes et cavernes naturelles pour les transformer en *adyta ;* l'un des plus célèbres de la Grèce était celui de Delphes, qu'on nommait l'antre de Delphes. (Paus., l. 10, c. 24.)

Quelques auteurs ont confondu la *cella* avec l'*adytum ;* cette confusion s'explique facilement, puisque la cella où habitait la divinité était considérée comme un adytum ; nous citerons comme exemple le temple de Héra à Ægium, ou celui d'Ilithyie, à Hermione, dans lesquels les prêtresses seules étaient admises à voir les statues de ces deux déesses. (Paus., II, 35, 10 ; VII, 23.)

Dans certains temples, les cella de ce genre étaient quelquefois ouvertes à ceux qui avaient accompli les purifications, qui avaient fait les lustrations (χάθαρσις). Quelquefois l'adytum comprenait le temple tout entier et s'étendait même en dehors du temple à une enceinte close et quelquefois à un bois, tels que l'enceinte de Zeus sur le mont Lycée, en Arcadie (Paus., VIII, 38, 6), le bois sacré des Euménides à Colone, dans l'Attique (Soph., *Œd. Col.*, 125), le bois d'Artémis Soteira de Pellène, dans l'Achaïe (Paus., VII, 27), ou celui des Grandes déesses à Mégalopolis, en Arcadie (Paus., VIII, 31, 5).

**ÆDES.** Mot qui servait à désigner, chez les Romains, un édifice, une maison, le logis, le temple. (Voy. MAISON, TEMPLE, etc.)

**ÆDICULA.** Diminutif de *œdes*, qui sert à désigner une petite construction, une maison de peu d'importance, une partie de la maison, soit une chambre, soit une cellule ; mais ce mot était surtout appliqué aux édicules sacrés, votifs ou commémoratifs, ou funéraires. (Voy. ÉDICULE.)

**ÆGICRANE,** *s. m.* — (De ἄιξ, ἄιγος, bouc, chèvre), tête de bouc ou de chèvre, dont les sculpteurs de l'antiquité ont fait un motif d'ornementation à l'aide de bandelettes et de guirlandes de feuilles, de fleurs et de fruits. Cet ornement décorait certaines frises d'entablement, mais il était surtout employé dans la décoration des autels et des tombeaux.

L'exemple que nous donnons décore un autel qui est au musée du Capitole.

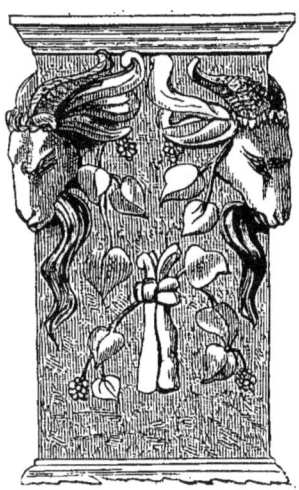

Ægicrane du musée du Capitole.

**ÆOLIPYLE.** Voy. ÉOLIPYLE.

**AÉRAGE,** *s. m.* — Action de renouveler l'air d'une enceinte fermée de toutes parts. (Voy. VENTILATION.)

**AÉRER,** *v. a.* — Renouveler l'air d'une enceinte fermée ; on aère les salles d'hôpitaux, les navires, etc. On dit d'un édifice qu'il est bien aéré, lorsque rien ne s'oppose à ce qu'il reçoive la salutaire influence de l'air. (Voy. VENTILATION.) .

**AÉRIENNE** (PERSPECTIVE). Voy. PERSPECTIVE.

**AÉROMÈTRE,** *s. m.* — Appareil servant à mesurer la condensation ou la raréfaction de l'air, et qui est indispensable pour les études de VENTILATION. (Voy. ce mot.)

**AÉROMÉTRIE,** *s. f.* — Mesure de la constitution physique de l'air et de ses effets mécaniques.

**AÉTOMA,** *s. m.* — Synonyme de AETOS (voy. ce mot), du grec ἀέτωμα, synonyme de ἀετός, fronton.

**AÉTOPHORE,** *adj.* — Qui porte l'aigle, épithète donnée souvent à Jupiter parce qu'on représente souvent ce dieu portant un aigle sur la main. (Paus., l. 5, c. 22.)

**AETOS,** *s. m.* — Du grec ἀέτος, ἀέτου, aigle, pignon, fronton, désigne en architecture la partie culminante de la façade des temples, le Fronton (voy. ce mot), à cause de la ressemblance de ce membre d'architecture avec la figure d'un aigle planant dans les airs ; de là, par extension, les Grecs donnèrent le nom de *ptera* (πτèρον), ailes, aux colonnades extérieures situées de chaque côté des temples. (Voy. Aile.) Les Romains eux-mêmes, bien qu'ils eussent dans leur propre langue le mot *fastigium* pour exprimer fronton, se servaient aussi du mot grec aetoma, puisqu'on le trouve dans une inscription latine du recueil de Reinesius (*Syntagma inscript. antiq.*, t. 1, p. 255, n° 17), *ad extractionem ÆTOMÆ.*

**AFFAIBLIR,** *v. a.* — Rendre faible; en voulant pousser une œuvre d'art jusqu'à la perfection, il arrive parfois qu'on l'affaiblit.

**AFFAISSER,** *v. a.* **S'AFFAISSER,** *v. t. r.* — Descendre, ployer sous son propre poids. On dit qu'un bâtiment s'affaisse lorsque, par certains vices de construction, il cède, il baisse, il tombe sous son propre poids. L'Affaissement (voy. ce mot) peut provenir de diverses causes, comme nous le verrons dans le mot suivant.

**AFFAISSEMENT,** *s. m.* — Effet qui peut se produire dans les bâtiments par deux causes différentes et qui se présente sous deux états.

Dans le premier cas, il faut ranger les affaissements qui sont produits par le manque d'épaisseur et de force suffisante des points d'appui ou de l'ossature d'un bâtiment, ce qui le fait en quelque sorte ployer sur lui-même et en désunit les diverses parties.

La seconde cause réside dans le peu de résistance du sol qui se comprime sous la charge de la construction. Dans ce dernier cas, qu'on nomme plutôt Tassement (voy. ce mot), il n'y a pas toujours désunion des parties constituantes de la construction, surtout si le sol tasse d'une manière uniforme. Il n'y a pas non plus désunion, lorsque le tassement se fait suivant une direction inclinée, pourvu toutefois que le mouvement ait lieu suivant une progression régulière. Par exemple, il n'y a pas de déchirures dans la *tour penchée de Pise*, ni dans celle *de Bologne* qui sont très-fortement inclinées. Mais les exemples de ce genre sont extrêmement rares.

Les affaissements, quelle qu'en soit la cause, quelle que soit la manière dont ils se produisent ou se manifestent, les affaissements, disons-nous, sont toujours des accidents très-fâcheux contre lesquels on ne saurait trop se prémunir.

Le meilleur, le seul moyen de les éviter consiste à établir les bâtiments sur des bons sols, ou rendus tels par des travaux ; ensuite il faut en bien construire non-seulement les fondations, mais encore les parties en élévation. Il faut, dans ce but, bien étudier les plans et donner une forme, et une épaisseur convenables aux murs, les bien relier entre eux par tous les moyens (et ils sont nombreux) que l'art des constructions met à la disposition de l'architecte et des constructeurs.

**AFFALER,** *v. a.* — Abaisser, soulager un cordage pour l'aider à courir dans sa poulie et le faire descendre; ce mot en usage en termes de marine a passé dans le langage des chantiers.

**AFFAMER,** *v. a.* — Ce mot s'applique à la pierre, au marbre, au bois, qui après l'Abatage ou l'Ébauchage (voy. ces mots) a été

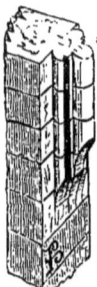

Affamer.

par accident ou ignorance tellement amaigri, qu'il ne reste plus assez de matière pour lui donner la forme, les dimensions ou le fini nécessaires.

AFFAMER. — Réduire l'épaisseur d'une construction, d'une pièce de bois et lui retirer ainsi une partie de sa solidité ou de sa force.

Notre figure représente un pilier du moyen âge affamé par la résection de la partie inférieure de ses colonnettes, circonstance qui se présente assez souvent à l'intérieur des églises anciennes et qui résulte soit du placement ultérieur de meubles fixes, comme des stalles, des chaires à prêcher, banc d'œuvre, etc., soit pour augmenter le nombre des places réservées aux assistants.

AFFERMIR, v. a. — Rendre stable, ferme, inébranlable. Quand un terrain est mou et compressible, on l'affermit, on le fortifie avant d'y jeter les fondations d'un bâtiment, soit au moyen de pieux ou pilotis, soit par des grils, des arcs jetés sur des puits de béton, soit de toute autre manière.

AFFILAGE, s. m. — Action d'affiler un outil.

AFFILE, s. m. — Nouet de toile plein de graisse, pour aider à affiler certains outils d'acier ou de fer.

AFFILER, v. a. — Donner le fil, le tranchant à un canif, un couteau, un outil quelconque ; cette opération consiste à passer les outils une fois aiguisés sur l'affiloir, pour leur enlever les *bavures* ou *morfils* qui subsistent sur ces outils après l'aiguisage.

AFFILER les dents d'une scie qui ne coupe plus, c'est limer ces dents avec des limes triangulaires (*tiers-points*) ou rondes (*queues de rat*). Le tiers-point sert à affiler le tranchant des dents, la queue de rat creuse les parties arrondies entre ces mêmes dents.

AFFILER. — Faire passer à la filière des tringles d'or, d'argent, de cuivre, pour les étirer en fils.

AFFILER. — Planter des arbres à la file les uns des autres ; on emploie aussi le mot ALIGNER.

AFFILEUR, s. m. — Celui qui affile les outils.

AFFILOIR, s. m. — Instrument d'acier qui sert à affiler.

AFFILOIRES, s. f. p. — Pierres à aiguiser assorties et encastrées dans du bois ; ces pierres calcaires ou siliceuses sont à grains plus ou moins fins ou serrés.

Dans les ateliers d'architecte, les jeunes gens se servent, pour aiguiser et affiler leurs scalpels ou leurs canifs, de certaines ardoises.

AFFINAGE, s. m. — Action d'affiner.

AFFINER, v. a. — Rendre plus pur, purifier ; on affine l'or, l'argent, le fer, etc. Ce mot signifie aussi rendre plus fin, réduire en poudre très-fine : ainsi on affine le ciment ; enfin rendre plus pointu : on affine les clous en les passant sur la meule ; on appelle cette opération *faire la pointe.*

AFFINERIE, s. f. — Lieu où l'on affine ; on dit affinerie de fer, de cuivre, etc. ; ce mot désigne aussi une petite forge, au moyen de laquelle on étire le fer et le fil d'archal.

AFFINEUR, s. m. — Celui qui affine ; ce mot était usité dès le XIVᵉ et le XVᵉ siècle.

AFFLEUREMENT, s. m. — Juxtaposition de deux corps, telle que la face de l'un ne fasse pas de saillie sur l'autre. Lorsque deux surfaces verticales ou horizontales ne sont pas *à fleur* l'une de l'autre, on les affleure, soit en réduisant la saillie de celle qui dépasse, soit en ajoutant à l'épaisseur ou à la hauteur de celle qui se trouve en retraite.

Lorsque la différence est peu considérable, on affleure quelquefois les deux surfaces au moyen d'une portion de plan biais.

On nomme *désaffleurement* le contraire d'affleurement.

AFFLEURER, v. a. — Juxtaposer deux corps de telle sorte que la surface de chacun d'eux se trouve dans le même plan.

Mettre de niveau deux corps contigus, de manière que l'un ne fasse pas saillie sur l'autre, comme une porte en feuillure, une trappe au niveau d'un plancher, les assises d'un mur, etc.

AFFOUAGE, s. m. — Droit de prendre dans les bois ou forêts, des bois de chauffage ou même de construction.

Ce droit tient essentiellement à l'habitation, au feu, et pour pouvoir en jouir, il faut de toute nécessité avoir son ménage, son feu dans la commune. Le droit d'affouage appartient à celui qui habite la maison, au locataire et non au propriétaire. Ce droit ne peut se céder ni se transmettre.

De ce que certains bois communaux sont soumis à l'affouage, il ne s'ensuit pas qu'ils soient affranchis du régime forestier ; ils sont soumis aux aménagements annuels, et les taillis peuvent servir au chauffage des habitants, et les arbres de futaies être distribués pour les constructions aux propriétaires de maisons; cependant les arbres de haute futaie ne peuvent être abattus avant d'avoir atteint l'âge fixé par les règlements d'aménagements. (Ord. du 1er août 1827.)

L'État ou les communes peuvent toujours s'affranchir de l'affouage au moyen du cantonnement. (*Code forest.*, art. 61, 62, 63, 109.)

Nous n'en dirons pas plus long sur l'affouage, nous renverrons le lecteur en quête de renseignements aux ouvrages spéciaux, notamment au Répertoire de Dalloz, aux mots *Forêt, Affouage, Biens communaux*, etc.

AFFOUILLEMENT, s. m. — Excavation qui se produit souvent au pied des fondations établies dans une eau courante. Cette excavation, en déchaussant les fondations et en les privant de leur point d'appui, en détermine tôt ou tard la ruine.

Aussi, pour empêcher les affouillements, les piles de ponts et les constructions hydrauliques situées aux bords de l'eau ou dans l'eau sont fondées sur des pilotis ou dans un encaissement solide formé de palplanches que l'on remplit de bétons ou d'enrochements.

Lorsque les fondations n'ont pas été établies sur pilotis ou dans un encaissement, on pré-

vient les affouillements en formant un enrochement à pierres perdues au pied des fondations.

AFFRANCHIR, v. a. — Dans le langage des chantiers, on dit qu'on affranchit une pompe lorsqu'on lui fait jeter plus d'eau qu'il n'en arrive dans une fondation pour l'épuiser.

AFFOURCHEMENT, s. m. — Action d'affourcher.

AFFOURCHER, v. a. — Joindre par un double ou un triple assemblage deux pièces de bois avec languettes et rainures de l'une dans l'autre; quelques auteurs appellent à tort affourcher un simple assemblage à rainure et languette, c'est faux, puisque l'étymologie du mot *fourche* indique plusieurs dents, c'est-à-dire plusieurs languettes.

AFFRONTÉ, ÉE, *part. passé du v. ac.* affronter. — Terme de BLASON (voy. ce mot), se dit de deux têtes de deux animaux qui se regardent et sont figurés front contre front; en architecture, en numismatique, ce mot est appliqué à des objets, des ornements, des figures, des têtes disposés face à face.

Le contraire d'affronté est ADOSSÉ. (Voy. ce mot.)

AFFUT ou FUT, s. m. — Monture d'un outil; affût d'un ciseau, d'un rabot, d'un bouvet, d'une scie, etc.

AFFUTAGE, s. m. — Action d'affûter, assortiment d'outils nécessaires à un ouvrier.

AFFUTER, v. a. — Ajuster les outils aux *fûts* qui servent à les maintenir dans la position la plus propre pour les faire couper; et, par extension, ce mot signifie aiguiser les outils pour les rendre plus tranchants, plus aigus; on affûte un canif, un crayon, etc. — Quand un ouvrier a ses outils au grand complet, qu'il ne ne lui en manque aucun, on dit qu'il est bien affûté.

AGATE, s. m. — Variété de quartz, coloré

de diverses nuances, dont il existe quatre sortes principales : l'*agate orientale* ou onyx blanc, ou jaune pâle avec des veines très-blanches, jaune foncé ou rouge; la *cornaline rouge*; la *noire*, qui ressemble au jais avec des filaments blancs; enfin l'*agate* dite d'*Allemagne*, blanchâtre et bleutée, qui est la plus tendre et la moins estimée.

Parmi ces agates, les unes comme l'onyx sont employées pour des décorations architecturales en placage ou en colonnettes, vasques et fontaines; les autres, plus précieuses, pour des objets en marqueterie.

Les ouvriers nomment *agate* un instrument qui sert à brunir l'or, parce que c'est un manche d'outil, dans lequel est enchâssé de l'agate.

**AGENCE DES TRAVAUX**, *s. m.* — Bureau de l'architecte sur un chantier; ce bureau contient un cabinet pour l'architecte en chef et un ou deux pour les inspecteurs; et un atelier pour les dessinateurs, sous-inspecteur, conducteur, piqueur, vérificateur. Les entrepreneurs, eux aussi, ont une *agence* sur leurs chantiers, mais celle-ci prend le nom de *bureau de l'entrepreneur*.

**AGENCEMENT**, *s. m.* — Arrangement intérieur d'un local, d'une boutique, d'un magasin, d'une industrie, *local à louer tout agencé*, avec son *agencement*.

Par extension, on dit qu'un édifice est bien *agencé*, quand les distributions intérieures satisfont aux divers services et quand les détails s'accordent, sont en harmonie avec l'idée principale et forment un ensemble complet.

**AGENCER**, *v. a.* — Arranger, ajuster, distribuer, faire un agencement.

**AGGER**. — Ce mot avait chez les Romains plusieurs significations; il désignait d'une manière générale tout amoncellement de matériaux, de terre, de bois, de pierre.

C'était aussi un retranchement ou un rempart artificiel dont on entourait le camp (*castrum*); une levée sur laquelle étaient bâtis des murs et des tours pour la défense de villes fortifiées; une terrasse de terre, de bois, élevée

au pied des murailles d'une ville assiégée; une levée ou digue sur les bords d'une rivière; enfin, une chaussée; l'*agger* des Romains était le χῶμα des Grecs.

**AGGLOMÉRAT**, *s. m.* — Ce mot, qui a été employé d'abord en minéralogie, désigne la réunion de pierres ou de produits minéraux par la cémentation ou la fusion incomplète; les poudingues, certaines brèches sont des *agglomérats*. On fait aujourd'hui des matériaux factices auxquels on donne le nom d'*agglomérés*. (Voy. BÉTON.)

**AGIAU**, *s. m.* — Les doreurs désignent par ce mot une sorte de pupitre, sur lequel ils placent les livrets qui contiennent les feuilles d'or, d'argent ou de bronze.

**AGONALES**, *s. f. p.* — Fêtes données en l'honneur de Janus.

**AGONOTHÈTE**, *s. m.* — Président des jeux sacrés chez les Grecs.

**AGORA**, *s. f.* — Nom que donnaient les Grecs à une place analogue au *forum* des Romains. (Voy. FORUM.)

En général, l'agora était de forme carrée ou quadrangulaire, mais souvent aussi elle affectait la forme de la configuration du terrain sur lequel elle était située. Autour de la place, il y avait des portiques à un ou deux rangs de colonnes. Ces portiques étaient couverts en tuiles ou surmontés d'une terrasse. Quand ils possédaient des peintures on les nommait POECILES (voy. ce mot). L'agora servait aux assemblées du peuple et les magistrats dans certaines villes y rendaient la justice, dans d'autres on y vendait des denrées. Souvent dans l'enceinte des agoras on élevait des temples, des autels et des statues aux dieux.

Une des agoras les plus célèbres était celle d'Athènes, située dans le Céramique (Paus., I, 3, 17); elle était située au sud-ouest de l'ACROPOLE (voy. ce mot) et de la colline de l'Aréopage. Elle mesurait 450 mètres de longueur sur 300 mètres de largeur.

Le double emploi de l'agora explique pourquoi ce mot signifie deux choses différentes, un marché et une assemblée.

Dans certains pays, en Thessalie, par exemple, il existait deux agoras : l'une pour les assemblées était située *place de la liberté* (ἐλευθέρα ἀγορά); l'autre était un marché proprement dit. (Arist., *Polit.*, VII, c. XI, § 2.)

Cette séparation exista aussi à Sparte, et cela dès l'origine, en vertu des institutions de Lycurgue, qui, au dire de Plutarque, attachait la plus grande importance à ce que rien ne vînt troubler ou distraire les citoyens des affaires qui leur étaient soumises. On comprend dès lors l'utilité de deux agoras, car sans cela il eût été bien difficile aux citoyens de parler au milieu du bruit des marchands.

Certaines villes, Athènes notamment, avaient même des marchés distincts pour chaque industrie ; nous savons en effet que Périclès y fit construire une halle aux blés et aux farines (ἀλφιτοπῶλις στοά) (*Schol. Aristoph. acharn.*, p. 547), et certains marchés étaient divisés eux-mêmes par compartiments (κύκλοι), ainsi que nous l'apprend Pollux (VII, 11), dans la Nouvelle Comédie. Dans ces marchés, les marchands étaient installés autour de l'agora dans des boutiques, d'autres dans des baraquements mobiles, enfin sous de simples tentes.

Les femmes libres se gardaient bien de se rendre à ces marchés, ou même d'y envoyer les femmes attachées à leur service ; c'étaient les hommes, des esclaves, qui étaient chargés de ce soin, et qu'à cause de cela on nommait ἀγοραστής. (Athen. IV, 70, c. 171.) Quelle a été l'origine des agoras, M. G. Perrot (*Essai sur le droit public d'Athènes*, p. 4) nous l'explique parfaitement pour la cité de Minerve :

A Athènes, dit-il, les assemblées paraissent être tenues dans la vallée qui se creuse à l'ouest de la citadelle, dans l'espace que laissent entre elles les collines du Musée, de l'Acropole, de l'Aréopage et où l'on cherche ordinairement le Pnyx. Centre primitif de la cité naissante, cette vaste place fut ornée d'arbres par Cimon, le vainqueur des Perses. Peu à peu cette place s'entoura de nombreux édifices ; c'était là que s'ouvraient au public le palais du Sénat (Βουλευτήριον) et la plupart des tribunaux ; c'était là aussi que se trouvaient réunies, comme aujourd'hui dans toutes les villes d'Orient, les boutiques où s'achetaient les objets nécessaires à la vie ; c'était là que la foule se pressait devant les comptoirs des changeurs et les échoppes des barbiers. L'agora resta pour Athènes ce qu'était le forum pour la ville aux sept collines, l'endroit où l'on se trouvait sans cesse ramené par la curiosité, par la politique, par les affaires, le point vers lequel affluait toute la vie ; pour tout dire, en un mot, ce fut toujours le cœur même de la cité. Mais à mesure que se développaient le commerce et l'activité d'Athènes, cette place s'encombrait de plus en plus. Il fallait pourtant un espace libre et commode pour les assemblées. C'est à cette fin que fut préparée une enceinte qu'on appelait le Pnyx, où se tenaient les assemblées ordinaires. »

Nous avons donné cette longue citation non-seulement pour montrer l'origine des

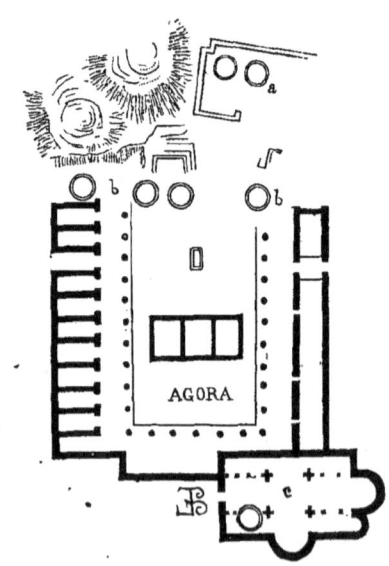

Agora d'Antiphellus. *a*, *b*, silos ; *c*, basilique.

agoras, mais pour bien indiquer que la vie et le mouvement des Athéniens étaient concentrés sur l'agora ; ce fait caractéristique est fort bien indiqué par M. Perrot. Étudions maintenant ou plutôt signalons les principales agoras qui existent encore ou sur lesquelles nous avons des détails intéressants.

Nous devons avouer qu'il nous reste bien peu d'agoras grecques, et pour bien nous représenter ce qu'elles étaient réellement nous sommes obligés d'emprunter beaucoup de détails aux forum des Romains.

Vitruve (V, I) nous apprend que, « chez les Grecs, la place publique était carrée, et que tout autour de celle-ci il régnait des doubles portiques fort larges, dont les colonnes rapprochées soutenaient des architraves de pierre ou de marbre avec des galeries au-dessus. »

M. Texier (*Voyage en Asie Mineure*, t. 1, pl. 62 ; t. 3, pl. 29) aurait retrouvé en Asie Mineure trois agoras : la première à Pessinunte, qui est une restauration bien hypothétique de cet auteur ; la seconde à Cnide, qui formait un carré presque parfait : elle était entourée de portiques d'ordre ionique, et avait sur le quai du côté du port une rangée de portes ; enfin la troisième à Antiphellus ; nous en donnons ci-contre le plan et ci-dessous la description d'après M. Texier. (*Voyage en Asie Mineure*, t. 3, pl. 191, 192.)

L'agora, dit-il, s'étend sur une terrasse au pied de la colline de l'Acropole ; les murs sont en appareil polygonal ; les colonnes des portiques sont çà et là couchées par terre. Au centre s'élève un piédestal rectangulaire, supporté sur trois marches en pierre de taille ; la face supérieure est percée de quatre trous qui retenaient une statue de bronze. On observe au nord de l'agora plusieurs salles taillées dans le roc, qui dépendaient des magasins souterrains ; en avant de ces chambres sont six silos creusés dans le sol : ce sont des greniers de forme ovoïde de sept mètres de haut sur cinq de large ; c'est une preuve qu'Antiphellus faisait un grand commerce de grains .»

On peut voir par cet exemple qu'un agora pouvait servir non-seulement de marché, mais encore d'entrepôt pour les grains.

Nous n'en dirons pas davantage sur les agoras, mais ceux de nos lecteurs qui désireraient des renseignements plus complets pourront consulter, à part les travaux cités dans le cours de cet article, les ouvrages des écrivains ou des explorateurs suivants :

Stuart et Revett, *Antiq. d'Athènes* ; Canina, *Arch. greca* ; Sprat and Forbes, *Travels in Licia* ; E. Cartius, *Ueber die Markte hellen Stadte*, 1848 ; du même, *Attische Studien*, 1865, II ; Guhl, *Lebender Griechen*, 2° éd., p. 115-120 ; Otto Müller, *Ueber die athen. Agora*, 1839 ; Becker, *Charikles*, 2° éd., t. 2, p. 124 à 160 ; Westermann, in *Pauly's Real-Encyclop.*, t. 1, 2° éd., p. 577 à 580 ; Grote, *Hist. de la Grèce*, t. 2, p. 301 de la traduct. franç.; Wachsmuth, *Hellen. Alterthums Kunde*, 2° éd., t. 1, p. 345 ; Büchsenschütz, *Besitz and Erwerb*, Halle, 1869, p. 470 et s.; C. Bursian, *de Foro athen.*, Zurich, 1865.

**AGLOUCLA ou BOIS D'AIGLE, s. m.** — Bois d'un gris noirâtre, originaire de l'Inde, employé dans la tabletterie. Il répand une odeur agréable lorsqu'on l'approche du feu.

**AGRAFE, s. f.** — Synonyme aujourd'hui peu usité de TIRANT et de HARPON. (Voy. ces mots.) On emploie davantage ce mot dans le sens de *crampon* ; c'est un morceau de fer ou de bronze recourbé à ses deux extrémités ou affectant la forme d'une double queue d'aronde, qui sert à relier les pierres entre elles pour empêcher leur désunion, leur disjonction.

Dans les travaux de peu d'importance ou faits avec économie, on se sert d'agrafe en bois en queue d'aronde.

Autrefois on donnait aussi le nom d'agrafe aux clés des arcs lorsqu'elles étaient sculptées en forme de console.

En marbrerie, on emploie des agrafes qui ont une de leurs extrémités coudée et l'autre en queue de carpe. Ces agrafes servent à relier les chambranles des cheminées avec les jambages. Pour les travaux de marbrerie, on se sert d'agrafes en cuivre ou en bronze, ou tout au moins on a soin de les galvaniser avant leur emploi, afin d'éviter les fâcheux effets que produirait leur oxydation.

En serrurerie, l'agrafe est une boucle de fer à patte ou à vis fixée à un volet intérieur de boutique ou d'appartement, et qui, accrochée par l'un des pannetons de l'espagnolette de la porte ou de la fenêtre, permet de fermer à la fois celles-ci et le volet. Ce genre d'agrafe se nomme aussi, à cause de sa position, *contre-panneton*.

En couverture, les agrafes sont de petites bandes de zinc ou de tôle galvanisée clouées sur le voligeage à la partie inférieure d'une lame de zinc, s'engageant sous le rebord de la feuille inférieure ; ces agrafes sont ainsi placées pour empêcher l'action des vents ou toute autre cause de soulever les feuilles.

L'extrémité d'une couverture en zinc doit être toujours pourvue des *bandes d'agrafe.* On nomme ainsi une bande de zinc clouée à la partie inférieure d'une couverture et qui sert à agrafer les feuilles de zinc placées au-dessus.

En termes d'antiquités, on nomme agrafe les petits objets servant à attacher les vêtements, les armes, la coiffure, etc. L'agrafe la plus employée était une forte épingle qu'on engageait dans un crochet d'arrêt après avoir piqué l'étoffe du vêtement; les broches modernes de dames peuvent donner une idée de ces sortes d'agrafes qui recevaient des formes variées et qu'on faisait en os, en ivoire, en bronze, en argent et en or.

**AGRAFER,** *v. a.* — Attacher, fixer, unir, fermer au moyen d'une agrafe.

**AGRANDIR,** *v. a.* — Donner plus d'étendue à un bâtiment, à un édifice, à un jardin. Il ne faut pas confondre ce mot avec *grandir.* Ainsi un plan est à 0,01 pour mètre; si on le dessine à 0,02, *on grandit ce plan.*

**AGRANDISSEMENT,** *s. m.* — Action d'agrandir; on agrandit une ville en y ajoutant un nouveau quartier : on dit alors les agrandissements d'une ville.

**AGRÉGAT,** *s. m.* — Masse produite par la réunion de diverses substances pouvant former un corps solide; le ciment et le silex concassé forment un bon agrégat.

**AGRÈS,** *s. m.* — Ensemble des machines employées dans les travaux de bâtiment et des objets servant à les faire fonctionner. Lorsqu'un entrepreneur a terminé ses travaux ou qu'il les abandonne pour une cause quelconque, il doit procéder à l'enlèvement de ses *agrès,* comme de ses outils, équipages, matériaux et autres objets à lui appartenant.

Agrès, tout ce qui n'est pas la coque, les mâts, les munitions, les vivres dans un navire. La coque, les *agrès* et les apparaux sont l'hypothèque du loyer de l'équipage. (*C. civ.,* art. 271.)

**AGRÈS.** — Moufles, poulie et cordage faisant partie de la chèvre des maçons. (Voy. CHÈVRE.)

**AGROUPER,** *v. a.* Mettre en groupe. (Voy. GROUPER.)

**AHAH ou HAHA,** *s. m.* — Ouverture pratiquée dans un mur d'enceinte d'un parc, d'un jardin, et qui n'a pas de grille. Cette ouverture au niveau d'une allée est terminée par un saut de loup. On pratique des ahahs, afin d'agrandir la perspective d'une allée d'un jardin, qui paraît agrandie de tout l'espace situé au delà du fossé; on ne s'aperçoit de la présence d'un ahah qu'arrivé au bord du saut de loup.

**AIDE,** *s. m.* — Ouvrier qui dans un chantier sert de manœuvre à un maçon, à un couvreur, à un compagnon quelconque. On dit dans la langue des chantiers, un garçon et son aide, un aide-limousin, etc.

**AIDEAU,** *s. m.* — Pièce de bois que l'on passe en travers des RIDELLES (voy. ce mot) d'une charrette, d'un chariot, pour relever la partie antérieure de pièces de bois et les empêcher de porter sur le limonier.

**AIDE-RESSORT,** *s. m.* — Petite pièce de fer ou d'acier, montée sur platine, qui, justifiant son nom, aide le ressort d'une serrure souvent trop faible eu égard au poids de son bouton.

**AIGLE,** *s. m.* et *f.* — L'aigle a joué un grand rôle dans les productions de l'art; il a été employé comme motif de décoration dans les frises d'entablement, dans les chapiteaux dans lesquels il a souvent remplacé les volutes, enfin en caractère ou marque.

Les Perses avaient pour bannière un aigle d'or. Les Grecs avaient fait de cet oiseau le porte-foudre de Jupiter, et ce Dieu s'était métamorphosé en aigle pour enlever Ganymède dans les cieux.

Les Romains avaient la hampe de leurs drapeaux terminée par un aigle, et dès l'époque de Marius l'enseigne romaine fut une aigle d'or ou d'argent placée sur une pique.

Au moyen âge, l'aigle, comme animal évangélique, formait le corps de beaucoup de lutrins, de là l'expression de chanter à l'aigle, pour dire chanter au lutrin ; aussi le vulgaire employait-il indifféremment aigle pour lutrin. (Voy. ANIMAUX, LUTRIN.)

L'aigle a aussi joué son rôle dans le blason ; c'était l'emblème des gouvernements impériaux, et aujourd'hui il figure sur l'écusson et le drapeau de trois puissances européennes, où il se présente sous diverses formes.

C'est un animal évangélique personnificateur de saint Jean.

Pour tous ces motifs, il ne faut pas s'étonner que cet animal se rencontre fréquemment dans l'ornementation, car il a joué un grand rôle dans la mythologie, dans l'histoire ancienne et moderne.

**AIGRE**, *adj.* — Fer qui se rompt facilement à froid. Cet état du fer est dû à la présence de corps étrangers dans sa composition, tels que le soufre, le carbone, le phosphore, l'arsenic, etc. On dit qu'un outil est *aigre*, quand sa trempe est trop dure et par conséquent sujette à casser, à s'égrener ; on fait *revenir* alors cet outil, en le chauffant, pour diminuer sa trempe. (Voy. REVENIR.)

**AIGREMORE**, *s. m.* — Poussier de charbon tendre provenant de la carbonisation du bois de saule de tilleul, etc.

**AIGU, UE,** *adj.* — Terminé en pointe ou en tranchant ; tranchant d'une lame quelconque, d'une cognée, d'un ciseau ou pointe d'une vrille.

En géométrie un angle aigu est un angle moins ouvert que l'angle droit.

**AIGUE-MARINE,** *s. f.* — Pierre précieuse d'un ton verdâtre très-pâle. Les lapidaires nomment aigue-marine orientale, le coridon hialin vert.

**AIGUILLE,** *s. f.* — Ce terme même en nous renfermant dans le cadre de notre ou-

vrage a de très-nombreuses significations.

En architecture, il est synonyme d'OBÉLISQUE (voy. ce mot), il sert aussi à dénommer toutes les parties des monuments du moyen âge qui affectent la forme pyramidale aiguë, tels que PINACLES, CLOCHETONS, FLÈCHES DE CLOCHERS, etc. (Voy. ces mots.)

On donne aussi ce nom à quelques monuments antiques d'un caractère funéraire et qui présentent une forme analogue à l'aiguille. (Voy. FUNÉRAIRE, *Monument*.)

En charpente, on nomme *aiguille pendante*, une tige de fer supportant une pièce de bois horizontale (entrait) et la rattachant à une autre pièce située dans un plan supérieur. On en fait un fréquent usage dans les fermes à grande portée. Les aiguilles pendantes peuvent être en bois. On nomme aussi, en charpente, *aiguille* une pince ou pied de chèvre pouvant servir de levier.

En serrurerie, l'aiguille est une longue broche en fer possédant à l'une de ses extrémités un œil, qui sert à faire passer dans le trou d'un mur percé *ad hoc*, le fil de tirage ou *cordon* d'une sonnette.

En maçonnerie, l'aiguille ou *trépan* est un outil acéré par le bout et servant à percer la pierre.

Dans la langue des ingénieurs, les aiguilles sont, dans un barrage fait en rivière, des pièces de bois retenues en tête par la BRISE (voy. ce mot), qui portent par le pied sur le seuil d'un pertuis et qui servent à le fermer pour élever le niveau de l'eau en amont et donner passage aux bateaux. Les ingénieurs appellent aussi *aiguilles*, des bouts de rails terminés en pointe, en aiguille, qui servent à changer de voie.

Enfin, ils nomment *aiguille d'un pont*, la face du pilier terminé en bec.

**AIGUISER,** *v. a.* — Faire la pointe ou le tranchant d'un outil ; on aiguise sur des pierres dures, du bois, des AFFILOIRS (voy. ce mot), suivant la nature de l'outil.

**AILE,** *s. f.* — Ce mot en architecture a diverses significations. C'est par une métaphore très-logique qu'on a appliqué de tout temps le nom d'*ailes* aux parties d'édifices qui, par la place qu'elles occupaient de chaque côté de l'édifice principal, se trouvaient placées comme les ailes de l'oiseau le sont par rapport à son corps.

En Égypte, on nommait ainsi des constructions pyramidales placées de chaque côté de la façade des temples. Cette forme pyramidale est un type très-caractéristique de l'architecture égyptienne.

En Grèce, les ailes ou πτερά étaient dans les temples ces rangées latérales de colonnes isolées qui régnaient le long des murs intérieurs ou extérieurs. C'est la disposition de ces colonnes qui fit donner aux temples les noms distinctifs de temple Diptère, Monoptère, Périptère, Pseudodiptère, Pseudopériptère. (Voy. ces mots.)

Le nom d'*ailes* s'appliquait également aux colonnades qui divisaient l'intérieur des temples ou des vestibules en plusieurs parties. Cette désignation s'est conservée jusqu'à nous, puisqu'on nomme de même les bas côtés ou collatéraux des églises ; mais on se sert ordinairement de ce mot pour désigner la partie latérale d'un bâtiment formant angle sur le corps principal, ou adjacente à un bâtiment central, et ayant une importance moindre au point de vue de la décoration et de la destination.

Les bâtiments en aile sont rarement uniques ; ils se répètent presque toujours de manière à satisfaire la symétrie de l'ensemble ; et suivant le côté qu'occupent les ailes par rapport au bâtiment principal et non par rapport au spectateur, on les appelle *aile gauche, aile droite*.

Dans notre figure, les ailes sont d'une teinte plus foncée.

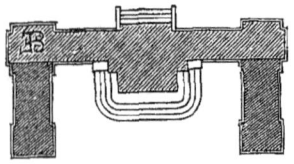

Bâtiments en aile.

En maçonnerie, on nomme *ailes de lucarnes* les côtés adossés au rampant de la couverture et qui ont la forme d'un triangle ; on dit aussi Jouées de lucarnes. (Voy. ce mot.)

Dans une cheminée, les ailes sont les deux côtés du mur dossier sur lequel reposent le manteau et le tuyau de cheminée. Celui qui fait élever la cheminée doit rembourser au voisin, si le mur séparatif n'est pas mitoyen, la moitié du mur dans la largeur occupée par les tuyaux, et en outre une portion dite *pied d'aile* (0,32) mesurée de chaque côté desdits tuyaux, car cette partie est à raison réputée nécessaire pour l'établissement de la cheminée, et c'est dans cette partie qu'on scelle les *boulins* pour *échafauder*.

Dans la langue des ingénieurs, ce mot a trois significations principales ; on nomme *ailes de pont* les évasures circulaires ou à pans coupés, pratiquées aux extrémités d'un pont pour faciliter l'accès de ce pont et la circulation. On limite ordinairement les évasures par des murs droits ou courbes, construits en avant de la tête du pont et servant de murs de soutènement. On les appelle *murs en aile*.

On nomme *ailes d'une écluse* les murs qui la limitent et qui forment une évasure ou un évasement à l'entrée et à la sortie de cette écluse ; *ailes de pavé*, les deux côtés en pente d'une chaussée pavée, lorsque celle-ci est séparée en deux parties par une rangée de pavés que l'on appelle *taïs*.

En serrurerie, l'aile ou l'*aileron* d'une fiche est la partie de cette fiche qui pénètre dans le bois, comme un Tenon dans sa Mortaise (voy. ces mots) ; c'est encore le mouvement de sonnette en forme de branche en y, qu'on nomme *ailes de mouche ;* c'est aussi

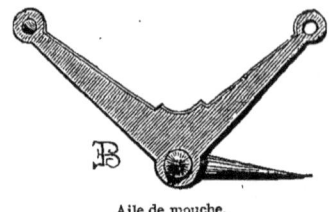

Aile de mouche.

les ancres en forme d'y employées aux angles des coffres de cheminées construits en briques ; enfin, en serrurerie, un fer à T est dit à larges ailes, lorsque la côte de ce fer a un profil très-saillant. (Voy. Côte.)

En mécanique, on nomme aile, les surfaces

planes ou courbes qui tournent autour de l'axe des ventilateurs employés pour l'aération des édifices et des mines; *ailes de moulin à vent,* de grands châssis couverts de toiles et garnis d'échelons qui sont fixés sur l'arbre de transmission de mouvement; on les appelle aussi *volants.*

AILERON, *s. m.* — Sorte de contre-fort imitant une console renversée, un enroulement, qui se retrouve fréquemment dans l'architecture dite *Jésuitique.* Il y remplit l'office d'appui, d'ADOUCISSEMENT ( voy. ce mot ) entre deux étages de largeur différente ou de simple ornement caractéristique. (Voy. JÉSUITIQUE ( *Architecture.* )

Les ailerons accotent souvent une lucarne, un portail, etc.

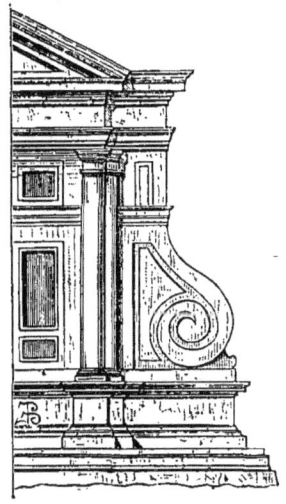

Aileron.

En serrurerie, les *ailerons* sont les parties de fiches encastrées dans le bois ; on dit aussi *ailes d'une fiche.* (Voy. AILE.)

En vitrerie, les parties saillantes et opposées des plombs de vitraux déterminant la rainure qui reçoit les bords des pièces de verre sont appelées *ailerons.*

AILETTE, *s. f.* — Diminutif d'aile, mais mot employé plutôt en mécanique qu'en architecture ; ainsi on dira les ailettes d'un anémo-mètre, mais plus rarement les ailettes d'un édifice, d'un bâtiment.

AIR, *s. m.* — L'un des éléments de la nature, qui a été assez étudié dans ces derniers temps et qu'on a pu utiliser comme force, sous le nom d'*air comprimé.* Ce nouvel agent a été appliqué à la VENTILATION (voy. ce mot), à des machines à perforer les roches et à la transmission ; on fait aujourd'hui des sonnettes d'appartement à l'aide de l'air comprimé. Nous ne doutons pas que, dans un avenir plus ou moins éloigné, l'air comprimé ne joue un très-grand rôle en dynamique, en mécanique, et dans la ventilation ; c'est du reste à l'heure actuelle une des grandes forces connues, mais que l'homme ne sait pas encore emmagasiner, employer et diriger convenablement.

AIRAIN, *s. m.* — Alliage de cuivre et d'étain et quelquefois de zinc, synonyme de BRONZE. (Voy. ce mot.) Un airain fort célèbre, dont on ne connaît pas la composition, c'était l'*airain de Corinthe.* On doit reléguer au rang des fables la découverte fortuite de ce métal qui aurait été produit par l'alliage de métaux fondus ensemble lors de l'incendie de Corinthe par Mummius, incendie survenu 146 ans avant J.-C.; or il est démontré que l'airain de Corinthe était fort réputé avant cette époque. On prétend qu'il entrait de l'or et de l'argent dans sa composition.

L'airain est connu de toute antiquité, puisque les peuples les plus anciens l'avaient appliqué à la fabrication des socs de charrue et des armes.

AIRE, *s. f.* — Du latin *area,* surface plane, superficie, espace vide ou découvert.

Dans l'antiquité, ce mot a toujours été appliqué à une surface unie, découverte et d'un espace limité.

On nommait ainsi des enceintes sacrées qui étaient fort en usage en Orient et que, dans les contrées occidentales et septentrionales de l'Europe, les Celtes limitaient par des pierres debout. (Voy. CELTIQUES ( *Monuments.* )

Les Romains apportaient un grand soin à l'exécution de leurs aires. Dans leurs bâtiments agricoles, ainsi que dans leurs maisons urbaines de médiocre importance, ils se contentaient d'aires en argile ou en terre à four bien battue. Dans quelques pièces seulement ils recouvraient ces aires d'un dallage en brique ou en tuiles posées à plat. Toutes les fois qu'ils voulaient obtenir des aires d'une grande solidité, ils les faisaient en béton ou en mortier de briques ou de tuiles pilées, mortier que Vitruve (VIII, 614) appelle *opus signinum* (1), et ils posaient ces aires sur un empierrement bien battu.

Lorsqu'ils voulaient leur donner plus de richesse, ils revêtaient leurs aires en béton ou en mortier de dalles de marbre ou de mosaïques.

D'après Varron, les Romains, après avoir fait leurs aires avec des terres fortes bien battues, les arrosaient d'un enduit fait avec de la lie d'huile (*amurca*), ce qui durcissait la surface et empêchait la croissance de l'herbe.

Columelle (*de Re rustica*, 1. 2, cap. 20) conseille le même enduit.

Palladius recommande de faire les aires avec des briques de *deux pieds* ou plus petites.

Aujourd'hui, l'aire est une place plus ou moins étendue limitée par les côtés d'un polygone; c'est en un mot la surface d'un polygone.

C'est aussi la superficie de terrain occupée par un bâtiment, un sol exécuté de main d'homme, établi sur la terre, sur une voûte, sur un plancher, etc.; c'est cette dernière acception du mot *Aire* qui sera l'objet de la fin de cet article.

Les aires se font en terre ou salpêtre battu, en sable, en argile, en cailloux ou cailloutis, genre d'aire appelé *empierrement*. Ce dernier mode est fort employé pour les voies publiques et autres espaces découverts (voy. CHAUSSÉES); enfin, on fait des aires en béton, en ciment, en mortier, en plâtre et en bitume; ce sont là des aires proprement dites.

D'autres qui se construisent avec des briques ou des carreaux de terre cuite, se nomment *carrelages*; celles qu'on nomme plus particulièrement *pavements* se font en pavés de grès, de granit, de laves, et même en marbre; ces dernières portent le nom de *dallages*, en raison de la conformation des matériaux qui les constituent. Il est enfin un dernier genre d'aire plus riche et plus somptueux que le précédent, c'est celui qu'on forme, comme les Romains, avec de la mosaïque.

Les aires en bois se nomment *parquets* et *marqueteries*. Quand elles sont formées de bois choisis, différents de ceux communément employés et d'essences variées, coupés et assemblés avec recherche, elles prennent la dernière dénomination.

Dans les campagnes, dans les constructions rurales, on emploie encore trop fréquemment les aires en terre battue que nous avons dit avoir été très-usitées dans les temps anciens; aujourd'hui cependant on commence à leur substituer assez volontiers celles en SALPÊTRE battu. (Voy. ce mot.) On forme ainsi le sol des caves et celliers, des granges et autres bâtiments agricoles (1).

Nous allons entrer dans quelques détails au sujet des aires en plâtre qu'on pose sur les planchers; pour les autres, nous renverrons le lecteur aux articles BITUME, CARRELAGE, DALLAGE, MOSAÏQUE, PARQUETS, PAVEMENT, etc.

Les aires en plâtre sont établies sur des bouts de BARDEAU (voy. ce mot) ou sur des lattes posées jointivement en travers des solives. Ce sont elles qui reçoivent la forme ou chape de gravois ou de plâtras sur laquelle on assied le carrelage, ou qui portent les lambourdes sur lesquelles on cloue le parquet lorsqu'un carrelage ou parquet les recouvre, ce qui n'a pas toujours lieu.

Le bardeau étant posé, on gâche assez serré du gros plâtre pur, et lorsqu'il commence à COUDER (voy. ce mot) on verse toute l'auge

---

(1) Cet ouvrage tirait son nom de la ville de Signia, aujourd'hui Segni, qui était fameuse par la bonne qualité de ses tuiles, et où avait été inventé l'*opus signinum*. (Columelle, I, 6, 12; Pline, *Hist. nat.*, XXXV, 46.)

(1) Voir, au sujet des aires de granges, ce que nous avons dit, page 342 et suivantes, dans notre *Traité des Constructions rurales*, un vol. in-8° jésus de 509 pages accompagnées de 576 figures intercalées dans le texte ou hors texte. Paris, Vᵉ A. Morel et Cⁱᵉ, 1875.

sur le bardeau, on étale ensuite le plâtre à la truelle en réglant son épaisseur à 0,05, en ayant soin que l'aire ne joigne pas tout à fait les murs ou les solives d'enchevêtrures, parce que la force d'expansion du plâtre rencontrant ces obstacles souleverait l'aire et la ferait rompre.

La construction des aires en plâtre devient inutile sur les planchers en fer qui sont hourdés pleins ; aussi l'usage des aires en plâtre se restreint chaque jour davantage, et l'on peut prévoir le moment où elles disparaîtront des constructions dans les pays en progrès.

On fait des *aires de recoupe* dans les allées des jardins, c'est-à-dire qu'on répand deux décimètres de recoupe de pierres qu'on pilonne fortement et qu'on recouvre de terre, de salpêtre battu, de sable ; c'est un excellent moyen d'affermir le sol des allées.

Enfin, on donne le nom d'*aire* à une surface plane dressée sur le sol et qui sert à tracer des ÉPURES (voy. ce mot), des profils ou autres dessins grandeur d'exécution.

En charpente, on nomme *aire* la charge supportée par les solives d'un plancher.

En serrurerie, l'aire est la face du marteau, ou la table de l'enclume.

En géométrie, c'est la surface d'une figure rectiligne, curviligne ou mixte. Mesurer l'aire d'un triangle, d'un cercle, d'un polygone, etc., c'est déterminer les dimensions de ces surfaces.

AIS, *s. m.* — Bois débité en planches de moyenne épaisseur (de 0,03 à 0,06 centimètres) et qu'on peut employer soit en charpenterie, soit pour de gros ouvrages de menuiserie. Ce mot est plus employé par les charpentiers que par les menuisiers ; ces derniers, en effet, se servent plutôt du mot *planche*. (Voy. PLANCHE et MADRIER.)

Les *ais de boutique* sont des planches de chêne qui servent à fermer les boutiques ; ce mode de fermeture, fort en usage anciennement, tend à disparaître depuis l'invention des fermetures mobiles faites en feuilles de tôles superposées.

Les *ais d'entrevoux* sont des planches de bois de chêne à feuillure, qu'on pose entre les solives d'un plancher haut pour couvrir le vide existant entre les solives qu'on laisse apparentes. Ce genre d'entrevoux, qui ne manquait pas d'élégance et qui était très-rationnel au point de vue de la construction, tend à disparaître ; car aujourd'hui les planchers en bois ou en fer sont recouverts de plâtre et enduits.

Les *ais de bateaux* sont des planches ordinairement en bois de sapin provenant du déchirage des bateaux. On emploie ces ais enduits de plâtre des deux côtés pour construire des cloisons légères qui donnent fort peu de charges aux planchers.

On nomme *ais feuillés* des planches sur les rives desquelles on a pratiqué une feuillure à mi-épaisseur.

Les peintres appellent *ais* les planches de chêne dont ils se servent pour étendre les bandes de papier de tenture pour y imprimer la colle.

AISANCES, *s. f. p.* (Voy. CHAUSSE D' ; LIEUX D' ; CABINET D' ; WATER CLOSETS ; et FOSSES D').

AISCEAU, *s. m.* — Instrument recourbé qui sert à polir le bois, il est surtout employé par les tonneliers.

AISSAN, AISSANTE, AISSEAU. Voy. BARDEAU.

AISSON, *s. m.* — Petite ancre à quatre bras.

AISSELIER, *s. m.* — Pièce de bois droite ou courbe qui fortifie l'assemblage de deux autres, tel que le lien qui s'assemble dans le petit ENTRAIT et dans l'ARBALÉTRIER. (Voy. ces mots.) On distingue les *grands aisseliers*, ceux que nous venons de désigner, et les *petits aisseliers* qui se placent dans les croupes des combles, et qui portent les EMPANONS (voy. ce mot) ; mais qu'ils soient grands ou petits les aisseliers portent tous à leurs extrémités des tenons qui s'assemblent dans les mortaises pratiquées dans les pièces correspondantes.

AISSELLE, *s. m.* — Partie de la voûte

d'un four depuis sa naissance jusqu'à près de la moitié de sa hauteur ; le reste se nomme chapelle.

AISSETTE. Voy. ESSETTE.

AISSY. Voy. BARDEAU.

AITRES, *s. m. p.* — Ancien mot qui signifie les dépendances d'un édifice, d'une maison; on dit, par exemple, j'ai habité cette maison, j'en connais tous les aîtres. Ce terme nous vient du moyen âge, on le donnait à cette époque à un terrain libre qui entourait les églises et qui servait de cimetière. On l'appliqua même quelquefois au PARVIS. (Voy. ce mot.)

AJOINTER, *v. a.* — Joindre bout à bout des tuyaux, des planches, des pièces de bois, de fer, etc.

AJOUPA, *s. m.* — Sorte de hutte, d'abri provisoire, composé de pieux, de planches, de branches et de ramée.

AJOUR, *s. m.* — Vide pratiqué au travers d'un objet, d'un membre d'architecture, d'une construction ; dans la maçonnerie des fenêtres de l'architecture ogivale ou de la renaissance française, on dit : voilà une baie dans laquelle les ajours sont bien compris, où la courbe des ajours est très-étudiée. Ce mot a donné naissance à l'adjectif suivant.

AJOURÉ, ÉE, *adj.* — Ayant des ajours ; en termes de blason, ce mot se dit des pièces percées à jour.

AJOUTOIR, *s. m.* — Voy. AJUTAGE.

AJOUX, *s. m.* — Les deux lames de fer qui servent à retenir les filières du tireur d'or.

AJUS ou AJUST, *s. m.* — Action de faire un aboutage, c'est-à-dire de réunir par un nœud les bouts de deux cordages.

AJUSTAGE, *s. m.* — Action d'ajuster ;

faire l'ajustage, c'est ajuster ensemble différentes pièces; on dit *ajuster une machine.*

AJUSTEMENT, *s. m.* — Action par laquelle on ajuste quelque chose ; dans la langue des arts, ce mot exprime la disposition générale des diverses parties qui entrent dans la composition d'une œuvre. En architecture, l'heureux ajustement des moulures, des sculptures, de l'ornementation, de la peinture et de la décoration contribuent à donner à un édifice un beau caractère ; à toutes les époques, les architectes se sont beaucoup préoccupés de l'ajustement de leur œuvre ; et nous devons dire que c'est une des parties de l'architecture la plus difficile à saisir, à interpréter et à rendre ; et bien peu d'architectes sont capables de créer des ajustements parfaits.

AJUSTER, *v. a.* — Ce mot a la même acception en architecture que dans le langage usuel ; il s'applique à un travail qui exige de la précision : ajuster, c'est travailler les différentes pièces d'un ensemble, de façon à ce qu'elles soient parfaitement en rapport les unes avec les autres. L'architecte doit ajuster les détails, les accessoires d'un édifice, pour obtenir un tout harmonieux. Le menuisier, le serrurier, le charpentier ajustent des pièces, des assemblages.

AJUSTEUR, *s. m.* — Celui qui ajuste ; l'artiste, l'ouvrier sont des ajusteurs, quand ils étudient ou travaillent à un ajustement, à un ajustage.

AJUTAGE, *s. m.* — Tuyaux de formes et de dimension variables que l'on adapte aux orifices qui servent à l'écoulement d'un fluide ; l'ajutage permet de régler la forme, la direction et la dépense du fluide qui s'écoule. Les ajutages sont *simples*, un cône percé d'un trou unique, ou *composés*, dans ce dernier cas, ils sont aplatis en dessus et percés sur la platine de plusieurs trous ou fentes, etc.; un bec de gaz est un ajutage, une pomme d'arrosoir, les gerbes des jets d'eau dans les parcs et les jardins sont des ajutages.

On dit aussi comme synonymes de ce mot, *ajutoir* et *ajoutoir*, mais ils sont moins employés.

AJUTOIR, *s. m.* — Voy. AJUTAGE.

ALABASTRITE, *s. m.* — Faux albâtre; cette matière (variété saccharoïde de sulfate de chaux) se rencontre en France dans les carrières à plâtre, mais surtout en Toscane. Son emploi en architecture est fort restreint, et c'est le plus souvent en incrustations contrastant avec le marbre noir, qu'on en fait usage. Employé de cette manière, l'alabastrite ne pouvait convenir qu'à des monuments funéraires, ou bien à la décoration d'objets de grand ameublement; ce fut surtout du XIIIᵉ au XVIᵉ siècles que ce genre de décoration a été le plus répandu.

L'étymologie de ce mot est Ἀλαβάστρον, ville de la Thébaïde aux environs de laquelle il se trouvait des carrières de cette matière.

ALAISE, *s. f.* — Pièce de bois étroite rapportée, embrevée sur une pièce plus forte; on fait des casiers en bois de sapin alaisés en chêne, c'est-à-dire que tout le casier est en sapin et que la face est en chêne dans une plus ou moins grande profondeur.

L'alaise est employée, comme on voit, par économie et quelquefois aussi pour rélargir ou compléter la largeur d'un ouvrage.

Littré, dans son Dictionnaire, renvoie à ALÈZE; malgré la juste autorité de ce savant, nous affirmons que dans la langue des chantiers on écrit toujours *alaise*.

On nomme aussi quelquefois l'alaise, FRISE (voy. ce mot).

ALAISER, *v. a.* — Mettre des alaises; bois alaisé, qui a des alaises.

ALBARIUM (OPUS). — Sorte de stuc employé par les Romains comme enduit appliqué en couches fort minces sur d'autres enduits; cela ferait supposer qu'il était plus précieux. On prétend que dans sa composition il devait y avoir du marbre blanc, de la chaux et du plâtre, lorsqu'il était employé pour des ornements recherchés dans l'intérieur des édifices, ou bien du grès, de la brique et de la chaux pour les enduits extérieurs. (Voir Vitruve, VII, 2; Pline, *Hist. nat.*, XXXVI, 55, 59.)

L'ouvrier qui employait cet enduit était appelé *albarius*.

ALBATRE, *s. m.* — Matière de nature calcaire, de couleur blanchâtre demi-transparente et présentant soit des veines ondulées et continues, soit des veines confuses et rompues à la manière des marbres appelés *brèches*. Dans le premier cas, on nomme cette matière *albâtre rubanné* s'il n'est que demi-transparent, *albâtre onyx* s'il est translucide, et, dans le second cas, *albâtre fleuri*.

On distingue deux qualités d'albâtre : celui dit *oriental*, en raison de sa provenance, et l'*albâtre commun*.

L'albâtre oriental est beaucoup plus fin, plus dur et de couleur plus vive que l'albâtre commun; il est par conséquent plus recherché et d'un prix plus élevé. Le dernier se rencontre aussi en Orient comme le premier; mais on le trouve aussi en France dans plusieurs localités, dans quelques régions de l'Allemagne avoisinant le Rhin, et en Italie.

. Nous donnerons une mention particulière au calcaire onyx translucide provenant de la réexploitation des carrières antiques d'Aïn-Tecbalek près Tlemcen (Algérie), et dont nous avons vu en France des échantillons très-remarquables aux expositions universelles (1) et des produits de l'Algérie. Aujourd'hui quelques fabricants de Paris utilisent cet onyx pour diverses applications.

Les Romains avaient déjà exploité ces mêmes carrières.

L'onyx algérien est une très-belle matière, d'un aspect très-agréable et analogue, à la couleur près, au plus précieux albâtre oriental. Il présente de grandes veines ondulées comme l'*onyx oriental*, mais ces veines, au lieu d'être brunâtres, sont de diverses nuances, tantôt d'un ton rosé ou couleur de chair, tantôt verdâtres, etc.

Les anciens, principalement les Romains, qui furent si amateurs de matériaux précieux, firent

---

(1) A l'exposition universelle de 1855, à Paris, des échantillons étaient classés sous le nº 486 du catalogue des produits de l'Algérie.

un grand usage de l'albâtre, surtout de celui dit *oriental* du genre *onyx*. Mais la matière par sa nature ne se présentant pas sous forme de blocs considérables, ils ne purent l'employer que pour des statues, vases, cuves, etc. Ils n'en purent faire des colonnes qu'à l'intérieur des édifices, et lorsqu'ils voulaient les faire monolithes, il ne leur était pas permis de dépasser une dimension assez restreinte ; la plus grande colonne monolithe d'albâtre que nous ait léguée l'antiquité ne dépasse pas 5$^m$,20 de hauteur, ce qui est déjà peu commun.

Il existe une variété de chaux sulfatée demi-transparente, d'une très-belle couleur blanche, susceptible de prendre un beau poli, que l'on nomme à tort *albâtre*, puisqu'elle diffère totalement de celui-ci ; c'est l'ALABASTRITE (voy. ce mot).

Il existe en Italie un *albâtre gypseux*, très-blanc et très-facile à travailler ; on l'utilise pour la confection de menus objets d'art. L'un des plus beaux et le plus répandu dans ce pays est celui de Volterra.

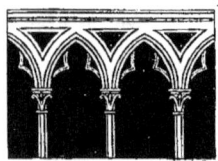

Albâtre.

Pendant les XIII$^e$, XIV$^e$ et XV$^e$ siècles, on a beaucoup employé l'albâtre en bas-reliefs décoratifs ou en ornements·découpés qu'on incrustait dans du marbre noir, qui formaient des arcatures.

ALCALIMÈTRE, *s. m.* — Instrument qui sert à mesurer la richesse de la dissolution d'un alcali, potasse, soude, etc.

ALCOOL, ESPRIT-DE-VIN, *s. m.* — Liquide obtenu par la distillation de divers sucs végétaux (raisins, betteraves, etc.), et d'infusions sucrées qui ont subi la fermentation vineuse. L'alcool est un dissolvant employé dans la fabrication des couleurs et des vernis pour la peinture.

Sa valeur, qu'on apprécie à l'aide de l'alcoo-mètre ou pèse-esprit, est en raison inverse de la quantité d'eau qu'il renferme.

ALCOVE, *s. f.* — Ce nom qui, d'après son étymologie (*al*, le, *koba*, petite maison, ou *kubbet*, voûte, tente), signifie *tente*, est le nom donné à un petit réduit, à un cabinet en maçonnerie ou en menuiserie pratiqué dans une chambre à coucher pour y placer le lit : l'alcôve est quelquefois fermée par des portes pendant le jour. Cette disposition paraît ne pas avoir été inusitée chez les anciens à une époque où la grandeur des pièces d'un appartement en faisait presque une nécessité. Il n'en est plus de même aujourd'hui ; aussi les alcôves sont-elles moins en usage que par le passé. Cependant elles peuvent présenter quelques commodités dans la distribution des appartements.

ALÉSAGE, *s. m.* — Action d'aléser.

ALÈSE. — Voy. ALAISE.

ALÉSER, *v. a.* — Unir et polir la surface intérieure d'un tube ou d'un trou dans une masse métallique.

ALÉSOIR, *s. m.* — Instrument qui sert à aléser, c'est-à-dire à finir et polir les surfaces cylindriques à l'intérieur d'un objet foré.

Quand les trous à aléser ne mesurent que 10 à 15 centimètres de profondeur et 15 à 20 millimètres de diamètre, on emploie des alésoirs pleins en acier, qu'on manœuvre à la main ou à l'aide d'un VILEBREQUIN ou d'un TOURNE-A-GAUCHE (voy. ces mots) ; quand il faut pratiquer des trous de plus grandes dimensions dans les pièces à aléser, il faut placer sur un arbre un ou plusieurs outils et le faire passer dans le trou en le faisant tourner très-lentement dans le sens de la longueur. Il faut avoir soin de bien guider l'arbre, sans quoi on pourrait perdre la pièce à aléser.

ALETTE, *s. f.* — De l'italien *aletta*, petite aile ; s'il était dérivé du français on écrirait *ailette* ; portions de la face du pied-droit ou du trumeau qui restent de chaque côté de la colonne ou du pilastre et qui s'étendent jusqu'au vide de la baie. On donne encore ce nom, par analogie, aux petits arrière-corps ou dosserets qui flanquent les piédestaux, qui divisent les travées des balustrades et qui servent à recevoir les extrémités de leurs tablettes.

ALÈZE. — Voy. ALAISE.

ALGÈBRE, *s. f.* — Science des grandeurs considérées d'une manière absolue et sous des signes généraux.

ALGORITHME, *s. m.* — Procédé particulier de calcul.

ALICATE, *s. f.* — Sorte de pince d'émailleur à la lampe.

ALICHON, *s. m.* — Planche de bois garnissant les roues hydrauliques, sur laquelle tombe l'eau pour faire tourner ces roues et transmettre une force à un moulin, à une scie-

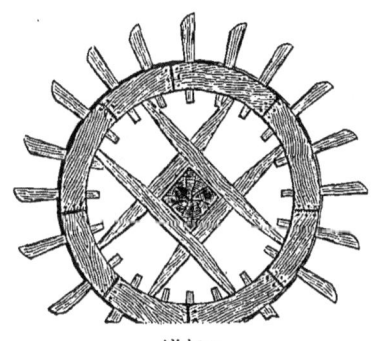

Alichons.

rie, une aiguiserie, etc.; on dit aussi aileron et improprement *alluchon.*

ALIDADE, *s. f.* — Règle de bois, mais plus souvent de cuivre, aux extrémités de laquelle s'élèvent d'équerre des PINNULES (voy. ce mot) et servant à tracer sur la PLANCHETTE (voy. ce mot) les lignes déterminant la direction des obliques visées à travers les pinnules. L'alidade sert à lever les plans.

Un autre genre d'alidade consiste en une règle mobile qui tourne autour d'un cercle divisé en degrés, et qui sert à mesurer les an-

gles; celle-ci est munie d'un VERNIER (voy. ce mot) et porte également des pinnules ou une lunette.

ALIGNEMENT, *s. m.* — On peut dire, d'une manière générale, que l'alignement est la situation ou la direction de plusieurs objets sur une ligne droite.

En architecture, ce terme s'applique à un bâtiment, un chemin, une allée de jardin ou d'arbres disposés sur une ligne droite.

En termes de voirie, l'alignement est la limite légale convenue entre voisins ou tracée par l'autorité entre la voie publique et les propriétés qui la bordent; l'alignement a donc lieu: 1° *entre les particuliers,* 2° *sur la voie publique.*

I. ALIGNEMENTS ENTRE PARTICULIERS. — Par suite des lois de voisinage, on ne peut construire, démolir ou reconstruire à l'extrémité ou aux extrémités de son terrain, sans avoir préalablement fait fixer l'alignement contradictoirement avec son voisin limitrophe; celui, quel qu'il soit, patron ou bien ouvrier, qui travaillerait à un ouvrage touchant à l'extrémité d'un héritage. sans s'être assuré au préalable que l'obligation du voisinage a été remplie, serait personnellement garant de tout préjudice causé au voisin par cet ouvrage; et même si celui qui fait construire ignore à cet égard ses obligations, c'est à celui qui les exécute à l'en instruire (voy. Desgodets, art. 196, n. 7; art. 203, n. 1 et suiv., code Perrin; *Entrepreneur,* n. 1726, 1736 et 2808; Merlin, *Rép. alig.,* n° 2; Lepage, t. 2, p. 16).

Sauf convention ou titre contraire, l'alignement se prend de la ligne séparative des deux héritages.

L'alignement d'un mur mitoyen que l'on veut reconstruire doit être pris avant sa démolition; s'il forme des plis ou des coudes au-dessus de ses fondations, il faut suivre scrupuleusement ces déviations, à moins toutefois, ce qui est préférable, que les deux voisins ne s'accordent pour rectifier le mur sinueux et le remplacer par une ligne droite. (Desgodets, art. 187, n. 9.)

Lorsqu'il existe des caves des deux côtés du mur en fondation, si le mur est DÉVERSÉ (voy. ce mot), on doit prendre l'alignement au rez-de-chaussée. (Desgodets, art. 187, n. 13. Pour d'autres cas, consulter le même auteur, art. 187, art. 10, 11, 12, et Goupy.)

II. ALIGNEMENT SUR LA VOIE PUBLIQUE. — Il est expressément défendu de faire au long de la voie publique aucune construction nouvelle, ni aucun travail confortatif dans d'anciennes constructions avant d'avoir préalablement demandé et obtenu l'alignement de l'autorité compétente (arr. du cons., 27 fév. 1765 ; décl. du roi, 10 avril 1783, art. 3; L. du 22 juil. 1791, art. 29 ; Frémy-Ligueville, t. 1, n. 238, 239, 285 et suiv.) ; et ce n'est pas à l'autorité administrative d'enjoindre au constructeur de se conformer à l'alignement, mais bien à celui-ci de demander cet alignement avant de commencer les travaux (1er fév. 1833, Cass.; S. V. 1833, 1, 588; 19 août 1841, Cass.; J. P. 1843, 2, 780). Il n'est pas nécessaire de règlement local pour rappeler aux citoyens cette obligation, la jurisprudence de la cour de cassation est formelle à cet égard. (23 janv. 1841, Cass., J. P. 1842, 1, 273 ; S. V. 1842, 1, 52 ; 21 mai 1842 ; J. P. 1842, 2, 741 ; 24 juin 1843 ; D. 1843, 4, 433; 17 fév. 1844; D. 1845, 4, 528.)

Il est fait exception cependant pour les constructions élevées au long de simples *chemins ruraux*, à moins qu'il n'existe un règlement de l'autorité municipale, auquel cas il faut se soumettre, règlement de petite ou de grande voirie.

Ainsi donc, sauf l'exception précédente, nul propriétaire dont l'héritage *bâti* ou *non bâti*, borde une voie publique quelconque, ne peut, sous peine d'amende et de *démolition*, édifier, bâtir, ou démolir, ou reconstruire à *l'extrémité* ou *aux extrémités* de son bien s'il n'a, au préalable, requis et obtenu de l'autorité compétente l'alignement et l'autorisation *écrite* et en *due forme*.

Pour l'avancement et le reculement sur la voie publique, de même que pour les arrêtés d'alignement, et l'autorité compétente pour donner les alignements, les contraventions, et compléter tout ce que nous avons dit et dirons sur l'alignement, voir des auteurs spéciaux, aux mots VOIRIE, DÉTERMINATION DE L'ALIGNEMENT. — Lorsqu'on opère sur une grande longueur, on détermine les alignements au moyen de piquets, de jalons, ou bien on *bornoie*. Lorsqu'il s'agit d'un alignement de peu d'étendue, on peut le faire à l'aide d'une ligne ou d'un cordeau tendu sur deux points fixes. Le bornoiement ne donne jamais qu'un résultat approximatif, on ne doit point l'employer pour des alignements qui demandent une grande précision.

On détermine encore les alignements au moyen du *cercle répétiteur*, du *graphomètre* et de *l'équerre d'arpenteur*.

En France, l'alignement des voies publiques est confié aux agents voyers et à des géomètres sans l'autorisation desquels on ne peut ni planter des arbres ni élever une construction en bordure sur la voie publique, le tout sous peine d'amende.

Lorsqu'on veut construire un bâtiment contigu à la voie publique, on est tenu de demander non-seulement l'autorisation de construire, mais encore l'alignement à suivre, pour le récolement duquel on paye un droit de voirie. (Voy. VOIRIE, où nous donnerons d'une façon suffisamment développée le complément nécessaire à l'étude de cette matière importante pour les architectes.)

Dans la plupart des villes, où les constructions primitives ont été irrégulièrement élevées, l'alignement se rectifie au fur et à mesure des reconstructions, soit au moyen d'un redressement, d'un avancement ou d'un recul.

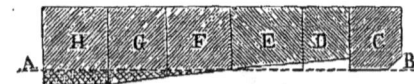

A, B, alignement ; H. G, F, maison à reculer ; E, D, maison à avancer.

La permission de construire délivrée par l'administration municipale indique les points de repère qui servent à déterminer l'alignement, et le constructeur s'établit lui-même sur cet alignement.

Ce n'est que lorsque l'édifice est arasé au niveau du sol qu'il faut appeler en vérification ou en récolement l'agent voyer ou le géomètre. Il faut donc avoir soin de bien déterminer soi-même l'alignement d'après les cotes énoncées sur la permission, afin que les constructions du rez-de-chaussée ne se trouvent pas en porte-à-faux sur celles des caves.

HISTORIQUE. — Le peuple grec et le peuple romain se préoccupaient beaucoup de la disposition générale à donner à leurs villes.

Les Romains surtout recherchaient la régularité du tracé pour leurs voies et pour les édifices qui s'y trouvaient en bordure. On suppose même que Néron n'incendia Rome que dans le but de pouvoir la réédifier sur de nouveaux alignements; mais cette supposition nous paraît fausse.

Au moyen âge, on s'est peu préoccupé de l'alignement urbain, et peu de villes à cette époque ont été soumises à un alignement régulier; cependant nous devons citer comme faisant exception et datant du XIIIᵉ siècle la ville d'Aigues-Mortes, la ville neuve de Carcassonne, Ville-Neuve-le-Roi et Sainte-Foy dans la Gironde; mais sans contredit la plus remarquable à ce point de vue, c'est la ville de Monpazier dans le Périgord; c'est un rectangle plus long que large, entouré de murs, lequel rectangle est traversé par cinq grandes voies, coupées perpendiculairement par cinq autres; toutes ses divisions sont elles-mêmes partagées par de plus petites voies.

En France, ce n'est guère qu'en 1607 qu'un édit de Henri IV ordonna les alignements de la voirie. Vinrent ensuite la déclaration royale du 16 juin 1693 et les ordonnances du 1ᵉʳ septembre 1779 et du 10 avril 1783 et d'autres encore édictées en 1789, 1790 et 1791; mais ce n'est guère qu'en 1807 que des arrêts, des lois et des ordonnances vinrent compléter, coordonner et résumer l'édit de Henri IV, ainsi que les autres dispositions antérieures à l'égard des alignements.

Au XVIIᵉ siècle on écrivait *allignement*.

ALIGNEMENT. — On donne encore le nom d'alignements à certains monuments celtiques composés de pierres brutes, plantées à la suite les unes des autres sur une ou plusieurs lignes droites parallèles, tel que celui que l'on voit à Karnac en Bretagne. (Voy. CELTIQUES, *Monuments.*)

ALIGNER, *v. a.* — Ranger sur une même ligne des maisons, des arbres, etc., réduire plusieurs corps à une même saillie.

ALISIER, *s. m.* — Arbre de hauteur moyenne de la famille des Rosacées (*cratægus*), à feuilles grisâtres, à fleurs blanches et à fruit d'un brun rouge foncé. Le bois de l'alisier est jaunâtre, dur et compacte; il est susceptible d'un beau poli; on l'utilise pour règle, trusquins, équerres, alichons, dents de roue d'engrenage, pour poulies et coussinets; il sert pour la contrefaçon d'objets en buis. Quelques-uns écrivent *alizier;* le véritable nom de cet arbre est *micoucoulier.*

ALLÉE, *s. f.* — Les allées sont pour un jardin ce que sont les rues pour une ville. Comme ces dernières, elles peuvent être droites ou brisées. Souvent elles sont courbes ou sinueuses, comme par exemple dans les jardins dits à l'anglaise. De même que la voie publique des villes, l'espace qui dans les jardins est affecté à la circulation forme des places, des carrefours, des impasses.

Les allées sont bordées d'arbres, d'arbustes ou simplement de plantes, c'est-à-dire de plates-bandes. Quelquefois la plantation existe dans l'allée même, et si cette dernière est très-large on peut disposer les arbres de manière à former des *contre-allées*, qu'on pourrait appeler bas côtés.

Sur les routes les avenues, sur les larges allées carrossables, la maîtresse allée est pavée ou empierrée, tandis que les contre-allées, exclusivement réservées aux piétons, sont en terre battue, dallées ou bitumées.

Une allée doit toujours être *en ados*, c'est-à-dire légèrement bombée sur sa largeur, afin de faciliter l'écoulement des eaux pluviales sur les côtés de l'allée où se trouvent parfois des rigoles ou des cuvettes propres à recevoir ces eaux.

ALLÉE COUVERTE. — Indépendamment des allées dont nous venons de parler, on a donné le nom d'*allées couvertes* à un genre de monuments celtiques composés de pierres placées debout sur deux lignes parallèles et recouvertes d'autres pierres formant plafond, de manière à constituer une sorte de galerie grossière souvent fermée à l'une de ses extrémités. (Voyez CELTIQUES, *Monuments.*)

ALLÉGE, *s. f.* — Partie de mur comprise entre l'appui d'une fenêtre et le sol. Pour rester dans le sens propre du mot *allège*, on ne devrait appeler ainsi que celles qui ont moins d'épaisseur que le mur, ce qui a lieu toutes les fois que l'embrasure descend jusqu'au sol. Ces alléges, les seuls qui méritent leur nom, ne se trouvent guère que dans les bâtiments civils, principalement dans ceux à usage d'habitation.

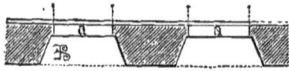

Fig. 1. — Plan d'une allége *a*.

Les alléges qui ne dépassent pas la hauteur d'appui peuvent être considérées comme des parapets et quelquefois sont de véritables balustrades ; ils prennent dans ce dernier cas le nom de BALCON (voy. ce mot). L'allége a quelquefois été accusée au dehors, surtout au XVIᵉ et au XVIIᵉ siècle, par des lignes plus ou moins richement profilées, les unes formant bandeaux, les autres faisant la continuation du chambranle. C'était donc un espace rectangulaire, déterminé en haut et en bas par l'appui et le bandeau, ce dernier se trouvant alors au

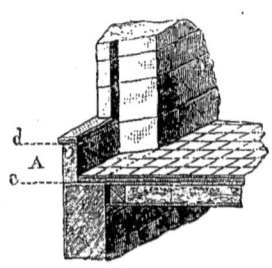

Fig. 2. — A, allége (élévation) ; *d*, appui ; C, plancher.

niveau du plancher et latéralement par le prolongement du chambranle. Cette espèce de panneau ou de compartiment a parfois été décoré d'arcatures et de réseaux aveugles, d'arabesques et même de bas-reliefs représentant des attributs, ou bien des scènes empruntées à l'histoire ou à la vie humaine. A l'intérieur, l'allége des fenêtres se prête beaucoup moins à la décoration et en a rarement reçu. Les alléges supportent souvent des meneaux ou des colonnettes.

ALLÉGER, *v. a.* — Soulager, diminuer le poids ; on allége un plancher en supprimant une cloison ou tout autre poids qui le charge.

ALLÉGIR, *v. a.* — Rendre plus léger, diminuer en tous sens une pièce de bois, de fer, etc.

ALLÉGORIE, *s. f.* — L'allégorie est dans l'art comme dans la littérature, une sorte de métaphore, une manière d'exprimer une idée par une image qui la symbolise et l'idéalise en la personnifiant. L'allégorie prête aux monuments un charme qu'une décoration vulgaire ne saurait leur donner, mais dont il faut se garder d'abuser.

ALLEMANDE (ARCHITECTURE). — Suivant Tacite, les anciens Germains n'avaient aucune idée sur les beaux-arts. Ils n'avaient aucune architecture civile ni religieuse, car ils ne possédaient point de villes, voici ce que nous lisons dans cet auteur (*Annales*, 3 vol. avec trad. en regard de Nicolas-Perrot, Lyon 1693, page 589 du 3ᵉ vol.) : « Il n'est pas besoin de dire que les Germains n'ont pas de villes, car chacun le sait. Ils n'ont pas seulement de bourgs à notre façon. Chacun, selon qu'il lui plaît se loge près d'une fontaine, d'un bois ou d'un champ, sans joindre sa maison à celle de son voisin, ou par ignorance de l'art de bâtir ou contre le danger du feu. Ils ne connaissent point l'usage du ciment, ni celui de la tuile et se servent pour tout d'une matière informe sans aucune beauté ni artifice. » Plus loin Tacite ajoute « qu'ils font aussi des creux souterrains pour resserrer les blés et se retirer en hiver ; ils recouvrent ces creux de fumier. »

Un peu après l'époque dont parle Tacite, ils élèvent des espèces de *dolmens* (voy. CELTIQUES, *Monuments*) ou des monuments funéraires, qu'ils nommaient *lits de morts ou de héros* (*Hunenbetten*). Après la conquête romaine l'art architectural ne progressa guère ; ils élèvent bien quelques temples et maisons de bois, mais ces constructions sont si rudimentaires qu'on ne peut y reconnaître un caractère artistique. Ce n'est qu'à partir du moment où les missionnaires catholiques pénétrèrent en Germanie qu'ils y importèrent d'Italie les premiers principes de l'art byzantin, et les évêques commencèrent à ériger des chapelles. C'est, croyons-nous, saint Boniface qui bâtit en 724 la première église, celle d'Altenberga, près de Gotha et le monastère de Fulde.

Le grand mouvement ne s'est fait sentir en Allemagne que sous Charlemagne. Cet empereur, à l'aide des artistes romains et byzantins, éleva à Aix-la-Chapelle une église et un palais remarquable vers l'an 800; et seconda ainsi les efforts de saint Boniface qui avait institué, parmi les moines, une classe à part, celle des *operarii* ou *magistri operum* qui s'occupaient exclusivement des constructions d'art.

Avec le x^e siècle, les guerres civiles et les incursions des Hongrois étouffèrent en partie ces germes de civilisation qui ne fructifièrent en toute liberté que sous la maison de Saxe. Mais l'art resta encore dans les mains des moines. Les alliances des souverains avec les princesses d'Orient firent pénétrer, avec la civilisation orientale, l'art byzantin qui fut sensiblement modifié par l'influence occidentale. On peut retrouver des traces profondes des modifications que nous venons de signaler dans toute l'architecture romano-byzantine des bords du Rhin, notamment dans les églises de Worms, de Mayence, de Spire, de Bâle, de Limbourg, de Trèves, d'Erfurt, de Nuremberg, etc.

A partir de la dynastie de Franconie, l'architecture, jusqu'alors dans les mains religieuses, se sécularisa, et, à l'avénement de Rodolphe de Habsbourg (29 septembre 1273), la compagnie organisée des *francs-maçons* transforma l'art romano-byzantin et s'empara de l'art ogival, qui était déjà fort en faveur en France : ce sont les *loges maçonniques* qui érigent la cathédrale de Meissen, de Magdebourg, de Strasbourg, de Cologne, de Fribourg, etc.

L'architecture civile suit bientôt l'élan de l'architecture religieuse; les villes, qui grandissaient en puissance et en richesses, construisirent des palais municipaux, des beffrois, des halles, des marchés, des entrepôts, des bâtiments hospitaliers et des ponts qui existent encore. Il se créa même une confrérie spéciale pour la construction des ponts, des routes et des hospices. Les confrères s'appelaient *Brückenbrüder*.

La réforme arrive, et les troubles qu'elle amène arrêtent quelque temps les travaux; néanmoins, la prospérité de la maison d'Autriche s'accroissant de plus en plus, il se produit, sous l'influence de l'Italie, un nouveau style, le *style italique*. A partir de cette époque, les artistes italiens se répandent dans l'Allemagne, l'art national disparaît, et son architecture n'est plus qu'une renaissance italienne, mais alourdie par le milieu allemand.

Wolfgang Müller bâtit en 1507 l'église dite *des Jésuites*, à Munich; il introduit dans la composition de cet édifice les ordres ionique et corinthien.

Maximilien I^er, duc de Bavière, fait construire en 1600 un splendide palais par un Flamand italianisé sous le nom de Candido (1). En 1675 le Bolonais Barreta, ou Barella, construisit l'église des Théatins à Munich. Louis XIV donne alors un fâcheux exemple à l'Europe : de tous côtés les petits princes allemands veulent singer le grand roi, et l'on copie même plus ou moins servilement le château de Versailles à Stuttgard, à Manheim, à Rastadt, enfin à Berlin en 1716. Schulter termine le palais de Frédéric-Guillaume, et l'architecture allemande achève de s'abîmer dans le *style rococo*.

BIBLIOGRAPHIE. — Moller, *Monuments de l'Architecture allemande*, allemand et français, 1825-30, in-fol.; Ring, *Vues pittoresques des vieux châteaux d'Allemagne*, Stuttgard, 1829, in-fol.; Boisserée, *Monuments d'Architecture du VII^e au XIII^e siècle sur les bords du Rhin*, 1830-32, in-fol.; Whewell, *Architectural notes on german churches*, 1835 ; H. Fortoul, *de l'Art en Allemagne*, Paris, 1842, 2 vol. in-8° ; Raczinski, *Histoire de l'art moderne en Allemagne*, 3 vol. in-4° et atlas, 1836-41 ; supplément, Berlin, 1842 ; Fœrster, *Histoire de l'art en Allemagne*, 3 vol. in-8°.

**ALLIAGE**, *s. m.* — Combinaison de deux ou plusieurs métaux.

**ALLIEMENT**, *s. m.* — Nœud de la corde d'une grue.

_____

(1) Le vrai nom de l'architecte du palais de Maximilien était *Pierre de Witte*.

**ALLIER**, *v. a.* — Combiner par la fusion deux ou plusieurs métaux, les réunir en une seule composition.

**ALLIVREMENT**, *s. m.* Inscription au cadastre des pièces de territoire qu'il renferme ; on dit *allivrements cadastraux.*

**ALLOCATION**, *s. f.* — Action d'allouer une somme pour dépense ; en jurisprudence, c'est l'approbation donnée aux divers articles d'un compte, enfin l'attribution des biens du débiteur.

**ALLONGE**, *s. f.* — Pièce ajoutée à une chose pour l'allonger.

**ALLOTEMENT**, *s. m.* — Partage par lots. Terme d'ancienne jurisprudence.

**ALLOTIR**, *v. a.* — Partager en lots, distribuer les lots. Terme d'ancienne jurisprudence..

**ALLOUCHIER** ou **ALOUCHIER**, *s. m.* — Nom vulgaire de l'ALISIER. (Voy. ce mot.)

**ALLUCHON**. — Voy. ALICHONS.

**ALLUMELLE**, *s. f.* — Fourneau de charbon. Ne pas confondre avec ALUMELLE. (Voir ci-après.)

**ALLUVION**, *s. f.* — Accroissement de terrains résultant des dépôts terreux qu'abandonne une rivière.

L'alluvion profite aux propriétaires du fonds riverain, à moins qu'une route nationale, départementale ou un chemin vicinal ne sépare de la propriété le terrain provenant de l'alluvion; dans ce cas elle appartient à l'État, au département, à la commune.

Pour de plus longs détails juridiques, voyez ATTERRISSEMENTS, que la jurisprudence confond avec *alluvion.*

**ALMADIE**, *s. f.* — Sorte de grande pirogue africaine.

**ALMANDINE** ou **ALBANDINE**, *s. f.* — Pierre précieuse, sorte de rubis.

**ALOIGNE**. — Voy. BOUÉE.

**ALQUIFOUX**, *s. m.* ou **GALÈNE**, *s. f.* — Sulfure de plomb employé pour la *couverte* des vases en poterie afin de les rendre imperméables.

**ALTAÏQUE**, *adj.* — Terme d'ethnologie ; race altaïque, race dont le berceau primitif a été les montagnes d'Altaï, en Sibérie.

**ALTERNANCE**, *s. f.* — Répétition alternative de deux objets ou de deux figures de différentes formes qui sont ainsi placés pour présenter un contraste ; ainsi, dans une doucine, un quart de rond ou toute autre moulure d'architecture, on alterne des perles avec des annelets ou des grains de laurier, des oves avec des feuilles ou des dards, etc.

**ALTIMÉTRIE**, *s. f.* — Ce mot ancien est remplacé par HYPSOMÉTRIE. (Voy. ce mot.)

**ALUMELLE**, *s. f.* — Lame de couteau ou de sabre ; lames aiguisées d'un seul côté et quelquefois en biseau, telles que les ciseaux des menuisiers, les fers des rabots, etc.

**ALUN**, *s. m.* — Sulfate acide d'alumine et de potasse ou d'ammoniaque. L'alun est soluble dans l'eau, il entre dans la composition des stucs et dans la préparation des *badigeons.*

Ce sel est encore employé en dissolution par les architectes pour encoller un papier qui n'est pas suffisamment collé, et sur lequel on ne pourrait laver ou faire des aquarelles.

**ALUNER**, *v. a.* — Passer une feuille à l'eau d'alun, pour l'empêcher de boire.

**ALVÉOLE**, *s. f.* — Petite cellule, dans laquelle l'abeille dépose ses œufs ou son miel; cavité dans laquelle les dents sont enchâssées ; les sculpteurs emploient ce mot au figuré, pour désigner les points renforcés d'une rosace.

L'alvéole est aussi reproduite dans certains ornements du moyen âge.

ALVEUS. — Racine d'alvéole, terme d'antiquité, lit, fossé, sillon, auge, baquet ou sébille, table munie de rebords, coque ou carène de navire, ruche d'abeille, cannelures de colonnes ou pilastre, bassin propre aux ablutions, quelles qu'en fussent la forme et les dimensions (*auct. ad Herrenn.*, IV, 10 ; Cic., *Pro cœl.*, 28 ; Ovid. *Met.*, VIII, 652) ; enfin, l'alveus était le bain d'eau chaude construit dans le plancher d'une chambre de bain. L'alveus était situé à l'opposé du *labrun*. (Marquez, *Case degli antichi Romani*, § 317 ; Vitruv., V, 10, 14.) Notre figure représente une coupe de l'alveus dans les bains publics de Pompéi.

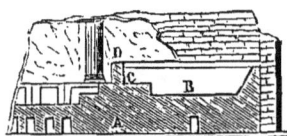

Alveus (Bains de Pompéi).

A, construction en brique recevant les tuyaux d'air chaud, un de ceux-ci se trouve sous l'alveus B et quatre sous le dallage ; *C*, siége (*gradus*) sur lequel s'asseyait le baigneur (Vit., *loc. cit.*) ; *D*, parapet ou rebord du bain (*pluteus*) (Vit., *loc. cit.*).

AMAIGRIR, *v. a.* — Diminuer l'épaisseur d'une pièce de bois, de charpente, d'une pierre, etc.; on dit aussi *Démaigrir*.

AMALGAME, *s. m.* — Alliage de métaux dans la composition duquel entre le mercure ; le tain des glaces est un amalgame composé de dix parties de mercure pour une ou deux parties d'étain.

AMANDE, *s. f.* — Ornement architectural, dont le nom indique suffisamment la forme. L'amande entre ordinairement dans la composition des chapelets ou baguettes sculptées.

Comme figure géométrique, l'amande est le résultat de l'intersection de deux cercles, dont les centres sont intérieurs ou extérieurs à la figure, mais toujours rapprochés de la courbe opposée à celle qu'ils servent à décrire. Cette figure a été employée dans l'ornementation de différentes époques de l'architecture et dans diverses conditions.

AMANDIER, *s. m.* — Arbre de la famille des Rosacées, qui produit les amandes. Son bois richement coloré n'est pas employé dans les constructions, mais seulement dans la marqueterie.

AMARQUE, *s. f.* — Bouée, ou balise. (Voy. Bouée.)

AMARAGE, *s. m.* - Action d'attacher avec des cordages.

AMARRE, *s. f.* — Cordage servant à attacher, à fixer ; désigne aussi deux morceaux de bois percés au milieu d'une ouverture par où l'on fait passer le bout d'un moulinet.

AMARRER, *v. a.* — Attacher au moyen de cordages.

AMASSETTE, *s. f.* — Palette, lame dont se servent les peintres pour amasser sur le marbre les couleurs broyées ; sorte de grand couteau à palette.

AMATEUR, *s. m.* — Celui qui a de l'amour pour les arts sans les cultiver ou du moins sans en pratiquer aucun. Il existe des amateurs de peinture, de musique, d'estampes, d'antiquités, de curiosités, etc.

AMATIR, *v. a.* — Rendre mat, ne pas polir ou enlever le poli d'un métal. En dorure, on laisse mates certaines parties des cadres ou de leur ornementation pour obtenir plus d'effet ; les cadres dorés sont mats, on rend brillantes certaines de leurs parties en les brunissant. (Voy. Brunir, Brunissage.)

AMBALAM, *s. m.* — Arbre des Indes, dont le bois ferme et lisse sert en charpenterie.

AMBALAR, *s. m.* — Sorte de brouette qui sert à transporter la pâte dans les papeteries.

**AMBATTAGE**, *s. m.* — Opération par laquelle on garnit une roue de son bandage ou d'un cercle qui en tient lieu.

**AMBITE**, *adj.* — Verre qui après l'affinage perd sa transparence, et semble rempli de Bulles, Bouillons ou Loupes (voy. ces mots).

**AMBITUS.** — Espace libre qu'un propriétaire dans l'antiquité était obligé de laisser autour de sa maison pour la séparer de celle du voisin (Tacite, *Ann.*, XV, 43). Bachelet et Dezobry, dans leur *Dictionnaire des lettres et des beaux-arts*, donnent à ce mot une signification que nous n'avons rencontrée nulle part; ces auteurs prétendent que « chez les Grecs et les Romains, l'*ambitus* était une petite niche dans les tombeaux souterrains, où l'on plaçait une urne. Au moyen âge, ces niches s'agrandirent pour recevoir des cercueils et prirent le nom d'*enfeus*. »

**AMBON**, *s. m.* — Tribune de pierre ou de marbre, à laquelle on parvenait par des degrés et qui était autrefois placée dans la basilique chrétienne.

On a longuement discuté l'étymologie de ce mot : les uns le font venir du grec ἄμβων, lieu élevé, ou de ἀναϐαίνειν, monter; d'autres du latin *ambio*, j'entoure, parce que l'ambon entoure la personne. Nous ne serions pas éloigné de nous ranger au dernier avis, qui prétend que ces tri-

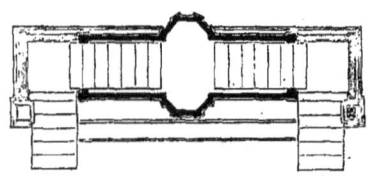

Fig. 1. — Plan de l'ambon de l'église Saint Laurent hors les murs, à Rome.

bunes étaient ainsi nommées parce qu'il en existait généralement deux dans chaque église, ce qui expliquerait parfaitement son étymologie latine *ambo*, tous les deux ; dans l'un on lisait l'épître et dans l'autre l'évangile de la messe.

L'ambon, au dire de Batissier (*Éléments* 

d'*archéologie nationale*, p. 355), pouvait être assez grand pour qu'il y eût un autel, comme celui de l'église de Saint-Jean, à Lyon.

La forme des ambons variait beaucoup : il en existait de ronds, de carrés et de formes polygonales. Leur soubassement affectait diverses formes : c'était tantôt de grands ciboires soutenus par des colonnettes, tantôt de véritables chaires à prêcher; du reste, jusqu'au XIIIᵉ siècle, ils remplaçaient celles-ci. Le plus ancien ambon dont l'origine soit certaine est celui de l'église du Saint-Esprit à Ravennes : il date du IVᵉ siècle; un des plus moderne au contraire est celui de Saint-Pancras, à Rome; il porte la date de 1249. Nous donnons ici le plan et l'élévation de l'ambon de l'église Saint-Laurent hors les murs, à Rome.

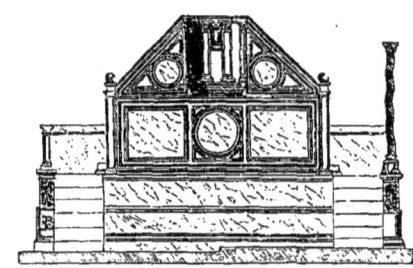

Fig. 2. — Ambon de l'église Saint Laurent hors les murs, à Rome.

A partir du XIVᵉ siècle l'ambon disparaît et on lui substitue le jubé.

**AMBOUTIR**, *v. a.* — Voy. Emboutir.

**AMBOUTISSOIR**, *s. m.* — Poinçon d'acier trempé qui sert à faire les têtes de clous.

**AMBRE**, *s. m.* — Nom donné à deux substances différentes, l'*ambre gris*, dont nous n'avons pas à nous occuper, et l'*ambre jaune*, dont le véritable nom est Succin (voy. ce mot).

**AMBULANCE**, *s. f.* — Établissement hospitalier temporaire formé près des corps d'armée pour en suivre le mouvement et destiné à recevoir les blessés et les malades. (Voy. Hospitaliers, *Établissements*.)

**AMBULATOIRE**, *s. m.* — Ancien mot

qui désignait un lieu, un local destiné à la promenade, de *ambulatorium*, *ambulare*; par exemple, une galerie de cloître, un préau couvert ou découvert. On dit aussi PROMENOIR. (Voy. ce mot.)

AMBULATOIRE, *adj.* — Terme de jurisprudence ancienne, qui n'a pas de siége fixe.

AME. *s. f.* — Dans les poutres en métal, qui ont en général la forme d'un double T, on appelle ainsi la partie verticale *a* qui est réunie aux tôles *b*, *c*, par des fers cornières *d* avec des rivets ou des boulons; dans une poutre en bois formée de trois pièces ACCOLÉES (voy. ce

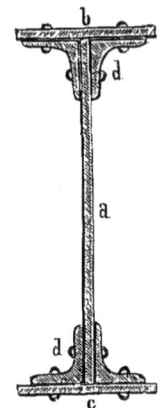

Ame (Poutre en fer).

mot), c'est la pièce intermédiaire qui est l'âme.

L'*âme* d'un cordage est la réunion d'un certain nombre de fils que l'on met au milieu des différents torons dont se compose le cordage.

L'*âme* d'une serrure est le corps de la serrure.

Comme on peut le voir, le mot *âme* désigne pour ainsi dire dans les arts et métiers le centre, la force d'un objet.

AMELET, *s. m.* — Petit listel ou filet qui orne les chapiteaux.

AMÉLIORATION, *s. f.* — Changement en mieux; augmentation ou réparation qu'on fait à un édifice, à une maison. En termes de droit, on dit amélioration voluptuaire, d'agrément, etc.

L'amélioration est un droit de l'usufruitier.

(*Cod. civ.*, art. 599.) — Le propriétaire ne peut, par son fait ou de quelque manière que ce soit, nuire aux droits de l'usufruitier.

De son côté, l'usufruitier ne peut à la cessation de l'usufruit réclamer aucune indemnité pour les améliorations qu'il prétendrait avoir faites, encore que la valeur de la chose en fût augmentée.

Il peut cependant, ou ses héritiers, enlever les glaces, tableaux et autres ornements qu'il aurait fait placer, mais à la charge de rétablir les lieux dans leur premier état.

AMÉNAGER, *v. a.* — Aménager un arbre, c'est le débiter en bois de charpente.

AMENDE, *s. f.* — C'est en matière de voirie une peine pécuniaire prononcée pour tout acte de désobéissance aux lois, règlements et ordonnances établis ou édictés. « Toute contravention, dit Pernot, dans son *Guide du constructeur*, est réprimée et poursuivie suivant les voies de droit.

« Les propriétaires ne sont pas seuls passibles des condamnations qui peuvent être prononcées; le constructeur l'est également pour ce qui le concerne, et avec d'autant plus de raison qu'il est censé mieux connaître que le propriétaire lui-même les règles administratives auxquelles l'exercice de sa profession l'assujettit. »

AMENUISEMENT, *s. m.* — Rabotage; mise à l'épaisseur des planches.

AMENUISER, *v. a.* — Rendre plus menu; amenuiser une planche, c'est la raboter pour lui donner une épaisseur voulue.

AMÉRICAINE (ARCHITECTURE). — Bien des archéologues ont rapporté l'origine des antiques constructions américaines à une influence étrangère. Nous pensons que c'est une grave erreur facile à prouver; en effet, les constructions américaines récemment découvertes ne présentent aucune analogie avec les monuments d'une civilisation étrangère; elles n'ont ni le caractère cyclopéen, ni le caractère des monuments grecs ou romains, enfin, elles sont loin de ressembler aux édifices hindous et égyptiens dont on les rapproche. Les. Hindous plaçaient le sanctuaire de leurs idoles dans des grottes ou cavernes souterraines, les Américains au contraire élevèrent leurs édifices sacrés sur des éminences naturelles ou artificielles, et jusqu'à ce jour on n'a trouvé aucune trace de sanctuaires souterrains.

Il existe bien dans l'antique Amérique des pyramides, comme en Égypte, mais ces monuments sont loin de présenter les mêmes formes. Tandis que les pyramides égyptiennes, carrées à leur base, s'élèvent en diminuant jusqu'à leur sommet et possèdent des chambres intérieures, les pyramides américaines sont en général oblongues, et au lieu d'avoir des arrêtes vives, elles sont arrondies aux quatre coins. Elles n'ont ni souterrain ni ouvertures, et servent uniquement de base à des édifices, tandis que les pyramides égyptiennes constituent elles-mêmes des édifices complets. Les Égyptiens employaient pour leur construction des pierres d'un appareil colossal, les Américains, des pierres de moyen appareil.

Devant ces faits, nous sommes bien obligé de conclure que les monuments antiques de l'Amérique .sont absolument indigènes, ne se rattachent à aucune tradition étrangère, sont bien les produits d'une civilisation isolée et possèdent un caractère original qui n'a rien de commun avec celui des autres parties du monde.

L'Amérique moderne n'a pas d'art qui lui soit propre, les Européens y ont transporté l'art respectif de leur pays. Nous ne nous étendrons pas plus longuement sur ce ce sujet, car nous reparlerons de l'architecture américaine au mot PÉRUVIENNE et surtout MEXICAINE; car c'est au Mexique que se retrouvent les plus beaux restes de l'architecture antique des Américains; cependant nous donnerons immédiatement une notice des livres dans lesquels nos lecteurs pourront étudier l'architecture américaine.

BIBLIOGRAPHIE: — Cabrera, *Description des ruines de Palanqué*, en anglais, Londres, 1822, un vol. in-4°; Warden, *Recherches sur les antiquités de l'Amérique septentrionale*, dans le tome II des Mémoires de la Soc. de géog., Paris, 1825; Lord Kingsborough, *Antiquities of Mexico*, 4 vol. in-fol., 1831;

C. Nebel, *Voyage pittoresque et archéolog. dans la partie la plus intéressante du Mexique*, in-fol. Paris, 1836; Frédéric de Waldeck, *Voyage pittoresque et archéologique dans la province de Yucatan, Amérique. centrale, pendant les années 1834 et 1836*, Paris, 1 vol. in-fol., 1838; Stephens, *Incidents of travel in central America, Chiapas and Yucatan*, 1838; J. D. von Braunschweig, *Ueber die alt-americanischen Denkmaler*, in-8°, Berlin, 1840; Stephens, *Incidents of travel in Yucatan*, 1842; Bradfort, *American Antiquities*, in-8°, Londres, 1842.

**AMÉTHYSTE**, *s. f.* — Pierre précieuse de couleur violette; quartz hyalin. — Fausse améthyste, spath fluor violet.

**AMEUBLEMENT**, *s. m.* — Ensemble des meubles qui garnissent une pièce, un appartement, une maison. Chez les anciens, le luxe de l'ameublement a été poussé jusqu'à l'extravagance; on s'en ferait difficilement une idée sans leurs écrits et certaines parties de leurs mobiliers qui sont parvenus jusqu'à nous. On peut consulter à ce sujet : *le Palais de Scaurus*, par Mazois; *Rome au siècle d'Auguste*, par Dezobry; *l'Antiquité expliquée*, par Montfaucon; *les Collectionneurs de l'antiquité*, par Bonnafé.

**AMOISE**. — Voy. MOISE.

**AMOLETTES**, *s. f. pl.* — Trous quadrangulaires pratiqués dans la tête des cabestans, et qui sont destinés à recevoir les bouts de barres qui doivent mettre ces machines en action.

**AMONT**, *s. m.* — Le point d'où descend le fleuve : le côté d'*amont* d'un pont est celui qui est opposé au courant et qui en reçoit le choc; le côté d'*aval*, au contraire, est celui qui est à l'abri du courant.

Dans une pile de pont l'avant-bec est en amont et l'arrière-bec en aval.

En général, on dit qu'une chose est en amont d'une autre, quand elle est placée au-dessus. Ainsi, on établit des brise-glaces en *amont des palées* pour les garantir du choc de la débâcle des glaces. On dit aussi d'une reprise en sous-œuvre à faire dans la partie basse d'un mur : « Le bas du mur sera repris en sous-œuvre, depuis le sol jusqu'à 1ᵐ,80 de hauteur et les parties *en amont* seront conservées et simplement rejointoyées. »

**AMORCE**, *s. f.* — Pierre saillante ou HARPES (voy. ce mot) ménagées lors de l'édification d'un mur, pour servir à y lier ou rattacher une construction ultérieure, mur ou voûte.

Dans les reconstructions et les restitutions, les ARRACHEMENTS (voy. ce mot) servent d'amorces pour rétablir les parties détruites.

On nomme aussi *amorce* le commencement d'une rue, d'un mur, dont il n'existe qu'une petite partie construite.

Enfin, l'amorce est la mèche qui sert à mettre le feu à une mine dans l'exploitation des carrières.

**AMORCER**, *v. a.* — Ménager une saillie (telle que des harpes dans la maçonnerie) pour exécuter postérieurement un ouvrage dont l'amorce est le commencement ; commencer à percer dans une pièce de bois ou de fer un trou qu'on achève avec la TARIÈRE ou le LACERET (voy. ces mots) ; on amorce ordinairement avec l'ÉBAUCHOIR. (Voy. ce mot.)

Ce terme, synonyme de *pointer*, est très-usité en serrurerie ; il a même dans cet art plusieurs significations : ainsi faire une *entaille* dans le fer avec une *langue de carpe* aux endroits qui doivent être percés, de même que rougir un fer pour y introduire et y souder un autre morceau de fer ou d'acier, tailler en forme de coin, cela se nomme amorcer ; enfin, la troisième signification est appliquée à l'étirage en bec de flûte de deux bouts de fer que l'on veut souder après les avoir refoulés ; la longueur du bec de flûte est en raison de la grosseur du fer.

AMORCER. — Tremper une plaque de cuivre dans une forte dissolution d'or, de platine ou d'argent.

**AMORÇOIR**, *s. m.* — Petit outil ou tarière, dont l'artisan qui travaille en bois, mais principalement le charpentier et le charron, se sert pour commencer des trous, qu'il achève avec d'autres outils.

**AMORTISSEMENT**, *s. m.* — Ce mot est synonyme de terminaison. En effet, tout ouvrage couronnant un bâtiment ou une partie de bâtiment se nomme ainsi. Il est peu de portions d'édifice qui ait aussi varié dans ses formes que l'amortissement. Cependant il en est quelques-unes que l'usage a en quelque sorte consacrées, et qui pour la plupart ont été employées à diverses époques. Ces amortissements affectent naturellement des styles différents.

Mais, quels qu'ils soient, les amortissements doivent toujours être en rapport avec le style et la décoration de l'édifice, et surtout ils doivent être proportionnés à l'ensemble qu'ils couronnent.

Il ne faut jamais perdre de vue que l'amortissement est en quelque sorte le front de l'édifice et la vraie place où l'on peut exprimer en grande partie sa destination.

Cette pensée est si vraie, si juste, que l'amortissement le plus fréquent de l'architecture classique a reçu le nom de FRONTON. (Voy. ce mot.)

Fig. 1.
Amortissement du XIIIᵉ siècle couronnant un pignon.

Comme nous venons de le dire, les amortissements sont de forme et de nature diverses : ainsi un *fronton*, un *pignon*, un *comble orné*, un *attique* sur un bâtiment, une *flèche* sur un clocher, un *coq* ou une *croix* sur une flèche, une *crête*, un *épi* ou une *girouette* sur un comble, une *mitre* sur un tuyau de cheminée, une *terrasse* sur une tour, une *balustrade* ou un *couronnement crénelé* sur une terrasse, etc., etc., sont des amortissements. On peut même considérer comme tels certaines formes d'arcs couronnant des baies.

Nous n'entrerons pas ici dans l'examen de ces divers genres d'amortissement, un article spécial leur étant consacré dans le cours de cet ouvrage ; nous dirons seulement que dans l'ar-

Fig. 2.
Amortissement du tombeau de Dreux-Brézé (xvie siècle).

chitecture des xiiie, xive et xve siècles, il existe sur les pignons, les frontons et les pinacles, un genre d'amortissement très-élégant et appartenant en propre à l'architecture de ces

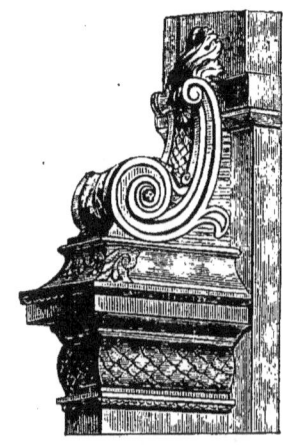

Fig. 3.
Amortissement à la Bibliothèque nationale de Paris.

époques ; c'est une sorte de bouquet de feuillage d'un galbe agréable et souvent d'une

grande richesse, qui présente une certaine variété de composition et de caractère, suivant les diverses époques qu'il caractérise. (Voy. fig. 1 et 2).

Les AILERONS (voy. ce mot), si communément employés dans l'architecture *jésuitique* pour racheter la différence existant entre les parties latérales d'une façade et la partie centrale plus élevée, peuvent également être considérés comme des amortissements de ces parties latérales. Notre figure 3 montre un spécimen d'amortissement en forme d'aileron.

AMOUR. — Voy. PLATRE.

AMPHIPROSTYLE, *s. m.* — Édifice doublement *prostyle*, qui a deux faces pareilles, c'est-à-dire qui a un portique à ses faces antérieure et postérieure.

Quelques auteurs, s'autorisant d'un passage de Vitruve (l. 3, ch. 1), ont pensé qu'un temple *amphiprostyle* ne devait avoir que quatre colonnes à chaque portique ; c'est là une grande erreur, puisque certains temples *prostyle* ont plus de quatre colonnes (celui de Minerve Poliade à Athènes, par exemple) ; il est donc évident qu'un de ces portiques reproduit sur les deux faces d'un temple, fera de celui-ci un temple *amphiprostyle*. (Voy. TEMPLE.)

AMPHITHÉATRE, *s. m.* — Disposition par étage ou gradins suivant un plan incliné. C'est ainsi qu'on dit d'une ville qu'elle est *bâtie en amphithéâtre*, lorsqu'elle est située sur la croupe ou versant d'une montagne. On dit aussi *siéges disposés en amphithéâtre*, etc.

AMPHITHÉATRE. — Le même nom s'applique aux édifices ou parties d'édifices qui présentent des séries de siéges disposés en amphithéâtre, quelles que soient d'ailleurs leurs formes et leur destination.

Telle était notamment la disposition intérieure du théâtre des anciens et à certains égards celle des nôtres ; mais c'est principalement dans leurs *amphithéâtres* qu'ils en firent la plus franche et la plus large application.

Les amphithéâtres étaient des monuments vastes et somptueux, construits sur un plan elliptique, et dont le pourtour intérieur était occupé par des gradins ou rangées concentriques élevées en retraite, les uns au-dessus des autres, de manière à laisser voir aux spectateurs une partie libre et centrale nommée *arène* (voy.

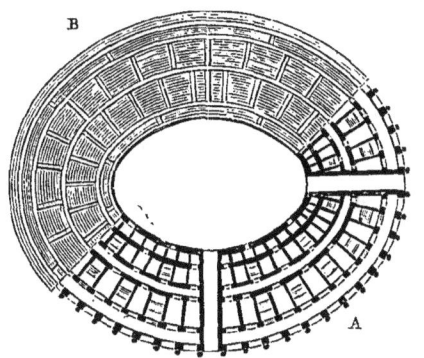

Fig. 1. — Plan d'un amphithéâtre antique.
A, rez-de-chaussée ; B, gradins des étages.

fig. 1). C'est sur celle-ci que se donnaient les combats de gladiateurs et de bêtes féroces, dont le sang coulait à grands flots pour le plus grand plaisir des spectateurs.

Avant de décrire ces édifices, nous jetterons un coup d'œil sur leur origine et sur leur histoire. Antérieurement à la conquête romaine, les Grecs n'avaient d'autres jeux que ceux qui avaient pour but de maintenir la force, la vigueur, l'agilité et la souplesse du corps, et les spectacles cruels où tant d'innocentes victimes étaient sacrifiées pour le seul plaisir des yeux répugnaient à leur bonne et sensible nature. Aussi, tout le temps de leur puissance, ils ne construisirent aucun amphithéâtre, mais après leur assujettissement, ils furent contraints d'accepter les goûts du vainqueur. Seule, Athènes refusa de suivre l'exemple des autres villes du Péloponèse. Un jour, dans une assemblée, on proposa aux Athéniens de construire un amphithéâtre ; un vertueux citoyen osa s'écrier : « Si tu y consens, peuple d'Athènes, commence par détruire l'autel que nos pères ont élevé à la Miséricorde. » Et il n'y eut pas d'amphithéâtre à Athènes.

De ce fait incontestable et attesté par des historiens, quelques auteurs ont tiré la conséquence que les Romains avaient construit les premiers des amphithéâtres. Or des faits historiques ne permettent pas d'adopter cette supposition.

Les Étrusques, peuples aborigènes de l'Italie, étaient parvenus à un haut degré de civilisation, bien avant l'existence de Rome et des beaux temps de la Grèce ; aussi les Romains, qui empruntèrent beaucoup si ce n'est tout aux Étrusques, leur prirent-ils tous leurs jeux ; or les villes étrusques, Capoue, Pouzzoles, Cumes, Atalle, Pompéi, possédaient des amphithéâtres bien avant la conquête romaine, c'est Velleius Paterculus (lib. 1, cap. 7) qui nous l'apprend. Athénée va plus loin encore, et il prétend que les Romains empruntèrent aux Étrusques non-seulement la forme de leurs amphithéâtres, mais qu'ils firent venir de l'Étrurie des ouvriers pour les construire et des gladiateurs pour s'y exercer.

Les Étrusques établirent leurs amphithéâtres sur le penchant d'une colline où ils n'avaient plus qu'à tailler des gradins. Lorsque le terrain qu'ils avaient choisi était plat, ils creusaient dans le sol une excavation pour l'approprier à cette nouvelle destination.

Les premiers amphithéâtres construits d'après les règles de l'architecture et non creusés dans le sol ou adossés à une montagne ne firent leur apparition à Rome que fort tard sous les empereurs, comme nous le verrons plus bas. Les Romains les firent d'abord en bois, ce qui donna lieu à de graves accidents.

Au dire de Pline (lib. 36, cap. 16), cet agréable conteur, mais au récit duquel il ne faut pas toujours avoir une foi aveugle, un tribun du peuple, Caius Scribonianus Curio, à l'occasion des jeux qu'il donna pour les funérailles de son père, avait fait dresser deux théâtres en bois, contigus, tournant à volonté sur des pivots, de manière à ce qu'ils vinssent se réunir sur leur partie droite. Les deux bâtiments chargés de spectateurs n'en faisaient plus qu'un seul, par un grand effort de mécanique.

Auguste, au dire de Suétone (*in Vesp.*, cap. 10), avait eu l'intention de construire un amphithéâtre en pierre, mais il ne l'exécuta jamais. Ce fut cependant sous son règne (l'an 734 de Rome) que Statilius Taurus en construisit un à ses frais dans le Champ de Mars, et il

l'inaugura par des combats de gladiateurs armés. (*Dion*, lib. 51.) Toutefois il entra beaucoup de bois dans la construction de cet édifice, car, selon Tacite, il fut incendié sous le
règne d'Auguste.

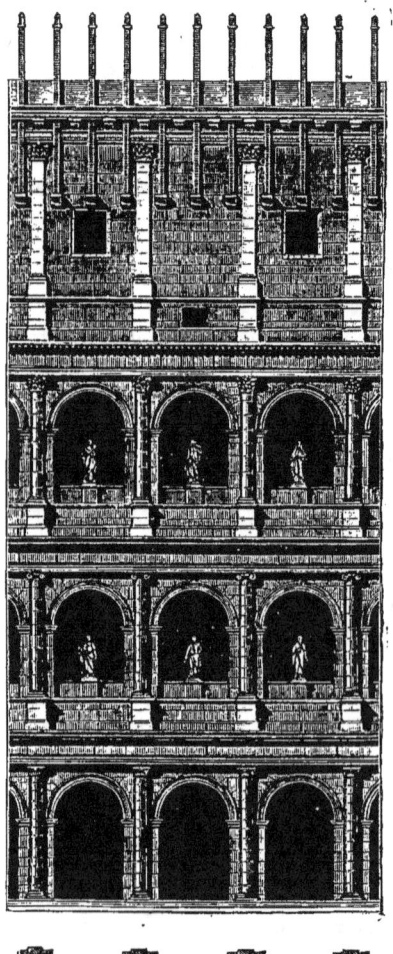

Fig. 2. — Amphithéâtre de Flavien à Rome (Colisée).

Vespasien, voulant mettre à exécution le
projet conçu par Auguste, fonda le Colisée au
milieu de Rome, mais il ne put l'achever, car
il fallut à Titus son successeur cinq années
pour le terminer. Vespasien avait dépensé pour
ce gigantesque monument dix années de son
règne et une somme immense qui, au dire de

Cassiodore, aurait suffi pour construire une
capitale (1).

Titus, qui l'inaugura l'an 84 de J.-C., y fit
égorger, au dire de Suétone (*in Vesp.*, cap. 10),
cinq mille bêtes féroces.

Ainsi donc, c'est bien un fait reconnu, nos
citations peuvent en témoigner, les amphithéâtres n'ont commencé à revêtir un caractère de
stabilité que sous les empereurs, tandis qu'auparavant ce n'étaient que des constructions
provisoires.

Le Colisée fut donc le premier amphithéâtre
en pierre dont l'âge soit bien authentiquement
reconnu, et comme la plupart de nos lecteurs
le connaissent, nous nous bornons à en donner
quelques travées restaurées d'après une étude
de notre confrère M. Guadet.

Les ruines des amphithéâtres abondent non-
seulement sur le sol de l'Italie, mais encore
sur celui de tous les pays qui jadis ont fait
partie de l'empire romain.

Nous ne pouvons entrer dans la description
de chacun de ces monuments; nous nous bornerons à l'énumération des plus connus, en
donnant dans un tableau comparatif les principales dimensions des divers amphithéâtres
existants encore.

TABLEAU COMPARATIF DES PRINCIPALES DIMENSIONS
DE DIVERS AMPHITHÉATRES.

| Amphi-théâtres de | Grand axe extérieur. | Petit axe extérieur. | Grand axe de l'arène. | Petit axe de l'arène. | Épaisseur des cons-tructions |
|---|---|---|---|---|---|
| | m. | m. | m. | m. | m. |
| Pouzzoles. . | 190,950 | 144,870 | 111,930 | 65,850 | 39,510 |
| Rome. . . . | 187,770 | 155,638 | 85,756 | 53,624 | 51,007 |
| Capoue. . . | 169,892 | 139,601 | 76,122 | 45,831 | 46,885 |
| Vérone. . . | 154,185 | 122,892 | 75,685 | 44,392 | 39,450 |
| Taragone. . | 148,107 | 118,891 | 84,439 | 55,225 | 31,834 |
| El-Djem (a). | 139,352 | 119,538 | 77,310 | 57,326 | 31,021 |
| Pola. . . . | 137,800 | 112,600 | 70,100 | 44,800 | 33,900 |
| Arles. . . . | 137,470 | 107,290 | 69,500. | 39,350 | 33,905 |
| Pompéi. . . | 135,650 | 104,050 | 66,650 | 35,050 | 34,500 |
| Nîmes . . . | 132,260 | 101,380 | 69,140 | 38,340 | 31,560 |

Les amphithéâtres étaient ordinairement

(1) In Var., lib. 4 : *Divitiarum profuso flumine co-
gitavit ædificium fieri, unde caput urbium potuisset.*
(a) Cet amphithéâtre a dû posséder quatre étages,
comme le Colisée; il n'en subsiste plus que trois aujourd'hui.

placés hors des villes, pour faciliter l'arrivée des bêtes féroces qui servaient aux spectacles ainsi que l'enlèvement des victimes. C'était aussi pour obliger les citoyens à faire de longues courses pour s'y rendre, car les lois romaines avaient toujours en vue de maintenir la vigueur et la santé du corps, afin d'obtenir de robustes soldats ; et lorsque les censeurs Messala et C. Cassius avaient essayé de faire construire un théâtre en bois où tous les spectateurs étaient assis, Scipion Nasica insista si fortement auprès du sénat, qu'il obtint un décret qui en ordonna la démolition. (*Velleius Paterculus*, lib. 2, cap. 15.) Ce décret portait en outre qu'à Rome et à un mille de son enceinte il était défendu de construire aucun théâtre où l'on pût assister assis, afin de ne pas amollir l'humeur guerrière, la virilité du peuple romain. (*Val. Max.*, lib. 1, cap. 15.)

L'architecture des amphithéâtres, d'un caractère lourd et solide, comportait généralement deux ou plusieurs ordres superposés. De même que dans les théâtres et plus encore que dans ceux-ci, on y remarque un emploi fréquent de l'arc et de la voûte. On peut même dire que c'est dans les amphithéâtres autant que dans les thermes que les Romains ont déployé toute leur science de constructeurs, et il faut reconnaître que les premiers ils l'ont développée et poussée à un haut degré de perfection.

Ordinairement bâtis en pierre d'un bel appareil, les amphithéâtres d'une date postérieure au IIᵉ siècle après J.-C. furent le plus souvent, surtout dans les provinces de l'empire, construits en petit appareil, ainsi que le prouvent les ruines qui existent sur divers points de la France. (Voy. ARÈNES, § *Lutèce*.)

La dimension des amphithéâtres était subordonnée à l'importance de la ville qu'ils desservaient. Il n'était pas permis à tous, comme à l'immense Colisée de Rome, de contenir 80,000 spectateurs, la plupart ne pouvaient en admettre que 20,000, 10,000 et même un chiffre inférieur ; mais, quelle que fût leur importance, leur forme générale était invariablement celle d'une ellipse plus ou moins allongée, comme l'indique notre figure 1.

L'arène ou sol inférieur épousait la même courbe ; elle était percée de distance en distance, mais principalement dans les extrémités de son grand axe, par des loges (*carceres*) qui renfermaient les animaux destinés aux combats.

Le sol de l'arène, comme l'indique son nom, était sablé. Il était légèrement convexe, pour faciliter l'écoulement des eaux pluviales qui se rendaient dans un canal (*euripe*) situé au bas du *podium*. Ce canal aboutissait à des aqueducs souterrains qui conduisaient toutes ces eaux au dehors.

Dans certains amphithéâtres il existait d'autres canaux pour amener l'eau nécessaire à la transformation de l'arène en un vaste bassin où se donnaient des *naumachies* ou combats navals.

La concavité que présentait dans son ensemble l'intérieur d'un amphithéâtre portait le nom général de *cavea*. L'ensemble des gradins qui en occupait les parois était divisé en *précinctions* par des paliers concentriques. Ces précinctions étaient au nombre de trois et même de quatre dans les grands amphithéâtres. La première et la dernière exceptées, elles se composaient généralement d'une douzaine de gradins (*mœniana*). La première précinction, qui avait quatre ou cinq gradins, s'élevait autour du *podium*, espèce de large palier pratiqué au-dessus des carceres. Le podium entourait l'arène. Dans une partie réservée du podium, située en général sur le grand axe de l'ellipse, l'empereur ou son représentant dans les provinces avait une loge. A droite et à gauche de celle-ci prenaient place les sénateurs, les magistrats, les vestales, en un mot, ce que nous appelons aujourd'hui les *autorités*. Le reste du podium était occupé par les patriciens, la noblesse d'alors.

Au-dessus des gradins du podium s'asseyaient les chevaliers, puis le peuple, et enfin les femmes et les esclaves, qui se tenaient au haut de la *cavea*. Cette partie supérieure de l'amphithéâtre affectait quelquefois la forme d'un portique, sous lequel les spectateurs étaient à l'abri des rayons brûlants du soleil.

Malgré une élévation de 4 à 5 mètres au-dessus du sol de l'arène, malgré aussi les *rets* ou *treillis* qui défendaient le *podium* de l'approche des bêtes féroces, on fut encore obligé, pour se préserver de la fureur des éléphants, des lions et des tigres, qui plus d'une fois franchirent ces obstacles, on fut encore obligé, disons-nous, d'élargir l'euripe et d'en faire un fossé large et profond pratiqué au pied du podium, afin de l'isoler complétement de l'arène. (Suétone, *Cœs.*, 39; Pline, *Hist. nat.*, VIII, 7.) Dans quelques amphithéâtres, on scella même une grille avec des dards sur l'appui du *podium ;* on y fixait quelquefois des rouleaux en ivoire sur un axe mobile, de façon que l'animal furieux, voulant s'accrocher sur ces rouleaux, était rejeté en arrière.

Les moyens d'entrée, de circulation et de dégagement étaient fort bien compris et aussi complets que possible pour satisfaire à toutes les exigences, et empêcher la confusion parmi la foule compacte des individus qui étaient venus s'asseoir sur les gradins de l'amphithéâtre.

Indépendamment des paliers concentriques divisant la *cavea* en précinctions, celle-ci était coupée et divisée par des *cunei* ou escaliers disposés comme l'indique le plan (fig. 1); ces *cunei* étaient taillés dans les gradins eux-mêmes.

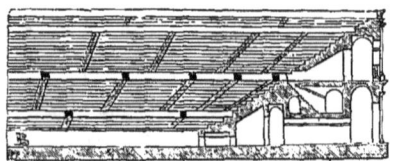

Fig. 3. — Coupe d'amphithéâtre.

Des escaliers intérieurs (*scalæ*) et des galeries pratiquées sous la *cavea* et en communication directe avec le dehors, donnaient accès sur les couloirs des précinctions, au moyen de bouches ou *vomitoires*, comme le montrent la figure 4 et la coupe fig. 3.

Au-dessus de l'amphithéâtre on tendait, au moyen de cordages, un *velarium* pour préserver les spectateurs de l'ardeur du soleil. C'étaient des marins qui en faisaient la manœuvre.

D'abord le *velum* ou *velarium* ne fut qu'une toile grossière, plus tard le raffinement du luxe y employa des étoffes d'une grande richesse, dont quelques-unes étaient brodées d'or.

Ces toiles étaient fixées à des mâts (*mali*)

placés au sommet de l'édifice (voir fig. 2) contre sa face extérieure, où ils étaient retenus par de fortes consoles en pierres percées pour les recevoir, comme le montre la planche 4, qui représente une élévation et une coupe de l'amphithéâtre de Nîmes, dessiné par notre confrère et ami Alph. Simil.

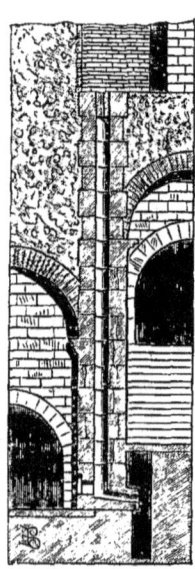

Fig. 4. — Conduit pour la canalisation des eaux.

Les canalisations pour les eaux pluviales étaient admirablement comprises; nous les avons étudiées dans l'amphithéâtre de Nîmes, le seul peut-être où les traces d'égouts soient assez visibles et assez conservées pour s'en

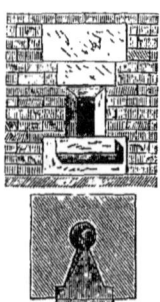

Fig. 5. — Élévation et plan d'un regard de conduit pour les eaux.

rendre un compte exact. Dans cet amphithéâtre cinquante-six tuyaux de descente en

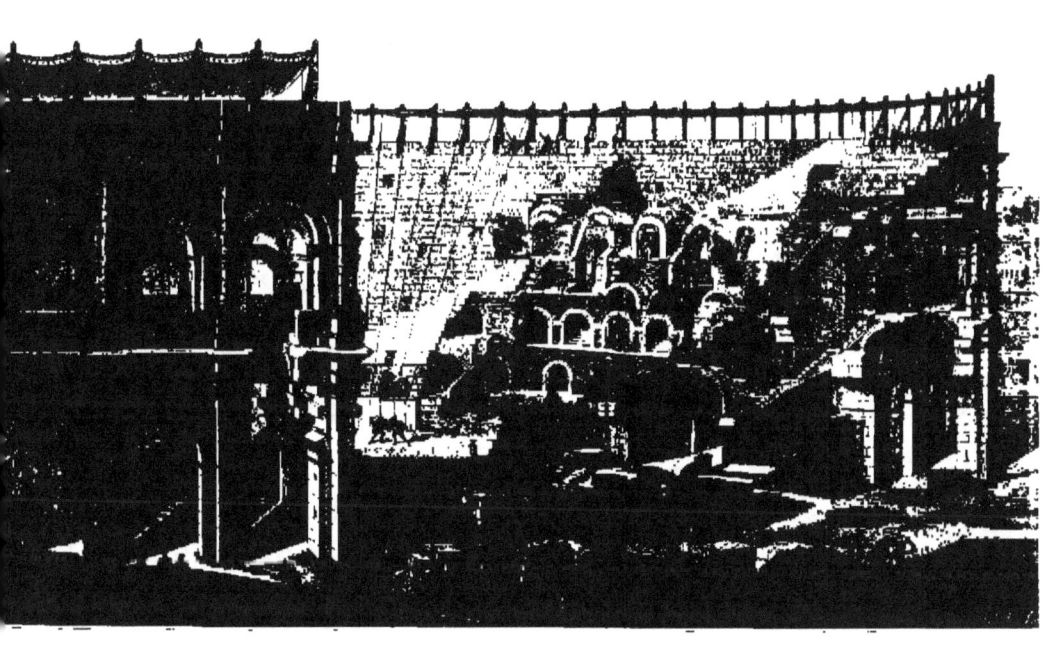

Fig. 4 — Amphithéâtre romain de Nîmes (extérieur, coupe et vues de construction).

gagés dans l'épaisseur des maçonneries et creusés dans la pierre qui portaient les grands escaliers, servaient à l'écoulement des eaux pluviales et peut-être d'urinoirs pour les spectateurs placés dans les troisième et quatrième précinctions. Notre figure 4 montre ces tuyaux de descente; ils étaient tous pourvus de regards au rez-de-chaussée (fig. 5).

Nous devons arrêter ici la description de ces vastes monuments; nous ne pouvons en effet en parler plus longuement sans sortir des bornes assignées à notre Dictionnaire ; mais nous recommandons à nos jeunes confrères l'étude des amphithéâtres, car ils renferment des données curieuses à plus d'un titre; nous ne les donnons pas tous comme des modèles de constructions, mais certaines de leurs parties méritent une étude soutenue qui pourra leur être très-profitable.

Nous donnons (fig. 6) la galerie du premier étage de l'amphithéâtre de Nîmes, et (fig. 7) l'ensemble du même monument.

Voyez ARÈNE, BALTEUS, CARCERES, CAVEA, CUNEUS, GRADINS, PODIUM, PRECINCTION, VELARIUM, VOMITOIRES, etc.

Les cirques et les hippodromes antiques étaient aussi disposés en amphithéâtres; nous en parlerons dans des articles spéciaux.

Les barbares qui envahirent l'empire romain conservèrent les jeux de l'amphithéâtre, qui flattaient leurs goûts ; et, les faisant refleurir, ils réédifièrent ceux qui furent détruits aux IV$^e$ et V$^e$ siècles pour fournir des matériaux aux enceintes des villes et aux basiliques chrétiennes. Ils en construisirent même de nouveaux dans des lieux qui n'en avaient jamais possédé.

Il ne reste plus que de faibles traces de ces bâtisses assez primitives et sans caractère.

Le christianisme tenta, mais en vain, de faire disparaître ces divertissements sanguinaires. Il ne put que convertir les envahisseurs septentrionaux et modifier leur cruelle sauvagerie. Aujourd'hui même, les amphithéâtres servent encore aux combats de taureaux dans quelques villes méridionales de l'Europe.

Nous avons vu élever à Paris divers édifices dans lesquels on donne des représentations équestres. Ils reproduisent plus ou moins les formes et dispositions des anciens amphithéâ-

tres, c'est pourquoi nous avons lieu d'être surpris du nom qu'on leur donne, *cirque, hippodrome*. Ces édifices, sous notre climat, ne sont plus abrités par un simple *velarium* comme dans l'antiquité, mais par une charpente spéciale qui supporte la couverture.

Dans les fêtes et solennités publiques, on élève fréquemment de grandes estrades en amphithéâtre. L'économie, une prompte exécution et en même temps une grande solidité sont les conditions indispensables à l'érection de ces constructions d'un caractère tout à fait provisoire.

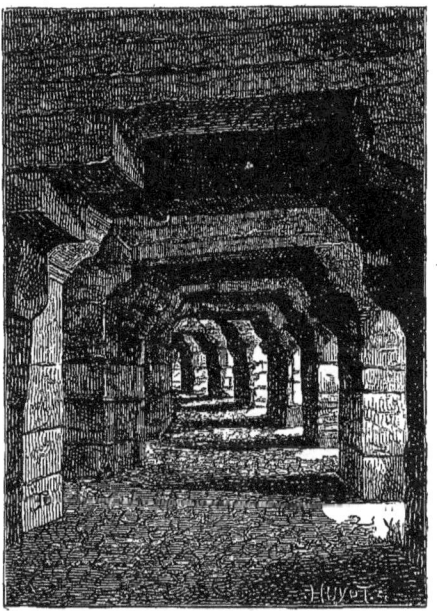

Fig. 6. — Amphithéâtre de Nîmes (galerie du 1$^{er}$ étage).

Chez les modernes, plusieurs autres constructions portent le nom d'*amphithéâtre*. Les unes justifient cette dénomination par l'application qu'on y a faite de la disposition amphithéâtrale, mais d'autres, comme les amphithéâtres mortuaires, ceux d'anatomie, de physique, de chimie, etc., où elle n'existe presque jamais, sont à tort ainsi dénommés. Il en sera question au mot SALLE.

AMPHITHÉÂTRE. — Parmi les premières constructions, on donne le nom d'*amphithéâtre de cours* non-seulement à la salle ordinairement en forme d'hémicycle avec lignes concentriques de gradins, où se fait un enseignement quelconque, mais encore au bâtiment qui la renferme, en tant qu'il forme un édifice distinct.

Le plan de ce genre d'édifices repose sur certaines données dont on ne peut et ne doit guère se départir. Motivé par la salle de cours, qui en est d'ailleurs la partie principale et souvent presque l'unique, il doit à l'extérieur en accuser ordinairement la forme semi-circulaire.

Sur la face principale, établie sur une ligne parallèle au diamètre, s'ouvre l'entrée du vestibule au fond duquel doit être, à l'usage des professeurs, un vestiaire qui se trouve ainsi en communication directe avec la chaire ; de ce même côté, des portes peuvent être ménagées pour le service de la salle. A droite et à gauche du vestibule, se présente un couloir ou un escalier, le plus souvent l'un et l'autre, contournant l'édifice. Un certain nombre de portes ouvrant sur ce couloir donnent accès, comme dans les amphithéâtres antiques, sur tous les points de la partie publique de la salle.

On peut ménager une porte à l'usage exclusif des professeurs et gens de service, comme aussi des issues peuvent être réparties sur le pourtour du bâtiment, pour faciliter l'écoulement de la foule.

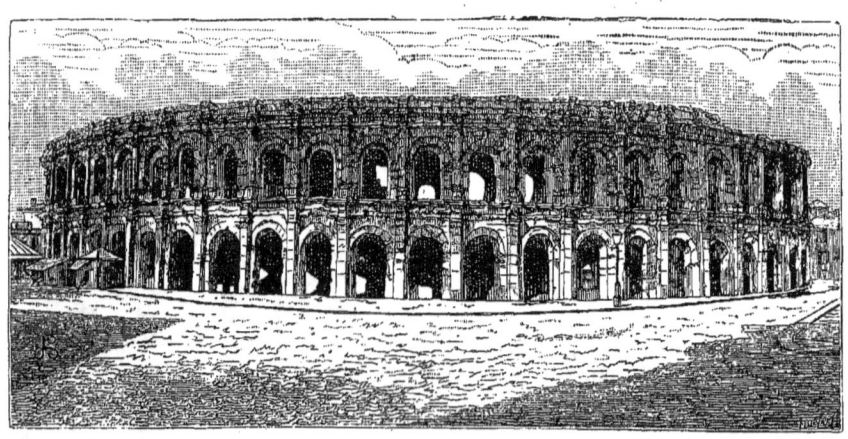

Fig. 7. — Amphithéâtre de Nîmes.

Une loge de concierge et des water-closets en sont le complément obligé.

Lorsque la nature des cours professés exige des préparations ou des instruments de démonstrations scientifiques, comme les cours de physique, de chimie, d'histoire naturelle ou d'anatomie, l'ensemble du plan, mais non celui de la salle, peut affecter une forme rectangulaire beaucoup plus commode que celle dont nous avons parlé plus haut, pour trouver l'emplacement d'un laboratoire ou d'une ou plusieurs salles de dépôt.

La salle principale devant tirer sa lumière d'en haut, peu ou point de fenêtres sont appelées à donner du mouvement aux faces extérieures de l'édifice. On peut, pour remédier à cette pénurie, user des ressources décoratives de la science architecturale, détails dont nous n'avons pas à parler ici. Cependant, il ne faut pas perdre de vue que la plus grande simplicité doit régner sur les flancs du monument, et que la richesse doit être réservée pour la face principale. Cette dernière est ordinairement surmontée d'un fronton : celui-ci est motivé par la forme obligatoire du comble général ; il doit être empreint d'un style noble et sévère.

Le caractère particulier à lui donner dépend d'ailleurs de la plus ou moins grande gravité de l'enseignement auquel l'édifice est destiné. Des sujets relatifs à la science professée peuvent aider à atteindre ce but.

Le vestibule peut être soutenu par des colonnes ; il peut aussi être décoré par des niches renfermant des personnifications allégoriques appropriées aux sujets qu'on développe dans l'amphithéâtre. Des bustes et des statues de savants illustres, des peintures, des emblèmes et des inscriptions peuvent y trouver place. Quant aux dispositions et à la décoration de la salle principale, nous en parlerons à l'article SALLE, *Salles de cours*.

On doit, dans le genre d'amphithéâtre dont nous venons de parler, établir un appareil de chauffage et de ventilation, et ne pas négliger les autres dispositions hygiéniques indispensables dans tous les lieux où une grande réunion de personnes peut vicier l'air. (Voy. VENTILATION.)

Cette dernière observation est d'une grande importance pour les salles destinées à l'enseignement de la chimie, à cause des gaz qui se dégagent dans les différentes manipulations qui se pratiquent dans ces cours.

Dans nos théâtres modernes, on donne spécialement le nom d'amphithéâtres à une partie de la salle qui est disposée en gradins mais sans division de place personnelle, c'est ce qu'on nomme vulgairement le *poulailler*. Les amphithéâtres affectés aux assemblées législatives, aux séances académiques, scientifiques ou littéraires et autres, sont des salles en hémicycles avec lignes concentriques de gradins et ayant une grande analogie avec les amphithéâtres de cours.

AMPHITHÉÂTRE. — Enfin, on appelle *Amphithéâtre de verdure*, une pente régularisée de main d'homme raccordant les parties élevées d'un parc ou d'un jardin avec les parties basses, au moyen de rampes droites, mais le plus souvent courbes. C'est un excellent moyen d'utiliser la déclivité d'un terrain qu'on ne veut ou qu'on ne peut trancher ni soutenir. Les arbres (principalement les conifères), les arbustes à caractère, les gazons, ainsi que les vases, les statues, les exèdres, les fontaines et cascades, les grottes, etc., peuvent concourir à rompre la monotonie et la nudité de ces lieux et les rendre une des parties les plus pittoresques du jardin. (Voy. JARDIN.)

AMPHORE, *s. f.* — De ἀμφί, des deux côtés, et φέρειν, porter, vase de terre cuite muni de deux anses servant à contenir des liquides, de l'huile, du vin, etc. ; les amphores servaient aussi dans certaines constructions ; on les liait ensemble avec du ciment. (Voy. Seroux d'Agincourt, *Hist. de l'art*, sect. *architecture*.)

Beaucoup de villes fabriquaient de amphores, mais les fabriques les plus renommées, étaient à Chio, à Cnide, à Rhodes, à Samos et à Thasos.

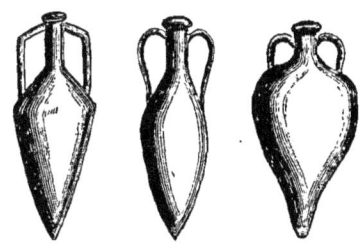

Amphore de Cnide, de Chio et de Samos.

Nous donnons ici trois types d'amphores des plus élégants : le premier était le modèle adopté par les potiers de Cnide, les deux autres par ceux de Chio et de Samos. L'amphore de Thasos (sauf une plus grande largeur dans le col) se rapprochait beaucoup de celle de Cnide.

AMPLITUDE, *s. f.* — Étendue en largeur et en longueur. En terme de géométrie, ligne comprise entre les deux extrémités de l'arc d'une parabole.

AMPOULE, *s. f.* — Vase au col étroit et soufflé comme une vessie.

AMPOULETTE, *s. f.* — Sablier servant à mesurer le temps et à estimer le trajet que fait un vaisseau.

AMURE, *s. f.* — Cordage servant à amurer, c'est-à-dire à fixer le point d'en bas nommé point d'amure d'une basse voile qui se trouve au vent.

ANAGLYPHE ou ANAGLYPTE, *s. m.* — Bas-reliefs, ouvrage orné de bas-reliefs.

ANCON, *s. m.* — Ancien terme d'architecture qui désignait une encoignure, l'angle intérieur d'une salle. Chez les anciens, ce mot avait diverses significations : il désignait une console soutenant au-dessus d'une porte une corniche d'ornement (Vitruve, IV, 6, 4); un bras de fauteuil, un crampon reliant des assises de maçònnerie ou des gros blocs de pierre. (Vitruve, X, 13, 21.)

**ANCONE,** *s. f.* — Centre des quartiers de la volute ionique.

**ANCRAGE,** *s. m.* — Système d'attache des extrémités des chaînes ou des poutres en bois ou en fer sur les murs qui les supportent. Notre figure montre l'extrémité d'une chaîne

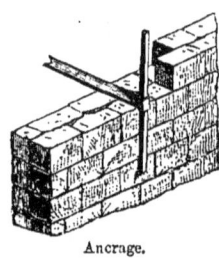

Ancrage.

avec une ancre apparente; notre figure 1 du mot suivant, une poutre en bois armée d'un bout de fer méplat terminé par un œil qui possède également une ancre apparente.

Quoique l'ancrage soit un élément important dans l'art de bâtir, nous n'en parlerons pas plus longuement ici ; mais au mot suivant ANCRE et au mot CHAINAGE, nous donnerons des détails complémentaires.

**ANCRE.,** *s. f.* — Pièce de fer introduite dans l'œil d'une *chaîne* ou d'un *tirant*, et qui sert à maintenir l'écartement des murs. Cette pièce de fer est ainsi nommée par suite de l'analogie qu'elle présente avec l'ancre d'un vaisseau soit par sa forme, soit par l'office qu'elle remplit.

Les ancres existent presque toujours là où sont établis des CHAINAGES (voy. ce mot), surtout dans les constructions modernes. Elles servent également à rendre solidaires avec la maçonnerie des pièces de charpente. Notre figure 1 en montre un exemple.

Les ancres peuvent être apparentes ou ca-

chées. Pendant longtemps elles furent noyées dans l'épaisseur de la maçonnerie; on les dis-

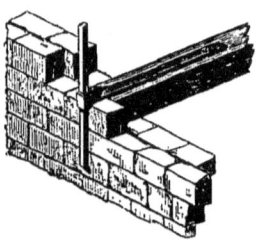

Fig. 1. — Poutre portant une ancre.

simulait au moyen d'une entaille pratiquée dans le parement du mur; aujourd'hui que l'architecture ne craint point d'accuser avec raison la construction, beaucoup d'architectes montrent les ancres sur les façades de leurs constructions et les utilisent comme décoration.

Comme nous le verrons bientôt, les ancres jouèrent un certain rôle dans la décoration des façades, et ne furent pas seulement de simples barres de fer droites dépourvues d'ornementation.

L'origine des ancres remonte presque à celle des chaînages de fer (1), c'est-à-dire au XIIIᵉ siècle. A cette époque elles durent être d'un usage encore peu répandu; néanmoins quelques exemples sont parvenus jusqu'à nous, l'un entre autres qui existait sur la façade de l'ancien hôpital Sainte-Catherine, rue Saint-Denis, à Paris, dont la construction, aujourd'hui démolie, remontait au XIIIᵉ siècle. Signa-

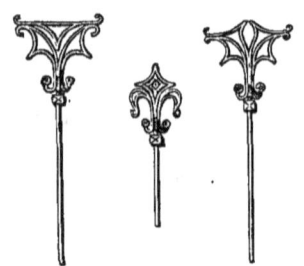

Fig. 2. — Ancres de la boucherie d'Ypres.

lons comme étant à peu près de la même époque, les ancres de la boucherie d'Ypres

(1) Aux XIᵉ et XIIᵉ siècles, on faisait des chaînages en bois, et dans les constructions en pan de bois on employait des ancres également en bois.

(fig. 2), qui présentent un spécimen aussi curieux qu'intéressant (1).

Peu de temps après l'adoption des ancres dans l'art de bâtir, on songea à en tirer parti pour la décoration extérieure, et, dans les édifices bâtis avec quelque recherche, elles reçurent les formes les plus riches et les plus variées.

Au xiv° siècle les ancres revêtirent les contours caractéristiques de cette belle époque de l'art; dès le xv° siècle leur emploi devient fréquent et leur forme est une transition entre celles dont nous venons de parler et les riches

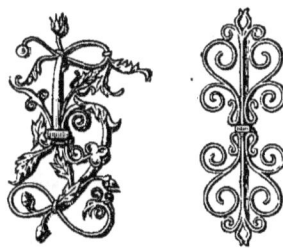

Fig. 3. — Ancres ornées.

ancres à rinceaux qui couvrent, dans les pays du nord surtout, les façades du xvi° au xvii° siècle.

Les ancres représentent tantôt des lettres simples ou ornées, tantôt des chiffres (voy. fig. 3 et 4). Un point important de la struc-

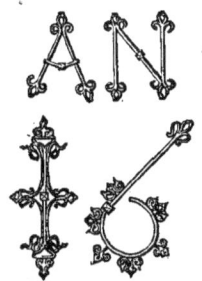

Fig. 4. — Ancres ornées et en chiffres.

ture des ancres anciennes et dont on tient peu compte aujourd'hui, c'est le *talon d'arrêt*

(1) Pour plus de renseignements sur les ancres d'Ypres, voy. l'*Architecture du v° au xvii° siècle et les arts qui en dépendent*, par J. Gailhabaud, 4 vol. in-4°, Paris, Gide, 1858.

et le *crochet de pose* (voir la partie gauche de la figure 5) dont étaient munies celles que leur forme permettait d'introduire par voie de glissement dans l'œil de la chaîne. L'usage de ces appendices est très-ancien,

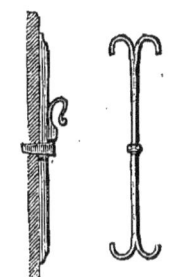

Fig. 5. — Ancre avec talon d'arrêt et crochet de pose.

car on a déjà pu l'observer sur les ancres précitées de la boucherie d'Ypres du xiii° siècle. Nous ajouterons que sur les ancres dont la forme épanouie en tous sens ne se prêtait pas à la pose par voie de glissement et dont les ornements faisaient naturellement arrêt sur l'œil de la chaîne, ce talon et ce crochet, devenus superflus, n'existaient pas; l'ancre était posée en même temps que la chaîne.

Il est fâcheux qu'on dissimule les ancres dans l'intérieur des murs, car on diminue ainsi l'élasticité du chaînage, et l'on affame aussi les murs.

Il faut avouer que peu d'architectes modernes ont compris tout le parti qu'on pouvait tirer des ancres pour la décoration, et le caractère qu'elles pouvaient donner à certains édifices. Il serait à désirer que, mettant à cet égard tout préjugé de côté, un plus grand nombre de nos confrères revinssent à une pratique qui est avant tout rationnelle, puisqu'elle a pour but d'accuser un élément indispensable de la construction.

JURISPRUDENCE. — Lorsqu'un mur mitoyen est reconstruit à neuf, les deux propriétaires ont un égal droit de placer dans ce mur des *ancres* qui tendent à le relier aux maisons contiguës, mais en les encastrant dans l'épaisseur des murs.

Celui qui élève le premier, et à ses frais seuls, un mur séparatif pour recevoir une construction, a le droit de placer les *ancres* comme il l'entend;

le propriétaire voisin, venant ensuite à adosser des constructions contre ledit mur, ne peut placer de tirants et d'*ancres* le traversant qu'en réparant toutes les dégradations que ses travaux auront occasionnées ; lesdits tirants et *ancres* devront être recouverts du côté du voisin d'un enduit de 0,03 au moins d'épaisseur. (*Commentaire de l'art.* 655 *du Code civil. Manuel des lois des bâtiments de la Société centrale des architectes*, p. 38 et 39.)

**ANCRURE**, *s. f.* — Barreau de fer que l'on passe dans l'œil d'un tirant pour empêcher soit l'écartement des murs, soit la poussée des voûtes, soit le déversement d'une cheminée.

**ANDAILLOT**, *s. m.* — Petit cerceau en forme d'anneau que l'on pose sur la ralingue des voiles triangulaires.

**ANDRON.** — Du grec ἀνδρών; c'était la première des deux divisions principales du plan d'une maison grecque ; elle était exclusivement réservée aux hommes, de là son nom. (Vitruv., VI, 7, 4; Festus, s. v°.) C'était une cour découverte (αὐλή) entourée de colonnades, autour de laquelle étaient disposées les diverses pièces composant l'appartement du maître et de ses gens de service.

L'andron était séparé de l'appartement des femmes ou gynécée par un passage et une porte. (Voy. MAISON.)

**ANDRONITIDE**, *s. m.* — Synonyme d'ANDRON. (Voy. ce mot.)

**ANE** (EN DOS D'), *adv.* — Une chaussée est dite *en dos d'âne*, quand elle est bombée.
**ANE** (BEC D'). — Voy. BEC D'ANE.

**ANÉMOMÈTRE**, *s. m.* — Instrument qui sert à mesurer la vitesse ou la force du vent dans un conduit de ventilation, ou qui sert à faire des expériences sur la ventilation.

**ANÉMOSCOPE**, *s. m.* — Instrument de physique qui sert à faire connaître la direction du vent. Cet instrument était connu de Vitruve, au dire de Rolland le Virloys (*Dict. d'architecture*).

**ANÉMOTROPE**, *s. m.* — Moteur par le vent.

**ANGAR.** — Ancienne orthographe de HANGAR. (Voy. ce mot.)

**ANGELIN** ou **ANDIRA**, *s. m.* — Arbre de 12 à 15 mètres de hauteur, originaire de l'Amérique méridionale, dont le bois dur et d'un brun rouge est employé dans la charpenterie.

**ANGLAISE** (ARCHITECTURE). Comme dans beaucoup d'autres contrées de l'Europe les monuments les plus anciens de l'architecture anglaise sont les pierres druidiques (voy. CELTIQUES, *Monuments*). Quelques savants ont voulu faire remonter jusqu'à l'époque des Bretons certaines forteresses qu'on retrouve éparses çà et là sur divers points de l'Angleterre, nous ne le pensons pas. Il est reconnu aujourd'hui par le plus grand nombre des archéologues, que les constructions civiles primitives de ce pays furent faites de bois et d'argile, de roseaux ou de pierres irrégulières. Ce ne furent que des cabanes circulaires, des huttes de sauvages, pour ainsi dire, dont le toit en chaume, de forme pyramidale, avait son sommet ouvert pour laisser pénétrer l'air et la lumière, et permettre en même temps la sortie de la fumée qui se dégageait du foyer.

Tels sont les seuls vestiges de l'architecture avant la conquête romaine. Après cette époque, les Romains ne laissèrent dans la Grande-Bretagne que des routes et des chaussées, ainsi que quelques murailles fortifiées, destinées à arrêter les incursions des Calédoniens. Ainsi donc, même sous la conquête romaine, nous ne trouvons aucune trace de constructions architectoniques; il faut arriver à la période comprise entre la conquête romaine et la conquête normande, pour trouver enfin une architecture dans la Grande-Bretagne.

A cette époque les Anglo-Saxons emploient le plus souvent des artistes français pour l'édification des églises et des monastères. La cathédrale d'Hexham et le monastère de Weremouth, bâtis au VII° siècle, sont sans contredit des œuvres d'artistes étrangers; ainsi donc les Anglo-Saxons n'ont pas eu d'architecture propre. Le style dominant fut une lourde architecture romano-byzantine importée par les Normands; on retrouve celle-ci dans certaines parties des églises cathédrales de Glocester, de Durham, d'Exeter, de Peterbourg, d'Oxford, etc. Le même style se retrouve encore dans les cathédrales de Sainte-Croix près de Winchester, de Rochester, de Norwich, ainsi que dans l'église de Lastingham et les ruines du prieuré de Batholp et de l'abbaye de Waltham.

Plus tard l'ogive succède au plein cintre, elle est introduite par le frère du roi Étienne, Henri de Blois évêque de Winchester, vers 1115 ou 1120. Elle apparaît d'abord au monastère de Cantorbéry, à la cathédrale de Rochester et à l'église Saint-Pierre de Northampton. Sous Henri II (1154) l'ogive s'implante définitivement et la quantité des édifices religieux de style ogival élevés du XII° au XV° siècle est considérable; sous le seul règne de Henri III (1216) on en compte près de

(1485), celui de Hampton-Court, enfin la chapelle de Henri VIII dans l'abbaye de Westminster.

Sous Jacques Ier (1587-1603), l'architecture anglaise adopte le style classique; ce ne sont plus que colonnes et frontons, on étudie le néo-grec et le gréco-romain. L'architecte Inigo Jones bâtit en style classique le palais de White-Hall, la galerie de Somerset-House, la maison royale de Greenwich, actuellement hôtel des invalides de la marine; pendant cette période, l'architecture ne manque pas de caractère comme nos figures 1 et 2 peuvent le prouver.

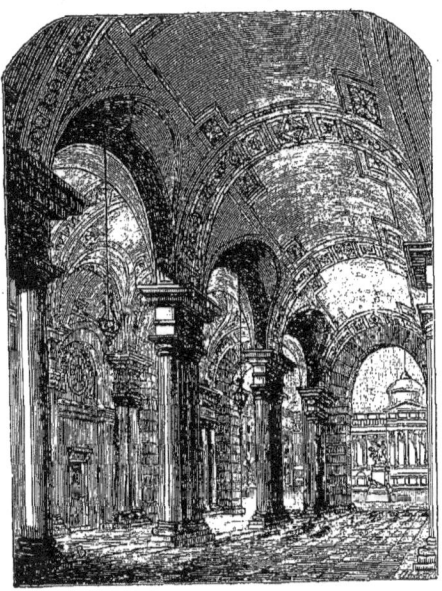

Fig. 2. — Vestibule d'entrée de Somerset-House.

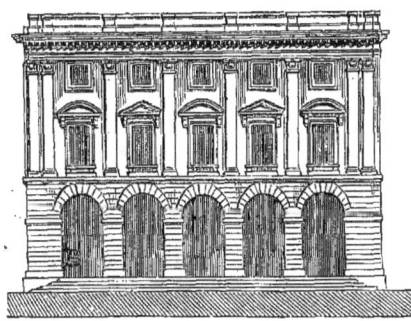

Fig. 1. — Façade de Somerset-House.

160 principaux; parmi les plus remarquables, mentionnons les grandes cathédrales d'York, de Cantorbéry, de Lincoln, de Salisbury, de Winchester, de Chichester, enfin la célèbre abbaye de Westminster.

Après une période brillante, nous arrivons à une époque de décadence, au style maniéré et surchargé dit des Tudors (1461), singulier mélange du gothique et de la renaissance. Les monuments les plus curieux sinon les plus remarquables de ce style bizarre sont : le palais de Richemond, bâti sous Henri VII

A la suite du fameux incendie de Londres (1666), Christophe Wren, qui était à Paris, retourne précipitamment dans son pays, et il y dresse un plan de reconstruction de la ville. Dans ses projets, il étudie surtout la renaissance française; c'est à cette époque qu'il jeta les fondations de Saint-Paul, réduction de Saint-Pierre de Rome, qu'il construisit l'église de Saint-Étienne, de Wallbroock, le théâtre de l'université d'Oxford, le Monument, la douane de Londres, la tour de Westminster, les flèches des églises de Sainte-Marie-le-Bow et Saint-Bride à Londres, le palais royal, le palais épiscopal de Westminster, enfin l'hôpital de Chelsea.

Les architectes contemporains de Wren se montrent aussi partisans de la renaissance; mais ils sont moins français que Wren dans le style qu'ils adoptent. Citons James Gibbs, Nicolas Hawksmoor, Thomas Archer, John, James Flitcraft, Talman, John Vanbrugh et autres architectes qui firent des œuvres remarquables. Vers la fin du XVIIIe siècle, il s'opéra en Angleterre une révolution; le style de la renaissance française et anglaise est abandonné; les architectes se lancent dans deux voies distinctes : les uns sont classiques et les autres gothiques. Des sociétés savantes se forment; les unes propagent l'étude et le goût des monuments grecs et romains, les autres donnent leurs préférences à l'art gothique, au style ogival.

En somme, si nous résumons l'histoire de l'architecture anglaise, nous trouvons qu'on pourrait la diviser en quatorze périodes distinctes très-caractéristiques, correspondant aux évolutions sociales et politiques du peuple anglo-saxon.

La première période commence après l'invasion de Jules César dans la Grande-Bretagne (55 av. J.-C.), mais, comme nous l'avons vu au début de cet article, nous ne retrouvons alors que des traces d'une architecture militaire; la seconde période après la conquête de Claude; la troisième à la conquête d'Agricola en 78; les dix périodes suivantes correspondent :

A l'invasion des Pictes et des Calédoniens, habitants de l'Écosse, qui renversent la domination romaine (447);

A la domination de la race anglo-saxonne (827);

A la domination de la race danoise (1014);

A l'avénement des rois normands (1066);

A la domination de la race des Plantagenets (1155), de 1066 à 1200 environ, l'architecture est dite de style normand;

A l'avénement de la branche de Lancastre (1399), style anglais primitif;

A la branche d'York (1461);

A la race des Tudors (1485);

A la race des Stuarts (1603), style anglais fleuri ou Tudor, de 1460 à 1537; style Élisabeth, jusqu'en 1558;

La république, 1649; la convention, 1685 et l'avénement de la maison de Nassau, 1689;

L'architecture moderne forme la quatorzième et dernière période.

BIBLIOGRAPHIE. — Orderic Vital, *Hist. eccles.*, lib. 10, p.788; *Archeologia Britannica*, ouvrage publié par la Société des antiquaires de Londres, 1770, in-4°; Ducarel, trad. par Lechaudé d'Anisy, *Antiquités anglo-saxonnes*, 2 vol. in-8° avec pl.; Strutt, trad. par Boulard, *Antiquities of England*, in-4° avec fig.; James Beverell, *Délices de la Grande-Bretagne, etc.*, Leyde, 1707, 10 vol. in-12; W. Roy, *The military antiquities of the Roman in Britain*, Londres, 1793; Iw. King, *Munimenta antiqua*, 1799-1806, in-fol.; Storer, *Antiquarian itinerary*, Londres, 1815-18, 7 vol. in-12; J. Carter, *the Ancient architecture of England*, Londres, 1795-1816, 2 vol. in-fol.; Brithon, *the Cathedrals antiquities of England*, Londres, 1814; *Graphic and historical description of the cathedrals of Great-Britain*, 1817-20, in-4°; Dugdale et Ellis, *Monasticum gallicanum*, 1817-30, in-fol.; Pugin, *Specimen of gothic architecture*, 1821, in-4°; J. Britton, *Chronological history and graphic illustrations of the ancient architecture of Great-Britain*, Londres, 1820-25, in-4°; du même, *Chronological history and graphic illustrations of christian architecture in England*, Londres, 1835, in-4°; Dallway, *English architecture*, Londres, 1840, in-8°; Gwilt's, *Encyclopedia of architecture*, 1872, 1 vol. in-8°, p. 164 à 280.

ANGLE, *s. m.* — Ouverture plus ou moins grande formée par deux lignes qui partant d'un même point se prolongent indéfiniment. La surface comprise entre les côtés a reçu le nom d'*angle plan*.

Si une droite coupe perpendiculairement une autre droite, elle forme avec celle-ci quatre angles droits. L'angle droit mesure 90 degrés.

Si une droite forme avec une autre des angles inégaux, ces angles sont dits aigus s'ils ont moins de 90 degrés, et obtus s'ils mesurent plus de 90 degrés.

Sur les chantiers, les ouvriers disent d'un objet à angle droit, qu'il est d'*équerre*, et d'un objet à angle aigu ou obtus qu'il a du *maigre* ou du *gras*.

Les angles *solides*, c'est-à-dire ceux que forment par leur rencontre les plans détermi-nant les faces des corps solides, sont *saillants* ou *rentrants*. Lorsque deux plans se rencon-trent, la figure formée par ces plans terminée à leur intersection commune s'appelle *angle dièdre,* l'intersection se nomme l'*arête,* et les plans qui forment l'angle, les *faces.*

L'angle trièdre est formé par la rencontre de trois plans; l'angle polyèdre par celle de plusieurs plans.

ANGLE. — Dans la construction, on appelle *angle d'un bâtiment* la rencontre de deux murs; plusieurs systèmes sont adoptés pour la construction de ces angles, le lecteur pourra s'en rendre compte en étudiant le mot APPA-REIL.

ANGLE. — Cavité qui sépare des bossages; on dit *angle saillant, angle rentrant, angle ar-rondi.* (Voy. BOSSAGE.)

ANGLE (CUVETTE D'). — Voy. CUVETTE.

ANGLE (Ponts et chaussées). — Réunion de deux ruisseaux en un point commun.

ANGLET. *s. m.* — Cavité fouillée en angle droit, telle que celles qui séparent les bossages ou pierres de refends. Beaucoup de caractères et la plupart des inscriptions gravées dans les pierres et les marbres sont à *anglet.*

ANGOLAM, *s. m.* — Arbre vert de l'Asie et du Malabar, de 30 à 32 mètres de hauteur, qui est employé dans les constructions de ces pays. Il commence à arriver en France; les marchands de bois anglais en importent en Europe.

ANGROIS, *s. m.* — Petit coin de bois ou de fer qu'on emploie pour assujettir le man-che d'un marteau dans son œil.

ANGUILLIÈRES, *s. f. pl.* — Canaux qui règnent le long de la carlingue d'un vaisseau, pour conduire les eaux à la pompe.

ANGULAIRE, *adj.* — Qualification don-née à tout ce qui est posé sur un angle, *co-lonne angulaire, pierre angulaire,* etc.; en charpente les poteaux *angulaires* des pans de bois sont dits *poteaux corniers.*

ANHYDRE, *adj.* — De ἀ privatif et ὕδωρ, eau, privé d'eau, substances exemptes d'eau; alcool anhydre, chaux anhydre ou chaux vive, plâtre anhydre ou plâtre surcuit. (Voy. PLÂ-TRE.)

ANHYDRITE, *s. f.* — Plâtre privé d'eau, qui constitue une sorte de pierre très-dure. Colorée à l'aide de substances étrangères, on l'emploie comme pierre d'ornement.

ANIMAUX, *s. m. pl.* — Les animaux ont toujours servi dans les arts, soit à représen-ter les dieux auxquels ils étaient consacrés, soit à exprimer une pensée sociale ou reli-gieuse.

Tous les peuples anciens et modernes ont utilisé dans leur décoration les animaux sym-boliques. Au mot ABEILLES nous avons déjà vu que ces insectes figuraient sur les mon-naies d'Éphèse; nous savons que le hibou était sur le revers des médailles d'Athènes et personnifiait Minerve. Égine avait sur les siennes une tortue, Messine un lièvre, Re-gium un mulet, etc. Dans l'iconographie chrétienne, nous trouvons représentés d'après l'Apocalypse, aux quatre angles du trône de Dieu, quatre animaux, ayant chacun six ailes et couverts d'yeux. C'est un lion, un veau, un homme et un aigle. Cette vision de saint Jean se trouve reproduite par la sculpture au portail occidental de Moissac et de Vézelay, et au portail de l'église de Chartres.

Le moyen âge offre une zoologie mystique très-considérable : Jésus-Christ, par exemple, est représenté tour à tour sous la forme d'un agneau, d'un pélican, d'un lion, pour symbo-liser sa douceur, sa charité, sa force.

Du reste, les animaux symboliques étaient employés sur toute sorte de monuments, et nous devons dire que le moyen âge et la re-naissance en ont usé et abusé, et que chaque pays a eu ses types particuliers d'animaux fantastiques que l'on trouve reproduits sur tous les membres d'architecture soit de bois, soit de pierre.

Enfin dans le blason, les animaux symbo-liques ont été fréquemment employés pour les armoiries.

BIBLIOGRAPHIE. — V. Molanus, *Historia imaginum sacrarum*, in-4°; P. Cahier, *Sur quelques points de zoologie mystique*, Paris, 1842, broch. in-4°.

ANNEAU, *s. m.* — Ornement composé d'une ou de plusieurs moulures et qui ceint le fût d'une colonne; cette dernière est dite alors *annelée*, et le système décoratif est appelé *annelure*. On ne rencontre guère de colonnes annelées qu'aux XIIe et XIIIe siècles, et leur profil peut être simple, c'est-à-dire formé d'un seul tore, ou bien riche et composé de plusieurs moulures auxquelles se joignent quelquefois des ornements (voy. ANNELURE). On a souvent donné aux anneaux le nom de BAGUE. (Voy. ce mot.)

ANNEAU. — Listels ou filets placés sous l'échine du chapiteau dorique grec et dont le nombre peut varier de trois à cinq; on nomme aussi ces listels ANNELETS. (Voy. ce mot.)

ANNEAU. — (Serr.) Cercle de métal soudé ou non soudé servant de suspension, de cordon de tirage, etc.

L'anneau de serrurerie sert à une infinité d'usages; l'anneau étamé d'un loqueteau sert à tirer celui-ci, les anneaux fixés sur des pierres, des trappes servent à lever ces pierres ou ces trappes.

Dans une clef, on nomme *anneau* la partie qu'on tient dans la main pour tourner la clef dans la serrure.

L'*anneau brisé* en acier est destiné à réunir plusieurs clefs ensemble; enfin les anneaux portant tige à vis, à pointe ou à scellement sont employés pour tirer des tiroirs, attacher des chevaux, ou à réunir deux ou plusieurs objets.

ANNELÉ, ÉE, *part. passé.* — Décoré ou pourvu d'anneaux, d'annelure.

ANNELET, *s. m.* — Filets au nombre de

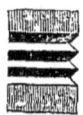 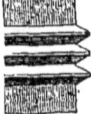

Annelets.

deux, trois ou cinq soutenant la moulure ou

quart de rond d'un chapiteau dorique. On les nomme aussi ARMILLES. (Voy. ce mot.)

ANNELET, en termes de blason, signifie petit anneau.

ANNELURE, *s. f.* — Décoration des fûts de colonne consistant en anneaux répartis sur divers points de sa hauteur.

Cette décoration est principalement propre aux édifices de la seconde moitié du XIIe siècle et de la première du XIIIe; les exemples de

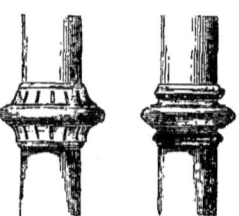

Fig. 1. — Annelure.

date antérieure et postérieure sont fort rares. Nous devons observer aussi qu'il n'y a ordinairement qu'un ou deux anneaux aux fûts des colonnettes de cette époque, mais il en existe dont l'annelure se compose d'un plus grand nombre d'anneaux : ceux-ci ne paraissent pas avoir eu simplement pour but de décorer les fûts, mais aussi d'en déguiser la maigreur; ce qui pourrait le prouver, c'est que les anneaux ainsi exécutés ne font leur apparition qu'en même temps que les longues et maigres colonnettes. Souvent les annelures ont été employées comme moyen de construction; ce sont alors des pierres faisant saillie et percées de manière que les bouts de colonnettes s'y engagent dessus et dessous. Fréquemment aussi, le diamètre du fût subissait une diminution au-

Fig. 2. — Annelure traversée par un goujon.

dessus de chaque anneau. Ces derniers étaient alors comme autant de coussins placés entre les tronçons d'une colonnette non monolithe et au travers desquels passaient les goujons de fer destinés à en empêcher le déplacement ; notre figure 2 montre cette disposition.

Il existe en Angleterre et en Allemagne des exemples de tores d'archivolte et de nervures décorées d'anneaux. (Voy. ANNEAU, COLONNE, FUT, BAGUE.)

ANNEXE, s. f. — Tout ce qui est uni à une chose principale. On dit un bâtiment et ses annexes, une ferme et ses annexes ; les annexes d'une écurie, sont : la sellerie, la buanderie, les greniers à foin, etc.

ANNILLES ou ANILLES, s. f. (Arch. hydraul.) — Anneaux ou tirants de fer qu'on scelle dans le parement des bajoyers d'une écluse (voy. BAJOYERS), et qui servent à retenir les poteaux de garde que l'on pose le long des branches et sur les faces de l'avant-bec des piles dans les écluses à double passage, pour garantir leurs parements du choc des bâtiments.

ANNILLES. — Anneaux de fer qu'on met autour des moyeux des roues des moulins pour les renforcer.

ANNILLES. — Terme de blason, sorte de croix ancrée, ou figure en forme de deux crochets adossés.

ANNULAIRE, adj. — Qui ressemble à un anneau, qui a la forme d'un anneau ; voûte en berceau qui porte sur deux murs circulaires concentriques ; telles sont les voûtes qui dans les églises contournent le chœur arrondi en abside ; les ouvriers désignent ces genres de voûtes par le nom de berceaux tournants. Si le point d'appui intérieur se réduit à un seul pilier rond et central autour duquel tourne la voûte et cela sans discontinuité, on la nomme voûte sur le noyau ; citons comme exemple la voûte de l'hôtel Colbert, à Paris, à l'angle des rues de l'ancien hôtel Colbert et de la Bûcherie ; plusieurs édifices antiques possèdent des voûtes annulaires : le mausolée d'Adrien (aujourd'hui fort Saint-Ange), quelques tombeaux de la voie Appia.

Parmi les édifices modernes possédant des voûtes annulaires, citons la voûte du premier étage de la halle au blé à Paris. On donne aussi le nom de tambours annulaires à des bossages cylindriques que portent certaines colonnes ; on en voit des exemples aux palais du Luxembourg et du Louvre, à Paris.

ANNUSURE. — Voy. ENNUSURE.

ANSE, s. f. (Serr.). — Petite tringle cintrée en demi-cercle servant à prendre à la main un vase et un récipient quelconque ; partie demi-circulaire d'un cadenas qui passe dans deux pitons et dont l'extrémité rentre ensuite dans le CADENAS. (Voy. ce mot.)

Les artilleurs nomment anse les deux anneaux de fer qui sont de chaque côté d'une bombe.

ANSE DE PANIER (1), loc. et s. f. — Arc dont la flèche est différente de la demi-ouverture du cercle qui le constitue. L'anse de panier se décrit au moyen de plusieurs centres. Sa flèche peut être plus grande que la demi-ouverture d'un cercle, comme dans la figure 1 ; elle peut être moindre, comme dans la figure 2. Dans le premier cas l'anse de panier est surhaussée, dans le second, elle est surbaissée ; cette dernière courbe est de beaucoup la plus employée.

L'anse de panier se rencontre rarement dans les monuments antérieurs au XVe siècle. A partir du XVIe l'anse de panier surbaissée se généralise. Pendant le dernier siècle elle a été très-employée aux arches de pont de grande portée ; mais depuis l'application de l'arc segmentaire aux constructions de ce genre, on n'en fait plus que rarement usage.

Les anses de panier, comme les arcs segmentaires, sont susceptibles de se prêter à toute proportion donnée entre l'ouverture et la flèche. Mais, outre que la correction et l'élégance

(1) Nous aurions pu rejeter ce mot à ARC, comme nous avons fait pour ACCOLADE, mais comme en technologie on dit simplement anse de panier sans employer le mot arc, et qu'en outre ce mot est très-important, nous avons préféré pour ces motifs en faire un article à part.

sont le caractère de l'arc segmentaire plutôt que de l'anse de panier, cette dernière a pour inconvénient capital la difficulté qu'on éprouve à la tracer et par suite à l'appareiller. Il en résulte par suite que son emploi n'est pas économique et que le moindre défaut de précision dans l'appareillage peut en compromettre la solidité. Quoi qu'il en soit, la plupart des voûtes de caves sont construites en anse de panier.

Dans la pratique, on confond indifféremment sous la dénomination d'anse de panier la moitié des figures qu'on nomme *ellipse* et *ovale*, les courbes appelées *cycloïde, parabole, hyperbole, chaînette,* etc. Chacune de ces courbes jouit de propriétés particulières dont nous parlerons en leur lieu, notamment pour la *chaînette* qui de toutes les courbes est celle qui a le plus d'importance en architecture.

*Tracé de l'anse de panier.* — L'anse de panier peut se décrire de plusieurs manières, et n'appartenir à aucune des courbes que nous venons de nommer.

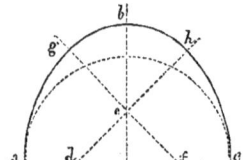

Fig. 1. — Anse de panier surhaussée.

La figure 1 montre de *a* en *c* un demi-cercle, et de *a, b, c,* une anse de panier qu'on obtient au moyen de trois centres. Le segment *a g,* a son centre en *f,* le segment *g h,* en *e* et le dernier *h c,* en *d.* Cet arc est, comme nous l'avons dit, surhaussé.

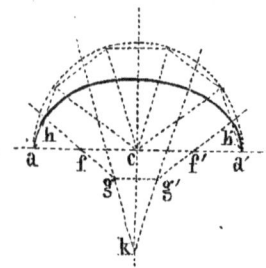

Fig. 2. — Anse de panier surbaissée.

La figure 2 montre une anse de panier *aa'*

surbaissée. Elle est décrite au moyen de cinq centres, *f, g, k, g', f.* On peut décrire des anses de panier au moyen d'un bien plus grand nombre de centres ; celle que Peronnet a employée au pont de Neuilly, et que nous donnons figure 3, a onze centres. La manière dont elle a été tracée est assez curieuse, en voici la description : ayant fixé l'ouverture *aa'* de l'anse de panier et tracé l'axe vertical *y o,* on prend sur l'axe horizontal *aa'* une longueur *a c* égale au sixième de l'ouverture ; divisant *c, p* en quinze parties égales, on donne une de ces parties à *c r,* deux à *r s,* trois à *s t,* quatre à *t v,* cinq à *v p;* ensuite, prenant *p o* égal à l'ouverture *aa',*

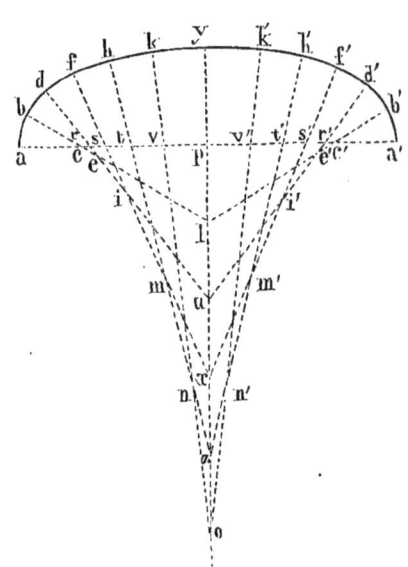

Fig. 3. — Anse de panier de Peronnet.

divisant cette ligne en cinq parties égales au point *l, u x, z* et joignant les points *c l, r u, s x, t z, v o* et complétant les opérations précédentes de l'autre côté de l'axe vertical, les centres successifs de la courbe sont placés aux points d'intersection marqués *c, e, i, m, n, o, n', m', i', e'* et *c'.*

ANSE DE PANIER, s. f. — En serrurerie, l'anse de panier est un ornement ou un enroulement imitant l'anse.

ANTE, s. f. — D'après son étymologie (*ante,* devant), ce nom peut être donné à tout

Pilier adossé et d'une forte saillie, comme les *éperons* ou *contre-forts*. Mais on désigne plus généralement et presque toujours par ce mot l'extrémité des murs latéraux de la cella d'un

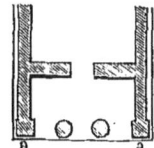

Fig. 1. — Antes, *a, a*.

temple antique prolongée sur les côtés du *péristyle* et décorée de pilastres ; souvent même on ne comprend sous cette dénomination que le pilastre extrême ; mais, selon nous, le nom d'ante doit être donné à la saillie tout entière.

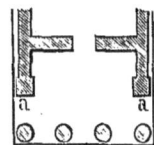

Fig. 2. — Antes, *a, a*.

D'après Vitruve la largeur ou diamètre des antes doit être égal à celui des colonnes qui les accompagnent, mais il est arrivé quelquefois,

qu'ils se raccordaient pour le style et le caractère avec ceux des colonnes.

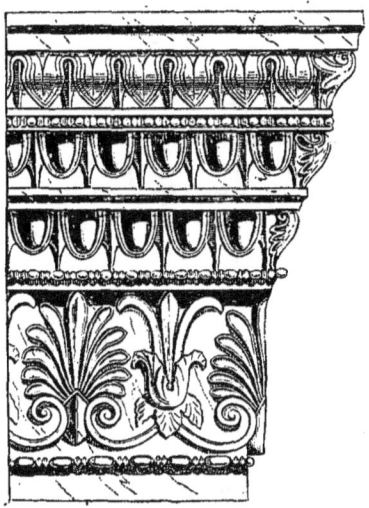

Fig. 3. — Chapiteau d'ante de l'Erectheion, tribune des Cariatides, à Athènes.

Nous donnons fig. 3 la moitié du chapiteau d'ante de l'Erectheion à Athènes.

Quelquefois une frise décorative se liait au chapiteau d'ante et semblait y prendre naissance.

Notre figure 4 montre un exemple très-heureux de cet ajustement. Il provient du pronaos

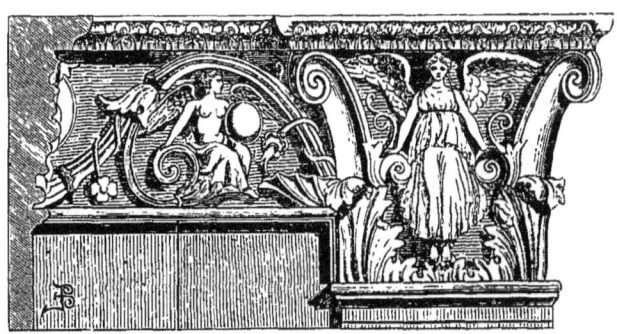

Fig. 4. — Ante et frise du temple de Rome et d'Auguste, à Ancyre (Galatie.)

principalement chez les Grecs, que les antes étaient beaucoup plus larges ; d'autres fois aussi les pilastres d'antes éprouvent dans leur largeur la même diminution que les colonnes. — Dans l'architecture grecque les chapiteaux des antes furent presque toujours différents de ceux des colonnes, mais ornés de telle sorte

du temple de Rome et d'Auguste à Ancyre Galatie (1). Ce fragment a été restauré par notre érudit confrère Ed. Guillaume.

_____

(1) Voy. *Exploration archéolog. de la Galatie et de la Bithynie* par G. Perrot et Ed. Guillaume, 2 vol., Paris, Firmin-Didot et Cie,

Il en fut souvent de même chez les Romains, principalement aux belles époques de leur architecture. On voit par là combien les anciens étaient judicieux en établissant une distinction entre deux genres différents de support ; c'est dans les chapiteaux d'antes, dont la variété est infinie, que les architectes de l'antiquité ont le plus fait valoir leur goût exquis et pur, tout en s'abandonnant franchement à leur verve et à leur imagination.

Les Romains appelaient *templum in antis* (Vitruve, III, 2, 2) ou ἐνπαράστασι, ceux dont le portique est formé par la saillie des murs latéraux terminés, comme nous l'avons déjà dit, par deux pilastres carrés qui ont entre eux deux colonnes.

On donne encore ce nom aux pilastres qui accompagnent les jambages des portes ; enfin aujourd'hui, on applique surtout le mot *ante* aux pilastres situés aux extrémités des murs ou placés aux encoignures des bâtiments.

ANTE-BOIS, *s. m.* — Tringle de bois mise sur le plancher d'une chambre, à une certaine distance des murs, afin d'empêcher le dossier des meubles de dégrader les parois des murs et conserver les dossiers eux-mêmes.

ANTÉFIXE, *s. f.* — Objet d'utilité autant que d'ornementation, qui dans les couvertures

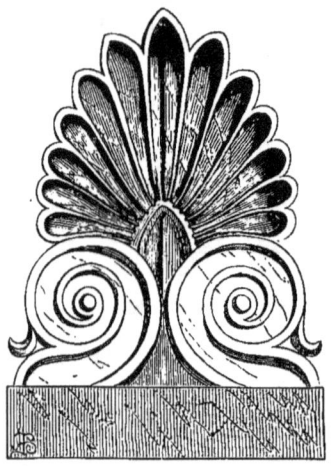

Fig. 1. — Antéfixe en marbre du Parthénon.

antiques arrêtait et terminait inférieure-

ment les lignes de tuiles creuses et formait par conséquent une ligne décorative au-dessus de la corniche d'entablement.

Dans l'antiquité, les antéfixes furent toujours en marbre dans les couvertures de cette nature (fig. 1) et parfois aussi, dans celles plus modestes, en terre cuite ; mais plus fréquemment, surtout à l'époque romaine, ce furent des œuvres de céramique (fig. 2).

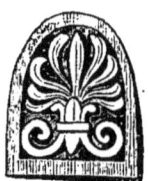

Fig. 2. — Antéfixe en terre cuite.

Quelle que soit la nature de leur matière, les antéfixes se composaient toujours d'une partie verticale plus ou moins ornée ou épanouie, et d'une queue épousant la concavité des tuiles creuses (*imbrices*) qui venaient s'amortir ou s'appuyer sur la partie de l'antéfixe s'élevant perpendiculairement. Notre figure 3 fait voir

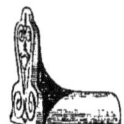

Fig. 3. — Antéfixe avec queue.

comment les antéfixes s'introduisaient sous les tuiles creuses et comment elles en prévenaient le glissement tandis que notre figure 4 montre la ligne décorative des antéfixes.

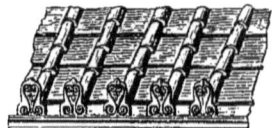

Fig. 4. — Antéfixes en place sur la toiture.

La décoration ordinaire des antéfixes consistait dans une palmette souvent exécutée avec un goût et un soin remarquables ; cependant, à partir des IIe et IIIe siècles de notre ère, on commença à remplacer plus fréquemment la palmette par d'autres motifs, tels que des masques, des figures d'animaux, des enroulements, etc.; dans les édifices chrétiens, on y voit des croix et autres emblèmes religieux. Mais, tant que dura l'usage de ce genre d'ornement, sa partie antérieure décorée conserva la forme épanouie devenue en quelque sorte le type caractéristique de sa décoration primitive.

Les antéfixes en terre cuite sont celles qu'on rencontre le plus fréquemment en France, en Angleterre et en Allemagne, etc., dans les ruines des édifices antiques; leur ornementation souvent différente du motif primitivement adopté, la palmette, se ressent de l'époque de décadence à laquelle elles appartiennent le plus ordinairement. Leur pâte est assez fine, mais légère, poreuse, peu compacte, médiocrement cuite et de couleur brun pâle.

On possède aussi quelques antéfixes des temps mérovingiens, qui se distinguent surtout par une extrême barbarie dans la décoration comme dans la fabrication.

On a également nommé à tort *antéfixes* les croix qui surmontent les pignons des églises de l'époque romane, principalement quand ces croix sont en pierre ; nous pensons cependant qu'il est plus rationnel de les considérer comme des AMORTISSEMENTS. (Voy. ce mot.)

ANTÉFIXES. — Tablettes plates en terre cuite, ornées de bas-reliefs et qu'on clouait sur la surface d'une frise, pour la décorer ou cacher les joints de la pierre.

Dans quelques circonstances, des mufles d'animaux qui rejetaient l'eau d'une couverture prenaient aussi le nom d'*antéfixes*.

ANTER, *v. a.* — Joindre bout à bout une pièce de bois avec une autre ; on ante un pilot ; on dit aussi anter les voussoirs d'une voûte ou d'une arche, lorsqu'on est obligé de les allonger pour leur donner une longueur déterminée.

ANTI-BOIS. — Voy. ANTE-BOIS.

ANTI-CABINET, *s. m.* — Pièce qui précède un cabinet.

ANTICHAMBRE, *s. f.* — Pièce attenant au vestibule ou à l'escalier et qui précède un appartement. Cette pièce moderne correspond à l'ἀντίθαλαμος des anciens (voy. MAISON). L'étymologie de ce mot ou plutôt sa composition ferait supposer que cette pièce précède immédiatement la chambre à coucher, il n'en est rien. Sans doute dans le principe il en fut ainsi, mais d'après ce que nous trouvons dans Vitruve (VI, 10, 2), dans la maison romaine l'antichambre occupait déjà une place analogue à celle qui lui a été assignée dans les appartements modernes.

Jusqu'au commencement du XIXe siècle, l'antichambre, sorte de vestibule intérieur, n'existait que dans les grands hôtels ou dans les palais. Les appartements modestes, bourgeois, pourrions-nous dire, en étaient ordinairement dépourvus et les salles à manger placées immédiatement près de la porte d'entrée en tenaient lieu, sans toutefois les remplacer.

Aujourd'hui, les appartements les plus modestes ont leur antichambre, mais il faut convenir qu'on leur donne une exiguïté par trop conforme à celle de nos habitations elles-mêmes.

Quoi qu'il en soit, l'architecte ne devra jamais négliger dans ses constructions les antichambres, parce qu'elles sont d'un usage commode, et que par suite, elles augmentent la valeur de l'appartement.

Dans les palais, dans les grands appartements, l'antichambre est toujours précédée d'un vestibule et suivie d'une seconde et même d'une troisième antichambre. Ces dernières portent le nom de *salons d'attente*, qualification moins désagréable pour les personnes qui sont obligées de faire antichambre. En effet, l'antichambre étant le lieu où se tiennent les domestiques, les visiteurs forcés d'attendre sont admis suivant leur qualité, soit dans la seconde, soit dans la troisième antichambre. Par suite de cette gradation dans leur destination, la décoration des antichambres suit une progression croissante, tandis que leur dimension est en raison inverse de cette décoration. Dans la première pièce, l'architecte doit être sobre dans l'ornementation; l'art, sous quelque forme qu'il s'y montre, sera modeste, le mode de chauffage même n'est nullement indifférent; dans une première antichambre, un poêle en faïence doit suffire, tandis que dans les autres des cheminées sont indispensables ; inutile d'ajouter que l'ameublement sera en rapport avec la décoration plus ou moins riche des anti-chambres.

Dans les palais d'Italie, les antichambres sont généralement plus nombreuses, plus vastes et plus riches que dans ceux des autres pays ; quelques-unes, par leursvastes formes et proportions, rappellent la basilique privée des *grandes maisons* de l'antiquité romaine.

ANTICOUR, *s. f.* — Synonyme d'avant-cour.

ANTIGRAPHE, *s. m.* — Terme de paléographie, manuscrit, copie manuscrite.

ANTILOGARITHME, *s. m.* — Complément d'un logarithme ; peu usité aujourd'hui.

ANTIQUAIRE, *s. m.* — Avant l'introduction dans notre langue du mot ARCHÉOLOGUE, on appelait *antiquaire* celui qui recherchait les monuments antiques et qui les étudiait. Aujourd'hui, la signification du mot antiquaire est beaucoup plus restreinte ; elle n'est appliquée qu'à ceux qui s'adonnent avec plus ou moins de passion à la recherche et à la collection de petits objets d'archéologie. L'architecte ne saurait être tout à fait étranger à l'archéologie, mais il peut se dispenser d'être antiquaire.

Il s'est formé depuis le commencement du siècle de nombreuses sociétés d'archéologues et d'antiquaires, qui toutes ont pour but l'étude et la recherche des monuments anciens, des objets de toilette et d'ameublements antiques. Ces sociétés discutent sur les monnaies, les sceaux, sur les questions d'art et d'histoire, les mœurs, les usages et les coutumes des anciens peuples, etc.

Parmi les sociétés les plus connues, il faut citer : la *Société des antiquaires de France*, fondée en 1805 sous le nom de *Société celtique ;* la *Société des antiquaires de Normandie*, fondée à Caen en 1824 ; la *Société des antiquaires de l'Ouest*, fondée à Poitiers en 1835, et celle des *Antiquaires de Picardie*, fondée à Amiens en 1839.

L'une des plus célèbres et des plus anciennes est la *Société des antiquaires de Londres*, qui, fondée en 1572, a publié, de 1770 à 1815, 18 volumes ayant pour titre : *Archeologia, or miscellaneous tracts relating to antiquity ;* nous devons aussi mentionner comme s'occupant beaucoup d'antiquités et d'archéologie la *Société royale des architectes britanniques* de Londres. (Voy. ARCHÉOLOGUE et NUMISMATE.)

ANTIQUE, *adj. m.* et *f.* — Terme qui s'applique aux ouvrages des artistes qui ont vécu avant l'invasion des barbares, c'est-à-dire avant 476.

ANTIQUES, se dit des ouvrages de sculpture grecs et romains de toutes sortes, statues, médailles, pierres gravées, ustensiles et objets ciselés, fondus, sculptés, moulés, etc. Aujourd'hui, toutes les villes de quelque importance ont des collections d'*antiques*.

ANTIQUE (ART), *s. m.* — Les conceptions de l'art, si nombreuses et si variées dans leurs formes, n'ont été à aucune époque plus belles et plus parfaites que dans l'antiquité ; c'est donc avec raison que l'étude des modèles antiques a été conseillée par des hommes éminents pour l'éducation et l'instruction des jeunes artistes.

L'imitation servile de la nature n'a jamais donné et ne donnera jamais la perfection des œuvres créées de toutes pièces par la brillante et féconde imagination des artistes de l'antiquité ; sans doute, ces hommes ont beaucoup étudié la nature, et les artistes modernes, en opérant comme eux, pourraient produire à leur tour de belles œuvres ; mais ce chemin serait beaucoup plus long à parcourir que celui qui consiste à étudier tout d'abord les chefs-d'œuvre de l'art antique. Du reste, pourquoi les contemporains se priveraient-ils de matériaux si précieux légués par nos ancêtres ? Une fois imbus des beaux types de l'art, l'esprit des jeunes artistes également pénétré des beautés de la nature pourra à son tour créer des œuvres remarquables. Tel est, croyons-nous, le plus sûr chemin pour arriver promptement au but désirable, la production de beautés idéales parfaites.

Ajoutons que les étudiants d'art devront se préoccuper de conserver leur originalité propre, leur personnalité, sans laquelle une œuvre d'art manque totalement de caractère; les jeunes artistes tâcheront donc, en s'inspirant de l'antiquité, d'éviter d'une imitation servile, bien autrement dangereuse que la copie de la nature. (Voy. Éducation, Enseignement.)

**ANTIQUITÉS,** *s. f. pl.* — On désigne ainsi tous les objets d'art, quelle que soit leur importance, exécutés avant le moyen âge ; quand ces objets n'ont qu'une médiocre valeur artistique, on les nomme vulgairement *antiquailles.*

L'étude des antiquités a donné lieu à d'immenses travaux, on peut en juger par notre bibliographie de ce mot.

Bibliographie. G. Grœvius, *Thesaurus antiquitatum romanarum,* Trèves, 1694-99, 12 vol. in-fol.; J. Gronovius, *Thesaurus antiquitatum græcarum,* Leyde, 1697-1702, 12 vol. in-fol.; Sallengre, *Novus thesaurus antiquitatum romanarum,* La Haye, 1716-19, 3 vol. in-fol.; Montfaucon, *l'Antiquité expliquée,* Paris, 1719, 15 vol. in-fol.; W. Baxter, *Glossarium antiquitatum britannicarum,* Londres, in-8°, 1re éd., 1719; 2e éd., 1733; du même, *Glossarium antiquitatum romanarum,* Londres, Mos. William, 1731, in-8°; Poleni, *Nova supplementa thesauri antiquitatum romanarum et græcarum,* Venise, 1737, 5 vol. in-fol.; J. Rosini, *Antiquitatum romanarum corpus absolutissimum,* Amstelod., 1743, in-4°; de Caylus, *Recueil d'antiquités,* Paris, 1750-67, 7 vol. in-4°; Mongez, *Dictionnaire d'antiquités* de *l'Encyclopédie méthodique,* Paris, 7 vol. in-4°; Hadr. Reland, *Palestina ex monumentis veterum illustrata,* Trajecti Batavorum, 1714, 2 vol., p. in-4°; du même, *Antiquitates sacræ veterum Hebræorum,* Traj. Bat., 1712, seu 1717, p. in-8° ; etc., etc.

**ANTOISER.** — Voy. Entoiser.

**ANTOIT,** *s. m.* — Instrument en fer dont se servent les charpentiers de navires pour faire approcher les uns après les autres les membres de bordage.

**APLANIR,** *v. a.* — Rendre plan, enlever les inégalités d'une surface, d'un terrain, etc.

**APLOMB,** *s. m.* — Un mur, une pièce de charpente, un lambris placés perpendiculaire-

ment en équilibre, sont dits *d'aplomb*; on s'assure de l'aplomb des objets à l'aide d'un fil à plomb. Quand un mur, une colonne ne sont pas perpendiculaires à l'horizon, on dit que ce mur, cette colonne ont perdu leur aplomb.

Quoique l'aplomb soit une des conditions de la stabilité, il ne s'ensuit pas que les monuments privée d'aplomb ne puissent longtemps subsister, on en connaît au contraire des exemples célèbres, la tour penchée de Pise, celle de Bologne et la colonne de la Bastille.

**D'aplomb,** *loc. adv.* — Verticalement dressé par rapport à l'horizon; *aplomb de,* perpendiculairement situé au-dessus d'un objet ou d'un point déterminé.

*Descendre un aplomb* est synonyme de Plomber. (Voy. ce mot.)

**APLUSTRE,** *s. m.* — Ornement de la poupe des vaisseaux des anciens répondant absolument à l'*acrostolium* de la proue. L'aplustre (ἄφλαστον) se composait de plusieurs pièces de bois, plates et recourbées réunies à leurs bases. Il existe des spécimens d'aplustres sur la colonne Trajane, sur le bas-relief Colonna qui représente l'apothéose d'Homère (Winckelmann, *Monument. ined.,* § 33, t. 5, p. 315, ed. Prat.), et sur celui du palais Spada (Braun, *Zwoel Basrel.,* p. 349).

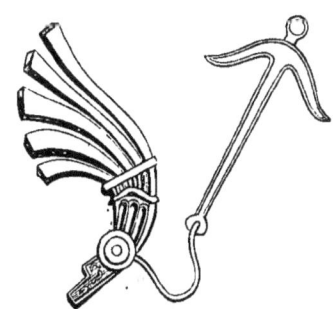

Aplustre et ancre d'un bas-relief. (Musée du Capitole.)

L'aplustre servait d'emblème pour une victoire navale, aussi les vainqueurs s'efforçaient-ils de l'arracher au vaisseau des vaincus (Juvénal, X, 135) ; on le trouve aussi figuré sur des médailles en guise d'attribut dans la main de Neptune (*Monn. de Byzance,* de Démétrius) et de la Victoire (*Monn. d'Hi-*

*mera ;* Winckelmann, *Monn. ined.*, 120 ; Clarac, *Mus. de Sc.*, 223, 175 ; *Mus. di Mantova*, III, 7.)

**APODYTERIUM,** *s. m.* — Lieu où l'on se déshabillait dans les bains antiques ; c'est dans ce local que les baigneurs suspendaient leurs vêtements à des patères et en confiaient la garde à des esclaves (voy. Bain et Thermes) ; de ἀπό, loin, exprimant l'idée d'enlèvement, et δύειν, vêtir.

**APOINTISER,** *v. a.* — Rendre pointu ; on dit aussi *apointir.*

**APOPHYSE** ou **APOPHYGE,** *s. f.* — Portion de cercle, quart de rond, ou courbe concave formant un adoucissement entre le bas ou le haut du fût d'une colonne, en haut pour se joindre aux annelets ou filets, en bas pour se joindre à la première moulure de la base. On considère quelquefois à tort ce terme comme synonyme de Congé. (Voy. ce mot.) Ces mots tirent leur étymologie : apophyse, de ἀπόφυσις, ἀπό, loin, exprimant ce qui sort et fait saillie, et φύσις, croissance ; apophyge, de ἀποφυγή, ἀπό, loin, et φύγη de φεύγω, fuir.

**APOSTILLE,** *s. f.* — Note que des arbitres mettent en marge d'un compte, d'un devis ou d'un mémoire ; recommandation d'une personne influente sur un placet, une pétition, etc.

**APOTHECA,** *s. f.* — Magasin ou dépôt pour toutes sortes de denrées, mais principalement un dépôt pour le vin dans la partie supérieure de la maison près du *fumarium* (Plin., ep. 2, 17, 13); on gardait le vin dans ce local pour le faire vieillir plus rapidement.

**APOTHÈME,** *s. m.* — De ἀπό et τίθημι, poser, action de mettre en bas. Rayon du cercle inscrit dans un polygone régulier ; perpendiculaire, menée du centre sur le côté d'un polygone régulier, abaissée du sommet d'une pyramide droite régulière sur l'un des côtés de la base ; génératrice d'un cône droit à base circulaire.

**APPARAUX,** *s. m. pl.* — Du latin *apparatus*, apprêts, machine ; tout ce qui est nécessaire à un navire pour naviguer (voiles, vergues, poulies, ancres, câbles, cabestan, gouvernail, etc.). Dans les chantiers, on appelle ainsi les poulies, moufles, cables, cordages, etc. M. Littré prétend que tous les marins instruits regardent ce mot comme le pluriel d'appareil.

**APPAREIL.** *s. m.* — Ce terme désigne les dimensions, la disposition et l'ajustement des pierres qui font partie d'une maçonnerie. La coupe des pierres comprend donc ce qu'on nomme appareil. Nous nous occuperons ici que de l'appareil des murailles ; pour l'appareil des plates-bandes, des cintres, des arcs et des voûtes, nous les étudierons chacun à leur rang. Relativement à la dimension des pierres on distingue trois sortes d'*appareil horizontal*; le *grand*, le *moyen*, le *petit*. Les deux premiers se composent de roches ou pierres de taille, et le dernier de briques et autres matériaux de petites dimensions employés seuls ou collectivement.

Quoiqu'il soit assez difficile de déterminer les dimensions exactes qui caractérisent les diverses sortes d'appareils, nous pensons qu'on peut admettre comme les plus généralement reconnues les données suivantes :

Les pierres constituant le *grand appareil* n'ont pas moins de 0,40 à 0,50 de hauteur sur 0,70 de longueur, et celle-ci peut-être aussi considérable que le comporte la nature des matériaux.

La longueur des pierres de *moyen appareil* est comprise entre 0,30 et 0,70; celle des matériaux de *petit appareil* est inférieure à 0,30. Lorsque le petit appareil a moins de 0,15 la hauteur des pierres est presque toujours égale à leur largeur, mais lorsqu'elle est moindre, c'est le *petit appareil allongé*. Le petit appareil

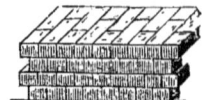

Fig. 1. — Petit appareil en briques crues.

horizontal remonte à la plus haute antiquité ; les constructions archaïques de la haute Asie et de l'Égypte sont encore là pour en témoigner ; elles sont faites en briques cuites ou simplement séchées au soleil (fig. 1).

Au dire de Pausanias, les Grecs avaient construit des édifices avec des briques cuites ; dès lors il n'est pas douteux que les Grecs n'aient employé le petit appareil.

Les Romains ont aussi utilisé la brique comme petit appareil, nous en trouvons des spécimens dans quelques-uns de leurs temples et surtout dans les restes de leurs thermes. Nous voyons également que les Romains, de même que d'autres peuples qui ont fait usage de ces matériaux, se sont ingéniés à produire des combinaisons plus ou moins riches en posant les briques alternativement sur leurs faces longues, sur leurs extrémités, ou bien encore en laissant entre les briques des vides qu'ils comblaient avec des laves ou d'autres matériaux ; nous dirons encore que l'architecture byzantine, arabe, du moyen âge et de la renaissance ont par les mêmes moyens produit d'heureux effets décoratifs.

Relativement à leurs formes, les appareils peuvent être réguliers ou irréguliers, ces derniers même ont été sans contredit les plus anciennement employés, et parmi eux nous devons citer en premier lieu l'appareil polygonal, employé par les Pélasges, notamment dans les murs des acropoles. Cet appareil, comme le montre notre figure 2, était formé par des blocs de forme polygonale irrégulière, dont les côtés coïncident exactement les uns avec les autres.

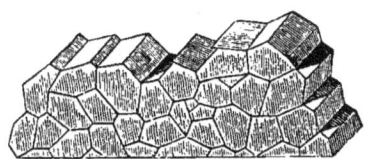

Fig. 2. — Appareil polygonal.

Il existe des spécimens de ce genre d'appareil dans les murs d'enceinte de Limnea, en Arcanie, et dans beaucoup d'autres localités.

Plus tard, la première civilisation hellénique améliora l'appareil irrégulier par la taille à l'équerre ; il fut formé par la réunion de pierres de toutes les formes et de toutes les dimensions, mais dont les joints se raccor-

daient les uns les autres comme on le voit dans notre figure 3 ; enfin, les assises devin-

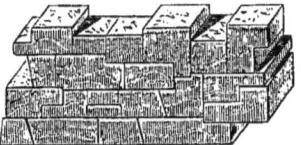

Fig. 3. — Appareil irrégulier (1er type).

rent de même hauteur, il n'y eut que les joints verticaux qui formèrent des angles plus

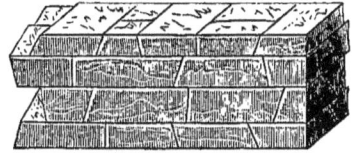

Fig. 4. — Appareil irrégulier (2e type).

ou moins aigus ou obtus (voy. notre figure 4), pour aboutir enfin à l'appareil *isodomum*,

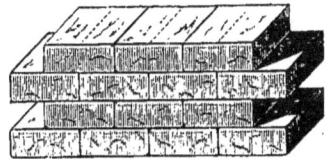

Fig. 5. — Appareil isodomum (opus incertum).

nommé aussi *opus insertum* (fig. 5), parce que les pierres, toutes de même dimension, sont en liaison, c'est-à-dire disposées de façon à ce que les joints verticaux d'une assise soient à peu près au-dessus du milieu de chacune des pierres qui composent l'assise inférieure.

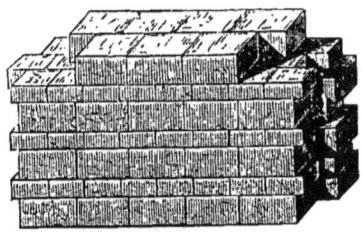

Fig. 6. — Appareil pseudisodomon.

A part l'*isodomum*, les Grecs employaient encore le pseudisodomon (ψευδισόδομον), le faux isodomum ou isodomon, dont les assises étaient alternativcment hautes et basses (fig. 6). On peut voir un appareil de ce genre à l'arsenal du Pirée, à Athènes, et à la porte des lions de l'acropole de Mycènes.

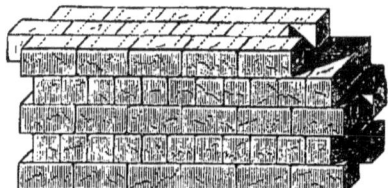

Fig. 7. — Appareil grec (1ᵉʳ type).

Les Grecs avaient aussi l'appareil dénommé aujourd'hui *appareil grec* (fig. 7) qui consiste à employer une pierre en BOUTISSE (v. ce mot) et une autre se montrant dans toute sa longueur sur les parois de la muraille. Un autre appareil consistait en pierres semblables à celles dont nous venons de parler, mais disposées de manière à ce que chaque assise soit alternativement formée de deux pierres qui ont leur longueur en parement, et dont la réunion fait l'épaisseur du mur.

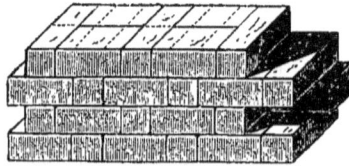

Fig. 8. — Appareil grec (2ᵉ type).

Cet appareil (fig. 8) était usité chez les Romains et chez les Grecs ; ces derniers le nommaient διτάονους; nous appelons aujourd'hui *parpaings* ces pierres à deux parements carrés ayant toute l'épaisseur du mur.

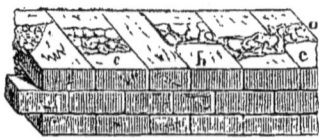

Fig. 9. — Emplectos des Grecs : c, b, carreaux ; o, blocages.

Quand les murs sont très-épais ou bien s'ils n'ont pas à supporter une lourde charge, on garnit (fig. 9) l'intervalle existant entre les pierres qui ont leur longueur en parement *c* avec de la maçonnerie en blocages *o ;* on peut utiliser pour ce genre d'appareil des carreaux de toutes dimensions, comme le montre notre figure en *c, b.* Cet appareillage s'appelait chez les Grecs ἐμπλεκτός (Vitruve, II, 8).

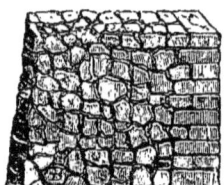

Fig. 10. — Opus incertum ou antiquum.

Les anciens avaient encore d'autres appareils qui jusqu'ici n'ont pas été bien déterminés par les auteurs qui nous ont précédé; on a même confondu plusieurs genres en un seul. L'appareil qui a le plus souvent occasionné des confusions, c'est celui représenté par notre figure 10, l'*opus incertum* ou *antiquum*, formé de pierres irrégulières noyées dans du mortier; c'est purement et simplement une maçonnerie de blocage qui n'a d'appareillé que ses angles saillants ou rentrants; on a souvent confondu l'*opus incertum* (fig. 10) avec l'*opus insertum* (fig. 5).

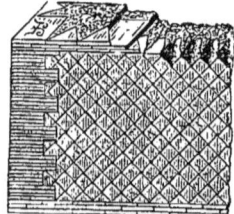

Fig. 11. — Opus reticulatum, appareil réticulé.

Un autre appareil fréquemment employé est celui que représente notre figure 11; l'appareil réticulé (*opus reticulatum*) que Pline (*Hist. nat.*, XXXVI, 51) et Vitruve (II, 8, 1) nomment simplement *reticulatus.*

Ce dernier genre de maçonnerie a été très en vogue pendant les derniers temps de la république romaine et les premiers temps de l'empire. Cet appareil réticulé présentait à l'œil, par ses joints de mortier souvent colorés en rouge, l'image d'un réseau, les mailles d'un filet; de là son nom de *reticulatus*.

Cet appareil a été employé et peut se voir encore au théâtre de Marcellus à Rome, dans le Nymphée d'Albano et dans d'autres monument existants encore.

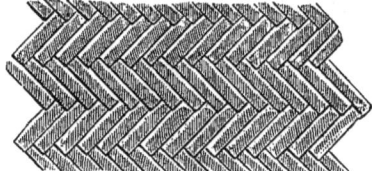

Fig. 12. — Opus spicatum.

Un autre genre d'appareil est dit en épi (fig. 12), *opus spicatum*. Il se compose de briques oblongues disposées de manière à imiter l'arrangement des grains de blé dans leur épi (*spica*). Vitruve (VII, 1, 5) nous apprend qu'on employait cet appareil pour certains planchers; nous ajouterons que quelques villes méridionales de l'Europe, en France et en Italie notamment, ont certains trottoirs de leurs rues en briques appareillées en épi. Ce mode d'appareillage en brique est usité aussi pour le pavage des écuries. (Voy. notre *Traité des constructions rurales*, page 235.)

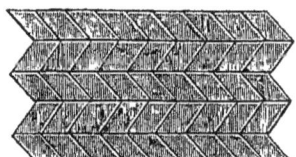

Fig. 13. — Appareil obliqué.

Un appareil qui a quelque analogie avec le précédent, c'est l'*appareil obliqué* représenté par notre figure 13.

Un appareil qui a été usité à toutes les époques, c'est l'*appareil mixte* (fig. 14), qui comporte des pierres de grand appareil dans le bas de la construction, de moyen appareil dans les arêtes d'angle et de petit appareil dans le restant de la construction. Ces derniers peuvent être en moellons piqués ou smillés, ou même en briques.

Enfin un appareil dont les pierres sont unies ou reliées avec des queues d'aronde en métal ou en bois est dit *opus revinctum* (fig. 15).

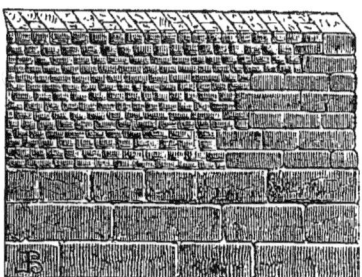

Fig. 14. — Appareil mixte.

Tels sont les appareils des murs qui ont été les plus employés. En dehors de ceux-ci les an-

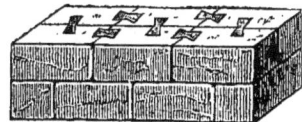

Fig. 15. — Opus revinctum.

ciens avaient encore ce qu'ils nommaient des *maceria* (μάχελον); c'étaient des murs bruts sans revêtements (Isid., *Orig.*, XV, 9, 4; Cic., *ad Fam.*, XVI, 18) construits avec des pierres de différentes grosseurs posées les unes sur les autres sans ciment ni mortier, dont les matériaux provenaient souvent d'édifices démolis dans lesquels on aperçoit des pierres avec des moulures et des trous de scellement.

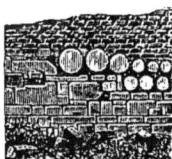

Fig. 16. — Maceria.

On employait même quelquefois dans les *maceria* des poutres ou des fûts de colonnes, comme l'indique la fig. 16, qui montre jusqu'à quel point on utilisait dans ces constructions des appareils de tous genres; enfin les *maceria* étaient employés pour les murs de villes, et bien souvent, pour donner aux matériaux plus de solidité, on les reliait entre eux avec des goujons de fer ou de bois de châtaignier. Quand

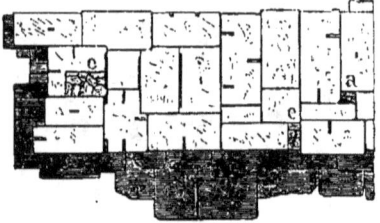

Fig. 17. — Maceria : *a*, vide ; *e, e*, vide comblé.

les pierres (fig. 17) laissaient entre elles des vides (*a*) de peu d'importance, on ne s'en préoccupait pas, mais s'ils étaient trop grands (*e, e*), on faisait un remplissage en pierres. Si même il fallait élever très-rapidement des murs de villes, on se servait pour relier les matériaux de pièces de bois. (Vitruve, I, 5 ; J. César, *Com.*, liv. 7.)

Les divers appareils employés dans la construction des murailles sont si nombreux qu'il est presque impossible de les énumérer tous. Nous devons même dire que si nous avons donné à cet article l'importance qu'il a, c'est que jusqu'ici aucun auteur n'a étudié l'appareillage des murs avec les développements que méritait cette question si intéressante au double point de vue de l'archéologie et de la construction.

PRATIQUE. — La forme à donner aux pierres composant les murs et pieds-droits est celle d'un parallélipipède rectangle, lorsque l'appareil est régulier, c'est-à-dire dans le cas qui se présente aujourd'hui le plus fréquemment dans la pratique. On ne peut y employer l'appareil polygonal que lorsqu'il n'a d'autre charge à supporter que la sienne propre, et qu'il n'a à vaincre qu'une résistance latérale, comme dans les murs de quais et de remparts, de digues, etc. En effet, la stabilité de l'appareil polygonal est plus grande que celle de l'appareil en pierres de taille rectangulaires, parce que les blocs dont il se compose sont enchâssés les uns dans les autres. En outre, leur effort étant oblique, ils ne peuvent glisser ni à droite ni à gauche, mais précisément à cause de cette disposition

de pierres en forme de coin, ils ne sont pas aptes à supporter une forte charge.

Dans l'appareil à pierre rectangulaire, au contraire, la stabilité réside dans la perfection de la taille des lits et dans leur parfaite juxtaposition, car les joints verticaux ne contribuent en rien à la solidité, ce qui ne saurait être cependant une raison pour que leur taille soit négligée.

En général, la stabilité d'une construction dépend de la dimension des pierres : plus elles seront grandes et plus elles seront sujettes à se rompre si un seul point de leur lit ne porte pas d'une façon parfaite sur l'assise inférieure.

Tout en cherchant à donner aux pierres la plus grande dimension possible, il convient cependant de rester dans certaines limites que nous allons indiquer, en faisant remarquer tout d'abord que plus les pierres sont minces, plus facilement elles rompent sous la charge ; aussi pour les ouvrages destinés à supporter une forte charge, comme les jambes étrières, piles, colonnes et autres points d'appui, on doit préférer les pierres cubiques, comme présentant le plus de résistance. On modifiera dans les proportions suivantes les divers cas qui peuvent se présenter.

On peut donner aux pierres tendres le double de longueur de la hauteur et en largeur la moitié en sus ; aux pierres d'une dureté moyenne, on donnera en longueur deux ou trois fois leur hauteur, et en largeur une ou deux fois cette même hauteur. Enfin les pierres extrêmement dures peuvent avoir en longueur jusqu'à quatre et cinq fois et plus que leur hauteur, et deux ou trois fois celle-ci en largeur. Il existe même des pierres, telles que les granits, pour lesquelles la proportion peut être pour ainsi dire illimitée, si on en juge par certaines constructions de l'antique Égypte.

Une des assises du grand temple de Balbeck mesure 57 mètres, et elle n'est formée que de trois pierres ayant chacune 19 mètres de longueur sur 4 mètres de hauteur ; c'est ce qui fait que ce temple a été nommé τρίλιθος, c'est-à-dire à trois pierres.

Dans les ruines de Persépolis, on a retrouvé des pierres qui avaient 17 mètres de longueur sur 2 mètres de largeur et de hauteur. (Voy. PLATE-BANDE, CINTRE, VOUTES.)

APPAREILLÉ, ÉE, *part. passé.* — Les pierres appareillées sont celles qui sont taillées sur toutes leurs faces et qu'on distingue ainsi des moellons de blocage.

APPAREILLER, *v. a.* — Déterminer la forme et les dimensions des pierres, ainsi que la place qu'elles doivent occuper d'après les règles et les principes établis par la science des constructions; tracer le trait sur la pierre.

APPAREILLEUR, *s. m.* — Maître-compagnon, ou chef d'atelier des tailleurs de pierres. Le nom que porte cet ouvrier intelligent lui vient de sa principale fonction : tracer le trait sur la pierre, déterminer l'appareil, sur le chantier ou sur le *tas.*

Durant le moyen âge, et sans aucun doute dans l'antiquité, il existait, comme aujourd'hui, un ouvrier principal chargé de la direction immédiate des tailleurs de pierres; souvent l'appareilleur remplissait les fonctions d'entrepreneur et même celles d'architecte de la construction à laquelle il était attaché.

L'appareilleur trace en grandeur d'exécution les épures et les développements particuliers de chacune des pierres à employer, de manière à ce que leur assemblage forme un tout conforme aux règles de l'art de bâtir. Il choisit les blocs, détermine les coupes au moyen de *panneaux* exécutés sur les épures elles-mêmes, et préside à la taille des pierres, ainsi qu'à leur pose.

Il est indispensable que l'appareilleur connaisse les principes de la géométrie et de la construction graphique, qu'il se soit exercé au dessin linéaire et à *couper le trait,* en exécutant de petits modèles en plâtre. Il faut en outre qu'il ait taillé lui-même la pierre, afin qu'il sache reconnaître sans hésitation la nature de celle-ci, apprécier sa qualité et que, ce travail lui étant familier, il puisse convenablement diriger l'atelier de taille.

Les capacités nécessaires à un bon appareilleur et l'intelligence qu'il lui faut n'en font pas un homme ordinaire; un excellent appareilleur est un homme assez rare et très-précieux pour un entrepreneur, car de la capacité de son appareilleur dépend souvent sa réussite.

Il ne suffit pas à cet excellent ouvrier de savoir *ménager sa pierre,* c'est-à-dire éviter tout déchet inutile, il lui faut, nous le répétons, une grande connaissance des matériaux, afin de faire un choix judicieux et profitable dans les carrières, où bien souvent il se rend pour choisir la pierre et défendre les intérêts de son patron.

APPARTEMENT, *s. m.* — Réunion de chambres constituant une habitation complète. — L'importance et la richesse des appartements étant en rapport avec la fortune et la condition de celui qui l'habite, il résulte une grande variété de ces locaux.

Les peuples anciens, ainsi que l'attestent les nombreuses maisons découvertes à Pompéi, reconnaissaient comme nous divers ordres d'habitation; mais ce qui les distinguait toutes ou presque toutes, c'était une division assez constante en appartement public et privé, en ANDRON (voy. ce mot) ou *andronitide,* et en GYNÉCÉE. (Voy. ce mot.)

Au moyen âge, le genre de vie est beaucoup plus simple et plus retiré que chez les peuples de l'antiquité et des temps modernes; aussi à cette époque la maison n'avait qu'un petit nombre de chambres, parmi lesquelles la salle était la pièce principale, celle dans laquelle se passait l'existence tout entière.

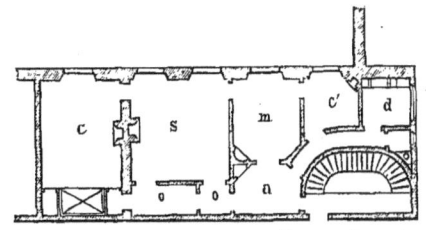

Fig. 1. — Appartement. *a,* entrée; *o, o,* dégagements; *c,* chambre à coucher; *s,* salon; *m,* salle à manger; *c,* petit salon; *d,* cuisine.

Aujourd'hui l'appartement ordinaire se compose d'une antichambre, de dégagements, d'un salon, d'une salle à manger, d'un office, de chambres à coucher, d'une cuisine, de cabinets et de water-closet. En dehors de cet appartement, il en existe de plus restreints, qui portent le nom de *logement* et qui ne se composent que de deux ou trois pièces avec ou sans cuisines cabinet, ou lieux d'aisances.

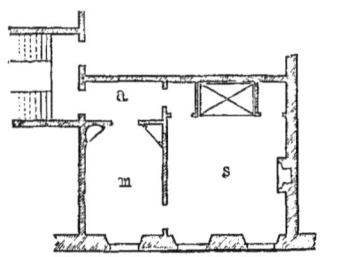

Fig. 2. — Appartement (logement). *a*, antichambre; *m*, salle à manger; *s*, chambre à coucher.

Au contraire, l'appartement des gens aisés ou de ceux qui font figure dans le monde, comprend, en plus des locaux de l'appartement ordinaire, des chambres et des salons de plus grandes dimensions, des dégagements plus amples; on y trouve souvent un vestibule, un cabinet d'étude, une bibliothèque, parfois une galerie, une salle de bains et des water-closet pour les maîtres et les domestiques.

Les appartements des gens très-fortunés se divisent en *appartements privés* et d'*apparat*.

Les premiers, à part de plus vastes proportions, ont plus ou moins de rapport avec ceux dont nous avons parlé en dernier lieu. Dans ces appartements, surtout dans leurs vastes salons placés en enfilade, doit briller tout ce que les arts produisent de plus riche et de plus parfait; mais le luxe de leur décoration ne doit jamais en exclure le goût, ce que quelques-uns appellent le *bon goût*. (Voy. PALAIS (*Distributions*.)

APPARTEMENT DE PLAIN-PIED, celui qui a tous ses planchers au même niveau.

APPAUMÉ, ÉE, *adj.* — Terme de blason, main ouverte dont on voit la paume ou le dedans.

APPEL (CHEMINÉE D'). — Voy. CHAUFFAGE, VENTILATION.

APPENTIS, *s. m.* — Comble d'un bâtiment adossé à un autre plus élevé et n'ayant qu'un versant; se dit aussi du bâtiment lui-même. Pour ne pas confondre les deux sens

de ce mot, on devrait toujours le faire précéder des mots combles et bâtiments; malheureusement, il n'en est pas ainsi dans la pratique.

Les combles en appentis étant appuyés sur

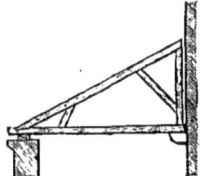

Appentis sur corbeaux.

un mur ou sur des corbeaux, sont formés par des demi-fermes et peuvent se dispenser d'une pièce de faîtage, si les chevrons ont leur tête scellée dans le mur.

Les bâtiments en appentis sont généralement des constructions provisoires, accessoires ou de peu d'importance. Cependant il peut arriver que, par suite de dispositions particulières ou de certaines exigences locales, des bâtiments importants soient surmontés d'un comble en appentis.

Quelquefois les combles en appentis sont comme accrochés, de la même manière que les auvents, au mur qui leur sert de support, de dossier. Ce sont dans ce cas de véritables appentis et qui satisfont l'étymologie de leur nom, *appensum*, accroché, suspendu.

Quand les appentis sont supportés par des poteaux, des piles ou des piliers, on emploie divers matériaux; nous en avons donné des modèles dans notre *Traité des constructions rurales* (1).

APPILER, *v. a.* — Mettre en pile.

APPLICAGE, *s. m.* — Action d'appliquer quelque chose comme ornement ou comme soutien, pour obtenir de la solidité.

APPLIQUE, *s. f.* — Accessoire qu'on ajoute à une pièce, à un objet, pour l'orner, le décorer; on dit aussi *Application*.

On emploie en application les matières

_____

(1) Un vol. in-18 jésus de 509 pages et 576 fig. Paris, A. Morel et Cie, 1875.

précieuses, l'or, l'argent, l'agate, l'onyx, etc. Dans l'antiquité, on a appliqué comme décoration, des marbres ou des stucs ; l'art byzantin a posé en applique sur les murs des mosaïques de verre sur fond d'or.

En serrurerie, on applique des rosaces en fer repoussé ou en cuivre sur des panneaux de balcons, de rampes, de portes, etc.

**APPOINTER**, *v. a.* — Rendre pointu ; on appointe des pilotis, des bâtons, des barres de fer, etc.

**APPORT**, *s. m.* — Lieu d'une ville où l'on apporte les denrées. A Paris, le marché du grand Châtelet était l'*apport de Paris* ou l'*apport-Paris ;* aujourd'hui l'apport est remplacé par les Halles centrales. (Voy. HALLE.)

**APPRENTI, APPRENTISSAGE**, *s. m.* — L'apprentissage est le noviciat d'un métier. — L'apprenti est celui qui apprend, qui fait l'apprentissage d'un métier ; il s'engage généralement envers un patron pour un temps déterminé. Généralement l'apprenti est mineur ; aussi le patron exerce-t-il envers lui une sorte de tutelle paternelle, en échange de laquelle l'apprenti doit obéissance à son patron, qui est responsable de son apprenti. (*Cod. civ.*, 1384.)

L'apprentissage existait dans l'antiquité, et saint Jean Chrysostome parle des conditions d'apprentissage de son temps.

Ce ne fut qu'au moyen âge, à l'époque où se formèrent des corporations, qu'on établit en France des règles fixes relativement aux conditions de l'apprentissage. *Le Livre des métiers* d'Étienne Boileau nous apprend, entre autres données curieuses, que le nombre des apprentis que pouvait prendre chaque maître était fort restreint ; ainsi, sur cent professions, neuf seulement donnaient aux patrons le privilége d'avoir autant d'apprentis qu'ils voudraient.

Le temps d'apprentissage était fort long ; il variait entre trois et dix années, et nul ne pouvait être apprenti avant l'âge de douze ans.

La loi du 2 mars 1791 a abrogé les anciennes lois sur l'apprentissage ; aujourd'hui les contrats d'apprentissage se règlent à l'amiable entre les parties contractantes, et la loi n'oblige pas à dresser par écrit un contrat d'apprentissage. La plupart des professions se contentent d'engagements verbaux ; mais les patrons et chefs d'usine et d'industrie doivent se conformer aux lois des 22 janvier 1851, 19 mai et 3 juin 1874.

**APPRÊTS**, *s. m. pl.* (Peint.) — Travaux préparatoires exécutés avant l'application des couleurs, de la dorure, des papiers de tentures. Ces opérations sont nombreuses : ce sont l'ÉPOUSSETAGE, le GRATTAGE, le BRULAGE, le LESSIVAGE, l'IMPRESSION, le REBOUCHAGE, etc. (Voy. ces mots.)

**APPROCHES**, *s. f. pl.* — En couverture, on nomme *approches, contre-approches,* les tuiles ou ardoises tranchées dans leur longueur qu'on emploie sur les arêtiers, à la rencontre de deux pans de combles ; on appelle aussi ces tuiles ou ardoises tranchées, *tranchis.*

**APPROVISIONNEMENT** (BATIMENTS D'), *s. m.* — Bâtiments qu'une administration prévoyante fait élever pour y conserver une partie des subsistances publiques en cas de disette, ou de siége, si la ville est une place forte. Ces bâtiments, qu'on nomme aussi *greniers d'abondance* ou *de réserve,* doivent être construits avec des matériaux incombustibles. L'extrême simplicité de ces monuments leur donne un caractère tout particulier.

APPROVISIONNEMENT DE MATÉRIAUX. — L'approvisionnement des matériaux destinés à un édifice en cours de construction se fait à la diligence de l'entrepreneur ; il doit toujours être en rapport avec l'importance des travaux et l'impulsion qu'on leur donne ; du reste, cette condition est une des clauses insérées généralement dans les CAHIERS DES CHARGES. (Voy. ce mot.)

Pour la plupart des matériaux, l'approvisionnement se fait ou peut se faire longtemps à l'avance ; pour d'autres au contraire, comme la chaux, le plâtre, le ciment, etc., il faut avoir soin de ne les apporter à pied d'œuvre qu'au fur et à mesure de leur emploi.

Le conducteur des travaux doit veiller à ce qu'un chantier ou atelier de construction soit bien approvisionné, afin que les ouvriers aient toujours sous la main ce qui leur est nécessaire. Il y va, du reste, de l'intérêt des entrepreneurs qu'il en soit ainsi, car sans cela les ouvriers chômeraient.

**APPUI**, *s. m.* — Ce qui supporte, soutient ; cette muraille a besoin d'un appui.

La partie d'une fenêtre ou d'une balustrade sur laquelle on s'appuie, c'est le dessus d'une ALLÉGE (voy. ce mot), qui est ordinairement une tablette de pierre. Bien que ce terme exprime la possibilité de s'appuyer, de s'accouder, on appelle également *appui*, même le dessus des allèges de fenêtres qui sont à une grande élévation au-dessus du sol.

On prend pour former les appuis, des pierres de choix, de la plus grande dimension possible, afin d'éviter la multiplicité des joints. Aussi les appuis sont ordinairement d'une seule pièce, d'un seul morceau, à moins toutefois que la largeur considérable de la baie ne s'y oppose.

A Paris la pierre dure franche est celle le plus généralement employée, parce que, quoique d'une dureté moyenne, elle résiste bien aux intempéries de l'air.

La forme des appuis de fenêtre a varié suivant les époques. Lorsque, dans un mur en moellons ravalé en plâtre, on pose les appuis de fenêtre, il faut avoir soin que l'enduit formant le ravalement n'atteigne pas jusqu'à l'appui, car la poussée du plâtre dont se compose l'enduit pourrait faire rompre l'appui. Il ne faut pas non plus engager les extrémités dans la maçonnerie, mais les laisser libres par un petit isolement, afin que les tassements n'occasionnent pas également leur rupture.

Les diverses dispositions des appuis leur ont fait donner des noms en rapport avec elles.

L'*appui allège* n'a qu'une partie de l'épaisseur du mur qui le supporte ; on le nomme *allège*.

L'*appui évidé* est non-seulement décoré de balustres, d'entrelacs et autres ornements à jour, c'est aussi un appui sous la tablette duquel il existe un grand abat-jour carré.

L'*appui continu* est une espèce de plinthe, souvent ornée de moulures, qui règne avec toutes les tablettes des croisées d'un édifice.

L'*appui droit* ou *carré* est de niveau et en ligne droite.

L'*appui rampant* est en pente, comme dans les rampes d'escaliers.

Enfin, l'*appui en piédestal* est celui qui, en manière de piédestal double, est fait *pour porter de fond* les ornements d'une croisée.

En charpente, on nomme *appui* la pièce de bois placée entre deux poteaux d'huisserie et déterminant la hauteur de l'appui.

Les pièces de bois horizontales formant le bas des ouvertures des fenêtres dans un pan de bois sont aussi des appuis de fenêtres.

APPUI ( A HAUTEUR D'), *loc. adv.* — Se dit de tout objet situé à une hauteur telle ( de 0,95 à 1 met.) qu'on puisse s'appuyer dessus ; c'est ainsi qu'on nomme *mur à hauteur d'appui* et quelquefois simplement *appui*, un mur formant balustrade ou parapet.

APPUI ( PIÈCE D'), *s. m.* — C'est, en menuiserie, une traverse inférieure d'un dormant de fenêtre, qui porte une feuillure pour recevoir le châssis mobile de la croisée.

On fait aujourd'hui des pièces d'appui en fer et en fonte.

APPUI ( BARRE D'), *s. f.* — Barre de fer recouverte d'une tringle en bois moulurée, comme celles des mains courantes, et qui est scellée à hauteur d'appui entre le tableau d'une fenêtre. Les balcons et les rampes d'escalier sont surmontés de barres d'appui.

APPUI ( LAMBRIS D'), *s. m.* — Lambris à hauteur d'appui.

APPUI ( POINT D'), se dit de toute construction placée sous une autre pour la supporter ; une colonne, une pile, un pilier sont des points d'appui.

Point sur lequel porte l'about d'une poutre, d'un entrait ou de toute autre pièce horizontale. La construction au-dessous de ce point est généralement plus soignée ; elle est faite quelquefois en pierre de grand appareil dans les murs en moellons.

APPUI ( DROIT D'), *s. m.* ( Législ.) — Le droit d'appuyer une poutre, un entrait ou tout autre objet sur la construction d'un voisin constitue une servitude continue et apparente (voy. SERVITU-

DES), à moins que le titre constitutif de la servitude ne détermine le nombre ou la dimension des poutres et autres objets. La servitude comporte tous les besoins du propriétaire et l'intention présumée des parties. (Pardessus, *Servitudes*, t. 1, n° 234.)

Dans le silence du titre à cet égard, le mode d'exercice de la servitude se trouve fixé par le maintien des lieux dans un même état pendant trente années, par la prescription; celle-ci acquise, le nombre ou la dimension des poutres et autres objets appuyés ne peut plus être augmenté.

La servitude d'appui ou de support, même fondée sur un titre, s'éteint par le non-usage de trente ans, par la prescription. (Toullier, t. 3, n° 709.)

Il y a lieu de distinguer entre le *droit d'appui* et le *droit de support*. Fournel nous enseigne que celui qui n'a qu'un droit d'appui ne peut en user qu'à ses frais. Il fait et entretient les ouvrages et les travaux nécessaires à son exercice; si le mur vient à tomber, le propriétaire du fonds servant ne peut être assujetti à le relever, à moins de stipulation contraire.

Le droit de support, au contraire, assujettit celui qui en est grevé; il est obligé d'élever et d'entretenir à ses frais le mur, les colonnes, piliers ou poteaux qui soutiennent l'édifice voisin, et si l'objet grevé de la servitude tombe, il est tenu de le relever, à moins que la chute ne provienne d'un cas fortuit ou que cette chute n'ait été causée par la faute du propriétaire de l'héritage auquel est due la servitude. (Fournel, voy. *Support*, t. 2, p. 510.) Il nous faut signaler une seconde différence entre la servitude d'appui et la servitude de support: cette différence, à supposer qu'elle fût admissible, dans l'ancienne jurisprudence, ne pourrait plus l'être aujourd'hui; elle consisterait en ce que la faculté d'abandon subsistant pour la servitude d'appui, n'existerait pas pour la servitude de support. Cette distinction n'est pas admissible. En effet, l'art. 699 du Code civil donne expressément la faculté d'abandon « dans le cas même, où le propriétaire du fonds assujetti est chargé par le titre de faire à ses frais les ouvrages nécessaires pour l'usage et la conservation de la servitude. »

Il ressort donc de cet article, et cela d'une manière évidente, que la faculté d'abandon appartient au propriétaire grevé de l'une ou de l'autre de ces servitudes, à moins toutefois que son titre ne lui interdise l'usage de cette faculté. (Voir Fournel, *Support*, t. 2, p. 512; Pardessus, *Servitudes*, t. 2, n° 316.)

APSIDAL. — Voy. ABSIDAL.

APSIDE. — Voy. ABSIDE.

APTÈRE, *adj.* — De ἀ privatif et πτέρον, aile, sans aile, dépourvu de colonnes; ce terme s'emploie plus particulièrement en parlant des temples antiques. C'est aussi le nom d'un temple de la Victoire, bâti à Athènes, près des Propylées, parce que la statue de la déesse la représentait *sans ailes*.

AQUEDUC, *s. m.* — De *aquæ ductus*, conduite d'eau (ὑδραγωγεῖον, ὑπόνομος). Construction destinée à conduire l'eau d'un lieu à un autre par une pente réglée. — Les uns ont pour objet d'amener l'eau potable, les autres de recueillir et donner un écoulement aux eaux pluviales ou provenant des usages domestiques et industriels. Ces derniers, qui sont des *aqueducs d'assainissement*, sont plus généralement connus sous le nom d'ÉGOUTS. (Voy. ce mot.)

Les aqueducs sont apparents ou souterrains, suivant qu'ils ont à traverser des vallées ou des montagnes: s'ils sont apparents, une série d'arcades (*arcuatum opus*) ou des murs (*substructiones*) servent à les supporter; s'ils sont souterrains, ils sont formés par des galeries voûtées. Le lecteur trouvera plus loin des spécimens de ces deux genres d'aqueducs.

I. HISTORIQUE. — Dès l'antiquité la plus reculée, les hommes, au moyen des aqueducs, conduisirent auprès de leurs habitations l'eau nécessaire à leurs besoins.

Les auteurs anciens nous ont laissé la mention ou la description de ceux qu'élevèrent dans l'orient Ramsès, Sémiramis et Salomon. La Chine possède actuellement des aqueducs dont l'origine se perd dans la nuit des temps. Les anciens aqueducs de l'Asie consistent en conduits souterrains (ὑπόνομοι) ayant des puits verticaux (φρεατίαι). L'ancienne résidence des Arsacides, à Hécatompylos, recevait, au dire de Polybe (X, 23, 3), les eaux du Taurus au moyen d'aqueducs souterrains, ayant également des puits verticaux.

Nous donnons ici (fig. 1 et 2), d'après Wood, le célèbre voyageur anglais (*Ruins of Pal-*

*myra*, pl. 27), les deux coupes de l'aqueduc de Palmyre qui, quoique postérieur à celui

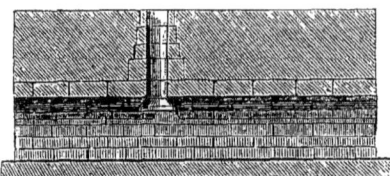

Fig. 1. — Aqueduc de Palmyre, coupe longitudinale.

dont parle Polybe, peut en donner une juste idée.

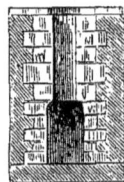

Fig. 2. — Aqueduc de Palmyre, coupe tranversale avec son *puteus.*

II. AQUEDUCS CHEZ LES GRECS. — Malgré le dire contraire de quelques auteurs, les Grecs ont parfaitement connu la construction des aqueducs. Des auteurs anciens et des voyageurs modernes en ont fourni des preuves nombreuses, comme nous le verrons bientôt.

Nous citerons en premier lieu l'aqueduc de Samos, construit par l'architecte Hypalinus ou Eupalinos de Mégare en 687 avant J.-C. et qu'Hérodote (III, 60) signala comme *un des plus magnifiques ouvrages de la Grèce.* M. Guérin a exécuté des fouilles pour retrouver des restes de cet aqueduc souterrain ; ses recherches ont été couronnées de succès. Il a consigné ses travaux dans un volume intitulé : *Étude sur l'île de Samos*, 1856, ch. XIV.

Postérieurement Phéax, en 479 av. J.-C., construisit l'aqueduc d'Agrigente ; sous les Pisistrates, Athènes eut aussi son aqueduc, qui portait dans son enceinte les eaux de l'Hymette et celles du Pentélique. D'après Pausanias (X, 37, 5), il en existait un à Cirrha, un second à Crissa en Phocide, un troisième souterrain, construit sous l'empereur Hadrien, entre Stymphale et Corinthe. (*Id.*, II, 3, 5.)

Fielder nous signale celui de Chalcis (*Reisen in Greich*, t. 1, p. 446); Leake (*North greece*, t. 4, p. 376), celui de Démétrius de Magnésie ; Heuzey (*Missions en Macédoine*, p. 51), celui de Philippe; il en existait d'autres dans la Troade, à Cyrène, à Gythium et dans d'autres localités.

Les aqueducs élevés par les Grecs datent tous ou presque tous de la période romaine ; aussi ils ne diffèrent guère des aqueducs construits par les Romains, dont nous donnerons plus loin des détails de construction.

III. AQUEDUCS CHEZ LES ROMAINS. — Les Romains ont élevé très-certainement les plus beaux aqueducs de l'antiquité, soit à Rome, soit dans les provinces conquises. Les restes imposants de ces édifices sont peut-être les monuments les plus propres à nous donner une idée de la puissance de ce peuple et de son habileté dans l'art de bâtir.

Depuis les derniers temps de la république jusqu'à la chute de l'empire romain, ces utiles constructions se répandirent sur toute l'Europe civilisée, et nous devons dire que les Romains mirent bien à profit les excellentes leçons des Étrusques, leurs prédécesseurs, si habiles et si capables dans tout ce qui concernait l'aménagement des eaux. La gigantesque opération de l'émissaire du lac Albano témoigne hautement de la capacité des Étrusques comme ingénieurs hydrauliciens. (Voir Fabretti, *De Emissario Fucini*, III ; Nibby, *Analisi della carta di dintorni di Roma*, t. 1, p. 105; N. Desvergers, *l'Étrurie*, t. 1, p. 155.)

Les siècles de barbarie qui succédèrent à l'empire romain ne virent élever aucun aqueduc nouveau, et c'est à peine si l'on entretenait en bon état ceux légués par le génie des Romains.

Pendant près de quatre cent cinquante ans, Rome se contenta pour ses besoins des eaux du Tibre, quoiqu'elles fussent troubles en hiver, tièdes en été. Ce ne fut qu'en l'an de Rome 441 (312 av. J.-C.) que les censeurs Appius Claudius et C. Plautius allèrent chercher à 13 kilomètres de Rome les eaux des montagnes de Frascati, et après en avoir capté les sources, les amenèrent dans un aqueduc presque entièrement souterrain l'*aqua Appia.*

Cet aqueduc, construit partie en péperin et partie en briques, entrait dans la ville par la voie Prénestine; il alimentait une partie des monts Cœlius et Aventin, et aboutissait aux Salines entre les portes Capena et Trigemina. Des fouilles récentes, exécutées près de la porte Maggiore, ont amené la découverte du canal de cet aqueduc taillé dans le roc et pourvu de plusieurs puits d'aération. (Parker, *In archeologia*, t. 42, p. 20.)

Trente-neuf ans plus tard, en 480 (273 ans av. J.-C.), les censeurs Marcus Curius Dentatus et Papirus Cursor construisirent avec le butin fait sur Pyrrhus (Frontin, *De aquæd.*, 6), un

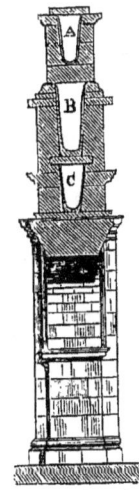

Fig. 3. — Aqueduc, coupe sur la porte San Lorenzo, à Rome. *a*, aqua Julia; *b*, aqua Tepula; *c*, aqua Marcia.

nouvel aqueduc qui prenait l'eau de l'Anio à 32 kilomètres au-dessus de Tibur. Cet aqueduc était en blocs de péperin et son canal (*specus*) était cimenté de toute part; il mesurait une longueur de 63 kilomètres, dont 1 kilomètre était porté sur des arcades. Cet aqueduc s'appela dans la suite *Anio vetus*, pour le distinguer de l'*Anio novus* qui fut construit sous l'empire.

La population de Rome, toujours croissante, augmenta sa consommation d'eau d'une manière si considérable que le préteur L. Marcius Rex fut chargé par un sénatus-consulte, en 607 (146 av. J.-C.), de construire l'aqueduc qui porta le nom d'*aqua Marcia* et qui

avait 80 kilomètres souterrain et 11 kilomètres hors de terre. Il fournissait l'eau à la partie supérieure du mont Capitolin (Frontin, 7; Strabon, V, 240; Pline, *Hist. nat.*, XXXI, 324); il fut restauré plusieurs fois sous les empereurs (Pline, *Hist. nat.*, XXXI, 3; Frontin, 7; Muratori, VI, 44), et encore aujourd'hui il alimente de ses eaux la fontaine de Moïse élevée par Fontana.

L'an 626 de Rome (127 av. J.-C.), les censeurs Servilius Cépion et L. Cassius Longinus amenèrent de nouvelles eaux prises à Frascati, dans l'aqueduc nommé *aqua Tepula*.

Pendant son édilité (an de Rome 718, 35 av. J.-C.), Agrippa, le *curator perpetuus aquarum*, comme nous le verrons plus loin, Agrippa, disons-nous, répara l'*Anio vetus* et l'*aqua Marcia*, et construisit l'*aqua Julia* recueillie dans la vallée située entre Tusculum et le mont Albain. (Front.,8,9,19; Pline,XXXVI, 15, 24; Muratori, 641, 3.)

Avant d'arriver à Rome, l'*aqua Julia* et l'*aqua Tepula* s'unissaient avec l'*aqua Marcia* dans une seule ligne de construction, où les trois aqueducs superposés déversaient leurs eaux dans un réservoir commun (voy. fig. 3).

Mais Auguste ne trouva pas suffisante pour Rome la quantité d'eau de tous ces aqueducs, il chargea son édile Agrippa d'y amener l'*aqua Virgo*; l'aqueduc commencé en 732 (21 ans av. J.-C.) avait une longueur de 21 kilomètres, dont 19 étaient souterrains. Cette eau servait spécialement pour les bains. (Plin., *l. c.*, 15, 24; Sénèque, *Epist.*, 83.) Les eaux de cet aqueduc, connu aujourd'hui sous le nom d'*aqua Virgine*, et provenant d'une source près de Tusculum, comme nous venons de le voir, traversent la villa Borghèse, et, passant sous le Pincio, alimentent les fontaines *del Popolo, della Barcacia, Navone, Trevi, du Panthéon* et d'autres encore.

Pour alimenter sa naumachie, Auguste amena aussi l'*aqua Augusta* ou *Alsietina*, dont la prise fut faite au nord-ouest de Rome dans le lac Alsietinus, aujourd'hui *lago di Martignano*. D'après Frontin, cette eau desservait aussi la rive gauche du Tibre, quand l'eau venait à manquer dans ce quartier de Rome.

L'an 715 de Rome (38 ans av. J.-C.) Caligula entreprit les travaux achevés par son successeur Claude pour amener l'*aqua Claudia*. Ce dernier fit construire aussi l'*Anio novus*, dont la construction des plus grandioses présentait sur une grande longueur, à environ 10 kilomètres de Rome, des arcades qui n'avaient pas moins de 33 mètres d'élévation.

En l'an 111 de J.-C., Trajan termina l'*aqua Trajana*; citons enfin, pour terminer cette longue nomenclature, l'*aqua Antoniana* (212 ap. J.-C.); l'*aqua Severiana*, construite par Septime Sévère; l'*aqua Alexandrina*, destinée à alimenter les thermes de cet empereur (230 ap. J.-C.); l'*aqua Aureliana*, œuvre d'Aurélien; enfin l'*aqua Jovia* (300 ap. J.-C.).

Par ce qui précède, on peut juger de l'énorme quantité d'eau que ces aqueducs amenaient à Rome ou dans sa campagne; on l'estime à environ 3,720,800 mètres cubes par vingt-quatre heures, ce qui équivaut à une rivière de 9 à 10 mètres de large sur $1^m,90$ à $2^m,10$ de profondeur, dont l'eau serait animée d'une vitesse moyenne de $0^m,81$ par seconde. Rome, pour sa seule part, recevait 1,320,600 mètres cubes environ; les 2,400,200 mètres cubes qui restent servaient aux besoins de la campagne suburbaine.

Même sous Auguste, la quantité d'eau était si considérable que ce prince, parmi les travaux exécutés sous son règne et consignés dans son testament, put écrire qu'il avait embelli Rome de 700 bassins (*lacus*), de 105 fontaines jaillissantes (*salientes*) et de 130 châteaux d'eau (*castella*), dont plusieurs d'une très-grande magnificence; il donna en outre au peuple 170 bains gratuits. On peut par cette énumération se faire une idée de l'importance de la ville de Rome sous Auguste.

Dans les provinces conquises, les Romains construisirent des aqueducs non moins remarquables; il en existe des restes considérables dans diverses parties du monde : en Orient ce sont ceux d'Éphèse, de Nicomédie, de Smyrne, d'Alexandrie, de Bourgas, construits au temps de Justinien. Ce dernier a des arcades en ogive et mesure 240 mètres de longueur sur 36 d'élévation.

L'Espagne possède à Mérida (*Emerita Augusta*) les restes de deux anciens aqueducs : dans l'un, deux piles anciennes subsistent seules, tandis que dans l'autre trente-cinq piles sont encore debout. L'aqueduc de Ségovie a 119 arcades en pierre de grand appareil posées sans ciment; les piles ont $2^m,45$ de largeur sur $3^m,30$ d'épaisseur. L'ancien aqueduc de Valence (Chelsea) sert aujourd'hui de pont. L'aqueduc de Tarragone, haut de 30 mètres et construit au temps de Scipion, a été restauré par Antonio Robirra, de 1780 à 1785.

Citons en Portugal l'aqueduc d'Evora, construit par L. Sertorius, et très-bien conservé, ainsi que le château d'eau à deux étages qui recevait ses eaux.

Dans les Gaules, il en existait à Saintes, à Vienne, à Néris et à Luynes, et parmi ceux dont les restes sont encore imposants, citons l'aqueduc de Metz ou de Jouy, situé à 22 kilomètres nord-ouest de la ville. Dans le vallon de Jouy, il reste encore dix-sept arches, dont quelques-unes mesurent 19 mètres de hauteur; il devait en exister de plus élevées, car les collines avoisinantes mesurent beaucoup plus. La date de la construction de l'aqueduc de Metz n'est pas très-certaine; on s'accorde généralement à la rapporter à l'an 70 de J.-C.

A Lyon, Néron fit construire un aqueduc qui n'a pas moins de 64 kilomètres, afin d'amener dans cette riche cité les eaux du Janon et du Giers.

Nous terminerons l'énumération des aqueducs construits dans les provinces par la description du célèbre aqueduc de Nîmes, dit *pont du Gard*. Nous ne craindrons pas d'entrer dans quelques détails à ce sujet, car nulle part (sauf dans les *Archives des monuments historiques*) ce monument n'a été jusqu'ici ni bien décrit ni bien dessiné.

Cette merveille du Languedoc, comme l'appelle M. Nisard, est le reste le mieux conservé de l'art romain (1).

_____

(1) Nous ajouterons que les travaux de restauration exécutés par notre honoré maître Ch. Questel, très-bien secondé dans sa tâche par notre confrère Ch. Laisné, assureront désormais à de longues générations la vue de cet imposant monument.

Cet aqueduc (fig. 4) est bâti en pierres de taille posées sans ciment ; il se compose de trois rangs d'arcades plein-cintre superposées. Le rang inférieur, sous lequel passe le Gardon, est formé de six arches ; le second en a onze, le troisième trente-cinq, à part les deux coupures faites par les barbares au v° siècle ; c'est au-dessus de ce troisième rang que passe l'aqueduc (fig. 5). La longueur du monument, au niveau de la cimaise qui couronne le premier étage, est de 171 m. 22 c., et de 269 mètres 10 au niveau de celle de l'étage supérieur. La hauteur totale du pont du Gard est de 48$^m$,77, savoir : depuis le niveau des basses eaux, 20$^m$,12 pour chacun des premier et deuxième étages, et 8$^m$,52 pour le troisième. L'épaisseur de la maçonnerie d'une tête à l'autre du parement antique est de 6$^m$,86 au premier rang, 4$^m$,56 au second et 3$^m$,06 à l'étage supérieur ; chaque étage forme donc une retraite considérable l'un sur l'autre.

L'appareil du pont du Gard est en parfaite harmonie avec ses dimensions imposantes, et quand on le considère de près on ne sait ce qu'on doit le plus admirer, de leurs colossales proportions, ou de la précision de leur appareillage. Le parement n'a été qu'ébauché, une large ciselure pratiquée seulement sur les arêtes de chaque pierre accuse franchement la position des assises et des joints.

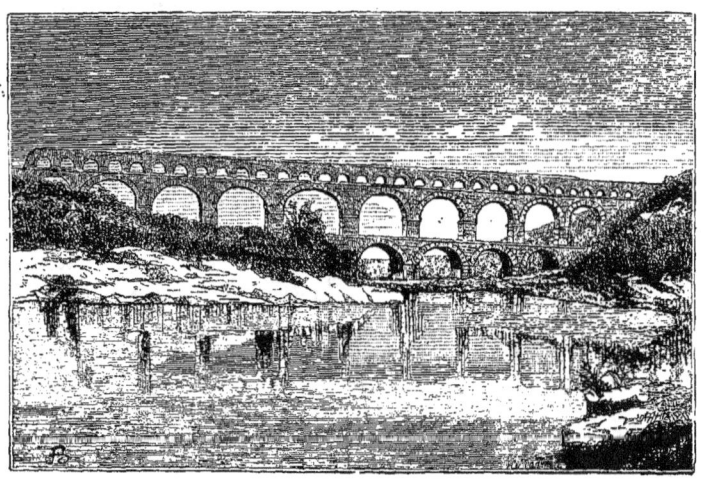

Fig. 4. — Aqueduc romain dit *pont du Gard.*

Comme il a été dit précédemment pour le magnifique aqueduc de Ségovie (Espagne), les assises sont posées sans ciment dans les deux étages inférieurs, mais l'étage supérieur est en moellons smillés et en maçonnerie hydraulique, afin d'éviter les infiltrations des eaux.

Les constructeurs ont laissé des pierres saillantes sur les revers des monuments et des voussoirs en saillie sous les arches ; quelques archéologues, peu autorisés il est vrai, des ingénieurs ont supposé que ces pierres saillantes avaient dû servir de point d'appui, soit aux échafaudages, soit aux cintres nécessaires à l'achèvement des arcs ; cette supposition est tout à fait erronée pour quiconque a vu de près la qualité de la pierre, qui est tendre de sa nature, et devait être très-fragile au moment de son emploi, car elle contenait encore son eau de carrière. Or les Romains étaient trop bons constructeurs pour utiliser comme point d'appui des pierres vertes, d'autant que ces points avaient à supporter non-seulement une lourde charpente, mais encore des voussoirs dont quelques-uns n'ont pas moins de 1$^m$,60 de hauteur. Il est donc très-évident qu'ils n'ont jamais usé de semblables points d'appui.

IV. DE LA CONSTRUCTION DES AQUEDUCS. — A Rome la construction des aqueducs était du ressort des censeurs, qui sous la république étaient les ministres des finances et des travaux publics. C'était généralement un sénatus-consulte qui votait les fonds et autorisait les travaux, ainsi que les expropriations pour cause d'utilité publique. Il en fut toujours ainsi, sauf de très-rares exemples.

De ce que l'édile Agrippa fut chargé directement par Auguste de construire l'*aqua Marcia*, il ne faudrait pas en conclure que les édiles, qui étaient de simples directeurs de travaux, eussent le droit de se passer des autorisations du sénat. Agrippa, il ne faut pas l'oublier, était

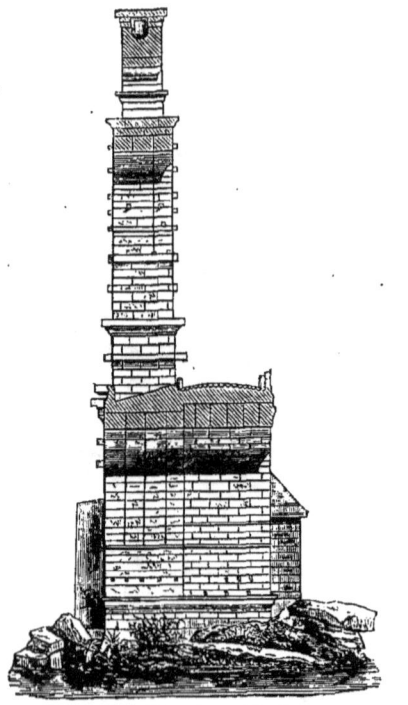

Fig. 5. — Coupe du pont du Gard.

le gendre d'Auguste, et comme tel il s'arrogeait des droits que n'avaient jamais pris ses prédécesseurs ; il était en outre le grand ingénieur hydraulicien, le *curator perpetuus aquarum*.

Une fois les terrains obtenus, les matériaux étaient tirées des fonds les moins éloignés, et sauf indemnité chacun devait laisser effectuer le transport à travers ses terres. (Frontin, *De Aquæd.*, 125.) Les eaux captées étaient amenées par divers canaux dans un réservoir commun, d'où partait l'aqueduc : c'était là le *caput aquæ*; si les eaux, au lieu d'être tirées de sources,

étaient prises à un fleuve ou à un lac, le conduit principal (*specus, canalis*) s'ouvrait immédiatement sur le fleuve ou le lac. Les conduits étaient souterrains pour plusieurs raisons, c'était pour maintenir à l'eau sa fraîcheur, pour économiser la construction, car les conduits en terre supportaient mieux la pression de l'eau que s'ils eussent été à l'air libre ; d'aucuns pensent aussi que c'était pour les cacher aux ennemis pendant les guerres. Cette dernière supposition nous paraît la moins plausible, car il n'était guère plus long de couper les aqueducs, qu'ils fussent souterrains ou apparents. Ces conduits

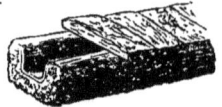

Fig. 6. — Conduit souterrain revêtu de dalles.

souterrains étaient exécutés en simples blocages recouverts de dalles, comme l'indique notre figure 6 ; ou bien, s'ils traversaient une voie, un chemin, une chaussée, le dallage était noyé dans du ciment et recouvert par le revêtement formant la voie ou la chaussée (fig. 7).

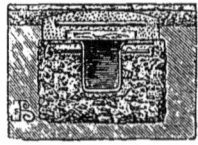

Fig. 7. — Conduit souterrain passant sous une voie.

La pente était réglée suivant le terrain à traverser, suivant aussi la vitesse qu'on voulait donner à l'eau. Vitruve nous apprend qu'une bonne moyenne était de $0^m,152$ par 30 mètres ; cette pente était du reste extrêmement variable. Canina (*Archit. rom.*, *Aquedati*) prétend qu'elle variait de un pied pour cent à un pied pour mille ; l'aqueduc de Nîmes n'a qu'un pied pour 2,500.

Souvent les conduits suivaient les sinuosités du terrain ; souvent aussi, même dans des plaines, ces mêmes conduits faisaient des coudes qui ont été longuement discutés par les archéologues. Nous ne donnerons pas tous les prétextes à discussions, mais seulement le motif qui paraît le plus raisonnable. Les aqueducs étaient construits en ligne brisée, afin de rompre la trop grande impétuosité de l'eau qui, si elle eût toujours coulé en ligne directe, aurait fini par acquérir une vitesse si considérable qu'elle aurait nui aux constructions.

L'eau coulait dans des canaux de maçonnerie, et, pour l'aérer, les Romains pratiquaient de distance en distance des puits qui servaient à diverses destinations : 1° à donner de l'air ; 2° à entrer dans les conduites, pour les visiter et les réparer ; 3° à élever le niveau de l'eau, quand l'aqueduc fonctionnait à la manière d'un siphon, pour remonter par exemple la pente d'un monticule. Les canaux étaient ordinairement construits en maçonnerie de moellons ou de briques, mais toujours revêtus d'une couche de ciment de chaux, sable et tuileau, un véritable mortier hydraulique. Quand le canal passait sur un aqueduc, comme au pont du Gard, ce specus était tout en pierres jointoyées en ciment ; dans ce cas, le dessus était recouvert en dalles de pierres qui mesurent à cet aqueduc 1 m. de large, 2 de longueur et 0,33 d'épaisseur ; les parois latérales sont gobetées en ciment, sur lequel certains de nos confrères ont cru reconnaître des traces d'enduit rouge de peinture à l'huile ; rien n'est moins prouvé. Enfin le fond du canal, épais de 0,22, était formé par un petit blocage de chaux, de gravier et de pierre, et quelquefois de silex concassé. Les eaux très-sedimenteuses ont laissé de chaque côté de l'aqueduc des dépôts qui n'ont pas moins de 0,12 c. d'épaisseur. Tels étaient les principaux modes de construction adoptés par les Romains dans leurs aqueducs.

V. LES AQUEDUCS MODERNES. — Le moyen âge n'a pas construit beaucoup d'aqueducs, surtout en France. Les Mores en Afrique et en Espagne en ont élevé plusieurs, qui par leur beauté et leur construction égalent ceux de l'antiquité.

En Égypte, l'aqueduc du Caire a été construit au IXᵉ siècle ; il n'a guère que 2 kilomètres de longueur. Situé entre l'ancienne et la nouvelle ville, il sert à alimenter les fontaines publiques et l'arrosage des jardins.

En Italie, nous en mentionnerons trois principaux. L'aqueduc de Caserte, qui amène de 50 kilomètres les eaux dans le château de Caserte, est une œuvre vraiment remarquable et qui vous saisit par son aspect grandiose. Le pont de cet aqueduc, haut de 66 mètres, long de 309 mètres, se compose de trois rangs d'arcades superposées ; l'étage inférieur en compte 19, celui du milieu 28 et l'étage supérieur 43. L'aqueduc de Caserte coupe le mont Garzano au moyen d'un tunnel qui n'a pas moins d'un kilomètre, et il traverse la vallée de Maddaloni sur le magnifique pont que nous venons de décrire. Cet aqueduc a été bâti par Vantanelli. Les deux autres sont : l'aqueduc de Civita-Castellane, et celui de Spolète, avec ses arcades en ogive, élevé par Théodoric, roi des Ostrogoths, au-dessus de la Moragia.

En Portugal, les Mores ont construit un aqueduc à Elvas, qui témoigne de leurs connaissances ; ils ont donné peu d'épaisseur aux constructions ; aussi l'aqueduc d'Elvas, au lieu de se développer en ligne droite, est-il formé par des lignes brisées, sur quatre rangs d'arcades superposées.

En France, il en existe de fort remarquables, dont quelques-uns, celui de Roquefavour, par exemple, peuvent rivaliser avec les édifices du même genre bâtis par les Romains. L'aqueduc d'Arcueil, bâti de 1613 à 1624 par Jacques Debrosses, a 3,500 mètres de longueur, dont 400 mètres sont hors de terre. Cette dernière partie se compose de 24 arcades, dont 8 seulement sont à jour ; elles mesurent 24 mètres de hauteur. Ce fut Marie de Médicis qui, ne pouvant utiliser l'aqueduc romain d'Arcueil (1), chargea son architecte d'en construire un nouveau pour amener les eaux d'Arcueil au palais du Luxembourg. L'aqueduc de Buc, situé à 8 kilomètres de Versailles, a 70 mètres de longueur ; il se compose de 19 arcades de 13 mètres de hauteur. Les piles ont 12 mètres de largeur sur 4 d'épaisseur. L'ensemble de la construction est en meulière avec chaîne et bandeau de roche.

_____

(1) Constance Chlore avait fait bâtir cet aqueduc pour amener les eaux de Rungis aux thermes de Lutèce.

Bâti en 1686 sous Louis XIV, cet aqueduc servait à amener les eaux des étangs de Saclay et du Trou-Salé dans les jardins du palais de Versailles. L'aqueduc de Maintenon, qui fut une des grandes entreprises du règne de Louis XIV, devait amener à Versailles les eaux de l'Eure. Ce projet, conçu en 1680 par Lahire et Vauban, reçut un commencement d'exécution en 1683, mais les finances du royaume, épuisées par les folles dépenses du grand roi, furent insuffisantes pour permettre l'achèvement de ce travail gigantesque; il fut abandonné après quatre années de travaux et une dépense incalculable, car, à part le travail de 30,000 hommes de troupes employés pendant ces quatre ans aux travaux de terrassement, on dépensa 8,613,000 livres. L'aqueduc devait avoir 5 mètres de large sur 3 mètres de profondeur et 48 kilomètres de longueur, en partie coupé par des collines et supporté dans les vallées par plus de trente ponts, traverser la vallée de Maintenon sur une longue maçonnerie de 45 kilomètres, et être, au fond de la vallée, à trois rangs d'arcades superposées. Le rang inférieur avait 47 arcades de 13 mètres d'ouverture, 22 mètres 50 de hauteur sur un parcours de 975 mètres environ; le deuxième rang, 195 arcades, de 13 mètres d'ouverture et 22 mètres de hauteur, se développant sur une longueur de 2,235 mètres environ; enfin, l'étage supérieur 390 arcades de 2,240 mètres environ. La hauteur totale de ce pont aurait été de 71 mètres. Comme on peut en juger, c'était une entreprise colossale, aussi fut-elle abandonnée avant l'achèvement du rang inférieur. Sous Louis XV, on fit prendre des matériaux de cet aqueduc pour rebâtir le château de M$^{me}$ de Pompadour à Crécy.

Enfin, dans le midi de la France, il existe deux aqueducs fort remarquables, l'aqueduc de Montpellier et celui de Roquefavour. L'aqueduc de Montpellier a été construit sous Louis XIV, par l'ingénieur Sitot; il est souterrain dans un parcours de 9,652 mètres; sa longueur totale est de 13,904 mètres. Sur une longueur de 850 mètres, depuis le réservoir dit *des Arcades* jusqu'à la place du Pérou (jardin public de la ville), l'aqueduc est supporté par un pont à deux étages: l'étage inférieur compté 53 arcades de 8 mètres d'ouverture, qui supportent le deuxième étage, composé de 183 arcades. L'architecte Donnat a érigé un château d'eau à l'arrivée des eaux sur la place du Pérou: son ordonnance se compose d'une rotonde à trois faces, et chacune d'elles est formée par une grande arcade; l'intérieur est circulaire et voûté en coupole; ce château contient un bassin, d'où l'eau s'échappe en cascades sur des rochers et s'écoule dans un bassin extérieur qui entoure le château d'eau proprement dit. L'aqueduc de Roquefavour, construit dans la vallée d'Arc, à 8 kilomètres d'Aix-en-Provence, se compose d'un pont à trois étages qui réunit, comme au pont du Gard, deux collines. Le premier étage comporte 12 arches qui mesurent 34 mètres 10 au-dessus de l'étiage de la rivière la Durance; le deuxième étage, 15 arcades de 38 mètres de hauteur au-dessus du couronnement de l'étage inférieur; enfin l'étage supérieur a 53 arches de 10 mètres 90 de hauteur, au-dessus du deuxième rang. La hauteur totale de la construction est de 86 mètres, sa longueur de 400 mètres; les fondations ont été descendues à 10 mètres de profondeur. Le pont-aqueduc de Roquefavour, construit par Mont-Richer, témoigne des connaissances, du goût et de l'habileté de cet architecte-ingénieur, qui, pour diminuer le poids de la construction, a conservé des vides dans les reins de ses voûtes. L'aqueduc de Roquefavour, construit pour amener les eaux de la Durance à Marseille, a été achevé en 1848; c'est sans contredit l'un des plus imposants travaux d'architecture contemporaine et qui égale les magnifiques travaux romains de ce genre.

Aujourd'hui, grâce à la fonte de fer, on produit des tuyaux d'un diamètre considérable, qui permettent l'établissement de *siphons*, ce qui économise de grands travaux de maçonnerie; les puissantes machines hydrauliques à vapeur, qui permettent d'élever l'eau à des hauteurs considérables, rendent aussi moins fréquent l'emploi des ponts-aqueducs eux-mêmes.

ARABE (ARCHITECTURE). — Les Arabes étendirent leurs conquêtes en Europe depuis

Constantinople jusqu'aux confins de l'Espagne. La puissance et la gloire qu'ils acquirent après la chute définitive de l'empire romain, développa chez eux le goût des sciences, des lettres et des arts. L'Afrique et l'Espagne, où leur domination eut le temps de s'affermir, renferment encore aujourd'hui des monuments dignes d'attention et qui témoignent du goût, de l'originalité et des hautes facultés des Arabes, comme constructeurs et décorateurs. L'architecture arabe, appelée aussi *mahométane, musulmane, sarrasine* et *moresque* en Espagne, a un caractère propre et des qualités constitutives indéniables qui en ont fait un art véritable.

Avant l'ère de Mahomet, il n'existait en Arabie aucune trace d'un art original; au VIᵉ siècle, quand un incendie ruina le temple de Kaaba à la Mecque, ce furent des architectes étrangers qui le réédifièrent; et même plus tard, quand l'islamisme eut pénétré dans les contrées voisines de l'Arabie, les califes confièrent aux artistes grecs la construction de leurs édifices religieux. Le calife Walid demanda même à l'empereur Justinien II de lui envoyer des ouvriers pour élever des mosquées à Médine, à Jérusalem et à Damas; dans la mosquée de cette dernière ville, les deux minarets sont d'architecture grecque. Jusqu'au Xᵉ siècle, l'influence des artistes byzantins se fait sentir dans toutes les œuvres des artistes grecs, traduites en style arabe.

La Perse exerça également une grande influence sur l'art musulman; en effet, les richesses et la magnificence que les souverains asiatiques déployèrent avec tant de profusion dans leurs résidences, de même que les formes capricieuses de l'architecture persane, ne pouvaient manquer de séduire la vive imagination des Arabes; c'est alors qu'on vit surgir un style particulier, moitié byzantin moitié persan, qui reçut ultérieurement des modifications assez profondes, par suite des rites et des règles de l'islamisme; c'est pendant cette période, c'est-à-dire vers le XIIᵉ siècle, que les mosquées et les *djamis* se couvrirent de dômes ovoïdes, que les minarets furent couronnés de terrasses crénelées, portant des merlons à redans; or ces deux formes architectoniques sont évidemment

importées de la Perse. Bientôt l'arc plein-cintre et l'arc ogival s'allongent en fer à cheval et se couvrent d'une riche ornementation; d'élégantes découpures concourent encore à leur décoration; mais comme la loi de Mahomet interdit la représentation d'êtres animés, les architectes arabes y suppléent admirablement par des rinceaux et des entrelacs composés de figures géométriques, de fruits et de fleurs;

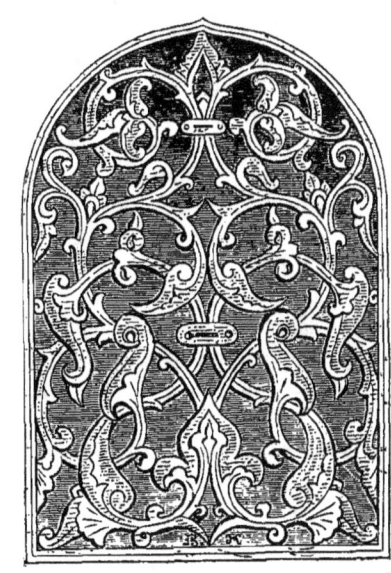

Style arabe. — Claire-voie d'une fenêtre. Mosquée d'Abou-Bezik, au Caire.

ils poussent même si loin cette étude des rinceaux, qu'ils ont fait appliquer le nom d'ARABESQUES (voy. ce mot) à ce genre d'ornementation, bien qu'ils n'en soient pas les inventeurs, car les Grecs et les Romains et même les Égyptiens et les Assyriens l'avaient employé avant eux.

Dans le principe, les architectes arabes sont d'assez médiocres constructeurs; insensiblement, ils arrivent à créer des monuments qui témoignent de leurs progrès dans l'art de bâtir, où ils finissent par passer maîtres; mais en tout temps ils se montrent d'excellents décorateurs. La substitution de la faïence émaillée aux mosaïques byzantines leur fournit un élément de décoration qu'il est difficile de surpasser. Signalons un autre élément caractéristique qu'on retrouve dans presque tous les monuments arabes ; nous voulons parler de cette série de coupoles en pendentifs, nommées *medias naranjas* (moitiés d'orange), ainsi qu'une superposition de petites niches accolées les unes aux autres, qui couronnent les angles des salles.

Le procédé habituel de construction chez les Arabes consiste à élever des murs en béton coulé entre deux rangs de planches espacées entre elles de la largeur du mur à bâtir. Quand ce mélange de mortier et de gravier avait fait prise, ils le revêtaient d'un enduit très-fin ou d'un stuc particulier.

Les Arabes ont employé dans leurs constructions, mais plus rarement, de la pierre de taille et du moellon, et plus rarement encore ils ont alterné des couches de béton avec des assises de pierres.

Le plan de leurs constructions est de forme rectangulaire, rarement circulaire; les tours de leurs minarets sont elles-mêmes carrées, quelquefois octogonales.

Quand les Arabes étendirent leurs conquêtes, ils imposèrent aux nations soumises leur architecture avec leur religion, et l'Égypte, l'Afrique, l'Espagne et la Sicile se couvrirent de monuments de style arabe, où la richesse des formes le disputait à la plus brillante ornementation ; le palais de l'Alhambra, en Espagne, en fournit un exemple des plus remarquables. Le style arabe s'est perpétué jusqu'à nous depuis cette époque, et il fleurit encore en Asie et en Afrique.

BIBLIOGRAPHIE. — Lozano, *Antiguedades arabes de España*, Madrid, 1806 ; Murphy, *Arabian antiquities of Spain*, London, 1816 ; Coste, *Architecture arabe ou Monuments du Caire dessinés et mesurés*, in-fol., 74 pl., Paris, 1823 ; Girault de Prangey, *Essai sur l'architecture des Arabes*, in-8°, 1841 ; Jules Goury et Owen Jones, *Plans, elevations, sections and elevations of the Alhambra, etc.*, 2 vol. gr. in-fol., Londres, 1834 et 37 et 1845 ; J. Bourgoin, *les Arts arabes*, in-fol., Paris, 1868-70 ; Prisse d'Avesne, *l'Art arabe d'après les monuments du Caire, depuis le VII^e siècle jusqu'à la fin du XVIII^e*, gr. in-fol., Paris, 1869-71.

ARABESQUE, *s. f. et adj.* — La décoration improprement appelée *arabesque*, puisqu'elle existait avant que les Arabes l'eussent employée, se compose d'ornements fantastiques et imaginaires, de dispositions plus ou moins capricieuses, obtenues à l'aide de lignes géométriques, de plantes avec leurs tiges, leurs

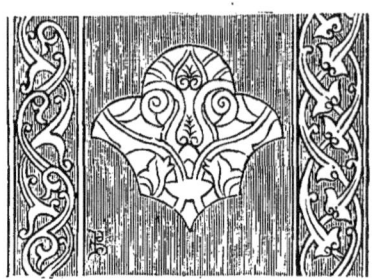

Fig. 1. — Arabesque orientale.

fleurs et leurs fruits. On trouve encore fréquemment dans ce genre de décoration des animaux et des figures humaines sortant de vases ou de rinceaux de feuillages ; on y voit également des êtres chimériques, des armes et autres objets.

Généralement exécutée par la peinture, la mosaïque, ou autres procédés analogues, cette décoration affleure le fond sur lequel elle est placée, et si elle est en relief, elle a toujours une faible saillie.

L'origine des arabesques remonte à une époque très-reculée ; en effet, on retrouve ce motif

Fig. 2. — Arabesque antique.

de décoration déjà fort développé sur les monuments antiques de l'Orient, chez les Égyptiens et les Assyriens; les Étrusques, les Grecs et les Romains l'adoptèrent également; ces derniers même en abusèrent, car Vitruve s'en plaint en ces termes :

« Mais tous ces sujets de peinture que les anciens tiraient des objets véritables et de la nature, aujourd'hui des habitudes vicieuses les font réprouver; ce qu'on peint sur nos enduits n'a plus de modèle fixe et régulier. Ce ne sont plus que des monstres; on substitue aux colonnes des roseaux; aux frontons a succédé je ne sais quelle espèce d'entortillage de formes cannelées et bigarrées. On voit des candélabres soutenir des petits temples, du faîte desquels sortent, comme d'une racine, des feuilles délicates et flexibles qui, contre toute vraisemblance, portent de petites figures, toutes choses qui ne sont point, n'ont point été et ne peuvent être; mais telle est la force de ces pratiques nouvelles, que, soit paresse d'esprit, soit faute de jugement, on semble perdre de vue ce qui devrait être le véritable but des arts. »

Plus loin, Vitruve ajoute :

« Les anciens s'efforçaient de plaire, dans leurs ouvrages, par le travail et le talent; aujourd'hui, on se plaît à obtenir d'éclatantes peintures et des effets forcés de couleurs; aussi la valeur que l'art tirait auparavant du mérite de l'artiste, il la reçoit maintenant de la dépense du propriétaire. »

Ce que Vitruve disait de son époque est encore vrai pour la nôtre, surtout en fait de décoration; cette citation montre aussi que l'ornementation telle que l'a décrite cet auteur est bien la même que celle que nous appelons aujourd'hui *arabesque;* elle était donc bien connue des Romains.

Mais ce furent les Arabes qui sans contredit poussèrent ce genre de décoration à son plus haut degré de splendeur, et, sous ce rapport, son nom qualificatif d'*arabesque* nous paraît tout à fait justifié. (V. ARABE (*Architecture.*)

Admises depuis si longtemps dans la décoration architecturale, les arabesques en étaient devenues un des éléments essentiels et ne devaient plus en sortir; aussi les voyons-nous encore en grande faveur au moyen âge, où elles sont souvent bien dessinées, mais parfois d'une façon grotesque; elles concourent à l'ornementation des archivoltes, des frises, des pilastres, des verrières et des dallages. A l'époque de la renaissance, les arabesques atteignirent une vogue, un développement et une perfection rares; les plus remarquables furent exécutées

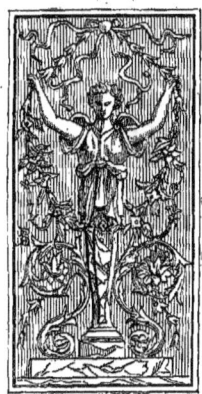

Fig. 3. — Arabesque française (salon d'Anne d'Autriche).

en Italie, surtout à Rome et dans ses environs; celles du Vatican peuvent en fournir la preuve. Signalons aussi celles du palais de Fontainebleau, dont nous donnons (fig. 3) un spécimen de l'époque de Louis XIV, tiré du salon d'Anne d'Autriche; notre figure 4 donne un exemple de l'époque de Charles IX, tiré du château d'Ancy-le-Franc.

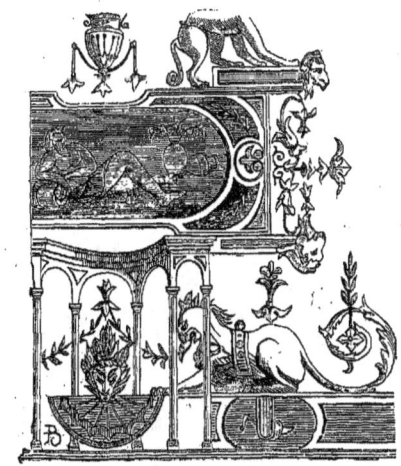

Fig. 4. — Arabesque française (château d'Ancy-le-Franc).

Vers la fin de la Renaissance les architectes abusèrent tellement de l'arabesque qu'elle fut délaissée quelque temps; mais les nouvelles découvertes faites à Herculanum et à Pompéi la remirent en faveur, et sous les règnes de Louis XV et surtout de Louis XVI, les artistes de beaucoup d'imagination et de goût créèrent des compositions qui, malgré une certaine affèterie, ne manquaient pas d'élégance et de style.

Aujourd'hui l'arabesque continue à jouer un rôle important dans la décoration architecturale ; elle est surtout employée à l'ornementation des parties planes et lisses, telles que les murs, les plafonds, les voûtes, les frises, les panneaux, etc.

La variété infinie de ce genre de décoration ne permet pas d'établir une classification bien distincte ; cependant on peut distinguer trois groupes principaux : arabesques *géométriques*, *végétales* et *mixtes*. Les premières sont celles employées de préférence par les peuples anciens et à l'origine des arts ; les secondes marquent les belles époques de l'architecture, et l'emploi des dernières, composées de végétaux, d'animaux et d'ustensiles divers, est un signe de décadence.

ARABOUTIN. — Voy. Brésil (Bois du).

ARCŒOSISTYLE. — Voy. Entrecolonnement.

ARCŒOSTYLE. — Voy. Entrecolonnement.

ARAIGNE, *s. f.* — Crochet de fer à plusieurs branches qui sert à retirer les seaux d'un puits ; on dit aussi Araignée.

ARAIGNÉE, *s. f.* — Nous n'avons à nous occuper ici que d'une sorte d'araignée, l'*aranea senoculata*, dont l'agglomération produit sur les constructions en pierre de taille des petites plaques noirâtres qui ressemblent à des taches produites par un corps gras. Ces insectes microscopiques tissent une toile ronde autour de ces myriades de cavités dont est criblée la surface des pierres calcaires. Il est indispensable de nettoyer ou de laver ces pierres avec de l'eau légèrement acidulée, afin de chasser ces essaims d'araignées, car sans cela la poussière s'attachant aux toiles de ces insectes en-

tretient une humidité qui, combinée avec leur travail incessant, devient bientôt une cause d'altération des matériaux.

Dans le génie militaire, c'est un travail par branches ou par rameaux qu'on est obligé d'établir, lorsqu'un obstacle empêche de faire la chambre de la mine à l'emplacement qu'on avait primitivement choisi ; dans la marine, on nomme *araignée* de petites poulies destinées à recevoir des cordages de plusieurs branches partant de points différents et se dirigeant vers ces poulies ; enfin ce terme est synonyme d'Araigne. (Voy. ce mot.)

ARAIGNÉE. — En plomberie, crochet en fer à branches dont on se sert pour l'établissement des pompes, afin de les fixer en place.

ARASE, *s. f.* — Hauteur à laquelle une chose est arasée. Ce mot est considéré trop souvent comme synonyme d'arasement ; il n'a pas cependant la même signification. (Voy. Arasement.)

ARASES, *s. f. pl.* — Pierres plus hautes ou

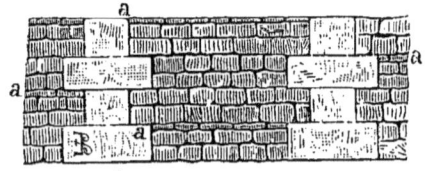

a, a, arases.

plus basses que celles dont est formé un mur, qui servent à mettre l'arasement de niveau.

ARASEMENT, *s. m.* — Action d'araser ; en menuiserie, c'est l'extrémité d'une traverse à la naissance du tenon.

ARASEMENT (Tailles d'). — Tailles accidentelles de lits, faites sur le tas, à chaque rang d'assises, pour mettre de niveau celles qui dépassent la hauteur commune.

ARASER, *v. a.* — Bâtir, conduire de niveau une assise de maçonnerie, un bâtiment. Dans les grandes constructions, il est utile et de règle que chaque assise soit successivement *arasée* de niveau dans tout le pourtour de l'édifice, et même beaucoup d'architectes délimitent les arasements par des lignes rouges et règlent les mémoires de maçonnerie suivant les arasements figurés.

ARBALÉTIÈRE. — Voy. ARBALÉTRIÈRE.

ARBALÉTRIER, *s. m.* — L'une des principales pièces d'un comble en charpente; cette

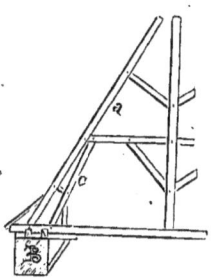

Fig. 1. — *a*, arbalétrier; *c*, sous-arbalétrier.

pièce est en bois, en fer ou en tôle, suivant que la charpente est en bois ou en fer. Ces arbalétriers sont inclinés suivant la pente du toit, ils sont ajustés par le haut dans le POINÇON (voy. ce mot) et par le bas dans un TIRANT (voy. ce mot); lorsqu'ils forment chevrons, les pannes sont assemblées sur les arbalétriers. Aux grandes parties de combles en bois, les chevrons portent sur des pannes scellées dans le mur ou sur les

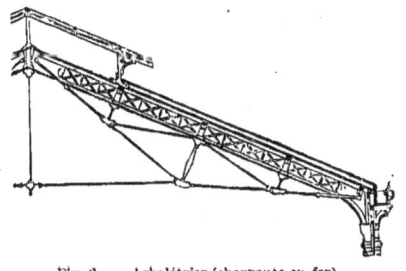

Fig. 2. — Arbalétrier (charpente en fer).

arbalétriers des fermes, retenus par des *tasseaux* en bois et des CHANTIGNOLES ou ÉCHANTIGNOLES. (Voy. ces mots.)

Dans les toits mansardés, cette pièce de charpente se nomme *arbalétrier de brisis*. (Voy. FERME, ARÊTIERS ou NOUES.)

ARBALÉTRIÈRE, *s. f.* — Meurtrière en forme de croix, qu'on suppose avoir été faite

pour le tir de l'arc, de l'arbalète. (Voy. MEURTRIÈRE.)

ARBITRAGE, *s. m.* — Juridiction extraordinaire conférée à de simples particuliers qui prennent le nom d'ARBITRES (voy. ce mot) et qui ont pour mission de vider un différend, une contestation, de régler une affaire à l'amiable. On a souvent recours à l'arbitrage dans les travaux du bâtiment, et les questions sur lesquelles les arbitres ont à se prononcer sont si nombreuses qu'il n'est pas possible de les énumérer.

L'arbitrage diffère de l'expertise en ce que celle-ci résulte toujours d'une ordonnance rendue par le tribunal ou par une administration; l'arbitrage, au contraire, peut être provoqué amiablement par les parties dissidentes, et sans autre recours au tribunal que pour l'*exequatur* nécessaire à la validation du jugement des arbitres. Il peut être prévu d'avance et stipulé dans les conventions, marchés, cahiers des charges, afin d'éviter, en cas de contestation, les lenteurs d'un procès devant les tribunaux. (Voy. l'art. suivant.)

Reconnu et admis par la législation romaine, l'arbitrage est actuellement régi en France par les codes de procédure civile et de commerce, auxquels nous renverrons le lecteur pour de plus amples informations.

ARBITRAL (TRIBUNAL), *s. m.* — Si, dans les travaux de bâtiment, on veut, en cas de contestation, éviter les lenteurs et les frais qu'entraîne à sa suite un procès, on doit prévoir et insérer dans les clauses du marché, du contrat ou des cahiers des charges, que toute contestation sera réglée à l'amiable par la constitution d'un *tribunal arbitral*. Celui-ci est ordinairement composé d'architectes, de vérificateurs, d'entrepreneurs, et autres personnes compétentes, qui ont pour mission de régler et de juger les différends qui leur sont soumis.

Les membres de ce tribunal peuvent être désignés à l'avance, ou, à défaut, on peut stipuler dans son marché que ces membres seront nommés d'office par le président du tribunal civil.

L'institution d'un tribunal arbitral a déjà

prévenu beaucoup de procès, et dans les travaux d'une certaine importance, on ne doit pas négliger d'en prévoir la création dans le contrat.

**ARBITRE,** *s. m.* — Simple particulier appelé par les parties dissidentes ou nommé par le tribunal, pour vider une contestation.

Juges tout pacifiques et de conciliation, les arbitres doivent être des gens éclairés et compétents sur les questions qui leur sont soumises.

Tout le monde ne peut être arbitre, car il existe des incompatibilités et des incapacités prévues par nos codes de procédure civile et de commerce.

Pour de plus amples informations, voy. *Code de proc. civ.,* livre III<sup>e</sup>, titre unique, *des arbitrages,* 1003 à 1028.

**ARBITRER,** *v. a.* — Estimer, régler, juger comme arbitre ; arbitrer une dépense, des frais, un dommage, etc.

**ARBOUSIER ou ARBRE A FRAISES,** *s. m.* — Cet arbre, de la famille des éricinées, mesure 4 à 5 mètres de hauteur; son bois dur et résistant est employé pour les petites pièces de machines. Son fruit est rouge et ressemble à de grosses fraises.

**ARBRE,** *s. m.* — Axe principal qui communique le mouvement aux diverses parties d'une machine.

**ARBRES,** *s. m. pl.* — Les arbres ont fourni à l'architecture naissante les soutiens les plus naturels, les plus commodes et les moins dispendieux; on a prétendu que les arbres ont donné l'idée de la colonne, et que la forme naturelle du tronc a motivé le galbe de celle-ci ; tout cela est fort possible, mais il est inutile pour le moment d'insister sur ce point: ce qui est incontestable, c'est l'importance du rôle que les arbres jouent dans les constructions ; on les emploie en effet sous forme de poutres, de planches, de lattes, de supports, etc.

Les arbres jouent encore un rôle important dans la décoration des jardins, et sur les voies et routes de communication; nous n'avons pas à nous occuper ici de cet emploi des arbres, et nous renverrons le lecteur à l'article PLANTATION.

JURISPRUDENCE. — Les arbres se divisent en arbres à haute tige et arbres à basse tige.

Sont réputés *arbres à haute tige,* tous ceux qui sont susceptibles de s'élever à plus de 4 mètres de hauteur, et *arbres à basse tige,* tous ceux qui, mis en *buissons, quenouilles, haies, palissades, charmilles, espaliers, etc.,* ne s'élèvent pas ou sont tenus taillés au-dessous de 4 mètres de hauteur.

On voit donc, par la définition qui précède, que le botaniste et le jurisconsulte ne sont pas du même avis sur le classement des arbres à haute et à basse tige; en effet, pour le jurisconsulte, une haie de cyprès de première grandeur ne sera considérée que de *basse tige* si cette haie n'atteint que 3<sup>m</sup>,99 ; au contraire, un jasmin, une clématite, un rosier, un chèvrefeuille, un buis même seront réputés à *hautes tiges,* s'ils dépassent 4 mètres de hauteur. Après cette explication, le lecteur comprendra que nous n'avons pas à énumérer les arbres à haute et basse tige d'après les justes appréciations du botaniste.

La distance pour la plantation des arbres à haute tige, ainsi que certains droits et certaines obligations qu'on a à leur égard, sont déterminés par les articles du Code civil que nous donnons ci-après :

Art. 671. Il n'est permis de planter des arbres de haute tige qu'à la distance prescrite par les règlements particuliers actuellement existants, ou par les usages constants et reconnus ; et, à défaut de règlements et usages, qu'à la distance de 2 mètres de la ligne séparative des deux héritages pour les arbres à haute tige, et à la distance d'un demi-mètre pour les autres arbres et haies vives.

A Paris, où les terrains sont fort chers et les propriétés souvent peu étendues, on plante depuis un temps immémorial à toute distance ; ainsi l'usage a prévalu et les voisins ne sont pas strictement tenus à l'application du code.

Art. 672. Le voisin peut exiger que les arbres et haies plantés à une moindre distance soient arrachés.

Celui sur la propriété duquel avancent les branches des arbres du voisin peut contraindre celui-ci à couper ces branches.

Si ce sont les racines qui avancent sur son héritage, il a droit de les y couper lui-même.

Art. 673. Les arbres qui se trouvent dans la haie mitoyenne sont mitoyens comme la haie, et chacun des deux propriétaires a droit de requérir qu'ils soient abattus.

La législation et la jurisprudence sur les arbres sont fort étendues ; nous ne pouvons en parler ici plus longuement et nous renverrons nos lecteurs aux ouvrages spéciaux traitant la matière, pour connaître à qui appartiennent les arbres, les droits et devoirs de leurs propriétaires, et pour déterminer les servitudes dont les arbres sont susceptibles.

ARC, *s. m.* — Portion d'une courbe quelconque. C'est, dans son acception générique, une portion de circonférence.

En architecture, on donne le nom d'*arc* à toute construction qui est limitée en dessous par une surface courbe; cependant certains arcs affectent des formes géométriques linéaires droites, comme nous le verrons dans le courant de cet article (voy. ARC-ZIG-ZAGUÉ); hâtons-nous d'ajouter qu'ils font exception.

On est assez généralement habitué à établir une distinction entre les mots *arc* et *voûte*, et nous-même, nous suivrons cet errement, mais nous partageons cependant l'opinion d'un auteur anglais, H. Wotton, qui considère ces deux termes comme synonymes, disant qu'une voûte n'est qu'un arc d'une grande profondeur et l'arc une voûte peu profonde.

L'origine de l'arc remonte à la plus haute antiquité, c'est incontestable. Les peuples orientaux qui employaient de petits matériaux, comme la brique, durent forcément employer des arcs en maçonnerie dans leurs constructions; mais il est probable que les premiers constructeurs n'arrivèrent là qu'après beaucoup d'hésitation et de tâtonnements; ils durent procéder par encorbellement, absolument comme font de nos jours les enfants qui construisent de petites portes avec des pierres, voire même avec des jeux de dominos.

L'exemple que nous donnons ci-dessous pourrait en témoigner.

Certains peuples, les Grecs par exemple, employant de gros matériaux, avaient adopté la plate-bande comme mode général de construction; aussi ces peuples n'ont-ils jamais ressenti la nécessité de l'arc. Au contraire, grands amateurs des petits matériaux (moellon, briques, amphores, etc.), les Romains étudièrent avec soin toutes les ressources que l'arc pouvait donner à leurs monuments; et, grâce à cette étude approfondie, leurs constructions atteignirent un développement et un degré de solidité inconnus avant eux.

Les arcs reçoivent des noms variés qui expriment leurs diverses formes, ou qu'ils doivent à leurs fonctions ou à la place qu'ils occupent dans les constructions ; les arcs sont *simples* ou *composés* : *simples*, quand on peut les décrire soit par le tracé d'une, de deux ou de trois lignes, soit au moyen de un ou deux centres au plus ;

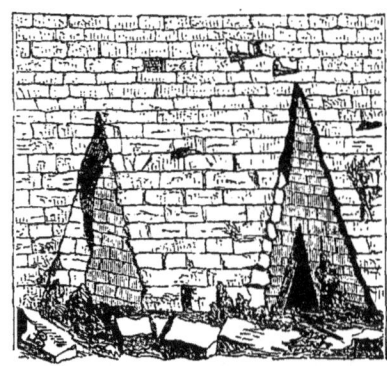

Arc en encorbellement (ruines de Missolonghi).

*composés*, quand leur tracé exige une opération plus compliquée et nécessite le secours de plusieurs centres ; ces derniers arcs sont souvent formés par la réunion de deux ou de plusieurs arcs simples. (Voy. ANSE DE PANIER.)

Comme la nomenclature des différents arcs sera fort longue, nous suivrons l'ordre alphabétique pour la description de chacun d'eux.

ARC A CONTRE-COURBURE. — Voy. ARC INFLÉCHI.

ARC AIGU. — Voy. OGIVE.

ARC ANGULAIRE ou BRISÉ. — Cet arc est formé par deux parties droites inclinées comme les côtés d'un triangle isocèle. On le nomme également *arc en fronton* ou *en mitre*, à cause de sa ressemblance avec cette forme architecturale et cette coiffure.

L'arc angulaire (fig. 1) existe à l'abbaye de Lorsch, en Allemagne, et dans quelques édifices

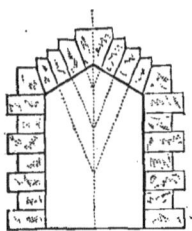

Fig. 1. — Arc angulaire.

romans du Bourbonnais et de l'Auvergne ; il est un des traits caractéristiques de l'architecture dite *anglo-saxonne*. On le retrouve aussi dans les vieilles constructions de Constantinople, d'Ancône, de Rome, et dans les murailles de l'antique Messène.

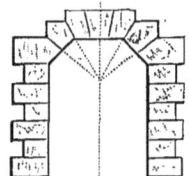

Fig. 2. — Arc angulaire tronqué.

L'arc angulaire peut être tronqué, comme le montre notre figure 2.

**ARC APLATI.** — Cet arc est décrit à l'aide de quatre centres, qui sont déterminés par un

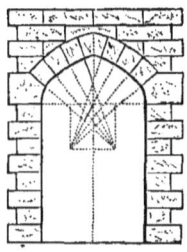

Arc aplati.

carré abaissé de la corde de l'arc, carré qui a ses côtés égaux au tiers de cette corde.

**ARC BIAIS.** — Arc dont les pieds-droits ne sont pas d'équerre, c'est-à-dire dont le plan de l'un est à angle obtus, et le plan de l'autre aigu. (Voy. BIAISE (*Arche*.)

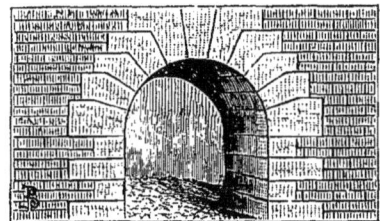

Arc biais.

**ARC BOMBÉ** ou **ARC EN SEGMENT DE CERCLE.** — Cet arc a son centre au-dessous de sa naissance ; il a été employé fort rarement dans l'antiquité, et seulement dans la construction des amphithéâtres ; de nos jours, au contraire, les architectes en ont peut-être abusé, car il n'offre par la même garantie de solidité que le

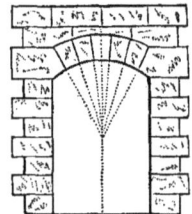

Arc bombé, en segment de cercle, arc segmentaire.

plein cintre ; aussi les constructeurs ne devraient-ils l'employer que pour les baies de peu d'importance, ou dans des cas exceptionnels, quand on manque de hauteur pour employer un autre arc.

**ARC-BOUTANT.** — I. Cet arc a été employé surtout dans la construction des églises. Les arcs-boutants sont des constructions légères et arquées qui partent des contre-forts, franchissent extérieurement la largeur des collatéraux et vont s'appuyer sur les murs de la nef et du chœur au point où se produit la poussée des voûtes des églises.

Ce sont pour ainsi dire des contre-fiches qui servent à étayer l'édifice de toute part, et leur analogie avec des étais est telle qu'ils viennent presque toujours s'appuyer sur un petit contre-fort appliqué sur le mur, comme un couchis, dont il remplit du reste l'office.

L'emploi des arcs-boutants et l'impossibilité où l'on se trouve d'élever des églises gothiques sans leur secours a fait juger trop sévèrement peut-être le style ogival. Il est certain que, pour les architectes du moyen âge comme pour nous, les arcs-boutants ne furent pas autre chose que des étais. Or il est clair qu'un système de construction qui emprunte sa stabilité à de telles conditions est vicieux en lui-même. Mais, d'un autre côté, on est bien forcé de convenir que ce bel ensemble d'équilibre est fait pour exciter l'admiration des constructeurs ; et les personnes de goût qui ne voient que les façades pittoresques et accidentées de nos cathédrales, et qui ne s'occupent point de la construction, n'ont pas d'expressions assez louangeuses pour en célébrer les magnificences. Disons encore que les constructeurs de l'époque ogivale ont su tirer un excellent parti de l'emploi des contre-forts et des décharges extérieures non-seulement comme moyen décoratif, mais encore pour diminuer considérablement les points d'appui intérieurs.

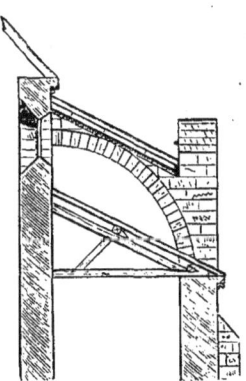

Fig. 1. — Arc-boutant simple.

Les arcs-boutants ont pris naissance au milieu du XIIᵉ siècle ; bientôt reconnus indispensables, leur emploi se développa et arriva à sa plus haute perfection vers le milieu du XIVᵉ siècle.

Formés d'abord d'un arc simple, cintré en quart de cercle (fig. 1), les arcs-boutants furent dans la suite tracés d'après des données plus compliquées.

L'expérience ayant démontré dans beaucoup de cas l'insuffisance d'un seul arc, on en superposa deux ; enfin, ces deux arcs cessant d'être indépendants, furent rendus solidaires au moyen d'arcatures disposées de manière à les relier et à les raidir.

D'après de grands constructeurs, une des conditions capitales dans la construction des arcs-boutants et qui devrait toujours être observée, c'est que leur dernier voussoir doit être simplement appliqué contre le parement du mur et non engagé dans la maçonnerie, afin que l'arc puisse glisser sans se rompre, s'il se produit un mouvement dans le mur. Mais n'est-ce pas là une donnée théorique outrée que la pratique dément tous les jours ?

Dans les églises où il existait un second collatéral ou des chapelles, on divisait l'arc-boutant en deux volées, car un seul arc-boutant aurait eu une portée beaucoup trop étendue.

A l'époque de la renaissance, les arcs-boutants redevinrent plus simples, et rien n'est curieux à étudier comme les tâtonnements des architectes du XVIᵉ siècle pour appliquer l'architecture antique à un motif de construction qui en était profondément distinct ; parfois ils résolurent la difficulté d'une manière assez

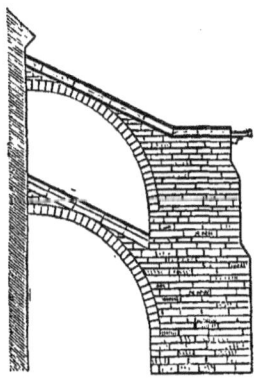

Fig. 2. — Arc-boutant avec caniveau.

heureuse ; au XVIIᵉ siècle, les arcs-boutants devinrent très-lourds et perdirent de leur importance, souvent même ce ne furent que de simples éperons ou contreforts plus ou moins tourmentés dans l'appareillage. Malgré tous les efforts tentés un peu plus tard pour s'affranchir de cet appendice indispensable des grandes voûtes d'églises, on dut en faire usage jusqu'à la fin du siècle dernier, époque où l'on appliqua aux églises le plan des temples antiques.

Disons, pour terminer ce qui concerne ce genre d'arc, que les architectes du moyen âge utilisèrent les arcs-boutants pour débarrasser leurs édifices des eaux pluviales en établissant sur leurs rampants un caniveau amenant les eaux à une gargouille saillante qui les rejetait loin des murs du monument (fig. 2). Lorsque la tête des arcs-boutants n'atteignait pas la corniche du comble, ils surmontaient leurs arcs-boutants d'un canalisation ou aqueduc porté sur des arcatures ou d'élégants ajours. (Voy. comme complément le mot BUTÉE.)

II. Barre de fer ou de bois servant à retenir une construction dont l'équilibre n'est pas suffisamment assuré.

ARC BRISÉ. — Voy. ARC ANGULAIRE.

ARC BYZANTIN. — Voy. ARC EN FER A CHEVAL.

ARC EN CHAÎNETTE. — Voy. CHAÎNETTE.

ARCS CONCENTRIQUES. — On nomme ainsi des arcs superposés qui ont un centre commun.

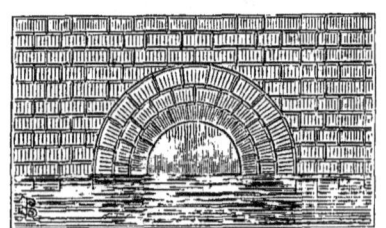

Arcs concentriques.

Notre figure représente une bouche d'égout de la *cloaca maxima*, bouche qui ouvre sur le Tibre, près du pont Sublicius, à Rome.

ARC CONTOURNÉ. — Voy. ARC FLAMBOYANT.

ARC DE CLOÎTRE (VOÛTE EN). — Voy. VOÛTE.

ARC DÉPRIMÉ. — Cet arc n'est pour ainsi dire qu'une plate-bande raccordée avec ses pieds-droits par deux quarts de cercle. Il a été employé assez fréquemment en France au XVIᵉ siècle, il existe en Angleterre dans les monuments du XIIᵉ siècle.

ARC-DOUBLEAU. — Arc saillant d'un berceau de voûte qui, jeté transversalement d'une naissance à l'autre du berceau, le divise en compartiments. Les arcs-doubleaux étant destinés

à renforcer une voûte, sont appareillés avec soin ; dans les voûtes en petits matériaux, ils

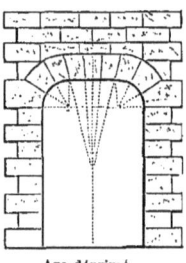

Arc déprimé.

sont toujours d'un plus grand appareil que le reste. Cet arc doit son nom à la fonction qu'il remplit, c'est-à-dire qu'il a pour objet de *doubler* la voûte ; disons aussi qu'il n'est souvent destiné qu'à la décorer : dans ce cas il est orné de sculptures. On peut voir des arcs-doubleaux dans ces conditions à l'église des Invalides de Paris.

Dans les églises du moyen âge, les arcs-doubleaux remplissent le même office que les NERVURES (voy. ce mot) ; ils sont appareillés et profilés de même.

Observons qu'on ne doit pas confondre, dans les voûtes de l'époque ogivale, les *arcs-doubleaux* et les *arcs formerets*. Ces derniers sont bandés parallèlement à l'axe du berceau de voûte, tandis que les arcs-doubleaux sont, comme nous l'avons dit, bandés transversalement à cet axe. (Voy. VOÛTE.)

ARC EN ACCOLADE OU EN TALON. — Arc à la fois concave et convexe, qui doit son nom à la figure qu'il représente et qu'on appelle aussi *arc en talon*, parce que chacune de ses moitiés affecte la courbure de la moulure qui porte le nom de talon. Née avec le XVᵉ siècle ou tout à la fin du XIVᵉ, l'accolade persiste jusqu'à la fin du style ogival, c'est-à-dire qu'elle ne fut complètement abandonnée en France que vers le milieu du XVIᵉ siècle et plus tard encore en Angleterre et dans les pays du Nord.

Bien que pouvant être tracé à l'aide de trois centres seulement, ainsi que le montre notre figure, l'arc en accolade se décrit généralement à l'aide de quatre centres, dont deux sont toujours placés à l'intérieur et sur la ligne des naissances ; les deux autres au-dessus et en dehors de la courbe. La position de ces

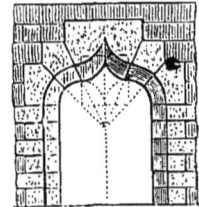

Arc en accolade.

centres varie selon le galbe plus ou moins ouvert de l'arc.

Primitivement peu accentuée et se montrant timidement au-dessus des baies en arc aigu, l'accolade se développa et prit une grande importance à la fin du XVe siècle.

Son extrados, comme celui des autres arcs ses contemporains, est garni de fleurons, de choux, d'animaux, et son sommet est le plus souvent surmonté par un riche amortissement en forme de bouquet. (Voy. AMORTISSEMENT, fig. 1.)

L'accolade est une forme, un motif de décoration qu'on rencontre sur tous les objets mobiliers et sur toutes les parties des édifices de la fin du moyen âge bien plus qu'un arc réel, car il est rare qu'elle soit vide et employée comme arcade. Généralement, elle constitue autour des arcs en anse de panier cette seconde archivolte saillante et protectrice, qu'on rencontre à toutes les époques du moyen âge et à laquelle les Anglais ont donné le nom si judicieux de *weather moulding* (moulure contre les intempéries). L'accolade repose alors sur des culots de feuilles ou historiées ou encadrées au-dessus de l'anse de panier, d'un petit tympan triangulaire qu'occupe ordinairement une feuille à trois larges divisions, et quelquefois un autre motif approprié à la forme de ses TYMPANS. (Voy. ce mot.)

L'accolade se trouve indifféremment appliquée aux linteaux de pierre et de bois, ainsi qu'aux objets mobiliers.

ARC EN ANSE DE PANIER, ou ARC SURBAISSÉ. — Voy. ANSE DE PANIER.

ARC EN BERCEAU. — Voy. VOÛTE.

ARC EN DÉCHARGE. — Au-dessus des linteaux de portes et de fenêtres, de plates-bandes et de toutes autres parties faibles de la construction, on pose des arcs pour les soulager, pour

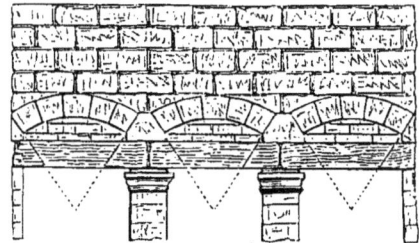

Fig. 1. — Arc de décharge sur des linteaux en bois.

en ôter la charge, qui, au lieu de tomber directement sur les vides des baies, est rejetée sur les côtés ; de là le nom d'*arcs de décharge* donné à ces arcs. Notre figure 1 montre un exemple

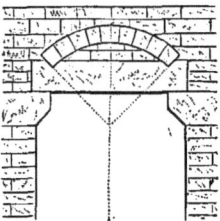

Fig. 2. — Arc de décharge des linteaux en pierre.

d'arcs déchargeant des linteaux de bois ; notre figure 2, un linteau de pierre dure, de roche ; notre figure 3 fait voir un arc de décharge segmentaire soulageant d'après un autre système un linteau également en pierre.

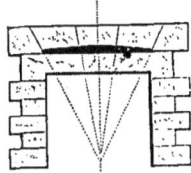

Fig. 3. — Arc de décharge sur des linteaux en pierre.

Dans les fondations, pour retenir la poussée des terres on établit des arcs de décharge renversés. (Voy. ARC RENVERSÉ.)

ARC EN DOUCINE. — La partie inférieure de cet arc est convexe et sa partie supérieure (extrados) est concave ; c'est à cause de sa forme qu'on l'a nommé *en doucine*. L'arc en

doucine est donc le contraire de l'arc en accolade. Le sommet de cet arc peut être aigu ou

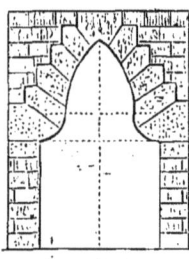

Arc en doucine.

arrondi ; comme l'arc en accolade, il a été employé au XVᵉ siècle, mais plus rarement que
lui.

ARC EN FER A CHEVAL ou ARC OUTRE-
PASSÉ. — Cet arc est aussi nommé *byzantin*,
parce que les Byzantins en avaient fait, dit-
on, la première application ; on le nomme
aussi *moresque*, parce qu'il a été principalement utilisé dans l'architecture arabe ou moresque. L'arc en fer à cheval a, comme l'indique

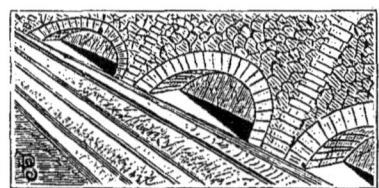

Arc en fer à cheval ou arc outrepassé.

son nom, la forme d'un fer à cheval ; c'est un
arc plein-cintre outrepassé ; de là encore l'origine d'un de ses noms, *arc outrepassé*. On le
retrouve en France dans quelques édifices religieux des XIᵉ et XIIᵉ siècles.

ARC EN FRONTON ou EN MITRE. — Voy.
ARC ANGULAIRE.

ARC EN PLEIN CINTRE. — Cet arc, qui a la
forme d'une demi-circonférence, a été employé
presque exclusivement à tout autre depuis l'o-
rigine du roman jusqu'au XIIᵉ siècle où, mêlé
quelque temps à l'ogive, il lui céda enfin la
place. A la renaissance des arts, l'arc plein

cintre a reparu pour ne plus disparaître ; aujourd'hui, il est employé dans tous les genres
de construction ; il en est même un des éléments
les plus utiles.

Dans les élévations, on emploie surtout
l'*arc plein cintre exhaussé*, c'est-à-dire celui
dont le centre est situé au-dessus des impostes
qui reçoivent sa retombée. Cette surélévation
de l'arc le rend beaucoup plus élégant que le
plein cintre ordinaire, aussi tous les bons architectes l'emploient-ils de préférence à celui-ci.

ARC EN SEGMENT DE CERCLE. — Voy. ARC
BOMBÉ.

ARC EN TALON. — Voy. ARC EN ACCOLADE.

ARC EN TALUS. — Arc dont les voussoirs
sont d'inégale longueur : les plus longs sont à
la base et les plus courts au sommet ; cet arc suit
le profil du *talus*, de là son nom. Cet arc, em-

Arc en talus.

ployé autrefois dans les portes fortifiées, est
aujourd'hui fort en usage dans les constructions
des viaducs et des voies ferrées. L'appareil de
ces arcs varie suivant le profil du mur, quelquefois même le biais qui en résulte n'existe que
sur la face du talus.

ARC EN TIERS-POINT. — Voy. OGIVE.

ARC ÉQUILATÉRAL. — Voy. OGIVE.

ARC EXTRADOSSÉ. — L'arc extradossé est
celui dont les voussoirs sont de même hauteur,
de sorte que les courbes de l'intrados et de
l'extrados sont concentriques.

ARC FLAMBOYANT ou CONTOURNÉ. — Cet
arc se termine dans sa partie supérieure par
deux talons renversés et adossés ; il a pris naissance à la fin de la période ogivale. Les architectes de la renaissance française l'ont beaucoup employé, non-seulement dans les tympans
de fenêtres, mais encore dans les balustrades

comme l'indique notre figure ; ils l'ont également utilisé dans les pignons ajourés.

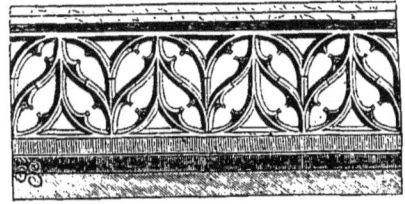

Balustrade en style flamboyant.

ARC INFLÉCHI OU A CONTRE-COURBURES. —
Cet arc est formé par deux courbes tangentes
par leur sommet. On le trace au moyen de
quatre centres, dont deux situés sur la corde
pour les sections concaves à l'intrados, et deux
en dehors du plan de l'arc. Il a été employé
par les constructeurs des XVe et XVIe siècles.

ARC LANCÉOLÉ. — Voy. OGIVE.

ARC MORESQUE. — Voy. ARC EN FER A CHE-
VAL.

ARC MOUSSE OU OBTUS. — Voy. OGIVE.

ARC OUTRE-PASSÉ. — Voy. ARC EN FER A
CHEVAL.

ARC POINTU. — Voy. OGIVE.

ARC POLYLOBÉ. — Comme l'indique son

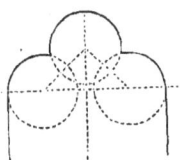

Fig. 1. — Arc trilobé.

nom, cet arc est formé de plusieurs lobes ou
portions de cercle, ordinairement en nombre

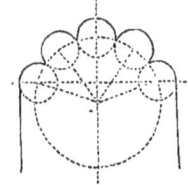

Fig. 2. — Arc quintilobé ou polylobé.

impair ; il existe des arcs *trilobés* (fig. 1),
*quintilobés* (fig. 2), *septilobés*, etc.

L'art roman a employé l'arc trilobé, où il
sert d'intrados aux baies ; l'art ogival, au contraire, a inscrit cet arc dans une ogive. L'arc
quintilobé a été fort usité dans le moresque.

ARC RAMPANT. — Arc dont les naissances
sont à des hauteurs inégales ; il est d'un fréquent usage dans les frontons, les arcs-boutants, les murs en talus, et surtout dans les

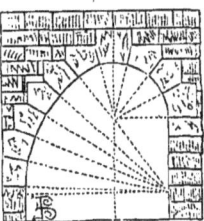

Arc rampant.

voûtes d'escaliers. Les Romains ont appliqué
l'arc rampant à profusion dans leurs théâtres
et plus encore dans leurs amphithéâtres.

ARC RENVERSÉ. — Arc dont la position est
indiquée par le nom, c'est-à-dire qui a son sommet, sa clef, dans le bas. L'arc renversé est employé dans les fondations des édifices, dans
lesquelles il sert à plusieurs fins, à contrebuter
des points d'appui isolés, à répartir la charge
sur une plus grande surface, enfin à empê-

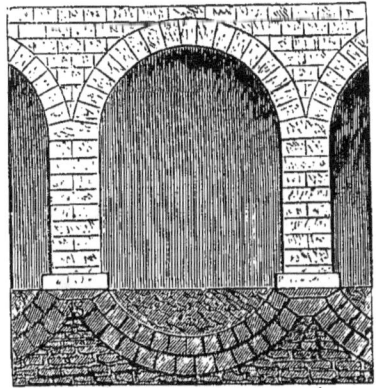

Arc renversé.

cher les eaux d'envahir les caves dans une
construction au bord de l'eau ; dans ce dernier cas, la maçonnerie doit être faite avec
des mortiers hydrauliques. Sur des terrains peu

solides et pour la construction de quelques ponts, les Romains ont utilisé l'arc renversé, de sorte que l'arche portant sur celui-ci, l'eau de la rivière ou du fleuve passait dans une courbe fermée continue ; souvent la courbe était une circonférence.

L'arc renversé a été employé à la cathédrale de Salisbury, dans les fondations du Panthéon de Paris et dans un grand nombre d'édifices, où il a toujours été d'un effet très-utile.

ARC SEGMENTAIRE. — Voy. ARC BOMBÉ.

ARC SERPENTAIRE. — Arc dont la courbure est très-tourmentée et qui doit son nom à ce que son intrados ressemble à deux serpents, un à droite et un à gauche, dont les têtes feraient le sommet de l'arc.

ARC SURBAISSÉ. — Voy. ARC EN ANSE DE PANIER.

ARC SURHAUSSÉ. — Arc formé d'une demi-ellipse coupée horizontalement suivant son petit axe. Cet axe, appelé aussi *arc surmonté*, se

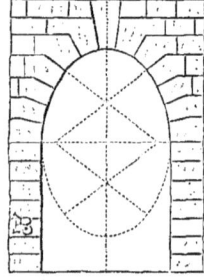

Arc surhaussé, arc elliptique.

rencontre assez rarement; il en existe cependant quelques exemples dans les voûtes du XII⁰ siècle.

ARC TRILOBÉ. — Voy. ARC POLYLOBÉ.

ARC TUDOR. — Arc qui a pris naissance

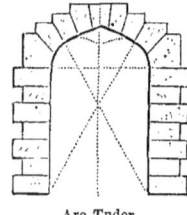

Arc Tudor.

sous les Tudors, c'est-à-dire à la fin du XVᵉ siè-

cle et au commencement du XVIᵉ; il a été très-employé par les architectes anglais; c'est en effet un arc d'origine anglaise, une sorte d'ogive très-surbaissée. On retrouve cet arc en Belgique et très-rarement en France.

ARC ZIG-ZAGUÉ. — Arc roman du XIᵉ et du

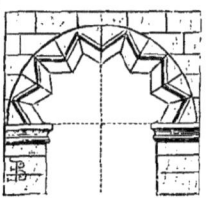

Arc zig-zagué.

XIIᵉ siècle, qui doit son nom à la forme de son intrados, découpé en zig-zag.

ARCADE, *s. f.* — Grande baie pratiquée dans un mur ou dans un massif de maçonnerie, et composée d'un arc porté sur des trumeaux, des pieds-droits ou des colonnes isolées.

Dans l'antiquité, l'arc des arcades a toujours été plein-cintre, et cette forme s'est perpétuée jusqu'à la naissance de l'arc aigu. Au moyen âge, l'arc de l'arcade était souvent formé par une courbe compliquée ressemblant quelquefois à une feuille de trèfle ; enfin, à la renaissance, on reprit la forme cintrée en usage aujourd'hui, mais plus souvent la forme surbaissée ou en ANSE DE PANIER. (Voy. ce mot.)

La voûte des arcades reposa d'abord sur des pieds-droits isolés ou trumeaux, ainsi qu'on peut le voir dans les théâtres et les amphithéâtres antiques ; puis à l'époque de la décadence sur de simples colonnes: telles sont les arcades des anciennes basiliques et de la plupart des églises romanes; enfin, sur des piliers composés de colonnettes, comme ceux qui existent dans les églises de style ogival.

Depuis la renaissance, on a employé indifféremment pour les arcades tous les genres de supports.

Dans l'architecture moderne, la proportion et la décoration des arcades, celles surtout de leur archivolte, sont subordonnées aux ordres d'architecture, et leurs trumeaux ou pieds-droits peuvent être nus ou ornés de colonnes

adossées ou engagées. Il existe même des règles
pour proportionner ces baies : ainsi, d'après
Vignole, les arcades sur des colonnes doivent
avoir deux fois plus de hauteur que de largeur
pour les ordres toscan, dorique et ionique;
dans-le corinthien et le composite, on leur
donne encore un peu plus de hauteur.

Les suites d'arcades formant des galeries
soit extérieures, soit intérieures, conviennent également à des édifices somptueux ou
modestes; aussi voit-on figurer l'arcade dans
les palais, les halles et marchés, les gares de
chemins de fer, les hôpitaux, les colléges, les
monastères, les prisons, etc.

En Orient, et dans beaucoup de villes d'I-
talie, la plupart des rues ou des places monu-
mëntales sont bordées d'arcades, où elles offrent une circulation à couvert. A Paris, la
rue de Rivoli et le Palais-Royal, la place des
Vosges montrent tout l'avantage qu'on peut
tirer de l'arcade au point de vue utilitaire et
décoratif.

On emploie encore les arcades dans l'intérieur des cloîtres, pour les viaducs et les ponts;
enfin, on les utilise aussi pour soutenir les
AQUEDUCS. (Voy. ce mot, fig. 4.)

Les arcades sont géminées, ternées, quaternées, suivant qu'elles sont composées de deux,
trois ou quatre petits arcs reposant sur des colonnettes englobés sous une grande arcade.

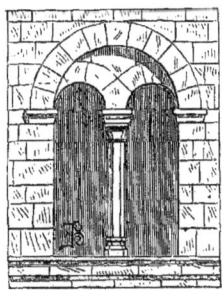

Fig. 1. — Arcade géminée de l'église de Silvacane
(Bouches-du-Rhône).

Elles ont été en usage à différentes époques :
notre figure 1 donne une arcade romane géminée de l'église de Silvacane (Bouches-du-
Rhône); notre figure 2, une arcade géminée
dans le style de la renaissance italienne. Cette

fenêtre provient d'une maison de Gensano,
petite ville des environs de Rome. L'appui de

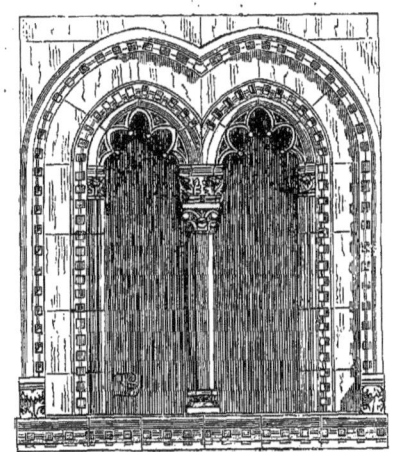

Fig. 2. — Arcade géminée, fenêtre d'une maison à Gensano
(Italie).

cette fenêtre est soutenu par des arcatures
que nous donnons à ce mot (fig. 5).

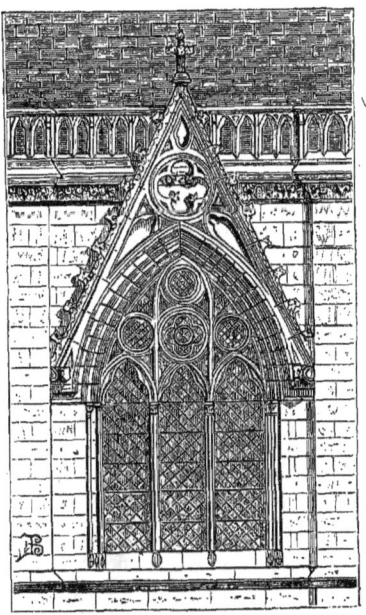

Fig. 3. — Arcade ternée de style ogival (donjon de Vincennes).

Le style ogival a souvent divisé l'arcade de
ses fenêtres en plusieurs parties par d'élégan-

tes colonnettes, ce qui constitue de véritables arcades ternées, quaternées, etc. Nous en donnons, figure 3, un exemple provenant de la chapelle du donjon de Vincennes, près Paris.

Les arcades, comme toutes les baies, peuvent être *aveugles* ou *feintes*; les *arcs de décharge*, compris dans l'épaisseur du mur ou faisant saillie sur ce mur, sont des *arcades aveugles* ou *feintes*.

Les petites arcades aveugles continues qu'on retrouve à l'intérieur ou à l'extérieur des monuments se nomment ARCATURES. (Voy. ce mot.)

Dans les jardins, pour décorer de grands murs nus de terrasses ou de serres, on élève des arcades de treillage, sur lesquelles on fait courir des plantes grimpantes; ou bien encore, on obtient des arcades avec des arbres et des arbustes susceptibles de se prêter à cette forme par la taille, comme les ifs, les fusains, etc.

**ARCANNE**, *s. f.* — Craie rouge, espèce de sanguine dont se servent les charpentiers pour tracer leur coupe de bois; ce mot est presque synonyme d'ARCEAUX. (Voy. ce mot.)

**ARCANSON.** — Voy. COLOPHANE.

**ARCASSE**, *s. f.* — Terme de marine, partie extérieure de la poupe d'un navire.

**ARCATURE,** *s. f.* — Suite ou série d'arcades de petite dimension, figurée en relief ou peinte sur des murs; les arcatures sont plutôt destinées à décorer les parties lisses des murs, qu'à répondre à un besoin de la construction.

Les arcatures existent dans beaucoup de monuments antiques, notamment au-dessus des portes de villes; on les retrouve également dans les constructions modernes; en Italie, dans la cathédrale de Pise, on a multiplié jusqu'à la monotonie ce genre de décoration, qui se retrouve aussi dans les édifices normands de l'Angleterre et dans les absides des églises romanes.

Le moyen âge a largement employé l'arcature comme moyen décoratif, surtout dans le but d'orner et d'alléger les parties lisses des

murs, et nous pourrions ajouter qu'il en a fait un emploi abusif. C'est ainsi que les fa-

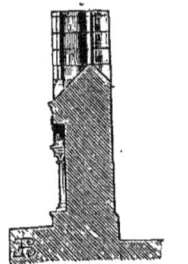

Fig. 1. — Arcatures intérieures.

çades de beaucoup d'églises de style ogival tertiaire, ainsi que la plupart des murs des édifices de la même époque, disparaissent pour ainsi dire sous un réseau d'arcatures.

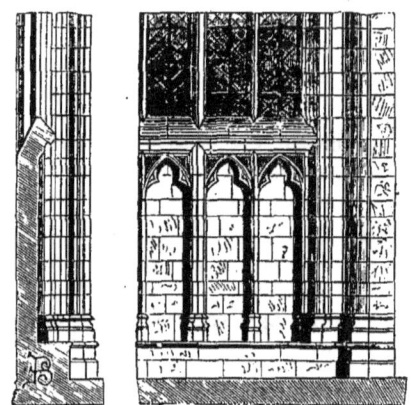

Fig. 2. — Arcatures intérieures.

Du XIIᵉ au XVIᵉ siècle, les arcatures occupent différentès places dans les édifices, tantôt à l'in-

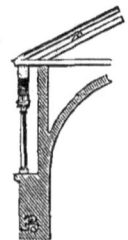

Fig. 3. — Arcatures extérieures.

térieur (fig. 1 et 2), tantôt à l'extérieur (fig. 3), au rez-de-chaussée, ou à toute hauteur dans les nefs, les collatéraux, les absides, etc. Elles sont ouvertes ou aveugles (fig. 4), adossées à un mur

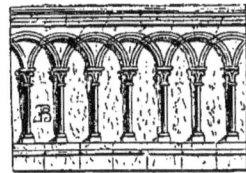

Fig. 4. — Arcatures aveugles entrelacées.

ou en claire-voie, portées sur des pilastres, des colonnettes, des corbeaux (fig. 5) ou sur de mai-

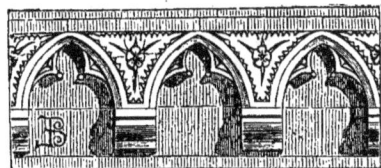

Fig. 5. — Arcatures supportées par des corbeaux, à Gensano (Italie).

gres supports présentant peu de saillie, lorsqu'elles forment de simples réseaux décoratifs, comme pendant la seconde moitié du xive siècle.

Régulièrement appareillées dans le principe, les arcatures aveugles ne furent plus à partir de cette époque qu'un évidement dans la masse de la construction, et la forme de leurs arcs subit les mêmes transformations que ceux des grandes arcades. Semi-circulaires dans l'origine au xive siècle, les arcs des arcatures prirent la forme aiguë, après avoir été trilobés (fig. 6).

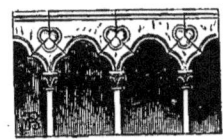

Fig. 6. — Arcatures trilobées.

Cette dernière forme fut pour elles comme une transition entre le plein-cintre et l'ogive, puis à l'époque de la renaissance les arcs des arcatures suivirent les courbes de l'arc déprimé de l'anse de panier, en un mot les courbures des grandes arcades de cette époque. (Voy. Arc.)

L'un des emplois les plus remarquables et peut-être le plus heureux qu'on ait fait des arcatures, ce fut de les placer au pourtour intérieur des églises, entre le sol et les fenêtres du rez-de-chaussée, comme le montre notre figure 2.

Reposant quelquefois sur de robustes bancs en pierre aux xiie et xiiie siècles, les arcatures satisfaisaient agréablement la vue en semblant déterminer des stalles ; au xive siècle elles s'amaigrissent, et au xve leurs colonnettes sont de même diamètre que les meneaux de pierre des fenêtres, dont elles forment la continuation sur le mur d'appui de la fenêtre ; enfin, dès le milieu et surtout la fin du xve siècle, les arcatures du rez-de-chaussée sont remplacées par des lambris.

La plupart des anciennes églises de la région rhénane et quelques-unes de l'Italie et du midi de la France présentent à l'extérieur, au-dessus de leurs fenêtres et sous la corniche d'entablement, des arcatures à jour qui servent comme de clôture à un petit chemin de ronde régnant à la naissance de la voûte de l'église.

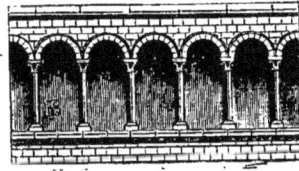

Fig. 7. — Arcatures ajourant un chemin de ronde.

Pendant tout le moyen âge, et même jusqu'à la fin du xvie siècle, certains ouvrages de menuiserie, principalement les portes, les lambris, etc., furent décorés d'arcatures ; elles furent également employées dans des monuments secondaires, tels que des autels, des tombeaux, des chaires à prêcher, bancs d'œuvre, etc., ainsi que dans des balustrades et clôtures intérieures ou extérieures. (Voy. Balustrade.)

ARC-BOUTANT. — Voy. Arc.

ARC-BOUTER ou CONTRE-BOUTER, v. a. — Contenir la Poussée (voy. ce mot) d'un arc, d'une plate-bande avec un pilier, un arc-boutant ou un étai.

ARC DE CLOITRE. — Voy. Voûte.

ARC DE TRIOMPHE, *s. m.* — L'arc de triomphe est un monument érigé en l'honneur des victoires remportées par un général, ou bien encore une construction élevée pour honorer un personnage; de là deux genres d'arcs bien distincts : l'*arc de triomphe* proprement dit (*arcus triumphalis*) et l'*arc honorifique* (*fornix*). Il est nécessaire d'établir cette distinction, car jusqu'ici la plupart des auteurs ont confondu en un seul les deux genres ; nous dirons même qu'on a donné le nom d'arc de triomphe à de simples portes de ville.

Cette distinction établie, nous réunirons néanmoins dans cet article tous les monuments qu'on a l'habitude d'appeler *arcs de triomphe*, sauf les portes de ville bien entendu.

Les Grecs n'ont jamais élevé des arcs de triomphe (1), les Romains au contraire sont les créateurs du genre. Ce fut Stertinius (Tit. Liv., XXXVIII, 27), qui le premier éleva des arcs de triomphe à Rome pour perpétuer le souvenir de ses victoires sur les Espagnols ; il fit construire le premier sur le *forum Boarium* (196 av. J.-C.), et le second tout près du grand cirque.

A l'origine, sous la république (2), les Romains élevèrent sur le passage des généraux vainqueurs des arcs de triomphe qui ne présentaient qu'un caractère provisoire. C'étaient de grands arcs en charpente (Rosinus, *Ant. Rom.*, I, x), recouverts d'arbustes verts et de fleurs, et ornés le plus souvent de trophées

composés d'armes et du butin pris sur l'ennemi.

En 190 av. J.-C., Scipion l'Africain construisit à Rome un troisième arc de triomphe sur le Clivius Capitolinus; enfin, en 121, Fabius Maximus en érigea un quatrième sur la voie Sacrée ; il ne reste aucune trace de ces édifices.

Après les monuments que nous venons de citer, parmi les plus célèbres et qui subsistent encore dans un état de conservation plus ou moins parfaite, nous signalerons :

L'ARC DE DRUSUS, à Rome (Nibby, dans Nardini, *Roma antica*, p. 155), construit sur la voie Appienne, en l'honneur de Claudius Drusus; il est pratiqué dans un mur continu, aussi fit-on plus tard passer dans son attique l'aqueduc qui alimentait les thermes de Caracalla; ce monument, dont il reste quelques débris près de la porte Saint-Sébastien, est en travertin, sauf les archivoltes et la décoration qui sont en marbre blanc.

L'ARC DE TITUS, à Rome (Canina, p. 201, tav. 188), érigé sous Domitien, au pied du Palatin, à l'endroit nommé *Summa sacra via*, et que nous considérons comme l'arc le plus élégant, l'arc typique de ce genre de monument. Notre figure 1 montre le plan de cet arc et notre planche V l'élévation. Il n'a qu'une seule arcade, haute de 8^m,25 sous clef, et qui est flanquée de quatre colonnes engagées d'ordre composite. Élevé en mémoire de

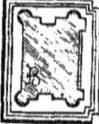 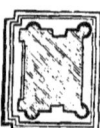

Fig. 1. — Plan de l'arc de Titus.

(1) L'*arc d'Adrien*, construit à Athènes, est un ouvrage romain.
(2) Quelques auteurs prétendent que, lors de la fondation de Rome, le nouveau peuple dédia à Romulus un arc de triomphe *assez grossièrement construit en briques*, et que celui de Camille l'était *en pierres presque brutes.* (Quatremère de Quincy, *Dict. d'Arch.*) Rien n'est moins prouvé que cette assertion, qui malheureusement n'est appuyée sur aucun texte ; il est probable que Quatremère reproduit la pensée d'un auteur moderne, Rosinus, qui dit (*Ant. rom.*, I, x) : *Primo rudes et simplices fuere cum præmia virtutis essent, non ambitionis lenocinia.*

la conquête de la Judée et de la prise de Jérusalem, ses bas-reliefs représentent la Victoire couronnant Titus, et le défilé des troupes chargées des dépouilles faites sur l'ennemi : parmi celles-ci figure le chandelier à sept branches du temple de Jérusalem. L'arc de Titus est construit tout en marbre blanc, sa hauteur est de 18^m, sa largeur de 14^m,50 ; en jetant les yeux sur notre planche V, on remarquera que les

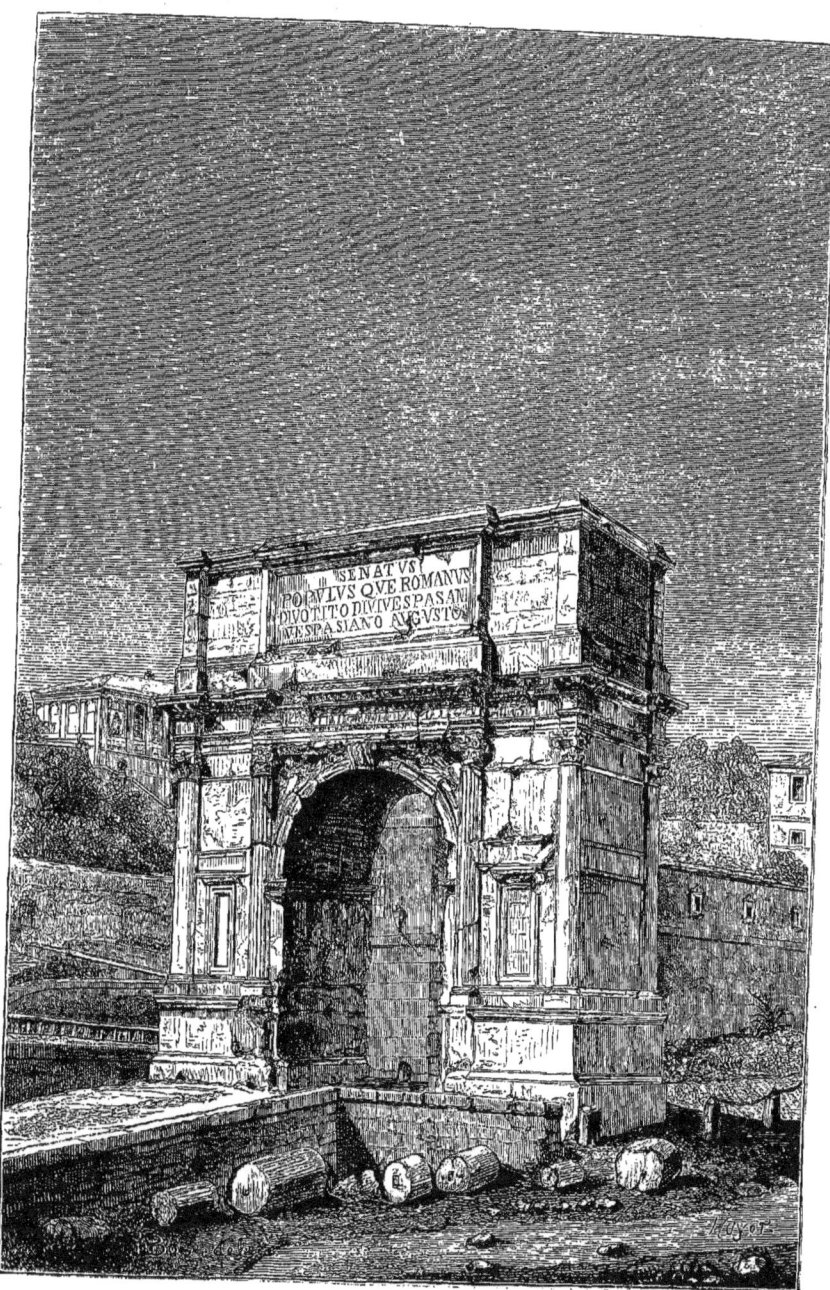

Pl. V. — Arc de Titus, à Rome.

parties latérales sont en fort bon état : c'est qu'en effet les anciennes, détruites, ont été restaurées en pierre par le pape Pie VII.

L'Arc de Septime Sévère (Canina, p. 202, tav. 193; Suaresii, *Arc. Sept. Sev.*, Rome, 1676, in-fol.; J. Gailhabaud, *Mon. anc. et mod.*, I ; *Arcs de triomp.*, Bellori, pl. 9 et 14), élevé également sur la voie Sacrée, au pied du Palatin, en l'honneur de Septime et de ses fils, Caracalla et Géta, pour célébrer la victoire de ces princes sur les Parthes et les Arabes. Cet arc fut construit par le sénat en 207; il est en marbre pentélique et à trois arcades, une grande flanquée de deux petites. Chaque façade est décorée de quatre colonnes dégagées, et nous pouvons dire que le style de ce monument commence à sentir déjà la décadence. L'arc du Carrousel à Paris, dont nous parlerons plus loin, est une imitation de l'arc de Septime Sévère.

L'Arc de Gallien, élevé en l'honneur de cet empereur en 260 par un simple particulier du nom d'Aurélius Victor, est situé près de l'église Saint-Eusèbe, et se trouve dans un assez bon état de conservation.

L'Arc de Constantin, érigé en mémoire de cet empereur pour perpétuer le souvenir de sa victoire sur Maxence. Cet arc, situé entre le Palatin et le Colisée, sur la *Voie triomphale*, est en marbre blanc et possède trois arcades, comme le montre notre plan (fig. 2). La composition de l'arc de Constantin est fort belle, mais sa décoration atteste l'impuissance du

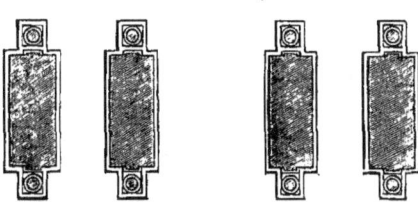

Fig. 2. — Plan de l'arc de Constantin à Rome.

Bas-Empire dans l'art décoratif; en effet, les colonnes cannelées, les entablements, les bas-reliefs et les sculptures proviennent en grande partie de l'arc de Trajan.

La hauteur totale de l'arc est de 22 mètres; il est large de 25 mètres, et l'arcade centrale mesure, sous la clef, 11 mètres 40 de hauteur

sur 6,59 de largeur. Tout le monument est en marbre blanc.

Citons encore l'*Arc de Dolabella* et *de Silanus*, situé près de l'église Saint-Jean et Saint-Paul, qui a été construit l'an 10 de J.-C.

Les arcs honoraires étaient fort nombreux, car il en existait non-seulement à Rome et en Italie, mais encore dans les diverses provinces de l'empire. Nous en signalerons un fort remarquable en Afrique; c'est celui de Thébessa, érigé en l'honneur de Septime Sévère.

En France, il existe encore beaucoup d'arcs romains. L'Arc de Besançon, appelé très-anciennement *Porte de Mars*, et au x$^e$ siècle *Porte-Noire*, n'a qu'une seule arcade, large de 5 mètres 58 et haute de 10 mètres. Cet arc est orné de 8 colonnes sur chaque face; quatre ornent la partie inférieure et sont surmontées des quatre autres. Les archéologues ne sont pas d'accord pour désigner le nom de celui qui a fait ériger ce monument : les uns nomment Virginius Rufus, vainqueur de Vindex; les autres, Marc-Aurèle; ceux-ci, Aurélien ou Crispus fils de Constantin le Grand; enfin, ceux-là, Julien l'Apostat.

L'Arc de Langres, enclavé dans les murs de la ville, possède deux arcades, ce qui a fait dire à quelques archéologues qu'il avait été élevé en l'honneur des deux Gordien vers l'an 240. Ce monument est à peu près complet dans son ensemble; sur la face nord-est, il mesure 19 mètres 96 de large sur 13 mètres 70 de haut; il est décoré de cinq pilastres corinthiens, dont deux de chaque côté du monument et un cinquième au milieu, séparant les deux arcades, qui mesurent 9 mètres 32 de hauteur sous clef et 4 mètres 26 de largeur dans œuvre.

A Saint-Chamas, en Provence, il existe de chaque côté du pont Flavien, construit sur la Touloubre, deux arcs honoraires qui n'ont qu'une seule arcade, dont l'archivolte repose sur des pieds-droits en forme d'Antes. (Voy. ce mot.) A Autun, il existe aussi deux arcs romains connus sous les noms de *porte d'Arroux* et *porte Saint-André*. — La Porte d'Arroux mesure 17 mètres de hauteur sur 19 de largeur; elle est formée de quatre arcades, deux grandes au centre et deux petites de chaque côté. La Porte Saint-André, haute de 20 mètres, large de 14, est percée de deux grandes arcades, flanquées de deux tours faisant une saillie d'environ un mètre ; ces tours ont chacune une petite arcade.

La Porte de César, à Reims, est aussi un arc romain élevé en l'honneur de J. César, soit sous le règne d'Auguste, soit par l'empereur Julien. Cet arc a une largeur de 28 mètres,

et sa hauteur, non compris l'attique qui est très-ruiné, est de 11 mètres. L'arcade centrale, dite *des Saisons* à cause des bas-reliefs de sa voûte, mesure 9 mètres de hauteur sur 4 mètres 50 de largeur ; les deux autres arcades, dites de *Léda* et de *Romulus*, ont 9 mètres d'élévation sur 3,19 de largeur.

L'Arc de Saint-Remy, en Provence, n'a qu'une seule arcade ; il est endommagé : les bas-

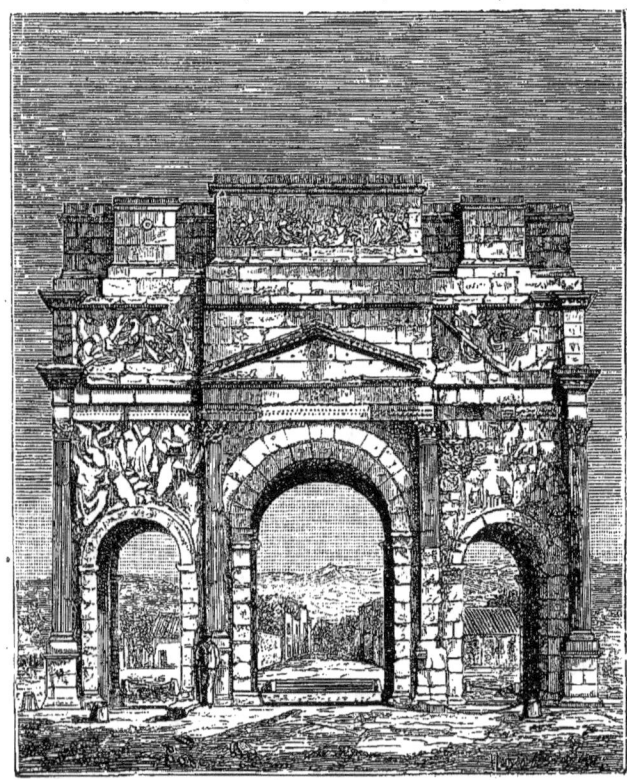

Fig. 3. — Arc de triomphe à Orange (France).

reliefs qui l'ornaient sont très-frustes, ceux situés sur la face occidentale sont seuls visibles.

L'Arc d'Orange (fig. 3) est un des monuments honoraires de l'art romain les plus remarquables parmi ceux qui existent en France ; il mesure 19 mètres de hauteur sur 21 mètres de largeur ; il est percé de trois arcades en plein cintre ; l'arcade centrale a 5 mètres d'ouverture et 9 mètres de hauteur sous clef. Quatre colonnes corinthiennes cannelées décorent cha-

que face, et les deux qui flanquent l'arcade principale soutiennent un fronton triangulaire, encastré dans un attique, qui est lui-même couronné d'une magnifique corniche. L'ensemble du monument est d'une très-grande richesse ; des bas-reliefs fort bien sculptés et dessinés, en augmentent encore l'effet.

On est loin d'être d'accord sur l'époque de sa construction ; cependant l'opinion la plus ac-

créditée, et qui nous paraît aussi la plus sérieuse, tendrait à faire remonter la construction
de cet arc à l'an 10 av. J.-C. Il aurait été érigé
en l'honneur d'Auguste, qui avait rendu l'É-
gypte et la Gaule tributaires de Rome.

Nous renvoyons ceux de nos lecteurs qui
désireraient plus de détails sur ce monument
aux ouvrages spéciaux qui ont traité de l'arc
de triomphe d'Orange et que nous indiquerons à la bibliographie de cet article.

En Espagne, nous ne connaissons qu'un
arc honoraire, c'est l'*arc de Barra*, près de

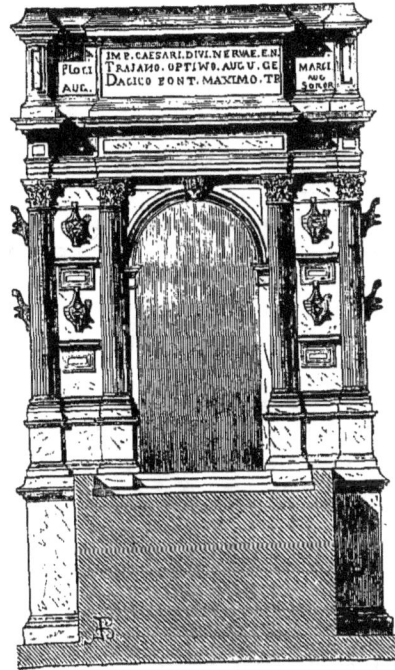

Fig. 4. — Arc de Trajan à Ancône (Italie).

Vendrell, en Catalogne, qui fut érigé en l'honneur de Trajan : cet arc est orné sur chacune
de ses faces de quatre pilastres corinthiens ;
le temps, qui l'a bien éprouvé, a écorné les angles de son entablement d'une manière très-
sensible.

En Italie, il existe encore des arcs honoraires dans plusieurs villes; ce sont :

L'Arc d'Ancône, que nous donnons fig. 4,
a été élevé en l'honneur de Trajan, qui avait
restauré le port d'Ancône; il aurait été construit par Apollodore de Damas. (*L'Arco eretto*

*a Nerva Trajano nel porto d'Ancona;* 1734,
Canina, p. 201, t. 189.) C'est un des plus élégants et des mieux conservés de ceux que
nous a légués l'antiquité. Il est tout en marbre
blanc de Paros, et les joints sont appareillés
avec tant de perfection qu'on croirait que le
monument est d'un seul bloc. « Tous les membres et les diverses parties de cet édifice, dit
Serlio, sont d'une proportion si belle et si remarquable, il y règne un si grand accord,
une telle entente, une si juste harmonie, que
l'œil le plus vulgaire en demeure agréablement frappé, tandis que les amateurs d'art,
ceux qui savent apprécier, sont non-seulement
ravis de la belle ordonnance qu'ils admirent,
mais sont contraints de louer et de remercier
l'architecte d'avoir produit une œuvre dans
laquelle notre siècle puisse s'instruire et découvrir les règles du beau. »

Nous partageons complétement l'appréciation de Serlio sur cet arc; c'est un des monuments qui nous a le plus séduit par son élégance et ses belles proportions; nous l'avons
revu, il y a quelques années, et en le com-
parant aux monuments analogues existant sur
le sol de la France et de l'Italie, nous pouvons
dire qu'il ne peut redouter aucune comparaison; ajoutons que sa position au milieu de
la jetée du port en relève encore, si c'est possible, la beauté.

L'époque précise de sa construction est
constatée par l'inscription qu'il porte et que
nous donnons ci-dessous; cette même inscription nous apprend aussi qu'il avait été
également élevé pour honorer Plotine et Mar-
ciana, la femme et la sœur de Trajan. Voici
l'inscription que, faute d'espace, nous n'avons
pu donner sur notre dessin :

IMP. CAESARI. DIVI. NERVAE. TRAIANO. OPTIMO. AUG.
GERMANIC. DACICO. PONT MAX. TR. POT. XVIII. IMP. IV COSS. VI.
P.P. PROVIDENTISSIMO. PRINCIPI. SENATUS. P.Q. R. QUOD. ACCESSUM.
ITALIAE. HOC. ETIAM. ADDITO. EX. PECUNIA. SUA. PORTU. TUTIOREM.
NAVIGANTIBUS. REDDIDERIT.

On lit de chaque côté de la grande inscription,

| à gauche : | à droite : |
|---|---|
| PLOTINAE | DIVAE |
| AUG. | MARCIANAE |
| CONIUG. AUG. | AUG. |
|  | SORORI. AUG. |

L'Arc de Bénévent est une arcade simple qui a 16 mètres de hauteur ; il a été construit en l'an 114 de J.-C. par l'architecte Apollodore, en l'honneur de Trajan, comme l'indique une inscription placée dans l'attique. Il est tout en marbre blanc de Paros.

L'Arc de Rimini est construit en pierre blanche d'Istrie, et percé d'une seule arcade de 9m,92 de hauteur sous la clef et 8m,15 de largeur. La hauteur totale de ce qui subsiste de l'ancien monument est de 15,90. Cet arc a été dédié à Auguste, en commémoration du rétablissement de la voie Flaminienne jusqu'à Rome. Le fronton est supporté par deux colonnes corinthiennes à demi engagées. Les tympans au-dessus de l'arcade sont décorés d'un côté des médaillons de Jupiter et de Vénus, et de l'autre de ceux de Neptune et de Minerve. Au moyen âge, cet arc a été couronné de créneaux.

L'Arc de Suse a été élevé également en l'honneur d'Auguste ; il n'a qu'une arcade, dont l'archivolte est supportée sur es pilastres. Citons enfin, pour mémoire, les portes de Pola et de Fano.

Dans les temps modernes, les peuples ont aussi élevé des arcs de triomphe ; nous nous bornerons à citer les plus remarquables : ce sont, à Paris, les arcs de l'Étoile, du Carrousel ; à Naples, l'arc du roi Alphonse d'Aragon ; à Vicence, l'arc de Palladio, et à Berlin, celui qui est à l'entrée du Palais-Royal.

BIBLIOGRAPHIE. — Durand, *Recueil et parallèle des édifices de tout genre, anciens et modernes, etc.*, Paris, an IX (1800), très-gr. in-fol. avec 91 pl.; Canina, *l'Architettura romana*, II, p. 676 et s. III, p. 473 et s.; Bellori, *Veteres arcus Augustorum triumphis insignes*, Rome, 1690 et 1824 ; Desgodetz, *les Édifices antiques de Rome*, Rome, 1822 ; Piranesi, *Vues de Rome ;* Rossini, *Gli archi trionfali, onorarii e funebre degli antiche romani, etc.*, 73 pl., Roma, 1836, gr. in-fol.; Gailhabaud, *Monuments anciens et modernes ;* I, Paris, 1850, Bâtissier, *Hist. de l'art monumental*, Paris, 1845 ; Donaldson, *Portes monumentales de la Grèce et de l'Italie*, Paris, 1850 ; Caristie, *Plan et coupe du forum rom.*, Paris, 1831 ; du même, *Mon. ant. d'Orange*, Paris, 1856 ; Brigenti, *Illustrazione dell' arco di Augusto*, Rimini, 1825, in-fol.; Massazza, *l'Arco antica de Suza*, Turin, 1750, in-fol.; marquis de Chaumont, *Arcs du Pont de St-Chamas*, t. 12 de l'*Hist. de l'Acad. des inscript.;* Lamy, *Description de deux monuments anciens près de la ville de St-Rémy*, 1737, in-8°; Malosse, *Monuments antiques de St-Rémy décrits et expliqués*, Avignon, 1818, in-8°; Lebeuf, *l'Arc d'Orange*, dans les *Mém. de l'Acad. des inscript.*, t. 25 ; Raban, *Les Antiquités de la ville et cité d'Orange*, 1856 ; de Gasparin, *Histoire de la ville d'Orange*, 1815, in-12; Artaud, *l'Arc d'Orange*, 1840, in-8° ; J. Boustet, *Notice historique et archéologique sur Orange*, 1841, in-8°; Herbert, *l'Inscription de l'arc d'Orange*, Paris, 1862, in-8°; Nicastro, *Descrizione dell' arco eretto in Benevento*, Bénévent, 1723, in-4°; Carlo Nolli, *Dell' arco Trajano in Benevento*, Naples, 1770, in-fol.

ARC DE TRIOMPHE. — Nom donné à l'arcade qui se trouve au milieu des transepts des églises.

ARCEAU, *s. m.* — Voûte ou petite arche d'un pont construit sur un ruisseau ou un ravin.

Au pluriel ce mot a deux autres significations : *Arceaux*, ornement de sculpture en forme de trèfle; ce terme sert aussi à désigner une craie rouge que les charpentiers emploient après l'avoir délayée dans l'eau.

ARCHAIQUE, *adj.* — Qui est empreint d'ARCHAISME (voy. ce mot), qui appartient à la plus haute antiquité. *Le style archaïque de ce monument montre qu'il appartient aux temps qui ont précédé le siècle de Périclès.*

ARCHAISME, *s. m.* — De ἀρχαισμός (de ἀρχαῖος, ancien, etc., de ἀρχή, commandement). Caractère que présentent des œuvres d'art empreintes d'un goût, d'un style ou d'une exécution appartenant à une époque très-ancienne. L'archaïsme résulte soit du respect accordé aux traditions, soit d'une imitation d'édifices plus ou moins anciens pris comme types. Il peut exister soit dans la distribution d'un édifice, soit dans la répartition des membres d'architecture, soit dans le galbe des moulures et jusque dans l'appareillage des matériaux. L'appareil cyclopéen, par exemple, est un appareil archaïque. La peinture et la sculpture en présentent les caractères plus facilement encore que l'architecture.

On peut, dans l'exécution d'une œuvre d'art, introduire plus de naïveté que d'archaïsme, car l'archaïsme est indépendant de la volonté. Cependant il faut convenir que l'archaïsme qu'on a cherché à introduire de nos jours dans certaines restaurations a été rendu quelquefois avec beaucoup de talent.

ARCHAL (FIL D'), *s. m.* — Fil de métal très-mince, qu'il soit de laiton ou de fer.

ARCHE, *s. f.* — Voûte qui porte sur les piliers et les culées d'un pont. Une arche peut être *surhaussée, surbaissée, plein cintre, elliptique, cycloïdale*, suivant la courbe qui l'a engendrée.

Ce n'est guère que depuis le siècle dernier qu'on a choisi et arrêté, pour ainsi dire, un arc particulier comme générateur des arches de ponts. Autrefois on adaptait à l'arche la forme de l'arc en vogue et caractéristique du style d'architecture qui prédominait. Ainsi, dans l'antiquité et jusqu'au XIIIᵉ siècle, la plupart des arches furent à plein cintre; jusqu'au milieu du XVIᵉ, elles furent généralement en ogive; le XVIIIᵉ siècle avait adopté l'ANSE DE PANIER (voy. ce mot), abandonnée de nos jours pour l'ARC SEGMENTAIRE. (Voy. ce mot.)

Les arcs qui réunissent les conditions de débouché, de solidité et d'élégance, doivent être recherchés de préférence pour la construction des arches, qui se construisent, du reste, comme toutes les voûtes et par les mêmes moyens, en employant toutefois de plus grandes précautions pour le CINTRAGE et le DÉCINTREMENT. ( Voy. ces mots. )

Les arches reçoivent différentes dénominations : ainsi on nomme *arche d'équilibre*, celle dont toutes les parties supportent la même pression; *arche marinière*, celle réservée au passage des bateaux; enfin *maîtresse arche*, celle du milieu d'un pont; généralement celle-ci est plus large et plus élevée que les autres. ( Voy. PONT. )

ARCHÉE, *s. f.* — Portée d'un arc.

ARCHÉOGRAPHE, *s. m.* — Celui qui dé-

crit, soit par la plume soit par le crayon, les monuments anciens ; mais ce mot est principalement usité pour l'artiste qui dessine, car celui qui ne fait que parler ou écrire sur les monuments anciens se nomme plutôt ARCHÉOLOGUE. ( Voy. ce mot. )

ARCHÉOGRAPHIE, *s. f.* — Description des monuments anciens, soit par écrit, soit plus particulièrement au moyen du dessin. L'archéographie est la principale branche de l'archéologie.

L'archéographie écrite doit avoir pour base une bonne terminologie et être faite avec méthode et précision. La partie graphique de l'archéographie exige de celui qui s'y livre un talent, un sentiment et un goût tout particuliers, qui lui permettent de se rendre bien compte du caractère des monuments.

ARCHÉOLOGIE, *s. f.* — Science qui a pour objet l'étude des œuvres des temps passés, des antiquités. Ce terme vient du grec ἀρχαιολογία ( de ἀρχαῖος, ancien et λόγος, discours). L'archéologie puise des renseignements utiles dans la PHILOLOGIE, l'ÉPIGRAPHIE, la NUMISMATIQUE, la GLYPTIQUE, l'ICONOGRAPHIE et la PALÉOGRAPHIE. ( Voy. ces mots. ) Cette science a fait depuis le commencement du siècle d'immenses progrès, parce qu'au lieu de se contenter de simples rapprochements philologiques, les archéologues modernes se sont appliqués à l'étude comparative des monuments; c'est par là qu'on a constaté plus sûrement l'authenticité de ceux-ci et qu'on a pu établir des bases certaines qui ont permis les recherches les plus sérieuses.

Quoi qu'on ait pu dire et écrire, *l'archéologie n'a pas fait son temps;* elle a seulement traversé les différentes phases par lesquelles passent toutes les sciences pour arriver à la maturité. Elle a rendu de grands services et nous ne doutons pas qu'elle ne soit appelée à en rendre de plus grands encore. C'est elle qui, en suivant les transformations de l'art, a permis de reconnaître les diverses civilisations et les différents peuples que le voisinage ou la conquête avaient confondus en un seul.

Les anciens ne connurent pas l'archéologie

comme science; ils ne possédaient pas assez d'é-
léments pour la constituer ainsi; ils avaient cependant des ARCHÉOLOGUES (voy. ce mot);
mais ceux-ci ne s'occupaient que de la description des monuments presque contemporains,
c'étaient plutôt des archéographes. La vraie
science archéologique ne date guère que de la
renaissance des lettres en Europe. A l'article
ARCHÉOLOGUE, nous citerons les noms des
principaux savants qui ont contribué au mouvement archéologique et fondé l'archéologie.

Un bon architecte doit connaître au moins
les éléments, les notions générales de l'archéologie, surtout de l'*archéologie monumentale*,
c'est-à-dire de celle qui traite des monuments,
de l'architecture, de la peinture et de la sculpture. (Voy. ARCHÉOLOGUE.)

**ARCHÉOLOGIQUE,** *adj.* — Qui a rapport
à l'archéologie.

**ARCHÉOLOGUE,** *s. m.* — Celui qui est
versé dans l'archéologie. Les premiers archéologues datent du XVIe siècle. Dante et Pé-
trarque, en recherchant de vieux manuscrits,
recueillirent beaucoup d'anciennes inscriptions; la renaissance des lettres, la découverte
d'anciennes peintures et sculptures excitèrent
un mouvement qui créa beaucoup d'archéologues. Laurent de Médicis fonda à Florence la
première chaire d'archéologie.

Au XVIIe siècle le mouvement s'accentua;
les explorations scientifiques exhumèrent les
monuments de la Grèce; c'est alors que de savants archéologues écrivirent des ouvrages;
c'étaient Grævius, Gronovius, Gruter, Muratori,
Montfaucon, Kircher, Dom Martin et Baxter.
Au XVIIIe siècle, l'archéologie progressa encore
et fut très-sérieusement étudiée par des archéologues éminents; nous nommerons Winckelmann, de Caylus, Eckel, Rasch, Morelli,
Vaillant, Passieri, Lanzi, Dempster, Zoega,
Ficoroni et Visconti; enfin notre siècle a
fourni chez toutes les grandes nations des archéologues très-érudits; citons, en Angleterre :
Bœck, Britton, Cotmann, J.-G. Wilt, Kosegar-
ten, Milner, Nicholson, Ogilvie, Parker, Pugin, Young, Wyatt, Papworth; en Italie : Bor-
ghesi, Carcani, Cattaneo, Fea, Malaspina,

Micali, Napione, Nibby, Orioli, Peyron, Ro-
sellini, Rossi, Testa, Vermiglioli; en Allemagne : Bœttiger, Ottfried Müller; en France :
Batissier, Beulé, Burnouf, de Caumont, Cham-
pollion, Amb. Firmin-Didot, Didron, du Som-
merard, Dumont, Ch. et Fr. Lenormant, Le-
noir, Letronne, Longpérier, Millin, Mongez, de
Vogué, de Saulcy, et tous les membres de l'A-
cadémie des inscriptions et belles-lettres.

**ARCHÈRE** ou **ARCHIÈRE,** *s. f.* — Meurtrière verticale à l'usage des archers ou tireurs
d'arcs. (Voy. MEURTRIÈRE.)

**ARCHET** ou **ARÇON,** *s. m.* — Outil qui
sert à percer à la main ou sur le petit tour dit
*à l'archet.* Cet outil est employé par plusieurs
corps d'état (menuisiers, serruriers, treillageurs,

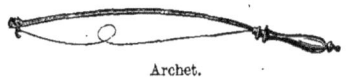

Archet.

fabricants de cages d'oiseaux en bois, etc.); il
se compose : d'une tige d'acier flexible, ordinairement un fleuret hors d'usage, dont une des
extrémités s'engage dans un manche à main,
tandis que l'autre est recourbée en crochet, et
d'une corde à boyau, dite *corde d'arçon,* garnie
de fil de fer et attachée d'une part au crochet et
de l'autre à un anneau fixé au manche; quand
cette corde est enroulée autour de la boîte du
foret, la tige d'acier forme un petit arc; de là
son nom d'*archet.* (Voy. FORET.) L'archet ne
sert qu'au percement de trous de petit diamètre; pour s'en servir l'ouvrier lui imprime
un mouvement de va-et-vient qui fait tourner
le foret.

**ARCHÉTYPE,** *s. m.* — Modèle primitif
d'après lequel une œuvre est exécutée; plâtres
moulés sur des reliefs en terre glaise, et qui
servent de modèle pour exécuter des hauts-
reliefs, des bas-reliefs, de la sculpture ou des
ornements quelconques sur une autre matière.

**ARCHIBANC,** *s. m.* — Ancien mot qui
désigne un banc à dossier servant de siége
d'honneur.

ARCHIÈRE. — Voy. ARCHÈRE.

ARCHINE, *s. m.* — Unité de longueur, usitée en Russie, qui n'a pas tout à fait un mètre.

ARCHITECTE, *s. m.* — Ce mot, dérivé de ἀρχιτέκτων (de ἄρχω, je commande et τέκτων, artisan en général, mais plus particulièrement charpentier), signifie donc *maître charpentier.* Telle dut être dans le principe la signification du mot *architecte;* en effet, à toutes les époques, la plus grande difficulté dans l'art de bâtir a été de couvrir parfaitement les édifices; on conçoit dès lors l'importance qu'on attachait à la charpente qui devait supporter la couverture. On comprend aussi qu'à l'origine des civilisations, chacun était plus ou moins apte à creuser la terre pour jeter des fondations ou pour élever des murs; mais ces travaux préliminaires accomplis, lorsqu'il s'agissait de couvrir l'édifice, il fallait employer le charpentier : or, comme c'était l'ouvrier le plus expert, auquel on avait recours dans tous les cas difficiles, le maître charpentier dut s'ériger bientôt en maître de l'œuvre, il dut dresser les plans d'un édifice, le faire exécuter, en régler les dépenses, et peut-être livrer son travail pour un prix convenu ; c'était probablement ce que nous appelons de nos jours un *entrepreneur général.*

Telle a été sans doute l'origine de la profession d'architecte. De nos jours, l'architecte est celui qui exerce en maître l'art de bâtir, qui dresse les plans et devis d'un édifice, en dessine les détails pour l'exécution, en dirige les travaux et en règle la dépense. Or la multiplicité des connaissances nécessaires pour exercer convenablement cette profession fait qu'un architecte n'est pas un homme ordinaire, et l'idée que nous venons d'émettre ne nous appartient pas en propre ; les anciens la partageaient entièrement, si nous en jugeons par la variété des connaissances qu'ils demandaient à l'architecte. Vitruve les a parfaitement résumées dans les lignes suivantes :

« L'architecte, dit-il, doit savoir écrire et dessiner, être instruit dans la géométrie, ne pas ignorer l'optique, posséder la science du calcul, connaître l'histoire, avoir étudié la philosophie, avoir acquis des connaissances en musique et quelques notions de médecine, de jurisprudence et d'astronomie. En voici les motifs :

« Il a besoin de savoir bien écrire, pour dresser des mémoires clairs et précis de tout ce qu'il doit exécuter. Il faut qu'il sache le dessin, afin qu'il puisse dessiner les projets qu'il a conçus. La géométrie lui servira à prendre des alignements et à dresser toutes choses par l'équerre et le niveau. L'optique lui est nécessaire pour disposer les jours et les ouvertures selon les expositions convenables. La science du calcul lui est indispensable, dans les ouvrages qu'il entreprend, pour régler les mesures et les proportions qui se trouvent quelquefois mieux par le calcul que par les opérations géométriques.

« L'histoire lui donne la raison et lui fournit la matière de presque tous les ornements de l'architecture. L'étude de la philosophie perfectionne l'architecte, en lui donnant de l'élévation d'âme et une certaine hardiesse qui n'est point de l'arrogance. Elle lui enseigne encore à être équitable, fidèle et désintéressé. Quant à la musique, il doit la posséder, pour l'intelligence des machines et la construction des théâtres. Il faut qu'il soit versé dans la médecine, afin d'apprendre quelles sont les différentes situations des lieux de la terre appelés *climats* par les Grecs, et de connaître les qualités de l'air, les propriétés des eaux, et les causes de salubrité ou d'insalubrité de chaque région.

« L'étude de la jurisprudence lui enseignera les coutumes des lieux pour la construction des murs mitoyens, des écoulements des toits et des égouts ; elle le mettra à même de donner de sages conseils pour dresser les baux sans ambiguïté, et de satisfaire ainsi aux intérêts des deux parties. L'astronomie lui servira pour la fabrication des cadrans solaires, et par la connaissance que donne cette science des points cardinaux, des équinoxes, des solstices et du cours des astres. »

À toutes ces connaissances que Vitruve demande à l'architecte, il veut encore qu'il joigne un grand travail à un parfait désintéressement; ce passage n'est pas moins curieux ; aussi allons-nous le résumer :

« Je sais bien, dit l'architecte romain, qu'on estime généralement comme la principale sagesse, celle qui nous rend capable d'amasser de grandes richesses, et qu'il s'est trouvé des hommes assez heureux pour acquérir des biens et de la réputation tout ensemble. Mais lorsque la plupart des gens ne mettent leurs soins qu'à briguer les occasions de fortune, moi j'ai appris de mes maîtres qu'un architecte doit attendre qu'on le prie de prendre la conduite d'un ouvrage, et qu'il ne peut sans honte faire une demande dont son intérêt est le but, puisqu'il est bien certain qu'on ne sollicite pas les gens pour leur faire du bien, mais pour en recevoir d'eux. En effet, que doit penser celui qu'on engage à dépenser sa fortune, sinon que le solliciteur espère y faire un grand profit au préjudice du sollicité ? C'est pourquoi on s'informait autrefois, avant d'employer un architecte, de sa naissance et de son éducation, et l'on se fiait plus à celui en qui on reconnaissait de la modestie, qu'à ceux qui affectaient de paraître fort capables. »

Comme on le voit, peu de professions exigent des connaissances aussi multiples, ce qui nous permet de dire que tous ceux qui portent le titre d'architecte sont loin d'avoir les capacités requises pour exercer cette profession. Il n'est pas nécessaire d'avoir un diplôme pour être architecte; il suffit de payer patente.

Chez les anciens et jusqu'à la fin de la Renaissance, l'architecte était aussi peintre, sculpteur, ingénieur et quelquefois graveur; il n'en est plus de même aujourd'hui : beaucoup d'architectes, en effet, ne connaissent même pas les éléments de la peinture et de la sculpture; quant aux travaux du génie civil, ils sont pour ainsi dire l'unique apanage de l'ingénieur, parce que les architectes ont négligé d'apprendre l'hydraulique, le chauffage et la ventilation, le tracé des routes et des canaux, la mécanique agricole, en un mot tout ce que sait l'ingénieur moderne. Aussi nous ne doutons pas que l'architecte spécialiste, c'est-à-dire tel qu'il existe aujourd'hui, ne disparaisse à son tour, et la belle profession d'architecte redeviendra bientôt ce qu'elle était à son origine, c'est-à-dire une profession qui demande des connaissances encyclopédiques. Il est en effet de plus en plus évident qu'on ne peut séparer entièrement la science et l'art, et faire une *architecture scientifique* et une *architecture artistique*.

LÉGISLATION ET JURISPRUDENCE. — D'après la loi, l'architecte est celui qui dresse les plans et devis d'une construction et qui en dirige les travaux. L'exécution de ceux-ci est faite par un entrepreneur ou des ouvriers.

Suivant la nature et l'importance de la mis-sion qui est confiée à l'architecte, sa responsabilité et ses devoirs varient. Il y a donc différents cas que nous allons étudier et qu'il s'agit de bien spécifier :

1° L'architecte donne uniquement les plans et devis ;

2° Il fournit les plans et devis, et se charge en outre de l'exécution des travaux;

3° Il surveille, ayant fourni les plans et devis, l'exécution des travaux confiés par le propriétaire à un entrepreneur de son choix ;

4° Il est simplement appelé à la vérification des mémoires de travaux auxquels il est resté complétement étranger.

1er Cas. — *Responsabilité de l'architecte qui donne uniquement les plans et devis.* — L'architecte à qui on a demandé uniquement des plans et devis n'est responsable que du préjudice qui serait la conséquence évidente de l'exacte exécution de ces plans et devis, ce qu'il faudrait prouver contre lui ; on le ferait facilement si les plans et devis étaient signés de lui. (Pour renseignem. compl., voir Lepage, p. 26, 27 et 28 ; Troplong, *Louage*, t. 2, n° 1002; Duvergier, *Louage*, t. 2, n° 354; Fremy-Ligneville, t. 1, n° 94; *Encycl. d'arch.*, 1860, p. 116.)

2e Cas. — *L'architecte fournit les plans et devis et se charge de l'exécution des travaux.* — Dans ce cas, l'architecte devient entrepreneur ; il est donc soumis à une double responsabilité, comme architecte et entrepreneur (voy. Fremy-Ligneville, t. 1, n° 1), responsabilité qui est déterminée par l'article 1792 du Code civil, ainsi conçu :

Si l'édifice construit à prix fait périt en tout ou en partie par le vice de la construction, même par le vice du sol, les architectes et entrepreneurs en sont responsables pendant dix ans.

3e Cas. — *Fournissant les plans et devis, il surveille l'exécution des travaux confiés par le propriétaire à un entrepreneur de son choix.* — Ici il est bien évident que si l'entrepreneur ou ses ouvriers trompent, ou sont incapables, l'architecte ne peut être responsable des fautes d'un homme qui lui a été imposé par le propriétaire. Cependant, si les malfaçons sont telles qu'elles auraient dû être aperçues par l'architecte s'il avait surveillé les travaux avec le soin nécessaire, il doit alors, en cas d'insolvabilité de l'entrepreneur, répondre des condamnations prononcés contre celui-ci.(C. d'Ét. 9 mars 1854 ; S. V. 1856, 2, 655 ; J. P. 1854, 32 ; C. d'Ét. 12 juillet 1856, Sourdat, *Resp.*, t. 2, n° 674.)

Les malfaçons et vices d'exécution sont reprochables à l'architecte, qu'ils proviennent de l'exécution pure et simple des instructions fournies par le propriétaire, ou de l'emploi des matériaux fournis par lui ; car les connaissances techniques de l'architecte lui font un devoir de refuser un mode défectueux de construction proposé par le propriétaire, ainsi que ses mauvais matériaux, et il peut au besoin résister à ses prescriptions et instructions. ( C. Bourges, 13 août 1841 ; J. P. 1842, t. 181 ; S. V. 1842, 2, 73.)

Cependant si le propriétaire persiste, après que l'architecte lui a signalé les inconvénients de ce mode de construction proposé, la responsabilité de celui-ci n'est plus en cause; mais il devra toujours se mettre en mesure de pouvoir prouver, le cas échéant, qu'il n'a exécuté un mode défectueux de construction ou employé de mauvais matériaux que sur des ordres formels du propriétaire, ordres que ce dernier aurait alors donnés en connaissance de cause. (C. Paris, 12 fév. 48 ; J. P. 1848, 2, 90.)

La perte ou les dommages causés par le vice du sol engagent la responsabilité de l'architecte, qu'il exécute les travaux ou qu'il dirige l'exécution. (12 fév. 1850, Cass.; S. V. 1851, 1, 97 ; J. P. 1851, 1, 10Γ; C. Bastia, 7 mars 1854 ; J. P. 1854, 2, 341.) Car avant d'y établir des constructions, il devait s'assurer par tous les moyens en son pouvoir des conditions dans lesquelles se trouvait le sol.

L'approbation des plans et devis d'un édifice public par la commission des bâtiments civils et par le préfet ne dégage pas la responsabilité de l'architecte, en cas de perte ou dommage par suite des vices du plan. ( S. V. 1851, 2, 449; *ibid.*, 1868, 1, 95.)

Le dommage résultant de l'inobservation des lois du voisinage ou des règlements de police, inobservation qui a entraîné des peines pécuniaires ou l'obligation de démolir, incombe encore à l'architecte, s'il a négligé d'avertir le propriétaire de l'irrégularité du mode de construction. ( Lepage, t. 2, p. 15 et suiv.; Duvergier, *Louage*, n° 361 ; Troplong, *Louage*, n° 1012.)

Cependant l'architecte ne sera plus responsable, s'il peut démontrer que le mode de construction irrégulièrement exécuté a été demandé expressément par le propriétaire, et cela, malgré les observations présentées par l'architecte qui informait le propriétaire que le mode de construire était contraire aux règlements et aux lois. (J. P. 1853, 2, 448 ; S. V. 1852, 2, 361 ; Frémy-Ligneville, n° 89; S. V. 1857, 2, 779.)

En un mot, la responsabilité de l'architecte s'applique à toutes sortes de constructions, sauf toutefois à celles qui ne seraient devenues immeubles que par destination. ( S. V. 1844, 2, 173; J. P. 1845, 1, 215.) Pour complément de ce troisième cas de responsabilité, voy. EnTREPRENEUR.

4° Cas. — *L'architecte est simplement appelé à la vérification des mémoires des travaux auxquels il est resté complètement étranger.* — Dans ce cas l'architecte n'est qu'un simple vérificateur, qui n'est garant que de son dol et de son incapacité. ( Frémy-Ligneville, t. 1, n° 117; Lepage, t. II, p. 35 et suiv. ) Voy. VÉRIFICATEUR.

Si l'architecte a pris un travail à forfait, il ne peut demander d'augmentation de prix, à moins qu'il ne justifie d'ordres donnés par écrit pendant le cours des travaux ; c'est ce qui résulte de l'article ci-après du Code civil :

Art. 1793. — Lorsqu'un architecte ou un entrepreneur s'est chargé de la construction à forfait d'un bâtiment, d'après un plan arrêté et convenu avec le propriétaire du sol, il ne peut demander aucune augmentation de prix, sous le prétexte de l'augmentation de la main d'œuvre ou des matériaux, ni sous celui de changement ou d'augmentations faits sur ce plan, si ces changements ou augmentations n'ont pas été autorisés par écrit et le prix convenu avec le propriétaire.

Les architectes ont privilège sur les immeubles qu'ils construisent. Le Code civil le leur accorde par les articles 2103 et 2110. Voici ces articles :

Art. 2103. — Les créanciers privilégiés sur les immeubles sont : les architectes, entrepreneurs, maçons et autres ouvriers employés pour édifier, reconstruire ou réparer des bâtiments, canaux ou autres ouvrages quelconques, pourvu néanmoins que, par un expert nommé d'office par le tribunal de première instance dans le ressort duquel les bâtiments sont situés, il ait été dressé préalablement un procès-verbal, à l'effet de constater l'état des lieux relativement aux ouvrages que le propriétaire déclarera avoir dessein de faire, et que les ouvrages aient été, dans les six mois au plus de leur perfection, reçus par un expert également nommé d'office.

Mais le montant du privilége ne peut excéder les valeurs constatées par le second procès-verbal, et il se réduit à la plus-value existante à l'époque de l'aliénation de l'immeuble et résultant des travaux qui y ont été faits.

Art. 2110. — Les architectes, entrepreneurs, maçons et autres ouvriers employés pour édifier, reconstruire ou réparer des bâtiments, canaux et autres ouvrages, et ceux qui ont, pour les payer ou rembourser, prêté les deniers dont l'emploi a été constaté, conservent par la double inscription faite, 1° du procès-verbal qui constate l'état des lieux, 2° du procès-verbal de réception, leur privilége à la date de l'inscription du procès-verbal.

HONORAIRES DE L'ARCHITECTE. — Les honoraires de l'architecte ne sont pas fixes et invariables, comme on le croit trop généralement : ainsi, pour les travaux au-dessous de 5,000 fr., il est alloué 7 % aux architectes, et pour les travaux qui dépassent 5,000 fr., ils reçoivent 5 % qui se décomposent ainsi, suivant l'arrêté du conseil des bâtiments civils du 12 pluviôse an VIII, confirmé par ordonnance du 10 octobre 1841 :

| | |
|---|---|
| Rédaction des plans et devis....... | 1,50 p. %. |
| Conduite des travaux............. | 1,50 » |
| Réception, vérification et réglement. | 2,00 » |
| Total........... | 5,00 p. %. |

Si l'architecte a fait et uniquement fourni les plans d'une construction, il lui est alloué 2,50 % du prix auquel peuvent être évaluées les dépenses de ces ouvrages ; si au contraire il exécute les plans faits par un autre, il ne lui est dû que 2,50 p. % ; enfin, s'il ne fait que le métré et la vérification, il ne doit toucher que 1,50 p. % du montant des dépenses auxquelles s'élèvent les mémoires réglés.

Nous devons ajouter que les honoraires de l'architecte peuvent être réglés par des conventions particulières entre les parties, car les 5 % et même les 7 % que l'usage alloue peuvent être insuffisants, si les travaux sont de peu d'importance ou exigent des études très-longues et très-difficiles, comme par exemple si on charge un architecte de dessiner un mobilier, des décorations, des objets d'art quelconques, de même que des travaux courants, qui ne demandent que peu d'étude, par exemple des bâtiments d'usine, des cités ouvrières ou autres travaux dont les dépenses s'élèvent quelquefois à plusieurs millions, peuvent être exécutés d'un commun accord pour moins de 5 % ; mais lorsqu'on propose des travaux avec une réduction des honoraires d'usage, il faut que l'honorabilité de l'architecte soit au-dessus de tout soupçon, sans cela le client est souvent dupe de l'économie qu'il croit réaliser.

En dehors des honoraires que nous venons d'examiner, il est alloué aux architectes des sommes variables, 1° pour des vacations et frais de voyage, 2° pour des états de lieux.

VACATIONS ET FRAIS DE VOYAGE. — Pour chaque vacation de trois heures de tout architecte expert, ou artiste opérant dans le lieu de leur domicile ou dans un rayon de deux myriamètres, il est dû :

| | fr. |
|---|---|
| Dans le département de la Seine...... | 8,00 |
| Dans les autres départements......... | 6,00 |

Au delà de deux myriamètres, il est alloué pour chaque myriamètre, à titre de frais de voyage et de nourriture, soit pour aller, soit pour retourner :

| | fr. |
|---|---|
| Aux architectes de Paris................. | 6,00 |
| A ceux des départements............... | 4,00 |

Pour quatre vacations par jour sans déplacement :

| | fr. |
|---|---|
| Aux architectes de Paris................. | 32,00 |
| A ceux des départements............... | 24,00 |

S'il y a moins de quatre vacations, la réduction est proportionnelle.

ÉTATS DE LIEUX. — Pour les états de lieux régulièrement établis, faits dans des circonstances ordinaires et sans déplacement, il est dû, pour chaque rôle de 25 lignes à la page et compris la première expédition :

|  | tr. |
|---|---|
| En cas de rédaction par un seul architecte.. | 3,00 |
| En cas de rédaction contradictoire et simultanée par deux architectes............. | 4,00 |
| Pour chaque expédition en plus, par rôle... | 0,50 |
| Pour tous les états de lieux et estimations de matériel d'établissements agricoles ou industriels, des théâtres, des usines, etc., et pour plans y annexés, contre-vérification, révision ou modification d'anciens états de lieux, par vacation, après estimation..... | 8,00 |

Les déplacements pour états de lieux ( rédaction et vérification ) donnent droit, en sus des prix du rôle ci-dessus mentionnés, à toute demande d'honoraires et de frais conformément aux tarifs des expertises près les tribunaux ci-dessus rapportés. ( Décision de la *Société centrale des architectes*, du 2 juillet 1850.)

Le prix d'un état des lieux, régulièrement établi, dans les circonstances ordinaires et sans déplacement, doit être payé pour chaque rôle, et compris deux expéditions.. 3 fr. 50
Chaque expédition en sus..... 0 50

ARCHITECTE VOYER. — Architecte chargé, par la préfecture d'un département, du service de la voirie, de l'inspection et de la surveillance des travaux qui sont exécutés dans un arrondissement.

ARCHITECTONIQUE, *adj.* et *s. f.* — Pris substantivement, ce mot sert à désigner l'art de la construction; il est donc employé quelquefois comme synonyme d'architecture; mais il est d'un usage plus fréquent comme adjectif, et dans ce cas il devient le qualificatif des sciences qui se rattachent à l'architecture : ainsi on dira chimie, physique, géologie, science *architectonique*; tandis que le mot *architectural* que nous donnons plus loin qualifie plutôt ce qui se rapporte à l'architecture considérée comme art. Nous ajouterons que dans le langage usuel on confond à tort les mots architectonique et ARCHITECTURAL. (Voy. ce mot.)

ARCHITECTONOGRAPHE, *s. m.* — Celui qui s'occupe d'architectonographie, celui qui décrit un édifice au point de vue architectonique. Toutes les connaissances nécessaires à l'architecte sont indispensables à l'architectonographe; mais il lui faut en outre une science plus étendue de l'archéologie, de l'esthétique, de l'histoire de la théorie et de la pratique de l'art; un architectonographe doit connaître la bibliographie d'art, les monuments anciens et modernes de son pays et de l'étranger.

ARCHITECTONOGRAPHIE, *s. f.* — Description des monuments d'architecture. La description ou monographie d'un édifice demande, outre un grand savoir, beaucoup de méthode. On doit en effet parler de l'historique du monument s'il est ancien, de sa situation, de ses destinations diverses et de ses dispositions générales. On peut ensuite examiner son plan et sa distribution étage par étage, enfin étudier le style de son architecture et de sa décoration, son mode de construction, etc.

Des considérations esthétiques fort brèves doivent accompagner l'examen de chacune de ces questions, ou servir de conclusion à l'architectonographie du monument.

ARCHITECTURAL, *adj.* — Qui a rapport à l'architecture considérée comme art. L'adjectif architectonique s'emploie dans un sens analogue, mais quand on considère la science plutôt que l'art. ( Voy. ARCHITECTONIQUE. ) Quatremère de Quincy ( *Dictionn. d'archi-tect.*) dit *architectoral;* mais nous avouons n'avoir trouvé ce mot dans aucun ouvrage ancien ou moderne.

ARCHITECTURE, *s. f.* — Dans son acception la plus généralement admise, l'architecture est l'*art de bâtir*. C'est sans contredit le plus ancien des arts. Il est bien évident, en effet, que l'homme, dès son apparition sur la terre, comprit immédiatement la double nécessité de se créer un abri contre les intempéries de l'atmosphère, et un refuge contre les dangers qui l'environnaient de toute part. Nous verrons bientôt qu'à cette époque reculée, on ne pouvait donner le nom d'*art*, et par conséquent d'*architecture*, aux bâtisses rudimentaires élevées par l'homme:

Les grottes et les cavernes creusées par la nature dans le flanc des rochers purent dans le principe suffire à l'homme; mais la multiplication des individus et leur dispersion dans les pays de plaines firent que l'homme, se trouvant sans abri, eut sans doute l'idée d'enchevêtrer des branches d'arbres pour former des cabanes de verdure et suppléer ainsi à la rareté ou même à l'absence des grottes. Bientôt après, pour donner à ce rudiment de maison une toiture plus sérieuse, plus imperméable, l'homme couvrit sa demeure de roseaux, de chaume et de mousse, le tout amalgamé avec du limon ou de la boue. Ces deux types d'habitations primitives furent le point de départ de deux systèmes architectoniques de construction. Les Étrusques, les Grecs et les Romains transformèrent la cabane en la perfectionnant. Ils la consolidèrent en employant des matériaux plus résistants. Les grottes et les cavernes, au contraire, inspirèrent aux Indiens et aux Égyptiens leur lourde mais imposante architecture.

Telles furent les origines de cet art qui devait briller plus tard d'un si vif éclat en Égypte, en Grèce et à Rome.

L'homme songea bientôt à perfectionner sa demeure, et cela par tous les moyens en son pouvoir. Les progrès de la civilisation devaient l'amener fatalement à la recherche de formes plus correctes et plus savantes; le luxe, à son tour, vint achever ce que les exigences de la vie avaient commencé. C'est alors que l'homme édifia, après les avoir conçus, des monuments suivant les règles de la science et les lois du beau, et que l'architecture donna des formes harmoniques à la matière inerte. Ainsi, dans le principe, l'homme n'a fait que de la construction pure et simple, et ce n'est qu'après la formation des sociétés, aussitôt que les exigences collectives se sont produites, que l'architecture proprement dite s'est manifestée et perfectionnée. Cette double action a été féconde, car c'est elle qui a assigné à l'architecture un rang si élevé. Si nous ajoutons qu'elle est avant tout un art créateur, nous lui aurons accordé le premier rang. En effet, tandis que le peintre et le sculpteur copient, imitent plus ou moins la nature, l'architecte ne puise ses inspirations que dans la fécondité de son imagination et de son génie.

Au point de vue historique, l'architecture est sans contredit d'une haute utilité: par elle, on a pu bien souvent juger de l'état de civilisation d'un peuple; seule ou alliée à d'autres arts, elle a servi à perpétuer le souvenir des belles actions et les services rendus à la patrie; aussi que d'illustres citoyens, que de héros dont les noms sont parvenus jusqu'à nous, qui seraient tombés dans l'oubli sans l'architecture! que de nations depuis longtemps anéanties ont, grâce à cet art, survécu à leur entière destruction! C'est donc avec raison qu'on a pu dire que l'architecture était l'histoire des peuples écrite par les monuments.

De même que les autres arts, l'architecture se divise en deux parties principales et bien distinctes, la *théorie* et la *pratique*.

La *théorie* est sans contredit très-essentielle, car elle sert à guider sûrement l'artiste au milieu de ses études et de ses conceptions; mais quel vaste travail est nécessaire à l'homme qui veut embrasser l'ensemble des connaissances que comprend la théorie! C'est d'abord le dessin, base de toute étude architectonique, au moyen duquel on peut se rendre compte des diverses parties d'un édifice, les comparer et s'assurer si elles sont en parfaite harmonie avec l'ensemble; ensuite, la science de la couleur, de la décoration; l'esthétique, ou l'histoire de l'art.

La *pratique*, également indispensable à l'artiste, comprend la connaissance des matériaux et leur mise en œuvre par les anciens et les modernes, l'étude des mathématiques, la coupe des pierres, le trait de charpente, la stabilité, etc., etc. Nous ne nous étendrons pas plus longuement sur les connaissances nécessaires pour pratiquer l'art architectural; nous ne donnerons pas non plus en quelques lignes ce qu'on est convenu de nommer les *bases fondamentales* de l'architecture, car il nous paraît puéril de formuler ces dernières; quant aux connaissances, celles que Vitruve demande à ses confrères, nous les avons énoncées à l'article ARCHITECTE.

Nous ne pouvons parler ici de l'histoire générale de l'architecture, le lecteur trouvera aux mots ANGLAISE, ARABE, ASSYRIENNE, ÉGYPTIENNE, INDIENNE, GRECQUE, MORESQUE, ROMAINE, GOTHIQUE, RENAISSANCE, etc., un abrégé sommaire de l'architecture de ces peuples et de ces époques; dans le présent article, nous donnerons seulement des généralités sur l'architecture et sur ses origines.

L'Asie centrale, l'Inde et la Chine furent le berceau des arts et de la civilisation; c'est chez ces races sémitiques que nous trouvons les premières œuvres de l'art architectural; mais dans ces pays, les lois civiles et religieuses comprimant le libre essor des artistes, l'architecture n'arriva pas à un développement complet. En Asie, elle revêt un caractère prétentieux et de mauvais aloi, parce qu'un luxe exagéré amollit le goût. Dans l'Inde, les monuments sont surchargés d'une ornementation capricieuse qui, tout en fatiguant l'œil, ne peut cacher des formes lourdes et massives; en Chine, la bizarrerie et la légèreté du caractère de ses habitants se reflètent dans leurs constructions étranges.

Si de la Chine nous passons en Égypte, nous remarquons un singulier contraste, qui caractérise nettement la différence de ces deux pays: le Chinois a l'humeur joyeuse, l'Égyptien au contraire est triste et sévère; aussi les constructions *pharaoniques* sont-elles empreintes d'une tristesse et d'une sévérité inconcevables.

De l'Orient dirigeons-nous vers l'Occident et étudions ce qui s'y passe; nous rencontrons d'abord la plus ancienne migration asiatique, les Pélasges, peuple d'origine sémitique, qui élèvent des acropoles, des remparts et autres constructions, dont les débris importants attestent encore de nos jours l'extrême solidité. Ce sont ces peuples qui apportent en Grèce les premiers éléments de l'architecture hellénique, qui devint si florissante sous Périclès, que jamais aucun peuple n'a porté aussi haut le goût et le savoir architectoniques. Il est vrai que dans ce pays aucune loi de caste ou de religion n'a arrêté le génie de l'artiste: il était libre dans la plus large acception du mot; il ne relevait que de l'opinion publique, qui décernait la palme aux artistes les plus méritants, à ceux qui avaient accompli les œuvres les plus remarquables. Cette manière d'opérer était bien faite pour encourager les artistes, c'était un véritable concours public, et c'est là sans contredit ce qui a créé en Grèce tant de chefs-d'œuvre, dont les restes imposants nous frappent encore d'admiration.

Après les Grecs, les Romains, avec cette soif d'appropriation, de spoliation même qui les distingue, empruntèrent aux Étrusques l'arc et la voûte, qui n'étaient chez ces peuples qu'à l'état de germe. Ils perfectionnent ce grand élément de la construction, ils le transforment et s'en servent pour construire leurs thermes, leurs amphithéâtres et d'autres œuvres si gigantesques, que dans ces temps modernes, nous n'avons trouvé qu'une expression pour nommer de vastes constructions; nous disons: *Des travaux de Romains*. Mais bientôt arrive la décadence, l'art disparaît, et la science remplace tout, lorsque l'empereur Justinien fait ériger à Constantinople Sainte-Sophie, le style classique est délaissé; c'est alors que commence le style byzantin. (Voy. BYZANTINE (*Architecture*.)

Un siècle plus tard, l'architecture se divise pour ainsi dire: un courant se dirige plus avant en Orient, et crée l'architecture ARABE et MORESQUE (voy. ces mots); l'autre se rend en Occident et devient le *style Roman* (voy. ROMANE (*Architecture*), détrôné à son tour par le *style ogival*, qui en France se modifie de plus en plus jusqu'à se perdre dans la belle RENAISSANCE FRANÇAISE (voy. ce mot), tandis que chez d'autres peuples, passant par diverses phases, elle aboutit à l'architecture contemporaine.

Si l'on considère l'architecture par rapport à la destination des monuments qu'elle est appelée à créer, on la divisera en *architecture civile, architecture religieuse, architecture militaire, architecture navale*, enfin *architecture hydraulique*.

*L'architecture civile* est *privée, publique* ou *rurale*.

*L'architecture civile privée* comprend la construction de la maison, soit à la ville, soit à la campagne. L'*architecture civile publique* embrasse les monuments publics, tels que maisons communes, hôtels de ville, maisons d'écoles, collèges, tribunaux, préfectures, greniers publics, halles, marchés, gares de chemins de fer, hospices, hôpitaux, prisons, etc. Enfin, l'*architecture rurale* s'occupe des bâtiments agricoles, fermes, hangars, remises, haras, fabriques, etc.

L'*architecture religieuse* construit les églises, les monastères, couvents, évêchés, etc. L'*architecture militaire* fortifie les villes et les frontières d'un pays. L'*architecture navale* est l'art de construire les vaisseaux de guerre, ou de commerce. Enfin, l'*architecture hydraulique* embrasse tous les travaux qui s'exécutent sous l'eau ou sur le bord des fleuves et des mers, établissements d'usines hydrauliques, moulins, pompes, etc.; construction des digues, ponts, aqueducs, canaux, jetées, phares, ports, etc. (Comme complément à cet article voy. encore les mots CIVILE, MILITAIRE, NAVALE, HYDRAULIQUE, etc. (*Architecture*.)

BIBLIOGRAPHIE. — J.-G. Legrand, *Essai sur l'histoire générale de l'architecture, pour servir, etc.*, Paris, 1809, in-8°; Seroux d'Agrincourt. *Histoire de l'art par les monuments*, Paris, 1811-23, 6 vol. in-fol.; Fr. Milizia, *Essai sur l'histoire de l'architecture*, trad. par de Pommereul, La Haye, 1819, in-8°; Thomas Hope, *Histoire de l'architecture*, traduit de l'anglais par A. Baron, Bruxelles, 1869, 2 vol. in-8°, fig.; D. Ramée, *Manuel de l'histoire générale de l'architecture chez tous les peuples et part.*, etc., Paris, 1843, 2 vol. in-12, fig.; du même, *Histoire générale de l'architecture*, Paris, 1860, 2 vol. in-8°; C.-L. Stieglitz, *Beitrage zur Geschichte der Ausbildung der Baukunst* (Documents pour servir à l'histoire de l'architecture), Leipzig, 1834, in-8°, fig.; du même, *Geschichte der Baukunst vom frühesten Alterthum bis in die neueren Zeiten* (Histoire de l'architecture depuis les temps les plus reculés jusqu'à nos jours),Nuremberg, 1837, in-8°; Freeman, *History of architecture* (Histoire de l'architecture), Londres, 1850, in-8°; James Fergusson, *The illustrated handbook of architecture, etc.* (Manuel illustré d'architecture, etc.), Londres, 1855, 2 vol. in-8, fig.; F. Kugler, *Geschichte der Baukunst, etc.* (Histoire de l'architecture), Stuttgart, 1859, 3 vol. in-8°; James Fergusson, *History of the modern styles of architecture* (Histoire des styles modernes d'architecture), Londres, 1862, in-8°; du même, *History of architecture in all countries, etc.* (Histoire de l'architecture de tous les pays, etc.), Londres, 1865-67, 3 part. en 2 vol. in-8°, fig.; Dr Wilhem Lübke, *Geschichte der Architektur, etc.* (Histoire de l'architecture depuis les temps les plus reculés, etc.), Leipzig, 1865, in-8°, fig.; Caillat et Lance, *Encyclopédie d'architecture*, Paris, 1re série, 12 vol. in-4°; 2e série, en cours de publication, 5 vol. in-4°, 1872 à 1876.

**ARCHITECTURE** (ACADÉMIE D'). — Cette académie, fondée par Colbert en 1671, fut supprimée en 1767, réorganisée en 1775, disparut définitivement en 1793. Aujourd'hui les architectes font partie de l'Académie des beaux-arts. (Voy. INSTITUT.)

**ARCHITRAVE**, *s. f.* — Partie de l'entablement qui porte immédiatement sur les chapiteaux des colonnes ou des pilastres. L'étymologie de ce mot vient de ἀρχός, principal, et du latin *trabs*, poutre; c'était en effet dans les constructions archaïques de bois la principale poutre qui portait sur les colonnes ou plutôt sur des troncs d'arbres, grossièrement équarris, servant de supports verticaux.

Les Grecs nommaient l'architrave *épistyle* (de ἐπί, sur, et στύλος, colonne), ce qui indiquait parfaitement sa position dans la construction.

L'architrave paraît venir de l'Orient, et s'être répandue de là dans la Grèce, où la nature des matériaux permettait de tailler de longues pierres monolithes qui portaient de l'axe d'une colonne à l'autre et formaient ainsi un support aux assises supérieures de l'entablement des édifices.

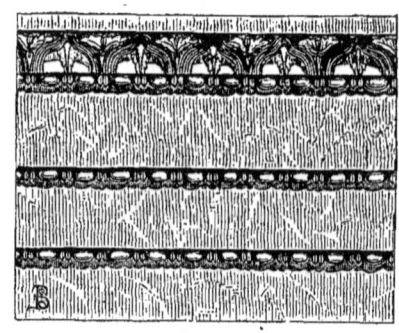

Architrave du temple de Mars Vengeur, à Rome.

Les Romains ont également employé des architraves monolithes; on peut en voir des exemples aux portiques des temples de Jupiter Tonnant, de Mars Vengeur, d'Antonin et de Faustine, de Jupiter Stator, du Panthéon, et dans d'autres édifices. Quand les Romains ne voulaient pas ou ne pouvaient, faute de matériaux convenables, employer des architraves monolithes, ils posaient dans l'axe de chaque colonne un sommier, et ils appareillaient l'architrave comme aujourd'hui nous appareillons les PLATES-BANDES (voy. ce mot); souvent même ils armaient ces plates-bandes avec des crampons et du fer, comme on peut le voir plus loin, à l'article ARMATURE, où nous avons donné un exemple d'armature d'architrave.

Les plates-bandes, composées de claveaux, avaient souvent le tort de se disloquer malgré leur armature; aussi les Romains employèrent-ils de préférence à l'architrave l'ARC et l'ARCADE. Voy. ces mots.)

Nous devons ajouter cependant que, de nos jours, les architraves · armées bien exécutées présentent une grande solidité et semblent devoir être d'un bon emploi. Il en existe à Paris dans divers monuments, et jusqu'à présent aucune dislocation ne semble faire présager leur ruine. Nous citerons entre autres monuments possédant des architraves, les péristyles du Louvre et du Panthéon, les édifices de la place de la Concorde, de la Madeleine, de l'Opéra, de Saint-Vincent-de-Paul. Mais les architectes ne doivent pas s'abandonner avec trop de confiance à ce mode de construction qui permet d'obtenir un large entre-colonnement pouvant quelquefois compromettre la solidité d'un édifice, et toujours nuire à son caractère. Combien le dorique grec avec la forte échine de son chapiteau nous paraît d'un emploi plus rationnel ! Cette saillie, en effet, servait à soulager l'architrave, en réduisant dans le haut de la colonne le vide de l'entre-colonnement.

La forme, la proportion et même la décoration de l'architrave varient suivant les ordres d'architecture auxquels elles appartiennent.

Dans les ordres toscan et dorique, l'architrave est simple et sa surface est lisse; dans le dorique, elle est surmontée d'un listel orné de gouttes sous les TRIGLYPHES. (Voy. ce mot.) Cependant Vignole donne une architrave dorique romaine qui a deux faces et qui a un module de hauteur.

L'architrave *ionique* a deux faces, dont la supérieure est couronnée par une cimaise qui la sépare de la frise; sa hauteur est d'un module et demi.

L'architrave *corinthienne* et *composite* a trois faces inégales; la plus élevée est la plus large, et la face inférieure est la plus étroite. Dans ces deux ordres, les faces de l'architrave sont ornées de moulures, de perles, etc.

Il existe des exemples d'architraves corinthiennes où les faces les plus larges sont les faces inférieures, c'est-à-dire que la progression est renversée, notamment à l'arc d'Auguste à Fano et à Suse et au temple d'Auguste à Pola. Cette disposition est plus élégante et en définitive plus logique, puisqu'un des principes fondamentaux de l'architecture est que *le fort doit porter le faible.* (Voy. *Dict. de l'Acad. des beaux-arts,* t. 2, p. 102.)

ARCHITRAVE MUTILÉE. — Celle dont les saillies sont supprimées, pour agrandir la surface lisse de la frise, afin de pouvoir placer une longue inscription.

ARCHITRAVE COUPÉE OU INTERROMPUE. — Celle qui est interrompue dans l'espace compris entre deux colonnes ou pilastres, afin de pouvoir donner plus de hauteur à une baie ; on dit aussi *architrave brisée.*

ARCHITRAVÉ, *adj.* — Ce mot n'est guère employé que pour désigner une corniche qui repose immédiatement sur l'architrave ; c'est tout simplement un entablement mutilé qui n'a ni frise ni architrave. Il s'emploie dans les intérieurs, et là où le défaut de hauteur ne permet pas de placer un entablement complet.

ARCHIVOLTE, *s. f.* ( *Arcus volutus, arc contourné.* ) — Moulure contournant l'extrados d'un arc, et servant à sa décoration. Cette moulure vient butter sur des impostes, des colonnettes ou sur un culot. Quelquefois l'archivolte se retourne et court horizontalement au niveau des naissances des arcs et forme bandeau sur les trumeaux. Cette dernière disposition se trouve fréquemment dans l'architecture romane et romano-ogivale et de la Renaissance. La figure ci-dessous montre un exemple d'archivolte retournée de cette dernière époque. Il est tiré de la maison dite *de Henri II*, à la Rochelle.

A l'époque romane, les archivoltes furent enrichies d'ornements tels que : *billettes, boutons, besants, bâtons rompus, chevrons, contre-chevrons, frettes, pointes de diamant, rosettes, etc.*, parfois aussi elles empruntaient leur décoration à un appareil formé de pierres de diverses couleurs ou découpées avec une très-grande recherche.

Les exemples d'archivoltes sans support et brusquement interrompues sont assez rares ; il

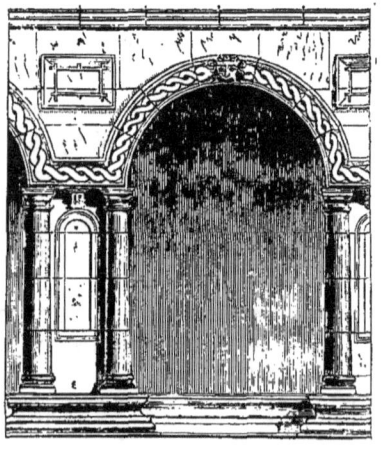

Archivolte retournée de la maison dite de Henri II,
à la Rochelle, XVIᵉ siècle.

en existe néanmoins. Quelquefois dans l'antiquité et presque toujours pendant le XVᵉ siècle, les archivoltes viennent reposer sur le même point d'appui que les pieds-droits, et forment chambranle autour de la baie.

Suivant les ordres dont elles font partie, les archivoltes sont plus ou moins ornées : elles sont simples dans le toscan et le dorique, plus ornées dans le corinthien et le composite; enfin, elles sont en harmonie avec les architraves, et généralement on leur donne comme largeur moyenne le cinquième de l'arcade.

La clef des arcades coupe l'archivolte, quand cette clef est une agrafe ou une console; c'est surtout dans les ARCS DE TRIOMPHE ( voy.

ce mot ) où l'on retrouve cette disposition, en même temps que les plus beaux modèles d'archivolte.

Dans l'antiquité, il est assez rare que des arcs ou des arcades soient privés d'archivolte; au contraire, aux XIᵉ, XIIᵉ et XIIIᵉ siècles, les baies, surtout si l'édifice était bâti avec simplicité, n'avaient souvent d'autre décoration qu'un chanfrein sans chambranle ni archivolte ; et cependant, aux XIᵉ et XIIᵉ siècles, les archivoltes commencent à se compliquer soit comme profil, soit comme décoration; elles sont prises dans l'épaisseur des murs au lieu de faire saillie ; ce mode de construction persiste jusqu'au retour à l'architecture classique, c'est-à-dire vers le commencement du XVIᵉ siècle.

Pendant la plus grande partie du moyen âge, la moulure saillante, véritable archivolte, persiste, mais vers la fin du XIVᵉ siècle elle est remplacée par une succession de moulures concentriques évidées en retraite l'une sur l'autre, qui finissent par constituer les portails à VOUSSURE. (Voy. ce mot.)

Les champs triangulaires renfermés entre le pilastre ou la colonne, l'architrave et l'archivolte, se nomment TYMPAN (voy. ce mot) et reçoivent très-souvent une riche décoration.

En menuiserie, on nomme *archivolte* le revêtement extérieur d'une arcade en plein cintres. Le plafond ou revêtement de cette même arcade se nomme aussi *archivolte*.

ARCHIVOLTE RUSTIQUE. — Archivolte dont les claveaux sont ornés de *bossages*, de *vermiculures* ou de *stalactites*.

ARCHIVOLTE RETOURNÉE. — Archivolte dont les moulures, au lieu de se terminer sur les impostes, s'unissent à l'archivolte voisine. (Voir la figure ci-contre.)

ARÇON, *s. m.* — Petit ARCHET. (Voy. ce mot.)

ARCOT, *s. m.* — Résidu de cuivre, qui allié avec du plomb constitue le potin.

ARCUEIL (PIERRE D'), *s. f.* — Pierre calcaire très-dure, qu'on trouve dans les environs de Paris, dans la plaine d'Arcueil, et qui résiste aux injures du temps ; elle porte de 0,33 jusqu'à 0,41 d'appareil.

ARDOISE, s. f. — Schiste qui est dur et compacte, ou susceptible de se débiter en lames d'une très-faible épaisseur : dans le premier cas il est de couleur brun-rouge sombre ou gris clair, verdâtre ; dans le second il est d'un bleu noirâtre, ou violacé, imperméable, léger, et répand une odeur argileuse lorsqu'il est humecté.

L'ardoise compacte fut employée dans l'antiquité et le moyen âge comme moellon de construction, ainsi que cela se pratique encore de nos jours aux environs des carrières.

Les Romains en ont employé dans la construction des murs d'Angers ; il existe aussi du moellon d'ardoise dans ceux du Mans et dans plusieurs églises antérieures au XIᵉ siècle. Par leur couleur tranchante, plus encore que par leur mode d'appareillage, les moellons d'ardoises forment des surfaces mosaïquées qui rompent la monotonie des murs.

On emploie encore l'ardoise comme dallage, appui, marches et carreaux de pavement, revêtement de baignoires et d'urinoirs, et autres usages dont nous n'avons pas à parler ici.

L'ardoise fossile sert à couvrir exclusivement les combles des bâtiments.

On l'a employée pour la première fois en Irlande dans une localité nommée *Ardy*, dont le nom celte *ard*, *pierre*, aurait formé celui d'*ardesia*, dont on aurait fait *ardoise*. Telle est l'étymologie probable de ce mot. Son emploi en France paraît remonter au commencement du moyen âge, et dès cette époque on avait su, au moyen de formes et de dispositions variées, en tirer un excellent parti pour la décoration des couvertures et même des façades. (Voy. COUVERTURE.)

On trouve l'ardoise dans beaucoup de pays et la France en renferme des dépôts considérables. L'ardoise des environs de Fumay et celle plus estimée d'Angers, possèdent au plus haut degré les qualités requises pour la couverture des édifices. C'est d'Angers que proviennent la plupart des ardoises qu'on emploie à Paris.

Assez tendre au sortir de la carrière, l'ardoise acquiert promptement au contact de l'air la dureté et la fissilité convenables. La meilleure ardoise est l'ardoise fossile qui se trouve à une assez grande profondeur dans la carrière ; celle des premiers lits, d'une couleur rousse et pâle, se laisse pénétrer par l'eau, s'attendrit par conséquent, et même se délite par la gelée. L'ardoise pyriteuse a le défaut de s'effleurir et de s'exfolier.

L'ardoise de bonne qualité est extraite de la carrière par blocs de 3 mètres de hauteur, elle est soumise à la fente au moyen du maillet et du ciseau ; puis un ouvrier prend les feuilles d'ardoise, les façonne et les taille suivant les mesures du commerce à l'aide d'une hache nommée *doleau*.

Dans quelques carrières on trouve des bancs convexes, dont on tire les ardoises qui servent à couvrir les combles courbes, tels que les dômes ; dans le commerce, on nomme ces ardoises *coffines*.

Une ardoise d'une bonne qualité doit être homogène, dure, d'un grain fin et serré, d'une couleur foncée et unie ; elle doit être légère, tendre, quelque peu élastique, ne pas absorber l'eau, être parfaitement plane, d'une épaisseur uniforme et se laisser tailler et percer sans se briser. Toutes ces conditions remplies donnent aux ardoises la *sonorité métalloïde* que tout praticien sait reconnaître, et qui est le caractère distinctif de leur bonne qualité.

En dehors d'un examen scrupuleux, au moyen duquel on reconnaît les bonnes ardoises, il existe trois méthodes pour les essayer rapidement :

1° Faire tremper dans l'eau pendant une journée, à un centimètre de son bord, une ardoise. Si, par l'effet de la capillarité, l'eau ne s'élève pas à plus d'un centimètre au-dessus de la ligne de trempe, l'ardoise est bonne ; dans le cas contraire, elle est d'autant plus mauvaise que l'eau se sera plus élevée sur l'ardoise.

2° Peser l'ardoise, la plonger dans l'eau pendant une heure, la retirer et la peser de nouveau ; plus le poids de l'eau absorbée sera considérable, plus l'ardoise est spongieuse et par conséquent de mauvaise qualité.

3° Border l'ardoise de cire, comme on le fait pour les planches à graver, et remplir d'eau cette petite auge. Si après plusieurs jours l'eau n'a pas pénétré l'ardoise, c'est que sa densité est suffisante; dans le cas contraire, la rejeter comme mauvaise.

Il y a dans le commerce un grand nombre de modèles ou d'*échantillons* d'ardoises; on pourrait même dire que chaque jour voit paraître en France ou à l'étranger un nouveau type. Mais les principales ardoises, celles dont on fait le plus généralement usage, sont connues depuis longtemps sous la dénomination de *grand carré*, de *cartelette*, de *modèle anglais*, etc. Du reste nous donnons ci-dessous un tableau dans lequel le lecteur trouvera les noms, les dimensions, les épaisseurs et le poids du mille (1).

*Couverture en ardoise.* — L'ardoise est une excellente couverture. Sa légèreté jointe à sa propreté la font préférer à toute autre matière

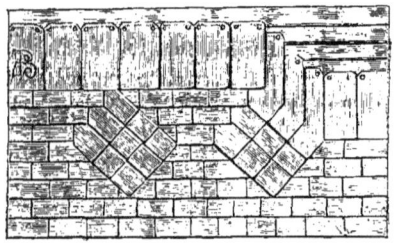

Fig. 1. — Ardoises posées en losange et en quinconce.

pour les grands édifices; on peut la tailler de diverses formes et combiner celles-ci de diffé-

---

(1) Ce tableau est extrait de notre *Traité des constructions rurales*, un vol. in-8° jésus de 509 p. avec 576 fig. Paris, 1875.

rentes manières, dans le but de rompre la monotonie. Le poli dont les ardoises sont suscep-

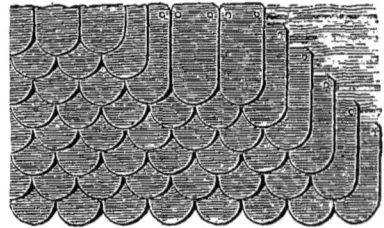

Fig. 2. — Ardoises en écailles.

tibles permet à l'eau de s'écouler rapidement sur ce genre de couverture; mais, à côté de ces avantages, elles ont l'inconvénient d'être plus cassantes que d'autres matériaux employés pour couvertures, et leur peu d'épaisseur permet aux changements de température de se faire sentir à l'intérieur des habitations.

L'ardoise s'attache, de même que la tuile, sur un voligeage avec deux ou trois clous en fer galvanisé ou en cuivre, car ceux en fer sont promptement usés par la rouille. Notre figure 1 montre la disposition de cette couverture : on y voit à droite le voligeage et les ardoises posées, qui se recouvrent mutuellement des deux tiers de leur dimension; le tiers qui reste apparent se nomme *pureau*.

Nous avons vu précédemment qu'on donnait aux ardoises diverses formes; en effet, on les taille en losanges et on les pose en quinconce (figure 1), en écailles ordinaires (figure 2), en écailles allemandes (fig. 3). Au mot Cou-

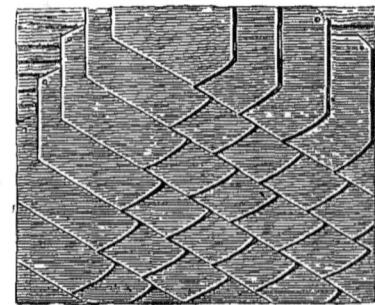

Fig. 3. — Ardoises en écailles allemandes.

VERTURE, nous donnerons d'autres dispositions.

La gelée, les pluies, le vent contribuent beaucoup à la détérioration de ce genre de

| Noms des ardoises. | Dimensions. | | Épaisseur. | Poids du mille. |
|---|---|---|---|---|
| | Longueur. | Largeur. | | |
| MODÈLES FRANÇAIS. | m. | m. | millim. | kil. |
| Premier carré (grand modèle). . . . | 0,325 | 0,222 | 3　à 4 | 530 |
| —　　— 　(forte) . . . . . . . | 0,298 | 0,217 | 4　　» | 550 |
| Deuxième carré. . . . . . . . . . . | 0,298 | 0,196 | 2 1/2 à 3 | 400 |
| Troisième carré (flamande). . . . . | 0,254 | 0,160 | 3　　» | 318 |
| Quatrième carré (cartelette) . . . . | 0,217 | 0,162 | 2 1/2 à 3 | 258 |
| MODÈLES ANGLAIS. | | | | |
| Premier échantillon. . . . . . . . . | 0,64 | 0,36 | 5 1/2 à 6 | 3868 |
| Deuxième échantillon . . . . . . . . | 0,60 | 0,36 | »　　» | 3628 |
| Troisième échantillon . . · . . . . | 0,60 | 0,31 | »　　» | 3128 |
| Quatrième échantillon. . . . . . . . | 0,54 | 0,31 | »　　» | 2810 |
| Cinquième échantillon . . . . . . . | 0,54 | 0,27 | »　　» | 2448 |

couverture qui toutefois, bien entretenu, peut durer en moyenne cinquante années.

Dans les couvertures en ardoises les *noues*, *arêtiers*, *cheneaux* se font soit en zinc, soit en plomb; ce dernier métal est préférable pour cet emploi, mais coûte beaucoup plus cher. Le mètre superficiel d'ardoises ordinaires employé comme couverture pèse environ 25 à 26 kilog.

ARDOISE MÉTALLIQUE. — On donne ce nom à deux modèles d'ardoise en fonte, et en tôle.

ARDOISE (Peinture d'). — Pour mettre les tuiles plates en couleur d'ardoise, on leur donne deux ou trois couches de peinture composée de blanc de céruse, d'huile de lin et de noir d'Allemagne; la première couche est fort liquide, elle sert à abreuver, et les deux autres doivent être plus fermes.

ARDOISE DE PLOMB. — On nomme ainsi, en plomberie, du plomb taillé en façon d'ardoise et qui sert à couvrir les dômes ou les clochers.

ARDOISIER, *s. m.* — Ouvrier employé à l'extraction et à la fabrication des ardoises.

ARDOISIÈRE, *s. f.* — Carrière ou lieu d'exploitation du schiste nommé *ardoise*. Les carrières peuvent être exploitées à ciel ouvert, mais le plus souvent elles le sont au moyen de galeries souterraines, inclinées suivant les bancs d'ardoise.

Les ardoisières les plus importantes et dans lesquelles les moyens d'extraction sont les plus puissants et les plus perfectionnés sont celles d'Angers. La masse ardoisière qui existe aux environs du chef-lieu de Maine-et-Loire n'a pas moins de 10 kilomètres. L'exploitation peut être faite en beaucoup d'endroits à 6 et 8 mètres de la surface, et poussée à plus de 100 mètres de profondeur.

ARE, *s. f.* — Mesure de superficie, carré qui a un décamètre de côté et contient cent mètres carrés.

ARÈNE, *s. m.* — Sable qui a des propriétés analogues à celles des POUZZOLANES (voy. ce mot), et dont la composition est tout à fait différente des sables argileux ou limoneux. (Voy. SABLE.)

ARÉNER, ou S'ARÉNER, *v. a.* — Quand une poutre ou un plancher fléchit ou s'affaisse sous une trop forte charge, on dit que cette poutre ou ce plancher *arènent* ou *s'arènent*.

ARÈNES, *s. f. pl.* — Partie centrale des amphithéâtres romains dans laquelle se livraient des combats de gladiateurs ou d'animaux, ou sur laquelle se donnaient des représentations ou des jeux.

L'arène tirait son nom du sable fin (*arena*) dont elle était couverte et qui était destiné à absorber le sang des victimes de ces jeux sanguinaires. — Des aqueducs ménagés sous l'arène de l'amphithéâtre servaient soit à amener de l'eau pour des naumachies, soit à évacuer les eaux pluviales que la *cavea* des amphithéâtres renvoyait sur l'arène.

Telle est la vraie signification du mot *arène*, que par extension on emploie pour désigner les amphithéâtres anciens; ainsi on dit : les *arènes* de Nîmes, d'Arles, de Lutèce. (Voyez AMPHITHÉÂTRE.)

ARÈNES DE LUTÈCE. — Elles ont été découvertes à la fin de mars 1870 et démolies en partie au mois de juillet de la même année, malgré les plus vives protestations des archéologues et des savants. En effet, la commission des monuments historiques n'avait pas jugé l'amphithéâtre gallo-romain digne d'être classé parmi les monuments historiques. Les maçonneries que nous avons vues et dessinées sont de même nature que celles des amphithéâtres de Senlis et de Compiègne. C'est un *opus incertum* (voy. APPAREIL), revêtu en moellons sans chaînages. Plusieurs monnaies qu'on a trouvées dans le sable de l'arène tendent à prouver que ce monument était du second ou du troisième siècle de notre ère; ce qui nous confirme dans cette supposition, c'est qu'aucune de ces médailles n'est antérieure aux Antonins.

L'amphithéâtre gallo-romain de Paris était donc la plus ancienne construction de la capitale, et à ce titre il est très-fâcheux qu'on l'ait en partie démoli. Nous donnons plus loin, à son rang, un chapiteau des arènes de Lutèce.

**ARÉOSTYLE.** — Voy. Entre-colon-nement.

**ARÊTE**, *s. f.* — Angle saillant formé par la rencontre de deux faces d'un corps solide; *angle vif* d'une pierre, d'une pièce de bois, d'une barre de fer.

L'intersection de deux voûtes en berceau détermine des arêtes; c'est la partie de voûte située au droit de deux berceaux qu'on nomme à cause de cela *voûte d'arête.* (Voy. Voute.) Ces arêtes étaient au moyen âge accompagnées ou renforcées par des nervures qui épousaient la courbure de l'arête. (Voy. Nervures.)

Les arêtes de combles se nomment, les unes Faitages (voy. ce mot), les autres Arétiers ou Brisis (voy. ces mots), couronnement de couverture. (Voy. Crête.)

A vive arête, se dit d'arêtes bien nettes et soigneusement dressées.

Arête de lunette. (Maçonn.) — Angle formé par la pénétration d'une lunette dans un berceau.

**ARÊTIER**, *s. m.* — Pièce de charpente inclinée qui forme les arêtes ou angles saillants du comble. La partie de couverture revêtant cette pièce de bois porte elle-même le nom d'*arêtier*, et se fait en plomb, en zinc, en tuiles creuses posées bout à bout, se recouvrant ou s'assemblant au moyen d'une sorte de taquet

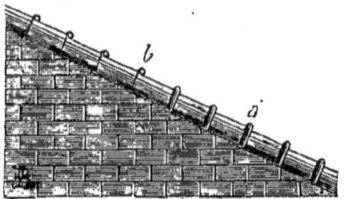

Fig. 1. — Arêtier. *a*, bourrelet; *b*, taquet.

ou de bourrelet (fig. 1). On nomme ces tuiles *arêtières.*

Au moyen âge, les arêtières portaient souvent un appendice saillant, pour empêcher leur

glissement; aux xiiie et xive siècles, ces appendices étaient en forme de crosse (fig. 2) ou de crochet (fig. 3), pareils à ceux que

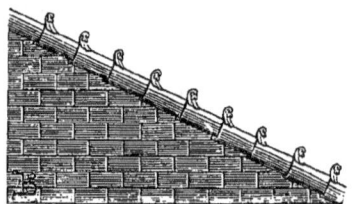

Fig. 2. — Arêtier à crosse.

donnaient le rampant des pignons et des pinacles de cette époque. Au xvie siècle, c'étaient des boutons profilés (fig. 4).

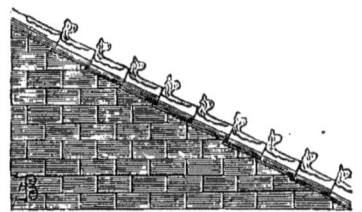

Fig. 3. — Arêtier à crochet.

Anciennement, les charpentiers et les couvreurs disaient, et ils le disent encore dans

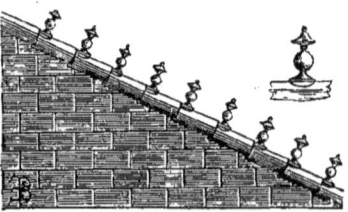

Fig. 4. — Arêtier avec appendice saillant.

certaines provinces du nord, *érestiers, érestières.* Aujourd'hui on confond les arêtières et les *tuiles faîtières.* (Voy. Tuile.)

On donne aussi le nom d'arêtier aux tores qui ornent les arêtes des flèches de clochers.

**ARÊTIÈRE.** — Voy. Arêtier.

**ARGANEAU**, *s. m.* (Arch. hydr.) — Gros anneau de fer scellé dans les murs de quai, ou sur ceux des ports, qui sert à amarrer ou à attacher les bâtiments. Les mariniers disent aussi *organeau.*

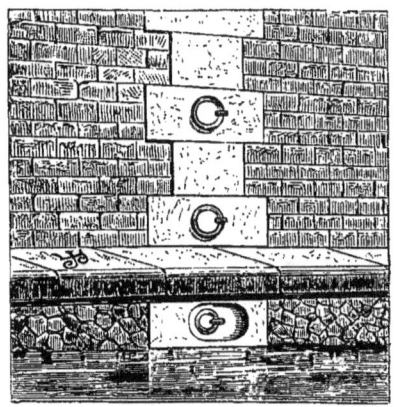

Arganeau.

**ARGENT,** *s. m.* — Ce métal, réduit en feuille mince par le battage ou en poudre impalpable, a été employé en application dans la décoration concurremment avec l'or, mais d'une manière moins fréquente. Il a cependant été utilisé en feuilles au XIIIe siècle sous des plaques de verre de couleur, pour en augmenter l'éclat. (Voy. ARGENTURE.)

L'argent est un des métaux héraldiques. Dans la peinture, on le représente soit en blanc, soit sous son aspect naturel; lorsqu'on ne peut employer des couleurs, comme en sculpture et en gravure, on indique l'argent par une surface unie sans hachures ni pointillé. (Voy. BLASON.)

COMPTABILITÉ. — Dans les mémoires de travaux, on porte directement en valeur *argent* les ouvrages qui, par leur nature ou leur peu d'importance, ne peuvent ou ne valent pas la peine d'être métrés. Ce mode d'appréciation, dont les entrepreneurs abusent, doit être aussi rarement employé que possible dans les mémoires consciencieusement établis. (Voy. MÉMOIRE.)

**ARGENTURE,** *s. f.* — Opération qui consiste à appliquer de l'argent sur un objet; cette application peut être faite de plusieurs manières, soit au moyen d'un mordant et du brunissoir, soit à l'aide d'amalgames et de feu, soit enfin par la pile électrique. La décoration au moyen de l'argenture est d'un emploi beaucoup plus restreint que la dorure.

**ARGILE,** *s. f.* — Substance minérale terreuse, composée de silice, d'alumine et d'eau. L'argile provient de la décomposition de certaines roches, telles que granits, porphyres, etc.; on ne la rencontre jamais à l'état pur, elle est toujours mélangée avec des matières étrangères, du sable, de l'oxyde de fer, du carbonate de chaux, des matières combustibles et bitumineuses, etc. C'est son alliage avec des matières étrangères qui la colore diversement.

Le caractère distinctif des argiles est de former avec l'eau une pâte molle et liante plus ou moins plastique, suivant la qualité de l'argile. En se desséchant, cette pâte conserve sa solidité; une fois desséchée, si on l'expose à une chaleur croissante, elle se solidifie de plus en plus, au point de former un corps assez résistant pour supporter des pressions considérables sans s'écraser; arrivé à ce degré, l'argile ne se dissout plus dans l'eau. Ce sont ces diverses qualités qu'on a utilisées dans les arts pour la fabrication des poteries, des briques, des tuiles, des carreaux, etc.

L'argile sert à de nombreux usages. Crue, on l'emploie dans les constructions à faire des CORROIS (voy. ce mot); cuite, elle donne tous les produits connus sous le nom de *terre cuite,* et pour la décoration ou l'ornement les produits connus sous le nom de *céramique;* enfin les argiles très-pures, qui ne fondent pas à la température la plus élevée, donnent des matériaux *réfractaires* ou *apyres,* qui servent à la construction des hauts fourneaux.

Par la cuisson, l'argile éprouve un retrait d'environ un quinzième de son volume; beaucoup d'architectes, pour n'avoir pas tenu compte de ce retrait, ont produit des décorations maigres ou hors d'échelle, et ont souvent été obligés de faire recommencer des terres cuites. L'argile crue est vulgairement connue sous le nom de *terre glaise.*

**ARMATURE,** *s. f.* — Ensemble de pièces de fer ou de bois qui servent à consolider, à réunir un assemblage en charpente, ou à contenir l'écartement d'une voûte, d'un dôme, d'une flèche, d'un fronton ou de tout autre genre de construction. Les Romains ont fait un grand usage des armatures pour rendre solidaires les claveaux des plates-bandes, des architraves, quand ils n'étaient pas monolithes. Ils s'en sont servis également pour relier les pierres qui composent les frontons. Notre figure 1 montre un exemple d'une armature complète d'architrave.

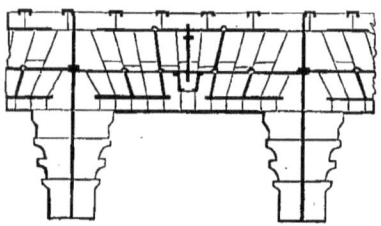

Fig. 1. — Armature d'architrave.

L'architecture ogivale a aussi employé l'armature dans ses constructions; elle en a même abusé dans les nervures et les colonnettes des grandes baies de certaines églises gothiques, dont les fenêtres ne se maintiennent que grâce à une ossature en fer. A la Sainte-Chapelle du Palais, à Paris, les arêtes de la voûte absidale sont

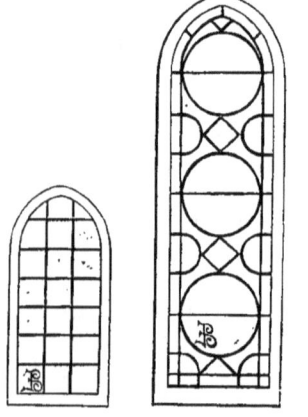

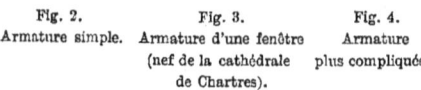

Fig. 2.          Fig. 3.          Fig. 4.
Armature simple.  Armature d'une fenêtre   Armature
              (nef de la cathédrale   plus compliquée.
              de Chartres).

éclissées par deux courbes en fer méplat posées de champ et reliées entre elles par des boulons à rivets, qui traversent la tête des claveaux.

Ici l'abus est évident, car ces armatures ne sont d'aucune utilité. A la même époque, les armatures en fer ont été d'un grand secours pour le montage et l'assujettissement des balustrades et surtout des grands vitraux; la disposition des pièces composant ces sortes d'armatures a suivi les modifications survenues dans l'agencement des vitraux. Après avoir formé à l'origine des compartiments simples, composés de montants et de traverses (fig. 2), les armatures se sont peu à peu compliquées (fig. 3 et 4), et sont arrivées à n'être plus que des BARBOTIÈRES (voy. ce mot); ce qui a offert un plus vaste champ aux compositions des peintres verriers.

De nos jours, on a eu recours à de fortes armatures pour consolider les dômes du Panthéon et des Invalides de Paris; on a également employé des armatures pour renforcer des POUTRES et des POITRAILS (voy. ces mots), qu'on a nommées à cause de cela poutres armées.

Dans le langage des fondeurs, l'armature est un assemblage de pièces de fer destiné à porter le noyau et le moule de potée des ouvrages de grande dimension.

Les sculpteurs emploient aussi des armatures pour soutenir leurs modèles en glaise ou en plâtre.

Dans une pompe, on nomme armature les pièces de fer, telles que châssis, balanciers, tringles et brides, dont l'ensemble avec le corps de pompe constitue la pompe proprement dite.

ARMEMENT, s. m. (Couvert.) — On nomme ainsi les ardoises qu'on place sur les murs ou sur les jouées des lucarnes, pour les garantir de la pluie.

ARMER, v. a. — Mettre une armature. On arme une poutre en la reliant à une autre au moyen d'étriers et de boulons ou en flanquant une poutre en bois de deux fers à T; on arme une borne, un chasse-roue, en les entourant de deux ceintures en fer.

ARMES. — Voy. BLASON.

ARMILLES. De armilla, bracelet, synonyme d'ANNELETS. (Voy. ce mot.)

ARMOIRE, s. f. — De *armarium*, *armariolus*, *armariolum*. On nomme ainsi des réduits ou niches pratiqués dans l'épaisseur des

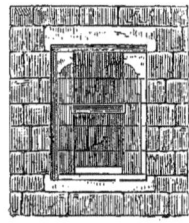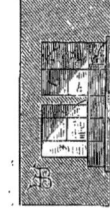

Fig. 1. — Élévation et coupe d'une armoire d'église.

maçonneries, et qui servent à renfermer des objets de valeur. Ces armoires se ferment avec des volets, des portes de bois ou de fer décorées de peintures ou de tout autre détail architectonique très-ornementé. Ces sortes d'armoires, appelées aussi *conditoria*, existent encore dans des églises anciennes, où elles se trouvent

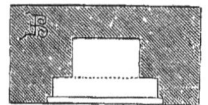

Fig. 2. — Plan d'une armoire d'église.

près de l'autel ; elles servaient à resserrer les objets nécessaires au culte, les burettes, les saintes huiles, les vases sacrés, etc. Nos figures 1 et 2 en montrent un exemple. On peut en voir dans beaucoup de constructions religieuses, entre autres aux abbayes de Vezelay et de Savigny. Quand les armoires ne sont pas fermées, on les nomme plutôt CRÉDENCES. (Voy. ce mot.)

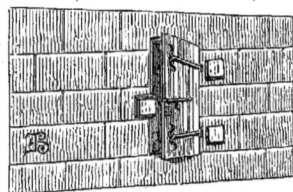

Fig. 3. — Armoire dans la tour de Montbard.

On pratiquait également des armoires dans l'épaisseur des murs de châteaux forts, où elles servaient à enfermer des vivres et des provisions de toute nature. Nous donnons dans notre figure 3 l'une de celles qui existent dans la grosse tour carrée de Montbard, construite au XIIIᵉ siècle.

On nomme encore *armoire* des meubles en menuiserie, des espèces de coffres dont cinq côtés sont assemblés, tandis que le sixième, celui en façade, est fermé par un vantail ou plusieurs vantaux.

Quoique l'antiquité ne nous ait point légué de meubles de ce genre, nous avons des preuves certaines de leur existence chez les anciens (Cato, *De re rustica*, 11, 3 ; Cicer., *pro Cluent.*, 64 ; *pro Cœl.*, 21 ; Petr., *Sat.* 29 ; Vitr., VII, *præf.*), qui y enfermaient des armes (de là l'origine du nom *armarium*), des vêtements, des bijoux, de la vaisselle et même des livres, comme le prouve ce passage de Pline (*Hist. nat.*, XXIX, 5) : *Adnectitur angulo cubiculum in apsida curvatum, quod ambitum solis fenestris omnibus sequitur. Parieti ejus in bibliothecæ speciem* armarium *insertum est quod non legendos libros, sed lectitandos capit.* Du reste, la figure 4, que nous donnons ici, tirée de Mazois (*Palais de Scaurus*, pl. 8, p. 145 et 292), achèvera de dissiper toute incertitude à ce sujet. « Ce bas-relief, dit Mazois (p. 292), paraît, je crois, pour

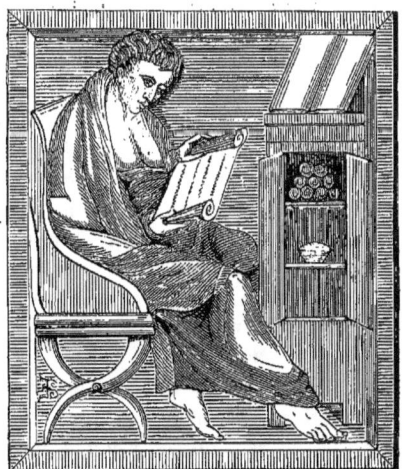

Fig. 4. — Armoire chez les anciens.

la première fois. Je l'ai pris d'un sarcophage qui sert de bassin à la fontaine de l'*Osteria della Barcacia, strada Condatta*, à Rome. On y voit un homme studieux lisant un manuscrit; il est assis près d'une armoire dans laquelle sont des rouleaux et une écritoire, et au-dessus de l'armoire un livre ouvert repose sur un pupitre. »

Nous pourrions citer, d'après les monuments qui appartiennent au Bas-Empire et aux premiers temps de l'art chrétien, un assez grand nombre de meubles de ce genre; nous préférons renvoyer le lecteur aux ouvrages suivants : Garruci, *Storia dell' arte crist.*, pl. 126, 1; le même, *Vetri ornati*, pl. 5, 1, 2, 3, 6, 7; Buonarroti, *Framenti di vasi ant. di vetro*, pl. 2; Ciampini, *Vet. moniment.*, I, 67.

Aujourd'hui on peut voir dans nos musées des armoires du XIIIᵉ et même du XIIᵉ siècle. A cette époque, comme du reste pendant tout le moyen âge et la renaissance, ces armoires étaient faites en bois de chêne, de noyer ou de poirier, et garnies de ferrures ouvrées; elles étaient aussi enrichies de peintures, de dorures et d'incrustations de nacre, d'ivoire ou d'autres matières précieuses.

On conserve dans les cathédrales de Bayeux et de Noyon des armoires du XIIIᵉ siècle. A partir du XVᵉ siècle les moulures et les sculptures remplacent la peinture dans l'ornementation des armoires; dans la salle du trésor de l'église de Saint-Germain l'Auxerrois il existe de beaux spécimens de ce genre de meuble.

**ARMOIRIES**, *s. f. pl.* — Signes symboliques qui distinguent les personnes, les familles, les villes, les peuples. Nous donnons les armoiries de la ville de Paris qui portent *de gueules à la nef fretée, habillée d'argent, flottant sur les ondes de même, au chef cousu de France ancien*, et qui a pour devise : *Fluctuat nec mergitur.* (Voy. BLASON.)

**ARMORIÉ**, *adj.* — Se dit de tout ce qui est orné de figures employées dans le blason ; les portes, les serrures, les meubles, etc., peuvent être armoriés.

**ARONDE** (QUEUE D'), *s. f.* — Le mot *aronde*, ancien nom de l'hirondelle, n'est guère usité que dans l'expression *queue d'aronde* ; c'est un des assemblages employés le plus fré-

quemment dans la construction en général. Il se compose d'un tenon plus large à son extrémité qu'à son collet, ce qui lui donne jusqu'à un certain point une ressemblance avec la queue de l'hirondelle; de là son nom. Cet assemblage ne s'emploie guère que pour des objets qui ne se soutiennent pas d'eux-mêmes et qui n'ont à résister qu'à un effort latéral ; dans ce dernier cas, la résistance que présente la queue d'aronde est considérable. Par exemple, quand il s'agit d'assembler bout à bout un cours de plate-forme ou de sablières, on rend ces pièces solidaires en taillant chacune de leurs

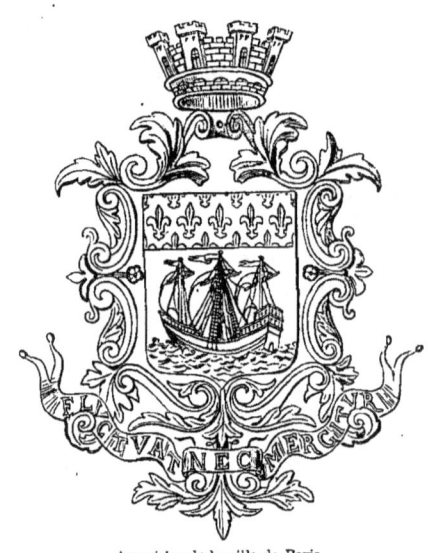

Armoiries de la ville de Paris.

extrémités en queue d'aronde (voy. ASSEMBLAGE); un côté fait TENON et l'autre MORTAISE. (Voy. ces mots.)

Dans d'autres cas, les queues d'aronde sont des pièces détachées, qu'on introduit dans des entailles pratiquées dans les pièces qu'on doit réunir. Les Grecs et les Romains en ont fait usage pour assembler des blocs de pierre et de marbre dans l'appareil nommé *opus revinctum*. (Voy. APPAREIL, fig. 15.)

Ils employaient alors des doubles queues d'aronde en bronze ou en bois durci au feu; ou bien ils coulaient, dans les entailles, du plomb qui en se refroidissant remplissait le même office que des queues d'aronde en métal taillées ou forgées. On façonnait des pierres en queue d'aronde, qu'on engageait dans une maçonnerie en blocage. Des queues d'aronde en bronze étaient aussi posées en parement. Les anciens (Vitruve, liv. 4, ch. 7) appelaient les queues d'aronde *securiculæ*, parce qu'elles ressemblent aussi à de petites haches.

Les architectes des xve et xvie siècles usèrent et abusèrent de celles-ci pour maintenir de grands encorbellements, pour suspendre des clefs de voûtes recevant des arcs sans point d'appui ; ils en firent un emploi fréquent dans les CLEFS PENDANTES. (Voy. ce mot.)

En architecture militaire, on nomme *ouvrage en queue d'aronde* un ouvrage à corne qui s'ouvre en éventail sur la campagne. Dans le cas contraire, c'est-à-dire si le côté large de l'éventail regarde la ville, l'ouvrage est dit en *contre-queue d'aronde*.

ARPENT, *s. m.* — Ancienne mesure agraire contenant cent perches. L'arpent variait dans presque chaque localité, parce que la perche elle-même était très-variable. L'arpent de Paris vaut environ un tiers d'hectare et celui des eaux et forêts un demi-hectare, à peu de chose près.

ARPENTAGE, *s. m.* — Art de l'arpenteur ; mesurage des terres par arpent et par suite à l'aide de toute autre mesure agraire. On effectue cette opération soit lorsqu'il faut partager ou délimiter des terres, soit quand il s'agit d'en vérifier le BORNAGE. (Voy. ce mot.)

Les instruments dont on se sert pour l'arpentage sont des jalons et des fiches, une chaîne et une équerre d'arpenteur ; la chaîne a ordinairement 10 mètres de longueur, aussi la nomme-t-on DÉCAMÈTRE. (Voy. ce mot.)

Nous ne donnerons ici aucune notion sur l'arpentage ; on trouvera des renseignements dans tous les ouvrages élémentaires de dessin linéaire, de géodésie, etc.

ARPENTEUR, *s. m.* — Celui qui se livre à l'art de l'arpentage ; on le nomme aujourd'hui de préférence *géomètre*.

Anciennement il existait chez nous une charge de *grand maître*, ou *grand arpenteur de France*. Le grand arpenteur accordait les offices d'arpenteur dans chaque bailliage, pour lesquels une ordonnance de 1669 exigeait des titulaires un cautionnement de 1,000 livres. Louis XIV supprima cette charge en 1688.

ARQUÉ, ÉE, *part. passé*. — En forme d'arc, de voûte, ou à l'égard duquel l'arc joue un rôle important. Ainsi, on appelle *tombeau arqué* un monument funéraire placé sous une arcade à jour ou en forme de niche. ( Comme complément, lire le mot suivant. )

ARQUER, *v. a.* — Courber en arc ; arquer une pièce de fer, de bois, c'est la rendre courbe.

S'ARQUER, *v. n.* et *r.* — Fléchir, devenir courbe, se dit d'une construction, d'une pièce de bois, d'un poitrail en fer qui, par suite d'un vice de construction ou d'une trop forte charge, se déforme en prenant une forme cintrée.

ARRACHEMENT, *s. m.* — On nomme ainsi des pierres faisant saillie ou HARPES

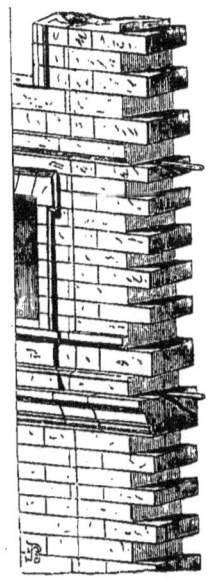

Arrachement.

( voy. ce mot ) et servant à lier une maçonnerie nouvelle à une plus ancienne ; chaque fois que dans une ville on élève une construction qui sera mitoyenne sur un ou plusieurs de ses côtés, on laisse, dans toute la hauteur du mur ou des murs, des pierres faisant saillie et qu'on nomme *pierres d'attente;* mais c'est principalement quand on démolit un mur ou une façade qu'on forme des *arrachements,* c'est-à-dire qu'on conserve des pierres saillantes pour établir une liaison avec les reprises qu'on pourra exécuter ultérieurement.

On nomme encore *arrachement* les premières retombées d'une voûte enclavée dans le mur.

ARRANGEMENT, *s. m.* — En fumisterie faire un arrangement de cheminée, c'est rétrécir son foyer. On peut pratiquer cette opération de plusieurs manières, soit avec des plaques en fonte et des briques apparentes, soit seulement avec des plaques en fonte.

On fait un arrangement de cheminée de cuisine avec des plaques en fonte et leur garnissage, de petits jambages, un double soubassement, etc.

ARRÊT, *s. m.* — Ce mot n'est guère usité qu'en serrurerie, mais il a beaucoup de significations; ainsi on nomme *arrêt de pène,* un petit talon qui entre dans les encoches du pène d'une serrure, et empêche ce pène de courir ; *arrêts de persiennes,* les dispositions qui permettent de maintenir les persiennes ouvertes. Il y

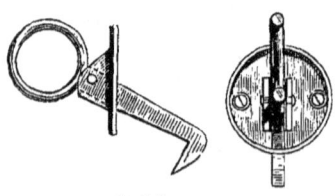

Arrêt à anneau.

en a plusieurs sortes : la plus généralement employée est une patte en fer dont une extrémité est terminée par un œil, et l'autre par une pointe à scellement; on la fixe dans le mur de façon à ce qu'elle fasse saillie en avant de la persienne qui porte en cet endroit une clavette qu'on introduit dans l'œil de la patte. D'autres arrêts de persiennes sont munis d'un petit mécanisme qui s'abaisse au moment où

la persienne passe sur eux et qui se redresse en crochet, quand la persienne est appliquée contre le mur ; — *arrêt de verrou,* épaulement fait sur un verrou pour arrêter sa course. Il y a aussi, comme l'indique notre figure, des *arrêts à anneau* qui s'accrochent dans le mur.

Les jardiniers paysagistes nomment *arrêt* un petit ados qui coupe une allée plate dans son travers, et qui sert à empêcher que les eaux ne la dégradent.

ARRÊTER, *v. a.* — Ce mot a des significations diverses : en maçonnerie, arrêter une pierre, c'est l'assurer, la fixer à demeure ; une solive, c'est en maçonner les SOLINS. ( Voy. ce mot. )

ARRÊTER signifie également sceller au plâtre, au ciment, au soufre et à la limaille de fer, au plomb, etc.

ARRÊTER de la menuiserie, c'est la sceller avec des pattes et des crampons.

Dans l'art du dessin, arrêter une composition, un plan, une figure, une esquisse, etc., c'est en fixer le dessin d'une manière définitive.

ARRÊTOIR, *s. m.* — Ustensile de fer ou de bronze servant à fixer l'ouverture d'une porte, d'une fenêtre, dans un écartement désiré.

ARRIÈRE-BEC, *s. m.* — Éperon de la pile d'un pont du côté d'aval; il peut être en maçonnerie ou en charpente. (Voy. BEC et AVANT-BEC.)

ARRIÈRE-BOUTIQUE, *s. f.* — Pièce située en arrière de la BOUTIQUE. (Voy. ce mot.)

ARRIÈRE-CABINET, *s. m.* — Pièce située en arrière du cabinet.

ARRIÈRE-CHŒUR, *s. m.* — Chœur placé derrière le maître-autel d'une église ou d'une chapelle; ce deuxième chœur est séparé de celui de l'église par un mur ajouré, des grilles ou de simples tentures. Dans les monastères c'est là que se tiennent les moines pendant les offices

ARRIÈRE-CORPS, *s. m.* — Partie verticale d'un bâtiment qui est en retraite sur une autre ; lambris ou partie de menuiserie faisant également retraite sur une autre.

En marbrerie, c'est un évidement fait sur l'angle d'un socle, d'un pied-droit, etc.

**ARRIÈRE-COUR**, *s. f.* — Cour située derrière une autre ou derrière un bâtiment, et sur laquelle se dégagent les communs et les dépendances d'un palais, château ou hôtel. 'Les arrière-cours servent aussi à donner de l'air et du jour à des dégagements, escaliers, water-closets, cabinets de toilette, etc.

**ARRIÈRE-PLAN**, *s. m.* — Plan situé sur l'arrière d'un ou de plusieurs autres plans.

**ARRIÈRE-VOUSSURE**, *s. m.* — Voûte pratiquée derrière le tableau d'une porte ou d'une croisée, et qui sert à décharger la plate-bande, à couvrir l'embrasure et à donner plus de jour à l'intérieur de la salle où elle est pratiquée. On l'utilise encore quelquefois pour raccorder l'architecture extérieure et intérieure d'un édifice. L'arrière-voussure est en plein-cintre ou en arceau ; dans ce dernier cas elle est dite *bombée.* On distingue plusieurs sortes d'arrière-voussures, mais trois sont plus particuliè-

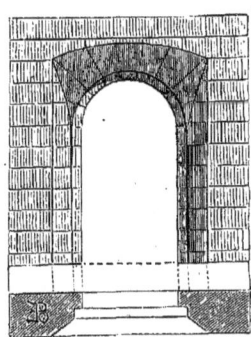

Fig. 1. — Arrière-voussure de Marseille.

rement employées : 1° l'*arrière-voussure de Marseille*, qui est une voûte cintrée par devant et bombée par derrière, comme le montre notre figure 1 : elle est souvent employée pour faciliter l'ouverture des vantaux cintrés d'une porte ; 2° l'*arrière-voussure de Montpellier* est en tout

semblable à l'arrière-voussure de Marseille, sauf que la ligne bombée de derrière est rem-

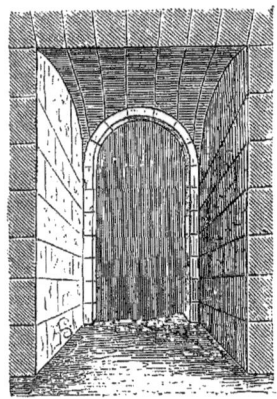

Fig. 2. — Arrière-voussure de Montpellier.

placée par une plate-bande (fig. 2) ; 3° l'*arrière-voussure de Saint-Antoine* est le contraire de la précédente, c'est-à-dire que la plate-bande existe sur le devant de la voûte, tandis que sur le derrière la voûte est en plein-cintre (fig. 3), ou même quelquefois elliptique, quand il s'agit de se raccorder avec l'architecture intérieure d'un édifice.

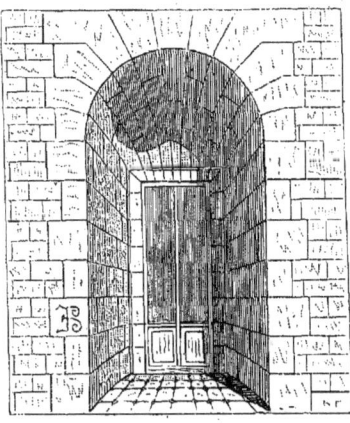

Fig. 3. — Arrière-voussure de Saint-Antoine.

Cette courbe est ainsi nommée parce que l'un des Métezeau (1) en fit la première appli-

(1) C'est probablement Thibaut Métezeau, puisque Sauval (*Antiquités de Paris*, t. 2, p. 42) dit : « Thibaut Métezeau éleva l'avant-portail de la porte Saint-

cation aux portes de l'ancien arc triomphal de la rue Saint-Antoine. Cette arrière-voussure, assez difficile à construire, demande un appareillage très-bien exécuté, car les pierres à joints courbes sont sujettes à se rompre sous une charge mal équilibrée. (Voy. VOUSSURE.) Enfin, on nomme *arrière-voussure réglée*, celle qui est droite par son profil.

**ARRONDISSAGE,** *s. m.* — Opération exécutée par les serruriers, qui consiste à arrondir une lime.

**ARRONDISSEMENT D'ANGLE.** *s. m.* — On comprend sous cette dénomination l'adoucissement qu'on donne aux angles rentrants et aux angles saillants ou arêtes.

Pour faciliter leur curage, on arrondit les angles qui existent à l'intérieur des fosses d'aisances, des aqueducs, des cuvettes, etc.

**ARROSAGE DES MATÉRIAUX,** *s. m.* — (Voy. HUMECTATION.)

**ARROSEMENT DE LA VOIE PUBLIQUE,** *s. m.* — L'arrosement de la voie publique est un moyen d'assainir les villes. C'est ordinairement la municipalité qui fait exécuter ce service dans les villes, et les maires, par voie d'affichage, invitent leurs administrés à arroser devant leur maison pendant les heures de forte chaleur. A Paris, c'est la préfecture de police qui est chargée du service de l'arrosement de la voie.

Pendant longtemps l'arrosage a été facultatif, mais des ordonnances successives l'ont rendu obligatoire. La première de ces ordonnances remonte au 26 juillet 1777; la dernière, qui est encore en vigueur, date du 20 juin 1851; nous la résumons dans les quelques lignes suivantes : « Pendant tout le temps des chaleurs, les propriétaires ou locataires sont tenus de faire arroser au moins une fois par jour, de 11 heures du matin à 3 heures de l'après-midi, la partie de la voie publique au-devant de leurs maisons,

---

Antoine, sur lequel était la date de 1585, et commença la salle des Antiques au Louvre. »

boutiques, jardins et autres emplacements ; ils feront écouler les eaux, pour en éviter la stagnation. Il est défendu de se servir d'eau stagnante des ruisseaux pour l'arrosement et de lancer l'eau sur la voie publique de manière à gêner la circulation ou à éclabousser le passants. » Les contraventions sont punies par des amendes réglées par les articles 471 et 474 du code pénal, et de nombreux arrêts de la cour de cassation, notamment des 6 avril et 10 août 1833, ont décidé que les charges des villes incombent à la propriété, c'est-à-dire que toute contravention aux règlements et ordonnances est punie en la personne du propriétaire ou du locataire qui en a accepté la responsabilité. — A Paris, moyennant un abonnement, la direction de a voirie se charge de l'arrosement et du balayage de la voie; il serait à désirer que dans toute ville de quelque importance il en fût de même.

**ARROSOIR,** *s. m.* — Instrument servant à arroser. L'arrosoir *à pomme* doit nécessairement faire partie du matériel d'un entrepreneur de maçonnerie, car les limousins et les briqueteurs doivent s'en servir fréquemment pour humecter leurs matériaux avant et après leur mise en œuvre, ainsi que pour d'autres opérations qui ne peuvent être bien faites sans le secours de l'arrosage. (Voy. HUMECTATION.)

Les plombiers nomment *arrosoir* un entonnoir qui leur sert à arroser le sable de leur moule.

**ARRURGIE,** *s. f.* — Canal servant dans les mines à l'écoulement des eaux.

**ARSENAL,** *s. m.* — Ce mot désigne l'ensemble des bâtiments destinés à recevoir et à conserver les armes et les munitions de guerre de toutes sortes.

Les Juifs, comme le prouvent certains passages de la Bible, avaient des arsenaux; ainsi, dans le livre des Rois et dans les Paralipomènes (l. 2, c. 9, v. 15 et c. 26, v. 14), on voit que David avait réuni de nombreuses armes dans son palais et que Salomon avait un arsenal dans sa maison du Liban.

L'*arsenal de terre* prend donc naissance dans le palais même des rois ; mais plus tard, lorsque les peuples vont guerroyer au loin, il leur faut des navires, des galères et des agrès : ils construisent alors des *arsenaux maritimes*.

Les Phéniciens passent pour les créateurs de ce dernier genre, et les Tyriens seraient ceux qui, les premiers, auraient creusé un port militaire à côté de leur port marchand. Volney (t. 2, p. 105) en a même indiqué la place par les traces encore subsistantes.

Carthage, colonie tyrienne, avait aussi son port militaire, nommé *Cothon ;* de l'Afrique les arsenaux maritimes parvinrent en Grèce ; Pausanias en mentionne plusieurs, entre autres l'arsenal de Pellène (l. 2, ch. 12), celui des Hermionéens (*ib.*, ch. 36), celui du Pirée (*ib.*, ch. 29).

Les Romains, à l'instar des Phéniciens et des Grecs, creusèrent des ports pour y établir des arsenaux maritimes ; car les arsenaux de terre qui avaient suffi à la république devinrent insuffisants sous les empereurs. C'est alors que les dépôts et la fabrication des armes furent placés sous la surveillance d'un *magister fabrum*, et que chaque atelier eut une fabrication spéciale : l'un était l'*officina hastaria*, fabrique des armes de jets ; l'autre, l'*officina scutaria*, pour les boucliers ; un autre, celui des cuirasses, *officina clibanaria*.

Claude et Trajan construisirent la nouvelle ville d'Ostie, c'est-à-dire le port militaire, dont Suétone (*Claud.*, ch. 20), Juvénal (*Sat.* 22, v. 75) et Pline le jeune (liv. 16, v. 75 ; et liv. 8, epist. 17) nous indiquent diverses dispositions.

L'empire d'Orient, dès la fondation de Constantinople, posséda des arsenaux : celui de la capitale était situé à la Corne-d'Or, tout près de l'ancien port de Byzance ; plus tard Théodose en fit construire un beaucoup plus important sur la Propontide, aujourd'hui la mer de Marmara.

Au moyen âge la féodalité n'aime point les grands dépôts d'armes : on ne crée point d'arsenaux, les armes sont déposées dans les châteaux forts, où les vassaux vont les recevoir pour combattre ; mais dès la renaissance, les arsenaux font leur apparition, ils prennent de l'importance, et, sous Louis XIV, chaque ville frontière, chaque place forte en possédait. Aujourd'hui toutes les grandes puissances ont malheureusement des arsenaux immenses.

**ART**, *s. m.* — Il n'existe certainement pas de mot qui pour sa définition ait fourni plus de matières à la discussion ; en effet, des hommes plus subtils que profonds ont écrit peut-être des milliers de volumes pour définir ce mot. Aussi nous nous garderons bien de nous engager dans une discussion sans issue, pour essayer de renfermer ce mot si expressif dans une formule banale. Nous renverrons donc le lecteur désireux de connaître une définition de ce mot au *Dictionnaire de l'Académie* ou à celui de Littré. Cet illustre savant prétend que l'art n'est qu'une *manière de faire une chose selon certaine méthode, selon certains procédés*.

**ARTÈLE** ou **GOUTTIÈRE**, *s. f.* — Morceau de bois de chêne rond et concave dont les plombiers se servent pour verser la soudure dans les joints verticaux d'un réservoir.

**ARTÉSIEN**. — Voy. PUITS.

**ARTICHAUT**, *s. m.* — Pièce de serrurerie, hérissée de dards, de crocs et de pointes, que l'on place aux endroits par où des malfaiteurs pourraient tenter de s'introduire dans une habitation. Les artichauts se placent de chaque côté d'une barrière, sur le haut des portes en fer forgé dont les enroulements permettraient une facile escalade, sur des grilles défendant les approches d'un saut-de-loup, etc.

**ARTICULATION**, *s. f.* — Partie d'un objet articulé.

**ARTICULÉ, ÉE**, *adj.* — Objet qui est formé d'une ou de plusieurs articulations.

**ARTISAN**, *s. m.* — Celui qui exerce un métier. Un menuisier, un serrurier, un maçon, un briquetier sont des artisans.

**ARTISTE**, *s. m. et f.* — Celui ou celle qui exerce avec art un métier, une profession, un état quelconque.

**ASCENSEUR**, *s. m.* — Cage de fer que l'on place dans un local et qui, à l'aide d'un mécanisme, sert à monter et à descendre des personnes ou des fardeaux.

On pose aujourd'hui des ascenseurs dans les maisons, pour supprimer les escaliers; dans les magasins et entrepôts, dans les chantiers, pour élever des marchandises et des matériaux; dans les gares de chemins de fer, lorsque la voie ferrée se trouve plus élevée que le sol.

**ASPIC**, *s. m.* — Outil de serrurier en forme de langue d'aspic; le foret a souvent son taillant en *langue d'aspic*.

**ASPHALTE**, *s. m.* — Matière bitumineuse qui, mélangée avec du goudron, du brai et du gravier, est employée au dallage, pour les trottoirs, les cours, les couloirs, les sous-sols, etc. Il existe à Seyssel (Ain) des mines d'asphalte très-importantes.

On fait aujourd'hui des asphaltes artificiels avec des résidus de goudron de houille ou *coaltar*, mais ils sont loin de valoir les asphaltes naturels. (Voy. BITUME, BRAI, DALLAGE.)

**ASSEAU.** — Voy. ASSETTE.

**ASSÈCHEMENT**, *s. m.* — Action d'assécher, de rendre sec, de priver d'eau ou d'humidité. On assèche un mur, des caves, un sous-sol ; et on emploie dans ce but plusieurs moyens, mais surtout la VENTILATION (voy. ce mot). L'humidité est une des grandes causes de détérioration, il est donc urgent d'assécher les constructions par des moyens artificiels ou naturels. (Voy. HUMIDITÉ.)

**ASSEMBLAGE**, *s. m.* — Terme employé dans la charpenterie, la menuiserie et la serrurerie (1), pour désigner les procédés servant à relier entre elles des pièces de bois et de fer.

_____

(1) Quelques auteurs ont également admis l'assemblage pour les pierres ; nous n'avons pas cru devoir le faire, bien que certaines pierres puissent réellement être assemblées, en QUEUE D'ARONDE, par exemple (voy. ce mot ). Nous avons préféré rejeter aux mots APPAREIL et COUPE DE PIERRE tout ce qui a trait à l'assemblage des pierres.

Les assemblages existent probablement depuis l'antiquité la plus reculée, puisque dès que l'homme s'occupa de constructions, il

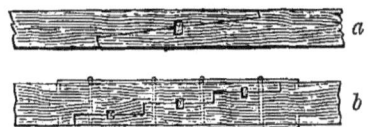

Fig. 1. — Assemblage à trait de Jupiter simple, et en adent.

éprouva le besoin de réunir des pièces de bois, pour les allonger ou les élargir. Dans le principe, il dut employer des combinaisons fort simples qui le conduisirent insensiblement à d'autres plus ingénieuses et plus compliquées.

Dans les différentes branches de l'art de bâtir les assemblages sont extrêmement variés.

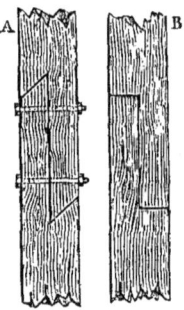

Fig. 2. — Assemblage de poteaux.
A, boulonné; B, cloué ou chevillé.

En charpente et en menuiserie, on emploie souvent des assemblages identiques ; aussi les avons-nous réunis dans le même paragraphe.

Pour allonger ou pour réunir deux poutres, on emploie l'assemblage *à trait de Jupiter* (fig. 1), *simple, a,* ou *en adent, b.* Pour des poutres moins fortes, pour des poteaux, on emploie les entures représentées par notre figure 2.

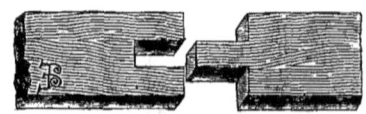

Fig. 3. — Assemblage à tenon et à mortaise.

L'enture A est boulonnée sur deux points et les deux pièces de bois sont taillées en sifflet; la figure B est simplement clouée ou chevillée, les deux poteaux étant sciés à angle droit et à mi-bois. Ces deux genres d'assemblages, ainsi que ceux qui suivent, sont également employés pour LINTEAUX, SABLIÈRES, ARBALÉTRIERS. (Voy. ces mots.)

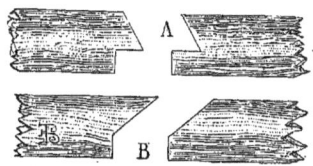

Fig. 4. — A, assemblage à mors d'âne ; B, à paume.

Les assemblages les plus simples sont le *tenon* et la *mortaise* (fig. 3). Le tenon doit toujours être taillé suivant le fil du bois, être égal au tiers de l'épaisseur de la pièce et situé dans son milieu. La mortaise sera inversement située dans l'autre pièce ; les deux jouées seront donc égales aussi au tiers de la pièce de bois : ces trois tiers réunis feront l'é-

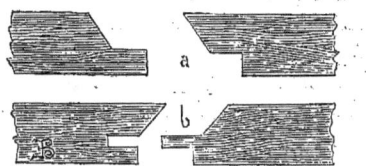

Fig. 5. — *a*, assemblage à tenon et à repos ; *b*, à chaperon.

paisseur totale du bois. Un assemblage ainsi compris est très-bon, car le tenon et les jouées de la mortaise, étant de même force, auront la même résistance. Après le tenon et la mortaise, les assemblages les plus usités sont (fig. 4) ceux dits *à mors d'âne* A, *à paume* B ; (fig. 5), *à tenon et à repos* a, *à chaperon* b.

Dans bien des assemblages qui précèdent

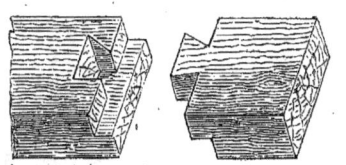

Fig. 6. — Assemblage à queue d'aronde et à mi-bois.

on emploie des chevilles pour assujettir ou monter les pièces.

Les trous destinés à recevoir les chevilles d'assemblage doivent être situés au tiers in-

férieur de la longueur du tenon et dans l'axe de son épaisseur. Les chevilles, faites en bois dur et de fil, sont cylindriques, et leur diamètre est égal au quart de l'épaisseur du tenon.

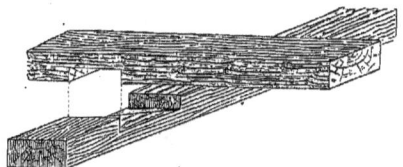

Fig. 7. — Assemblage simple à mi-bois.

On emploie, pour empêcher les pièces de bois de fléchir et obvier aux mouvements en travers et en longueur, l'assemblage *à queue d'aronde* et *à mi-bois* (fig. 6) ; le simple assem-

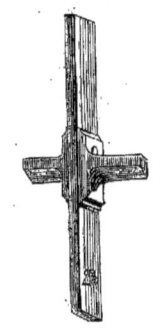

Fig. 8. — Assemblage à empâtement boulonné.

blage à mi-bois (fig. 7) sert aussi dans le cas où l'on veut joindre deux pièces transversalement, soit d'équerre, soit en biais.

Nous ne nous appesantirons pas plus longtemps sur les assemblages en bois, et nous

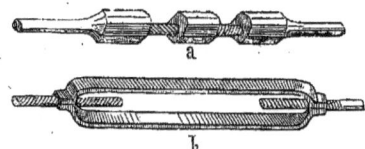

Fig. 9. — Assemblage en fer ; *a*, boulon à deux tiges ; *b*, boucle avec écrou.

parlerons immédiatement des assemblages en fer. En serrurerie, nous retrouvons les assemblages *à tenon et à mortaise*, *à mi-fer* ou par moitié, *à queue d'aronde*, *en sifflet*, *d'onglet*, ou *par prisonniers;* ce dernier assemblage peut être obtenu par deux moyens, que les deux pièces soient réunies par le taraudage, ou qu'elles soient serties au mattoir. Les assemblages les plus usuels sont ensuite (fig. 8) *l'empâtement boulonné,* (fig. 9) le *boulon à deux tiges taraudées* (*a*) en sens inverse et pénétrant dans les renflements qui existent sur les tiges à réunir; l'*assemblage avec boucle et écrou* (*b*, même fig.) : celui-ci permet de serrer ou de desserrer à volonté les tiges réunies. On assemble aussi très-souvent le fer, la fonte et la tôle par des *boulons*, des *goujons* et des *rivets;* notre figure 10 montre ce dernier assemblage, qui

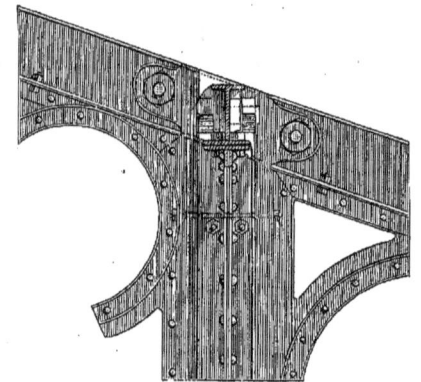

Fig. 10. — Assemblage en fer, par boulons, rivets, etc.

est le plus employé dans la charpente en fer. (Voy. CHARPENTE.)

ASSEMBLER, *v. a.* — Réunir deux ou plusieurs pièces de bois, de fer, à l'aide d'un assemblage; faire un assemblage.

ASSEOIR, *v. a.* — Mettre dans une situation ferme, stable et de niveau une assise de pierre, de brique ou de moellon. On dit *asseoir* un fût de colonne sur sa base, *asseoir* une maçonnerie de brique sur sa fondation, etc.

ASSETTE, *s. f.* — Hachette de couvreur, ayant d'un côté un tranchant large et recourbé à l'intérieur, et de l'autre un marteau. Cet outil sert à dresser, couper et clouer les lattes et les ardoises; on nomme aussi cet ins-

trument *asseau* et *aisette;* anciennement on

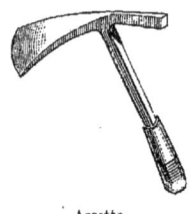

Assette.

disait aussi *assiette* et *hachette.* (Félibien, *Principes de l'architecture,* p. 112.)

ASSIETTE, *s. f.* — Ce terme a plusieurs significations; c'est d'abord une surface solide et stable : on dit l'*assiette* d'un bâtiment, d'une poutre, pour désigner l'emplacement occupé par ce bâtiment ou par cette poutre; que les fondations d'un mur doivent avoir plus d'*assiette* que ce mur.

Les paveurs nomment *assiette* la face du pavé qui le supporte.

Les doreurs désignent par ce mot une terre bolaire, rouge, ocreuse. Cette substance était connue des anciens, qui la nommaient *leucophorum.* (Pline, I, 35, 6.) Les doreurs *couchent d'assiette* les parties à brunir, ils effectuent cette opération après le DÉGRAISSAGE. (Voy. ce mot.)

ASSISE, *s. f.* — Rangée horizontale de pierres, de moellons, de briques, ou autres matériaux analogues formant les murs ou les points d'appui d'un édifice. Ce mot est dérivé du verbe ASSEOIR (voy. ce mot). Chaque assise doit être posée de niveau; chacun de ses joints doit tomber sur le plein des pierres de l'assise inférieure, de manière à ce que d'une assise à l'autre les joints soient *croisés* et ne se correspondent pas. C'est ce qu'on appelle *poser en liaison.* Dans la construction en pierre de taille ou en briques, chaque assise doit être arasée. Dans la maçonnerie de petits matériaux, dite *limousinerie,* on observe moins l'arasement, la solidité de ce genre de construction ne consistant pas uniquement dans le poids et l'*assiette* des matériaux, mais plutôt dans leur liaison.

On appelle *assise de libage*, celle qui couronne les fondements d'un mur de maçonnerie ; *assise de retraite*, le premier rang posé en retraite sur la partie basse d'un mur lorsque celle-ci présente une plus forte épaisseur (voy. RETRAITE); c'est aussi le rang de pierres posé en retraite sous un mur à la retombée d'une voûte, sous un pilier, etc.; *assise de parpaing*, l'assise dont les pierres ont l'épaisseur du mur et qui par conséquent a deux parements, comme cela a lieu pour les murs d'*échiffre*, les cloisons et les pans de bois au rez-de-chaussée; on dit également *assise parpaigne*; *assises de revêtement*, les assises qui n'ont qu'un parement et qui servent soit à retenir les terres, soit à tout autre usage; *assises réglées*, les assises ayant même hauteur et même largeur, sur une profondeur variable du reste; *assise de retombée, d'extrados, de bahut, en besace, en boutisse, de corbeau, en encorbellement.* (Voy. RETOMBÉE, EXTRADOS, BAHUT, BESACE, BOUTISSE, CORBEAU, ENCORBELLEMENT.)

L'expression *hauteur d'assise* signifie la hauteur approximative d'une assise de moyenne dimension. Cette hauteur varie suivant la nature des matériaux; elle est d'environ 0ᵐ,30, 0ᵐ,35, 0ᵐ,40 et quelquefois plus pour les pierres de taille, et de 0ᵐ,15 à 0ᵐ,20 pour les moellons.

ASSOMMOIR, *s. m.* — Voy. MACHICOULIS et MOUCHARABY.

ASSOUCHEMENT, *s. m.* — Ensemble des pierres qui dans un fronton forment la base du triangle. Elles sont en général de grande dimension ; aussi à cause de cela sont-elles dites pierres d'*échantillon*.

ASSUJETTIR, *v. a.* — Arrêter, fixer une chose, des matériaux, de manière à ce qu'ils ne puissent accomplir aucun mouvement; on assujettit des pierres au moyen de crampons de fer ou de bronze, des barreaux de grilles à l'aide de scellements ou de traverses, etc.

ASSURANCE, *s. f.* — Contrat dit *police*, par lequel une des parties (l'*assureur*) s'engage envers l'autre partie (l'*assuré*), et cela moyennant une *prime*, à lui payer la valeur d'une certaine propriété si celle-ci vient à être détruite par quelque cause fortuite et involontaire. Ce genre de contrat est fondé d'après le *principe des probabilités*; c'est une sorte d'association entre l'assureur et l'assuré. Il existe aujourd'hui des compagnies d'assurance contre l'*incendie*, quelle que soit la cause qui l'ait produit, contre l'*explosion de gaz*, contre les *accidents* de toute nature, la *maladie*, la *mort accidentelle*. Il y en a d'agricoles et de maritimes, et d'autres qui assurent contre la grêle. Nous n'avons à nous occuper ici que des assurances qui touchent à la propriété, et de celles qui règlent le sort des ouvriers et des entrepreneurs.

Un des modes d'assurance le plus logique, le plus raisonnable, c'est l'*assurance mutuelle:* un exemple en fera comprendre le mécanisme. Mille propriétaires se réunissent en association pour garantir mutuellement leur propriété contre l'incendie. Une de ces mille propriétés est détruite par le feu : le propriétaire, qui eût été ruiné s'il se fût trouvé seul à supporter la perte, trouve, grâce à l'association, une réparation du dommage, et chacun de ses coassociés, en payant sa quote-part, soit ici la millième partie, n'a à verser qu'une somme bien minime, qui constitue ce que l'on nomme la *prime*. Si, au lieu de mille propriétaires, l'association en compte dix mille, cent mille, etc., on voit combien sera légère la *prime* que chacun d'eux payera pour s'éviter une ruine complète.

Il y a quelques années on a appliqué aux ouvriers l'assurance qui n'existait auparavant que pour les immeubles, mais nous devons ajouter que les rouages de ce genre d'assurance sont encore si compliqués que les ouvriers ne s'assurent pas volontiers. Ils ne contractent d'engagement que forcés par leurs patrons, qui eux-mêmes le sont souvent à leur tour par une des clauses de leurs cahiers des charges. Espérons que le temps améliorera ce genre d'institution éminemment utile pour la société, surtout pour la classe ouvrière. D'après la loi, l'entrepreneur est responsable des accidents qui atteignent ses ouvriers, employés, ou domestiques ; il est également responsable des accidents causés par ceux-ci envers des tiers. Pour se soustraire à la responsabilité civile qui lui incombe, l'entrepreneur a recours aux compagnies d'assurances. L'assurance peut se présenter sous deux formes : elle est personnelle, ou collective ; c'est cette dernière qui est la plus en usage. La prime de l'assurance collective est payée au moyen d'une caisse alimentée : 1° par des retenues faites sur le traitement ou salaire des employés ou des ouvriers; 2° par des versements de l'entreprise. Les ouvriers versent chaque mois la part contributive de leur prime, et, de son côté, l'entrepreneur donne une somme égale au complément de la prime totale.

Nous n'en dirons pas plus long ; nous n'expliquerons pas sur quelles bases sont calculées les primes, les indemnités allouées en cas d'accident ou même de mort, etc., mais nous conseillerons aux architectes d'exiger de leurs entrepreneurs l'assurance de leurs ouvriers, et cela par une clause des cahiers des charges.

ASSYRIENNE (ARCHITECTURE). — Les écrivains anciens ne nous ont donné que fort peu de détails sur l'Assyrie, vaste pays qui s'étendait entre le Tigre et la rive droite de l'Euphrate. Nous savons que Ninive passait pour la plus grande cité qui eût jamais existé, et pour un des plus anciens centres de civilisation. Si nous jugeons l'architecture assyrienne par les débris qui nous en restent, nous voyons que l'Assyrie a été le berceau d'un art original très-vivace, qui s'est manifesté à trois époques distinctes pendant lesquelles l'influence de Ninive, de Babylone et de Persépolis a été tour à tour prépondérante. Nous étudierons l'architecture des deux dernières villes à leur place, nous ne nous occuperons ici que de l'architecture des Ninivites.

Les palais de Ninive sont généralement bâtis sur des collines naturelles ou artificielles. Leurs murs, qui ont plusieurs mètres d'épaisseur, sont formés d'une sorte de pisé revêtu de dalles en marbre sculpté dans les appartements de réception, et de gypse marmoréen dans le harem, c'est-à-dire dans les appartements privés. A l'intérieur de ces palais il y a de grandes cours, et les différents corps de bâti-

ment communiquent entre eux par des couloirs. Les portes principales étaient ornées de taureaux ailés à figure humaine. Aux entrées secondaires, on voyait des taureaux ou des lions posés parallèlement au couloir. Ce dernier avait ici deux mètres de largeur et son dallage était couvert d'inscriptions et d'arabesques. Il nous reste peu de chose de Ninive, et c'est seulement par les fouilles exécutées aux environs de cette ville par Botta, consul de France à Mossoul (1) (1842), que nous avons pu nous faire une idée de l'architecture assyrienne. Antérieurement à cette date, des voyageurs avaient bien visité les bords de l'Euphrate et du Tigre; ils avaient rapporté des objets de curiosité, des cachets, des cylindres ; mais rien ne pouvait faire présager que les sables recouvraient assez de monuments de l'art assyrien pour permettre de reconstituer une civilisation qui a occupé une si grande place dans l'histoire. Au début de ses fouilles, Botta s'avança du côté de Korsabad, village situé à 16 kilomètres de Mossoul ; c'est dans cet emplacement qu'ayant creusé quelques puits, il trouva un palais considérable avec des bas-reliefs représentant des scènes de la vie publique et privée des Assyriens. Quelques années après, Place continua les fouilles de Botta et découvrit la première statue assyrienne qui ait été exhumée. Enfin l'Anglais Layard entreprit à son tour des fouilles à quelques kilomètres de Korsabad, près du village de Nemroud, et il eut l'honneur de découvrir le palais de Sardanapale III, construit sept cents ans avant notre ère.

Les plus beaux débris et bas-reliefs de l'architecture assyrienne sont aujourd'hui dans les musées de Londres et du Louvre, et la plupart de nos lecteurs ont sans aucun doute admiré les grands taureaux ailés qui sont dans la salle assyrienne de notre grand musée national. Ces bas-reliefs portent des inscriptions en caractères cunéiformes; l'une d'elles a été ainsi traduite par Oppert :

---

(1) Les travaux et les découvertes de Botta ont été consignés dans le *Journal asiatique*, n°ˢ de juillet et septembre 1843, ainsi que dans divers ouvrages dont nous donnons la nomenclature à la bibliographie de cet article.

« Je choisis les emplacements pour les fondations ; je posai les briques non cuites ; la totalité des femmes jeta au milieu des amulettes préservatrices contre les démons, comme ablutions des injures occasionnées par le creusement en l'honneur des divinités Nisroch, Siri, Milita ;... avec leur permission suprême, je bâtis pour demeure de ma royauté des salles en ivoire, en bois d'ébène, de tamarisque, de lentisque, de cèdre, de pin, de cyprès et de pistachier ; au-dessus j'entassai de grandes poutres courbées en cèdre que j'ai reliées par des poutres droites en pin et en lentisque maintenues par des crampons de fer... J'ai ouvert vers les quatre régions huit portes.... »

Nous avons cité cette traduction pour faire voir qu'on est aujourd'hui parfaitement d'accord sur la manière dont les palais assyriens étaient couverts ; en effet, ce texte démontre que les murs supportaient une charpente faite avec des bois plus ou moins précieux. Nous ajouterons cependant que quelques chambres, au dire de certains auteurs, étaient destinées à rester ouvertes, et ceux qui les habitaient, pour se garantir des pluies de l'hiver et des chaleurs de l'été, les recouvraient de peaux de veau marin. A l'extérieur, les monuments ninivites étaient revêtus de plaques de marbre, au moins sur la façade principale ; sur les façades latérales, au contraire, on employait souvent des briques émaillées pour remplacer la pierre qui, dans ce pays, était très-friable et sujette à se détériorer promptement.

Selon nous, l'art assyrien a une grande valeur ; il peut trouver place à côté des arts hindou, égyptien, étrusque et grec ; et il est probable qu'il a eu une influence marquée sur ce dernier, car les sculptures de Sélinonte et certains bas-reliefs ninivites paraissent avoir entre eux un degré de parenté tel qu'en plusieurs endroits les premières semblent n'être que la copie des seconds. (Voy. BABYLONIENNE et PERSANE, Architecture.)

BIBLIOGRAPHIE. — Monument de Ninive découvert et décrit par M. P.-E. Botta, mesuré et des. par M. E. Flandin, 5 vol. in-fol. Paris, 1849-50 ; The monuments of Nineveh, etc. Les monuments de Ninive gravés d'après les dessins faits sur les lieux, par Austen-Henri Layard, 2 vol. in-fol. sans texte, Londres, 1853 ; Ninive et l'Assyrie, par Victor Place, avec des Essais de Restauration par Félix Thomas, 3 vol. in-fol. Paris, 1867-70.

ASTRAGALE, s. m. — Moulure qui sépare le fût d'une colonne et son chapiteau. Il est assez difficile de dire si ce membre d'architecture appartient au chapiteau ou au fût. Dans l'antiquité, l'astragale faisait toujours partie de ce dernier, tandis que, dans le moyen âge, il constituait invariablement la base du chapiteau.

Dans l'architecture antique, l'astragale se composait presque toujours d'un petit tore ou baguette réuni au fût par un congé et un cavet ou adoucissement ; au moyen âge, au contraire, l'astragale se composait indifféremment d'un gros tore, d'un filet, d'un chanfrein, de faces planes, courbes ou annelées.

L'astragale se place aussi quelquefois dans les bases de colonnes, notamment dans la base attique, où de doubles astragales accompagnées d'un filet séparent les scoties.

L'étymologie de ce mot est assez curieuse ; astragale est dérivé de ἀστράγαλος, qui désigne l'os saillant du talon, ou plutôt du tarse.

ATELIER, s. m. — Local dans lequel des artistes ou des ouvriers travaillent en commun aux différents ouvrages de leur art ; par extension, ce terme exprime la réunion même de ces individus. Atelier est synonyme de chantier quand le travail s'exécute en plein air.

Il est bien évident qu'un atelier doit être proportionné au nombre d'ouvriers qui y travaillent, et en rapport avec le genre d'ouvrage qui s'y fait. Un atelier, quel qu'il soit, doit satisfaire à toutes les conditions de salubrité : ainsi l'air devra y être attiré abondamment par une ventilation directe en été et combinée avec le système de chauffage en hiver (voy. CHAUFFAGE et VENTILATION), la lumière du jour y pénétrer largement, et l'éclairage être abondant et combiné avec la ventilation.

L'atelier d'architecture est un lieu où des commis architectes travaillent pour le compte de leur patron, ou bien un local où des élèves étudient sous la direction d'un architecte professeur ; c'est même sous cette dernière acception qu'est prise l'expression atelier d'architecture, car dans le premier cas on dit plutôt bureau de l'architecte. Le chef d'atelier d'architecture se nomme le massier, parce qu'il est le trésorier de l'atelier. — Les ateliers de peintre et de sculpteur doivent être vastes, largement éclairés par le haut et autant que possible du côté du nord. Les ateliers de peintres peuvent être construits soit au rez-de-chaussée, soit dans les étages, surtout dans les étages supérieurs des maisons, car ils jouissent plus longuement de la lumière du jour. Les ateliers de sculpteurs, au contraire, doivent être situés au rez-de-chaussée, car les blocs de pierre ou de marbre ne pourraient être hissés, même au premier étage, sans de grandes difficultés, et chargeraient les planchers. Une grande porte permettra l'entrée et la sortie des statues ou bas-reliefs, ainsi que le bardage des matériaux.

LÉGISLATION. — Il existe des lois et des ordonnances qui régissent l'administration et la police des ateliers, notamment pour le repos du dimanche et pour le travail des enfants ; nous n'avons pas à nous en occuper ici, mais nous devons donner l'ordonnance de police du 11 décembre 1852, relative aux mesures à prendre contre l'incendie ; ces mesures doivent être connues des architectes, sans quoi ils encourraient de graves responsabilités.

Titre IV, art. 20. — Les charrons, menuisiers, carrossiers et autres ouvriers qui s'occuperaient en même temps de travailler le bois et le fer sont tenus, s'ils exercent les deux professions dans la même maison, d'y avoir deux ateliers entièrement séparés par un mur, à moins qu'entre la forge et l'endroit où l'on travaille et où l'on dépose le bois il n'y ait une distance de 10 mètres au moins.
. . . . . . . . . . . . . . . . . . . . . . . . . . . . . . .
Art. 21. — Dans les ateliers de menuiserie ou d'ébénisterie et de peinture en décors, les forges ou les fourneaux dits sorbonnes, destinés à chauffer les colles, ne seront établis que sous des huttes en matériaux incombustibles.

L'âtre sera entouré d'un mur en brique de 0,25 centimètres de hauteur au-dessus du foyer, et ce foyer sera disposé de manière à être clos pendant l'absence des ouvriers par une fermeture en tôle.

Dans ces mêmes ateliers, on ne pourra faire usage des chandeliers en bois, et les copeaux seront enlevés chaque soir et renfermés dans un local isolé, autant que possible, desdits ateliers.

ATELIERS DANGEREUX, INCOMMODES ou INSALUBRES. — Voy. ÉTABLISSEMENTS DANGEREUX, INCOMMODES ou INSALUBRES.

ATHÉNÉE, s. m. — Nom donné à divers édifices consacrés à Minerve (Ἀθήνη) ; c'était chez les anciens un lieu public où l'on étudiait les sciences, les lettres et les arts. Tel fut à Rome l'édifice bâti sur le Capitole par Adrien (135 après J.-C.). C'est dans l'Athénée que les littérateurs venaient lire ou déclamer leurs œuvres devant une assemblée nombreuse. Il y a eu des athénées à Alexandrie, à Lyon, à Paris et dans d'autres villes. L'athénée de Lyon jouit longtemps d'une grande célébrité, à cause des professeurs qui y enseignaient ; il avait été fondé par Caligula. L'athénée de Paris, fondé en 1785 par Pilâtre de Rozier, prit successivement les noms de Musée, Lycée de Paris, Lycée républicain. Des cours publics y étaient professés par Fourcroy, Chénier, Chaptal, Monge, Cuvier, Marmontel, Garat, Lemercier, La Harpe et Ginguené. En 1792, un second athénée fut fondé avec la coopération de Berthollet, Condorcet, Dalayrac, Darcet, Daubenton, Fourcroy, Lalande, Lavoisier, Lesueur, Millin, Vauquelin et Vicq-d'Azir.

ATLANTE, s. m. — Figure ou demifigure d'homme soutenant un entablement et remplaçant des colonnes ou des pilastres. On a sans doute désigné ainsi ces cariatides en souvenir d'Atlas, personnage mythologique, qui avait pour mission de porter la terre sur ses épaules. On nomme encore ces même figures télamons.

« On donne chez nous, dit Vitruve (VI, 7), le nom de télamons à des espèces de figures viriles qu'on emploie à soutenir des corniches ; les Grecs les appellent Ἄτλαντες ; car Atlas est représenté dans l'histoire comme soutenant le monde, et c'est pour cela que les peintres et les sculpteurs le montrent dans cette attitude. »

On appelle encore ces figures persiques, parce qu'il existait à Sparte un portique dont les soutiens étaient formés par les statues représentant les principaux chefs des Perses que les Grecs avaient vaincus. Le temple de Jupiter Olympien à Agrigente possédait dans son intérieur un second ordre, formé d'atlantes, et qui supportait la toiture de l'édifice. Ces statues ne mesuraient pas moins de 8 mètres d'élévation.

Fazello rapporte ( *de Rebus siculis* ) qu'il est fait mention dans un poëme du xv$^e$ siècle de trois figures gigantesques dont le cou et les épaules servaient de support. Il ajoute que la chute de ces trois colosses eut lieu le 3 décembre 1401. ( Voy. Quatremère de Quincy, *Dict. d'Arch.*, au mot AGRIGENTE. )

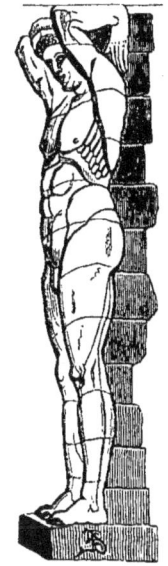

Fig. 1. — Atlante d'Agrigente.

Notre figure 1 montre un de ces atlantes ; il est tiré de l'ouvrage de Hittorf et Zanth ( *Arch. antique de la Sicile, ou Recueil des plus intéressants monuments d'arch., etc.*, gr. in-fol. Paris, 1826.)

Le théâtre de Bacchus, à Athènes, nous offre deux spécimens d'atlantes. ( *Bullet. de l'Acad. des inscrip.*, 1869, p. 23 et suiv. ) Notre fig. 2 représente à quelque chose près un des atlantes de ce théâtre, dont le musée du Louvre possède quatre statues et le musée de Stockholm une cinquième. Dans le même théâtre, des silènes un genou en terre soutenaient l'entablement du proscenium. ( *Monuments inéd. de l'inst. arch.*, t. 9, p. 99. ) A Pompéi il existait des atlantes en terre cuite dans le tepida-

rium d'un de ses thermes ; ces statuettes, qui ne mesuraient que 0,65 de hauteur, présentaient divers types et séparaient de petites niches rectangulaires qui sans doute servaient à renfermer le linge ou des ustensiles de toilette et de parfums. Aux thermes de Corneto, il existait des figures du même genre. ( Raoul Rochette, *Mémoire sur les repr. fig. d'Atlas.*)

Le musée de Munich possède un atlante agenouillé provenant du petit théâtre de Pom-

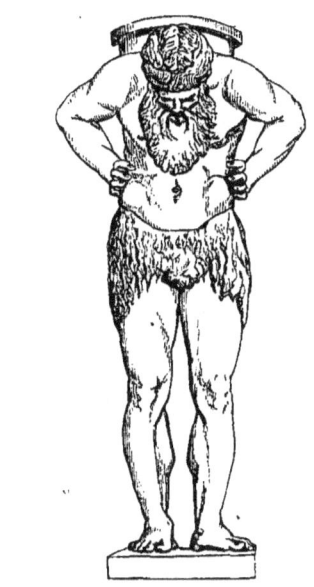

Fig. 2. — Atlante du théâtre de Bacchus (musée du Louvre).

péi ; il en existait deux pareils, qui étaient placés aux deux extrémités d'une des précinctions. ( Niccolini, *Case di Pompei.*)

Les anciens plaçaient également des atlantes comme décoration sur les côtés des navires. Le fameux vaisseau d'Hiéron II de Syracuse nous en fournit un exemple. ( *Athen.*, t. 5, c. 42, p. 208; t. 2, p. 301, *ed. Schaw.* ) ( Voy. CARIATIDES. )

ATRAMENTUM, vernis dont les peintres de l'antiquité couvraient leurs tableaux. (Pline, *Hist. nat.*, XXXV, 36, 18.) Noir que les cordonniers employaient pour noircir leur cuir ( *ib.*, XXXIV, 32 ); enfin ce mot signifiait *encre* ( Cic., *ad Q. F.*, II, 15.)

ATRE, *s. m.* — Partie de la cheminée dans laquelle on fait le feu. L'âtre est généralement au ras du sol, entre les jambages, le contre-cœur et la plaque du foyer.

Conformément aux anciennes ordonnances et coutumes, confirmées par l'ordonnance de police du 28 avril 1719 et du 24 novembre 1843, les âtres doivent être établis sur une *bande de trémie* construite en matériaux incombustibles. La longueur de ces trémies sera au moins égale à la largeur de de la cheminée, y compris la moitié de l'épaisseur des jambages, et leur profondeur d'un mètre au moins à partir du fond de l'âtre jusqu'au chevêtre en charpente. ( Voy. TRÉMIE. )

Les âtres de fourneaux de cuisine sont relevés et construits à la manière des bandes de trémie sur des tringles de fer. On les nomme *paillasse.*

Les âtres sont faits en brique ou simplement en carreaux de terre cuite de 0,025 à 0,03 d'épaisseur. Dans les pièces parquetées, le pavement de l'âtre doit s'étendre jusqu'à 0,35 à 0,40 en avant de la partie antérieure des jambages de la cheminée. Cette partie avancée, qu'on nomme à tort *foyer*, se fait généralement en marbre doublé de liais. (Voy. CHEMINÉE.)

ATRE RELEVÉ ou FAUX-ATRE, âtre construit au-dessus du sol, soit en briques, soit à l'aide d'une plaque de fonte portée par des briques; les cheminées de cuisine ont souvent des âtres relevés.

ATRE D'UN FOUR, partie sur laquelle on pose le pain pour le faire cuire. ( Voy. FOUR.)

ATRIUM, *s. m.* — Vitruve ( VI, 5, 3 ) définit l'*atrium* la salle près des portes (*proxima jaunis*). C'était la principale pièce de la maison romaine ; il est même probable que dans les temps primitifs, elle composa à elle seule le logement de la famille. Notre figure 1 montre une maison de Pompéi, qui ne se compose guère que d'un atrium, d'une boutique, d'une petite pièce et d'un escalier conduisant à l'étage. Plus tard, quelques chambres furent ajoutées à l'atrium, soit à sa droite, soit à sa gauche (fig. 2), et, le luxe et la civilisation grandissant, l'atrium ne fut plus que la cour centrale

en partie couverte et en partie découverte de la maison. C'était là que l'on recevait les

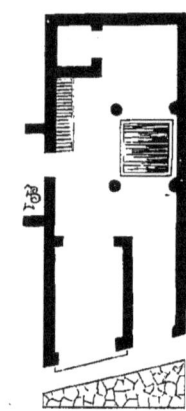

Fig. 1. — Atrium primitif d'une maison de Pompéi.

hôtes, les clients et les visiteurs. Au centre il y avait un bassin, *impluvium*, qui était de

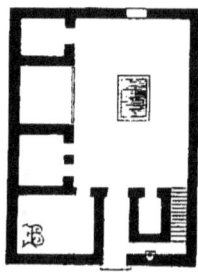

Fig. 2. — Atrium d'une maison de Pompéi.

même forme que l'atrium, c'est-à-dire qu'il était carré, rond ou oblong, et quelquefois même demi-circulaire. Dans les atria découverts,

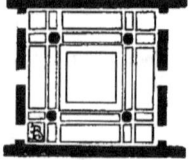

Fig. 3. — Atrium tétrastyle.

l'impluvium recevait les eaux des toitures des portiques ou colonnades qui l'entouraient ; souvent un jet d'eau placé au centre du bassin ou une fontaine située sur l'un de ses

Pl VI.

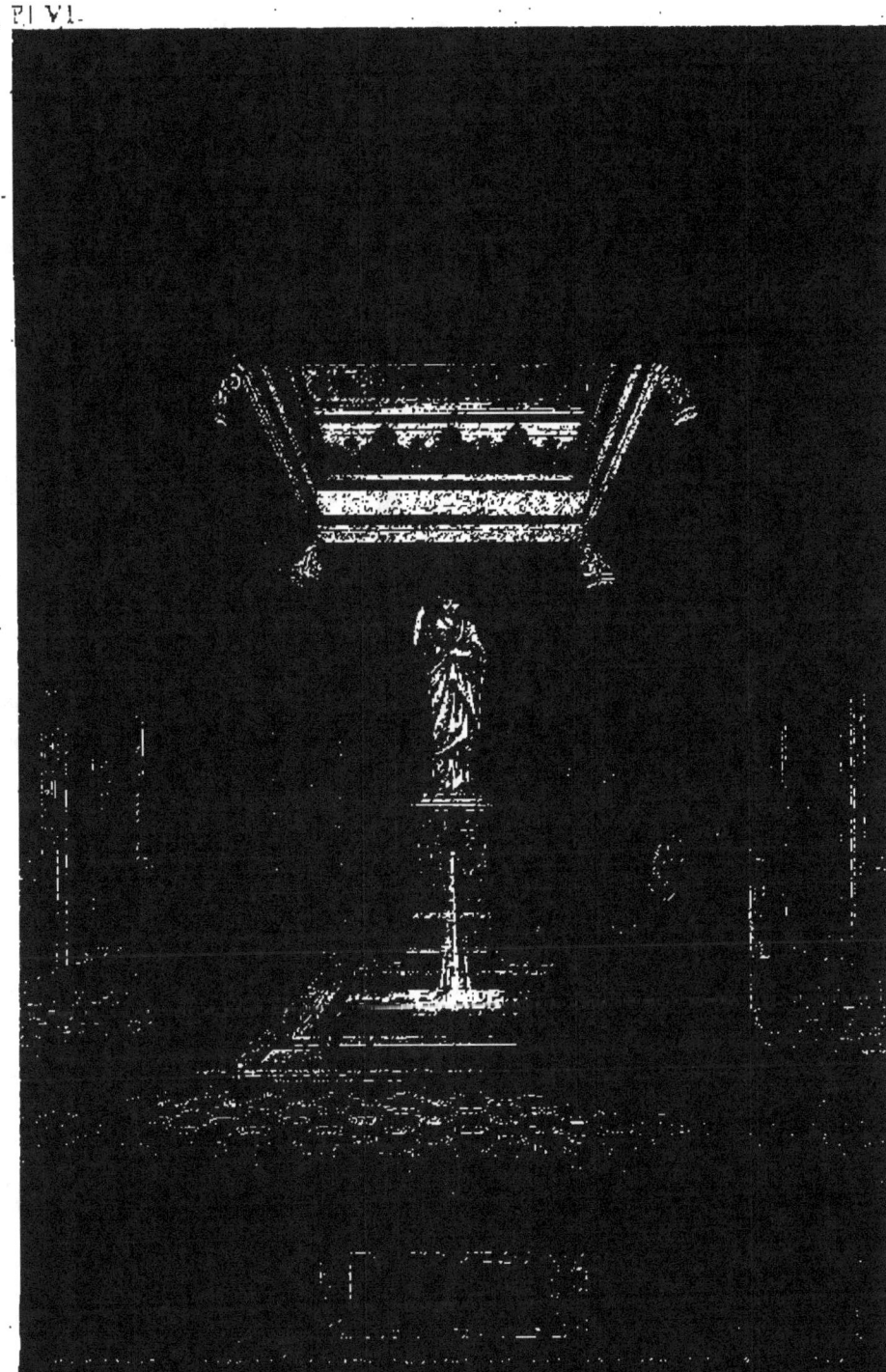

ATRIUM POMPEIEN

Imp. Firmin-Didot & Cie, Paris

côtés servait à renouveler l'eau, à donner de la fraîcheur dans l'atrium et à égayer la vue.

Suivant l'importance de la maison, l'atrium était modeste, ou magnifiquement décoré ; des peintures, des arabesques, des marbres de prix concouraient à l'embellissement de cette partie de la maison romaine. Il existait trois sortes d'atria : le *toscan*, formé par quatre poutres se croisant à angles droits et supportant un appentis qui, recevant les eaux du

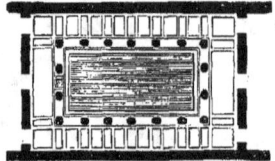

Fig. 4. Plan d'un atrium corinthien.

ciel, les rejetait dans l'impluvium. Quand ce genre d'atrium était conçu dans des propor-

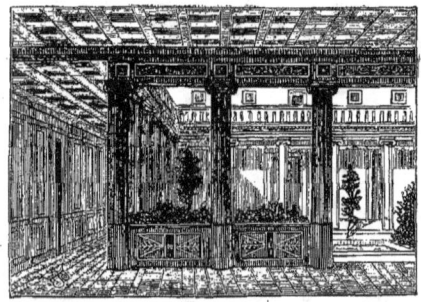

Fig. 5. — Atrium avec colonnade ionique.

tions modestes, les bouts de poutres étaient simplement scellés dans les murs ; mais, lorsqu'il atteignait des dimensions plus considérables, la portée des poutres était soulagée par quatre colonnes placées aux points d'intersection. On l'appelait alors *tétrastyle*, ou à quatre colonnes (fig. 3). Le *corinthien*, le plus vaste de tous, avait de dix-huit à vingt colonnes, et quelquefois plus. A l'origine, elles étaient d'ordre corinthien, mais dans la suite on employa indifféremment les autres ordres.

Notre figure 4 montre le plan d'un atrium corinthien ; notre figure 5 une élévation avec une colonnade ionique, tandis que notre figure 6 donne un spécimen avec une colonnade de do-

rique grec. On aperçoit, dans la première vue, l'impluvium avec des plantes vertes, et, dans la seconde, un jet d'eau. Notre planche VI peut donner une idée de la décoration des *atria* pompéiens antiques.

Assez souvent, surtout dans les pays pluvieux, les atria furent couverts ; ils constituaient le troisième genre, qu'on nommait *atrium displuviatum* ou *testudinatum*, parce que la couverture de ces atria présentait quelque analogie avec la carapace de la tortue.

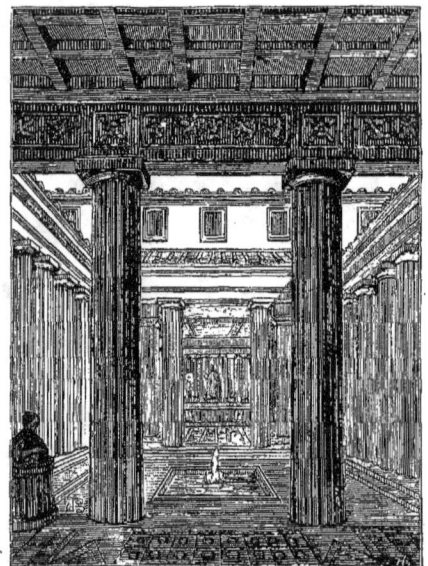

Fig. 6. — Atrium avec colonnade dorique.

Dans ce dernier type, le bassin était souvent remplacé par une aire (*area*) de niveau avec le sol, dallée en marbre de plusieurs couleurs ou pavée en mosaïque.

ATRIUM, cour entourée de portiques, placée devant un temple ou un édifice public. A Rome il y avait l'*atrium Regium*, celui d'*Apollon Palatin*, celui de la *Liberté*, qui était en demicerclé ; on peut voir le plan de ce dernier au mot BASILIQUE (fig. 1), et celui dit *auctionarium*, dans lequel on vendait des objets aux enchères publiques. (Voy. TEMPLE.)

Dans les basiliques chrétiennes, on appelait *atrium, aitre*, le parvis entouré de colonnades situé devant ces édifices.

**ATTACHE** (Droit d'), *s. m.* — Droit que possède le propriétaire des deux rives d'un cours d'eau d'y établir un barrage ou une digue. — Taxe que les communes perçoivent sur les moulins à riz, bateaux de blanchisseuses et autres embarcations. (Loi du 11 frimaire an VII, 1er décembre 1798.)

**ATTACHE** (Lettre d'). — Ancien terme de palais. Permission écrite que donnait le juge d'une localité d'exécuter dans l'étendue de sa juridiction un jugement rendu dans un autre ressort.

**ATTACHE**, *s. m.* — Lignes accompagnant les cotes portées sur un plan et indiquant les points extrêmes auxquels elles se rattachent. — On trace les attaches des cotes à l'encre rouge ou en lignes ponctuées; c'est ce dernier mode qu'on emploie dans les dessins soignés et pour les gravures d'architecture.

• **ATTACHE** est aussi synonyme d'agrafe; au pluriel il a deux significations : 1° en vitrerie, il sert à désigner des petits liens en plomb servant à fixer des panneaux de verre cerclés en plomb sur des montants en fer; 2° dans les ponts et chaussées, les ingénieurs de chemins de fer nomment *attaches* les boulons, coussinets, coins, chevillettes, éclisses, selles et autres engins employés à maintenir les rails dans une position donnée.

**ATTACHEMENT**, *s. m.* — Pièce de comptabilité des travaux de bâtiment, qui constate dans quel état des travaux ont été exécutés. Les attachements sont *écrits* ou *figurés*, et dans les deux cas, ils doivent fournir les renseignements les plus complets. Les attachements sont indispensables pour la vérification et le règlement des mémoires. Autrefois, dans les chantiers, on ne prenait des attachements que pour les ouvrages cachés ou inaccessibles; aujourd'hui, on prend des attachements complets à l'aide desquels on peut vérifier l'ensemble des travaux portés sur les mémoires.

On doit autant que possible faire des attachements figurés, mais les attachements écrits doivent eux-mêmes renfermer des croquis qui en facilitent la lecture et l'interprétation. Ils doivent relater la nature exacte des matériaux, leurs qualités, leurs dimensions, leur emploi,

leur place, en un mot les renseignements les plus complets. Il faut qu'ils soient exécutés avec netteté et rédigés avec clarté, sans ratures, grattages ou surcharges. Quant aux attachements figurés, ils seront dessinés à grande échelle, au trait, avec de simples teintes plates conventionelles. (Voy. Conventionnels, *Signes et teintes.*)

Les attachements devraient être rédigés contradictoirement entre l'architecte et l'entrepreneur ou entre leurs agents respectifs; malheureusement il n'en est pas ainsi, et dans presque tous les chantiers les attachements, surtout les attachements figurés, sont rédigés exclusivement par l'entrepreneur ; le conducteur des travaux de l'architecte les collationne et les soumet au visa de l'inspecteur.

Il résulte d'une inscription (*Corp. inscrip. græc.*, t. 1, pars 2, n° 160) trouvée dans l'acropole d'Athènes que les Grecs connaissaient parfaitement ce que nous appelons des attachements.

**ATTELLES**, *s. f. pl.* — En plomberie, on donne ce nom à deux morceaux de bois creux qui, serrés l'un contre l'autre, forment une sorte de poignée avec laquelle les plombiers

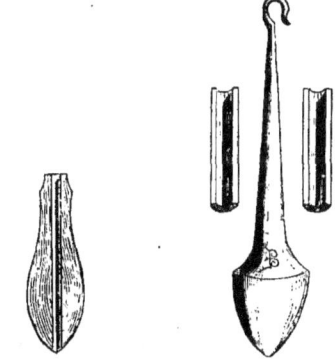

Fig. 1.
Attelles du plombier.

Fig. 2.
Mouflettes ou attelles du vitrier;
au milieu se trouve le fer à souder.

saisissent leurs fers à souder. Les vitriers nomment *mouflettes* leurs attelles. (Voy. nos figures.)

**ATTENTE** (Pierres d'). Pierres qu'on laisse saillir en bâtissant un mur et qui servent à faire liaison avec un autre mur qu'on pourra élever ultérieurement. (Voy. ARRACHEMENT, HARPES.)

ATTERRISSEMENT, *s. m.* — Accroissement que reçoit un fonds riverain d'un cours d'eau par le déplacement du lit ou par le dépôt de terres, vases et sables enlevés à un autre point de la rive.

On entend par ce mot à la fois les accroissements qui s'opèrent insensiblement (alluvion) et ceux qui s'opèrent subitement. Nous allons voir que la jurisprudence est différente, suivant qu'il s'agit d'un accroissement insensible ou d'un accroissement subit.

LÉGISLATION. — *Code civil,* art. 556. — Les atterrissements et accroissements qui se forment successivement et imperceptiblement aux fonds riverains d'un fleuve ou d'une rivière s'appellent *alluvions.* — L'alluvion profite au propriétaire riverain, qu'il s'agisse d'un fleuve ou d'une rivière, navigable, flottable ou non; à la charge, dans le premier cas, de laisser le marchepied ou chemin de halage conformément aux règlements. (Voy. pour la jurisprudence de ce mot HALAGE.)

Art. 557. — Il en est de même des relais que forme l'eau courante qui se retire insensiblement de l'une de ses rives en se portant sur l'autre : le propriétaire de la rive découverte profite de l'alluvion, sans que le riverain du côté opposé y puisse venir réclamer le terrain qu'il a perdu. — Ce droit n'a pas lieu à l'égard des relais de la mer.

Art. 558. — L'alluvion n'a pas lieu à l'égard des lacs et étangs, dont le propriétaire conserve toujours le terrain que l'eau couvre quand elle est à la hauteur de la décharge de l'étang, encore que le volume de l'eau vienne à diminuer. — Réciproquement, le propriétaire de l'étang n'acquiert aucun droit sur les terres riveraines que son eau vient à couvrir dans des crues extraordinaires.

Art. 559. — Si un fleuve ou une rivière, navigable ou non, enlève par une force subite une partie considérable et reconnaissable d'un champ riverain et la porte vers un champ inférieur ou sur la rive opposée, le propriétaire de la partie enlevée peut réclamer sa propriété; mais il est tenu de former sa demande dans l'année : après ce délai, il n'y sera plus recevable, à moins que le propriétaire du champ auquel la partie enlevée a été unie n'eût pas encore pris possession de celle-ci.

JURISPRUDENCE. — Comme on peut le voir par les articles que nous venons de citer, la loi distingue parfaitement l'alluvion et les atterrissements : l'alluvion est un accroissement successif et imperceptible ; si au contraire l'événement a été subit, il n'y a plus alluvion, mais *atterrissement.* Malgré cette distinction, qui paraît si nettement définie par la loi, ces deux termes peuvent fournir et fournissent en effet matière à contestation. Ainsi la jurisprudence substitue l'alluvion à l'atterrissement, et *vice versa,* selon les conditions suivant lesquelles les faits se sont accomplis. Ainsi la cour de cassation (8 mars 1843; voir aussi S. V. 1843, 1, 23; J. P. 1843, 2, 115) a décidé qu'un atterrissement produit par le dépôt successif de graviers et de limons doit être considéré comme réunissant les qualités légales de l'alluvion, bien qu'il ne soit pas constaté en termes exprès qu'il s'est formé *insensiblement* et *imperceptiblement.*

D'un autre côté, les règles de l'alluvion sontelles applicables à l'atterrissement qui se forme à la partie basse d'un fleuve et vers son embouchure ? La cour de cassation (22 juillet 1841) l'a ainsi jugé à l'égard d'un vaste atterrissement qui s'était formé dans un laps de sept à huit années, le long des rives de la Seine, entre Quillebœuf et Honfleur. (S. V. 1841, 1, 620.)

Il résulte donc de ce qui précède que les circonstances dans lesquelles les événements se sont produits influent d'une façon incontestable sur la solution de la question.

Examinons maintenant ce qui caractérise et constitue l'alluvion. — Pour qu'il y ait alluvion, il faut qu'il se soit formé un terrain ferme et stable, et non un amas non adhérent que les flots promènent et peuvent par conséquent transporter au loin. En outre, pour que cette alluvion soit profitable au riverain, il faut absolument que le terrain apporté ou abandonné par l'eau joigne immédiatement et sans aucun intermédiaire la propriété dudit riverain. Au contraire, si l'alluvion se trouvait séparée de la rivière par un chemin, une route, elle appartiendrait au propriétaire de ce chemin, de cette route. (Paris, 2 juillet 1831 ; 12 déc. 1832, Cass., et 15 févr. 1836 ; Demolombe, t. 10, n° 46.) Il n'y a pas alluvion si l'accroissement survenu est séparé de la propriété riveraine par un mince filet d'eau. (Bourges, 27 mai 1839 ;

J. P. 1840, 2, 466.) De même, n'est pas considéré comme alluvion le terrain que les eaux d'un fleuve navigable laissent à découvert près de son embouchure en se portant tantôt à droite, tantôt à gauche, suivant l'amoncellement plus ou moins grand des vases ou sables apportés par la mer. (Caen, 26 déc. 1840.)

Étudions l'article 559. Nous avons vu que le caractère de l'alluvion était de se former d'une manière insensible et imperceptible ; lorsqu'au contraire un fleuve ou une rivière, navigable ou non, enlève par la vitesse de son courant, et cela tout d'un coup, une partie considérable et reconnaissable d'un champ riverain et la porte vers un champ inférieur ou sur la rive opposée, le propriétaire lésé par le fleuve peut en réclamer la propriété. Pour exercer cette action, il y a certaines conditions requises : il faut que les terres et objets enlevés soient réellement reconnaissables et aient été transportés en bloc ; car, même s'il paraissait évident qu'un fonds n'ait reçu un accroissement que par suite des dégâts éprouvés par un autre, le juge ne saurait, dans une telle situation, accorder au propriétaire du fonds diminué une portion équivalente du fonds augmenté. (Pothier, *Propriété*, n° 165.) Que faut-il entendre par ces mots *réclamer sa propriété ?* Cela veut-il dire que celui qui revendique pourra prendre possession de son terrain dans le nouvel emplacement qu'il occupe, le cultiver, y accéder, etc. ? C'est ce que paraît admettre un arrêt de la cour de cassation (13 déc. 1830) ; mais hâtons-nous d'ajouter que les jurisconsultes sont unanimes pour ne voir là qu'une action mobilière, c'est-à-dire que le propriétaire du terrain déplacé aura le droit d'emporter les plantes, les arbres et autres objets qui recouvrent ce terrain, et le terrain lui-même. Telle est l'opinion de Chardon (n° 14), de Ducaurroy et Bonnier (t. 2, n° 119), de Daviel (t. 1, n° 154), de Demolombe (t. 10, n°ˢ 104 et 105), de Locré (t. 8, p. 126), enfin de Proudhon (t. 4, n° 1,283).

Le même article 559 accorde un an au propriétaire pour former sa demande ; mais il ne s'ensuit pas que le propriétaire du terrain auquel l'atterrissement s'est incorporé soit tenu de rester pendant un an dans l'incertitude et dans l'expectative, pour savoir si le propriétaire de la partie emportée la réclamera ou non. Les jurisconsultes affirment que le propriétaire sur lequel l'atterrissement s'est incorporé peut forcer le propriétaire du terrain enlevé à s'expliquer immédiatement sur ce qu'il compte faire, soit à reprendre, soit abandonner celui-ci. (Chardon, n° 88 ; Daviel, t. 1, n° 155; Demolombe, t. 10, n° 110; Proudhon, loc. cit.) — Voy. ALLUVION, ILES et ILOTS. Pour renseignements complémentaires, consulter Chardon, *Traité de l'alluvion ;* Dupin, *Encycl. du droit, Alluvion ;* Prudhon, *Dom. publ.;* Dubreuil, *Législation sur les eaux ;* Daviel, *Traité de la pratique des cours d'eau.*

ATTICURGE, *adj.* et *s. m.* — Ouvrage athénien ; espèce de colonne carrée; base de colonne d'une forme particulière, qui se compose de deux tores et d'une scotie ; on la nomme aussi *base attique.*

PORTE ATTICURGE, porte dont les pieds-droits, au lieu d'être perpendiculaires, sont inclinés l'un vers l'autre, de sorte que cette porte est plus large à la base qu'au sommet. D'après Vitruve, elle avait la même proportion que la porte dorique.

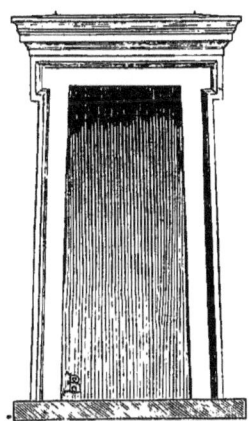

Porte atticurge à Agrigente.

Notre figure donne une porte atticurge d'Agrigente. (*Portes monumentales*, par Donaldson, pl. 11.) Beaucoup de monuments possédaient des portes atticurges ; citons, entre autres, celle du tombeau de Héron à Agrigente, celles du temple de Vesta à Tivoli, du temple d'Hercule à Cori.

ATTIQUE, *adj.* et *s. m.* — Qui appartient à Athènes, style attique, goût attique, synonyme de style grec. — Étage secondaire, plein ou percé de baies, suivant qu'il est réel ou figuré. Cet étage est souvent décoré de pilastres, et sert pour ainsi dire de couronnement, d'amortissement, soit à un grand étage, soit à un édifice. Dans ce cas il figure une haute balustrade et masque la toiture du monument qu'il couronne. La plupart des arcs de triomphe anciens et modernes, des théâtres et amphithéâtres antiques étaient surmontés d'attiques, qu'à tort on a quelquefois nommés ACROTÈRES. (Voy. ce mot.)

ATTIQUE, corniches placées au-dessus des baies de portes et de fenêtres, et faisant partie de leur décoration. Parfaitement motivées à l'extérieur, puisque ces corniches expriment l'idée d'une sorte d'auvent destiné à garantir la baie contre la pluie, les attiques semblent, à l'intérieur, une superfétation. Cependant, comme il ne faut rien exagérer, c'est encore là une décoration simple et de bon goût, qui présente l'avantage de surélever les baies et de leur donner ainsi de plus belles proportions.

ATTIQUE (Base). — Voy. ATTICURGE et BASE.

ATTIQUE CONTINU, celui qui contourne sans interruption un bâtiment, et suit les corps, avant-corps et retours des pavillons.

ATTIQUE CIRCULAIRE, exhaussement en forme de grand dé ou piédestal souvent décoré de petites tables.

ATTIQUE DE COMBLE, sorte de piédestal en maçonnerie ou en bois, revêtu de plomb, qui sert de garde-fou à une terrasse, à une plate-forme, à un belvédère, à un dôme, à une coupole.

ATTIQUE DE CHEMINÉE. C'est un revêtement de marbre ou de menuiserie depuis le dessus de la tablette jusqu'à une certaine hauteur en proportion avec la cheminée qu'elle couronne. Ces attiques étaient fort usités dans le dernier siècle avant l'usage des glaces. Versailles et Trianon nous en fournissent des exemples qu'on imite encore de nos jours dans les grandes salles de palais de justice ou de tribunaux, ou d'autres salles analogues dans lesquelles on ne met point de glace au-dessus des cheminées.

ATTIQUE INTERPOSÉ, est celui qui est situé entre deux étages; il est quelquefois décoré de pilastres ou de colonnes. Souvent les salles d'exposition, les galeries de fêtes ou les salons de réception sont couronnés par de grandes voûtes; aussi, pour en cacher les reins sur les façades, on emploie des attiques interposés.

ATTISOIR, *s. m.* — Tige de fer crochue par un bout, dont les plombiers et généralement tous les fondeurs se servent pour attiser le feu.

ATTRIBUTS, *s. m. pl.* — Figures ou représentations symbolisant les divinités, les arts, les vertus, ou leur servant d'emblèmes. Ainsi la mythologie donnait comme attributs à l'Amour un carquois et des flèches, à Hercule une massue, à Jupiter l'aigle et la foudre, à Mercure un caducée, à Minerve un hibou, à Neptune un trident. Les arts ont pour attributs : la peinture, une palette, des pinceaux, un appui-main, un chevalet; la sculpture, un maillet, des ciseaux, un buste; l'architecture, des règles, des compas, des équerres, un fil à plomb; la musique, divers instruments avec des rouleaux de papiers à musique. Les anciens décoraient leurs monuments avec beaucoup de discernement et de goût à l'aide des attributs : ainsi les temples dédiés à Jupiter portaient comme ornementation des aigles, ceux d'Apollon des lyres, les arcs de triomphe des trophées, des palmes et des lauriers, les cirques des biges et des quadriges.

De nos jours les architectes emploient aussi avec raison des attributs pour caractériser leurs monuments et indiquer leur destination; aussi voyons-nous sur nos palais de justice des tables de la loi, des balances, des épées et des mains de justice; sur nos théâtres des masques scéniques personnifiant la tragédie et la comédie et des lyres symbolisant l'harmonie; sur nos monuments hydrauliques des stalactites, des dauphins et des coquillages.

AUBE (ROUE D'). — Voy. ROUE.

AUBERGE, *s. f.* — Bâtiment destiné à loger momentanément des voyageurs. Moyennant une rétribution, les étrangers, de passage dans une ville, trouvent dans les auberges la table, le logement et le service. Ce bâtiment ne se distingue guère des maisons ordinaires que par de plus grandes proportions et par sa distribution qui comporte un bureau, une salle commune, une salle à manger et une suite de chambres indépendantes donnant sur un couloir. Une grande cour, des écuries, des remises, greniers à foin, complètent ce genre d'établissement. L'auberge tend aujourd'hui à disparaître, elle est remplacée par les HÔTELS, HÔTELLERIES. (Voy. ces mots.) Quoique les anciens exerçassent largement l'hospitalité, il existait chez eux des auberges publiques; ils les nommaient *deversoria*, ou *tabernæ*. (Cic., *Phil.*, II, 47; *ad Fam.*, VIII, 23 ; Petr., *Sat.* 15.)

**AUBERON**, *s. m.* — Crampon à double tenon rivé sur un MORAILLON ou sur une AUBERONNIÈRE. (Voy. ces mots.) Ce crampon remplit l'office de gâche dans la serrure, puisqu'il reçoit le pêne de celle-ci.

**AUBERONNIÈRE**, *s. f.* — Plaque de fer ou de cuivre portant l'AUBERON (voy. ce mot) des serrures de coffres, de malles de voyage et de certains pupitres. — Par extension, on nomme ainsi la serrure qui reçoit ce genre de fermeture.

**AUBIER**, *s. m.* — Est cette partie molle, blanche ou rougeâtre, mais toujours spongieuse, qui est comprise entre le bois fait et l'écorce. L'aubier est un bois imparfait, qui amène rapidement la pourriture des pièces de bois qui en contiennent. C'est dans l'aubier en effet que prennent naissances les vers qui rongent le bois parce que son tissu tendre, lâche et humide, favorise la naissance de ces insectes. Aussi il est indispensable que les bois employés dans les charpentes soient purgés de leur aubier. C'est une clause très-essentielle, qu'on a l'habitude d'insérer dans les cahiers des charges de charpente, et qu'on formule ainsi : « Tous les bois à employer seront nets, loyaux et marchands; ils seront bien équarris, sans *aubier*, et ne contiendront ni flâche, ni moisissures, etc. » Le bois de chêne, qui est le plus employé

dans la construction, a beaucoup d'aubier. Du reste, l'époque de l'abattage ainsi que l'écorçage du bois ont une grande influence sur l'aubier. Buffon prétend même qu'en écorçant les arbres sur pied, l'aubier restant exposé à l'air passe plus rapidement à l'état ligneux.

Les arbres ont plus ou moins d'aubier, suivant leur essence : les conifères et en général les arbres résineux en ont très-peu. (Voy. BOIS.)

Anciennement on disait *aubour*, dérivé du latin *alburnum ;* ce terme employé par Pline était dérivé lui-même de *albus*, blanc, parce que l'aubier sec est très-blanc ; il est au contraire rougeâtre quand le bois est encore vert.

**AUBIER** (Double), maladie ou défaut du bois, qui consiste dans l'interposition d'une couche d'aubier entre deux couches de bois parfait ou de bon bois.

**AUDITORIUM**, *s. m.* — Tout endroit ou salle dans lequel des orateurs, des poëtes, des auteurs assemblaient un *auditoire* pour leur faire entendre leurs œuvres. Des *auditoria* existaient dans beaucoup de monuments, notamment dans les ATHÉNÉES (voy. ce mot). L'auditorium était encore une cour de justice où s'entendaient les procès (Ulp., *Dig.* 4, 4, 18); ainsi on appelait *auditorium principis* la cour ou la salle dans laquelle l'empereur rendait des arrêts. (Paul., *Dig.* 42, 1, 54.)

**AUGE**, *s. f.* — Pierre creusée et taillée suivant certaines dimensions, et qui sert de récipient pour l'eau destinée à abreuver les animaux d'une ferme. On fait aussi des auges en briques, en ciment et mortiers hydrauliques, et en bétons. Pour les animaux de grande taille, chevaux, mulets, bœufs et autres, afin que l'eau soit à leur portée, les auges sont supportées par un massif de maçonnerie quel-

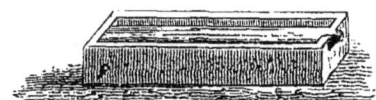

Fig. 1. — Auge pour abreuver les animaux.

conque, ou sur des pieds-droits ou piliers. Les hauteurs ordinaires sont : 0^m,80 pour les chevaux, 0ᵐ,60 ou 0ᵐ,65 pour les bêtes à cornes, et 0ᵐ,30 à 0,35 pour les moutons. Notre figure 1 représente une auge reposant sur le sol, qui peut servir pour abreuver les moutons; élevée sur un massif de maçonnerie de 0ᵐ,30 ou de 0ᵐ,40, elle peut servir également pour les bœufs et les chevaux.

Auge, espèce de coffre en bois à fond rectangulaire et à parois latérales évasées (fig. 2), dans lequel on gâche le plâtre ; il sert aussi à déposer le mortier pour le compagnon maçon.

Le fond de l'auge à plâtre mesure ordinairement à l'intérieur 0ᵐ,30 de largeur, et 0,50 de profondeur, tandis qu'au niveau des bords sa largeur est de 0ᵐ,50 et sa longueur de 0ᵐ,75; quant à la profondeur de l'auge, elle varie de 0ᵐ,22 à 0ᵐ,26. — Elle est faite en chêne et bien rabotée à l'intérieur, afin que le plâtre ne puisse adhérer. Elle est munie, à l'extérieur et sur ses bords, d'une sorte de

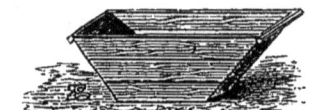

Fig. 2. — Auge des maçons.

bourrelet saillant qui sert à la soulever. Indépendamment des assemblages de planches qui la constituent, ses arêtes sont renforcées d'équerres en fer qui s'opposent à sa disjonction.

Un compagnon maçon doit toujours être muni de deux auges ; il utilise le contenu de l'une, tandis que son aide remplit l'autre au gâchoir. Il évite ainsi des pertes de temps considérables. Le contenu d'une auge s'appelle *augée*. — L'auge employée par les poseurs de pierres pour le mortier servant au fichage est de même forme, mais de plus petite proportion que celle du plâtrier; elle est plus longue comparativement.

Les auges du fumiste et des couvreurs sont aussi plus petites. — L'auge du cimentier est un coffre rectangulaire, qui ne possède que trois parois, l'absence de la quatrième permettant le gâchage du ciment. ( Voy. GACHAGE.) Sa dimension est de 1 mètre de longueur, 0ᵐ,60 de largeur et 0ᵐ,20 de profondeur.

Auge. — Vaisseau en bois dont se servent les vitriers pour préparer le plâtre ou le mor-

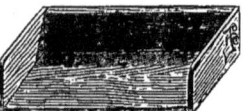

Fig. 3. — Auge du cimentier.

tier qu'ils emploient pour le scellement des panneaux des vitres d'église. Cette auge, plus plus petite que celle des couvreurs, est munie d'une anse faite à l'aide d'une corde passant dans deux trous pratiqués sur les bords supérieurs de l'auge. Un crochet recourbé en S sert à tenir l'auge suspendue sous la main de l'ouvrier à la hauteur qui lui convient; le crochet inférieur de l'S passe dans la corde servant d'anse, et l'autre s'accroche aux bâtons de l'échelle.

Auge. — Vase de potin placé au haut du moule servant à couler les tables de plomb avant de les laminer. Cette auge reçoit directement, par un canal de tôle portatif, le plomb de la chaudière, et le verse sur le moule à l'aide de deux bascules que deux ouvriers abaissent en temps utile.

AUGET, *s. m.* — Garnissage en plâtre posé entre les solives d'un plancher ou les chevrons d'un comble, sur un lattis espacé, pour former le corps du plafond. C'est sur ce garnissage qu'on applique l'enduit. Les augets sont carrés ou cintrés; notre figure 1 montre à gauche des augets carrés, et à droite deux augets cintrés; ces derniers sont plus solides.

Notre figure 2 montre à une plus grande échelle des augets cintrés; on y voit deux soli-

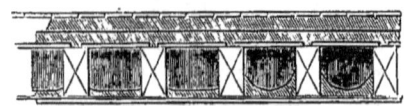

Fig. 1. — Augets carrés et cintrés.

ves entre lesquelles se trouve l'auget, et, de chaque côté des solives et au-dessous d'elles, on aperçoit les lattes jointives. — Les planchers en fer qui sont hourdés en briques, et dont l'usage se généralise de plus en plus, commencent à restreindre l'emploi de l'auget ;

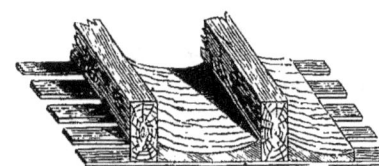

Fig. 2. — Auget cintré (plancher en bois).

cependant, même dans les planchers en fer, on exécute des augets. Ils sont soutenus par des fers carrés, nommés FANTONS, CARILLONS, CÔTES DE VACHE (voy. ces mots), qui portent sur des entretoises accrochées aux solives en fer ; tout cet ensemble se nomme PAILLASSE. (Voy. ce mot.) Notre figure 3 montre la structure d'un plancher en fer : on y voit

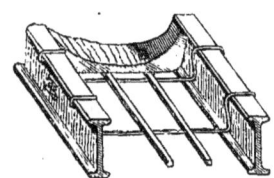

Fig. 3. — Auget cintré (plancher en fer).

les solives à droite et à gauche ; les fers parallèles à celles-ci sont les *fantons* ou *carillons*, et les fers transversaux les entretoises; enfin on aperçoit, dans le fond, l'auget.

PRATIQUE. — On emploie pour les augets du plâtre au panier (voy. PLATRE), qu'on doit gâcher pur et autant que possible bien serré. Que la surface sur laquelle on exécute les augets soit horizontale ou oblique, plane ou courbe, les moyens d'exécution sont les mêmes; seulement les surfaces obliques et surtout les surfaces courbes présentent plus de difficultés et nécessitent beaucoup plus de plâtre ; aussi accorde-t-on une plus-value d'évaluation pour ce travail. Les augets se construisent de deux manières : *à la parisienne*, et *à l'italienne*. La première consiste à poser sous les solives un échafaudage qui maintient une sorte de faux plancher provisoire sur lequel les maçons coulent le plâtre entre les solives, soit à la truelle, soit en versant l'augée tout entière. Avant la prise du plâtre ils le lissent à la truelle, en

règlent l'épaisseur, qui doit avoir environ $0^m,027$. Lorsque les augets doivent être cintrés, on implante au préalable des clous à bateaux sur les joues des solives, ce qui facilite l'adhérence du plâtre sur les solives en bois. La seconde, qui s'exécute entièrement par-dessous, est réservée pour les augets qu'on fait après coup, sur un plancher dont les solives sont restées apparentes. Ce dernier procédé est encore usité lorsque dans une réparation on conserve intact le dessus du plancher, ou la couverture d'un comble. Le plafonnage d'un dessous d'escalier ne peut être fait autrement. Le procédé *à l'italienne* est aussi souvent remplacé par un gobetage jeté sur lattis jointif.

Pour les augets à l'italienne, le cintrage et l'exécution sont simultanés. L'échafaud et le lattis pour plancher en bois, ou paillasse pour plancher en fer, étant terminé, on prépare, sur l'échafaud et en face de chaque intervalle de solive, des planches d'une longueur et d'une largeur convenables et aussi planes que possible. On se munit également d'étrésillons d'une longueur déterminée par la distance qui sépare l'échafaud du plafond ; puis, après avoir bien remué et brassé le plâtre dans l'auge, on l'étale sur une ou deux planches ayant la largeur et l'épaisseur de l'auget. La planche est alors soulevée par deux ouvriers qui l'appliquent vivement contre le lattis du plafond et dans l'intervalle des solives.

Pendant ce temps d'autres ouvriers placent sous chacune des extrémités de la planche un étrésillon qui doit forcer sur celle-ci et l'échafaudage. Un troisième et quelquefois un quatrième étrésillon sont placés dans la partie moyenne de la planche, sur laquelle on frappe à coup de hachette pour mieux faire pénétrer le plâtre entre les lattes. Le décintrement s'opère aussitôt que le plâtre a fait prise. Les étrésillons et planches sont portés plus loin, pour servir au même usage.

L'exécution des augets à l'italienne présente, comme on le voit, assez de difficultés, et exige une grande habileté et prestesse de la part des ouvriers. Quand le travail a été bien exécuté, les dessous des augets sont bien plans et sans bavures.

Au fur et à mesure de leur exécution, on

doit piquer légèrement à la hachette le dessous des augets, pour faciliter l'adhérence du crépi qui doit être exécuté ultérieurement. Ce piquage est exécuté par le compagnon pendant que son garçon gâche le plâtre. Dans les planchers en bois, à solives posées de champ et espacées, tels qu'on en fait beaucoup en province, un mètre superficiel d'augets se compose d'environ 0$^m$,75 de surface d'augets; le surplus, 0$^m$,25, représente la surface des solives.

Dans certaines contrées où l'on emploie des solives carrées et posées tant pleines que vides, la surface réelle des augets varie de 0$^m$,50 à 0$^m$,65 par mètre carré de plafond. Un mètre superficiel d'augets plats ordinaires exige 0$^m$,025 cubes de plâtre, y compris un vingtième de déchets, un sixième d'heure de maçon et aide, non compris l'établissement de l'échafaud.

Pour les augets cintrés, la quantité de plâtre est presque double. Pour ceux à l'italienne, elle n'est que d'un dixième environ plus forte, mais pour ceux-ci la main-d'œuvre est plus considérable d'un cinquième.

AUGET, jouées des massifs de MOELLO-NAILLE (voy. ce mot), dans lesquelles sont scellées les lambourdes d'un parquet, mais seulement quand ces jouées sont cintrées (fig. 4), pour donner plus de solidité au massif. On

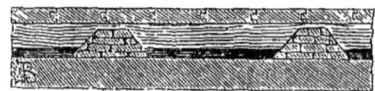

Fig. 4. — Auget de lambourde.

fait aussi ces augets avec des petits plâtras et plâtre de chaque côté des lambourdes.

AUGET, vase long contenant du plâtre, que les plombiers portent avec eux lorsqu'ils vont poser des tuyaux.

AUGET. — Voy. ABREUVOIR, § II et III.

AUGIVES (CROIX ou CROISÉE D'), s. f. — Nom que portaient autrefois les nervures saillantes et diagonales des voûtes d'arête. (Voy. OGIVE.)

AULNE ou AUNE, s. m. — (Alnus, fam.

des amentacées.) Arbre dont le bois blanc est très-léger; il croît dans les terrains humides et au bord des eaux; sa hauteur moyenne est de 24 mètres, son diamètre de 0$^m$,75. Son bois se corrompt facilement à l'air, mais, sous l'eau, il peut durer longtemps sans s'altérer; aussi est-il employé pour pilotis, tuyaux de conduite, de pompe, etc. Les loupes d'aune sont employées en ébénisterie pour remplacer l'ébène, car ce bois prend fort bien le noir et se polit admirablement.

Sa densité est de 0$^m$,555, et après trois mois de coupe de 0$^m$,680.

AUMONERIE, s. f. — Établissement hospitalier desservi par des moines, et qui dans les premiers temps du moyen âge existait dans le voisinage et en dehors des portes de villes. Les aumôneries recevaient et hébergeaient les voyageurs et pèlerins, qui donnaient une aumône pour témoigner de leur reconnaissance envers les moines : c'était tout simplement le moyen d'acquitter les frais qu'on devait, aussi ne pouvait-on s'en dispenser. Par la suite les aumôneries devinrent des collégiales ou des hôpitaux. — Dans les abbayes ou les monastères on donnait ce nom à un bâtiment séparé des autres constructions, et dans lequel on distribuait les aumônes. (Voy. ABBAYE, MONASTÈRE.)

AURORE, s. f. — Couleur obtenue à l'aide du jaune de Naples et de mine orange, ou orange mars.

AUSSIÈRE, s. f. — Cordage ordinaire employé dans l'industrie du bâtiment. Elle est à trois ou quatre torons, rarement plus, et chaque toron se compose d'un nombre de fils qui varie de 3 à 80, suivant le diamètre du fil. Les aussières sont fabriquées de plusieurs manières : tantôt elles sont formées uniquement de torons, tantôt ces derniers sont commis autour d'une âme. Suivant leur diamètre et leur usage, les aussières portent diverses dénominations, telles que lignes ou cordeau, cordage à main, troussières, haubans ou cordage proprement dit, enfin, câbleau, câble ou câblet. (Voir ces mots à CORDAGE.) On écrit aussi *haussière*, mais, avec cette orthographe, c'est plutôt un terme de marine.

AUTEL, *s. m.* — Du latin *altare*, de *alta ara*, plate-forme élevée, ou simplement lieu haut. Dès que l'homme eut reconnu l'existence de la divinité et qu'il en eut apprécié la puissance, il voulut l'honorer et se la rendre propice par des offrandes. Une pierre fichée en terre, une table de pierre ou un tertre de gazon durent être les premiers autels sur lesquels l'homme offrit des sacrifices. — L'autel conserva un caractère grossier chez les peuplades sauvages, tandis que chez les peuples civilisés il revêtit les formes décoratives les plus diverses et devint un véritable objet d'art.

Parmi les autels primitifs, il faut mentionner les *menhirs* et peut-être d'autres MONUMENTS CELTIQUES (voy. ce mot) que la religion de nos ancêtres avait consacrés au culte druidique. Les curieux monuments du Mexique nommés *téocalli* n'étaient peut-être que des autels ou des éminences leur servant de support. (Voy. MEXICAINE, *Architecture*.) Ce qui accréditerait cette supposition, c'est que les *autels du feu*, retrouvés dans l'Asie, principalement en Perse, présentent des analogies frappantes avec les *téocalli*.

Les anciens plaçaient leurs autels tantôt dans des temples, tantôt en plein air. Chez les Grecs, les autels des dieux de l'Olympe, des dieux célestes *supérieurs*, se dressaient dans des lieux hauts (*alti*), d'où vient peut-être la deuxième étymologie d'*altare*. Au contraire, les autels élevés aux dieux de la terre étaient à hauteur d'homme et ceux des dieux infernaux au fond d'un trou (*scrobiculus*) ou d'une fosse; ce qui a fait dire à Ovide (*Métam.*, 8, v. 245) que, dans un sacrifice à Pluton, les prêtres, au lieu de recueillir le sang des victimes dans des coupes, le laissaient couler dans des fosses creusées en terre. Les autels chrétiens furent toujours placés sur le sol ou exhaussés d'un petit nombre de degrés seulement.

I. AUTELS ANTIQUES. — La forme des autels antiques varia selon leur destination spéciale plus encore qu'à cause de l'art de tel ou tel peuple. Ceux qui servaient aux libations étaient creusés en forme de plateau ou de petit bassin; d'autres, affectés aux sacrifices d'animaux ou destinés à recevoir des offrandes, avaient une surface plane.

Les autels des peuples asiatiques et des Égyptiens étaient généralement coniques ou cylindriques, posés sur une base formée de pieds de griffons, couverte d'hiéroglyphes ou de caractères cunéiformes. Ils étaient ordinairement en basalte. Ceux des Grecs et des Romains, faits de pierre, de marbre ou de bronze, étaient de forme triangulaire, quadrangulaire ou cylindrique, composés d'un corps ou dé avec base et corniche. Notre figure 1 montre un plan d'autel triangulaire, notre figure 2 un autel grec, notre figure 3 un autel

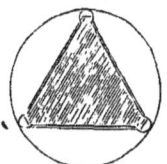

Fig. 1. — Plan d'un autel triangulaire.

romain, d'après un monument antique du Louvre. Souvent cette dernière partie de l'autel formait un entablement complet. Sa frise était

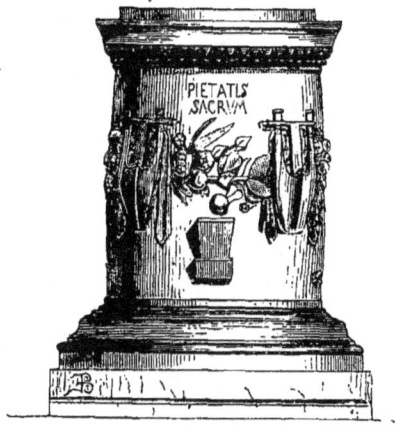

Fig. 2. — Autel grec circulaire.

alors ornée de triglyphes ou de bucranes rattachés les uns aux autres par des guirlandes. La partie supérieure de l'autel s'amortissait souvent en forme d'adoucissement, ou encore en manière de double volute. Le corps entier de l'autel était orné des divers attributs du dieu auquel il était consacré. Parfois l'attribut n'exprimait que la destination spéciale de l'autel, comme, par exemple, des cornes, des têtes de bœuf ou de bélier, des instruments de sacrifices. On y gravait aussi des inscriptions dédicatoires. — On appelait *autels tauroboliques* ceux sur lesquels on offrait des sacrifices expiatoires à Cybèle. Ils étaient

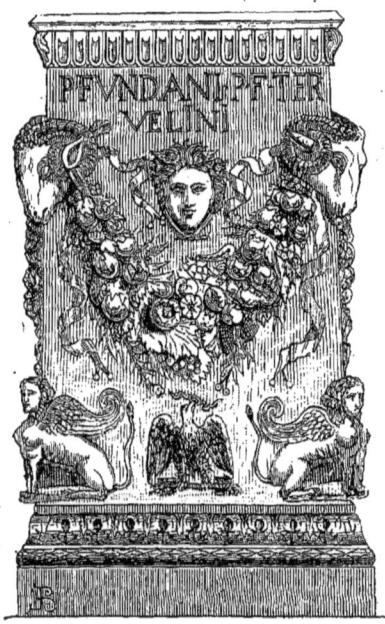

Fig. 3. — Autel romain sur plan carré.
(Musée du Louvre.)

placés au-dessus d'une fosse recouverte de planches percées de trous, et dans laquelle le prêtre se faisait arroser du sang d'un taureau immolé sur l'autel par le *victimaire* ou prêtre sacrificateur.

II. Autels chrétiens. — Les premiers chrétiens élevèrent leurs autels sur les tombeaux des martyrs, et souvent le sarcophage lui-même tenait lieu d'autel. C'est par suite de cet usage que plus tard certains autels placés sous l'invocation d'un saint renfermèrent des reliques. Lorsqu'ils n'affectaient pas la forme d'un tombeau, les anciens autels chrétiens se composaient d'une table portée par une ou plusieurs colonnes, et, afin que les fidèles pus-

sent voir le prêtre dont le siége était placé au fond de l'abside, les autels n'avaient pas de Retable. (Voy. ce mot.)

Un ciborium et par la suite un baldaquin les surmontaient ; des rideaux, glissant sur des tringles auxquelles ils étaient suspendus, entouraient l'autel et les degrés qui le précédaient. Voilà pourquoi dans le culte catholique grec l'autel est fermé par des grilles dorées souvent très-belles.

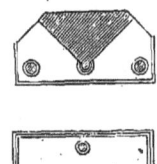

Fig. 4. — Autels portés sur trois colonnes.

Les premières églises n'avaient qu'un seul autel isolé, dit *à la romaine*, et placé au milieu du chœur. Plus tard, on érigea des autels

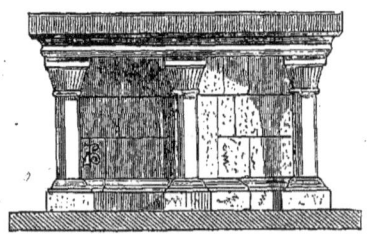

Fig. 5. — Autel de Blauberen (Allemagne).

secondaires au fond des collatéraux, puis d'autres au fond des bras des transsepts ; enfin ils se multiplièrent considérablement dans la suite, aussi éleva-t-on un autel principal ou *maître-autel* qu'on plaça dans le chœur. Lorsque ce dernier était isolé, on adossait fréquemment

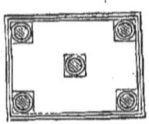

Fig. 6. — Plan d'un autel en bronze (cathédrale de Brunswick).

à son revers un *contre-autel*. Aujourd'hui, on fait des autels en bois peint, en pierre, en marbre, et même en bronze, dont les formes sont extrêmement variables. Notre figure 4 montre les plans d'un autel porté sur trois colonnes : dans le bas de notre figure, l'autel est porté sur trois colonnes isolées formant le triangle ; dans le haut, les trois colonnes sont sur la

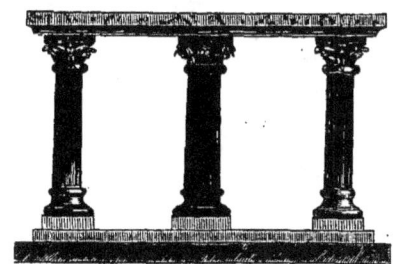

Fig. 7. — Autel en bronze (cathédrale de Brunswick).

même ligne en façade; mais un massif de maçonnerie soutient la table de l'autel, qui, on le voit, est encastré dans une espèce de niche à trois pans. Ce plan est celui de l'autel de Blauberen (Allemagne), dont notre figure 5 montre l'élévation. Nos figures 6 et 7 donnent le plan et l'élévation d'un autel en bronze qui se trouve dans la cathédrale de Brunswick (Allemagne). (Voy. RETABLE et CIBORIUM.)

**AUTORISATION DE BATIR. —** Voy. PERMISSION.

**AUVENT, s. m. —** Sorte de petit toit en appentis placé au-dessus d'une baie pour l'abriter. Certains auvents sont tellement importants qu'on pourrait les considérer comme de véritables porches en encorbellement ; tel était celui de l'Hôtel-Dieu de Beaune. Aux XIIe, XIIIe et XIVe siècles, les auvents étaient si nombreux qu'ils gênaient la circulation, et l'on fut obligé de les supprimer. Aujourd'hui, il faut une permission du maire pour placer un auvent sur la voie publique. A Paris, des ordonnances de police règlent la manière dont on doit construire les auvents et indiquent les localités où ils sont permis ou interdits. Dans un édit confirmatif de l'ordonnance du prévôt de Paris de décembre 1607, nous lisons : « Comme aussi nous deffendons à tous nosdits sujets de ladite ville, faubourgs, prévôté et vicomté de Paris et autres villes de ce royaume, faire..........

siéges, montoirs à cheval, *auvents*, enseignes....... et autres avances sur ladite voirie sans le congé et allignement de nostredit grand voyer ou desdits commis. »

Une ordonnance des trésoriers de France, en date du 4 février 1683, enjoignait aux marchands et artisans de démolir dans la huitaine lesdits *auvents ;* passé ce délai, tout contrevenant les voyait démolir à ses frais et en outre était condamné à vingt livres d'amende ; enfin une ordonnance royale, en date du 24 décembre 1823, indique le nouveau mode de construire les auvents, et défend de réparer les anciens. En voici le texte :

SECTION V. — *Auvents et corniches de boutiques.* — Art. 13. Il est défendu de construire des auvents et corniches en plâtre au-dessus des boutiques. Il ne pourra en être établi qu'en bois, avec la faculté de les revêtir extérieurement de métal ; toute autre manière de les couvrir est prohibée.

Les auvents et corniches en plâtre actuellement établis au-dessus des boutiques ne pourront être réparés. Ils seront démolis lorsqu'ils auront besoin de réparation et ne seront rétablis qu'en bois.

Aujourd'hui, à Paris, la saillie ne doit pas être de plus de $0^m,60$ pour les auvents de boutique, et de $0^m,25$ pour les auvents de croisée. (Voy. MARQUISE.)

**AUVERGNATE (ÉCOLE). —** Voy. FRANÇAISE (*Architecture*).

**AVANCE. —** Voy. SAILLIE.

**AVANCEMENT SUR LA VOIE PUBLIQUE.** Voy. ALIGNEMENT et VOIRIE.

**AVAL, s. m. —** Dans un pont, le côté d'*aval* est le côté qui est tourné vers l'embouchure du cours d'eau ; c'est le contraire d'AMONT. (Voy. ce mot.)

**AVANT-BEC, s. m. —** Renforts saillants, pointes ou éperons de la pile d'un pont, servant à rompre le courant et à protéger les piles contre les chocs. Le plan de l'avant-bec affecte différentes formes (voy. notre figure). En *a*, l'avant-bec est formé par deux arcs de cercle qui se coupent; en *b*, il est *angulaire aigu ;* en *c, circulaire;* en *d, moyennement angulaire;* en *e,* il est *carré.* Cet avant-bec n'est employé que pour les piles de ponts construits sur des eaux

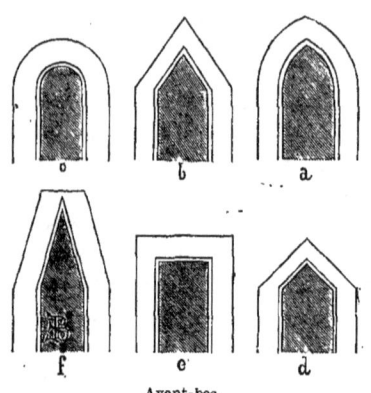

Avant-bec.

presque stagnantes. En *f,* au contraire, il est angulaire, très-aigu ou en aiguille. Les éperons d'amont sont des *avant-becs,* ceux d'aval des *arrière-becs.*

Quand les éperons sont carrés comme celui représenté en *e* dans notre figure, souvent, pour les protéger, on construit des avant-becs en charpente. Les Romains faisaient ordinairement *l'avant-bec* d'*amont* rond, comme au pont Saint-Ange à Rome, et quelquefois à angle droit ; nous en avons vu un exemple au pont de Rimini.

**AVANT-CHŒUR,** *s. m.* — Partie du chœur d'une église qui est la plus rapprochée de la nef. L'avant-chœur est souvent compris entre une balustrade qui sert de clôture du côté de la nef et la porte ou *jubé,* qui ferme le chœur. (Voy. CHŒUR.)

**AVANT-CORPS,** *s. m.* — Tout membre d'architecture saillant, toute construction en saillie sur une autre qui lui sert de fond. Les tours des châteaux et des murs de défense, les bastions, les contre-forts, les pavillons formant AILE (voy. ce mot) sont des avant-corps. (Voy. BATIMENT.)

**AVANT-COUR,** *s. f.* — C'est, dans un château, dans un palais, la cour qui précède la cour d'honneur.

**AVANT-LOGIS,** *s. m.* — Synonyme de *cavædium* chez les anciens, espèce d'atrium. Il y en existait de cinq sortes : le *toscan,* qui n'avait point de colonne, mais seulement un auvent entourant la cour ; le *tétrastyle,* qui avait cinq colonnes ; le *corinthien,* décoré d'un péristyle ; le *testudiné,* dont les portiques avec arcades étaient voûtés, et le *découvert,* qui n'était qu'une cour. (Voy. Vitruve, livre 2, ch. 4.)

**AVANT-NEF.** — Voy. NEF.

**AVANT-PIEU,** *s. m.* — Bout de poutre ou morceau de bois carré qu'on place d'aplomb

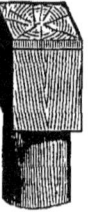

Avant-pieu.

sur la tête d'un pilotis, afin de pouvoir l'enfoncer *à fond ;* l'avant-pieu sert à allonger le pieu et permet à la sonnette de l'enfoncer.

**AVANT-PORT.** — Voy. PORT.

**AVANT-PORTAIL.** — Voy. PORTAIL.

**AVANT-PROJET,** *s. m.* — Appréciation sommaire, devis descriptif des dépenses et des produits d'une entreprise ; premier jet qu'un artiste trace sur le papier ; esquisse d'une œuvre d'art.

**AVANT-SCÈNE,** *s. f.* — Partie antérieure de la scène qui, dans les théâtres antiques, portait le nom de *proscenium.* Dans les théâtres modernes, c'est l'espace compris entre la rampe et l'aplomb du rideau. C'est sur cette partie que se trouvent les loges d'avant-scène, le trou du souffleur, dissimulé par le pupitre du chef d'orchestre, et la rampe. L'avant-scène est indispensable dans les théâtres ayant beaucoup de profondeur ; c'est là que se jouent les principaux incidents d'une représentation théâtrale.

L'avant-scène permet aux spectateurs les plus éloignés d'entendre beaucoup mieux la voix des chanteurs et les paroles des dialogues. Cette portion de théâtre, qui n'est ni la salle ni la scène, a toujours été pour les architectes une pierre d'achoppement. En effet, les loges d'avant-scène, en absorbant le son, gênent considérablement l'acoustique. L'avant-scène rend encore fort difficile la soudure de la coupole de la salle avec l'ouverture du rideau; de plus sa décoration doit être analogue à celle de la salle, et si celle-ci est fort riche, la brillante décoration de l'avant-scène porte souvent préjudice aux décors scéniques. Il existe donc de sérieuses difficultés pour la construction de l'avant-scène; la seule qui jusqu'à ce jour ait reçu une solution radicale, c'est celle relative à sa décoration : on considère l'avant-scène comme faisant partie intégrante de la salle, et on la décore très-richement. (Voy. THÉATRE, SCÈNE et LOGE.)

AVANT-SOLIER, s. m. — Partie saillante des maisons du moyen âge. Elle servait d'abri; c'était une sorte d'AUVENT. (Voy. ce mot.)

AVANT-TOIT, s. m. — Toit faisant saillie sur la façade d'un bâtiment, et servant à en éloigner les eaux pluviales. Un auvent est aussi un avant-toit.

AVENTURINE, s. f. — Pierre fine quartzeuse, d'un rouge brun, quelquefois jaunâtre et même verdâtre. Elle est parsemée de grains métalliques très-brillants qu'on dit être de poudre d'or. L'aventurine sert à fabriquer des petits ouvrages d'architecture, tels que les colonnettes; elle est employée également en marqueterie, et en incrustation pour décorer de petits meubles, dits cabinets. On la contrefait facilement à l'aide du verre fondu et de la limaille de cuivre, ou d'une poudre dorée qu'on obtient en pulvérisant certains coquillages.

AVENUE, s. f. — Grande allée plantée d'arbres, souvent accotée de contre-allées également plantées. L'allée principale ou centrale sert au passage des voitures et des chevaux; les contre-allées ou allées secondaires, à celui des piétons. Les villes, les châteaux, les palais, possèdent des avenues qui doivent être situées dans l'axe des portes. Pour les villas, les avenues sont plantées suivant l'axe du corps de logis principal.

AVEUGLE (BAIE), s. f. — Baie simulée, qui n'est point percée, et qui sert de décoration. Les ARCATURES (voy. ce mot) sont souvent des baies aveugles, des baies feintes. (Voy. BAIE.)

AVISSE, s. f. (Serr.) — Pièce à vis.

AVIVER, v. a. — Rendre plus vif; en nettoyant et grattant un corps dur on l'avive; les plombiers avivent le plomb en le raclant avant de faire une soudure; on avive de même le bronze pour le dorer.

On avive des solives, des pièces de bois, en dressant leurs faces pour rendre les arêtes plus vives.

AXE, s. m. — Toute ligne droite partageant en deux parties égales un plan, une élévation, un bâtiment, ou l'une de ses parties; ainsi on dit l'axe d'une cour, d'une travée, d'une porte, etc.

L'axe d'une colonne est la droite qui passe par les centres de ses diamètres. On nomme axe hélicoïdal, spiral, la ligne passant par les circonvolutions d'une hélice ou d'une colonne torse. L'axe de la volute ionique se nomme CATHÈTE. (Voy. ce mot.)

AZULEJOS, s. m. pl. — Carreaux en faïence émaillés de riches couleurs, très-employés par les Arabes et les Mores d'Espagne. Les riches maisons espagnoles possèdent toutes des revêtements d'azulejos; c'est un grand luxe et une marque de grande fortune.

AZUR, s. m. — Substance bleue tirée du cobalt; on le nomme aussi smalt, bleu d'outremer.

AZUR ou LAPIS-LAZULI, PIERRE D'AZUR, pierre précieuse d'un bleu opaque, moucheté de blanc, parsemé de rares paillettes d'or. On en fait des bijoux et des coffrets; on l'emploie, en incrustation, pour décorer certains meubles noirs, les bibliothèques en poirier, par exemple; enfin en placage pour faire des colonnettes, des dessus de guéridon et autres petits meubles de prix.

# B

BABYLONIENNE (Architecture). Il n'est pas possible de se faire une idée de l'architecture babylonienne, car il ne reste de Babylone, une des plus anciennes et des plus célèbres cités du globe, qu'un amas de ruines informes, nommé par les Arabes *Mudjelibé* ( renversé sens dessus dessous ). Pour décrire cette architecture, nous serons donc obligé de nous en rapporter aux anciens qui en ont parlé, à Hérodote, à Diodore de Sicile et à Quinte-Curce.

La nécessité où se trouvèrent les Babyloniens de protéger leur ville contre les inondations leur fit entreprendre des travaux architectoniques considérables. Les murs de Babylone, qui étaient considérés comme une des sept merveilles du monde, étaient entièrement bâtis en briques; car le sol d'alluvion, sur lequel la ville était construite, n'offrait pas de carrières de pierre.

Cette ville était si vaste que, suivant Quinte-Curce, « elle n'était pas toute bâtie, et renfermait des jardins immenses, dont les plus célèbres étaient les jardins suspendus. Quant aux monuments de cette capitale, ils appartenaient à deux époques distinctes : ceux du règne de Sémiramis étaient situés sur la rive occidentale de l'Euphrate ; ceux, au contraire, de la rive orientale étaient du règne de Nabuchodonosor le Grand.

D'après le récit d'Hérodote, le mur d'enceinte avait un périmètre de 86 kilomètres ( un carré qui avait 120 stades de côté ) ; il avait 120 mètres de hauteur sur une épaisseur de 30 mètres. Ce mur était percé de cinquante ou soixante portes, quelques-unes disent cent, fermées par des vantaux de bronze ; deux cent cinquante tours étaient placées de distance en distance. Au pied de l'enceinte existait un large fossé très-profond, dont la cuve était garnie de briques cuites. La ville était construite avec beaucoup de régularité ; vingt-cinq rues étaient parallèles à l'Euphrate et vingt-cinq autres étaient perpendiculaires à son cours. Un tunnel construit sous le fleuve réunissait les deux palais : celui de la rive droite, *Birs-Nimroud* (tour de Nemrod), à celui dont on voit les ruines sur la rive gauche et que les Arabes nomment *El Kasr* (le palais). Au nord de celui-ci était le temple de Bélus qui, d'après quelques archéologues, avait été bâti avec les ruines de la tour de Babel. Oppert a cru reconnaître des vestiges de ce temple. Il avait la forme d'une pyramide à huit étages terminée par une plate-forme qui servait d'observatoire aux prêtres chaldéens, très-versés dans l'astronomie. C'est dans ce temple que l'on conservait les archives et le trésor de la nation ; aussi Xerxès, à son retour de Grèce, en fit-il faire le pillage par ses troupes. Dans cet immense amas de ruines, quelques archéologues ont cru voir le tombeau de Nabuchodonosor, car un grand nombre de briques portaient son nom (*Nébuchadnézar*) en caractères cunéiformes.

BIBLIOGRAPHIE. — Rich, *Memoirs on the ruins of Babylon*, Lond., 3° ed. ; Ker-Porter, *Travels in Georgia, Persia, ancient Babylonia*, Londres, 2 vol. in-4 ; Ainsworth, *Researches in Assyria, Babylonia and Caldea*, Lond., gr. in-8°. Voy. aussi la bibliographie à ASSYRIENNE (*Architecture*).

BAC, *s. m.* — Bassin creusé en terre dans lequel les maçons laissent s'éteindre la chaux; dans les terrains mous, les côtés de ce bassin sont en planches ou en briques.

BAC, canal en planche, qui sert à conduire les eaux d'un point à un autre; c'est une sorte de BUSE. (Voy. ce mot.)

BAC, large bateau plat glissant le long d'un

câble et servant à passer un fleuve, une rivière, un canal.

BACHE, *s. f.* — Réservoir de bois ou de métal qui affecte diverses formes ; les bâches sont, dans les chantiers, d'un grand usage pour contenir l'eau, alimenter la machine à vapeur, etc.

BACHE, grosse toile imperméable grise, verte ou noire, suivant qu'elle est imperméabilisée par l'huile de lin bouillante ou par le goudron. Elle sert, dans les chantiers, pour faire des couvertures provisoires qui empêchent les eaux pluviales d'inonder un bâtiment neuf ou en réparation.

BACHE, coffre vitré employé par les jardiniers pour le bouturage, le forçage des plantes ou pour obtenir des primeurs; on pose les bâches sur des couches chaudes de fumier, ce qui donne une température élevée dans leur intérieur. On appelle aussi ce coffre *châssis.*

BACHOT, *s. m.* — Petit bateau, dim. de *bac.*

BACHOU, *s. m.* — Tonneau ouvert par le haut et servant de hotte.

BACQUETER, *v. a.* — Terme d'hydraulicien : c'est épuiser l'eau d'une tranchée, d'une fouille, avec des pelles, des écopes, des vases et des baquets.

BACTRÉALES, *s. f.* — Rognures de feuilles d'or.

BACULOMÉTRIE, *s. f.* — Art de mesurer les hauteurs, au moyen de perches, de verges, de *bâtons.*

BADIGEON, *s. m.* — Couleur jaunâtre employée pour couvrir la façade de bâtiments ravalés en plâtre, en moellons et en pierre. Le badigeon se compose de lait de chaux, auquel on ajoute de la poudre de pierre tendre. Si l'on désire un ton plus intense, on ajoute de l'ocre jaune pour imiter les pierres jaunes, ou de l'ocre rouge pour les tons plus rosés, et quelquefois aussi de l'alun, dans la proportion de 1 kilogr. pour 35 kilogr. d'eau, pour

fixer la couleur et donner plus d'adhérence à ce léger enduit, qu'on applique à la brosse sur les murs à l'aide d'une corde à nœuds, ou d'un échafaud mécanique.

Il existe une grande quantité de badigeons. Chaque jour amène une formule nouvelle ; nous donnerons les trois meilleures recettes.

BADIGEON LASSAIGNE. — Le badigeon dans lequel on fait entrer de l'alun adhère fortement, mais son prix de revient est très-élevé; aussi un inventeur, Lassaigne, pour obtenir le même résultat d'une manière plus économique, remplaça l'alun par de l'argile blanche. Voici sa formule : 100 parties de chaux vive, 5 parties d'argile blanche et 2 parties d'ocre jaune. On éteint la chaux, on en forme un lait dans lequel on délaye l'argile, on abandonne le mélange pendant quelques jours, en ayant soin de le remuer de temps en temps, après quoi, on ajoute les ocres colorantes. Il est très-important de laisser bien éteindre la chaux avant de l'employer.

BADIGEON BACHELIER. — Chaux récemment éteinte et tamisée, 23 parties ; céruse en poudre, 8 parties ( on la remplace souvent par le blanc de Meudon ) ; plâtre tamisé, 7 parties ; *fromage à la pie,* 9 parties ( on nomme ainsi un fromage mou bien égoutté ). On mêle le tout, on le broie, on additionne de 25 litres d'eau, après avoir ajouté les quantités d'ocre voulues, suivant l'intensité du ton qu'on veut obtenir.

BADIGEON AMÉRICAIN. — Chaux vive, 17 litres ; chlorure de sodium (sel marin), 6 kilogr.; farine de riz, 1 kilogr. 500 gr. ; blanc d'Espagne, 230 grammes; colle de Flandre, 500 grammes. On fait dissoudre le tout dans 25 litres d'eau bouillante, on remue le mélange, on le laisse cuire dix minutes, puis on l'applique très-chaud. Ce badigeon est très-solide.

Pendant les XVIIe et XVIIIe siècles, sous prétexte d'augmenter la lumière à l'intérieur des églises, on badigeonna les murs. Ce badigeonnage causa la perte de beaucoup de peintures murales, et empâta de fines sculptures du XVIe siècle. Aussi les architectes diocésains doivent-ils user de très-grandes précautions pour débadigeonner les monuments dont on leur a confié la restauration. (Voy. DÉBADIGEONNAGE.)

Aujourd'hui la plupart des grandes villes imposent aux propriétaires l'obligation de badigeonner les façades de leurs maisons. A Paris, un décret du 26 mars 1852, promulgué le 6 avril 1852, enjoint à tout propriétaire de tenir constamment en bon état de propreté la façade de sa maison, qui devra être grattée, repeinte ou badigeonnée au moins une fois tous les dix ans, sur l'injonction qui en sera faite par l'autorité municipale.

BADIGEON. — Pâte composée de plâtre et de poudre de pierre, qui sert aux tailleurs de pierre et aux sculpteurs à boucher les trous ou défectuosités des pierres qu'ils taillent ou qu'ils sculptent.

BADIGEONNAGE, s. m. — Application du badigeon. Autrefois des ouvriers spéciaux, nommés badigeonneurs, étaient seuls chargés de cette opération. L'invention des échafauds mécaniques mobiles permet aux peintres d'exécuter le badigeonnage.

BADIGEONNER, v. a. — Peindre au badigeon.

BADIGEONNEUR, s. m. — Ouvrier qui applique le badigeon sur la façade des édifices. Il exécute son travail assis sur une sellette en bois garnie de deux bretelles qui s'attachent à la corde à nœuds au moyen de crochets en fer. Le badigeonneur a les bras libres, parce que sa ceinture de cuir et les lanières qui entourent ses jambes sont également munies de crochets qui le supportent. Ces crochets lui servent également à monter et à descendre.

BADOURS, s. f. pl. — Tenailles moyennes dont se servent les forgerons.

BAGNEUX (PIERRE DE). — Pierre calcaire dure, provenant des carrières de Bagneux, près Paris. Elle est de trois sortes : le liais, le cliquart et la roche ou banc franc.

BAGUE, s. f. — Moulure formant anneau et qui sert à décorer les colonnes. Cet ornement a été principalement employé aux XIIe et XIIIe siècles. (Voy. ANNEAU.) A l'époque de la re-

naissance, les colonnes ont reçu de larges anneaux qu'on nommait bien bague, mais aussi bande; la partie des Tuileries construite par Philibert de l'Orme possède des colonnes de ce genre, ainsi que la façade Henri II du Louvre. On nomme aussi bagues les annelets, annelures, armilles et bracelets.

BAGUE DE FLEURON, la moulure saillante à la base d'un fleuron couronnant un pignon, un pinacle, un AMORTISSEMENT. (Voy. ce mot, fig. 1.)

En fumisterie, on appelle bague les bracelets situés aux extrémités des tuyaux en faïence qui cachent les tuyaux de tôle.

En serrurerie, ce mot a plusieurs significations : c'est un anneau, un lien affectant des formes multiples, qui orne ou réunit plusieurs pièces ensemble. L'astragale d'un barreau de rampe, l'anneau d'une chaîne, les ornements sur la tige d'une pincette, sont des bagues.

Les paumelles en fer ont entre leur œil et leur mamelon un anneau de cuivre destiné à rendre le frottement plus doux; cet anneau s'appelle bague.

BAGUETTE, s. f. — Petite moulure de forme courbe, plus petite que le tore, qui fait partie d'un membre d'architecture, tel que corniche, architrave, archivolte, bandeaux, etc. L'astragale est composé d'une baguette et d'un filet. Les baguettes sont simples ou décorées;

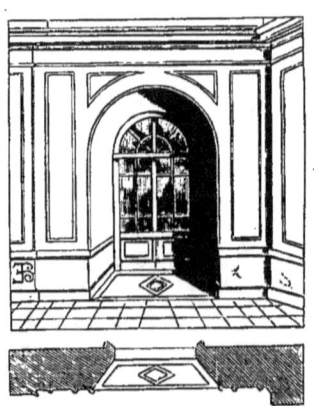

Baguette d'angle, d'encoignure, demi-baguette.

la décoration la plus ordinaire consiste en perles, en olives, en graines de laurier, en piécettes, dont la succession forme un *chapelet ;* aussi désigne-t-on souvent par ce mot la baguette décorée. (Voy. CHAPELET.) Quand les baguettes sont décorées de feuilles de laurier ou rubanées, on les nomme *baguettes à rubans.*

En menuiserie, on appelle *baguettes* de petites tringles de bois qui, suivant leur forme et leur position, prennent différents noms. On nomme *baguette d'angle,* celle qu'on place sur les arêtes des embrasures des portes ou des fenêtres ; *demi-baguette,* celle qui, placée au droit d'une arête, sert à l'encadrer; *baguette d'encoignure,* celle qu'on pose dans un angle rentrant. On les fixe en place avec des clous. Notre figure montre ces différentes baguettes.

BAHUT, *s. m.* — Du celte *bahu,* coffre; grand coffre du moyen âge et de la renaissance, dont le dessus était bombé. C'est ce meuble qui a donné son nom au profil bombé d'une pierre formant le chaperon d'un mur, le dessus

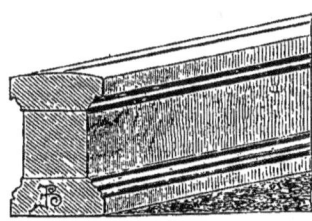

Bahut.

d'un parapet. Par suite, le bahut est l'assise de pierre couronnant un mur ; un appui de garde-fou. (Voy. CHAPERON.)

BAHUT, mur bas, derrière lequel passe un chéneau ou qui supporte une grille, une balustrade.

BAIE, *s. f.* — Ouverture d'une porte, d'une fenêtre, d'une boutique pratiquée dans un mur, une cloison, un pan de bois. Les côtés d'une baie sont nommés *jambages, pieds-droits ;* les côtés extérieurs, *tableaux;* ceux de l'intérieur, *ébrasement;* le haut, *sommet, plafond, voussure ;* le bas, *seuil* pour une porte, *appui* pour une croisée.

Dans l'architecture navale, on désigne ainsi les ouvertures des sabords et des écoutilles,

ainsi que celles qui donnent passage aux mâts.

BAIGNOIRE, *s. f.* — Vaisseau de forme allongée dans lequel on prend des bains. Les anciens en taillaient dans le marbre et le granit. Au Louvre, il y a une baignoire en marbre blanc d'une seule pièce, provenant des thermes de Nîmes, qui mesure près de 1$^m$,80 de longueur; mais il en existe de bien plus considérables : nous en avons vu une à Rome, en granit oriental, qui mesure jusqu'à 5$^m$,90. Ces baignoires étaient placées dans les thermes publics et servaient à plusieurs personnes à la fois, comme on le sait par des peintures anciennes.

BAIGNOIRES, loges du rez-de-chaussée dans les théâtres modernes. (Voy. LOGES.)

BAIL, *s. m.* — Contrat par lequel une personne nommée *bailleur* ou *locateur* donne à une autre personne, dite *preneur* ou *locataire,* la jouissance d'une chose mobilière ou immobilière, moyennant un prix convenu et pour un certain temps. Si le bail a pour objet un appartement ou une maison, on le nomme *bail à loyer* ou *contrat de location ;* si c'est une propriété rurale, c'est un bail à ferme. Tout ce qui concerne les baux relatifs aux bâtiments est réglé par le Code civil, livre 3, titre 8, articles 1714 à 1762, auquel nous renvoyons le lecteur ; nous ne pouvons ici que résumer très-succinctement les principales dispositions indispensables aux architectes.

Pour faire valablement un bail, il faut avoir la capacité de contracter : ainsi le mineur émancipé, la femme séparée de biens, les envoyés en possession provisoire, les tuteurs, de même que toutes les personnes privées de la faculté d'aliéner peuvent cependant louer et affermer, parce que le législateur a considéré le bail comme un acte d'administration pur et simple.

Il y a deux manières de contracter un bail, soit verbalement, soit par écrit. Le bail verbal, qui n'a pas reçu encore un commencement d'exécution, ne peut être prouvé que par témoin, car celui qui le nie n'est tenu qu'au serment. Quand il y a contestation sur le prix du bail qui a reçu un commencement d'exécution, mais qu'il n'existe par encore de quittance, le propriétaire est toujours cru sur son serment : néanmoins le locataire peut demander une estimation par expert ; mais si l'estimation excède le prix qu'il a déclaré, les frais d'expertise sont à sa charge.

Le bail par écrit se fait sous seing privé, ou devant notaire en autant d'originaux qu'il y a de parties ayant intérêt au bail. Les parties déterminent la durée du bail, suivant leur volonté ; le plus souvent cette durée est fixée à trois, six, ou neuf années consécutives. S'il n'existe pas d'écrit, ou si le bail n'indique pas l'expiration du bail, celui-ci prend fin d'après les usages locaux, ou d'après la nature des biens concédés.

La vente de la chose louée ne porte aucune atteinte aux droits des locataires, de même que la mort du bailleur ou du preneur n'entraîne pas la résiliation du bail, car les droits et les obligations de l'un ou de l'autre passent à leurs héritiers.

A l'expiration du bail écrit, si le preneur reste et est laissé en possession de la chose louée, un nouveau bail commence, dont l'effet est réglé comme pour le bail sans écrit : c'est ce qu'on appelle *tacite reconduction*. A moins de clause prohibitive dans le bail, le preneur peut sous-louer et même céder son bail à un tiers, mais il n'est pas délié de ses obligations envers le propriétaire. Celui-ci n'a d'action contre le sous-locataire que pour le montant du terme ou des termes échus de la sous-location. Le sous-locataire est obligé de payer et ne peut opposer des paiements effectués au locataire par anticipation. — A la fin du bail, le locataire peut emporter tous les objets qu'il a apportés en entrant en jouissance, et tout ce qu'il a attaché aux murs ou ailleurs, pourvu qu'il puisse détacher lesdits objets sans détérioration.

Les baux sont soumis au droit d'enregistrement de 20 centimes par 100 francs, sur le prix cumulé de toutes les années.

**BAILLE,** *s. m.* — Espèce de CAMION (voy. ce mot), de petit baquet ou seau en bois, plus large à la base qu'au sommet, et qui sert, dans les chantiers et dans les ateliers de construction de la marine, à mettre le goudron des-

tiné à enduire les toitures de cartons ou de feutres goudronnés et au calfatage des navires et des bâtiments.

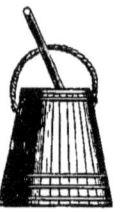

Baille.

**BAIN,** *s. m.* — L'usage des bains remonte à l'antiquité la plus reculée, et les anciens firent des bains d'une magnificence extraordinaire. Nous en parlerons à l'article THERMES (voy. ce mot). Ici nous ne nous occuperons que des bains chez les modernes. — Après la chute de l'empire romain l'usage des bains disparut presque entièrement, et aux VIII<sup>e</sup> et IX<sup>e</sup> siècles il n'en existait que dans les monastères. La direction en était confiée au moine le plus âgé. Vers 818, une assemblée des principaux abbés de France, réunie à Aix-la-Chapelle, décida que dans chaque couvent le prieur en règlerait l'usage. — Dès le XIII<sup>e</sup> siècle, il y eut dans les grandes villes des établissements publics de bains chauds : on les nommait *étuves ;* de là vient que beaucoup de villes ont des voies nommées *rue des Étuves.* A Paris, il y avait un grand nombre d'étuves, et comme la coutume était de prendre le bain le matin à jeun, les étuvistes criaient de bonne heure dans les rues que les bains étaient chauds. C'était un moyen de réveiller sa clientèle et de l'augmenter. Au XVII<sup>e</sup> siècle cette habitude cessa, car c'était une véritable fureur d'aller aux étuves.

Au XVIII<sup>e</sup> siècle c'étaient les *barbiers-étuvistes* qui tenaient ce genre d'établissement, qui rasaient et épilaient en même temps qu'ils baignaient ; mais il n'y avait guère que les petites gens qui fréquentaient le barbier. Les gens de condition, au contraire, allaient chez le baigneur, homme habile et discret, qui connaissait tout ce qui concernait la toilette et les soins du corps. Il y avait, chez le baigneur, bains de vapeur, bains aromatisés, bains parfumés, etc. La maison du baigneur était une sorte d'hôtel garni, où les jeunes seigneurs allaient faire des orgies, et où les domestiques savaient respecter l'incognito des nobles visiteurs. La police fit fermer ces établissements, dont quelques-uns existaient encore au milieu du XVIII⁰ siècle. Au commencement du XIX⁰ siècle les bains s'établirent tels qu'on les voit aujourd'hui.

Chez les modernes, les bains sont publics ou privés. Ces derniers sont plus ou moins somptueux, suivant la fortune de leur propriétaire. Ils se composent d'une antichambre, d'une salle de bains et d'un petit salon de repos, le tout chauffé par un calorifère.

Les bains publics se composent (fig. 1) d'une entrée avec concierge, d'un bureau à droite et à gauche duquel se trouvent deux

pièces servent, celle de droite à l'hydrothérapie avec étuve, celle de gauche aux bains de vapeur; un escalier complète le plan du rez-de-chaussée. On remarquera la disposition des baignoires qui sont adossées deux à deux contre les cloisons de séparation, pour simplifier le système de distribution des eaux.

L'appareil de chauffage, la machine à vapeur, les magasins à combustibles, les réservoirs, la buanderie, la lingerie occupent le sous-sol, qui renferme en outre écuries, remises, voitures et baignoires, pour le service des bains à domicile.

Depuis fort longtemps il existe en Angle-

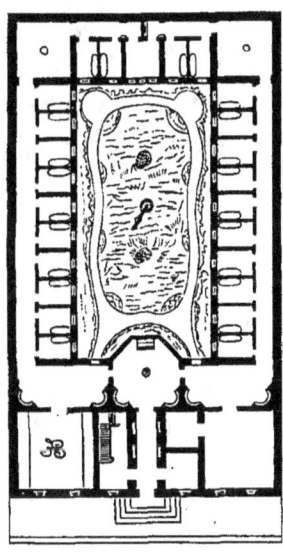

Fig. 1. — Bains publics.

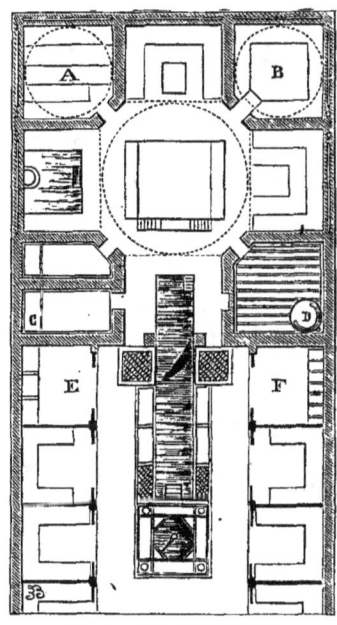

Fig. 2. — Plan d'un bain turc.

salons d'attente, et de petites chambres indépendantes les unes des autres, qui débouchent sur un couloir commun. A Paris, et dans les grandes villes, il y a un côté pour les hommes et un autre pour les dames, ou bien, dans les plus grands établissements, les hommes sont au rez-de-chaussée et les dames au premier. Au fond du couloir sont les salons de repos, et à côté, des petites salles pour les bains médicinaux. Toutes les salles prennent jour sur un jardin interdit au public. Enfin deux grandes

terre des bains publics et gratuits pour la classe ouvrière. En France, une loi du 3 février 1851 a bien ordonné l'établissement de bains publics et gratuits, mais cette loi n'a été appliquée que d'une manière fort restreinte, et dans un très-petit nombre de villes encore.

BAINS ARABES et BAINS TURCS. — Chez les musulmans, le bain est prescrit par le Koran; aussi les Arabes élevèrent-ils beaucoup d'établissements de bains en Espagne. On en voit encore des restes à Barcelone, à Grenade, à Girone et à Valence.

Les Turcs usent largement des bains, et chez ceux-ci comme chez les Arabes les constructions balnéaires rappellent l'ordonnance des bains romains. Voici la distribution la plus ordinaire (voy. fig. 2) : en A il existe une étuve ou *sudatoire* chauffée par des conduits de chaleur établis sous le pavé ; en B est une petite salle de massage, tandis qu'au centre il en existe une grande à côté de celle-ci ; un bassin d'eau tiède, le *tepidarium* des anciens, enfin deux salons de repos complètent la première

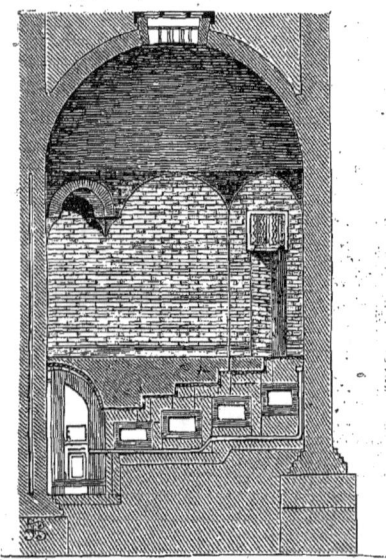

Fig. 3. — Coupe sur le sudatoire, situé en A sur le plan.

partie du plan. Nos figures 3 et 4 montrent l'intérieur du *sudatoire* et de la grande salle centrale de massage. En C (fig. 2 ) il y a deux petites salles de bains parfumés ; en D, une salle d'hydrothérapie, car l'usage en a pénétré même chez les Turcs ; E et F sont des petits salons, nommés *maslaskh*, dans lesquels on se déshabille ; enfin en avant du plan il y a l'*apodyterium* ou vestiaire et d'autres petits salons de repos, dont le nombre varie suivant l'importance de l'établissement.

Une grande piscine centrale, avec bassin et jets d'eau, complète l'établissement. A Constantinople, il y a des bains de ce genre qui sont très-remarquables.

LÉGISLATION. — Le propriétaire d'un établissement de bains publics peut être contraint par son voisin de faire un contre-mur, s'il installe des baignoires contre le mur mitoyen. Le copropriétaire d'un mur mitoyen a le droit d'établir, contre ce mur et sans faire aucun ouvrage préservatif, des baignoires qui ne servent que pour son usage personnel.

Les eaux de bains peuvent être classées parmi les eaux ménagères ; on peut donc les laisser couler sur la voie publique, si des règlements de police ne s'y opposent pas. Si ces eaux sont trop abondantes, ou si elles renferment des substances délétères ou nuisibles pour la santé, des ordonnances de police peu-

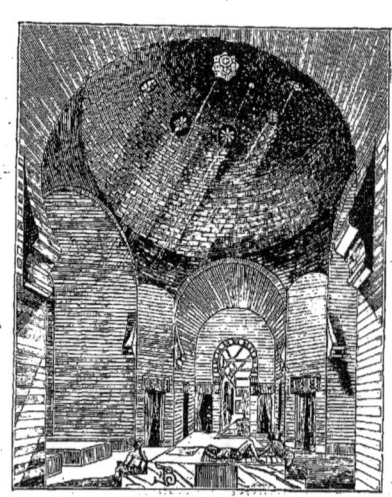

Fig. 4. — Grande salle centrale de massage.

vent remédier à cet état de choses ; d'un autre côté, le voisin ou les voisins, qui en éprouveraient quelque dommage, pourraient intenter une action au propriétaire des bains, pour lui demander une indemnité. (Voy. Fournel, v° *Bains*, t. 1, p. 190.)

BAIN DE MORTIER, BAIN DE PLÂTRE. — Les matériaux hourdés à bain de mortier ou de plâtre sont ceux qui dans une maçonnerie sont comme noyés dans du mortier ou dans du plâtre. (Voy. MAÇONNERIE, LIMOUSINERIE.)

Anciennement, et encore aujourd'hui en province et dans beaucoup de pays, on posait et on pose les pierres de taille sur bain de mortier ; à Paris, les pierres portent sur des cales et on les fiche au mortier ou au plâtre. ( Voy. FICHER. )

BAIN (Mettre à). — Voy. HOURDER.

BAISSER, *v. a.* — Diminuer de hauteur.

BAJOUES, *s. f. pl.* — Terrassements souvent en talus, et ordinairement revêtus de maçonnerie, faits sur les bords d'une rivière ou d'un canal.

BAJOYERS, *s. m. pl.* — Mot dérivé de *bajoues*, ailes de maçonnerie qui revêtent la chambre d'une écluse fermée aux deux bouts par des portes ou vannes. Ces portes s'ouvrent à l'aide d'*appareils à déclic* que manœuvrent deux hommes. On pratique le long des bajoyers des contre-forts, des enclaves, pour loger des portes ou vannes. Celles-ci sont munies de pertuis, qui laissent passer l'eau des deux côtés de l'écluse, sans que l'on soit obligé d'ouvrir les portes. Ces pertuis s'élèvent et s'abaissent à l'aide d'une tige à engrenage qu'un homme manœuvre facilement.

BALANCEMENT. — Voy. GIRONNEMENT.

BALANCER, *v. a.* — C'est diminuer proportionnellement la largeur des marches dans

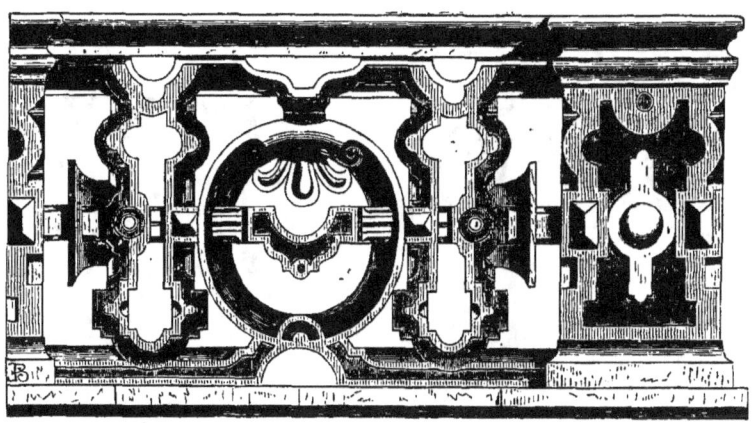

Balcon de pierre, château du grand-duc à Bade (fin du XVIIᵉ siècle).

un escalier tournant, ou dans les quartiers tournants d'un escalier mixte, c'est-à-dire en partie droit et en partie tournant.

BALATAS, *s. m.* — Arbre de la famille des Sapotées, originaire de la Guyane. Il en existe trois variétés, dont les bois sont également propres aux charpentes. Le *Balatas blanc* est un bois facile à travailler, mais il se laisse piquer facilement par les insectes ; le *Balatas rouge* est originaire de Saint-Domingue, où on le nomme *Sapotillier marron ;* le bois de cette variété vaut presque autant que celui du chêne : il est très-employé à Cayenne ; il résiste bien à l'air, mais encore mieux à couvert. Le *Balatas à grosse écorce*, dont le bois tors est rempli de nœuds, se travaille difficile-

ment ; aussi ne peut-il être employé que pour les gros ouvrages de charpenterie.

BALAYAGE. — Voy. SALUBRITÉ.

BALCON, *s. m.* — Saillie pratiquée sur les façades des bâtiments. Elle est supportée par des consoles, des colonnes, et même par des gaînes et des cariatides. Un appui de pierre ou de métal enserre ou plutôt suit les contours de cette saillie. Notre figure montre un balcon de pierre du château du grand-duc à Bade (Allemagne). Il date de la fin du XVIIᵉ siècle, et son style, bien qu'allemand, rappelle le style Louis XIII.

Le balcon est ordinairement arasé au niveau du plancher de l'étage ; il sert à faciliter la vue au dehors. Il y a des balcons qui embrassent plusieurs fenêtres, et même toute la façade d'une maison ; d'autres n'occupent qu'une baie ; d'autres enfin, qui ne font point saillie, consistent en une simple balustrade de métal fixée entre les deux tableaux d'une fenêtre. L'usage des balcons n'est pas aussi ancien que l'ont supposé bien des auteurs. En effet, s'appuyant sur un texte de Festus, quelques-uns ont prétendu que le mot *mænianum* signifiait balcon, et, à l'appui de leur thèse, ils ont dit qu'un citoyen romain, Mœnius, ayant vendu sa propriété située sur le forum, s'était réservé une portion de terrasse en avant de sa maison, afin de pouvoir assister aux spectacles. Du reste ce mot de *mænianum*

Fig. 1. — Balcon des fenêtres du 1er étage ;
hôtel Carnavalet, à Paris.

a plusieurs sens : dans les amphithéâtres, il indiquait un groupe de gradins. ( Voy. BALTEUS. )

Pour nous il est bien évident que si le *mænianum* était simplement une loggia, une sorte de portique, on ne peut reconnaître là le caractère du balcon, qui est tout à fait moderne, et qui n'a fait son apparition en Italie qu'au xvᵉ siècle ; les Italiens nomment les balcons découverts *ringhiera*, et *mignani* les balcons fermés par des jalousies, ce qu'on nomme en France *vérandas*, et en Algérie et en Espagne *moucharaby*.

Quant au *balcon de défense*, placé au-dessus des portes de villes, et qu'on nomme *assommoir*, *brétèche*, *machicoulis*, *moucharaby*, il remonte à une époque plus reculée. (Voy. BRÉTÈCHE, MACHICOULIS. )

BALCONS, panneaux de serrurerie, que l'on

place à hauteur d'appui sur les balcons en maçonnerie et devant les croisées ; ils sont tantôt tout en fer, tantôt en fer et en fonte. Nous donnons (fig. 1 ) le balcon en fer forgé des fenêtres du premier étage de l'hôtel Carnavalet et (fig. 2) le balcon d'un ancien hôtel situé sur le quai des Grands-Augustins , à Paris, construit vers la fin du règne de Louis XIII.

LÉGISLATION. — Pour établir dans son héritage des balcons, il faut se conformer aux articles suivants du Code civil :

Art. 678. — On ne peut avoir des vues droites ou fenêtres d'aspect, ni balcon, ou autres semblables saillies sur l'héritage clos ou non clos de son voisin, s'il n'y a dix-neuf décimètres ( six pieds ) de distance entre le mur où on les pratique et ledit héritage.

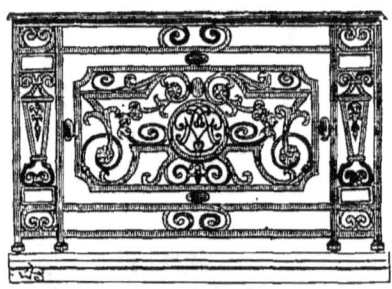

Fig. 2. — Balcon style Louis XIII.

Art. 679. — On ne peut avoir des vues par côté ou obliques sur le même héritage, s'il n'y a six décimètres (deux pieds) de distance.

Art. 680. — La distance dont il est parlé dans les deux articles précédents se compte depuis le parement extérieur du mur où l'ouverture se fait, et, s'il y a balcons ou autres semblables saillies, depuis leur ligne extérieure jusqu'à la ligne de séparation des deux propriétés.

Pour établir des balcons sur la voie publique, il faut obtenir la permission de l'autorité municipale. A Paris, la question est réglée par une ordonnance du 24 déc. 1823, dont voici l'extrait :

Titre 3, section 3, art. 10. — Les permissions d'établir des grands balcons ne seront accordées que dans les rues de dix mètres de largeur et au-dessus, ainsi que dans les places et carrefours, et ce d'après une enquête *de commodo et incommodo*.

S'il n'y a point d'opposition, les permissions sont délivrées. En cas d'opposition, il sera statué par le conseil de préfecture, sauf le recours au conseil d'État.

Dans aucun cas, les grands balcons ne pourront être établis à moins de six mètres du sol de la voie publique.

Le préfet de police sera toujours consulté sur l'établissement des grands et petits balcons.

BALCONS, extrémités de la première galerie dans les théâtres modernes; les balcons avoisinent les loges d'avant-scène.

BALCON, en terme de marine, galerie couverte ou découverte située à l'arrière d'un grand navire. Le balcon sert d'ornement, tout en facilitant certaines manœuvres.

BALDAQUIN, s. m. — Dais ou couronnement d'autel, fait en riches étoffes et supporté par des colonnes. Le dais a remplacé le ciborium ancien des basiliques chrétiennes (voy. CIBORIUM). A l'origine, le baldaquin était de bois recouvert de tentures de *baldechinum*, étoffe qui venait, dit-on, de Bagdad, appelée autrefois Baldac; d'où le mot *baldaquin*. Plus tard, les dais dont il s'agit ont été faits en marbre et l'étoffe a été remplacée par des métaux, surtout du bronze doré.

Le plus grand baldaquin connu est celui de Saint-Pierre de Rome. Il a été construit par le Bernin en 1633. Il se compose de quatre colonnes torses d'ordre composite, hautes de 11 mètres 30, qui supportent un entablement surmonté de quatre anges au-dessus de chaque colonne. L'entablement est couronné d'une sorte de coupole ou d'amortissement terminé par un globe portant une croix. Ce baldaquin est tout en bronze doré; il mesure 28ᵐ,90 de hauteur et ne vaut pas moins d'un million. Le pape Barberini (Urbain VIII), qui avait dépouillé plusieurs monuments pour orner Saint-Pierre, avait enlevé au seul portique du Panthéon plus de 190,000 livres de métal, ce qui donna lieu à la satire suivante : *Quod non fecere Barbari, fecere Barberini.*

BALÈVRE, s. f. — Saillie que présente une pierre qui n'affleure pas le parement de la construction dont elle fait partie. Les balèvres proviennent d'une taille incomplète ou imparfaite, d'un déplacement de la pierre, enfin d'un tassement.

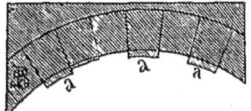

Fig. 1. — *a, a,* balèvres.

Il arrive aussi très-souvent que, pour ne pas arrêter les poseurs, les tailleurs de pierre n'exécutent la taille que sur les côtés ou parements où elle est nécessaire pour la pose des pierres, sauf à rabattre plus tard les pierre formant balèvres, ce qu'on nomme, en technologie, *retailler en ragréant.* Nos figures 1 et 2

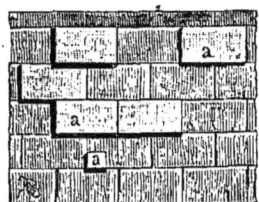

Fig. 2. *a, a,* balèvres.

montrent des balèvres de ce dernier genre; la figure 1 représente des claveaux ou des douelles de voûtes portant des balèvres, et notre figure 2, des balèvres *a* sur le parement d'un mur.

En serrurerie, c'est l'extrémité d'un barreau de fer qui dépasse les traverses, qu'elle ne devrait qu'effleurer.

BALIVEAU, s. m. — Jeune arbre, choisi et réservé lors de la coupe des bois dans les forêts de l'État. Le baliveau est employé dans les chantiers de maçonnerie pour la construction des échafaudages, où il sert à faire des échasses. — Une ordonnance du 1ᵉʳ août 1827 établit qu'il sera laissé 25 baliveaux par demi-hectare, et qu'on ne pourra les couper qu'âgés d'au moins quarante ans. (Voy. ÉCHASSES.)

BALLAST, s. m. — Couche de gravier sur laquelle on établit les voies ferrées. Le ballast est formé de graviers moyens de sable et des terres argileuses ; il est établi sur une couche de pierres ou de cailloux concassés ; cette couche est recouverte de sable ou de terre légère. Du reste, la composition des ballasts est très-variable, parce que généralement les ingénieurs y emploient les matériaux qu'ils trouvent dans les tranchées qu'ils sont obligés de faire. Un bon ballast doit être élastique, suffisamment perméable pour permettre la prompte infiltration des eaux pluviales et la conservation des traverses de bois supportant les rails.

**BALL-FLOWER**, ornement caractéristique du style ogival anglais du XIVᵉ siècle ; c'est, comme le montre notre figure, un bouton

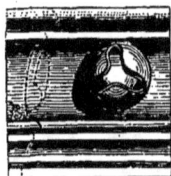

Ball-flower.

formant le cœur d'une fleur. Cet ornement se retrouve fréquemment aux cathédrales de Bristol, de Glocester et de Hereford. (Voy. Bouton.)

**BALTEUS.** — Ceinture, baudrier, d'après Vitruve (l. 3, ch. 3), zone moyenne du coussinet du chapiteau ionique.

Dans les théâtres et amphithéâtres antiques, le *balteus* ou *præcinctio* était une division qui existait entre les divers gradins séparant les groupes de spectateurs. Du reste, on est loin d'être d'accord sur les dispositions du balteus : les uns pensent que ce n'était qu'un vaste palier, servant à la circulation, situé dans la *cavea* au sommet de chaque *mænianum* ou groupe de gradins, donnant accès aux places. D'autres supposent que c'était un mur peu élevé, au-dessus duquel il existait une rangée de gradins distincte de celle qui était située au bas du mur ; d'autres enfin y voient un couloir de dégagement passant sous les précinctions et donnant accès aux vomitoires ; cette dernière hypothèse est complétement

fausse, puisque l'espace vide au-dessous des gradins était nommé *fornices, concamerationes*. Pour nous, il est bien évident que le *balteus* affectait deux formes distinctes, et c'est là ce qui a donné lieu aux incertitudes que nous avons signalées. La première de ces formes était un simple palier ; exemple : amphithéâtre de Nîmes ; la deuxième, un palier, plus un mur comme celui du podium ; exemples : théâtre d'Orange, Colisée, grand théâtre de Pompéi.

**BALUSTRADE**, *s. f.* — Les clôtures d'appui composées de Balustres (voy. ce mot) devraient seules porter le nom de *balustrade*. Mais l'usage a prévalu de nommer

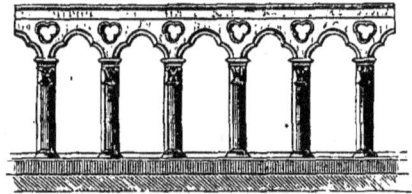

Fig. 1. — Balustrade en arcatures tréflées.

ainsi toutes les barrières, clôtures et garde-fous ajourés qui ont un caractère monumental. Parfois les balustrades sont pleines, comme les

Fig. 2. — Balustrade à 4 feuilles aiguës.

garde-corps, les parapets simples ; mais elles se distinguent de ces derniers par une décoration d'ajours aveugles. On a fait des balustrades

Fig. 3. — Balustrade à 4 feuilles rondes.

en pierre, en bois et en métal, et la configuration de leurs ajours a varié à l'infini, suivant la matière employée et le goût prédominant au moment de leur construction.

Pendant le moyen âge, elles règnent généralement au pied des grands combles, ainsi

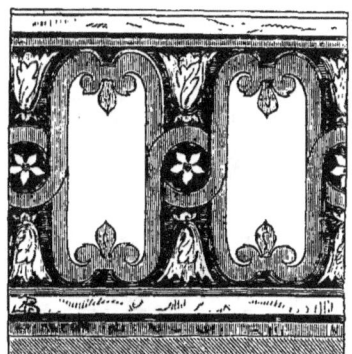

Fig. 4. — Balustrade renaissance avec culots et entrelacs
(1er type).

que sur les points, intérieurs ou extérieurs, où

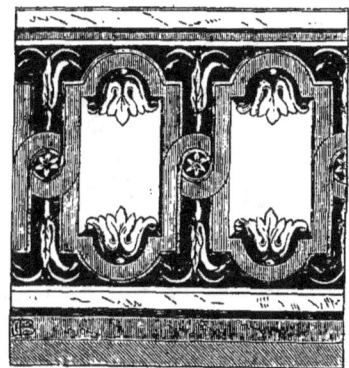

Fig. 5. — Balustrade renaissance avec culots et entrelacs
(2e type).

il y avait des passages pour la circulation.

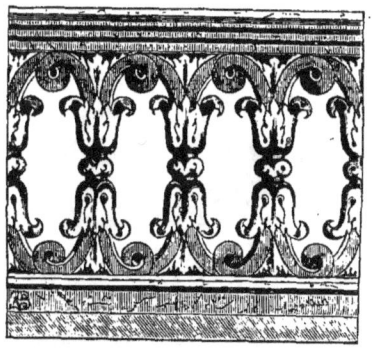

Fig. 6. — Balustrade renaissance à double culot.

Elles sont formées de découpures romanes ou

ogivales. Ce sont tantôt des séries de colonnettes
dont l'architrave commune forme les barres
d'appui ; tantôt des arcatures simples ou géminées, ou bien des arcatures tréflées (fig. 1) ;

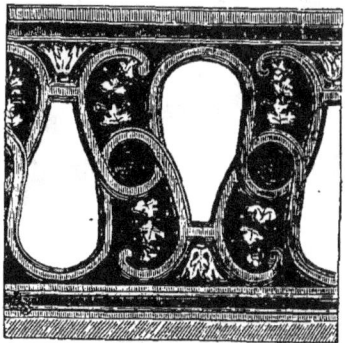

Fig. 7. — Balustrade à joncs.

tantôt des ajours à quatre feuilles aiguës
(fig. 2), ou rondes (fig. 3). Pendant le style
flamboyant, les balustrades sont aussi en arcs
flamboyants. (Voy. ARC FLAMBOYANT.) La

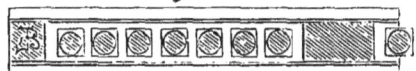

Fig. 8 — Plan d'une balustrade.

renaissance a créé la série la plus variée peut-
être de balustrades : ce sont des balustres de
toutes formes, des entrelacs, des joncs (voy.
nos figures 4, 5, 6, 7), des arabesques, de srin-

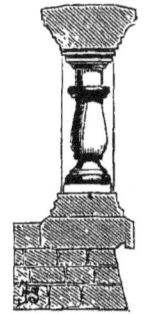

Fig. 9. — Coupe d'une balustrade.

ceaux, des méandres, des fleurs de lis, des
lettres et des devises ; ainsi, au château de
Blois, élevé par François Ier, on voit dans les
balustrades des F couronnées surmontées de

salamandres. Aujourd'hui les balustrades affectent toutes sortes de formes. Nos figures 8

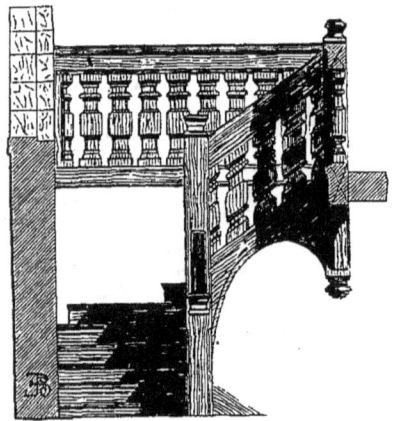

Fig. 10. — Balustrade d'un escalier Louis XIII,
rue des Lombards, à Paris.

et 9 montrent en plan et en élévation une balustrade à balustres.

La balustrade a souvent été en bois, surtout pour les rampes d'escalier ; dans les parties droites les balustres sont droits, mais dans les parties rampantes ils suivent la direction de la base et des appuis. Nous donnons, figure 10, la balustrade en bois d'un escalier Louis XIII d'une maison située rue des Lombards, n° 24, à Paris.

BALUSTRADES FEINTES ou AVEUGLES, celles qui sont feintes avec des balustres ou des ajours en demi-relief.

BALUSTRE, s. m. — Petite colonne ou

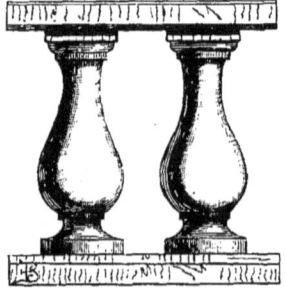

Fig. 1. — Balustre toscan.

pilastre affectant les formes les plus diverses, suivant l'architecture à laquelle elle appar

tient. Le balustre se compose de quatre parties : le *piédouche*, qui supporte la *panse* ou *poire*, le

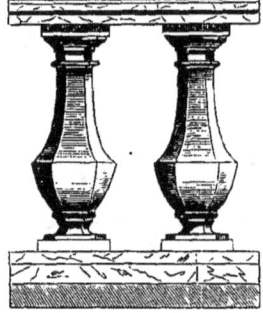

Fig. 2. — Balustre dorique.

*col* et le *chapiteau*. On ne trouve dans l'antiquité rien qui ressemble au balustre, il semble

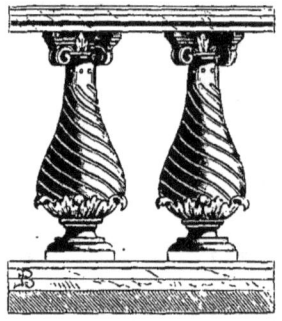

Fig. 3. — Balustre ionique.

n'avoir fait son apparition qu'à la renaissance. Une série de balustres forme une BALUSTRADE.

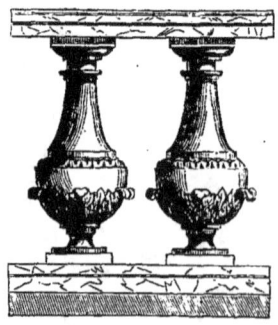

Fig. 4. — Balustre corinthien.

(Voy. ce mot.) On a exécuté les balustres en pierre, en marbre, en bois, en métal ; on a

créé des balustres suivant les ordres d'architecture. Notre figure 1 représente le toscan;

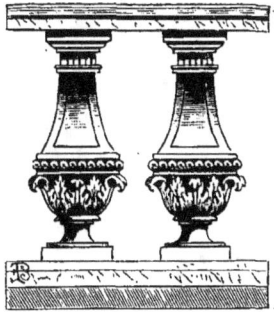

Fig. 5. — Balustre composite.

notre figure 2, le dorique; notre figure 3, l'ionique; nos figures 4 et 5, le corinthien et le

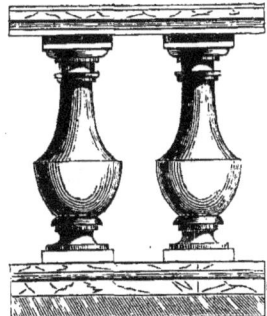

Fig. 6. — Balustre piédouche.

composite. La fantaisie a créé ensuite le *piédouche* (fig. 6), la *panse godronnée* (fig. 7), la

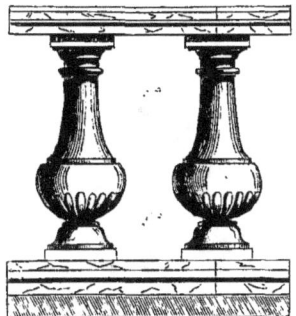

Fig. 7. — Balustre à panse godronnée.

*double poire simple* (fig. 8), la *double poire ornée*
(fig. 9), le *balustre à ceinture* (fig. 10). D'au-

tres balustres affectent la forme de gaînes, ce
sont : le *rustique* (fig. 11), le *balustre en urne*

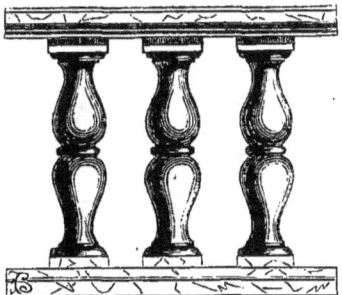

Fig. 8. — Balustre à double poire simple.

*et cannelé* (fig. 12), *à retours* (fig. 13) et *en vase*
(fig. 14 et 15). Notre figure 16 donne un élé-

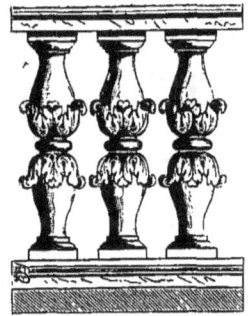

Fig. 9. — Balustre à double poire ornée.

gant balustre de la balustrade du grand escalier (bâtiments des assises) du palais de jus-

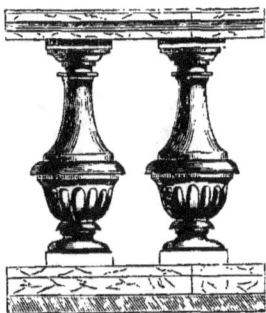

Fig. 10. — Balustre à ceinture.

tice de Paris. Il a été imaginé par nos confrères MM. Duc et Dommey.

BALUSTRE, face de côté des volutes du cha-

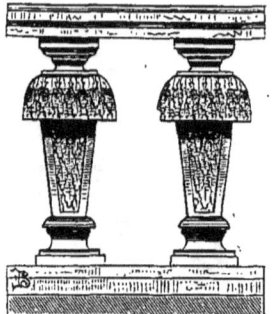

Fig. 11. — Balustre rustique.

piteau ionique ; on le nomme aussi *coussinet* et *oreiller*.

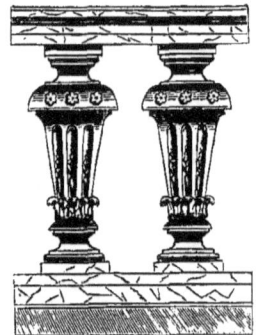

Fig. 12. — Balustre en urne et cannelé.

En serrurerie, le balustre ou pilastre est une colonnette en fer ou en fonte unie, ou

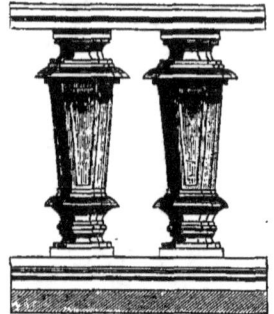

Fig. 13. — Balustre à retour.

ornée, qui sert de point de départ à une rampe en fer d'escalier, ou qui arrête sur un

balcon les panneaux de serrurerie; tige de fer

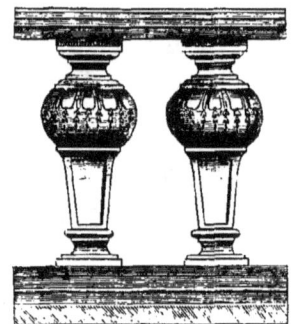

Fig. 14. — Balustre en forme de vase (1er type).

ou de fonte formant une rampe d'escalier; ob-

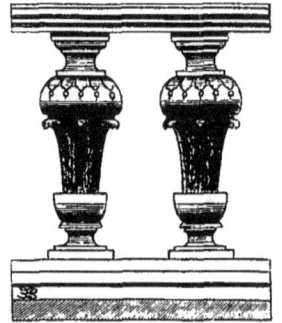

Fig. 15. — Balustre en forme de vase (2e type).

jets de quincaillerie, boutons, poignée, etc., ayant la forme d'un balustre.

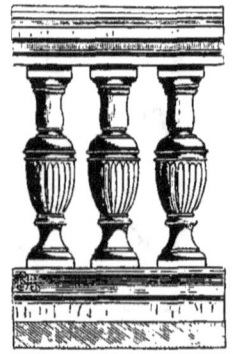

Fig. 16. — Balustre au palais de justice de Paris.

BAMBOU, *s. m.* — Espèce de gros roseau qui, dans les Indes, acquiert un diamètre assez considérable pour servir de solives, de chevrons, de pannes, de faîtage, de poteaux, en un mot, qui remplace les bois de charpente.

BANC, *s. m.* — Hauteur du lit des pierres dans les carrières. — Les pierres à bâtir, principalement celles de nature calcaire, se trouvent dans le sein de la terre par *bancs*, c'est-à-dire par couches superposées. Leur texture varie plus ou moins d'un banc à l'autre. Les unes sont formées de matières dures et de grains fins. Des couches presque toujours minces de sable, de glaise ou de BOUSIN (voy. ce mot), les séparent. Le premier banc, le plus dur dans certaines espèces de pierre, est nommé *banc de ciel;* on le conserve ordinairement et on le soutient à l'aide de piliers : il sert de ciel ou de plafond à la carrière. Quelquefois cependant les bancs supérieurs sont plus friables et de qualité inférieure. On exploite alors la carrière à ciel ouvert. La hauteur du banc détermine celle de l'assise, lors de la mise en œuvre des matériaux.

BANC FRANC, espèce de pierre dont la finesse du grain approche de celle du *liais*, ce qui fait que quelquefois on confond ces deux pierres. Les hauteurs du banc franc sont variables; nous donnerons celles des pierres le plus en usage dans les constructions de Paris. Le banc franc du *Moulin* et celui de *Butry* mesurent de 0ᵐ,45 à 0ᵐ,50 de hauteur; celui de la *Plaine*, de 0ᵐ,45 à 0ᵐ,55; celui de *Saint-Maur*, de 0ᵐ,32 à 0ᵐ,40 ; le banc franc dit *Plaquette* ne porte que 0ᵐ,25 de hauteur. Le poids moyen de ces différentes pierres est de 2,200 kilogr. le mètre cube.

Le BANC ROYAL est une pierre tendre d'un grain très-fin. Elle est d'un fréquent usage à Paris. Le banc royal de la plaine de Montrouge porte de 0ᵐ,45 à 0ᵐ,80 de hauteur; celui des Forgets, de 0ᵐ,50 à 0ᵐ,60. Le mètre cube de cette pierre pèse environ 2,170 kilogr. On emploie généralement cette pierre pour les parties qui doivent recevoir de la sculpture. Les deux bancs royaux les plus employés à Paris proviennent des carrières de Conflans-Sainte-Honorine et de l'abbaye du Val. La hauteur du *lit* de la première mesure 1ᵐ,60 et jusqu'à 2 mètres; la seconde porte de 0ᵐ,60 à 0ᵐ,65 de haut.

BANC A TIRER, machine servant à étirer et profiler de longs objets moulurés en métal.

BANC DE CISAILLE ou DE TOUR, établi solide sur lequel sont fixées des cisailles, ou qui porte un tour; aujourd'hui, au lieu de bois de chêne ou d'orme, ces sortes de bancs sont souvent en fonte.

BANC, meuble pouvant servir de siége à plusieurs personnes; la forme des bancs est extrêmement variable, suivant l'emplacement qu'ils occupent. En effet, il existe des bancs dans les asiles, les écoles, les parloirs, les églises, à l'intérieur et à l'extérieur des édifices, dans les parcs et les jardins, dans les promenades et places publiques. Aussi, suivant les divers emplacements où ils se trouvent, les bancs sont en bois, en pierre, en marbre, en métal; ils sont massifs ou évidés, portés sur des supports de tous genres, simples, doubles, avec ou sans dossiers, droits ou curvilignes.

En Orient, on ne paraît pas avoir employé ce meuble; en Occident, au contraire, les Étrusques, les Grecs et les Romains en ont placé en tous lieux, dans les thermes, les gymnases, les palestres, dans les agoras et les forums. Il existait même chez les anciens, dans les jardins publics ou ailleurs, de petites places circonscrites par un grand banc circulaire ; on les nommait EXÈDRES ou HÉMICYCLES. (Voy. ces mots.) C'était là que les philosophes et les rhéteurs, les poëtes et les écrivains venaient s'asseoir au milieu de leur auditoire, pour y soutenir des thèses ou pour y lire leurs œuvres. De nos jours, on a bien fait des exèdres, au jardin des Tuileries par exemple, mais ils sont entourés de plates-bandes de fleurs et de grilles; ils ne servent que d'ornement. Il serait à désirer, surtout dans les grandes villes, que les exèdres fussent placés en plus grand nombre dans nos jardins, et mis à la disposition des promeneurs.

Les premiers chrétiens élevèrent aussi des bancs de pierre dans les catacombes et dans les basiliques primitives; dans ces derniers édifices, ils occupaient différents emplacements, mais ils étaient surtout disposés autour des absides. L'usage de ces bancs dans les monuments s'est conservé jusqu'à nous; seulement, en bien des endroits, le bois a aujourd'hui remplacé la pierre.

BANC D'ŒUVRE, banc placé dans la nef des églises, en face la chaire à prêcher, et destiné aux marguilliers et aux membres du conseil de fabrique. Ce banc est presque toujours entouré d'une clôture à hauteur d'appui. Autrefois il était même divisé en STALLES. (Voy. ce mot.)

BANDE, *s. f.* — Membre d'architecture, peu saillant, très-souvent uni, plus long que large, qui sert à décorer et à rompre la monotonie des surfaces lisses; on dit aussi *fasces*.

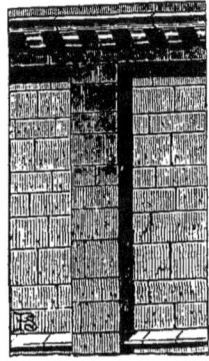

Bande lombarde.

On les appelle *bandes lombardes* quand elles sont verticales, comme le montre notre figure. On fait des bandes en relief et en peinture.

BANDE, assise de briques intercalée dans un autre genre de maçonnerie; si un mur est fait avec des assises horizontales de moellon, de brique et de pierre, on dit qu'il est construit par *bandes de moellon*, de *brique* et de *pierre*. Les bandes de pierre peuvent être décorées d'ornements peu saillants, tels que POSTES, GRECQUES, MÉANDRES. (Voy. ces mots.)

Espèce de bossage uni, cannelé, pointillé ou vermiculé, qui orne les colonnes ou les pilastres. (Voy. BAGUE.)

Les carreleurs nomment *bande* les bordures de pierre, de marbre, de mosaïque, ou de carreau émaillées, qui encadrent un carrelage. (Voy. BORDURE.)

Dans le blason, on appelle *bande* une pièce de premier ordre, en forme de bande ou de large ruban, traversant l'écu. Suivant la direction qu'elle prend et la place qu'elle occupe, elle porte différents noms. La *bande* propre-

ment dite traverse l'écu de droite à gauche; la *barre*, de gauche à droite; la *fasce* est horizontale, le *pal* est vertical et sur l'axe de l'écu, le *chef* en occupe le tiers supérieur, etc. (Voy. BLASON.)

En marbrerie, on double avec des bandes de liais les foyers, les contre-chambranles, enfin les marbres débités en tranches minces.

En serrurerie, on nomme *bande* toute traverse de métal de peu de largeur. La *bande de trémie* est une barre de fer méplat, coudé à double coude à chacune de ses extrémités; elle s'accroche aux deux solives d'enchevêtrure d'une trémie de plancher en bois. La bande de trémie sert à supporter les âtres et foyers de cheminée, qui doivent être isolés des charpentes. Les planchers en fer modernes ont supprimé les bandes de trémies pour foyers; néanmoins, pour laisser passer des tuyaux de chute, de descente, ou des conduits de ventilation, on utilise les bandes de trémie, même dans les planchers en fer. (Voy. TRÉMIE.)

En *tenture*, les colleurs de papiers peints appellent *bandes* les rubans de papier ou de calicot qu'ils appliquent sur les crevasses des murs, ou sur les fentes de bois, ou les bords portant charnières des vantaux d'armoires, afin qu'une fois le papier de tenture posé, les crevasses, fentes ou joints soient dissimulés.

BANDE (PLATE-). — Voy. PLATE-BANDE.

BANDEAU, *s. m.* — Bande plus ou moins saillante, unie, moulurée ou ornementée, qui décore les façades des édifices. Le bandeau sert

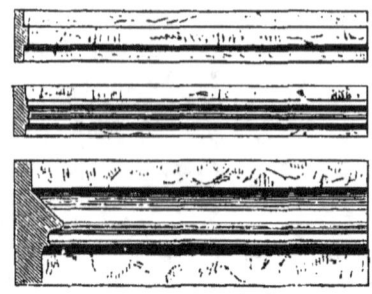

Fig. 1. — Bandeaux simples.

à accuser la hauteur des planchers, ou à supporter la saillie des chambranles et des baies.

Les bandeaux sont de formes variées : s'ils sont simples, ils se composent (fig. 1) d'un

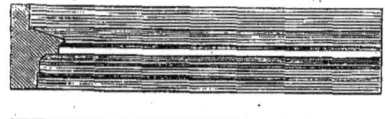
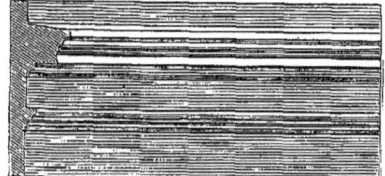

Fig. 2. — Bandeaux composés.

listel ou d'une petite moulure plus ou moins saillante ; s'ils sont plus compliqués, ils représentent une petite corniche (fig. 2) ; et dans les deux cas ils peuvent être plus ou moins ornés de rosaces, de perles, de postes (fig. 3), de chapelets ou d'oves.

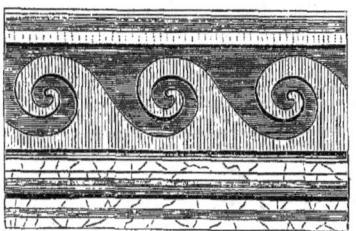

Fig. 3. — Bandeau avec postes.

BANDEAU, chambranle simple qui encadre une porte ou une fenêtre ; le bandeau est dit *retourné* quand il sert de chambranle et de division à un étage.

En menuiserie, le bandeau est une planche mince et étroite, couronnant un lambris de hauteur ; c'est encore une lame mince de bois qui, posée perpendiculairement, cache un joint ou bouche un vide.

En marbrerie, on nomme ainsi un évidement pratiqué entre deux moulures ; dans ce cas, le bandeau n'est plus une saillie, c'est au contraire une sorte de canal.

BANDEAUX. Les fumistes emploient cette expression pour désigner les BAGUES (voy. ce mot) ou ceintures saillantes qui décorent les colonnes de poêle.

BANDELETTE, *s. f.* — Petite bande d'étoffe qui servait à l'ornement et à la décoration ; la tête des victimes destinées aux sacrifices était décorée de bandelettes.

C'est aussi une moulure plate et unie, plus large que le listel, mais de moindre importance que le bandeau, et qu'on nomme encore *filet, réglet*, ou *tenia*. La bandelette dans l'architrave dorique supporte et couronne les triglyphes placés dans les frises.

En serrurerie, la *bandelette* est un fer méplat de petit échantillon. (Voy. FER.)

BANDER, *v. a.* — Pose de la clef ou des clefs dans un arc, une plate-bande, une voûte ; c'est la dernière opération qui permet le décintrement de ces constructions, car c'est la clef qui leur donne la stabilité et la solidité. C'est une opération délicate, qu'on peut pratiquer de diverses manières. Ainsi, après avoir placé successivement sur des cintres les rangs de voussoirs ou claveaux d'un arc, d'une voûte ou d'une plate-bande, on pose les clefs, puis on enfonce avec force des coins de bois ou de fer : ceux-ci resserrent les pierres et bandent les voûtes. Dans d'autres cas, pour les voûtes d'aqueducs ou d'égouts, par exemple, la charge de terre qui les recouvre suffit pour les bander.

Ce terme est encore employé pour indiquer la direction de la force imprimée à une voûte par la coupe de ses voussoirs. Ainsi les voûtes d'arête et les voûtes en arc de cloître sont bandées vers leurs principaux points d'appui par leurs diagonales ; une voûte sphérique est bandée du centre à la circonférence ; les voûtes plates ou plafonds sont bandés diagonalement et transversalement.

En serrurerie, c'est donner de la force à un ressort, soit en le roidissant, soit en lui rendant l'élasticité qu'il aurait perdue.

BANNE, *s. f.* — Ce mot est synonyme de BACHE (voy. ce mot), mais il est surtout employé pour désigner les toiles placées au-dessus des devantures de boutique, et qui servent à empêcher les rayons du soleil de frapper directement sur les marchandises. La banne a remplacé l'AUVENT (voy. ce mot), auquel les ordonnances de police l'ont assimilée.

BANNER, *v. a.* — Couvrir d'une bâche ; chose bizarre, *banne* est synonyme de *bâche*, et cependant *banner* ne l'est pas de *bâcher*. Ainsi on dira bâcher une voiture, une diligence, et banner une couverture, un bâtiment.

BANNIÈRE, *s. f.* — Sorte d'étendard militaire, religieux ou civil, qui est suspendu à un support horizontal, au lieu d'être porté par une hampe verticale, comme le drapeau. La bannière existait anciennement, puisque la colonne Trajane nous en montre des spécimens dans ses bas-reliefs. Les Romains avaient même emprunté ce genre d'étendard aux Daces et aux Arméniens ; ils l'avaient nommé *labarum*, et nos lecteurs connaissent certainement le *labarum* de Constantin. Au moyen âge, les seigneurs qui pouvaient avoir un certain nombre de gens d'armes avaient le droit de

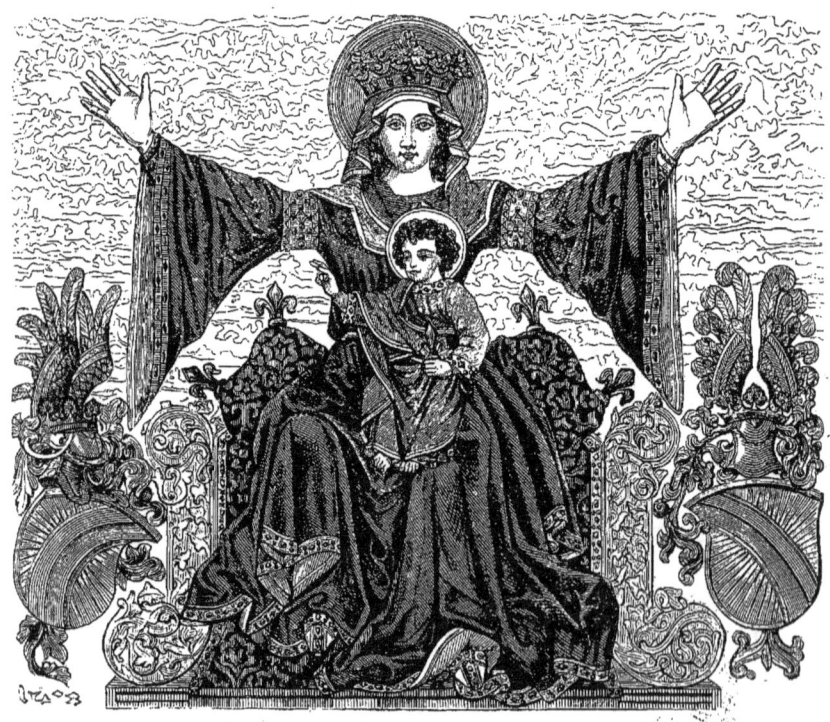

Bannière de Strasbourg.

porter une bannière : c'étaient des seigneurs *bannerets*, qu'on distinguait en barons, chevaliers et écuyers *bannerets*. Les villes et les États avaient leurs bannières. Celle de France était bleue, parsemée de fleurs de lis d'or. Celle de Strasbourg, que montre notre figure, datait du XIIIe siècle ; une réduction et un tableau, qui la représentaient, étaient déposés dans la bibliothèque de la ville ; ils y ont été brûlés pendant le bombardement de 1870.

De nos jours, les bannières représentent dans les processions religieuses diverses congrégations, et dans les défilés de certaines fêtes publiques les sociétés chorales ou instrumentales ; des orphéons, ainsi que les corporations d'industriels et d'ouvriers, se réunissent également sous leurs bannières respectives.

BANQUETTE, *s. m.* — Retraite pratiquée dans une fouille, afin de pouvoir procéder à l'enlèvement des terres. Lorsque, dans une excavation, on arrive à une hauteur telle qu'on ne peut plus jeter la terre sur BERGE (voy. ce mot), on ménage dans la masse des terres des redans de 1ᵐ,75 de hauteur, pour former une nouvelle berge ; ce sont ces redans qu'on nomme *banquettes* (fig. 1).

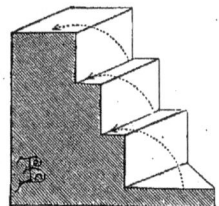

Fig. 1. — Banquettes de terres en excavation.

Dans certains cas, notamment dans une fouille en tranchée, on établit des banquettes au moyen de planches ou plats-bords qui portent sur des étrésillons servant à l'étayement. La terre piochée passe de banquette en banquette, et arrive ainsi jusque sur la berge, où s'opère l'enlèvement du déblai. Chacune de ces banquettes est occupée par un ouvrier nommé *pelleur*.

Quand les fouilles sont très-larges, les plats-bords sont portés par des boulins ou baliveaux ; on établit de pareilles banquettes pour purger ou creuser à nouveau le fond d'un saut-de-loup, d'un fossé, etc. Notre figure 2 montre ce dernier genre de banquette.

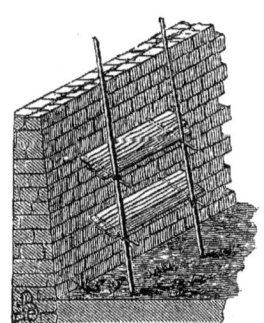

Fig. 2. — Banquette de maçon située dans un fossé.

**BANQUETTES**, berges ou petits chemins pratiqués le long d'un canal, d'un égout, d'un aqueduc. Notre figure 3 montre en *b*, *b*, des banquettes de cette nature. (Voy. CANAL.)

**BANQUETTE**, élévation en terre, en pierre, en fascines, derrière laquelle se placent des soldats, pour tirer à l'abri des projectiles ennemis. Il existe de ces banquettes au pied du parapet d'un bastion ou des revers d'une tranchée. Ces parapets sont surmontés de sacs en terre qui forment de petites barbacanes.

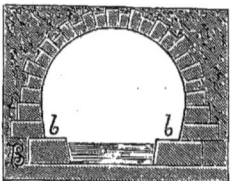

Fig. 3. — Banquette.

Enfin, anciennement, ce mot était synonyme de TROTTOIR. (Voy. ce mot.)

**BAPTISMALE. — Voy. CUVE.**

**BAPTISMAUX. — Voy. FONTS.**

**BAPTISTERE**, *s. m.* — De βαπτιστήριον, *baptisterium*, bain froid, où l'on se plongeait. Dans les thermes anciens, le baptistère était construit dans la *cella frigidaria*. ( Plin., *Ep.*, 2, 17, 11.) Notre figure 1 montre le plan d'un

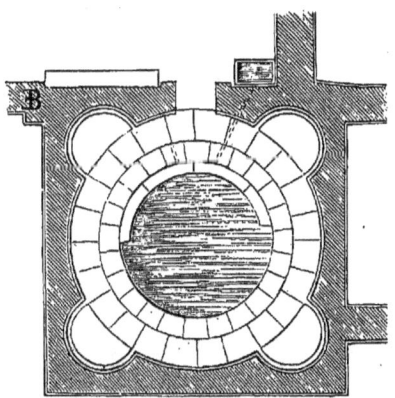

Fig. 1. — Baptistère de Pompéi.

*baptisterium* de Pompéi, tandis que notre figure 2 en montre l'élévation. C'est un bassin circulaire de marbre blanc de 3ᵐ,88 de diamètre. On y voit deux gradins, et au fond un banc de pierre qui permettait au baigneur de s'asseoir. La cuve de ce baptistère se rapproche beaucoup de celle d'un château d'eau romain (*castellum divisorium*) qui existe encore à Nîmes. (Voy. CHATEAU D'EAU.)

creusées en terres ou enfoncées dans le sol, remplacèrent les baptistères de rivières.

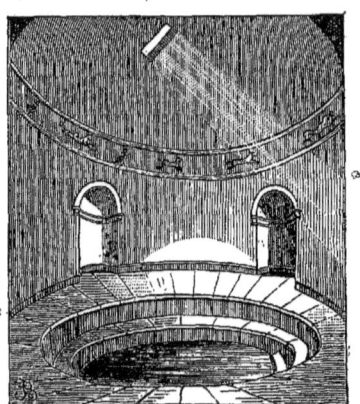

Fig. 2. — Baptistère de Pompéi.

Les baptistères anciens n'avaient pas toujours la même forme : ils étaient quelquefois demi-circulaires ; ils servaient aussi à prendre des bains chauds.

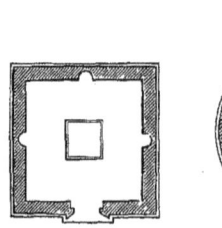
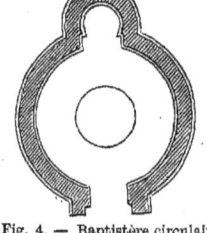

Fig. 3. — Baptistère carré.   Fig. 4. — Baptistère circulaire.

BAPTISTÈRE. — Dans les premiers temps du christianisme, on appela ainsi des lieux où l'on donnait le baptême par immersion ; c'é-

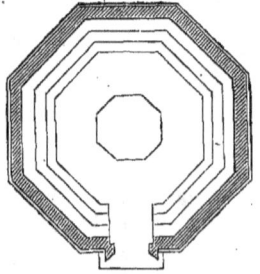

Fig. 5. — Baptistère octogonal.

tait alors sur les bords de lacs, d'étangs, ou de rivières ; plus tard, de grandes cuves,

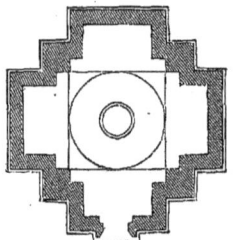

Fig. 6. — Baptistère en forme de croix grecque.

A partir du IVe siècle, on construisit spécialement pour cet usage des édifices, qui affectèrent diverses formes ; leurs plans étaient carrés avec des niches (fig. 3), circulaires (fig. 4), octogonaux (fig. 5), ou en croix grecque (fig. 6). Ils présentaient même d'autres formes, comme nos lecteurs le verront par notre figure 7.

A l'origine, les baptistères étaient très-grands, parce qu'on n'administrait le baptême que deux fois par an, aux fêtes de Pâques et de la Pentecôte ; on les fit même doubles, un pour chaque sexe. Ils étaient ornés de peintures allégoriques et placés sous la protection de saint Jean-Baptiste. Beaucoup avaient des autels, où l'on disait la messe à l'issue de laquelle les néophytes recevaient la communion, après avoir été baptisés.

Les baptistères furent longtemps isolés des églises ; plus tard, pour la commodité du service religieux, ils y furent reliés au moyen de péristyles, ou de galeries, comme à Aquilée.

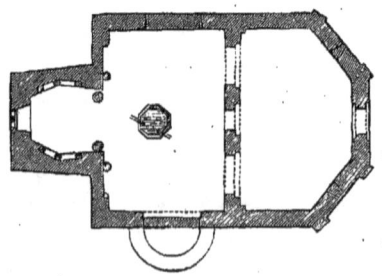

Fig. 7. — Plan du baptistère de Saint-Jean, à Poitiers.

Quelquefois ils furent placés près du porche, sur les côtés de l'église ; celui de Fréjus, dans le Var, celui de Torcello, à Venise, sont dans cette situation. Ce dernier est décoré de huit colonnes antiques en granit gris, dont les chapiteaux sont en marbre blanc.

Le plus ancien baptistère qui existe en France est celui de Saint-Jean, à Poitiers; il

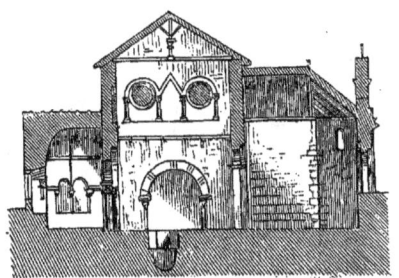

Fig. 8. — Coupe du baptistère de Saint-Jean, à Poitiers.

date des temps mérovingiens. Notre figure 7 en montre le plan, qui a une forme assez bizarre. Notre figure 8 représente la coupe et celle de la cuve proprement dite : elle est octogonale ; la figure 9, l'élévation de ce même baptistère. A Laon, il existe un ancien édifice, connu sous

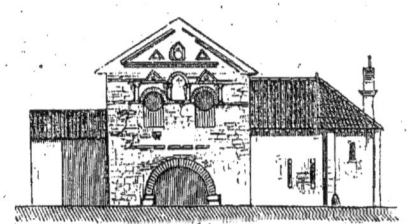

Fig. 9. — Élévation du baptistère de Saint-Jean, à Poitiers.

le nom d'*église des Templiers*, qui n'était qu'un baptistère, de même que le temple de Diane du Puy.

La plupart des baptistères existant en Italie sont des œuvres très-remarquables; citons notamment : le baptistère de *Florence*, dont la voûte a été décorée de mosaïques par un élève de Cimabuë, André Tasi, où se trouvent les célèbres portes en bronze, chef-d'œuvre d'André de Pise et de Lorenzo Ghiberti, que Michel-Ange admirait et estimait si hautement qu'il les trouvait dignes de fermer le paradis.

Le baptistère de *Pise*, dont le plan est circulaire, a été bâti de 1153 à 1160 par l'archi-

tecte Dioti Salvi. Il est élevé sur un stylobate à trois degrés supportant des colonnes corinthiennes. Une particularité assez curieuse, c'est que la cuve de forme octogonale de ce monument est divisée en cinq compartiments, et que, d'après certains archéologues, la division

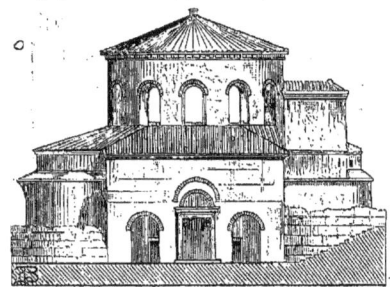

Fig. 10. — Baptistère de Sainte-Constance, à Rome.

centrale était réservée au prêtre qui baptisait.

A Rome, il y avait plusieurs baptistères; Constantin en avait fait élever deux : celui de *Saint-Jean de Latran*, qui portait son nom, et

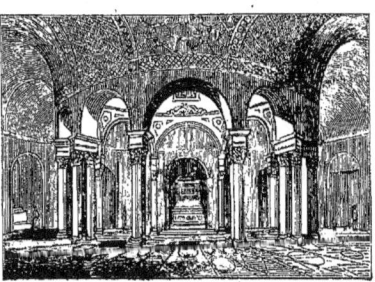

Fig. 11. — Vue intérieure du baptistère de Sainte-Constance, à Rome.

dont la cuve ancienne était en basalte, et celui de *Sainte-Constance*, situé à deux milles de distance de la porte Pie, à Rome, auprès de l'église de Sainte-Agnès que Constantin avait construite. Le plan de ce monument est circulaire; sa porte principale est précédée d'un porche maintenant ruiné, et il se relie à de vastes ruines, qui présentent la forme d'un stade ou d'un hippodrome, et qui servirent, dit-on, de sépulture aux chrétiens qui avaient voulu être enseveli auprès des catacombes de Sainte-Agnès. Notre figure 10 fait voir l'élévation du baptistère de Sainte-Constance, et notre figure 11, une vue intérieure. Disons, en terminant, que quelques archéologues ont prétendu qu'avant d'être un baptistère cet édifice aurait été un temple dédié à Bacchus.

Il existe encore des baptistères à Bologne, à Crémone, à Nocera de Pagani, à Padoue, à Parme, à Pistoie, à Ravenne, à Vérone et à Volterre.

A partir du VIIIe siècle, les baptistères disparaissent, pour céder la place aux cuves baptismales et aux fonts baptismaux, seuls aujourd'hui en usage pour administrer le baptême. (Voy. Cuve baptismale et Fonts baptismaux.)

BAR. — Voy. Bard.

BARBARES, s. m. — Les Grecs nommaient barbares tous les peuples qui n'étaient point de race hellénique ; les Romains eux-mêmes, qui pour les Grecs n'étaient que des barbares, qualifièrent ainsi tous les peuples qui n'étaient pas soumis à leur domination et qui vivaient sur leurs frontières ou plus au loin. En fait d'art, tout ce qui ne sortait pas de la Grèce était traité de barbare. (Voy. Barbarie.)

BARBARIE, s. f. — La barbarie, dans les œuvres d'art, consiste dans une rudesse d'invention et d'exécution, une manière outrée de la force, qui étonne plus qu'elle ne plaît, qui frappe et qui en impose, sans produire une bonne impression. En architecture on qualifie de barbares des œuvres lourdes et massives, telles que les peuples de la décadence en ont exécuté dans les temps anciens et à la chute de la domination romaine.

BAQUET, s. m. — Récipient, vaisseau de bois, cerclé de fer, qui sert à porter le mortier ; en serrurerie, ce terme s'applique à une cuve de bois : ainsi la forge double a deux baquets à charbon.

BAQUETER, v. a. — Épuiser l'eau d'une fouille, d'une tranchée, d'un bassin, à l'aide d'une pelle ou d'une écope.

BARAQUE, s. f. — Construction légère, ordinairement toute en bois, dont la couverture est en carton, en toile ou en papier goudronné. Les baraques sont employées pour les camps, les ambulances temporaires, et pour les hôpitaux, dans certains pays. Leur structure se compose de Fermettes (voy. ce mot), de poteaux et de planches ; le tout est quelquefois monté sur un soubassement en briques. Un poêle intérieur en faïence sert à chauffer et à ventiler. Les baraques sont souvent à doubles parois, surtout quand elles servent d'hôpital permanent et de salles de chirurgie. La baraque ou le baraquement est le véritable hôpital de l'avenir, parce que son prix de revient n'est pas élevé, et que son entretien est peu coûteux. En outre, quand les salles d'hôpitaux sont infectées par une contagion épidémique, on peut brûler les salles trop anciennes qui passent pour insalubres.

BARAS, s. m. — Résine provenant du pin maritime (Pinus laricio) et qui sert à fabriquer des vernis communs, tirés du résidu de la résine. On le nomme quelquefois Galipot (voy. ce mot) ; cependant cette dernière substance a plus de prix ; elle est un produit intermédiaire entre le baras et la térébenthine.

BARBACANE, s. f. — Baie de petite dimension, étroite et longue, pratiquée dans les édifices pour donner de l'air et du jour à des locaux accessoires. Dans les constructions militaires, les barbacanes servent à tirer à couvert sur les assaillants. Dans ce dernier cas, on dit aussi Meurtrière. (Voy. ce mot.)

Les barbacanes éclairaient souvent les rez-de-chaussée, les cryptes, les tours, les clochers, et des locaux tels que dépôts, magasins, granges, celliers, écuries, étables et autres bâtiments d'exploitation agricole.

Le moyen âge a beaucoup usé de la barbacane pour ses constructions civiles, religieuses ou militaires, car les tourelles d'escalier n'étaient, à peu d'exceptions près, éclairées que par des barbacanes. Elles servirent encore à aérer les charpentes des grandes constructions ; aussi les voit-on à la partie supérieure des pignons, où elles remplacent des oculi.

Dans les pièces qu'on pouvait utiliser comme dépôt ou magasin, les barbacanes étaient presque toujours ébrasées à l'intérieur ; notre

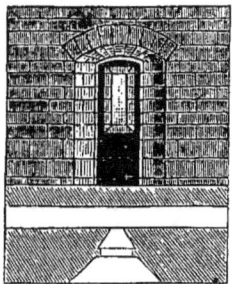

Fig. 1. — Plan et élévation d'une barbacane.

figure 1 montre le plan et l'élévation d'une barbacane de ce genre. Elles l'étaient aussi à l'extérieur, pour faciliter l'entrée de la lumière.

On a cherché à toutes les époques à dissimuler le plus possible les barbacanes ; c'est dans ce but qu'on les a placées dans les angles rentrants, à côté d'une saillie ou d'un pilastre.

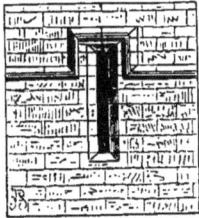

Fig. 2. — Barbacane chanfreinée avec bandeau.

Lorsque les barbacanes n'étaient pas ébrasées extérieurement, leurs arêtes étaient fréquemment chanfreinées. Quand elles coupaient un bandeau, celui-ci se profilait au-dessus de la barbacane, ce qui donnait du mouvement aux façades, en rompant la monotonie des lignes horizontales (notre figure 2 montre une barbacane ainsi couronnée). — Dans les murs de terrasse ou de soutènement, on ménage des barbacanes pour l'écoulement des eaux pluviales, qui, sans elles, ne trouvant pas d'issue, risqueraient de pourrir le mur ou tout au moins de l'endommager gravement. Notre figure 3 montre une barbacane pratiquée dans un mur de terrasse ; dans les murs très-élevés, on peut établir plusieurs rangs de barbacanes.

Dans l'architecture militaire du moyen âge, on nommait *barbacane* une fortification avan-

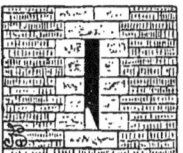

Fig. 3. — Barbacane d'un mur de terrasse ou de soutènement.

cée, soit détachée d'un corps de place, soit placée devant une porte de ville ou de château, pour les couvrir ou en défendre l'approche ; nos figures 4 et 5 représentent deux barbacanes défendant l'entrée d'une porte.

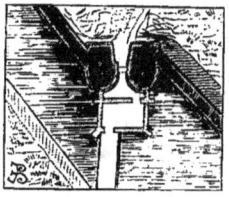

Fig. 4. — Barbacane défendant une porte de ville (1er type).

Quand la barbacane était une fortification avancée, elle communiquait souvent avec la place forte au moyen d'un chemin couvert ou d'un passage flanqué de murs. Aujourd'hui,

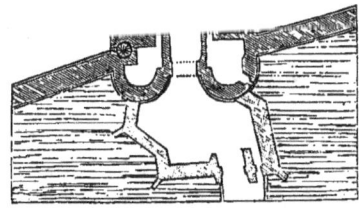

Fig. 5. — Barbacane défendant une porte de ville (2e type).

l'artillerie a amené la suppression de ce genre de fortification, qui, dans notre système de défense, a été remplacé par la demi-lune.

BARBE, *s. f.* — Lorsque deux pièces de bois assemblées n'ont pas la même épaisseur, si par exemple la pièce portant tenon est plus épaisse que celle qui est mortaisée, on conserve sur la première un *joint saillant*, qu'on nomme *barbe.* Le DÉGUEULEMENT (voy. ce mot) d'un arêtier et de ses contre-fiches produit deux barbes, une de chaque côté.

BARBE, bout de pièce de bois de 0<sup>m</sup>,33 ajouté sur le bout du chef d'un *bateau foncet* et posé sur le four.

En serrurerie, les barbes sont de petites saillies, *a, a,* situées au-dessous du pène, et dans lesquelles s'engage le panneton de la clef (voy.

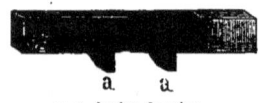

*a, a,* barbes du pène.

notre fig.). C'est au moyen de celles-ci que la clef fait avancer le pène, qui a autant de barbes que la serrure a de tours. (Voy. SERRURE.)

BARBES, rives inégales sur les bords des papiers; les architectes ôtent les barbes de leurs feuilles avant de les coller sur leur planche à dessiner : c'est ce qu'ils nomment *ébarber* la feuille; les colleurs de papiers de tentures ébarbent leurs papiers avant de les encoller.

BARBE (Sainte-). Dans un navire, c'est la chambre des canonniers, et par suite la soute à poudre.

BARBELÉ, ÉE, *adj.* — Qui a des pointes, des dents à rebours; il y a des barres de fer, des boulons, des chevilles, des clous barbelés. Pour la construction des plates-formes de pilotis, on emploie des clous ou des chevilles barbelées, qui, lorsqu'on les a enfoncées dans le bois, ne peuvent plus sortir parce que les dents, les *barbes* ont leurs pointes dirigées vers la tête des clous. (Voy. BOULONS.)

BARD, *s. m.* — Espèce de civière, de brancard sans pied. Comme le montre notre figure,

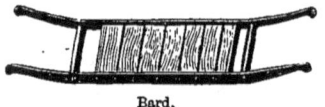

Bard.

ce sont deux pièces de bois, légèrement courbées et parallèles, reliées vers leur milieu par des traverses. On se sert du bard dans les chantiers pour transporter à bras des matériaux, des fardeaux d'un poids moyen.

Anciennement ce mot était synonyme de BINARD. (Voy. ce mot.)

BARDAGE, *s. m.* — Opération par laquelle on amène les matériaux à pied d'œuvre. Cette translation s'effectue par des moyens ou des procédés divers, suivant la distance à parcourir et le poids des matériaux à BARDER (voy. ce mot), suivant aussi la nature et l'état du sol. Selon ces divers cas, le bardage se fait à la main, à bras ou à l'épaule (*coltinage*). On exécute encore le bardage par *quartiers* successifs donnés au fardeau, si sa forme et sa résistance le permettent (voy. ABATTAGE, § II), ou bien au moyen des ROULEAUX du BARD, de la CIVIÈRE, du DIABLE, du CAMION, du CHARIOT, du BINARD, du TRINQUE-BALLE, du FARDIER, etc. (Voy. ces mots.)

Le *coltinage* est employé pour des matériaux qui ne sont ni d'une dimension ni d'un poids considérable; cependant on meut souvent à l'épaule, et en y employant un grand nombre d'hommes, de lourdes pièces de charpente et autres fardeaux.

Les peuples de l'antiquité devaient avoir un système de bardage très-ingénieux et très-puissant, si nous en jugeons par leurs travaux. Malheureusement, nous connaissons fort peu des moyens qu'ils employaient pour barder leurs matériaux, qui, chez certains peuples, les Égyptiens et les Romains par exemple, étaient d'un poids considérable.

Pendant l'époque romane, où les pierres d'appareil étaient toutes de petit échantillon, le bardage se faisait à l'épaule. Durant la seconde moitié du XII<sup>e</sup> siècle et la première du XIII<sup>e</sup>, alors qu'on employait des pierres de moyen appareil, le bardage s'opérait avec le bard ou la civière. Ce mode de transport fut encore en usage au XIV<sup>e</sup>, au XV<sup>e</sup> et même au XVI<sup>e</sup> siècle. Aujourd'hui le bardage au bard ou à la civière est peut-être le moins usité de tous; ce sont les marbriers, les miroitiers et les bronziers qui l'emploient presque exclusivement. Le bardage par *quartiers* s'emploie

pour les pierres, les pièces de charpente et autres fardeaux. Il se fait à bras, à l'aide de
PINCES, de LEVIERS, ou avec le CRIC ( voy.
ces mots ). Chaque fois que la pierre accomplit
son mouvement de quartier, on doit la faire

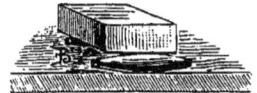

Fig. 1. — Pierre sur deux rouleaux.

reposer sur un moellon formant cube, destiné
à amortir sa chute, et à faciliter sa prise par
l'arête inférieure, pour lui donner un nouveau
quartier.

Pour barder les pierres au rouleau, il faut
que le sol soit parfaitement aplani ; aussi c'est
dans ce but que le trajet s'effectue sur un
chemin formé de plats-bords. En effet, les
rouleaux étant légèrement fuselés ne portent
que sur leur milieu, et le plus faible obstacle
ou la moindre inégalité du terrain ferait
dévier les rouleaux de la direction que le BAR-
DEUR (voy. ce mot) leur imprime. Ce simple
point de contact, qui supprime un large frottement, facilite singulièrement la manœuvre
et permet de modifier à chaque instant la direction du bardage ; cette modification s'obtient en frappant avec un maillet de bois sur
l'une des extrémités du rouleau de tête, qui
pivote sur lui-même. Nos croquis faciliteront
l'intelligence de cette manœuvre. La figure 1

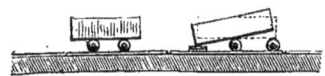

Fig. 2. — A droite, dégagement d'un rouleau ;
à gauche, pierre en marche.

fait voir un bloc de pierre sur deux rouleaux,
au moment où il porte à peine sur le premier,
ce qui permet de rouler la pierre ; notre figure
2 montre la même pierre de profil : ici l'un
des rouleaux est dégagé, un paillasson reçoit
l'angle de la pierre et amortit le contre-coup
qu'elle recevrait en frappant directement sur
le sol ; à gauche de la même figure on voit la
pierre en roulement. La figure 3 fait voir que
si les rouleaux sont parallèles au bloc, il avan-
cera vers le point $a$ ; si le rouleau de tête

oblique à gauche, ou à droite, le même bloc
se dirigera sur le point $b$, ou du côté opposé,
car le mouvement est toujours normal à la
direction des rouleaux.

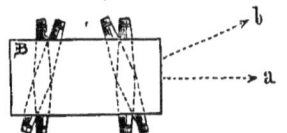

Fig. 3. — Théorie du bardage : $a$, marche droite
$b$, marche oblique.

Le bardage au rouleau est employé dans
bien des cas : ainsi le croquis (fig. 4) fait voir
le bardage d'une statue et d'un vase ; on
barde de même les blocs de marbre, les pièces
de fonte, de bronze et de fer.

Quand le bardage s'effectue sur un *plan incliné ascendant,* on fait avancer le fardeau à
l'aide de *pinces,* pendant que d'autres ouvriers
le tirent avec une corde soit à bras, soit à
l'aide d'un treuil ; s'il s'effectue sur un plan
*incliné descendant,* pour la construction de caves
par exemple, la manœuvre se fait inversement,
c'est-à-dire que le fardeau est fixé à une corde
retenue à bras ou par un treuil. Cette corde
est aussi enroulée quelquefois autour d'un
pieu de retenue, et le fardeau n'avance qu'au-

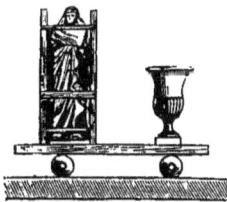

Fig. 4. — Bardage d'une statue et d'un vase.

tant qu'on lâche de la corde. — Les pierres
tendres, sujettes à s'écorner ou à s'épaufrer
facilement, ne portent pas directement sur les
rouleaux, un madrier nommé *poulain* leur
sert de doublure.

Anciennement, dans beaucoup de contrées,
les pierres étaient taillées et profilées dans un
chantier éloigné de la construction où elles
étaient employées ; il en est encore ainsi de nos
jours, et dans ce cas elles sont menées à pied
d'œuvre sur un binard : il faut donc que le char-

gement et le déchargement de ces blocs ainsi terminés soient faits avec soin, afin de prévenir les épaufrures des arêtes et des profils.

BARDEAU, *s. m.* — Bout de volige, planchettes de bois de merrain ou douves de tonneau refendues et débitées en morceaux de 0ᵐ,30 à 0ᵐ,35 de longueur. Ces planchettes, clouées jointivement sur les solives d'un plancher, servent à établir l'aire en plâtre. — Les bardeaux les plus employés sont des bouts de lattes de 0ᵐ,30 de longueur sur 0ᵐ,04 à 0ᵐ,05 de large, et 0ᵐ,015 à 0ᵐ,02 d'épaisseur. Autrefois on faisait souvent usage, pour les planchers à entrevoux, de planches entières posées dans le sens des solives et clouées sur leurs bords, qu'elles effleuraient. Ces planches fermaient donc les intervalles qui les séparaient des solives. On a renoncé à ce mode de plafonner, car les planches, en gauchissant, soulevaient et brisaient l'aire en plâtre; c'est cet inconvénient qui a fait adopter les bardeaux.

Bardeaux, petites planchettes en cœur de chêne, en noyer ou en sapin, suivant la localité, qui remplacent la tuile ou l'ardoise pour les couvertures. Le bardeau était très-employé au moyen âge; il en existe beaucoup d'exemples anciens en France, à Caen, Rouen, Beauvais, Amiens, Troyes, Honfleur, Dieppe, et dans d'autres villes. Aujourd'hui il est encore employé; nous en avons vu en Allema-

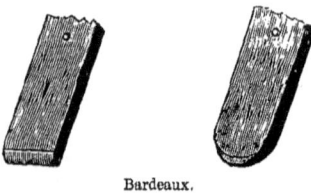

Bardeaux.

gue, surtout dans la Bavière, en Suisse, et généralement dans les pays du Nord où le sapin est abondant, en Russie, en Suède, en Norvège; dans ces localités le bardeau ne sert pas seulement de couverture, mais il est employé en revêtement, pour abriter les murs exposés à l'action destructive des pluies prolongées; on le taille et on le découpe de plusieurs manières : notre figure en donne les princi-

pales dispositions. — Ce mot a remplacé ceux vieillis de *aissan, aissante* ou *essente, aisseau, esseau, aissy* et *bauche*; comme on le voit, ces mots sont dérivés de *ais*, planche de chêne. Le bardeau remonte probablement à une très-haute antiquité. Nous savons seulement que les Romains le connaissaient, puisque Vitruve (l. 1, ch. 1ᵉʳ) les désigne par ces mots : *scandulæ fissiles, scandulis robusteis*. L'artisan qui faisait le métier de couvrir de bardeaux se nommait *scandularius*. (Arcad., *Dig*. 50, 6, 6; dans Apul. *Met.*, III, p. 54, nous voyons *tectum scandulare*, toit couvert de bardeaux; voy. aussi Plin., *H. N.*, XVI, 15; Pallad., I, 22.)

Ce même nom se donne encore aux planches qui forment l'intrados des voûtes en bois du moyen âge, telles qu'on en voit dans les grandes salles de palais de justice (à celui de Rouen par exemple), et dans nombre d'églises du XVᵉ et du XVIᵉ siècle.

BARDER, *v. a.* — Opérer le bardage de la pierre, charger, transporter et décharger à l'aide d'un Bard (voy. ce mot) les matériaux de construction. *Barder* des pierres sur les échafauds, c'est les amener sur des plateaux, des madriers et des rouleaux de bois, de l'équipe qui sert à les monter au point de la pose. Anciennement on *bardait* souvent à l'aide de plans inclinés. (Voy. Bardage.)

BARDEUR, *s. m.* — Ouvrier employé à faire des bardages, à barder.

BARIL, BARILLET, *s. m.* — Partie de tuyau, espèce de boîte dans laquelle monte et descend le piston d'une pompe; boîte dans laquelle est renfermé le ressort d'un loqueteau ou d'une fermeture analogue.

BARLONG, GUE, *adj.* — Qui a la forme d'un rectangle allongé, d'un carré long.

BARLOTIÈRES, *s. f. pl.* — Traverses de fer, carillons formant les divisions droites des verrières; et par extension traverses de fer de moindre dimension que la traverse dormante, et qui forment la division d'une fenêtre. (Voy. Armature.)

BARAT, *s. m.* — Poutrelle de remplissage posée parallèlement pour lier et affermir ensemble les deux flancs d'un vaisseau.

BARATIN, *s. m.* — Diminutif de barat, petite poutrelle qu'on place au fond d'un vaisseau, pour en affermir et soutenir les flancs ; c'est sur les baratins qu'on établit les faux ponts.

BARRAGE, *s. m.* — Digue élevée en travers d'une rivière ou d'un cours d'eau, afin d'élever le niveau des eaux en amont. On construit des barrages pour le service de la navigation, ou pour les besoins d'un moulin, d'une scierie ou de toute autre usine hydraulique.

Le barrage est fixe ou mobile : dans le premier cas, il est construit en maçonnerie ; dans le second, il est fait de diverses manières ; mais le pied du barrage du côté de l'aval, c'est-à-dire du déversoir, doit être établi en excellente maçonnerie hydraulique. Nous ne pouvons, sans sortir de notre cadre, donner plus de détails sur ce genre de construction. Il existe, du reste, des ouvrages techniques dans lesquels l'étude des barrages est très-approfondie par des ingénieurs éminents.

BARRE, *s. f.* — Ce terme sert à désigner toute pièce de bois ou de métal de forme étroite et allongée. Les barres sont rondes, méplates ou carrées ; elles changent de nom, suivant la position qu'elles occupent ou l'office qu'elles remplissent. Les barres transversales ou horizontales sont ordinairement nommées TRAVERSES ; au contraire, les barres verticales sont dans bien des cas nommées MONTANTS. (Voy. ces mots.) Ce terme est souvent accompagné de qualificatifs indiquant sa fonction ; ainsi on nomme *barres d'appui* les traverses qui, dans les constructions modestes, remplacent les balcons, ou la traverse en fer ou en bois placée au-dessus du balcon. Ces barres de bois sont en sapin, en chêne, en noyer, en acajou ; leur profil est en forme d'olive, à gorge, comme dans les mains courantes, qui sont des barres d'appui des rampes d'escalier. (Voy. MAIN COURANTE.)

BARRE D'ARC-BOUTANT, barre de fer carrée ou poutrelle en bois servant à fermer un vantail de porte charretière ou autre. Elle peut tourner autour d'un axe fixé sur un vantail ; dans ce cas, l'une de ses extrémités s'engage dans un crochet fixé sur l'un des vantaux, tandis que l'autre extrémité est maintenue par un mode d'attache quelconque, un lacet et un piton, une tringle de fer cadenassée. (Voy. BASCULE.)

BARRE DE CONTRE-CŒUR, barre servant à retenir les plaques de fonte des cheminées de cuisine ; elles sont placées en avant et au haut de ces plaques.

BARRES DE CROISÉE ou DE FERMETURE, barres de fer méplat, ordinairement munies de poignées ou de boutons, qui s'engagent par leurs extrémités dans des gâches, où elles sont maintenues par des boulons à fiches. Elles servent à assujettir les volets et fermetures de boutiques ; mais le système de volets en fer a restreint l'usage de ces barres et les fera bientôt disparaître totalement.

BARRES D'ÉCURIE, pièces de bois cylindriques remplaçant dans les écuries les bat-flancs ou STALLES VOLANTES. (Voy. ce mot.) Ces barres ont ordinairement $0^m,11$ de diamètre et $1^m,60$ ou $1^m,80$ de longueur, suivant la taille des animaux qu'elles séparent. Afin que les chevaux ne puissent s'y blesser, elles ont vers leur milieu une garniture de cuir ou de corde. Une de leurs extrémités est accrochée à un anneau fixé sur la mangeoire ; l'autre est maintenue par une corde ou une chaîne descendant du plafond. Suivant la taille de l'animal, la barre est suspendue entre $0^m,40$ à $0^m,55$ de hauteur au-dessus du sol. Dans le cas où le cheval enjamberait la barre, on abat immédiatement celle-ci au moyen d'un ustensile nommé SAUTERELLE. (Voy. ce mot.)

BARRE D'ENFONÇURE, traverse placée dans un bois de lit ou de couchette.

BARRE DE FOURNEAUX, barre de fer méplat formant la ceinture d'un fourneau et servant à retenir les carreaux ou briques qui le recouvrent.

BARRE DE LANGUETTE, barre de fer plate ou carrée qui porte soit la languette de face d'une cheminée, soit la face des ventouses.

BARRE DE LINTEAU, barre de fer méplate

mais plus souvent carrée, qui remplace les linteaux de bois des baies dans les constructions économiques. On les utilise surtout pour les plates-bandes de baies en pierre.

BARRE, en terme de blason, est une bande qui traverse diagonalement l'écu de gauche à droite. (Voy. BLASON.)

BARREAU, *s. m.* — Tige de bois ou de métal employée dans la construction des grilles, des rampes ou autres clôtures. Les barreaux sont assujettis et reliés ensemble de diverses manières, soit par des traverses dans lesquelles ils sont goupillés, soit par des barres portant des œils, de la forme du barreau, qui peut être rond, carré, ovale, etc.

Les barreaux de rampes sont unis ou ornementés. L'une de leurs extrémités est fixée par des vis à fraise sur une bande de fer portant la main courante, et l'autre dans le limon de l'escalier.

BARREAU DE BATTEMENT, barreau d'une porte de fer qui porte la serrure; c'est l'opposé du *barreau de côtière*, qui est celui qui porte les gonds de la porte.

BARRIÈRE, *s. f.* — Clôture en bois ou en fer, à claire-voie et à hauteur d'appui, qui intercepte le passage d'une voie ou empêche l'accès d'une cour ou de tout autre local. La barrière la plus simple consiste en une traverse unique, ou *lisse*, qui glisse dans deux montants; de là vient le nom de *lisses*, donné à certaines barrières, parce que des pièces de bois de cette espèce entrent dans leur construction. La barrière est dite *à bascule* si l'une de ses extrémités est pourvue d'un contre-poids. Pour donner plus de solidité à la simple barre, on la munit d'une *écharpe* ou *lien*. D'autres barrières sont formées de treillages en bois ou en fer, de montants et de traverses affectant les formes les plus variées. Ce système de clôture est très-employé dans les fermes; aussi les traités des constructions rurales en donnent-ils de nombreux spécimens.

BARRIÈRE est synonyme d'octroi, parce que les villes qui ne sont pas entourées de murailles ont souvent à leur entrée des barrières, avec de petits pavillons, pour percevoir les droits d'octroi.

BARRIÈRE, palissade formée de montants, de traverses et de planches, qui entoure les bâtiments en construction ou en démolition; elle sert aussi à masquer des renfoncements et à défendre l'accès d'angles rentrants. On ne peut élever de barrières de cette sorte sans l'autorisation de la police, et elles sont soumises à des règlements et des ordonnances administratifs.

BARROW, *s. m.* — Terme emprunté à l'anglais et qui s'applique à certains monuments funéraires celtiques. (Voy. CELTIQUES, *Monuments.*)

BASALTE, *s. m.* — Pierre d'origine volcanique, d'un gris noir, rougeâtre ou verdâtre, susceptible de prendre un beau poli. L'Éthiopie et l'Égypte possédaient de belles carrières de basalte; aussi leurs habitants ont-ils employé cette matière pour leurs constructions et pour des bas-reliefs ou des statues. Aujourd'hui, dans quelques localités, on l'utilise comme moellon; il est d'un bon usage. Calciné, le basalte sert à fabriquer des mortiers hydrauliques.

BAS-COTÉS, *s. m. pl.* — Locution vulgaire, synonyme de COLLATÉRAL. (Voy. ce mot.)

BASCULE, *s. f.* — Ce terme, surtout en serrurerie, a de nombreuses significations.

En général, un objet est en bascule quand, posé sur un point d'appui, une de ses extrémités peut s'élever ou s'abaisser à volonté. On pose en bascule des pierres, des pièces de bois, des barres de fer, etc.

En menuiserie, une pièce est en bascule quand elle est assemblée par une de ses extrémités et qu'elle est libre à l'autre. Exemple : la charpente d'un palier d'escalier. Une barre de bois fermant une porte charretière, et soutenue dans un point intermédiaire, est une *bascule;* on la nomme aussi *fléau*. Ces bascules sont très-employées dans les constructions rurales, pour fermer les portes de granges, d'écuries, etc.

En serrurerie, un grand nombre de pièces portent ce nom ; ce sont : la *bascule à crémone* composée de deux verrous coudés, que l'on fait mouvoir à l'aide d'une poignée ; la *bascule à coq*, forte bascule dont les crampons sont encloisonnés et à moulure; la *bascule de loquet* est fixée à l'extrémité de la tige d'un loquet à bascule et sert à le soulever; la *bascule à pignon* fait mouvoir les tiges des verrous par un pignon commandant deux crémaillères; la *bascule à queue de poireau* est une poignée de fer ronde montée sur platine; à l'aide de fils de fer ajustés sur la queue de la poignée, on fait ouvrir des verrous, ou des becs de canne placés dans une armoire, une bibliothèque, etc. La *bascule* ou *mouvement de sonnette* consiste en une tige doublement coudée et pouvant osciller autour d'un ÉTOQUIAU (voy. ce mot) placé au sommet de l'angle. Cette bascule sert à changer la direction d'un mouvement donné; la bascule est horizontale ou verticale (voy. notre fig. en D) : dans ce cas, pour éviter tout frottement

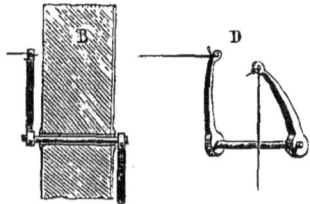

Bascule de sonnette.

dans la maçonnerie, le trou de percement est garni d'un fourreau; on l'aperçoit dans notre fig. en B. A l'extrémité des branches sont des fils qui s'adaptent sur de petits mouvements en cuivre et servent de tirage pour agiter la sonnette. — La *bascule à verrous* est une pièce de fer plate, qui dans une serrure fait ouvrir à la fois les deux verrous d'une porte; enfin, dans une serrure, la *bascule* est la partie que le FOLIOT (voy. ce mot) fait mouvoir et qui ouvre le demi-tour. (Voy. SERRURE.)

Dans l'architecture militaire, on nomme *bascule de pont-levis* un châssis de charpente placé dans l'embrasure d'une porte et qui sert à lever ou à abaisser le tablier du pont.

Au centre d'équilibre de ce châssis, il existe deux tourillons qui le supportent à l'aide de deux collets scellés dans les murs ou sur deux forts poteaux. Les quatre angles de ce châssis

portent des chaînes en fer : deux servent à supporter le pont, et les deux autres à le faire basculer. (Voy. PONT-LEVIS.)

Les ingénieurs appellent *égout en bascule* un égout qui a le double de la saillie ordinaire.

BASCULE de moulin à vent, pièce de bois qui abat le frein sur le hérisson et sert à l'arrêter.

BASCULE, machine servant à peser, qui est construite d'après le principe du levier. La bascule est très-employée dans les chantiers de construction; elle sert à peser les fers, les fontes, les plombs, les zincs et en général tous les métaux. C'est le conducteur de l'agence des travaux qui fait les pesées, sous le contrôle de l'inspecteur ou sous-inspecteur. Le conducteur inscrit sur son carnet d'attachement les pesées en même temps que le commis de l'entrepreneur ; car les pesées doivent toujours être faites contradictoirement.

EN BASCULE, *loc. adv.* — Une construction en porte-à-faux ou qui porte imparfaitement est dite construction *en bascule.*

BASE, *s. f.* — Comme terme générique, ce mot signifie soubassement, partie inférieure d'architecture en supportant une autre; comme terme particulier, il désigne ce membre d'architecture qu'on place en manière de coussin sous le fût d'une colonne; il sert à l'exhausser, à le consolider, en lui donnant une plus large assiette. La base des colonnes est différente dans chaque ordre d'architecture. Pour des exemples, voyez TOSCAN, DORIQUE, IONIQUE, CORINTHIEN et COMPOSITE (*Ordre*). Il existe

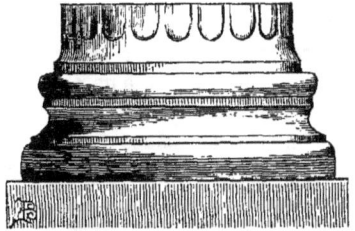

Fig. 1. — Base du forum triangulaire à Pompéi.

encore la *base attique* ou ATTICURGE (voy. ce mot), qui est d'une grande élégance; elle a été appliquée quelquefois aux ordres ionique et composite. — Cependant, même dans l'antiquité, les proportions et le caractère des bases différèrent plus ou moins, suivant l'expression de l'architecture : ainsi notre figure 1 montre une base du forum triangulaire de Pompéi, qui a un caractère propre à l'architecture pompéienne. Les Romains firent des bases de colonne d'une richesse inouïe, et, pour les mettre en harmonie avec le fût, ils décorèrent celui-ci

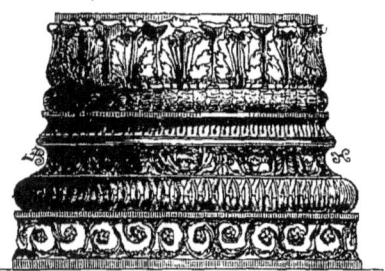

Fig. 2. — Base de colonne, baptistère de Constantin.

de feuilles d'acanthe. Notre figure 2 montre une de ces bases ornées ; elle provient du baptistère de Constantin, à Rome ; notre figure 4 donne plus loin un deuxième spécimen d'une grande richesse.

Quelquefois dans les édifices anciens, et toujours dans ceux des temps archaïques, la base est supprimée ; le fût, élargi à sa partie inférieure, porte directement sur le socle ou le soubassement du monument. (Voy. DORIQUE GREC, Ordre.) — Dans la plus haute antiquité, la base a dû, comme le tailloir du chapiteau, n'être qu'une simple plinthe ; on voit un type de ce genre dans les ruines du temple dorique de la Concorde, à Agrigente. Les anciens monuments de l'Égypte nous offrent des exemples d'un simple tore ou d'un empâtement servant de base aux colonnes.

L'architecture romane emploie des bases antiques, qu'elle déforme plus ou moins ; le moyen âge crée des types de bases très-variés, mais qui pèchent souvent par manque de goût, et, comme le roman, elle ajoute des appendices aux angles des bases : ce sont des têtes informes, des ornements souvent fort bizarres. Notre figure 3 montre deux bases de ce genre ; elles sont tirées du cloître de l'abbaye de Moissac,

qui date de la première moitié du XIIᵉ siècle. On a donné à ces appendices angulaires, suivant leur forme, divers noms ; ce sont : des PATTES ou GRIFFES, des EMPATEMENTS. (Voy. ces mots.) — A toutes les époques les bases anciennes n'ont jamais été complétement délaissées ; la base attique, plus ou moins altérée dans son profil, a été de toutes la plus en usage jusque vers la fin du XIIᵉ siècle. Pendant le XIIIᵉ, les tores des bases sont méplats, les gorges ou scoties sont très-profondes, très-creuses et les filets ou listels fort minces. Au XIVᵉ, la base

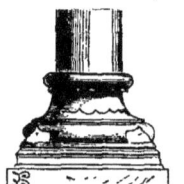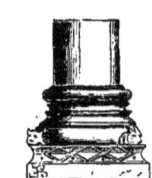

Fig. 3. — Bases, cloître de l'abbaye de Moissac, XIIᵉ siècle.

se modifie : elle s'aplatit, devient plus large et prend une forme caractéristique, jusqu'alors inusitée, et qui varia encore pendant le XVᵉ et le XVIᵉ siècle, en même temps que le style même de l'architecture. C'est à partir du XVᵉ siècle qu'apparaissent les bases prismatiques, ainsi dénommées à cause de la forme de leur socle. Au XVIᵉ siècle le retour à l'architecture antique soumit les bases aux profils traditionnels des ordres classiques.

Suivant leur nature ou leur forme, les bases prennent différents noms : ainsi, une base est

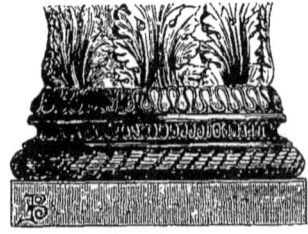

Fig. 4. — Base de colonne, nymphée de Diane.

dite continuée, lorsqu'elle accompagne les retours d'un pilastre, d'une colonne, d'un soubassement avec filet ou congé ; elle est dite mutilée, si son profil en retour des côtés d'un pilastre n'a qu'une face par devant; enfin *ru-dentée*, si les tores sont taillés en manière de grosse corde ou câble, comme la figure 4, qui représente la base d'une colonne du nymphée de Nîmes, dit *Temple de Diane*.

En menuiserie, on appelle *base* une moulure saillante sur le parquet d'une porte cochère.

En serrurerie, on nomme ainsi une moulure rapportée au bas d'un barreau de rampe ou de balcon.

**BASILIQUE**, *s. f.* — Édifice public, qui, chez les Romains, avait des destinations diverses. La basilique était pour ainsi dire une succursale du forum, dans le voisinage duquel elle était située, du reste, quand elle n'y était pas enclavée. Les orateurs et les poëtes se rendaient à la basilique, les premiers pour y déclamer, les seconds pour y lire ou réciter leurs œuvres; les magistrats y rendaient la justice et les jurisconsultes y donnaient des consultations, ce qui explique ce mot de Cicéron à Atticus, auquel il se plaignait de ne point goûter du repos à sa villa : *Basilicam habeo, non villam frequentiâ formianorum*. Pour les négociants, la basilique était une sorte de Bourse où ils traitaient les affaires.

Ce mot paraît tirer son origine de βασιλεύς, *roi*, parce que les Grecs à Athènes appelaient *portique royal* le tribunal où siégeait l'*archonte-roi*; du reste, les maisons royales, les palais des grands seigneurs possédaient une ou plusieurs basiliques dans lesquelles ils rendaient la justice ou recevaient leurs clients. Les simples particuliers avaient aussi leur basilique; telle était celle d'un sénateur contemporain de Néron, Lateranus.

Constantin transforma plus tard cette dernière en église, sous le vocable de basilique de Saint-Jean de Latran. Suivant Tite-Live, il n'y avait pas de basilique à Rome sous le consulat de Marcellus et de Lævinus (212 ans av. J.-C.); la première aurait été construite sur le forum, l'an 186 avant notre ère : on la nomma *Basilica Porcia*, du nom de son fondateur, Marcus Porcius Cato, ou Caton l'Ancien. Elles se multiplièrent bientôt assez rapidement, puisque Pline nous apprend que de son temps il en existait dix-huit à Rome. Sous les empereurs,

presque toutes les villes importantes possédaient ce genre d'édifices.

Comme nous l'avons déjà dit, l'emplacement préféré pour l'érection d'une basilique était le forum ; on choisissait l'endroit le plus abrité contre les mauvais temps, car les anciennes basiliques étaient ouvertes de toute part et n'étaient abritées que par un péristyle de colonnes. Plus tard, quand les Romains eurent pris l'habitude du bien-être, ils les entourèrent de murailles et les décorèrent à l'intérieur de sculptures; mais ce genre de monuments conserva à l'extérieur une grande simplicité. Le plan était ordinairement un rectangle ayant deux ou trois fois plus de longueur que de largeur; deux ou quatre rangs de colonnes divisaient en trois ou en cinq parties l'intérieur ; l'une des extrémités de la nef centrale, toujours plus élevée et plus large que les collatéraux, servait de tribunal aux juges : elle était souvent terminée en hémicycle. A l'autre

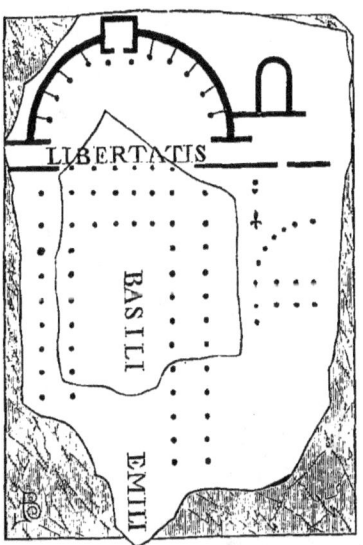

Fig. 1. — Basilique Émilienne.

extrémité se trouvait la porte d'entrée, abritée quelquefois sous un portique, ou narthex. Au-dessus des collatéraux, moitié moins élevés que la nef centrale, il régnait une galerie qui servait au promeneur. Une double rangée de colonnes superposées soutenait le plafond de la basilique, qui était *testudinée*, c'est-à-dire à voussures.

Pl. VII.

BASILIQUE DE POMPEI. (Restauration)

Imp. Firmin-Didot & Cie. Paris.

Peu de temps après l'érection de la basilique Porcia, fut bâtie par le censeur Fulvius
(180 av. J.-C.) celle dite *Fulvia*. Elle fut
détruite par un incendie, et sur son emplacement le consul Æmilius en éleva une nouvelle, d'une très-grande magnificence, appelée
*Regia Pauli* ou *Basilica Æmiliana*. Notre
figure 1 montre une partie de cette basilique,
d'après l'un des fragments du plan antique de
Rome, conservé au musée du Capitole. Dans
la même figure, on voit l'atrium en hémicycle de la Liberté, que nous avons mentionné
au mot ATRIUM. (Voy. ce mot. )

Les autres basiliques de Rome étaient : la basilique *Semproniana* (170 av. J.-C.), qu'on place
entre le quartier Toscan et celui du grand Vélabre (*velum aureum*) ; les basiliques *Opima, Pom-
peii* ou *Pompeiana*, de Caïus et Lucius, petits-
fils d'Auguste ; *Ulpia* ou *Trajana*, élevée sur le
forum de Trajan, et dont les fouilles exécutées
en 1812 nous ont montré des débris ; enfin les
basiliques *Constantiana, Alexandrina, Mariana*
et *Antonina*.

A Pompéi, à l'angle du forum, il y avait une
magnifique basilique ; notre figure 2 en montre le

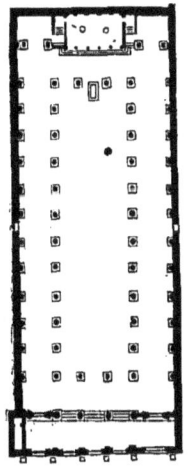

Fig. 2. — Plan de la basilique de Pompéi.

plan : c'était une longue nef centrale avec colonnades et précédée d'un portique. Cette basilique
présente une particularité digne d'être men-
tionnée : le tribunal est plus élevé que le sol du
monument, et, de chaque côté, il existe deux

petites salles nommées par Vitruve *chalcidium*,
chalcidique, on ne sait trop pourquoi. Léon
Baptista Alberti appelle ces mêmes salles *cau-
sidica* (salle des Avocats), et les place même

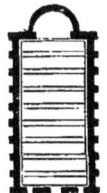

Fig. 3. — Basilique longue.

en dehors de la basilique, comme l'a fait, par
exemple, Vitruve à celle qu'il construisit à Fano.
L'intérieur de la basilique de Pompéi était
fort remarquable ; notre planche VII en montre une vue qui nous dispensera d'une longue
description.

Par ce qui précède, on voit que les basiliques

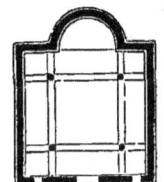

Fig. 4. — Basilique carrée.

étaient très-bien disposées pour le culte des
chrétiens ; aussi furent-elles adoptées par eux

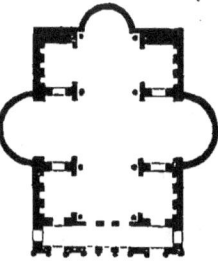

Fig. 5. — Basilique divisée en trois parties avec narthex.

depuis le IVe jusqu'au XIe siècle, et même plus
tard. Pour la construction des églises, on conserva ce type de monument en le modifiant ;
on les fit d'abord comme le montre notre
figure 3, puis on les élargit (fig. 4), enfin on

les divisa en trois parties, comme le montre notre fig. 5. L'abside était réservée aux prêtres ; la partie centrale formant transsept était pour les fonctionnaires ou les gens haut placés, et la partie près du narthex pour le peuple. A partir du XII⁰ siècle, la nef ne fut pas seule à avoir une abside ; les collatéraux eurent chacun la leur : l'une servit de trésor, *diaconium* ou *secretarium ;* l'autre fut destinée à la bénédiction du pain, *oblatorium* ou *prothesis.* (Voy. ABSIDE.) Notre figure 6 montre une abside de style latin de la ba-

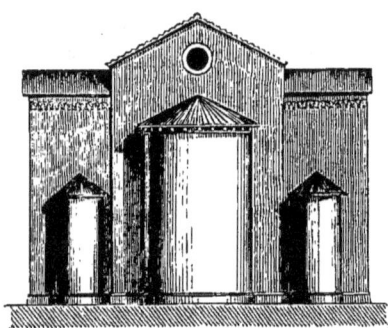

Fig. 6. — Abside de la basilique Saint-Sabas, à Rome.

silique de Saint-Sabas, à Rome, qui fait partie du monastère de ce nom. Le sommet du pignon est percé d'un *oculus.*

Beaucoup de nos églises modernes sont construites sur le plan de l'ancienne basilique ; nous citerons, à Paris : Saint-Philippe-du-Roule, Notre-Dame-de-Lorette, la Madeleine et Saint-Vincent-de-Paul ; à Rome, Sainte-Agnès, Saint-Clément, Saint-Georges-in-Velabro, Saint-Laurent-hors-les-murs, Sainte-Marie-Majeure, Sainte-Marie-Transtévérine, Saint-Paul-hors-les-murs ; à Milan, Saint-Ambroise ; à Ravène, Saint-Apollinaire ; à Vérone, Saint-Zénon.

Aujourd'hui, à Rome, on donne le nom de *basiliques majeures* ou *mineures* à des églises qui ont la préséance sur d'autres et jouissent de certains priviléges, par exemple d'avoir une bannière particulière, un titre de cardinalice, d'avoir le droit de porter dans les processions un *conopé* porté par des *facchini,* dont l'un tient une clochette qui est agitée de temps en temps par un enfant. Parmi les basiliques ma-

jeures, nous citerons : Saint-Pierre du Vatican, dont notre planche VIII montre l'intérieur ; Saint-Paul-hors-les-murs, Sainte-Marie-Majeure, Sainte-Croix de Jérusalem, etc. ; parmi les basiliques mineures, Sainte-Marie-in-Transtévère, Sainte-Marie-in-Cosmedin, qui date de la fin du VII⁰ siècle ; Sainte-Marie-in-Monte-Santo, etc.

Au moyen âge, on appliquait le nom de basiliques aux chapelles sépulcrales, aux châsses, aux reliquaires.

BAS-RELIEF, *s. m.* — Ouvrage de sculpture, plus ou moins saillant, exécuté sur un fond auquel il adhère. On donne plus particulièrement ce nom aux sculptures allégoriques, bien que les ornements d'architecture soient de véritables bas-reliefs. La saillie des bas-reliefs peut être plus ou moins prononcée ; aussi les divise-t-on en *haut-relief* ou *plein-relief, demi-relief, moyen-relief* ou *bas-relief* proprement dit ; les qualificatifs ajoutés à ce mot suffisent à l'intelligence de ces divers termes, et nous dispensent de les expliquer. Entre les hauts-reliefs et la ronde bosse, il n'y a d'autre différence que l'adhérence des premiers sur le fond où ils sont placés.

On nomme *bas-reliefs méplats* ceux dont les sujets sont déterminés par des traits creux dans la pierre et qui affleurent sa surface. Les Égyptiens ont largement employé ce genre de sculpture ; ils en ont couvert les parois de tous leurs monuments, et jusqu'à leurs colonnes et leurs obélisques.

Les anciens nommaient *anaglyphe* toute espèce de sculpture en relief, et *toreuma* les bas-reliefs exécutés sur métaux. Pausanias n'emploie dans tous les cas que le mot *typos.*

On a exécuté et on exécute encore des bas-reliefs en terre cuite, en pierre, en marbre, en ivoire, en bois et sur tous les métaux. On les a employés à la décoration des monuments de toutes sortes, à des autels, à des tombeaux, à des colonnes, à des vases, à des bijoux ; aussi peut-on, grâce aux bas-reliefs, suivre et étudier les différents styles de l'art à diverses époques et chez un grand nombre de peuples.

Les Grecs, qui puisèrent chez les Égyptiens les notions des arts du dessin, imitèrent leurs

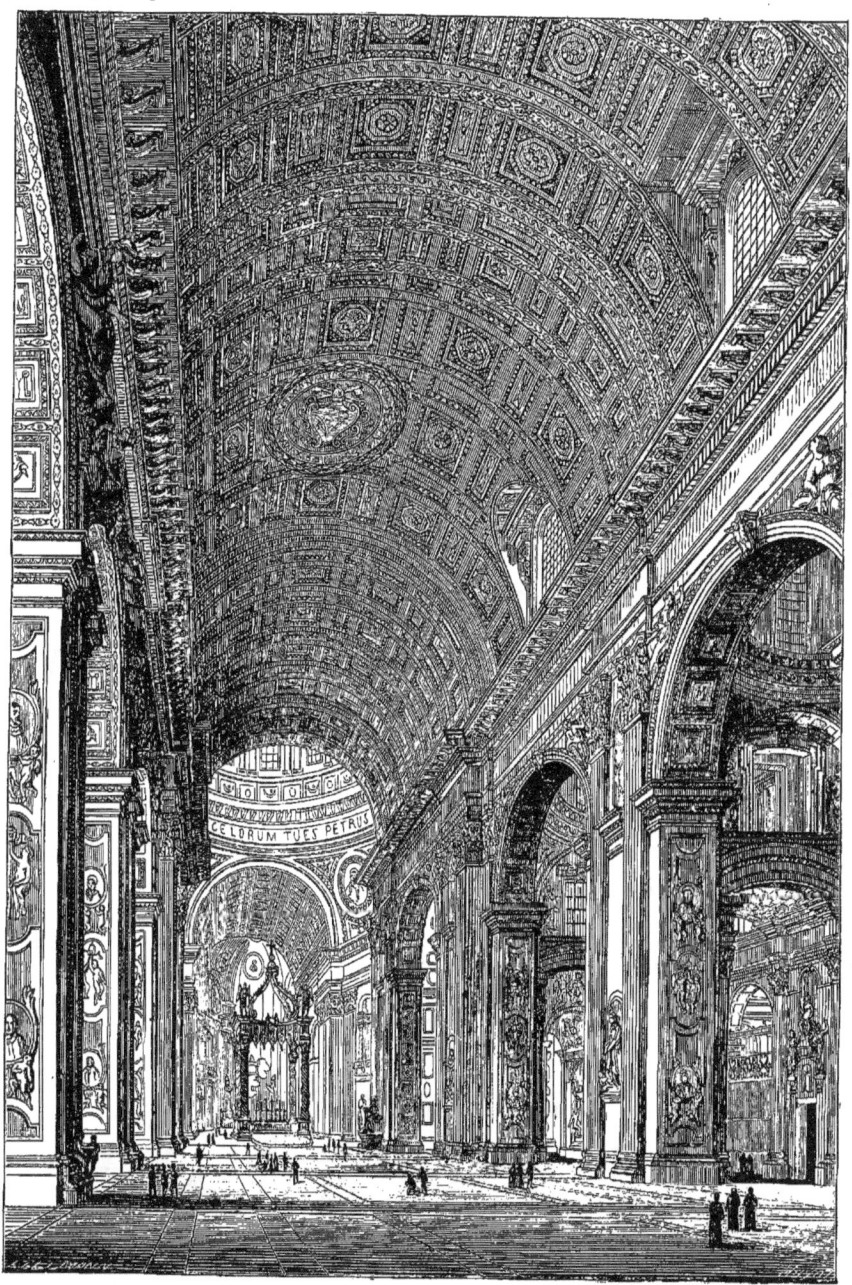

Pl. VIII. — Basilique Saint-Pierre du Vatican, à Rome.

bas-reliefs méplats. Ce mode d'exécution exige un grand savoir du dessin, et c'est peut-être là une des causes qui ont fait des Grecs des dessinateurs aussi élégants et aussi corrects. Bientôt, surpassant leurs maîtres, ils donnèrent aux figures un relief plus réel en reculant le champ ou fond, opération qui n'exigea pas d'abord un talent supérieur, mais qui constitua le bas-relief tel que nous le comprenons aujourd'hui. Pendant longtemps cependant leurs figures, bien que détachées du fond, conservèrent un relief aplati qu'on remarque encore au Parthénon d'Athènes (fig. 1) et sur d'autres

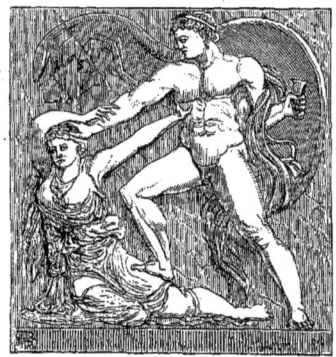

| Fig. 1. — Bas-relief du Parthénon.

édifices appartenant à l'époque la plus florissante de leur architecture. Les Romains, au contraire, se rapprochèrent davantage de la nature, et tirèrent tout le parti possible de la sculpture en bas-relief.

Dès l'antiquité la plus reculée (c'est aujourd'hui un fait indubitable), les bas-reliefs étaient souvent rehaussés de couleur, et cet usage de peindre les sculptures pour en faire valoir les saillies ou pour essayer de représenter et d'imiter plus complétement la nature a été en faveur chez les Égyptiens, les Assyriens, les Grecs et chez les peuples modernes, jusqu'au seizième siècle compris. — Les bas-reliefs ont été et sont encore employés le plus ordinairement à la décoration des monuments d'architecture; ils sont sculptés dans la masse même de la pierre, aux lieux et places qu'ils doivent occuper. Souvent aussi ils sont exécutés sur des tables ou blocs isolés, qui s'appliquent après

coup et par encastrement à leur place définitive. Ce procédé, qui facilite le fini de l'exécution, a cependant le grave inconvénient d'empêcher de juger de l'effet que les bas-reliefs produiront une fois en place. Ceux qui sont sculptés sur des panneaux de menuiserie ou sur des parois de murs ne doivent offrir ni fortes saillies ni plans multipliés, sous peine de rompre l'harmonie des lignes de l'architecture. Du reste, si ces bas-reliefs étaient fouillés trop profondément, la vue en serait péniblement affectée, car la paroi d'un mur portant un pareil bas-relief semblerait manquer de solidité. Les grands frontons des monuments, qui ne sont vus qu'à distance, peuvent seuls recevoir des sujets sculptés en haut-relief et les personnages qu'ils représentent y occuper plusieurs plans. Les sculpteurs de l'antiquité et les modernes qui ont suivi leurs traces n'ont guère admis qu'un plan, rarement deux, dans leurs bas-reliefs : ainsi, le relief des frises du Parthénon est très-aplati; les figures sont toutes situées sur un même plan, et sont très-souvent séparées les unes des autres, afin que l'ombre portée, qui est ici une ombre véritable, ne cache pas par parties le bas-relief.

A très-peu d'exceptions près, les artistes grecs ont admis plus de deux plans; quelques sarcophages romains du Bas-Empire possèdent des bas-reliefs qui ont trois et quatre plans. On peut voir au musée Pio-Clémentin un des plus beaux spécimens de bas-relief antique : il est du sculpteur Archélaüs de Priène; il représente l'apothéose d'Homère. Parmi les bas-reliefs romains remarquables, nous mentionnerons ceux de la colonne Trajane, ceux de l'arc de Titus. — Le style roman, à son origine, n'a guère produit, surtout dans le Nord, que des bas-reliefs grossiers, d'un dessin très-incorrect; cependant, au IXe et Xe siècle, les sculpteurs romans ont fourni des œuvres meilleures, dessinées assez correctement, sinon avec un goût parfait. Le moyen âge a très-largement utilisé le bas-relief pour la décoration de ses monuments, et les sculpteurs de cette époque ont emprunté leurs sujets aux scènes de l'Ancien et du Nouveau Testament

Les XIe et XIIe siècles n'ont pu créer des bas-reliefs remarquables, et quoique à cette époque les rinceaux et les feuillages fussent exécutés avec un certain talent, les bas-reliefs sont encore fort peu remarquables; au XIII° siècle, il y a un progrès, qui devient plus sensible aux XIV° et XV° siècles. Avec le XVI°, la renaissance française nous donne les bas-reliefs les plus fins, les plus délicats, les plus admirables. Citons : les bas-reliefs du tombeau des cardinaux d'Amboise, à la cathédrale de Rouen; ceux des tombeaux de Louis XII, de François I°r et de Henri II, dans l'église de Saint-Denis; ceux des monuments du duc François II dans la cathédrale de Nantes, et des princes de Savoie dans l'église de Notre-Dame-de-Brou; les admirables nymphes de la fon-

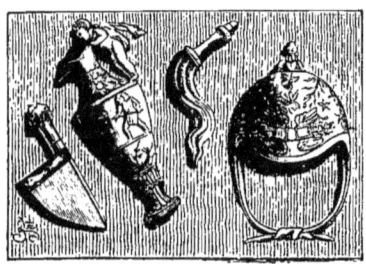

Fig. 2. — Bas-relief du temple Vespasien, à Rome.

taine des Innocents de Jean Goujon, que nous donnons planche IX (au mot FONTAINE, le lecteur trouvera l'ensemble du monument); enfin, les bas-reliefs que ce même sculpteur a exécutés dans la cour du Louvre.

Pour le style des bas-reliefs aux différentes époques de l'art, nous renverrons le lecteur au mot SCULPTURE.

Les bas-reliefs sont très-utiles à la science archéologique, puisqu'ils peuvent aider à assigner d'une manière certaine l'époque d'un monument; ils sont également utiles à l'histoire, puisqu'ils nous ont conservé un grand nombre de sujets mythologiques ou historiques, ainsi que la configuration de beaucoup de monuments, la représentation de divers personnages, costumes, armes, meubles et ustensiles divers.

Notre figure 2 montre un bas-relief de la frise d'entablement du temple de Vespasien, à Rome ; on y voit un casque, des instruments de sacrifices et un bucrane, que nous donnons à ce mot. Notre dessin est fait d'après une res-

tauration de ce temple par notre confrère M. Ernest Coquart.

L'architecte conçoit rarement et exécute encore moins les bas-reliefs dont il décore ses œuvres : il se contente d'indiquer dans ses dessins des croquis; seulement il doit assez connaître la théorie et les lois de l'esthétique de la sculpture pour pouvoir diriger le sculpteur, et lui inspirer le style le plus convenable, celui qui sera le plus en rapport avec le style du monument; car le bas-relief est une partie importante de la décoration architecturale.

On peut dans les ouvrages suivants étudier les bas-reliefs conservés dans les musées d'Europe :

BIBLIOGRAPHIE. — J. Pet. Bellori, *Admiranda romanarum antiquitatum, etc.*, in-fol., Romæ, 1693 ; J. Bottari et N. Foggini, *Musée du Capitole*, 4 vol. in-fol., Rome, 1741-82 ; J.-B. Visconti et Ennius Quirinus Visconti, *Il museo Pio-Clementino, Le musée Pio-Clémentin*, 7 vol. gr. in-fol., Rome, 1782-1807 ; G. Gottlieb Becker, *Augusteum* ou *Description des monuments antiques qui se trouvent à Dresde*, 3 tom. en 1 vol. in-fol., Leipzig, 1804-11 ; Ant. d'Este et Gasp. Capparone, *Il museo Chiaramonti, aggiunto al Pio Clementino, Le musée Chiaramonti, etc.*, 3 vol. gr. in-fol., Rome, 1808 ; Th. Pirali et G. Zaega, *Bassirilievi antichi di Rome, Bas-reliefs antiques de Rome*, 2 vol. in-4°, Rome, 1808 ; P. Bouillon, *Musée des antiques*, 3 vol. gr. in-fol., Paris, 1811-27 ; J.-M. Wagner, *Bassirilievi antichi della Grecia sia fregio del tempio di Apollo Epicurio, Bas-reliefs antiques de la Grèce, etc.*, in-fol. obl., Rome, 1814 ; F. de Clarac, *Musée de sculpture antique et moderne*, 6 vol. in-8° et 6 vol. in-4° obl., Paris, 1826-53. Voir comme complément la Bibliographie, au mot SCULPTURE.

BASSE-COUR, *s. f.* — Dans une maison de ville, la basse-cour est une seconde cour située derrière les bâtiments ou sur les côtés de la cour principale; c'est la cour sur laquelle sont élevés les bâtiments destinés aux écuries et aux remises, aux cuisines, offices, communs, etc. Les basses-cours ont des entrées particulières et distinctes de la cour principale, afin de faciliter le service et ne pas encombrer celle-ci. Dans les campagnes, la basse-cour est entourée des bâtiments d'exploitation rurale, qui ont plus ou moins d'é-

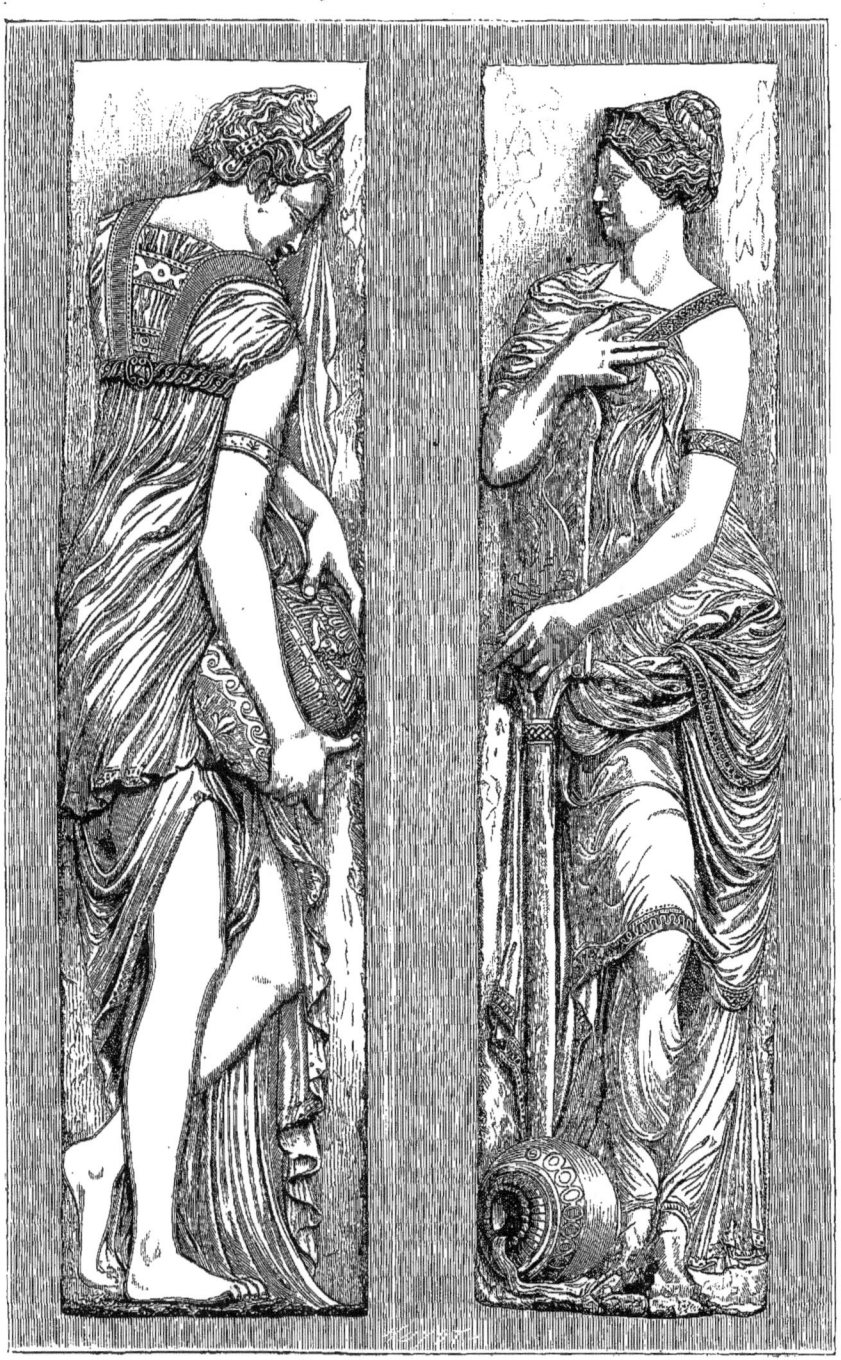

Pl. IX. — Nymphes de Jean Goujon, d'après une photographie.

tendue, suivant l'importance des récoltes de la propriété. — Dans les pays de vignobles, la basse-cour est entourée de caves et de celliers ; dans les contrées riches en céréales, ce sont les granges et les greniers qui remplacent les celliers ; enfin les écuries et les étables dominent si l'élevage du bétail est le principal produit de l'exploitation.

Au moyen âge, on nommait *basse-cour*, *bayle* ou *baille*, l'enclos des châteaux féodaux ; c'était le terrain enfermé dans les murs. (V. BAYLE.)

BASSE-COUR, habitation des animaux domestiques, surtout le logement et la cour réservée à la *gent volatile;* les dispositions de basses-cours sont très-variables, les bons traités de constructions rurales en donnent des spécimens.

BASSE-FOSSE, *s. f.* — Fosse peu profonde dans laquelle on jetait les prisonniers, et qu'on refermait ensuite à l'aide d'une trappe ou d'une pierre. Au moyen âge, il existait, dit-on, des basses-fosses dans les châteaux féodaux et dans les prisons.

BASSICOT, *s. m.* — Caisse en bois, de forme rectangulaire, qui sert dans les ardoisières à amener du fond de la carrière à la surface du sol, les blocs d'ardoises. Ces caisses sont hissées et guidées dans leurs courses par des câbles; un de leurs côtés est mobile et sert à les vider.

BASSIN, *s. m.* — Ce terme a de très-nombreuses significations : en général, c'est une excavation plus ou moins étendue ou profonde, destinée à contenir de l'eau; aussi le fond et les parois des bassins sont-ils revêtus de matériaux ou mortiers jouissant d'une imperméabilité plus ou moins considérable. L'eau ayant un poids considérable, on ne peut établir les bassins que sur des terrains très-solides ; autrement le poids du liquide, agissant sur le fond, pourrait amener la dislocation de la maçonnerie, et les trous ou fissures qui en résulteraient rendraient les bassins impropres à leur destination. Pour éviter ces inconvénients, si le sol est mouvant, on le consolide à l'aide de *grils* en charpente (voy. GRIL) dans les interstices desquels on coule un béton gras et épais.

BASSIN, terme d'architecture hydraulique (art des jardins), capacité fixe ou mobile, plus ou moins profonde, de forme variable. Il existe en effet des bassins rectangulaires, circulaires, polygonaux. Les bassins concourent à l'agrément et à l'ornementation des jardins, surtout quand ils possèdent des gerbes ou des jets d'eau. Le fond et les parois des bassins de capacité moyenne sont formés d'un corroi de glaise soigneusement exécuté, qu'on revêt d'une maçonnerie de moellon ou mieux de meulière hourdée de mortier hydraulique ou de ciment. Si la maçonnerie est en pierre de taille, un simple jointoiement en ciment suffit pour obtenir toute l'imperméabilité nécessaire. Les fontaines monumentales, les petits bassins en beaux matériaux, en marbre blanc par exemple, sont quelquefois revêtus de tables de plomb à l'intérieur. (Voy. FONTAINE.)

Indépendamment de l'orifice amenant l'eau, les bassins possèdent deux autres issues : l'une, ménagée dans le fond, permet de les mettre à sec, de les nettoyer et de les réparer ; l'autre, à la partie supérieure, sert de passage au trop-plein et maintient l'eau à un niveau constant.

BASSIN DE DÉCHARGE, bassin dans lequel se déchargent toutes les eaux de jets d'eau, cascades et fontaines, après avoir produit leur effet. Les eaux qui traversent une propriété, une commune, un pays, en passant par des canaux ou en suivant leur cours naturel, arrivent souvent dans des bassins de décharge, qui déversent eux-mêmes leurs eaux par quelques rigoles ou ruisseaux au plus prochain cours d'eau.

Quand les bassins sont d'une grandeur considérable, on les nomme *étangs, réservoirs, rivières, pièces d'eau;* on les construit en blocage couvert par un enduit hydraulique, ou bien on les fait en glaise corroyée et bien battue ; ces derniers sont bien plus économiques, mais ne sont pas à beaucoup près aussi imperméables. C'est par ce dernier procédé qu'on établit des cours d'eau et des rivières artificielles dans les parcs et les jardins.

BASSIN DE PARTAGE. — On a créé, mais d'une manière insuffisante, d'immenses bassins ou réservoirs pour atténuer les désastres qu'amènent après elles les inondations, ou bien encore pour alimenter des canaux ou des rivières. Paul Riquet créa un bassin de ce dernier genre à Saint-Ferréol, près de Sorèze, dans le département du Tarn. Ce bassin, destiné à alimenter le canal du Languedoc, avait été creusé dans d'énormes masses de rochers; il recevait les eaux du Laudot et de quelques autres ruisseaux. Le bassin de Saint-Ferréol a 1,560 mètres de longueur ; sa largeur, près de la digue de barrage épaisse de 120 mètres à sa base, est de 780 mètres; sa profondeur d'environ 32 mètres. Sa capacité est de sept à huit millions de mètres cubes. Si les principales vallées de nos grands cours d'eaux possédaient beaucoup de bassins de ce genre, on pourrait régler les cours d'eau et rendre complétement inoffensives les crues d'eau qui amènent les inondations.

BASSIN, en termes de marine, est un réduit pratiqué dans un port, soit pour abriter, réparer, ou construire des navires; de là deux genres de bassins : les premiers, qu'on nomme *bassins à flot, bassins de port, darses,* sont fermés par des portes d'écluses pour maintenir l'eau à un niveau constant, lorsque ces bassins communiquent avec des mers dans lesquelles la marée se fait sentir ; dans les mers sans marée sensible, ils préservent les bâtiments de la houle. Le deuxième genre de bassin se nomme *bassins de forme, de radoub* ou *de construction;* ces derniers peuvent être remplis ou vidés à volonté. L'un des plus beaux bassins de ce genre, c'est l'arrière-bassin du port militaire de Cherbourg ; il est creusé dans le roc, et a nécessité vingt ans de travaux ; il mesure 430 mètres de longueur sur 200 mètres de large, et près de 18 mètres de profondeur en contre-bas des arêtes du quai. Il est entouré de sept formes de radoub.

BASSIN A CHAUX, bassin dans lequel on éteint la chaux. Ces bassins sont en sable, pour les petites quantités de chaux à éteindre ; mais sur les chantiers où s'exécutent de grands travaux, on trouve un avantage notable à établir des bassins en construction de moellons, ou tout au moins composés de madriers ou de plats-bords posés jointivement et lutés en terre glaise.

BASSIN DE BAINS. (Voy. PISCINE, BAINS, THERMES.)

BASSINÉE, *s. f.* — Quantité de chaux qu'on éteint à la fois dans un bassin à chaux.

— Petit bassin dans lequel on introduit par un orifice de jauge l'eau qu'un particulier a le droit de prendre pour son usage sur un cours d'eau ou dans un réservoir commun.

BASTILLE ou BASTIDE, *s. f.* — Construction militaire du moyen âge, qui servait à l'attaque ou à la défense des villes fortifiées. Les bastilles étaient en bois ou en maçonnerie. Dans le premier cas, elles étaient temporaires et servaient à attaquer une place forte ou à défendre et protéger un point faible; dans le second cas, elles étaient voisines de l'enceinte des murs, ou même elles faisaient partie du plan d'ensemble des fortifications. Les bastilles défensives étaient placées de manière à prendre les assiégeants en flanc ou à revers ; des palissades et des fossés les reliaient aux BARBACANES (voy. ce mot) et aux lignes de défenses. Lorsqu'on se servit de l'artillerie pour défendre les villes, c'est-à-dire vers le XVIᵉ siècle, on garnit les anciennes enceintes de petites bastilles ou *bastillons* échelonnés sur leurs développements. Ce genre de défense fait encore partie de notre système de fortification ; nous avons seulement transformé le mot *bastillons,* et par abréviation nous en avons fait BASTION. (Voy. ce mot.)

L'usage de ces constructions remonte à la plus haute antiquité, car sur des bas-reliefs découverts à Ninive et qui se trouvent au Musée Britannique, on voit figurer des tours en bois, espèce de béliers roulants. Nous donnons au mot BÉLIER, fig. 3, d'après un moulage du Louvre, un des bas-reliefs assyriens. On voit également des bastions saillants dans des portes de constructions pélagiques des ruines de Norba. (*Annal. de l'instit. arch. de Rome,* t. 1, pl. 1 et 2.)

Les différentes enceintes de Paris furent pourvues de bastilles qui défendaient les portes; la plus célèbre de toutes, celle dont Charles V fit une citadelle, protégeait la porte

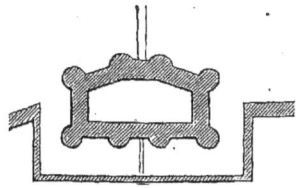

Fig. 1. — Plan-masse de la Bastille de Paris, moins les constructions intérieures.

Saint-Antoine; elle ne fut démolie qu'en 1789.

Comme le montre notre figure 1, l'ancienne bastille Saint-Antoine possédait huit tours, hautes de 24 mètres et réunies par d'épaisses courtines ayant à la base près de 3 mètres d'épaisseur. Cette forteresse appuyait l'enceinte de la ville, mais ne s'y reliait pas d'une manière suffisante pour que la possession du rempart amenât la reddition de la bastille. Ces huit tours se nommaient : la *tour du Trésor*, la *tour de la Chapelle*, la *Berthaudière*, la *Liberté* (ces deux dernières avaient été construites de 1370 à 1382 par Hugues Aubriot, prévôt des mar-

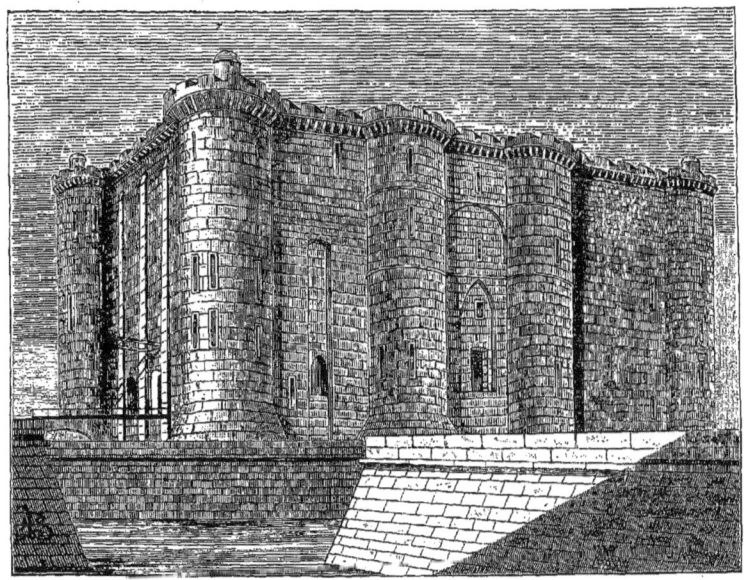

Fig. 2. — La Bastille en 1789.

chands); la *tour du Comté*, la *Bazinière*, la *tour du Coin* et la *tour du Puits ;* ces deux dernières furent ajoutées aux anciennes fortifications en 1553. — Les tours de la Bastille étaient divisées dans leur hauteur par cinq étages voûtés; elles étaient rondes, à bases coniques. Notre figure 2 représente la Bastille telle qu'elle était en 1789 ; c'est la façade ouest, c'est-à-dire celle qui était située du côté de la rue Saint-Antoine et du boulevard.

**BASTION**, s. m. — Diminutif de bastille, partie saillante angulaire et à deux faces d'une enceinte militaire, dans les fortifications

modernes. Le bastion remplace les tours qui flanquaient les anciens remparts; il se com-

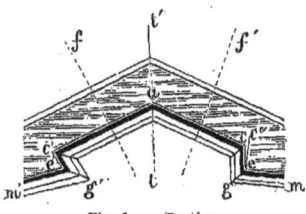

Fig. 1. — Bastion.

pose (fig. 1) de deux faces *a c*, *a c'* et de deux flancs *c e*, *c' e'* entourant un espace découvert *t*, qu'on nomme *terre-plein ;* la ligne fictive *t t'* divisant le saillant *a* en deux parties égales se nomme la *capitale du bastion*, et l'espace compris entre *g g'* se nomme la *gorge*. — La forme générale de cet ouvrage est invariable, cependant il peut être régulier (fig. 1), c'est-à-dire avoir ses faces et ses flancs égaux entre eux et les angles correspondants semblables, ou même ces derniers, suivant la position, peu-

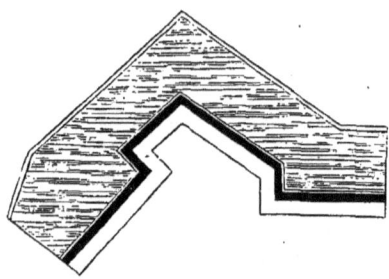

Fig. 2. — Bastion.

vent être dissemblables (fig. 1, *c″e, c′ e′*) ou irréguliers (fig. 2) lorsque les faces ou les angles ne sont pas égaux à leur correspondant. Les flancs affectèrent primitivement la forme en oreillons, comme le montre la fig. 3. Cette disposition ne se rencontre plus que dans les constructions anciennes; elle a été abandonnée à la fin du XVIᵉ siècle, à la suite des améliorations et des réformes introduites par Vauban dans l'art des fortifications. — Les flancs d'un bastion sont tracés perpendiculairement au prolongement des faces des bastions voisins, afin que ces ouvrages puissent se défendre mutuellement. Les surfaces respectives sont dirigées de manière que leurs feux viennent, en se croisant, battre le terrain ou partie de l'enceinte droite qui réunit les deux bastions; ce terrain se nomme la *courtine*. La paroi extérieure verticale ou légèrement en talus se nomme l'*escarpe*. C'est la partie figurée en noir dans nos figures. La paroi qui soutient le chemin couvert, c'est-à-dire celle qui est opposée à l'escarpe, se nomme *contre-escarpe*. L'escarpe est revêtue en maçonnerie soit de pierres de taille, soit de briques, soit de moellons, soit de meulière. Ce revêtement est mis à couvert du feu des assiégeants par le glacis *f, f′*; son sommet est couronné d'un parapet ou épaulement en talus, fait en terre et gazonné. — Les bas-

tions peuvent présenter deux étages de feux au moyen de cavaliers; ils peuvent être casematés. L'approche en est toujours défendue par un fossé qu'on peut submerger; la largeur de celui-ci et sa profondeur varient suivant l'importance de la place et les conditions locales. Les bastions sont quelquefois entièrement détachés des murailles; leur gorge est alors fermée. Ils communiquent avec la place par des chemins fermés ou des galeries souterraines. On fait aussi des demi-bastions, destinés à dé-

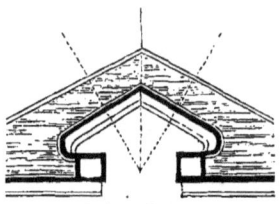

Fig. 3. — Bastion.

terminer des enceintes; ces pièces de fortification n'ont qu'un flanc et une face. (Voy. MILITAIRES (*Constructions*), ENCEINTE, REMPART, FOSSÉ, COURTINE, ESCARPE, CONTRESCARPE.)

**BATARD**, *adj.* — On appelle *matériaux bâtards* ceux qui ne sont pas conformes à l'échantillon d'usage, soit qu'ils excèdent la dimension de celui-ci, soit qu'ils ne l'atteignent pas. Les anciens pavés retaillés sont des matériaux bâtards, ainsi que les ardoises, carreaux de terre cuite retaillés, etc.

On appelle *mortier bâtard* le mortier ordinaire, auquel on a ajouté une certaine quantité de ciment de Vassy, pour lui donner de l'énergie et activer sa prise. (Voy. MORTIER.)

**BATARDE**. — Voy. LIME et PORTE.

**BATARDEAU**, *s. m.* — Digue destinée à garantir de toute infiltration un travail exécuté au-dessous du niveau des eaux environnantes; c'est donc une enceinte parfaitement étanche que l'on construit autour d'un emplacement submersible, et dans lequel on veut construire. Cette enceinte une fois établie, on épuise son contenu avec des pompes ou autres appareils d'épuisement. Les batardeaux sont fréquemment employés pour la construction des écluses, des canaux et des piles de pont. Ils se composent ordinairement de deux files parallèles de pieux réunis par des moises boulonnées, entre lesquelles on place des palplanches jointives ; celles-ci sont fichées en terre. On remplit de glaise pilonnée ou de béton l'espace compris entre ce double mur de palplanches. Ce dernier doit avoir une largeur suffisante pour résister à la poussée qu'exercera l'eau extérieure, quand le bartardeau sera vidé.

Quand la hauteur des eaux qu'on veut maintenir n'est pas très-élevée, ne dépasse pas un mètre, une simple levée de terre gazonnée suffit, pourvu toutefois que le courant ne soit pas rapide. (Voy. PIEUX, PILOTS, PILOTIS.) — Dans l'art militaire on nomme *batardeau* un massif de maçonnerie qui sert à retenir l'eau d'un fossé.

BATEAU (BOIS DE). — Bois provenant de la démolition et du *déchirage* de bateaux, et qui, dans la construction, a de nombreux emplois. On fait de ce bois des barrières, des cloisons de caves et surtout des cloisons de remplissage.

BATELLEMENT, *s. m.* — Dernier rang de tuiles, d'ardoises ou de bardeaux recoupés d'un comble, qui portent sur les chéneaux ou sur les gouttières. Le batellement sert à rejeter les eaux du comble dans le chéneau ou la gouttière ; il est toujours recouvert par un PUREAU (voy. ce mot) d'ardoise, de tuile ou de bardeau. Le batellement est quelquefois en plomb ou en zinc.

BATI, *s. m.* — Pièces de bois, de fer ou de fonte assemblées ou venues de fonte servant de socle, de support à une machine, à un engin quelconque. En charpente, les pièces principales d'un pan de bois, des pièces assemblées, telles que des poteaux reliés par des sablières, sont des bâtis.

En menuiserie, ce mot désigne une sorte de cadre dans lequel on assemble des pièces devant former un tout complet ; par exemple des montants et des traverses recevant les panneaux d'une porte, d'un lambris, ou bien les lames d'une persienne.

BATI D'ENCADREMENT, bâti formant le cadre d'un parquet, d'un panneau.

BATI DORMANT, espèce de cadre ajusté et scellé dans la feuillure d'une baie et sur lequel battent soit une porte, soit les châssis ouvrants d'une fenêtre. Les bâtis de porte se composent de deux montants et d'une traverse ; ils sont aussi fixés quelquefois sur des CONTRE-BATIS (voy. ce mot). Les bâtis de fenêtre sont des cadres complets, composés de deux montants et deux traverses ; celle du bas est en quart de rond et forme *jet d'eau* en dessous. Les montants des bâtis dormants portent souvent une feuillure et une rainure en quart de cercle destinée à recevoir une NOIX (voy. ce mot) de même forme réservée sur le battant mobile. (Voy. BATTANT.)

BATI DOUBLE, second bâti assemblé à l'intérieur d'un autre, par exemple un guichet ménagé dans un des vantaux d'une porte cochère ; on nomme le plus grand *bâti de rive*.

BATI DE REMPLISSAGE, bâti divisant et subdivisant en petits compartiments un lambris en parquet.

BATI DE TENTURE, cadre sur lequel les tapissiers clouent de la toile pour poser du papier de tenture.

BATIÈRE (EN), *loc. adv.* — Un clocher est dit *en bâtière*, c'est-à-dire en forme de bât, lorsqu'il est terminé en pignon et qu'il n'a

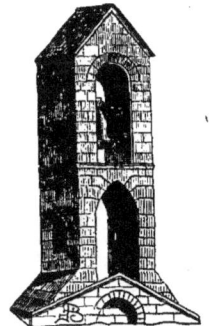 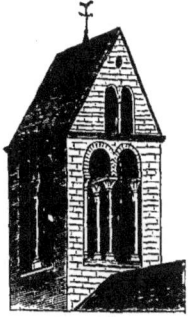

Fig. 1. — Bâtière (1er type).   Fig. 2. — Bâtière (2e type).

que deux versants opposés. Les toits en bâtière sur les clochers sont assez rares ; ils couronnent presque toujours des clochers d'époque romane et sont toujours antérieurs au XIIe siècle.

Nos figures montrent deux types de clochers en bâtière.

BATIFODAGE, s. m. — Substance composée de bourre et de terre grasse, qui sert à exécuter des plafonds qu'on blanchit au BLANC DE BOURRE. ( Voy. ce mot.)

BATIMENT, s. m. — Il est peu de mots dans la langue des constructeurs qui soient moins nettement définis que celui-ci. En effet, par son sens propre, ce terme sert à désigner un édifice en cours de construction; il désigne le gros œuvre, l'œuvre matérielle, la *bâtisse*. Il signifie également l'art pratique de la construction; de là les termes vulgaires de *gens du bâtiment, industries du bâtiment*, pour désigner les hommes qui s'occupent des travaux de construction ou qui exercent un métier ou vivent d'une industrie se rattachant au bâtiment. Ce mot sert encore à désigner à la fois de modestes et de somptueuses constructions, une masse distincte, une portion d'un grand édifice : ainsi on dit le *bâtiment principal* de ce palais, les *bâtiments secondaires* ou en *ailes*, enfin les *bâtiments des communs*. Comme on le voit, ce mot a beaucoup de significations, qui dans bien des cas semblent se contredire.

Des règlements administratifs règlent la police des bâtiments, et cela depuis un temps immémorial. Ces ordonnances s'occupent des façades, de la solidité et de la salubrité des bâtiments; nous n'en parlerons pas ici et nous renvoyons le lecteur aux articles ALIGNEMENTS, COMBLES, FAÇADE, MAISON, SAILLIE, VOIRIE, etc.

BATIMENTS CIVILS (*Conseil des*). Jusqu'en 1789, l'entretien et la construction des bâtiments civils (édifices et monuments publics) fut abandonnée aux soins des diverses administrations publiques qui construisaient comme bon leur semblait.

Une loi du 27 avril 1791 confia au ministre de l'intérieur la direction générale des travaux publics; deux ans après, un décret du 3 avril 1793 donna cette direction à une commission prise dans le sein de la Convention; enfin, après la promulgation de la constitu-tion de l'an III ( 1794 ), le ministre reprit ses anciennes attributions, et c'est de cette époque que date l'organisation première du *conseil des bâtiments civils*.

Sous les deux empires, ce conseil fut placé sous la surveillance de divers ministères; les bâtiments civils furent divisés en bâtiments de la couronne, monuments historiques, édifices diocésains : les uns dépendaient de la liste civile, les autres du ministère des beaux-arts, les autres de l'instruction publique. Aujourd'hui même le conseil des bâtiments civils change souvent de département, et les monuments et édifices publics appartiennent à divers ministères.

BATIR, v. a. — Édifier, construire, c'est un art véritable, puisqu'on dit l'*art de bâtir*. Il exige même de grandes connaissances théoriques et pratiques, et cependant tout le monde a le droit de bâtir, en se conformant aux lois et règlements en usage. (Voy. PERMISSION.)

BATISSE, s. f. — Ce mot est quelquefois employé comme synonyme de bâtiment, mais il sert plutôt à désigner tout ce qui entre dans la construction d'un bâtiment, surtout en ce qui concerne la maçonnerie.

BATON, s. m. — Grosse moulure ronde employée dans les bases des colonnes; on la nomme plutôt TORE. (Voy. ce mot.)

BATONS ROMPUS. Ornement d'architecture figurant un boudin, un tore brisé régulièrement de distance en distance; on le nomme ainsi parce qu'il offre en effet quelque ressemblance avec un bâton qu'on briserait et auquel on ferait former une suite d'angles. On nomme encore à tort cet ornement GRECQUES, MÉANDRES, FRETTES, CHEVRONS et CONTRE-CHEVRONS (voy. ces mots), qui sont des ornements distincts. Malheureusement, aujourd'hui, même dans la langue des architectes, ces mots deviennent synonymes par un long usage vicieux. Notre figure 1 montre une partie d'archivolte décoré de *bâtons rompus*, qu'on peut à la rigueur nommer *chevrons*, mais non autrement, sans manquer de justesse dans l'expression ; et notre figure 2, des doubles bâtons rompus ou *contre-chevrons*. Ces ornements se retrouvent fréquemment aux ar-

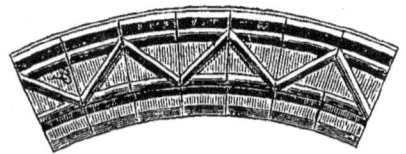

Fig. 1. — Bâtons rompus ou chevrons.

chivoltes et aux courbes cintrés des monuments de la Normandie et de l'Angleterre, ainsi que dans ceux de l'époque romano-byzantine.

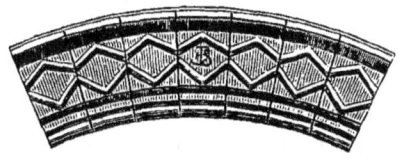

Fig. 2. — Doubles bâtons rompus ou contre-chevrons.

La confusion que fait naître cette expression devrait en faire abandonner l'emploi, pour y substituer les dénominations propres et spéciales que nous avons énumérées ci-dessus.

En charpente, on emploie les *bois à bâtons rompus* afin de profiter des bois trop courts pour porter sur les murs ou sur les poutres principales, par exemple dans un plancher.

En menuiserie, on dispose souvent les frises des parquets en *bâtons rompus*, surtout ceux établis à la *gourguechon* (voy. PARQUET); en marbrerie, en vitrerie, on combine aussi les marbres et les verres en bâtons rompus pour obtenir divers dessins. En serrurerie, on désigne sous ce terme une tige ou bande de fer pliée ou coudée sur plusieurs points de sa longueur.

BATON, terme de blason, espèce de bande qui n'a que le tiers de la largeur ordinaire ou la moitié d'une *cotice*. Quand le bâton est *alaisé* et qu'il ne touche pas les bords de l'écu, on le nomme *péri en bande* (de droite à gauche) ou *péri en barre* (de gauche à droite pour les bâtards). (Voy. BLASON.)

BATONS RUNIQES. — Voy. RUNES.

BATONÉE, *s. f.* — Quantité d'eau élevée par une pompe ménagère à chaque coup de piston.

BATTAGE, *s. m.* — Avant de jeter les fondations d'un édifice, quand les rigoles sont creusées, si le sol est compressible on le bat par divers procédés ; c'est cette opération qu'on nomme *battage*. Si le terrain est tout à fait mou, sans consistance, vaseux, il faut dans ce cas enfoncer des pilots, des pieux, à l'aide du MOUTON ou de la SONNETTE. (Voy. ces mots.) Ce travail se nomme aussi *battage*. (Voy. PILOTIS et FONDATIONS.)

BATTANT, *s. m.* — Partie mobile d'une porte, d'une croisée, d'une armoire, d'un volet, qui pivote sur des fiches ou des gonds. On appelle aussi cette partie VANTAIL (voy. ce mot). Un battant se compose de deux traverses et de deux montants. Les battants de portes simples ou doubles sont quelquefois suspendus par des ferrures à la maçonnerie, mais plus souvent au bâti dormant qui enca-

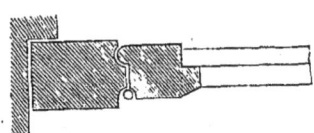

Fig. 1. — Battant à rainure et à noix.

dre la baie. (Voy. BATI.) Ordinairement le montant du côté des gonds présente une petite rainure dans laquelle s'engage une languette appelée *noix*. Elle empêche le vent et la pluie d'accéder à l'intérieur des constructions; notre figure 1 montre cette disposition.

Le pourtour intérieur des fenêtres à un seul battant porte une *feuillure* ou *battée*, contre

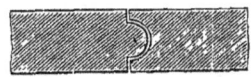

Fig. 2. — Battant à gueule de loup, battants meneaux.

laquelle viennent s'appliquer les pièces de l'encadrement mobile. Cette battée remplit l'office de la noix; du reste, du côté des gonds elle est parfois complétée par une rainure en quart de rond recevant une noix de même forme. Dans ces fenêtres à deux battants, les montants de rive sont profilés, l'un en arc concave, l'autre en arc convexe, qui s'emboîtent exactement; c'est ce qu'on nomme un assemblage à *gueule de loup*. Ce mode de fer-

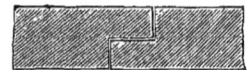

Fig. 3. — Battant à double feuillure.

meture est également employé pour les montants du milieu, qu'on nomme *battants meneaux* (fig. 2); mais comme il ne permet pas d'ouvrir isolément un seul vantail, on réunit

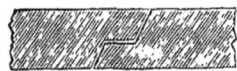

Fig. 4. — Battant à recouvrement en chanfrein.

ces battants par une double feuillure (fig. 3), par un recouvrement en chanfrein (fig. 4), à noix (fig. 5), en sifflet (fig. 6). — Les battants de dormants ont 0ᵐ,054 à 0ᵐ,08 d'épais-

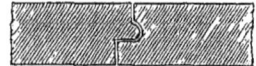

Fig. 5. — Battant à noix.

seur sur 0ᵐ,06 à 0ᵐ,10 de largeur. — Le mode de construction des battants de volets et de persiennes ressemble beaucoup à celui des portes.

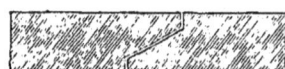

Fig. 6. — Battant en sifflet.

BATTANTS MENEAUX, montants intérieurs des battants d'une croisée.

BATTANT FLOTTÉ, battant plus large sur un des parements d'un bâti que sur l'autre, par suite d'un ravalement ou d'une feuillure.

BATTANT, en serrurerie, est un montant d'une porte de grille; c'est aussi la tige ou bande de fer méplat d'un loquet, qui s'engage par une de ses extrémités dans un mentonnet;

enfin on nomme *battant de cloche* la pièce qui, suspendue à la BÉLIÈRE d'une cloche (voy. ce mot), la fait sonner par percussion.

BATTANT, TE. Pris adjectivement, ce mot indique que l'objet qu'il qualifie est mobile et bat sur un autre objet fixe destiné à en recevoir le choc. Ainsi on nomme *porte battante* celle qui se ferme d'elle-même, soit à l'aide d'un contre-poids, soit au moyen d'un pivot coudé posé sur une crapaudine. (Voy. BATTEMENT.)

BATTE, s. f. — Sorte de jetée construite sur le bord d'un fleuve ou d'une rivière. Elle se compose de deux files de pilots en bois de GRUME (voy. ce mot), qui soutiennent un enrochement composé de moellons bruts et de gros gravier.

BATTE, outil servant à broyer et à écraser certaines substances friables; à battre et comprimer un terrain ou à le dresser, enfin à donner à des feuilles de métal certaines formes; de là diverses battes, suivant leurs différentes destinations. — La *batte du terrassier* est un morceau de bois qui a tantôt la forme d'un cône tronqué, tantôt celle d'un barillet; il est

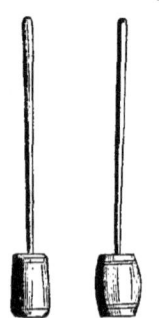
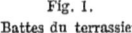
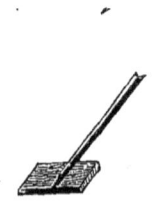

Fig. 1.
Battes du terrassier.

Fig. 2.
Batte plate du terrassier.

muni d'un manche vertical (fig. 1) : cet outil sert au régalage et au pilonnage des terres. Le terrassier a un autre genre de batte (fig. 2), c'est une planche épaisse de 0ᵐ,054 ou 0ᵐ,058 qui a 0ᵐ,30 et 0ᵐ,40 de côté; elle sert pour dresser les terres, les aires en plâtre, etc. La *batte du plâtrier* est une bille de bois ronde ou conique, qui sert à broyer les *mouchettes* du plâtre.

La *batte du paveur* se compose (fig. 3) d'un morceau de bois affectant la forme d'un moyeu

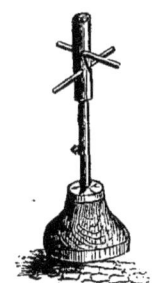

de roue ; il est fretté haut et bas et pourvu d'un manche vertical, ayant deux traverses horizontales servant de poignée : il sert à dresser les reprises faites sur des routes d'empierrement. Le paveur en mosaïque l'emploie aussi pour écraser le tuileau dont il fait du ciment. Il ne faut pas confondre cette batte avec la *hie* ou *demoiselle* (voy. HIE), avec laquelle les paveurs enfoncent et nivellent les pavés des rues et des bordures de chaussées. Le plombier a deux sortes de batte : l'une n'est qu'une sorte de maillet avec lequel il frappe sur l'outil qui lui sert à couper le plomb ;

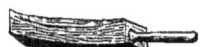

Fig. 4. — Batte du couvreur.

l'autre (fig. 4) est une sorte de battoir légèrement recourbé, avec lequel il dresse et plane les feuilles de plomb ou de zinc, notamment pour la garniture des chéneaux.

**BATTÉE. — Voy. FEUILLURE.**

**BATTEMENT**, *s. m.* — Toute pièce verticale ou horizontale qui forme feuillure ou reçoit le choc d'une partie ouvrante et l'arrête à la fin de sa course. Les battements se composent de tringles en bois ou en fer rapportées sur la rive d'une porte, d'un volet et servant de feuillure ; mais le plus souvent c'est la feuillure elle-même qui sert de battement. Pour la croisée, c'est la pièce d'appui et le linteau ou traverse supérieure

du BATI DORMANT (voy. ce mot) qui forment *battement*.

En serrurerie, on nomme *battement* de petites pièces à pointe ou à scellement, droites ou coudées, qui arrêtent une persienne, un vantail de porte. On nomme BUTTOIRS (voy. ce mot) les arrêts, pièces d'arrêt ou battements en fer de portes cochères.

BATTEMENT, partie du pavé en contre-haut, seuil portant feuillure au droit de l'ébrasement d'une porte cochère.

**BATTEUR**, *s. m.* — Ouvrier qui bat ; le *batteur d'or* est l'ouvrier qui fabrique l'or en feuilles par le battage des feuilles minces obtenues à l'aide du laminoir.

**BATTRE**, *v. a.* — En maçonnerie, on bat des pieux, des pilotis, quand on les enfonce en terre. (Voy. PILOTIS.) On se sert encore de l'expression de *battre le beurre*, qui signifie creuser un trou vertical dans l'assise d'un mur pour y fixer un chaînage à l'aide d'une ancre : c'est dans le trou battu qu'on pose celle-ci ; on bat le beurre pour placer des goujons de fer ou de bronze ou des os de mouton pour maintenir et fixer des vases, des statues, des balustres. Les charpentiers appellent *battre la ligne*, tracer à l'aide du cordeau frotté de sanguine ou de craie des traits, pour scier ou pour tout autre ouvrage ; les plombiers entendent par *battre la résine*, répandre cette substance sur la partie de plomb à souder, ce qu'ils font ordinairement en frappant sur la boîte à résine, soit avec le COUTEAU A RACOUTRER, soit avec la TRINGLETTE. (Voy. ces mots.)

**BATURE**, *s. f.* — Mordant servant aux doreurs à faire des hachures dans les parties rehaussées d'or. Il se compose de cire, d'huile de lin, de bitume et d'essence de térébenthine. Rolland le Virloys (*Dict. d'arch.*) écrit *batture* avec deux *t*, ou *colle à miel*, et il ajoute : « C'est une composition de colle de Gand, de miel et de vinaigre, dont se servent les peintres pour donner des rehauts et hachures sur des peintures à la détrempe et à fresque, telles que les décors de théâtre et pour les fêtes publiques. » Ceci semblerait indiquer qu'il existe deux sortes de *baturé* : nous ne connaissions pas la dernière ; peut-être n'est-elle plus en usage.

**BAU**, *s. m.* — Terme de marine. Poutres transversales qui soutiennent les planchers ou ponts d'un navire : il y a le *maître bau*, le plus long ; le *bau de lof*, le dernier sur l'avant ; le *bau de dalle*, le premier sur l'arrière. En construction, on nomme *bau* la solive disposée en travers de la largeur d'un coffre destiné à renfermer la maçonnerie de fondation d'une jetée. Les baux servent à soutenir les bordages du coffre.

**BAUDET**, *s. m.* — Tréteau ou chevalet employé par les scieurs de long pour débiter les bois en longueur ; il se compose de quatre pieds reliés par leur sommet à une pièce de bois horizontale, nommée *sommier*. Les pièces à débiter reposent sur deux chevalets. ( Voy. Sciage.)

**BAUGE**, *s. f.* — Mortier employé dans les constructions rurales : il se compose de terre franche, d'argile et de chaux mêlée avec de la bourre, ou du foin et de la paille hachée. La bauge, qu'on nomme aussi *torchis* et plus rarement *bauche*, sert à hourder des cloisons et faire des aires de plancher. C'est une très-mauvaise substance, aussi son emploi dans les constructions finira-t-il par disparaître tôt ou tard.

**BAVETTE**, *s. f.* — Bande de métal, ordinairement de plomb ou de zinc, qui sert au recouvrement d'une lucarne, d'une croisée, d'un châssis à tabatière, des arêtiers au-dessous des *bourseaux*, d'une couverture, etc.

Les bavettes sont fixées à l'aide de clous, de pattes de mouches, ou soudées ; elles servent à empêcher les infiltrations des eaux pluviales. C'est principalement sur les saillies ou les brisures des combles qu'on pose des bavettes pour en protéger les bois. (Voy. Couverture.)

Bavette, pierre formant la paroi inférieure

d'une baie de soupirail, d'un orifice ou d'une bouche d'égout.

**BAVOCHÉ**, *adj.* — Se dit des contours qui ne sont pas nettement exprimés, dans la peinture, le dessin et surtout dans le Lavis.(Voy. ce mot.)

**BAVOCHURES**, *s. f. pl.* — Quand les élèves architectes lavent un dessin, les débutants, qui n'ont pas la main assurée, n'atteignent pas ou dépassent le trait qui arrête un contour, un dessin. Ce sont les petites dents que forment ce lavis incorrect qu'on nomme *bavochures*.

**BAVURE**, *s. f.* — Saillies irrégulières, existant sur les bords des tables de plomb ; on doit abattre les bavures avant d'employer les tables ; on dit aussi Laisses. (Voy. ce mot.) C'est aussi une coulure défectueuse qui laisse sur un objet moulé une arête saillante à la jonction des pièces du moule.

**BAYLE**, *s. m.* — Espace découvert compris dans l'enceinte d'un château du moyen âge ; quelques-uns possédaient deux et trois bayles. (Voy. Château.) — Dans l'intérieur de quelques villes et auprès des remparts, il y avait des espèces d'esplanades auxquelles on donnait parfois ce nom. On écrit aussi *baille*, mais, avec cette orthographe, ce mot a une autre signification. (Voy. Baille.)

**BAZAR**, *s. m.* — Mot arabe qui signifie *trafic des marchandises ;* en effet, en Orient, on désigne par ce mot tout marché public. En Occident nous n'avons rien d'analogue au *bazar*, rien qui puisse le représenter à l'esprit ; on ne peut même s'en faire une idée, si on n'a pas vu les bazars du Caire et de Constantinople. A sa dernière période, l'exposition universelle de 1867 à Paris ressemblait assez à un bazar d'Orient.

Dans les temps anciens, chez les Grecs et les Romains, l'agora, le forum étaient des espèces de bazars.

En Orient, il y a deux genres de bazars :

les uns à ciel ouvert, qui servent à la vente de produits encombrants ou qui n'ont rien à craindre des rayons solaires ; les autres sont d'immenses galeries couvertes de dômes et de coupoles : dans ceux-ci on vend les marchandises précieuses. Les bazars les plus célèbres sont : celui d'Ispahan, qui a plusieurs kilomètres de longueur et de largeur; celui de Constantinople, bâti en 1462 par Mahomet II.

**BEAUX-ARTS**, *s. m. pl.* — Arts qui ont pour objet la représentation du beau ; on les divise en deux branches : les arts du dessin, comprenant l'architecture, la peinture et la sculpture ; les arts du son, comprenant la musique et la poésie. Les premiers s'adressent à la vue, les seconds à l'imagination par l'intermédiaire de l'ouïe. L'art étant la représentation du beau, plus un art est en état d'exprimer la beauté idéale par de belles formes, plus cet art occupe une place élevée. Aussi l'architecture est-elle, d'après ce qui précède, le premier des arts ; nous n'avons pas à en parler ici. Nous renvoyons donc le lecteur aux mots Architecture, Peinture et Sculpture. Quant à la musique et à la poésie, il ne peut en être question dans cet ouvrage ; cependant, aux mots Acoustique, Théatres, Salles, nous parlerons du son, ce qui se rapproche bien de la musique. — En dehors des beaux-arts dont nous venons de parler, il existe encore l'art des jardins, de la gravure et de la danse ; mais ceux-ci se rattachent à l'architecture, à la sculpture ou à la musique, dont ils ne sont que des accessoires : ils ne doivent donc pas faire une division distincte, et pour le premier de ces arts nous renverrons le lecteur aux mots Jardins et Rurale (*Architecture*).

Beaux-arts (Académie des). Voy. Institut. — (École des). Voy. Écoles.

**BEC**, *s. m.* — Petit filet, nommé aussi *mouche pendante* (fig. 1), qui borde le canal du larmier d'une corniche ou d'un entablement. Ornement de l'architecture romane analogue aux Têtes. (Voy. ce mot.) En Angleterre, les *becs d'oiseaux* sont un ornement très-commun dans les monuments à plein cintre ; ce sont des têtes d'oiseaux garnies de becs crochus dont la

courbure s'adapte à celle d'un tore d'archivolte ou de pied-droit. (Voy. fig. 2.)

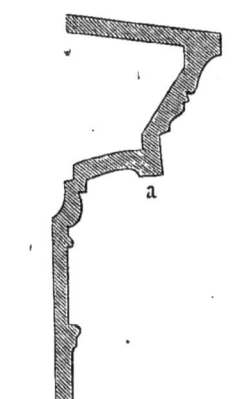

Fig. 1. — *a*, bec ou mouche pendante.

Dans les ponts et chaussées, on nomme *bec* la partie d'une pile de pont formant un angle

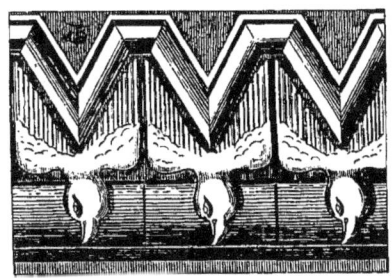

Fig. 2. — Becs d'oiseau.

saillant de manière à diviser l'eau; l'Avant-Bec (voy. ce mot) est du côté d'amont, et l'arrière-bec est du côté d'aval. — Dans les ponts à arche en plein cintre, et dans ceux en anses de panier, les avant-becs dépassent généralement la ligne des naissances; dans ceux à arcs segmentaires, ils s'arrêtent presque toujours au niveau de celle-ci.

L'amortissement des avant-becs sur les têtes de pont varie suivant leur plan ou la section horizontale. La figure que présente cette section ne saurait être arbitraire ; une forme analogue à celle des proues de navire est la plus convenable pour couper le courant. Cette forme diminue aussi le tourbillonnement de l'eau et par suite les affouillements du sol sur lequel reposent les piles. Les arrière-becs doivent avoir la même forme que les avant-becs, car, la question de symétrie écartée, la forme reconnue convenable pour les uns l'est de même pour les autres, puisqu'il est également important de diminuer, à l'arrière des piles de pont, les remous. (Voy. AVANT-BEC.)

BEC-D'ANE et BÉDANE, *s. m.* — Ciseau du menuisier et du charpentier, qui sert à

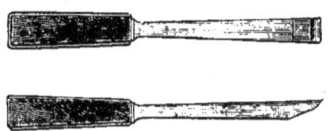

Fig. 1. — Bec-d'âne du menuisier.

évider les mortaises et les embrèvements. Cet outil, presque aussi épais que large, est pourvu d'un manche en bois ; le tranchant de sa lame est à deux biseaux sur le même côté (fig. 1). Le bec-d'âne du serrurier est un ciseau ou burin

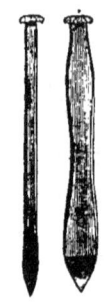

Fig. 2. — Bec-d'âne du serrurier.

dont le taillant a peu de largeur : il affecte diverses formes ; la fig. 2 représente le bédâne

Fig. 3. — Bec d'âne du serrurier.

pour travailler les fers doux et les menues pièces ; la fig. 3, celui qui est employé pour les gros ouvrages.

BEC-D'ANER ou BÉDANER, *v. a.* — Mortaiser à l'aide du bédâne, se servir de cet outil.

BEC-DE-CANE, *s. m.* — Serrure dont le pêne n'a qu'un demi-tour, taillé en chanfrein, ce qui permet de fermer la porte pourvue de cette serrure, en la poussant. On donne plus particulièrement ce nom à des serrures qui n'ont point de clef et qui s'ouvrent avec un *bouton* ou un anneau; cette serrure ne renferme à l'intérieur qu'un pêne, un foliot, un ressort et leurs accessoires. Anciennement le bouton de cette serrure affectait la forme d'un col de cygne ou d'un bec de canard, de *cane*, d'où son nom. On distingue plusieurs genres de becs-de-cane; ce sont : le *bec-de-cane à feuille*, monté sur platine ; le *bec-de-cane à boucle simple* ou *de volet*, qui sert à la fermeture des volets dans les ébrasements de croisée; le *bec-de-cane poli à deux boutons* ou à *deux boucles à charnière*, qui est employé à la fermeture des portes d'appartement : ils sont à un et à deux PICOLETS ou CRAMPONNETS (voy. ces mots); le *bec-de-cane à deux pènes*, semblable au précédent, mais ayant un second pêne dormant ou verrou de nuit ; le *bec-de-cane à équerre*, qui est encloisonné, et qui s'ouvre au moyen d'une bascule en équerre à laquelle est attaché un fil de fer ; le *bec-de-cane poli sur platine* ou *sans cloison*, ou *bec-de-cane sur le dos*, et le *bec-de-cane à écrou*, qui n'ont qu'un bouton et qui servent à la fermeture des armoires; le *bec-de-cane à cuvette*, qui est un petit verrou en cuivre à ressort ; enfin en serrurerie on appelle *bec-de-cane* une pince plate. (Voy. SERRURE, PINCE.)

BEC-DE-CANE. — Outil à fût dont le fer est recourbé en forme de croissant ; il sert à arrondir le derrière des talons et à les dégager. Cet outil est employé par plusieurs corps d'état.

BEC-DE-CORBIN, *s. m.* — Moulure très-

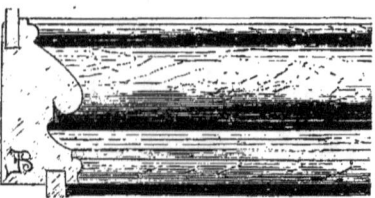

Bec-de-corbin.

saillante en forme de quart de rond (voy. notre fig.) ; ornement employé dans l'art des jardins pour la décoration des PARTERRES. (Voy. ce mot.)

BEC-DE-CORBIN RENVERSÉ. — Outil de serrurier, qui sert à faire les rainures pour placer les coins de fiche dans les petits bois. Cet outil en acier est étroit et crochu.

BÊCHE, s. f. — Sorte de pelle en fer qui

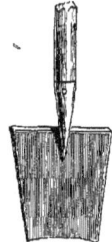

Bêche.

sert à fouiller et à défoncer les terres légères ; elle est surtout employée par les jardiniers.

BECHEVET, s. m. — Pièce de charpente formée de deux morceaux de bois accolés ayant la forme de coins très-allongés. Ces coins sont inversement placés, de sorte que la pièce de bois ainsi formée présente la même épaisseur dans toute son étendue.

BEFFROI, s. m. — Nom que l'on donnait pendant le moyen âge à des tours mobiles qu'on employait dans le siége des villes. Elles servaient à approcher des murs à couvert ; ces tours remplaçaient le *bélier*, le *testudo* des anciens. — On appela surtout *beffrois* des tours élevées par les communes, en commémoration de l'établissement de leurs droits populaires. L'une des prérogatives de ces droits, c'était de suspendre dans le beffroi la *cloche à ban* (la *bancloque, campana banalis*) qui servait à convoquer aux assemblées les bourgeois ou les échevins ; de là l'expression de convoquer le ban et l'arrière-ban. On trouve ces tours communales dès le XIe siècle en France, principalement dans le Nord, dans l'Artois et dans la Flandre. Notre figure 1 donne un des plus anciens beffrois de France encore existant, c'est celui de Charroux ; il date de la première

moitié du XIIIe siècle. — Ces tours servaient à plusieurs usages : le rez-de-chaussée renfermait le dépôt des lettres de franchise, les étages servaient de magasins d'armes ou parfois de prisons ; au sommet se trouvait la chambre du guetteur, c'est-à-dire d'un homme d'armes qui faisait le guet pour signaler l'approche de l'ennemi ; plus tard le guetteur annonça les incendies et sonna la cloche d'alarme. Les beffrois servirent également d'horloges, vers le XIVe siècle probablement, et un immense cadran extérieur indiquait

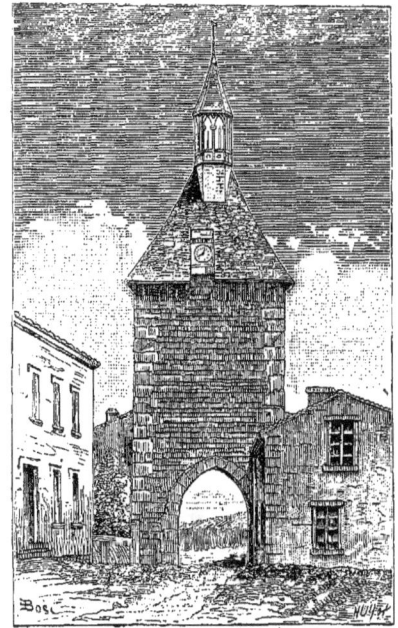

Fig. 1. — Beffroi de Charroux.

les heures aux passants. Les premiers beffrois furent élevés en charpente, ce qui explique pourquoi les plus anciens ont disparu ; plus tard ce furent des tours isolées. Mentionnons celui de Gand, élevé en 1183 ; ceux de Tournai, de Béthune (fig. 2), d'Auxerre (fig. 3), de Beaune, d'Évreux (fig. 4 et 5), et celui d'Amiens, reconstruit à nouveau, dont la base seule appartient à la primitive construction. Certains beffrois furent bâtis en forme de porte simple (fig. 1) ou de porte avec tours (fig. 3) ; dans ce cas le beffroi était à cheval sur la rue ; il en existe encore un de ce genre à Bordeaux. Les beffrois furent enclavés également dans les hôtels de ville; ils occupèrent même la partie centrale de la façade (voy. HOTEL DE VILLE); enfin aujourd'hui beaucoup d'hôtels de ville ne possèdent plus qu'un simple CAMPANILE (voy. ce mot), car le beffroi, avec le changement de mœurs et les progrès de la civilisation, n'avait plus sa raison d'être, puisque, même dans les villes de peu d'importance, le poste des pompiers a remplacé le guetteur. Ajoutons cependant que

que *beffroi* est une corruption d'effroi, parce que la cloche, en donnant l'alarme, répandait l'effroi dans la ville.

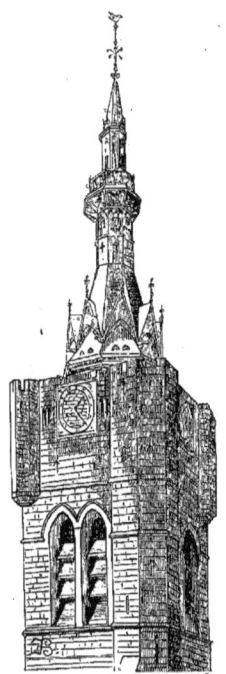

Fig. 2. — Beffroi de Béthune.

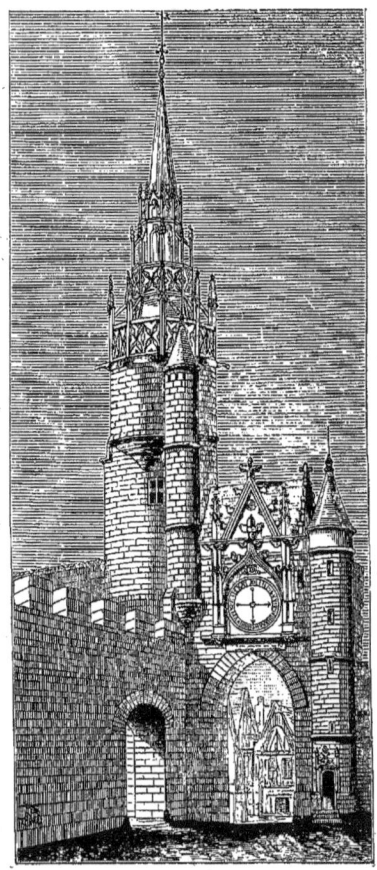

Fig. 3. — Beffroi d'Auxerre.

dans certaines villes de l'Italie, de la Suisse, de la Belgique, de l'Allemagne et des pays du nord, dont beaucoup de maisons sont en bois, il existe encore des guetteurs; ainsi il y a encore à Genève une chambre de guetteur : elle est située au sommet d'une des tours de la cathédrale de Saint-Pierre; l'homme de garde avertit, à l'aide d'un fil électrique, le poste des pompiers qui se trouve dans le voisinage, à l'hôtel de ville. L'étymologie de ce mot aurait plusieurs origines : les uns le font dériver de *bell freid*, cloche de la paix, parce que les communes s'appelaient *ville de paix* ou *d'amitié* ; les autres, au contraire, pensent

BEFFROI. — On donne ce nom à la charpente qui à l'intérieur des clochers sert à suspendre les cloches. Cette charpente (fig. 6) consiste en un système de fortes pièces de bois montantes reliées en tous sens par des décharges. Celles-ci portent sur une enrayure qui repose sur des corbeaux très-saillants. Les beffrois sont isolés au milieu des tours des clochers, afin que l'oscillation des cloches ne communique pas aux murs un ébranlement qui leur serait préjudiciable. Suivant le poids des cloches, l'oscillation des beffrois est plus ou moins considérable; on cite des beffrois de charpente qui à leur sommet oscillent de $0^m,10$ à $0^m,15$,

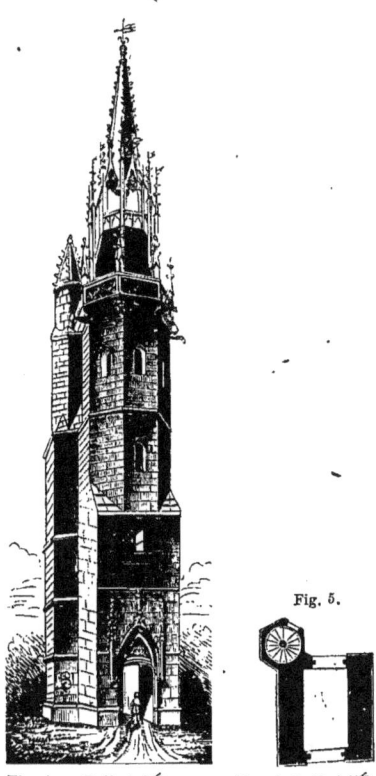

Fig. 4. — Beffroi d'Évreux.    Plan du beffroi d'Évreux.

Fig. 5.

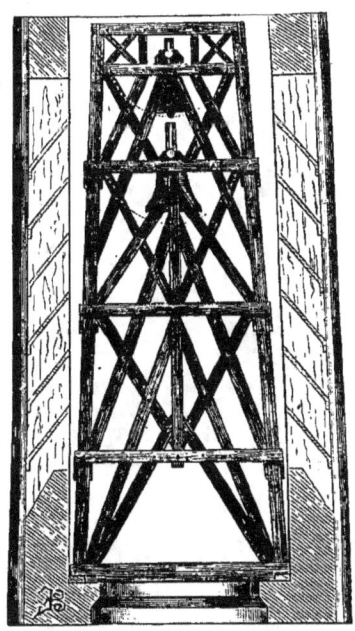

Fig. 6. — Beffroi en charpente.

quand leurs cloches sont mises en branle.

BEFFROI. — Charpente formant le support d'un réservoir ; charpente indépendante de la bâtisse des moulins et sur laquelle est fixé le mécanisme servant à la mouture.

BELGE (ARCHITECTURE). — La Belgique n'a pas une architecture qui lui soit propre, c'est un mélange de style flamand et français ; ce dernier est le style dominant. Quelques édifices de la renaissance et d'autres, plus nombreux, de l'époque ogivale méritent une mention. L'hôtel de ville de Bruxelles vous impressionne vivement par son imposante masse et surtout par la tour de sa façade, haute de plus de 95 mètres ; elle est surmontée d'une statue de saint Michel en bronze doré, haute de $4^m,25$. Cet hôtel de ville, commencé en 1400, a été fini en 1442. L'hôtel de ville de Louvain est aussi une merveille du style ogival fleuri : commencé en 1410, il fut terminé en 1420; il est couvert de la base au sommet d'un nombre considérable de statues ; trois magnifiques tours d'une grande richesse couronnent délicatement ses pignons. Les hôtels de ville de Gand, d'Ypres, d'Anvers et de Bruges sont à divers titres remarquables. Citons encore, à Bruges, la chapelle du Sang-de-Dieu, de style ogival fleuri de la dernière période, où l'on trouve des balustrades, des pilastres et des arcs surbaissés du style de la renaissance. La cathédrale d'Anvers, une des plus vastes églises connues, a de chaque côté trois ailes, et le centre du monument est surmonté d'une lanterne octogone, en attendant la tour projetée ; la bourse de la même ville, dont les riches piliers supportent des arcs surbaissés en feuilles de trèfle, a été bâtie en 1531. La vaste cathédrale de Malines, dont le clocher inachevé mesure plus de 100 mètres d'élévation, a été terminée en 1450 et la partie faite du clocher en 1455. Quant à l'architecture contemporaine, elle n'est ni plus étudiée ni moins bien rendue que celle de Paris, car la plupart des grandes constructions modernes de la Belgique ont été exécutées par des architectes parisiens.

BIBLIOGRAPHIE. — A.-G.-B. Schayes, *Histoire de l'architecture en Belgique*, 4 vol. in-18. Du même,

*Essai sur l'architecture ogivale en Belgique*, Bruxelles, 1840, in-4°.

**BÉLIER**, *s. m.* — Machine de guerre des anciens, qui servait à battre en brèche les murailles d'une ville assiégée. C'était (fig. 1) une forte poutre armée à l'une de ses extré-

Fig. 1. — Bélier.

mités d'une tête de bélier en fer. On manœuvrait cette pièce à bras ; quatre ou cinq hommes étaient employés à la manœuvre : c'est ainsi qu'on voit cette machine représentée sur la colonne Trajane. Ou bien le bélier était suspendu à une sorte de mât et porté sur des câbles.

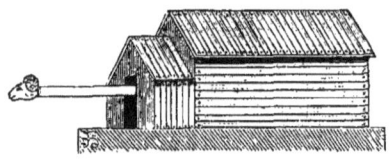

Fig. 2. — Bélier sous un hangar ou *Testudo arietaria*.

Quelquefois (fig. 2) il était enfermé dans une construction en bois, qui mettait les soldats chargés de manœuvrer à l'abri des coups des assiégés (Vitruve, X, 13, 2). On imprimait un mouvement de va-et-vient pour battre le mur. Enfin il existait dès la plus haute antiquité des béliers roulants : on en a retrouvé sur les murs de Korsabad, et le musée du Louvre en possède des moulages dans la

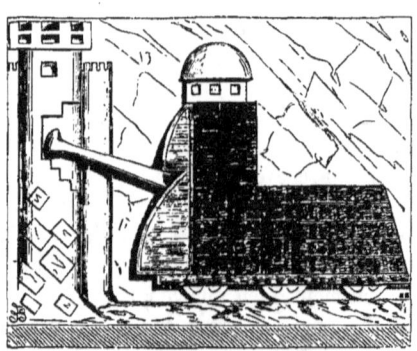

Fig. 3. — Bélier assyrien (musée du Louvre).

salle des antiquités assyriennes. Notre figure 3 montre un de ces béliers assyriens.

**BÉLIER.** — Machine servant à enfoncer les pieux. (Voy. MOUTON.)

**BÉLIER HYDRAULIQUE**, machine hydraulique inventée par Montgolfier en 1797 et qui sert à élever les eaux ; c'est par le choc de l'eau contre elle-même qu'on obtient ce

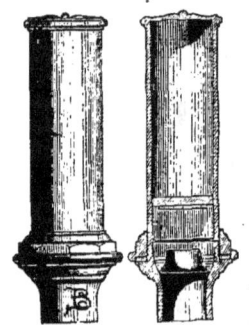

Fig. 4. — Anti-bélier.

résultat. Dans la canalisation des eaux il faut éviter le plus possible de produire des *coups de bélier*, car, s'ils sont forts, ils peuvent faire éclater les conduites ; pour parer aux coups de bélier, on emploie divers engins dont la plupart sont fort ingénieux. Notre figure 4 représente en coupe et en élévation un anti-bélier très-employé.

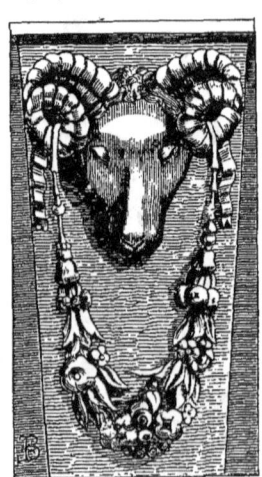

Fig. 5. — Tête de bélier (XVIIᵉ siècle).
Hôtel, rue des Francs-Bourgeois, à Paris.

**BÉLIER.** — Animal dont la tête et le crâne sont employés dans la sculpture ornementale.

Notre figure 5 montre une tête de bélier qui décore une porte d'entrée d'un hôtel du XVIIᵉ siècle, situé rue des Francs-Bourgeois, à Paris.

**BÉLIÈRE,** *s. f.* — Gros anneau de l'intérieur des clochers, qui supporte le BATTANT. (Voy. ce mot.)

**BELVÉDER,** et **BELVÉDÈRE,** *s. m.* — Ce mot, dérivé de l'italien (*bello-vedere*, belle-vue), est une construction élevée de laquelle on jouit d'une belle vue ; la plus remarquable

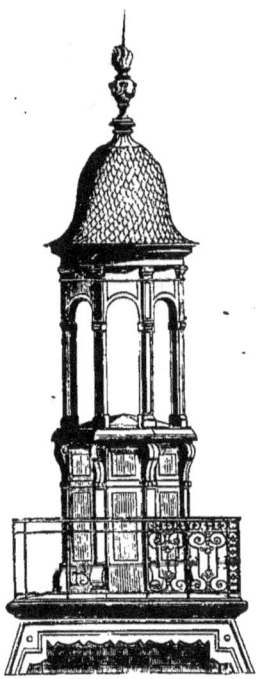

Fig. 1. — Belvédère du château de Sceaux (élévation).

construction de ce genre c'est le belvédère du Vatican, œuvre de Bramante. Il a été transformé en musée et renferme une magnifique statue d'Apollon, connue sous le nom d'*Apollon du belvédère.*

C'est aussi une sorte de lanterne ou de kiosque établi sur le comble d'une maison, et d'où l'on peut jouir de la vue des sites environnants. Ces constructions sont légèrement faites ; ordinairement il entre beaucoup de bois dans leur mise en œuvre. Elles sont vitrées sur toutes les faces, afin de mettre les observateurs à l'abri des intempéries de l'air. Nos figures 1 et 2 montrent le belvédère du château

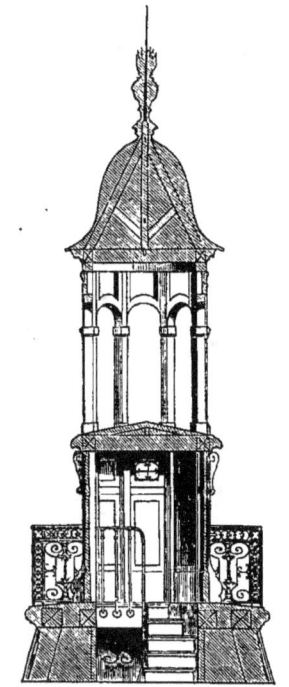

Fig. 2. — Belvédère du château de Sceaux (coupe).

de Sceaux, près Paris. — Autrefois il existait des belvédères composés de plusieurs pièces ; on les appelait *trianons.*

**BEMA.** — Terme grec qui désigne à la fois le sanctuaire, l'ambon, et le siége de l'évêque au fond de l'ABSIDE. (Voy. ce mot.)

**BÉNARDE,** *adj.* — On donne le nom de *clef bénarde* aux clefs dont la tige n'est pas

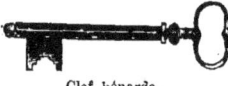

Clef bénarde.

forée ; elles sont destinées à des serrures sans broches. — On nomme *serrures bénardes* celles qui peuvent s'ouvrir avec la clef soit en dehors, soit en dedans d'une chambre. Généralement ces serrures n'ont pas de broches.

BÉNÉFICE, *s. m.* — Le bénéfice accordé aux entrepreneurs dans les travaux qu'ils exécutent est fixé par l'usage à un dixième de la dépense. Bien que cette proportion soit basée sur l'équité, les entrepreneurs réclament souvent un sixième, et nous devons dire que, vu l'importance de certains travaux, ce taux n'a rien d'exagéré.

BÉNITIER, *s. m.* — Espèces de cuves ou petits bassins en pierre, en marbre ou en métal,

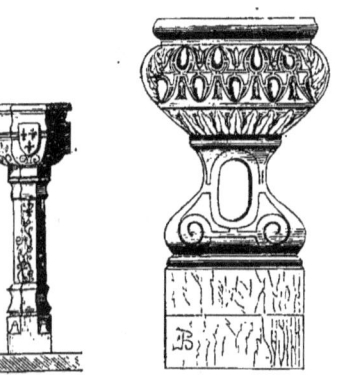

Fig. 1. — Bénitier dans l'église Saint-Merry, à Paris.

Fig. 2. — Bénitier adossé à un pilier, église Sainte-Clotilde, aux Andelys.

placés à l'entrée des églises et destinés à contenir l'eau bénite. Les bénitiers ont remplacé à l'épo-

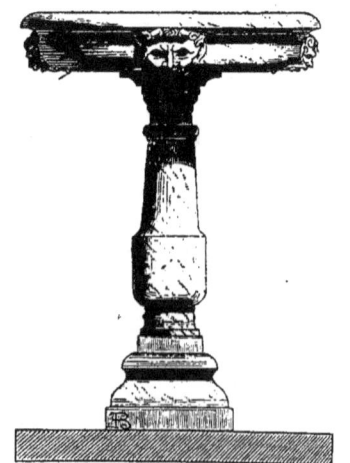

Fig. 3. — Bénitier renaissance, église de Vitré (Ille-et-Vilaine).

que romano-byzantine les piscines dans lesquelles les premiers chrétiens se lavaient les pieds et

les mains avant d'entrer à l'église ; aussi étaient-ils situés en dehors de l'édifice ; plus tard on les plaça dans le narthex, enfin à l'entrée des églises. Les bénitiers sont de deux sortes : les uns sont adossés aux murs ou scellés en saillie dans un pilier, d'autres sont portés sur des pieds ou balustres et sont dits *pédiculés.* Assez simples d'abord, les bénitiers devinrent plus ornés pendant la période de l'art ogival et au temps de la renaissance, où ils se couvrirent de sculptures. (Voy. nos figures.) On a aussi uti-

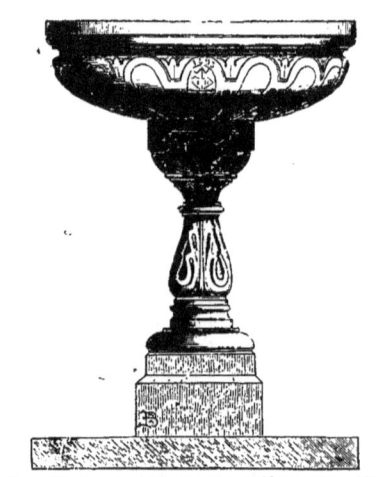

Fig. 4. — Bénitier renaissance, église de Vitré (Ille-et-Vilaine).

lisé comme bénitiers des anciens fragments de sculptures antiques, ainsi que de grandes coquilles naturelles. Les figures 3 et 4 sont faites d'après des dessins de notre confrère M. Ruprich-Robert.

BENJOIN, *s. m.* — Résine jaune pâle et dure, qui est employée dans la fabrication du vernis à l'esprit-de-vin.

BÉQUETTES, *s. f. pl.* — Petites pinces servant à contourner les petits fers dans les garnitures ; les unes sont plates, les autres ont leurs mordants arrondis.

BÉQUILLE, *s. f.* — Pièce coudée, espèce de poignée, qui remplace le bouton d'une serrure lorsque ce dernier, trop près d'une feuillure, ne pourrait être manœuvré sans danger pour les doigts. On se sert de béquilles pour les portes d'entrée des boutiques, des magasins et des édifices publics. Il y a des *béquilles simples*, qui n'ouvrent que d'un côté, ou *doubles*, qui ouvrent à l'intérieur et à l'extérieur. Il y a des béquilles en *fer*, en *cuivre*, en *ivoire*, à *anneau*, à *col de cygne*, à *volutes*, etc.

BER, *s. m.* — Appareil de charpente qui supporte dans les bassins de radoub un navire en réparation ou en construction. Il glisse sur la cale, lors du lancement du navire à la mer.

BERCEAU, *s. m.* — On nomme *voûtes en berceau*, des voûtes cylindriques plein cintre, comme le montre notre figure ; mais par extension on donne le même nom à celles qui, se trouvant dans les mêmes conditions de con-

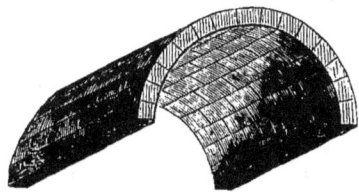

Berceau de voûte.

tinuité, affectent la forme elliptique, segmentaire, ogivale, en un mot à toute voûte dont les *naissances* portent sur des murs parallèles, quels que soient la courbe, l'arc qui l'aient engendrée, lors même que cette voûte serait soutenue ou renforcée par des arcs doubleaux saillants. ( Voy. Arc et Voute. )

Donc, d'après ce qui précède, la génératrice de ces voûtes peut affecter toutes sortes de courbes. On nomme *plan de naissance* le plan qui contient les droites suivant lesquelles le berceau se raccorde avec les murs ; *hauteur sous clef*, la distance qui sépare le sommet de la voûte avec le plan de naissance. — Le berceau est *droit*, si la direction de son axe est perpendiculaire au plan de tête ; *biais*, si cet axe est oblique ; *rampant*, si le plan des naissances est rampant ; *tournant*, s'il couvre un plan engendré par deux courbes concentriques ; enfin le berceau est dit *annulaire*, si le plan est formé par deux circonférences concentriques, de diamètres très-différents, bien entendu.

BERCEAU DE JARDIN. Quand celui-ci est na-

turel, il est obtenu par la taille des arbres ; quand il est artificiel, il est formé par des treillages en bois ou en fer, aux montants et traverses desquels on fixe des plantes grimpantes. Dans les derniers siècles, on eut la singulière prétention en France de vouloir, à l'aide de treillage et de verdure, imiter des monuments d'architecture ; le bon goût a eu raison de cette fâcheuse manie qui est aujourd'hui complétement délaissée.

BERCEAU D'EAU, voûte obtenue à l'aide de jets d'eau qui s'entrecroisent.

BERGE, *s. f.* — Bord d'une fouille, d'une tranchée, d'un cours d'eau. — Chemin exis-

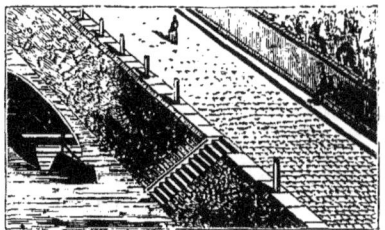

Berge.

tant aux bords d'une route, et qui sert aux gens de pied. — Dans les travaux de terrassement, les berges doivent être taillées avec le plus grand soin, *avoir un fruit* en rapport avec la nature des terres tranchées. Elles doivent aussi être étayées très-solidement toutes les fois que cette précaution paraît nécessaire. (Voy. Excavation, Terrassement. ) *Jeter sur berge* signifie déposer sur les bords de la fouille les terres extraites de la tranchée. — On nomme encore *berge* un chemin entaillé dans une côte avec escarpement en contrehaut ou en contre-bas, avec talus pour empêcher les *éboulis*. Les berges des cours d'eau ( canal, rivière, fleuve ) existant sur ses bords et le mur de quai ou de soutènement doivent être en bonne maçonnerie de meulière. Leur épaisseur sera calculée non-seulement en raison de la poussée des terres ( comme pour les murs de soutènement ordinaires), mais encore en tenant compte de la poussée des eaux, de l'effort qu'elles produisent lors des crues et surtout lors de leur décroissance.

JURISPRUDENCE. — L'entretien d'une berge est à la charge du possesseur de la propriété qu'elle borde. Les berges des rivières ou cours d'eau du domaine public sont entretenues par l'État. Les berges des canaux concédés sont entretenues et réparées aux frais des concessionnaires. Nul ne peut, sans alignement donné et permission préalable, construire, planter arbres ou autres objets sur les berges des rivières ou autres cours, sur des canaux communiquant par un point à une rivière, encore qu'ils seraient établis dans des propriétés particulières, et que ces cours d'eau se perdraient dans ces propriétés.

Nul ne peut jeter ou amonceler sur les berges ou rivages des ordures ou immondices, etc.

BERGES ou BARGES, s. f. — On nomme ainsi de grands rochers âpres qui se dressent à pic au-dessus de l'eau; des barges célèbres sont celles de Charybde et Scylla, en Sicile.

BERGERIE, s. f. — Locaux affectés au logement des béliers, brebis, agneaux, moutons, boucs, chèvres et chevreaux. Dans les abattoirs et les établissements d'exploitation rurale, la bergerie constitue un bâtiment distinct. C'est peut-être de tous les locaux destinés au logement des animaux domestiques, celui qui exige le plus de soins pour sa construction et sa disposition, à cause de la facilité avec laquelle les maladies se déclarent et se propagent chez le mouton. — Une bergerie doit être proportionnée au nombre de têtes qu'elle contiendra; quant au système à adopter pour leur construction, deux modes sont en présence. — Un grand nombre de cultivateurs pensent à tort que le mouton est un animal qui s'accommode de tout; dès lors, les uns construisent des bergeries hermétiquement closes, tandis que d'autres laissent l'animal en plein air, exposé aux intempéries des saisons. Ces deux systèmes exclusifs ont leur inconvénient : suivant le climat et la localité, le mode de construction peut varier, mais, quel que soit le mode adopté, toutes les bergeries doivent être vastes, bien aérées et présenter les conditions de salubrité et de commodité que réclament les divers logements des animaux domestiques. On les divisera en plusieurs comparti-ments pour y loger séparément les béliers, les brebis, les agneaux, les chèvres, les boucs et les bêtes malades.

Dans les contrées méridionales, ou sur les côtes tempérées, on peut laisser le mouton sous des hangars presque toute l'année. Dans les pays du nord, au contraire, il faut que les bergeries soient bien closes, bien ventilées et surtout exemptes d'humidité, qui, jointe au froid, cause au mouton des maladies dangereuses, qui déciment promptement un troupeau.

Quand les bergeries affectent un caractère provisoire, elles peuvent être construites en matériaux très-ordinaires; de simples hangars élevés sur une aire bien battue, avec des barrières ou des claies, sont suffisants. Si les bergeries sont construites à demeure, on peut employer le *torchis* ou le *pisé*, ou bien, ce qui est préférable, la brique. On doit éviter de faire entrer du plâtre dans la construction des bergeries; car, outre que cette matière est très-hygrométrique, elle a encore le défaut de se salpêtrer. Nous ne parlerons pas plus longuement des bergeries, de leur construction, de leur ventilation, de leur éclairage, de la disposition de leur plan, car il faudrait écrire un traité véritable; aussi nous renverrons ceux de nos lecteurs qui désireraient de très-longs détails à ce sujet, à notre *Traité des Constructions rurales*, pages 258 et suivantes, où 45 à 50 figures sur les bergeries les fixeront complètement sur la meilleure manière de les construire.

BERME. — Voy. BERNE.

BERNE, s. f. — Chemin ménagé entre une levée le long d'un canal et le bord de celui-ci. En termes de marine, on dit qu'un pavillon est *en berne*, lorsqu'il est hissé, mais non déroulé. Espace qui existe entre le pied des remparts et l'escarpe du fossé d'une fortification et qui reçoit les terres qui s'éboulent. La crête de la berme du côté du fossé est ordinairement garnie de palissades. Quelques anciens auteurs écrivent *berme*.

BESACE, s. m. — Pierres de mêmes dimensions, qui sont posées alternativement en longueur ou en largeur à la rencontre de deux murs de faces, ou d'un mur de face et de refend. Notre figure 1 montre cette disposition. Les pierres en besace sont décorées de demi-

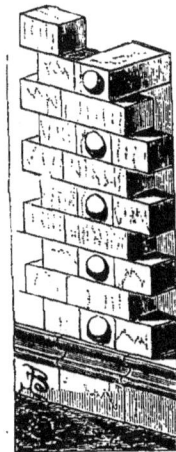

Fig. 1. — Pierres posées en besace.

sphères. En couverture, la garniture intérieure des chéneaux est souvent faite en *besace*. Les plombiers nomment ainsi une proéminence, une petite surélévation, qu'ils établissent à l'intérieur des longs chéneaux, pour diviser les eaux et les répartir à peu près également dans les

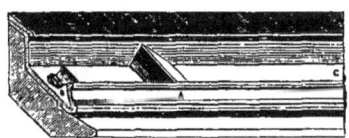

Fig. 2. — Besace d'un chéneau ou gouttière (couverture).

tuyaux de descente; notre croquis 2 montre en coupe cette disposition : le sommet de la besace A ne doit jamais atteindre le bord supérieur du chéneau, et cela pour deux motifs : premièrement, en cas d'engorgement d'un tuyau de descente B, l'eau atteignant le niveau *a* pourra s'écouler par le tuyau C; ensuite, dans les orages, suivant la direction du vent, la pluie peut fournir beaucoup plus d'eau sur une partie de la couverture : dans ce cas l'eau se nivelle dans le chéneau et s'échappe par les tuyaux de descente qui sont libres.

BESAIGUE. — Voy. BISAIGUE.

BESANTS, *s. m. pl.* — Disques plats sculptés employés dans la décoration architecturale. Cet ornement a figuré surtout dans l'architecture romane, où il décore des archivoltes,

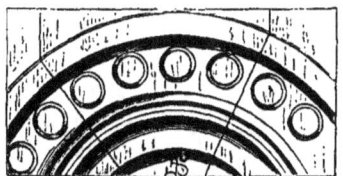

Archivolte décorée de besants.

des bandeaux, etc.; il a été également employé au XII° siècle et plus tard encore : il remplace souvent les BILLETTES. (Voy. ce mot.)

BESANT, terme de blason ; c'est une pièce de métal ronde et pleine dont on charge l'écu. Le *plate* est le besant d'argent, on le nomme aussi quelquefois *palet*. Le besant d'or s'appelle *talent;* enfin le *besant-tourteau* est mi-parti de métal et mi-parti de couleur. (Voy. BLASON.)

BESANTÉ, *adj.* — Décoré ou chargé de *besants*.

BÉTON, *s. m.* — Mélange, agrégat d'un mortier hydraulique, soit avec des cailloux, des recoupes de meulière ou autres, soit même avec des briques ou tuileaux concassés. Il vaut mieux employer des matériaux durs et de très-petit volume ; le béton ainsi obtenu est meilleur. On sait aujourd'hui que ce mélange n'est pas d'invention moderne et que dans l'antiquité, principalement chez les Romains, il a joué un rôle important dans l'art de bâtir.

A Paris, les Romains nous ont laissé un exemple remarquable d'une aire en béton. Elle existe au palais des Thermes (musée de Cluny); elle mesure $3^m,85$ de large sur $5^m,75$ de long, et, malgré son peu d'épaisseur ($0^m,044$), elle est encore en parfait état.

La simplicité de la composition du béton et son extrême solidité auraient dû en perpétuer l'emploi ; cependant, à l'époque romane et ogivale, on ne s'est guère servi de béton, car on ne peut donner ce nom à un mortier employé pour les fondations. Cependant nous devons dire que, dans le midi de la France, à Carcassonne, le châ-

teau de cette ville possède des linteaux de fenêtres d'une assez grande portée, qui paraissent
être exécutés en béton, coulés et probablement
pilonnés dans un encaissement. Du reste, voici
ce que dit au sujet de ces linteaux notre éminent confrère et ami Viollet-le-Duc (*Dict. de
l'Arch. franç. du* XIe *au* XVIe *siècle*) :

« Dans les provinces méridionales, là où le mode
de construire des Romains s'était le mieux conservé, nous trouvons jusqu'au XIIe siècle le béton
employé pour les fondations, pour les aires de
voûtes. Il faut croire que, dans ces contrées, on avait
acquis même une expérience consommée dans la
fabrication du béton, car nous voyons au château
de la cité de Carcassonne des fenêtres et des portes
de la fin du XIe siècle dont les linteaux, d'une grande
portée, sont de béton coulé dans une forme.

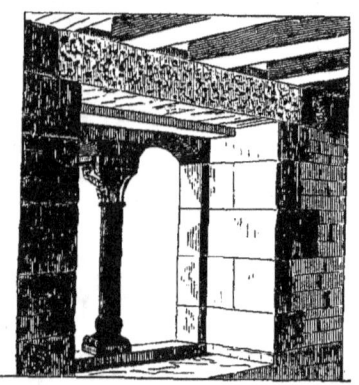

Fenêtre du château de la cité de Carcassonne; A, linteau
en béton coulé.

Nous donnons ici une de ces fenêtres (1); le
linteau A est de béton d'une extrême dureté, et
nous n'avons pas vu un seul de ces linteaux brisé
par la charge, qui cependant est considérable. Ce
béton, coulé et pilonné dans un encaissement, est
composé d'une chaux hydraulique mêlée avec le
sable limoneux de l'Aude et de petits fragments
de brique; le caillou est cassé très-menu et presque
entièrement composé de grès vert. Ici l'intention
bien évidente des constructeurs a été de réserver
ces pierres factices pour les grandes portées; ils les
estimaient donc plus résistantes que le grès du
pays, qui cependant est très-dur; et ils ne se sont
point trompés, car ces linteaux n'ont subi aucune

altération (1). Lorsqu'au XIIIe siècle les constructions ne se composèrent que de murs minces et de
points d'appui grêles, le béton ne trouvait plus
d'emploi qu'en fondation, et encore on ne saurait
donner ce nom aux maçonneries bloquées alors en
usage. »

En effet, à partir du XIe siècle, le béton a
été complétement délaissé. Ce n'est que par
suite d'une étude plus sérieuse de la construction antique, qu'au commencement de ce siècle
quelques ingénieurs l'ont de nouveau introduit dans la pratique des constructions. Au
début même, le béton a été présenté comme
une innovation heureuse et non comme un ancien procédé remis en usage. Appliqué d'abord
à l'exécution des travaux hydrauliques, il s'emploie aujourd'hui dans tous les genres de construction, et les avantages qu'il offre au constructeur sont aujourd'hui si évidents, si bien
établis, qu'il est certain que son emploi ne
sera jamais plus abandonné.

Toutes les pierrailles, pourvu qu'elles soient
dures, telles que le grès, le granit, les marbres,
les terres cuites même, peuvent entrer dans la
composition du béton. On peut ainsi utiliser
beaucoup de débris parfois gênants sur un
chantier. La proportion des matières à employer, leur nature, influent sur la qualité des
bétons. On règle les proportions sur la destination de l'ouvrage, et selon qu'on désire obtenir un béton *gras* ou *maigre*, ou suivant qu'on
voudra un béton énergique et résistant, on
emploiera divers matériaux; nous le verrons
plus loin.

La meulière, la pierre dure, des cailloux irréguliers et anguleux (on les obtient ainsi en
les concassant), sont préférables aux cailloux
provenant du coulage du sable, parce qu'ils
ont des surfaces rugueuses auxquelles s'attache
le mortier. Ensuite les matériaux concassés se

---

(1) Nous avons réduit de moitié le dessin de Viollet-
le-Duc.                                                   E. B.

(1) La colonnette qui divise en deux cette fenêtre est
de marbre blanc des Pyrénées, ainsi que la base et les
chapiteaux; les pieds-droits et le second linteau B sont
de grès vert. Les constructeurs ont donc admis qu'un
morceau de béton était moins fragile que les pierres naturelles, étant seulement soutenu à ses extrémités et
chargé sur le milieu. Ce linteau n'a que 0$^m$,25 d'épaisseur
sur une longueur de 1$^m$,20 de portée et une largeur de
0$^m$,30 environ.                                        V.-L.-D.

tassent mieux et facilitent l'agrégation bien mieux que les cailloux dont la surface est lisse et sphéroïdale.

Lorsqu'on se sert de cailloux, on doit avoir soin que leur grosseur ne soit pas uniforme; on doit même y mêler du gravier, afin qu'il puisse s'interposer dans les vides ou interstices existant entre les cailloux. La quantité de mortier à employer pour la fabrication du béton dépend du volume de ces vides.

Plus les cailloux sont gros, plus considérables sont les vides et par conséquent la proportion de mortier. Il y a un moyen pratique de se rendre compte de l'importance des vides laissés par les matériaux durs; le voici : on remplit de cailloux une capacité parfaitement étanche dans laquelle on verse de l'eau jusqu'à ce que le liquide affleure la superficie des cailloux. La quantité d'eau versée représente exactement le vide existant entre les cailloux.

L'expérience a démontré que les cailloux de diverses grosseurs, provenant du coulage du sable, laissaient par mètre cube un vide moyen de $0^m,38$, et les pierres dures concassées en morceaux de $0^m,04$, un vide variant entre $0^m,48$ à $0^m,50$. Quand on veut obtenir un béton sans aucun vide, particulièrement lorsque le béton doit présenter de grandes conditions d'imperméabilité, il faut augmenter la proportion du mortier d'un quart au moins en sus des vides constatés, attendu que le mortier peut ne pas être également réparti. En outre des graviers s'interposant entre les surfaces de contact des cailloux augmentent encore sensiblement le volume des vides. Si le sable employé à la confection du mortier est lui-même un peu gros, on devra porter à un tiers l'augmentation présumée des vides.

Le tableau suivant, établi par MM. Claudel et Laroque (1), indique la composition des meilleurs bétons employés dans toutes sortes de travaux hydrauliques.

« Le volume des vides des pierres cassées ou des cailloux de grosseur uniforme étant plus considérable que pour les mêmes matériaux de diffé-

(1) *Pratique de l'art de construire.*

rentes grosseurs et mélangés, pour obtenir avec ces premiers des bétons jouissant des propriétés de ceux du tableau suivant, on devra augmenter les volumes de mortier de ce tableau de la différence des vides. Ainsi, pour obtenir un mètre cube de béton n° 2 avec des matériaux de grosseur uniforme, le vide du mètre cube de pierre étant de $0^m,46$ ou $0^m,38$, selon que la grosseur est uniforme ou non, ce qui donne une différence de vide de $0^m,08$, on devra employer $0^m,78$ de pierre et $0^m,52 + 0^m,08 \times 0^m,78 = 0^m,583$ de mortier. »

| Numéros. | Bétons. | Mortier. | Cailloux. | Usages. |
|---|---|---|---|---|
| | | m.c. | m.c. | |
| 1 | Béton gras . . . . . . . | 0,55 | 0,77 | Pour radiers, réservoirs, etc., soumis à une pression d'eau considérable. |
| 2 | — ordinaire . . . . . | 0,52 | 0,78 | Pour les ouvrages de maçonnerie des eaux et égouts de la ville de Paris. |
| 3 | — — . . . . | 0,48 | 0,84 | Pour les travaux de navigation dans Paris, fondations de piles de ponts, de murs de quai, etc. |
| 4 | — un peu maigre . . | 0,45 | 0,90 | Pour fondations d'édifices sur terrains humides et mouvants. |
| 5 | — maigre . . . . . . | 0,38 | 1,00 | Massif, fondations, etc., sur terrains secs et mouvants. |
| 6 | — très-maigre . . . . | 0,20 | 1,00 | |
| 7 | — ordinaire . . . . . | 0,50 | 1,00 | Pour blocs artificiels faits avec mortier dechaux duTheil, ports de Marseille, de Toulon et d'Alger. |
| 8 | — moyennement gros. | 0,56 | 0,90 | Jeté dans les enceintes asséchées. |
| 9 | — très-gras . . . . . | 0,57 | 0,85 | Immergé frais à la mer. |

Par la nature de sa destination, le béton doit toujours être fait avec de la chaux hydraulique.

On lui donne plus ou moins d'énergie et on active la rapidité de sa prise en l'additionnant d'une certaine quantité de ciment. On peut même avec une forte proportion de ciment, mais d'excellente qualité, obtenir sous l'eau une très-prompte solidification comparativement à celle que produirait le mortier hydraulique ordinaire, même de bonne qualité. Il est nécessaire d'ajouter que si le ciment est de mauvaise qualité ou sophistiqué, s'il contient, par exemple, de la chaux vive, ou s'il est de trop récente fabrication, le béton obtenu se solidifiera très-promptement, mais finira, au bout d'un certain laps de temps, par se ramollir et se désagréger. On voit donc le grave inconvénient qui peut résulter de ces bétons à prise rapide.

FABRICATION DU BÉTON. — Quand les proportions de cailloux ou de pierres cassées et de mortier qui doivent entrer dans la composition d'un béton sont bien fixées, on procède au dosage de ces matières, puis à leur mélange. — Le dosage se fait, comme pour le mortier, dans des brouettes à coffre. Leur capacité varie de $0^m,050$ à $0^m,080$ ; mais comme le dosage se fait par le nombre de brouettées de chaque matière, peu importe qu'elles soient plus grandes ou plus petites, pourvu qu'elles soient de même capacité entre elles. Ainsi, supposons qu'on veuille faire un béton composé de $0^m,58$ de mortier et de 3/5 de cailloux, on remplira huit brouettes, trois de mortier et cinq de cailloux. Les brouettes qui servent pour le mesurage des cailloux, au lieu d'avoir un fond de bois, ont un gril en tringlettes de fer, pour faciliter l'écoulement de l'eau que l'on jette sur le caillou non-seulement pour l'humecter, mais surtout pour le laver. Anciennement on employait des brouettes à fond de bois percées comme les planches à bouteilles ; on a reconnu qu'elles étaient d'un mauvais emploi, parce que les cailloux obstruaient les trous et empêchaient le prompt écoulement de l'eau.

Dans les petits chantiers, ou dans un but de fraude dans les grands, il arrive que le mélange des matières se fait à la pelletée, sans avoir passé par les brouettes et par conséquent sans dosage. Ce mode d'opérer doit être sévèrement interdit, parce qu'on ne peut se rendre compte d'aucune proportion, et que l'entrepreneur, pour augmenter son bénéfice, fabrique du béton trop maigre.

Le dosage fait, on procède au mélange; il se fait à bras pour les petites quantités ou à l'aide de machines pour les grandes.

Dans le premier cas, on dépose les matières sur une plate-forme en madriers semblable à celle qui sert à fabriquer les mortiers. On les dispose de telle sorte que le caillou et le mortier soient placés par couches minces et alternées, en ayant soin de commencer par une couche de caillou, parce que le mortier tend toujours à descendre ; aussi le mélange deviendrait-il plus difficile si l'on étalait d'abord une couche de mortier. Le tout étant ainsi disposé, on corroie la masse au moyen de griffes en fer à dents (voy. GRIFFES), et pendant que plusieurs ouvriers font ce travail, un ou deux autres, armés de pelles, retroussent et relèvent le tas au fur et à mesure. On opère ainsi jusqu'à ce que le mélange paraisse bien intime. Pour les grandes quantités, on emploie des machines ; ce sont des couloirs, des cylindres horizontaux ou verticaux, et des espèces de malaxeuses ; nous en parlerons au mot suivant. (Voy. BÉTONNAGE.)

EMPLOI. — Le béton sert principalement à former l'assiette des maçonneries de fondations ou bien des aires solides ; mais on peut l'employer seul pour tous les ouvrages qui se font en maçonnerie ordinaire. Ainsi on fait en béton des murs, des voûtes, des bassins et réservoirs, des aqueducs et des canaux, et même des édifices. On fait encore avec le béton le remplissage des murs en maçonnerie ; avec le béton on fait aussi des pierres factices pour construction, des blocs prismatiques de très-grande dimension, des statues, des arches de pont, etc.; mais il faut encore être très-prudent dans l'emploi de tous ces bétons dits *agglomérés ;* car souvent leur emploi pour des constructions entières cause de graves préjudices à ceux qui les ont érigées. Il ne faut pas perdre de vue que le béton est surtout bon lorsqu'il a été fortement pilonné. Disons cependant, en terminant cet article, qu'un ouvrier intelligent, M. Ducourneau, a remis en lumière, sinon inventé, un *béton plastique* composé de silex concassé, dans lequel il a remplacé le sable employé à cette fabrication par de la poudre de silex. Le béton plastique Ducourneau est excellent pour tous les usages, et pour dallage il offre plus de durée que certaines roches.

BÉTONNAGE, *s. m.* — Pose du béton, exécution de constructions en béton. — Le béton fabriqué se transporte dans des brouettes, et lorsqu'il faut l'envoyer dans une fouille ou dans une excavation, on l'y jette soit en versant la brouettée, soit en le lançant à la pelle directement, ou bien à l'aide d'une coulisse angulaire faite à l'aide de deux platsbords ; ou bien on suspend, sur un plancher situé au-dessus de l'excavation, un cylindre en tôle dont notre fig. 1, au mot BÉTON-

NIÈRE, montre le plan, la coupe et l'élévation. Pour faire le bétonnage des rigoles de fondations, on y dépose le béton en le réglant autant que possible par couches uniformes de 0ᵐ,15 à 0ᵐ,20 d'épaisseur. On pilonne chaque couche avec soin au fur et à mesure de la pose. Le pilonnage sert à tasser le béton et à détruire tous les vides qui peuvent exister dans la masse. C'est une opération importante, qui donne une grande homogénéité au béton et par suite une grande stabilité aux constructions. Lorsque l'emplacement de la fondation n'est pas délimité par les parois d'une rigole taillées à pic ou du moins bien dressées, on forme un encaissement avec des planches ou des plats-bords qu'on laisse en place jusqu'à ce que le béton ait fait prise. Toutes les fois qu'on se trouvera dans l'obligation d'inter-

des cailloux plus finement concassés. Lorsqu'il s'agit d'établir sous l'eau des fondations en béton, on se sert de caisses qu'on emplit de ce mélange et qu'on descend dans l'eau avec précaution au moyen d'un treuil. Ces caisses sont en bois ou en tôle, et disposées de telle sorte qu'une fois au fond, elles laissent échapper leur contenu par une trémie qu'on ouvre d'en haut, ou bien elles peuvent se renverser par un mouvement de bascule qu'on leur imprime. Ce dernier mode, quoique moins expéditif, est préférable parce que le béton se trouve ainsi moins délavé. Il existe aussi des caisses demi-cylindriques qui se composent de deux parties pouvant tourner autour de l'axe horizontal du demi-cylindre. Ces deux quarts de cylindre sont réunis par un crochet qu'on peut ouvrir à l'aide d'une corde ; on exécute cette manœuvre quand la caisse touche le fond. On se sert aussi du *couloir*, dont l'orifice inférieur

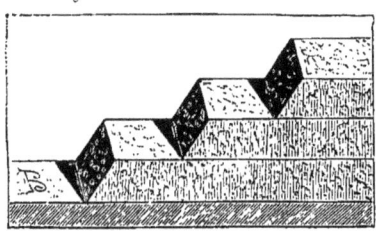

Fig. 1. — Bétonnage.

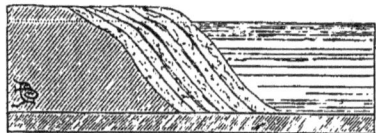

Fig. 2. — Coulage du béton en talus.

rompre la pose du béton, on aura soin de le terminer par des redans inclinés comme le montre notre croquis 1. En opérant ainsi, les couches posées ultérieurement se raccordent mieux. Cependant cette précaution ne suffit pas encore, et lorsqu'on voudra continuer une couche interrompue depuis un temps plus ou moins long, il faudra la nettoyer avec soin avec un balai de bruyère très-dur, puis on l'humectera avec un arrosoir à pomme avant d'appliquer une nouvelle couche. Le béton ne pouvant se maintenir dans le vide tant que sa prise n'est pas faite, on est obligé d'employer un encaissement pour construire en béton des murs en élévation. Ces encaissements sont en bois semblables à ceux dont on se sert pour les constructions en pisé. Pour obtenir dans les bétonnages en élévation un beau parement, on applique contre les parois de l'encaissement un béton plus gras et fait avec

atteint le niveau de la fondation à établir et qu'on déplace au fur et à mesure que le travail avance. On ne pilonne pas les bétonnages sous l'eau ; on se contente de les comprimer légèrement au rouleau. — Lorsque, dans les fondations des travaux hydrauliques, on peut assécher la place sur laquelle on doit couler le béton, la pose de celui-ci se fait comme dans les terrains secs, dans un encaissement en planches ou en pierres posées à sec. Si on ne peut obtenir un entier asséchement, mais si un épuisement incomplet permet de faire descendre le niveau de l'eau un peu au-dessous de la surface supérieure du bétonnage, on emploie, au lieu des divers engins dont nous avons parlé, un procédé beaucoup plus expéditif et qui donne de bons résultats : c'est le *coulage au talus*, qui se fait au moyen d'un couloir ou de tout autre procédé. On établit une première masse de béton, qui atteint une hauteur supérieure à celle du niveau de l'eau, puis on règle la surface de cette masse et on la dispose en plan incliné vers la direction que doit suivre le bétonnage (voir fig. 2). De temps à autre, on facilite le glissement au moyen de la pelle. Il se forme à la surface de l'eau une *laitance* (chaux noyée) qui n'est pas susceptible de durcir; il faut la chasser, au fur et à mesure de sa formation, à l'aide de pompes et de dragues à la main, car cette substance finit par se dissoudre et se précipiter sur le béton, où elle forme des solutions de continuité. Le coulage en talus s'emploie fréquemment pour les massifs des radiers et les fondations de piles de ponts, quand la profondeur de l'eau ne dépasse pas deux mètres.

**BÉTONNER,** *v. a.* — Mettre en place du béton, exécuter un BÉTONNAGE. (*Voy.* ce mot.)

**BÉTONNIÈRE,** *s. f.* — Machine servant à préparer le béton. La plus simple et la plus employée sur les chantiers de maçonnerie est représentée en plan, coupe et élévation, par

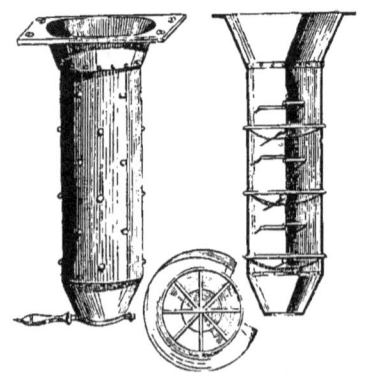

Fig. 1. — Bétonnière.

notre fig. 1. C'est un cylindre en tôle traversé par des croisillons en fer qui sont placés à différentes hauteurs et se coupent à angle droit. Les matériaux servant à la fabrication du béton sont jetés dans ce cylindre, et les nombreux croisillons en fer mélangent parfaitement les matériaux avant leur arrivée dans le cône. Une palette, placée au bas de ce cône tron-

qué, permet d'ouvrir et de fermer à volonté.

Notre figure 2 représente en élévation et en coupe le *couloir à béton de Krantz*. C'est une petite tour rectangulaire formée de madriers

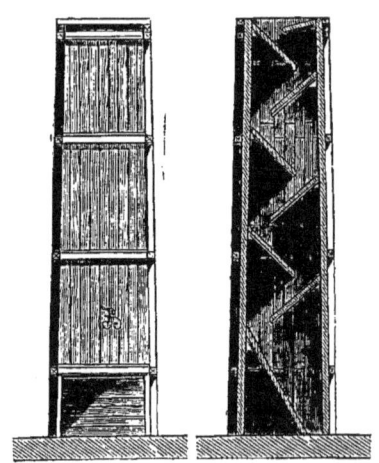

Fig. 2. — Couloir à béton de Krantz.

jointifs; à l'intérieur, une série de plans inclinés en sens inverse servent à mélanger les mortiers et les cailloux qu'on jette à la partie supérieure et à la sortie par l'ouverture inférieure : le béton est parfaitement malaxé. L'inspection de nos croquis fait suffisamment comprendre le travail qui s'accomplit dans ce

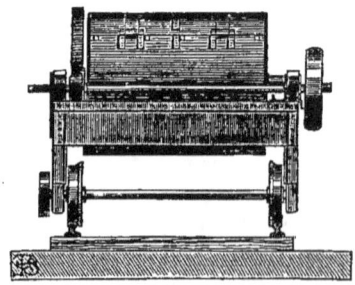

Fig. 3. — Bétonnière horizontale.

couloir, sans que nous ayons besoin d'insister plus longtemps. — On fait aujourd'hui (fig. 3) des bétonnières horizontales qui sont mues par la vapeur; elles sont employées pour les grands travaux : bassins de port, grands réservoirs pour dérivation des eaux, etc.

**BEUVEAU ou BÉVEAU.**—Voy. BIVEAU

BIAIS, *adj. et s. m.* — Mot par lequel on désigne tout ce qui n'est pas d'équerre relativement à un axe ou à toute autre direction déterminée ; ainsi une porte *biaise*, une voûte *biaise* sont celles où la direction soit des tableaux, soit des pieds-droits, n'est pas d'équerre sur le parement de face ou de tête. (Voy. ARC BIAIS.)

Une *coupe biaise*, ou *fausse coupe*, est une coupe oblique.

BIAISER, *v. n.* — Être de biais, aller de biais ; ce mur *biaise* ; la galerie du Louvre *biaise* du côté de la Seine.

BIBLIOTHÈQUE, *s. f.* — Meuble servant à enfermer des livres, local dans lequel on conserve des livres. Les bibliothèques furent connues de tous les peuples civilisés. Il ne nous reste que peu de notions sur les bibliothèques de l'antiquité. Nous savons cependant que

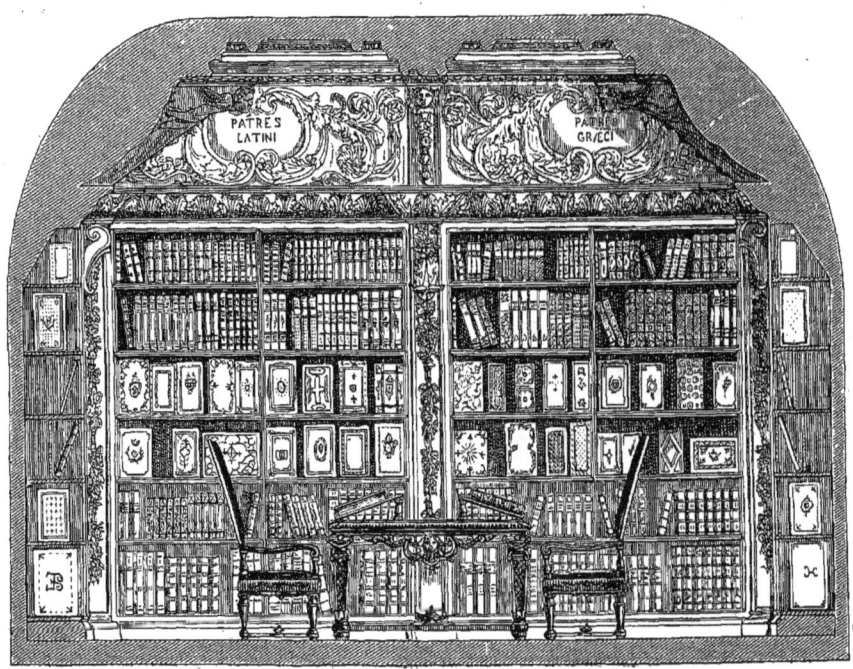

Fig. 1. — Bibliothèque de l'époque de la renaissance, à Reims.

les premières collections importantes de Rome furent celles que Paul-Emile et Sylla rapportèrent de Grèce après leurs victoires. Lucullus, au dire de Plutarque, avait une des plus belles bibliothèques du monde. Cicéron et Atticus en possédèrent aussi de remarquables. Sous César et sous Auguste, les bibliothèques se multiplièrent. Rome en avait quatre principales : celle d'Apollon Palatin, élevée par Jules César (Suétone, *Vie de César*, c. 44) ; celle d'Octavie, située sous le portique du temple d'Octavie, près du théâtre de Marcellus ; celle du forum de Trajan, dite *Ulpienne*, dont M. Lesueur, architecte,

a trouvé des traces en 1824 auprès de la basilique de ce nom. Cette bibliothèque fut d'abord placée dans le forum, et plus tard dans les thermes de Dioclétien. Enfin, sur l'Aventin, dans l'atrium du temple de la Liberté, se trouvait la bibliothèque d'Asinius Pollio, l'ami de Virgile ; c'est la première qui ait été réellement publique.

Dans ces bibliothèques de l'antiquité on voyait peu de livres ou de volumes proprement dits, des *codices ;* c'étaient surtout des rouleaux. Ils étaient placés dans des casiers ou des ARMOIRES. (Voy. ce mot, où nous donnons, d'après Mazois, un meuble servant de bibliothèque.)

Il y a aujourd'hui en France plus de 400 bibliothèques publiques; à Paris il en existe plus de trente publiques ou demi-publiques, et la Bibliothèque nationale de Paris est une des plus belles et des plus riches du monde.

La construction des bibliothèques n'a pas toujours été aussi étudiée que de nos jours; dans l'antiquité, par exemple, on ne se préoccupait

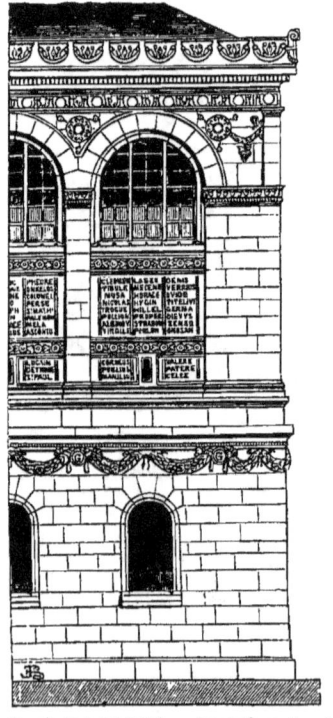

Fig. 2. — Travée de la bibliothèque Sainte-Geneviève, à Paris.

pas assez de les mettre à l'abri de l'incendie : c'est cette insouciance qui a causé tant de pertes regrettables. Les architectes modernes ont au contraire étudié et mis à profit toutes les ressources de l'industrie moderne pour ériger des bibliothèques commodes et à l'abri de l'incendie. Henri Labrouste a même créé des types de bibliothèques : l'une, celle de Sainte-Geneviève, répond aux besoins d'une ville de moyenne importance ; l'autre, celle de la rue Richelieu, peut satisfaire à toutes les exigences d'une grande capitale. Nous n'entrerons pas.

dans d'autres explications pour la construction de ce genre d'édifices ; nous renverrons le lecteur aux traités d'architecture. Nous donnons (fig. 1) l'intérieur d'une bibliothèque du XVIe siècle. Elle fait aujourd'hui partie des bâtiments de l'hôpital général de Reims. Notre figure 2 montre une travée de la bibliothèque Sainte-Geneviève de Paris.

BICOQ, *s. m.* — Troisième pièce qu'on ajoute aux montants d'une chèvre pour la consolider. (Voy. CHÈVRE.)

BICOQUE, *s. f.* — Petit bâtiment de pauvre apparence, masure. Ce mot ne s'emploie que dans un langage familier.

BIDET, *s. m.* — Étau, petit établi de menuisier. (Voy. ÉTABLI.)

BIDON, *s. m.* — Espèce de bouteille en métal, ordinairement de fer-blanc, contenant des peintures préparées, des huiles, des vernis, etc. — Plaques de fer destinées à faire de la tôle.

BIEF, *s. m.* — Portion de canal de navigation compris entre deux écluses. Le *bief supérieur* ou *arrière-bief* est la partie en *amont* de l'écluse ; celle qui est en aval s'appelle *bief inférieur* ou *sous-bief*. En technologie, ce mot est synonyme de BIEZ. (Voy. ce mot.)

BIELLE, *s. f.* — Pièce de machine en forme de jumelle, ordinairement couronnée d'une boule servant à donner le mouvement. — Contrefiche en fonte soulageant l'arbalétrier d'un comble au droit des pannes quand ce comble en possède. Notre figure, dans la première colonne de la page 249, montre une bielle de face et de profil. On voit dans le bas de notre figure des amorces de tirants et d'entrait.

BIEZ, *s. m.* — Canal conduisant l'eau d'une rivière ou d'un ruisseau sur une roue d'aube, une roue hydraulique, pour la faire tourner; c'est une sorte de BUSE. (Voy. ce mot.) Le biez est un canal en planche porté sur des chevalets ou un beffroi, ou bien encore il est formé au moyen de digues en terre. Ce mot est employé à tort comme synonyme de BIEF ( voy. ce mot), et ce dernier comme synonyme de *biez*.

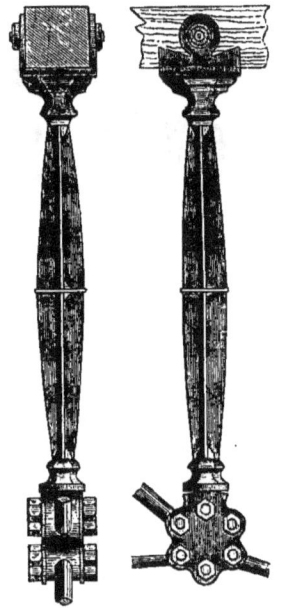

Bielle, profil et face.

**BIFRONS**, *adj*. — Peut se dire de tout édifice ou monument ayant deux façades opposées de même importance ; mais cette expression s'applique particulièrement aux arcs de triomphe présentant deux faces aussi riches et aussi décorées l'une que l'autre. C'est le cas le plus ordinaire sous lequel se présentent ces monuments ; car les arcs quadrifrons ou à quatre faces semblables et égales en importance sont très-rares ; l'antiquité en fournit peu d'exemples.

**BIGE**, *s. m*. — Char tiré par deux animaux attelés de front au même joug. Des chevaux, des éléphants, des cerfs, des dragons ailés étaient attelés à des biges ; les bas-reliefs assyriens, égyptiens, grecs et romains nous montrent des biges. La frise de beaucoup d'entablements d'édifices était décorée de *biges*.

**BIGEMINÉ**, *adj*. — Se dit d'une baie subdivisée en quatre parties par des meneaux.

**BIGORNE**, *s. f*. — Extrémité ou corne d'une enclume. — Petite enclume. ( Voy. EN-CLUME. )

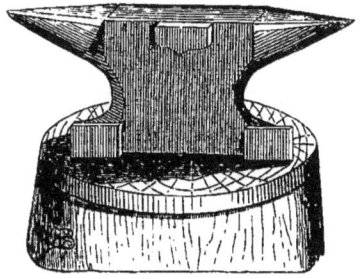

Bigorne.

**BIGORNEAU**, *s. m*. — Petite enclume à bigornes, petit outil que l'on place sur l'en-

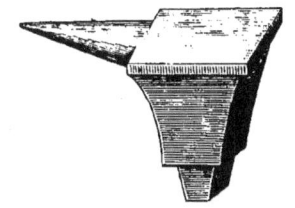

Bigorneau.

clume pour couder ou briser les fers. — Sorte de petite enclume, sur laquelle les treillageurs dressent et font la pointe des clous ; on la place sur un établi, ou sur un billot de bois plus élevé que celui de l'enclume.

**BIGORNER**, *v. a*. — Forger sur la pointe de la bigorne, du bigorneau.

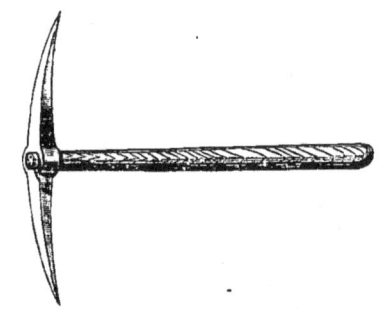

Bigot.

**BIGOT**, *s. m*. — Pioche à deux fourchons. (Voir notre figure.)

BIGUE, *s. f.* — Charpente en bois compo-sée de deux fortes pièces dressées, reliées dans le haut par un bout de poutre portant une poulie. On dit aussi *bitte.*

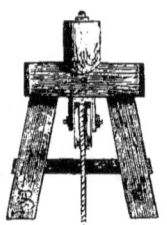

Bigue.

BILBOQUET, *s. m.* — Fragment de pierre provenant d'un gros bloc et ne pouvant servir qu'à faire du moellon. Carreau de pierre de petites dimensions, provenant de la démoli-tion d'un vieux bâtiment. — Instrument em-ployé par les doreurs, qui sert à enlever les

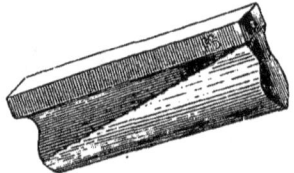

Bilboquet du doreur.

bandes d'or coupées au couteau sur le Cous-SINET. (Voy. ce mot.) En projetant l'haleine sur le bord du bilboquet, l'humidité qui en résulte facilite l'adhérence des bandes et leur enlèvement.

BILLE, *s. m.* — Troncs et tronçons d'ar-bres, prêts à être sciés ou débités pour les tra-vaux de menuiserie ou de placage. — Blocs d'acier, prêts à être livrés au commerce.

BILLER, *v. a.* — Faire tourner à droite ou à gauche un bloc de pierre, de marbre, une pièce de bois ; ce mot est synonyme de VIRER. ( Voy. ce mot.)

BILLETTES, *s. m. pl.* — Petits tronçons de tore, boudin ou bâtons, séparés par un vide de même longueur qu'eux, et qui a servi d'ornement, surtout à l'architecture romano-byzantine. On rencontre des billettes sur des tailloirs de chapiteau, sur des archivoltes, sur des bandeaux. Les billettes sont ordinaire-ment placés sur deux ou plusieurs rangs et disposés de manière que les saillies du pre-

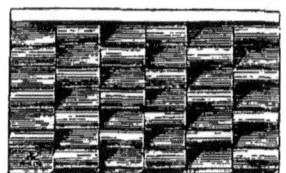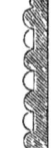

Billettes.

mier rang correspondent aux vides du second, et réciproquement par rapport aux autres rangs. (Voy. notre figure.)

BILOBÉ, ÉE, *adj.* — Divisé en deux Lo-BES. (Voy. ce mot.)

BILLOT, *s. m.* — Morceau de bois rond de 0m,60 de diamètre et 0m,82 de hauteur ser-vant de support à une enclume. Morceau de bois de 0m,07 de diamètre sur 0m,11 de lon-gueur à travers lequel passe la corde servant à attacher un cheval à un anneau. Souvent ce morceau de bois est remplacé par une boule de bois qu'on nomme aussi *billot.*

BILLOT A CHANTOURNER, billot en fer ser-vant aux serruriers à chantourner les petits

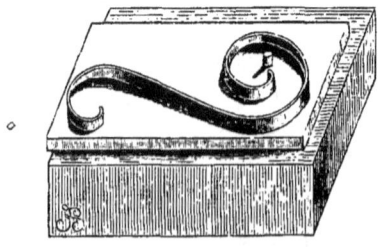

Billot à chantourner.

fers, brindilles, etc., qu'ils emploient pour l'or-nementation de la serrurerie décorée, rampes, serres, balcons, etc.

BINARD, *s. m.* — Chariot à deux roues, brisé comme un haquet. Il est employé pour le transport des pierres du chantier à pied d'œuvre. Il y a des petits binards, nommés *chariots*, qui sont traînés par des hommes ; ils portent un timon et une traverse ; d'autres (voy. notre figure), de plus grande dimension,

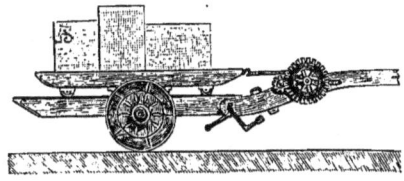

Binard.

portent des brancards auxquels on attelle un cheval ou deux chevaux ; ils portent un plateau mobile pour recevoir les matériaux. Une chaîne en fer s'enroule sur un treuil placé au bas des brancards. Quand on veut décharger le binard, on déroule la chaîne et on fait basculer le binard ; le plateau se dégage et court de lui-même sur une voie de madriers placés à pied d'œuvre. Là des ouvriers effectuent le BARDAGE. (Voy. ce mot et DIABLE.)

Il y a des binards à quatre roues.

BIRLOIR, *s. m.* — Tourniquet servant à retenir le châssis d'une fenêtre à guillotine, quand elle n'est pas munie d'une corde armée d'un contre-poids.

BISAIGUE, *s. f.* — Outil en fer de charpentier ; il a la forme d'une barre plate, avec une douille ou poignée en son milieu. L'une de ses extrémités (fig. 1) est taillée en biseau

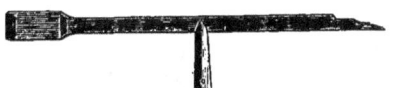

Fig. 1. — Bisaiguë du charpentier.

et sert à dresser le bois lorsqu'il a été refait à la cognée ; l'autre est en forme de ciseau en bec d'âne et sert à faire les mortaises dans les pièces de charpente. La bisaiguë mesure 1ᵐ,15 de longueur sur 4 à 5 centimètres de largeur. On dit aussi improprement *besaigue*. Ce mot, d'après son étymologie, signifie deux fois aiguë, bis-aiguë, parce que cet outil

est à deux tranchants. En vitrerie, on nomme ainsi (fig. 2) une espèce de marteau dont la tête est d'un côté en forme de coin et de

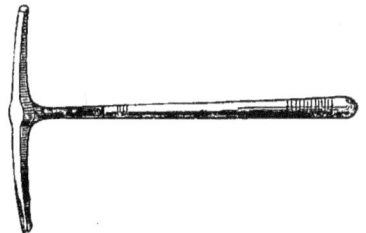

Fig. 2. — Bisaiguë du vitrier.

l'autre garnie de deux petites fourches. Ce marteau sert aux vitriers pour démolir les vieux plâtres et à faire dans le mur des *meneaux*, des trous nécessaires pour placer les verges de fer qui se mettent en avant des panneaux.

BISCUIT, *s. m.* — Toute pièce de poterie en terre cuite non émaillée.

BISCUITS, INCUITS, SURCUITS, parties de pierres qui se trouvent dans la chaux ; les uns (*incuits*) proviennent d'une calcination incomplète, les autres (*surcuits*) des pierres brûlées. Vulgairement, on dit aussi *pigeon*.

BISEAU, *s. m.* — About d'une pièce de bois taillée obliquement ou en SIFFLET (voy.

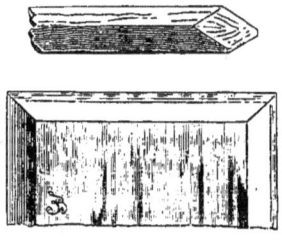

Biseau.

notre fig., partie supérieure). — Chanfrein pratiqué sur les bords d'une tablette, d'une glace, etc.; on dit alors glace *à biseau* ou *biseautée* (voy. notre figure, partie inférieure). — Face inclinée du tranchant d'un outil aciéré ; un *ciseau* a un *biseau*, un *fermoir* en a deux.

BISEAUTER, *v. a.* — Tailler en biseau.

BISTRE, *s. m.* — Couleur d'un brun foncé, qu'on obtient à l'aide du bistre, de la terre d'ombre ou de la terre de Cologne.

BITORD, *s. m.* — Corde à deux fils tortillés ensemble, qu'on emploie comme garniture de piston de pompe.

BITUMAGE, *s. m.* — Application du bitume à la confection d'aires ou d'enduits imperméables. Cette application se fait à chaud sur des surfaces parfaitement sèches.

Après avoir fait fondre le bitume dans des chaudières chauffées à la tourbe, et l'avoir mélangé à une certaine quantité de sable bien lavé et tamisé, on l'applique soit sur une aire ou *chape* de mortier ou de BÉTON (voy. ce mot), soit directement sur la surface à enduire. On étale le bitume avec une espèce de large spatule en bois, et on règle l'épaisseur de la couche à 0$^m$,025 ou 0$^m$,03, en ayant soin de la dresser convenablement. Lorsque le bitume est destiné à former une aire, on saupoudre sa surface avec du sable avant qu'elle ne se soit

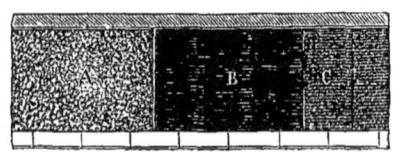

Fig. 1. — Bitumage.

entièrement solidifiée. On incruste ce sable en le comprimant légèrement avec une large batte de bois. Notre figure 1 représente un trottoir en cours de bitumage ; on voit en A l'aire ou chape en mortier ou en béton, en B la bande de bitume non encore sablée, et en C les bandes sablées et terminées. Dans les couloirs,

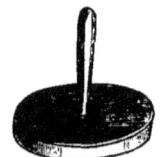

Fig. 2. — Bitumage (taloche).

dans les cours vitrées et dans d'autres locaux, on ne saupoudre pas de sable puisqu'on

cherche à obtenir des surfaces unies : dans ce but, on taloche le bitume, c'est-à-dire qu'au lieu d'employer le sable et la batte, on lisse les surfaces avec un instrument nommé *taloche* (fig. 2) ; les bitumages ainsi obtenus sont très-unis et brillants, mais aussi quelquefois glissants.

On emploie encore le bitume à la pose des carreaux et des pavés situés dans des lieux humides ; il sert aussi dans les rez-de-chaussée au scellement des lambourdes, à exécuter des parquets dits à la *gourguechon* (voy. PARQUET), enfin à faire les chapes des voûtes en maçonnerie et des couvertures économiques.

BITUME, *s. m.* — Nom générique de diverses substances combustibles de couleur noire, fusibles à une température peu élevée et dégageant alors une odeur *sui generis*. Le bitume a de nombreuses applications. (Voy. BITUMAGE.) Cette substance se trouve dans la nature mêlée à diverses substances calcaires, schisteuses ou siliceuses, dont on l'extrait facilement. Les gisements les plus importants sont au val de Travers (Suisse), à Seyssel (Ain), à Lobsann dans l'Alsace, etc.

Le bitume de bonne qualité entre facilement en fusion, et se solidifie par le froid ou par son mélange avec le sable sans perdre pour cela son élasticité. Il en est tout autrement, lorsque le bitume est de mauvaise qualité.

BITUMER, *v. a.* — Mettre en œuvre du bitume, faire des applications de BITUME. (Voy. ce mot et BITUMAGE.)

BIVEAU, *s. m.* — Instrument employé par les appareilleurs de pierre. Règles mobiles rivées à l'une de leurs extrémités et formant ainsi une sorte de fausse équerre avec laquelle, en éloignant ou en rapprochant les deux branches, on prend sur les épures l'ouverture des angles qui y sont tracés pour les rapporter ensuite sur la pierre ; de là deux genres de biveau : l'un sert à mesurer les angles rectilignes, l'autre les angles curvilignes. Notre figure montre deux biveaux. Avec le premier on peut mesurer une surface bombée, parce qu'il est concave; avec l'autre on mesure la surface plane. Le biveau est surtout employé pour tracer plus particulièrement

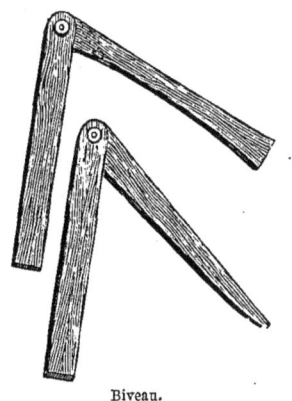

Biveau.

les arcs; aussi peut-on le définir : fausse-équerre dont l'un des bras est droit, suivant le joint de la coupe, et dont l'autre est bombé, suivant la douelle d'un arc de voûte. On dit aussi quelquefois *beuveau*, *buveau* et *béveau*.

BLANC, *s. m.* — Le blanc, comme toutes les couleurs primitives faciles à obtenir, a été employé de toute antiquité dans la peinture. On le tire d'un grand nombre de substances, les unes terreuses, les autres à bases métalliques. En général les blancs à base terreuse servent pour le badigeonnage et peinture à la détrempe, tandis que les blancs métalliques servent pour la peinture à l'huile et au vernis. Nous allons passer en revue les diverses substances servant de base à cette couleur.

BLANC D'ESPAGNE, argile blanche très-fine purifiée par le lavage, moulée en pains après dépôt et séchée à l'air.

BLANC DE MEUDON, craie ou carbonate de chaux très-pur, extrait de carrières du Bas-Meudon ou de Bougival; de là le nom de *blanc de Bougival*. On le prépare en lavant la craie après le broyage, et en la laissant déposer. On décante et on moule en pains que l'on fait sécher.

BLANC DE ZINC; il est préparé en faisant oxyder le zinc à une haute température sous l'action d'un courant d'air violent : le zinc distille en absorbant l'oxygène de l'air, l'oxyde voltige en flocons blancs; on le recueille dans des chambres disposées à cet effet; c'est cet oxyde de zinc qui constitue le blanc de zinc.

BLANC DE DORURE, blanc dont on couvre les parties destinées à être dorées; c'est aussi avec des couches de blanc de Meudon à la colle dont on réchampit les champs non dorés, les travaux de dorures terminées. (Voy. ADOUCISSAGE et DORURE.)

Indépendamment des blancs qui précèdent, il en existe encore d'autres plus ou moins employés; ce sont : le *blanc de plomb* ou carbonate de plomb; le *blanc de baryte*, blanc fixe ou sulfate de baryte; le *blanc de Kremnitz* ou *Cremnitz*, mélange allemand composé de craie, d'oxyde d'étain et de zinc; le *blanc des carmes*, lait de chaux additionné de tournesol ou d'indigo, et détrempé dans la térébenthine, ou dans la colle alunée; le *blanc de chrome*, ou *oxyde de chrome*, qui est légèrement teinté de gris.

BLANC EN DÉTREMPE; il est obtenu en broyant à l'eau du blanc de Meudon et en le détrempant à la colle de parchemin. Si l'on veut vernir les blancs en détrempe, on remplace par du blanc de plomb le blanc de Meudon.

BLANCS A L'HUILE. Pour les obtenir, on broie à l'huile de noix ou d'œillette du blanc de plomb, de la CÉRUSE (voy. ce mot) ou du blanc de zinc, et pour coucher, on additionne de l'essence de térébenthine pour liquéfier la couleur; les blancs mats sont détrempés à l'huile coupée d'essence. — Tous les blancs sont sujets à se colorer par le temps, soit que l'huile rancisse, soit par l'effet de la fumée des bougies, gaz, feu, etc.; aussi a-t-on l'habitude, pour obvier à cet inconvénient, d'ajouter à leurs compositions une légère pointe de bleu de Prusse ou de noir de fumée ou de feuille de vigne.

BLANC EN BOURRE, *s. m.* — Mélange de chaux grasse ou de sable, ou de chaux, d'argile et de bourre, dont on enduit les murs et les plafonds dans les pays dépourvus de plâtre. Pour faire du *blanc en bourre* ou *de bourre*, on prend de la chaux éteinte, qu'on a soin de purger de toutes matières étrangères; on y ajoute du sable fin, comme pour le mortier ordinaire, et enfin de la bourre ou poil (veau, bœuf, vache, etc.). On opère le mélange avec le RABOT(voy. ce mot), qui sert à la confection du mortier, et on malaxe jusqu'à ce que le mélange ait acquis une consistance convenable.

Pour les enduits grossiers destinés aux premières couches, on emploie de la bourre de tanneur, et pour les derniers qui doivent être bien lissés, du poil blanc ou de la tonte de drap avant la teinture. Le blanc de bourre s'applique avec une grande truelle, soit sur une maçonnerie hachée, soit sur un lattis jointif ou du moins très-peu espacé. On superpose deux et quelquefois trois couches dont l'épaisseur et la finesse sont différentes ; la dernière, celle qui se voit, est plus mince que les autres : elle ne doit être appliquée qu'après l'entière dessiccation des autres.

Dans quelques départements du nord de la France, de même qu'en Suède, en Norwège et en Russie, les ouvriers qui ont l'habitude de se servir de ce produit font au blanc de bourre des corniches de plafonds et des moulures de lambris. On peut peindre sur ces enduits, mais on ne doit le faire que dans la belle saison et un an après leur achèvement.

BLANCHIR, *v. a.* — En menuiserie et en charpente, c'est dresser le bois soit au rabot, soit à la scie, de manière à enlever les aspérités de la surface ; en serrurerie, c'est limer grossièrement le fer ou le passer à la meule : toutes les pièces de grosse quincaillerie sont simplement meulées; en plomberie, c'est revêtir le plomb d'une couche mince d'étain.

BLASON, *s. m.* — Art d'expliquer et de décrire les armoiries; ensemble des connaissances constituant l'*art héraldique*. Ce terme est aussi employé comme synonyme d'ARMOIRIES. Le *blason* désignait d'abord (au XIe siècle) le *bouclier* ou *écu* seul. Plus tard on a employé ce mot pour désigner spécialement *un bouclier armorié*, et ce n'est que vers le XVe siècle que, par extension, on l'appliqua à la désignation des *armoiries* seules. (Voir pour l'étymologie : Littré, Brachet, Diez, etc.)

L'étymologie du mot *blason* est controversée, ou, pour mieux dire, inconnue. Selon le

père Ménétrier, il viendrait de l'allemand *blasen*, sonner du cor. « C'était, dit-il, la coutume de ceux qui se présentaient pour entrer en lice dans les tournois, de notifier ainsi leur arrivée ; ensuite les hérauts sonnaient de la trompette, blasonnaient les armes des chevaliers, les décrivaient à haute voix et se répandaient

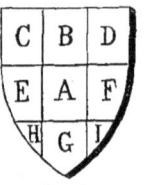 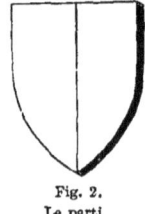

Fig. 1.
Dénomination de l'écu.

Fig. 2.
Le parti.

quelquefois en éloges au sujet de ces guerriers. »

Dès une époque très-reculée, les guerriers

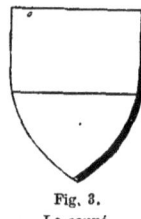 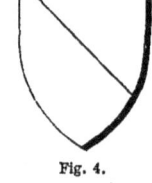

Fig. 3.
Le coupé.

Fig. 4.
Le tranché.

et leurs chefs portaient sur leurs boucliers ou leurs étendards des emblèmes distinctifs propres à les faire reçonnaître, ou à les rallier

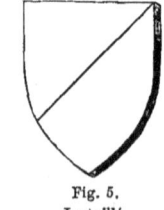 

Fig. 5.
Le taillé.

Fig. 6.
Tiercé en pal.

sur un champ de bataille. Les Romains avaient des armoiries qui se transmettaient héréditairement ; c'étaient souvent des armes parlantes, telles qu'un *corbeau* pour la famille *Corvinus*, etc. Il est néanmoins presque certain que l'origine des armoiries telles que nous les connaissons aujourd'hui ne remonte qu'au temps des croisades. C'est à partir de cette époque que le blason a été soumis à des règles fixes, invariables, admises par tout le monde, qui lui ont donné une valeur reconnue, et c'est depuis qu'il a servi à distinguer les nations, les familles, ainsi que les simples particuliers qui ont joué un rôle plus ou moins important dans

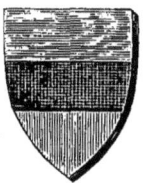

Fig. 6 bis.
Tiercé en fasce.

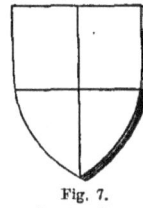

Fig. 7.
Les quartiers.

l'histoire. Lorsqu'on veut *blasonner*, il faut s'occuper du champ de l'écu, dont la forme est variable, et sur lequel on distingue, fig. 1,

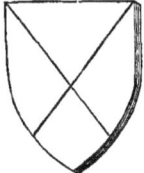

Fig. 8.
Écartelé en sautoir.

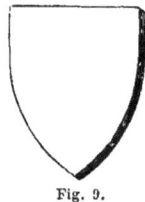

Fig. 9.
Argent.

A, le centre ; C, le canton dextre du chef; D, le canton senestre de ce chef ; E, le flanc dextre ; F, le flanc senestre; G, la pointe ; H, le canton

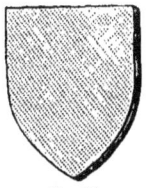

Fig. 10.
Or.

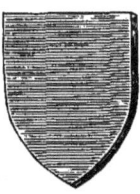

Fig. 11.
Azur.

dextre de la pointe ; I, le canton senestre de la pointe. Nous devons observer ici qu'en style de blason, le côté droit ou le *dextre* est à la gauche du spectateur, et que le côté gauche ou *senestre* est à sa droite. Quand une figure seule occupe le centre de l'écu, on n'a pas à spécifier sa situation; si deux ou plusieurs figures occupent la place de CBD, on les dit *ran-*

*gées en chef ;* si elles sont situées sur EAF, elles sont en *fasce;* enfin en *pointe*, si elles occupent HGI ; disposées comme BAG, elles sont en *pal;* comme CAI, en *bande;* DAH, en *barre.* Pour les autres dénominations, l'ensemble de nos figures les donnera et facilitera la lec-

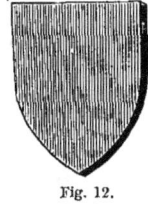

Fig. 12.
Gueules.

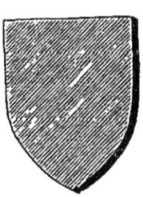

Fig. 13.
Pourpre.

ture des blasons. — Partagé par une ligne verticale (fig. 2), le blason donne le *parti ;* partagé par une ligne horizontale (fig. 3), il

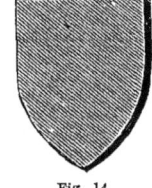

Fig. 14.
Sinople.

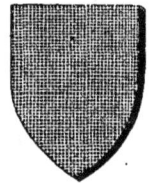

Fig. 15.
Sable.

donne le *coupé ;* par une diagonale de droite à gauche (fig. 4), le *tranché ;* de gauche à droite (fig. 5), le *taillé.* Le *tiercé* se dit de l'écu divisé

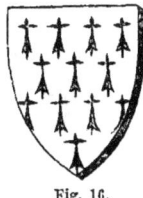

Fig. 16.
Hermine.

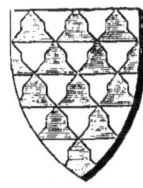

Fig. 17.
Vair en pal ou appointé.

en trois parties égales ; de différents émaux il est dit *tiercé en pal* (fig. 6) et *tiercé en fasce* (fig. 6 *bis*). L'écu divisé en quatre parties égales au moyen d'une ligne verticale et d'une horizontale, c'est-à-dire *parti* et *coupé* en même temps, se dit *écartelé.* Chacune de ces quatre parties s'appelle *quartier* (fig. 7). Le plus souvent, les premier et quatrième quartiers d'une part, et les second et troisième de l'autre, offrent les mêmes armoiries ; cependant elles peuvent être différentes même pour chaque quartier. L'écu peut être écartelé au moyen d'un *taillé* et d'un *tranché*; il s'appelle alors *écartelé en sautoir* (fig. 8).

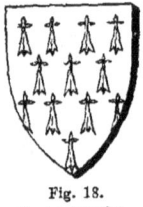

Fig. 18.
Contre-hermine.

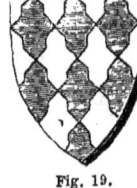

Fig. 19.
Contre-vair.

Neuf émaux servent à distinguer les partitions de l'écu, savoir : deux *métaux : l'or* (jaune) et l'*argent* (blanc); cinq *couleurs : l'azur* (bleu),

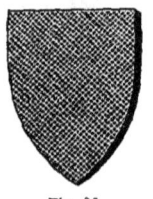

Fig. 20.
Sanguine.

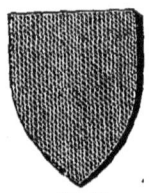

Fig. 21.
Orange.

le *gueules* (rouge), le *pourpre* (violet), le *sinople* (vert), et le *sable* (noir) (voy. la pl. X) ; enfin, deux fourrures, l'*hermine* et le *vair*, auxquelles

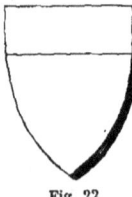

Fig. 22.
Le chef.

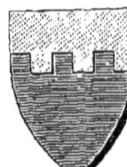

Fig. 23.
D'azur, au chef bastillé de trois pièces d'or.

on peut joindre la *contre-hermine* et le *contre-vair*. Les Anglais ont ajouté la *sanguine* (couleur de chair) et l'*orangée* (couleur orange).

Lorsque les armoiries ne sont pas peintes et ne peuvent par conséquent présenter leurs émaux sous leur couleur caractéristique, on les indique suivant des signes conventionnels, traits ou hachures, etc., qui sont en usage de-

puis la fin du XVIe siècle. Ainsi l'*argent* (fig. 9) est représenté par un fond entièrement uni sans hachures ni pointillé; l'*or* (fig. 10), par une surface semée de points ; l'*azur* (fig. 11), par des traits horizontaux ; le *gueules* (fig. 12), par des traits verticaux ; le *pourpre* (fig. 13), et le *si-*

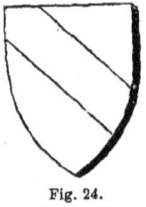

Fig. 24.
La bande.

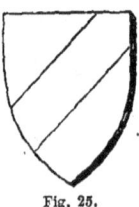

Fig. 25.
La barre.

*nople* (fig. 14), par des hachures obliques allant, pour le premier, de la gauche à la droite de l'écu, et pour le second, de la droite à la gau-

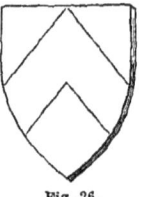

Fig. 26.
Le chevron.

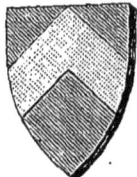

Fig. 27.
De sinople au chevron d'or.

che. Le *sable* (fig. 15) s'indique par des lignes horizontales et verticales croisées; l'*hermine* (fig. 16), par des mouchetures noires sur

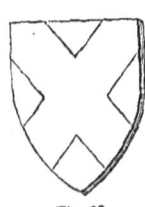

Fig. 28.
Le sautoir.

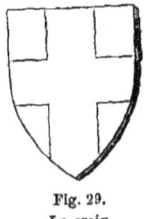

Fig. 29.
La croix.

champ blanc; le *vair* (fig. 17), par des cloche d'azur et d'argent contrariées; la *contre-hermine* (fig. 18), par des mouchetures blanche sur champ de sable, et enfin le *contre-vair* (fig. 19), par des cloches bleues et blanches, méta sur métal. La *sanguine* (fig. 20), est représentée par des lignes diagonales croisées ; et l'*o-*

*rangé* (fig. 21), par des traits verticaux croisés de diagonales allant de droite à gauche.

Une des règles les plus sévères du blason prescrit de ne pas mettre *couleur* sur *couleur*, ni *métal* sur *métal ;* cependant on y a très-souvent dérogé, pour le *contre-vair* notamment, ensuite

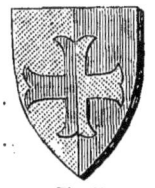

Fig. 30.
Parti de gueules et d'or à la croix ancrée de l'un en l'autre.

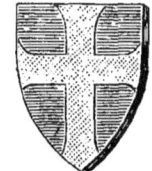

Fig. 31.
D'azur à la croix pattée d'or.

pour certaines armoiries, telles par exemple que celles de la ville de Jérusalem, qui porte *d'argent,* à la croix *d'or,* etc.

Fig. 32.
De gueules à la croix tréflée d'argent.

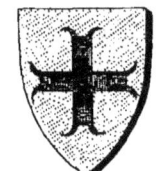

Fig. 33.
D'or à la croix nellée de sable.

Après avoir envisagé l'écu sous le rapport de ses parties ou divisions et dénommé les émaux en usage, il reste à parler des *charges*

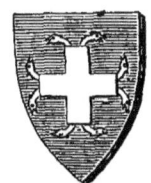

Fig. 34.
D'azur à la croix d'argent, gringalée de même.

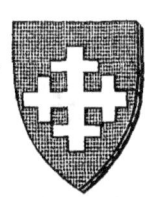

Fig. 35.
De sable à la croix recroisettée d'argent.

et des *ornements.* — Les *charges* se divisent en quatre catégories : 1° les *charges héraldiques,* 2° les *naturelles,* 3° les *artificielles,* et 4° les *chimériques.*

Les premières se composent de diverses pièces de convention placées sur l'écu, se sub-

divisant en *pièces honorables* ou de premier ordre, occupant d'ordinaire par leur largeur, lorsqu'elles sont seules, le tiers de l'écu ; à l'exception du franc-quartier, du canton et du giron, qui n'en occupent que la quatrième partie. Ces pièces sont : le *chef* (fig. 22), qui peut être bas-

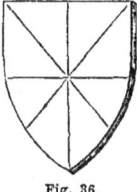

Fig. 36.
Le giron.

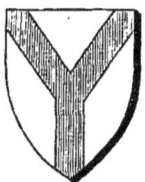

Fig. 37.
Le pairle.

tillé (fig. 23) ; le *pal* (voir pl. X et la fig. 6) ; la *fasce,* qui occupe le tiers de l'écu horizontalement et qui sépare le chef de la pointe (voir

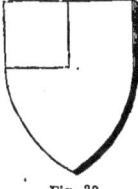

Fig. 38.
Le canton.

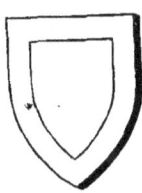

Fig. 39.
La bordure.

pl. X et la fig. 6) ; la *bande* (fig. 24), la *barre* (fig. 25), la *champagne* ou *plaine,* le *chevron* (fig. 26 et 27), le *sautoir* (fig. 28), la *croix* (fig.

Fig. 40.
Le trescheur ou essonier.

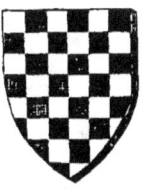

Fig. 41.
L'échiquier ou échiqueté.

29) ; la croix peut être *ancrée* (fig. 30), *pattée* (fig. 31), *tréflée* (fig. 32), *nellée* (fig. 33), *gringalée* (fig. 34), *recroisettée* (fig. 35) ; le *giron* (fig. 36), le *pairle* (fig. 37), le *franc-quartier,* qui est le premier quartier de l'écu ; le *canton* (fig. 38) ; la *pointe* ou la *pile,* plus aiguë que le

*chapé* (ce dernier est figuré pl. X); la *bordure* (fig. 39); l'*orle*, qui est une bordure qui ne touche pas à l'écu; le *trescheur* ou *essonier* (fig. 40); l'*écu en abîme*, qui est un écu placé au centre d'un plus grand, et le *gousset*, qui est un pairle

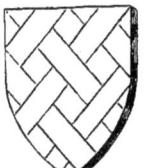

Fig. 42.
Les frettes ou le fretté.

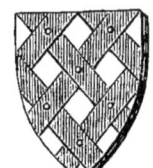

Fig. 43.
Le treillissé. — D'argent treillissé d'azur, cloué d'argent.

dont le sommet est plein. Les pièces *sous-honorables* ou de second ordre sont : l'*emmanché*, dont

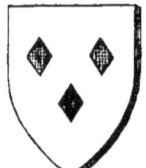

Fig. 44.
Les losanges. — D'argent à trois losanges de sable.

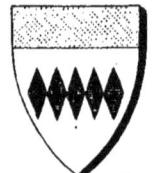

Fig. 45.
Fusées ou fuselé. — D'argent à cinq fusées de sable en fasce; au chef d'or.

les partitions de l'écu sont de longs triangles s'emmanchant l'un dans l'autre; il faut exprimer

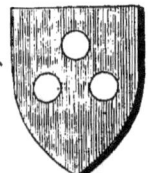

Fig. 46.
De gueules à trois besants d'argent.

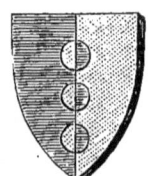

Fig. 47.
De gueules parti d'or, à trois besants-tourteaux de l'un en l'autre.

mer si c'est en *pal*, en *bande* ou en *fasce*, parce qu'il se pratique de plusieurs manières; il faut également exprimer le nombre des pointes; les *points équipollés*, qui sont toujours au nombre de neuf en échiquier; l'*échiquier* ou l'*échiqueté* (fig. 41), les *frettes* ou le *fretté* (fig. 42), le *treillissé* (fig. 43), les *losanges* ou *lozanges*

(fig. 44), les *fusées* ou *fuselé* (fig. 45), les *macles*, qui est une maille de cuirasse ou un losange ouvert et percé en losange; les *rustres* ou *losanges* percés en rond, les *besants* ou les *tourteaux* (fig. 46) : les premiers sont de métal,

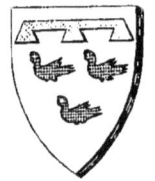

Fig. 48.
D'argent à trois merlettes de sable; au lambel d'or.

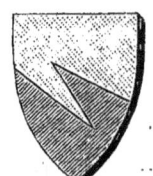

Fig. 49.
Mi-tranché ( au-dessous du chef), mi-taillé (en remontant vers le chef) et retranché (au flanc de l'écu) d'or et de pourpre.

les seconds de couleur ; les *billettes*, espèce de petit carré oblong : on dit qu'elles sont cou-

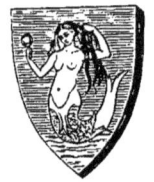

Fig. 50.
Syrène sur fond de gueules aux flots d'argent.

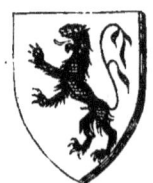

Fig. 51.
Le lion rampant.

chées lorsque leur côté long est parallèle au haut de l'écusson.

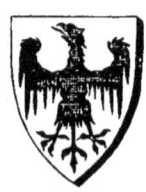

Fig. 52.
Aigle au vol abaissé.

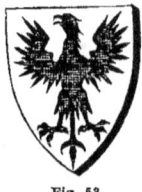

Fig. 53.
Aigle éployée.

Les *charges naturelles* sont l'image des corps appartenant à la création, tels que les astres, les hommes, les animaux, les plantes, etc. Les *charges artificielles* comprennent les objets dus à l'industrie humaine; les *charges chimériques* se composent de figures ou d'emblèmes de fantaisie qui n'existent pas dans la nature.

On appelle encore *brisures* tout objet accessoire qui, sans altérer sensiblement le blason principal, sert à distinguer les branches d'une même famille; les principales sont : le *lambel* (fig. 48 et 54), la *bordure* (fig. 39), le *bâton péri* (c'est-à-dire raccourci et isolé), l'*étoile*, la *coquille*, etc. Une brisure importante est la *ligne de bâtardise* ou la *barre*, qui traverse les armoiries diagonalement de gauche à droite.

Citons encore (fig. 49) : le *mi-tranché* (au-dessous du chef) *mi-taillé* (en remontant vers le chef), et *retranché* (au flanc de l'écu) d'or et de pourpre; et les écus portant des figures ou des

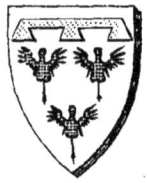 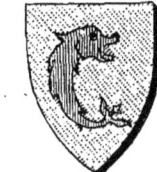

| Fig. 54. | Fig. 55. |
|---|---|
| D'argent à 3 alérions de sable, avec lambel d'or en chef. | D'or au dauphin de gueules. |

animaux : la *syrène* (fig. 50), le *lion rampant* (fig. 51), l'*aigle au vol abaissé* (fig. 52), l'*aigle* (fig. 53), les *alérions* (fig. 54), le *dauphin* (fig. 55).

Sur notre planche X, le lecteur trouvera la couleur des différents émaux et, en outre : l'*hermine*, le *vair*, la *contre-hermine*, le *contre-vair*, le *parti*, le *coupé*, le *tranché*, le *taillé*, l'*écartelé*, le *sautoir*, le *gironné*, lo *tiorcé* en *fasce* et en *pal*, le *coupé*, le *crenelé*, le *denché*, le *chevron*, la *bande*, la *barre*, le *dextre*, le *senestro*, le *mantelé*, le *chapé*, le *vêtu*, le *nuagé* ou *nébulé*, le *cantonné*, le *chaussé*, et l'*accosté*, qui peut être en pal ou en fasce.

Les ornements sont divers emblèmes qui, surmontant ou entourant l'écusson, indiquent le rang et le titre nobiliaire du possesseur des armoiries. Ces ornements sont : les *heaumes* et *couronnes*, les *lambrequins*, les *tenants* et *supports*, les *insignes* et les *ordres de chevalerie*. Les *couronnes* s'emploient pour toute la noblesse titrée, jusqu'au rang de vicomte inclusivement ; elles se distinguent par leur forme et par le nombre des perles et des fleurons qui les décorent. (Voy. COURONNE.) Les *lambrequins* sont des bandes d'étoffes découpées et enrou-

lées, qui avec le *cimier* font l'ornement du heaume ou casque. A droite et à gauche, des êtres de diverses espèces peuvent soutenir l'écusson; on les nomme *tenants* quand ce sont des hommes ou des anges, et *supports* quand ce sont des animaux. Les *insignes* et marques de dignité sont le bâton de maréchal, la crosse, la mitre, les colliers et ordres de chevalerie. Enfin les armoiries sont complétées par un *pavillon* aux couleurs du blason et sur lequel se déroulent les devises.

BIBLIOGRAPHIE. — Le P. Ménestrier, *le Véritable Art du blason, ou l'usage des armoiries*, Paris, 1670 ou 1673, 2 vol. in-12; — *Nouvelle Méthode*, etc., Lyon, 1696, in-12, et ann. suiv. ; Baron, *l'Art héraldique, contenant la manière d'apprendre le blason*, Paris, 1672 et suiv. jusqu'en 1717, 1 vol. in-12, fig. ; Laroque, *Traité du blason*, Paris, 1673 et suiv., in-12; Chevillard, *Dictionnaire héraldique, etc.*, Paris, 1722 ou 1723, in-12; W. Berry, *Encyclopedia heraldica*, Londres, 1828-40, 4 vol. in-4°; le marquis de Magny, *Nouveau Traité de la vraie et parfaite science des armoiries*, Paris, 1846 ou 1856, in-4° ; Grandmaison, *Dictionnaire héraldique*, Paris, 1852, gr. in-8° ; Gourdon de Genouillac, *Grammaire héraldique*, Paris, 1854, 1858 et 1860, in-12; V. Bouton, *Nouveau Traité de blason*, Paris, 1863, in-8°, etc., etc.

**BLEU**, *s. m.* — Couleur employée dès l'antiquité la plus reculée.

Les Indiens, les Assyriens, les Égyptiens l'avaient employée bien avant les Grecs et les Romains. Il existe divers tons de bleu, ce sont : l'*indigo*, qui est extrait par décoction de différentes plantes, principalement de l'indigotier, et dont on fabrique une sorte de laque; le *bleu de Prusse*, combinaison du cyanogène avec l'oxyde de fer ; il blanchit à la lumière et reprend sa couleur primitive dans l'obscurité. On le fabrique aussi en calcinant ensemble des substances très-azotées, matières animales, cornes, sang, potasse, oxyde de fer. Les produits de la calcination sont ensuite traités par l'acide chlorhydrique. Le *bleu d'émail*, de cobalt ou d'*azur*, est obtenu par un mélange de silice et de potasse avec le minerai de cobalt purifié et calciné jusqu'à la fusion; on obtient ainsi une sorte de substance vitreuse qui, réduite en poudre, donne le cobalt ou bleu d'azur.

Le *bleu d'outre-mer* est obtenu par le lapis-lazuli ; la *cendre bleue* est une combinaison de bisulfate de cuivre et de potasse broyé avec de la chaux et du sel ammoniac. Ce bleu n'est guère employé que dans l'industrie des papiers peints.

La chimie moderne a découvert une quantité de bleus employés pour la teinture, la peinture ou l'aquarelle ; nous n'avons pas à parler des premiers, mais nous citerons les noms des derniers : ce sont le *smalt*, le *tournesol*.

A l'exception des bleus d'origine tout à fait moderne, l'antiquité et le moyen âge ont connu et employé les bleus végétaux et minéraux dont nous avons parlé. On a même constaté dans les monuments égyptiens la présence du cobalt et d'un bleu un peu plus foncé, qui cependant n'est pas l'indigo ou le bleu de Prusse pâle. Ce même bleu a été employé dans la POLYCHROMIE (voy. ce mot) des Grecs, des Romains et des Arabes. Ceux-ci paraissent avoir employé en grand le bleu d'outre-mer, d'un ton plus vigoureux et plus durable. Ils le tiraient de l'Asie Centrale. Ils en firent une application très-étendue pour la décoration de leurs mosquées. En Occident, les architectes du moyen âge couvrirent aussi de bleu les voûtes de leurs églises, et, pour leur donner une ressemblance avec le ciel, ils les parsemèrent d'étoiles d'or et d'argent.

**BLINDAGE**, *s. m.* — Quand on exécute des fouilles dans un terrain léger et sablonneux, dans des terres rapportées, on a souvent à craindre des éboulements ; aussi, pour mettre les ouvriers à l'abri des *éboulis*, on applique de chaque côté de la tranchée une sorte d'étaiement particulier, nommé *blindage*. Il se compose de planches-madriers ou plats bords appliqués longitudinalement à la fouille et sur ses côtés. (Voy. notre figure.) Ils sont posés jointifs si le terrain est très-meuble ; quelquefois même on pose des FOURRURES (voy. ce mot) sur les joints dans les tranchées faites dans le sable. La charpente employée pour un blindage se compose de madriers longitudinaux dont nous avons parlé, de madriers verticaux, nommés *couches*, appliqués sur ceux-ci et espacés de 1ᵐ,30 ou 1ᵐ,40, et qui sont soutenus par des *fiches* et des *contre-fiches* appuyant sur les couches, et sur des madriers, appelés *couchis*,

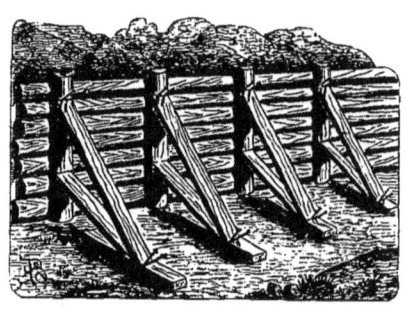

Blindage des terres.

posés sur le fond de la fouille. Les fiches et contre-fiches sont maintenues en place par des chevilles de fer plantées à leur extrémité.

**BLOC**, *s. m.* — Gros quartier de pierre ou de marbre tel qu'il sort de la carrière. On nomme *bloc d'échantillon*, celui qui sur la carrière a été ébauché suivant des dimensions données. Les ARASES (voy. ce mot) des murs en fondation avant leur sortie de terre sont couronnées de blocs de pierre nommés LIBAGES. (Voy. ce mot.)

BLOC (Traité en). Se dit d'un marché de maçonnerie, de serrurerie, de charpente, etc., qui ne stipule pas des détails ou sous-détails de prix, ni de main-d'œuvre, ou de la quantité de fourniture à employer. Un traité ainsi compris est toujours dangereux, car s'il fait bénéficier l'un des traitants, il porte souvent préjudice à l'autre.

**BLOCAGE**, *s. m.* — Menues pierres, ou moellonaille, qu'on jette à bain de mortier comme remplissage entre deux parements d'un mur, ou pour constituer un mur à l'aide de chaînes en pierre ; ce dernier genre est l'*opus incertum* des Romains. (Voy. APPAREIL, fig. 9 et 10.)

La solidité du blocage, qui est une sorte de béton à gros matériaux, réside surtout dans la cohésion de sa masse. On peut, comme le béton, le composer de pierres de toutes sortes, pourvu qu'elles soient dures et que le mortier de liaison soit de bonne qualité.

BLOCAGE, pavement fait avec des pierres brutes, galets, meulières, caillasse, posés de champ, serrés avec des éclats de pierres de même nature. Les interstices sont remplis avec du sable et du gravier.

BLOCAILLES, *s. f. pl.* — Petites pierres ou moellons, provenant des débris des gros blocs de carrières, qui par leur dimension ou la défectuosité de leur forme ou de leur constitutions ne peuvent être employées comme pierres d'appareil.

BLOCHET, *s. m.* — Pièce horizontale d'une ferme de comble recevant le pied de l'arbalétrier et dont l'extrémité est moisée dans la jambe de force. (Voy. FERME.)

Les blochets se posent sur le haut des murs ou sur les plates-formes avec lesquelles ils sont assemblés, ainsi qu'avec les jambes de forces. — On nomme *blochet d'arêtier*, celui qui se trouve à l'angle d'un comble et qui reçoit le tenon de l'arêtier; *blochet mordant*, celui qui s'assemble à queue d'aronde avec le chevron.

BLOCKHAUS, *s. m.* — Fortin élevé, construit en bois sur une poutre, sur un mât, sur un bout de colonne; il y a aussi des blockaus élevés en maçonnerie.

BLOQUER, *v. a.* — Placer des pierres les unes contre les autres sans prendre d'autres précautions que de les serrer aussi bien que possible. Élever un mur en moellons au droit d'une paroi verticale de terre ou entre deux parois, comme dans une rigole ou tranchée. Le parement brut qui en résulte est dit *parement bloqué*. — Exécuter le *blocage* d'un mur en pierre de taille, c'est-à-dire en remplir l'intérieur comme il est dit au mot BLOCAGE.

Paver en petits blocs bruts de caillasse ou de meulière, ou autre pierre dure, en posant les blocs de champ et en remplissant les interstices de GARNIS. (Voy. ce mot et BLOCAGE.)

BŒUF (ŒIL-DE-). — Voy. ŒIL-DE-BŒUF.

BOIER, *s. m.* — Synonyme d'égout, cloaque. (Voy. ÉGOUT.)

BOIS, *s. m.* — Partie intérieure des arbres qui présente un tissu plus ou moins serré, plus ou moins solide. Le bois est un des matériaux les plus importants dans l'art de bâtir. Il est très-difficile de bien le connaître, car les bois de construction sont sujets à tant de maladies, ont tant de défauts qui les rendent vicieux, qu'il faut être du métier pour juger de leur véritable valeur.

Quand on scie un tronc d'arbre perpendiculairement à son axe, on distingue deux parties d'un aspect différent : l'une, de peu d'épaisseur, assez tendre, qui est l'*écorce;* l'autre, composée de fibres plus serrées et plus dures, qui est le *bois*. Ces deux parties sont formées de couches concentriques : la couche adjacente à l'écorce est le *liber;* les couches rapprochées de celles-ci se nomment *aubier* ou *faux-bois;* les dernières, jusqu'au centre, sont le *bois*, le *bois fait*, le *bois parfait*.

Avant d'employer le bois dans les constructions, on supprime l'écorce, car elle engendre la pourriture, en donnant asile aux vers rongeurs. On supprime également l'aubier, car il présente presque les mêmes inconvénients que l'écorce. On distingue parfaitement ce *faux-bois* du bois fait à sa couleur plus pâle. — Plus un arbre est âgé, plus le nombre de ses couches concentriques est considérable, de même que les espèces ou essences qui ont les couches fines et serrées sont plus résistantes que celles qui les ont lâches et tendres. Quand, à l'aide de la scie, on refend un arbre parallèlement à son axe, on obtient, dans les plans qui passent par le centre et suivant l'essence ou l'espèce, des surfaces lisses et brillantes, qu'on nomme *mailles* ou *miroirs;* celles-ci diminuent à mesure que les plans parallèles au diamètre s'éloignent du centre.

DÉFAUTS DU BOIS. — Les arbres sont sujets à des maladies et à des défauts nombreux, qui doivent faire rejeter de toute bonne construction ceux qui en sont atteints, à cause des accidents qui en résultent. Les principales maladies des bois sont : l'*échauffement,* qui est le premier degré de la décomposition des bois; il s'annonce par l'odeur désagréable qu'il dégage et par la présence de taches d'un blanc verdâtre ou rougeâtre, suivant l'espèce. Cette altération provient de plusieurs causes : défaut de ventilation du local qui renferme le bois, emmagasinement des bois provenant de coupes trop récemment faites, etc.

Des excroissances ( agarics ou champignons ) se développent parfois sur les bois et produisent une *pourriture sèche*, nommée *carie*. Quand on emploie dans les constructions des bois trop verts, c'est-à-dire des bois mis en œuvre avant leur entière dessiccation, ils sont sujets à la *vermoulure*. Comme son nom l'indique, cette maladie est produite par des petits vers qui prennent naissance dans les bois échauffés. — Outre ces défauts apparents, qui résultent de causes postérieures à l'abatage de l'arbre, il en est d'autres qui prennent leur origine tandis qu'il est encore debout ; ce sont : les *gélivures*, fentes dirigées du centre de l'arbre vers la circonférence : elles sont produites par de fortes gelées ; si les fentes sont très-nombreuses, on dit que l'arbre est *cadrané* ou *étoilé* ; la *roulure*, solution de continuité entre les couches annuelles ; les *gerçures*, fentes transversales à la longueur des fibres. Si un arbre a des couches d'aubier interposées entre des couches de *bois parfait*, on dit qu'il est à *double aubier* ; il doit être rejeté comme impropre aux constructions. S'il est à la fois à double aubier et à gélivures, on le nomme *gélif entrelardé* ; il est dit *bois bouge*, lorsque le vent l'a courbé.

Les maladies des arbres leur occasionnent des *loupes* ou *exostoses*, qui sont recherchées pour la marqueterie, parce que ces bois, très-compactes en certains points, produisent des dessins très-variés et parfois originaux ; mais cette excroissance épuise l'arbre, qui ne fait que du mauvais bois ; des *dépôts, abcès, écoulements de sève, gouttières*, qui proviennent d'un excédant de sève : celle-ci perce l'écorce, s'écoule sur l'arbre et le pourrit sur son parcours.

Les arbres trop vieux sont dits *sur le retour* ; ils se couvrent de *moisissures, mousses, agarics, champignons*, qui altèrent profondément leur composition. Les arbres ainsi attaqués sont sujets à la pourriture et n'ont aucune élasticité.

CONSERVATION DES BOIS. — On a cherché de nombreux moyens pour conserver les bois de construction et pour augmenter leur durée, leur force et leur résistance, qui sont les principales qualités du bois. On a étudié successivement l'influence que pouvait avoir le mode d'abatage et d'écorcement, l'immersion, le flottage et l'injection. Avant d'aborder ces diverses opérations, décrivons la méthode ordinaire de conserver les bois sans avoir recours aux moyens artificiels.

En attendant leur mise en œuvre, les bois doivent être placés dans une situation telle, que leur dessiccation les bonifie. On doit les protéger contre les coups de soleil et les effets de trop grandes chaleurs ; ce sont autant de causes qui les font fendre ou tout au moins gercer. On évitera de les faire passer par des alternatives de sécheresse ou d'humidité. On les empile ordinairement sous des hangars, de façon que l'air puisse librement circuler autour de chaque pièce. C'est dans ce but qu'on pose sur le sol les premières pièces de bois sur des chantiers dont les traverses sont assez rapprochées pour empêcher les bois de ployer sous leur propre charge. On empile un deuxième rang sur le premier, puis un troisième et un quatrième s'il y a lieu, en intercalant des *épingles* ou *tasseaux* entre chaque rangée.

ÉCORCEMENT, ÉCORÇAGE. — L'écorçage a été fort controversé parmi les sylviculteurs ; les uns sont pour, les autres sont contre. Ce désaccord provient de l'élimination de l'un des éléments les plus importants de la discussion : le laps de temps écoulé entre l'écorcement et l'abatage. Si l'on tenait compte de cette donnée, on arriverait aux résultats les plus divers, suivant que l'on ferait intervenir les phénomènes de la circulation intérieure avant ou après l'abatage de l'arbre. Nous trouvons cette opération mauvaise, mais nous conseillerons à ceux qui tiennent quand même à écorcer d'abattre les arbres avant le 15 avril. Malheureusement aujourd'hui l'exploitation a lieu en tout temps, principalement lorsque la sève est en mouvement ascensionnel ; c'est là un tort, car les bois coupés pendant cette période ne sèchent jamais qu'imparfaitement, surtout s'ils ne sont point flottés. Si l'on fait la coupe dans une saison défavorable, c'est pour écorcer, ou par négligence, ou par ignorance.

Pour éviter l'infériorité du bois comme qualité, il faudrait réglementer les coupes et défendre l'abatage à d'autres époques que celles indiquées par les usages forestiers. La meilleure serait en novembre.

IMMERSION. — L'immersion a pour but de chasser la séve des bois immergés, et par suite d'activer leur dessiccation. On expulse plus rapidement la séve en plongeant les bois dans une eau à 30 degrés centigrades. On ne peut pas toujours pratiquer cette opération sans dépense, mais parfois le voisinage d'une usine ou d'une fabrique à vapeur permet de l'exécuter sans frais.

FLOTTAGE. — Comme l'écorçage, le flottage a été aussi fort controversé; il peut rendre cependant des services incontestables pour la conservation et la prompte dessiccation des bois. Nous devons ajouter pourtant qu'il existe des monuments fort anciens, qui remontent aux cinquième et sixième siècles, et dans lesquels les bois de charpente sont parfaitement conservés, quoique n'ayant jamais été flottés.

INJECTIONS. — Pour augmenter la durée des bois, on a employé diverses substances empyreumatiques, telles que créosote, acide pyroligneux, goudron, coaltar; on a également essayé des injections salines. Ce qui paraît avoir le plus d'efficacité, ce sont les solutions au sulfate de cuivre, injectées par le procédé de Boucherie. On a également employé des solutions de chlorhydrate de zinc : les bois injectés par ce dernier procédé peuvent être peints et encollés, tandis que ceux injectés au sulfate de cuivre ne prennent que difficilement la peinture, et encore celle-ci finit avec le temps par s'écailler et se détacher entièrement. Le chlorhydrate de zinc a l'avantage aussi d'être de tous les sels métalliques celui que le commerce livre à très-bas prix.

BOIS DE CONSTRUCTION. — Il y a une très-grande variété de bois propres aux constructions; on peut les diviser en deux catégories, les bois durs et les bois tendres, ou *bois blancs*. Mais nous devons faire observer qu'on

ne peut établir une classification rigoureuse, car il existe, par exemple, des chênes durs et des chênes tendres, de même que les sapins classés dans les bois tendres ont certaines de leurs variétés, les sapins rouges, qu'on peut considérer comme bois durs. Nous ne donnerons pas ici une nomenclature des bois, nous ne parlerons pas non plus des divers usages auxquels ils sont employés dans les constructions ; le lecteur trouvera, dans le cours de ce Dictionnaire, tout ce qui sera de nature à l'intéresser, aux mots ACACIA, AMANDIER, ARBOUSIER, BUIS, CHÊNE, ORME, NOYER, SAPIN, GRISARD, etc.; nous nous occuperons immédiatement des termes employés pour désigner les bois de commerce, les bois ouvrés, ainsi que de leur équarrissage et de la manière de les débiter.

BOIS DE COMMERCE. — Au point de vue commercial, les bois se divisent en nombreuses catégories : le *bois flotté* est celui qui a été transporté par un cours d'eau, ou qui a séjourné dans cet élément par un moyen quelconque; le *bois en grume*, celui qui a été dépourvu de son branchage, mais qui n'a pas été équarri : il sert pour pilotis, pour construction pittoresque ; le *bois d'équarrissage*, ou *carré*, employé dans la charpente : ce sont des *billes* ou *tronçons* qui présentent des surfaces planes, grâce à l'enlèvement de DOSSE (voy. ce mot); le *bois d'échantillon*, qui a les dimensions demandées par le commerce; le *bois de brin*, de *fente*, ou de *tige*, qui provient d'un arbre de grosseur insuffisante pour faire une pièce de bois d'échantillon ; le *bois de sciage*, débité et refendu à la scie.

BOIS OUVRÉS. — On nomme *bois refait*, celui qui est dressé et équarri à vive arête, soit au rabot, soit à la BISAIGUE (voy. ce mot); *bois lavé*, *refait* ou *corroyé*, bois sur les faces duquel on a fait disparaître les traces de la scie; *bois blanchi à la scie*, celui *lavé* sur ces faces avec cet instrument. — Enfin, suivant ses qualités ou ses défauts, il est dit : *bois sain*, s'il n'a pas de défauts, *bois flacheux*, s'il contient des *flaches*, des parties d'aubier; *bois gras*, celui qui, ayant poussé avec beaucoup de rapidité, a les fibres lâches.

ÉQUARRISSAGE. — Pour équarrir les bois, on doit, de préférence à la cognée, employer la scie à refendre, parce qu'avec celle-ci on obtient des *dosses* qu'on peut utiliser, tandis que la cognée ne donne que des CANTIBAIS (voy. ce mot), ou *cantibères*, bonnes seulement à brûler.

DÉBIT DU BOIS. — On débite le bois de diverses manières; suivant l'habileté avec laquelle on opère, on peut réaliser une écono-

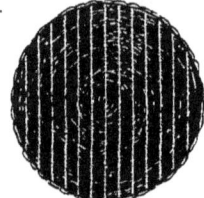

Fig. 1. — Débit du bois (méthode ordinaire).

mie considérable. Toutes les planches du commerce sont débitées comme le montre notre fig. 1, parce qu'on obtient de larges planches ; quoique cette méthode soit défectueuse, c'est celle dont l'usage est le plus fréquent. Aussi l'humidité fait-elle gondoler ces planches dans un sens et la dessiccation naturelle en sens inverse. Les planches ainsi obtenues travaillent,

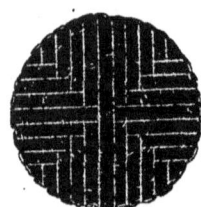
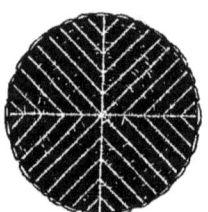

Fig. 2.—Méthode hollandaise   Fig. 3.—Méthode hollandaise
(1er mode).            (2e mode).

parce que les couches concentriques situées près du cœur sont plus denses que celles des surfaces opposées, et ce manque d'équilibre tourmente le bois. Il serait de beaucoup préférable d'employer la méthode hollandaise, qui consiste à débiter le bois comme le montrent nos figures 2 et 3, mais ce mode n'est guère employé que pour certaines frises de parquets et le *merrain*.

BOIS (Petit), traverses et montants en bois ou en fer, de l'intérieur d'un châssis vitré ; ils sont ordinairement moulurés sur une face et

portent feuillure sur l'autre, pour recevoir les feuilles de verres ou glaces.

BOIS PEINT, couleur imitant le bois ; FAUX BOIS ou FEINT, imitation des veines, mailles et filaments du bois à l'aide de la peinture.

BOIS CRU, bois qui n'a pas reçu de peinture, ou qui, après avoir été peint, a été gratté à vif ; on dit aussi *gratter à bois cru*.

BOISER, *v. a.* — Planter des arbres ; en menuiserie, c'est revêtir de planches ou de lambris un mur.

BOISERIE, *s. f.* — Nom générique donné à tout objet de menuiserie, mais plus particulièrement aux revêtements intérieurs exécutés en bois.

BOISSEAU, *s. m.* — Poteries cylindriques, rectangulaires ou de toute autre forme s'emboîtant les unes aux autres, et qui servent à

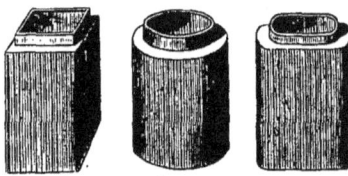

Fig. 1. — Boisseau en poterie.

former des tuyaux de chutes, des ventilateurs, chausses d'aisances, conduites de fumée, etc.

BOISSEAU GOURLIER, poteries cylindriques aux angles arrondis, employées à la construc-

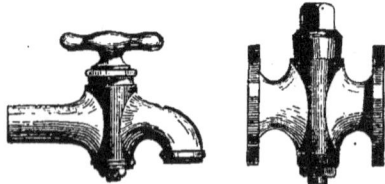

Fig. 2 et 3. — Boisseaux de robinets.

tion des tuyaux de cheminée ; les boisseaux sont cannelés extérieurement, pour faciliter l'adhérence des mortiers ou le *grippement* du plâtre (fig. 1). On fabrique aujourd'hui des boisseaux en fonte de fer qui servent aux mêmes usages que ceux en poteries. (Voy. BRIQUES, WAGON ou WAGONNET.)

En fumisterie, on nomme aussi *boisseaux* les colonnes en faïence des poêles; les fontainiers appellent *boisseau* le corps d'un robinet. (Voy. nos fig. 2 et 3.)

BOISSELLERIE (BOIS DE), *s. m.* — Feuilles de chêne très-minces refendues au COUTRE (voy. ce mot), que les treillageurs emploient pour les ornements courbés des treillages.

BOITE, *s. f.* — Nom générique donné à toutes sortes de coffres et qui sert à désigner des objets très-divers. En serrurerie, ce mot désigne soit la portion de fiche recevant la cheville et qui tient lieu de mamelon de gond, soit un petit coffre en métal recouvrant ou protégeant un mouvement, un mécanisme quelconque, soit enfin des pièces de fonte ou de fer, qu'on nomme aussi SABOTS (voy. ce mot), et qui servent à réunir des pièces de charpentes difficiles à assembler.

BOITE DE FORET, pièce de bois, en forme de bobine, percée dans son axe pour recevoir le FORET de l'ARCHET. (Voy. ces mots.)

BOITE A ÉTOUPES, ou STUFFING BOX, boîte au travers de laquelle passe la tige d'un piston de pompe; elle se compose d'une enveloppe fixe constituant la boîte proprement dite, et d'une partie mobile, appelée *presse-étoupe*, qui entre dans la première.

BOITE D'ONGLET, sorte de boîte qui n'a que trois côtés et qui sert à scier d'équerre les moulures, à les biseauter d'équerre.

BOITE A RECALER, outil en bois permettant de dresser et de fixer un joint au ciseau, au guillaume, à la varlope ou au rabot.

BOITE A METTRE DE LARGEUR, pièce de bois, espèce de bout de solive creusée à angle droit et n'ayant que deux côtés, servant aux treillageurs à mettre de largeur leur latte de frisage.

BOITE A RÉSINE, boîte servant aux plombiers à renfermer leur résine en poudre.

BOITE DE RACCORDEMENT, AJUTAGE (voy. ce mot), composé de deux pièces se vissant l'une sur l'autre. Les fontainiers l'emploient pour réunir deux tuyaux flexibles.

BOITEUSE (SOLIVE). — Solive d'enchevêtrure, scellée dans le mur par une de ses extrémités et assemblée par l'autre dans une pièce de bois nommée CHEVÊTRE. (Voy. ce mot.) Il existe des *boiteuses* au droit des baies embrassant deux étages et des trémies de cheminées ou autres.

Cet adjectif est employé également pour désigner des pièces ayant deux branches d'inégale longueur, largeur ou hauteur; par exemple, une *paumelle* est *boiteuse* lorsque sa partie supérieure est moins haute que sa partie inférieure.

BOL D'ARMÉNIE, *s. m.* — Terre argileuse de couleur jaune ou rouge, douce au toucher, qui entre dans la composition de l'assiette pour la dorure. (Voy. ASSIETTE.) On nomme encore cette substance *terre bolaire*, *argile ocreuse*, *bol rouge*, *oriental* et *de Lemnos*.

BOMBÉ, ÉE, *part. passé.* — Ce mot s'emploie pour désigner toute surface convexe; quand une solive, un arc, ont un renflement convexe, ils sont dits *bombés*. — Le verbe BOMBER, à l'infinitif ou au présent, n'a pas le même sens que son participe passé, il signifie faire un trait plus ou moins renflé.

BOMBEMENT, *s. m.* — Surélévation centrale donnée à une chaussée, afin de faciliter le prompt écoulement des eaux sur sa surface.

BONDE, *s. f.* — Pièce de plomb ou de cuivre cylindrique munie d'un rebord et qu'on peut boucher à l'aide d'un tampon ou piston. On scelle des bondes sur l'orifice d'écoulement des pierres d'évier, sur la faïence d'une cuvette de garde-robe, etc.

BONDE DE FOND, appareil destiné à vider un réservoir, un bassin. Il se trouve placé dans la partie la plus basse de ce récipient.

BONDE DE TROP-PLEIN, appareil placé à une hauteur déterminée, et empêchant l'eau qui arrive dans un réservoir, de s'élever au-dessus. On fabrique aujourd'hui des bondes servant à la fois de *bonde de fond* et de *trop-plein*; c'est un appareil composé de deux tuyaux s'emboîtant hermétiquement : l'un, le plus large, est enfoncé en terre et placé au fond du réservoir ; l'extrémité supérieure de l'autre, d'un plus petit diamètre, affleure le niveau du trop-plein. Quand il s'agit de vider le réservoir, on retire le plus petit de ces tuyaux.

BONDIEU, *s. m.* — Large coin de bois dur ou de fer que les scieurs de long introduisent et chassent dans la fente faite par la scie. Le *bondieu* empêche le serrage de la scie, ce qui assure son fonctionnement. Après une certaine course de la scie à travers le bois, ce coin descend et s'engage dans la fente, et comme on ne peut plus l'atteindre à la main, on le chasse à l'aide d'un morceau de bois plat nommé, à cause de son emploi, *chasse-bondieu*.

BONNET A LA CAUCHOISE ou CINTRE, *s. m.* — Feuille de tôle cintrée placée à cheval au-dessus de l'extrémité supérieure d'un tuyau de cheminée, afin d'empêcher l'eau des pluies d'arriver dans ce tuyau et le vent de rabattre la fumée dans la pièce où l'on fait du feu. On dit aussi CAPOTE. (Voy. ce mot et ABAT-VENT.)

BORAX, *s. m.* — Sel de soude ayant la propriété de dissoudre les oxydes métalliques. Les serruriers et les plombiers s'en servent pour souder le fer et le plomb, dont les surfaces doivent être parfaitement nettes pour pouvoir être soudées. On nomme ce sel *borate de soude*.

BORDAGES, *s. m. pl.* — Planches ou madriers formant l'enceinte d'un coffre de fondation. — En tenture, on nomme ainsi des bandes de papier gris collés au pourtour des toiles tendues afin d'empêcher la toile d'échapper, de cacher les têtes de clous, et la rouille occasionnée par ceux-ci d'apparaître sur le papier de tenture.

BORDEREAU DE PRIX, *s. m.* — Mémoire donnant séparément le prix des matériaux ou des ouvrages des travaux de construction ; il y a aussi des *bordereaux de compte, de vente, de situation, de collocation, de prêts, etc.*

BORDOYER, *v. a.* — Ce mot n'est employé qu'en peinture ; il signifie faire une bordure, border, entourer, cerner.

BORDURE, *s. f.* — Pavage, blocs de pierre, pavés de grès ou de porphyre, cailloux entiers ou étêtés employés pour accoter les chaussées ;

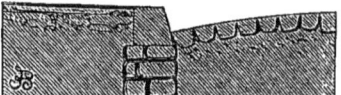

Fig. 1. — Bordure de trottoir simple.

quartiers de pierres dures formant le rebord des trottoirs. Notre figure 1 montre un premier spécimen de bordure de trottoir. Notre

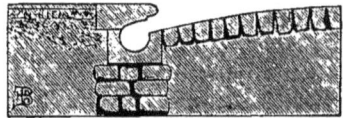

Fig. 2. — Bordure de trottoir cachant le caniveau de la chaussée.

figure 2 montre un deuxième genre dans lequel le caniveau pour l'écoulement des eaux est caché par le bec de la bordure.

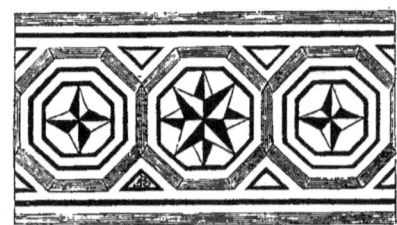

Fig. 3. — Bordure de parquet.

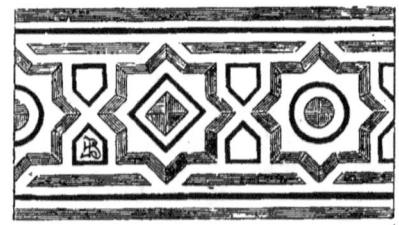

Fig. 4. — Bordure de parquet.

En menuiserie, on nomme ainsi des moulures ou des tringles de bois formant encadrement. (Voy. CADRE.) Ce sont aussi dans les parquets des bandes d'encadrement ; nos figures 3 et 4 donnent des bordures droites et notre figure 5 une bordure d'angle. — Mosaï-

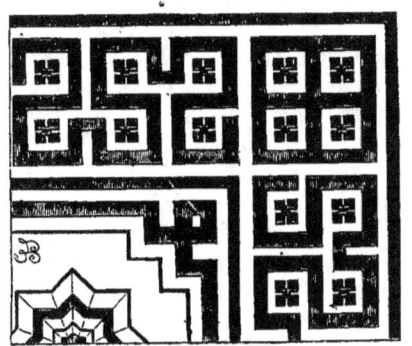

Fig. 5. — Bordure de parquet (angle).

ques formant encadrement soit d'un pavé, soit d'un revêtement de murs. Notre figure 6 montre

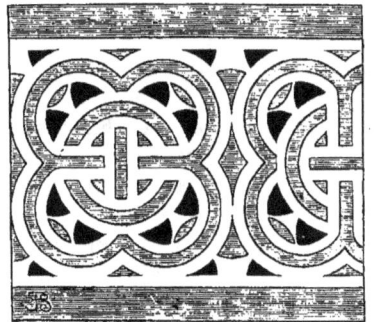

Fig. 6. — Bordure de mosaïque (baptistère de Florence).

une bordure de mosaïque du pavé intérieur du baptistère de Florence ; notre figure 7 une bor-

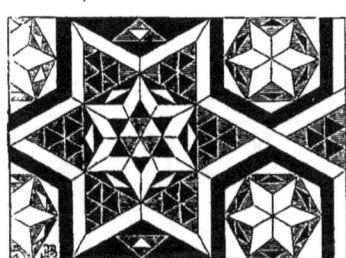

Fig. 7. — Bordure de mosaïque de revêtement)
(cathédrale de Montréal).

dure de mosaïque du revêtement en marbre des murs des bas-côtés de la cathédrale de Montréal, près de Palerme.

Dans l'art des jardins, les bordures sont de petites galeries en gros fils de fer, en bois de grume ou en fonte imitant ce dernier, qui bordent les allées des parcs et des jardins.

En tenture, ce sont des bandes de papier ordinairement veloutées, unies, qui servent à encadrer des panneaux de papier à dessins. Les bordures sont quelquefois arrêtées par des baguettes dorées.

BORDURE, terme de BLASON (voy. ce mot), ceinture qui entoure l'écu ; elle est toujours de couleur différente et ne doit pas dépasser le sixième de l'écu ; elle est de forme variable : on la dit *endentée, engrêlée, cantonnée, etc.* C'était la marque distinctive des puînés dans une famille.

BORNAGE, *s. m.* — Formalité amiable ou judiciaire qui consiste dans la plantation de nouvelles bornes ou dans le rétablissement et la reconnaissance des anciennes. Le bornage sert à déterminer et à indiquer la délimitation des propriétés non bâties appartenant aux simples particuliers, aux communes ou à l'État. Dans le cas d'une opération amiable, le bornage doit être constaté par un acte notarié ou sous seing privé en bonne et due forme. (*Code civ.*, 1108, 1134 ; Toullier, t. 3, n. 172.)

Dans le bornage judiciaire, l'intervention d'experts assermentés et nommés d'office devient nécessaire. Ceux-ci, après examen des titres et arpentage du terrain, mettent ou font mettre à leur place les BORNES (voy. ce mot) indiquant les limites des propriétés soumises à leur arbitrage. — En matière de bornage comme en toute autre, régissant la propriété, les titres font loi, à moins que par une tranquille possession de trente années, l'un des voisins n'ait prescrit au delà de la contenance indiquée dans ses titres. A défaut de ces derniers, le seul fait de la possession en tient lieu.

Tout propriétaire a le droit (*Code civ.*, art. 646) d'obliger son voisin au bornage de leurs propriétés contiguës, et par suite à la vérification d'un ancien bornage ; mais il faut qu'il y ait contiguïté ; or deux fonds peuvent être voisins sans être contigus : une langue de terre appartenant à un tiers, une rivière navigable ou flottable, un chemin dépendant du domaine public ou municipal séparant les deux voisins, rendent inadmissible la demande en bornage. (Pardessus, t. 1, n° 118.) L'action en bornage est imprescriptible, elle peut toujours être intentée alors même que les héritages seraient restés plus de trente ans sans être séparés par des bornes; ceci résulte de l'article 815 du Code civil, ainsi conçu :

Nul ne peut être contraint à demeurer dans l'indivision; et le partage peut être toujours provoqué, nonobstant prohibitions et conventions contraires. — On peut cependant convenir de suspendre le partage pendant un temps limité : cette convention ne peut être obligatoire au delà de cinq ans; mais elle peut être renouvelée. (*Code civ.*, 6, 900, 1133, 1172, 1220, 1476; *Code de pr.*, 966 et suiv.) — Il résulte de ce qui précède que, malgré le bornage, on peut acquérir par la prescription trentenaire, mais celle-ci ne peut en rien empêcher d'intenter une action en bornage.

D'après cet article, les propriétaires n'y pourraient même pas valablement renoncer.

La demande en bornage peut être formée non-seulement par le propriétaire réel, mais encore par le propriétaire apparent, par l'usufruitier, l'usager, l'emphytéote, l'antichrésiste, et réciproquement contre cette classe de possesseurs temporaires; mais il convient alors de mettre en cause le propriétaire réel, afin que le jugement qui statue en cette circonstance puisse avoir pour lui force de chose jugée. (Pothier, *Société*, n. 232; Merlin, *Rep.*, v° *Bornage*, n. 2; Duranton, t. 5, n. 253; Marcadé, art. 646, n. 2; Demolombe, t. 2, n. 249 et 256; Frémy-Ligneville, *Code des archit.*, n. 96; Mongis, *Encyclop.*, v° *Bornage*, n. 37 à 41; Pardessus, t. 2, n. 232; Domat, *Lois civiles*, liv. 2, titre 5, sect. 1, n. 7; Neveu-Deratrie, *Lois rurales*, p. 54.)

Le fermier n'a pas le droit d'intenter par lui-même une action en bornage, mais il a le droit, pour faire cesser un trouble dans sa jouissance, d'obliger son bailleur à faire établir ou vérifier le bornage de la propriété qu'il tient à ferme. Si l'action en bornage est dirigée contre lui, il lui suffit de faire connaître son bailleur pour obtenir d'être renvoyé de la demande.

Peuvent exercer l'action en bornage, le tuteur sans l'autorisation du conseil de famille,

le mari seul et sans l'intervention de sa femme, pourvu toutefois que l'opération se renferme dans un simple bornage, sans contestation su la propriété ni sur les titres, et qu'il n'y ait ni transaction ni arrangement à l'amiable. (Pothier, *Société*, n. 232; Mongis, *Encycl.*, v° *Bornage*, n. 42 et 44; Vaudoré, *Droit rural*, t. 1, p. 37; Duranton, t. 5, n. 253.)

Le mineur, même émancipé, et l'individu pourvu d'un conseil judiciaire ne peuvent exercer l'action en bornage qu'avec l'assistance de leur curateur ou de leur conseil de famille. ( Demolombe, t. 2, n. 261. )

Le bornage ne peut être demandé entre copropriétaires indivis d'un même fonds, tant que dure l'indivision ; mais si dans l'ensemble des biens indivis il existait deux héritages contigus et de nature différente, chacun des copropriétaires a le droit d'exiger la délimitation de ces héritages (Pardessus, t. 1, n. 118) de même que celui qui est seul propriétaire d'un héritage contigu à un autre, dont une portion indivise lui appartient, peut exiger également le bornage des deux héritages. ( *Ibid.*)

Le bornage peut aussi être demandé par les communes, par les établissements publics et par l'État ou contre eux, comme il le serait par ou contre de simples particuliers. Pour les personnes morales, les règles et la juridiction à suivre sont les mêmes que pour les personnes privées. (S. V. 1845, 2, 294, Douai, 26 mars 1844; *ibid.*, 1857, 1, 655; Cass., 29 juillet 1865; J. P. 1858, 447.)

Il y a cependant une restriction à faire en ce qui concerne les bois et forêts. (Voy. DÉLIMITATION. )

*Comment procède-t-on au bornage ?* — Nous avons vu au début de cet article qu'on pouvait procéder au bornage amiable et judiciaire. Quand deux propriétaires majeurs et maîtres de leurs droits s'accordent, ils procèdent eux-mêmes au bornage de leurs fonds, et les conventions et opérations relatives à ce bornage sont constatées par acte sous seing privé, ou par tout autre acte authentique.

Mais si les propriétaires ne s'accordent pas ou si l'un d'eux est incapable à quelque titre que ce soit, le bornage ne peut être fait que devant le juge de paix (L. 25 mai 1838, art.

6), qui, par une descente sur les héritages, pourra éviter les frais d'expertises, ce qui, d'après Bioche (*Dict. de proc.*, v° *Bornage*, n. 30), est le vœu du législateur. Mais si l'expertise est indispensable, les experts sont ou choisis par les parties ou nommés d'office par le juge. (*Code proc. civ.*, 304, 305.) Dans ce cas, le juge qui nomme les experts précise l'objet de leur mission, et ceux-ci doivent s'y renfermer strictement. Ils, doivent en général se borner à examiner les titres respectifs et à établir le bornage, d'après l'énonciation de ces titres et autres pièces de la cause. S'il s'élève des questions imprévues, préjudicielles ou autres, les experts renvoient les parties devant le juge, dont ils se contentent d'exécuter la sentence; enfin ils procèdent ou font procéder sous leurs yeux à la plantation des bornes. (Voir plus loin, au mot BORNE, les règles à suivre pour cette plantation.) Mais la mission des experts n'est pas encore terminée : ils doivent dresser procès-verbal de leurs diverses opérations, et déposer celui-ci au greffe du tribunal qui les a nommés experts. (*Code proc. civ.*, 319.) Nous ne dirons pas comment les experts doivent procéder dans des cas particuliers ni la marche qu'ils ont à suivre pour l'examen des titres, ce sont là des considérations qui ne peuvent être étudiées que dans des ouvrages spéciaux de jurisprudence ; nous renverrons donc le lecteur désireux d'approfondir cette question aux sources que nous citons dans notre ouvrage.

*Frais de bornage.* — La fin de l'article 646 du code civil dit formellement : *le bornage se fait à frais communs.* D'autre part la loi du 28 septembre-6 octobre 1791 dit : *le bornage se fera à moitié frais.* Il y a dans ces expressions une distinction à établir, et nous pensons que les frais de bornage doivent être faits à frais communs, et à *moitié frais*, mais seulement pour l'achat, la pose et la plantation des bornes, car il est bien évident que dans l'esprit des législateurs les frais d'arpentage et d'application de titres doivent être répartis proportionnellement à l'étendue de la propriété de chacun.

Beaucoup de jurisconsultes pensent que la disposition de l'article 646 n'est applicable qu'aux frais des opérations de bornage et des actes indispensables pour y arriver, et non aux procès qui s'élèveraient à l'occasion du bornage. Il est bien évident en effet qu'à ces procès s'appliquerait la règle générale de l'article 130 du code de procédure civile, à savoir que toute partie qui succombe est condamnée aux dépens. (Dalloz, *Rép.*, v° *Bornage*, n. 68 ; Fournel, t. 1, p. 240 ; Demolombe, t. 2, n. 277.) Mais il convient d'ajouter que, si une transaction met fin au procès, l'article 646 peut s'appliquer même aux frais de ce procès.

Pour détails complémentaires, voy. BORNE et DÉLIMITATION.

BORNE, *s. f.* — Ce mot exprime soit des limites territoriales, soit de petits monuments servant à divers usages. On distingue aussi les bornes *chasse-roues*, et celles qui indiquent les distances itinéraires ; on nommait ces dernières *bornes kilométriques*, ce que les anciens appelaient *bornes milliaires ;* les bornes de cirque portaient le nom de *metæ.* Enfin il existe des bornes au moyen desquelles on délimite les pièces de terre.

Les *bornes chasse-roues* sont en pierre dure, en fer ou en fonte ; elles affectent diverses formes, mais leur surface est ordinaire-

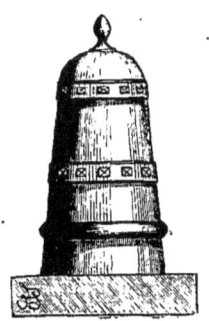

Fig. 1. — Borne chasse-roues.

ment courbe. Notre figure 1 en montre un type. L'usage de placer des bornes au droit des façades remonte à une haute antiquité ; mais ce ne fut que vers la fin du moyen âge, alors que les voitures de transport devinrent plus nombreuses et surtout depuis l'invention des carrosses, que l'usage des bornes prit un grand accroissement ; l'apparition des trottoirs a commencé à en restreindre l'usage, et aujourd'hui les bornes, même pour les portes cochères, sont remplacées par des chasse-roues en fer ou en fonte. Des bornes plus importantes étaient placées par les Romains, de mille en mille pas, sur les grandes voies de communication. Elles servaient à marquer la distance de l'endroit où elles se trouvaient par rapport à la ville voisine. Ce fut C. Gracchus (Plutarque, *C. Gracch.*, 7) qui introduisit le premier cet usage. La plupart des musées d'antiquités possèdent des types de ces *bornes milliaires* ; il en existe même plusieurs qui sont encore debout à leur place primitive à la porte romaine dite d'*Auguste*, à Nîmes par exemple.

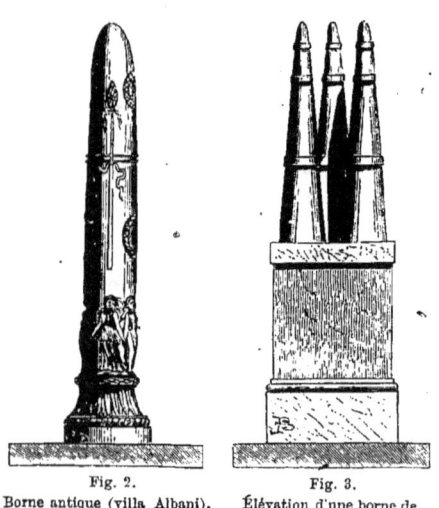

Fig. 2.                                        Fig. 3.
Borne antique (villa Albani).     Élévation d'une borne de
                                             cirque (Meta).

Auguste fit élever sur le forum le milliaire d'or (*milliarium aureum*). C'est ainsi qu'on désignait le point central d'où partaient toutes les grandes voies militaires. Des fouilles faites il y a vingt-six à vingt-sept ans ont fait découvrir le piédestal de cette borne milliaire auprès de l'arc de Septime Sévère.

Les stades des Grecs et les cirques des Romains renfermaient des bornes (*metæ*) d'une forme toute particulière. Elles servaient à déterminer l'espace que devaient parcourir les coureurs, les chevaux ou les chars ; elles remplaçaient le poteau de nos courses de chevaux. Les *metæ* étaient placées aux deux extrémités des stades ou de la spina du CIR-

QUE. (Voy. ce mot.) Elles étaient généralement groupées par trois, comme le témoignent de nombreux bas-reliefs ; elles étaient unies ou décorées de sculptures. (Voy. nos figures.)

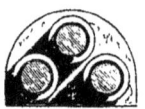

Fig. 4. — Plan de la figure 3.

De nos jours, les bornes servent aussi à déterminer, à jalonner pour ainsi dire certaines directions suivant lesquelles passent souterrainement un aqueduc, un tunnel, etc. Elles servent aussi de monument COMMÉMORATIF (voy. ce mot), et dans ce cas elles sont érigées sur le lieu même où s'est passé un fait mémorable.

BORNES LIMITATIVES. — L'origine des bornes servant à délimiter les biens ruraux remonte à une très-haute antiquité ; mais le premier peuple chez qui l'on retrouve cet usage, c'est le peuple égyptien, qui, après chaque inondation du Nil, ne pouvait reconnaître les limites des propriétés qu'à l'aide de bornes. Les Grecs et les Romains surmontaient leurs bornes des bustes des dieux, pour mettre leurs terres sous leur sauvegarde et leur protection ; c'était ordinairement chez les Grecs *Hermès*, et chez les Romains le dieu *Terme*. — Actuellement les bornes rurales ne sont soumises par la loi ni à une forme, ni à des dimensions déterminées ; on suit à cet égard l'usage établi dans la localité.

JURISPRUDENCE. — En jurisprudence, on nomme *bornes* toutes marques, naturelles ou artificielles, indiquant la séparation de deux héritages contigus. Ainsi peuvent être pris comme bornes les rochers, édifices, fleuves,

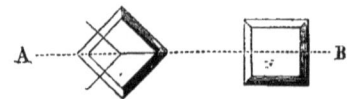

Fig. 1. — Bornes limitatives ; A B, ligne séparative.

rivières, collines, arbres, haies, fossés, etc.; mais on prend surtout pour bornes des pierres en forme de pyramide quadrangulaire tronquée, plantées debout et enfoncées en terre suivant la ligne séparative de deux propriétés.

Notre figure 1 montre en plan deux bornes sur lesquelles la ligne séparative est indiquée par A B. — Les bornes doivent être plantées dans un même alignement, et, pour les distinguer d'autres pierres que le hasard ou l'intention de nuire pourrait avoir placées en deçà ou au delà d'une limite, on *assiste les bornes de témoins ;* c'est-à-dire que l'on place sous leur pied une tuile fendue, du charbon, des culs de bouteille (fig. 2) ou tout autre objet inaltérable ou indestructible, propre à faire reconnaître, à *témoigner* que la pierre qui se trouve placée dans ces conditions est bien une *borne*. Le procès-verbal dressé à la suite de cette plantation (voy. BORNAGE) fait mention de la nature, de la forme, de la quantité, de la position et place qu'occupent ces *témoins*. On appelle encore ceux-ci *garants*, et

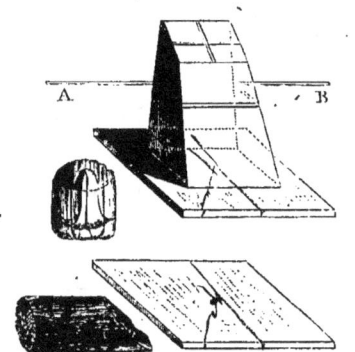

Fig. 2. — Borne limitative placée sur un tuileau, et enfoncée en terre jusqu'en A B. — Cul de bouteille, charbon, tuileau.

anciennement ils portaient le nom de *perdriaux, filleules, gardes*. Lorsque le terrain est de forme irrégulière, il est très-important de placer des bornes aux points d'intersection des lignes brisées, de manière à pouvoir parfaitement délimiter avec elles la démarcation des deux héritages. Quand cette ligne de démarcation est fort longue, serait-elle même en ligne droite, il sera utile de planter de distance en distance des bornes intermédiaires, et ne pas se contenter des deux situées sur les points extrêmes de la séparation des héritages.

*Déplacement ou enlèvement des bornes*. — Celui qui peut avoir à se plaindre du déplacement ou de l'enlèvement des bornes a le droit d'intenter deux actions, l'une civile, l'autre cor-

rectionnelle, au coupable de ce délit ; mais il n'y a délit qu'autant que le bornage a été fait soit à l'amiable, soit judiciairement entre les propriétaires intéressés. Un propriétaire ne pourrait être poursuivi correctionnellement pour déplacement ou enlèvement d'une borne qu'il aurait plantée lui-même. Un pareil déplacement ne peut donner lieu qu'à une action en complainte ou en réintégrande ; ainsi jugé par la cour de Pau, 29 mai 1839 (voir aussi Demolombe, t. 2, n° 246). Si la borne enlevée

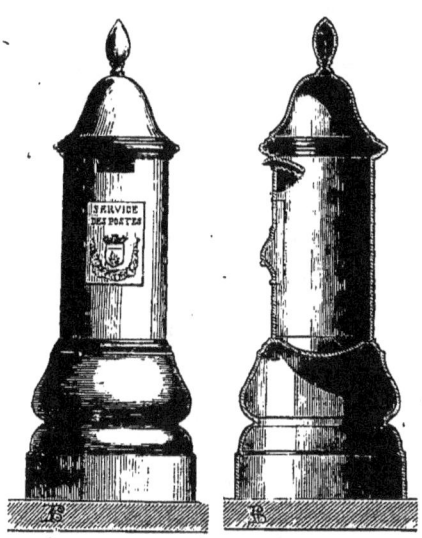

Élévation et coupe d'une borne-boîte aux lettres.

avait été plantée par le voisin de celui qui l'a enlevée, ce n'est pas non plus dans l'espèce un enlèvement de borne dans le sens de la loi pénale, mais pour ce fait l'auteur de l'enlèvement est passible des mêmes peines correctionnelles que s'il eût abattu l'arbre, la clôture ou la haie du voisin. — La cour de cassation (S. V. 1854, 1,344 ; Cass., 8 avril 1854 ; J. P. 1856, 1,205) a jugé que le déplacement d'une borne séparative effectué par un propriétaire, sans l'assentiment de son voisin, constitue le délit de déplacement de borne, alors même qu'il n'en serait résulté aucun empiétement.

BORNES-FONTAINES. — Dans beaucoup de villes, il existe des bornes-fontaines qui servent à l'usage des habitants et au lavage des ruisseaux et des rues. Elles coulent constamment ou seulement pendant quelques heures de la journée.

**BORNE-BOÎTE AUX LETTRES. —** L'administration des postes a également fait placer en diverses localités des bornes en fonte pour recevoir les lettres; ce type de boîte aux lettres (voy. nos figures de la page précéd.) est préférable au simple coffre en bois posé en saillie sur des édifices.

**BORNOYER, *v. a.* —** Déterminer à l'aide de jalons la direction d'alignements droits ou courbes, soit pour planter un bâtiment, tracer une route ou un chemin. L'étymologie de ce mot ne vient point de *borne*, comme quelques auteurs le pensent, mais de *borgne*, parce que pour vérifier un alignement ou s'assurer si une règle est droite, une surface plane, on regarde d'un œil en fermant l'autre, on fait le borgne ; mais, par euphémisme, au lieu de *borgnoyer* on dit *bornoyer*.

**BOSEL, *s. m.* —** Synonyme de TORE. (Voy. ce mot.) On écrit quelquefois *bozel*.

**BOSSAGE, *s. m.* —** Saillie brute ou façonnée, pratiquée sur la surface plane des murs, des arcades et même des colonnes. L'usage des bossages bruts a dû exister dans les temps les plus reculés ; mais un des plus anciens exemples qui soit parvenu jusqu'à nous existe sur le mur d'enceinte du temple de Jupiter Olympien, dont la fondation date de Pisistrate. — Les bossages diffèrent des RE-FENDS (voy. ce mot), en ce que ces derniers sont des canaux taillés dans la masse et figurent des joints, tandis que les bossages sont en relief sur le nu de la construction; ils peuvent être séparés par des refends, ce qui les fait paraître plus saillants encore. — Tantôt les bossages forment des chaînes isolées sur les murs, tantôt ils en couvrent toute la superficie. Les pilastres et les colonnes peuvent être ornés de bossages. Les Romains appliquèrent fréquemment les bossages sur des constructions qui comportaient un caractère de force et de vigueur, par exemple sur les murs d'enceinte du forum d'Auguste, sur l'aqueduc de Claude, sur la porte Majeure, dont les colonnes

sont couvertes d'un bossage continu. On voit également de grands bossages sur les amphithéâtres de Pola et de Vérone. Ces beaux

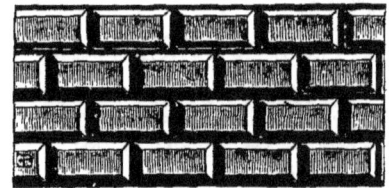

Fig. 1. — Bossage à chanfrein.

restes de l'antiquité semblent même avoir inspiré les grands architectes toscans, les Arnol-

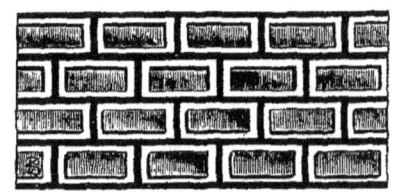

Fig. 2.—(Haut),bossage ravalé ; (bas), bossage carré ou en table.

pho, les Brunelleschi, les Ammanati et tous ceux qui érigèrent les beaux palais de Florence.

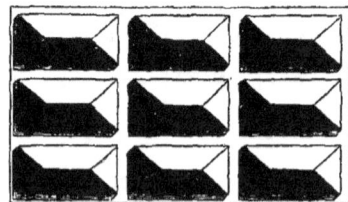

Fig. 3. — Pointes de diamant simples (bossage barlong.)

Ces derniers monuments semblent avoir à leur tour répandu le même goût en France au XVIᵉ

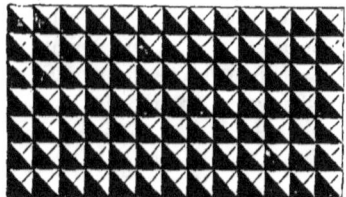

Fig. 4. — Pointes de diamants carrées.

et au XVIIᵉ siècle : le Louvre et le Luxembourg peuvent témoigner du bel aspect de cette architecture à bossage.

Suivant leurs formes ou leur décoration, on a donné aux bossages diverses dénominations : ils sont dits *à chanfrein* (fig. 1) quand, séparés par un canal, leurs arêtes sont abattues en

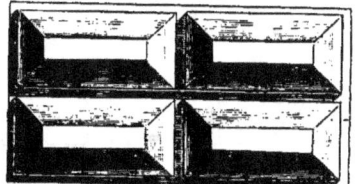

Fig. 5. — Têtes de diamant à facette.

chanfrein ; *à anglet* ou *onglet*, quand leurs arêtes en chanfrein sont communes à plusieurs bossages ; *bossages ravalés*, quand ils

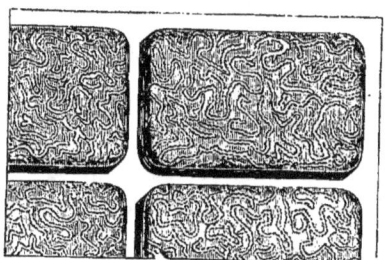

Fig. 6. — Bossages vermiculés.

ont une table fouillée et bordée d'un listel. Notre fig. 2 montre à sa partie supérieure ce genre de bossage, tandis que la même

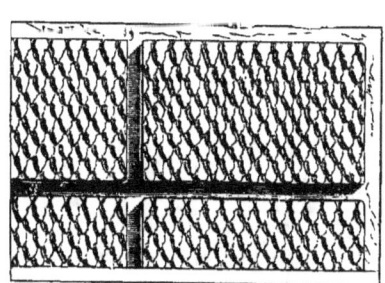

Fig. 7. — Bossages rustiques.

figure fait voir dans le bas le bossage carré ou en table ; quand ils ont deux tables superposées ils sont dits *saillants* ; ils sont *en doucine, en cavet, à talon*, quand leurs arêtes ont pour profil ces membres d'architecture. Ils sont *en pointe de diamant simple* (fig. 3)

quand leurs parements ont quatre glacis qui se terminent en pointe : les pointes de diamant peuvent être *barlongues* ou *carrées* (fig. 4). Les bossages sont *en pointe de diamant à fa-*

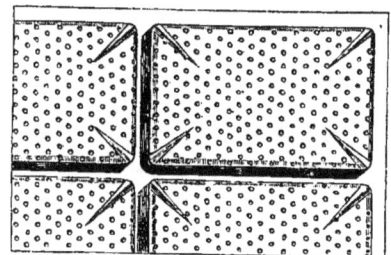

Fig. 8. — Bossages à griffes.

*cette* (fig. 5) quand les quatre parements aboutissent à une facette ; *vermiculés* (fig. 6), *à stalactites*, quand ils sont décorés de ces orne-

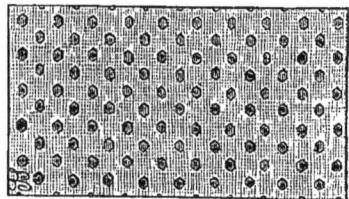

Fig. 9. — Bossages avec trous à six pans.

ments ; *rustiques* (fig. 7) ou *arrondis*, quand leurs arêtes sont arrondies ; ils portent souvent une griffe à leurs angles, sont *troués* ou *pointillés* (fig. 8), *à cellules*, suivant que leur

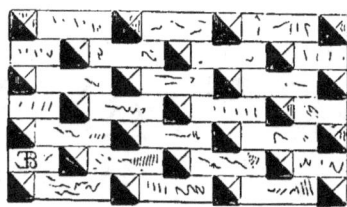

Fig. 10. — Bossages à carreaux et boutisses.

face est trouée à la mèche, pour obtenir des trous ronds ou taillés au ciseau, et présente des trous à six pans (fig. 9). Les bossages sont *en liaison*, quand ils représentent des carreaux et des boutisses : celles-ci sont souvent à tête de diamants (fig. 10). Enfin les bossages sont dits *mêlés*, quand de différentes hauteurs ils représentent des assises de haut et de bas appareil ; *en arabesques*, en *méandres*, ou *imbriqués* et en

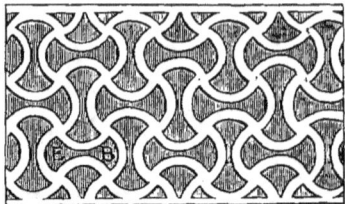

Fig. 11. — Bossages en arabesques ou à entrelacs.

*entrelacs*, quand leur face est décorée de ces ornements ; nos fig. 11, 12, 13 en représentent trois types tirés de la tour seigneuriale de Ségovie (Espagne).

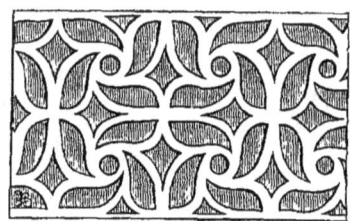

Fig. 12. — Bossages en arabesques ou à entrelacs.

BOSSAGE. — En charpente, on nomme ainsi une plus grande épaisseur réservée sur une pièce de bois, afin de lui conserver en ce point une plus grande force. On ménage des

Fig. 13. — Bossages en imbrications ou en écailles.

bossages soit pour renforcer les pièces sur des points nécessaires, soit pour recevoir des assemblages.

On fait aussi des bossages en pierres rustiquées, à *boutons* ou *en demi-sphère* ; tel est celui représenté par notre fig. 14, qui existe sur les parements de la grosse tour de la porte nord de l'enceinte de Vézelay, bâtie vers 151 à 1560.

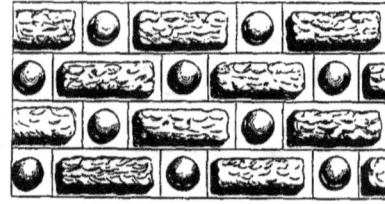

Fig. 14. — Bossages en pierres rustiquées et à boutons.

BOSSE, *s. f.* — Terme de sculpture qui sert à désigner les ouvrages en relief ; de là les expressions *ronde bosse* et *demi-bosse*, la première servant à dénommer une sculpture qu'on peut voir de tous côtés, et la seconde une sculpture qui n'est en saillie que de la moitié de son épaisseur, parce qu'elle adhère au fond qui la supporte. (Voy. BAS-RELIEF.) — Dans les arts du dessin, la bosse est un moulage en plâtre fait d'après des sculptures et qui sert de modèle aux jeunes artistes qui apprennent à dessiner ; d'où l'expression bien connue *dessiner d'après la bosse, d'après la ronde bosse*. C'est un excellent exercice, le seul capable de développer le goût et la justesse du coup d'œil des élèves, c'est-à-dire les deux qualités essentielles à tout bon dessinateur.

BOSSE. — En maçonnerie, on nomme *bosse* ou *bossette* un petit bossage laissé sur la pierre, comme témoin de son ravalement ou de la profondeur de son évidement. Les bosses servent, lors du métré et de la vérification des mémoires, à constater la vérité ; on ne les supprime qu'après le règlement définitif des comptes.

BOUCHARDE, *s. f.* — Espèce de marteau carré, à deux têtes, dont les extrémités sont aciérées et formées de petites pyramides accolées en pointe de diamant. Cet outil sert aux tailleurs de pierre pour exécuter le *rusticage* sur les roches d'une grande dureté. L'une des têtes est affectée à ce travail, tandis que l'autre est pour les pierres d'un grain fin moyennement dures. On fait des bouchardes exclusivement pour pierres dures ; elles ont deux têtes semblables; notre figure en montre une de ce genre. Du reste cet outil varie pour ainsi dire dans chaque pays : à Paris, par exemple, les bouchardes ont sur leurs côtés 4, 6, 8 et 10 dents ; à Lyon, 5, 7, 9, 11, 13 ; ce qui fait que les bouchardes à dents serrées font sur la

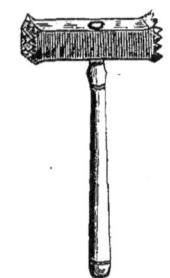

Boucharde du tailleur de pierre.

pierre un travail analogue à celui de la Laye. (Voy. ce mot). Cet outil agit à peu près de la même façon que les Gradines (voy. ce mot) quand on frappe les surfaces de pierres déjà poinçonnées.

On reproche généralement à la boucharde d'*étonner* la pierre et de provoquer, après un certain temps, l'effeuillage du parement. C'est

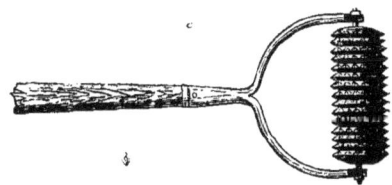

Boucharde du cimentier.

un préjugé que nous avons partagé au début de notre carrière, mais nous reconnaissons aujourd'hui que cet effeuillage est dû à la nature et à la qualité de certaines pierres plutôt qu'à l'emploi de cet outil. Ce qui nous confirme dans cette opinion, c'est que dans tous les chantiers de Paris on emploie la boucharde, et que les accidents que nous avons signalés ne se reproduisent pas d'une manière constante; du reste les bouchardes à cent et cent quarante-quatre dents ne peuvent *étonner* la pierre.

Les *piqueurs de granit* emploient une boucharde dont les dents sont tronquées d'un quart de leur hauteur au lieu d'être pointues.

Les marbriers appellent *boucharde* un poinçon aciéré dont la tête est couverte de pointes de diamant. Cet outil leur sert à percer de grands trous dans la pierre ou le marbre : pour cela, on le fait tourner en frappant dessus et en mouillant le point à creuser.

La boucharde des cimentiers est un cylindre en fonte dont la surface est moulée avec des têtes de diamant. En jetant les yeux sur notre figure, on se rend compte de la manière de se servir de cet outil. Les cimentiers bouchardent leur dallage en béton, pour lui donner l'aspect de la pierre, et pour empêcher le glissement des chaussures sur les surfaces exposées à la pluie. On boucharde très-rarement le bitume, car, par les temps de forte chaleur, le simple poids d'un homme détruirait facilement toute trace de bouchardage.

BOUCHE, s. f. — Terme générique employé pour désigner l'ouverture d'une carrière, d'un puits, l'extrémité d'un tuyau, la porte d'un four, etc.

En fumisterie, la bouche d'un poêle est l'ouverture par laquelle on introduit le combustible dans les appareils de chauffage; on

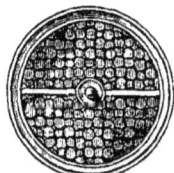

Fig. 1. — Bouchon tournant grillagé.

nomme *bouches de chaleur* les orifices permettant l'écoulement de l'air chauffé. Les bouches suivant les appareils auxquels elles correspondent, affectent diverses formes. Sur les parois des poêles en métal ou en faïence ce sont des disques en cuivre, nommés Bouchons (voy. ce mot), fermant hermétiquement ou s'ouvrant à volonté; la bague supportant la charnière du disque est grillagée (fig. 1), ou bien ce sont des disques perforés dans lesquels l'obturation des trous résulte du mouvement de rotation imprimé par un bouton à une plaque intérieure. Quand les deux disques sont exactement superposés, les trous de chacun d'eux se correspondent et laissent passer la chaleur; dans le cas contraire les pleins du disque mobile correspondent aux ouvertures du disque

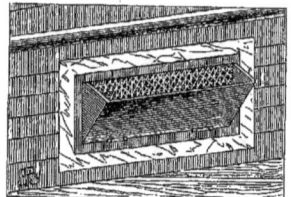

Fig. 2. — Bouche de chaleur à soufflet.

fixe : on nomme ces plaques *bouchons à tournants*. Les bouches de chaleur posées sur le sol sont des plaques de fer ou de fonte superposées, perforées de petits canaux à jour qui peuvent être fermés par le déplacement d'un bouton, de sorte que les pleins d'une plaque bouchent hermétiquement les canaux de l'autre. Comme les bouches posées sur le sol ont l'inconvénient de recevoir les poussières et les détritus du balayage, on fait des bouches de chaleur à soufflet (fig. 2), qu'on pose dans la

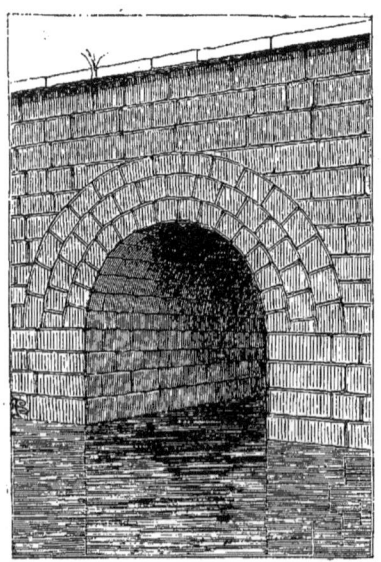

Fig. 1. — Bouche d'égout sur le Tibre.

partie inférieure des murs, au bas des stylobates et des plinthes.

BOUCHE D'ÉGOUT. — Point extrême par le-

quel un égout décharge ses eaux dans un canal, une rivière, etc. Nous avons donné, page 118, au mot ARC CONCENTRIQUE, une bouche d'é-

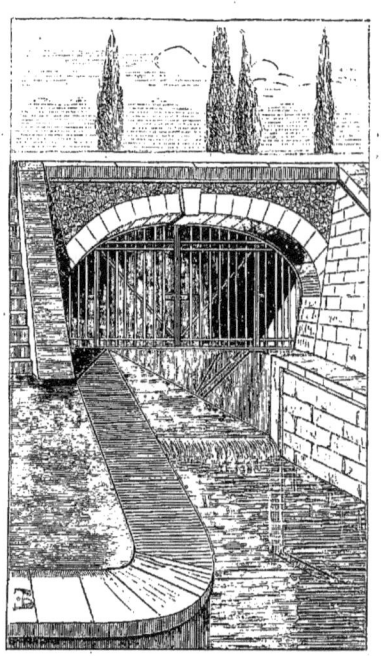

Fig. 2. — Bouche d'égout d'Asnières.

gout de la *cloaca maxima* de Rome; notre fig. 1 donne une autre bouche de la *cloaca* sur le Tibre; la fig. 2 montre la bouche du grand égout collecteur de Paris à Asnières. (Voy. ÉGOUT COLLECTEUR.)

BOUCHEMENT, *s. m.* — Opération qui consiste à fermer une baie, un trou, etc., au moyen d'une maçonnerie. S'exécutant entre les parois de la baie et sans en détruire la forme, ce qui permet au besoin de rouvrir cette baie, les bouchements se font en menus matériaux, tels que moellons, briques, etc.

Les bouchements de trous, crevasses et autres, suivant leur nature et leurs dimensions, se comptent en cube, en superficie ou à la pièce (voy. ÉVALUATIONS, LÉGERS OUVRAGES), ou bien au mètre linéaire, lorsqu'il s'agit de crevasses simples.

BOUCHERIE, *s. f.* — Établissement public

ouprivé, où se débite la viande. C'est tantôt un local dans lequel on dépose la viande, tantôt une boutique ou étal dans lequel on la vend. Anciennement, la boucherie était encore le lieu où l'on abattait les animaux. Les Romains nommaient les locaux de la première catégorie *macella*, et ceux de la seconde, *laniena*. A Rome, les boucheries furent d'abord disséminées dans divers quartiers, puis réunies dans un seul, qui prit le nom de *macellum magnum* (grande boucherie). Sous Néron, le sénat frappa une médaille dont une face représentait l'élévation d'une boucherie.

Au moyen âge, les boucheries étaient de vastes édifices dans lesquels on vendait la viande provenant des animaux abattus dans les *tueries* ou *écorcheries*. (Voy. ABATTOIR.)

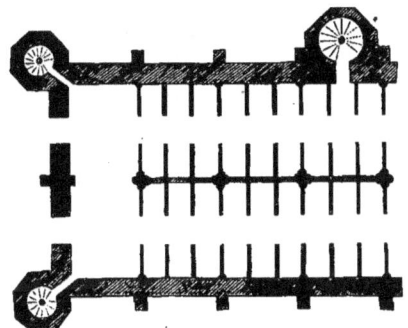

Plan de la boucherie d'Anvers.

Les anciennes communautés religieuses, autour desquelles il existait un grand nombre d'habitations, avaient souvent une boucherie pour leur usage et pour celui des habitants d'alentour. Aujourd'hui les villes ont de grandes boucheries dans leurs HALLES ou MARCHÉS ( voy. ces mots ); cependant il existe encore dans beaucoup de villes des boucheries anciennes. Notre figure donne la moitié du plan de la boucherie d'Anvers, qui date du XIVᵉ siècle. — Les boucheries doivent être vastes, élevées, bien aérées; le sol doit en être pavé, bitumé, ou dallé, afin de faciliter les lavages. Des dispositions particulières doivent permettre de diminuer la lumière à l'intérieur, afin d'empêcher les mouches d'entrer.

Les petites BOUTIQUES (voy. ce mot) doivent être disposées de la manière la plus com-

mode, et posséder des tables en hêtre très-épaisses, ainsi que des crochets pour suspendre la viande. Au mot BOUTIQUE nous donnons un modèle qui est aujourd'hui très-employé pour les étaux des bouchers.

BOUCHOIR, *s. m.* — Porte d'un four ; c'est une plaque de tôle munie d'une poignée qui sert à la manœuvrer.

BOUCHON, *s. m.* — Pelotte de linge, morceau de plomb ou de liége employé par les marbriers pour polir et lustrer le marbre.

En fumisterie, on nomme *bouchons* des boîtes circulaires en cuivre que les fumistes ajustent sur les bouches de chaleur des poêles ; ils sont généralement à charnière, avec grillage en fil de fer ou de laiton, et se ferment par un couvercle comme les tabatières. Les fumistes appellent *bouchons à tournants* les plaques obturatrices des bouches de chaleur. (Voy. BOUCHE.)

En plomberie, le *bouchon* est une pièce de cuivre servant à boucher le trou des pierres d'évier.

En serrurerie, c'est une sorte de CALOTIN (voy. ce mot) qui couvre le nœud des paumelles dites *paumelles à bouchon* ou *à nœud bouché*.

BOUCHOT, *s. m.* — Parc formé au moyen de claies et de pieux, qui sert à élever des moules ou autres coquillages, ou à retenir le poisson à marée basse. Les *bouchots* n'ont que trois côtés formés de claies ; le quatrième, qui regarde le rivage, est ouvert.

BOUCLE, *s. f.* — Sorte d'anneau en fer ou en cuivre, ajusté sur une tige de fer portant charnière et qui sert à lever ou abaisser celle-ci. — C'est aussi un anneau en fer ou en cuivre remplaçant les boutons de portes lorsque la saillie de ceux-ci pourrait gêner ou blesser. On place de ces boucles aux portes d'écurie et des boxes dans une cuvette creuse, afin que les chevaux ne puissent se blesser en passant. Les boucles servent à ouvrir les serrures, les becs-de-cane, les loquets, etc. Elles sont dites *à gibecière*, quand elles affectent cette forme;

notre figure montre une boucle de cette sorte placée à la porte de la chaire de Santa Croce.

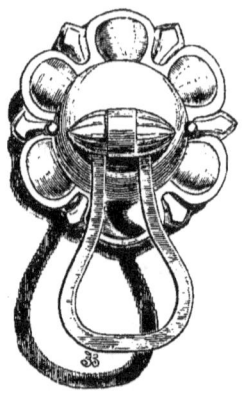

Boucle de porte à Santa Croce, à Florence.

BOUCLE DE JONCTION, boucle double en fil de fer, que le poseur de sonnettes place à la réunion de deux tirages s'ajustant sur la même sonnette.

BOUCLER, *v. n.* — On dit qu'un mur *boucle*, est *bouclé*, lorsque, stable sur une fondation solide, il ploie sous une charge quelconque. La charge d'une lourde charpente de comble, d'un plancher, d'une voûte, son propre poids, peuvent faire boucler un mur. — Le bouclement d'un mur mitoyen est toujours un indice d'une trop faible épaisseur et suffit pour faire condamner ce mur lors d'une expertise, surtout s'il joint au bouclement un surplomb sensible, quand même il n'atteindrait pas la moitié de l'épaisseur du mur, ainsi que l'exige le cas de surplomb simple. (Voy. EXPERTISE, RÉFECTION, SURPLOMB.)

Les murs bouclés se reconnaissent facilement parce qu'ils sont *arrondis*, *ronds*, et présentent une bosse dans une portion de leur hauteur.

BOUCLIER, *s. m.* — Arme défensive en usage avant l'emploi des armes à feu. Les Grecs le reçurent, dit-on, des Égyptiens. Le bouclier rond se nommait ἀσπίς; le bouclier long rectangulaire, plat ou courbe, θυρεός. Le bouclier était une arme d'honneur, on ne pouvait le perdre en combattant, aussi les bou-

cliers étaient-ils employés dans la décoration, en guise de bas-reliefs; on les plaçait dans les métopes des corniches doriques, ils étaient souvent de bronze et ornés de têtes de Gor-

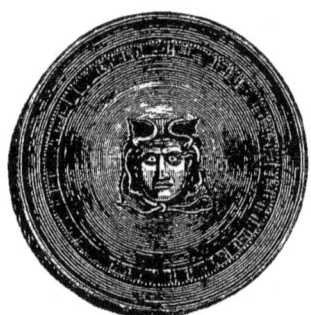

Bouclier en bronze.

gone. Tel est celui que représente notre figure. Souvent aussi on attachait aux colonnes des temples des boucliers votifs : ceux-ci étaient couverts de sculptures et de ciselures remarquables. Les artistes de la renaissance ont ciselé des boucliers qui sont de véritables œuvres d'art d'une très-grande valeur.

BIBLIOGRAPHIE. — Cariophilus, *De veterum clypeis*, Leyde, in-4°, 1751 ; Allou, *Mémoire sur l'origine et la variété des boucliers*, 1 vol. in-8°.

BOUDIN, *s. m.* — Moulure ronde, dont la saillie égale la moitié de la hauteur; c'est le nom vulgaire donné aux tores et autres moulures

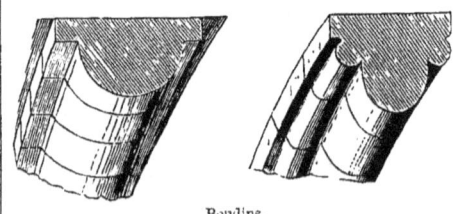

Boudins.

de formes cylindriques. — Au moyen âge, le boudin a été employé à la décoration des archivoltes, des arcs doubleaux, des ogives et des bandeaux. (Voy. TORE.)

Les fontainiers nomment *boudin* la boue épaisse qui sort d'un tuyau qu'on dégorge.

BOUDIN (Ressort à). — Voy. RESSORT.

BOUDINE, *s. f.* — Nœud qui se trouve au milieu d'un verre plat ou convexe; c'est aussi le point par lequel une pièce de verre a été soufflée.

BOUDOIR, *s. m.* — Petit réduit, petit salon décoré avec beaucoup d'élégance, situé près de la chambre à coucher et du cabinet de toilette d'une femme. Le boudoir est la pièce dans laquelle se retire la maîtresse du logis quand elle ne veut pas recevoir. La décoration du boudoir doit être luxueuse, le jour ne doit y parvenir qu'à travers des vitraux ou des verres gravés; quant à l'ameublement, il doit être de peu d'importance, mais très-confortable et d'une grande richesse. Le boudoir est une invention du XVIIIᵉ siècle.

BOUE, *s. f.* — La boue d'émeri sert à polir les marbres; elle provient de la poudre qui se forme sur les roues des meules des lapidaires et des tailleurs de cristaux. (Voy. PIQUÉ.)

BOUÉE, *s. f.* — Dans le principe la bouée n'a été qu'un simple morceau de liége attaché à une corde (*boirin*) arrêtée à l'autre bout par une grosse pierre jetée au fond de l'eau. Cette

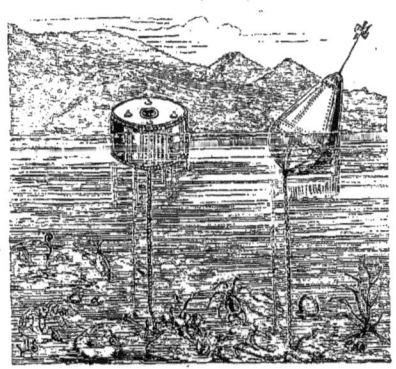

Bouées.

bouée sert encore à marquer les alignements pour les travaux hydrauliques, tels que ports, jetées, môles, etc. — On a fait aussi des bouées auxquelles on pouvait amarrer des bateaux à quelques kilomètres du port. Les balancelles des pilotes qui attendent l'arrivée d'un bâtiment pour diriger leur entrée dans un port d'un accès difficile, sont souvent amarrées aux bouées qui, dans cette occurrence, sont des caisses en tôle, affectant la forme d'une poire ou d'un tambour, comme le montre notre figure : ces bouées sont fixées sur place à l'aide de chaînes en fer, armées d'une ancre. Enfin il existe des bouées de sauvetage, qui sont des couronnes de liége entourées de toile. On les jette aux personnes en danger de se noyer. Celles-ci les passent autour de leur taille, ce qui leur permet de se soutenir sur l'eau sans fatigue. Comme la bouée est attachée à une corde, on peut la tirer du rivage ou du bateau. Anciennement on disait *aloigne*.

BOUEMENT, *s. m.* — Moulure élégie dans des lambris d'appui.

BOUES. — Voy. IMMONDICES.

BOUFFER, *v. n.* — Un mur bouffe quand un de ses parements se détache de l'autre, faute de liaison.

BOUGE, *adj.* — En menuiserie et en charpenterie on appelait *bois bouge*, toute pièce ronde ou bombée. (Voy. BOIS.)

BOUILLARD. — Voy. BOULEAU.

BOUILLON, *s. m.* — Bulles d'air plus ou moins nombreuses, et réunies par petites masses, qui forment pour ainsi dire une sorte d'écume sur les pièces de verres à vitres. Les pièces portant des bouillons doivent être mises au rebut; on dit aussi BULLES. (Voy. ce mot.)

BOULANGERIE, *s. f.* — Local dans lequel on fait le pain, et qui contient un pétrin, un fournil, un four et une paneterie. — Dans les grandes villes, les boulangeries ne sont souvent que des boutiques où l'on vend le pain qui se fabrique en dehors; dans les petites villes, au contraire, la boulangerie comprend un four, un pétrin, un fournil. — Dans les exploitations rurales éloignées d'un village ou d'une ville, la boulangerie est un bâtiment isolé situé près de la maison d'habitation et loin des granges, des fenils et des écuries, pour éviter tout danger en cas d'incendie. (Voy. Four, Fournil.)

BOULE, *s. f.* — Objet creux de forme ovoïde ou sphéroïdale, qu'on emploie en général comme

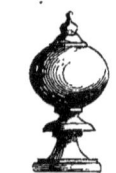

Fig. 1. — Boule de rampe.

amortissement. Les pilastres des rampes d'escalier sont généralement surmontés de boules : on les nomme *boules de rampe* (fig. 1) ; elles

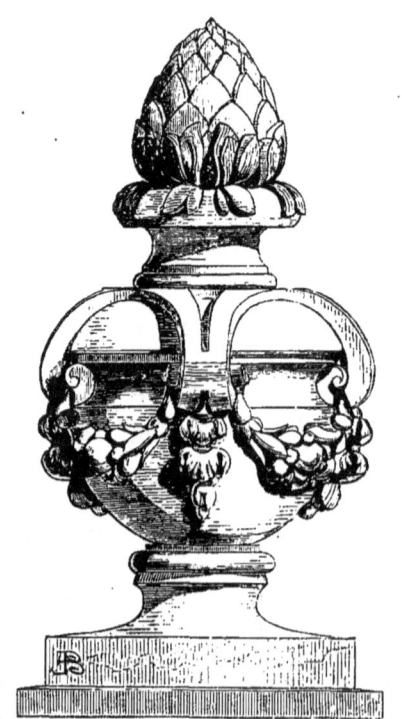

Fig. 2. — Boule d'amortissement (palais de Fontainebleau).

sont en fer, en fonte, en cuivre, en ivoire, en cristal, etc. — En architecture on nomme *boules d'amortissement* des motifs de décoration qui couronnent la pointe d'un clocher, la lanterne d'un dôme, les piliers d'une grille. Ces décorations n'affectent pas toujours la forme

d'une boule ; ce sont souvent des vases ronds très-pansus ; un beau spécimen de ce genre est représenté par notre fig. 2 ; il couronne le pilier d'une grille de clôture du palais de Fontainebleau.

Boule de stalle, celle qui couronne le poteau de face d'une stalle d'écurie. (Voy. Écurie, Boxe.)

Boule a gibecière, heurtoir dont la boucle affecte la forme d'une gibecière. (Voy. Boucle et Heurtoir.)

Boule (Ferrures à), ferrures ornées de boules ; telles sont les fiches, les paumelles, les pivots à boules.

BOULEAU, *s. m.* — Il existe quinze à seize variétés de bouleau, mais le plus connu est le *bouleau commun,* ou *bouillard,* ou *bouleau blanc* (*betula alba,* fam. des amentacées). C'est un arbre à écorce lisse, satinée, blanche, dont la hauteur moyenne est de vingt-sept mètres ; sa densité, suivant le terrain où il croît, varie de 0ᵐ,701 à 0ᵐ,720. Son bois sert à faire des jantes de roues, des essieux, des poutres et des chevrons pour des appentis ou des hangars.

BOULEVARD, *s. m.* — Ce mot, dérivé de l'allemand *boll verk,* signifiait un ouvrage de fortification extérieure, le plus souvent en terre, qui était destiné à défendre les approches d'une place forte. Par suite des modifications apportées dans l'art de la guerre, les boulevards sont devenus inutiles. On les a plantés d'arbres, et, grâce à ces anciens ouvrages, beaucoup de villes sont entourées de magnifiques avenues plantées qui font aujourd'hui de belles promenades.

BOULIN, *s. m.* — Pièce de bois de brin d'environ 2ᵐ,50 de longueur sur 0ᵐ,10 à 0ᵐ,15 de diamètre, qu'on emploie comme traverses dans les échafauds de maçons. Les boulins sont de chêne ou d'aune, ils sont attachés d'un bout aux échasses à l'aide de cordage à main, et de l'autre scellés dans les murs de moellons ou de briques dans des trous qui ont 0ᵐ,10 de profondeur et qu'on nomme *trous de boulins.* (Voy. Trou.) Quand les constructions sont en pierres de taille les boulins portent sur des écoperches et sont disposés de diverses manières ; ce n'est pas le lieu d'en parler ici. (Voy. ÉCHAFAUD.)

BOULIN, petite niche qui dans les colombiers sert de nid aux pigeons.

BOULOIR, *s. m.* — Petit rabot ou *broyon* servant aux maçons pour mélanger et remuer le sable et la chaux destinés à faire le mortier.

BOULON, *s. m.* — Tige de fer ronde ou carrée, à tête d'un bout et à vis de l'autre, pour recevoir un écrou taraudé. (Voy. fig. 1.) Quelquefois, dans les boulonnages de peu d'importance, le boulon, au lieu d'être taraudé est simplement percé pour recevoir une clavette

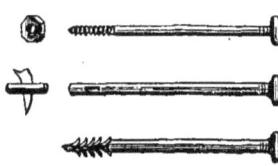

Fig. 1. — Boulon à écrou, à clavette et barbelé à scellement.

( même figure, deuxième croquis ), ou bien il est barbelé à scellement ( troisième croquis ). Pour les assemblages faits avec soin, on emploie des boulons que représente notre fig. 2. Le premier est rond à tête et son écrou est de forme hexagonale ; le second est à tête ronde sur tige en partie carrée, chanfreinée et arrondie dans le bas, pour recevoir

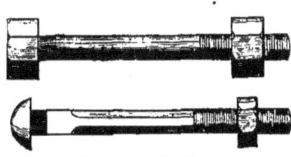

Fig. 2. — Boulons.

l'écrou. — Les boulons servent à réunir les charpentes moisées, les pièces de limons d'escaliers, etc. Les machines en charpenterie employées dans le bâtiment et les constructions provisoires en charpente, qui demandent à être montées rapidement et solidement, sont assemblées au moyen de boulons. Ils servent aussi concurremment avec les rivets dans la charpente en fer. Quelquefois les boulons sont

sans tête et garnis de part et d'autre de clavettes ou d'écrou. Dans la charpente en bois, on interpose entre le bois et l'écrou une rondelle de forte tôle, afin de protéger le bois contre les écorchures ou les déchirures qui pourraient se produire par le serrage de l'écrou.

BOULONS D'ÉCARTEMENT, tringles en fer rond placées sous les marches ou contre-marches d'un escalier dont les limons sont en bois ; on les nomme aussi TIRE-FOND. (Voy. ce mot.) Ces tringles traversent les limons et sont arrêtées de chaque côté par des écrous entaillés dans ces limons. On recouvre les entailles à l'aide d'une plaque de tôle.

BOULONS D'ÉCLISSES, boulons servant, dans la construction des voies ferrées, à fixer les éclisses contre les rails. (Voy. ÉCLISSES.)

BOULONNAGE, *s. m.* Assemblage de bois de charpente au moyen de boulons. Ce système est employé pour le *moisage* des pièces et dans les cas où la rapidité de l'exécution ne permet d'assembler les bois que par des *entures par applique.* L'opération du boulonnage est bien simple : on commence par percer au travers de deux pièces mises en place un trou de *boulonnière,* ou *tarière,* pour y loger le boulon ; puis on visse l'écrou au moyen d'une clef anglaise. (Voy. MOISAGE.) — On boulonne également les charpentes de fer, les pièces de fonte ou de bronze. La colonne de la place Vendôme, à Paris, est assemblée par boulonnage.

BOULONNER, *v. a.* — Réunir au moyen de boulons des pièces susceptibles d'être assemblées, comme le bois, le fer, la fonte. Pour les métaux, les boulons sont ordinairement de petites dimensions et souvent rivés ; on les nomme alors GOUPILLES, d'où l'expression GOUPILLER. (Voy. ces mots.)

BOULONNIÈRE. — Voy. TARIÈRE.

BOUQUET, *s. m.* — On a donné ce nom à l'amortissement des frontons, pignons, arcs en accolade ou en talon employés au moyen âge. (Voy. AMORTISSEMENT, fig. 1.)

BOUQUET. Drapeau planté par les ouvriers au sommet d'un édifice, aussitôt qu'il est couvert.

BOURDONNEAU, *s. m.* — Gond renversé recevant une BOURDONNIÈRE. (Voy. ce mot.)

BOURDONNIÈRE, *s. m.* — Arrondissement pratiqué à la partie supérieure du CHARDONNET (voy. ce mot) d'une porte de ferme. On retient cette partie arrondie par un cercle ou lien de fer. Il existe aussi des bourdonnières en fer, qu'on nomme *bourdonnières à équerre;* ce sont des pentures à deux branches qui entrent dans un gond renversé, nommé *bourdonneau.*

BOURGUIGNONNE (ÉCOLE). — Voy. FRANÇAISE (*Architecture*).

BOURRAGE, *s. m.* — Opération qui, lors de l'établissement d'une voie ferrée, consiste à fixer les traverses de chêne d'une manière invariable. C'est dans ce but qu'on tasse le plus possible la couche de *ballast;* après quoi on bourre les traverses au moyen de la pioche à bourrer.

BOURRE, *s. f.* — Poils provenant des peaux tannées ou de la tonte des draps. La bourre la plus commune est la *bourre noire* ou *rousse;* elle sert, avec de la chaux et de l'argile, à fabriquer le BLANC DE BOURRE. (Voy. ce mot.) La *bourre blanche* ou *bourre tontisse* est la laine courte qui provient de la tonte des draps. Elle est employée dans la fabrication des papiers veloutés; on la teint en toutes nuances.

BOURRELET, *s. m.* — Bord roulé d'une plaque de plomb ou d'une feuille de zinc. On fait des bourrelets autour des cuvettes, sur les bords des chénaux, etc.

BOURRELETS ÉLASTIQUES, sorte de boudins en lustrine ou percaline, bourrés d'étoupes ou de déchets de coton, qu'on place sur les feuillures des portes et des fenêtres, pour empêcher l'air d'arriver dans un local. Il est nécessaire que les pièces dont les ouvertures sont pourvues de bourrelets soient bien ventilées.

BOURRELET, terme de blason. C'était un tour de livrée, rempli de bourre et tourné comme une corde, que les chevaliers portaient dans les tournois. Le bourrelet était de la couleur des émaux de l'écu; il portait aussi le nom de *tresque, torque* ou *tortile.*

BOURRIQUET, *s. m.* — Caisse à claire-voie de dimension variable, ouverte à sa partie supérieure, qu'on emploie dans les chantiers pour le montage des matériaux, tels que moellons, briques, poteries, sacs de plâtre, etc. Le bourriquet (voy. notre figure) est pourvu d'anneaux aux angles de son cadre supérieur. Ces anneaux reçoivent des chaînes en fer ou un câble faisant élingues. Celui-ci s'accroche à

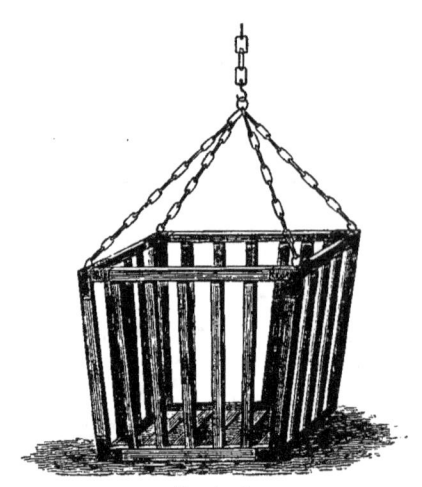

Bourriquet.

l'esse de la chèvre, grue ou sapine qui sert à monter. — Un bourriquet plein peut monter 0<sup>m</sup>,60 cubes de moellons, 0<sup>m</sup>,70 de plâtras, 300 briques, 250 à 300 poteries, suivant leur forme, et 20 à 25 sacs de plâtre. Le poids de son contenu varie, suivant les matériaux qu'il renferme, entre 500 et 1,000 kilogrammes.

BOURRIQUET, espèce de chevalet des couvreurs sur lequel ils mettent les ardoises, pour les avoir sous la main; on le nomme aussi *chat.*

BOURRU, *adj.* — Moellon simplement *ébousiné.*

BOURSE, *s. f.* — Édifice public servant de lieu de rendez-vous aux négociants pour y traiter des affaires. Dans les villes maritimes on vend et on achète à la bourse toutes sortes de marchandises et de fonds publics. Dans les grandes capitales, les bourses ne servent qu'à la vente et à l'achat des titres de rentes, obligations, etc.; il y a en outre des bourses pour les blés, les vins, les toiles, etc. La bourse est le marché public qui a remplacé dans nos temps modernes l'*agora* des Grecs et le *forum* des Romains. (Voy. AGORA et FORUM.)

**BOURSEAU**, *s. m.* — Grosse moulure ou membron de la panne de brisis des combles à la Mansart; le bourseau est ordinairement recouvert de plomb ou de zinc. (Voy. MEMBRON.) — Morceau de bois quadrangulaire, et pourvu d'un manche, qui sert aux plombiers pour arrondir les bords des feuilles de zinc destinées à faire des BOURRELETS. (Voy. ce mot.) Le bourseau ressemble beaucoup à la BATTE. (Voy. ce mot, fig. 4.)

**BOUSER**, *v. a.* — Battre l'aire d'une grange composée de terre grasse et de bouse de vache.

**BOUSILLAGE.** — Voy. BAUGE et PISÉ.

**BOUSIN**, *s. m.* — Espèce de boue (d'où dérive *bousin*), croûte tendre et molle, qui se trouve à la surface des pierres et des moellons. On doit retirer le bousin de pierres avant de les employer; c'est ce qu'on nomme ÉBOUSINER (voy. ce mot), purger de son bousin. — Il est aussi mauvais de laisser aux pierres leur bousin que l'aubier au bois; car le premier entraîne la perte des pierres et le second celle des bois, ce qui nuit également à la stabilité des constructions.

**BOUT**, *s. m.* — Ce substantif fut employé pour désigner l'extrémité de bien des objets : ainsi on dit que les tuyaux s'emboîtent *bout à bout;* il existe des *quarts de bout*, des *demi-bouts* de tuyaux; l'extrémité arrondie en bouton d'une clef bénarde se nomme *bout*, etc., etc. (Voy. la figure à BÉNARDE, *Clef.*)

**BOUTANT** (ARC-). — Voy. ARC.

**BOUTÉE.** — Voy. BUTÉE.

**BOUTER**, *v. a.* — Synonyme de contrebutter. (Voy. BUTER.)

**BOUTER**, en serrurerie, c'est arrondir une pièce de fer à l'aide de la lime nommée *lime à bouter*. (Voy. LIME.)

**BOUTEROLLE**, *s. f.* — Partie de la garniture d'une serrure; fente pratiquée au *panneton* d'une clef, près de sa tige; douille en forme de *bouterolle;* outil servant à *bouteroller*, à faire les *rivures*, c'est-à-dire les secondes têtes des rivets. (Voy. RIVOIR.)

**BOUTEROLLER**, *v. a.* — Se servir de la bouterolle, ou d'une douille en forme de bouterolle; faire des bouterolles. (Voy. RIVER.)

**BOUTIQUE**, *s. f.* — Local situé au rez-de-chaussée d'une maison, et dans lequel on vend des marchandises. Les boutiques donnent généralement sur la voie publique, dont elles sont séparées par une menuiserie vitrée, nommée *devanture*, et dans laquelle les boutiquiers étalent leurs marchandises. Pour donner le plus de jour possible aux boutiques, on passe un poitrail au niveau du plancher de la boutique, et

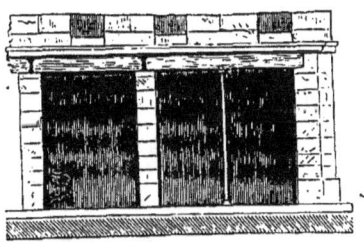

Fig. 1. — Ouverture d'une boutique, échelle de 0m,005 pour mètre.

on le supporte à l'aide de minces piles de pierre ou avec des colonnes de fonte. Notre fig. 1 montre une ouverture de boutique qui mesure 7m,40 de largeur et qui supporte ses poitrails à l'aide d'un pilier de pierre et de deux colonnes en fonte accouplées. Notre fig. 2 montre une ouverture de boutique embrassant le rez-de-chaussée et l'entresol. Un poitrail en fer passe au-dessus de l'entresol et porte sur des piles en pierre et des colonnes de fonte, tandis que des FILETS (voy. ce mot) supportent le plancher du rez-de-chaussée. Ces

filets portent d'un côté sur des sabots ou pa-
tins dont sont armées les colonnes, et de

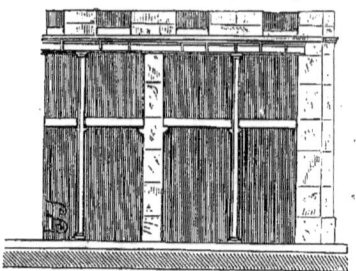

Fig. 2. — Ouverture de boutique avec entresol,
échelle de 0ᵐ,005 pour mètre.

l'autre sont encastrés dans la pierre qui porte
de petits corbeaux sur la pile du milieu. La

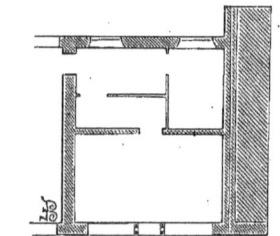

Fig. 3. — Boutique avec son arrière-boutique,
échelle de 0ᵐ,005 pour mètre.

boutique est souvent accompagnée d'une *arrière-boutique*. Notre fig. 3 montre le plan

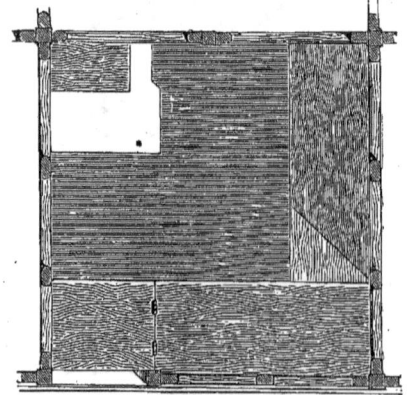

Fig. 4. — Plan d'une boutique de halle,
échelle de 0ᵐ,02 pour mètre.

d'une boutique avec deux petites pièces et un
dégagement en arrière. — Dans les halles et

marchés de villes on fait aujourd'hui de petites
boutiques pour les bouchers, les marchands
de poissons et de légumes. Notre fig. 4 montre
le plan d'une de ces boutiques, destinée
à un fruitier, tandis que la fig. 5 en fait voir
l'élévation; un poteau porte le numéro d'ordre

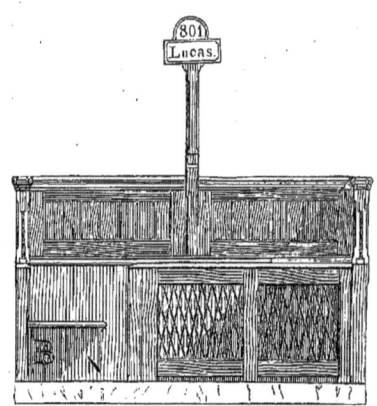

Fig. 5. — Élévation d'une boutique de halle,
échelle de 0ᵐ,02 pour mètre.

du marché et le nom du marchand. Les boutiques de boucher ont leurs cloisons plus élevées et possèdent des crochets en fer, pour suspendre les pièces de viande. Les anciens avaient
sur le forum des boutiques analogues aux nôtres.

BOUTISSE, *s. f.* — Mot dérivé de *bout;* en
effet, les *boutisses* sont des pierres plus longues
que larges et dont un des bouts forme le pare-

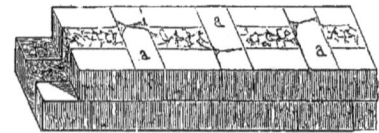

Fig. 1. — *a, a, a,* boutisses.

ment du mur. Dans notre fig. 1, les pierres mar-
quées *a, a, a* sont des boutisses, tandis que les
autres ne sont que des CARREAUX. (Voy. ce
mot.) — Il ne faut pas confondre les *boutisses*
avec les *parpaings:* ces derniers traversent le
mur de part en part (voy. fig. 2, *a, a*); ils
portent donc deux têtes faisant parement sur

chaque face du mur. Par ce qui précède, on voit que les briques, les moellons peuvent faire boutisses.

Sans former une liaison aussi intime que les parpaings, les boutisses sont d'une grande im-

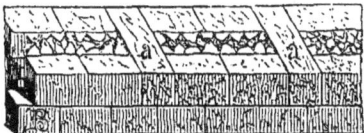

Fig. 2. — *a, a,* parpaings.

portance. Elles facilitent, en effet, l'homogénéité de la construction, en reliant le parement au cœur du mur. On comprend que dans les massifs et les murs d'une très-forte épaisseur, on ne peut faire emploi que de boutisses, car la profondeur de la maçonnerie ne·permet pas d'employer des parpaings. — On nomme encore *boutisses* les pavés de grande dimension qui arrêtent les bords d'un pavement d'une chaussée ou d'une cour. (Voy. PAVÉ, PAVE-·MENT.)

BOÙTISSE (Jambe). — Voy. JAMBE.

BOUTOI, *s. m.* — Terme de blason, bout du grouin du sanglier, d'émail différent de la hure ou tourné vers le haut de l'écu.

BOUTON, *s. m.* — En architecture, on nomme *bouton* un ornement de sculpture qui affecte la forme d'un bouton de fleur ; cet ornement, très-fréquemment employé dans l'ar-

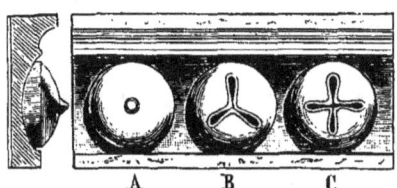

Fig. 1. — Boutons simples, trifoliés, etc.

chitecture du moyen âge, surtout au XIIe et au XIIIe siècle, est très-goûté des Anglais, qui le nomment *bouton de fleur,* BALL FLOWER. (Voy. ce mot et sa figure.) Cet ornement s'applique sur les bandeaux, les archivoltes, les gorges qui séparent les baguettes ou les bou-

dins. Les uns (voy. notre fig. 1) sont simples comme en A ; trifoliés, B ; à quatre feuilles, C.

En serrurerie, ce mot s'applique à un grand nombre d'objets ; on distingue, en effet : les *boutons à olives, camards, à perles, à balustre,* etc.,

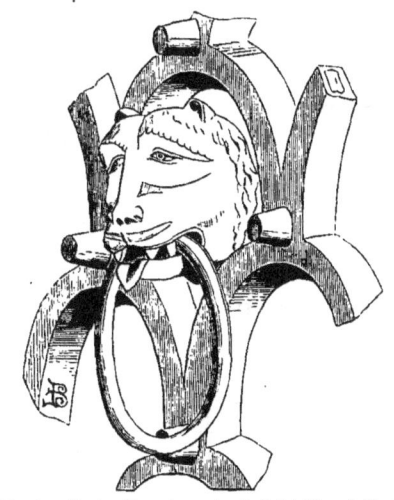

Fig. 2. — Bouton d'une des portes de Saint-Marc, à Venise.

qui servent à faire mouvoir des pièces de fermeture. Ces boutons sont en cuivre, unis,

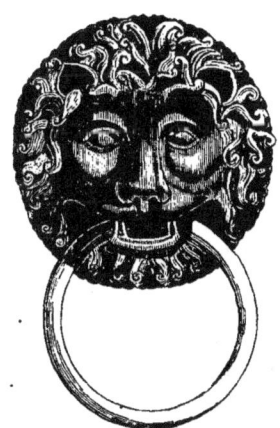

Fig. 3. — Bouton en bronze, à Aix-la-Chapelle.

ciselés et dorés, en cristal, en bois de toute sorte, en ivoire, en porcelaine, etc. ; on les emploie pour les portes d'appartement. Pour les portes extérieures, surtout dans les monuments, on utilise comme boutons des têtes d'animaux ciselées, particulièrement celles de lions portant des anneaux dans leur gueule. Notre fig. 2 montre un bouton d'une des portes de bronze de Saint-Marc, à Venise, d'après un croquis de Th. Labrouste; la tête de lion a beaucoup de caractère. Notre fig. 3 fait voir un autre bouton d'un des vantaux en bronze de l'église de Notre-Dame, à Aix-la-Chapelle; cette tête, quoique ayant du caractère, est bien moins belle que la précédente. Il y a encore des *boutons de tirage* fixés par des écrous, des *boutons doubles* qui font mouvoir des pièces de serrures, des *boutons à bascule*, des *boutons de loquet;* des *boutons à bascule* ou *à boîte d'horloge,* qui sont employés à la fermeture des armoires; des *boutons à lentilles*, des *boutons de barre de fermeture,* des *boutons de coulisses de verrous, de crémaillères,* qu'on nomme aussi *poignées*, etc., etc.

**BOUTONNIÈRE**, *s. f.* — Petite pièce de serrurerie, en forme de gâche, qui se place sur les lames de persiennes et sert à les faire mouvoir à l'aide d'une sorte de crémaillère.

**BOUVEMENT**, *s. m.* — Rainure pratiquée dans une pièce de menuiserie au moyen du BOUVET. (Voyez ce mot).

**BOUVERIE**. — Voy. ÉTABLES.

**BOUVET**, *s. m.* — Outil du menuisier et du parqueteur. Il existe un grand nombre de bouvets; nous allons donner l'énumération des plus usuels :

BOUVET A RAINURES, celui qui sert à creuser des rainures ou des moulures sur l'épaisseur des planches ou sur les bords des pièces de bois; il a le bout inférieur divisé en deux lames tranchantes situées sur une même ligne droite. La queue des lames porte un crochet qui sert à faire monter ou descendre la lame dans le fût, suivant qu'on veut augmenter ou diminuer la saillie du tranchant.

BOUVET A LANGUETTES, qui n'est qu'une variété du précédent, et sert plus spécialement à faire les languettes; aussi sa lame est-elle divisée en deux parties.

BOUVET DU PARQUETEUR; il sert également à faire des languettes, et diffère du précédent

en ce que sa tête est pourvue de deux anneaux à pattes qui servent à le tirer en même temps qu'on le pousse. — Enfin il y a des bouvets *à creuser*, *à approfondir*, *à élégir*, etc., etc.

**BOXE**, *s. m.* — Petites écuries dans une grande, ou écurie divisée en petits compartiments dans lesquels les chevaux ne sont pas attachés, mais laissés en liberté.

Les boxes, soit qu'on les établisse dans le bâtiment d'une écurie ou sous un hangar, sont des loges séparées, ayant ou n'ayant pas de cour. Parfois même les boxes forment des écuries isolées.

Dans bien des cas ils n'occupent guère que l'espace accordé à un cheval dans une écurie bien distribuée, soit 3$^m$,25 de longueur sur 1$^m$,70 à 1$^m$,80 de largeur; ce ne sont pour ainsi dire que des stalles. Quant à la cour du boxe, s'il en possède, sa dimension est fort variable; sa grandeur ne peut être rigoureusement fixée, cependant son étendue minima doit toujours être double de celle du boxe. Pour de plus longs détails et des types de boxes, voir notre *Traité des constructions rurales*, pages 317 et suiv.

**BOZEL**. — Voy. BOSEL.

**BRACELET**, *s. m.* — Ce terme est synonyme d'ANNELETS, ANNELURE. (Voy. ces mots.)

**BRACON**, *s. m.* — Terme d'architecture hydraulique, qui sert à désigner la console, la potence ou l'appui d'un vantail d'une porte d'écluse.

**BRAI**, *s. m.* — Produit obtenu en distillant de la résine l'essence de térébenthine. Le *brai*, sec ou poix résine sert à la fabrication des vernis communs. — On nomme encore *brai* un mélange de goudron liquide, de brai sec ou de poix et de quelques autres matières grasses, telles que les suifs. On emploie ce brai en guise de peinture, pour revêtir les gros ouvrages de charpenterie exposés aux injures de l'air et à l'humidité.

**BRANCARD**, *s. m.* — Caisse à claire-voie,

ouverte à sa partie supérieure, et munie à sa partie inférieure de pieds et de deux barres de bois servant à la porter. Le brancard sert au transport de matériaux.

BRANCHE, *s. f.* — En architecture on nomme *branches d'arc* plusieurs portions d'arc prenant naissance d'un même sommier. (Voy. CHARGE (tas de). — Autrefois on donnait le nom de *branches d'ogives* à ce qu'on appelait aussi *croix* ou *croisé d'ogives*, c'est-à-dire aux nervures diagonales d'une voûte d'arête en ogive ; ce mot a aussi en architecture le même sens que dans le langage usuel : ainsi on dit les branches d'un COMPAS, d'une ÉQUERRE, d'un NIVEAU, etc. (Voy. ces mots.)

En charpente, on appelle *branche* chacune des pièces de bois formant une croix de Saint-André ; ce qui paraît une anomalie, car on dit les *bras* d'une croix et non les *branches*.

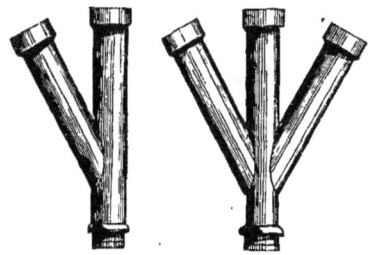

Branchements, simple et double.

En plomberie, ou nomme ainsi deux ou plusieurs tuyaux partant d'un même empâtement de soudure.

En serrurerie, ce mot désigne un armement en forme de branchage, une tige à brisure qui soutient le bas de la toile d'un store ; mais dans ce cas on dit indifféremment *branche* ou *bras* de store. On appelle *branches de bascule, de mouvement,* les parties des pièces de sonnettes sur lesquelles sont attachés les fils de tirage ; *branches de charnière forgée, de pentures,* etc., la partie partant du collet ou de la goupille jusqu'à l'extrémité.

En hydraulique, on appelle *branches d'écluses* les extrémités évasées des BAJOYERS. (Voy. ce mot.)

BRANCHE-URSINE, *s. f.* — Nom vulgaire de l'acanthe sans épine. (Voy. ACANTHE.)

BRANCHEMENT, *s. m.* — Portions de tuyaux qui se raccordent à un tuyau principal, à une maîtresse conduite ; il existe des branchements simples et doubles. (Voy. notre figure.)

BRANCHEMENT D'ÉGOUT, conduits secondaires qui débouchent dans un conduit principal. (Voy. ÉGOUT.)

BRANDILLE, *s. f.* — Trous faits dans les chevrons, au travers des pannes, pour y placer des chevilles et les relier ensemble.

BRANDIR, *v. a.* — En charpente, c'est affermir et relier les chevrons sur les pannes au moyen de chevilles en fer, qui passent dans des *brandilles ;* par analogie les charpentiers appellent *brandir,* percer un trou à travers deux pièces qui se croisent, et y mettre une cheville pour les fixer ensemble.

BRANLE, *s. m.* — Mâchoires d'étau.

BRANLOIRE, *s. f.* — Chaîne de tirage attachée au levier du soufflet de forge et qui le met en *branle.*

BRAS, *s. m.* — En technologie, on nomme *bras* toute pièce ayant avec le bras de l'homme une analogie ; ainsi on dit les *bras d'une brouette, d'une charrette,* etc.

Dans une chèvre on nomme *bras* les pièces principales qui portent le *treuil* et la *poulie.*

BRASER, *v. a.* — Souder ensemble deux pièces de fer, de cuivre, de laiton, à l'aide d'un alliage de laiton et de zinc. Pour faire une BRASURE (voy. ce mot), on lime les pièces à souder, on les décape au borax, qui a la propriété de dissoudre les oxydes ; on chauffe les parties à réunir, entre lesquelles on place de l'alliage qui fond à 21 degrés pyrométriques.

BRASSE, *s. f.* — Mesure marine, imitée de la longueur du bras ; suivant le pays où l'on en fait usage, elle est de différentes longueurs.

BRASURE, *s. f.* — Point de soudure sur lequel deux pièces de fer sont brasées.

BRAVETTE, *s. f.* — Moulure profilée en demi-cœur; on la nomme aussi *tore corrompu.*

BRAYAGE, *s. m.* — Assujettissement des *brayers* ou *élingues* autour d'un fardeau qui doit être élevé avec une chèvre, une sapine, une grue, etc. Cette opération exige beaucoup de soin, pour éviter les accidents et pour ne pas endommager les arêtes des pierres. On place, pour remédier à ce dernier inconvénient, des coussinets de paille entre la pierre et l'élingue, au droit de chaque arête. (Voy. BRAYERS et MONTAGE DES MATÉRIAUX.)

BRAYER, *v. a.* — Assujettir les brayers ou élingues autour d'un fardeau. (Voy. le mot suivant.)

BRAYERS, *s. m. pl.* — Faisceau de cordes qu'emploient les maçons pour suspendre au câble les pierres, les baquets, les bourriquets, etc., qu'il faut monter à l'arase de l'édifice en construction. On dit aussi *élingues.*

BRAYEUR, *s. m.* — Maçon chargé de brayer les fardeaux et d'attacher les brayers au câble.

BRÈCHE, *s. f.* — Ouverture pratiquée d'une manière quelconque dans un mur de clôture, soit par la violence, la malfaçon, la caducité, ou par nécessité.

BRÈCHE, sorte de marbre composé de marbres de formation plus ancienne, amalgamés par la nature, au moyen d'un ciment calcaire. L'étymologie de ce mot vient de *Breschia*, petite ville italienne, dans les environs de laquelle on exploitait ces marbres. Il existe deux sortes de brèches : les unes sont *calcaires* et les autres *siliceuses.* Quant à leurs variétés, elles sont très-considérables ; nous nous contenterons d'énumérer celles qui sont le plus employées dans l'industrie et dans les constructions ; ce sont : les brèches *africaines*, ou marbres africains ; les brèches *antique de Porte-Sainte*, *arlequine antique*, *Caroline*, *d'Aix*, *d'Alep*, *de Bergamasque*, *de Brentonico*, *de Dourlais*, *de grand deuil* et *de petit deuil*, *d'Égypte*, *de Memphis*, *des Pyrénées*, *rose*

*antique*, *rouge antique* et *blanche antique de Taormina*, *de Tarentaise*, *de Trentin* ou *de Vérone*, *vierge antique*, *violette antique* ; *universelle* ou *verte d'Égypte.* (Voy. BROCATELLE, MARBRE, POUDINGUE.)

BRÉSIL (BOIS DU), *s. m.* — Cet arbre, de la famille des légumineuses, qu'on nomme aussi *brésillet*, *araboutin*, a un aubier très-épais ; son bois sert pour teindre en rouge ou remonter le ton naturel des bois ; le plus estimé vient de Fernambucco.

BRÉSIS. — Voy. BRISIS.

BRETÈCHE ou BRETÈQUE, *s. f.* — Ancienne forteresse temporaire en bois à un ou plusieurs étages, crenelée, couverte, des-

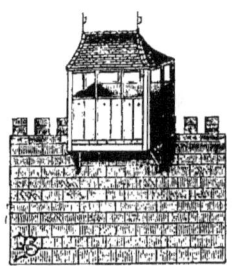

Fig. 1. — Bretèche au sommet d'un mur.

tinée à protéger les abords d'une place, un point faible, un passage, une tête de pont. Les bretèches pouvaient se démonter, ce qui faci-

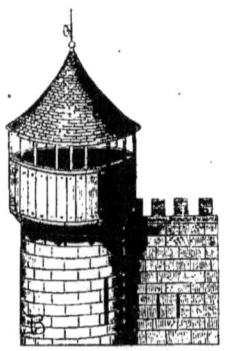

Fig. 2. — Bretèche couronnant une tour.

litait leur transport ; mais on en plaçait aussi à demeure au sommet des tours et des murailles : dans ce cas leurs toitures étaient en ardoise

Nos fig. 1 et 2 montrent deux spécimens de bretèches : la première couronne une tour et

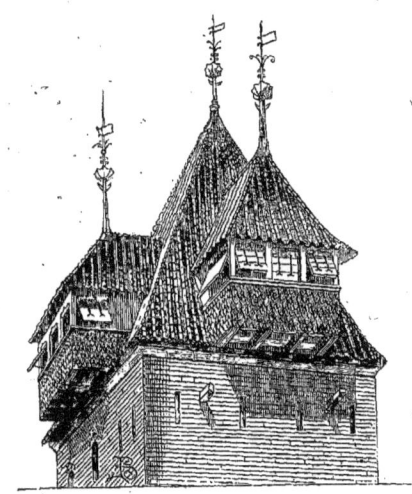

Fig. 3. — Ancienne tour des Pfennings, à Strasbourg.

la seconde une partie de mur. Souvent la charpente des bretèches se combinait avec

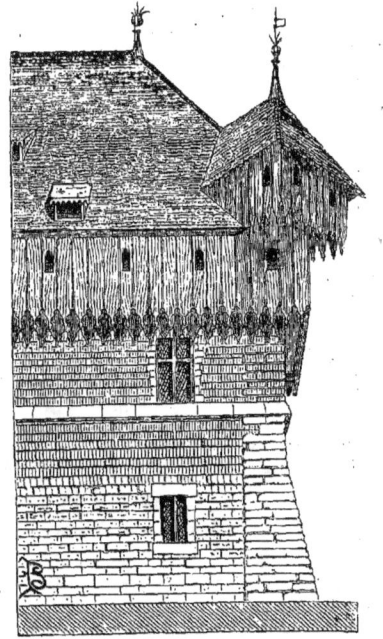

Fig. 4. — Bretèche avec hourd, à Constance.

celle des tours elles-mêmes ; telle est (fig. 3) celle de la *tour des Pfennings* ou des *Deniers*, à Stras-

bourg, qui a été détruite dans l'année 1871 par un plâtrier, propriétaire de l'immeuble auquel elle appartenait. Notre fig. 4 montre une bretèche de la douane de Constance. — A partir du XIV° siècle, on posa des bretèches en encorbellement dans l'axe des façades des hôtels de ville ; ce n'étaient plus des travaux d'architecture militaire, mais des balcons, d'où le crieur de la ville proclamait les actes publics, ce qui s'appelait *brétéquer*. Il ne faut pas confondre la bretèche avec le HOURD (voy. ce mot), qui formait un chemin couvert continu. (Voy. la fig. 4.) — En Allemagne et en Suisse beaucoup de constructions privées possèdent encore des bretèches, mais elles disparaissent de jour en jour.

**BRETÈCHES** ou **BRETESSE**, terme de blason ; se dit d'une rangée de créneaux sur une fasce, bande ou pal. L'écu est dit *bretessé*, quand les créneaux d'une face, d'une bande, d'un pal se rapportent et sont vis-à-vis l'autre.

**BRETTÉ, ÉE**, *part. passé.* — Fer bretté. (Voy. RABOT A DENTS.) — Marteau bretté. (Voy. LAIE.)

**BRETTELER**, *v. a.* — On nomme *parement brettelé, pierre bretellée* (et par corruption *bretté*), un parement, une pierre dont le parement a été dressé avec un outil à dents, comme le *riflard*, la *ripe*, et dont la taille est inachevée. On emploie les parements brettelés dans le RUSTICAGE. (Voy. ce mot.) En peinture, c'est faire des hachures sur une moulure d'une teinte différente de celle du fond.

**BRETTELURE**, *s. f.* — Dentelure des marteaux des-tailleurs de pierre dits *marteaux à brettelure*. Il possède deux tranchants de même largeur : l'un est garni de 16 à 18 dents, et le travail qu'il exécute se nomme *brettelure;* l'autre, qui n'a que 11 à 13 dents seulement, donne un travail plus grossier, nommé *rustique*.

**BRETTELURES.** — Hachures de couleur d'or, ou rehaussées d'or, que l'on exécute sur un listel, un bandeau, une plate-bande, etc.

**BRETTURE**, *s. f.* — Outil tranchant et

dentelé dont se servaient les tailleurs de pierre du moyen âge pour layer les parements de la

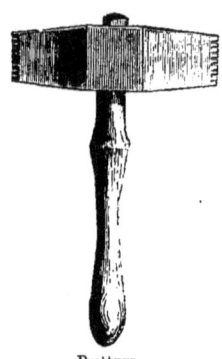

Bretture.

pierre ; cet outil (voy. notre figure) a été remplacé aujourd'hui par la LAIE. (Voy. ce mot.)

BRETTURES. — Traces laissées sur la pierre par un outil à dents.

BRICOLE, *s. f.* — Équipe composée d'un petit nombre d'ouvriers, de quatre à six, et qui exécute un certain travail. (Voy. BRIGADE, ÉQUIPE.) — Espèce de bretelles en cuir, que l'homme passe en bandoulière sur une épaule, pour s'atteler à une petite voiture. — Petit travail de peu d'importance.

BRICOLER, *v. n.* — Traîner avec une bricole ; faire des travaux de peu d'importance, qui ne rapportent presque rien.

BRIDE, *s. f.* — Lien de fer méplat servant à relier des pièces de bois de charpente ou de fer, des parties de maçonnerie, etc. On accouple à l'aide de brides deux poutres de bois, deux solives en fer, pour en faire des poutres armées ou des poitrails ou filets. — Saillie ménagée à l'extrémité des tuyaux en fonte et qui sert à les réunir bout à bout, au moyen de boulons qui passent dans ces brides ; les tuyaux de distribution de la vapeur dans le chauffage à la vapeur sont ainsi assemblés. Par extension, on donne le nom de *bride* à toute saillie dans laquelle passent des tiges portant écrous ou des boulons de jonction.

BRIDER, *v. a.* — Placer des brides ; on

bride un poitrail, des solives, des tuyaux, etc. (Voy. BRIDE.)

BRIFIER, *s. m.* — Bande de plomb qui couvre les faîtages.

BRIGADE, *s. f.* — Ce terme est presque synonyme d'ÉQUIPE. (Voy. ce mot.) Cependant il y a cette différence que l'équipe est un petit atelier organisé pour exécuter un travail suivi et spécial, tandis que la brigade est un détachement d'un petit nombre d'ouvriers (huit à dix au plus) détournés de leur travail habituel pour être employés momentanément à une autre occupation. Lorsqu'une brigade est formée, un principal ouvrier la dirige. On le nomme *chef de brigade.* La brigade est plus importante que la bricole et moins importante que l'équipe. (Voy. BRICOLE, ÉQUIPE.)

BRIMBALE, *s. f.* — Levier qui fait mouvoir la tige de piston d'une pompe ; on dit aussi *bringuebale.*

BRIN (BOIS DE), *s. m.* — On nomme ainsi tout tronc d'arbre abattu sur lequel on n'a pas fait de *levées* importantes capables d'en couper les fibres. Le bois de brin est grossièrement équarri et conserve son diamètre à peu près intact. Il offre par cela même une plus grande résistance que les bois de sciage ; aussi l'emploie-t-on de préférence pour les étaiements, les cintres, les pilots, les poutres, enchevêtrures, chevêtres, poteaux et autres pièces principales de charpente.

BRINDILLES, *s. f. pl.* — Enroulements obtenus à l'aile de fer méplat ou de bronze, employés à la décoration des grilles, des panneaux de balcons et de tout autre ouvrage de serrurerie. — Ornements de même ton que le fond, exécutés sur des papiers de tenture.

BRINGUEBALE. — Voy. BRIMBALE.

BRIQUE, *s. f.* — Pierre artificielle fabriquée avec des argiles. On distingue deux espèces de briques : les *briques crues* ou durcies au soleil, les *briques cuites* ou durcies au feu. Ces dernières se subdivisent en briques *ordinaires*, *réfractaires*, *pleines* et *creuses*.

BRIQUES CRUES. — Elles ne sont employées que dans les pays méridionaux, parce qu'elles se désagrégeraient dans les pays humides. L'existence des briques crues remonte à la plus haute antiquité, puisque certains auteurs prétendent que la tour de Babel avait été construite avec des briques crues. Toujours est-il qu'elles entraient dans la construction des monuments égyptiens. Dans les ruines de Ninive et de Babylone, ces briques présentent souvent des inscriptions en caractères cunéiformes. Les Grecs et les Romains les ont fréquemment employées dans leurs édifices publics et privés. Les époques les plus favorables pour fabriquer les briques crues sont le printemps et l'automne. En hiver il serait difficile de les faire sécher, ensuite la gelée pourrait désagréger celles qui seraient fabriquées. En été elles sécheraient trop rapidement et risqueraient de se fendiller. On ne doit employer les briques crues pour les constructions qu'alors seulement qu'elles sont complétement sèches. Vitruve va jusqu'à recommander de ne s'en servir que deux ans après leur fabrication.

BRIQUES CUITES. — Comme les précédentes, les briques cuites sont connues de toute antiquité; les Grecs les employèrent de bonne heure. Les murs de Mantinée et une partie de ceux d'Athènes, ainsi que ceux de divers temples, étaient en briques. Les Romains s'en servirent non-seulement pour leurs monuments, mais pour des pavages, dans lesquels les briques posées de champ formaient un appareil en arête de poisson ou en *épi* (*opus spicatum*). (Voy. APPAREIL, fig. 12.) Beaucoup de briques romaines portent le monogramme ou la marque de leurs fabricants, quelquefois même la date du consulat qui a vu leur fabrication.

Tandis qu'à l'époque romano-byzantine, la brique fut très-employée dans les édifices religieux, dans la période ogivale, au contraire, elle fut presque délaissée. Nous ne connaissons guère en fait de monuments importants que la cathédrale d'Albi, Saint-Sernin de Toulouse, et quelques églises de Belgique où il s'en trouve; mais, à partir de la renaissance, la brique reprit faveur, et les architectes du XVIᵉ siècle l'employèrent en revêtement, comme ornementation et comme construction; citons notamment certaines parties du palais de Fontainebleau, et l'aile Louis XIII du château de Blois.

De nos jours il se fait une consommation considérable de briques, car elles remplacent avec avantage dans bien des cas le moellon et suppléent avec économie à la pierre de taille. Aussi fabrique-t-on des briques de toutes formes et de toute dimension. On en fait de pleines et de creuses; ces dernières même présentent des avantages à divers points de vue. — Les petites briques mesurent de 0ᵐ,16 à 0ᵐ,19 de longueur sur 0ᵐ,08 à 0ᵐ,09 de largeur et 0ᵐ,04 ou 0ᵐ,06 d'épaisseur. — Les moyennes ont 0ᵐ,22 à 0ᵐ,24 de longueur sur 0ᵐ,11 à 0ᵐ,12 de largeur et 0ᵐ,06 d'épaisseur. Les grandes ont depuis 0ᵐ,30 et 0ᵐ,36 de longueur sur 0ᵐ,20 à 0ᵐ,24 de large et 0ᵐ,04 à 0ᵐ,05 d'épaisseur.

Voici les principales qualités que possèdent les bonnes briques : *homogénéité, régularité de forme, uniformité* dans leur dimension et cou-

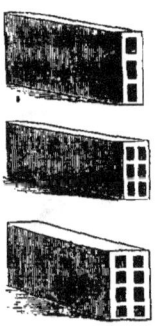

Fig. 1. — Brique à 3, 6 et 8 canaux.

leur, *facilité* de taille; elles doivent en outre rendre un son clair quand on les frappe avec un corps dur, une clef, par exemple; avoir le grain fin et serré, ne renfermer aucun élément susceptible de les dégrader après leur mise en œuvre; enfin elles doivent résister à l'action de la gelée et des intempéries de l'air.

Les briques creuses sont réservées à la confection des ouvrages légers, des cloisons et des planchers, qu'elles assourdissent. Nos figures représentent divers types de briques creuses, dont les légendes nous dispensent de donner l'explication. Une des bonnes briques creuses est dite *brique Borie*, du nom de son fabricant.

BRIQUES GOURLIER. — On nomme ainsi, du nom de leur inventeur, des briques de grand et de petit modèles remplaçant dans les murs les anciens coffres et les tuyaux de fonte qui servaient aux conduits de la fumée. Ces briques présentent l'avantage de pouvoir se liaisonner avec les matériaux constituant le mur; aussi Gourlier a rendu un grand service aux constructeurs en inventant ces tuyaux en poterie.

Nous en parlerons à son rang. (Voy. CONDUIT et CHEMINÉE.)

BRIQUES RÉFRACTAIRES. — Les briques

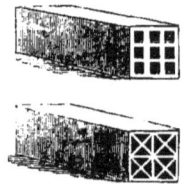

Fig. 2. — Briques à 9 canaux et à canaux croisillons.

réfractaires doivent résister sans se fendre ou se déformer à l'action d'une forte température. C'est pour cela qu'on emploie pour les fabriquer des argiles plastiques contenant peu de chaux d'oxyde de fer.

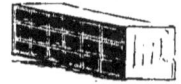

Fig. 3. — Brique employée pour ventilation.

Même dans un très-long article nous ne pourrions donner une idée de cette importante fabrication, aussi renverrons-nous le lecteur à des ouvrages spéciaux, qui indiquent les bonnes qualités de terres, les meilleurs procédés de moulage, les fours les plus perfectionnés pour la cuisson, etc., etc.

BRIQUET, *s. m.* — Petite charnière ou couplet de fer ou de cuivre qui a deux broches et ne s'ouvre que d'un côté. Le briquet sert à la serrure des ABATANTS. (Voy. ce mot, § II.)

BRIQUETS, ornements que l'on nomme aussi *trèfles*, et qu'on sculpte sur une doucine.

BRIQUETAGE, *s. m.* — On désigne à la fois sous ce terme l'emploi et la manière d'employer les briques.

Le briquetage, en tant qu'appareillage de la brique, varie suivant les formes et les dimen-

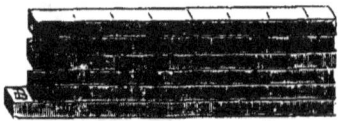

Fig. 1. — Brique de champ (galandage).

sions de celle-ci, suivant aussi l'époque et le pays dans lequel la brique a été appareillée. Ainsi les briques de forme ordinaire sont

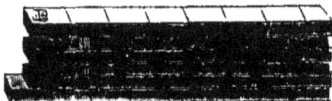

Fig. 2. — Briques à plat (panneresses).

susceptibles d'être appareillées suivant les différentes manières indiquées par nos figures : *de champ* (fig. 1), lorsqu'une simple épaisseur

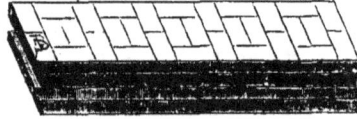

Fig. 3. — Mur de deux briques en longueur.

de brique suffit au genre de construction qu'on veut exécuter ; *à plat* (fig. 2), lorsqu'il est nécessaire de profiter de la largeur de la brique

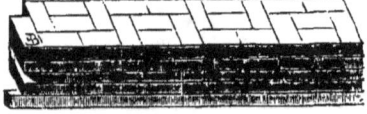

Fig. 4. — Mur d'une brique en longueur
et en largeur, ou 3 briques en largeur.

pour des murs ou cloisons un peu plus épais, ou de ses diverses manières (fig. 3, 4, 5, 6, 7) pour les murs de deux, trois, quatre largeurs de brique d'épaisseur posées tantôt en largeur, tantôt en longueur. Comme on le voit, excepté les cloisons en briques de champ, toutes les autres combinaisons se font en briques à plat diversement disposées. Les légendes de nos figures nous dispensent d'expliquer ces diverses combinaisons. Les briques peuvent encore se

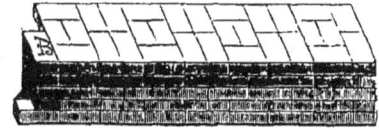

Fig. 5. — Mur de deux briques en longueur.

poser en épi soit à plat, soit de champ (*opus spicatum*). (Voy. APPAREIL, fig. 12.) Cette disposition est usitée pour le pavage et pour les

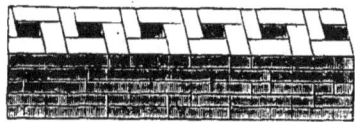

Fig. 6. — Mur avec vide à l'intérieur.

voûtes minces et légères en briques, qui s'appareillent toujours suivant les mêmes principes de liaison que la construction de pierres de

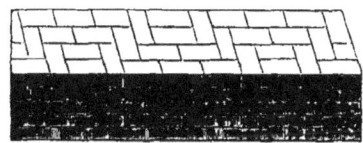

Fig. 7. — Mur avec une brique en longueur et deux en largeur à quatre briques de largeur.

taille. On doit éviter la continuation des joints verticaux, ce qui est très-facile, car les briques sont des matériaux très-commodes à poser. —

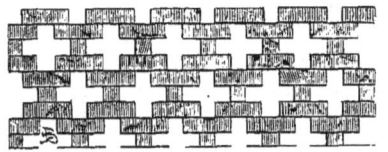

Fig. 8. — Balustrade en briques.

Les constructions en briques dont l'épaisseur n'a qu'une brique posée de champ (fig. 1) prennent le nom de *galandages* ; celles dont l'épaisseur est égale à une largeur de brique à plat sont dites cloisons en *briques panneres-*

*ses* (fig. 2) ; enfin, lorsque les murs en briques comportent la longueur d'une brique en épaisseur, on les nomme cloisons en *briques boutisses ;* jusqu'à cette épaisseur, les constructions en briques sont qualifiées de *cloisons.* Le nom de *murs* n'est applicable qu'aux constructions qui ont au moins une longueur et demie de briques comme épaisseur.

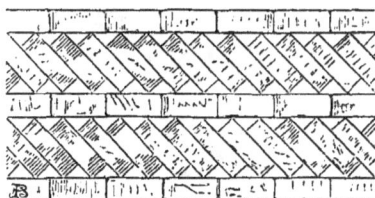

Fig. 9. — Balustrade en briques.

Avant de poser les briques, le briqueteur doit les faire tremper dans l'eau, sans cela elles absorberaient l'eau contenue dans le mortier ou le plâtre et leur adhérence serait incomplète. L'épaisseur des joints de mortier ou de plâtre ne doit pas dépasser 1 centimètre. A l'aide

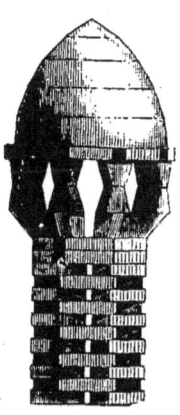

Fig. 9. — Souche de cheminée en briques.

de diverses combinaisons, en briques ornées ou en briques ordinaires, on exécute des briquetages décoratifs. Ainsi, en superposant les briques et en laissant entre elles des vides, ou bien en établissant alternativement des lignes de briques posées à plat et en diagonale, on construit d'élégantes balustrades ; nos fig. 8 et 9 en montrent deux exemples. Du reste, à l'aide de la brique on a fait toute sorte de constructions, des consoles, des bandeaux, des corniches, des souches de cheminées et jusqu'à des couronnements de constructions militaires. Notre fig. 9 montre une souche de cheminée

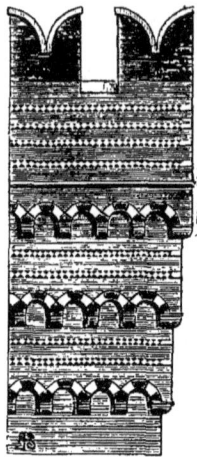

Fig. 10. — Couronnement de mur en briques avec créneaux.

existant encore à Asti (Piémont); notre fig. 10, un détail de couronnement de mur avec créneaux d'une tour faisant partie d'anciens palais de la même ville piémontaise.

BRIQUETER, v. a. — Employer de la brique, construire en brique, faire un briquetage. — A l'aide d'un badigeon ou d'une impression d'ocre rouge et de joints blancs, imiter sur plâtre un briquetage.

BRIQUETEUR, s. m. — Ouvrier qui emploie la brique, qui fait des constructions en briques. Comme l'emploi de la brique exige une grande habileté, qui ne s'acquiert que par une longue habitude, pendant longtemps on s'est servi à Paris pour ces genres de travaux d'ouvriers spéciaux qu'on faisait venir d'Angleterre, de Flandre et de Hollande. Aujourd'hui nos Limousins briquettent aussi bien que le meilleur briqueteur.

BRIQUETERIE, s. f. — Fabrique de briques, établissement que les anciens nommaient lateraria. (Pl., Hist. nat., VII, 57.) Il existe aujourd'hui des briqueteries de toute importance, depuis la briqueterie établie à pied d'œuvre, lorsque le terrain fournit l'ar-

gile, jusqu'à l'usine qui comporte tout l'outillage perfectionné, et dans laquelle on produit des milliers de briques par heure.

BRIQUETIER, s. m. — Celui qui fabrique ou qui vend des briques.

BRIQUETIS, s. m. — Ouvrage en briques, travail en briques. (Voy. BRIQUETAGE.)

BRISE, s. f. — En architecture hydraulique, ce terme désigne une poutre placée en bascule sur la tête d'un gros pieu sur laquelle elle pivote et sert à appuyer par le haut les aiguilles d'un pertuis.

BRISE-GLACE, s. m. — Charpente posée en avant-bec et en amont devant la pile d'un pont, et qui sert à la protéger du choc de la glace lors du charriage ou de la débâcle des glaces. Les brise-glace sont des espèces d'éperons formés de pieux disposés en triangles, lesquels pieux sont réunis par des moises ou des chapeaux rampants.

BRISÉ, ÉE, part. passé. — Ligne ou objet linéaire formant un ou plusieurs angles. Les BATONS ROMPUS ou CHEVRONS (voy. ces mots), etc., sont des filets ou tores brisés. L'arc brisé, nommé aussi arc angulaire, se compose de deux lignes droites formant un angle plus ou moins ouvert. (Voy. ARC, fig. 1.) — Un vantail brisé est celui qui se ploie en deux, trois parties s'appliquant l'une sur l'autre; un fronton brisé, celui dont les rampants sont brisés dans leur plan, ou celui dont le sommet est interrompu, pour laisser passer un amortissement, un vase, ou tout autre objet.

BRISÉ (Comble), comble dont la charpente est disposée de telle sorte que le toit présente dans sa hauteur deux pentes différentes sur le même versant; on le nomme aussi comble à la Mansart, du nom du célèbre architecte. (Voy. COMBLE.)

BRISIS, s. m. — Arête ou ligne de brisure d'un comble brisé. Une panne règne toujours au droit d'un brisis : on l'appelle panne de brisis. Il existe aussi des arbalétriers de bri-

*sis.* (Voy. COMBLE.) Par une faute de langage, on dit quelquefois *brésis*.

BRISIS, étage secondaire, compris entre la corniche d'une façade de maison et la ligne de brisis; étage situé au-dessous du membron d'un comble.

BRISURE, *s. f.* — Forme ou disposition des objets qui sont BRISÉS. (Voy. ce mot.) — En menuiserie, la brisure est un joint articulé d'un volet, d'un vantail de porte, d'une table, etc.

BRISURE, terme de blason, pièces d'armoirie ajoutées à l'écu des armes pleines dont sortent les cadets ou les bâtards d'une famille; les principales brisures dont on charge l'écu sont : le *lambel*, l'*engrelure*, le *canton*, la *filière*, la *molette*, le *croissant*, le *bâton*, etc. (Voy. BLASON.)

BRITANNIQUE ( ARCHITECTURE ). — Voy. ANGLAISE (*Architecture*).

BROCAILLE, *s. f.* — Petit pavé de rebut dont on garnit les chemins et les routes.

BROCATELLE, *s. f.* — Espèce de marbre brèche, formé de débris de petites dimensions très-brillants, ce qui l'a fait nommer en Italie, où il en existe de grands gisements, *brocatello*, dérivé de *brocarto*, étoffe lamée d'or. Les brocatelles les plus employées sont : en France, celles de Boulogne et de Moulins ; en Italie, celles de Sienne, et en Espagne celles de Tortoso. (Voy. MARBRE.)

BROCHE, *s. f.* — Tige de fer appointie, semblable à de grands clous ; crochets en fer dont se servent les maçons pour fixer leur règle sur les murs; ferrure servant à pendre les croisées ; tige de fer servant à guider dans une serrure une clef forée ; fiche de fer dont on se sert dans les opérations d'arpentage ; tige de fer servant à relier les deux parties d'une fiche en passant à travers les nœuds ou les deux parties d'un *couplet à charnière*. Enfin, ce mot sert à désigner deux lattes clouées en croix employées par les maçons pour l'implantation des bâtiments. Les charpentiers et les menui-

siers appellent improprement *broches* des chevilles en bois servant à assurer les assemblages de charpente et menuiserie ; dans ce cas on doit dire *cheville*, à moins que fer ne soit employé pour cet assemblage.

BROCHER, *v. a.* — Arrêter, fixer des pièces de serrurerie ou de menuiserie à l'aide de *broches* ou longs clous, une croisée ou un châssis sur un dormant.

En couverture, *brocher la tuile*, c'est la passer de son épaisseur entre les lattes, afin que le couvreur l'ait sous la main.

BROCHETTES, *s. f. pl.* — Rognures de peaux passées à la chaux ou tannées, dont on tire une colle propre à la peinture.

BRONZAGE, *s. m.* — Opération pratiquée par les peintres pour donner à certains objets l'apparence du bronze. Il y a diverses manières de bronzer ; nous les verrons à ce mot. (Voy. BRONZER.)

BRONZE, *s. m.* — C'était dans l'antiquité un alliage de cuivre et d'étain et quelquefois d'argent ; on le nommait AIRAIN. (Voy. ce mot.) Dans les temps modernes, le bronze, suivant

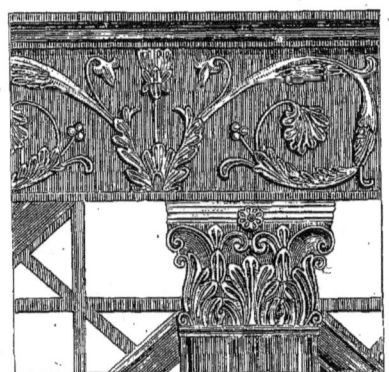

Fig. 1. — Détail d'une clôture en bronze à Aix-la-Chapelle.

qu'il est fabriqué pour des objets d'art, des canons, des ustensiles ou des cloches, a des compositions différentes ; mais c'est en général un alliage de cuivre et de zinc ou de cuivre, d'étain ou de zinc ; on y ajoute quelquefois de l'argent. Le bronze fut employé par les anciens à tous les usages auxquels nous appliquons aujourd'hui le fer, non qu'ils ne connussent ce métal, mais parce qu'ils le travaillaient mal, et que le bronze était d'un travail plus facile. Il faut dire aussi que les anciens avaient su donner à cet alliage une trempe que nous avons perdue et qui avait permis aux Égyptiens et aux Grecs d'en faire des armes. Dans les outils et les ustensiles, ils lui donnaient une couleur blanche qui les faisait ressembler à de l'argent. Dès la plus haute antiquité le bronze servit à fabriquer des instruments de cultes, des tables pour y graver des traités, des lois et des actes publics. Les Hindous, les Perses et les Babyloniens connaissaient l'art

Italiens au XVIᵉ siècle ; c'est une grave erreur, puisque, dès le XIIᵉ siècle, on a fondu des monuments funéraires ; nous citerons notamment le tombeau de Charles le Chauve, à Saint-Denis. Du reste, il existait à Paris dès le XIIIᵉ siècle une corporation de mouleurs, fondeurs et ciseleurs, dont on peut voir les réglements dans le livre d'Étienne Boileau.

Nous n'essayerons même pas d'esquisser brièvement une nomenclature des œuvres en bronze fondues dans ces temps modernes ; nous nous bornerons à citer les plus remarquables et les plus connues, celles enfin de nature à intéresser le lecteur. — Citons en premier lieu un des chefs-d'œuvre de l'art français au XVIᵉ siècle, le *monument de Jeanne d'Arc* à Orléans, fondu en 1571 par Hector

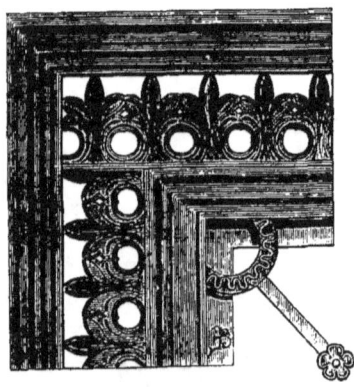

Fig. 2. — Détail d'une clôture en bronze à Aix-la-Chapelle.

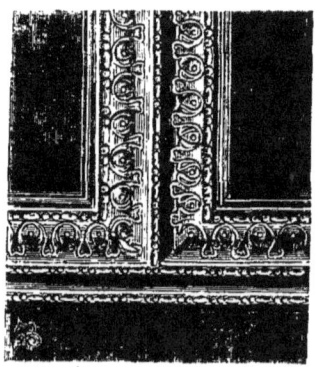

Fig. 3. — Détail d'un vantail en bronze à Aix-la-Chapelle.

de fondre des statues de bronze ; à diverses expositions universelles nous avons pu voir d'anciens bronzes japonais et chinois dont l'antiquité se perd dans la nuit des temps. Le *British museum* possède une tête d'Osiris de l'art égyptien. — Chez les Grecs on ne commença à fondre des statues que vers la 42ᵉ olympiade, c'est-à-dire 456 ans avant J.-C. Au dire de Pausanias, ce serait Léarque de Rhegium qui aurait fait pour Sparte la première statue en bronze. Les Romains, au contraire, eurent des statues de bronze longtemps avant, puisque, au dire de Denys d'Halicarnasse, Romulus fit placer sa statue couronnée par la Victoire sur un quadrige ; le tout était en airain.

On a cru trop longtemps que l'art de fondre le bronze avait été apporté en France par des

Lescot ; la majeure partie des vases, groupes et statues répandus dans les parcs de Versailles, de Saint-Cloud et des Tuileries, qui sortent des fonderies de l'Arsenal, fondées en 1684 par Louvois et dirigées par les frères Keller ; la statue équestre de Louis XIV, place des Victoires, coulée d'un seul jet en 1699 ; la colonne de la place Vendôme, érigée en 1806 ; la colonne de la place de la Bastille, un des plus beaux monuments modernes (1839) (voir au mot CHAPITEAU, celui de cette colonne) ; enfin les portes de l'église de la Madeleine, à Paris, fondues en 1840 par Eck et Durand. — Nos fig. 1, 2, 3 montrent des détails de clôtures et de vantaux en bronze de l'église de Notre-Dame, à Aix-la-Chapelle. Au mot CLOTURE, nous donnons un ensemble de ces détails ; pour d'autres exemples de bronze, voy. BOUCLIER, BOUTON, etc.

BRONZE D'ALUMINIUM, nouvel alliage de bronze et d'aluminium, qui, poli, a l'aspect de l'or ; malheureusement cet alliage s'oxyde et perd promptement son éclat.

BRONZER, *v. a.* — Imiter le bronze avec de la peinture, ou par application de feuilles de métal, soit à l'aide d'un mordant, soit par la pile électrique. — Pour bronzer les fonds à la colle, on emploie la colle de pâte ; pour bronzer à l'huile, on emploie : pour le *faux bronze*, un mélange de noir de fumée, d'ocre jaune et de bleu de Prusse ; pour le *bronze naturel*, des alliages de bronze, ou des cuivres réduits en poudre. Il existe diverses variétés de bronze : le *bronze doré rouge*, le *bronze doré jaune pâle*, le *bronze vert florentin* ou *antique*, le *bronze blanc*.

BROQUETTE, *s. f.* (Serrur.) — Petits clous à tête ronde servant à fixer les platines des verroux, des targettes. Il y en a plusieurs sortes : la *broquette à l'anglaise*, la *broquette emboutie*, la *broquette de trois quarts de livre*, de *demi-livre*, la *broquette courte, allongée*, de *demi-livre fine* et d'un *quart fine* ou *petite semence*. — La broquette est avant tout un clou de tenture, mais qui est employé par des corps d'état différents, ce qui fait qu'elle a beaucoup de noms : en effet, les peintres l'appellent *broquette ;* les emballeurs, *clous à toile cirée ;* les tapissiers, *semence ;* suivant sa longueur, ils la nomment semence de vingt onces, de seize onces, de six, quatre, trois et deux onces, ce qui veut dire que le cent de ces clous pèse vingt, seize, etc. ; les semences deux onces ne servent que pour entoiler. (Voy. CLOUS, ÉPINGLES, POINTES.)

BROSSAGE, *s. m.* — Action de brosser pour enlever la poussière attachée sur les pierres ; on pratique le brossage sur les vieux monuments.

BROSSE, *s. f.* — Pinceaux faits avec des soies de porc ou de sanglier, employés par les peintres, les colleurs, etc., et autres ouvriers, pour étendre leurs couleurs, vernis, colle, ba-

digeon, etc. Avant de se servir des brosses neuves, il est utile de les faire tremper dans l'eau, afin d'augmenter le volume du bois du manche et serrer la ficelle. Le trempage sert aussi à

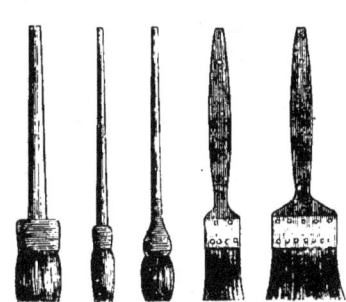

Fig. 1. — Brosses.

faire reconnaître les brosses pure soie d'avec celles qui sont mélangées : en effet, les soies des bonnes brosses, après avoir été mouillées, se redressent si on les secoue légèrement ; au contraire, si les crins sont mêlés, les brosses ont leurs soies collées. Suivant leur destination, les brosses sont variables comme forme et comme force. Nos fig. 1 et 2 montrent presque tous les types.

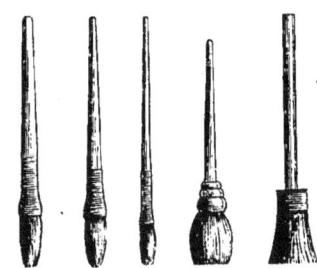

Fig. 2. — Brosses.

Dans notre fig. 1, on voit une brosse proprement dite, deux filoirs ou pinceaux à filer, deux queues de morue ou brosses plates ; dans notre fig. 2, trois pinceaux à filer, un à chiqueter, et une brosse à badigeon.

BROSSER, *v. a.* — Passer la brosse sur la pierre d'un monument pour le laver et le nettoyer ; peindre à la brosse, *coucher* à la brosse.

BROUETTE, *s. f.* — Espèce de petit tombereau à une roue, servant dans les chantiers de construction au transport des matériaux ; elle est munie de deux bras à l'aide desquels un homme la pousse devant lui. La brouette est le véhicule le plus généralement employé pour le transport des déblais et remblais, ainsi que pour les petits matériaux. Elle était à deux roues au XVIIᵉ siècle ; on la nommait *vinaigrette*, parce que les marchands de vinaigre l'auraient employée pour la vente de leur marchandise à domicile. On distingue plusieurs sortes de brouettes : la *brouette ordinaire* ou à coffre, qui sert au transport des terres, sables, chaux, cailloux, mortiers, béton, etc. Sa capacité est généralement de 0ᵐ,025 cubes, et la charge qu'elle reçoit peut être évaluée en moyenne à 100 kilogrammes. — La *brouette à barre* ne possède qu'un fond et un dossier à claire-voie ; elle est surtout employée pour transporter les moellons et la meulière. — La *brouette de mesure*, ou à *dosage*, est semblable à la brouette ordinaire, mais entièrement fermée sur les quatre côtés. Sa contenance, nommée *brouettée*, varie de 60 à 80 litres. — Les brouettes servant au mesurage des cailloux entrant dans la composition du béton ont pour fond une grille de fer, afin de permettre l'écoulement de l'eau qu'on jette sur les cailloux pour les laver et les débarrasser des substances terreuses qui sont attachées à leurs surfaces. On fait aujourd'hui des brouettes en tôle et en fer, qui sont très-solides.

Pour ce qui concerne les transports à la brouette, voy. Transport et Relai.

BROUETTÉE, *s. f.* — Contenu de la brouette.

BROUETTER, *v. a.* — Transporter à l'aide de la brouette.

BROUETTEUR, *s. m.* — Celui qui brouette, qui se sert d'une brouette pour transporter des matériaux.

BROUI, *s. m.* — Tuyau par lequel on souffle sur la flamme d'une lampe pour travailler en émail.

BROUTER, *v. a.* — Se servir d'un instru-

ment qui, ne coupant pas nettement le bois, rend la surface inégale, par comparaison avec la dent des animaux qui broutent.

BROYAGE, *s. m.* — Action de broyer. On broie le mortier, le grès, mais surtout les couleurs, qui ne peuvent être employées qu'après un bon broyage. On opère celui-ci soit à sec, au pilon et au mortier, soit avec de l'eau sur une table de marbre ou de pierre dure et d'une molette.

BROYER, *v. a.* — Réduire en poudre. Il y a beaucoup de procédés pour broyer : on emploie aujourd'hui sur les chantiers des machines nommées Broyeuses. (Voy. ce mot.)

BROYEUR, *s. m.* — Ouvrier qui broie. Le maçon broie le mortier, le grès pour scier au grès ; mais surtout les peintres broient leur couleur.

BROYEUSE A MORTIER, *s. f.* — Machines servant à la fabrication du mortier, sur les chantiers ; on les nomme aussi *tonneaux à mortiers*. Ce sont des cylindres en forte tôle

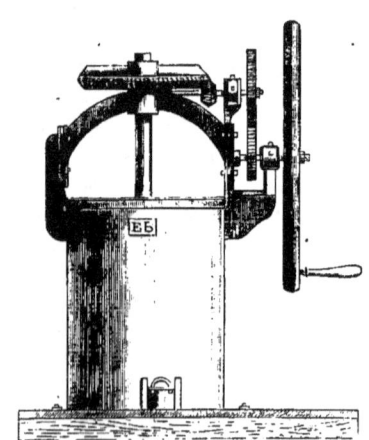

Fig. 1. — Broyeuse à mortier à manivelle.

reposant sur un bâti en bois ou fort patin. Le mélange des matières est produit par un mouvement de rotation imprimé à un arbre sur lequel se trouvent des couteaux, des lames en spirale ou en hélice. Le mouvement fonctionne à l'aide d'engrenages. Ces machines sont mues, les unes (fig. 1) à bras d'homme, les autres (fig. 2) par une courroie de transmission mise en mouvement par la vapeur ou par toute autre force. Il existe aussi des broyeuses mues

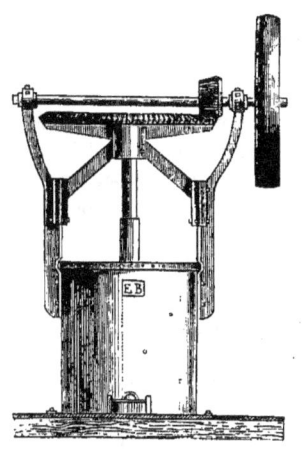

Fig. 2. — Broyeuse à mortier avec courroie de transmission.

par un cheval attelé comme à un manége, ou une noria. Ces machines ont à leur partie inférieure une porte à coulisse qui sert à la sortie du mortier ou du béton fabriqué, car elles remplacent aussi la BÉTONNIÈRE. (Voy. ce mot.)

BRULAGE, s. m. — Une des opérations des travaux de peinture, qui consiste à brûler les anciennes couches de peinture, afin de pouvoir les gratter et mettre les bois à vif, car le brûlage s'opère surtout sur les bois. On pratique le brûlage quand le lessivage ne peut faire disparaître les anciennes couches de vernis, de peinture à l'huile ou les vieux apprêts. On procède de plusieurs manières, soit en enduisant les surfaces à gratter avec de la térébenthine qu'on enflamme, soit à l'aide de réchauds au charbon, soit à l'aide de flamboirs au gaz d'éclairage, quand on peut l'amener près des surfaces à brûler. L'action du feu ramollit et brûle les vieilles couches de peinture, qui se boursouflent, s'effritent et se détachent facilement sous la lame du grattoir.

BRULER, v. a. — Consumer par le feu ; on brûle les vieilles peintures. En vitrerie, brûler la soudure, c'est faire fondre le plomb des vitraux en appliquant un fer trop chaud pour souder.

BRULOIR, s. m. — Bâtiment qui dans les abattoirs sert à brûler les porcs abattus. Ces constructions sont ordinairement circulaires, en matériaux incombustibles, briques et fer, et sont couronnées d'une lanterne en fer par laquelle s'échappe la fumée produite par le brûlage.

BRULOT. s. m. — Outil du miroitier, espèce de petit brunissoir étroit avec lequel on termine les endroits qui ont échappé au poli, ou dans lesquels les brunissoirs ordinaires n'ont pu pénétrer.

BRULURE, s. f. (Serrur.) — Défaut d'un fer chauffé trop fortement ; c'est une espèce d'oxydation du métal qui lui retire sa solidité. On dit parfois, pour la même raison, que le vieux fer fortement oxydé est brûlé.

En maçonnerie, la brûlure des pierres, quand elle est occasionnée par un incendie, les fait éclater et leur retire toute cohésion ; les pierres brûlées ne sont bonnes qu'à faire une chaux grossière et de mauvaise qualité.

BRULURE. (Charp.) — Maladie qui attaque les feuilles, les pousses et les jeunes branches des arbres.

BRUN, s. m. — Couleur foncée qu'on obtient soit avec de la terre d'ombre, de Cassel, de Cologne, de Sienne. On distingue diverses variétés de brun proprement dit. Les principales sont les bruns Van Dyck, le brun de manganèse, le rouge brun. Parmi les couleurs brunes on compte aussi le MARRON, le BITUME, le BISTRE, la SÉPIA naturelle et colorée, le SANG-DE-DRAGON. (Voy. ces mots.)

BRUNIR, v. a. — Polir les métaux à l'aide du brunissoir ; rendre brillantes certaines parties dans la dorure.

BRUNISSAGE, s. m. — Une des opérations de la dorure par laquelle on rend brillantes certaines parties des objets dorés. Le brillant ainsi obtenu se nomme *bruni*, parce qu'on l'obtient à l'aide de *brunissoirs*.

BRUNISSOIR, *s. m.* — Outil servant à brunir, c'est-à-dire à polir les métaux ou à rendre brillantes certaines parties de dorures, au milieu d'autres qu'on laisse *mates*. De là, deux variétés de brunissoirs : ceux qui servent à travailler le fer, et ceux qui sont employés par les doreurs. Les premiers sont en acier, les seconds en silex, en agate ou en sanguine ;

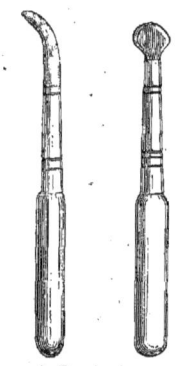

Brunissoirs.

ceux de la seconde espèce ont plusieurs formes. Les brunissoirs les plus employés sont représentés par notre figure ; le premier est affûté en dent de loup, le second est dit en *jambon*. Quand on a opéré avec ces deux outils, on donne le dernier bruni au *brunissoir à la sanguine*.

BRUT, TE, *adj.* — État de toute matière avant d'avoir été travaillée ; ainsi on dit *bois brut, pierre brute, parement brut, fer brut*, etc.

BUANDERIE, *s. f.* — Local situé à rez-de-chaussée ou en sous-sol et renfermant un fourneau et des cuviers, dans lequel on *coule la lessive* ; aussi le nommait-on anciennement *coulerie*. La buanderie fait partie de la blanchisserie. Les riches habitations, principalement à la campagne, ont une buanderie ; mais il en existe surtout dans les établissements publics, tels que les casernes, les hôpitaux, les prisons, où elle constitue un bâtiment distinct et isolé. — Le sol des buanderies doit être imperméable et disposé de telle sorte que les eaux puissent s'écouler facilement et promptement.

Autrefois on procédait au lessivage par le *coulage* et le *bouillage*, mais aujourd'hui, surtout dans les établissements de quelque importance, on n'emploie guère que le *lessivage à la vapeur*.

BUCHEMENT, *s. m.* — Action d'enlever avec la hachette une partie de pierre à retrancher ou une partie à refaire ; on emploie aussi le TÊTU. (Voy. ce mot.) Mais on ne doit se servir de cet outil que quand il s'agit de démolir entièrement des constructions, car il cause toujours des ébranlements dans les parties conservées.

BUCHER, *s. m.* — Local dans lequel on dépose le bois à brûler, les *buches* (d'où l'étymologie du mot), et par suite toute sorte de combustible, charbon de bois, houille, tourbe, coke. Les bûchers sont ordinairement au rez-de-chaussée, mais les caves bien sèches peuvent en tenir lieu.

BUCHER, *v. a.* — Abattre à coup de hachette ou de têtu une partie de pierre faisant saillie. En charpente, c'est dégrossir une pièce de bois, ou détruire une pièce avariée, pourrie, qu'on veut remplacer par une autre.

BUCRANE, *s. m.* — Mot dérivé de βοῦς, bœuf, et κράνιον ; crâne ; tête de bœuf dé-

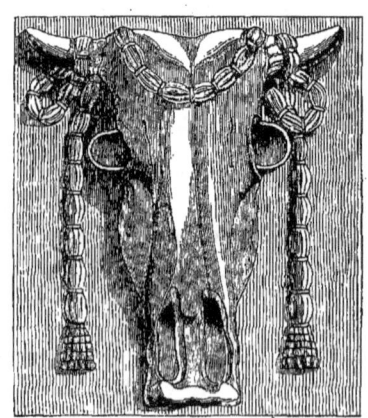

Fig. 1. — Bucrane du temple de Vespasien, à Rome.

charnée que les architectes grecs et romains employaient en peinture, et surtout en sculpture, pour décorer les frises des temples et des

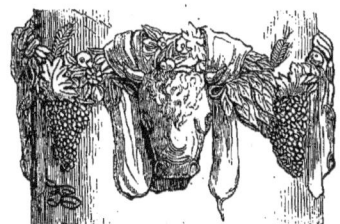

Fig. 2. — Bucranes.

tombeaux, ainsi que les autels élevés en l'hon-

neur des dieux. Ils en plaçaient également dans les métopes des entablements doriques et sur les candélabres et autres objets du culte. Beaucoup de monuments antiques possèdent dans leur ornementation des bucranes. On en voit sur le temple de Vesta à Tivoli, sur celui de Vespasien à Rome (fig. 1), sur le tombeau de Cecilia Metella. Afin de rappeler les sacrifices, les bucranes étaient souvent ornés de bandelettes, de guirlandes de fleurs et de fruits (fig. 2). On en plaça aussi au milieu des instruments de sacrifices; tel est le bucrane de

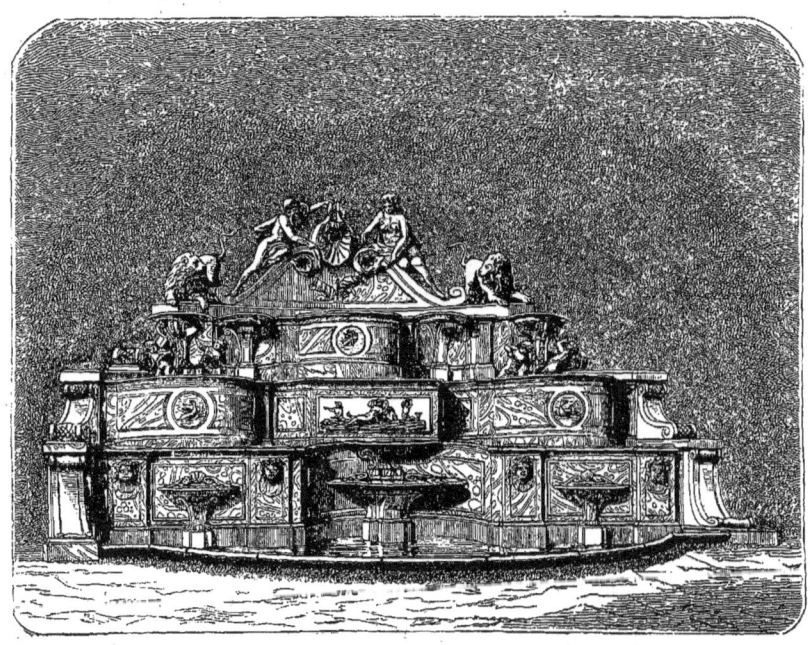

Buffet d'eau, par H. Mansart (grand Trianon).

notre fig. 1, qui se trouvait à côté des instruments que nous avons donnés au mot BAS-RELIEF (fig. 2). On peut voir également de ces bucranes sur des frises de marbre conservées dans beaucoup de musées. — Le bœuf était représenté aussi avec le col et les épaules et quelquefois avec la moitié du corps. Des spécimens de ce genre se voient au temple de Palmyre, à l'amphithéâtre de Nîmes, sur des chapiteaux de Persépolis et d'un monument de Délos.

BUFFET, s. m. — Autrefois on nommait ainsi de petites pièces contiguës aux salles à

manger et qui servaient à renfermer la vaisselle et les ustensiles de la table; c'est ce qu'on nomme aujourd'hui OFFICE. (Voy. ce mot.) On appelait de même les *armaria* anciennes, AR-MOIRES (voy. ce mot), les *abaques* et dressoirs. Aujourd'hui on nomme *buffets* des restaurants existant aux grandes stations de lignes ferrées, ou des pièces dans lesquelles on mange debout. Il en existe de ce genre dans les salles de théâtre et de concerts, et auprès des galeries et salons de fête.

BUFFET D'EAU, table ou construction en marbre adossée à un mur de jardin ou à un fond de verdure. Ce buffet a plusieurs coupes et bassins formant des nappes, des cascades et des jets d'eau. Un buffet, type de ce genre, est celui que Mansart a élevé au grand Trianon, à Versailles, et que représente notre figure que nous avons dessinée d'après une photographie et un dessin de notre camarade P. Gion, publié dans l'*Encyclopédie d'architecture.*

BUFFET D'ORGUE, corps de charpente et de menuiserie renfermant des orgues d'église. Les premières orgues, qui ne comportaient que quelques octaves, étaient de petits meubles portatifs exécutés en menuiserie; leur origine ne paraît pas remonter au delà du moyen âge. Mais à partir de la fin du xve siècle, ainsi qu'au commencement du xvie et jusqu'à nos jours, les orgues ont pris des développements considérables. Composées d'abord de douze ou quinze cents tuyaux, on en fabrique aujourd'hui dont les jeux ne comprennent pas moins de quatre à cinq mille tuyaux, comme celui de l'église Saint-Eustache de Paris, par exemple. Parmi les plus anciens buffets d'orgues (xve et xvie siècle) nous citerons celui de la cathédrale de Perpignan, qui se ferme avec de grands volets couverts de peintures; celui de la cathédrale de Strasbourg, ceux de Chartres, d'Amiens, de Moret, d'Alby, de Clamecy, de Gonesse, etc. — Au xviie siècle, on plaçait dans les buffets d'orgue des automates, des jaquemarts et autres décorations de mauvais goût, qui ont complétement disparu de nos jours. C'était des diables enfourchant des damnés, des anges jouant de divers instruments, des oiseaux battant des ailes qui rappelaient les coucous de Nuremberg. Dans une ville d'Espagne, à Cadix ou à Barcelone, nous avons vu un orgue décoré d'une tête de Turc faisant d'horribles grimaces pendant l'exécution d'un morceau. De nos jours, on ne recherche dans la construction des buffets d'orgues que des formes gracieuses qu'on s'efforce de mettre en harmonie avec le style et la destination des emplacements qu'ils doivent occuper. Notre planche XI montre un buffet d'orgue de style gothique du xiiie siècle, composé avec beaucoup de savoir et de goût par notre confrère et ami A. Simil. Ce buffet, publié dans la *Revue générale d'architecture,* a été construit par la maison Cavallié-Coll de Paris, pour la salle de concert du château de Bracewel, près Leeds (Angleterre). Il mesure 8 mètres de largeur, 11 mètres de hauteur et 4 mètres de profondeur. Son instrument se compose de 44 registres, 15 pédales de combinaison, 2 expressions et 2,252 tuyaux; c'est un orgue moyen, qui comprend environ 10 octaves.

Mais, quelles que soient l'importance de l'instrumentation et la grandeur qui en dérive, les buffets d'orgues doivent toujours satisfaire à certaines données générales auxquelles l'architecte ne doit pas rester étranger. Il faut, en effet, qu'il connaisse les lois de l'acoustique, afin de placer les orgues dans la meilleure position pour faciliter la propagation des sons et la réflexion des ondes sonores. Il faut également qu'il étudie les meilleures proportions, eu égard à la dimension des instruments employés; il fera du reste toujours bien de se concerter avec le facteur d'orgues, qui lui donnera un diapason ou tracé graphique indiquant les dimensions des tuyaux de montre et toutes les instructions nécessaires pour faciliter le passage des ouvriers à travers le corps de l'instrument.

BULLE, *s. f.* — Les bulles ou *bouillons* dans les pièces de verre à vitre sont des défauts assez graves; aujourd'hui l'industrie est arrivée à un assez haut degré de perfectionnement pour faire mettre au rebut les pièces qui ont ces défauts.

BULLE (Papier), employé par les architectes pour étudier leurs projets, et qui sert aussi à donner sur le chantier les profils et dessins grandeur d'exécution.

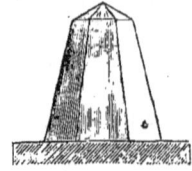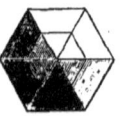

Fig. 1. — Plan et profil d'une des bulles du Panthéon, à Rome.

BULLES, gros clous d'airain ciselés et très-saillants dont les anciens Romains ornaient les

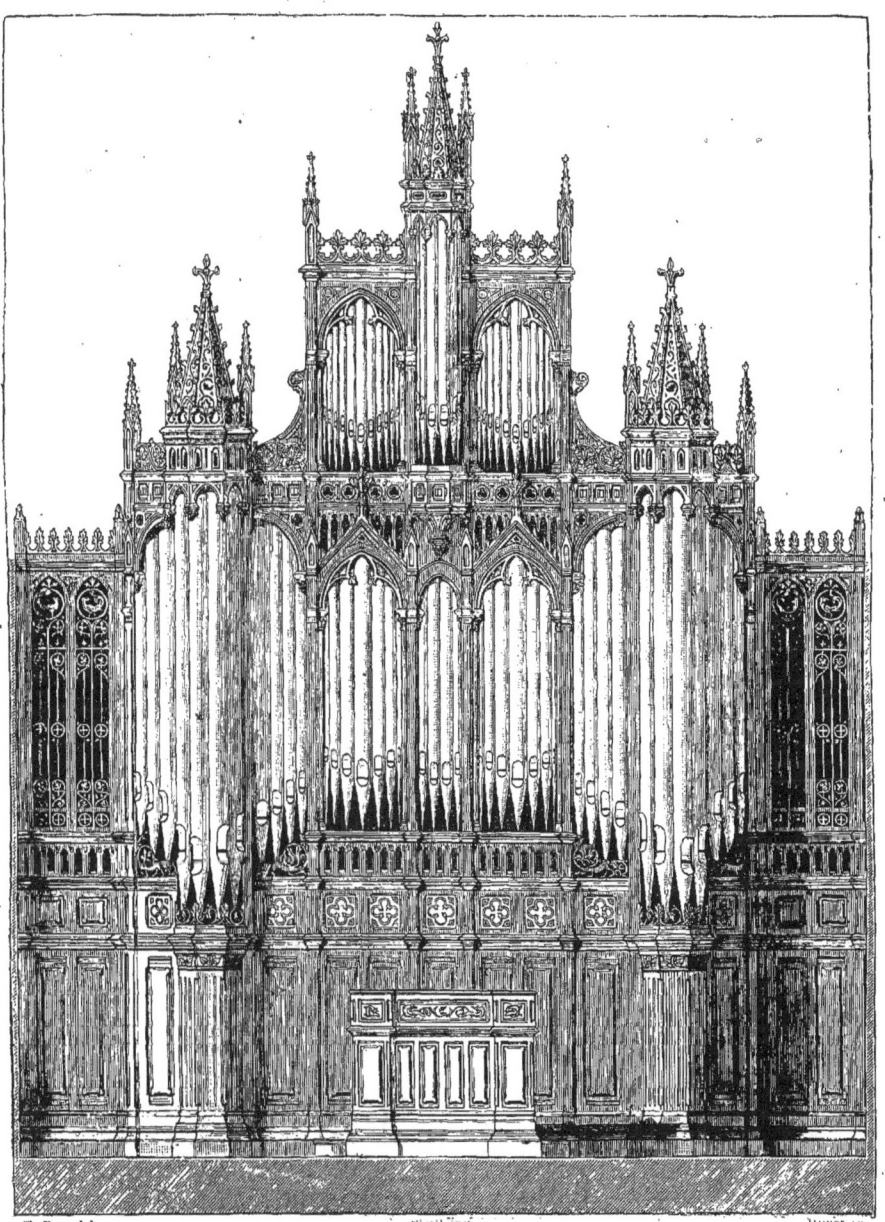

Simil inv.

Planche XI. — Buffet d'orgues du château de Bracewel (Angleterre).

portes des palais, des temples, des édifices publics et des belles maisons privées. On les plaçait dans les champs d'encadrement, autour des

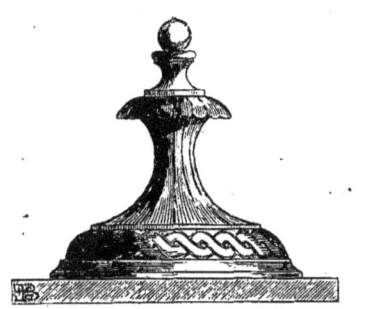

Fig. 2. — Une des bulles du Panthéon, à Rome (profil).

panneaux formés par les cadres. (Voy. Portes.) Nos figures donnent diverses bulles des portes du Panthéon, à Rome. (Voy. Clous.)

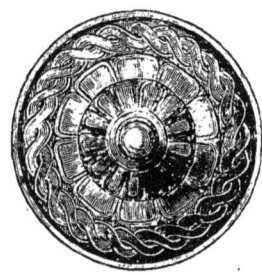

Fig. 3. — Une des bulles du Panthéon, à Rome (plan).

**BUNE**, *s. f.* — Maçonnerie établie au dessus du massif d'une forge. Nous avouons ne pas connaître ce terme, nous ne l'avons vu que dans le *Complément* du dictionnaire de l'Académie et dans le dictionnaire de Littré.

**BUREAU**, *s. m.* — Local dans lequel travaillent des employés, des commis ; ainsi on dit le *bureau* de l'architecte, de l'entrepreneur, pour désigner l'endroit dans lequel ils étudient les projets et exécutent tous les détails nécessaires à l'exécution des travaux.

**BURIN**, *s. m.* — Outil de serrurier et de plombier. Ciseau en acier fondu à double biseau, avec lequel on taille ou on tranche à froid le fer, la fonte, le bronze. — Outil de graveur.

**BURINER**, *v. a.* — Tailler ou couper à froid le fer, la fonte, ou le bronze, avec le *burin*.

**BUSC**, *s. m.* — Saillie dans le radier d'une écluse, pour empêcher le passage de l'eau. C'est souvent un assemblage en charpente, composé d'un seuil et de *heurtoirs* contre lesquels viennent battre les vantaux des portes d'écluse ; d'où l'expression *porte busquée*, c'est-à-dire porte revêtue de son busc, et dont les vantaux s'arc-boutent réciproquement : tel est le busc le plus économique et par cela même le plus employé pour les écluses.

Dans les travaux hydrauliques d'une certaine importance, les buscs sont faits en maçonnerie de pierres dures, leur saillie est d'environ 0ᵐ,30 ; c'est contre ce seuil affectant la forme d'un angle obtus que viennent s'appliquer les *heurtoirs* des vantaux. Ces heurtoirs, même dans les portes en tôle, sont des pièces de bois de 0ᵐ,22 d'équarrissage ; ils se lient avec le poteau tourillon et le poteau busqué, qui forment le cordon du vantail. Le nom de ces poteaux explique leur place et fait comprendre leur forme, sans que nous ayons besoin d'insister.

**BUSE**, *s. f.* — Petit aqueduc de construction (voy. Aqueduc, fig. 6), ou canal en charpente composé de madriers. Les buses sont tantôt placées dans des tranchées à fleur de terre, tantôt dans des tranchées profondes ou souterraines. Quand on construit des buses pour obtenir une chute d'eau ou pour franchir des vallées, on les élève et on les soutient à l'aide de supports en charpente, composés d'une série de poteaux et de traverses réunies par des écharpes en croix de Saint-André. Les pieds des poteaux portent sur de forts madriers nommés Semelles. (Voy. ce mot.)

En fumisterie, la buse est un bout de tuyau en forme de tronc de cône à une extrémité et à empattement de l'autre, disposition qui permet de la clouer sur une surface plane ; ou bien cette extrémité est disposée de façon à s'emboîter avec un autre tuyau.

La buse active le tirage des cheminées, d'autant plus qu'on en fait aujourd'hui qui s'ajustent avec des aspirateurs. Les fumistes emploient aussi des *buses grillagées* : ce sont des bouts de tuyau placés à l'orifice extérieur des ventouses, des bouches de chaleur, des poêles et des cheminées ; l'extrémité visible est grillagée. Enfin on nomme *buse* l'extrémité d'un soufflet de forge, et le tuyau de bois ou de plomb qui dans les mines amène de l'air pour leur ventilation et leur aérage.

BUTRY (Pierre de). — C'est, comme la pierre des *Forgets*, une roche dure qui mesure 0ᵐ,60 à 0ᵐ,65 de hauteur de banc. Cette pierre a été employée à la construction de la façade de l'église de la Madeleine ; le mètre cube pèse de 2,250 à 2,260 kilogrammes.

BUTTÉE ou BUTÉE, *s. f.* — Massif de maçonnerie destiné à recevoir une poussée. — Dans toute sorte de construction il se produit deux genres d'effort : l'un vertical, qui exige des fondations solides ; l'autre latéral ou de *poussée*, auquel il faut opposer une résistance, nommée *buttée*. Une édifice quelconque en bois ou en pierres, voûté ou non voûté, éprouve des efforts latéraux. Un simple massif peut même avoir besoin d'être epaulé, fortifié par un talus. — On forme les buttées, suivant les cas qui se présentent, au moyen de massifs en maçonnerie, de *contre-forts* ou d'*arcs-boutants*. Les Chainages (voy. ce mot) combattent aussi efficacement les efforts latéraux des constructions. Les *étayements* sont des buttées provisoires, qu'on est souvent obligé d'opposer aux efforts latéraux d'un édifice qui menace ruine. Une construction, bâtie selon toutes les règles de l'art, qui n'aurait ni voûtes ni assemblage de matériaux d'un autre genre, capables de produire des efforts latéraux, peut encore avoir besoin d'être buttée pour obvier au tassement inégal du sol, des matériaux et des constructions. En général, le moindre déplacement du centre de gravité d'un édifice, occasionné par un effet quelconque, produit un effort latéral qui exige une buttée. Les formes et les dimensions à donner aux buttées dépendent du genre et de l'importance des efforts qu'elles ont à combattre. (Voy. Poussée, Arc-boutant, Culée, Contre-fort, etc.)

BUTTER, *v. a.* — Faire équilibre à une poussée au moyen d'une résistance directe ; on retient une poussée de voûte, d'un mur à l'aide d'un massif, d'un arc-boutant, d'un étai, d'un pilier, etc. On dit aussi *contre-buter* et *contre-butter*, ou *contre-bouter*, *arc-buter* et *arc-butter*, ou *arc-bouter*. (Voy. Buttée.)

BUTTOIR, *s. m.* Saillie contre laquelle vient butter une partie mobile d'une machine ; pièce de fer contre laquelle vient s'appuyer le vantail d'une porte et qui lui sert d'arrêt.

BUVEAU. — Voy. Biveau.

BYZANTINE (Architecture). — Lorsque Constantin, en 328, transporta le siège de l'empire de Rome à Byzance, l'activité artistique s'éteignit rapidement à Rome et dans le reste de l'Occident. Byzance, au contraire, s'efforça d'égaler en magnificence l'ancienne capitale des Césars. Le site de la ville avait une configuration analogue à celle de Rome et renfermait comme elle sept collines dans son enceinte. Pour faciliter l'accroissement rapide de la petite cité et y attirer un grand nombre d'habitants, Constantin y entreprit de vastes travaux d'embellissement et de construction, et donna son nom à la ville, qui s'appela dès lors Constantinople. Au centre de sa nouvelle capitale, il fit placer un milliaire d'or (*milliare aureum*) d'où partirent toutes les grandes voies publiques. Il construisit quatorze palais pour lui et ses enfants, il érigea des arcs de triomphe, des portiques, quatorze églises, huit bains publics, un cirque, un forum, un hippodrome dont on voit encore des traces auprès de la mosquée du sultan Achmet. Pour embellir sa nouvelle capitale, Constantin dépouilla l'Italie, la Grèce et une partie de l'Asie. L'essor qu'il donna à l'architecture ne se ralentit pas pendant plusieurs siècles ; cependant, malgré toute cette somme de travail, il ne se produisit pas encore un art nouveau et original ; car les architectes de Constantinople se contentèrent de suivre le style classique et copièrent plus ou moins bien les édifices anciens, qu'ils dépouillaient pour orner les leurs. Ce ne fut qu'à partir de Justinien que

B. Bare del. d'après J. Hittorff.                                    Brandon lith.

CHAPELLE PALATINE A PALERME.

Imp. Firmin Didot & Cie Paris.

les artistes créèrent certaines formes architectoniques qui revêtirent un caractère d'indépendance et commencèrent à constituer un art véritable, dans lequel on retrouvait cependant des réminiscences des styles antérieurs. Du reste les monuments érigés sous Constantin avaient été bâtis avec tant de hâte et si peu de solidité, que les tremblements de terre ruinèrent ceux qui avaient échappé aux incendies qui, dans cette ville, se succédèrent presque sans interruption durant plus d'un siècle. Aussi, deux cents ans après Constantin, il ne restait plus un seul des édifices qu'il avait érigés. Ce n'est que par les livres que nous avons appris quelques détails sur ces monuments. Telle a été l'origine, la première période de l'architecture byzantine.

La seconde période commence au règne de Justinien, qui créa de nombreuses villes et répara celles qui avaient été détruites par les tremblements de terre.

Le nombre des villes fondées ou restituées par ce prince est si considérable que le récit des historiens qui en font mention paraît exagéré. Mais il y a un fait certain, c'est que les grands travaux qu'il entreprit lui firent, comme à Hadrien, décerner par ses contemporains le titre de *reparator orbis.* Du reste le règne de Justinien a été la période la plus brillante de l'architecture byzantine. Végèce assure que cet empereur employa plus de cinq cents architectes, et l'on peut voir dans Procope (*De œdif. Justin.*, lib. 4) la longue énumération des monuments qu'il éleva dans l'Orient et dans l'Occident. Cet empereur était épris d'une véritable passion pour l'architecture ; aussi couvrit-il toutes les villes de l'empire de nouveaux édifices. La cinquième année de son règne, en 532, il commença Sainte-Sophie de Constantinople, qui est la manifestation la plus éclatante de l'art byzantin, qu'elle résume pour ainsi dire. Cette église fut bâtie sur l'emplacement de la basilique de Sainte-Sophie élevée par Constantin, basilique détruite plusieurs fois déjà. Les travaux furent dirigés par les architectes Anthémius de Tralles et Isidore de Millet, qui employèrent dix mille ouvriers à cette construction. Quand elle fut terminée, Justinien, enthousiasmé de son œuvre et pensant au temple de Jérusalem, s'écria : « *Je t'ai vaincu, Salomon!* » Il avait fait élever devant la façade de ce monument sa statue équestre. Le plan de Sainte-Sophie, trop connu de nos lecteurs pour qu'il soit nécessaire de le figurer, est un rectangle presque carré, qui mesure 82 mètres de longueur sur 74 mètres de largeur ; la coupole a 17 mètres de rayon ; elle repose sur un tambour percé de vingt-quatre fenêtres. C'était le premier modèle de coupole aussi large soutenu à une très-grande hauteur sur des arcs et des pendentifs.

Les Byzantins eurent une architecture militaire, hydraulique et monastique ; les murs de Constantinople, d'Ani, de Trébizonde et de Thébessa en Afrique montrent les moyens qu'ils employaient pour protéger les enceintes des villes, surtout les portes et leurs défenseurs. Les remparts se composaient ordinairement de deux murs de 1m,40 de large, séparés l'un de l'autre d'environ 1 mètre ; le vide existant entre ces deux murs était comblé au moyen d'un blocage de menues pierres noyées dans du mortier ; de distance en distance il existait sur l'enceinte des tours engagées, mais assez saillantes. Chaque citadelle possédait dans son enceinte un magasin d'armes, un hôpital, des bains et une chapelle.

Les Byzantins étaient aussi de bons hydrauliciens. Ils construisirent leurs premiers aqueducs comme ceux des Romains. Celui de Valens à Constantinople peut en témoigner. Dans la suite, sous Justinien par exemple, les aqueducs subissent des modifications sensibles, quant à leur forme, leur style et jusque dans l'appareil de construction ; ils construisent des réservoirs et des citernes remarquables, et parmi celles-ci la plus ancienne et la plus célèbre est celle qu'on nomme la *citerne aux mille colonnes.* Sur les places publiques ils élèvent des fontaines et des châteaux d'eau, en grand nombre ; il n'en existe qu'un seul aujourd'hui à Constantinople. — Enfin les religieux byzantins, en groupant leurs cellules d'abord isolées, formèrent des villages d'où prirent naissance les *mandra*, les *asceteria*, les *cœnobia*, qui étaient les monastères d'alors.

Étudions maintenant les caractères distinctifs de l'architecture byzantine, qui (nous le verrons bientôt) se transforme et se modifie suivant les pays dans lesquels elle pénètre. Ces modifications même sont si considérables que beaucoup d'auteurs en ont fait à tort des styles différents.

Contrairement aux églises d'Occident, construites sur un plan allongé, le plan des églises d'Orient est carré, en forme de croix grecque. Aux points d'intersection des bras de la croix, il y a quatre gros piliers reliés entre eux par des arcades, qui supportent une coupole portée elle-même par un soubassement quadrangulaire, raccordé par des pendentifs aux quatre angles. Des coupoles secondaires s'élèvent sur le sanctuaire et sur la partie antérieure de la nef, ainsi que sur les transepts. Les plans types de l'architecture byzantine sont celui de Sainte-Sophie de Constantinople et des petites églises de la Grèce et de la Syrie, en un mot des églises à coupole portée sur quatre pendentifs. — Les plans circulaires, comme celui de l'église du Saint-Sépulcre de Jérusalem, par exemple, ont été longtemps considérés à tort comme des monuments byzantins; ce sont en général des monuments de la décadence romaine antérieurs à l'époque byzantine. Ce mode de construction n'est autre que celui employé par les Romains dans leurs THERMES. (Voy. ce mot.) L'arcade porte immédiatement sur le chapiteau de la colonne. Celui-ci n'est guère qu'un bloc carré, un cube plus étroit à la base qu'au sommet; c'est pourquoi on le nomme *cubique*. Son ornementation ne possède pas les feuilles d'acanthe, mais des entrelacs fort simples où des arabesques sont souvent peints et dorés; les arcs sont plus élancés que dans les constructions romaines. La voûte plein cintre subsiste dans l'architecture byzantine. Les murs sont souvent formés d'assises alternatives de briques et de pierres. Une suite de petites baies ou ARCATURES (voy. ce mot) indique à l'extérieur la galerie de l'étage qui existe dans la plupart des temples byzantins. Cette disposition a été adoptée plus tard par les architectes des époques romane et ogivale. Du reste, le style byzantin influa considérablement sur le style ogival. Enfin des mosaïques ornent les murs intérieurs et extérieurs des édifices byzantins. A l'intérieur, ce sont souvent des matières vitreuses, posées sur fond d'or, qui remplacent les fresques.

L'influence byzantine se fit sentir dans une grande partie de l'Europe et de l'Asie. En effet, Constantinople était placée au point d'intersection des régions les plus civilisées

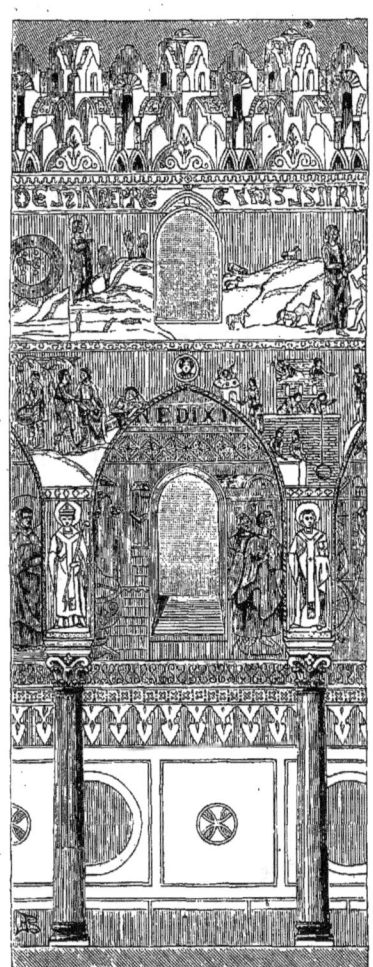

Travée de la chapelle Palatine, à Palerme.

du monde; aussi ses artistes étaient-ils recherchés également par les monarques de l'Asie et de l'Europe, de sorte que l'architecture byzantine s'étendit d'un côté jusque dans l'Inde et de l'autre aux frontières les plus reculées de l'Espagne. L'islamisme victorieux la transporta dans l'Inde, à Agra; dans la Perse, à

Ispahan ; dans la Syrie, à Damas ; dans l'Afrique, au Caire, à Tripoli, à Tunis, et dans l'Espagne, à Grenade ; mais sous ces climats elle subit des transformations tellement radicales, que beaucoup y voient des styles nouveaux. Ainsi dans l'extrême Orient l'arc ogival très-élancé domine, tandis qu'en Occident, en Espagne, par exemple, l'arc en fer à cheval devient la courbe préférée. On le trouve à Grenade dans l'Alhambra et le Généralif, à Séville dans l'Alcazar, dans la superbe mosquée de Cordoue, et dans l'ancienne porte arabe de Tolède. Dans les constructions moresques de Cordoue, de Grenade et de Séville, les arcs se brisent même en une infinité de courbes qui rappellent les capricieuses découpures de la dentelle. La coupole subit, elle aussi, suivant la contrée où elle est élevée, une grande transformation : tandis que les architectes grecs de Constantinople et leurs imitateurs en France (1) et en Italie adoptent la forme circulaire ou elliptique, dans l'Inde, dans la Perse et dans l'Égypte la coupole affecte la forme du bulbe d'un oignon à fleurs.

La nation qui s'est le plus assimilé l'art byzantin, c'est sans contredit la nation arabe. Limitrophes du Bas-Empire en Asie, les Arabes en effet adoptèrent les arts qu'ils trouvèrent florissants dans les pays conquis ; aussi, comme les divers peuples du moyen âge, ils payèrent leur tribut au style byzantin. Du reste, dans les cours sarrasines, il y avait beaucoup de savants, de littérateurs et d'artistes de la Grèce. En 820, un fils d'Aroun-al-Raschid, le calife Al-Mamoun-Abdallah, demanda à l'empereur de Constantinople les meilleurs ouvrages des philologues grecs, pour les faire traduire et lire dans les colléges arabes de Cufa, du Caire, de Fez, de Maroc, de Tunis et de Tripoli. Il ne

faut donc pas s'étonner que pour leurs monuments ils aient employé le mode de construction des artistes byzantins. Aussi leurs édifices en Asie Mineure, en Syrie, en Afrique, en Espagne et en Sicile, ressemblent beaucoup à ceux de Constantinople. C'est surtout dans les premières productions modernes de la Sicile que l'influence byzantine se montre visiblement. Palerme et Messine virent s'élever les plus belles églises de style byzantin. Une des œuvres les plus remarquables, c'est la chapelle Palatine de Palerme, élevée par Roger en 1132. Notre planche XII en représente une vue perspective dessinée d'après une étude de J. Hittorff, et notre figure une travée en géométral. Comme on le voit par nos dessins, la voûte de cet édifice, couverte de dorures et de niellures, présente des combinaisons identiques à celles de l'Alhambra ; ce sont ces parties de petites coupoles en pendentif qu'on nomme *medias naranjas*.

Le plan de cette chapelle affecte la disposition des basiliques latines : ce sont trois nefs parallèles séparées par deux rangs de colonnes ; de belles mosaïques la décorent. (Voy. ARABE, LOMBARDE, *Architecture*.)

BIBLIOGRAPHIE. — J. Ciampini, *de Sacris ædificiis a Constantino magno constructis*, 3 vol. in-fol. Rome, 1747 ; *l'Augusta Ducale Basilica dell' evangelista San-Marco, etc.*, l'Auguste basilique ducale de Saint-Marc, etc., *dessinée par les plus habiles architectes*, in-fol., fig., Venise, 1761 ; De Quast, *Die alt-christlichen Bauwerke von Ravenna, etc.*, in-fol., fig., Berlin, 1842 ; A. Couchaud, *Choix d'églises byzantines en Grèce*, in-fol., fig., Paris, 1842 ; de Verneilh, *l'Architecture byzantine en France, Saint-Front-de-Périgueux et les églises à coupoles de l'Aquitaine*, in-4°, fig., Paris, 1851 ; W. Salzenberg, *Alt-christliche Baudenkmaler von Constantinopel, etc.*, gr. in-fol., Berlin, 1854 ; H. Guil. Schulz et Ferd. Quast, *Denkmaler der Kunst des Mittelalters, etc.*, 4 vol. in-4° et atlas in-fol., Dresde, 1860 ; F. Kanitz, *Serbiens byzantinische Monumente*, in-fol., fig., Vienne, 1862 ; Ch. Texier et R. R. Popplewell Pullan, *l'Architecture byzantine, ou Recueil de monuments des premiers temps du christianisme*, in-fol., fig. noires et en chrom., Londres, 1864. (Voy. la bibliographie à ARABE (*Architecture*).

---

(1) En France, dans le Périgord, Saint-Front-de-Périgueux ; dans l'Angoumois (cathédrale d'Angoulême), dans une partie de la Saintonge et même du Poitou, les architectes prirent à l'Orient la coupole sur pendentifs. En Provence et dans une partie du Languedoc, ce sont les absides à pans coupés, comme à la cathédrale d'Athènes (voy. CATHÉDRALE, fig. 3), et une grande finesse des profils, des moulures et des ornements, que les artistes empruntent de préférence à l'art byzantin.

# C

C, consonne, troisième lettre de l'alphabet ; dans la numération romaine, le c égale 100 ; cc, 200 ; ccc, 300 ; cccc, 400 ; on écrit ce dernier nombre cd, qui signifie 500 — 100 = 400 ; dc, 600 ; xc, 100—10 = 90 ; le c sur-monté d'un trait (c̄) vaut 100,000 ; deux c, trois c surmontés d'un trait valent 200,000 et 300,000.

Quand le ɔ est retourné et précédé d'un ɪ (ɪɔ), il représente 500 ; cɪɔ, 1,000 ; ccɪɔɔ ou cmɔ, 10,000 ; cccɪɔɔɔ, 100,000 ; ccccɪɔɔɔɔ, 1,000,000.

**CABAL ou CABAU**, *s. m.* — Ancien terme de droit, synonyme de capital. Ce mot signi-fiait aussi *économie, pécule* et *cheptel*.

**CABANE,** *s. f.* — Construction légère, faite ordinairement de bois, et qui sert à l'habitation de l'homme, au logement des animaux, ou

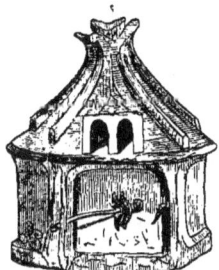

Fig. 1. — Cabane d'après un vase en terre cuite trouvé auprès du lac d'Albano (musée du Vatican).

à renfermer des objets de diverse nature. Dans les pays de plaine, où il n'existait pas de grottes et de cavernes naturelles, la cabane a dû constituer la première retraite de l'homme. La première cabane dont il soit fait mention est celle dans laquelle Ulysse retrouva Eumée, d'après Homère (*Odys.*); c'était un bâtiment de forme ronde, annexe d'une ferme. Il existe au musée du Vatican un vase en terre cuite (fig. 1) qui représente une cabane ; elle est de forme circulaire, et l'agencement des solives formant le toit, ainsi que les fenêtres en lu-carne, s'y reconnaissent très-bien. On y voit également un simulacre de porte. Quelques monuments funéraires de la Lycie figurant des cabanes nous donnent des spécimens ar-chaïques de ces premières constructions de l'homme. Notre fig. 2 donne un tombeau lycien, en forme de cabane, dont le toit ou couvercle en arc aigu présente sans contredit un exemple très-ancien de l'arc brisé en ogive ;

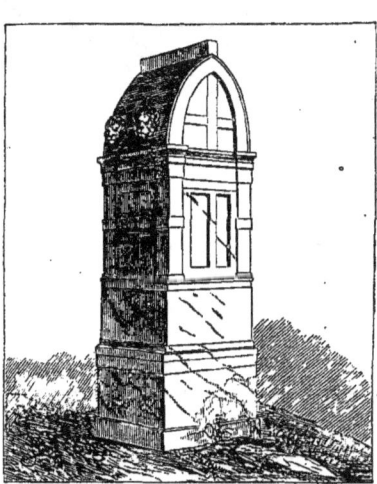

Fig. 2. — Tombeau lycien en forme de cabane.

tandis que notre fig. 3 fait voir le portique d'une excavation funéraire de Myra en Lycie. Ce portique représente bien une cabane.

Virgile (*Æneid.*, liv. 8) et Ovide (*Fastes*, 3) nous ont donné la description de la ca-bane qu'habitait Romulus, alors que le fon-dateur de Rome n'était qu'un simple berger. Cette cabane était formée de branchages et de roseaux, ce n'était qu'une hutte ; du reste les bergers de la France méridionale et de l'Italie construisent encore de nos jours des cabanes qui ne diffèrent pas de celle de Romulus. Vitruve (liv. 2, ch. 1) nous donne également un aperçu des premières huttes construites par les

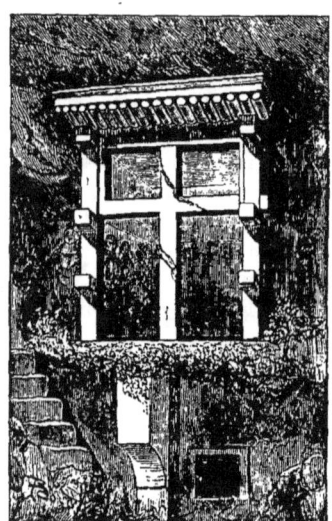

Fig. 8. — Portique d'une excavation funéraire de Myra, en Lycie, représentant une cabane.

premiers hommes. Dans la cité des Limes, entre le Puys et Braquemont, près de Dieppe, on a retrouvé des cabanes gallo-romaines, dont on a pu saisir parfaitement la structure. Elles mesuraient environ 7 mètres de longueur sur 2m,40 de largeur, et leur toit était à deux versants. — Quand les cabanes sont couvertes de chaume, on les nomme *chaumières* ; dans beaucoup de contrées, les populations agricoles n'ont pas d'autres habitations.

CABANON, *s. m.* — Petite pièce ou cachot dans lequel on enferme les prisonniers qui, par leur mauvaise conduite, ont mérité une répression. Les cabanons sont des cellules plus étroites et plus obscures que les autres ; ils constituent une prison dans la prison. Dans les maisons d'aliénés, le cabanon est une loge de force dans laquelle on enferme les fous dangereux, les forcenés. Il existe aujourd'hui des modèles parfaits de ce genre de cellule à Mont-de-Vergues, près d'Avignon, à la maison d'aliénés,

près de Toulouse ; à Ville-Évrard, à Charenton, et à l'asile Sainte-Anne, à Paris.

CABARET, *s. m.* — Établissement, où l'on vend à boire et à manger ; au XVIIe et au XVIIIe siècle, il n'y avait que les gens aisés qui allassent au cabaret. Ces établissements sont soumis aux mêmes règlements de police que les auberges et les cafés.

CABESTAN, *s. m.* — Treuil vertical qui est maintenu par une solide charpente. La tête de l'arbre est percée de trous carrés nommés AMOLETTES. (Voy. ce mot.) Celles-ci reçoivent les barres ou leviers que des hommes manœuvrent pour enrouler la corde. (Voy. notre figure.) Les tourillons de l'arbre sont rete-

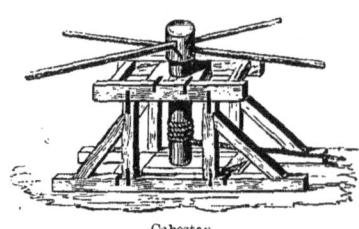

Cabestan.

nus dans des collets fixés à une charpente disposée *ad hoc*. On emploie le cabestan pour le bardage de lourds matériaux qu'on ne pourrait conduire ni sur un véhicule ni sur des rouleaux de bois ou de fer.

CABINET, *s. m.* — Ce terme a des acceptions très-différentes.

CABINET D'ÉTUDE, pièce réservée au travail, à l'étude, et qui doit être éloignée de tout bruit, bien éclairée, aérée et ventilée.

CABINET DE TOILETTE, petite pièce à l'usage de la toilette, qui doit être le plus possible à proximité de la chambre à coucher.

CABINET D'AISANCES, *garde-robe*, *privés*, *water-closets*. Ils doivent être placés dans les pays méridionaux au nord et dans ceux du nord au midi, parce qu'ils sont ainsi moins sujets à donner des odeurs dans l'appartement ; du reste aujourd'hui, même en province, on installe des systèmes de garde-robes avec effet d'eau qui intercepte toute odeur de la fosse dans les cabinets. Nous parlerons de leur ven-tilation au mot FOSSE. — L'emplacement af-fecté au cabinet d'aisances n'est pas arbitraire ; il doit être en communication directe avec l'air extérieur et suffisamment éclairé. La propreté la plus grande y étant indispensable, on y pourvoira à l'aide de peinture ou mieux d'un revêtement de carreaux émaillés.

Les cabinets d'aisances diffèrent des latrines en ce que les premiers sont pour l'usage d'un seul ou d'un appartement, tandis que les se-condes sont le plus souvent formées de plu-sieurs cabinets. Il existe des latrines publiques dans les écoles, dans les gares de chemin de fer, dans les administrations. (Voy. FOSSE D'AI-SANCES, WATER-CLOSETS, LATRINES.)

Le mot *cabinet* a été appliqué à des salles qui ont diverses destinations : ainsi on nomme *cabinet d'amateur* une ou plusieurs pièces ren-fermant des collections de divers genres ; *cabinet de médailles, d'antiquités, d'estampes, d'histoire naturelle*, des pièces ou salles dans lesquelles sont réunies en collection des médailles, des antiquités, des estampes, des coquillages, des animaux empaillés, des plantes, etc.

On dit aussi *cabinet* d'avocat, d'avoué, de notaire, d'architecte, pour désigner la charge ou la profession qu'exercent ces différentes personnes.

CABLE, *s. m.* — Cordages de fort diamètre employés à lier, traîner, soulever ou enlever des fardeaux.

Les câbles font partie de l'équipement des chèvres, des treuils, cabestans, sapines, etc. ;

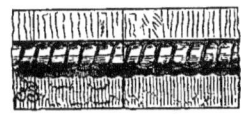

Fig. 1. — Bandeau formé d'un câble (époque romane).

leur diamètre varie de 0^m,025 à 0^m,050. — Le câble qui sert pour le levage des pierres, bour-riquets, etc., forme quatre branches qui s'ac-crochent par leur sommet à l'*esse* de la chaîne de montage ; ce câble se nomme *élingues* ou *brayers*. Ceux qui servent à retenir et maintenir en place les engins se nomment *haubans*.

Les *vingtains* sont des cordages qui n'ont pas 0^m,025 de diamètre et qui servent à guider les fardeaux lorsqu'on les élève, afin de passer les saillies ou autres obstacles qu'on rencontre dans le levage.

CABLE, moulure décorée d'une ornementa-tion imitant un gros cordage. Cette décoration

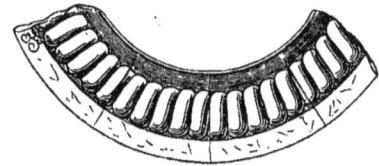

Fig. 2. — Cable décorant une partie courbe.

a été employée à toutes les époques. Au mot BASE (fig. 4) nous en avons donné un exemple datant de l'art romain, mais elle a été égale-ment employée à l'époque romane et pendant la renaissance.

Notre fig. 1 donne un bandeau formé d'un simple câble ; notre fig. 2 en montre un em-ployé dans une décoration circulaire ; enfin notre figure 3 fait voir une cuve baptismale

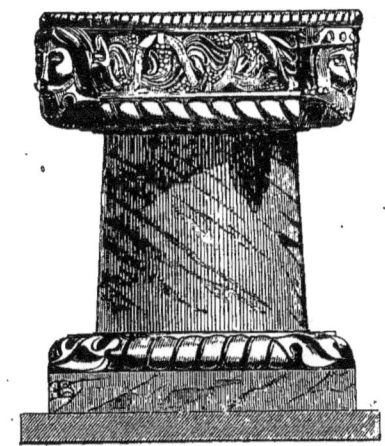

Fig. 3. — Cuve baptismale de l'église de Chéreng (Nord).

romane de l'église de Chéreng (Nord), dans la décoration de laquelle le câble a été large-ment employé. Nous avons dessiné cette figure d'après un dessin qui nous a été communiqué par notre excellent confrère Bruyère.

Le caractère des torons de câbles simulés a varié suivant les styles et suivant le plus ou moins de talent des sculpteurs qui les ont exécutés. — Quelques fûts de colonne ont été sculptés en manière de câble. (Voy. COLONNE et FÛT.)

CABLEAU, *s. m.* — Diminutif de *câble*, petit câble qui n'a guère que 2 centimètres de diamètre. De même que les ouvriers se servent de l'expression *chable* pour désigner un gros cordage, ils donnent aux câbleaux le nom de *chableaux*. Les câbleaux sont généralement employés pour les treuils et les moufles.

CABOCHON, *s. m.* — Ce mot, dérivé de *caput, caboche, tête*, sert à désigner en joaillerie toute pierre précieuse qui n'a pas été taillée, mais simplement polie.

Les cabochons ont été employés dans l'orfévrerie et les décorations en tous genres de l'art byzantin et de l'art du moyen âge.

CABRE, *s. f.* — Espèce de chèvre composée de trois perches ferrées ; l'armature supérieure sert à les relier ensemble et à supporter une poulie sur laquelle passe une corde destinée à

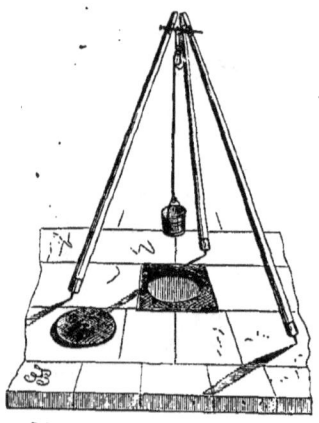

Cabre armée de sa poulie et d'un seau.

soulever un fardeau, un seau. L'extrémité inférieure des perches est enfermée comme dans des espèces de sabots de pilotis, ou bien ils sont, comme le montre notre figure, terminés par une bague, ce qui permet d'implanter une grosse cheville de fer dans le bois. Les cabres

servent à hisser les seaux employés au creusage d'un puits, au déblaiement d'un aqueduc, d'un égout, etc.

CACHE-ENTRÉE, *s. m.* — Petite pièce de fer, mais plus ordinairement de cuivre, qui sert à couvrir, à cacher l'entrée d'une serrure, d'un cadenas, etc. (Voy. notre figure.)

Cache-entrée, relevé pour permettre l'introduction de la clef.

CADENAS, *s. m.* — Espèce de serrure mobile pourvue d'une anse articulée à une de ses extrémités, et à l'autre d'une encoche recevant

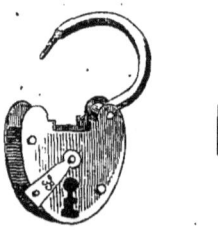 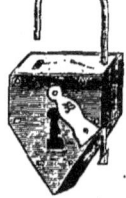

Fig. 1. — Cadenas à clef.        Fig. 2. — Cadenas à clef.

le pène de la serrure du cadenas. Celle-ci se compose d'une boîte ou PALASTRE. (Voy. ce mot.) Il existe des cadenas de tous genres et de toute forme, à *combinaisons* ou à *secret :*

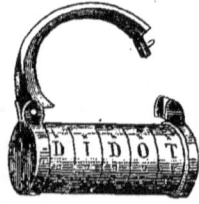

Fig. 3. — Cadenas à secret, à combinaison ou à lettres.

ceux à *combinaison* n'ont pas de clef; ils se composent d'une suite de *bagues* ou *viroles* sur lesquelles sont inscrites les lettres de l'alphabet ou des chiffres ; il faut savoir le nom ou un certain produit de chiffres pour les ouvrir.

Nos fig. 1 et 2 montrent des cadenas à

clef pourvus de CACHE-ENTRÉE (voy. ce mot),
et notre fig. 3 un cadenas à combinaison,
c'est-à-dire que c'est un mot, un nom (Didot),
qui permettent de l'ouvrir.

**CADETTE**, *s. f.* — Pierre carrée de petit
échantillon, qui sert au pavage.

**CADRAN**, *s. m.* — Partie extérieure d'une
horloge, sur laquelle sont indiquées les heures
et les minutes et sur laquelle les aiguilles mar-
chent. Les cadrans sont faits à l'aide de plaques
de tôle, de fonte ou de fer peintes ou émaillées.
On en fait également avec des carreaux vernissés. Les cadrans peuvent être plus ou moins
décorés. ( Voy. HORLOGE. )

CADRAN SOLAIRE, appareil fixe ou mobile
qui, au moyen du soleil, sert à indiquer les
heures du jour. On établit des cadrans solaires
sur des surfaces verticales et horizontales, ainsi
que sur des surfaces concaves et convexes. Les
cadrans solaires existent dès la plus haute antiquité; au moyen âge on en fit un grand
usage, ainsi qu'au XVIᵉ siècle. Les montres
et les pendules modernes en ont considérablement restreint l'emploi. (Voy. le mot
suivant. )

**CADRANURE**, *s. f.* — Maladie du bois ;
c'est une espèce de gerçure circulaire et rayonnante qui se produit dans les fibres du bois et
lui ôte toute solidité. Cette maladie peut provenir de diverses causes; les ouvriers charpentiers la désignent quelquefois sous le nom
de *cadran.*

**CADRE**. *s. m.* — Entourage régulier enca-
drant, en maçonnerie, une partie de construction : en menuiserie, des panneaux ou des
boiseries ; en charpenterie, la réunion de quatre
pièces de bois formant un carré constitue un
cadre. Ce terme est surtout employé en menuiserie, et dans ce corps d'état il a de nombreuses significations ; c'est une moulure, un
ornement poussé ou rapporté sur des menuiseries. Notre fig. 1 fait voir un cadre en bois
avec feuillages sculptés de l'hôtel d'Ormesson,
rue du Val-Sainte-Catherine, à Paris ; suivant que les moulures sont plus saillantes ou

de même saillie que le panneau de menuiserie
ou le parement du bâti, celle-ci est dite à *grand*

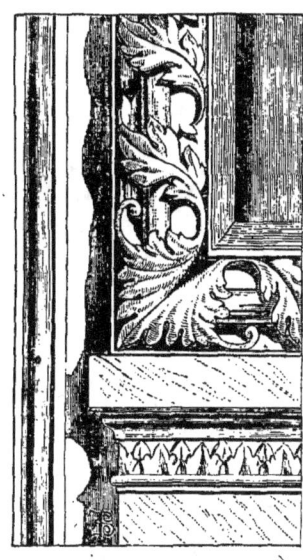

Fig. 1. — Cadre en bois sculpté.

ou à *petit cadre ;* nos fig. 2 et 3 montrent des
moulures à *grand cadre*, et notre fig. 4, en A,

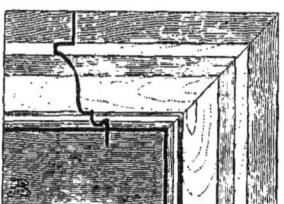

Fig. 2. — Moulure à grand cadre.

un *cadre à glace ;* en B, un petit cadre ; et en C,
un grand cadre. On dit qu'un cadre est flotté

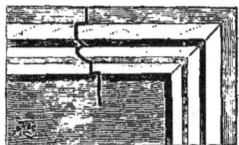

Fig. 3. — Moulure à grand cadre.

si l'un de ses parements est plus large qu'un autre ; enfin, suivant son assemblage, un cadre est
dit *ravalé* ou *embrevé.* (Voy. PANNEAU.) Ce mot

est aussi à tort employé comme synonyme d'*encadrement*.

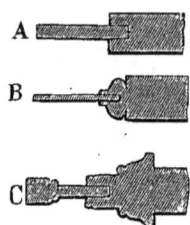

Fig. 4. — A, cadre à glace  B, petit cadre ; C, grand cadre.

CAGE, *s. f.* — Espace compris entre des murs droits ou circulaires et renfermant un escalier. Les plus belles cages d'escalier ont été faites pendant la renaissance. — Assemblage de la charpente intérieure d'un clocher. — Bâti en charpente revêtu de planches et formant le corps d'un moulin à vent.

CAHIER DES CHARGES, *s. m.* Pièce ou acte, presque toujours en plusieurs rôles (d'où son nom de cahier), qui contient les conditions de vente ou d'une adjudication publique ou restreinte. Nous n'avons à nous occuper ici que de l'acte déterminant les clauses, charges et conditions d'exécution des travaux auxquelles sont astreints les entrepreneurs et qu'ils sont tenus d'observer. Cet acte est indispensable, même pour des travaux de peu d'importance, et, dans ce cas, comme il a peu de développement, on l'incorporera au contrat ou marché signé avec l'entrepreneur. — Il y a deux sortes de cahier des charges : celui des *charges générales*, qui s'adresse à toutes les industries du bâtiment, et qui régit les obligations générales qui incombent à tous les entrepreneurs, et le cahier des *charges particulières* à chaque entrepreneur ou à chaque genre d'industrie, comme la terrasse, la maçonnerie, la charpente, etc.

Le texte du cahier des charges varie suivant la nature des travaux qu'on désire faire exécuter, surtout celui des charges particulières, qui a un certain rapport avec le devis descriptif. Nous ne pouvons donner ici des modèles de ces derniers, mais nous dresserons un type du cahier des charges générales, qui varie moins dans ses données que celui des charges particulières à chaque corps d'état. Les cahiers des charges sont rédigés, soit en vue d'un simple marché avec un propriétaire et des entrepreneurs, soit avec une administration publique ou privée et des entrepreneurs. Dans les deux cas, mais surtout dans le dernier, on peut faire une adjudication publique. (Voy. ADJUDICATION.) Nous choisirons ce dernier mode pour la rédaction de nos cahiers des charges, car, pour un marché sans *adjudication*, on se contentera de supprimer ce mot.

CAHIER DES CHARGES GÉNÉRALES.

*Clauses et conditions générales de l'adjudication au rabais et sur série de prix de la ville de (indiquer la ville) pour les travaux de construction de (indiquer l'édifice).*

X., le 1er novembre 187...

Art. 1er. — Tous les travaux compris dans la présente adjudication devront être exécutés aux clauses et conditions ci-après énoncées.

Art. 2. — Chaque entrepreneur déclaré adjudicataire devra, en conséquence, pendant la durée des travaux, avoir sur le chantier les quantités de matériaux on approvisionnements et le nombre d'ouvriers qui lui seront nécessaires pour exécuter les travaux avec suite et promptitude et dans le délai de (indiquer ici le délai accordé). — Dans le cas d'inexécution des ouvrages dans le délai susindiqué, il pourra, sur une simple mise en demeure et sans aucune autre espèce de formalité, y être pourvu par l'architecte et aux frais, risques et périls de l'entrepreneur, lequel sera en outre passible d'une retenue de (indiquer le montant) pour chaque jour de retard ; de même l'administration tiendra à la disposition de l'entrepreneur la somme de (indiquer le montant) pour autant de jours précédant le délai stipulé pour la livraison des travaux.

Art. 3. — L'adjudicataire ou un de ses préposés sera constamment présent sur l'atelier pendant la journée de travail de ses ouvriers, afin d'y recevoir les ordres que l'architecte ou son inspecteur pourraient avoir à lui donner.

Art. 4. — Les matériaux de toute nature devront toujours être de la meilleure qualité indiquée au devis ou par les prescriptions de l'architecte, et dans les dimensions et du poids qui y seront pareillement prescrits. — Leur façon et leur mise en œuvre devront être exécutées conformément aux règles de l'art.

Art. 5. — L'adjudicataire sera tenu de représenter à toute réquisition de l'architecte les lettres de voiture, factures et autres documents dont la production sera jugée nécessaire pour établir l'origine et la provenance des matériaux.

Art. 6. — Si, malgré la surveillance des agents des travaux, des matériaux de qualité inférieure ou mal confectionnés avaient été mis en œuvre, l'adjudicataire sera tenu de les remplacer à ses frais, risques et périls, en présence de l'architecte ou de ses agents. — Tous les matériaux ou ouvrages rejetés par l'architecte seront immédiatement marqués et enlevés de l'atelier à la diligence de l'adjudicataire, et, faute par lui d'enlever lesdits matériaux et ouvrages rebutés, ils seront brisés sur l'ordre de l'architecte, aux frais de l'adjudicataire, et sans qu'il ait à demander aucune espèce d'indemnité.

Art. 7. — L'adjudicataire ne pourra détourner pour un autre service aucune partie des matériaux approvisionnés.

Art. 8. — Les ouvrages seront exécutés suivant les règles de l'art, et d'après les plans, devis et instructions annexés au présent cahier des charges, ainsi qu'aux cahiers contenant le mode de métré et les conditions particulières à chaque nature d'ouvrage. Cependant l'adjudicataire ne pourra commencer aucune partie des travaux sans en avoir reçu des ordres écrits, auxquels il sera tenu de se conformer strictement. Les travaux exécutés sans autorisation seront démolis s'il y a lieu, et resteront à la charge de l'entrepreneur; ce dernier pourra même, suivant le cas, être passible de dommages et intérêts soit envers l'administration, soit envers l'architecte. L'entrepreneur ne pourra, dans aucun cas et en aucune manière, être dégagé de la responsabilité que lui impose l'art. 1792 du code civil. Toutes les autres dispositions du code auxquelles il n'est pas formellement dérogé par le présent cahier des charges restent et demeurent applicables à l'entrepreneur.

Art. 9. — L'architecte et les employés de l'agence auront la surveillance et la police de l'atelier. En conséquence, l'adjudicataire sera tenu de déférer aux ordres et avis qu'ils donneront sur toutes les parties du service, ainsi que pour le renvoi immédiat des préposés et ouvriers qui lui serait demandé ; mais il pourra réclamer, dans les vingt-quatre heures, auprès de l'architecte, au sujet des ordres de cette nature qu'il aurait reçus des agents secondaires.

Art. 10. — L'adjudicataire sera responsable de tous les dégâts commis par ses ouvriers, ainsi que des soustractions de meubles ou objets de toute nature qui auraient lieu sur le chantier.

Art. 11. — Pendant le cours des travaux, l'adjudicataire recevra de l'architecte tous les détails de construction qui seront nécessaires à l'exécution des travaux. Ces détails seront signés par ledit architecte.

Art. 12. — Pendant aussi l'exécution des travaux, il sera pris contradictoirement des attachements, soit figurés, soit écrits, dans la forme qui sera prescrite par l'architecte. *Toutefois il est entendu que ces attachements ne constatent que des faits et qu'ils ne préjugent en rien sur les droits respectifs des parties.* Ces attachements seront signés chaque jour par l'inspecteur chargé de les constater pour le compte de l'administration et par l'adjudicataire. Ils seront visés par l'architecte ; l'entrepreneur pourra consigner ses observations sur les mêmes attachements.

Art. 13. — L'adjudicataire devra faire connaître en temps et lieu les ouvrages invisibles ou qui deviendraient inaccessibles, et dont les quantités ne pourraient être ultérieurement constatées. Faute par lui de remplir cette formalité, les objets non visibles ou inaccessibles seront arbitrés par l'architecte et le vérificateur, à moins que l'entrepreneur ne consente à supporter tous les frais qu'entraîneraient les moyens à prendre pour opérer la vérification desdits objets.

Art. 14. — Il ne pourra être exécuté des travaux à la journée que sur attachement et qu'autant que l'architecte en aura donné l'autorisation par écrit. Les dépenses des journées employées sans cette autorisation seront rejetées des mémoires et attachements.

Art. 15. — Toute contestation qui pourra s'élever au sujet et de l'exécution des travaux et sur l'application des clauses de l'adjudication sera jugée administrativement. En conséquence, l'adjudicataire s'interdit formellement tout recours devant les tribunaux, ainsi que devant des arbitres ou experts autres que ceux désignés ci-après. — Les questions techniques concernant la construction, celles relatives à la qualité des matériaux, à leur dimension et à leur emploi et celles concernant la police de l'atelier et toute autre contestation seront, lorsque l'adjudicataire ne s'en tiendra pas à l'architecte, portées devant le conseil de préfecture, qui jugera arbitralement et en dernier ressort. Les décisions ne pourront être attaquées par aucune voie d'appel ou toute autre espèce de recours.

Art. 16. — Durant le délai que pourra entraîner le jugement définitif des contestations, les travaux devront être continués, soit à la diligence de l'architecte par voie de régie, soit à celle de l'adjudicataire, et toujours à ses frais. Les retards occasionnés par les contestations seront constatés par procès-verbaux et imputés à l'adjudicataire s'il est condamné par jugement définitif.

Art. 17. — L'architecte se réserve le droit de prononcer la résiliation de l'adjudication pour les causes et dans les cas ci-après, savoir : 1° lorsque, sans être arrêté par des cas de force majeure, patents ou dûment reconnus, et après avoir été mis en demeure, l'adjudicataire apportera soit dans l'exécution des ouvrages, soit dans les approvisionnements, des lenteurs ou des retards préjudiciables à l'achèvement des travaux ; 2° lorsque des tentatives de fraude, de la part de ses agents, ou sur la qualité des matériaux, ou sur la façon des ouvrages, auront été constatées ; 3° enfin, lorsque l'entrepreneur, par négligence ou par toute autre cause, ne remplirait pas les clauses de son marché ou qu'il compromettrait les intérêts de l'administration. La résiliation sera de plein droit dans le cas de faillite ou d'abandon des travaux.

Art. 18. — La décision de l'architecte qui prononcera la résiliation déclarera en même temps si l'entrepreneur est déchargé des suites de l'adjudication, ou s'il y a lieu de continuer les travaux par régie à ses frais, ou de confier les travaux à un autre entrepreneur ultérieurement choisi et qui accepterait les conditions premières offertes par l'entrepreneur déchu. Dans le cas contraire, la différence des rabais serait comblée par prélèvement sur le cautionnement, d'une part, et sur les sommes qui seraient dues audit entrepreneur déchu, d'autre part. — Si par cette décision l'entrepreneur est déchargé de ses obligations, il ne pourra prétendre à aucune indemnité ni dédommagement pour les bénéfices qu'il aurait pu faire dans son entreprise. Il ne lui sera tenu compte que des travaux réellement faits, et ce toujours avec le rabais et les conditions imposées par l'adjudication.

Art. 19. — Dans le cas prévu par l'article précédent, il sera fait immédiatement un inventaire des matériaux et approvisionnements divers existant sur le chantier. Tout ce qui sera reconnu de qualité convenable sera mis à la disposition de l'architecte ou du nouvel entrepreneur, qui en payeront la valeur à l'entrepreneur déchu.

Cette valeur sera fixée par les vérificateurs ou autres agents de l'administration à ce délégués, et, en cas de réclamation de la part de l'adjudicataire, cette fixation sera définitivement arrêtée par le conseil désigné dans l'article 15. — L'entrepreneur déchu sera tenu d'enlever immédiatement aussi tous ses équipages et les matériaux refusés dans le délai de huit jours, et, à défaut par lui de ce

faire, lesdits matériaux seront enlevés à ses frais, risques et périls, pour être déposés dans les lieux qui seront indiqués par l'architecte.

Art. 20. — L'adjudicataire déchu devra présenter son mémoire dans le délai qui sera fixé par la décision de l'architecte. Ce délai expiré, si le mémoire n'est pas produit, l'architecte pourra le faire rédiger d'office, et fera notifier cette mesure à l'entrepreneur.

Art. 21. — L'exécution et l'avancement des travaux, ainsi que les approvisionnements, seront constatés par les états de situation dressés à la fin de chaque mois par les vérificateurs et autres agents de l'architecte.

Art. 22. — L'adjudicataire ne pourra prétendre à aucune indemnité pour cause de retard dans les payements ; il ne pourra non plus ralentir les travaux qu'il n'en reçoive l'ordre de l'architecte.

Art. 23. — Les mémoires devront être fournis dans le mois qui suivra la réception de travaux et dressés suivant les usages du lieu. En cas de désaccord sur le règlement, les entrepreneurs dresseront une demande établie avec les détails correspondants à ceux des articles des mémoires, et rappelleront le numéro de chaque article. Ces réclamations seront déposées au bureau de l'architecte dans les quinze jours qui suivront la communication qui leur sera faite de ce règlement.

Art. 24. — Lorsque les mémoires auront été vérifiés, réglés, révisés, dans les formes adoptées par l'architecte, l'entrepreneur sera appelé en acceptation, en avis ou pour produire ses réclamations, lesquelles devront être motivées et signées de lui dans la huitaine. Ce délai expiré, les mémoires seront considérés comme acceptés, et il sera passé outre à leur liquidation.

Art. 25. — Si, par suite des modifications qui pourront être apportées par l'architecte à l'exécution du projet dans le cours des travaux, il y a lieu : 1° à une augmentation dans les quantités, l'adjudicataire sera tenu d'en continuer l'exécution au prix de son adjudication jusqu'à concurrence d'un tiers en sus du montant de l'entreprise ; 2° à une diminution dans les quantités, l'entrepreneur ne pourra élever aucune réclamation tant que la diminution n'excédera pas le tiers du montant de l'entreprise.

Art. 26. — Dans le cas où l'architecte autoriserait soit l'exécution d'ouvrages, soit l'emploi de matériaux ou de matières dont la valeur ne serait pas prévue au devis estimatif et aux séries de prix, soit encore un changement de destination dans l'emploi desdits matériaux ou matières, les prix à appliquer seront ceux du règlement, diminués du rabais.

Art. 27. — L'entrepreneur ne pourra réclamer aucune indemnité à raison de l'augmentation qui surviendrait dans la valeur des matériaux et de la main d'œuvre, ni l'architecte prétendre à aucune diminution dans le cas contraire.

Art. 28. — Les propositions d'acomptes seront faites par l'architecte en raison de l'avancement des travaux constatés préalablement par les états de situation, qui devront être produits à la fin de chaque mois. Ces acomptes pourront s'élever jusqu'aux sept dixièmes des ouvrages exécutés. Un huitième dixième sera payé en outre à l'adjudicataire après la production de ses mémoires par exercice. Enfin, le payement des deux derniers dixièmes pour solde sera effectué immédiatement après le règlement, la révision et l'acceptation des mémoires, à moins de circonstances qui seront signalées par l'architecte. Il ne sera point payé d'acomptes sur les approvisionnements, de même que sur les ouvrages non-livrés, ni pour une somme moindre de 500 francs.

Art. 29. — L'adjudicataire restera responsable de ses travaux, conformément aux dispositions des articles 1792 et 1799 du code civil, même après la réception de ses travaux, comme de droit.

Art. 30. — Indépendamment des conditions générales portées au présent cahier des charges, l'adjudication est faite aux clauses et conditions particulières à chaque nature d'ouvrages.

Art. 31. — L'architecte ne reconnaîtra aucun sous-traitant, et n'homologuera aucun des marchés que pourra passer l'adjudicataire avec les divers entrepreneurs qu'il jugera convenable d'employer. En conséquence, l'adjudicataire restera seul responsable des diverses parties de l'entreprise, et les sous-traitants ne seront considérés sur l'atelier que comme de simples préposés, qui pourront en être exclus sur la décision de l'architecte.

Art. 32. — Les échafauds seront établis de manière à donner un accès facile à toutes les parties de la construction et à préserver de tout accident les ouvriers et les agents de l'architecte.

Art. 33. — L'entrepreneur sera tenu, si des ouvriers sont blessés sur le chantier pour quelque cause que ce soit, de leur payer, mois par mois, sauf retenue sur ses mémoires, une indemnité de chômage dont le chiffre sera établi par l'architecte en raison du temps de chômage constaté par certificat de médecin et au taux du prix de la demi-journée. En prévision de cas de décès par suite d'accidents sur le chantier, l'entrepreneur devra fournir la preuve qu'il est assuré pour des cas semblables auprès d'une compagnie constituée.

Art. 34. — Pour prendre part à l'adjudication,

l'entrepreneur devra déposer à la caisse de (*indiquer ici l'administration publique*) un cautionnement dont le montant est déterminé par le cahier des charges particulières, suivant l'importance de chaque nature d'ouvrage. — Ce cautionnement sera fourni soit en numéraire, soit en obligations des principaux chemins de fer français, soit enfin en rentes sur l'État, lesdites valeurs calculées au cours moyen du jour de l'adjudication. Elles seront au porteur. — Il devra être définitivement constitué au plus tard la veille de l'adjudication Ce cautionnement demeure affecté à la garantie spéciale des travaux, avec privilége, et à l'exécution des clauses et conventions des cahiers des charges. Il ne pourra être restitué à l'adjudicataire ou à ses ayants droits qu'après la réception définitive des travaux et la liquidation définitive des comptes.

Art. 35. — Tous les frais d'enregistrement, de timbre et autres frais et faux frais relatifs à l'adjudication seront à la charge de l'adjudicataire, de même que les frais d'expédition à deux exemplaires des plans, devis descriptifs et estimatifs et cahier des charges.

Art. 36. — Toutes les clauses et conditions insérées au présent cahier des charges seront de rigueur; aucune d'elles ne pourra être réputée comminatoire.

Le présent dressé par l'architecte soussigné.

(*Indiquer le nom du pays, la date du mois et l'année.*)

Indépendamment du cahier des charges générales, il existe, comme nous l'avons vu au début de cet article, des cahiers des charges particulières à chaque corps d'état; nous ne pouvons les donner, car il nous faudrait sortir des limites que comporte un dictionnaire même raisonné.

CAILLASSE, *s. f.* — Pierre meulière de couleur blanchâtre, grise, dure et compacte, de qualité inférieure. Du reste sa cassure unie empêche l'adhérence du mortier. Dans les chantiers de construction, les entrepreneurs la mêlent avec la meulière; on doit la rejeter de tous les travaux bien exécutés. La caillasse (on dit aussi quelquefois *caillougsse*) est surtout employée concassée pour l'empierrement des chaussées. (Voy. MEULIÈRE.)

CAILLOU, *s. m.* — Pierre extrêmement dure, dont la couleur varie du blanc laiteux au noir. Le caillou, qu'on nomme aussi *silex*, *pierre à feu*, parce que sous le choc du briquet il produit des étincelles, se trouve ordinairement à la surface du sol, ou dans des roches crayeuses.

Le caillou s'emploie pour des massifs de construction, dans les pays où l'on n'a pas d'autres matériaux. Les meilleurs cailloux sont enveloppés d'une gangue crayeuse; ce sont aussi ceux qui présentent des formes irrégulières. Les cailloux concassés et mélangés avec de la chaux hydraulique donnent le béton qui est employé pour des constructions faites par encaissement ou en blocage et pour massif et fondations. (Voy. BÉTON.)

Les cailloux concassés servent également pour l'empierrement des routes. (Voy. CHAUSSÉE.)

Les cailloux des bords de la mer se nomment *galets*.

**CAILLOUASSE. — Voy. CAILLASSE.**

**CAILLOUTAGE, *s. m.*** — Maçonnerie faite à l'aide de cailloux noyés dans un mortier hydraulique. — Peinture imitant une maçonnerie de cailloux.

**CAILLOUTIS, *s. m.*** — Aire ou sol formé de cailloux battus ou fortement comprimés. On établit ainsi les chaussées à la Mac-Adam, qu'on nomme aujourd'hui *chaussées d'empierrement*. (Voy. CHAUSSÉE.)

**CAISSE, *s. f.*** — Moules, panneaux ou coffres servant à couler des blocs de béton, à élever des murs en pisé, etc., d'où l'expression, construction par *encaissement*.

Espèce de coffre découvert, composé de montants et de traverses, sur lesquels sont assujetties de fortes planches. Les quatre montants dépassent le fond et les bords supérieurs de la caisse; dans le bas ils lui servent de pied, et ces mêmes montants sont couronnés de boules. Ces caisses servent à cultiver des orangers, des grenadiers et d'autres arbustes. Par un agencement spécial obtenu à l'aide de barres de fer méplat, on peut dépanneauter ces caisses,

pour dépoter les arbustes, enlever la terre usée et la remplacer par de la terre neuve.

**CAISSON, *s. m.*** — Compartiment creux, formé sur la surface d'un plafond plat ou courbe, ou sur des voûtes sphériques. Les caissons affectent diverses formes : ils sont carrés, en losanges (fig. 1), circulaires, ovales, hexagonaux (fig. 2), polygonaux, etc. Le centre des caissons est souvent orné d'une rosace, comme

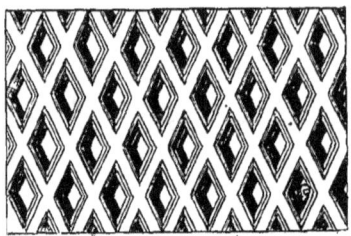

Fig. 1. — Caisson en losange.

au temple de Mars Vengeur, à Rome, par exemple (fig. 3). Ce terme est dérivé de *caisse*, nom qu'on donnait autrefois aux caissons, parce qu'ils ressemblent en effet à un petit coffre refouillé dans la masse du plafond. La naissance du caisson s'explique facilement. Il est né de l'assemblage des solives du plancher; aussi, de

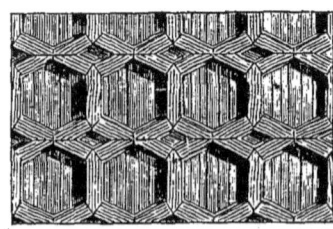

Fig. 2. — Caisson en bois de forme hexagonale.

toutes les formes de caisson, celles qui se rapprocheront le plus du système de la charpente d'un plancher seront toujours préférables aux autres combinaisons, comme étant plus conformes à la vérité et au bon goût. Or, de toutes les manières d'établir les solives d'un plancher, celle qui tend à former un échiquier est la plus simple et la plus naturelle; la forme de losange (fig. 1 et 4) aura moins de solidité, parce qu'elle exigera plus de longueur dans les solives centrales du plafond, tandis que la plus grande force se trouvera dans les angles qui en ont le moins besoin. Par contre,

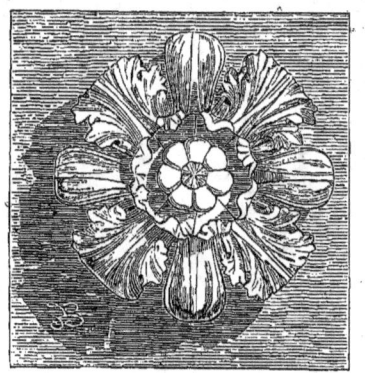

Fig. 3. — Rosace de caisson (temple de Mars Vengeur, à Rome.)

le point central qui exige le plus de solidité sera le plus faible. Tout démontre donc la préférence qu'on doit accorder à la forme carrée,

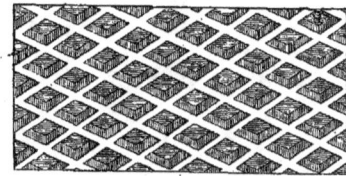

Fig. 4. — Caissons formés par des solives posées en diagonale.

qui représente parfaitement le renforcement produit par les intervalles des solives assemblées à angle droit. Si les caissons sont circulaires, ce qui produit un bel effet, il ne

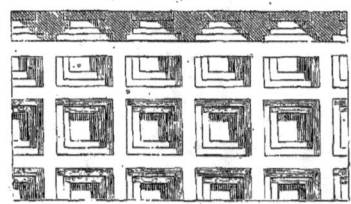

Fig. 5. — Caissons à degrés.

faudra pas craindre d'exprimer franchement que le cercle se trouve inscrit dans un carré. On fera de même pour les caissons de forme hexagonale et polygonale quelconque.

Quelquefois le caisson ne forme qu'un renfoncement simple ; d'autres fois, ce dernier a plusieurs degrés qui diminuent de largeur et

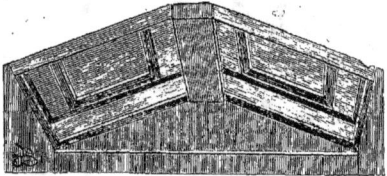

Fig. 6. — Caissons d'un tombeau de Chiusi (ancienne Clusium).

d'épaisseur à mesure qu'ils approchent du fond (fig. 5). Ces degrés ont pour objet d'ôter aux caissons la trop grande crudité qui résulterait de leur profondeur, s'ils faisaient un angle droit avec les solives des plafonds ou les montants des voûtes. Un certain principe d'harmonie établit une gradation dans les caissons de chaque ordre. Ainsi l'ordonnance dorique exige des caissons renfoncés carrément et sans degrés ; l'ionique admet un ou deux degrés ; le corinthien, le plus riche et le plus varié, trois.

L'emploi du caisson remonte à une haute antiquité ; des monuments archaïques de l'Étrurie, des tombeaux, nous en fournissent plusieurs exemples. Nos fig. 6 et 7 montrent des exemples de caissons figurés sur la pierre dans des tombeaux trouvés à Chiusi (ancienne Clusium). Un de ces plafonds (fig. 6) est incliné, et l'autre (fig. 7) est en partie courbe et en partie incliné. Dans des temps plus reculés, dans l'extrême Orient, en Asie, les caissons étaient également employés. Les

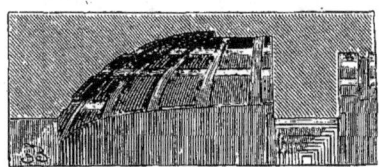

Fig. 7. — Caissons d'un tombeau de Chiusi (ancienne Clusium).

Grecs et les Romains ont utilisé ce genre de décoration ; ces derniers en ont créé d'extrêmement riches, dans la plupart de leurs monuments. Ils en ont même fait en métal (Pausan., liv. 10, ch. 5) ; décorés d'or, d'argent et d'ivoire.

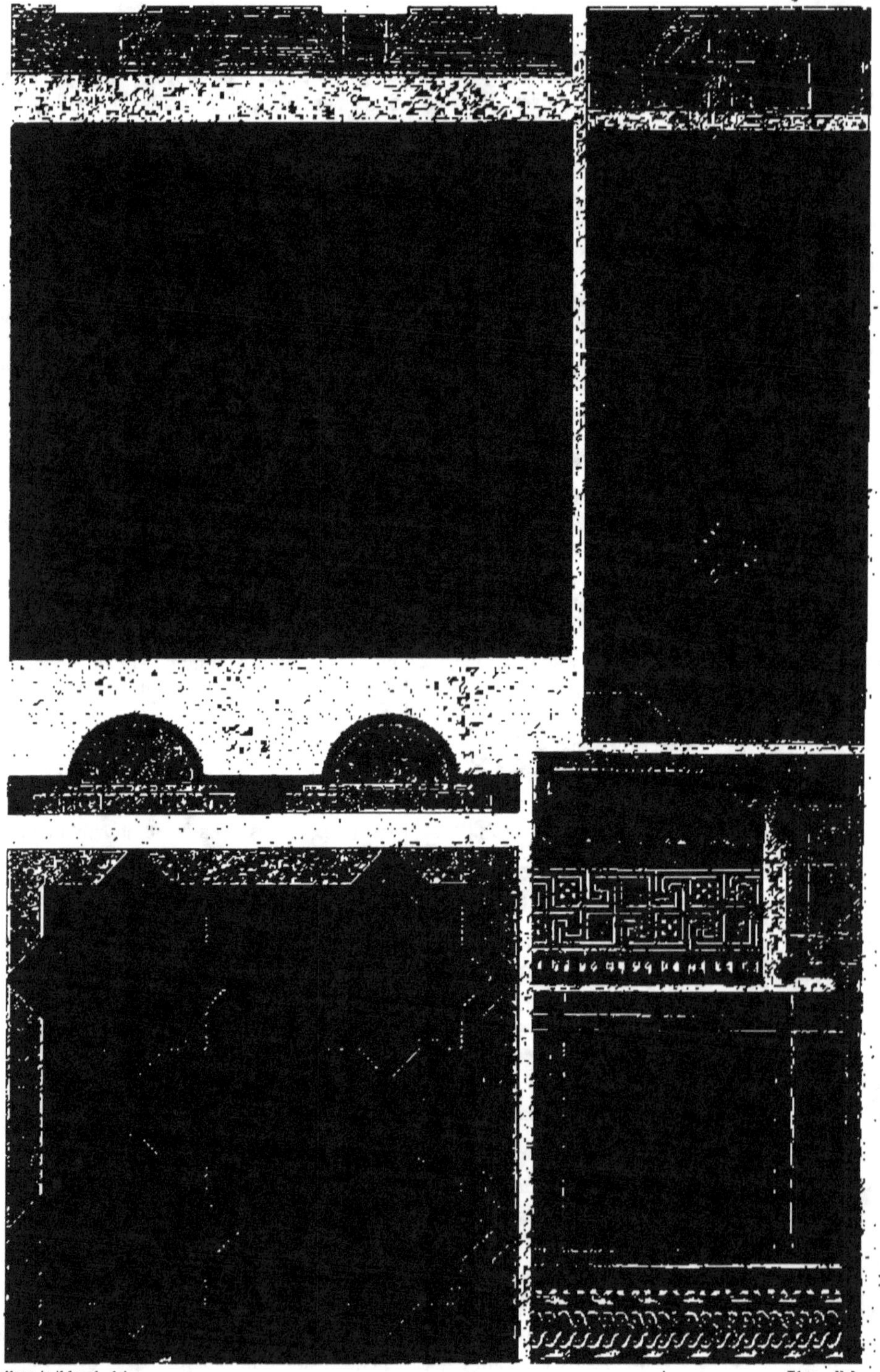

Bouc le Bécard. del.                                      Hawez lith.

## CAISSONS

1, de Métaponte ;   2, de la Cathédrale de Messine.
3, de la Mosquée El-Moyed ; 4, de Ancy-le-Franc.

Imp. Firmin-Didot & Cie, Paris.

(Horace, *Odes*, I, 11, 18.) Le moyen âge, laissant apparente la charpente de ses édifices, abandonna le caisson; mais la renaissance, qui s'ingénia à créer de si beaux plafonds, reprit la tradition antique et créa des caissons d'une richesse et d'un goût inimitables. Depuis cette époque, l'emploi du caisson n'a pas été délaissé; il a été employé comme anciennement à décorer des plafonds de voûtes, des soffites de corniche, et des plafonds d'archivoltes et d'arcs droits et biais.

Notre fig. 8 représente un caisson biais de l'église du Val-de-Grâce, à Paris (1). Notre planche XIII donne en couleur des caissons de Métaponte, de la cathédrale de Messine, de la

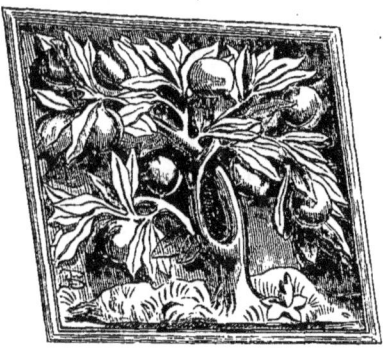

Fig. 8. — Caisson biais d'une voûte à l'entrée de la chapelle Saint-Louis.

mosquée El-Moyed et du château d'Ancy-le-Franc; notre planche XIV, un plafond sculpté dans la pierre qui provient du nymphée romain de Nîmes, dit *Temple de Diane*. Il est sculpté sur une pierre de Lens d'un grain très-fin, aussi les détails de la sculpture en sont extrêmement remarquables.

Caisson de boutique, espèce de placard, formant pilastre, placé de chaque côté d'une devanture de boutique et destiné à contenir les volets en bois ou en fer qui servent à la fermer. Dans les fermetures faites à l'aide de feuilles de tôle, les caissons sont plus étroits et renferment les axes ou arbres verticaux à

vis, ainsi que les chaînes qui servent à la manœuvre de ce genre de fermeture.

CALAMINE, *s. f.* — Minerai de zinc, dont on extrait ce métal, et qui entre dans la composition du laiton.

CALCAIRE, *adj.* — Les pierres calcaires, presque exclusivement formées de carbonate de chaux, font effervescence avec les acides. Elles se décomposent à une haute température qui, leur faisant perdre leur acide carbonique, les transforme en chaux. — C'est dans cette classe de pierres que sont comprises la plupart de celles qui servent à bâtir et toutes celles qui servent à la fabrication de la chaux. Les pierres calcaires sont très-répandues à la surface du globe. (Voy. Pierre et Chaux.)

CALCÉDOINE, *s. f.* — Sorte d'agate d'un aspect laiteux mêlé de tons jaunes, bleuâtres ou verts. Sous le nom de *cornaline blanche*, les graveurs emploient la calcédoine blanchâtre pour graver des camées. Les Babyloniens nous ont laissé une grande quantité de *cylindres* en calcédoine couverts d'inscriptions. — Les marbriers nomment ainsi certains *rognons* et *veines* blanchâtres que possèdent beaucoup de marbres, et qui rendent leur taille et leur polissage difficiles.

CALCUL, *s. m.* — Petit caillou (*calculus*); les anciens employaient des *calculs* pour compter et exprimer leurs suffrages dans les assemblées publiques.

CALDARIUM. — Voy. Thermes.

CALE, *s. f.* — Petit morceau de pierre, de bois, de métal ou de toute autre matière, servant à assujettir un objet beaucoup plus volumineux. — La portée des poitrails, des poutres, des enchevêtrures et autres pièces horizontales de bois ou de fer scellées dans les murs, repose sur des cales en bois, mais plus ordinairement en fer. Des cales en forme de coins, nommées *détentes*, sont placées sous le pied des Étaies (voy. ce mot), pour les empêcher de glisser. De minces cales en bois

---

(1) Pour d'autres caissons biais, voyez l'ouvrage de notre éminent confrère M. Ruprich-Robert, *Église et monastère du Val-de-Grâce.* 1 vol. in-8 carré, Paris, 1875.

et quelquefois en plomb ou en bronze servent à la pose des pierres de taille. (Voy. POSE DES PIERRES.) Les cales sont fréquemment employées à divers autres usages par les maçons, charpentiers, menuisiers, serruriers, etc.

**CALER,** *v. a.* — Mettre de niveau, arrêter la pose de filets, poutres, linteaux, à l'aide de cales. — Mettre des cales; affermir au moyen de cales.

**CALFEUTRAGE,** *s. m.* — Bouchement des joints d'une cuve, d'un vaisseau, d'une capacité en bois, au moyen d'étoupe imbibée de goudron ou de brai fondu. Les calfats enfoncent à chaud cette étoupe à l'aide d'embouchoirs de bois ou de fer.

**CALFEUTREMENT,** *s. m.* — Bouchement, au plâtre, des vides qui peuvent exister entre un ouvrage de menuiserie et la maçonnerie dans laquelle il est enclavé; c'est principalement au pourtour des huisseries et des bâtis dormants que ce travail est nécessaire.

On emploie, pour le calfeutrement, du plâtre gâché très-clair, afin d'éviter la poussée que produirait le plâtre gâché serré. On a soin de hacher légèrement l'enduit en maçonnerie au droit du calfeutrement, pour faciliter l'adhérence de celui-ci avec la maçonnerie.

CALFEUTREMENT, espèce de scellement exécuté autour des carreaux, des châssis, pour empêcher le passage de l'air; d'où le verbe *calfeutrer.*

**CALIBRE,** *s. m.* — Modèle qui sert à exécuter, à régler ou à vérifier certains travaux

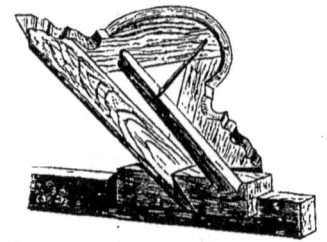

Calibre pour traîner des moulures en plâtre.

de même dimension qui doivent être répétés plusieurs fois. Le calibre est très en usage dans les chantiers et sert à tous les corps d'état. — Les maçons emploient des calibres en tôle, en bois ou en fer, pour *traîner* au plâtre les moulures, corniches, cadres, etc. Notre figure représente un calibre de ce genre. Pour l'exécution des voûtes et des voussoirs, le *calibre, patron* ou *cerce* se nomme aussi PANNEAU. (Voy. ce mot.)

Les serruriers exécutent généralement leur calibre en fer. Pour vérifier les dimensions des trous de même diamètre, ils ont une tige de fer de la dimension: ils la nomment *calibre;* de même, pour vérifier les forces ou diamètre des tiges et des fils de fer, ils ont une plaque de fer qui présente des encoches de largeur variable qu'ils nomment *calibre,* ou JAUGE. (Voy. ce mot.) — Les vitriers nomment ainsi une petite équerre en fer d'une très-grande justesse, qu'ils emploient pour tracer les vitraux.

**CALIBRER,** *v. a.* — Passer au calibre; exécuter le travail nécessaire pour qu'un ouvrage ait les dimensions du calibre.

**CALICE,** *s. m.* — Toute forme architectonique qui ressemble à une cloche debout ou renversée; la cuve des bénitiers des fonts baptismaux pédiculés peut être en calice.

**CALICOT,** *s. m.* — Toile de coton employée dans la tenture, en bandes rapportées et collées, pour boucher les fentes des panneaux et des lambris des armoires et des placards avant de les tendre de papier, ou pour boucher les fissures ou crevasses existant dans des plafonds ou sur des murs.

**CALORIFÈRE,** *s. m.* — On désigne sous ce nom toutes sortes d'appareils de chauffage domestique, mais plus particulièrement les appareils destinés à chauffer économiquement de très-vastes locaux. Quatre systèmes sont employés dans ce but : les calorifères à air chaud, ceux à eau chaude, les calorifères à vapeur, ceux enfin à eau chaude et à vapeur combinées.

I. CALORIFÈRES A AIR CHAUD. — Ces appareils sont de beaucoup les plus simples et les plus répandus; on les nomme ainsi parce que

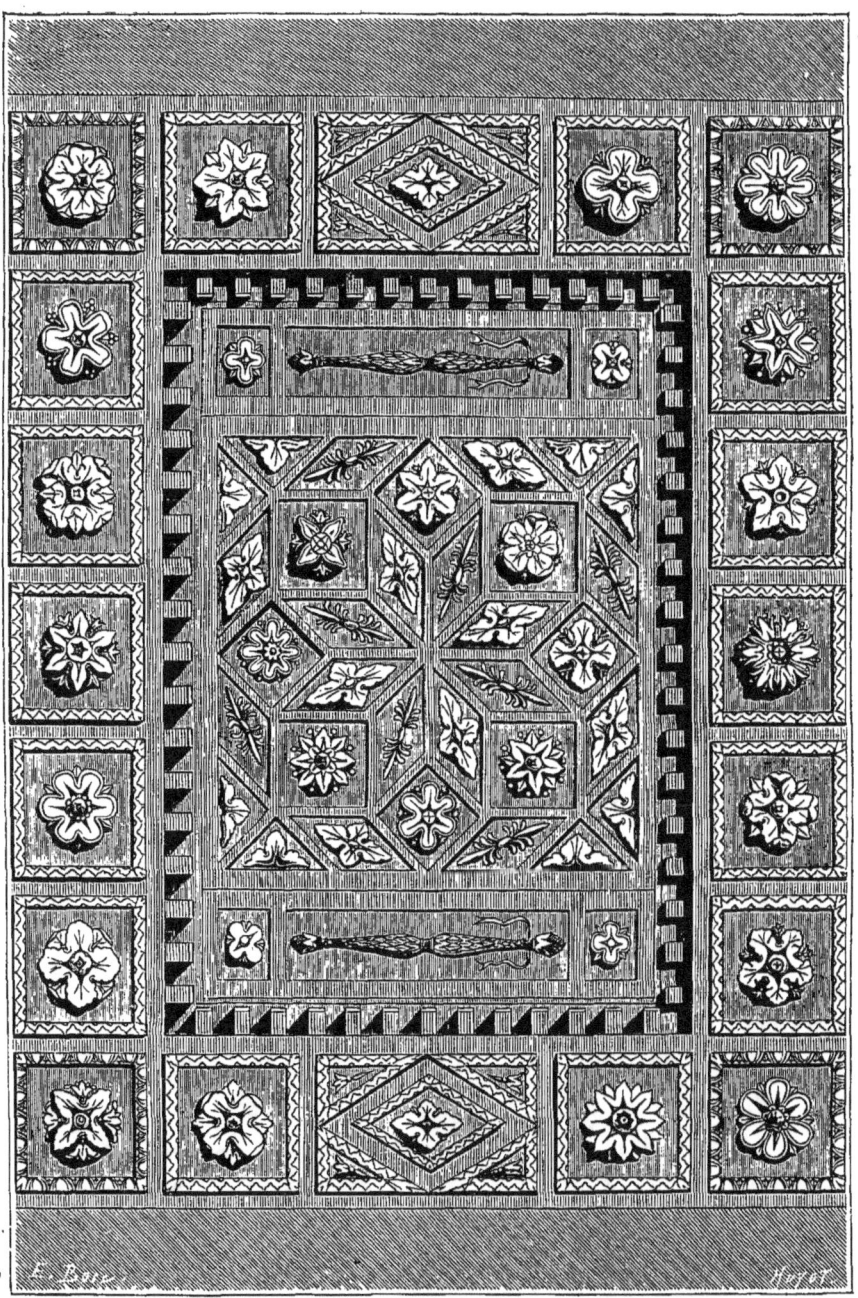

Planche XIV. — Plafond du temple de Diane, à Nîmes.

l'air est employé comme véhicule de la chaleur. L'origine de ce genre de calorifère remonte à l'année 1792, époque à laquelle l'Anglais Strutt en construisit un pour l'hôpital de Derby. Il existe aujourd'hui des milliers de systèmes qui cependant peuvent être ramenés à deux types principaux. Dans le premier, la fumée circule dans des tuyaux verticaux, et dans le second la circulation de la fumée s'effectue dans des conduits horizontaux. La première disposition est préférable à la seconde, parce que l'air extérieur introduit dans le calorifère est plus rapidement chauffé. Les calorifères à air chaud se composent : 1° d'un foyer; 2° de prises d'air; 3° de conduits de fumée serpentant plus ou moins, suivant la surface de la grille du foyer; 4° d'une enveloppe de la chambre de chaleur; 5° d'une chambre de mélange; 6° des conduites d'air chaud aboutissant à des bouches, qu'on doit autant que possible disposer dans des parois verticales. (Voy. BOUCHE.) — Les calorifères à air chaud sont en fonte, en tôle ou en métal et briques, ou bien ils sont construits entièrement en briques réfractaires; dans ce dernier genre, un des plus répandus, parce qu'il est des plus sains, est sans contredit le calorifère en briques réfractaires creuses de MM. Gaillard et Haillot, constructeurs à Paris. (Voy. HYPOCAUSTE.)

II. CALORIFÈRES A EAU CHAUDE. — Ceux-ci sont à haute ou à basse pression; le premier de ces systèmes est aussi connu sous le nom de *système Perkins*, parce qu'il a été proposé, vers 1830, par un ingénieur anglais de ce nom. Dans ce mode de chauffage, la température de l'eau dépasse toujours 100° et peut atteindre 300° et 350°; la circulation a lieu dans des tubes ou tuyaux en fer étiré de 0$^m$,012 de diamètre intérieur; ils sont hermétiquement fermés. Un foyer maçonné dans un poêle en briques renferme dans son intérieur un serpentin dont les extrémités reçoivent, l'une, le tuyau d'ascension; l'autre, le tuyau de retour. Ces tuyaux montent et circulent dans les pièces à chauffer, et leur petit diamètre permet de les dissimuler dans les moulures des plafonds, dans les plinthes et ailleurs.

Les calorifères à eau chaude à basse pression sont nommés THERMOSIPHONS. (Voy. ce mot.) C'est un mode de chauffage très-agréable et moins dangereux que le précédent.

III. CALORIFÈRES A VAPEUR. — Dans ce système de chauffage, c'est la vapeur qui fournit la chaleur; celle-ci est produite par un générateur, et de là transportée à l'aide de tuyaux dans des appareils affectant différentes formes; mais, en général, ce sont des récipients en fer ou poêles éprouvés à 12 ou 15 atmosphères, tandis que la vapeur qu'ils reçoivent n'est qu'à 3 ou 4 atmosphères. Ils ont la forme de gaînes pour les antichambres ou les bibliothèques, et de petits poêles en fer pour les autres pièces. On les entoure d'enveloppes plus ou moins riches.

IV. CALORIFÈRES A L'EAU CHAUDE ET A LA VAPEUR COMBINÉES. — Ce système de chauffage emploie l'eau chauffée au moyen de la vapeur; les surfaces de chauffage sont de même forme que celles employées pour le chauffage à la vapeur; mais les récipients sont plus considérables parce qu'ils renferment dans leur intérieur un volume d'eau qui est maintenu à une température assez élevée par des serpentins dans lesquels circule la vapeur.

Pour tout ce qui se rattache aux divers genres de calorifères dont nous venons de parler, nous renverrons le lecteur à notre *Traité complet du chauffage* (1), où il trouvera tous les renseignements désirables au sujet des calorifères, ainsi que de nombreuses figures.

CALOTTE, *s. f.* — Partie supérieure d'une voûte sphérique; partie de la surface d'une sphère limitée par un plan : c'est ce qu'on nomme *calotte sphérique;* elle est engendrée par un arc tournant autour de sa flèche. — Le volume de la calotte sphérique est égal au volume du secteur, moins le volume du cône ayant pour sommet le centre de la sphère et pour base la base de la calotte; quant à la surface de cette calotte, elle est égale à la circonférence d'un grand cercle de la sphère, multipliée par la hauteur de la calotte.

---

(1) *Traité complet théorique et pratique du chauffage et de la ventilation des habitations particulières et des édifices publics*, un vol. in-8° jésus avec 250 fig. Paris, Veuve A. Morel et Cie, 1875.

En maçonnerie, on nomme *calottes* les voussures pleines qui se rapprochent plus ou moins de la forme sphérique et qui servent à recevoir une partie circulaire, telle que des niches.

En plomberie, on appelle *calotte* le plomb disposé de façon à couvrir, à encapuchonner le sommet d'une flèche, d'une tour, d'un clocher, etc.; *calotte d'aspiration*, le tube de cuivre d'une pompe en forme de cône, au bas duquel il existe un CLAPET. (Voy. ce mot.) Les *calottes d'aspiration*, nommées aussi *calottins*, se placent dans le tuyau d'aspiration entre le corps de pompe et la surface de l'eau; ils servent à diviser en deux temps l'ascension du liquide.

CALOTTIN, *s. m.* — Petite calotte de métal, ordinairement de zinc, qui est employée par les couvreurs pour recouvrir les têtes de clous. (Voy. CALOTTE D'ASPIRATION.)

CALQUE, *s. m.* — Opération qui permet d'exécuter rapidement la copie d'un dessin. Il existe plusieurs procédés pour calquer; le plus simple consiste à employer du papier dioptrique ou à calquer.

Les architectes étudient sur calque parce que ce procédé économise beaucoup de temps; les ingénieurs expédient des projets sur toile à calquer, et les graveurs calquent sur papier glacé, parce que celui-ci permet un rapide DÉCALQUE. (Voy. ce mot.)

CALQUER, *v. a.* — Copier un dessin à l'aide d'un papier transparent; faire un CALQUE. (Voy. ce mot.)

CALVAIRE, *s. m.* — Petits monuments composés d'une simple croix de pierre posée sur un piédestal plus ou moins riche; on les plaçait dans le voisinage d'une chapelle. En souvenir du mont Calvaire ou Golgotha, on élevait ces croix sur des monticules ou des collines; il existe encore de ces monuments dans la Bretagne et en Italie. Il en existait un anciennement sur le mont Valérien, près de Paris.

CAMAÏEU, *s. m.* — Peinture d'une seule couleur, ou *monochrome*, faite en vue d'imiter les bas-reliefs; on la nomme aussi *grisaille*. Le camaïeu a été fort employé au XVIII\u2070 siècle. — On donne encore le nom de *camaïeux* aux dessins exécutés à la sanguine, à la sépia, à l'encre de Chine, au bleu de cobalt, relevés à la gouache ou au crayon blanc. — Au XIV\u2070 siècle, ce mot était synonyme de CAMÉE. (Voy. ce mot.)

CAMARA ou CAMERA, *s. m.* et *f.* — Du grec καμάρα. Ce mot était employé par les architectes anciens pour désigner une chambre dont le plafond était voûté à l'aide du bois et du plâtre (Vitruve, VII, 3 ; Propert., III, 2, 10), et par suite à toute chambre voûtée (Cicéron, *Q. F.*, III, 1, 1 ; Pallad., I, 13, 1.) Les anciens avaient aussi la camera *vitrea*, c'est-à-dire la voûte dont la surface était garnie de plaques de verre. (Pline, *H. N.*, XXXVI, 64.)

CAMARD, *adj.* — En serrurerie on appelle *bouton camard* un bouton de forme aplatie. (Voy. BOUTON.)

CAMBRE. — Voy. CAMBRURE.

CAMBRER, *v. a.* — Donner une forme légèrement courbe, tandis que *courber* se dit de toute inflexion curviligne grande ou petite.

CAMBRURE, *s. f.* — Courbure légère d'une pièce de bois, courbe du cintre d'une voûte ; on dit aussi, mais plus rarement, *cambre*.

CAMÉE, *s. m.* — Pierre fine gravée en relief; c'est le contraire de l'*intaille*, qui est gravée en creux. Le plus grand camée existant se trouve à la bibliothèque nationale de Paris ; il mesure 0\u1d50,32 sur 0\u1d50,27, et représente une apothéose d'Auguste, où se trouvent vingt-deux figures.

CAMINADE, *s. f.* — Ancien mot qui signifiait une pièce à feu, une chambre avec cheminée.

CAMION, *s. m.* — Petit chariot à deux roues et pourvu d'un brancard ou d'un timon, suivant qu'il est traîné par l'homme ou par un cheval. On l'emploie au transport des terres et d'autres matériaux ; c'est un diminutif du tombereau. C'est aussi une petite charrette à bras.

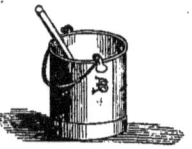

Camion du peintre.

Les peintres appellent *camion* un vase de terre cuite vernissée, ou plutôt de fer-blanc, dans lequel ils mettent leur couleur ; la forme est celle présentée par notre figure.

**CAMP**, *s. m.* — Lieu où s'arrête une armée pour y stationner. Un camp peut être retranché ou sans retranchement. La disposition du camp romain (*castrum*) était généralement de forme carrée ; il était entouré d'un fossé (*fossa*) et d'un retranchement (*agger*). Le haut était défendu par une forte enceinte de palissades (*vallum*) ; chaque côté du camp était percé d'une porte à laquelle on donnait, suivant sa position, des noms différents. L'intérieur du camp était divisé en sept rues ou passages, dont le plus large, nommé *via principalis*, mesurait 30m,50. Cette voie établissait une communication entre les deux portes latérales et passait derrière la tente du général.

En France, un certain nombre de localités portent le nom de *camps de César;* ils ne datent pas tous de l'époque de César. En général les camps romains se reconnaissent aux armes et aux médailles qu'on y découvre. Les camps de César les plus connus sont : celui de l'*Étoile*, à 12 kilomètres de Péquigny (Somme), de forme ovale, fort petit, et qui ne mesure que 420 mètres dans son grand axe et 260 dans son petit axe ; le *camp de Wissan*, entre Calais et Boulogne ; la *cité des Limes*, près de Bracquemont, aux environs de Dieppe. Il ne reste plus aucune trace des murs ni des fossés de ce dernier camp, placé sur une éminence qui domine la mer. Citons enfin la *cité d'Afrique*, près de Nancy.

BIBLIOGRAPHIE. — *Mémoires de l'Acad. des Inscript.*, t. 10, 13, 14 ; de Caumont, *Cours d'antiquités monumentales*, t. 2, pag. 280 ; de Gerville, *Mémoires de la Société des antiquaires de France*, t. 8 ; d'Allouville, *Dissertation sur les camps romains de la Somme.*

**CAMPAGNE**, *s. f.* — Partie de l'année pendant laquelle peuvent travailler certains corps d'état, tels que les terrassiers, les maçons, les jardiniers, les tourbiers, etc.

**CAMPAN**, *s. m.* — Marbres de la vallée de Campan (Pyrénées); les plus estimés sont le *campan vert*, le *campan Isabelle* et le *campan rouge de Moulins*. (Voy. MARBRE.)

**CAMPANE**, *s. f.* — Du latin *campana*, cloche, corps des chapiteaux corinthiens et autres, qui ressemble à une cloche renversée. — Ornements en plomb chantournés qu'on place au bas du faîte et des brisis d'un comble. — Ornement de sculpture en forme de houppe ou de clochette ; on nomme aussi cet ornement *campanet.*

**CAMPANILE**, *s. m.* — Clocher de peu d'importance, analogue à une lanterne et surmontant le comble d'un édifice. Les campaniles dans les édifices civils, principalement dans les hôtels de ville, renfermaient la cloche communale et tenaient lieu de BEFFROI. (Voy. ce mot.) Telle est la véritable signification du mot. Mais par extension on a nommé à tort campaniles des tours rondes ou carrées d'une très-grande importance, des clochers d'église séparés de l'édifice. Ce sont de véritables beffrois, de véritables clochers. Tels sont, par exemple, à Paris, le campanile de l'église Saint-Germain l'Auxerrois (voy. la figure de la page suivante); en Italie, la tour Penchée (*torre Pendente*) de Pise, les campaniles de Florence, de Crémone, de Padoue, de Garifendi, de Bologne, de Ravenne et de Sainte-Agnès de Mantoue.

**CAMPANULÉE**, *adj.* — En forme de cloche. La forme campanulée a été appliquée en architecture à diverses époques et à divers membres architectoniques. La corbeille de beaucoup de chapiteaux indiens, égyptiens, romains est campanulée ; il existe aussi des combles et des dômes campanulés. Au mot BELVÉDÈRE le lecteur trouvera un comble de cette forme.

**CAMPHRE**, *s. m.* — Résine légère, très-volatile, blanche, cristallisant en aiguilles et qui possède une odeur particulière Elle est employée dans la fabrication des vernis à l'esprit-de-vin; elle les rend plus liants et les empêche de se gercer.

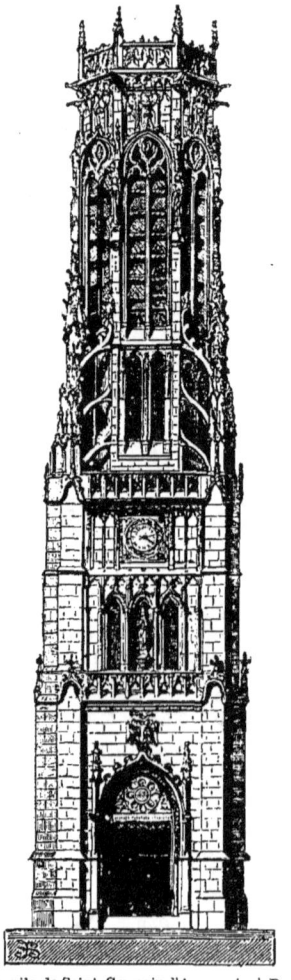

Campanile de Saint-Germain l'Auxerrois, à Paris.

**CAMPO-SANTO.** — Lieu saint, cimetière servant à la sépulture des hommes célèbres par leur talent ou leurs vertus. L'un des *campisanti* les plus connus est celui de Pise, bâti en 1278 par l'architecte Giovani Pisano.

**CAN**, *s. m.* — Terme employé par les charpentiers comme synonyme de CHAMP. (Voy. ce mot.) Ainsi ils disent, *poser de can*, pour *poser de champ*.

**CANAL**, *s. m.* — Conduit par lequel peut s'écouler de l'eau ou toute autre matière plus ou moins fluide.

Cours d'eau creusé par la main de l'homme dans l'intérêt de la salubrité, de l'agriculture ou du commerce. Les canaux sont donc tantôt des aqueducs d'approvisionnement, des égouts d'assainissement ou des tranchées pratiquées pour le desséchement d'un marais, tantôt une dérivation d'un cours d'eau naturel dans le but d'irriguer des terres cultivées ; ce sont enfin des rivières artificielles propres à la navigation et faites pour mettre en communication deux cours d'eau.

Nous n'avons à nous occuper ici que des canaux de navigation. Pour les autres genres, nous renverrons le lecteur aux articles AQUEDUCS, ÉGOUT, RIGOLE, DESSÉCHEMENT, etc. — L'avantage que les canaux peuvent fournir à la navigation a été apprécié dès une époque très-reculée. Nous avons des exemples de peuples qui, même au début de leur civilisation, avaient songé à trancher des chaînes de montagnes, ou un isthme, pour mettre deux rivières ou deux mers en communication.

Depuis la plus haute antiquité la Chine possède, à l'aide de canaux, une navigation intérieure parfaitement établie. L'Égypte était, dit-on, sillonnée par 6,000 canaux qui portaient les eaux du Nil dans toutes les directions. Dès le VIIe siècle avant l'ère vulgaire, Néchao entreprit le canal de jonction, entre le Nil et la mer Rouge, qui fut continué sous les Ptolémées. Ces rois avaient, dit-on, entamé le canal de Suez. Les rois de Babylone et après eux les empereurs Trajan, Septime, Julien creusèrent des canaux entre le Tigre et l'Euphrate. Les Grecs, à diverses époques, eurent la pensée de percer l'isthme de Corinthe. Alexandre, César, Auguste, Caligula, Claude, Néron y songèrent également.

En 794, Charlemagne voulut très-sérieusement créer une voie navigable, à l'aide des affluents du Danube et du Rhin, entre la mer Noire et l'Océan. Les guerres l'empêchèrent de réaliser ces projets, dont une partie fut exécutée en 1845 seulement par la construction du canal qui réunit le Mein au Danube. Au moyen âge, nous l'avons dit au mot AQUEDUC, on ne s'occupa point de canaux, sauf en Italie. Enfin dans ces temps modernes on a commencé à en créer d'assez nombreux; mais il en reste encore beaucoup à faire.

CONSTRUCTION. — La construction d'un canal comprend : les *prises d'eau*, le *canal* ou *chenal*, les *écluses*, les *ponts*, les *fossés* ou *canaux de décharge*, les *chemins de halage*, *de contre-halage*, etc. — La prise d'eau d'un canal se compose de la réunion de plusieurs sources importantes ou mieux de la dérivation d'une partie des eaux d'une rivière.

Ce canal proprement dit peut n'être qu'un simple fossé avec berges gazonnées, si ce terrain n'est pas perméable, ou si un simple COR-ROYAGE (voy. ce mot) suffit pour le rendre tel. Mais souvent le fossé est entièrement formé de maçonnerie avec un bétonnage ou massif dans le fond du RADIER (voy. ce mot), et des murs de revêtement et de soutènement pour les berges.

Les écluses au moyen desquelles on rachète la différence de niveau du sol se composent d'un bassin ou chambre d'écluse, construit comme le reste du chenal, et de deux portes *busquées*. (Voy. ÉCLUSES.) — La maçonnerie d'un canal dans les fondations, le radier, les murs, etc., doit être de la meilleure qualité et telle que le réclament en général les constructions hydrauliques. (Voy. HYDRAULIQUE, *Construction*.)

JURISPRUDENCE. — La jurisprudence distingue diverses espèces de canaux parmi ceux qui appartiennent à l'État ou à des particuliers ; ce sont : les canaux de navigation, ceux de flottage, les canaux de dérivation, ceux d'irrigation, enfin ceux de desséchement. Aux mots IRRIGATION et DESSÉCHEMENT, nous nous occuperons des deux dernières espèces de canaux : ici nous dirons quelques mots relatifs aux canaux de navigation, de flottage et de dérivation ; au contraire, nous nous appesantirons davantage sur les canaux privés. Les *canaux de navigation et de flottage* sont, en général, considérés comme accessoires des fleuves ou des rivières et appartiennent à l'État ou à des concessionnaires. Aussi tout ce qui concerne leur entretien, leur curage, leur largeur, leur chemin de halage, etc., toutes ces questions sont réglées par la jurisprudence administrative, par les préfectures. (Dubreuil, *Législation sur les eaux*, t. 2, n[os] 221 et 222; J. P. *Jur. adm.*, t. 4, p. 217 ; *Conseil d'État*, 27 avril 1826, t. 5, p. 19; *Conseil d'État*, 17 fév. 1830.)

Les canaux navigables et flottables appartiennent à la grande voirie; aussi ce sont les conseils de préfecture qui répriment les contraventions qui se commettent sur ces canaux, puisque, comme nous venons de le dire, c'est l'autorité administrative qui a fait les arrêtés et règlements relatifs à leur entretien.

Les *canaux privés* sont ceux qui ne dépendent pas du domaine public ; le canal de dérivation pratiqué dans le but de conduire les eaux d'une source, d'une rivière, d'un fleuve à une usine pour l'employer comme force motrice, ce canal est, lui et ses berges, réputé appartenir au propriétaire de l'usine, à moins de preuves contraires. (Proudhon, *Dom. public*, n. 1082; Daviel, t. 3, n. 833 et suiv.)

Un canal fait de main d'homme, alors qu'il n'est pas prouvé qu'il ait été creusé par l'État ni que l'entretien en soit à sa charge, ne peut être regardé comme faisant partie du domaine public, quand bien même ce canal serait alimenté par les eaux d'une rivière navigable. L'entretien et le curage du canal sont à la charge du propriétaire. (Daviel, t. 3, n. 848; Rouen, 7 juin 1844.)

Lorsqu'un canal appartient en commun à deux propriétaires riverains, ils ont chacun des droits et des obligations communes : si l'un des copropriétaires veut se dispenser de contribuer à l'entretien, au curage ou autres réparations du canal, il le peut en abandonnant ses droits ; mais il perd en même temps tous les prérogatives et priviléges que lui donnait sa part de copropriété; toutefois, si l'intérêt public l'exigeait, il ne pourrait avoir la faculté d'abandonner.

Celui qui a la propriété d'un canal est réputé, jusqu'à preuve du contraire, avoir également la propriété des berges ou francs-bords, ainsi que les arbres qui y seraient plantés. —

Si un chemin vient à être classé comme route et que le canal d'un particulier le traverse, il n'est pas tenu de faire les frais d'aqueduc ou de ponts; ces frais incombent à l'administration. (J. P., *Jur. adm.*, 1843, p. 549.)

Un canal privé, alors qu'il forme une dépendance d'une rivière navigable ou flottable, peut être soumis pour la police des eaux au régime des rivières de cette nature.

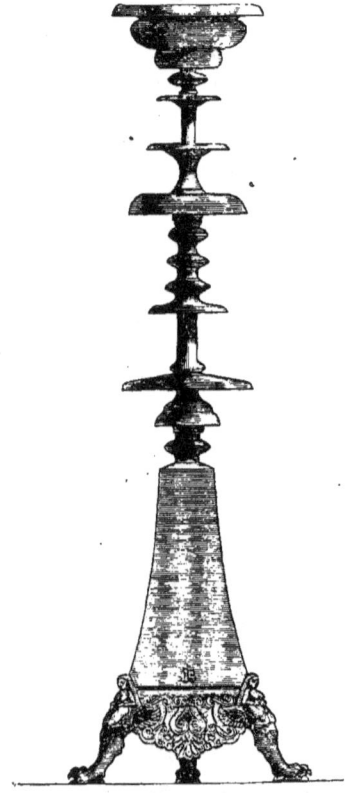

Fig. 1. — Candélabre étrusque.

CANALISATION, *s. f.* — Ensemble des travaux exécutés pour canaliser l'eau, le gaz ou tout autre fluide. (Voy. EAU, GAZ.)

CANAUX, *s. m. pl.* — Espèces de cannelures exécutées sur la face d'une corniche, ou sous un larmier. Les canaux sont souvent décorés de fleurons. Au mot CANNELURE nous donnons des figures qui montrent divers exemples avec des ornements très-variés. On nomme encore *canaux* les cavités droites ou torses dont on orne les tigettes des caulicoles d'acanthe d'un chapiteau.

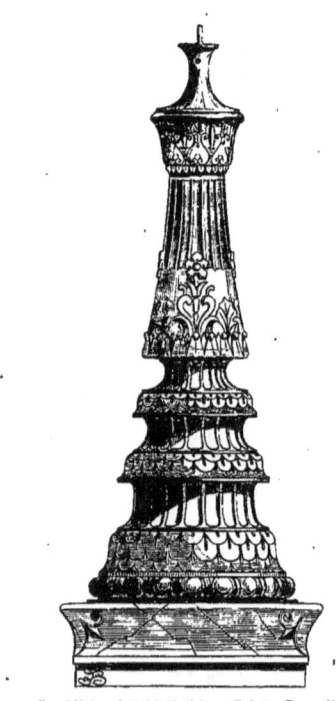

Fig. 2. — Candélabre à la bibliothèque Sainte-Geneviève, à Paris.

CANAL DE LARMIER, la partie creusée d'un larmier. (Voy. la figure du mot BEC.)

CANAL DE VOLUTE, la sinuosité spiroïde et concave de la volute.

Enfin on nomme *canal* ou plutôt *cannelure* tout évidement pratiqué dans les pilastres, colonnes et dans d'autres membres d'architecture. (Voy. CANNELURE.)

CANALI. — Voy. TUILE.

CANCEL ou CHANCEL. — Mot vieilli, qui désignait les clôtures entourant le chœur d'une église, de *cancelli*, balustres, treillis; puis, par la suite, ce mot s'appliqua à tort au chœur lui-même; c'est aussi le lieu où était déposé le sceau de l'État; d'où l'on a fait *chancellerie*.

CANDÉLABRE, *s. m.* — Meuble inventé par les anciens pour porter une chandelle de cire (*candela*), d'où le nom de *candélabre*. Il existe des candélabres très-anciens, notre fig. 1 en montre un modèle étrusque trouvé à Cervetri et déposé aujourd'hui au musée du Vatican. Les candélabres anciens étaient ordinairement composés d'une tige couronnée d'un plateau et supportée par un pied façonné en forme de griffe, de pattes d'animaux ou de piédouches. Certains candélabres se plaçaient

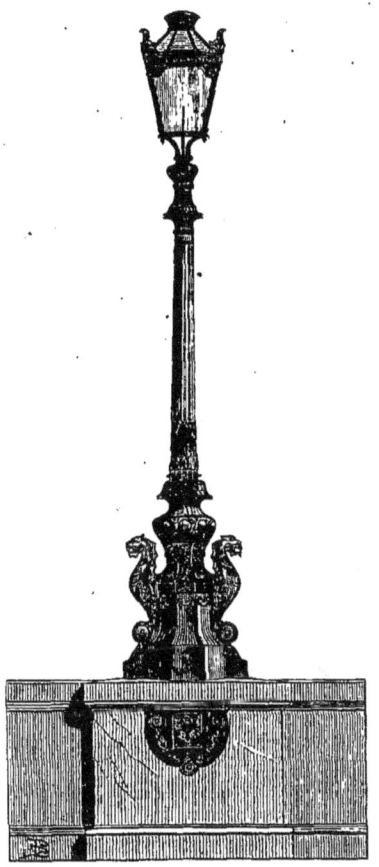

Fig. 3. — Candélabre placé sur le pont de la Concorde, à Paris.

candélabres étaient ornés de chaines on les nommait LAMPADAIRES. (Voy. ce mot.) Les anciens faisaient également des candélabres en marbre, on peut en voir dans les musées modernes. Ceux-ci avaient une cavité au sommet ; on y allumait de la poix, de la résine ou d'autres matières inflammables. Ce genre de candélabre se nommait chez les Grecs λαμπτήρ ; il était assujetti au sol, non-seulement dans l'intérieur des temples et d'autres édifices, mais encore en plein air. (*Stat. Sylv.*, I, 2, 231.) — De nos jours on a fait des candélabres remarquables comme formes et comme finesse de dessin. A l'époque de la renaissance, beaucoup d'églises et de palais étaient ornés de candélabres de marbre, de bois et d'airain ; ceux fabriqués avec ces deux dernières matières étaient souvent dorés. Nous donnons, fig. 2 et 3, deux candélabres modernes des-.

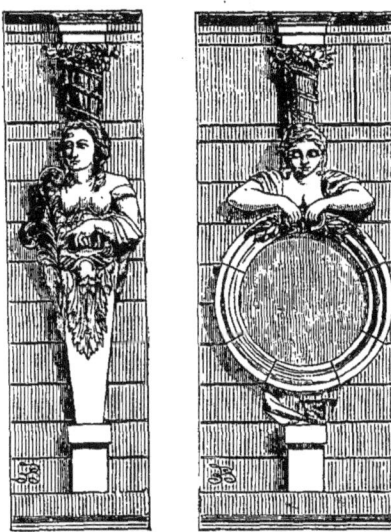

Fig. 1 et 2. — Canéphores.

sur des tables, d'autres dans des niches, pour éclairer certaines parties de l'habitation. Les candélabres des anciens étaient rarement fixés à demeure, on pouvait les transporter d'une pièce à l'autre. Ils mesuraient 1ᵐ,30 à 1ᵐ,40 de hauteur, rarement davantage ; celui que nous donnons fig. 1 est au neuvième de l'exécution : il mesure environ 0ᵐ,99. C'était un des plus beaux spécimens de l'art étrusque. Quand les

sinés par H. Labrouste : le premier se trouve à la bibliothèque Sainte-Geneviève, à Paris ; le second sur la place de la Concorde. — On peut voir des candélabres antiques dans les ouvrages suivants : *Antiquités d'Herculanum;* Saint-Non, *Voyage pittoresque; Antichita d'Erculano;* Roux, *Herculanum et Pompéi*, t. 8, pl. 1.

CANÉPHORE, *s. f.* — De χανηφόρος,

porte-corbeille. Jeune fille portant sur la tête, dans une corbeille, les choses nécessaires pour les sacrifices, principalement aux fêtes de Cérès, de Bacchus et de Minerve. (Cic., *Verr.*, 43 ; Pline, *Hist. Nat.*, XXXVI, 4, nº 7.) Des architectes de la renaissance ont à tort em-

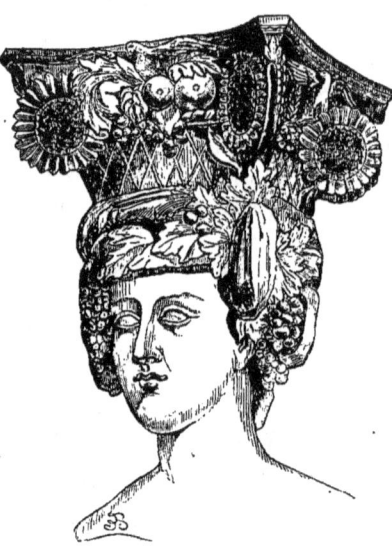

Fig. 3. — Canéphore à la villa Albani.

ployé comme cariatides des canéphores ; il en existe notamment au tombeau de Dreux-Brézé, à Rouen; au tombeau du chancelier Duprat, à Nantouillet. A Paris, il existe deux types de canéphores cariatides du XVIᵉ siècle dans le passage Charlemagne, rue Saint-Antoine; nos fig. 1 et 2 les montrent. On en voit quatre autres à la villa Albani; notre fig. 3 fait voir la tête d'une de ces canéphores. (Voy. CARIA-TIDE.)

CANETTE, *s. f.* — Terme de blason; petite cane ou tout autre oiseau qu'on représente comme *meuble* dans l'écu. La canette, contrairement à la *merlette*, porte bec et pattes. (Voy. BLASON.)

CANIVEAU, *s. m.* — Petite rigole, ou pierre creusée en manière de canal, qui sert à l'écoulement des eaux pluviales et ménagères. On utilise les caniveaux dans les cours, dans les passages de portes cochères et autres,

dans les écuries, les étables, les laiteries, les cuisines, les halles et les marchés, en un mot dans tous les locaux qui nécessitent une grande quantité d'eau pour des lavages. — On établit des caniveaux en pierre, en briques, en béton, en fonte. Susceptibles de s'engorger facilement, ces rigoles, lorsqu'elles sont couvertes, doivent être disposées de telle sorte qu'on puisse enlever facilement les plaques de fer ou de fonte qui les recouvrent. (Voy. RIGOLE, GARGOUILLE.)

On forme également des caniveaux avec des pavés.

CANNE, *s. f.* — Baguette, ou face qui sépare les CANNELURES. (Voy. ce mot.) — Anciennement on donnait ce nom à un gros vase à une cruche, d'où le diminutif *cannette*, seul en usage aujourd'hui.

CANNELER, *v. a.* — Creuser des cannelures ou des canaux dans le fût d'une colonne ou d'un pilastre, dans des gaînes, des termes des consoles, dans la panse d'un vase, d'un balustre, etc.

CANNELURE, *s. m.* — Cavité longitudinale, espèce de sillon creusé verticalement ou en hélice le long de divers membres d'architecture,

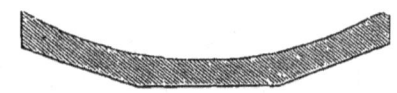

Fig. 1. — Cannelures plates.

mais principalement dans le fût d'une colonne, dans un pilastre, ou sur la périphérie d'un vase, etc. — Les cannelures sont de diverses formes,

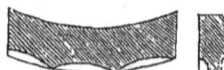
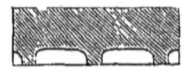

Fig. 2. — Cannelure dorique.     Fig. 3. — Cannelure dorique plus creuse.

tantôt demi-cylindriques, plus ou moins creuses, quelquefois elles sont presque plates ( dans l'ordre dorique grec, par exemple). L'origine de la cannelure est très-ancienne, on pourrait supposer qu'elle a pris naissance chez les Égyptiens; elle fut d'abord plate (fig. 1); c'était comme des pans ou facettes, exemples :

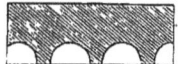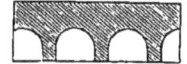

Fig. 4. — Plans des cannelures en demi-cercle et demi-cercle outrepassé.

tombeau de Beni-Hassan, édifice souterrain de Calapsché, édifices de la Nubie; elle fut

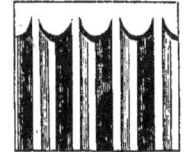

Fig. 5. — Élévation des cannelures de la figure 4.

légèrement concave, ordre dorique grec (fig. 2), plus creusée dans une quantité de mo-

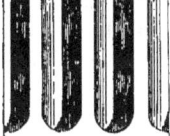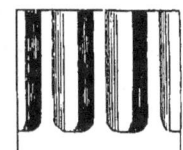

Fig. 6. — Cannelures de diverses profondeurs.

numents à toutes les époques. Dans le style roman et au moyen âge on rencontre des can-

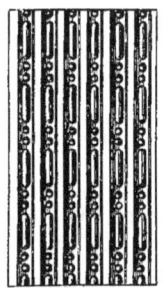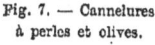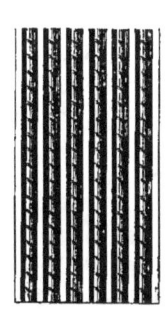

Fig. 7. — Cannelures à perles et olives.

Fig. 8. — Cannelures rudentées à cordelettes.

nelures en forme d'angle dièdre ou demi-prismatique. — Les cannelures peuvent être lisses ou décorées; l'ornement le plus simple est la *rudenture*: c'est le plus employé dans l'anti-

quité et presque le seul. A l'époque de la renaissance, au contraire, où la cannelure est

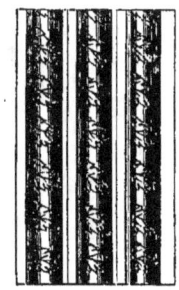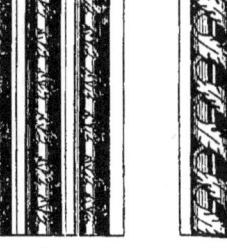

Fig. 9. — Cannelures rudentées à feuilles de refend.

Fig. 10. — Cannelures à feuilles tournantes à jour.

très-fréquente, elle est décorée de fleurons, de tigettes, de roseaux, de piécettes, de feuilles

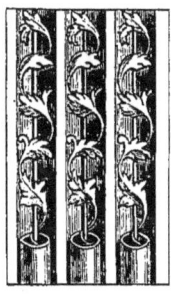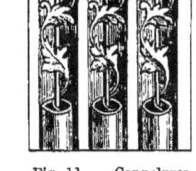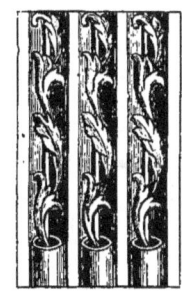

Fig. 11. — Cannelures rudentées avec feuilles d'acanthe.

Fig 12. — Cannelures rudentées à palmettes.

de laurier et de lierre, de guirlandes, etc.; nos

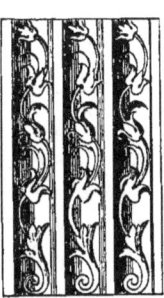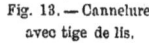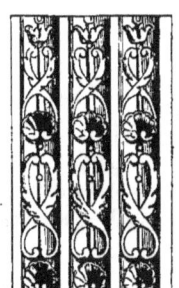

Fig. 13. — Cannelures avec tige de lis.

Fig. 14. — Cannelures avec entrelacs et coquilles.

figures en montrent des exemples très-variés. Généralement ces ornements, surtout la rudenture, n'atteignent que le tiers inférieur de la colonne. Tous ces divers genres de cannelure ont reçu un nom ; elles sont : *à côte*, *à vive arête*, *plates*, *ornées*, *rudentées*, *torses*, *ondulées*, *en chevron* ou *en zigzag*, *à perles et à olives* ; *à*

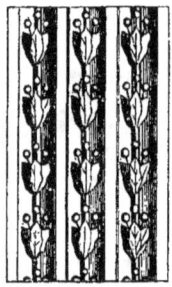

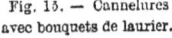

Fig. 15. — Cannelures
avec bouquets de laurier.

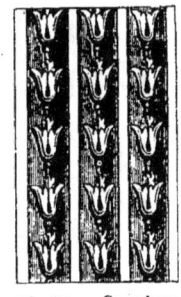

Fig. 16. — Cannelures
avec culots dressés.

*cordelettes*, *à feuilles de refend* (fig. 9) ; *à feuilles tournantes* (fig. 10) ; *rudentées et à feuilles d'acanthe* (fig. 11) ; *à palmettes* (fig. 12) ; *avec tige de lis* (fig. 13) ; *avec entrelacs* (fig. 14) ; *avec bouquet de laurier* (fig. 15) ; *avec culots redressés* (fig. 16).

**CANON**, *s. m.* — Bout de tube en métal sortant de la bouche d'un mascaron, et qui sert à rejeter l'eau d'une couverture, d'une marquise, etc. (Voy. MASCARON.)

Lorsqu'une gouttière comporte un tube de ce genre on le nomme *canon de gouttière*, ou *godet*.

En serrurerie, on nomme *canon* le tuyau d'une serrure à broche, dans lequel entre la tige de la clef et qui sert à la conduire. Ordinairement, on ne met point de bouterolle à ces sortes de serrure. — C'est encore, dans une clef forée, la partie forée.

**CANONNIÈRE**, *s. f.* — Ce terme est synonyme de BARBACANE. (Voy. ce mot.) Une voûte en berceau, plus large à l'une de ses extrémités, est dite *voûte en canon*, ou *canonnière en voûte*.

**CANTALABRE**, *s. m.* — Chambranle ou bordure simple d'une porte ou d'une croisée, synonyme de BANDEAU et de CHAMBRANLE. (Voy. ces mots.)

**CANTER**, *v. a.* — Mettre sur *can*, sur

champ. (Voy. CHAMP.) Cette expression n'est employée que par les charpentiers.

**CANTHARE**, *s. m.* — Vase, fontaine en forme de coupe, du centre de laquelle l'eau jaillissait ; les canthares s'élevaient au milieu de l'atrium antique ou dans celui des basiliques chrétiennes.

**CANTIBAIS** ou **CANTIBÈRE**, *s. m.* — Partie de bois enlevée à la hache, à la cognée ou à la bisaiguë. Ce terme est quelquefois employé à tort comme synonyme de DOSSE. (Voy. ce mot.)

**CANTON**, *s. m.* — Terme de blason ; portion carrrée de l'écu moindre que le quartier : le canton est à l'angle dextre ou senestre de l'écu ; c'est encore l'espace que les croix et sautoirs laissent entre leurs branches. (Voy. BLASON.)

**CANTONNÉ, ÉE**, *part. passé.* — Un bâtiment est *cantonné* quand son encoignure est ornée d'une colonne ou d'un pilastre angulaires, ou de *chaînes de pierres en liaison*, *de refends* ou *de bossages*, ou de tous autres corps faisant saillie sur le nu du mur. Une façade peut être cantonnée de deux tours ; un clocher, de deux ou quatre clochetons ; un contre-fort, de colon-

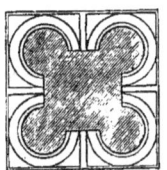

Fig. 1. — Pilier cantonné.

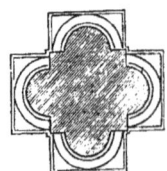

Fig. 2. — Pilier
avec colonnes adossées.

nettes ; un fronton, et un pignon d'acrotères, de pinacles, de clochetons, etc. Un cercle est *cantonné de fleurons*, quand les quatre angles du carré dans lequel le cercle est inscrit sont garnis de fleurons. Un pilier est *cantonné*, quand ses angles reçoivent des colonnes ou des pilastres. On confond souvent les piliers cantonnés et ceux sur lesquels sont adossés des colonnes, ce qui est bien différent. Notre fig. 1 montre un *pilier cantonné*, tandis que notre fig. 2 montre un pilier avec des colonnes adossées. Par extension', dans l'architecture BYZANTINE (voy. ce mot) on nomme *colonnes cantonnées* celles qui, placées dans des angles rentrants, reçoivent la retombée des arcs.

CANTONNEMENT, *s. m.* — Terme de droit; portion de propriété qu'on abandonne à un usufruitier pour remplacer son droit d'usufruit sur le reste. Le propriétaire (simple particulier, État, commune) peut seul provoquer cette cession. (*Cod. forest.*, art. 63, 111 et 118.) (V. USAGE, *Droit d'*.)

CANTONNIER, *s. m.* — Ouvrier chargé des travaux d'entretien sur les routes nationales, départementales, vicinales et sur les chemins de fer. — La création des cantonniers remonte au commencement du XVIIIᵉ siècle, mais leur organisation régulière ne date que de 1810. Actuellement, les cantonniers sont régis par un règlement du 10 février 1835 et par un arrêté du 10 janvier 1852.

CAOUTCHOUC, ou GOMME ÉLASTIQUE, *s. m.* — Résine ou suc coagulé provenant de certains végétaux de la famille des *Euphorbiacées*, mais surtout du figuier d'Inde (*ficus elastica*).

Le caoutchouc *vulcanisé*, c'est-à-dire combiné avec une petite quantité de soufre, est employé dans les constructions en tubes ou tuyaux, en rondelles, etc. — Le caoutchouc naturel entre dans la composition de certains vernis. Dissous avec de l'essence de térébenthine et mélangé avec des ocres et des corps gras traités par l'acide nitrique, on obtient, au moyen du caoutchouc, une peinture antihygrométrique.

CAPITIUM. — Voy. CHEVET.

CAPITOLE, *s. m.* — Forteresse de l'ancienne Rome correspondant à l'acropole des Grecs. (Voy. ACROPOLE et FORUM.)

CAPON, *s. m.* — Machine composée d'une grosse poulie et d'une corde portant un croc de fer servant à retirer l'ancre et à la hisser au bossoir.

CAPONNIÈRE, *s. f.* — Terme de fortification, galerie de communication établie entre les ouvrages d'une place fortifiée. Elle est simple ou double, suivant qu'elle possède un simple épaulement, ou qu'elle est épaulée de chaque côté. Les caponnières peuvent être à banquettes, à glaces, à palissades, blindées et quelquefois à ciel ouvert. Celles qui sont construites aux angles saillants des contre-escarpes et qui n'ont la vue que d'un côté sont nommées *demi-caponnières*. — Anciennement on disait aussi *chaponnière*.

CAPOTE, *s. f.* — Appareil de fumisterie en tôle, qu'on place au-dessus des souches de cheminée, pour les empêcher de fumer ; on les nomme aussi *abat-vent, cauchoises*, et *champignons*, suivant les différentes formes qu'elles affectent. (Voy. ABAT-VENT, CAUCHOISE et CHAMPIGNON.)

CAPUCINE, *s. f.* — On nomme chambranle à capucine, et par abréviation *capucine*, les chambranles des cheminées qui sont droits. (Voy. CHEMINÉE.) — Corps de moulure composé d'un talon et d'un larmier. En termes de marine, la capucine désigne la courbe qui sert à lier l'éperon avec l'étrave d'un navire.

CARACOL. — Voy. ESCALIER.

CARACTÈRE, *s. m.* — Du latin *character*, dérivé de χαράττω, χαράσσω, je marque, j'imprime. L'étymologie du mot définit bien la chose qu'il exprime; en effet, le caractère est une marque, une empreinte ferme et caractéristique, qui distingue dans la langue des beaux-arts une œuvre, une création remarquable. Les monuments de l'architecture ont à la fois un caractère général et spécial; un édifice bien compris au point de vue de l'ensemble des proportions extérieures a du caractère. Si le plan est bien étudié, bien distribué et répond parfaitement à la destination du monument, il a un caractère spécial.

Ce mot sert aussi à désigner l'âge et l'époque d'un monument; ainsi on dira d'une construction très-ancienne, qu'elle a un caractère archaïque; c'est cette dernière acception qui a fait confondre ce mot avec celui de style, qui est tout différent. (Voy. STYLE.)

CARAVANSÉRAIL, *s. m.* — En Orient, on nomme *caravansérails* de grands bâtiments destinés à loger les voyageurs et les caravanes. Ils remplacent les auberges et les hôtels des peuples d'Occident. Il existe beaucoup de ces édifices en Perse. Ce sont pour la plupart de grandes constructions carrées, à deux étages, rarement trois, qui possèdent une série de petites chambres sur une seule ligne, débouchant sur un couloir. Cette ordonnance rappelle assez à l'esprit les dortoirs des monastères. Ces chambres sont voûtées, hautes seulement de 2$^m$,50 à 3 mètres au plus, et n'ont guère que 5 à 6 mètres carrés de surface. Elles sont sans fenêtres et ne reçoivent de jour que par la porte donnant sur le couloir, que les Perses nomment *matabé*. Au rez-de-chaussée, derrière les chambres, il y a des écuries pour loger les chevaux et les chameaux. La disposition que nous venons de décrire existe sur trois côtés; le quatrième, qui sert d'entrée, possède des portiques dans lesquels on vend des aliments usuels, du pain, du lait, des fruits. Sous ces portiques il existe de petites cheminées dans lesquelles les valets font la cuisine, du reste fort peu compliquée, de leurs maîtres. Au centre de la cour il existe un grand bassin avec une fontaine, ou bien ce que les Persans nomment un *maatals*, c'est-à-dire exposé à la lune; c'est un perron de forme carrée ou hexagonale. On ne trouve absolument rien en fait de meubles dans ces hôtelleries. Chaque voyageur en arrivant occupe la première chambre libre; le logement est gratuit. Tels sont les caravansérails des campagnes. Ceux des villes sont de deux genres : les uns pour les pèlerins, les autres pour les marchands; ces derniers sont plus beaux et mieux agencés, on les nomme également BAZARS. (Voy. ce mot.) Dans les villes, chaque caravansérail reçoit spécialement des gens ou des marchandises de certaines contrées.

CARBONATE DE CHAUX, *s. m.* — Cette substance forme la base de tous les CALCAIRES. (Voy. ce mot.) C'est une combinaison d'oxyde de calcium et d'acide carbonique.

CARBONISATION, *s. f.* — Opération qui consiste à brûler la surface des bois pour assurer leur conservation. On pratique la carbonisation sur les pieux, poteaux, pilotis, sur tous les bois qu'on enfonce en terre; cette opération empêche la pourriture des bois et prolonge par conséquent leur durée.

CARCASSE, *s. f.* — Bâti d'une feuille de parquet garnie de ses traverses et dans lesquelles doivent être fixés les panneaux de remplissage. — La carcasse d'un bâtiment est l'ensemble d'une construction non terminée, ou ce qui subsiste après un incendie.

CARCERES, *s. f.* — Mot latin, très-usuel dans la langue des architectes et des archéologues, et qui signifie *prisons;* c'étaient principalement des loges dans les amphithéâtres et dans les cirques antiques, dans lesquelles on enfermait les gladiateurs, les chars, les coursiers, les bêtes fauves, avant la représentation.

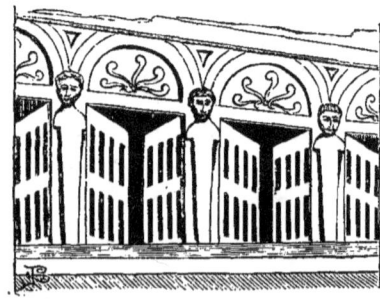

Carceres d'après un bas-relief du musée Britannique.

Les *carceres* étaient généralement voûtées, et dans les cirques, leurs portes donnaient directement sur le cirque; celles-ci étaient à claire-voie.

Avant la course, les chars étaient remisés dans les *carceres;* lorsque la trompette donnait le signal du départ, les valets du cirque ouvraient toutes les portes à la fois, et les cochers se rangeaient en ligne devant la corde, au-dessous de laquelle on traçait une ligne blanche.

C'était le point de départ des courses. (Pline, XXXV, c. 53 ; Cassiodore, *Varior.*, III, c. 51.) Une seconde ligne tirée du côté opposé de la *spina* marquait le but. Nous donnons dans notre figure une élévation des *carceres* d'un cirque, d'après un bas-relief du musée Britannique. On voit entre chaque porte à claire-voie une sorte de gaîne en forme de terme, ainsi qu'une corniche saillante au-dessus des arcades. (Voy. Saint-Non, t. 2, p. 65.) (Voy. AMPHITHÉATRE, CIRQUE et STADE.)

CARCHESIUM. — Grue que les anciens employaient dans leurs constructions pour élever des poutres et pour charger et décharger les navires dans les ports. (Vitruve, X, 2, 10.)

CARDERONNER, *v. a.* — Tracer, pousser un quart de rond. Ce terme signifie surtout rabattre les arêtes d'une poutre d'une solive en y poussant un quart de rond.

CARIATIDE, *s. f.* — Figure de femme drapée faisant fonction de colonne, de pilier, de pilastre. Elle peut être exécutée en ronde bosse et en bas-relief. L'emploi des cariatides remonte à une haute antiquité. Les monuments de l'Égypte, de la Perse et de la Grèce en offrent de nombreux exemples. Cependant, d'après Vitruve (l. 1, 1), les cariatides auraient pris naissance dans la Grèce. Voici comment le raconte l'architecte romain :

« Il (l'architecte) pourra apprendre à ceux qui ignorent pourquoi cela se fait ainsi, que les habitants de Carie, petite ville du Péloponèse, se joignirent autrefois aux Perses qui faisaient la guerre aux autres peuples de la Grèce, et que les Grecs ayant par leurs victoires glorieusement mis fin à cette guerre, la déclarèrent ensuite aux Cariates. Leur ville ayant été prise et ruinée, tous les hommes furent passés au fil de l'épée et les femmes emmenées captives ; et pour les traiter avec plus d'ignominie, on ne leur permit pas de quitter les robes et les ornements qu'elles avaient l'habitude de porter, afin que non-seulement elles fussent ainsi menées en triomphe, mais qu'elles eussent la honte de s'y voir en quelque sorte menées toute leur vie, paraissant toujours en même état qu'elles

étaient le jour du triomphe. Or, pour laisser un exemple éternel de la punition que l'on avait fait subir aux Cariates, et pour apprendre à la postérité quel avait été leur châtiment, les architectes de cette époque mirent au lieu de colonnes ces sortes de statues aux édifices publics. »

D'après cette citation, ce nom de *cariatide* ne serait applicable qu'à des statues de femmes. Toutefois l'histoire aussi bien que les monuments, et Vitruve lui-même, établissent qu'on

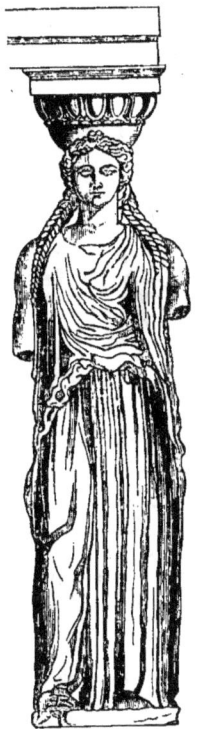

Fig. 1. — Cariatide du Pandrosium.

employait aussi des statues d'hommes, qu'on nommait ATLANTES et TÉLAMONS. (Voy. ces mots.) Dans le langage moderne, on n'établit pas cette distinction ; on nomme indifféremment *cariatides* des statues remplaçant des colonnes ou des piliers, qu'elles représentent des femmes ou des hommes. Le même fait, cité par Vitruve à l'occasion des statues représentant les captifs tombés au pouvoir des Grecs après la bataille de Platée, et qui furent employées à la décoration du portique persan de Lacédémone, a fait donner également le nom de *statues persiques* à ces sortes de figures. Ces représentations ont même varié dans leurs formes ; elles ne sont souvent que des *termes* ou *gaînes* terminés par le buste d'un homme ou d'une femme. Les satyres ont été également employés comme cariatides.

Les sculpteurs de l'antiquité ont donné à leurs cariatides des poses simples, un contour presque cylindrique, grâce aux plis de draperies

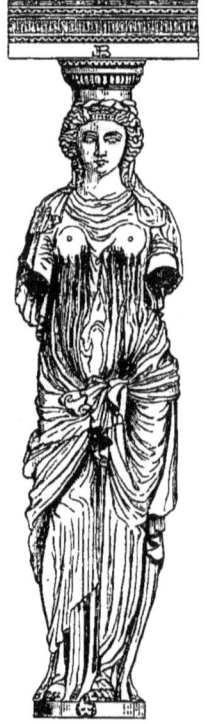

Fig. 2. — Cariatide du Louvre, par Jean Goujon.

exemple (fig. 1) que nous avons dessiné d'après Paccard, l'éminent artiste qu'une mort prématurée a enlevé bien jeune à l'art et à la science. Ces cariatides présentent dans leur attitude, dans leurs draperies, dans l'ensemble de leur ajustement, le vrai caractère de beauté propre à ce genre de statues.

Dans ces temps modernes, l'emploi des cariatides a donné lieu à des créations très-variées, mais souvent ridicules. Pour notre pays, nous avons heureusement à citer quelques beaux modèles. Ce sont les magnifiques cariatides de l'ancienne salle des gardes au Louvre, dite aujourd'hui *salle des Cariatides.*

Ici l'artiste n'a puisé son inspiration que

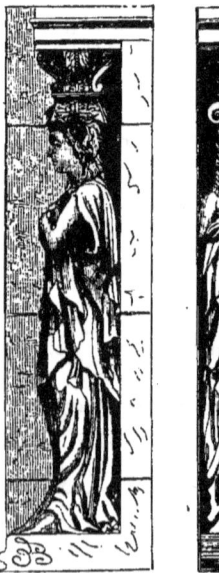

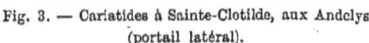

Fig. 3. — Cariatides à Sainte-Clotilde, aux Andelys (portail latéral).

pendantes, et une attitude d'inaction remarquable ; c'étaient pour ainsi dire des formes humaines pétrifiées.

Dans l'art égyptien nous trouvons des cariatides adossées à des piliers dans beaucoup de temples ; mais celles du grand temple d'Ibsamboul en Nubie sont très-remarquables. Ce temple date de Rhamsès le Grand. Dans l'art grec le type sans contredit le plus magnifique, sont les cariatides du portique du petit temple de Pandrose ; nous en donnons un

dans son propre génie, et, au dire des plus difficiles, jamais l'antiquité ne nous a rien légué de plus remarquable. Ces statues (fig. 2), œuvre de Jean Goujon, hautes de 4 mètres, couronnées d'un chapiteau et d'un riche entablement, portent sur des socles circulaires ; elles sont drapées avec un goût et un talent dont le grand artiste de la renaissance avait seul le secret.

Notre fig. 3 montre de face et de profil une des petites cariatides du portail latéral de l'église de Sainte-Clotilde, aux Andelys. Elles sont de l'époque de Henri II, et ne mesurent guère que 1 mètre de hauteur.

Les cariatides de l'hôtel de ville de Toulon sont aussi fort remarquables. Citons encore celles de Jacques Sarrazin, qui décorent au Louvre le pavillon de l'Horloge, et dans le même monument les cariatides du pavillon Sully, œuvre du sculpteur Simart, l'auteur de l'admirable Minerve du Parthénon restituée. Le Dictionnaire de l'Académie des beaux-arts écrit *caryatide*, mais ceux de l'Académie française et Littré écrivent *cariatide*.

. **CARIE**, *s. f.* — Maladie du bois qui amène sa pourriture. La carie est occasionnée par la végétation de moisissures, d'agarics ou champignons et d'autres cryptogames. — La carie sèche, d'un autre genre que la carie ordinaire, se déclare sur des bois échauffés; elle a pour résultat de réduire en poussière la matière ligneuse.

**CARILLON**, *s. m.* — I. Tige de fer carré ne dépassant pas 20 millimètres de côté. Les carillons servent à bien des usages, notamment dans les hourdis des planchers; on les nomme aussi FENTONS, COTES DE VACHES. (Voy. ces mots.)

II. Jeu de cloches produisant des sons variées et qui sonnent parfois des airs. On place des carillons dans les tours des beffrois, des clochers, dans les campaniles des hôtels de ville. Très-répandus en Suisse, en Allemagne et dans les Pays-Bas, où existe le plus ancien (de 1480), les carillons tendent chaque jour à disparaître.

**CARLETTE** ou **CARTELETTE**. — Voy. ARDOISE.

**CARLINGUE**, *s. f.* — Grosse et longue poutre, ou assemblage de plusieurs poutres, placé au fond d'un navire et qui sert de doublure intérieure à la quille. Le pied du grand mât porte sur la carlingue.

**CARLOVINGIENNE** (ARCHITECTURE). — Voy. CAROLINGIENNE (*Architecture*).

**CARMIN**, *s. m.* — Couleur d'un rouge très-brillant qui est tiré de la cochenille; les architectes l'emploient pour leurs dessins et pour POCHER (voy. ce mot) des plans. La poudre de cochenille dissoute dans l'ammoniaque constitue l'encre de carmin qui sert à coter les plans et à redresser les mauvaises évaluations lors de la vérification des mémoires.

**CARNAC** (PIERRES DE). — Voy. CELTIQUES (*Monuments*).

**CARNET**, *s. m.* — Petit cahier à l'usage des conducteurs de travaux, sur lequel ils portent les minutes d'attachements écrits ou figurés, relevés sur place, ainsi que les autres notes propres à établir au jour le jour la comptabilité du chantier. On nomme ce cahier, carnet d'ATTACHEMENTS. (Voy. ce mot.)

**CAROLINGIENNE** (ARCHITECTURE). — Terme générique sous lequel on désigne les édifices élevés en France et en Allemagne sous Charlemagne. Quelques archéologues ont voulu voir dans ces monuments la preuve d'une renaissance artistique; c'est une idée erronée, car les œuvres carolingiennes indiquaient plutôt un retour vers le passé qu'un progrès vers l'avenir.

Sur la fin du VIII<sup>e</sup> siècle, les procédés de l'art romain étaient encore les seuls en vigueur, mais ils étaient tellement dénaturés que l'architecture semblait à bout de ressources. Charlemagne essaya de remettre en faveur l'architecture romaine, dont les monuments, intacts encore en grande partie, avaient excité son admiration. Mais il ne parvint pas, au milieu du trouble et des guerres, à les faire comprendre et interpréter. Les monuments carolingiens qui nous restent, assez nombreux (comme nous allons le voir bientôt), nous montrent des édifices mieux étudiés, il est vrai, que ceux des derniers temps mérovingiens; mais on est bien forcé de reconnaître que ce sont des œuvres de décadence, si on les compare à ceux de la belle époque romaine.

Examinons quel a été le caractère dominant de l'architecture de cette époque. Le dôme d'Aix-la-Chapelle la caractérise et la résume pour ainsi dire: réminiscence de l'art antique additionnée d'une dépravation de goût, dégénéré par le luxe oriental; en effet, dans le dôme d'Aix on retrouve toutes les formes et tous les détails de l'architecture byzantine.

Il existe un assez grand nombre d'édifices carolingiens. Citons en premier lieu, au delà du Rhin, l'abbaye de Lorsch fondée en 776, bâtie, comme nous l'apprend la chronique de cette abbaye, non dans le style moderne, mais *more antiquorum et imitatione veterum* (*chronicon Laurishamense*). En France, les monuments carolingiens sont répartis dans le Dauphiné, la Provence et surtout dans le Comtat. Ce sont : dans la Drôme, la chapelle funéraire qui précède la nef de Saint-Restitut, et Saint-Paul-Trois-Châteaux; à Aix-en-Provence, la petite nef du Sauveur, dans la cathédrale; Notre-Dame-des-Doms à Avignon, la partie la plus ancienne de l'église de Saint-Quenin-de-Vaison, de Notre-Dame-de-Vaison, les églises de Pernes et de Cavaillon, la crypte d'Apt (Vaucluse).

C'est à tort que certains archéologues ont englobé sous le nom de *style latin* tous les édifices compris entre le IVe et le commencement du IXe siècle. Il y avait lieu de distinguer différentes périodes; c'est ce que nous avons fait dans ce dictionnaire, où le lecteur trouvera, aux mots BYZANTINE, LATINE, ROMANE, SARRAZINE (*Architecture*), des informations qui compléteront le présent article.

CARPE. — Voy. QUEUE-DE-CARPE.

CARRARE. — Voy. MARBRE.

CARRÉ, *s. m.* — Polygone de quatre côtés égaux qui se coupent à angles droits.

En charpente, faire le *trait carré*, c'est élever une perpendiculaire sur une autre ligne.

En tenture, on nomme *carré* un papier de petit format employé en tenture.

CARRÉ ou FILET. — Partie lisse et plate qui sert à couronner ou à séparer les moulures.

CARREAU, *s. m.* — Ce terme a des significations très-diverses. Ce sont d'abord de petites dalles employées au pavage des chambres. Elles sont en pierre calcaire, en marbre, en terre cuite, etc. D'après l'étymologie du mot, il semblerait que les carreaux devraient être carrés ou rectangulaires; il n'en est rien, ils affectent

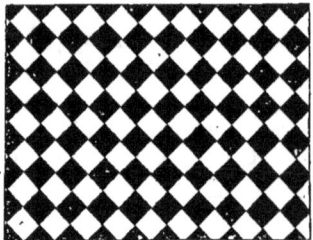

Fig. 1. — Carreau en liais et marbre noir.

toutes sortes de formes; ce sont des triangles, des losanges, des parallélogrammes, des pentagones, des hexagones, des octogones, des cercles et portions de cercle, etc. Ces diverses formes de carreaux sont employées séparément ou combinées entre elles. (Voy. CARRELAGE.)

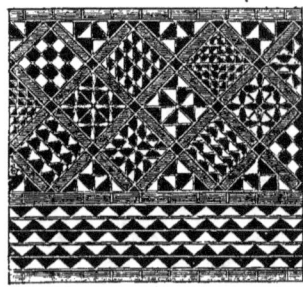

Fig. 2. — Pavement antique formant mosaïque (1er type).

Les carreaux de pierre, principalement ceux de liais, en pierre de Château-Landon, de Tonnerre, de Comblanchien, de Chassigneulle et autres, sont employés au pavage des édifices publics, des rez-de-chaussée, des vestibules, des salles à manger, et presque toujours ils sont combinés avec du marbre noir (fig. 1). Quand on veut obtenir un pavement plus riche, on emploie des carreaux de marbre de diverses couleurs, ce qui fournit toujours un bel élément de décoration.

Dans l'antiquité, les pavements se faisaient en pierre dure ou en marbre, ces derniers presque toujours composés de petites pièces découpées suivant des formes variées qui for-

Pl. 15

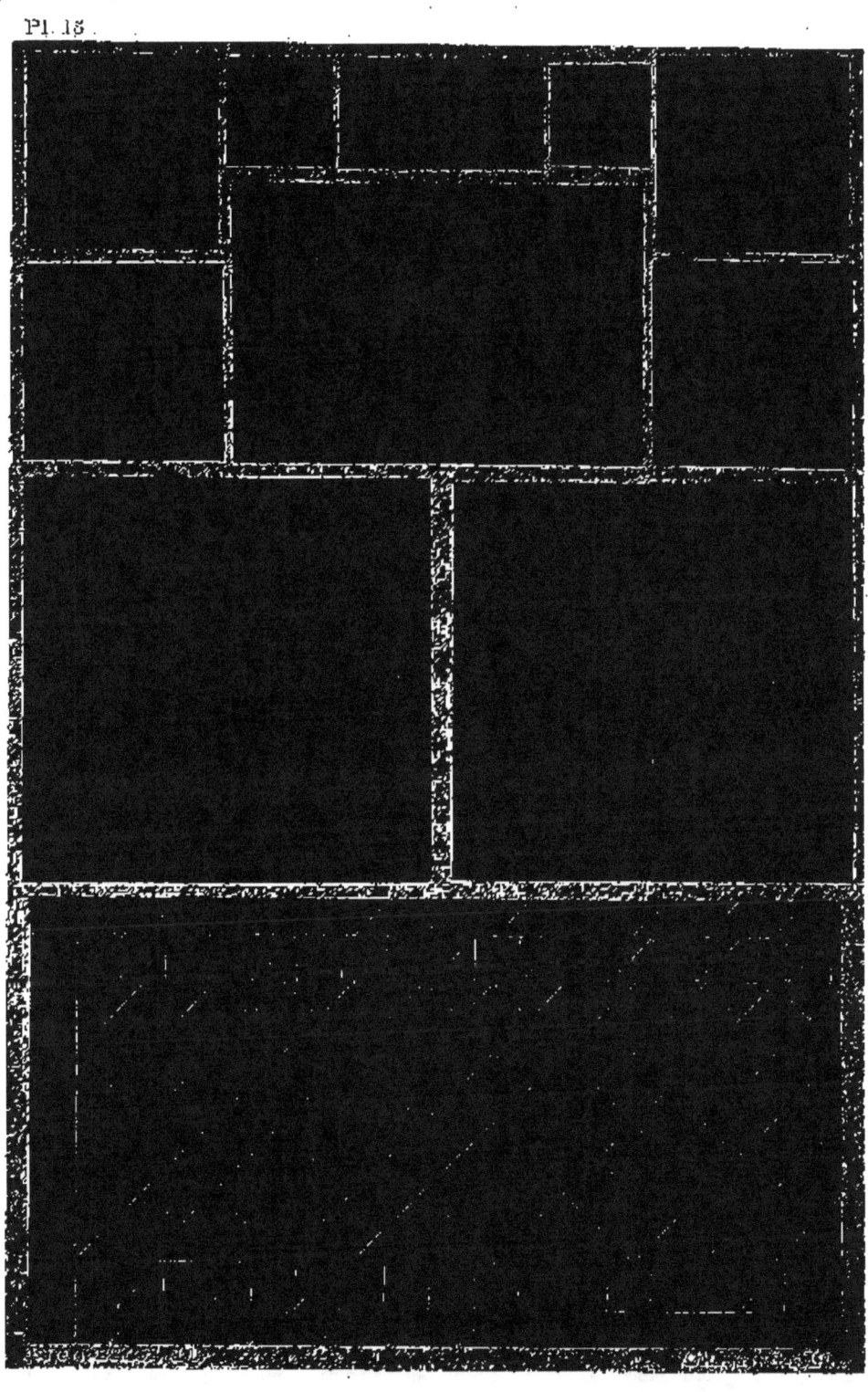

CARREAUX EN TERRE ÉMAILLÉE OU VERNISSÉE.

Imp. Firmin-Didot & Cie Paris.

maient des mosaïques. Nos fig. 2 et 3 en montrent deux spécimens. (Voy. PAVEMENT.)

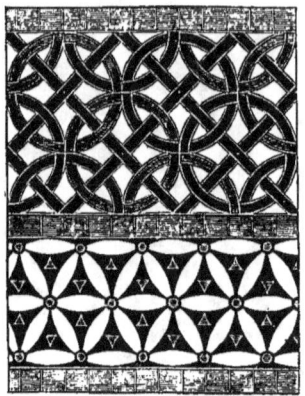

Fig. 3. — Pavement antique formant mosaïque (2ᵉ type).

Les carreaux de briques fabriqués exprès pour pavement ont été employés surtout

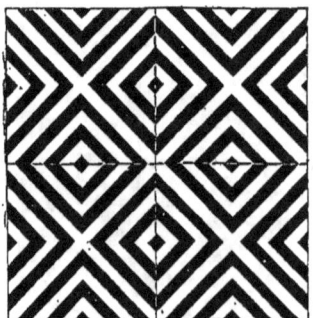

Fig. 4. — Carreau en terre cuite jaune et noir
(sujets géométriques).

vers le Xᵉ et le XIᵉ siècle. Ils étaient décorés de traits gravés à la pointe dans leur pâte encore

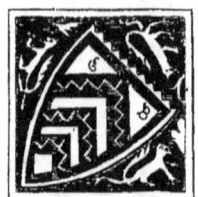

Fig. 5. — Carreau en terre cuite (sujets héraldiques).

humide et figuraient des dessins simples et susceptibles d'être tracés géométriquement. Bientôt on les couvrit d'une couverte ou vernis brillant du plus vif éclat, soit de couleur foncée, soit de couleur claire. A la fin du XIIᵉ siècle,

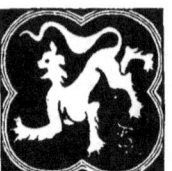 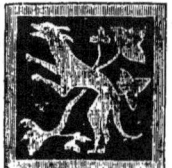

Fig. 6. — Carreau en terre    Fig. 7. — Carreau en terre
cuite avec un animal.         cuite (sujet mixte).

les carreaux vernissés furent de plus grande dimension et s'enrichirent de dessins et d'ornements dont la juxtaposition constituait de

Fig. 8. — Carreaux à motif quaternaire (1ᵉʳ type).

magnifiques arabesques (fig. 10.) La terre employée pour cette fabrication est de même nature que celle des briques, les carreaux sont

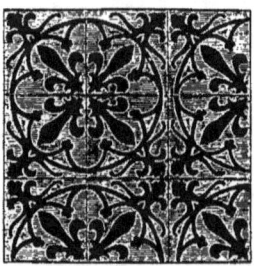

Fig. 9. — Carreaux à motif quaternaire (2ᵉ type).

vernissés ou revêtus d'émail; ils sont en faïence ou même en porcelaine.

L'époque à laquelle les carreaux ont été le plus en vogue est sans contredit le XIIIᵉ siècle; leur ornementation, fort simple au début, devint plus compliquée. Sous le rapport du sujet représenté dans leur décoration, les carreaux historiés peuvent se diviser en sujets *géométriques* (fig. 4), *héraldiques* (fig. 5), à décoration *végétale, animale* (fig. 6), *mixte* (fig. 7), c'est-à-dire à la fois végétale et animale.

Sous le rapport de la disposition du motif, les divers carreaux peuvent se diviser en carreaux à motif *unitaire*, c'est-à-dire représentant un seul sujet, ou à motif *quaternaire*, dessin

Fig. 10. — Dessin formé par seize carreaux.

complet, composé de quatre carreaux (fig. 8 et 9). Des motifs plus compliqués peuvent demander jusqu'à seize carreaux; tel est celui que représente notre fig. 10. Enfin il existe des carreaux à motif, dont on peut juxtaposer le nombre que l'on veut. Ordinairement on encadre les carreaux avec une bordure en terre cuite; notre fig. 11 représente un type de ces bordures.

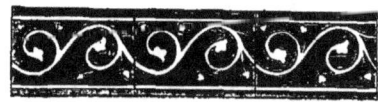

Fig. 11. — Bordure en terre cuite pour encadrement de carreaux.

Aujourd'hui les carreaux ordinaires sont en terre cuite rouge ; ils sont carrés, hexagonaux ou pentagonaux ; ils servent pour le carrelage des cuisines et dans certaines localités pour celui des chambres, salons et salles à manger. Ceux qu'on emploie à Paris sont fabriqués dans cette ville ou dans ses environs, à Massy et en Bourgogne.

Il en est des carreaux comme des briques ; leurs qualités et leurs défauts proviennent également du plus ou moins de soin apporté à la préparation des terres et à leur cuisson. On moule aujourd'hui et on comprime avec des machines les carreaux, pour leur donner une grande densité. — Quant aux carreaux vernissés, émaillés en faïence et en porcelaine, les fabriques françaises et anglaises exécutent des merveilles dans chaque genre. (Voy. CARRELAGE, DALLAGE et PAVEMENT.)

CARREAU. — Petit bloc de pierre taillée, de peu d'épaisseur, qu'on pose alternativement avec des pierres *boutisses* pour faire liaison. Sa longueur est comprise entre 0$^m$,40 et 1$^m$. Au-dessous de 0$^m$,40 les blocs prennent le nom de *moellons*, et au-dessus de 1$^m$ celui de *pierre de taille*. Dans les chantiers, les ouvriers emploient comme synonyme de carreau, le mot *carrotin*.

CARREAU EN BISCUIT. — Pour la construction des poêles, les fumistes emploient des pièces en terre cuite, nommées *biscuits*.

CARREAU DE PLATRE. — Parallélipipèdes en plâtre, fabriqués d'avance, et qui servent à construire des cloisons de distribution d'appartements. Ces carreaux sont posés de champ; suivant leur épaisseur, ils sont évidés à leur intérieur, mais leurs bords sont toujours creusés dans leur milieu, de façon à recevoir le plâtre qui sert à leur pose. Les carreaux de plâtre mesurent ordinairement 0$^m$,49 de longueur, 0$^m$,33 de largeur et 0$^m$,054 d'épaisseur ; leur face est quelquefois striée, pour faciliter l'adhérence des enduits.

CARREAU. — Ais carré ou planchette en chêne, employés comme remplissage d'une feuille de parquet.

CARREAU. — Grosse lime à section rectangulaire, employée par les serruriers pour dégrossir les pièces de métal.

CARREAUX DE VITRE. — Pièces de verre placées dans les châssis d'une fenêtre, dans les feuillures des châssis en fer ou autres ; elles sont ordinairement rectangulaires, mais on en coupe de toute forme.

CARREAUX. — *Mettre aux carreaux* est un procédé en usage pour reproduire exactement, sans perte de temps et sans recherches, un tableau, un dessin, une estampe. A l'aide de ce procédé, on peut reproduire une œuvre dans sa dimension réelle; on peut également la

Pl. 313

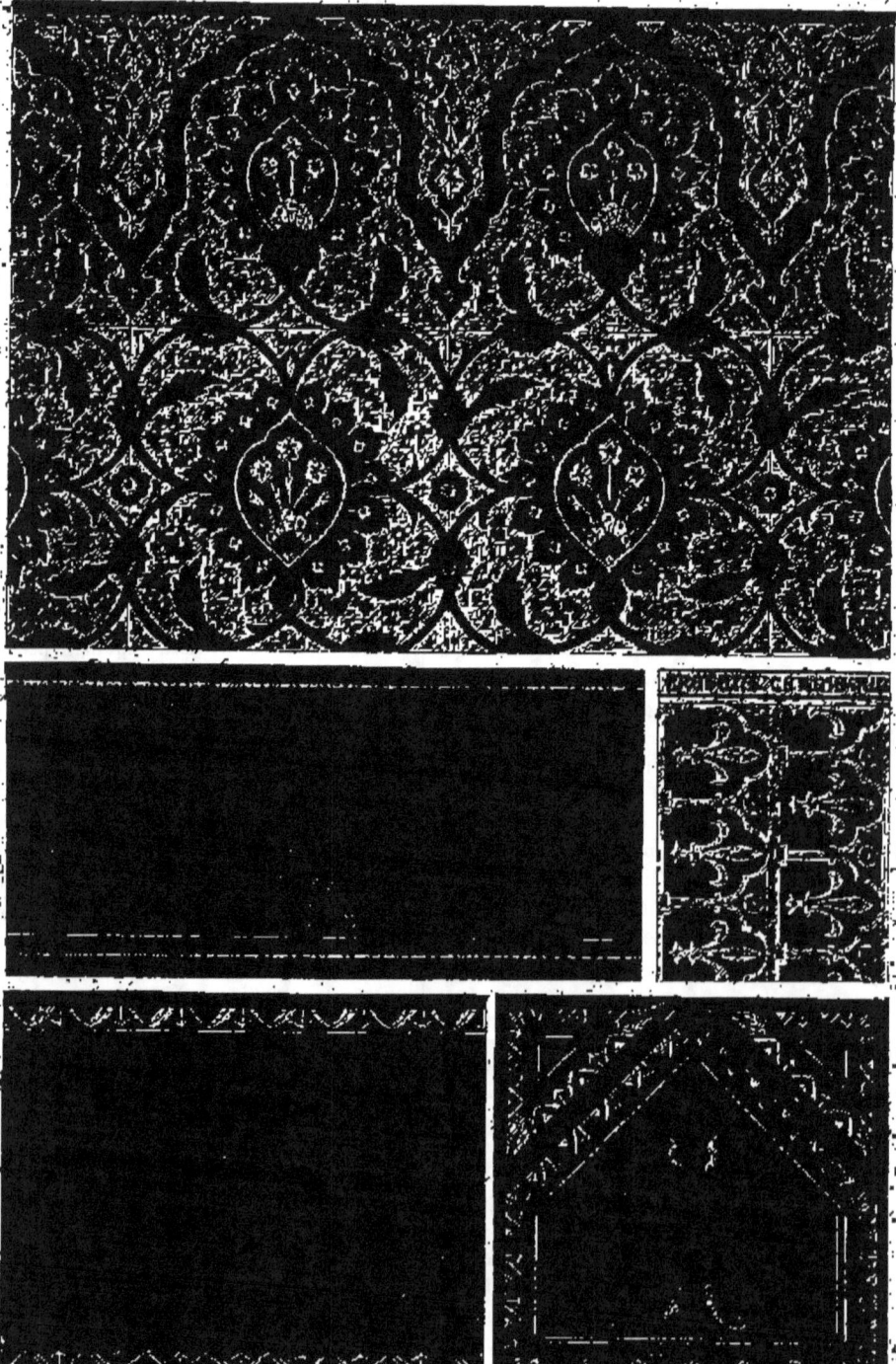

Bost et Benard, del.

Brandin, lith.

CARREAUX DE REVÊTEMENT

Imp. Firmin Didot & Cie Paris

grandir ou la diminuer à volonté. On procède à la mise aux carreaux de plusieurs manières: soit en traçant sur l'original des lignes verticales et horizontales avec de la craie, soit en y fixant des ficelles, dans les deux sens, de façon à produire des carreaux, soit enfin en traçant sur du papier à calquer des carreaux qu'on applique sur l'original. Sur le papier ou sur la toile, sur lesquels on veut reproduire le dessin qu'on a *quadrillé*, on trace des carreaux de même dimension si la copie doit être de même dimension que l'original, ou des carreaux plus grands ou plus petits, mais en nombre égal, suivant que la copie doit être plus grande ou plus petite que l'original.

**CARREFOUR,** *s. m.* — Point de croisement, au moins de trois rues, chemins ou routes, qui forme une petite place irrégulière.

**CARRELAGE,** *s. m.* — Exécution d'un pavement formé de carreaux juxtaposés; par suite, le nom de *carrelage* a été donné au pavement lui-même. — Ce travail est exécuté le plus souvent par des ouvriers spéciaux; mais quand il est de peu d'importance, les maçons le font eux-mêmes. En province, il n'y a guère d'ouvriers carreleurs, quoique dans le centre, dans le midi et dans une partie de l'ouest, la plupart des habitations soient encore carrelées : ce sont les maçons qui exécutent les carrelages.

Pour carreler une pièce, l'ouvrier commence par araser son sol de niveau, puis il régularise convenablement la forme sur laquelle les carreaux doivent être posés, en répandant sur l'aire en plâtre de la poussière provenant de démolition d'ouvrages en plâtre ou de la recoupe de pierres. Au plâtre employé pour le carrelage, l'ouvrier mêle ordinairement une certaine quantité de suie, afin d'en retarder la prise, et d'avoir le temps d'arranger les carreaux sur la couche de plâtre qu'il étend au fur et à mesure de la pose.

Le niveau des pièces s'établit ordinairement à celui des seuils pour les rez-de-chaussée ; pour les étages, le niveau est arasé à celui des marches palières de l'escalier. L'ouvrier, après avoir parfaitement arrêté le niveau, en tenant compte de l'épaisseur du plâtre et du carreau,

pose de distance en distance quelques carreaux qui lui servent de repère; il place un cordeau A B (fig. 1) au milieu de la largeur de la pièce, et dans le sens de sa longueur ; il fait alors gâcher du plâtre ; puis il pose un premier rang de carreaux, suivant le cordeau. Une règle en

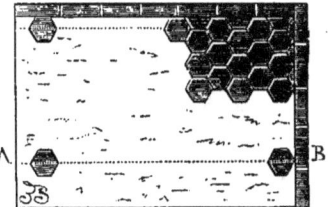

Fig. 1. — Carrelage. A B, cordeau.

chêne d'environ 1$^m$,20 de longueur, 0$^m$,12 de largeur sur 0$^m$,03 de section, qu'on nomme *batte à carreler*, sert à frapper sur les carreaux et à les amener tous au niveau des repères.

Lorsque le premier rang est terminé, l'ouvrier continue son travail ; mais, au lieu de suivre la ligne parallèle au cordeau, il procède par bandes obliques, sur lesquelles il

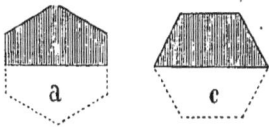

Fig. 2. — *a*, pointe; *c*, pièce.

frappe toujours avec sa batte, en la faisant glisser sur les carreaux déjà posés jusqu'à un cordeau placé à un mètre environ du premier rang. Il pose de la sorte les autres bandes, en se tenant toujours à genoux devant son travail, et en faisant au fur et à mesure sa forme ou chape de plâtre à la main et pour employer le moins de plâtre possible. Il doit éviter de faire des grands joints, des balèvres, et de barbouiller des carreaux de plâtre.

Lorsque toute la pièce est carrelée, l'ouvrier fait le raccord le long des murs avec des morceaux de carreau. Ceux-ci (fig. 2), quand ils sont coupés comme en *a*, prennent le nom de *pointe* et comme *c*, le nom de *pièce*. Quand le carrelage est bien sec, on le passe au grès, afin de le polir et dresser les surfaces des carreaux qui auraient du ganche : ce dressage est indispensable quand les pièces doivent être encaustiquées et frottées.

Les carreaux des foyers de cheminée sont ordinairement carrés ; on les raccorde avec le carrelage de la pièce par un joint droit qui se trouve dans l'alignement du jambage de la cheminée, c'est-à-dire au droit du foyer.

Dans les rez-de-chaussée, on pose les carreaux sur du mortier de chaux et de sable ; on fait de même dans les contrées privées de plâtre, ou bien dans lesquelles il est mauvais ou d'un prix très-élevé. Le carrelage se donne généralement à la tâche : on alloue aux tâcherons, suivant la dimension des pièces, 0,35 à 0,40 centimes le mètre carré, mais les entrepreneurs fournissent le plâtre, les carreaux, le décintroir pour le décarrelage, et la hachette pour *décrotter* les carreaux. — En employant des carreaux hexagonaux de 0m,16 de côté il faut pour un mètre carré quarante carreaux, un demi-sac de plâtre et une heure de compagnon avec son aide.

CARRELER, *v. a.* — Paver avec des carreaux (voy. CARRELAGE) ; revêtir de carreaux non-seulement des surfaces horizontales, mais encore des parois verticales.

CARRELET, *s. m.* — Lime du serrurier à section rectangulaire, taillée sur les quatre faces ; elle est moitié moins forte que le *carreau.*

CARRELETTE, *s. f.* — Lime du serrurier de même forme que le *carreau* et le *carrelet,* mais beaucoup moins forte.

CARRELEUR, *s. m.* — Fabricant de carreaux, entrepreneur de carrelage et ouvrier qui prépare et qui pose des carreaux en terre cuite, en pierre ou en marbre. Cependant les ouvriers qui exécutent les dallages en pierre et en marbre prennent le nom de *marbriers.* Les outils du carreleur sont : l'*auge,* la *truelle,* la *hachette,* des *règles,* un *panier plat* à deux anses et à claire-voie, qui sert à tamiser la poussière.

CARRÉMENT, *adv.* — Terme très-employé par les ouvriers, mais surtout par les charpentiers comme synonyme d'*angle droit.*

CARRIER, *s. m.* Ouvrier employé à l'exploitation des carrières et qui porte différentes épithètes, suivant la matière qu'il extrait. Ainsi on appelle *grésiers, marbriers, plâtriers, ardoisiers,* etc., ceux qui exploitent le grès, le marbre, le plâtre, l'ardoise. Les carriers emploient des coins, des masses, des leviers pour attaquer des blocs et les diviser. Ils se servent de la tarière pour percer des trous de mine, quand il faut faire sauter des quartiers de roche ; ils utilisent également des crics, des rouleaux et des grues. Aujourd'hui les appareils employés dans les carrières sont très-perfectionnés ; les pierres tendres sont extraites de la carrière en blocs énormes par des machines qui les scient et les débitent sur place.

CARRIÈRE, *s. m.* — Lieu d'où l'on extrait les matériaux de construction, tels que la pierre à bâtir, les pierres à chaux et à plâtre, le marbre, l'ardoise, le granit, le grès, le sable, la marne qui sert à la fabrication des briques, etc. On qualifie aussi ces carrières de *marbrière, plâtrière, ardoisière, marnière* et *grésière.* Suivant la disposition qu'affectent dans le sein de la terre les matières à exploiter, on pratique des *carrières à ciel ouvert,* des *galeries* ou des *puits.*

Quand les matières sont à peu de distance de la surface du sol ou en masses isolées, on enlève la *couverte,* et on exploite *à ciel ouvert.* Si elles sont disposées par couches ou par bancs à une profondeur telle que les frais de *découverte* doivent augmenter considérablement la main-d'œuvre, on les exploite au moyen de galeries souterraines. C'est ce qui a lieu surtout pour les matériaux qui, dans le sein de la terre, sont déposés par bancs superposés, comme pour les pierres à bâtir et à plâtre. Le banc supérieur est alors ménagé, pour former ce qu'on appelle le *ciel* de la carrière, et de nombreux piliers construits en maçonnerie ou réservés dans la masse le soutiennent de distance en distance. Quelquefois on ouvre ces sortes de carrières dans le flanc des collines, comme à Montmartre dans Paris et à Saint-Leu (Oise). Sur des plateaux de collines, comme à Montrouge, à Châtillon-lès-Bagneux, à Saint-Nom, et dans d'autres localités, on des-

Pl. 18.

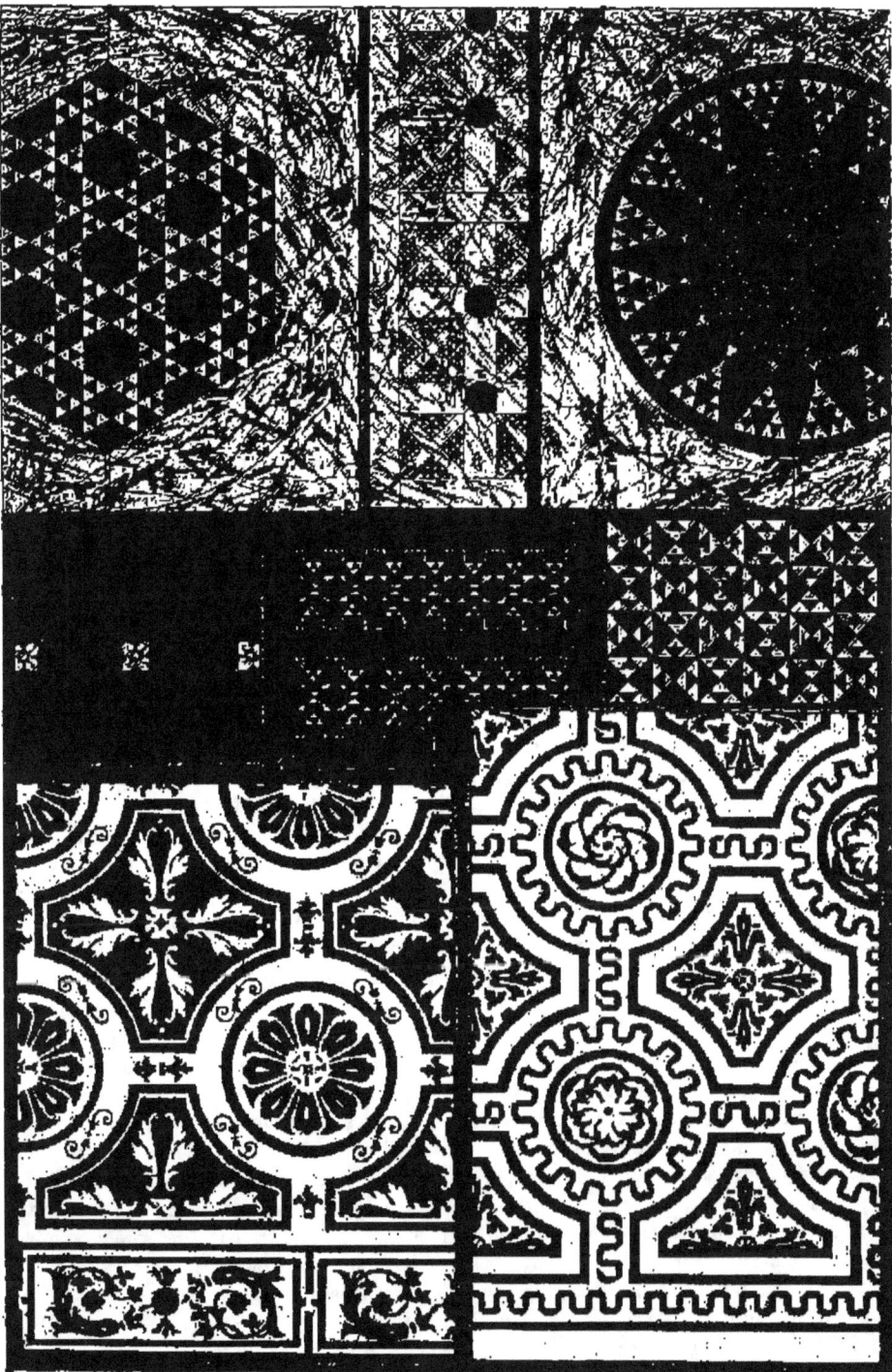

CARRELAGES.

Bosc et Bonard, del.

Brandin, lith.

Imp. Firmin-Didot & Cie Paris.

cend dans la carrière par un puits, et c'est au moyen d'un treuil placé sur l'orifice de ce puits que l'on élève à la surface du sol les pierres exploitées.

Lorsque la pierre est tendre ou d'une faible densité, ou qu'elle peut être facilement fendue par percussion, on la *tranche,* c'est-à-dire que l'on fait avec le *pic* (gros marteau pointu aux deux extrémités) une trace profonde sur son lit supérieur. On place dans cette fente un *coin* en fer sur lequel on frappe avec une masse, pour déterminer la rupture d'un bloc. Le calcaire grossier et même le grès à pavé se fendent de cette manière. Souvent aussi, au moyen d'une tarière, on pratique dans la masse un trou qu'on emplit de poudre, et, après l'avoir luté convenablement, on y met le feu; ce qui disloque le banc et détache des blocs de pierres. On sépare de même les grosses masses de gypse. Quant à la pierre meulière, on emploie le coin et la masse, ou même cet outil seul, pour diviser les blocs, qui sont ordinairement isolés dans le sein de la terre.

JURISPRUDENCE et LÉGISLATION. — La loi du 21 avril 1810, art. 4, donne des carrières cette définition :

« Les carrières renferment les ardoises, les grès, pierres à bâtir et autres, les marbres, granits, pierres à chaux, à plâtre, les pouzzolanes, le trass, les basaltes, les laves, les marnes, craies, sables, pierres à fusil, argiles, kaolins, terres à foulon, terres à poteries, les substances terreuses et les cailloux de toute nature, les terres pyriteuses regardées comme engrais, le tout exploité à ciel ouvert. »

Les carrières appartiennent au propriétaire du sol et ne peuvent être exploitées que par lui, ou par ceux qu'il a autorisés. Cependant les entrepreneurs de TRAVAUX PUBLICS (voy. ce mot pour la législation) peuvent occuper et exploiter les carrières qui leur sont désignées par l'administration, à la seule condition de payer les matériaux tirés, si ces carrières sont déjà en exploitation, et cela même contre la volonté du propriétaire de la carrière. (*Lois des 28 juillet et 28 sept. 1791 et du 16 sept. 1807.*) La loi du 28 juillet 1791 va même beaucoup plus loin : elle cite au nombre des causes qui légitiment une occupation forcée, *tous les établissements et manufactures d'utilité générale,*

tels que pourraient l'être en certaines circonstances les chaufourneries, les fabriques de poteries ou de plâtre, enfin toutes les usines qui mettent en œuvre les produits des carrières.

L'exploitation des carrières à ciel ouvert a lieu sans permission, sous la simple surveillance de la police et avec l'observation des lois ou règlements généraux ou locaux. (*Loi du 21 avril* 1810, art. 81.) Les règlements anciens sont : l'arrêt du conseil du 5 avril 1772, qui interdit d'ouvrir une carrière à moins de 30 toises (60 mètres) des bords extérieurs des grandes routes et de 5 toises (10 mètres) des chemins à voitures, édifices et constructions quelconques, en laissant en outre un mètre d'épaisseur des terres au-dessus de la masse exploitée aux bords des chemins et constructions. (*Ord. du bureau des finances de Paris du 29 mars* 1754; *décret du 4 juillet* 1813, tit. 1, sect. 2, art. 6 et 7 ; *Cons. d'Ét.,* 27 oct. 1837.)

La déclaration royale du 23 janvier 1779 prescrit de couper les terres en retraite par banquettes ou avec talus suffisants pour empêcher les éboulements des terres.

Le décret du 4 juillet 1813, art. 8, dit qu'aux approches des aqueducs construits en maçonnerie pour la conduite des eaux communes, les fouilles ne peuvent être poussées qu'à 10 mètres de la clef de voûte; aux approches des simples conduites en plomb, fer, grès ou pierre, qu'à 4 mètres de chaque côté; encore faut-il laisser en outre des 10 mètres dans le premier cas, et des 4 mètres dans le second, un talus ou retraite dans la masse, d'un mètre de largeur par chaque mètre de profondeur. Si même les inspecteurs des carrières jugent nécessaire une plus forte distance, le propriétaire est obligé de s'y conformer. Le même décret, art. 9, décide que la distance à observer aux approches des terrains libres sera déterminée d'après la nature et l'épaisseur des terres recouvrant la masse à exploiter.

Depuis la loi de 1810 et le décret de 1813, des règlements locaux ont été faits pour plusieurs départements.

L'exploitation des carrières par *galeries souterraines* est soumise à la surveillance de l'administration. Certains règlements exigent la déclaration préalable, et d'autres une permission spéciale du préfet ou du maire, et ceux-ci ne délivrent bien souvent cette autorisation que sur le rapport de l'ingénieur des carrières. L'administration a toujours le droit d'interdire, et cela sans recours par la voie contentieuse ; toute exploitation dont l'état actuel offre des dangers ; le préfet qui a même permis l'exploitation peut, sans excès de pouvoir, si des dangers se révèlent ou lui apparaissent imminents, rétracter son autorisation et interdire la continuation de l'exploitation. (*C. d'Ét.*, 24 déc. 1844.)

Ajoutons que les règles de surveillance administrative sont les mêmes que pour les mines. (Voy. MINES.)

Les contraventions aux règles sur l'exploitation des carrières sont de la compétence des conseils de préfecture, sauf recours au conseil d'État. (*Décret du 4 juill.* 1813, art. 51 ; *loi du 23 mars* 1843.)

Les infractions aux règlements relatifs à l'exploitation des carrières à ciel ouvert sont de la compétence des tribunaux de simple police. (*Loi du* 21 *avril* 1810, art. 81 ; *Cod. pén.*, 471, § 15 ; Cass., 29 août 1845 ; id., 23 janv. 1857.)

Les infractions aux règlements relatifs à l'exploitation des carrières souterraines, et par conséquent assimilables aux mines, sont du ressort des tribunaux correctionnels et sont passibles d'une amende de 500 à 1,000 francs, et double en cas de récidive, et d'un emprisonnement de six jours à cinq ans. (*Loi du* 21 *avril* 1810, art. 93 à 96 ; Cass., 2 janvier 1857.) (Voy. MINES, TRAVAUX PUBLICS.)

CARROTIN, *s. m.* — Locution vulgaire, employée par les ouvriers et synonyme de CARREAU. (Voy. ce mot.)

CARTEL, *s. m.* — Dans la décoration des frises de menuiserie on désigne sous ce nom un petit CARTOUCHE. (Voy. ce mot.)

En termes de blason, ce mot est synonyme d'*écu*.

CARTON, *s. m.* — Feuille de carton, de fer-blanc ou de zinc découpée suivant un dessin et qui sert à tracer les profils des corniches ou à lever les panneaux de dessus les épures ; c'est une sorte de calibre.

CARTON. — Grands dessins exécutés sur papier fort ou sur carton mince, devant servir de modèle pour des peintures à fresque, pour des vitraux, des tapisseries, de grandes faïences ou compositions sur émail, pour des mosaïques, etc. Les cartons se font généralement en grisaille, au crayon noir ou à la sanguine rehaussé de blanc, quelquefois légèrement teintés ; ils sont exécutés en vraie grandeur de l'exécution ou sur une échelle réduite : dans ce dernier cas on les *met aux* CARREAUX (voy. ce mot), et l'on grandit suivant l'échelle choisie pour l'exécution.

CARTON-PATE. — On le nomme aussi *carton-pierre, carton-cuir, carton de collage*.

Le *carton-pâte* est une composition formée de craie ou blanc de Meudon, de carton, de gélatine ou de colle-forte, qui, fraîche, se prête très-bien au moulage et qui acquiert en très-peu de temps une assez grande dureté. C'est une sorte de stuc, de pierre artificielle, avec laquelle on fait des ornements que l'on rapporte au moyen de clous sur des surfaces unies. C'est avec ce genre d'ornements qu'on décore aujourd'hui les plafonds d'appartement et les gorges de corniche. On en fait également des chapiteaux et autres motifs d'ornementation d'assez grandes dimensions, tels que des colonnes, pilastres, cariatides au-dessus des cheminées, etc. Aujourd'hui, même les portes d'intérieur, au lieu d'être décorées par des sculptures prises dans la masse du bois, le sont par du carton-pâte. Les ouvriers modeleurs qui posent le carton-pâte se nomme *chicoristes*.

Le *carton de collage* est une sorte d'estampage qui permet de mouler certaines décorations n'ayant pas beaucoup de saillie. Voici comment on procède : on recouvre l'objet à mouler d'une feuille de papier de soie, ou de papier buvard, on le tamponne soit avec un tampon de mousseline ou une brosse souple, de façon à bien mouler l'objet ; sur ce papier, on pose successivement par le même système des feuilles de papier imbibées de colle. Quand on juge ce moule suffisamment sec et résistant, on le détache.

CARTON-CUIR, CARTON-FEUTRE, CARTON
BITUMÉ. — On comprend sous ces différentes
dénominations des cartons ou feutres enduits
de bitume ou de goudron, qui sont employés
en couverture dans les constructions économiques. Pour fabriquer ce carton, on commence par le faire tremper dans l'eau un laps
de temps plus ou moins long ; on l'empile ensuite sur un plan légèrement incliné, afin de
chasser l'eau surabondante qu'il peut contenir.
L'opération du trempage a pour but de faciliter l'absorption du goudron, qu'on passe sur
une ou deux faces du carton. On sable d'un
seul côté ces cartons ; on prépare de même des
feutres très-grossiers. On reconnaît qu'un
carton bitumé est de bonne qualité, si sa contexture est serrée, solide, relativement souple.
Il faut qu'il soit tellement saturé de goudron
qu'il ne doive augmenter ni de poids ni de
volume malgré un séjour prolongé dans l'eau.
(Voy. FEUTRE et COUVERTURE.)

CARTOUCHE, s. m. — Champ de pierre,
de marbre, de bois, de métal, etc., destiné à
recevoir une inscription, un chiffre, des ar-

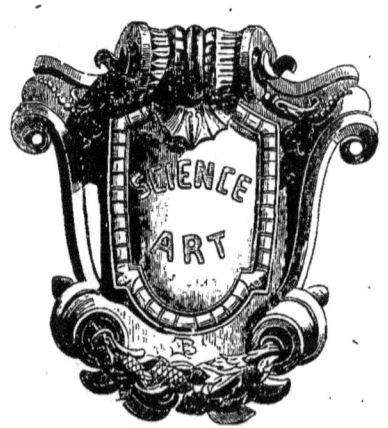

Cartouche à l'Opéra de Paris.

moiries, ou même un bas-relief. La forme des
cartouches est très-variable, suivant les styles
de l'architecture, le goût ou le caprice du
compositeur. L'usage des cartouches ne remonte pas au delà de la renaissance ; il remplaça à cette époque les phylactères et bande-
roles qui jusqu'au commencement du XVe siècle
recevaient les inscriptions sculpturales. Nous
ajouterons cependant que le cartouche était
connu des anciens, mais il était si simple de
forme, qu'on ne peut lui appliquer ce nom, qui
chez nous révèle une idée décorative très-
marquée. Les Égyptiens ont employé des cartouches pour leurs inscriptions : l'obélisque de
Louqsor, à Paris, en porte environ 50. Le
cartouche se place sur les murs intérieurs ou
extérieurs des édifices, sur les colonnes, piliers,
pilastres, sur les clefs de voûte, etc. Notre
figure représente un des cartouches de la
façade de l'Opéra de Paris.

Les cartouches de petite dimension, quel
que soit du reste leur plus ou moins de richesse,
se nomment *cartels*.

CARTULAIRES, *s. m. pl.* — Recueils de
chartes ; ils sont de trois sortes : ceux qui sont
composés de titres originaux ou de copies
authentiques, ceux qui ne sont que de simples
copies dépourvues de toutes formalités juridiques, enfin ceux qui ne sont que des extraits
de chartes ou des récits faits d'après ces
extraits. Les architectes chargés de la restauration des monuments historiques doivent connaître les cartulaires qui renferment des documents sur les monuments qu'ils sont chargés
de restaurer, car souvent ils peuvent y trouver
des renseignements et des guides sûrs qui leur
aplaniront bien des difficultés.

CARYATIDE. — Voy. CARIATIDE.

CASCADE, *s. f.* — Chute d'eau naturelle
ou artificielle. Nous ne nous occuperons que
de la dernière, qui appartient à l'architecture
hydraulique. Les cascades sont un des plus
beaux ornements des jardins ; les anciens les
employaient, puisque Pline nous donne la description de celle de sa maison de campagne.
La renaissance italienne en créa à profusion
dans les belles villas qu'elle construisit au
XVe et au XVIe siècle, et l'usage s'en répandit
en France au XVIIe siècle.

Suivant la forme qu'elles présentent, les cascades reçoivent des noms différents : si elles
sont en étagères ou en buffet, comme à Trianon
et à Versailles, on les nomme BUFFET D'EAU.

(Voy. ce mot et la figure qui l'accompagne.) D'autres fois elles sont en nappe, comme était la chute d'eau de Marly ; tantôt par chute de redans ou de degrés, comme à la grande cascade de Saint-Cloud, au château de Caserte, aux jardins Colonna à Rome, etc. Du reste, cette dernière forme est la plus généralement adoptée, parce qu'avec une quantité d'eau donnée, on produit un bien plus grand effet qu'avec tout autre mode. Citons à Fontainebleau les cascades en girandoles à quatre chutes qui avaient été disposées par Francine en avant du lac, vers 1660, et qui ont été détruites en 1723 ; enfin les cascades du château d'eau de Marseille, construites par l'architecte Espérandieu. (Voy. notre figure.)

CASE, *s. f.* — Compartiment en menuiserie que l'on établit dans des tiroirs, des caisses ou des armoires.

CASEMATE, *s. f.* — Local voûté pratiqué

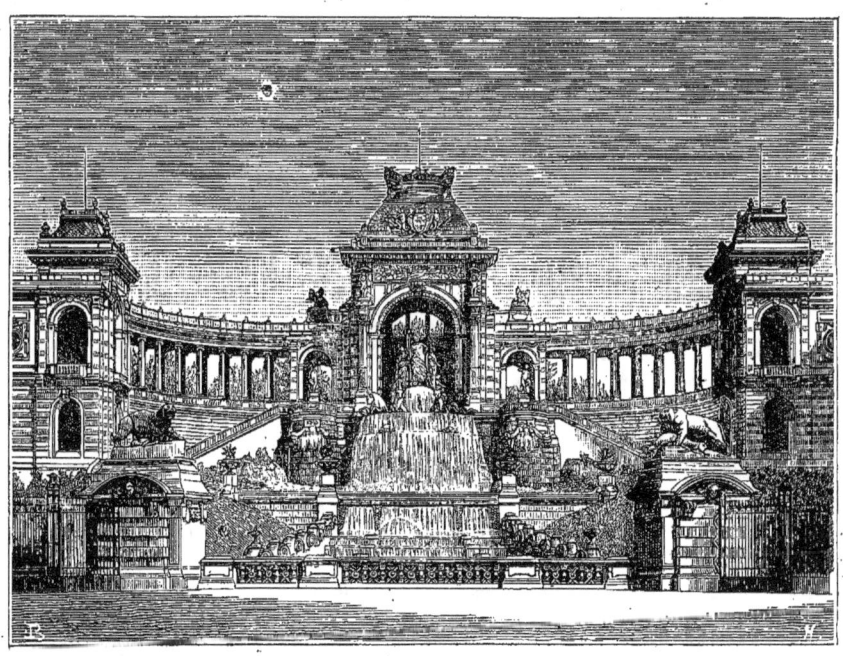

Cascades du château d'eau de Marseille.

dans l'épaisseur d'un rempart. Les casemates permettent pendant les siéges de mettre à l'abri du bombardement les hommes et les munitions. Autrefois on établissait des batteries sous les casemates, et, bien qu'elles aient rendu des services, on y a renoncé aujourd'hui, parce que le tir rapide produit une telle fumée que les artilleurs seraient obligés de déserter leurs pièces, et tous les moyens d'évent proposés ne sont que des palliatifs insignifiants. Aussi, on se contente aujourd'hui d'épaulements pour protéger les batteries ; les casemates ne servent que pour l'emmagasinement des vivres et des munitions, et pour abriter les hommes de réserve qui desservent les pièces.

CASERNE, *s. f.* — Bâtiments destinés au logement des troupes. Les Grecs, qui n'avaient pas d'armées permanentes, n'eurent pas de casernes. Les Romains, au contraire, en construisirent sous les empereurs. Elles n'avaient qu'un seul étage au-dessus du rez-de-chaussée, et au pourtour de l'étage il régnait une galerie extérieure sur laquelle ouvraient les portes des chambres. En France, ce ne fut que vers 1691 que l'on commença à loger les soldats dans des bâtiments spéciaux; auparavant ils logeaient chez les bourgeois.

A l'origine les casernes n'étaient que des anciens couvents d'hommes ou de femmes, des colléges ou des séminaires qu'on avait appropriés à leur nouvelle destination; ce n'est que beaucoup plus tard, dans ces dernières années, après 1848, qu'on construisit des bâtiments exclusivement destinés au logement des troupes, et, suivant l'arme, ce furent des casernes d'infanterie, de cavalerie, d'artillerie. Ces bâtiments devraient réunir toutes les conditions de commodité et de salubrité désirables. Il n'en est malheureusement pas ainsi, et la plupart des casernes de France et même des casernes monumentales de Paris laissent beaucoup à désirer sous le rapport de l'hygiène et de la salubrité. On ne s'est pas assez préoccupé dans leur construction des questions de chauffage et de ventilation. Nous en dirons quelques mots à la fin de cet article.

Les meilleures dispositions à adopter dans une caserne répondent à tant d'exigences, que la construction de ce genre d'édifice demande une très-longue étude. Il faut, autant que possible, comme du reste dans tous les autres bâtiments, n'employer que des matériaux incombustibles.

Les pièces communes, telles que salles d'armes, de réunion, bibliothèques, réfectoires, cuisines, doivent être d'un accès facile, les cours vastes et bien aérées; les couloirs et les escaliers très-éclairés, assez larges pour que deux hommes se croisant puissent avec leur armement circuler très-librement. La surveillance des postes doit y être complète, et un soldat ne doit pouvoir ni entrer ni sortir sans être vu; la prison et la salle de police doivent être dans le voisinage du poste de garde.

Les casernes devront être abondamment pourvues d'eau, et les cuisines et latrines seront l'objet d'une attention toute particulière, comme tout ce qui peut influer sur la santé du soldat. Parmi les considérations hygiéniques, la plus importante peut-être est celle de la capacité des chambrées. Une fois l'assiette du logement établie, on devra donner aux dortoirs une assez grande hauteur pour que chaque homme y trouve un volume d'air considérable.

La masse d'air à introduire et à extraire sera 30 à 35 mètres cubes par homme et par heure pendant le jour, et 45 mètres cubes en moyenne pendant la nuit. C'est surtout à ce moment qu'une ventilation énergique est indispensable; car dans la journée les hommes sont toujours absents, ils manœuvrent ou ils se promènent; mais le soir, lorsqu'ils rentrent de service, ils ont souvent besoin de faire sécher leur équipement, et pour satisfaire cette exigence, on devra établir, de préférence aux poêles en fonte, des cheminées ventilatrices qui, outre l'avantage qu'elles ont de déterminer l'extraction de l'air vicié, donnent une chaleur rayonnante des plus salutaires.

En été, on devra placer des ventilateurs à 2 mètres au-dessus du plancher, et des orifices d'extraction de l'air vicié sur le parquet et près des plafonds; comme les orifices d'admission seront dans la proportion d'un pour deux d'extraction, leur section sera double et calculée de façon que l'air introduit frappera le plafond. En toute saison la différence des températures intérieure et extérieure suffira pour déterminer une circulation normale et par conséquent une excellente VENTILATION. (Voy. ce mot.)

Les casernes peuvent être plus que de simples habitations; elles peuvent, dans les places fortifiées, fournir en temps de siége aux défenseurs de la place un abri sûr contre les projectiles des assaillants. Elles sont alors mises à l'abri des bombes et des obus au moyen des voûtes épaisses de maçonnerie recouvertes de terre; ces dernières sont placées près des courtines.

Les casernes de cavalerie contiendront, outre le logement des soldats, des écuries, remises, des ateliers de charronnage et des forges.

CASIER, *s. m.* — Assemblage de planches verticales et horizontales à l'aide duquel on forme des CASES. (Voy. ce mot.) Les casiers sont très-employés dans les bureaux, magasins, bibliothèques, collections, etc. A l'aide de montants portant divers engins de serrurerie, on peut avec une seule serrure ouvrir et fermer toutes les cases d'un casier.

CASILLEUX, *adj.* — Se dit d'un verre qui,

par un refroidissement subit après sa fabrication, possède des quantités de fentes imperceptibles, et qui se casse en nombreux morceaux quand le vitrier y applique le diamant pour le couper.

CASIN, *s. m.* — Petite maison arabe, dont le plan se rapproche beaucoup de la maison romaine primitive. En Italie, on nomme ainsi de petites maisons de campagne, des *villæ*, qui ont un plan de forme antique; on les nomme CASINO. (Voy. le mot suivant.)

CASINO, *s. m.* — Maison de plaisance italienne. En France, les casinos sont de vastes établissements construits au bord de la mer ou dans des villes d'eaux, et dans lesquels on trouve des salles de lecture, des salons de conversation et de jeu, des galeries d'exposition et de fêtes dans lesquelles on danse, ou qui servent pour donner des concerts. Un casino contient, en outre, un café, un buffet ou restaurant, des salles de billard, un établissement de bains, le tout au milieu d'un vaste jardin et de parterres fleuris.

CASSE-PIERRE, *s. m.* — Outil du cantonnier, qui lui sert à casser les cailloux et les

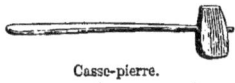

Casse-pierre.

pierres pour l'empierrement des chaussées. C'est une petite masse de fer (voy. notre figure) emmanchée dans un bâton noueux et légèrement courbe.

CASSINOIDE, *s. f.* — Courbe géométrique, espèce d'ellipse dont le produit de deux rayons vecteurs est égal au produit des deux segments du grand axe déterminés par un foyer. Cette courbe a été inventée ou plutôt trouvée par Cassini l'astronome; il voulait la substituer à l'ellipse de Kepler dans l'explication des mouvements planétaires.

CASSIS, *s. m.* — Ruisseau qui traverse une chaussée; c'est aussi un petit ruisseau dont le fond et les côtés sont garnis de moellon ou plutôt de meulière, et qui est destiné à conduire des eaux dans un égout, les eaux d'une source dans un bassin ou un réservoir.

CASSOLETTE, *s. f.* — Réchaud dans lequel on brûle des parfums; c'est ce réchaud qui a créé en architecture les vases nommés *cassolettes*, desquels s'échappent des flammes simulées; on les emploie en amortissement (voy. VASE) pour la décoration des arcs de triomphe, des autels, et dans les panneaux décoratifs peints ou sculptés.

CASSONS, *s. m. pl.* — Débris de verre, de vitres cassées, rognures de glace.

CASSURE, *s. f.* — Ligne suivant laquelle un objet est cassé. Un bâtiment qui a tassé inégalement peut avoir des cassures sur ses murs. En plomberie, le plomb et le zinc possèdent des fentes produites par les variations de température; si lors de la pose des feuilles de métaux on n'a pas prévu la dilatation, il se produit des cassures. On les bouche avec de la soudure.

CASTEL, *s. m.* — De *castellum*, diminutif de *castrum*, camp. Ancien mot qui désignait un lieu fortifié, une citadelle, et qui a été remplacé aujourd'hui par CHATEAU. (Voy. ce mot.)

CASTELLUM, mot latin employé par les archéologues et qui se traduit en français par CHATEAU D'EAU. (Voy. ce mot.)

CASTRUM, bâtiments qui chez les Romains servaient à la fois de caserne, de forteresse, et de château fort. Rome possédait plusieurs de ces casernes dans l'intérieur de la ville. Sur le sol des provinces conquises, on retrouve des *castra* plus ou moins bien conservés.

Une enceinte de forme rectangulaire entourait un vaste espace renfermant les bâtiments destinés au logement des troupes. Au milieu de ces bâtiments s'élevait l'édifice principal du chef de corps. (Voy. CAMP.)

CATACOMBES, *s. f. pl.* — Souterrains, carrières abandonnées, où les premiers chrétiens ensevelissaient leurs morts, et où ils célébraient furtivement les cérémonies de leur culte, pour se soustraire à l'intolérance du paganisme.

Les catacombes étaient donc à la fois les cimetières et les temples des premiers chrétiens.

Les catacombes les plus célèbres sont celles de Rome : elles occupent une zone immense autour de la ville ; les galeries superposées jusqu'à cinq étages occupent une étendue de 500 kilomètres, mais elles ne descendent pas dans le sol à plus de 25 mètres, à cause du niveau des eaux. Il y existe des couloirs et des niches, *loculi*, dans lesquelles on plaçait les morts ; on distingue parfaitement celles des grandes personnes et celles des enfants. Elles étaient fermées par de grandes pierres plates ou plusieurs grandes briques, qu'on scellait avec du mortier ou du ciment. Ces pierres portaient le monogramme du Christ, des palmes, des couronnes, des poissons, des A et des Ω, ou autres emblèmes.

La catacombe de Saint-Sébastien est la principale et la plus connue ; c'est une ancienne carrière de tuf volcanique, exploitée pendant de longs siècles, et dans les parois de laquelle

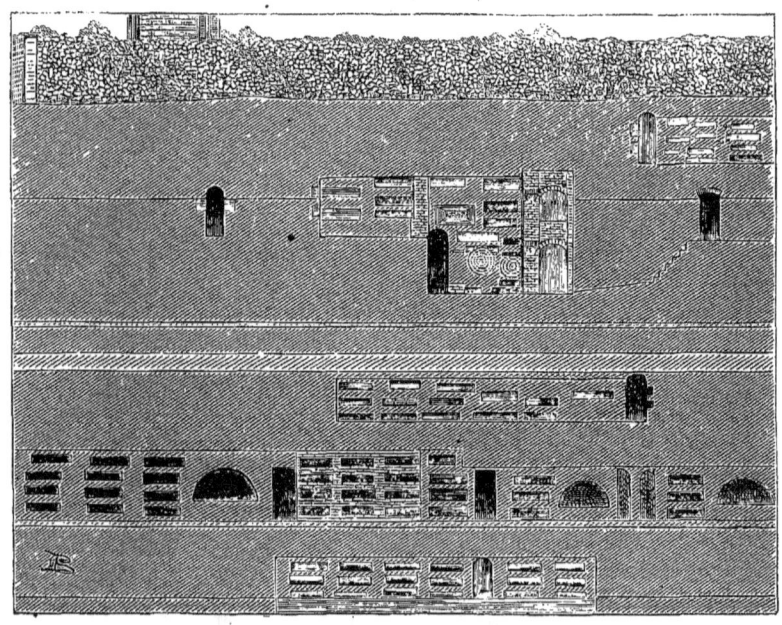

Coupe sur une partie des catacombes de Rome dite *cimetière Calixte*.

sont disposées des niches les unes au-dessus des autres, comme dans les *columbaria* païens. Les galeries ont généralement de 5 à 7 mètres de hauteur et s'étendent à plus de deux lieues sous la campagne de Rome. — Nous donnons ici une partie de la coupe de la catacombe dite *cimetière Calixte*, à Rome, d'après laquelle le lecteur pourra se faire une idée de ces sépultures chrétiennes ; on y voit cinq étages de *loculi*, avec les galeries, escaliers, etc.; dans l'étage inférieur, on aperçoit la nappe d'eau souterraine.

Il existe des catacombes en divers autres lieux, en Égypte, à Syracuse, dans l'île de Malte.

A Naples, les catacombes ont une grande importance ; elles se trouvent sous le *capo di Monte* et s'étendent à une distance telle que des églises qui se trouvent à deux lieues de la ville avaient autrefois avec elles des communications.

Elles sont aujourd'hui murées, mais on y descend par un petit sentier détourné. Les galeries souterraines croisent la montagne en tous sens et renferment des basiliques, des rotondes, des chambres et des carrefours. On y reconnaît, comme à Rome, d'anciennes carrières ; seulement dans les catacombes de Naples la disposition primitive et grossière a reçu d'heureuses modifications. Il n'y a que deux galeries superposées. On y voit, indépendamment des niches funèbres creusées dans les parois, des autels, des chaires, des fonts baptismaux, taillés dans le tuf volcanique.

Au second étage, il y a même une église complète, et auprès de celle-ci des vestibules, des escaliers et des caveaux.

BIBLIOGRAPHIE. — *Roma subterannea novissima....* *opera et studio* Pauli Aringhi, 2 vol. in-fol., Romæ, 1651 ; Rossi, *Roma sotterranea christiana*, 2 vol.; Louis Perret, *Catacombes de Rome, architecture, peintures murales, lampes, etc.*, 6 vol. gr. in-fol. Paris, 1851-55.

CATAFALQUE, *s. m.* — Estrade en charpente élevée dans une église pour y recevoir le cercueil d'un homme illustre. Ce genre de décoration comporte un goût sobre et sévère, et une grande entente de la décoration. Un des plus beaux catafalques dont l'histoire de l'art ait gardé le souvenir est celui qui fut fait à Florence pour les obsèques de Michel-Ange.

CATHEDRA. — Voy. CHAIRE.

CATHÉDRALE, *s. f.* — De *cathedra*, chaire ; siége épiscopal ; église qui est le siége d'un évêché, ou d'un archevêché. Le mot ca-

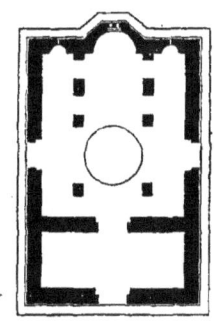

Fig. 1. — Plan de la cathédrale d'Athènes.

thédrale, pour désigner l'église épiscopale, n'a été en usage dans l'Église latine que vers le xe siècle. Les premières cathédrales ne furent que des édifices en bois, comme peuvent en témoigner les nombreux incendies qui les rui-

nèrent aux époques de persécution ; en effet, pendant les premiers siècles de l'Église, les évêques, qui avaient à lutter contre le paganisme, ne possédaient que des ressources très-limitées ; ce ne fut guère qu'à partir du règne de Constantin que les églises épiscopales méritèrent le nom de cathédrales. Les premières furent de style byzantin. Nos fig. 1, 2, 3 montrent dans ce dernier style la cathédrale d'Athènes, qui est toute construite en marbre blanc. (Voy. BYZANTINE, *Architecture*.)

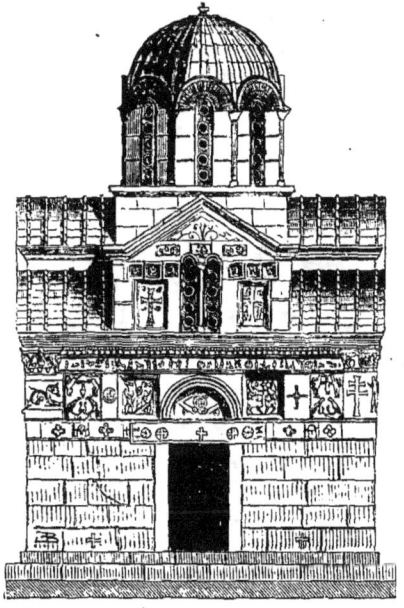

Fig. 2. — Élévation de la cathédrale d'Athènes.

Le plan de ces églises affectait à l'intérieur la forme de la croix grecque, tandis que l'extérieur était un carré.

Mais bientôt le style byzantin est délaissé pour faire place au romano-byzantin ; c'est alors qu'apparaît l'église telle que nous la voyons encore de nos jours, c'est-à-dire avec porche, bas-côtés ou collatéraux, transepts, absides circulaires, avec chapelles rayonnantes autour du chœur et souvent dans les collatéraux.

Parmi les plus anciennes cathédrales nous citerons celles de Trèves et de Saint-Jean de Latran, anciennes basiliques romaines ; celles de Pise, de Noyon, la Basse-Œuvre de Beauvais ;

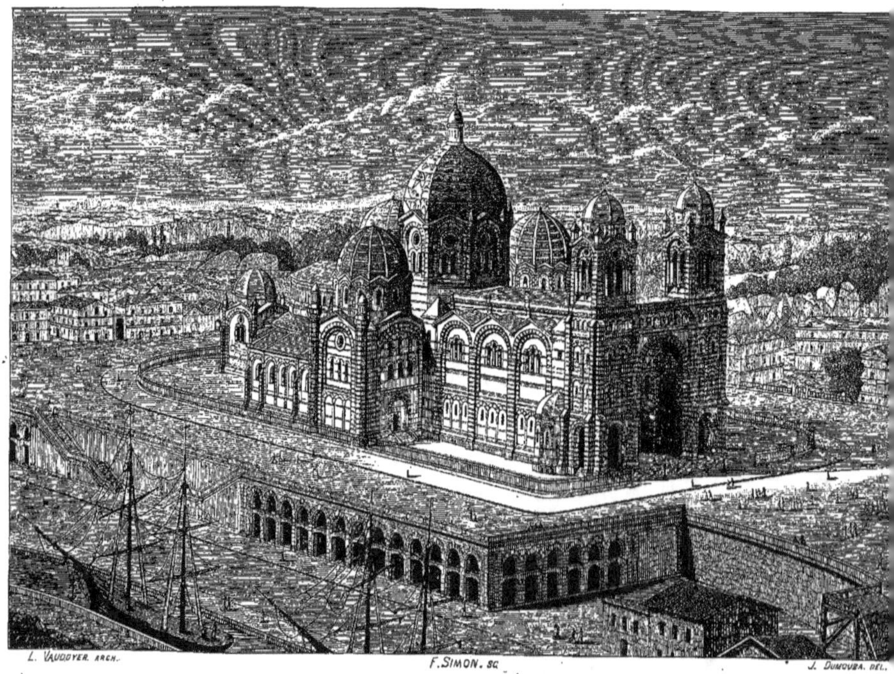

L. VAUDOYER, ARCH.

F. SIMON. SC

J. DUMOUZA, DEL.

Planche XVII. — Cathédrale de Marseille, par L. Vaudoyer.

parmi les plus remarquables, celles de Paris, de Reims, d'Amiens, de Beauvais, de Chartres, de Laon, de Milan, de Cologne, de Salisbury, de Winchester.

De nos jours on n'élève guère de cathédrales, parce que tous les diocèses en sont pourvus de magnifiques; cependant un architecte d'un très-grand talent, L. Vaudoyer, en a construit une très-remarquable à Marseille, pendant ces dernières années. Conçue dans le style romano-byzantin, cette cathédrale a beaucoup

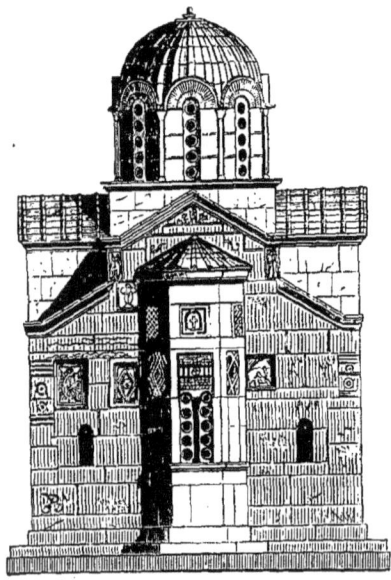

Fig. 3. — Abside de la cathédrale d'Athènes.

de caractère, comme nos lecteurs peuvent s'en convaincre en jetant les yeux sur notre figure. (Planche XVII.) Malheureusement le grand artiste est mort avant d'avoir entièrement terminé son œuvre; mais il avait laissé en mourant à son éminent inspecteur et collaborateur Espérandieu tous les documents nécessaires, qui ont permis à cet artiste de donner le dernier coup de main à l'œuvre du maître. Espérandieu, après avoir accompli sa tâche, est mort aussi, bientôt après, enlevé tout jeune encore à ses beaux travaux. (Voy. ÉGLISE.)

CATHÈTE, *s. f.* — Ancien synonyme de ligne perpendiculaire; aujourd'hui ce terme désigne la ligne d'aplomb qui passe par l'œil de la volute du chapiteau ionique. Les ouvriers emploient quelquefois ce mot pour désigner la ligne qui traverse un corps cylindrique, comme un fût de colonne, un balustre, etc., ce qu'on nomme aussi la *ligne d'axe*.

CATIR, *v. a.* — Appliquer l'or dans les filets d'une pièce à dorer, au moyen d'une sorte de palette nommée *catissoir*.

CATISSOIR. — Voy. CATIR.

CAULICOLES, *s. f. pl.* — Petites feuilles du chapiteau corinthien, au nombre de quatre sur chaque face. Ces feuilles sortent des tigettes ou cornets et soutiennent deux à deux les volutes d'angle et celle de face du chapiteau. Comme ces dernières sont plus petites que celles d'angles, les caulicoles sont de même plus petites. Les caulicoles se retrouvent également sur des chapiteaux romans, et elles n'ont pas disparu alors même qu'on a fait des chapiteaux sans volute. (Voy. CHAPITEAU, et CORINTHIEN, *Ordre*.)

CAURIOLE, *s. f.* — Ce terme est synonyme de POSTES (voy. ce mot); nous ne l'avons vu que dans une traduction de Palladio par de Chambray (l. 4, c. 7).

CAUSSINÉ ou CAUFFINÉ, *part. passé.* — Bois qui, après avoir été bien *dressé*, s'est *déjeté*, est devenu *gauche*.

CAUSTIQUE, *adj.* — Substance alcaline qui facilite l'adhérence de deux matières qui doivent être appliquées l'une sur l'autre. L'alun, par exemple, dissous dans le lait de chaux, facilite l'adhérence du BADIGEON. (Voy. ce mot.)

CAVÆDIUM. — Partie couverte ou portique de l'ATRIUM de la MAISON ROMAINE. (Vitruve, liv. 3, c. 3.) (Voy. ces mots.)

CAVALIER, *s. m.* — Terres disposées en monticules prismatiques sur les bords d'une fouille; d'où les expressions *jet de terre en cavalier*, les terres seront jetées sur berges en *cavalier*.

En termes de fortification, c'était chez les anciens un tertre élevé en charpente, ou avec d'autres matériaux, qui dominait les remparts et les fortifications. Les premiers cavaliers ne datent guère que du XVIᵉ siècle ; on les appelait alors *plates-formes*.

CAVE, s. f. — Lieu souterrain, ordinairement voûté, placé sous le rez-de-chaussée ou en sous-sol. Par sa température presque toujours égale (d'environ 12 degrés), la cave est destinée à conserver le vin, les liqueurs et autres provisions ; elle sert également dans les grandes villes de dépôt pour les combustibles. Les caves servent aussi à préserver les rez-de-chaussée et les murs de l'humidité du sol.

Comme les modernes, les anciens construisaient des caves ; on en a retrouvé à Herculanum, à Rome, dans lesquelles on a vu encore en place les grandes jarres de terre cuite qui avaient contenu du vin. Les murs des caves romaines étaient construits en blocage revêtu d'un appareil smillé, les voûtes étaient faites en béton.

PRATIQUE. — Lorsque les fouilles d'un bâtiment en construction sont arrivées à la profondeur du sol des caves, si le terrain est solide, si l'on est sur *un bon sol*, on se borne à fouiller à 0ᵐ,25 ou 0ᵐ,30 en contre-bas de ce sol, les rigoles pour la fondation des gros murs. Si le terrain, au contraire, n'offrait pas de résistance, on le consolide par les moyens ordinaires, afin d'assurer la stabilité des FONDATIONS. (Voy. ce mot.) Quand les murs sont arrivés au niveau du sol des caves, le chef du chantier place les *broches* pour ériger les murs de face et ceux de refend, qui servent ordinairement de pieds-droits aux voûtes. Il trace alors sur l'arase des fondations les baies de portes et il fait commencer la pose des marches de l'escalier des caves.

La hauteur des naissances des voûtes et des pénétrations dans ces dernières pour portes ou couloirs doit être parfaitement déterminée, afin de ne pas être obligé de déraser la maçonnerie. C'est surtout quand ces pieds-droits sont construits en moellons piqués que l'on doit apporter beaucoup d'attention dans l'arasement des naissances. Ceci fait, on procède à l'éta-

blissement des voûtes. On commence à poser les cintres ; à Paris on emploie pour les voûtes en briques le cintre *Berthemait*. (Voy. VOUTE.)

Une des principales qualités d'une cave, c'est d'être sèche ; c'est dans ce but qu'elle doit être exposée au nord, et construite avec du moellon à défaut de meulière, hourdé avec des matériaux hydrauliques. On placera des soupiraux sur deux côtés de murs parallèles, afin de donner une légère ventilation. Le sol sera battu en salpêtre ou en crayon blanc ; il serait préférable d'en bitumer l'aire.

Quand la cave est fouillée dans un bon terrain, dans du sable ou dans une terre compacte, elle est ordinairement assez sèche, et il n'est pas nécessaire d'user de précautions ; mais dans les localités où l'eau se trouve à une très-faible profondeur et dans celles qui sont exposées à être envahies par les crues d'une rivière avoisinante, on est obligé d'avoir recours à divers expédients pour obvier à ce désagrément.

Un des meilleurs consiste, s'il s'agit d'une cave neuve, à fouiller entièrement le sol jusqu'à la profondeur de 0ᵐ,25 à 0ᵐ,30, suivant la charge de l'eau, et à remplir cette excavation par un radier en béton hydraulique bien pilonné. Cela fait, on construit des murs en bons matériaux hourdés en mortier hydraulique, et on couvre les parois intérieures de la cave d'un enduit de 3 à 4 centimètres d'épaisseur en ciment de Vassy, ou même en mortier composé de trois parties de ciment et deux de sable. Enfin, sur le radier en béton, on établit une voûte plate renversée ayant 3 à 4 centimètres de flèche par mètre de corde. Cette voûte doit être hourdée en mortier de ciment, puis recouverte encore d'un enduit composé de ciment et de sable.

Si c'est une ancienne cave que l'on veut rendre sèche ou étanche, on commence par fouiller le sol, pour établir le radier et la voûte renversée. Quant aux murs, si les maçonneries en sont bonnes, il suffit de les PLUMER et de les DÉGRADER (voy. ces mots), afin que l'enduit en ciment y puisse adhérer parfaitement. Si au contraire les murs sont en mauvaise maçonnerie, il faut y faire des reprises ou élever un contre-mur en briques de champ, ou de fortes dalles en pierre posées au ciment,

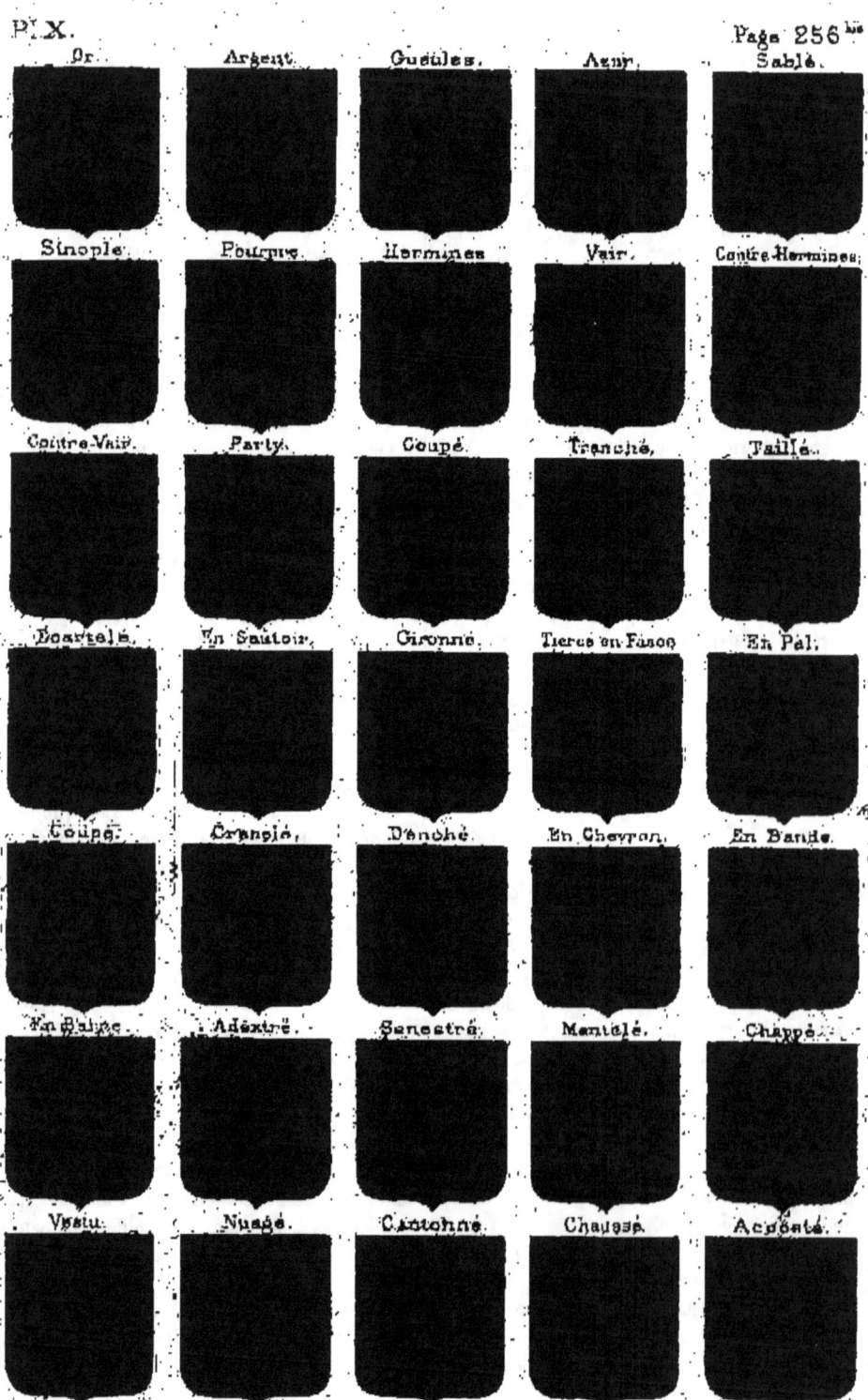

EMAUX ET FOURRURES DU BLASON.

Imp. Firmin-Didot & Cie. Paris.

qu'on a soin de hacher avant d'appliquer l'enduit en ciment. Pour en chasser l'HUMIDITÉ, voir à ce mot les autres moyens que nous proposons pour la combattre.

LÉGISLATION et JURISPRUDENCE. — D'après le Code civil, art. 544, 652, 571, il résulte que le propriétaire d'un terrain peut y creuser des caves et caveaux, pourvu qu'il respecte les lois du voisinage et les règlements de police. L'édit confirmatif de l'ordonnance du prévôt de Paris, de décembre 1607, édicte l'autorisation nécessaire pour établir des caves, et défend de les faire sous la rue; la déclaration du roi du 16 juin 1693 fixe le droit de voirie sur l'huis des caves donnant sur la voie publique. L'ordonnance de police du 14 mai 1701 concernant l'épuisement des caves a été fondue avec celle du 24 pluviôse an X ( 13 février 1802 ). Nous la donnons *in extenso :* elle ne contient que trois articles.

Art. 1er. — Les propriétaires feront épuiser l'eau qui serait encore dans les caves et souterrains de leurs maisons; ils feront aussi enlever les vases et limons qui s'y trouveront, le tout à peine de 400 francs d'amende. (*Ordonn. du 28 janvier* 1741.)

Art. 2. — Autorisons les locataires, à défaut des propriétaires, à faire épuiser l'eau de leurs caves et à retenir sur les loyers le prix de l'épuisement. (*Ordonn. du 14 mai* 1701.)

Art. 3. — Elles (les réparations) seront faites sans délai en cas de péril imminent, le tout à peine de 400 francs d'amende. ( *Ordonn. du 28 janvier* 1741.)

Une instruction concernant la voirie urbaine, en date du 21 mars 1862, déclare que les caves ne peuvent être réclamées en cas d'expropriation du terrain au-dessus. Voici l'article de cette instruction:

Art. 128. — L'impétrant ne serait pas non plus fondé à réclamer l'usage des caves qui existeraient sous le terrain délaissé, attendu que la propriété du sol emporte nécessairement la propriété du dessous. (*Cod. civ.*, art. 552.)

Cependant les propriétaires dont les maisons ont été rétrécies ou reculées pour cause d'alignement peuvent néanmoins continuer de jouir des caves qu'ils avaient sous la rue, après toutefois qu'il aura été reconnu qu'elles sont solide-

ment voûtées. (*Arrêt du Conseil du* 3 *août* 1685 ; Frémy-Ligneville, t. 2, n. 639.) Mais aucune réparation ne peut être faite à ces caves sans l'autorisation spéciale de l'administration compétente, la préfecture ou la mairie, suivant qu'il s'agit d'une voie classée dans la grande ou la petite voirie. (*Décrets des* 7 *et* 14 *oct.* 1790; Frémy-Ligneville, t. 2, n. 639.)

Il y aurait encore beaucoup à dire sur la législation et la jurisprudence qui régissent la construction des caves par rapport au voisinage, à la forme des voûtes, aux droits et devoirs respectifs des propriétaires, à la prescription, à la compétence des tribunaux dans divers cas; mais il nous faudrait sortir du cadre de notre ouvrage; nous renverrons donc ceux de nos lecteurs qui désireraient étudier plus à fond ce sujet aux ouvrages spéciaux de jurisprudence.

CAVEA. — Ce mot latin, passé dans notre langue, désigne une cage ou tanière artificielle, faite de barres de fer (Hor., *A. P.*, 473), dans laquelle on transportait des animaux qu'on exposait à la vue du public. (Plin., *H. N.*, VIII, 25.) C'était aussi un poulailler, un châssis en forme de cône, une palissade ; mais ce terme désignait particulièrement la partie intérieure d'un théâtre ou d'un amphithéâtre (Apul., *Met.*, X, 227), contenant les siéges sur lesquels s'asseyaient les spectateurs, et qui formaient les gradins concentriques taillés dans le roc, sur le penchant d'une colline ou supportés par des arcades. (Voy. les articles et les gravures des mots AMPHITHÉATRE et THÉATRE.)

CAVEAU, *s. m.* — Diminutif de cave, petite cave spéciale et fermée, dans laquelle on enferme les vins fins et les liqueurs. Les anciens avaient des caveaux; dans une cave d'Herculanum, on a trouvé jusqu'à quatre et cinq caveaux dans une CAVE. (Voy. ce mot.) Ce terme désigne aussi une construction souterraine destinée à la sépulture d'une famille, dans une église ou un cimetière; on dit un *caveau de famille*. (Voy. TOMBEAU.)

CAVER, *v. a.* — Creuser une excavation;

les peintres verriers, qui *évident* un morceau de verre pour y enchâsser avec du plomb d'autres morceaux de verres diversement colorés, emploient l'expression, *caver le verre*.

CAVET, *s. m.* — Moulure concave formée par un quart de cercle ou une portion quelconque de cercle; c'est le contraire du quart de rond. Quelque soit le galbe de cette moulure, que sa section présente une courbe d'une étendue moindre ou plus grande qu'un quart de cercle, elle ne nécessite, pour son tracé, qu'un seul coup de compas, ce qui la

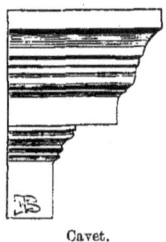

Cavet.

distingue de la scotie ou autres moulures concaves, qui exigent le secours de plusieurs centres. — Le cavet peut être droit, ou renversé. Dans le premier cas (voy. la figure), il est toujours couronné; dans le second, soutenu par un filet ou un champ. Bien que cette moulure appartienne à toutes les architectures, l'architecture grecque en a fait un si grand usage que l'on peut dire avec raison que le cavet caractérise les profils doriques grecs. Les CONGÉS et les ADOUCISSEMENTS (voy. ces mots) ne sont autre chose que des cavets.

CAVOIR, *s. m.* — Outil en fer ou en acier, pourvu d'entailles de différentes largeurs, que

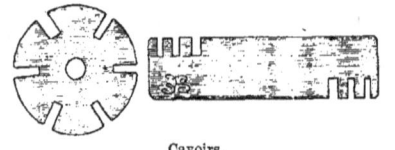

Cavoirs.

les vitriers (voy. nos figures) emploient pour EGRUGER (voy. ce mot) le pourtour d'un carreau, après avoir donné le trait de diamant. Cet instrument est circulaire ou présente la forme d'un rectangle allongé; le vitrier s'en sert en exerçant une pesée sur les bords du verre ou de la glace à égruger; souvent il emploie une clef de serrure comme cavoir, mais le travail est moins bien fait.

CEINTRAGE. — Voy. CINTRAGE.

CEINTRE. — Voy. CINTRE.

CEINTRER, É, ÉE. — Voy. CINTRER.

CEINTURE, *s. f.* — Orle, ou anneau du haut ou du bas d'une colonne, et par extension bague qui se trouve sur le fût d'une colonne. (Voy. ANNELURE.) Ce mot est encore employé à tort comme synonyme de COLLIER, de BRIDE. (Voy. ces mots.) Dans le chapiteau ionique la ceinture ou *écharpe* est l'*ourlet* du côté du profil ou BALUSTRE (voy. ce mot), ou le *listel* sur le parement de la volute.

CEINTURE, bande de métal posée comme un anneau, une bague, pour cacher un joint.

CEINTURE DE FOURNEAU, bande de fer méplat qui encadre le dessus d'un fourneau de cuisine, qui enserre les carreaux vernissés et relie le fourneau à un mur lorsqu'il y est adossé; bande de cuivre qui réunit les assises d'un poêle ou d'un calorifère en faïence. Il y a des ceintures à boulons, à pattes et à scellement.

CELLA, *s. f.* — Intérieur des temples antiques qui correspond à ce qu'on nomme *nef*

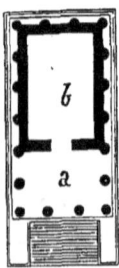

Temple de la Fortune virile; *a*, vestibule; *b*, *cella*.

dans les églises. La *cella* pouvait avoir des bas-côtés, être couverte ou découverte, être surmontée d'un étage. (Voy. TEMPLES.)

Dans notre figure, qui représente le temple de la Fortune virile, *a* est le vestibule et *b* la cella ou ναός. Les anciens employaient aussi le mot *cella* pour désigner un magasin, un entrepôt où l'on conserve du vin, *cella vinaria* (οἰνεών); de l'huile, *cella olearia*. (Cato, *R. R.*, III, 2; Varro, *R. R.*, II, 2; Columelle, I, 6, 9.) — Les *cellœ* étaient aussi de petites chambres dont la réunion formait le dortoir des esclaves (Cic., *Phil.*, II, 27); des chambres dépendant des bains (Plin., *Ep.*, 5, 6, 25 et 26; Pallad., I, 40) (voy. THERMES); enfin des voûtes occupées par les prostituées dans les maisons publiques. (Juv., *Sat.*, VI, 128; Pet., *Sat.*, VIII, 4.)

**CELLIER**, *s. m.* — Local situé au rez-de-chaussée, au niveau du sol ou en contre-bas de deux ou trois marches seulement, qui sert à enfermer le vin; c'est aussi, dans les pays de vignobles, le lieu où l'on fabrique le vin. Le cellier renferme des cuves vinaires, des pressoirs, des foudres et des futailles.

**CELLULE**, *s. f.* — Petite chambre d'un monastère ou d'une prison, destinée à l'habitation ou à la réclusion d'un seul individu. Dans les asiles d'aliénés, les cellules occupées par les agités ou les malades dangereux se nomment *cabanons*. (Voy. MONASTÈRE et PRISON.)

**CELTIQUES** (MONUMENTS) (1). — Constructions en pierres généralement brutes, élevées par les populations celtiques dans la Gaule et dans la Grande-Bretagne. Les archéologues anglais ont les premiers attiré l'attention sur ces antiquités intéressantes, témoins d'une civilisation au berceau. On a considéré ces monuments, les uns comme des autels élevés en l'honneur d'une divinité des Druides, d'où on les nomme quelquefois *pierres druidiques*, ou comme des bornes limitatives, des espèces de termes des anciens, ou bien comme des points de repères astronomiques; d'autres, enfin, comme des monuments funéraires. Des études et des recherches récentes paraissent démontrer que cette dernière destination est la seule vraisemblable.

Il ne faudrait pas cependant conclure de ce que nous venons de dire que tous les monuments celtiques étaient, sans exception, des sépultures à toutes les époques. Dans des temps postérieurs à leur édification, ces monuments, au contraire, suivant la localité à laquelle ils appartiennent, ont pu servir à des destinations diverses. Les premiers chrétiens, par exemple, qui voulaient effacer de ces monuments le caractère superstitieux dont ils étaient entachés, essayèrent de les sanctifier en leur donnant une destination nouvelle, religieuse; de là, des croix et autres signes que portaient certains monuments. Bien plus, voulant empêcher les Celtes de rendre un pieux souvenir à leurs morts, souvenir qui était peut-être la seule religion de ces peuples, les premiers chrétiens élevèrent à leur tour des pierres brutes, sur lesquelles ils gravèrent le Christ en croix, ou d'autres symboles chrétiens, et qui rappelaient par leurs formes les anciennes pierres et par leur symbolisme la nouvelle religion. C'est sans doute ce qui a produit une confusion, et maintenu ces traditions moitié païennes et moitié chrétiennes qui se rattachent encore

---

(1) Depuis quelques années, on a beaucoup étudié les monuments celtiques; certains archéologues ont appelé ces monuments *mégalithiques*; cette dénomination ne nous semble pas exacte, puisque certains de ces monuments sont composés de pierres de très-petite dimension. Aussi nous avons préféré conserver la dénomination usuelle, que des travaux récents de grande valeur, tels que ceux de M. Henri Martin, nous font regarder comme la véritable. Voici, du reste, ce que dit ce savant historien (*Études d'archéologie celtique*, p. 257) : « L'originalité des Celtes est d'avoir gardé, jusqu'à la fin de leur indépendance, les idées et les traditions qui leur avaient été communes avec toute une humanité patriarcale et primitive.

« Les archéologues du temps passé n'avaient donc pas été mal inspirés en qualifiant chez nous les monuments en question de monuments *celtiques* et *druidiques*; néanmoins nous inclinons à penser que le terme récemment adopté de *mégalithiques* pourra être maintenu. Il est bien loin d'être complétement satisfaisant, il n'est point d'une exactitude rigoureuse; mais il a l'avantage de s'appliquer à tous les monuments de *grandes pierres*, en sous-entendant : *de grandes pierres à l'état naturel*, qui peuvent se rencontrer sur la surface du globe; ce terme ne décide donc à *priori* aucune question d'origine et admet implicitement que les origines peuvent être diverses. »

aujourd'hui aux pierres *celtiques* ou *druidiques*.

Du reste des monuments analogues se retrouvent chez d'autres peuples encore barbares ou à l'origine de leur civilisation, dans le nord de l'Europe; ce n'est pas seulement en Angleterre, en Écosse, en Irlande, dans les îles Hébrides et dans les Orcades, mais encore dans l'ancienne Germanie, la Sarmatie, le Danemark, la Suède, la Russie, la Sibérie. On en retrouve également au Kamtschatka, en Tartarie, dans la Thrace, la Grèce, la Chine, l'Afrique. Ammien Marcellin dit que les Arabes, les Perses, les Scythes, et même des peuples plus anciens, *érigeaient des piliers de pierre,* en mémoire de grands événements. Les Hébreux consacraient de même un fait historique important au moyen d'une pierre brute dite *pierre de témoignage.* (Voy. Commémoratifs, *Monuments.*) Les Hébreux élevaient même des autels de pierres brutes; divers passages de la Bible ne peuvent laisser subsister aucun doute à cet égard. « Si tu m'élèves un autel de pierres, dit le Seigneur dans l'*Exode,* tu ne le feras point avec des pierres taillées. Si tu emploies le ciseau, il sera souillé. » Et dans le Deutéronome nous lisons : « Tu élèveras un autel au Seigneur, ton Dieu, avec des rochers informes et non polis. »

Jusque dans le nouveau monde nous pourrions suivre cette tradition figurée, puisque non loin de Rio Janeiro, à Campos, il existe une pierre de grande dimension appelée *a Pedre dos gentils* (la Pierre des païens). Mais dans toutes ces contrées éloignées évidemment, c'est une autre tradition qui a présidé à l'édification de ces pierres qui ne sont plus d'origine celtique, car leur forme est toute différente.

Les monuments celtiques affectent diverses formes; nous allons les passer en revue.

I. Alignements. — Les alignements, les plus inexplicables des monuments celtiques, se composent d'une suite de pierres implantées dans le sol, qui forment ordinairement des lignes droites parallèles, sur dix, onze, treize rangs et même davantage. Quelquefois certains alignements présentent des formes plus bizarres : tel est celui connu sous le nom de *sanctuaire*

de *Landouedec en Crozon,* dans le département du Finistère. Ce monument se compose d'une enceinte carrée et de trois menhirs de deux

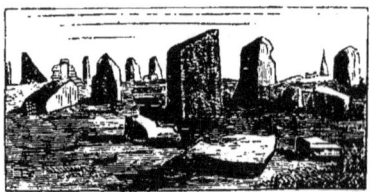

Fig. 1. — Alignements d'Erdeven (Morbihan).

rangs de pierres parallèles. Les alignements les plus remarquables existent à Carnac, petit bourg situé à 12 kilomètres d'Auray, dans le Morbihan. A Carnac, il y a 2,365 pierres qui forment quatre monuments, connus sous le nom de *alignements de Carnac.* Le premier s'appelle le *menec,* que Dom Lepeltier traduit

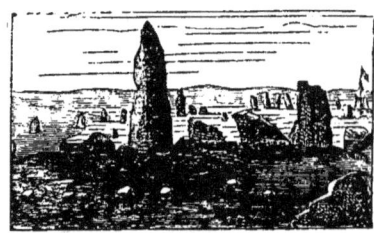

Fig. 2. — Alignements de Camaret (Finistère).

par *lieu du souvenir;* le second *ker-mario,* qui signifie le *lieu* ou *la cité de la mort;* le troisième se nomme *kerlescan,* qui veut dire *lieu des cendres;* enfin le quatrième, le *menec-viham,* qui signifie *petit menec.* Nos fig. 1 et 2 montrent des alignements d'Erdeven (Morbihan) et de Camaret (Finistère) (1). Certains auteurs, entre autres H. Rooke (*Archeologia britan.,* t. 10), considèrent à tort, selon nous, comme alignements, certains fossés existant en Angleterre.

II. Dolmens. — Sous cette dénomination, il faut comprendre un grand nombre de monuments que jusqu'à ce jour les archéologues

---

(1) Nous avons dessiné la plus grande partie de nos monuments celtiques d'après des dessins originaux de M. Henri du Cleuziou, qui en a relevé des centaines dans toute la Bretagne et le Morbihan.

avaient classés en divers genres : *tumuli*, *galgals*, *barow*, *allées couvertes*, *mallus*, *tombelles*, *lichaven*, *montissel*, *allées couvertes* (en breton, *ty-ar-korikaned*, qui signifie *maison des Corigans*, espèce de farfadets), ou bien encore *allées couvertes toul-ar-guirhonnet* (trou des corigans, des farfadets, des poulpiquets, etc.) ; tous ces monuments ne désignent qu'une seule espèce de monument, le dolmen. D'après les anciens errements, les archéologues ont prétendu que le *dolmen* (de *dol*, table et *men*, pierre) se compose d'une large pierre horizontale portée par des roches verticales dont notre fig. 3 montre

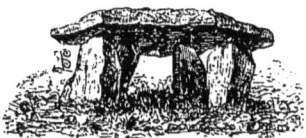

Fig. 3. — Dolmen.

un type. Pendant fort longtemps on a considéré les dolmens comme des anciens autels sur lesquels les Gaulois offraient des sacrifices ; aujourd'hui, d'après les archéologues les plus compétents, les dolmens ne sont considérés que comme des monuments funéraires. Quand il n'a que deux pierres verticales supportant le plateau de la table, le dolmen était dénommé *lichaven* (de *lec'h*, lieu ou table, et *van*, pierre), ou celui de trilithe (de τρεῖς, trois, et λίθος, pierre). Les trilithes étaient connus des anciens, puisque les Romains avaient figuré Castor et Pollux par deux pierres verticales réunies par une troisième posée transversalement au-dessus des deux autres. Strabon rapporte avoir vu en Égypte des monuments semblables, qu'on nommait *Fana Mercurii*, parce qu'ils étaient dédiés à Mercure ; mais nous devons ajouter que ces monuments étaient tout différents des monuments celtiques.

Il existe des dolmens dans différents pays ; ils sont de formes diverses : l'un des plus connus est celui dit *Table des marchands*, à Locmariaker. Certains dolmens, celui de Trie (Oise), ont l'une de leurs pierres verticales percée d'un trou circulaire ; d'autres ont leurs tables légèrement inclinées, et parfois le milieu de celles-ci sont creusées en rigoles, ou bien elles sont

taillées en bassin arrondi ; d'autres enfin sont percées d'un trou circulaire. Quelques archéologues, interprétant à leur façon ces diverses excavations, ont prétendu que les dolmens étaient ainsi compris, parce que le sacrificateur se plaçait au-dessous de l'autel, pour recevoir les libations, ou pour être arrosé par le sang des victimes, comme dans les tauroboles anciens. (Voy. AUTEL, § I.)

Aujourd'hui ces suppositions tendent à disparaître, car on est à peu près certain, comme nous l'avons déjà dit, que les dolmens n'étaient que des monuments funéraires. A

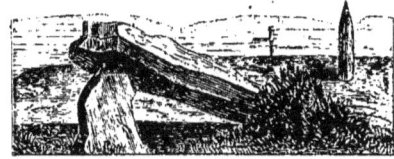

Fig. 4. — Dolmen et menhir de Donges (Loire-Inférieure).

l'appui de cette affirmation, nous citerons divers extraits du congrès de Vannes, dont les travaux sont insérés dans le Bulletin de l'Association bretonne (1re liv., 5e vol., année 1854). M. L. Galles prétend (p. 28) « que tous les dolmens et en général les monuments druidiques étaient enfouis sous des buttes (p. 44) : sur quatre-vingts dolmens disséminés et pris au hasard, j'en trouve cinq enfouis tout à fait sous leur tumulus ; quatorze enfouis jusqu'aux tables ; vingt et un enfouis jusqu'aux trois quarts de la hauteur des supports ; onze enfouis très-peu dans la terre, et seulement trois qui ne portent pas de marque d'enfouissement. » M. Fouquet ajoute (p. 47) : « Le *tumulus*, le *barrow*, le *galgal*, le *montissel* et la *tombelle* ne sont exactement qu'une seule et même chose.... le *lichaven*, le *demi-dolmen*, le *dolmen*, le *coffre de pierres*, la *grotte aux Fées*, et l'*allée couverte* ne sont aussi qu'une même chose, n'ayant qu'une seule et même destination. Par cela même que la grotte était enfouie sous un *tumulus* qui n'est qu'un monument funéraire, on eût dû penser naturellement qu'elle ne pouvait être qu'un sépulcre ; mais cette idée est trop simple pour les savants, qui aiment à faire parade d'une vaste érudition, en créant et soutenant des systèmes hasardés. »

Suivant les localités, les dolmens ont reçu

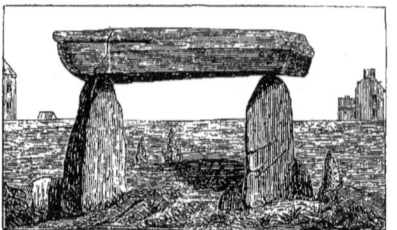

Fig. 5. — Dolmen de Saint-Nazaire (Loire-Inférieure).

les noms de *pierre couverte*, ou *couverclée*, ta-

ble de *César*, *table du Diable*, ou *des Fées*; enfin on désigne sous le nom de *demi-dolmen*, en breton *men-cam* (pierre boiteuse), des tables de

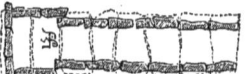

Fig. 6. — Tumulus et dolmen de Kercado (Morbihan).
(Plan.)

pierre qui ne portent que d'un côté sur une pierre verticale. Nous pensons que ce sont des dolmens en partie détruits, et non un arrangement voulu par ceux qui les ont élevés. Notre

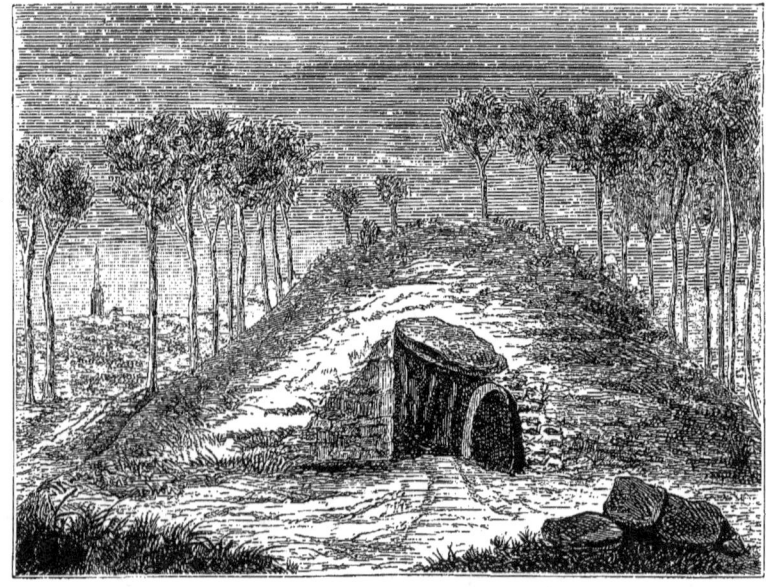

Fig. 7. — Tumulus et dolmen de Kercado (Morbihan). (Élévation.)

fig. 4 montre un dolmen dans ces conditions, avec un *menhir* en tête; il se trouve à Donges, dans la Loire-Inférieure; notre fig. 5, le dol-

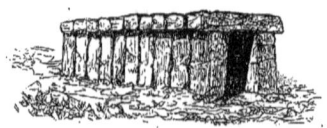

Fig. 8. — Dolmen ou allée couverte d'Essée (forêt de Rennes).

men de Saint-Nazaire, dans le même département.

Au moyen âge, surtout dans la Bourgogne, les seigneurs féodaux rendaient la justice sur

ces monuments; ce qui fait qu'on les nomme souvent *pierres de justice*.

Des menhirs se trouvaient quelquefois placés au-dessus des allées couvertes, qui étaient toujours recouvertes de terres de manière à former des tumulus ou des tombelles. Notre fig. 6 montre le tumulus ou dolmen de Kercado, dans le Morbihan, dont notre fig. 7 montre l'élévation, qui fait bien voir le véritable aspect de ces monuments. Notre fig. 8 fait voir, dépouillé de terre et de son gazonnement, le dolmen ou allée couverte d'Énée, dans la forêt de Rennes (Ille-et-Vilaine). On nomme aussi cette allée *la roche aux Fées;*

elle mesure 19 mètres de longueur sur 7 de largeur; les pierres sont d'une espèce de schiste rougeâtre. Un dolmen qui présente un caractère particulier, c'est celui de l'Ile-Grande (Côtes-du-Nord), que représente notre fig. 9. Enfin nos fig. 10 et 11 font voir le plan et l'élévation du dolmen et tumulus de Plouharnel. Ce monument a été découvert en 1849 par un maire de Plouharnel, nommé Le Bail; il présentait l'aspect d'un tertre peu élevé, dont le sommet assez aplati laissait voir quelques pierres qui servaient de plafond à l'une des trois grottes. Dans la grotte centrale, qui a été fouillée la première, on a seulement trouvé quelques fragments de *cellæ* ou haches de pierre; dans la seconde chambre on a découvert un vase en terre renfermant des fragments d'os, des cendres, du charbon et deux colliers ou brassards en or, composés de deux bandes minces formant chacune un cylindre mesurant $0^m,36$ de diamètre. Au mot GAULOIS (*Art*), nous dirons et figurerons les divers objets qu'on a rencontrés dans les dolmens en général.

Comme le lecteur a pu le voir par nos figures et leurs descriptions, les allées couvertes se composent de deux lignes de pierres

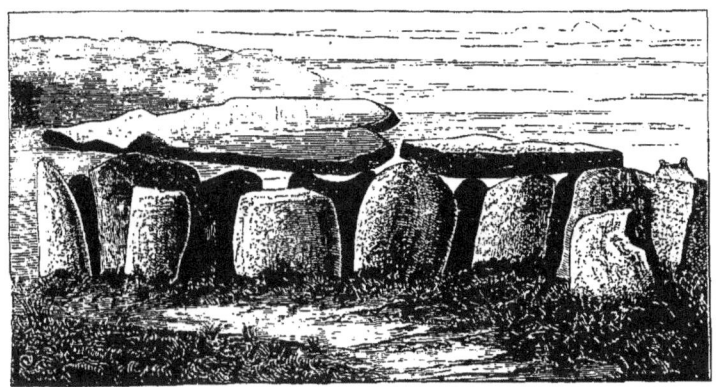

Fig. 9. — Dolmen de l'Ile-Grande (Côtes-du-Nord).

contiguës plantées verticalement en terre et

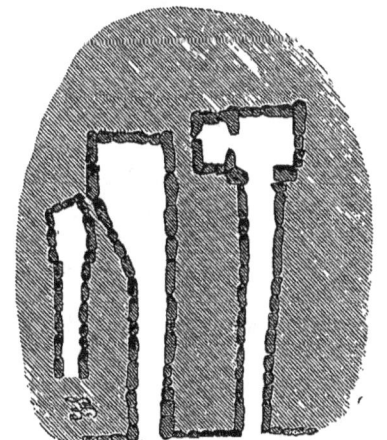

Fig. 10. — Plan du tumulus de Plouharnel (Morbihan).

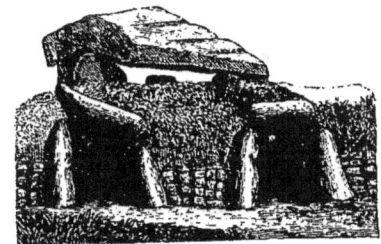

Fig. 11. — Dolmen et tumulus de Plouharnel (Morbihan).

mortier, mais les interstices des pierres sont bloquées en maçonnerie de *blocailles*. Quelquefois des quartiers de roche divisent en deux l'intérieur de l'allée, qui est fermée à l'une de ses extrémités, tandis que l'autre servait d'entrée; celle-ci regarde ordinairement l'orient. Suivant les localités, on nomme les allées

recouvertes d'autres pierres brutes; elles ne sont reliées entre elles par aucun ciment ou couvertes *coffres de pierre*, *grottes* ou *roches des Fées*, *palais des Géants* ou de *Gargantua*.

Une des allées les plus connues est celle dite la *grotte aux Fées de Bagneux*, près Saumur ; elle mesure 20 mètres de longueur sur 7 de largeur et 3$^m$,20 de hauteur. Il existe encore de ces monuments à Janzé (Ille-et-Vilaine), à Pleucadec (Morbihan), à Briquebec (Manche), à Ville-Génouin (Côtes-du-Nord), à Mettray, à 8 kilomètres de Tours (Indre-et-Loire). Ce dernier monument est connu dans le pays sous le nom de *château, maison* ou *grotte des Fées*. Les départements du Finistère, des Côtes-du-Nord et du Morbihan, surtout ce dernier, sont encore littéralement couverts de ces monuments.

III. CROMLEC'HS. — Les cromlec'hs (de *cromm*, courbe, et *lec'h*, lieu) étaient des enceintes composées de *menhirs* plantés en cercle, en demi-cercle, en ovale, ou en rectangle de toutes sortes. Ces enceintes pouvaient bien être

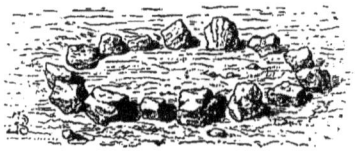

Fig. 12. — Cromlec'h.

des lieux consacrés, interdits aux profanes et qui étaient en grande vénération. Les Grecs consacraient aux dieux certaines portions de terres, et, pour les séparer des lieux profanes, ils les entouraient de clôtures. Ils nommaient ces enceintes τέμενη, *témène*. Homère (*Odys.* I, VIII, v. 362), parlant de ces mêmes enceintes, dit : « La riante Vénus prend le chemin de Cypre et se rend à Paphos, où elle a un *témène*. » Les Romains également avaient de pareilles enceintes ; ils les nommaient *sacella*. (Festus, Cic., *Div.*, I, 46 ; Agricola, II, 14 ; Ov., *Fast.*, I, 275.)

Les cromlec'hs celtiques tireraient-ils leur origine de ces anciens lieux sacrés ? C'est une question à laquelle il est bien difficile de répondre. Le seul fait certain, c'est qu'ils entouraient, comme on peut le voir à Carnac, au Menec, au Manio, à Kerlescan, un certain nombre de tombelles et de dolmens encore visibles. Les cromlec'hs formaient donc l'enceinte des lieux de sépulture.

Notre fig. 12 montre un cromlec'h comme on en retrouve encore beaucoup dans les contrées peuplées de monuments celtiques ; mais rien ne peut garantir l'authenticité de ce genre de monument, qui, dans bien des localités, a été refait par les propriétaires des champs dans lesquels ils se trouvent. Notre fig. 12 *bis* représente le cromlec'h de Lorette, près le Quillo (Côtes-du-Nord).

IV. MENHIRS ou PEULVANS. — Ces monuments, comme l'indiquent leurs noms (*men* pierre, et *hir*, longue ; *peul*, pilier, et *van* pierre), sont de hauts monolithes implantés verticalement dans la terre, et dont la hauteur au-dessus du sol est très-variable : les uns sont hauts de 2 mètres, d'autres de 8, 10, et jusqu'à 15 mètres. Les menhirs, suivant

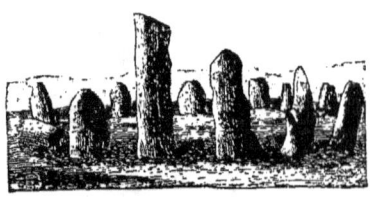

Fig. 12 *bis*. — Cromlec'h de Lorette, près le Quillo (Côtes-du-Nord).

les localités où ils se trouvent, ont reçu les dénominations suivantes : *pierres fiches, pierres fichades, pierres fittes, pierres frittes, pierres fixées, pierres levées, pierres lattes, pierres droites, pierres debout, pierres posées* ou *palets de Gargantua, hautes-bornes, chaire au Diable* ; on les nomme aussi dans la Bretagne *mensao*, qui signifie pierre levée, et dans le pays chartain, *laderes*, de *lach*, pierre plate sacrée, et *derch*, droite, dressée.

La véritable destination des menhirs a été très-controversée, et encore aujourd'hui il est bien difficile d'avoir une opinion certaine sur la destination de ces monuments. Cela tient peut-être à ce que, suivant les époques, ils ont eu des destinations diverses. Quoi qu'il en soit, voici les versions qui sont en présence : les uns y voient de hautes bornes limitatives de territoire, des espèces de termes des anciens ; d'autres des idoles, parce que certains menhirs, comme nous allons le voir, affectent la forme de grossières figures humaines, ou bien encore des monuments funéraires. Ce qu'il y a de certain, c'e t que très-souvent des menhirs précèdent à une distance plus ou moins grande des dolmens, tombelles ou allées couvertes ; nous en avons donné un exemple fig. 4. Dans ce dernier cas le menhir est

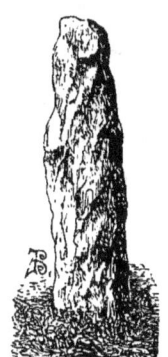

Fig. 13. — Faux menhir.

pour ainsi dire une sentinelle avancée, qui informe qu'on va bientôt apercevoir un monument funéraire. De toutes ces suppositions,

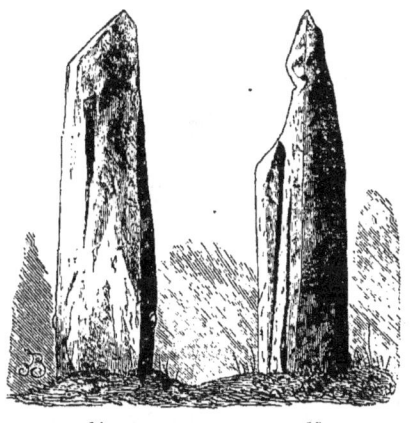

14          15
Fig. 14. — Menhir de Plouharsel (8 mètres de hauteur).
Fig. 15. — Min-ar-Gwerc'hez, la pierre de la Vierge, à Trébeurden, près Lannion (Côtes-du-Nord).

cette dernière, et leur emploi comme bornes limitatives, nous paraissent sinon les véritables, au moins les plus vraisemblables.

Comme aucun ouvrage, sauf des brochures spéciales, n'a donné un véritable aspect de ces monuments, nous en présenterons à nos lecteurs cinq spécimens qui leur montreront les divers types. Dans beaucoup d'ouvrages on donne comme spécimen un morceau de charbon comme celui de notre fig. 13 ; c'est un

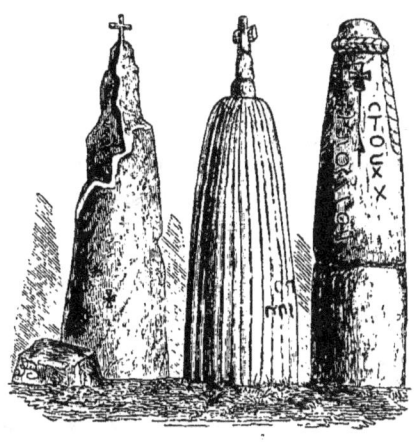

16        17        18
Fig. 16. — Men Marz, près de Pontuzval- Brignangan en Plouneour-Trez (Finistère).
Fig. 17. — Menhir ou lec'h de Saint-Tremeur près Rostrenen Crux Mihrei (Côtes-du-Nord).
Fig. 18. — Lec'h de Prostlon en Locoal (Morbihan).

faux menhir, qui n'a rien de commun avec les véritables, comme nos lecteurs pourront en

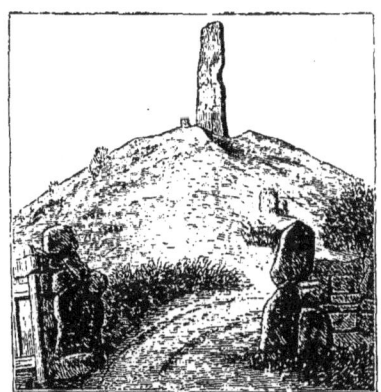

Fig. 18 bis. — Tumulus et menhir de Krukuni (Morbihan).

juger par nos autres figures, qui sont de véritables portraits.

Notre fig. 14 est un menhir de Plouharsel, qui mesure 8 mètres de hauteur ; à côté (fig. 15) c'est le min-ar-Gwerc'hez, ou pierre de la Vierge, qui se trouve à Trébeurden, près

Lannion (Côtes-du-Nord). Notre fig. 16 montre le *men Marz*, près de Pontuzval-Brignangan, en Plouncour-Trez, dans le Finistère. La fig. 17 est le menhir ou lec'h de Saint-Tremeur, près Rostrenen, dans les Côtes-du-Nord. Ce menhir possède des rudentures et l'inscription Crux Mihrei, dont on aperçoit le commencement à droite de notre figure; enfin le lec'h de Prostlon en Locoal, dans le Morbihan, est représenté par notre fig. 18; enfin notre fig. 18 *bis* montre le tumulus et menhir de Krukuni, dans le Morbihan.

V. Pierres branlantes. — Ces monuments sont formés de deux énormes quartiers de roche superposés : le bloc supérieur ne touche au bloc inférieur que par une pointe ou une arête; il est équilibré de façon à pouvoir être

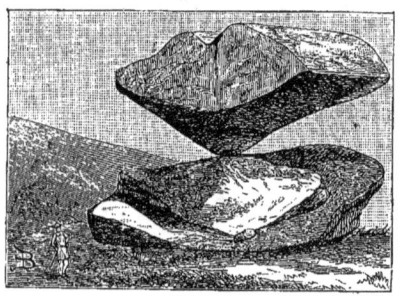

Fig. 19. — Pierre branlante de Perros-Guyrec'h.

mis en mouvement sans un grand effort : tantôt la pierre oscille, tantôt elle pivote. Pline (liv. 2) et Ptolémée (liv. 3) font mention dans leurs écrits des *pierres animées* ou *branlantes*. Ces monuments, qui deviennent de plus en plus rares, sont encore appelés *pierres branlaires* ou *tremblantes, pierres qui virent* ou *qui dansent, roc'h Werc'het* (roche aux Vierges), ou bien même elles portent un nom tout à fait opposé à cette dernière appellation. Les Bretons nomment enfin ces pierres *Daou-gân* (deux engendrent), expression dont la signification est également injurieuse.

Malgré leur rareté, on peut encore voir des pierres branlantes dans un assez grand nombre de localités, tant en France qu'à l'étranger : à Fermanville (Manche); à Uchon, près d'Autun; à Livernon (Lot). Cette dernière pierre est fort remarquable par sa disposition :

c'est une énorme table de pierre posée sur deux piliers; elle mesure 12 mètres de longueur et 0<sup>m</sup>,75 d'épaisseur, et quoique possédant deux points d'appui, la moindre pulsation

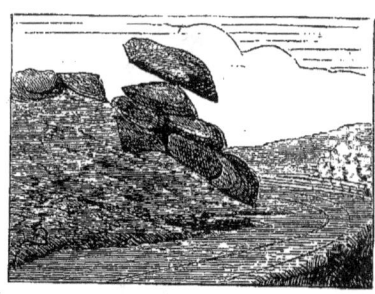

Fig. 20. — Pierre branlante de Brec'h, près d'Auray (Morbihan).

la met en branle; on la nomme *Peyro Martino* (Pierre Martine). Dans la Lozère nous avons vu d'assez nombreux exemples de ces pierres; les deux plus remarquables existent à 8 kilo-

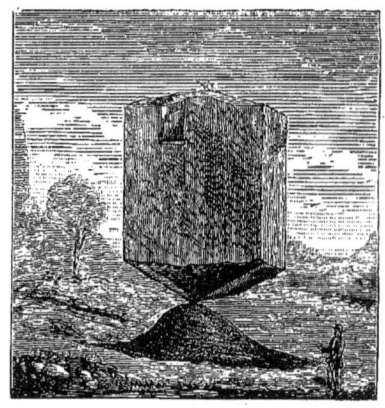

Fig. 21. — Pierre branlante du comté de Sussex (Angleterre).

mètres de Mende, sur la route de Châteauneuf-Randon. Dans le Puy-de-Dôme, sur la route de Clermont au Mont-Dore, on peut voir encore une pierre branlante qui mesure 7 mètres de longueur.

Nous donnons fig. 19 la pierre branlante de Perros-Guyrec'h, dans les Côtes-du-Nord. Elle mesure près de 14 mètres de longueur sur 7 mètres de hauteur. A sa partie supérieure, cette pierre possède une excavation avec une sorte de rigole. Notre fig. 20 représente la pierre branlante de Brec'h, près d'Auray, dans le Morbihan. Comme on le voit, c'est un amas de six grosses pierres placées au tournant d'une route ; elles en supportent une autre, qui à l'œil paraît ne pouvoir tenir en équilibre, et cependant elle est ainsi depuis bien des siècles.

Notre fig. 21 montre la fameuse pierre branlante du comté de Sussex, à West-Hoadley, en Angleterre. Cette pierre, qui a été probablement taillée, pèse environ 500,000 kilogrammes; les Anglais la nomment *Great upon little* (grand sur petit).

Nous achèverons la description des monu-ments celtiques en disant que souvent ces pierres sont couvertes d'ornements gravés qui présentent un caractère assez bizarre ; nous ne donnerons ici qu'un type de cette ornementation ; celle que représente notre fig. 22 était gravé sur une pierre trouvée à l'entrée du dolmen de Manne-er-Hroëk, près de Locmariaker. Le lecteur trouvera plus loin, au mot GAULOIS (*Art*), des données très-curieuses qui compléteront l'étude de ces monuments; car nous y parlons de la poterie des dolmens, ainsi que de leur décoration.

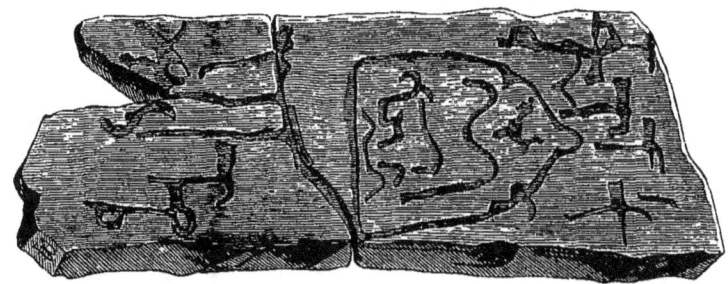

Fig. 22. — Ornementation gravée sur une pierre du dolmen de Manne-er-Hroëk, près de Locmariaker.

BIBLIOGRAPHIE. — W. Camden, *Britannia sive florentissimorum regnorum Angliæ, Scotiæ, Hiberniæ et insularum adjacentium ex intimâ antiquitate chorographica descriptio*, in-f°, Londini, 1607 ; D. Stukely, *A description of a bury*, London, 1722 ; W. Charleton, *Chorea Gigantum, or the most famous antiquity of Great-Britain, vulgarly called stone-Heng, standing on Salusbury-Plain rectored to the Danes*, in-fol. London, 1725 ; I. Webb, *A vindication of Stone-Heng restored in wich the order and rules, etc.*, in-fol. London, 1725 ; Inigo Jones, *The most notable antiquity of Great-Britain, vulgarly calle Stone-Heng on Salusbury-Plain restored*, in-fol., 2e édit. London, 1725 ; Legrand d'Aussy, *Mémoires sur les sépultures nationales*, publié par M. de Roqueford, un vol. in-4°, Paris, an VII ; King, *Munimenta antiqua*, in-fol. London, 1799-1806 ; Cambry, *Monuments celtiques*, s. d. ; *Mémoires de l'Académie celtique*, 5 vol. in-8°, Paris, 1807-1810 ; Maudet de Penhouet, *Recherches historiques sur la Bretagne d'après ses monuments*, in-8° ; du même, *Antiquités égyptiennes dans le dép. du Morbihan*, in-8°, 1812 ; Baraillon, *Recherches sur les monuments celtiques*, in-8° ; Dulaure, *Des cultes antérieurs à l'idolâtrie*, in-8° ; *Mémoires de la Société des antiquaires de France*, 17 vol. in-8°, Paris, 1817-1844 ; *Archeologia Britannica*, in-4°, London ; Mahé, *Essai sur les antiquités du Morbihan*, in-8°, Vannes, 1825 ; de Fréminville, *Antiquités de la Bretagne*, 4 vol. in-8°, Brest, 1832-37 ; de Jouffroy et Ernest Breton, *Introduction à l'histoire, ou description, etc.*, in-fol. Paris, 1838 ; G. Higgins, *The celtic Druids, or an attempt to shew, etc.*, in-4°, London, 1839 ; Ch. Arnauld, *Monuments civils, militaires et religieux du Poitou*, in-4°, Niort, 1840 ; *Bulletin de la Société archéologique du Morbihan*, in-8°, année 1857 ; *Bulletin archéologique de l'association bretonne* (classe d'archéologie), année 1858 ; Réné Galles et Dr Alp. Mauricet, *Etudes sur le Manné-lad en Locmariaquer*, broch. in-8°, Vannes, s. d. ; R. Galles, *Manné-er-H'roëk*, broch. in-8°, Vannes, 1863 ; G. de Closmadeuc, *L'île de Gavr'inis et son monument*, broch. in-8°, Vannes, 1864 ; R. Galles, *Tumulus et dolmen de Kercado*, broch. in-8°, Vannes, 1864 ; du même, *Découverte d'un dolmen sépulcral sous le tumulus de Kergoufals*, br. in-8°, Vannes, 1864 ; H. Davy de Cussée, *Recueil des signes sculptés sur les monuments mégalithiques du Morbihan*, br. in-8°, 1re et 2e livr., Vannes, 1865 ; J. Gailhabaud, *Monuments anciens et modernes*, 4 vol. in-4°, Paris, 1870 ; A. Bertrand, *De la distribution des dolmens sur la surface de la France*, br. in-8°, av. carte, Paris, 1864 ; du même, *Les monuments primitifs de la Gaule, monuments dits*

*celtiques, dolmens et tumulus,* br. gr. in-8°, Paris,
s. d.; Owen Pughe, *Dictionnaire gallois;* Edward
Davies, *Celtic Research;* du même, *Mythology and
Rites of ancient british Druids and Bards;* de Bel-
loguet, *Ethnographie gauloise,* 3° partie; Henri
Martin, *Etudes d'archéologie celtique,* 1 vol. in-8°
Paris, 1872.

CÉNACLE, *s. m.* — Salle à manger. Ce
terme chez les Romains était synonyme de
TRICLINIUM. (Voy. ce mot.)

CENDRE, *s. f.* — Résidu provenant de
matières végétales ou d'autres combustibles brûlés. La cendre, comme certains l'ont prétendu,
ne jouit pas de la propriété de donner de
l'énergie au mortier. C'est un prétexte que des
constructeurs ont employé pour diminuer la
proportion de chaux qui doit entrer dans la
composition du mortier. Elle peut être utilisée
au contraire comme MUSIQUE (voy. ce mot),
pour atténuer la vigueur du plâtre, quand il
faut remplir des vides avec une substance
sèche, légère et peu conductrice de la chaleur.

CENDRE BLEUE. — Couleur d'un bleu pâle
que l'on compose en précipitant un sel de cuivre (du sulfate de cuivre) par de la potasse, et
broyant le corps formé avec de la chaux additionnée d'une faible partie de sel ammoniac.
C'est à l'aide de la cendre bleue que les peintres azurent les blancs de plafond à la détrempe.
Cette substance est surtout employée dans la
fabrication des papiers peints.

CENDRE VERTE. — Couleur d'un vert pâle
qui s'obtient par la précipitation du sulfate de
cuivre par de la potasse additionnée de chaux
vive; comme la cendre bleue, cette couleur
ne peut être broyée qu'à l'eau et détrempée à
la colle.

CENDRE D'ÉTAIN. — Oxyde d'étain qui, sous
l'action de la chaleur et de l'air, se transforme
en POTÉE D'ÉTAIN. (Voy. ce mot.) Mélangée
avec des matières vitrifiables, la cendre d'étain
donne l'émail blanc des faïences.

CENDRE GRAVELÉE. — Matière provenant
de la calcination des lies de vin riches en tartre,
qui se transforme en carbonate de potasse. Aujourd'hui on fabrique la cendre gravelée par

divers procédés; elle sert à la fabrication de
l'eau de potasse ou *eau seconde.*

CENDRÉE, *s. f.* — Substance provenant
de la calcination des pierres calcaires servant
à faire la chaux. La cendrée est un mélange de
cendre de houille et de débris calcaires qui
se trouvent sous le cendrier ou *tisard* des fours à
chaux. La meilleure cendrée provient de Nîmes
et de Tournay; elle est employée à la fabrication des aires dans les rez-de-chaussée, et sert
également pour la construction de citernes,
bassins et réservoirs qui, revêtus de ciment,
sont complétement étanches. — Les plombiers
nomment *cendrée* l'écume ou mousse qui se
forme au-dessus du plomb en fusion.

CENDREUX, *adj.* — Ce terme sert à qua-
lifier seulement le fer, qui est dit *cendreux,*
quand on aperçoit sur sa surface polie de
petits trous ou de petits points, qui indiquent
que le fer n'est pas pur et que sa composition
renferme des matières étrangères.

CENDRIER, *s. m.* — Récipient de diverses
formes, placé sous un foyer qui sert à recevoir
les cendres du combustible brûlé : dans un
fourneau de cuisine, c'est la partie située au-
dessous de la paillasse; dans les poêles en
faïence ou en fonte, c'est un tiroir en tôle.

CÉNOTAPHE, *s. m.* — De κενοτάφιον, de
κενός, creux ou vide, et τάφος, tombeau. Comme
l'indique l'étymologie de ce mot, le cénotaphe
est un tombeau vide, élevé à la mémoire d'une
personne dont on n'a pas le corps, ou dont
les cendres reposent dans un autre lieu. L'u-
sage de ces monuments honorifiques était assez
répandu dans l'antiquité. (Lamprid., *Alex. Sev.,*
63.) Leur caractère extérieur était le même
que celui des tombeaux. Les anciens nommaient
le cénotaphe *tumulus honorarius* (Suet., *Claud.,*
1), et *inanis* (Virg., *Æn.,* III, 303), ce qui caractérisait fort bien ce genre de monuments.

De nos jours, dans les services commémoratifs, le cénotaphe occupe la partie principale
du catafalque élevé à cette occasion. Nos
figures donnent à la page suivante, de face et de
profil, un magnifique cénotaphe, qui se trouve
actuellement à la chapelle Corsini, à Rome.

**CENTIMÈTRE**, *s. m.* — Division du mètre, qui en est la centième partie.

**CEP DE VIGNE**, *s. m.* — Voy. PAMPRE et VIGNE.

**CÉRAMIQUE**, *s. f.* — Art de fabriquer des objets en terre cuite; il remonte à la plus haute antiquité. Les Égyptiens, les Babyloniens, les Étrusques, les Grecs et les Romains avaient pratiqué cet art, et les spécimens de la céramique que nous ont légués certains de ces peuples nous montrent qu'ils étaient arrivés à un haut degré de perfection. Cet art, fort longtemps délaissé, a dans ces dernières années repris faveur, et quelques artistes modernes exécutent

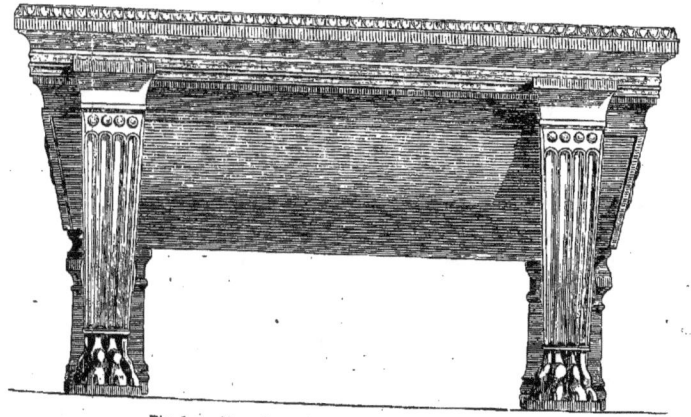

Fig. 1. — Face d'un cénotaphe à la chapelle Corsini.

en céramique de véritables chefs-d'œuvre.

BIBLIOGRAPHIE. — Il existe aujourd'hui une quantité considérable de livres sur la céramique;

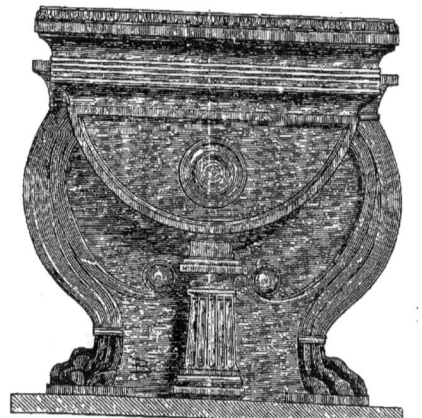

Fig. 2. — Cénotaphe à la chapelle Corsini (profil).

nous ne pourrions les citer ici sans sortir du cadre de notre ouvrage.

**CERCE**, *s. f.* — Cercle de fer d'un très-grand diamètre, car s'il était de 0m,30 à 0m,40, ou au-dessous, ce serait une FRETTE. (Voy. ce mot.) Les *cerces* sont employées pour maintenir le blindage des terres dans les fouilles de puits circulaires. Par analogie, divers corps d'états ont donné le nom de *cerce* à des *calibres*, *patrons*, *panneaux*. Les menuisiers désignent ainsi toute courbe faisant partie d'une voussure, etc., les tailleurs de pierre, le *patron* ou *calibre* en bois ou en zinc qui leur sert à tracer sur la pierre une courbe quelconque. Les cerces convexes servent à tracer les courbes concaves, et inversement les courbes convexes sont tracées au moyen des cerces concaves. On nomme *cerce surhaussée* celle qui a plus d'élévation que la moitié de sa base, et *cerce surbaissée*, celle qui a moins que cette moitié.

**CERCEAU**, *s. m.* — Cercle fait en bois de jeunes brins d'arbre refendus en deux dans leur longueur, que les treillageurs emploient pour construire des *tonnelles*, des *berceaux*.

**CERCLE**, *s. m.* — Surface plane limitée

par une Circonférence. (Voy. ce mot.) Le cercle est une des figures les plus anciennement employées dans les combinaisons architectoniques, et une de celles qui y jouent le rôle le plus étendu.

## CERCLE DE FER. — Voy. Frette.

CERISE (Rouge). — Les serruriers chauffent le fer à différentes températures : une des plus élevées est dite *rouge cerise*, parce que le fer conduit à ce point est d'un rouge comparable à celui des cerises. (Voy. Chaude.)

CERISIER, *s. m.* — Arbre de la famille des rosacées, dont deux variétés, le *guinier* et le *mérisier*, sont employées dans les constructions. Le bois du cerisier ordinaire est d'un beau rouge ; il est employé par les tourneurs et les miroitiers.

## CÉROGRAPHIE, CÉROGRAPHIQUE, *s. f.* — Peinture à la cire.

CÉRUSE, *s. f.* — Carbonate de plomb, vulgairement connu sous le nom de *blanc de plomb*, et sous celui de *blanc d'argent* quand il a été purifié. La céruse du commerce contient toujours une certaine quantité de matières étrangères qui en altèrent l'éclat et la qualité. Celle connue sous le nom de *blanc de Krems* est la plus pure et par conséquent la meilleure ; viennent ensuite le *blanc de Venise*, celui de *Hambourg*, enfin celui de *Hollande*, qui est le plus altéré.

Les céruses sont falsifiées avec du sulfate de baryte, et surtout avec du *blanc de Mulhouse*, ou *céruse de Mulhouse*, qui est un *sulfate de plomb* provenant du résidu de la préparation de l'acétate d'alumine (principal mordant employé dans les fabriques d'indiennes), par le sulfate d'alumine et l'acétate de plomb. Le sulfate de plomb noircit moins que la céruse, mais il ne *couvre* pas aussi bien. — Indépendamment de son emploi comme couleur blanche, la céruse sert d'excipient pour toutes les autres couleurs, auxquelles elle donne du corps, et qu'elle rend très-siccatives. Mais son application comme sa fabrication donnent lieu à des effets délétères qui ont la plus fàcheuse influence sur la santé des ouvriers ; aussi aujourd'hui on remplace la céruse par le blanc de zinc, qui ne présente pas les mêmes inconvénients. Du reste tous les blancs de plomb poussent au noir, surtout dans les locaux éclairés au gaz, car celui-ci, souvent très-mal épuré, contient de fortes quantités d'acide sulfhydrique.

## CESSION. — Voy. Voirie.

CHABLE, CHABLEAU. — Voy. Cableau.

CHABLOTS, *s. m. pl.* — Petits cordages de trois ou quatre torons au plus, servant à lier, à réunir les échasses pour les échafauds de maçons. (Voy. Cableau et Échafaud.)

CHAINAGE, *s. m.* — Opération qui a pour but de relier et de maintenir réunis entre eux des matériaux, des murs et des parties de bâtiment. On obtient ce résultat au moyen de pièces de bois ou de métal qu'on pose horizontalement dans l'épaisseur des matériaux ou des murs. — Les anciens reliaient entre eux des blocs de pierres, des assises de maçonnerie, à l'aide de doubles queues d'aronde en bois durci au feu, mais surtout avec des queues en bronze ; c'est ce qu'ils nommaient *opus revinctum*. (Voy. Appareil, fig. 15.)

Ils employaient aussi des goujons de bronze et des Crampons (voy. ce mot), qu'ils noyaient dans du plomb fondu.

A l'époque mérovingienne, et jusqu'au xiie et commencement du xiiie siècle, on employait pour le chaînage des murs des longrines en bois. A partir de la seconde moitié du xiiie siècle, on substitua le fer au bois ; mais de tout temps le chaînage a été reconnu utile. En effet, quelle que soit l'épaisseur des murs d'un bâtiment, le tassement, le poids des planchers et principalement des combles tendent à les pousser en dehors, *au vide*. C'est pour s'opposer à cet écartement qu'il est indispensable de chaîner les murs et les constructions.

Pratique. — Aujourd'hui, on n'emploie guère que le fer pour chaînage ; et l'expérience a fait connaître qu'il y a un avantage incontestable à employer des fers méplats au lieu de fers carrés de même superficie, comme on le faisait autrefois. Les premiers sont beaucoup plus forts, beaucoup plus résistants. Ainsi une barre de fer méplate de 0$^m$,027 de largeur sur 0$^m$,009 d'épaisseur était aussi forte qu'une de 0$^m$,018 en carré, quoique la superficie du rectangle qui forme la première barre (soit 0$^m$,000243) ne soit que les trois quarts de la superficie du carré (soit 0$^m$,000324), qui forme la grosseur de la seconde ; d'où il résulte que la force des barres de fer est en raison de leur périmètre et non de la superficie de leur section, comme on serait tenté de le croire de prime abord. — L'avantage du fer méplat provient de ce que, à volume égal, il présente plus de surface que le fer carré ; c'est là ce qui fait sa force, car plus un fer reçoit la pression du marteau, plus grande est sa résistance. Le martelage, en effet, allonge le fer en filaments qu'on appelle *nerfs*, tandis que le fer qui ne subit pas cette préparation est simplement *à gros grains*. Ce dernier est quinze fois moins fort que le fer à nerfs. Malheureusement les plus forts marteaux ne transforment les gros fers en nerfs qu'à une profondeur maxima de 0$^m$,0046 ou 0$^m$,0048 ; il en résulte qu'un fer n'est tout nerf que si son épaisseur ne dépasse pas 12 à 16 millimètres.

ASSEMBLAGE DES CHAINAGES. — Il y a quatre modes principaux d'assembler les chaînes ;

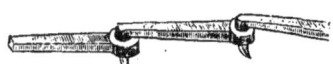

Fig. 1. — Assemblage à crampons.

ce sont : les *assemblages à crochets* ou *à crampons*, les assemblages *à charnières*, *à talon*, enfin *à moufles* ou *mentonnets*.

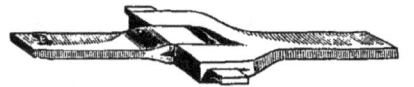

Fig. 2. — Assemblage à charnière avec clavette.

L'*assemblage à crampons* a été pratiqué à la Sainte-Chapelle du Palais, à Paris, par Pierre de Montereau. Il se compose d'une série de pièces en fer dont un bout est un anneau et l'autre un crochet. Ces pièces s'accrochent les unes aux autres, comme le montre la fig. 1. Cette chaîne est posée à la Sainte-Chapelle dans une rigole taillée dans le lit de l'assise ; elle est coulée en plomb.

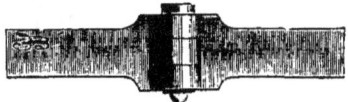

Fig. 3. — Assemblage à charnière avec boulon à vis.

L'*assemblage à charnière* se compose, comme le montrent nos fig. 2, 3, 4, 5, 6, de deux barres de fer. L'extrémité de l'une de ces bar-

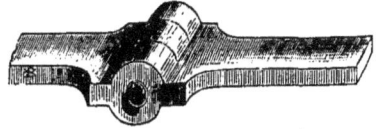

Fig. 4. — Assemblage à charnière avec boulon à vis.

res forme une fourchette dans laquelle on insère le bout de l'autre. On introduit dans le trou pratiqué dans les épaisseurs de ces fers un bou-

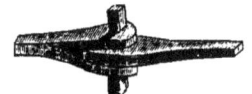

Fig. 5. — Assemblage avec double coin (1er type).

lon à clavette (fig. 2) ou à vis (fig. 3 et 4), ou un double coin (fig. 5 et 6). Généralement on doit employer les doubles coins, parce qu'en les enfonçant avec force, on tend la chaîne.

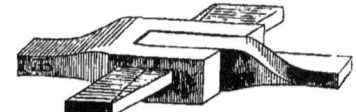

Fig. 6. — Assemblage avec double coin (2me type).

Dans l'assemblage *à moufles* ou *à mentonnets*, les extrémités des barres de fer sont terminées par des talons tournés en sens contraire ; on maintient la réunion des barres à l'aide de bagues (fig. 7), ou plutôt avec des brides en fer méplat de 0$^m$,04 à 0$^m$,05, qui ne sont pas soudées (fig. 8). Quand les barres de fer sont de petites dimensions, on les assemble au moyen d'un simple trait de Jupiter, comme le montre la fig. 9; dans ce cas les brides sont des bagues rondes extérieurement, tandis que à l'intérieur elles épousent la forme des fers auxquels on les ajuste.

POSE DES CHAINAGES. — Il y a plusieurs ma-

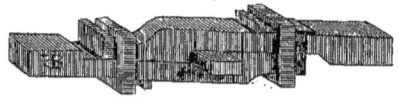

Fig. 7. — Assemblage à moufles.

nières de poser les chaînes, suivant que le bâtiment est isolé ou adossé à d'autres constructions. S'il est isolé, on chaîne les murs de face

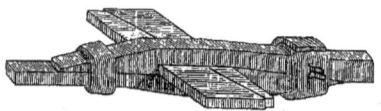

Fig. 8. — Assemblage à moufles ou à mentonnets.

et de côté, et quelquefois même, quand le bâtiment est très-important, on pose des chaînes en diagonale qui passent sur les planchers. Au

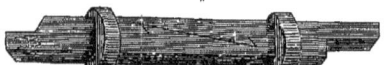

Fig. 9. — Assemblage en trait de Jupiter.

contraire, si le bâtiment est adossé ou entre murs mitoyens, les chaînes ne sont généralement tendues qu'entre les murs des faces principale et postérieure. Cependant il est toujours préférable de chaîner un bâtiment comme s'il

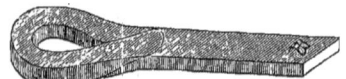

Fig. 10. — Extrémité des chaînes recevant l'ancre.

était isolé. Chaque chaîne est terminée par un œil (fig. 10) dans lequel on introduit des ANCRES (voy. ce mot) que les ouvriers nomment *ancriaux*. On donne à ceux-ci la forme d'un S ou d'un Y, pour qu'ils embrassent une grande surface de mur. Dans bien des cas on encastre les ancres dans l'épaisseur des murs, pour ne pas nuire à l'effet des façades.

C'est une pratique condamnable : il vaut bien mieux laisser les ancres apparentes en dehors des murs de face. Ce mode offre beaucoup plus de solidité. Du reste, un architecte quelque peu habile sait en faire un motif de décoration qui satisfait agréablement la vue et qui ne nuit en rien à l'effet des façades. Au mot ANCRE, nous avons donné quelques exemples d'ancres apparentes; le lecteur trouvera au mot CLOUS, des têtes de clous qui pourront lui fournir des modèles très-décoratifs d'ancres; c'est dans cette intention que nous les avons dessinés à grande échelle. — (Pour la jurisprudence du chaînage, voir celle des articles ANCRE et MITOYENS, *Murs*.)

CHAINE, *s. f.* — Dans les murs faits en petits matériaux (moellons, briques, etc.), on nomme *chaînes* certaines parties de construc-

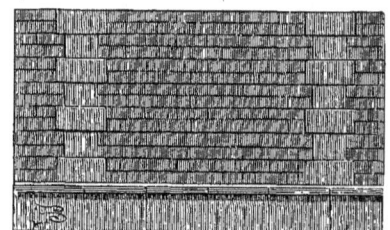

Fig. 1. — Chaîne en pierre dans un mur en moellon.

tions intermédiaires, espèces de piles qui servent à donner plus de résistance, plus de solidité à ces murs. Les chaînes sont appareillées comme

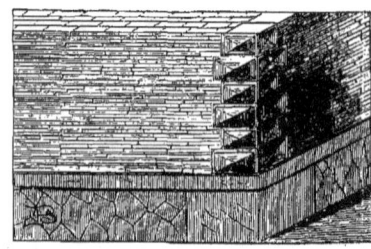

Fig. 2. — Chaîne d'encoignure dans des murs en brique.

le montre notre fig. 1, les assises sont alternativement longues et courtes; les premières font HARPES. (Voy. ce mot.) On nomme *chaîne d'encoignure* celle qui est au coin d'un pavillon ou d'un avant-corps, à l'angle d'un bâtiment (fig. 2). Dans l'exemple que nous donnons les murs sont en briques et la chaîne est en pierre et à bossage à tête de diamant.

On appelle *chaînes de bossage*, celles qui ont les arêtes de leurs assises arrondies ; *chaînes de refends*, celles qui ont leurs assises séparées par des refends ; *chaîne en liaison*, certains bossages ou refends posés en manière de *carreaux boutisses* d'espace en espace. On doit placer des chaînes de pierre à tous les angles saillants et rentrants, ainsi que dans les portions de murs dans lesquelles viennent buter des murs de refends. (Pour la jurisprudence de ce mot, voir l'article JAMBE DE PIERRE.)

CHAINE. — En serrurerie, on nomme *chaîne* une suite d'anneaux ou *maillons* entrelacés d'une façon quelconque ; les chaînes en fer sont flexibles et remplacent souvent les cordes dans les appareils de montage, ainsi que les courroies de transmission dans la machinerie. Les anneaux sont *ronds, ovales, à crochets recourbés*, etc.

CHAINE DES BATIMENTS. — Voy. CHAINAGE.

CHAINE D'ARPENTEUR. — Voy. DÉCAMÈTRE.

CHAINEAU. — Voy. CHÉNEAU.

CHAINER, *v. a.* — Placer des chaînages dans une construction. Mesurer une distance avec la chaîne d'arpenteur ou DÉCAMÈTRE. (Voy. ce mot.)

CHAINETTE, *s. f.* — Courbe formée par une chaîne suspendue par ses extrémités à deux points fixes et de même hauteur, en supposant cette chaîne plus longue que la distance qui sépare les deux points de suspension. Plusieurs mathématiciens ont démontré que la chaînette retournée est une courbe tellement favorable aux voûtes, qu'on pourrait construire celles-ci sans ciments ni mortiers, quand même les joints des voussoirs seraient polis. Rondelet a plusieurs fois employé cette courbe au Panthéon de Paris, pour les grands arcs qui supportent la colonnade extérieure du dôme, ainsi que pour la voûte intermédiaire située au-dessous de la lanterne. La colonne de Juillet, qui est posée sur l'axe du canal Saint-Martin,

est portée sur des voûtes dont la courbe est une chaînette.

Il existe des moyens géométriques de tracer cette courbe ; mais, comme ils sont longs et compliqués, sur les chantiers on emploie le plus simple et le plus rapide, qui consiste à suspendre une chaîne (comme nous l'avons dit au commencement de cet article) sur une paroi verticale. Ceci fait, on trace avec soin sur cette paroi en manière d'épure la courbure indiquée par la chaîne. (Voy. VOUTE.)

CHAIR, *s. f.* — Les serruriers désignent ainsi les longues fibres de fer qui se tirent et ne rompent que difficilement quand on rompt un barreau de fer ; quand un fer se comporte de cette façon, ils disent qu'il a de la chair.

CHAIRE, *s. f.* — De *cathedra*, siège élevé, construit en bois, en pierre, en marbre, ou en

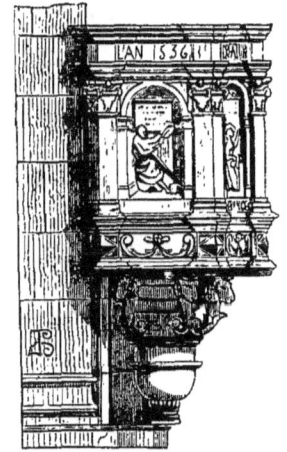

Fig. 1. — Chaire de l'église Notre-Dame, à Alençon.

métal, sur lequel se place un évêque dans son église, qui pour ce motif prend le nom de *cathédrale*.

Dans les premières basiliques chrétiennes les chaires des évêques ressemblaient beaucoup aux chaises curules des sénateurs romains ; elles étaient placées dans l'abside, derrière l'autel, qui n'avait pas de retable ; plus tard, vers le XI$^e$ ou même le XII$^e$ siècle, la chaire était un siége portatif qu'on plaçait devant l'autel alors seulement que l'évêque s'adressait à ses fidèles.

Enfin, vers le xiv° siècle, l'ambon servit de chaire, et c'est de cette époque que datent les chaires construites telles qu'elles existent aujourd'hui dans les églises.

Les plus anciennes chaires qui subsistent encore datent du xv° siècle. Adóssées à un pilier, avec un escalier et un abat-voix, elles ne présentent dans leur ensemble aucune différence avec les chaires de nos jours, mais elles

voix, elle est adossée à un pilier de l'église Notre-Dame, à Alençon (Orne); l'escalier qui y conduit est taillé dans l'intérieur du pilier. Notre fig. 2 donne la chaire de Saint-Étienne du Mont, à Paris; elle est toute en bois, les sculptures en sont très-remarquables; elle date du xviii° siècle, et a été exécutée par Lestocard, d'après les dessins de Lahire. Enfin notre fig. 3 donne la chaire de l'église de la Chapelle, à Bruxelles; elle est également en bois

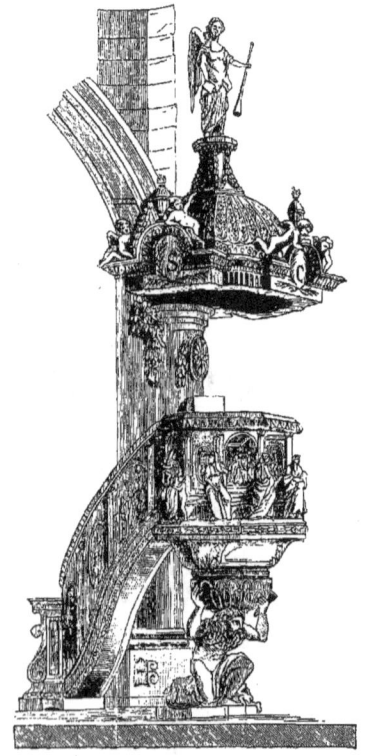

Fig. 2. — Chaire de l'église Saint-Étienne du Mont, à Paris.

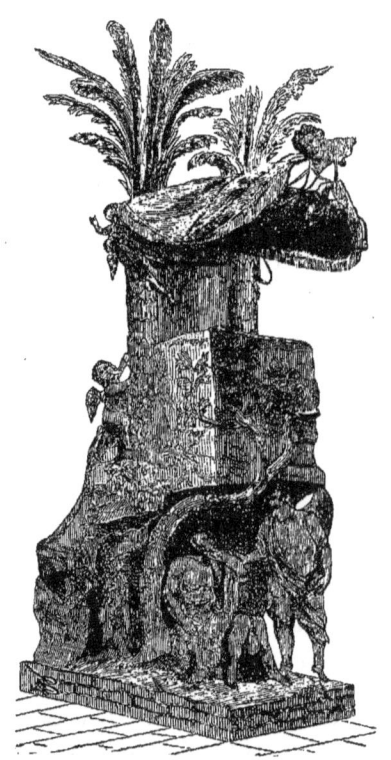

Fig. 3. — Chaire de l'église de la Chapelle, à Bruxelles.

sont d'une extrême richesse, qu'elles soient exécutées en bois ou en pierre. Les chaires ne se trouvaient pas toutes dans l'intérieur des églises : dans le département de la Manche, la ville de Saint-Lô en possède une qui est adossée au mur extérieur de la cathédrale; on en élevait parfois sur les places publiques, et même sur les grandes routes. Nos figures donnent divers spécimens de chaires : celle qui est représentée par notre fig. 1 date du xvi° siècle; elle est toute en pierre et ne possède pas d'abat-

sculpté; dans ce dernier genre, du reste, il existe des chaires remarquablement belles en Belgique.

CHAIRE. — Espèce d'estrade, de tribune, élevée de cinq à six marches au-dessus du sol, qui se trouve dans les classes et salles de cours à l'usage des professeurs ; ces chaires sont pourvues d'un pupitre.

CHAISE, s. f. — Bâti, composé de quatre fortes pièces de bois, qui porte la cage d'un moulin à vent, ou sert de pied à un beffroi, à un cabestan, à une grue, à une chaire, etc. — Assemblage en bois que l'on place sous un pan de bois mis au levage, pour le soutenir et pour voir glisser les parpaings en pierre formant le support définitif.

CHALCIDIQUE, *s. f.* — Salle annexée à une basilique dans le fond ou de chaque côté du tribunal, ou sur les côtés, lorsque, dit Vitruve, *elles étaient d'une grande dimension.* Ce genre de construction tirait son nom de la ville de Chalcis (Festus, *s. v.*), parce que les chalcidiques y furent employées pour la première fois, ou qu'elles y étaient plus usitées qu'ailleurs. A vrai dire, on ne sait pas exactement la place que les chalcidiques occupaient dans les monuments, puisque les uns (Léon Baptista Alberti, par exemple) les considéraient comme des vrais transepts (voy. BASILIQUE); d'autres (Becchi, *del Calcidica et della cripta di Eumachia,* § 21, 43) nomment chalcidique un portique bas, large et profond, couvert d'un toit particulier qui précédait la principale entrée d'un édifice public ou privé. Aux palais des rois et des grands personnages, les chalcidiques étaient un abri ou servaient de salle d'attente aux personnes admises en audience et qui attendaient leur tour d'admission. (Hygin., *Fab.,* 184; Procope, *de Ædific. Justin.,* I, 10.) Aux basiliques, à la fois cours de justice et bourses, elle abritait les plaideurs ou les denrées. (Dion Cass., LI, 22; *August. Monum. Ancyran.,* Grut., p. 232, 4.)

CHALET, *s. m.* — Construction dans laquelle le bois entre comme élément principal, au point de vue de la structure et de la décoration. Le chalet, dans les pays septentrionaux, servait d'habitation aux classes pauvres, parce que le bois était en abondance et par conséquent à bas prix. Suivant les contrées où ils se trouvent, les chalets ont un caractère particulier, qui constitue pour ainsi dire une architecture : ainsi les chalets de la Suède, de la Norwége, de la Russie, de l'Écosse et de la Suisse affectent chacun des formes et des dispositions particulières, caractéristiques. Aujourd'hui ce ne sont plus les classes pauvres qui habitent seules ce genre de construction, mais encore les gens aisés et les gens riches. Dans les environs de Genève, il existe des chalets d'une richesse inouïe ; la plupart ont été construits par des étrangers appartenant à diverses nationalités, de sorte que, dans la terre classique des chalets, les plus beaux types ont été créés par des étrangers.

En France, dans le nord exclusivement, les chalets servent de maisons de plaisance, principalement dans les localités voisines de la mer. Les parois extérieures sont formées de bois de grume ou de poutres équarries superposées, apparentes ou recouvertes de voliges ou de couvre-joints. Les planchers ont les solives apparentes, et le tout est goudronné ou peint à l'huile de lin et verni. La décoration intérieure ou extérieure consiste en balustrades ou balcons en bois découpé. Des lambrequins suivent l'arête du toit dans tout son pourtour et remplacent les corniches.

Le faîtage lui-même est souvent décoré d'une crête en bois découpée, et ses extrémités sont décorées de poinçons et d'épis en bois tournés.

CHAMBRANLE, *s. m.* — Encadrement de bois, de pierre, de marbre ou de toute autre matière, uni ou décoré de moulures ou autres ornements, qui borde une baie quelconque, fenêtre, porte ou cheminée. Un chambranle se compose de deux montants ou pieds-droits couronnés d'une traverse. Son origine est très-ancienne, puisque les monuments primitifs de l'Égypte avaient leurs portes décorées ainsi. Il est *simple,* quand il ne se détache du nu du mur que par un filet peu saillant, ou *plate-bande ;* il est *mouluré,* quand il est décoré d'une moulure qui peut être plus ou moins riche et plus ou moins décorée ; il est *à crossettes,* quand il existe un ressaut à la partie supérieure de ses montants. Quelquefois les chambranles des fenêtres possèdent quatre crossettes, une à chaque angle. Souvent le chambranle est couronné d'une corniche qui porte directement sur le chambranle, ou qui est placée un peu au-dessous, ou bien encore il existe une frise entre la corniche et le chambranle. Dans les baies cintrées, le chambranle est cintré ; du reste, il épouse presque toujours la forme de l'ouverture de la baie. (Voir au mot ATTICURGE un chambranle dont les jambages sont inclinés.)

Quand on veut donner aux chambranles une grande richesse, les moulures, les frises et autres membres d'architecture sont décorés de feuillages et de rinceaux, et comme les corniches sont très-saillantes, on les supporte par des consoles qui sont elles-mêmes décorées de feuilles d'acanthes, de feuilles d'eau, etc. Notre planche XVIII représente le chambranle de la porte du temple d'Héliopolis. Nous l'avons dessiné d'après une restauration de notre ancien camarade Achille Joyau, enlevé si jeune à l'art et à ses amis.

Pour d'autres types de chambranles, voy. FENÊTRE et PORTE.

Les consoles peuvent être posées en dehors des montants de chambranles sur le nu du mur, ou bien elles peuvent être placées sur des espèces de panneaux ou pilastres adossés aux montants, et que pour cette raison on nomme contre-chambranles ou arrière-chambranles.

Les chambranles peuvent porter sur un stylobate, sur un seuil ou sur un appui ; dans ces deux derniers cas ils sont dits posés à cru. Les chambranles doivent être mis en harmonie avec l'ordre et le caractère du monument auquel ils appartiennent ; quant à leur largeur, il n'y a pas, quoi qu'on ait pu écrire, de règles fixes à poser, puisque, dans des édifices également remarquables, cette largeur est tantôt d'un tiers (1), d'un quart, d'un cinquième ou d'un sixième de la largeur totale de la baie. Ajoutons cependant que Vitruve ( liv. 4, ch. 6) prend pour élément de la proportion des chambranles la hauteur des portes. Il les divise en trois genres : dorique, ionique et atticurge.

Pour ce dernier ordre et pour le dorique, il prescrit de donner à la largeur du chambranle la douzième partie, et pour l'ordre ionique la quatrième partie de la hauteur totale de la porte.

Nos lecteurs, du reste, comprendront très-bien que, dans le dorique grec, le chambranle soit plus large, plus trapu que dans le style

---

1) Il existe à Cefalu, ancienne *Cephalædium*, des chambranles qui ont plus du tiers de l'ouverture de la porte.

grec du siècle de Périclès, et que la porte d'un tombeau puisse avoir plus de lourdeur que celle d'une galerie de fêtes ; et ces deux portes, quoique ayant des chambranles de proportions très-différentes, pourront être néanmoins chacune des chefs-d'œuvre, si elles ont été conçues par un grand artiste. Pour les chambranles de CHEMINÉE, voy. ce mot.

CHAMBRE, s. f. — De χαμάρα, voûte, réduit voûté. Les Italiens ont adopté ce mot pour désigner toutes les pièces habitables d'une maison ; nous avons fait comme eux, et, dans un sens générique, ce mot sert à désigner chez nous une pièce quelconque d'une maison ou d'un appartement. Dans un sens restreint, au contraire, il ne s'applique qu'aux pièces dans lesquelles on repose, on dort, et qu'on nomme *chambre à coucher*.

Les chambres des anciens étaient petites, elles ne recevaient de jour que par une ouverture pratiquée au-dessus de la porte ; elles étaient décorées très-simplement, avec des murs peints en rouge ou en noir, relevés de quelques arabesques. A Pompéi et à Herculanum, les chambres étaient placées loin du bruit de la rue et de la maison.

Ce terme s'applique également à des lieux de réunion : *chambre des députés, chambres syndicales, chambre de commerce.* On nomme encore ainsi diverses salles dans les palais de justice : *chambre criminelle, chambre civile,* etc. (Voy. PALAIS DE JUSTICE.)

CHAMBRE D'ÉCLUSE. — Espace d'un canal compris entre deux portes d'écluse.

CHAMBRE DE PORT. — Partie du bassin d'un port dans laquelle on tient les vaisseaux désarmés.

CHAMBRE CLAIRE. — Appareil destiné à faciliter la reproduction d'un objet qu'on désire dessiner. C'est un prisme en cristal de forme triangulaire et une glace parallèle à une de ses faces. A l'aide d'une vis de pression, on fixe sur une planchette à dessiner cet appareil, qui est très-employé par les architectes.

CHAMBRE NOIRE. — Appareil destiné, ainsi que la chambre claire, à faciliter la reproduction d'un dessin quelconque. C'est une boîte en bois qui réfléchit sur un plan horizontal la

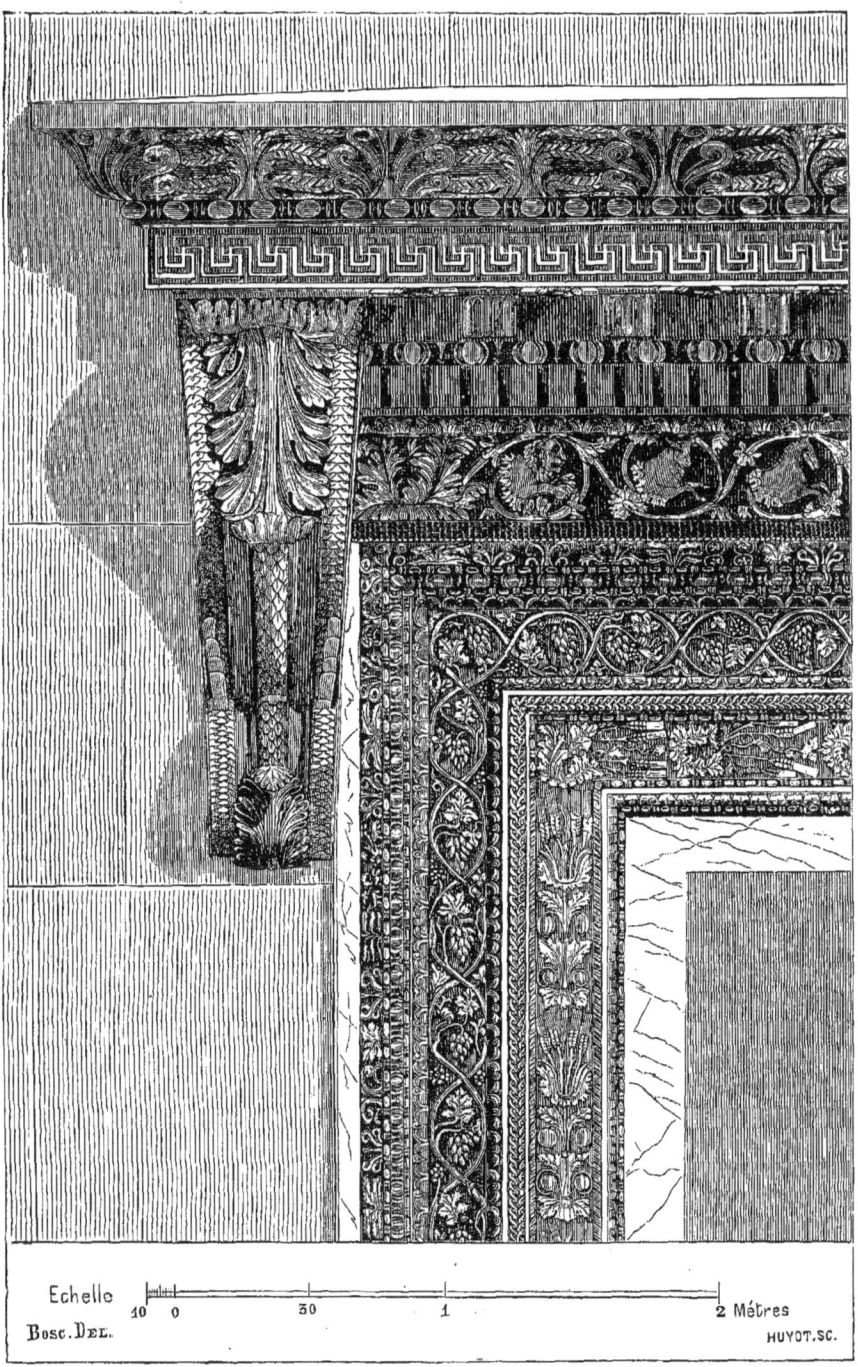

Echelle

10 0      50      1      2 Mètres

Bosc. Del.      HUYOT.SC.

Planche XVIII. — Chambranle de la porte du temple d'Héliopolis.

vue ou le dessin à reproduire. C'est un simple calque qu'on a à faire, de sorte que c'est un moyen abréviatif et très-sûr de dessiner avec précision une vue ou un objet. La chambre noire a été délaissée pour la chambre claire, ce qui est un grand tort, car l'emploi de cette dernière fatigue beaucoup plus la vue.

**CHAMBRÉE** ( Sablière de ). — Pièce de bois placée au-dessus des solives et assemblée à tenon avec les poteaux formant baies. Cette sablière dans les pans de bois reçoit les poteaux de remplissage et de décharge, les potelets, les tournisses, etc.

**CHAMOIS**, *s. m.* — Couleur composée de jaune de Naples, de blanc de céruse ; pour lui donner du brillant, on l'additionne d'une *pointe* de vermillon et de jaune de Berry.

**CHAMP**, *s. m.* — En maçonnerie, c'est l'espace qui reste autour d'un cadre, d'un chambranle ou le fond d'un ornement et d'un compartiment. — En peinture, c'est toute surface sur laquelle un objet se détache en relief ou en couleur; on le nomme aussi *fond*. Dans l'antiquité le champ des sculptures fut souvent peint en rouge, en bleu, même à l'extérieur des édifices. Au moyen âge et à la renaissance les *champs* étaient également peints et dorés ou décorés de mosaïques. — En menuiserie, le *champ* est la partie la plus étroite d'une pièce de bois ; les *champs* sont encore les parties lisses et unies que forment les *bâtis* autour des *cadres* et des moulures de toute sorte.

En blason, le *champ* est la surface de l'écu, et, suivant la couleur de l'émail, on dit : porte des merlettes d'argent sur *champ d'azur*, de gueules ou de sinople, etc.

**CHAMP** (Poser de). — C'est placer un objet sur sa face la plus étroite ; avec la brique on fait des cloisons *à plat* et *de champ*. (Voy. Briquetage.)

**CHAMPIGNON**, *s. m.* — Espèce de coupe renversée, portée par un piédouche en forme de balustre ou de colonnette, qu'on emploie ordinairement comme pièce supérieure d'une fontaine jaillissante. Les champignons servent

à faire bouillonner l'eau d'un jet ou d'une gerbe ; ils sont quelquefois taillés en écailles au-dessus. Au mot Fontaine le lecteur trouvera des exemples de champignons.

En charpenterie, ce sont des végétations parasites qui naissent sur le tronc des vieux arbres. Ces excroissances annoncent le dépérissement des arbres.

En fumisterie, ce sont des chapeaux en tôle qu'on place à l'extrémité des tuyaux de cheminée ; ils sont simples, plats, de forme conique, etc.

**CHAMPLEVER**, *v. a.* — Pratiquer une rainure dans une plaque de métal ; abaisser le champ d'une pièce à la hauteur qu'il doit avoir pour y incruster une autre pièce, ou de l'émail ; enfin c'est creuser et découvrir au burin une figure dessinée sur une plaque d'acier ; on disait anciennement *chanfrer*.

**CHAMPLURE**, *s. f.* — Altération du bois causée par la gelée, ou par le givre qui s'attache aux branches. La champlure désorganise le tissu du bois et lui enlève de sa densité et par conséquent de sa ténacité.

**CHANCEAU**, *s. m.* — Barreau d'une grille d'enceinte.

**CHANCEL**. — Voy. Cancel.

**CHANCIR**, *v. n.* — Le bois chancit quand il se couvre de moisissure. Le bouleau, le hêtre, recouverts d'écorce et exposés à l'humidité, peuvent *chancir* ; le chêne, dans les mêmes conditions, met beaucoup plus de temps à *chancir*.

**CHANCRE** ou **ULCÈRE**, *s. m.* — Maladie des arbres attribuée à la sève qui se porte en trop grande abondance sur un point quelconque de l'arbre, et produit une suppuration qui le fait dépérir en le pourrissant. Le chancre est intérieur ou extérieur : dans ce dernier cas, l'ouverture par laquelle s'écoule la sève se nomme *gouttière*.

**CHANDELIER**. *s. m.* — De *candela*, chandelle ; objet mobilier servant à porter des chandelles, des bougies, des cierges. L'usage d'employer des luminaires dans les cérémonies du culte remonte à une haute antiquité, puisque nous savons que les Hébreux conservaient dans le tabernacle le chandelier d'or à sept branches ; plus tard les Grecs et les Romains eurent des chandeliers comme les nôtres, ainsi que le témoignent des peintures et des vases peints ; du reste on a retrouvé des chandeliers dans les fouilles de Pompéi. (Mazois, *Antiquités de Pompéi*.) Au mot CANDÉLABRE, nous avons donné un type étrusque, qui n'est en définitive qu'un grand chandelier.

Le moyen âge et la renaissance ont eu leur chandelier comme nous avons les nôtres.

CHANDELIER D'EAU. — Fontaine dont le jet s'élève au-dessus du gros balustre portant une petite vasque, d'où l'eau retombe dans un bassin. Il existe des chandeliers d'eau à la cascade de Saint-Cloud, par exemple.

CHANDELLE, *s. f.* — Pièce de bois, sorte de poteau-à-plomb qu'on pose debout, pour soutenir une pièce de bois transversale, poutrelle, solive, etc.; en un mot, un objet ne réclamant pas un étai solide et robuste. La chandelle est pour ainsi dire un étai provisoire, destiné à soutenir des objets de peu de poids. On dit aussi quelquefois POINTAIL ( voy. ce mot), quoique ce dernier terme ne soit pas synonyme de *chandelle*.

CHANFREIN, *s. m.* — Surface étroite, petit plan obtenu par l'abatage d'une arête, sur la pierre, le bois, le fer, etc., d'où l'expression *abattre en chanfrein*. Le chanfrein n'est pas un biseau, comme le prétend Quatremère de Quincy (*Dict. d'arch.*); en effet, dans le chanfrein, l'arête est abattue à 45 degrés, tandis que le biseau se présente sous toutes sortes d'angles. S'il est à 45 degrés, il peut être appelé *chanfrein*, et dans ce seul cas ces deux mots sont synonymes. — Les chanfreins, en permettant de supprimer les arêtes vives dans les pierres, empêchent les épaufrures ; ils servent également à la décoration.

A l'époque romane, le chanfrein a joué un rôle assez important dans la composition des profils ; et souvent les moulures de cette épo-

que sont formées par la réunion des deux ou plusieurs chanfreins, diversement disposés avec des listels. (Voy. MOULURES. ) — C'est aussi un ornement qu'on nomme NACELLE (voy. ce mot), quoiqu'il soit composé de deux courbes et non de chanfreins.

CHANFREINER, *v. a.* — Faire un chanfrein, c'est-à-dire remplacer une arête vive par un chanfrein.

CHANFREINÉ, ÉE, *part. pass.* — Pourvu d'un chanfrein.

CHANFRER. — Voy. CHAMPLEVER.

CHANGE, *s. m.* — Nom donné autrefois aux édifices publics qui servaient de lieu de réunion aux commerçants, aux banquiers, etc., et qu'aujourd'hui on nomme *bourse*. A Pérouse il existe un change (*gambio*), célèbre par les fresques du Pérugin.

CHANGEMENT A L'EXÉCUTION DES PLANS. — Une grave question est celle des changements qu'un architecte apporte dans l'exécution de ses plans ; elle touche en effet à des intérêts divers, à ceux des administrations, des propriétaires et des entrepreneurs. Aussi les architectes doivent-ils étudier leurs projets avec le plus grand soin, afin d'avoir à faire le moins de changements possible lors de leur exécution. Nous voulons parler de changements radicaux, car il est évident que l'exécution amène toujours des changements indispensables, puisque bien des détails ne peuvent être exécutés que pendant la construction.

CHANGEMENT DE VOIE. — Dans les grands chantiers, dans la création des parcs et des jardins, les déblais et les remblais sont faits à l'aide de vagonnets roulants sur des rails de fer, sur des voies ferrées. Il est souvent nécessaire de changer de voie ; le système le plus généralement employé est celui dit *à aiguilles*. Il se compose d'aiguilles de même longueur dont la pointe passe sous les champignons des rails, ou dans l'épaisseur des contre-rails. A l'aide d'un mécanisme, à un moment donné, une manœuvre fait passer les vagonnets sur ces aiguilles, qui les dirigent sur une autre voie.

**CHANLATTE**, *s. f.* — Chevron ou madrier (suivant la pente du toit où il doit être employé), refendu diagonalement d'une arête à l'autre, qu'on cloue sur l'extrémité des chevrons, parallèlement à la corniche, pour former les égouts pendants. C'est sur la chanlatte que l'on pose le premier rang de tuiles ou d'ardoises effleurant l'égout. On écrit aussi *chanlate*.

**CHANLATTER**, *v. a.* — Poser des chanlattes.

**CHANTEPLEURE**, *s. f.* — Ouverture longue et étroite, espèce de barbacane pratiquée dans un mur de clôture ou de terrasse, ou bien dans des murs situés dans le voisinage d'un cours d'eau et exposés aux inondations. Les chantepleures permettent l'écoulement des eaux dans les murs de terrasse, de soutènement ou de clôture, de sorte que, dans les deux cas, elles empêchent sur les murs une poussée qui pourrait leur être préjudiciable.

**CHANTERELLE**, *s. f.* — Fausse équerre du menuisier et du charpentier.

**CHANTIER**, *s. m.* — Espace qui entoure un bâtiment en construction ; il est ordinairement circonscrit par une barrière en planches. C'est dans ce local où sont déchargés les matériaux qu'on doit mettre en œuvre et qui sont amenés *à pied d'œuvre*. Le chantier de construction ou de maçonnerie doit être pourvu de toute sorte de matériaux, pierres, briques, plâtre, outils et machinerie nécessaires. C'est dans le chantier de maçonnerie qu'on juge de l'effet des profils qu'on traîne en plâtre, et que sur des surfaces horizontales ou verticales on trace les épures grandeur d'exécution. C'est sur le même chantier qu'on termine certains ouvrages très-finis ou qui demandent une grande précision.

On nomme aussi *chantiers* des locaux sur lesquels on taille la pierre ou le bois. C'est un enclos exclusivement réservé pour ce travail, et duquel on conduit à pied d'œuvre les matériaux ouvrés.

Le chantier des charpentiers sert non-seulement à tailler les bois de charpente, mais encore à les assembler, et à juger de leur effet ; après quoi on les désarticule, on les amène à pied d'œuvre et on procède à leur levage définitif.

**CHANTIERS.** — Morceaux de bois ou blocs de pierres sur lesquels les charpentiers et les tailleurs de pierre posent leur bois ou leur pierre pour les travailler, d'où l'expression *mettre en chantier*.

Les marbriers nomment *chantier* une solide table en pierre sur laquelle ils taillent et polissent le marbre.

Dans les constructions navales, on appelle *chantier* les fortes pièces de bois sur lesquelles porte la quille d'un navire en construction, ainsi que toutes les pièces de bois à l'aide desquelles on maintient les matériaux qu'on taille et qu'on équarrit.

On nomme *chantier de démolitions* l'emplacement sur lequel était une construction qu'on a démolie ou qu'on démolit, et sur lequel on vend les matériaux provenant de la démolition.

**CHANTIGNOLE**, *s. f.* — Fort tasseau en forme de coin, fixé sur l'arbalétrier d'une ferme de comble, au droit des pannes, pour les em-

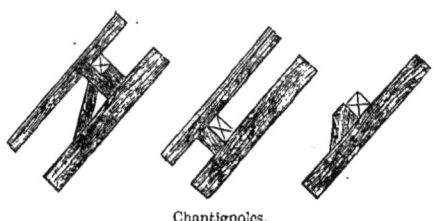

Chantignoles.

pêcher de glisser. On fixe les chantignoles sur l'arbalétrier avec des chevilles ou des boulons ; quelquefois même on se contente, mais à tort, de les fixer avec des CLOUS D'ÉPINGLES. (Voy. ce mot.) On ne doit tolérer ce mode d'assemblage qu'autant que les clous, par leur longueur et leur grosseur, sont de véritables chevillettes de fer. — Au moyen âge, on donnait souvent aux chantignoles une forme cubique : on les assemblait à tenon et à mortaise avec l'arbalétrier; elles étaient même quelquefois légèrement embrevées. Notre figure montre trois genres de chantignoles. Anciennement les ouvriers écrivaient quelquefois ce mot avec deux L ; ils disaient aussi et disent encore *échantignole*.

CHANTIGNOLE. — Brique spéciale servant à la construction des cheminées.

C'est aussi une sorte de brique, qui a moitié moins d'épaisseur que la brique ordinaire, ses autres dimensions étant les mêmes.

CHANTOURNEMENT, *s. m.* — Action de chantourner ; sinuosité courbe pratiquée dans une pièce de bois, de métal, avec divers outils, scies, limes, ciseaux. (Voy. le mot suivant.)

CHANTOURNER, *v. a.* — Couper en courbe une pièce de bois ou de métal suivant un profil donné, et, par extension, décrire des courbes dans du bois, du fer, etc. On chantourne avec la scie à main, la scie à chantourner ou avec la lime, des ciseaux, des burins, etc. Aujourd'hui, avec les scies mécaniques mues par la vapeur, on chantourne avec netteté, précision et rapidité, le bois, le zinc, le fer, le bronze et l'acier, et, suivant la forme ou les dessins qu'affectent les objets chantournés, ils sont dits *découpés à la scierie mécanique*. A Paris, une maison fort connue des architectes opère, dans ce genre de travail, de véritables tours de force et d'habileté.

En serrurerie, à part la définition générale que nous avons donnée, ce mot signifie encore tordre une barre de fer méplate, de façon à ce que l'ornement, le contour obtenu soit en partie exécuté en fer plat et en partie de champ.

CHAPE, *s. f.* — Couche d'enduit d'épaisseur variable, faite avec des matériaux divers. Les chapes sont horizontales, verticales, courbes, suivant les locaux où on les applique. Au moyen âge, on recouvrait généralement les voûtes d'une chape en mortier ou en plâtre. De nos jours, on fait des chapes en mortier, en ciment, en béton, en mortiers hydrauliques et en asphalte. On les emploie sur des aires

avant de les paver, de les daller, ou de les bitumer, ou bien on les étale sur l'extrados des voûtes, pour les protéger contre les infiltrations ; et même, dans certains cas, on fait des chapes de plomb.

Les sculpteurs nomment ainsi un mélange, une espèce de pâte dont ils recouvrent les cires des ouvrages qu'ils *jettent* en fonte. Les mouleurs nomment *chape* l'enveloppe en plâtre ou en bourre et plâtre dans laquelle s'ajustent les pièces d'un moule. Ce mot, écrit avec deux P, a une autre signification. (Voy. CHAPPES.)

CHAPE, en serrurerie, c'est toute espèce de monture de poulie ou de galet. C'est une sorte de bride qui porte les deux extrémités de l'axe d'une platine. Il y a des *chapes à vis, à scellement, à pointe, à patte, à charnière*, etc. Les platines des poulies pour rideaux se nomment *chapes*, et quand elles sont composées de deux parties distinctes, on les nomme *joues*.

CHAPÉ, *adj.* — Terme de blason; se dit de l'écu divisé par deux lignes diagonales qui partent du milieu du chef, et qui se terminent, l'une à l'angle dextre, l'autre à l'angle senestre, de sorte que le champ paraît comme un chevron rempli. (Voy. BLASON, ainsi que la planche X, sur laquelle on voit l'*écu chapé*.)

CHAPEAU, *s. m.* — En charpente, c'est une pièce de bois horizontale posée sur la tête d'autres pièces verticales, par exemple dans un pan de bois, dans une file de pieux ou pilotis, etc. Les *chapeaux* sont reliés avec ces

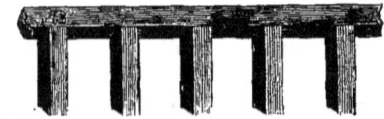

Fig. 1. — Chapeau de pieux.

pièces, soit par des chevilles en fer, soit par des tenons pratiqués sur les têtes de pieux, qui portent de petits coins en bois ou en fer; de sorte qu'en enfonçant de force les chapeaux qui portent mortaises, le tenon s'élargit par la pénétration des coins; le chapeau et le pilot forment ainsi un assemblage très-solide. On nomme *chapeau d'étaie* une pièce de bois qu'on met au haut d'une *potence* ou d'une *étaie.*

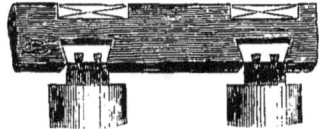

Fig. 2. — Chapeau à mortaise
s'emboîtant avec les tenons des pieux.

CHAPEAU DE LUCARNE. — Pièce de bois de forme variable, qui, assemblée sur les montants ou poteaux de la lucarne, forme encadrement.

CHAPEAU D'ESCALIER. — Pièce servant d'appui au haut d'un escalier de bois.

CHAPEAU DE CARDINAL. — Rondelle de tôle rapportée autour d'un tuyau de fumée, pour rejeter l'eau.

CHAPELET, *s. m.* — Ornement de sculpture décorant des baguettes ou tores, au moyen

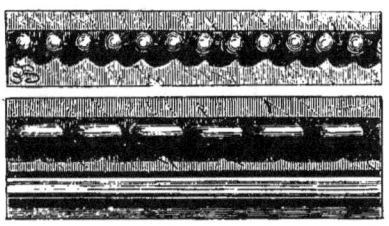

Fig. 1. — Chapelet à perles et chapelet à olives.

d'une suite de *perles*, d'*olives*, d'*amandes* et de *piécettes* disposées de diverses manières; nos

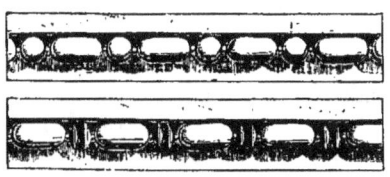

Fig. 2. — Chapelet à perles et olives;
chapelet à olives et piécettes.

figures en montrent diverses dispositions. La partie supérieure de la fig. 1 montre un chapelet de perle, et dans le bas un chapelet d'olives, tandis que la fig. 2 montre un chapelet composé dans le haut de perles et d'olives, et dans le bas d'olives et de piécettes. Ces ornements sont comme enfilés les uns à la suite des autres

de manière à imiter un *chapelet;* de là le nom de cet ornement. Les chapelets occupent la place des tores et baguettes unies; on les retrouve à toutes les époques et dans presque tous les styles d'architecture.

CHAPELLE, *s. f.* — Du latin *capella.* A l'origine ce mot désigna l'oratoire où fut placée la *chape* qui abritait les reliques de saint Martin, à Tours, et par la suite il fut appliqué à tout lieu dans lequel on conserva des reliques. La chapelle était un diminutif de l'église; elle était isolée ou attenante à un édifice civil ou religieux. Aussi de nos jours on désigne sous ce nom les petites églises ou oratoires des châteaux, des couvents, des monastères, prisons, etc., ainsi que les autels situés à l'intérieur des églises, quelle que soit leur position. Cette multiplicité des autels remonte aux premiers siècles du moyen âge, et les croisillons du transept furent les premiers transformés en chapelles; du reste l'entrée des chapelles, dans le plan général des églises, ne remonte pas au delà du XIe siècle, et, d'après le dire de certains archéologues, l'église de Preuilly (Indre-et-Loire) en offrirait le premier exemple en France. Ce ne fut guère qu'à la fin du XIe siècle qu'on créa dans les églises des chapelles qui rayonnaient autour des absides; encore à cette époque cette disposition était-elle rare, et ce ne fut qu'au siècle suivant qu'elles apparurent fréquemment avec la grande chapelle située à l'extrémité orientale de l'église, qui était toujours consacrée à la Vierge; mais ce ne fut qu'au XIVe siècle qu'elles furent d'un usage constant. C'est également à cette époque que les bas-côtés se garnissent d'une suite de chapelles correspondantes à chacune des travées de la nef. Les chapelles étaient souvent la propriété d'un corps d'état ou d'une famille; elles avaient même des cheminées, comme on le voit encore aux églises de Brou et de Souvigny; à la chapelle de Bourbon, à Cluny. Ces cheminées ont fait supposer à tort que certaines chapelles avaient pu à l'origine être des sacristies; on a reconnu aujourd'hui qu'elles n'avaient été construites que pour la commodité et l'agrément.

Indépendamment des chapelles attenant à

des édifices civils et religieux, la piété des fidèles construisit des chapelles isolées sur des lieux élevés ; leur plan était fort simple : c'était ordinairement une *cella* de forme allongée. On les plaçait souvent sous l'invocation de saint Michel, à qui l'on s'adressait pour conjurer les orages. Un accident survenu, un crime commis, un vœu prononcé dans un grand danger, était un prétexte dont les fidèles s'emparaient

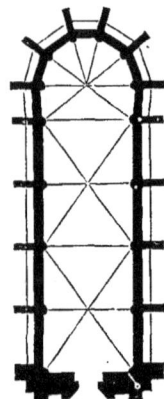

Fig. 1. — Chapelle isolée avec contre-forts saillants.
(XIIᵉ siècle.)

pour élever une chapelle expiatoire ou de reconnaissance ; telle est, par exemple, la chapelle des Flammes, construite auprès du chemin de fer de Paris à Versailles, en mémoire de l'accident qui coûta la vie à tant de personnes, entre autres à Dumont d'Urville ; telles, la chapelle expiatoire de Louis XVI, à Paris ; la chapelle de Neuilly, élevée en commémoration de l'accident qui coûta la vie au duc d'Orléans.

Les chapelles *primitives* furent dans les catacombes ; elles étaient élevées généralement en l'honneur d'un martyr ; de là, l'origine des CRYPTES (voy. ce mot) ou chapelles souterraines, dont l'usage s'est perpétué jusqu'à nous.

Au XIᵉ et au XIIᵉ siècle les chapelles romanes isolées furent construites sur des plans très-variés, carrés, circulaires, de forme octogonale, etc., et les voûtes furent de plein cintre ; à la fin du XIIᵉ le plein cintre fut remplacé par l'arc aigu, et les chapelles isolées furent caractérisées en plan par des contre-forts très-saillants

(fig. 1), comme à la Sainte-Chapelle de Paris, et sur les façades par de grandes baies en forme de roses et par des pignons très-aigus. Le clocher se trouva sur la façade ou sur le côté

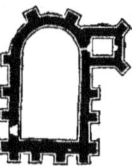

Fig. 2. — Chapelle avec entrée et clocher sur les côtés.

(fig. 2). Au XVIᵉ siècle l'architecture commença à devenir classique, et les architectes de la renaissance créèrent des merveilles dans ce genre ; mentionnons les chapelles des châteaux de Vincennes, de Blois, de Fontainebleau, d'Écouen, d'Anet.

Les chapelles isolées variaient beaucoup comme importance : les unes ne pouvaient contenir que quelques personnes, d'autres étaient si vastes qu'elles purent plus tard être transformées en cathédrales ; celle du palais des ducs de Bourgogne à Autun, celle du château de Bourbon à Moulins, sont de ce nombre.

CHAPELLES ( SAINTES- ). On a appelé ainsi des chapelles qui contenaient un trésor et des reliques, comme nous l'avons dit au commencement de l'article précédent ; elles faisaient toujours partie d'un palais ou d'un château souvent royal, et étaient desservies par un collége de chanoines. Les plus remarquables sont les saintes-chapelles de Bourbon-l'Archambault, de Dijon, de Riom (aujourd'hui palais de justice), et de Champigny en Touraine, de Saint-Germain en Laye (que notre confrère Eugène Millet restaure en ce moment), du château de Vincennes, enfin la Sainte-Chapelle du Palais, à Paris, un des chefs-d'œuvre de l'art du XIIIᵉ siècle, qui a été si admirablement restaurée par Lassus, Duban et M. Boeswilwald.

Ce fut Louis IX qui fit bâtir cette chapelle par Pierre de Montereau, pour y déposer les reliques que l'empereur de Constantinople Baudouin de Courtenay lui avait offertes. Elles furent renfermées dans une châsse en bronze doré : c'était la couronne d'épines, un morceau de bois de la vraie croix, le fer de la sainte

Pl. 19

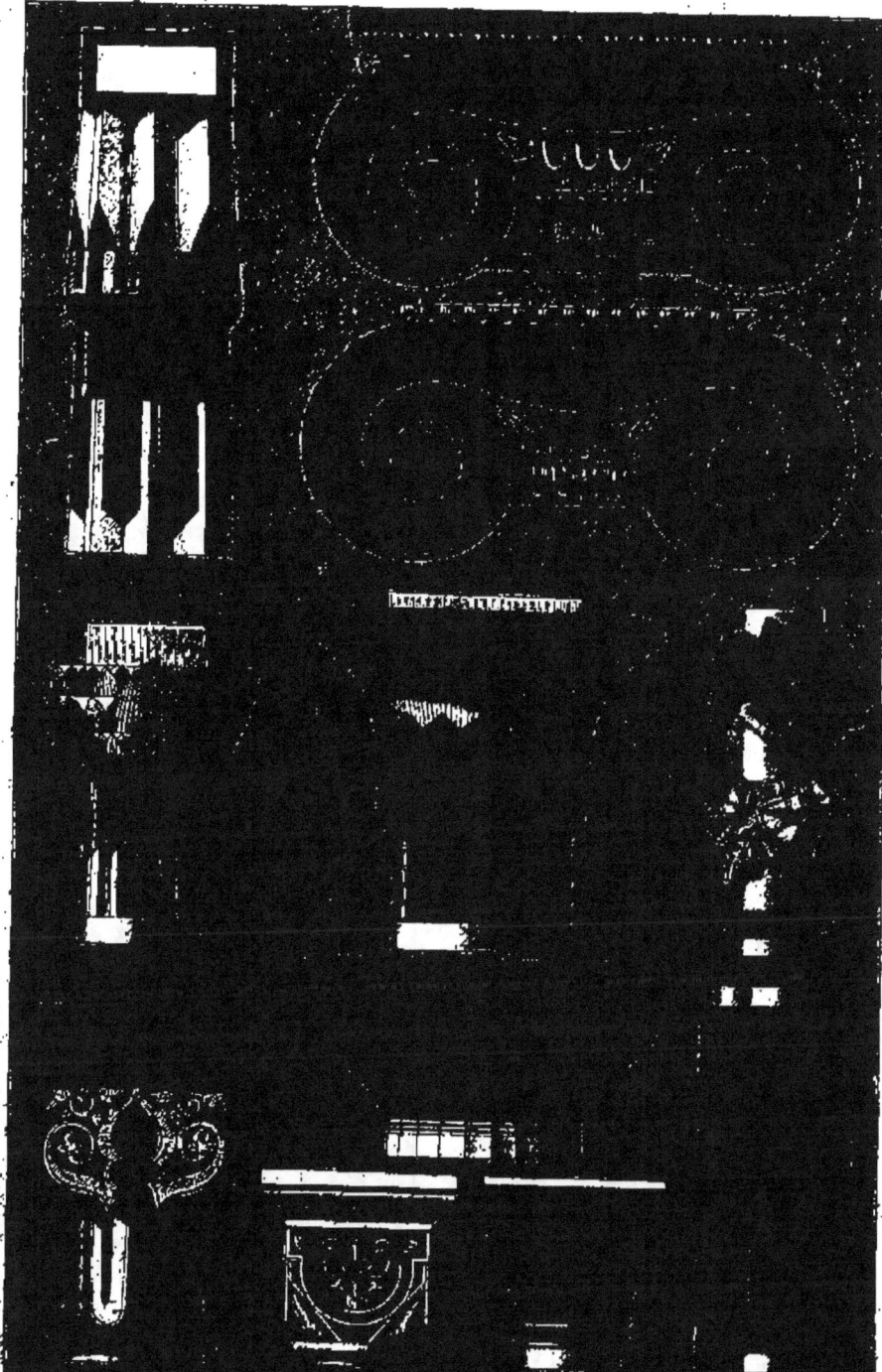

Roux et Brunard, del.

Charpentier, lith.

CHAPITEAUX

Imp. Firmin Didot & Cie, Paris.

lance, un morceau de l'éponge et du roseau qui figurent dans la Passion.

La Sainte-Chapelle forme deux églises : l'une au niveau du sol extérieur ; l'autre, au-dessus, était de plain-pied avec le palais de Louis IX. Deux escaliers mettaient en communication la chapelle et les combles. Les travaux, commencés en 1242, furent terminés vers 1248, année de sa consécration, et coûtèrent plus de sept millions de francs. Ce bâtiment, dans œuvre, mesure 35 mètres de longueur, et 8 de largeur ; sa hauteur du niveau du sol au sommet du fronton est de 35 mètres.

**CHAPERON**, *s. m.* — Couverture d'un mur à une ou deux pentes, pour faciliter l'écoulement des eaux pluviales. Quand le mur est de clôture et mitoyen, il possède nécessairement deux égouts, mais quand il appartient à un seul propriétaire, il n'a qu'une pente, dont la chute est du côté de la propriété. — On fait des chaperons en ardoises, avec des tuiles faîtières, enfin en pierres : ceux-ci sont ordinairement de forme triangulaire et possèdent un larmier saillant de 0ᵐ,027 à 0ᵐ,030; ils sont dits *en bahut* quand leur contour est bombé.

En charpente, c'est une fausse coupe que l'on est obligé d'exécuter à l'extrémité d'une pièce portant tenon, lorsque au droit de la mortaise le bois est flache. Le chaperon se taille sur place et épouse la forme de la flache qu'il doit racheter ; comme on le voit, les chaperons en maçonnerie et en charpente sont complétement différents de forme. (Voy. MITOYENS, *Murs.*)

**CHAPIER**, *s. m.* — Grand meuble composé de tiroirs semi-circulaires qui tournent sur un pivot, posé au centre du demi-cercle. Ce meuble de sacristie sert à enfermer les *chapes* des prêtres catholiques. Il a fait son apparition au XVIIᵉ siècle, au moment où l'on remplaça les anciennes chapes d'étoffes souples par de nouvelles tissées d'or et d'argent et chargées de lourdes broderies.

**CHAPITEAU**, *s. m.* — Ensemble de moulures et d'ornements qui coiffe ou couronne le

fût d'une colonne, d'un ante, d'un pilastre. Son nom, dérivé du grec κεφαλή, *tête*, exprime bien sa situation de tête de la colonne ; les Latins l'ont nommé *caput*, d'où nous avons fait *chapiteau*.

C'est un ensemble de moulures si important, qui caractérise si diversement les *styles* d'architecture, que l'histoire et la description du chapiteau chez tous les peuples et à diverses époques, pourrait presque fournir un abrégé de l'histoire générale de l'architecture. Tous les peuples, sauf les Chinois, ont employé le chapiteau dans leur architecture, ce qui prouve que son origine a des causes communes chez toutes

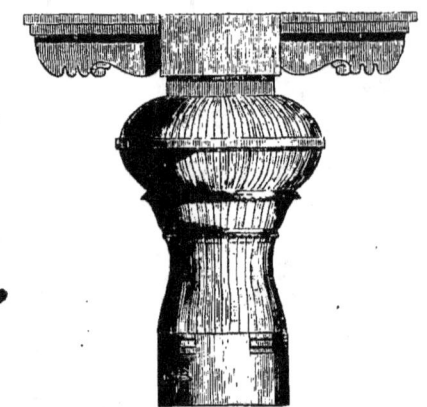

Fig. 1. — Chapiteau du temple d'Élora.

les nations. Ces causes furent la nécessité et l'utilité, ainsi que le désir d'embellir un élément indispensable de la construction, le point d'appui, c'est-à-dire la colonne, le pilier ou le pilastre.

Au mot ABAQUE, nous avons vu que primitivement ce membre d'architecture dut composer à lui seul le chapiteau, et que, placé sur des colonnes en bois ou en pierre, l'abaque servait non-seulement à les protéger, mais encore à offrir au point d'appui une plus large assiette. Plus tard, l'art, se chargeant de la transformation de l'abaque, créa le chapiteau en modela des formes avec une variété inconcevable, enfin l'orna de mille manières. Aussi on peut bien dire qu'il serait très-difficile, sinon impossible de faire connaître toutes les variétés de chapiteaux, car chaque peuple et

chaque époque en ont créé un très-grand nombre. Dans l'antiquité, la Perse, l'Inde, et
surtout l'Égypte, en ont imaginé de nombreux
exemples aussi variés dans leurs formes que
luxueux et brillants dans leur décoration. L'architecture indienne, à en juger par ce qui nous
en reste, n'a pas des types spéciaux de chapiteau ; les deux formes les plus répandues sont
celle d'une sphère assez déprimée qui supporte

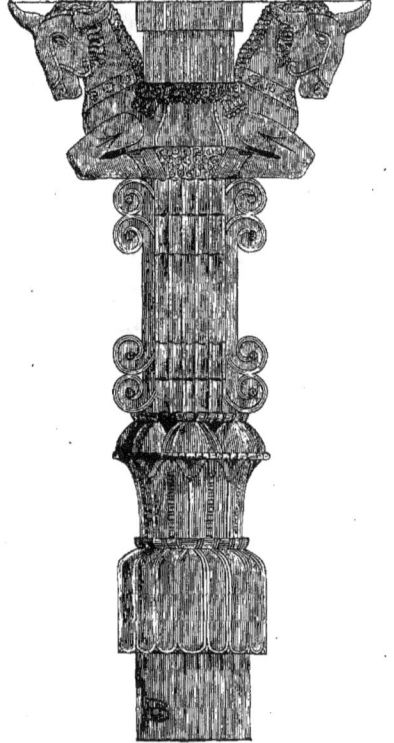

Fig. 2. — Chapiteau de Persépolis.

une double console formant un encorbellement
(fig. 1) ; la deuxième forme est un dé carré, orné
de volutes assez molles, lequel dé supporte un
espèce d'abaque. Le chapiteau (fig. 1) provient
du temple souterrain d'Élora, dont la construction remonte certainement à une époque très-
reculée, mais qu'on ne saurait préciser, malgré
les vifs débats que ce temple a soulevés parmi
les archéologues. A Persépolis nous trouvons
également un chapiteau formant un encorbellement sur une colonne ; ce sont (fig. 2) deux
demi-taureaux disposés de telle façon qu'ils

portent sur leur dos un dé carré, qui devait
supporter à son tour les poutres du plancher. A
Délos, il existe un monument où deux taureaux,
accouplés au lieu d'être posés dos à dos, forment
également un encorbellement. Les Grecs

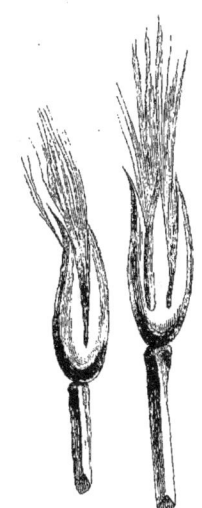

Fig. 3. — Lotus en boutons.

ont-ils imité les Perses, ou ceux-ci les Grecs
dans cette forme du chapiteau ? Il est bien
difficile de se prononcer ; nous croyons cependant le chapiteau persépolitain antérieur à

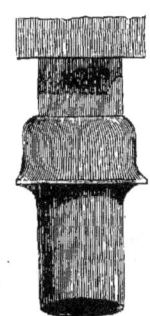

Fig. 4. — Chapiteau archaïque du palais de Karnac.

celui du monument de Délos, quoique les sanctuaires et les édifices élevés dans cette île remontent à une très-haute antiquité.

En Égypte, le chapiteau est très-étudié ;
aussi il revêt des formes multiples : le point
de départ de sa décoration est emprunté à la

flore du pays. C'est le lotus en bouton (fig. 3) qui fournit le premier élément de composition, et qui crée des chapiteaux analogues à ceux que représente notre fig. 4 du mot ABAQUE, ou celui représenté sur notre planche en couleur XIX, type primitif qui provient de Louq-

lisent même le fruit de cet arbre, les régimes de dattes (fig. 7). On voit d'autres chapiteaux en forme de cônes tronqués, unis ou à lobes, chargés d'ornements hiéroglyphiques qui rappellent plus ou moins le bouton de lotus ; ou bien encore ces chapiteaux, comme au temple de

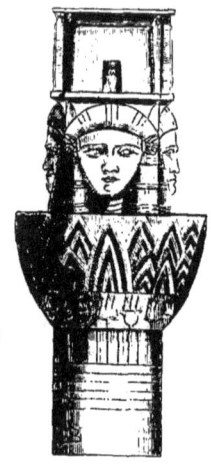

Fig. 5. — Chapiteau du temple occidental de Philæ.

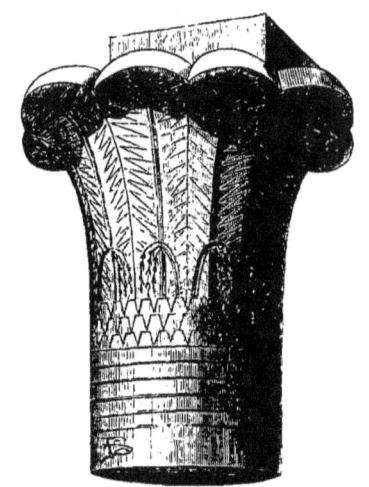

Fig. 7. — Chapiteau d'un temple aux environs d'Esné.

sor ; ou bien encore le chapiteau archaïque ( fig. 4) de la partie la plus ancienne du palais

Denderah, sont remplacés par un massif rectangulaire orné sur chacune de ses faces d'une tête de divinité, Isis ou Osiris, Typhon et d'autres. L'emploi de ces ornements divers, qui sont encore diversifiés entre eux par la dissemblance de leur disposition et par celle des couleurs qui les rehaussaient (voir le chapiteau en couleurs de l'île de Philæ), peut montrer quel rôle

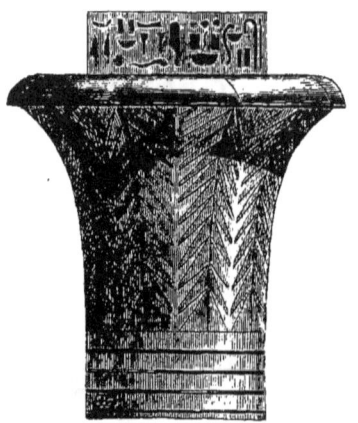

Fig. 6. — Chapiteau du temple d'Apollinopolis.

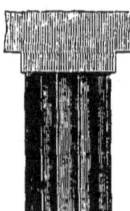

Fig. 8. — Chapiteau du tombeau de Beni-Hassan.

de Karnac, partie qui date de Thoutmès III (XVIIIe dynastie); ou bien la fleur du lotus épanouie crée le chapiteau en cloche renversé (fig. 5) surmonté d'un édicule. Les Égyptiens emploient encore à la décoration de leurs chapiteaux les branches du palmier (fig. 6); ils uti-

important les chapiteaux ont joué dans l'architecture égyptienne, et montrer aussi la fécondité des artistes de ce peuple, qui changeaient de types non-seulement d'édifices à édifices, de colonnade à colonnade, mais souvent de colonnes à colonnes, comme par exemple au grand temple d'Isis à Philæ. Quelquefois la colonne, comme aux hypogées de Beni-Hassan et de Karnac, ne porte pas de chapiteau ; elle est couronnée d'un simple abaque (fig. 8), ce qui fait que bien des archéologues ont voulu voir dans ces piliers le type primitif de l'ordre dorique et l'ont même dénommé sans plus de façon *proto-dorique*.

Disons enfin que les Égyptiens, quand ils n'employaient pas de colonnes et par conséquent de chapiteaux, mais de simples piliers

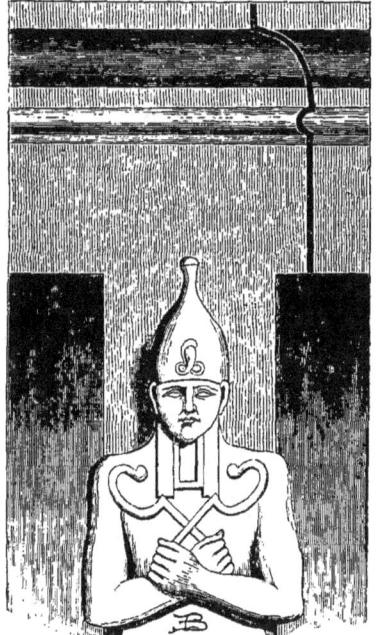

Fig. 9. — Pilier de Karnac (temple sud).

ou pilastres, adossaient en avant des statues des dieux, des rois ou des prêtres, comme au temple de Karnac, par exemple (fig. 9). Le personnage qui est en avant du pilier est un prêtre ou un roi, car il porte le *pedum*, ou bâton augural.

Dans l'architecture grecque, nous · voyons les chapiteaux de toutes les époques se prêter à une classification de trois ordres, dont chacun offre des formes très-distinctes et que les anciens comme les modernes ont désignés par les noms de *dorique, ionique* et *corinthien*. — Le premier, d'origine dorienne, le plus an-

ciennement employé, est le plus simple. Sa forme (fig. 10) consiste en un fort tailloir supporté par une échine, c'est-à-dire en une partie carrée, la plinthe, πλίνθος, qui porte sur une partie cylindrique coupée en biseau. Cette moulure offre une grande analogie avec la panse du

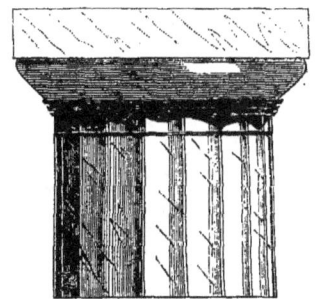

Fig. 10. — Chapiteau dorique en marbre.
(Parthénon d'Athènes.)

vase, auquel on a généralement donné le nom de *coupe*. (Voy. VASE.)

Signalons un deuxième type qui est une variante extrêment rare du dorique grec : c'est celui de la basilique de Pœstum (fig. 11). Un

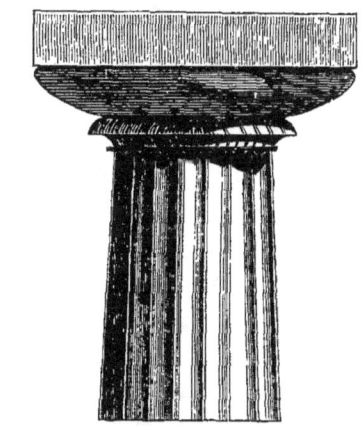

Fig. 11. — Chapiteau dorique grec de la basilique de Pœstum.

gorgerin très-concave, orné d'un bec saillant, forme une transition très-heureuse entre la colonne et le chapiteau. Voir également le dorique du temple de Jupiter Panhellénien sur notre planche en couleur.

Le troisième type, moins ancien et d'origine ionienne, offre moins de simplicité ; sa forme est un composé des éléments du chapiteau dorique, mais atténuée par une plus grande finesse. Il se distingue surtout par des *volutes*, espèce d'enroulements qui prennent naissance sous le tailloir. L'aspect de celles-ci sur les faces principales ressemble à une bande d'écorce d'arbre placée entre le tailloir et l'échine, dont les extrémités, débordant en partie, se seraient roulées sur elles-mêmes. Quelle est l'o-

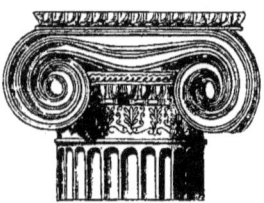

Fig. 12. — Chapiteau ionique de l'Érecthéion d'Athènes.

rigine de l'ordre ionique? Il paraît aujourd'hui bien démontré que le chapiteau décoré de volutes est une invention des architectes assyriens. Les Lydiens et les Phrygiens l'empruntèrent aux constructeurs des palais de

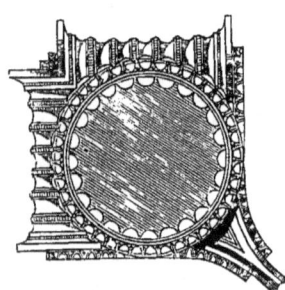

Fig. 13. — Plan du chapiteau ionique de l'Érecthéion, à Athènes.

Ninive; ils le montrèrent à leur tour aux colons grecs fixés sur les côtes de l'Asie Mineure, lesquels colons étaient pour la plupart ioniens; ceux-ci, avec le génie qui les caractérisait, avec des matériaux d'un grain fin et résistant, matériaux supérieurs aux calcaires grossiers dont disposaient les Assyriens, perfectionnèrent cette invention et constituèrent un ordre particulier qui prit le nom d'*ordre ionique*, lequel, disons-le en passant, fut bien dénommé, car c'est au cœur même de l'Ionie, à Éphèse, que Khersiphron de Cnosse et son fils

Métagènes élevèrent, dès les premières années du VIᵉ siècle (av. J.-C.), le premier Artémision, suivant l'ordonnance ionique et dans de grandes proportions pour l'époque. Cette œuvre périt tout entière vers 356 av. J.-C., dans l'incendie allumé par ce fou d'Hérostratos. Enfin nous retrouvons plus tard le chapiteau ionique aux propylées d'Athènes, au temple de la Victoire Aptère, et à l'Érecthéion. Nos

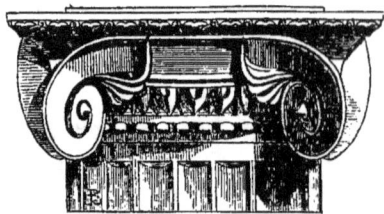

Fig. 14. — Chapiteau ionique, forum triangulaire de Pompéi.

fig. 12 et 13 donnent un chapiteau d'angle de ce dernier monument, que caractérise une particularité aussi rare que curieuse. Au-dessus de la colonne d'angle, la volute se répète en retour sur la face latérale suivant la diagonale, de sorte que de ce côté, au lieu de voir le coussinet,

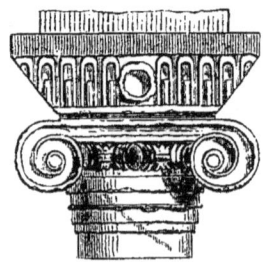

Fig. 15. — Chapiteau ionique du temple de Jérusalem (face).

on aperçoit une nouvelle face de deux volutes. Serait-ce ce chapiteau qui aurait donné naissance aux chapiteaux ioniques à quatre cornes semblables qui existent sur tant de monuments, par exemple, aux propylées du forum triangulaire de Pompéi (fig. 14), à la maison de Pansa et à la basilique de Pompéi? Il est bien difficile de le dire. Du reste, comme tous les autres, le chapiteau ionique a subi de nombreuses transformations. Nos fig. 15 et 16 montrent un chapiteau de la porte dorée du temple de Jérusalem (*Haram-eth-Shérif*) qui est très-curieux par son abaque très-élevé et portant des *canaux ;* ensuite le coussinet ou balustre est garni de feuilles posées en imbrications. De quelle époque date ce chapiteau ? Il est bien difficile de le dire, car il n'est pas de monument antique qui ait fourni plus de matière à la discussion, quant à l'âge de ses différentes parties (1).

Le troisième chapiteau dont l'emploi chez les Grecs fut postérieur à celui des deux autres offre dans son ensemble la forme d'une cloche renversée qu'entourent deux rangs de feuilles. Ce chapiteau possède un tailloir à faces courbes, dont les extrémités saillantes sont soutenues par quatre petites volutes angulaires. On voit sur-le-champ que si la composition de ce dernier chapiteau rappelle l'emploi modifié du tailloir et des volutes de l'ordre ionique, il

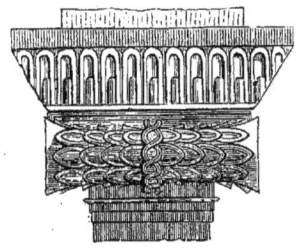

Fig. 16. — Chapiteau du temple de Jérusalem (profil).

présente également dans sa masse et dans la disposition de ses feuilles une ressemblance marquée avec les beaux chapiteaux de l'architecture égyptienne. Sous ce rapport, il est bien évident que la légende racontée par Vitruve est complétement fausse ( voir ce que nous avons dit à ce sujet au mot ACANTHE ) ; en effet, le chapiteau corinthien est trop étudié, trop bien dessiné, trop parfait dans ses formes et dans son ajustement, pour avoir l'origine rapportée par l'architecte romain.

Le type le plus pur et presque le seul qui nous reste de l'ordre corinthien grec se trouve

au monument chorégique de Lysicrates. (Voy. CHORÉGIQUES, *Monuments,* où nous avons donné ce chapiteau.)

Il existait beaucoup de variétés dans le trois types de chapiteaux que nous venons de décrire ; c'est très-facile à comprendre, puisque, suivant la proportion du fût, suivant le plus

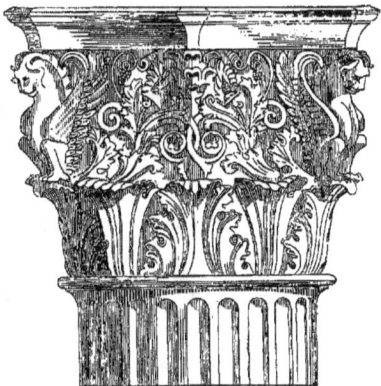

Fig. 17. — Chapiteau du temple des propylées d'Appius, à Éleusis.

ou moins de richesse du monument, suivant aussi l'époque de leur construction, les architectes grecs étaient obligés de varier les proportions, la forme, la richesse du chapiteau,

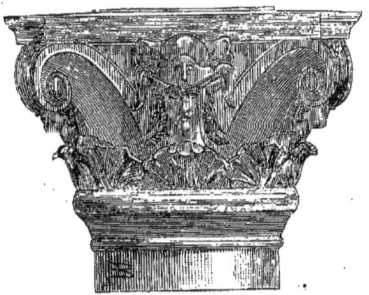

Fig. 18. — Chapiteau étrusque découvert à Pœstum.

pour le mettre en rapport avec le milieu qu'il était appelé à décorer. Mais c'est surtout dans le chapiteau corinthien que cette variété est très-accentuée, soit pour la proportion, les masses, les feuillages, soit encore par la forme et la grandeur des volutes ou leur suppression, soit enfin par les accessoires de toute nature imités d'êtres réels ou chimériques. Quoique possédant ces nombreuses variétés de chapi-

(1) M. de Saulcy, dans une lettre qu'il nous écrivait de Contrexéville (7 juillet 1872), nous disait : « Ces colonnes ont été construites peut-être au moment où l'empereur Héraclius, après la défaite de Chosroës, rentra triomphalement à Jérusalem, rapportant sur ses épaules le bois de la croix repris par lui aux Perses. »

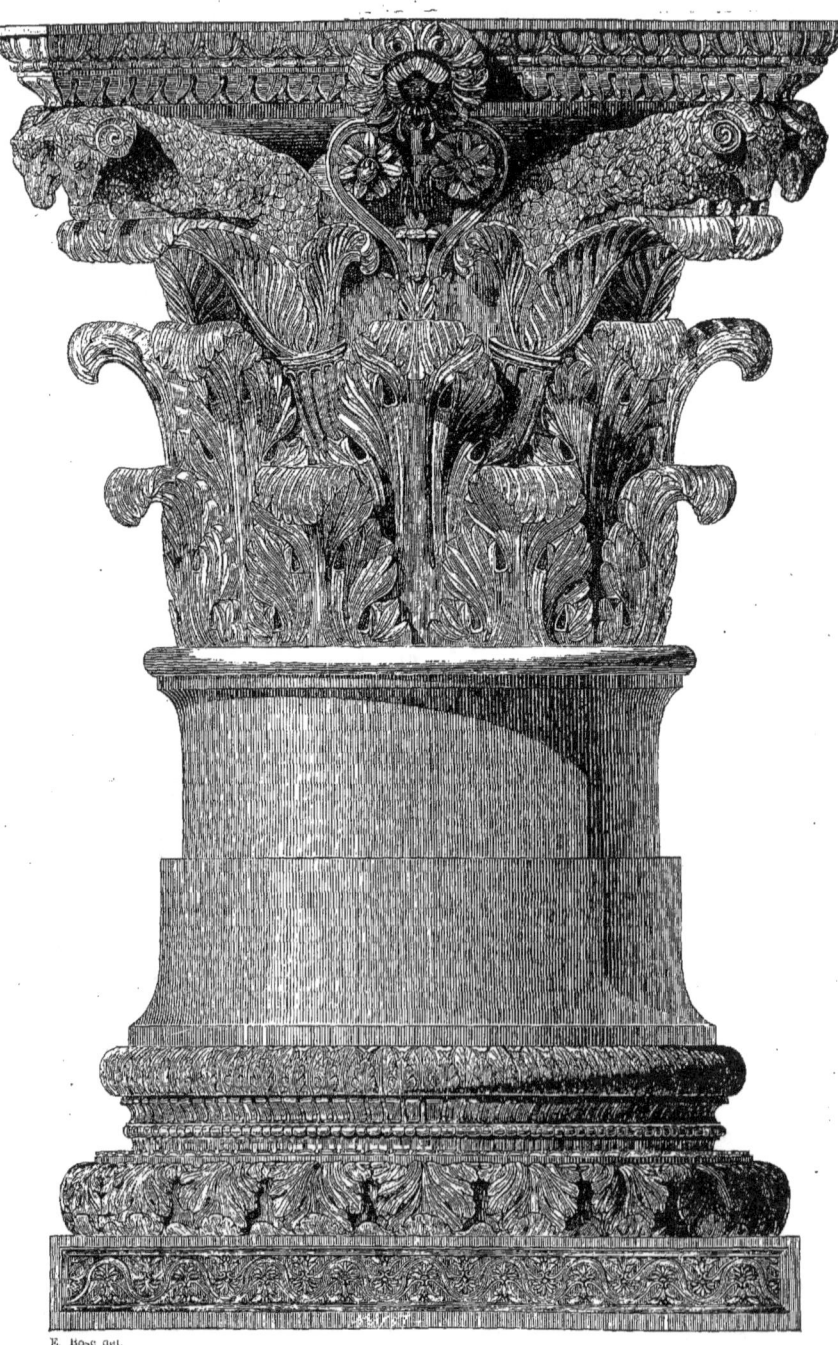

E. Bosc del.

Planche XX. — Chapiteau du temple de la Concorde, à Rome, d'après une restauration de M. Ancelet.

teaux, les Grecs n'en appliquèrent pas d'entièrement dissemblables dans une même rangée de colonnes, comme l'avaient fait les Égyptiens.

En effet, là où ils introduisirent des changements aux chapiteaux d'une même colonnade, ainsi que cela se voit à la basilique de Pœstum, ces changements ne portent que sur des détails dans l'ornementation, ce qui ne détruit pas l'unité des masses. Quant à la grande différence qu'ils mirent entre le chapiteau d'ANTE (voy. ce mot) et celui de la colonne,

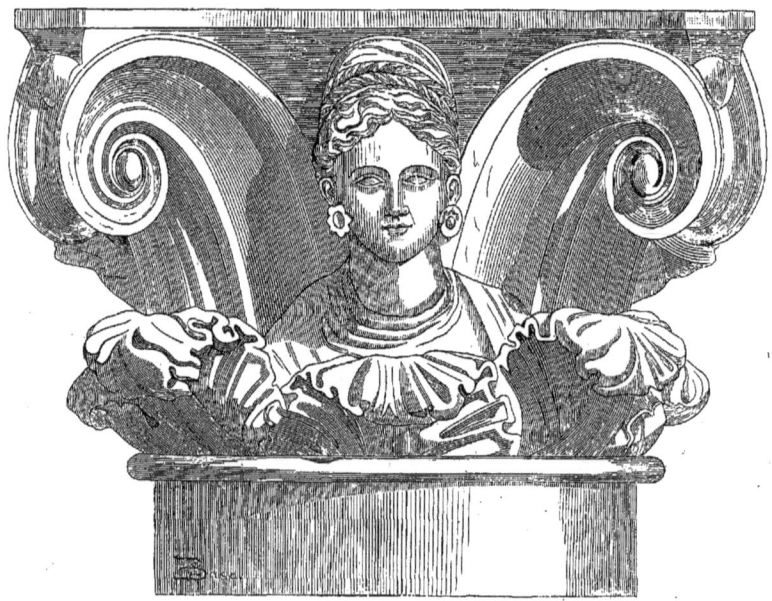

Fig. 19. — Chapiteau d'un tombeau étrusque à Vulci.

elle trouva sa cause naturelle dans la différence de proportion qu'ils adoptèrent pour ces deux genres de soutien et dans celle qui existe entre la propriété et l'aspect de formes aussi opposées. En donnant beaucoup moins de saillie au chapiteau de l'ante qu'à celui de la colonne, les Grecs surent approprier à chacune de ses formes les proportions qui leur étaient

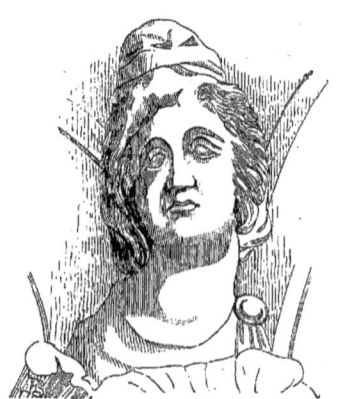

Fig. 20. — Figure de droite du chapiteau de Vulci.

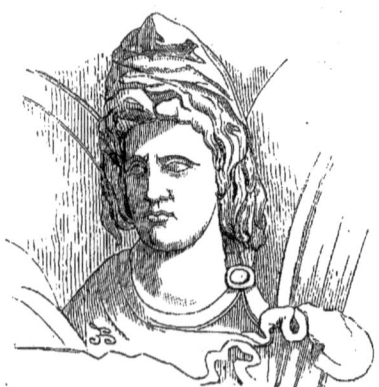

Fig. 21. — Figure de gauche du chapiteau de Vulci.

les plus avantageuses, et en cela ils donnèrent une preuve de goût et de discernement.

Contrairement aux Égyptiens, qui n'avaient établi aucune règle pour la composition et

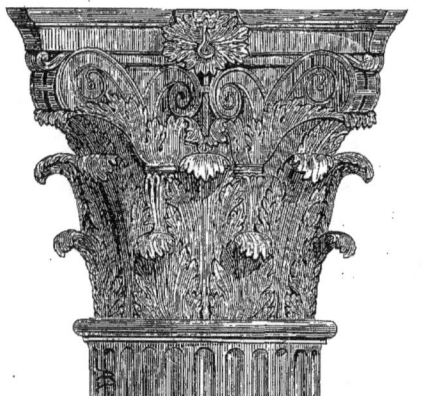

Fig. 22. — Chapiteau corinthien.

l'emploi de leurs chapiteaux, les Grecs posèrent des limites qu'ils ne franchirent jamais. Ces limites, loin d'entraver le génie de l'artiste grec, lui laissèrent assez de liberté pour lui

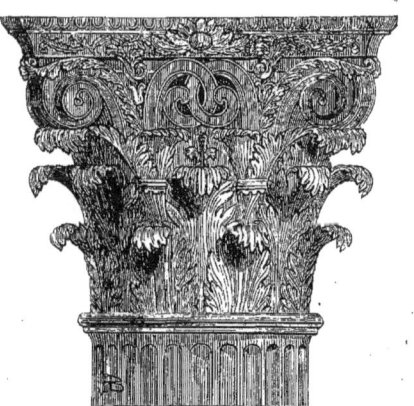

Fig. 23. — Chapiteau du temple de Castor et Pollux
(Jupiter Stator), à Rome.

permettre de produire en ce genre les modèles les plus variés comme les plus parfaits. — L'architecture grecque, transplantée à Rome, y introduisit ces mêmes éléments ; aussi les trois genres de chapiteaux, le dorique, l'ionique et le corinthien, tels qu'ils avaient été successivement modifiés en Grèce et qu'ils le furent

par la suite en Italie, ont été les seuls connus des Romains, les seuls employés dans leurs monuments. Le chapiteau *toscan*, que Vitruve mentionne comme originaire de l'Étrurie, n'était en somme qu'un dérivé du dorique grec,

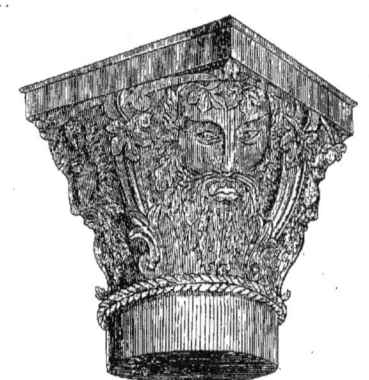

Fig. 24. — Chapiteau de la mosquée d'Amrou, au Caire.

avec lequel, selon la description qu'en donne cet auteur, il n'offrait d'autre différence que celle d'avoir un abaque circulaire au lieu d'un abaque carré. On voit que ce chapiteau ne mérite par la distinction qui en a été faite, pas plus que le chapiteau *composite* ou romain que

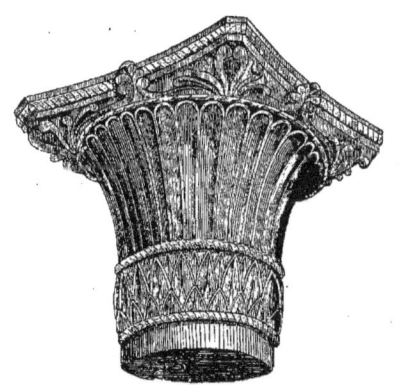

Fig. 25. — Chapiteau de la mosquée d'Abou-Lata, à Damiette.

les architectes de la renaissance furent des premiers à distinguer et à classer comme appartenant à un genre à part. (Voy. COMPOSITE.)

Les Grecs l'avaient bien connu, cet ordre, sans le dénommer autrement que *corinthien*, car le chapiteau des propylées d'Appius, à Éleusis (fig. 17), constitue, selon nous, un type très-différent; son galbe a la forme d'une corbeille, sa partie inférieure est ornée d'un rang de feuilles d'acanthe, d'où sortent aux angles des griffons ou chimères ailées à pattes

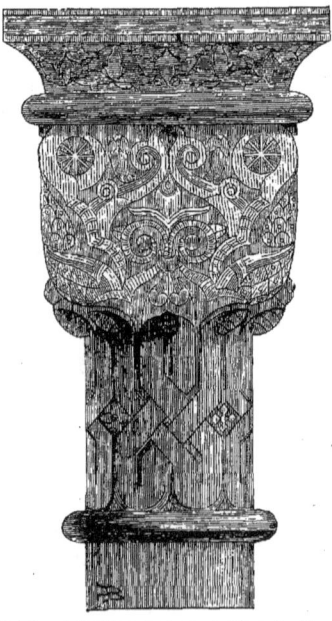

Fig. 26. — Chapiteau mauresque. (Cour des Lions, à l'Alhambra.)

de lion. Une particularité remarquable mérite d'être signalée, c'est que la face centrale du chapiteau est bombée, de sorte qu'en cet en-

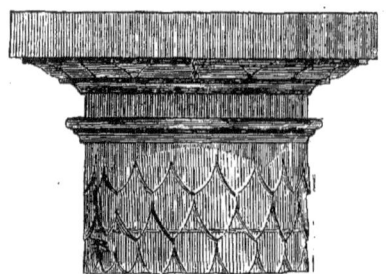

Fig. 27. — Chapiteau des arènes de Lutèce.

droit le tailloir est saillant. C'est sans doute la même influence qui a donné la composition du magnifique chapiteau étrusque, découvert à Pœstum, que représente notre fig. 18. Nous devons probablement encore à la même origine le chapiteau d'un tombeau étrusque

découvert à Vulci (fig. 19). C'est un des monuments les plus importants de la céramique étrusque. Nous l'avons vu dans une collection de Toscanelle. Nos fig. 20 et 21 montrent les deux têtes qui sont sur la face de ce chapiteau. A quel ordre faut-il attacher ces trois derniers

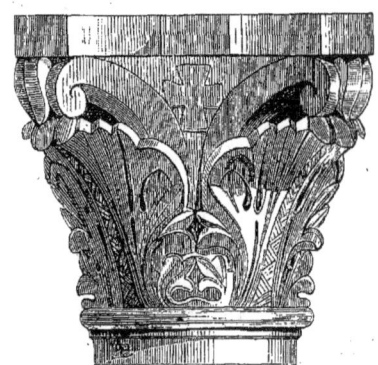

Fig. 28. — Chapiteau roman à Saint-Germain des Prés, à Paris (Xᵉ siècle).

chapiteaux, nous ne saurions le dire; mais ce qui est certain, c'est qu'ils sont l'œuvre de grands artistes.

Le composite, nous nous plaisons à le répéter, n'est qu'une des nombreuses modifi-

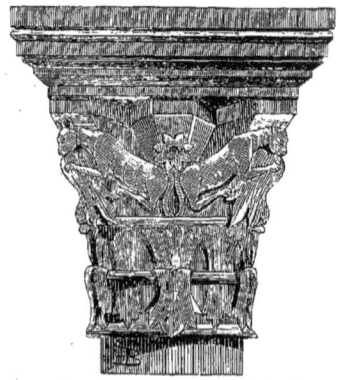

Fig. 29. — Chapiteau dans l'abside de Saint-Genou (Indre) (XIᵉ siècle).

cations du chapiteau corinthien; modifications d'abord peu sensibles; car si nous comparons un chapiteau corinthien (fig. 22) avec un chapiteau composite du temple de Castor et Pollux à Rome (fig. 23), on y trouve bien peu de différence. La composition du chapiteau du temple de la Concorde, à Rome, s'écarte davantage des données du chapiteau corinthien ; en effet, aux volutes l'architecte a substitué des béliers qui sortent des cornets de feuillage. (Voy. notre planche XX.)

A l'époque de la translation du siége de l'em-

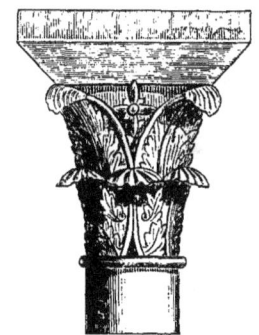

Fig. 30. — Cathédrale de Spire (XIIᵉ siècle).

pire romain à Byzance, le chapiteau avait participé à la décadence générale de l'architecture et perdu de sa pureté primitive. On n'employait guère qu'un ordre qui les remplaçait tous, c'était le corinthien modifié, abâtardi, ce qu'on nomma plus tard, comme nous venons de le

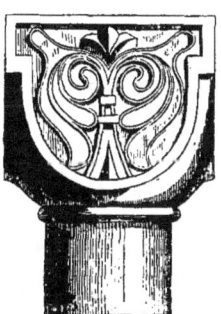

Fig. 31. — Chapiteau cubique à la cathédrale de Spire, Allemagne (XIIᵉ siècle).

dire, le *composite*. Cet ordre hybride, variant de plus en plus, perdit même, par l'avénement du style byzantin, les caractères constitutifs d'un ordre.

Tels sont, par exemple, les chapiteaux représentés par nos figures 24 et 25. On ne sait à quelle époque les rattacher; ils se trouvent aujourd'hui, le premier (fig. 24) à la mosquée d'Amrou, au Caire ; et le second (fig. 25) à la

mosquée d'Abou-Lata, à Damiette. Évidemment ces deux chapiteaux appartiennent à une époque de transition. Datent-ils du IIIᵉ ou du IVᵉ siècle ? il est difficile de rien préciser à cet égard. Il est certain que les Arabes les ont arrachés à quelques monuments anciens et, suivant leur coutume, les ont employés à décorer leurs mosquées ; mais comme la loi du

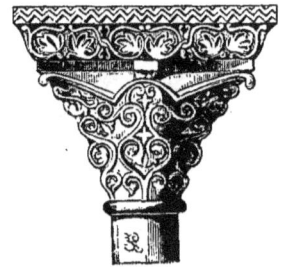

Fig. 32. — Cloître de l'abbaye de Moissac (XIIᵉ siècle).

prophète défend la représentation des figures animées, le masque du silène avait été à l'origine recouvert de plâtre, qui aujourd'hui s'est détaché. En tous cas, ils diffèrent singu-

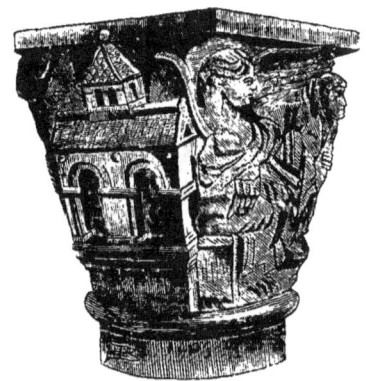

Fig. 33. — Chapiteau roman à l'église de Morat, près Riom, en Auvergne.

lièrement de l'arabe mauresque de l'Alhambra, par exemple. (Voy. fig. 26 et notre planche XIX.) Dans ce dernier, on reconnaît bien le type créé par l'artiste arabe. Un chapiteau probablement de la même époque, c'est-à-dire du IVᵉ siècle, d'un ordre hybride, excessivement rare, a été trouvé dans les arènes de Lutèce. Il est représenté par notre fig. 27. Toute la colonne de ce chapiteau devait être couverte d'imbrications très-employées du v° au ix° siècle.

En Occident, cette transformation fut moins brusque, mais la décadence, pour être plus lente, n'en fut pas moins complète. C'est ainsi que du chapiteau corinthien modifié, en usage encore dans les basiliques latines et dont la tradition ne se perdit qu'au xiii° siècle, on

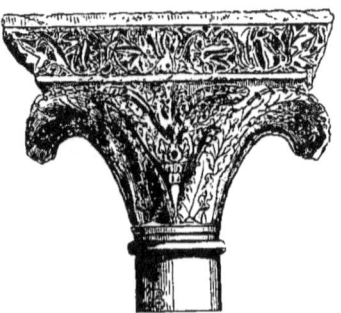

Fig. 34. — Chapiteau au Campo-Santo de Pise.

arriva à cette infinie variété qui caractérise et distingue le chapiteau de l'époque ogivale, dont quelques types, nous devons l'avouer, pèchent souvent par un manque absolu de goût. Soit par réminiscence de quelques exemples

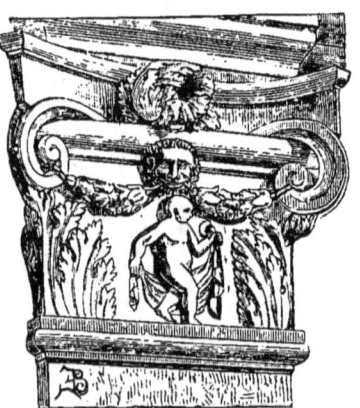

Fig. 35. — Chapiteau de pilastre au château de Chambord (xvi° siècle).

de l'antiquité, soit inspiration des artistes de l'époque, au x° et au xi° siècle, le chapiteau prit fréquemment un autre aspect et reçut dans sa décoration l'adjonction de figures d'hommes ou d'animaux. Ce genre de chapiteau *historié* prit un grand essor et souvent les représentations figurées remplacèrent toute autre décoration.

A cette transformation, qui contribua tant à changer l'aspect de l'architecture, succédèrent des variations sans nombre introduites dans la forme de la corbeille (κάλαθος). L'emploi de

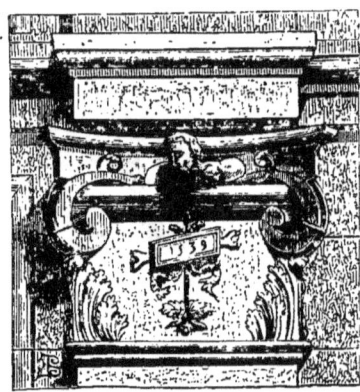

Fig. 36. — Chapiteau de pilastre au château de Chambord (xvi° siècle).

végétaux empruntés à la flore indigène et exotique vint encore apporter de notables transformations. Nos fig. 28 et 29 montrent deux spécimens de ces chapiteaux. Pendant la période romane, les chapiteaux sont de

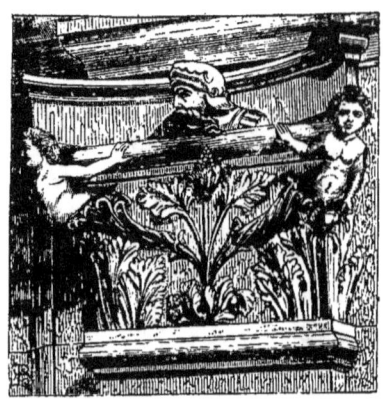

Fig. 37. — Chapiteau de pilastre au château de Chambord (xvi° siècle).

formes très-diverses; généralement ils possèdent un abaque élevé, tantôt simple et uni, tantôt décoré de palmettes, oves, méandres, billettes, zigzags. (Voy. nos fig. 30, 31 et 32, ainsi que la planche XIX en couleur qui donne les chapiteaux de la crypte de Saint-Léger, à Soissons, un chapiteau sans tailloir de la fenêtre supérieure de la cathédrale d'Evreux, ainsi qu'une chapiteau de Notre-Dame de Paris.)

La corbeille, réduite à sa plus simple expression, présente la forme d'une pyramide à quatre pans tronquée et renversée, dont les arêtes sont arrondies inférieurement, afin de permettre son ajustement sur la colonne. La corbeille est tantôt godronnée, tantôt cubique. Ces deux formes se rencontrent dans un grand nombre d'édifices romans des bords du Rhin et de l'Angleterre; elles sont caractéristiques et typiques et n'ont pas d'analogues dans les temps antiques. Dans le midi de la France la corbeille, au contraire, a souvent la forme du chapiteau corinthien, qu'elle imite même fort souvent dans son feuillage. D'autres fois, comme à Morat, près Riom, des person-

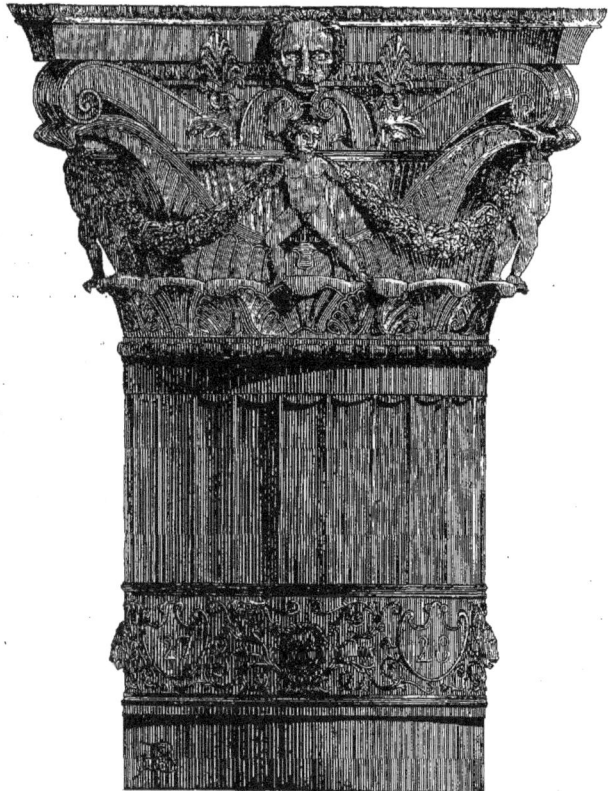

Fig. 38. — Chapiteau de la colonne de Juillet, à Paris.

nages entrent dans son ornementation (fig. 38).

Ainsi, on remarque à l'époque romane pure et à celle de transition, l'emploi de plus en plus restreint (sauf dans le midi de la France, qui avait sous les yeux les monuments romains) du chapiteau corinthien profondément modifié et abâtardi. Le chapiteau historié, abandonné au XIII° siècle, reprit une certaine faveur vers la fin du XV°.

Les chapiteaux dont nous venons de parler font partie d'une architecture simple, sinon sobre d'ornementation. Ils sont eux-mêmes pour la plupart d'une grande simplicité dans leur masse comme dans leurs détails; mais le style ogival, en changeant leur forme, change également leur décoration. Celui-ci ne puisa ses éléments que dans le règne végétal. La vigne, le lierre, le chêne, l'érable, le mahonia (houx), en un mot toutes les feuilles à caractère dont nous parlons à l'article FLORE AR-

CHITECTURALE (1), concoururent, ainsi que les fleurs régulières, à sa décoration. (Voy. FEUILLE, CROSSE, etc.)

Au XIII<sup>e</sup> siècle, la corbeille du chapiteau perdit le galbe de cloche qu'elle avait presque toujours conservé jusqu'alors, pour prendre des formes variées et souvent contournées que nous étudions au mot CORBEILLE. Du reste, à partir de cette époque, le chapiteau perdit aussi de son importance, et cette diminution relative dans ses dimensions s'accentua de plus en plus, à tel point qu'au XV<sup>e</sup> siècle, le chapiteau disparut presque de l'architecture.

A l'époque de transition, qui fut le prélude de la renaissance, les chapiteaux présentent encore des feuillages divers; beaucoup ont un rang ou deux de crosses ou CROCHETS. (Voy. ce mot.) — Pendant la renaissance, le chapiteau revêt des formes élégantes et originales d'une grande richesse. Le retour à l'architecture gréco-romaine ramena leurs ordres et leurs chapiteaux, mais avec un caractère tout particulier, empreint des goûts et des mœurs de l'époque. Les artistes de la renaissance en créèrent une variété infinie : au Campo-Santo de Pise, par exemple, le chapiteau rappelle par sa forme et par sa décoration le roman. En jetant les yeux sur notre fig. 34, on peut voir un abaque large, et la forme générale des chapiteaux rappelle celui de l'abbaye de Moissac (fig. 32). On en voit de nombreux exemples aux châteaux de Fontainebleau, d'Anet, d'Ecouen, de Chambord, ainsi que sur tous les châteaux des bords de la Loire. Les chapiteaux des piliers, d'antes et de pilastres étaient souvent remarquables. Ceux que nous donnons (fig. 35, 36, 37), qui existent au château de Chambord, peuvent en donner une idée. Le XVII<sup>e</sup> siècle nous légua des chapiteaux qui n'avaient pas tout le charme de ceux que firent les artistes de François I<sup>er</sup> et de Henri II. (Voy. ABAQUE, CORBEILLE, ORDRES.)

Dans ces temps modernes, le chapiteau a été très-étudié. Un des plus beaux chapiteaux de notre époque est sans contredit celui de la colonne de Juillet, construite, à Paris, par notre confrère M. Duc. Notre fig. 38 donne ce chapiteau avec la première bague de la colonne. Citons enfin deux monuments de Paris qui renferment une grande variété de chapiteaux : ce sont le Louvre et l'Opéra.

CHAPITRE, *s. m.* — Salle dans laquelle les religieux et les religieuses se réunissent pour traiter des affaires de la communauté; aussi cette enceinte se nomme *salle de la communauté* et plus ordinairement *salle capitulaire.* (Voy. ABBAYE.)

CHAPLOIR, *s. m.* — Sorte de petite enclume.

CHAPOTER, *v. a.* — Dégrossir le bois avec une PLANE. (Voy. ce mot.) En termes de potier, c'est détacher d'un vase avec le chapotin les parties qui doivent en être retranchées, ou qui menacent de se détacher.

CHAPOTIN, *s. m.* — Instrument du potier, qui lui sert à détacher d'un vase les parties qui doivent être détachées.

CHAPPES, *s. f. pl.* — Poignées servant à ouvrir et à fermer les moules des plombiers.

CHAPUT, *s. m.* — Billot de bois, sur lequel on équarrit les ardoises.

CHARDON, *s. m.* — Plante dont la fleur, le fruit, mais surtout la feuille, ont été employés au XIV<sup>e</sup> et XV<sup>e</sup> siècle dans la décoration architecturale du chapiteau des corniches et des archivoltes.

En serrurerie, les chardons sont des pointes de fer lancéolées, disposées de manière à former un ornement. On pose des chardons sur le haut ou les côtés d'une grille, sur le chaperon d'un mur, sur les balcons de fer, pour empêcher l'escalade.

CHARDONNET, *s. m.* — Pièce de bois d'une porte de ferme, ou porte charretière placée du côté des gonds. Le chardonnet porte

---

(1) Notre éminent confrère M. Ruprich Robert a montré toutes les ressources qu'un artiste peut trouver dans la flore naturelle. Voir son magnifique ouvrage *la Flore ornementale*, 1 vol. in-4° colombier, contenant 152 planches. Paris, Dunod, éditeur, 1876.

dans le bas un *pivot* qui roule dans une CRA-
PAUDINE (voy. ce mot) ; le haut est arrondi
en cylindre, afin qu'il puisse entrer dans une
BOURDONNIÈRE. (Voy. ce mot.) Aussi appelle-
t-on indifféremment *bourdonnière* la partie arrondie du chardonnet, ou le cercle de fer qui
l'enserre. Dans l'architecture hydraulique,
on nomme *chardonnet* les feuillures qui dans
une écluse reçoivent les poteaux tourillons des charpentes formant les vantaux des
portes.

CHARGE, *s. f.* — Dans la construction, on
donne le nom de *charge* à des matières rapportées après coup, pour compléter une épaisseur
déterminée. Ainsi, on rapporte sur les aires de
planchers, sur l'extrados des voûtes, une charge
de menus gravois, pour y asseoir le carrelage
ou pour l'exhausser. Dans d'autres cas, *charge*
est synonyme de *renformis* ou bien d'*épaisseur ;*
ainsi, en parlant d'un enduit épais, on dit que
le mur est couvert d'une forte *charge de plâtre*,
*de ciment*, etc., ou bien ce ravalement a été
exécuté à 0$^m$,04 *de charge*.

CHARGE est aussi synonyme de poids ; tout
ce qui concerne ce mot dans ce sens est traité
au mot STATIQUE.

CHARGE, SURCHARGE. — Voy. EXHAUSSE-
MENT et SURCHARGE.

CHARGE (Tas de), *s. m.* — Portion de
maçonnerie massive établie immédiatement
au-dessous de la naissance des voûtes ; c'est le
sommier ou le coussinet dans toute espèce de
voûte. Philibert Delorme (liv. 4, ch. 8) donne
à ce mot une signification plus restreinte : « Ce
sont, dit-il, les premières pierres que l'on voit
sur les angles et monstrent le commencement
et la naissance des *branches*, des *ogives, tierce-
rons, formerets* et *arcs-doubleaux*. » Ces cinq
termes désignent les nervures des voûtes de
l'époque ogivale, d'où il semblerait, d'après Delorme, que ce mot ne s'applique qu'à ce dernier
genre, ce qui n'est pas exact. Du reste, ce mot
de *tas de charge* a d'autres significations : ainsi
une voûte ou un arc sont appareillés en *tas de
charge* quand les joints de lits sont en partie en
coupe du côté de la *douelle* normalement à l'*intrados*, et partie de niveau du côté de l'*extrados*.
( Voy. CLAVEAU. )

CHARGEMENT, *s. m.* — Opération qui
consiste à mettre dans une hotte, un panier,
une brouette, un tombereau ou une charrette,
des terres ou autres matériaux. Le chargement
des terres se fait à la pelle ; quand la fouille
est peu profonde, on jette directement la terre
dans les tombereaux ou brouettes ; dans le cas
contraire, les terres sont jetées sur berge et de
là dans les tombereaux.

Le chargement des tuiles, ardoises, moellons,
briques, pierres de taille, est fait à la main ; les
charpentes sont transportées par les hommes,
à bras ou à dos, pour être chargées.

CHARGER, *v. a.* — En peinture, c'est
couvrir une surface d'un grand nombre de
couches de couleurs ; en dorure, c'est étendre
soit de l'or sur de l'or déjà appliqué, soit sur
une surface non encore dorée.

CHARGES (CAHIER DES). — Voy. CAHIER
DES CHARGES.

CHARIOT, *s. m.* — Véhicule plat et solide,
porté sur deux roues d'un petit diamètre, dépourvu de ridelles et muni d'une flèche portant des traverses sur lesquelles agissent les
hommes chargés de le mettre en mouvement.
Le chariot sert au bardage de la pierre. Si la
charge est trop forte, ou le parcours trop
étendu, on attelle un cheval à la tête de la
flèche, afin de soulager les hommes. (Voy. BI-
NARD, DIABLE.) — C'est aussi un plateau
monté sur quatre roues, qui dans la construction des lignes ferrées sert à déterminer l'é-
cartement des rails, et s'assurer, avant de fixer
ceux-ci, s'ils sont bien parallèles. Ces chariots
servent encore à transporter dans les chantiers
de construction des matériaux à pied d'œuvre.

En serrurerie, le chariot est un appareil de
sonnettes qui réunit plusieurs tirages.

CHARME, *s. m.* — Arbre dont le bois est
employé à divers usages ; on s'en sert pour
des manches d'outils, pour des poulies, des essieux, etc. Cet arbre sert encore dans l'ornementation des jardins à faire des tonnelles et des
berceaux de verdure, ce qui a fait donner le nom
de *charmille* à ces réduits ; mais on emploie

également pour faire des charmilles, d'autres arbres donnant un ombrage épais.

CHARNIER, *s. m.* — Garde-manger ou office, dans lequel on conserve les viandes fraîches et salées; les anciens le nommaient *carnarium*. (Plaut., *Cap.* 5, 4, 22; Suet., *Nero*, 54, Petr., *Sat.* 135, 4; id., 136, 1; Plin., *H. N.*, XVIII, 60; id., XIX, 19,3.) — C'était aussi dans les amphithéâtres une chambre située près des CARCERES (voy. ce mot), dans laquelle on déposait les cadavres des hommes et des animaux tués dans l'arène.

CHARNIERS. — Portiques situés autour des églises ou dans leur voisinage, sous lesquels on entassait les ossements des morts. Cet usage d'entasser les ossements remonte aux premiers temps du christianisme, quand les chrétiens voulaient tous reposer dans l'enceinte des villes, auprès des basiliques sacrées. Le peu de terrains dont ils disposaient autour de ces édifices les obligeait à déterrer les ossements d'ésséchés, pour donner place à de nouvelles sépultures : de là l'usage des *charniers ;* du reste, c'est une expression impropre, puisqu'on ne relevait que des os et non de la chair, *carno*. Aussi appelait-on avec plus de raison ces succursales de cimetières, OSSUAIRES. (Voy. ce mot.)

CHARNIÈRE, *s. f.* — Petite pièce de quincaillerie en tôle ou en cuivre, employée dans la ferrure des portes, croisées, abatants, etc.

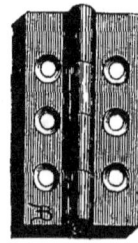

Fig. 1. — Charnière longue renforcée.

— C'est un assemblage mobile de deux platines de métal, pourvues sur l'une de leurs rives de *charnons* réunis par un axe appelé *broche ;* celle-ci est une espèce de *goupille*. L'une des branches de la charnière est placée

sur une partie dormante, montant ou traverse; l'autre sur la partie mobile, fenêtre, porte ou couvercle.

Les charnières sont de diverses formes; on

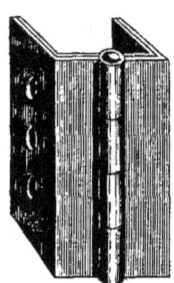

Fig. 2. — Charnière coudée.

distingue la *charnière ordinaire* en tôle; les *charnières renforcées* (fig. 1), *longues* ou *en feuillure, carrées, à pans, en cuivre, à nœuds*

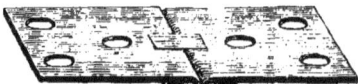

Fig. 3. — Charnière à briquet ou à coq.

*carrés ;* elles sont ordinairement *à section droite*, mais on en fait aussi *à hélice ;* on emploie celle-ci pour faire refermer les portes d'elles-mêmes.

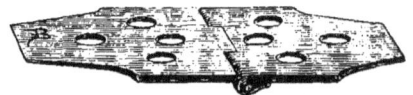

Fig. 4. — Charnière longue à coq et à nœuds soudés.

Il existe aussi des *charnières coudées* (fig. 2), *à boules, à briquets*, ou *à coq* (fig. 3), *à trappes, à nœuds soudés* (fig. 4); elles servent à ferrer les trappes, les volets de boutique, etc. Les *charnières à tête de compas* servent à ferrer les échelles; celles dites *à nœud de compas* sont pour les vantaux brisés des grilles; enfin il y a des charnières particulières qu'on nomme COUPLET. (Voy. ce mot.)

CHARNON, *s. m.* — Anneau servant à réunir les deux platines d'une charnière, au moyen d'une goupille nommée *broche*. La plus simple des charnières a cinq broches, trois sur une partie, et deux sur l'autre.

CHARPENTE, *s. f.* — La charpente d'un bâtiment est l'ensemble des ouvrages de charpenterie qui entrent dans la construction ; tels sont : les *planchers*, *pan de bois*, *combles*, *poitrails*, etc. — Les escaliers, lucarnes, etc., bien qu'ils soient exécutés par des charpentiers, ne peuvent être considérés comme des charpentes. — Autrefois on n'exécutait des charpentes qu'en bois ; aujourd'hui, on fait beaucoup de charpentes en fer ; celles-ci même se substitueront entièrement un jour à la charpente en bois dans les constructions de quelque importance. (Voy. CHARPENTERIE.)

CHARPENTER, *v. a.* — Tailler du bois de charpente, afin de le mettre en état d'être assemblé.

CHARPENTERIE, *s. f.* — Art de tailler et d'assembler le bois pour faire des charpentes ; on emploie comme synonyme de ce mot celui de *charpente*, qui cependant ( voir ci-dessus) a une signification plus restreinte. Nous conformant à un usage très-invétéré , nous emploierons dans le présent article indifféremment ces deux mots. — La charpenterie est une partie très-importante de l'art de bâtir, et de tout temps elle a été l'objet d'une sérieuse étude pour les architectes ; on peut même avancer que la charpenterie a donné naissance à l'architecture , puisque le maître des constructions, l'architecte, signifie maître charpentier (ἀρχιτέκτων.) (Voy. ARCHITECTE.)

Du reste les temples construits en pierre ou en marbre n'étaient guère qu'une imitation des monuments élevés primitivement en bois. Les Romains furent très-habiles dans l'art de la charpenterie, puisqu'ils construisirent des amphithéâtres pouvant contenir jusqu'à quarante et quarante-cinq mille spectateurs ; mais leur charpente, lourde et massive comme celle des Grecs, avait le défaut de surcharger les murs ; aussi, quoique les Romains aient employé pour les besoins de leurs constructions des charpentes assez compliquées, il faut bien reconnaître qu'ils ne poussèrent point l'art de la charpenterie aussi loin que celui de la maçonnerie. Ils attachaient cependant au premier de ces arts une grande importance, si nous en jugeons par les deux chapitres (9 et 10, liv. 2) que Vitruve consacre dans son livre à décrire les divers bois dont on faisait usage de son temps pour la charpente. Il a aussi grand soin d'énumérer les qualités spéciales des bois, ainsi que l'époque d'abatage des arbres. (Voy. BOIS.)

Pendant l'époque ogivale, la pente très-inclinée des combles, ainsi que la légèreté de la couverture, permit aux architectes du moyen âge de mettre en œuvre des bois de plus faible équarrissage que ceux employés par les Romains, qui avaient des toits plats chargés de lourdes tuiles de terre cuite, ou même de marbre ; ils employèrent aussi du châtaignier et du chêne plus résistant que le sapin, le mélèze ou le cèdre employé par les anciens. Ces mêmes architectes du moyen âge firent de forts assemblages qui les dispensèrent d'avoir recours au fer pour relier entre elles les pièces de bois. Du reste, ils étaient très-avancés dans l'art de la charpenterie ; la charpente de Notre-Dame de Paris et de la cathédrale de Chartres, de vrais chefs-d'œuvre dans le genre, sont là pour en témoigner bien des siècles après leur construction. Les charpentes en fer fourniront-elles une aussi longue carrière ? L'avenir pourra seul répondre à cette question.

Il y a lieu de distinguer ici les diverses classes de charpenterie ; ce sont : la *charpente civile*, qui embrasse les travaux exécutés pour les travaux intérieurs ou extérieurs des bâtiments terrestres ; les PANS DE BOIS, les PLANCHERS, les ESCALIERS, les BEFFROIS, les COMBLES, les ÉCHAFAUDAGES, les ÉTAIEMENTS, les CINTRES. (Voy. ces mots.)

La *charpente mécanique*, comprenant la construction des machines et des engins de toutes sortes destinés à mouvoir, élever, déplacer ou transporter des fardeaux considérables, GRUES, CHÈVRES, LOCOMOBILES, TREUIL, CABESTAN, etc. (Voy. ces mots.)

La *charpente hydraulique*, embrassant la construction des ouvrages qui s'exécutent dans l'eau, tels que BARRAGE, ESTACADES, BATARDEAU, ENCAISSEMENT, DIGUES et PONTS. (Voy. ces mots.)

La *charpente navale*, ou la construction des navires.

Dans notre ouvrage, le lecteur trouvera

aux mots qui se rattachent à ces divers genres de charpente toutes les définitions désirables; dans le présent article, nous ne donnerons que des généralités sur la charpenterie. D'après ce qui précède, on voit que les principaux objets à considérer dans la charpenterie sont : les *bois*, et leur *assemblage*.

BOIS. — Les pièces de bois ont une section rectangulaire quand elles doivent être placées horizontalement, et une section carrée quand elles doivent être employées debout. Elles sont de *brins*, c'est-à-dire équarries seulement à la cognée, ou bien de *sciage*, c'est-à-dire refendues à la scie. Toute espèce de bois ne peut convenir pour la charpenterie; celle qu'on emploie le plus généralement en France, c'est le chêne, qui réunit presque toutes les qualités requises pour exécuter de la bonne charpente. Dans les pays méridionaux on emploie le chêne vert, dont le bois compacte est d'une grande dureté, mais qui a le défaut d'être court. Le chêne offre l'avantage immense de se conserver parfaitement à l'air et dans l'eau. Après le chêne, le sapin est d'un très-bon emploi ; le sapin rouge, originaire de la Norwége, offre plus de résistance que le sapin jaune, et la résine qu'il renferme empêche les vers de le piquer. Le sapin, par sa légèreté et sa roideur, sa facilité à se laisser travailler, est un bois précieux pour la charpente, surtout pour des pièces de longue portée. Les autres bois sont : le châtaignier, malheureusement sujet à la carie sèche ; le hêtre, le platane, le pin, l'aune, le peuplier, l'acacia, le mélèze, l'orme, etc.

Pour prolonger la durée des bois de charpente, on a préconisé une quantité d'enduits et de compositions à base de coaltar ou goudron de houille. Un des meilleurs est sans contredit le goudron ordinaire ; mais toutes les substances sont plus ou moins inutiles quand elles ne sont pas nuisibles, car si les bois ne sont pas bien secs, elles ne servent qu'à emprisonner l'eau qu'ils contiennent, c'est-à-dire qu'elle aident à les pourrir ; le meilleur mode de conservation est d'employer du bois extrêmement sec, c'est-à-dire dont la séve a été extraite, par le flottage, l'immersion, etc. (Voy. BOIS.)

PRATIQUE. — Pour établir une charpente solide, un des principaux points, c'est de combiner les pièces de manière à ce que toutes soient réellement indispensables dans la place qu'elles occupent ; en effet, dès qu'une pièce n'est pas d'une utilité absolue, le faible service qu'elle rend est annulé par la charge que son poids cause à la construction. En outre, pour arriver à une solidité parfaite, il faut des assemblages faits avec une très-grande précision. Le moindre mouvement oscillatoire provenant d'assemblages mal faits peut occasionner, dans un temps plus ou moins long, l'anéantissement de la charpente. Les assemblages à employer sont en assez grand nombre ; toutefois on peut les diviser en deux grandes classes : *assemblage à tenon et mortaise*, *assemblage à entaille*, de toutes formes. Dans le premier assemblage, la règle fondamentale est de ne pas affaiblir la pièce où l'assemblage se pratique ; dans l'assemblage à entaille, s'il est oblique, il faut avoir soin que l'entaille ne fasse pas un angle trop aigu avec une des faces de la pièce de bois, car, dans ce cas, l'assemblage n'offrirait aucune résistance. (Pour plus de détails sur les ASSEMBLAGES, voy. ce mot.)

Comme science, la charpenterie comprend deux parties distinctes : la *théorie* et la *pratique*. — La *théorie* embrasse toutes les connaissances des principes de géométrie et de statique, du dessin, du trait, du tracé des ÉPURES (voy. ce mot), l'étude des bois de construction, afin de pouvoir en faire un choix judicieux et savoir bien disposer ses assemblages.

La *pratique* comprend le tracé sur bois d'après l'*épure* des différentes coupes, des joints, la manière de tailler les assemblages, le *levage* et la mise en place des charpentes.

Il existe beaucoup d'ouvrages qui traitent de la charpenterie ; nous donnons les principaux dans notre bibliographie.

BIBLIOGRAPHIE. — Mathurin Jousse, *le Théâtre de l'art du charpentier*, petit in-fol., La Flèche, 1650 ; du même et de la Hire, *l'Art de charpenterie*, in-fol., Paris, 1751 ; Lecamus de Mezières, *Traité de la force des bois*, in-8°, 1782 ; J. H. Hassenfratz, *Traité de l'art du charpentier*, in-4°, Paris, 1804 ; A. R. Emy, *Traité de l'art de la charpenterie*, 2 vol. in-4° et atlas in-fol., Paris, 1837-41 ; P. Ardent, *Études théoriques et expérimentales sur l'établissement des grandes charpentes à grande portée*, in-4°, Metz, 1840 ;

J. Ch. Krafft, *Traité sur l'art de la charpente, tant en France, etc.;* 2 vol. in-fol., Paris, 1840 ; Hanus et Biston, *Manuel du charpentier, etc.;* B. Cabanié, *Charpente générale, théorique et pratique,* 2 vol. in-fol., Paris, 1857 ; J. Adhémar, *Application de géométrie descriptive, charpente,* 1 vol. in-8° et atlas in-fol., Paris, 1861 ; Rondelet et Blouet, *Traité théorique et pratique de l'art de bâtir,* 5 vol. in-4° et atlas, Paris, 1870.

**CHARPENTIER,** *s. m.* — Ouvrier qui taille et met en place les ouvrages de charpenterie ; entrepreneur qui se charge de faire exécuter ces ouvrages. — Les principaux outils du charpentier sont : la jauge, le crayon ou la sanguine, le cordeau, le fil à plomb, le trusquin, la fausse équerre, les compas et les équerres de divers genres et grandeurs ; tous ces outils lui servent à préparer et tracer l'ouvrage. Pour tailler le bois, les charpentiers emploient les haches, cognées, doloires, herminettes et scies de toutes sortes ; pour le creuser, les ciseaux, fermoirs, ébauchoirs, becs-d'âne, bisaiguës, tarières ; pour le dresser, les rabots, varlopes, guillaumes, bouvets ; pour les assembler, les maillets et marteaux ; enfin, pour le levage des charpentes, les charpentiers emploient des chèvres, cabestans et autres machines.

De tous les ouvriers du bâtiment, les charpentiers sont peut-être les plus intelligents, parce qu'ils ont l'habitude de se figurer les objets dans l'espace avant de leur donner une forme tangible, la connaissance de la géométrie et de ses applications, l'habitude de se servir d'outils variés et dangereux à manier ; l'espèce de gymnastique qu'ils sont obligés de pratiquer pour grimper sur les chèvres, en un mot une foule de manœuvres, exercent et assouplissent à la fois le corps et l'esprit des charpentiers. On retrouve chez ces hommes un jugement sûr et rapide, de l'adresse, de la force, de la souplesse et de la tenue ; aussi en province les charpentiers sont presque tous sapeurs-pompiers, et ajoutons d'excellents pompiers.

Il existait anciennement une corporation des charpentiers qui comprenait tous les ouvriers travaillant le bois, charpentiers, menuisiers, tourneurs, charrons, etc. On les distinguait en *charpentiers de la grande cognée,* ou charpentiers proprement dits, et *charpentiers de la petite cognée,* ou menuisiers. Les derniers statuts de cette corporation datent de 1454 ; une ordonnance de 1649 déterminait les clauses et conditions que devaient remplir les aspirants à la maîtrise. Les maîtrises ont disparu, mais le compagnonnage s'est conservé chez les charpentiers mieux que chez les autres ouvriers du bâtiment, et sous les dénominations de *compagnons du devoir, de la liberté,* ils ont constitué des associations, une sorte de franc-maçonnerie dont le but est d'entretenir parmi les associés des sentiments de confraternité en même temps que des relations propres à leur assurer des connaissances professionnelles théoriques et pratiques. Chez le charpentier il n'y a pas de garçon, mais des ouvriers d'un ordre inférieur qui sont nommés *lapins* tant qu'ils ne sont pas reçus compagnons. Le maître compagnon se nomme *gâcheur ;* les *leveurs* sont ceux qui tracent le dessin sur bois. La journée du charpentier est de 9 heures en été et 7 heures en hiver. Ils font une fête de la corporation le jour de Saint-Joseph (19 mars), qu'ils ont adopté pour patron.

**CHARRETIÈRE** (Porte), *s. f.* — Porte à deux vantaux assez large (2ᵐ,80 à 3ᵐ,00) pour permettre le passage d'une charrette, d'une voiture. Les cours de fermes, les remises et autres locaux agricoles sont fermés par des portes charretières, dont les vantaux sont formés de planches verticales réunies par des rainures et languettes. Ces planches sont maintenues dans des châssis en charpente avec traverses et écharpes. Les *chardonnets* ou montants du côté des murs sont pourvus dans le bas de pivots tournant dans des crapaudines en fonte, tandis que le haut est retenu dans des colliers en fer, nommés *bourdonnières,* scellés dans le mur.

**CHARRETTE,** *s. f.* — Voiture à deux roues et à deux limons, qui sert au transport des matériaux. Les côtés sont composés de châssis à claire-voie nommés *ridelles,* maintenus par des *montants,* et le fond de pièces de bois jointives nommées *éparts.* Les voitures des carriers se nomment *moellonnières.*

CHARROIS, *s. m.* — Transport par chariot ou par charrette de divers matériaux. (Voy. Transport.)

CHARTIL, *s. m.* — Appentis servant dans les constructions rurales à remiser les charrettes, les charrues et autres instruments agricoles.

CHARTREUSE, *s. f.* — Monastère disposé de façon à réunir les conditions de la vie d'ermite. Dans les chartreuses les moines vivent chacun séparement dans de petites cellules, ils ont leur jardin et n'ont de commun qu'un cloître. — C'est aussi une espèce de boîte en bois dans laquelle on engraisse des poules et des chapons ; dans ce dernier sens, ce mot est synonyme d'Épinettes. (Voy. ce mot.)

CHARTRIER, CHARTIER, *s. m.* — Salle d'un monastère dans laquelle on déposait les papiers et les archives de la communauté ; cette salle était souvent la même que celle du Trésor. (Voy. ce mot.) Anciennement des chartriers étaient également annexés aux sacristies des cathédrales et des églises paroissiales ; dans les églises pauvres, une armoire pratiquée dans la muraille ou un simple *bahut* servirent de chartrier. (Voy. Armoire.)

CHAS, *s. m.* — Petite plaque carrée de fer ou de cuivre percée dans son milieu d'un

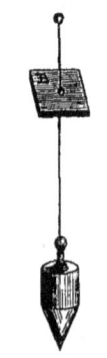

Chas du fil à plomb.

petit trou (voy. notre figure) à travers lequel passe le cordeau d'un Fil a plomb. (Voy. ce mot.)

CHASSE, *s. f.* — Outil aciéré et pourvu d'un long manche. Il sert à transmettre la percussion (river et refouler) dans certaines

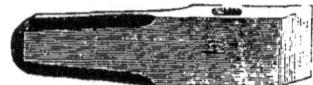

Fig. 1. — Châsse carrée.

parties de pièces de fer que le marteau ne pourrait atteindre ; de là diverses formes de *châsse* ; il y en a de *carrées*, de *rondes*, à *biseau*, de *concaves* : on les nomme *châsse à parer*. La *châsse carrée* est un marteau à deux têtes (fig. 1) : l'une est carrée, l'autre polygonale, à huit faces ou à six faces, terminée par une forme concave. La *châsse*

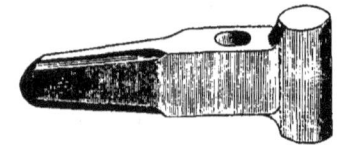

Fig. 2. — Châsse à double biseau.

à *biseau* ressemble à la première, à cela près que l'une des têtes est à double biseau (fig. 2) ; la *châsse ronde*, nommée aussi *dégorgeoir*, a l'une de ses têtes polygonale et l'autre cylindrique, avec une forte arête dans l'axe longitudinal paral-

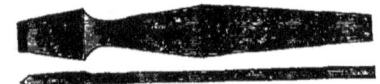

Fig. 3. — Châsse à biseau à main.

lèle à ses faces. Pour les travaux de peu d'importance, on emploie des *châsses à biseau à main* (fig. 3). C'est un outil aciéré, dont la pointe est à double biseau.

CHASSE-BONDIEU, *s. m.* — Outil employé par les scieurs de long ; c'est un morceau de bois appointé qu'ils font pénétrer dans le trou de scie, pour chasser le Bondieu. (Voy. ce mot.)

CHASSE-POINTE, *s. m.* — Outil de fer pointu, qui sert à chasser les pointes sans tête, c'est-à-dire à les enfoncer davantage dans la menuiserie, de sorte qu'en mastiquant le vide laissé par le chasse-pointe, on ne voit aucune

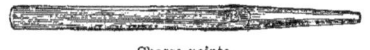

Chasse-pointe.

trace de la pointe. Quand on assemble la menuiserie avec des clous, on ne peut employer le chasse-pointe.

**CHASSER**, *v. a.* — Repousser une pointe à l'aide d'une *chasse-pointe*, enfoncer une cheville, une pointe à l'aide d'un marteau, d'un maillet ou du chasse-pointe.

**CHASSE-ROUES**, *s. m.* — Objet en fer ou en fonte, remplaçant une borne, qui, placé à l'entrée des portes cochères, ou dans un passage ou vestibule, empêche les roues de dété-

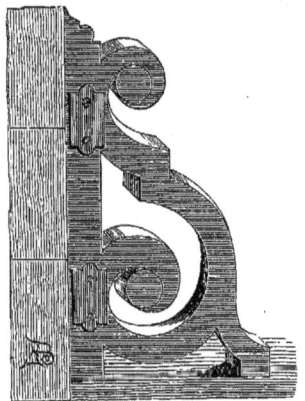

Chasse-roues.

riorer, d'endommager les pieds-droits des portes ou les bordures des trottoirs : il y a des chasse-roues de divers formes ; ce sont des boules, des consoles renversées (voy. notre figure), des petites bornes, des doubles branches, etc. Enfin on fait des chasse-roues tournant sur un axe.

**CHASSIS**, *s. m.* — Assemblage de pièces de bois formant cadre et entourant un panneau affleuré ou renfoncé, mais ordinairement, comme l'indique sa qualité de panneau, d'une matière plus fragile que le châssis ; ce dernier a pour but de consolider, renfoncer ou protéger le pan-

neau. Les châssis sont donc formés de montants et de traverses ; dans les menuiseries de croisées et de vitrages, les panneaux sont remplacés par des feuilles de verre. — La pierre, percée d'une ouverture carrée ou circulaire pour recevoir un tampon de regard ou de vidanges, est un châssis ; on fait aussi de ces derniers en fonte. On distingue donc des *châssis de bois, de pierre, de métal*, qu'on subdivise en *châssis ouvrants, dormants, à coulisse* ou *à guillotine, à tabatière*. — (Voyez nos figures, qui faciliteront bien mieux qu'une longue description l'intelligence des divers genres de châssis.)

Les *châssis à coulisse*, vulgairement appelés *croisée à guillotine*, sont ceux dont la moitié inférieure se dédouble en remontant perpendiculairement sur l'autre moitié, au moyen d'une coulisse montante. Ces châssis, fort employés autrefois en France, ne sont guère en usage chez nous; mais ils sont encore assez fréquents en Angleterre. N'ayant pas besoin de ferrure, ils sont assez économiques, et présentent en outre l'avantage de ne pas occuper de place à l'intérieur ; mais à côté de ces avantages ils

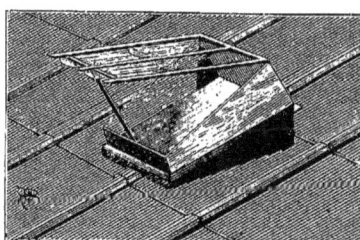

Fig. 1. — Châssis de comble en bois.

ont aussi des inconvénients : ils réduisent de moitié l'ouverture de la baie, ce qui est fâcheux au point de vue de l'aérage; puis ils sont dangereux, puisque si leur partie supérieure n'est pas bien assujettie, elle peut tomber sur la tête des personnes qui se mettent à la fenêtre. Aujourd'hui on a bien remplacé les crampons ou tourniquets d'arrêt par un contre-poids et une corde, mais l'humidité ou l'usure peut faire rompre la corde.

Les *châssis de comble* ou *à tabatière* ont reçu cette dernière dénomination par suite de l'analogie qui existe entre leur mode d'ouverture et celui du couvercle d'une tabatière. On les place sur les combles, pour éclairer les pièces de peu d'importance. On les vitre à recouvrement. Depuis quelques années on a beaucoup

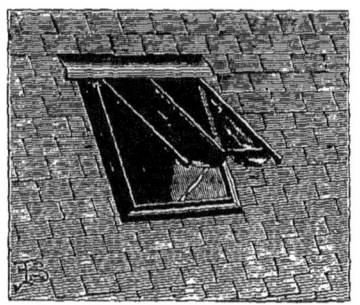

*Fig. 2. — Châssis de comble en fonte ou en fer.*

perfectionné les châssis de comble; anciennement, ce n'était que des coffres en bois recouverts d'un simple châssis de fer (fig. 1). Ces coffres, exposés à la chaleur et à l'humidité, pourrissaient très-rapidement; on les fait aujourd'hui en fonte ou en fer (fig. 2), mais on fabrique des systèmes à crochets qui, mal assujettis, peuvent par un vent violent se décrocher et tomber sur les passants. Comme on le voit, ce système est des plus dangereux.

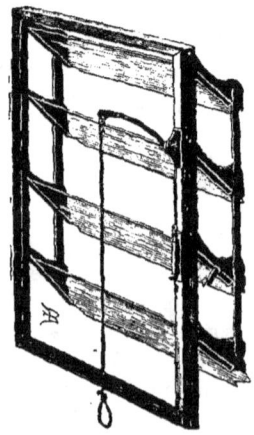

*Fig. 3. — Châssis d'aérage.*

Sous le nom de *châssis ventilateur* ou, ce qui est préférable, sous le nom de *châssis d'aérage*, on construit des systèmes de fermetures en fer garni de lames de verre mobile (fig. 3);

on manœuvre celles-ci à l'aide d'un levier qui permet leur ouverture ou leur rabattement, suivant qu'on veut laisser pénétrer l'air dans un local, ou qu'on veut intercepter son passage.

Les jardiniers nomment *châssis de couche* des coffres en bois recouverts de châssis vitrés, qu'ils emploient comme *bâche*, pour des semis, des boutures, pour le repiquage, la conservation et la culture forcée des plantes. On appelle *châssis de charpente* un assemblage de madriers et de plates-formes dont on entoure les grils d'un *pilotage*, ou qu'on place sur un terrain mouvant, pour y asseoir des FONDATIONS. (Voy. ce mot.)

Enfin ce mot *châssis* est employé dans des cas si nombreux, qu'il nous faut bien renoncer à énumérer tous les genres de châssis. Citons cependant en terminant le *châssis-grillage*, c'est-à-dire qui porte des grillages; le *châssis des architectes*, sur lequel les architectes tendent leur projet ou leurs dessins pour les présenter à leurs clients, ou pour les exposer dans les concours ou expositions; le *châssis de cheminée*, qui est un cadre de cuivre entourant la baie de la cheminée, et derrière lequel passe le rideau ou tablier de tôle, quand la cheminée en possède un.

CHAT. — Voy. TOUR DU CHAT.

CHATEAU, *s. m.* — Ce mot, dérivé de *castrum, castellum, castel* et *châtel*, comportait autrefois l'idée de fortifications, idée que les châteaux modernes ne rappellent plus à l'esprit. Cependant le nom, survivant aux idées, continue d'être appliqué à des bâtiments qui ne sont en réalité que des palais élevés à la ville, mais plutôt à la campagne.

C'est la féodalité et le régime militaire qui avaient créé l'habitation fortifiée du seigneur et la citadelle des villes. Les plus anciens châteaux furent élevés en France pour défendre le territoire contre les invasions des Sarrasins et des Normands. La royauté ne vit pas de bon œil l'établissement des châteaux forts, parce qu'ils garantissaient l'indépendance des seigneurs contre l'autorité centrale; cependant Charles le Chauve, en 877, fut contraint d'autoriser leur construction par le capitulaire de

Kiersy-sur-Oise. A ce moment la France se couvrit de châteaux forts ; mais, au XVIIᵉ siècle, Richelieu fit abattre et démanteler ceux qui ne pouvaient servir de défense contre l'ennemi extérieur. — L'Angleterre, l'Allemagne du Nord, l'Italie et l'Espagne possédèrent un grand nombre de châteaux et de forteresses seigneuriales, dont la plupart subsistent encore aujourd'hui ; dans une partie de l'Espagne, ces châteaux étaient si nombreux que la Castille tira son nom de la multitude de ceux qui s'y étaient élevés pour résister aux Mores. En France, pendant les luttes des rois et des seigneurs, un grand nombre de châteaux disparurent ; la révolution de 1789, qui ruina les restes des institutions féodales, détruisit beaucoup de châteaux, et ceux qui avaient été épargnés par la révolution disparurent sous les coups de la spéculation. — Néanmoins il subsiste encore en France d'assez beaux châteaux : nous citerons, notamment, les châteaux de Coucy, de Pierrefonds, de la Roche-Guyon, de Clisson, de Sully-sur-Loire, d'Arques, dont il ne reste guère que les murs et une partie du donjon ; enfin le Château-Gaillard, aux Andelys ; celui de Chambord, près de Blois (à 19 kilom.), enfin celui de Saint-Germain en Laye, dont notre planche XXI montre une vue cavalière que nous avons dessinée d'après un dessin de notre confrère M. Eugène Millet, l'architecte du château. Pour compléter ce qui concerne ce mot, voir les articles MILITAIRE (*Architecture*), DONJON, TOUR, etc.

CHATEAU D'EAU. — Bâtiment destiné à recevoir et à concentrer ou élever des eaux venues ou captées de divers côtés, et à les distribuer ensuite par divers moyens dans une ville. CHATEAUX D'EAU ANTIQUES. — Il existait chez les anciens beaucoup de châteaux d'eau, qu'ils divisaient en plusieurs genres. D'après Festus, on appelait *dividiculum* l'endroit où un courant d'eau commun à plusieurs propriétaires se partageait en autant de canaux qu'il y avait de particuliers ayant droit de conduire leurs eaux dans leur héritage, et il ajoute : On le nomme aujourd'hui *castellum*. « *Dividicula antiqui dicebant, quæ nunc sunt castella ex quibus in suum fundit.* » — Vitruve, dans ce qu'il

rapporte de la conduite des eaux, *de Ductionibus aquarum*, décrit ainsi un *castellum* : « Quand l'eau arrive dans la ville, qu'on fasse un château d'eau, *cumque venerit ad mœnia efficiatur* CASTELLUM. » Il demande ensuite qu'il y ait plusieurs conduites d'eau, *fistulæ*, pour répondre à diverses destinations, pour envoyer de l'eau : 1° aux bassins et aux fontaines jaillissantes, *lacus et salientes* ; 2° aux thermes publics, *balneæ* ; source de revenus annuels pour la communauté, *in balneas vectigat quotannis populo præstans* ; 3° aux concessions parculières, *in domos privatas*. Comme on le voit, Vitruve formule des préceptes nets à ce sujet ; il veut encore qu'on établisse trois réservoirs autour du bassin principal, afin d'assurer une libre et constante jouissance à chaque partie intéressée à la distribution des eaux. — Les *castella divisoria* ou *dividicula* (*castella aquarum*) étaient bien souvent précédés de ceux d'un autre genre, nommés *limaria*, dans lesquels se déposaient les limons, ainsi que les substances terreuses ou calcaires qui auraient pu troubler la limpidité des eaux. Pline rapporte (*H. N.*, XXXVI, 24, 9) qu'Agrippa, pendant son édilité, ayant fait venir à Rome l'*eau vierge*, fit construire sept cents lacs et cent trente *castella* d'une magnificence extraordinaire. Les quatre principaux châteaux d'eau de Rome étaient situés sur le mont *Cœlius*, sous les thermes de Dioclétien, sous ceux de Titus ; enfin le quatrième, entre la porte *Nevia* et l'amphithéâtre de *Statilius*. Les *castella* servaient de réservoirs aux aqueducs. Ils étaient placés à l'endroit où ceux-ci entraient dans les villes, ou sur d'autres points sur lesquels une provision d'eau était nécessaire pour satisfaire aux besoins d'une localité ou d'un groupe d'habitants. Ces réservoirs possédaient des conduits qui, au dire de Vitruve (VIII, 6, 1) et de Frontin (*de Aq.*, 35), distribuaient l'eau dans les différents quartiers d'une ville. — Dans les campagnes ces réservoirs n'étaient le plus souvent que de simples tours en briques, ou même en terre (en pisé probablement), qui renfermaient des citernes ayant plus ou moins de profondeur. Mais quand les *castella* étaient aux portes ou près des murs des villes, on leur donnait une grande tournure architecturale ;

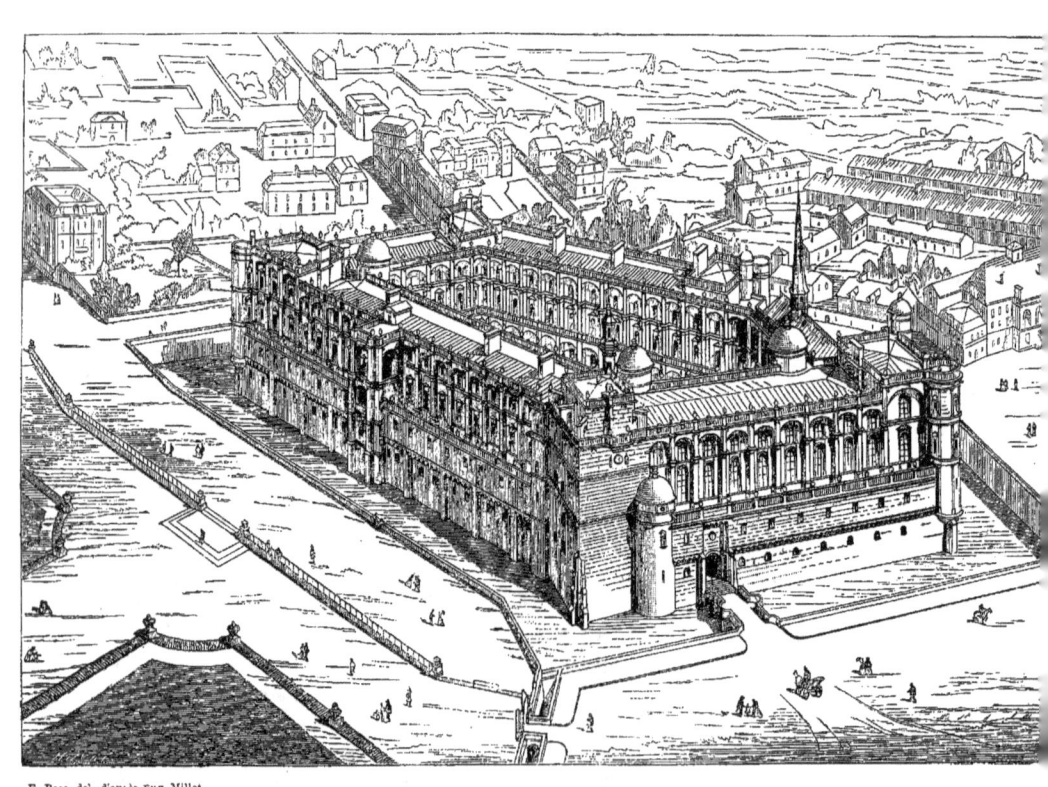

E. Bosc, del. d'après Eug. Millet.

Planche XXI. — Vue à vol d'oiseau du château de Saint-Germain en Laye.

on voulait à la fois réunir le beau à l'utile. Dans ce cas la façade des *castella* était décorée de colonnes et de statues, et le trop-plein de l'eau servait à alimenter une fontaine qui, au dire de Vitruve, se répandait par plusieurs ouvertures dans un vaste bassin.

Il subsiste encore à Rome, mais dans un état de délabrement complet, un *castellum* datant de Jules César : il est situé près de l'église *San-Eusebio;* un second existe à Constantinople ; enfin un troisième à Nîmes : ce sont là les seuls restes de ce genre d'édifices.

CHATEAU D'EAU DE NIMES. — Le plus complet, ou du moins le moins ruiné de ces châteaux d'eau, est celui de Nîmes. Il nous ser-

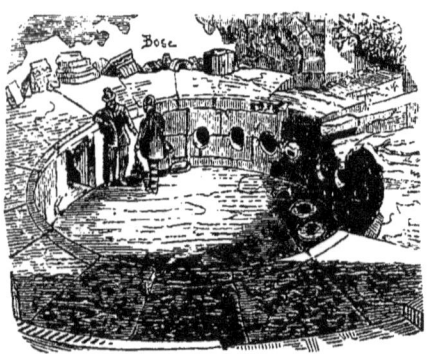

Fig. 1. — État actuel du château d'eau de Nîmes.

vira donc à étudier ce genre d'édifice si curieux à tant de titres, comme nous allons le voir. — Le *castellum* de Nîmes, sur lequel on n'a encore jamais rien écrit (1), découvert en 1844 et dont Ménard avait parlé (*Hist. de Nîmes*, t. 7, p. 132), a été relevé et dessiné par nous en 1854. Notre fig. 1 montre en perspective une vue de l'état actuel, tandis que notre fig. 2 montre en géométral le plan actuel. En jetant les yeux sur la première figure, nous voyons à gauche, c'est-à-dire au nord-est, une ouverture de 1ᵐ,80 de large sur 1ᵐ,25 de hauteur. C'est par cette ouverture que l'eau de l'aqueduc débouchait dans le réservoir. Nous y avons remarqué des traces d'une fermeture qui devait être composée de

(1) Mentionnons cependant une courte notice insérée dans les *Archives des monuments historiques.*

six barreaux de fer, destinés sans doute à retenir un grillage à mailles serrées, afin d'empêcher le passage de certaines impuretés charriées par l'eau. En avant de cette grille, à la jonction du bassin et de l'aqueduc, il devait exister une vanne, soit pour arrêter l'eau dans le cas où le bassin réclamerait un nettoyage ou une réparation, soit pour régler l'arrivée de l'eau. On voit encore de chaque côté de cette ouverture une feuillure ou plutôt une entaille qui ne peut laisser subsister aucun doute à l'égard de l'existence de cette vanne. Celle-ci

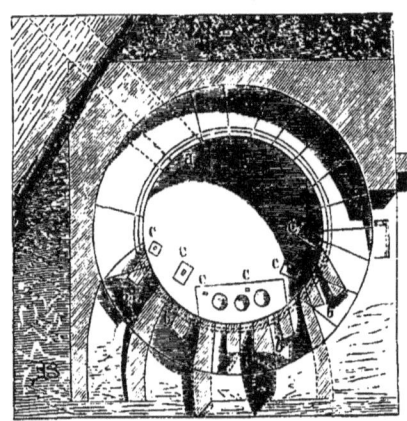

Fig. 2. — Plan actuel du château d'eau romain de Nîmes.
*a*, aqueduc ; *b*, *b*, *fistulæ* ; *c*, *c*, *c*, trous de scellement.

était probablement manœuvrée par une ou deux tiges en métal ; mais, comme tout ce système de barrage a été enlevé bien longtemps avant la cessation du service de l'aqueduc, il ne nous a pas été possible de rien constater de précis à cet égard. A droite de notre dessin, c'est-à-dire au sud-ouest, à 0ᵐ,50 de haut, on voit sur le mur une partie des dix ouvertures de 0ᵐ,45 de diamètre. Ces trous, séparés de 0ᵐ,40 les uns des autres, étaient les orifices des canalisations qui traversaient le mur et servaient à distribuer par dixième les eaux dans les différents quartiers de la ville. Le fond du bassin, à 0ᵐ,80 de son pourtour et au-dessous des dix ouvertures dont nous venons de parler, possédait trois trous de même diamètre (0ᵐ,45), séparés de 0ᵐ,12 à 0ᵐ,15. Ils débouchaient dans une canalisation commune établie immédiatement au-dessous des dix ouvertures. Les orifices inférieurs étaient fermés par des clapets, qui s'engageaient dans une entaille ménagée à cet effet. Il est probable que ces orifices servaient à distribuer les eaux dans un monument public, probablement aux thermes de la ville. En avant des ouvertures, pratiquées dans le fond, il existe des trous de scellement, qui n'ont pu servir qu'à sceller une sorte de barrage en fer qui s'opposait à la trop rapide précipitation des eaux dans les canaux inférieurs, qui auraient pu rompre sous une trop forte pression (1). — Le fond de la cuve ou réservoir est revêtu d'un enduit en mortier hydraulique composé de chaux et de tuileaux grossièrement concassés. Cet enduit est d'une grande dureté. — Le mur d'enceinte circulaire, qu'on aperçoit dans notre fig. 1, supportait une colonnade et un entablement d'ordre co-

bien étaient-elles engagées dans un mur en maçonnerie, comme dans les édifices *pseudopériptères ?* Un fragment de chapiteau semblerait prouver que le haut de la colonne était libre, ce qui ferait supposer que le bassin proprement dit était couronné de colonnes non engagées : or rien n'est moins probable qu'un pareil genre de construction. Aussi, à défaut de pièces à l'appui pouvant élucider ce point

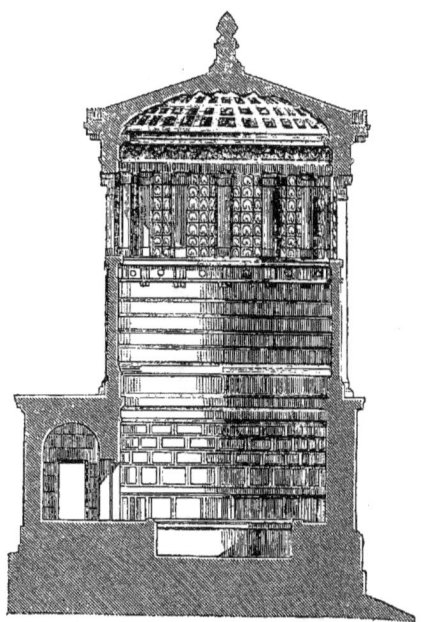

Fig. 4. — Coupe restituée du château d'eau de Nîmes.

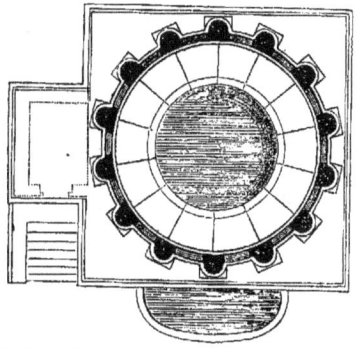

Fig. 3. — Plan restitué du château d'eau de Nîmes.

rinthien d'un beau travail. Des fragments de bases, de fûts, de corniche, tous en pierre de Lens (2), ne permettent de laisser subsister aucun doute sur l'existence de cette décoration primitive ; de même que la grande quantité de tuiles romaines mêlées à ces débris prouve que l'entablement supportait une couverture.

Il nous reste un point essentiel à élucider : les colonnes de notre édicule étaient-elles libres, isolées, comme dans les édifices *périptères*, ou

délicat, nous nous substituerons aux premiers constructeurs, et nous examinerons ce que nous eussions fait à leur place. Or il est bien évident, pour ceux qui connaissent le climat de cette contrée, qui connaissent surtout le vent violent qui souffle souvent à Nîmes, vent qui soulève des flots de poussière et même de gravier, il est bien évident, disons-nous, que les constructeurs du *castellum* n'hésitèrent pas longtemps pour savoir s'ils fermeraient de toute part leur *castellum*. — Les eaux des fontaines d'Airan et d'Eure arrivaient dans l'antique cité par une canalisation fermée; or, pour conserver à ces eaux toute leur limpidité, il fallut de toute nécessité fermer le *castellum*, sauf à laisser dans le haut de petites baies

---

(1) Une disposition semblable existe dans le bassin du château d'eau de Constantinople, qui fournit encore aujourd'hui de l'eau à plusieurs quartiers de cette ville.

(2) Les carrières de cette pierre d'un grain fin et serré sont à 8 kilomètres de Nîmes.

grillagées pour éclairer l'intérieur du *castellum;* peut-être même ces baies étaient-elles fermées par des CLAUSTRA. (Voy. ce mot.) Telles sont les considérations qui nous ont guidé dans notre travail de restitution.

Notre fig. 3 montre le plan restitué; notre fig. 4, la coupe, et notre fig. 5, l'élévation.

CHATEAUX D'EAU MODERNES. — Par imitation des anciens, les modernes ont construit

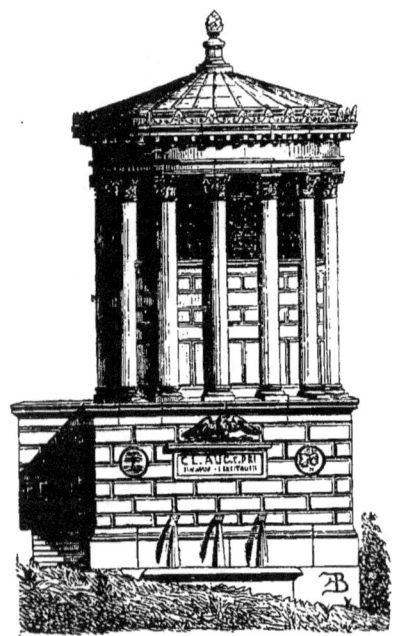

Fig. 5. — Élévation restituée du château d'eau de Nîmes.

des châteaux d'eau. De Cotte, en 1719, en avait érigé un au fond de la place du Palais-Royal. Il fut bientôt démoli ; un autre monument, nommé aussi château d'eau, se trouvait à l'extrémité du boulevard Saint-Martin. Ce dernier a été transféré vers 1870 aux abattoirs de la Villette, où il sert d'abreuvoir, où il n'était du reste bon qu'à cet usage. Ces fontaines rappellent plus ou moins des châteaux d'eau ; mais le monument le plus remarquable, et qui répond bien à sa dénomination, c'est sans contredit le château d'eau de Marseille, construit en 1868 par notre confrère et ami Espérandieu. Il est placé à l'extrémité de l'aqueduc des eaux de la Durance, qui n'a pas moins de 160 kilomètres de longueur.

Nous avons donné ce château d'eau au mot CASCADE. (Voy. ce mot et la figure.)

CHATEAUX FORTS. — Petite citadelle entourée de murailles, de fossés et de tours, construite sur les frontières d'un État, sur le parcours d'un défilé, ou sur une hauteur, pour défendre un passage ou d'autres points importants. Les peuples les plus anciens ont construit des châteaux forts : un bas-relief de Thèbes nous montre un château fort égyptien ; les Assyriens en ont figuré sur des bas-reliefs des palais de Khorsabad et de Ninive. Les Grecs et les Romains en ont élevé sur une grande partie de leur territoire. Les bas-reliefs de la colonne Trajane nous montrent plusieurs exemples de châteaux forts, élevés avec du bois et de la pierre. Le moyen âge éleva beaucoup de châteaux forts, surtout sur la limite des États européens nommés *marches.*

Quand les châteaux forts étaient construits sur des mamelons ou des collines escarpées, ils étaient de forme irrégulière, car les murs suivaient les contours de la crête de ces éminences ; dans la plaine, au contraire, leur plan était tracé d'une manière régulière ; le château de Vincennes, commencé par Louis IX et continué par Philippe de Valois et Charles V, peut en témoigner. A partir du XIVe siècle, l'artillerie, qui modifia profondément le système des fortifications, transforma complétement les châteaux forts. (Voy. MILITAIRE, *Architecture.*)

CHATEAUX DE VERRE. — Châteaux forts antiques des montagnes d'Écosse, ainsi nommés parce que les murs sont formés de pierres vitrifiées ; ce sont quelquefois des murailles de verre parfaitement compactes, tantôt une agglomération de pierres irrégulières, reliées entre elles par une pâte vitreuse noire comme le jayet. On obtient ces murs de verre en allumant un grand feu au pied des murs, ce qui vitrifie les matériaux. On voit des châteaux de verre dans le comté de Ross, et sur le mont Craigh-Phadrick, tout près d'Inverness. — En France, dans la Sarthe, près de Laval, il existe des ruines d'un château, datant de Charles VII, qui est bâti sur de très-anciennes substructions vitrifiées, ce qui ferait supposer que ce sont les restes d'un château de verre.

CHATEAU-LANDON, *s. m.* — Roche provenant d'une localité voisine de Fontainebleau (Seine-et-Marne). Cette pierre, susceptible d'un très-beau poli, est employée pour dallage, revêtement, pour garde-fou et balustrade. Il en existe de deux nuances : l'une d'un gris jaunâtre, et l'autre d'un ton rose avec des taches rouges.

CHATELET, CHASTELET, CASTILLET, *s. m.* — Petit château fort du moyen âge qui défendait le passage d'un pont, d'un gué, d'un défilé, etc. Le châtelet, chastelet ou castillet était, comme son nom l'indique, un diminutif du château fort ; aussi ne servait-il pas de résidence seigneuriale, mais seulement de poste pour des hommes d'armes. Les anciens défendaient les mêmes localités que nous venons de citer par de petits châteaux ou même par de simples tours. Bélisaire avait construit en avant du pont Émilien, placé sur le Tibre, une petite fortification qui était un véritable

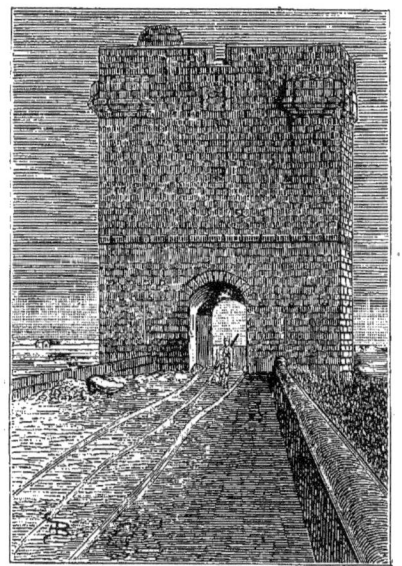

Châtelet dit tour de la Carbonnière, à Aigues-Mortes (Gard).

châtelet. L'ancienne ville d'Aigues-Mortes possède encore aujourd'hui, en avant de sa principale entrée, une tour (*la Carbonnière*) qui était

p

un ancien châtelet. Cette tour (voy. notre figure), posée à cheval sur la route, était un poste avancé. L'ancien pont de Londres, construction du XIIIᵉ siècle, possédait un *châtelet* assez important. A Paris, il existait le *grand* et le *petit Châtelet*, en tête de deux ponts qui donnaient accès à l'île de la Cité. Le grand Châtelet, situé au nord, était une forteresse à peu près carrée, avec cour au milieu et portes détournées, et dont les deux angles extérieurs étaient flanqués de deux tours ; le petit Châtelet, situé au sud, n'était qu'une porte, avec logis au-dessus ; elle était flanquée de deux tours. Quand on a construit le pont au Change et percé le boulevard Sébastopol, on a mis à jour des substructions du grand Châtelet, qui ont fait voir une partie des prisons de cet édifice. — A Perpignan, il existe un châtelet dénommé *le Castillet*. Il est placé dans une magnifique situation.

CHATIÈRE, *s. f.* — Ouverture pratiquée dans le bas d'une porte, pour donner passage

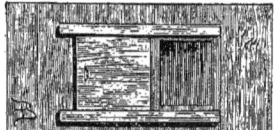

Fig. 1. — Chatière horizontale.

aux chats. On les ferme au moyen d'une planchette, courant soit dans une coulisse hori-

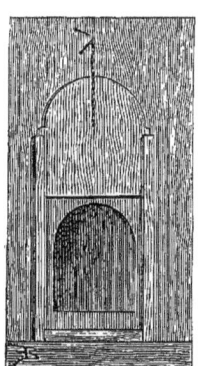

Fig. 2. — Chatière verticale.

zontale (fig. 1) ou verticale (fig. 2). Les portes des greniers, des celliers, des magasins à farines et à grains surtout, portent des chatières

En couverture, les chatières sont de petites ouvertures qu'on établit sur les versants d'un comble, pour aérer des greniers ou la charpente des couvertures. On couvre ces ouvertures avec de petits abris en zinc (fig. 3), en plomb ou en

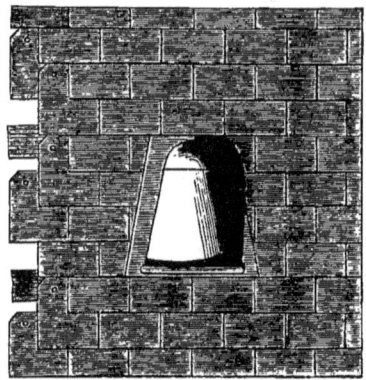

Fig. 3. — Chatière en zinc.

terre cuite; ces ouvrages affectent la forme d'un demi-cône; souvent l'ouverture du cône est munie d'un grillage ou d'une plaque de zinc

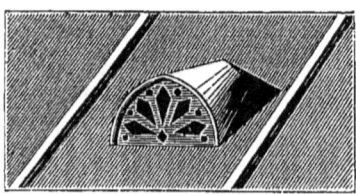

Fig. 4. — Chatière grillagée.

perforée (fig. 4), pour empêcher les oiseaux, les rats, les souris ou autres animaux de pénétrer dans les locaux ventilés par les chatières. — On donne encore le nom de *chatières* à des conduits souterrains en pierre, destinés à l'écoulement des eaux d'un bassin.

CHATILLON. — Roche d'une localité des environs de Paris. Il existe aussi en Bourgogne une pierre de Châtillon (Côte-d'Or) qui est renommée. Cette pierre calcaire, quelle que soit sa provenance, est employée pour dallage, seuil, marches d'escalier, claveaux et plates-bandes.

CHAUDE, *s. f.* — En serrurerie, *donner*

*une chaude*, c'est faire chauffer le fer, afin de le porter à une température voulue. Suivant le degré de chaleur atteint par la chaude, on la nomme *petite chaude*, *bonne chaude*, *chaude blanche*, *chaude suante*. Les deux premières chaudes s'obtiennent de 1,000 à 1,200 degrés centigrades; la *chaude blanche*, que l'on reconnaît à la flamme blanche parsemée d'étoiles qu'émet le fer chauffé, atteint 2,000 degrés environ; enfin la *chaude suante*, ainsi nommée parce que le fer paraît laisser échapper des gouttes de métal, s'obtient vers 4,000 à 5,000 degrés centigrades. Cette chaude fait perdre aux fers dits *fort aigres* ce défaut.

CHAUDE-PORTÉE, *s. f.* — En serrurerie, faire une *chaude-portée*, c'est chauffer simultanément deux pièces de fer pour les souder.

CHAUDIÈRE, *s. f.* — Grand récipient, grand vaisseau de fer ou de cuivre, qui sert à faire chauffer ou bouillir un liquide. Dans les constructions, on emploie les chaudières pour obtenir de la vapeur, qu'on emploie soit comme force motrice dans les chantiers, soit comme calorifère dans les systèmes qui utilisent la vapeur comme véhicule de la chaleur.

CHAUFFAGE, *s. m.* — Action de chauffer. Le chauffage des édifices est un art dont les applications sont fort étendues et très-complexes, car tout système de chauffage doit être combiné avec la VENTILATION. (Voy. ce mot.) Les sources de la chaleur ne sont pas nombreuses, mais les modes de la propager sont en grand nombre.

HISTORIQUE. — Nous avons recherché, mais en vain, des traces de chauffage chez les populations lacustres; les travaux des archéologues n'ont amené aucune découverte à ce sujet pour les temps préhistoriques. — Les peuples anciens employaient à l'origine l'*arula*, le *brasero*, le *foculus*, plus tard l'HYPOCAUSTE (voy. ce mot); mais, indépendamment de ces appareils destinés à chauffer de grands locaux, ils avaient aussi la *trulla* pour échauffer de petites pièces, ou même les pieds et les mains.

APPAREILS MODERNES. — Les appareils de

chauffage modernes sont nombreux, mais aucun de nos systèmes n'est tellement parfait qu'il ne présente avec des avantages des inconvénients; malheureusement la somme de ces derniers prime de beaucoup celle des avantages. — Dans les bons appareils modernes, on s'est efforcé de résoudre ce problème : *Utiliser le plus complétement et le plus économiquement possible la chaleur dégagée en brûlant les combustibles proprement dits.* Dans l'application de ce principe, chaque inventeur a répondu d'une manière différente, suivant le combustible qu'il se propose d'utiliser, suivant la localité qu'il habite et suivant les désirs ou les exigences du consommateur qu'il veut satisfaire; de là une infinité d'appareils de chauffage qu'on peut cependant ramener à neuf classes différentes, qui sont :

1° Chauffage direct par la combustion.

2° Chauffage de l'air par le rayonnement des combustibles, CHEMINÉES. (Voy. ce mot.)

3° Poêles. (Voy. POÊLES.)

4° Cheminées-poêles. (Voy. CHEMINÉES.)

5° Calorifères à air chaud. (Voy. CALORIFÈRES.)

6° Chauffage de l'air par l'eau chaude à haute et basse pression. (Voy. THERMOSIPHON.)

7° Chauffage à la vapeur. (Voy. VAPEUR.)

8° Chauffage par l'eau et la vapeur combinées. (Voy. VAPEUR.)

9° Chauffage par le gaz. (Voy. GAZ.)

Le *chauffage direct par la combustion* n'est plus en usage que dans les pays chauds, en Algérie, en Italie, en Espagne. Dans l'Amérique méridionale, où les Espagnols l'ont importé, on emploie le brasero, qui, disons-le, tend heureusement à disparaître. Dans les pays plus avancés, on a depuis longtemps proscrit ce mode de chauffage ; car les émanations d'acide carbonique et d'oxyde de carbone qu'il dégage dans une enceinte fermée sont des plus dangereuses pour la santé. — Pour les autres modes de chauffage, nous n'avons pas à en parler ici, puisque le lecteur trouvera tous les renseignements utiles aux mots CHEMINÉE, POÊLE, CALORIFÈRE, VAPEUR, GAZ; mais nous traiterons du chauffage des différents locaux en général. Ces locaux sont de deux genres, l'habitation de l'homme et les édifices publics.

Dans le premier groupe, le mode de chauffer et les appareils de chauffage sont divers, suivant qu'il s'agira de chauffer une maison en totalité, des chambres de garçon, des logements d'ouvriers, des magasins et des boutiques, des appartements, des hôtels publics ou privés, des jardins d'hiver, des serres froides, tempérées, ou des serres chaudes, des logements d'animaux.

CHAUFFAGE GÉNÉRAL DE LA MAISON. — Plusieurs moyens sont en présence. On peut établir un calorifère en sous-sol ou dans la cave, ou le poser dans le vestibule d'entrée. En employant de très-grands calorifères en fonte, on peut chauffer de vastes maisons; si celles-ci comprennent plusieurs corps de bâtiment, on considère chaque bâtiment isolé comme une maison. L'importance et l'utilité de chauffer le vestibule d'entrée et l'escalier d'une maison sont si évidents qu'il n'est pas nécessaire d'une longue démonstration pour le faire comprendre ; en effet, si l'on fait du feu dans les appartements, les cheminées font un appel considérable de l'air de la cage d'escalier, surtout quand on ouvre ou qu'on ferme les portes d'entrée de l'appartement. Or si l'escalier n'est pas chauffé, c'est de l'air froid qu'il émet, c'est-à-dire qu'il paralyse en partie le calorique dégagé par les cheminées des appartements.

CHAMBRES DE GARÇON. — Sous cette dénomination nous englobons les logements occupés par des personnes de professions diverses, qui ne sont composés que d'une antichambre et d'une ou deux pièces, mais sans cuisine. Dans de pareilles conditions le chauffage du logement doit être intermittent, puisque l'habitant du lieu mène une vie très-irrégulière et passe la moitié de son temps loin du logis ; c'est ici le cas d'appliquer le chauffage au gaz, car c'est le plus économique et le plus commode dans cette occurrence ; il supprime le local pour emmagasiner le combustible, ainsi que les poussières et les inconvénients qui résultent de l'emploi du coke, de la houille et même du bois.

LOGEMENTS D'OUVRIERS. — Il est bien difficile d'indiquer un mode de chauffage pour ces locaux, car il faudrait trouver un système à la fois hygiénique et économique. Or, dans les grandes villes ou dans les villes industrielles, c'est-à-dire dans celles où la population ouvrière est considérable, la cherté du combustible oblige l'ouvrier à installer dans son logement un poêle ou un fourneau en fonte qui lui sert à la fois à se chauffer et à cuire ses aliments : or ce mode de chauffage est défectueux; malheureusement, dans la situation sociale actuelle, il lui est bien difficile de faire autrement; aussi faut-il engager les ouvriers à renouveler deux ou trois fois par jour, et cela quelle que soit la saison, l'air de leurs logements, à ne faire usage que de poêles en faïence et leur recommander de ne jamais fermer les clefs de ces poêles.

MAGASINS ET BOUTIQUES. — Les grands magasins, suivant les marchandises qui s'y vendent, doivent être chauffés par des systèmes différents. Ceux qui débitent des marchandises qui pourraient être détériorées par un air sec et chaud doivent employer la vapeur ou l'eau chaude. Du reste les grands magasins peuvent être assimilés à certains édifices, comme, par exemple, aux églises, aux bibliothèques; dès lors ils peuvent être chauffés par des moyens analogues à ceux employés dans ces bâtiments. Ici, nous traiterons plus spécialement des petits magasins, des boutiques : celles-ci occupent ordinairement le rez-de-chaussée des maisons, et souvent le commerçant a son logement dans une arrière-boutique (voy. BOUTIQUE) ou à l'entre-sol. Quand la boutique est assez grande, on peut établir un calorifère dans la cave ; dans le cas contraire on emploie certains poêles à flamme renversée qui présentent l'aspect d'une cheminée.

APPARTEMENTS. — Un appartement se compose d'une ou plusieurs antichambres, de couloirs, de chambres à coucher, de cabinets de toilette et de travail, de salles à manger, de bibliothèques, de grands et petits salons, de cuisine, etc. — Un poêle ou un calorifère doit opérer le chauffage général de l'appartement au moyen de bouches de chaleur, tandis que le chauffage particulier est obtenu par des cheminées. On doit préférer, bien entendu, les meilleurs systèmes, ceux surtout qui, prenant l'air à l'extérieur, le déversent une fois chauffé dans les pièces de l'appartement. Les chambres à coucher, les grands et les petits salons, doivent avoir des cheminées. Pour les cabinets de travail et de toilette, si l'on ne peut y placer des cheminées, de simples bouches de chaleur peuvent suffire. Les salles à manger doivent recevoir de la chaleur par les bouches du calorifère de l'appartement, mais posséder en outre un poêle en faïence avec une étuve comme chauffe-assiette.

HOTELS PUBLICS ET PRIVÉS. — Ceux-ci se chauffent d'après les mêmes systèmes que ceux employés pour les maisons en général, mais avec quelques améliorations indispensables et le plus grand confort possible.

LOGEMENTS DES ANIMAUX DOMESTIQUES. — Ce n'est que dans des cas exceptionnels que les logements des animaux sont chauffés, car les étables et les écuries, dans lesquelles on enferme les bœufs, vaches, chevaux, sont en général fort basses et ont une chaleur suffisante. Cependant aujourd'hui, pour les chevaux de luxe, les chevaux de course ou de chasse (hunters), on construit des écuries spacieuses, et largement ventilées, qui nécessitent dans les pays septentrionaux un chauffage pendant la saison rigoureuse. Quand l'écurie n'a pas une grande importance et n'est pas éloignée de l'habitation, on peut diriger souterrainement des conduits de chaleur de l'habitation. Si l'écurie est considérable, elle possède presque toujours une buanderie ; dans ce cas, on peut employer un chauffage à l'eau chaude, à haute ou à basse pression, qui fournit en même temps de l'eau chaude pour un thermosiphon destiné au chauffage.

Les poulaillers, faisanderies, volières et autres locaux de la gent volatile doivent être chauffés également à l'eau chaude.

Le chauffage des magnaneries doit être combiné avec un bon système de ventilation, car le ver à soie ne peut vivre que dans un air très-pur.

Pour le chauffage des JARDINS D'HIVER, des SERRES, voyez ces mots; pour celui des ÉDIFICES PUBLICS, voy. ÉCOLES, ÉGLISES, HOPITAL, THÉATRE, etc.

Avant de terminer cet article, nous devons ajouter que tous les systèmes de chauffage doivent être combinés avec un système de

VENTILATION (voy. ce mot), car tous les savants ont reconnu que le renouvellement de l'air était un des éléments les plus indispensables à la prospérité et à la santé de tous les êtres organisés (hommes, animaux, plantes). — Ceux de nos lecteurs qui voudraient étudier à fond la question si intéressante du chauffage trouveront les détails les plus complets et les plus récents dans notre *Traité complet, théorique et pratique du chauffage et de la ventilation*.

CHAUFFE-DOUX, *s. m.* — Appareil de chauffage du moyen âge ; c'étaient des caisses de fer à parois ornementées, qu'on emplissait de cendre chaude et de braise embrasée. Les chauffe-

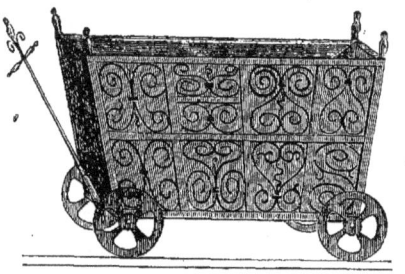

Chauffe-doux en fer.

doux étaient montés sur des roues et promenés d'une pièce à l'autre, pour élever la température des locaux dans lesquels on les plaçait. Ils étaient souvent pourvus d'une tige ou bras en fer, qui servait à les manœuvrer ; notre figure montre un chauffe-doux de ce dernier genre.

CHAUFFER, *v. a.* (Serr.) — Les serruriers chauffent le fer au feu de forge, afin de lui faire prendre un degré de chaleur convenable pour le *souder*, le *braiser*, le *plier* ou le *forger ;* d'où les expressions *chauffer blanc* et *chauffer cerise*, suivant l'intensité de la CHAUDE. (Voy. ce mot.)

CHAUFFERIE, *s. f.* — Forge où l'on réduit le fer en barre ; c'est aussi une partie du four à brique.

CHAUFFOIR, *s. m.* — Dans les contrées

où sévissent des froids rigoureux et prolongés, la bienfaisance publique ou privée ouvre pendant la saison d'hiver de vastes salles chauffées, nommées *chauffoirs*, dans lesquelles les pauvres, surtout les femmes et les vieillards, peuvent se réunir et se livrer à des travaux qui n'exigent point d'ateliers spéciaux. Ces mêmes chauffoirs servent quelquefois de refuge non-seulement pendant le jour, mais encore pendant la nuit. Dans ce cas, on emploie comme couchettes des lits suspendus, espèces de hamacs, qu'on enlève le matin. Dans la belle saison les chauffoirs peuvent servir de magasin ou d'atelier de travail. Il existe des chauffoirs communs dans les prisons, les hôpitaux, hospices et communautés religieuses. Les chauffoirs doivent être vastes et bien ventilés, comme tous les locaux qui reçoivent pendant un temps plus ou moins long une agglomération d'individus. Dans l'antiquité, à Rome, à Athènes et dans d'autres villes, les thermes et bains publics avaient des étuves à une température peu élevée, dans lesquelles les pauvres avaient le droit de venir se chauffer comme dans de véritables chauffoirs.

CHAUFFURE, *s. f.* — Défaut du fer ou de l'acier qui, ayant été trop chauffé, s'écaille.

CHAUFOUR, *s. m.* — Four à chaux ; local dans lequel on emmagasine la chaux, ainsi que les combustibles et les pierres calcaires pour la fabrication de la chaux.

CHAUFOURNIER, *s. m.* — Ouvrier qui fabrique la chaux ou marchand qui la vend.

CHAUME, *s. m.* — Paille longue, droite et non brisée, provenant du blé, du froment ou du seigle, qu'on emploie pour la couverture de bâtiments ruraux ; de là, le mot *chaumière* pour désigner une maisonnette recouverte de chaume. (Voy. COUVERTURE, et RURALES, *Constructions*.)

CHAUSSE, *s. f.* — Terme de blason, espèce de chevron plein et massif renversé, qui de sa pointe touche celle de l'écu ; on dit *écu chaussé;* c'est le contraire de l'écu *chapé.* (Voy. pl. X, pag. 256 *bis.*)

CHAUSSE D'AISANCE. — Tuyau de descente en plomb, en fonte ou en poterie, pour les lieux d'aisances.

CHAUSSÉE, *s. f.* — Élévation de terre qui sert de chemin à travers un marais, ou de digue à des eaux courantes. — C'est aussi une partie d'un chemin ou d'une route pavée, empierrée, asphaltée ou macadamisée. Sur les grandes routes, les routes nationales, la chaussée est comprise entre deux ACCOTEMENTS. (Voy. ce mot.) Dans les villes, les chaussées occupent toute la largeur de la rue. Ce mot est pris à tort comme synonyme de *chemin, route* et *voie.*

Les chaussées peuvent affecter deux profils différents; elles sont *concaves* ou *bombées.* La chaussée concave ou creuse, dite *chaussée fendue,* est faite à l'aide de deux pentes inclinées vers l'axe de la chaussée, qui forment le ruisseau destiné à l'écoulement des eaux dans cet axe. La *chaussée bombée,* au contraire, présente dans sa section un arc de cercle d'un grand rayon; celle-ci a un ruisseau de chaque côté, le long des trottoirs ou bas côtés. Ce dernier genre est de beaucoup préférable au premier, parce qu'il est plus solide et plus carrossable. Les Romains l'avaient généralement adopté, tandis que depuis le moyen âge jusqu'au commencement du XIX<sup>e</sup> siècle, on avait employé uniquement chez nous la chaussée fendue.

Le meilleur système à adopter pour la construction des chaussées dans les grandes villes est encore à trouver, quoique beaucoup de constructeurs aient étudié ce problème; ce qui jusqu'ici a empêché d'arriver à une bonne solution, c'est que la question est très-compliquée et aurait dû être scindée, pour donner de bons résultats. Tous les genres de chaussée sont bons (à divers degrés, bien entendu), il s'agit de les bien définir, de les bien connaître, afin de faire une heureuse application des divers genres, suivant les localités dans lesquelles on doit les établir.

QUALITÉS D'UNE BONNE CHAUSSÉE. — Une bonne chaussée doit être uniforme, rigide, ferme, légèrement rugueuse, afin de faciliter le tirage des gros chargements aux voitures et aux chevaux (1). — Son profil transversal doit être une courbe assez prononcée, afin de permettre le prompt écoulement des eaux; son imperméabilité assez grande pour l'empêcher de conserver trop longtemps les eaux de toute nature qui ramolliraient sa surface et deviendraient avec le temps des foyers d'infection, surtout pendant les chaleurs de l'été. Une bonne chaussée doit produire le moins de poussière possible par un temps sec, parce que le vent, soulevant celle-ci, la transporte au loin et jusque dans les étages supérieurs des maisons, ce qui non-seulement constitue un désagrément pour les piétons et le luxe intérieur des habitations, mais encore un danger pour la santé publique. De plus, les chaussées, produisant de la poussière, donnent par les temps d'arrosage ou par les pluies une boue considérable qui occasionne des frais considérables pour son enlèvement. — Une bonne chaussée doit coûter le moins de frais possible d'entretien et de premier établissement. Un seul genre de chaussée ne peut présenter tous ces avantages; il faut donc, suivant les cas, adopter tel ou tel autre système de chaussée.

En opérant ainsi, les États et les villes s'assureront avec des frais peu élevés une viabilité convenable, très-agréable comme roulement et laissant peu à désirer sous le rapport de la salubrité publique. — Examinons les divers genres de chaussée.

(1) Nous trouvons consignées dans les formules *Tables de Claudel* des expériences fort connues de Boulard, Rumfort et Régnier, qui établissent le rapport de l'effort du tirage à la charge traînée (y compris, bien entendu, la voiture) pour diverses espèces de chemins *horizontaux.* Ces chiffres sont très-curieux à étudier.

RAPPORT DU TIRAGE A LA CHARGE :

| | | |
|---|---|---:|
| Chaussée d'empierrement *(macadam)* à l'état ordinaire. | | 0,080 |
| — parfaitement entretenue et roulante | | 0,033 |
| — pavée à la manière ordinaire, | au pas | 0,030 |
| voiture suspendue | au grand trot. | 0,070 |
| — pavée en carreaux de grès, bien | au pas | 0,025 |
| entretenue, voiture suspendue | au grand trot. | 0,060 |
| Chemins à ornières plates, en fonte de fer ou dalles de pierre très-dure et très-unie | | 0,010 |
| Chemins de fer en rails saillants en bon état d'entretien. | | 0,007 |
| — — — parfaitement entretenus et les essieux continuellement huilés | | 0,005 |

CHAUSSÉE PAVÉE DANS L'ANTIQUITÉ. — Le premier genre de chaussée dont on ait fait usage a été la *chaussée pavée*. D'après Isidore (*Orig.*, XV, 16, 6), ce seraient les Carthaginois qui l'auraient inventée. — Ces routes servaient aux piétons, aux cavaliers et aux voitures. (Varro, l. 55, 35.) Les voies romaines étaient construites de façon à réunir à la plus grande commodité possible les éléments de la plus grande durée. Au milieu de la voie était la chaussée (*agger*), c'est-à-dire la partie destinée aux cavaliers, aux voitures et au bétail. (Virg., *Æneid.*, V, 273.) Cette chaussée était pavée de gros blocs polygonaux en lave basaltique assujettis sur un lit formé de trois couches différentes superposées. L'inférieure était composée de petites pierres ou de gravier; la suivante, de pierres concassées liées avec du mortier de chaux; enfin la supérieure, épaisse de 0ᵐ,15 à 0ᵐ,18, était formée de fragments de briques ou de poteries mêlés avec du ciment. De chaque côté de la chaussée se trouvait un trottoir plus élevé que les nôtres (*crepido*, Juv., V, 8), lequel trottoir était flanqué dans toute sa longueur de bordures (*umbones*). Dans quelques cas ces bordures de trottoir étaient reliées de place en place par de gros blocs cunéiformes (*gomphi*, de γόμφος), qui consolidaient la masse.

CHAUSSÉES PAVÉES MODERNES (1). — Les premières chaussées pavées de Paris datent de Philippe-Auguste, qui fit paver la capitale vers 1182. La chaussée pavée, telle qu'elle existe aujourd'hui, est, de toutes les genres de chaussée, celui qui est le plus économique et le plus durable, surtout si l'on introduisait dans sa construction des *ornières lisses* ou *plates-rails*, comme il en existe dans quelques villes d'Italie, système de pavage que nous décrirons bientôt. — Le pavé, quand on le pose, est assez rugueux et raboteux; mais il s'arrondit très-vite, trop vite même par l'usage. Les aspérités de ce genre de chaussée facilitent la traction aux chevaux; mais les roues des véhicules, par un martelage continuel, usent non-seulement les chaussées, mais encore les harnais, ressorts de voitures et les chevaux eux-mêmes.

On pourrait remédier à cet inconvénient en construisant les chaussées pavées comme à Milan, par exemple. Dans cette ville, les rues qui ont des trottoirs dallés sont pavées avec des galets plats posés de champ et d'une régularité de forme remarquable; en outre, ces rues, suivant leur largeur, ont pour les voitures deux voies formées chacune de deux *bandes ornières plates* ou *plates-rails*, en granit, de 0ᵐ,35 de large. Les chevaux tirent et s'accrochent avec leurs sabots sur les galets, tandis que les roues des véhicules roulent sur le granit. Les chevaux savent fort bien prendre la voie qui donne le moins de tirage quand elle est libre; aussi les roues ne portent sur le blocage que pour croiser, et exceptionnellement, de sorte que les chaussées se maintiennent fort longtemps en bon état. Il est fâcheux qu'à Paris les ingénieurs de la voirie n'aient jamais expérimenté ce mode de chaussée.

Le prix du pavage, comprenant son transport, son remaniement, l'arrachage des vieux pavés, et la fourniture des neufs, revient aujourd'hui à Paris, suivant qu'on emploie du pavé de l'yvette ou du porphyre, à 13, 15, 17 et 20 francs le mètre carré, et l'entretien du même mètre vaut 15 fr. 40 c. Ces prix sont fort élevés, surtout si l'on tient compte que ces pavés exigent de fortes réparations et un remaniement complet après trois années d'usage.

CHAUSSÉES D'EMPIERREMENT. — Chaussées faites avec de la pierraille concassée (*silex, granit, meulière*, etc.) et fortement comprimée avec des rouleaux compresseurs d'un poids plus ou moins considérable. Pour construire les chaussées d'empierrement, qu'on nomme aussi *chaussées à la mac-adam* et *de Mac-Adam*, du nom de leur inventeur, on commence par défoncer le terrain sur une profondeur de 0ᵐ,25 à 0ᵐ,35; on y transporte les matériaux

---

(1) Dans tout ce qui suit, nous traiterons plus particulièrement des chaussées de Paris, car les exemples et les points de comparaison que nous donnerons dans le courant de cet article seront ainsi plus saisissables que si nous parlions des chaussées en général. Du reste, dans ce dernier cas, notre article serait étudié à un point de vue moins pratique, car nous ne pourrions donner de prix de revient, ce qui est, au point de vue technique, d'une très-grande importance.

concassés, qu'on étale à la place qu'ils doivent occuper, puis on arrose le tout, afin de détremper le terrain. Ces opérations terminées, on fait passer le rouleau compresseur; anciennement il était attelé de sept à huit chevaux. Aujourd'hui, on emploie des rouleaux d'un poids si considérable qu'ils sont mis en mouvement par la vapeur. On répand du sable sur la surface comprimée, on arrose, et, après avoir roulé pendant un certain laps de temps, la chaussée est terminée. Ce genre de chaussée, bon pour les routes et les grands chemins dans les campagnes, devrait être supprimé dans l'intérieur des villes, car il ne présente que des inconvénients, ornières, boues et poussières; en outre son prix de revient et d'entretien est considérable, ruineux même dans les grandes villes. Suivant les matériaux employés à leur construction, un mètre superficiel de chaussée empierrée revient à 5 fr. 50, 6, 8 et 9 francs; mais le prix d'entretien est autrement élevé, puisque sur certain point de Paris il dépasse le prix de 16 fr. par mètre et par an. Or, dans une grande ville la circulation roulante devenant de plus en plus considérable, les chaussées s'usent de plus en plus rapidement. A l'aide de quelques chiffres pris à diverses époques et pour divers quartiers, nous démontrerons d'une manière plus saisissable la croissance périodique des frais de ces chaussées. — En 1854 l'entretien annuel était de 4 fr. 50 le mètre carré pour les boulevards compris entre la Madeleine et la rue du Temple; 4 fr. 30 pour le Pont-Neuf; 6 fr. 43 pour le pont d'Austerlitz; 3 fr. 79 pour la rue de Rivoli. Dans ces dernières années, de 1869 à 1876 par exemple, il s'est élevé à 10 fr. 29 pour le Pont-Neuf; 11 fr. 32 pour le pont d'Austerlitz; 12 fr. 34 pour la rue de Rivoli (1). On voit donc par ces prix comparatifs que pour certains points de Paris le mètre carré d'entretien a doublé, triplé, quadruplé même. Or, dans certaines rues, le prix d'entretien est plus considérable; il était de 12 fr. 46 pour le quai Saint-Bernard, de 13 fr. 21 pour la rue Saint-

Antoine et de 16 fr. 08 pour la rue La Fayette. Devant ces frais énormes et tous les désagréments qu'entraînent après elles les chaussées empierrées, il ne faut pas s'étonner que leur emploi dans les villes soit de moins en moins fréquent; espérons qu'un jour elles disparaîtront totalement. En 1870 la ville de Paris avait encore 2,070,000 mètres carrés de chaussées empierrées, qui lui coûtaient environ trois millions de francs, c'est-à-dire près du tiers de l'entretien annuel de toutes ses chaussées réunies.

CHAUSSÉES D'ASPHALTE. — Ces chaussées se composent d'une couche bien pilonnée de béton, de 0$^m$,10 d'épaisseur, dressée suivant le

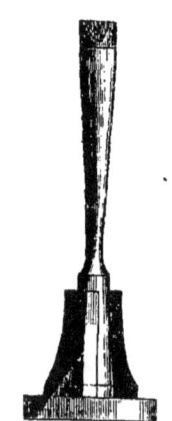

Pilon en fer, pour comprimer le bitume.

profil qu'on veut donner à la chaussée. Par-dessus cette dernière couche on ajoute une chape ou enduit en mortier, et quelques jours après, lorsque ces deux couches ont acquis un degré de consistance et de siccité suffisant, on peut appliquer l'ASPHALTE. (Voy. ce mot.) On emploie généralement à Paris un calcaire imprégné de 10 à 12 pour 100 de bitume, qui provient des mines de Seyssel ou de Pyrimont.

Avant de pouvoir être livrés au commerce, ces calcaires reçoivent diverses manipulations; on les triture et on les réduit en poudre à l'aide de broyeurs mécaniques. Cette poudre est ensuite chauffée à 120 ou 140 degrés dans les appareils construits *ad hoc*. Cette haute température lui fait perdre l'excès d'eau qu'elle contient. Dans cet état elle peut être employée; on

(1) Depuis 1872, on a supprimé beaucoup de chaussées d'empierrement, notamment, sur le Pont-Neuf, les rues Saint-Antoine, la Fayette, etc.

la répand sur l'aire en béton par couches de 5 à 6 centimètres, en la comprimant fortement à l'aide de pilons en fer ou en fonte préalablement chauffés, dont notre figure montre une représentation, moins le manche qui est coupé au-dessus du fer. De là vient que ces chaussées sont dites en *asphalte comprimé*. Malgré tous les soins apportés dans la construction de ces chaussées, il arrive fort souvent qu'une partie s'effrite, se pulvérise; cela forme alors un trou qui s'agrandit insensiblement s'il n'est pas réparé sur-le-champ. — Le prix de revient du premier établissement des chaussées en asphalte comprimé s'élève à environ 15 francs le mètre carré et quelquefois davantage, suivant l'épaisseur de la couche d'asphalte. L'entretien annuel est d'environ 1 franc 20 le mètre. Ce genre de chaussée n'est pas applicable sous les climats chauds, parce que le bitume se ramollit sous le pas de l'homme, et à plus forte raison sous celui d'une charrette ou d'une voiture. Sous les climats humides, les pluies et les brouillards si fréquents rendent les chaussées d'asphalte très-dangereuses pour les piétons et pour les chevaux, parce qu'elles sont très-glissantes; et comme elles sont insonores, elles constituent un vrai danger pour la sécurité générale, puisqu'on peut être surpris par l'arrivée subite d'une voiture qu'on n'entendait pas rouler. Ainsi l'asphalte seul ne peut donner de bonnes chaussées; mais, en le combinant avec d'autres substances, on pourrait obtenir de bons résultats.

CHAUSSÉES EN PAVÉS MÉTALLIQUES. — L'asphalte seul ne présentant pas assez de dureté, on a imaginé de le mélanger avec du pyrite ou minerai de fer, pour en faire un pavage métallique, dont le mètre carré sur 0$^m$,5 d'épaisseur se décomposerait en valeur comme suit :

| | | | |
|---|---|---|---|
| Asphalte. 60 kilogr. à 7 fr. les 100 kilogr. | 4 fr. 20 |
| Bastène.. 10 — à 36 fr. — | 3 fr. 60 |
| Minerai.. 5 — à 30 fr. — | 1 fr. 50 |
| Tourbe.. 27 — à 2 fr. 50 — | 0 fr. 62 |
| Frais de manipulation et d'application...... | 1 fr. 10 |

Prix de revient du mètre carré... 11 fr. 02

Ce pavage est supérieur au pavage ordinaire en grès de Fontainebleau; néanmoins il est inférieur au granit.

Visconti, en 1854, avait fait appliquer ce pavage métallique aux six guichets de la place du Carrousel, et, malgré le grand nombre de voitures qui passent sous ces guichets, ce pavage avait donné d'excellents résultats; s'il n'a pas été appliqué ailleurs, c'est que l'inventeur, à bout de ressources, n'avait pas présenté des garanties suffisantes pour entreprendre d'autres travaux.

CHAUSSÉES EN BOIS. — Il y a plusieurs modes pour construire ces chaussées : quand le sol est mouvant, pour lui donner plus de consistance, plus de stabilité, on établit une couche de béton; si le sol est ferme et rigide, il suffit de répandre une couche de 5 à 6 centimètres de sable de plaine, après l'avoir pilonné préalablement et avoir eu soin de donner auparavant au sol les profils que doit avoir la chaussée. Sur le terrain ainsi préparé on superpose deux rangs de voligeages jointifs à joints croisés. Ces voligeages ont une longueur de 4$^m$,50 à 5 mètres, et près de 3 centimètres d'épaisseur sur 27 centimètres de largeur; ils sont en sapin du Nord et complétement imprégnés de coaltar sur toutes leurs faces. Ces planches de sapin sont posées côte à côte et sans assemblage. La couche inférieure coupe transversalement la voie; le voligeage supérieur la couvre dans le sens de la largeur. — C'est sur ce plancher, ainsi obtenu, qu'on pose les pavés, fil de bois debout; ils sont serrés les uns à côté des autres, comme les pavés de grès de Fontainebleau ou de granit. Leur longueur est dirigée dans le sens transversal par rapport à la chaussée; les joints sont alternés, comme dans toute bonne construction. Ces pavés mesurent 0$^m$,22 sur 0$^m$,08 comme surface et 0$^m$,12 à 0$^m$,13 de hauteur. Ce sont des bouts de madriers de sapins du Nord.

Les rangées de pavés sont séparées entre elles par un liteau d'alignement en sapin de 0$^m$,025 de côté; ce liteau est cloué sur le plancher après la pose de chaque rang de pavés, il ménage donc un intervalle entre chaque rangée; ce vide est comblé avec du gravillon très-sec. On coule ensuite du goudron dans tous les joints, et l'on comprime l'espace compris entre les deux rangs de pavage avec une forte lame de fer sur laquelle on donne des coups de hic ou demoiselle. Ces opérations terminées, on étale avec une forte brosse sur toute la surface extérieure de la chaussée du goudron qu'on saupoudre de sable. — Pour faciliter le maniement des pavés et des liteaux, ils ne sont pas imprégnés de goudron ; ce serait du reste inutile, puisque la fin de l'opération consiste, comme nous venons de le voir, à noyer le tout dans du goudron liquide. Le prix de revient de ce genre de chaussée est variable suivant les pays où il se pratique. Là où le bois et la main-d'œuvre sont à bon marché, là aussi le pavage est à meilleur compte. A Paris, où l'on ne peut employer que des bois de sciage du Nord, le prix de premier établissement peut être évalué à 14 francs ; or, comme l'entretien est peu coûteux (0 fr. 90 c. par mètre et par an), ce pavage serait très-économique si on l'appliquait en grand.

Le premier mode de construction des chaussées en bois est, comme nous venons de le voir, assez compliqué ; aussi, dans les villes de l'Amérique du Nord (où le pavage en bois existe exclusivement à tout autre), on pratique le système Nicholson, qui est beaucoup plus simple.

Les planchers sont remplacés par un lit de gravier de 0ᵐ,20 à 0ᵐ,25, égalisé et comprimé à l'aide d'un cylindre en fer très-lourd, tel que celui qu'on emploie pour macadamiser. On commence, comme dans tous les systèmes de pavage, par bien égaliser ou dresser la chaussée ; on répand ensuite une couche de sable humide de 8 à 10 centimètres ; on régularise cette couche comme celle de gravier, en lui donnant une pente convenable de chaque côté du trottoir. Sur cette couche de sable humide on place les pavés de bois, qui ont environ 14 centimètres de hauteur, 12 centimètres de largeur et 18 à 25 de longueur. Les rangées de pavés sont transversales par rapport à la rue ; elles sont rapprochées les unes des autres et les joints alternés comme dans le mode précédemment décrit. — A la rencontre de deux rues, les rangées de pavés doivent faire un angle droit, si la rencontre des deux rues est un angle droit, ou bien elles se coupent suivant un angle déterminé par l'intersection des deux rues. Cet arran-

gement n'offre aucune difficulté, vu la facilité qu'on a de couper le bois de sapin avec la hache. Les interstices qui existent entre chaque pavé sont remplis avec du gravillon jeté sur le pavage ; ensuite, à l'aide d'un arrosoir, on répand du goudron dans les interstices, comme dans le mode précédent de fabrication, et l'on comprime fortement avec un fer qui a la forme d'un énorme couteau. Il faut deux hommes pour cette opération : l'un conduit le fer horizontalement sur les interstices, et l'autre donne les coups de hic.

Enfin un troisième mode de construction consiste à poser des pavés taillés en biseau sur un lit de béton ; on les maçonne comme on ferait pour un mur en moellons smillés, en employant du mortier hydraulique pour faire la liaison. On répand du goudron liquide à l'arrosoir et l'on jette sur le tout du sable de plaine. Ce dernier mode est un des plus simples et des plus pratiques ; il a été employé place de l'École-de-Médecine, à Paris.

CHAUX, s. f. — La chaux ou *oxyde de calcium* est très-répandue dans la nature. Unie à l'acide carbonique, elle constitue le *carbonate de chaux*, base de toutes les pierres calcaires ; unie avec l'acide sulfurique, elle forme les *sulfates de chaux*, c'est-à-dire les gypses ou plâtres. — La chaux pure est blanche, pulvérulente, d'une saveur âcre, chaude et caustique ; comme tous les oxydes, elle ramène au bleu la teinture de tournesol rougie par les acides. La chaux se combine avec l'eau en dégageant une forte chaleur (300 degrés environ) ; elle augmente alors considérablement de volume : on dit qu'elle *foisonne*. Cette combinaison avec l'eau s'opère avec un certain bruit, une crépitation : on dit alors que la chaux *fuse* ; on obtient ainsi la *chaux hydratée*, ou chaux *éteinte*, tandis que la chaux sans eau (*chaux anhydre*) se nomme *chaux vive*. Mélangée avec peu d'eau, la chaux donne une poudre blanche, douce au toucher ; additionnée d'eau, cette poudre forme une pâte onctueuse ; enfin, si la proportion d'eau ajoutée est considérable, on obtient une bouillie très-liquide, une *laitance*, qu'on nomme *lait de chaux :* on s'en sert pour blanchir les murs et les plafonds. On profite de ces qualités de la chaux pour l'employer à la confection des MORTIERS. (Voy. ce mot.)

Considérée au point de vue hygrométrique, c'est-à-dire à sa plus ou moins grande affinité pour l'eau, on divise la chaux en plusieurs variétés : en *chaux communes* ou *chaux aériennes*, en *chaux hydrauliques*, suivant qu'elles prennent ou durcissent à l'air ou dans l'eau. Il existe encore des subdivisions dont nous dirons quelques mots, ce sont : les *incuits*, les *chaux frittées* et les *chaux limites*. Quelques auteurs ont bien voulu aussi établir une subdivision pour *chaux-ciments*, qui, bien souvent il est vrai, ne proviennent que de la calcination des calcaires argileux; cependant, comme la nature des ciments est très-variable et qu'ils présentent des caractères très-divers, nous considérons cette substance comme un produit différent des chaux et nous en traiterons à son rang. (Voy. CIMENT.)

CHAUX COMMUNES OU AÉRIENNES. — Elles sont de trois sortes : on les nomme *chaux grasses*, *chaux moyennes*, *chaux maigres*.

Les *chaux grasses* sur lesquelles on jette de l'eau s'échauffent beaucoup et foisonnent considérablement; pures et éteintes, elles fournissent assez souvent un volume triple de celui de la chaux vive. Après leur foisonnement, ces chaux donnent une pâte liante, fine et grasse au toucher.

Les *chaux moyennes* foisonnent beaucoup moins que les précédentes; éteintes, elles acquièrent à peine un volume double que vives.

Les *chaux maigres* contiennent généralement des matières étrangères, du sable principalement, et cela dans des proportions de 12 à 15 et quelquefois jusqu'à 28 à 30 pour 100 ; elles ne foisonnent presque pas à l'extinction.

CHAUX HYDRAULIQUES. — Ces chaux ne foisonnent presque pas, ou du moins très-peu, quand on les éteint; de plus elles ne donnent pas de chaleur pendant cette opération. Elles sont généralement maigres, très-rarement moyennes et jamais grasses. Elles affectent différentes nuances : tantôt elles sont blanches ou d'un gris verdâtre, tantôt couleur de brique crue. De ce qu'on les nomme *hydrauliques*, il ne faut pas croire que ces chaux employées à

l'air, ou dans la terre, ne donnent pas de bons résultats; au contraire, dans la pratique, leur emploi a parfaitement établi que la résistance des mortiers hydrauliques employés à l'air est égale aux pierres à bâtir de moyenne qualité.

Souvent, dans les fours à chaux, certaines parties de calcaires ne peuvent être décomposées par la chaleur ; ces chaux incomplètes sont nommées *incuits*, *rigaux* et *grappiers*. On leur donne aussi improprement le nom de *biscuits*. Cette dénomination est tout à fait inexacte, puisque, au lieu d'être deux fois cuites, ces portions de calcaire ne le sont qu'incomplétement; il serait donc plus exact de les appeler *incuits*, *mi-cuits*, *mal cuits*. Quelques calcaires renferment des noyaux plus durs, espèce de galets, qui sont des incuits qu'on nomme *durillons* ou *marrons*.

CHAUX FRITTÉES. — Ces chaux, qu'on nomme aussi *surcuits*, sont des produits calcaires argileux, chauffés à une température trop élevée. Exposées à l'air, ces *frittes* paraissent d'abord entièrement inertes ; cependant, si elles sont pulvérisées au sortir du four, gâchées à consistance de mortier et mises sous l'eau, elles donnent des résultats très-différents.

CHAUX LIMITES. — Ces chaux se placent entre les chaux éminemment hydrauliques et les ciments ; elles forment un produit à part, dont ón ne peut tirer aucun parti au degré de cuisson ordinaire. Ces chaux sont parfaitement dénommées, parce qu'en effet la quantité d'argile qui les caractérise est la limite supérieure de celle qui constitue les chaux hydrauliques proprement dites. Ces chaux limites ne présentent plus les propriétés de ces dernières, mais elles n'ont pas encore les caractères des ciments. — Pour la jurisprudence, voy. FOUR A CHAUX et FOSSES A CHAUX.

CHAUX-CIMENT. — Voy. CIMENT.

CHAVREAU, *s. m.* — Sorte de bêche triangulaire recourbée.

CHEF, *s. m.* — Les *chefs* d'une ardoise sont ses côtés; ainsi on dit : *chef d'en haut*, *d'en bas*, *de côté*. Le chef d'en haut est ordinairement *épaulé*, c'est-à-dire que les angles en sont tronqués ; le chef d'en bas est quelquefois taillé en pointe ou arrondi, pour figurer des écailles. (Voy. ARDOISE.) — En termes de blason, le *chef* s'entend du tiers supérieur de l'écu. (Voy. BLASON.)

CHEF-D'ŒUVRE, *s. m.* — Travail particulier que les aspirants à la maîtrise exécutaient devant des jurés ; les ouvriers exécutaient ce travail pour prouver qu'ils pouvaient passer *maîtres*. Dès le XIIIᵉ siècle, les statuts des chapuiseurs ( *Livre d'Étienne Boileau* ) mentionnent le chef-d'œuvre, mais ce n'était alors qu'une exception : il devint une loi générale de tous les métiers au XIVᵉ et au XVᵉ siècle. Selon les métiers, la nature du chef-d'œuvre variait : les sculpteurs exécutaient une statuette de trois pieds et demi ; les potiers d'étain, une marmite ; les brodeurs, un tableau dont le dessin devait avoir été approuvé par les gardes du métier. Les aspirants devaient exécuter leur chef-d'œuvre dans la maison d'un juré ou dans une maison désignée par eux, dans laquelle ils se rendaient plusieurs fois pendant la durée de l'épreuve, pour voir de quelle manière travaillait l'aspirant. L'œuvre terminée, les anciens du métier se réunissaient et décidaient si elle était « idoyne et suffisante. » Si elle était ainsi jugée, le candidat prêtait serment de se conformer aux règlements et statuts du métier ; il était alors proclamé *maître*. L'exécution du chef-d'œuvre revenait fort cher à l'aspirant, car il lui fallait plusieurs mois pour exécuter ce travail qui ne lui rapportait rien ; mais il devait en outre payer certaines bienvenues et redevances aux jurés, à la confrérie, à l'église ; il devait également offrir plusieurs festins aux juges. Avec le temps ces charges s'accrurent dans de telles proportions, le chef-d'œuvre devint si coûteux, que beaucoup de compagnons restèrent ouvriers toute leur vie, ne pouvant faire les frais de la maîtrise. Ainsi s'est perdu cet usage qui était éminemment utile pour donner de l'émulation à la classe ouvrière. Les charpentiers sont les seuls ouvriers qui exécutent encore de nos jours le chef-d'œuvre.

CHEMIN, *s. m.* — Toute voie de terre qu'on peut parcourir pour se rendre d'un point à un autre ; les *sentes, sentiers, routes, allées, rues, quais,* sont des *chemins.* Tout ce qui concerne la construction des chemins rentre dans la classe des travaux des Ponts et Chaussées ; nous ne parlerons pas ici des divers genres de chemins, nous renverrons le lecteur aux articles spéciaux, tels que ALLÉES, CHAUSSÉES, ROUTES, SENTIERS, VOIES, etc.

Pour la jurisprudence des chemins, voy. ROUTES, ALIGNEMENT, § II ; FOSSÉS, HAIES, TRAVAUX PUBLICS, VOIRIE.

CHEMIN COUVERT. — Chemin qui, dans les fortifications modernes, se trouve derrière le glacis, sur le bord extérieur du fossé, et qui par conséquent couronne la contrescarpe. (Voy. FORTIFICATIONS.)

CHEMIN DE RONDE. — Chemin ménagé au sommet d'un rempart, derrière le parapet ou en tout autre endroit d'une fortification, pour le service des rondes ou de la défense. (Voy. MILITAIRE, *Architecture ;* REMPART et FORTIFICATIONS.)

C'est encore un espace libre circonscrivant des bâtiments et permettant d'exercer une surveillance active autour de ces bâtiments. Il existe des chemins de ronde dans les asiles d'aliénés, dans les abattoirs, dans les prisons, dans les casernes fortifiées, dans les citadelles, etc.

CHEMINS DE FER. — Voie formée à l'aide de bandes de fer parallèles, nommées *rails*, et sur laquelle circulent des wagons ou voitures, remorqués par des chevaux ou des locomotives à vapeur. Les chemins de fer sont une des grandes industries modernes, et leur établissement nécessite, après des études préliminaires de la voie, des travaux importants, tels que *ponceaux, ponts, tunnels, viaducs, gares,* enfin des ateliers de construction d'une importance très-considérable. — Tous objets roulant sur des bandes de fer horizontales, tels que coffres, portes à coulisse, etc., sont dits rouler sur un *chemin de fer.*

CHEMINÉE, *s. f.* — Endroit où l'on fait le feu, et tuyau qui rejette la fumée au dehors du local où le feu existe. Le tuyau sert aussi pour le tirage nécessaire à la combustion.

Les parties qui composent la cheminée sont : *l'âtre*, le *foyer*, le *contre-cœur* (*c*), les *jambages* ou *pieds-droits* (*j*), le *manteau* et la *hotte* (quand elle en possède), le *tuyau*, la *souche* et la *mitre*, quand le tuyau est couronné de cette dernière. Quoi qu'en disent certains auteurs, les cheminées étaient connues des anciens ; celles, quoiqu'en très-petit nombre, découvertes à Pompéi et dans d'autres lieux ne laissent aucun doute sur l'antiquité de leur origine. Elles se composaient alors d'une sorte de cavité ayant la forme d'un demi-cône elliptique et tronqué, bâti en brique et surmonté d'une suite de tuyaux en terre cuite semblables à ceux qui servaient à distribuer la chaleur des hypocaustes ; ces tuyaux étaient ajoutés bout à bout.

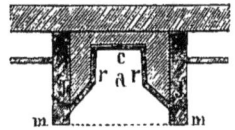

Fig. 1. — Plan d'une cheminée.
*a*, plaque du foyer ; *c*, contre-cœur ; *j*, jambage ; *r, c, r*, foyer ; *m*, ligne de séparation de la cheminée et du foyer extérieur.

L'usage des cheminées, très-restreint dans l'origine, commença à se répandre au moyen âge ; mais, pendant les premiers siècles de cette époque, on chauffait l'intérieur des appartements soit au moyen de *braseros* (sorte de réchauds remplis de braises), soit au moyen de foyers dans les caves, qui envoyaient la chaleur par des conduits pratiqués dans les murs ou sous le pavement. Les braseros affectaient quelquefois la forme d'un chariot porté sur des roues (voy. CHAUFFE-DOUX), qu'on roulait d'une pièce à l'autre, suivant que son propriétaire se rendait dans telle ou telle autre pièce de son logis. — Ce moyen, économique peut-être, mais en tout cas peu commode, fut généralement délaissé dans les pays septentrionaux dès le XII<sup>e</sup> siècle ; mais dans les pays méridionaux il s'est encore perpétué jusqu'à nos jours, car le brasero à demeure est encore en usage en Espagne et en Italie. (Voy. CHAUFFAGE.)

Quoi qu'il en soit, dès le XII<sup>e</sup> siècle, la cheminée avec foyer intérieur fait son apparition,

et son usage se répand rapidement. Nous devons ajouter que, depuis cette époque jusqu'à nos jours, la construction des cheminées a fait de lents mais constants progrès, et il faut espérer que bientôt on construira des cheminées qui n'enverront pas en pure perte sur les toits les trois quarts de la chaleur obtenue à grands frais, pour n'en donner qu'un quart dans la pièce à chauffer.

Les cheminées du moyen âge et de la renaissance ne se font pas remarquer par l'excellence de leur système, mais nous devons avouer qu'elles brillent par la richesse de leur architecture et leurs proportions monumentales ; nous citerons, entre autres exemples, les cheminées de la grande salle de Poitiers pour le moyen âge, celle du château de Saint-Germain pour la renaissance, ainsi qu'une magnifique cheminée de la même époque dans la maison dite *des trois frères Lallemand*, à Bourges, et dont notre planche XXII donne un ensemble. Pour construire une cheminée dans de bonnes conditions et pour l'empêcher de fumer, il faut remplir beaucoup de conditions que les architectes n'étudiaient malheureusement pas assez autrefois : ils s'en rapportaient trop à leurs fumistes ; aujourd'hui il existe des architectes assez instruits, qui, connaissant parfaitement les lois de la physique, savent appliquer les principes indispensables pour obtenir des cheminées convenablement établies.

Les conduits de cheminée affectent diverses formes, et dans plusieurs grandes villes, à Paris notamment, leur construction est déterminée par des réglements de police.

Comme nous l'avons dit au début de cet article, une cheminée se compose de trois parties principales distinctes : le *foyer*, où se fait la combustion ; le *conduit*, et la portion extérieure, ou *souche*, qui fait saillie en dehors et domine le comble. Les autres parties secondaires sont : l'*âtre* ou *plaque* de *fonte* du fond, le *contre-cœur* (*c*, fig. 1), et les *jambages* ou *pieds-droits* qui soutiennent de côté la marbrerie ou la hotte, suivant le genre de cheminée. Le foyer se fait de plusieurs manières, nous en reparlerons plus loin. Le point de départ du conduit mérite aussi l'attention et peut être muni d'un registre destiné à ouvrir ou

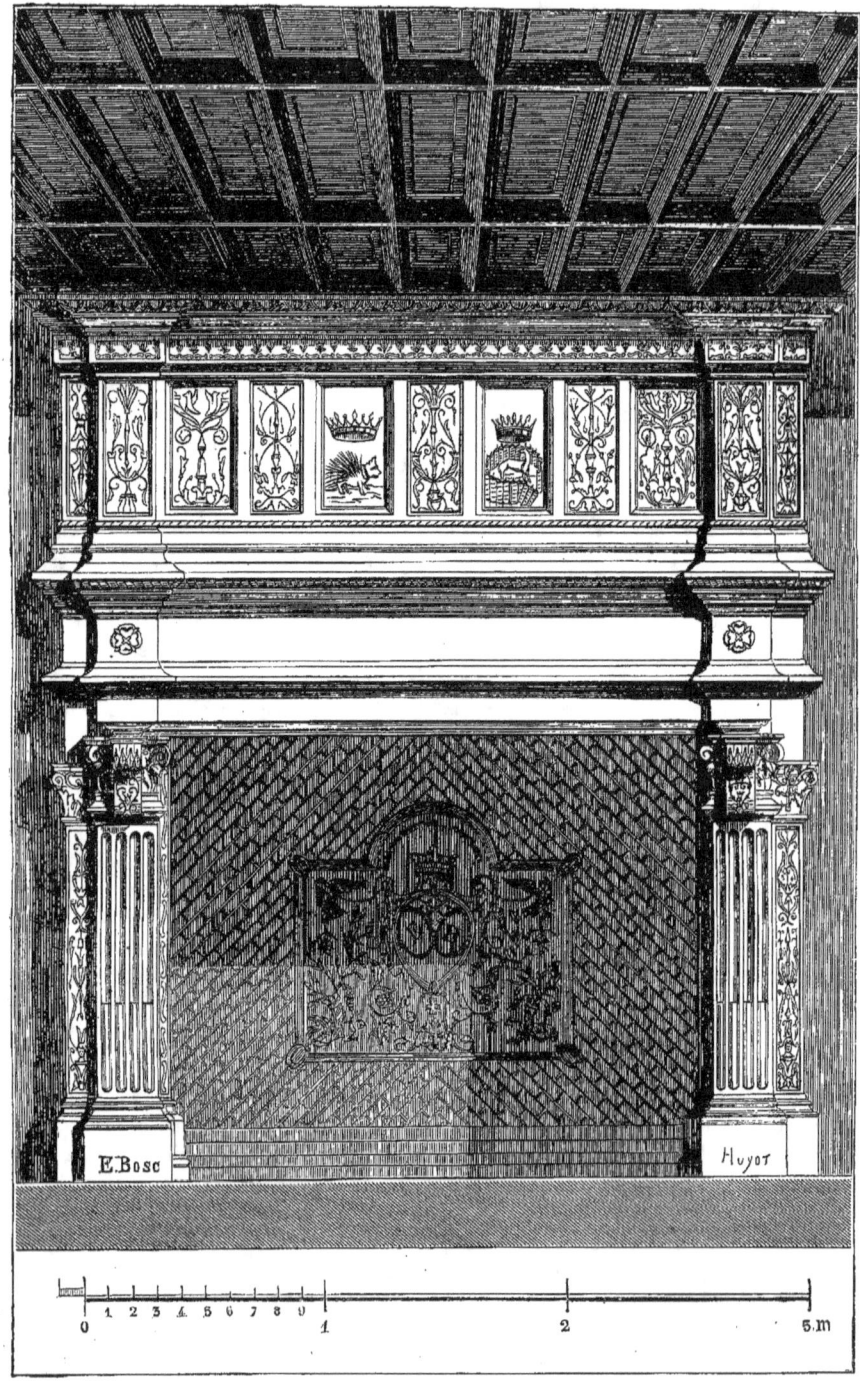

Planche XXII. — Cheminée de la maison des trois frères Lallemand, à Bourges. (Renaissance française.)

fermer les communications; un rideau, à l'aide de contre-poids, peut donner à l'entrée de la cheminée plus ou moins d'ouverture, et augmenter ou diminuer le tirage, ou même l'intercepter tout à fait. Des ventouses, dont l'ouverture est pratiquée sur les murs extérieurs et destinées à amener de l'air dans le tuyau de la cheminée, peuvent apporter un remède à celles qui fument, en augmentant leur tirage.

Les foyers de cheminée sont établis sur des bandes de trémies, espace vide du plancher, que l'on remplit de matériaux incombustibles. Les tuyaux de cheminée se construisent de diverses manières : en pigeonnage, en plâtre, en briques, en terre cuite, en pierre et même en fonte ; cela dépend du mode adopté dans le pays dans lequel on les construit. Ces tuyaux sont carrés, circulaires ou ovales; en général les formes arrondies sont celles qui conviennent le mieux. Ils peuvent être élevés d'aplomb ou dévoyés, pour laisser la place nécessaire aux tuyaux des autres étages. La souche, enfin, doit faire saillie jusqu'au-dessus du faîtage du comble. Au reste, on trouvera aux articles TUYAU, COFFRE, PIGEONNAGE, etc., tous les renseignements désirables.

La disposition inférieure des cheminées et de leur foyer varie suivant les usages auxquels elles sont destinées; les cheminées de cuisine ne sont pas construites comme celles des appartements. Nous allons parler de la construction des unes et des autres.

A Paris il arrive assez souvent, nous pourrions dire presque toujours, que les maçons ne font que monter les jambages et hourder les manteaux des cheminées; le marbrier pose ensuite les marbres, enfin le fumiste fait tout ce qui est relatif aux dispositions intérieures du foyer. Il arrive parfois qu'en province ou à l'étranger le maçon peut avoir à monter seul sa cheminée ; dans ce cas, voici comment il doit procéder :

La cheminée étant faite en plâtre, le maçon commence à tracer sur le sol l'emplacement des jambages, puis il les érige en plâtras et plâtres, et mieux en brique. Ceux-ci montés jusqu'à la hauteur du manteau, le maçon établit ce dernier. Dans ce but il place ordinairement deux barres de fer carrées s'ap-

puyant sur les jambages, l'une sous la languette du tuyau, et l'autre à 12 ou 15 centimètres en avant des jambages. Au-dessous des barres de fer, à quelques centimètres en contrebas, il pose un bout de planche horizontalement, afin de noyer les barres dans le plâtre, et il établit en plâtre et plâtras toute la masse du manteau. Dès que le plâtre a fait prise, on retire la planche.

Les jambages et le manteau ainsi obtenus, on les enduit extérieurement en plâtre, s'ils ne doivent pas recevoir de pierre ou de marbre; dans le cas contraire on procède à la pose de ceux-ci, en ayant soin de les fixer dans le massif, soit avec des pattes à scellement, soit avec des agrafes. Le maçon pose d'abord les plaques verticales, en les liant à la place qu'elles doivent occuper par une ficelle située vers le milieu de leur hauteur, et dont les extrémités sont arrêtées à deux pointes implantées dans le jambage. Ces revêtements de pierre ou de marbre étant ainsi placés bien d'aplomb et dans l'alignement déterminé, le maçon les fixe à leurs extrémités et aux jambages. Il pose ensuite la traverse horizontale, puis enfin la tablette qui recouvre le manteau, en ayant soin de la tenir éloignée du tuyau ou coffre d'un centimètre ou deux, afin que le gonflement du plâtre ne risque pas de la faire fendre. Ces opérations terminées, le maçon exécute en briques le contre-cœur, qui est destiné à diminuer l'ouverture de la cheminée; il place en même temps la plaque de fonte, de façon à amener le feu en avant, pour diminuer le passage de la fumée et faire mieux rayonner la chaleur.

Les espaces compris entre les jambages et le contre-cœur restent ordinairement vides; c'est dans ce vide que passent les ventouses et les contre-poids des rideaux.

Quand les pièces sont parquetées, le carrelage du foyer se prolonge à 0$^m$,35 environ en avant des jambages; aujourd'hui ces foyers sont généralement en marbre d'une pièce ou à compartiment. (Voy. FOYER.) Il faut ordinairement trois heures et demie à un maçon et son aide pour l'exécution, la pose et le scellement d'une cheminée dans les dimensions ordinaires.

Les cheminées peuvent être très-simples ou

richement ornées, de même qu'elles peuvent être en pierre ou en marbre. On emploie toutes sortes de matériaux, depuis les plus communs jusqu'aux plus précieux. Notre fig. 2 montre une cheminée en briques et pierres du château de Nantouillet.

Sous le rapport de leur forme, les chambranles des cheminées sont dits *à capucine*, *à modillons* ou *à console*.

Les cheminées de cuisine avec hotte se composent de deux jambages en brique hourdée en plâtre, formant console, pour supporter le bâti ou ceinture en fer du manteau de la

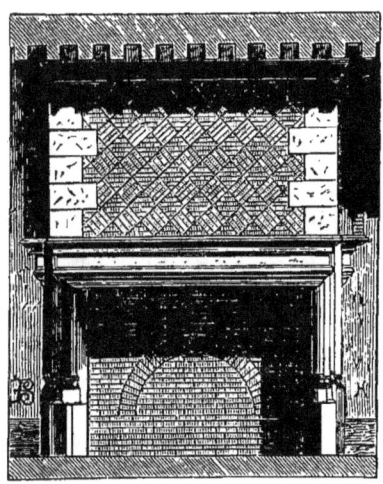

Fig. 2. — Cheminée en briques et pierres
au château de Nantouillet.

cheminée. Sur le devant de la hotte on établit une partie horizontale de 0ᵐ,12 à 0ᵐ,15 de largeur, formant tablette ; elle sert à recevoir quelques ustensiles de cuisine. Souvent les cheminées de cuisine forment fourneau et leur âtre est élevé à 0ᵐ,75 ou 0ᵐ,80 au-dessus du sol ; on place ordinairement à côté et au même niveau une pierre d'évier.

CHEMINÉES D'USINES. — Les grandes cheminées d'usines se construisent en briques. On leur donne pour section un carré, mais plus ordinairement un cercle.

Celles de formes circulaires sont élevées sur plan carré jusqu'à une certaine hauteur déterminée par la position des cheminées, par rapport aux bâtiments qui l'entourent ; mais,

même lorsqu'elles sont isolées, on devra, pour leur donner plus de solidité, les élever sur un massif carré de 3ᵐ,50 à 4 mètres de hauteur au-dessus du sol. Ce massif, qu'on nomme *piédestal*, est couronné par une corniche de brique ou de pierre. Cette partie carrée est descendue à 2ᵐ,50 en contre-bas du sol, pour former la chambre de prise de la fumée venant des foyers. Enfin, suivant la hauteur de la cheminée à élever, suivant aussi la nature du sol, on descend les fondations à 3 mètres, 3ᵐ,50 et plus.

*Fondations.* — Les fondations sont formées : 1° d'un massif en béton de 1ᵐ,50 d'épaisseur formant quatre assises superposées et retraitant successivement l'une sur l'autre de 0ᵐ,25 ; 2° d'un massif de 1ᵐ,10 de hauteur en maçonnerie de moellon dur de roche ou de meulière ; 3° d'une couronne de hauteur et de largeur variable, appelée *réservoir à cendres*. Dans une cheminée de 36 mètres de hauteur (1) la couronne doit avoir 1ᵐ,60 de hauteur et 1ᵐ,10 de largeur, et dont les diamètres extérieur et intérieur sont respectivement de 4ᵐ et 1ᵐ,80. La maçonnerie du réservoir à cendres se compose de moellons durs de roche ; elle est revêtue à l'intérieur d'une chemise en briques de 0ᵐ,22 d'épaisseur pour les parements verticaux et de 0ᵐ,11 pour le fond. Quand une cheminée d'usine est encastrée dans des bâtiments, il faut avoir soin de ménager un intervalle de 0ᵐ,10 à 0ᵐ,15 entre la fondation de la cheminée et celle des bâtiments, afin que le tassement puisse s'opérer séparément pour chaque construction. Cette observation est très-importante, car la charge qui résulte du poids de la cheminée est très-considérable, 1ᵐ,15 par centimètre carré ; tandis que les murs des bâtiments d'usines, quelles que soient leur épais-

_____

(1) Dans tout ce qui va suivre, nous supposerons qu'il s'agit de la construction d'une cheminée de 36 mètres de hauteur. Cette hauteur peut être considérée avec raison comme une moyenne de celle qu'on donne aux cheminées d'usines ; disons cependant qu'il s'en construit de beaucoup plus élevées : la plus haute qui existe actuellement en Europe se trouve à Manchester ; elle mesure 125 mètres de hauteur. Son diamètre extérieur à la base est de 7ᵐ,50, et au sommet 2ᵐ,70 ; on y a employé 4,500,000 briques.

seur et leur élévation, ne donnent qu'une charge trois et quatre fois moins élevée.

*Piédestal.* — Le piédestal, enfoncé dans le sol de $0^m,05$ à une hauteur de $5^m,10$ au-déssus du sol, est carré, circulaire ou octogonal. Couronné d'une corniche en pierre, le piédestal est évidé dans son milieu et possède généralement deux ouvertures : l'une, de $0^m,80$ de section, est fermée par une porte en fer ou en fonte, qui donne accès dans l'intérieur de la cheminée ; l'autre, de dimension variable suivant le nombre de foyers ou le tirage qu'on veut obtenir, reçoit le conduit de la fumée. La porte de service sert à nettoyer ou réparer la cheminée et pour empêcher l'introduction de l'air ; on la bouche par une cloison en brique de $0^m,11$ d'épaisseur.

*Fût.* — Le fût, de hauteur variable entre 27 et 30 mètres, est construit en briques ; il présente à l'extérieur l'aspect d'une immense colonne à parement uni. A l'intérieur, il se compose de cinq couronnes en tronc de cône superposées, lesquelles retraitent de $0^m,12$ l'une sur l'autre en s'élevant vers le sommet. Ces couronnes ont un fruit de $0^m,27$. Afin de ne pas être obligé de tailler les briques (ce qui exigerait un temps considérable et un fort déchet), on donne la même épaisseur à chaque couronne ou tronçon de cheminée. On construit ainsi pour regagner ce que le fruit extérieur a fait perdre à la section intérieure de la cheminée. Pour les cheminées de peu de hauteur, l'épaisseur du sommet est très-souvent réduite à la largeur d'une brique de $0^m,11$.

Afin de rendre le fruit bien régulier sur toute la hauteur de la cheminée, le briqueteur applique contre le parement extérieur de celle-ci, au fur et à mesure qu'elle s'élève, une planche de $1^m,15$ de longueur, taillée de manière que sa largeur soit moindre de $0^m,027$ à l'extrémité supérieure qu'à l'autre. Contre l'une des faces de cette planche, nommée *règle à fruit,* on a fixé un fil à plomb qui vient battre dans une encoche faite au bas de la planche, quand l'arête droite de celle-ci est placée verticalement contre le parement du fût. On conçoit que, pour bien élever des parements, l'ouvrier n'a qu'à appliquer des *secs* de temps à autre sur le côté incliné de la règle

à fruit, et à vérifier si le fil à plomb bat dans l'encoche.

Voici quelles sont les dimensions des cinq couronnes coniques :

| Désignation des couronnes. | Hauteur. | Épaisseur des maçonneries. | Désignation des diamètres à la base et au sommet. | Diamètres extérieurs. | Diamètres intérieurs. | Retraites. |
|---|---|---|---|---|---|---|
| | m. | m. | | m. | m. | m. |
| 1″ | 6,00 | 0,68 | Bases inférieures. . | 3,180 | 1,800 | 0,11 |
| | | | Sommets. . . . . . | 2,836 | 1,476 | |
| 2″ | 6,00 | 0,57 | Bases inférieures. . | 2,836 | 1,696 | 0,11 |
| | | | Sommets. . . . . . | 2,512 | 1,372 | |
| 3″ | 6,00 | 0,46 | Bases inférieures. . | 2,512 | 1,592 | 0,11 |
| | | | Sommets. . . . . | 2,186 | 1,266 | |
| 4″ | 6,00 | 0,34 | Bases inférieures. . | 2,186 | 1,506 | 0,11 |
| | | | Sommets. . . . . | 1,864 | 1,184 | |
| 5″ | 5,10 | 0,22 | Bases inférieures. . | 1,864 | 1,424 | 0,11 |
| | | | Sommets. . . . | 1,589 | 1,149 | |
| Totaux. | 29,10 | . . . . . | . . . . . . . . . . | . . . . | . . . | 0,55 |

Les épaisseurs de la maçonnerie de briques sont toutes des multiples de $0^m,11$, dans lesquels on a tenu compte de l'épaisseur des joints en mortier ($0^m,01$ par joint).

*Chapiteau.* — Le chapiteau est ordinairement de $1^m,80$ de hauteur; il est formé de six assises en pierre de taille composées de plusieurs morceaux. Des cercles en fer méplat ($0^m,04$ sur $0^m,010$), avec goujons à scellement, relient entre elles les pierres des assises.

Les cheminées d'usines se construisent sans échafaudage extérieur. L'ouvrier se tient à l'intérieur, et, au fur et à mesure qu'il s'élève, il place des traverses en bois dans la maçonnerie. Sur ces traverses il dispose des planches qui le supportent pour son travail. Les briqueteurs qui ont une grande habitude se tiennent sur la maçonnerie tant qu'elle a plus de $0^m,22$ de largeur; à mesure qu'ils élèvent la cheminée, ils établissent les traverses. A l'une d'elles est fixée une poulie sur laquelle passe une corde manœuvrée par un treuil fixé au bas de la cheminée. L'extrémité libre de la corde porte un crochet qui sert, soit à hisser l'ouvrier briqueteur ou à l'approvisionner de matériaux.

Afin de permettre l'accès jusqu'au sommet de la cheminée, pour exécuter son ramonage ou des réparations, on scelle au fur et à mesure de la construction des échelons ou crampons en fer à $0^m,35$ d'écartement l'un de l'au-

tre ; ou bien dans l'intérieur de la cheminée
on établit une échelle en fer. Celle-ci est formée de plusieurs parties de différentes longueurs ; ses montants en fer méplat se recour-
bent par le haut pour s'agrafer sur des traverses en fer carré de 0^m,03 de côté, traverses qui
reposent sur les retraites du fût. Les échelons
sont en fer rond de 0^m,015 de diamètre, ils
sont espacés de 0^m,28 à 0^m,30 dans les montants de l'échelle. On doit tenir compte de la
dilatation du fer dans la construction de cette
échelle, car la température de la cheminée
peut atteindre 300 degrés. A cause de leur
haute élévation les cheminées d'usines sont
sujettes à recevoir la foudre, aussi doit-on les
armer de PARATONNERRES. (Voy. ce mot.)

Nos fig. 3, 4, 5 montrent les plan, coupe et
élévation d'une cheminée d'usine construite
d'après les données et les proportions que nous
venons de décrire.

*Redressement.* — Il arrive parfois que, par
suite de tassement, affaissement du sol, emploi
de mauvais mortiers, ou pour toute autre cause,
les cheminées d'usine viennent à pencher. Quand
cette inclinaison n'est pas très-considérable,
et ne peut faire présumer le renversement prochain de la cheminée, on peut redresser celle-
ci en sciant le mortier dans plusieurs joints ;
mais il faut observer entre chaque trait de
scie un certain rapport de profondeur à mesure
qu'on se rapproche du rayon horizontal de la
courbe prise par la cheminée ; ce moyen simple
suffit pour remettre la cheminée dans sa position normale.

Le temps nécessaire pour exécuter un mètre
cube de maçonnerie est en moyenne de :

7 heures de briqueteur ;
11 heures de manœuvre ou aide-servant.

Pour Paris, les prix moyens d'un mètre
cube de maçonnerie de briques pour ces cheminées est de :

Pour les foyers de machines à vapeur en brique de Bour-
gogne, et y compris les briques réfractaires.　68 fr.
En brique de Vaugirard ou du pays........　50 fr.
Pour la main-d'œuvre sans fourniture......　15 fr. 50

Le personnel ouvrier attaché à la construction d'une cheminée d'usine est de cinq hommes : un chef de chantier, deux briqueteurs et

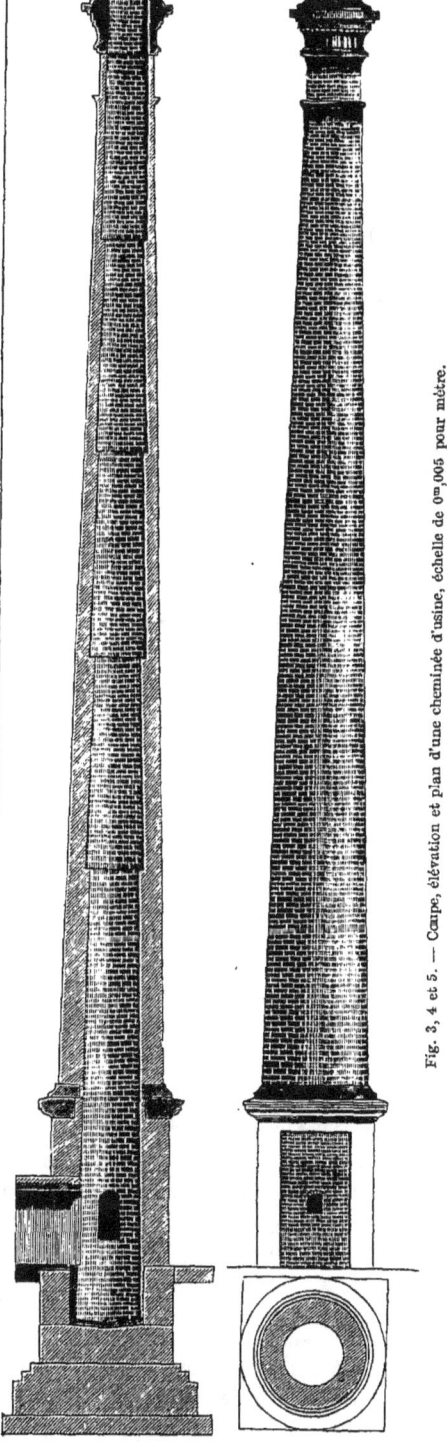

Fig. 3, 4 et 5. — Coupe, élévation et plan d'une cheminée d'usine, échelle de 0^m,005 pour mètre.

deux manœuvres. Le chef de chantier surveille les ouvriers et prend part à tous les travaux; des deux briqueteurs, le plus habile fait les parements, l'autre les remplissages; les manœuvres tamisent le sable, fabriquent le mortier, apportent les matériaux et en font le montage.

JURISPRUDENCE. — Dans l'intérêt du voisinage et de la sécurité publique, la construction des cheminées est soumise à différents règlements de police ou à diverses coutumes en usage dans la localité. Nous allons examiner les différentes parties d'une cheminée et exposer, d'après l'ancienne Coutume de Paris, les règles qui s'appliquent à leur construction.

Le CONTRE-CŒUR (voy. ce mot) ne doit pas être incorporé au mur, parce que, susceptible d'être brûlé et détérioré par le feu, il faut qu'il puisse être enlevé facilement; c'est pourquoi on le construit en briques, ou plus souvent on remplace la maçonnerie par une plaque de fonte, en ayant soin de couler du plâtre entre ladite plaque et le mur, afin de n'y laisser aucun vide. (Desgodets et Goupy, *Cout. Paris.*, art. 189, nos 1, 2, 3; Frémy-Ligneville, t. 2, n. 656; Lepage, t. 1, p. 145 et suiv.)

L'âtre doit être également en briques, en carreaux de terre cuite ou formé au moyen d'une plaque en fonte; il est absolument interdit par des règlements de police de poser l'âtre sur un plancher de bois, et cela quelle que soit l'épaisseur de la maçonnerie que l'on puisse établir entre l'âtre et le plancher. On doit donc faire une enchevêtrure au plancher en bois. (Voy. CHEVÊTRE et la fig. de ce mot.) L'enchevêtrure est garnie de barres de fer nommées *treillis*, et les jambages de la cheminée se posent sur la maçonnerie qui remplit le vide du treillis; ces jambages portent le manteau de la cheminée, qui ne peut pas être en bois. (Lepage, t. 1, p. 151; Frémy-Ligneville, t. 2, n° 658; ord. 1er sept. 1779.)

La construction des tuyaux de cheminées, des coffres-languettes, des têtes ou souches, est également soumise à des règlements de police et à des arrêtés municipaux ou préfectoraux. (Voy. l'ordonn. du 11 déc. 1852, du préfet de police de Paris, ainsi que Frémy-Ligneville, t. 2, n. 659, et Davesne, t. 2, p. 287.)

Celui qui monte une souche de cheminée sur un mur mitoyen doit une indemnité pour la surcharge. (Desgodets, *Cout. de Paris*, art. 197, n. 10.) Voy. MITOYEN (*Mur*).

On ne peut adosser une cheminée à un mur dont on n'a ni la propriété ni la mitoyenneté; mais lorsqu'on joint immédiatement ce mur, on peut contraindre son voisin à céder ou la mitoyenneté du mur entier, ou celle seulement de la portion de ce mur nécessaire à l'établissement de la cheminée, plus un pied de chaque côté de ladite cheminée, dit *pied d'aile*, présumé nécessaire pour le ramonage ou les réparations à exécuter à la cheminée. (Voy. ENCASTREMENT, SERVITUDE, RAMONAGE; voy. aussi MAISON.)

Dans certains cas, le mot *cheminée* est synonyme de *trémie;* mais celle-ci n'est dénommée cheminée que lorsqu'elle est longue et étroite, et destinée à donner accès à l'air plutôt qu'au jour. (Voy. TRÉMIE.)

CHEMINÉE ADOSSÉE, celle qui est appuyée contre un mur; c'est aussi un tuyau montant d'une autre cheminée.

CHEMINÉE AFFLEURÉE, celle dont l'âtre et le tuyau sont encastrés dans l'épaisseur d'un mur et dont le manteau seul fait saillie sur ce dernier.

CHEMINÉE EN SAILLIE, celle dont le contre-cœur et le tuyau sont adossés contre un mur, et dont le tuyau et le manteau sont en avant-corps dans la pièce.

CHEMINÉE EN ENCOIGNURE, celle qui est construite dans l'angle d'une pièce.

CHEMINÉE A L'ANGLAISE, celle dont le plan est la moitié d'un hexagone.

CHEMINÉE A LA LORRAINE, qu'on nomme à tort *à la prussienne*, est une cheminée toute en tôle qui est adossée contre un mur, ou qu'on peut placer indifféremment au milieu d'une pièce, comme un poêle.

CHEMINÉE D'APPEL ou DE VENTILATION, celle qui sert à appeler l'air dans une enceinte à l'aide de la ventilation renversée, ou celle qui sert à expulser l'air vicié d'un local à l'aide d'un ventilateur. (Voy. VENTILATION.)

CHEMINÉE DE CHUTE ou D'AISANCES, ouverture pratiquée dans la voûte d'une fosse d'aisance, et par laquelle tombent les matières.

**CHEMISAGE.** — Voy. le mot suivant.

**CHEMISE,** *s. f.* — Ce mot a des significations très-diverses. En maçonnerie, c'est en
général un ouvrage servant à en couvrir, en
parer, en protéger un autre. Les crépis ou
revêtements d'un pan de bois, d'un tuyau
d'une construction quelconque, les enduits des
cloisons, plafonds, etc. Sous cette dénomination on comprend plus particulièrement un
renformis au moyen duquel on couvre une
suite de tuyaux en fonte ou en terre cuite employés comme tuyaux de chute ou de descente.
La chemise épouse la forme du tuyau, et elle
sert non-seulement à dissimuler la nudité des
tuyaux, mais encore à les préserver des chocs
et souvent aussi à intercepter les émanations
qui s'échapperaient par les joints des tuyaux.
— C'est encore la muraille en briques qui entoure les poêles et calorifères, et dans l'enceinte
de laquelle circule l'air destiné à chauffer les
locaux à l'aide de bouches de chaleur; c'est
aussi le massif de chaux et de ciment qui sert
à rendre étanches les parois en maçonnerie
d'un réservoir d'eau. On désigne ces opérations
diverses par cette expression générique : *faire
un chemisage, exécuter un chemisage* à des
tuyaux, à des murs.

En termes de fortification, on appelle *chemise* une muraille en maçonnerie, de peu d'é-
paisseur, dont on revêt le talus d'un ouvrage,
pour empêcher l'éboulement des terres.

Les sculpteurs nomment *chemise* la couche
de potée formant la chape d'un moule.

Enfin, c'est une enveloppe de papier, de
toile, de cuir, contenant des dossiers ou des
papiers d'affaires.

**CHENAL,** *s. m.* — Partie d'une rivière,
d'un canal, d'une rade, d'un port, plus profonde
que les parties voisines et dans laquelle peuvent
passer les bateaux. — C'est aussi un conduit
destiné à amener l'eau à un moteur hydraulique ou à donner une issue à l'eau. — On nomme encore *chenal* un tuyau de descente qui
conduit les eaux d'un toit dans la rue.

**CHENAVARD,** *s. m.* — Sorte de feutre
grossier qu'on emploie comme chemise de re-

vêtement pour les générateurs et les conduites
de vapeur, afin d'empêcher une déperdition
du calorique.

**CHÊNE,** *s. m.* — Cet arbre, de la famille
des amentacées, possède un très-grand nombre
de variétés, dont les bois conviennent tous
plus ou moins aux travaux de menuiserie et
de charpenterie. Il faut cependant excepter
deux espèces, comme impropres aux travaux de
constructions; ce sont le *chêne vert* et le *chêne-
liége.* — Le chêne vert est ordinairement tor-
tueux, dur, compacte et pesant; son bois est
employé pour le charronnage et les machines;
on en fait des essieux, des poulies, des rails, etc.
Les autres variétés de chênes propres aux
constructions sont, pour les chênes d'Europe :
le chêne commun à longs pédoncules (*quercus
racemosa*) ; le chêne commun à glands sessiles
(*quercus robur*), on le nomme aussi chêne
rouvre; le chêne noirâtre (*quercus nigra*) ; le
chêne lanugineux (*quercus lanuginosa*); le
le chêne des Pyrénées, chêne noir, chêne cyprès ou chêne doux (*quercus fastigiata*); le
chêne de Bourgogne (*quercus haliphœos*), etc.;
pour les chênes d'Amérique : les chênes rouges,
et parmi ceux-ci le rouge à larges feuilles
(*quercus rubra latifolia*); le rouge disséqué
(*quercus rubra dissecta* ou *montana*); rouge
à angle simple (*quercus rubra subserrata* ou
*quercus discolor*); le chêne blanc (*quercus
albu*); à feuille de châtaignier (*quercus pri-
nus*), etc., etc.

Le chêne est un des meilleurs bois de charpente; sa hauteur varie entre 6 et 40 mètres,
mais sa hauteur moyenne est de 27 mètres ;
celle du tronc varie de 5 à 14 mètres, ce qui
ne fournit pas de grandes portées; aussi faut-
il avoir recours à des artifices plus ou moins
ingénieux pour augmenter la portée du chêne.
En menuiserie, au contraire, il est très-employé
pour lambris, boiseries diverses, bâtis de meubles, etc. Il fournit également des douves, des
bardeaux et des lattes.

On débite le bois de chêne en feuillet, en
panneau, entrevous, planches merrains, dou-
blette, membrure, petit battant et gros battant.

Il est essentiel de connaître les dimensions

des planches de chêne qui se trouvent dans le commerce pour disposer les ouvrages avec économie. En le débitant d'une certaine façon on obtient par les traits de scie des facettes brillantes qu'on nomme *mailles*. Les planches de chêne sont débitées sur différentes longueurs, mais sans dépasser 6 mètres. A Paris, celles qu'on emploie habituellement proviennent de la Lorraine, de la Champagne, du Nivernais et de la Bourgogne. (Voy. BOIS et PLANCHE.)

CHÉNEAU, *s. m.* — On attribue à ce mot deux étymologies différentes : les uns prétendent qu'il dérive de *chêneau*, jeune chêne, parce que, dans les temps anciens, on fendait

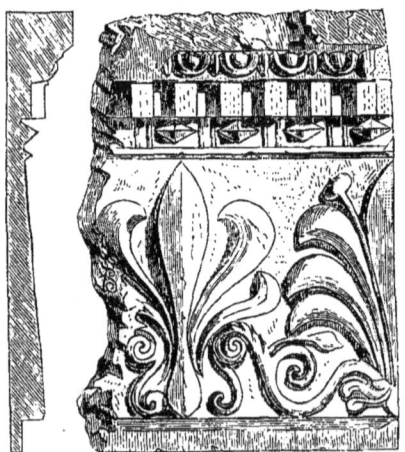

Fig. 1. — Chéneau en terre cuite, découvert à Pompéi.

cet arbre en deux et qu'on le creusait pour en faire des conduits d'eaux pluviales; d'autres disent (selon nous avec raison) que ce mot dérive de *chenal*, dérivé lui-même de canal. En effet, le chéneau est une espèce de canal ou rigole qui règne au bas du rampant d'un comble, et qui sert à recueillir les eaux pluviales et à les conduire dans une gargouille saillante ou dans un tuyau de descente. Les édifices grecs et romains nous montrent divers exemples de chéneaux ; ces anciens peuples les faisaient en terre cuite, ou les creusaient dans la pierre et dans le marbre. Nos fig. 1 et 2 montrent deux spécimens de chéneaux antiques découverts à Pompéi. Dans beaucoup de

monuments la doucine dans les entablements et sur les rampants des frontons remplissait l'office de chéneau. Les Grecs paraissent l'avoir appliqué plus souvent que les Romains

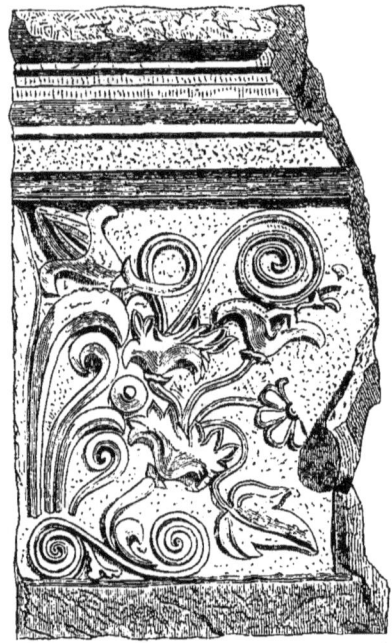

Fig. 2. — Chéneau en terre cuite, découvert à Pompéi.

et ils ont su en faire un admirable motif de décorations. Beaucoup de monuments de l'é-

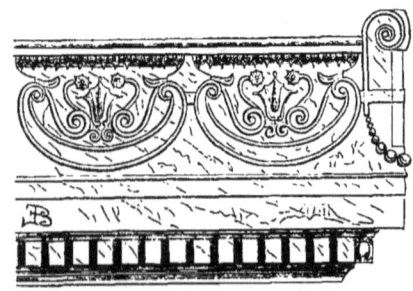

Fig. 3. — Chéneau de la bibliothèque Sainte-Geneviève, à Paris.

poque romaine étaient dépourvus de chéneaux : les eaux pluviales tombaient alors directement des toits sur le sol. Dans les monuments qui ne portaient point de chéneaux, les tuiles étaient arrêtées par des ANTÉFIXES (voy. ce mot et COUVERTURE); cette disposition est aujourd'hui parfaitement constatée. Vers le milieu du XIIᵉ siècle les chéneaux reparurent, et l'usage vriers de marcher dans leur intérieur ; souvent même une balustrade ajourée existant en avant

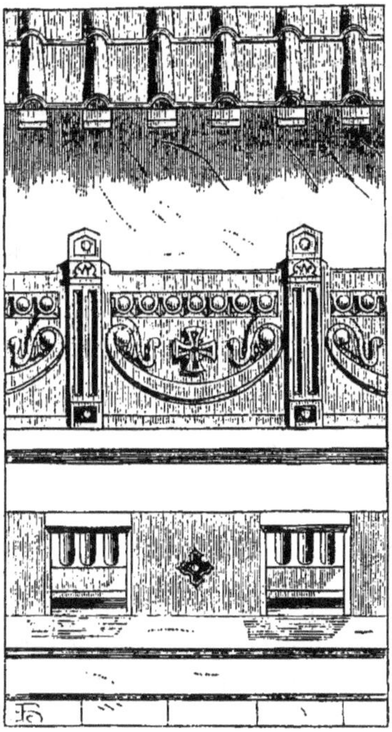

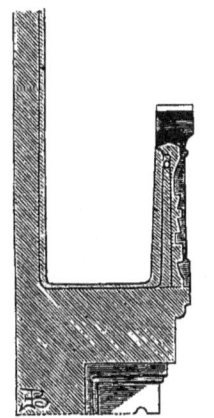

Fig. 4. — Chéneau à l'église de Montrouge, à Paris.

s'en est conservé jusqu'à nous. Dans les grands

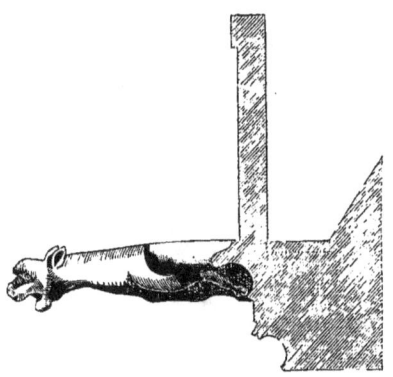

Fig. 6. — Coupe d'un chéneau, hôtel de Cluny.

du cheneau servait de garde-fou. La renaissance conserva les mêmes traditions, et de nos jours, dans les édifices publics, les chéneaux forment pour ainsi dire un chemin de ronde, qui facilite les réparations aux couvertures, et épargne souvent aux ouvriers des accidents déplorables.

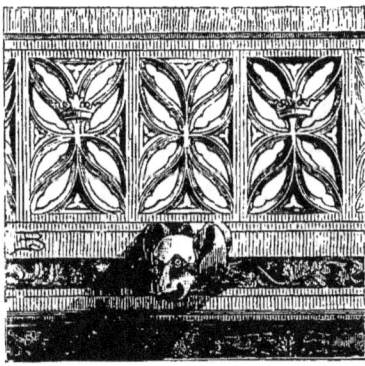

Fig. 7. — Chéneau à l'hôtel de Cluny.

Notre fig. 3 montre une partie du chéneau de la bibliothèque Sainte-Geneviève, et les fig. 4 et 5 un chéneau très-bien compris de l'église de Montrouge, construite par notre éminent confrère M. Vaudremer. — Au moyen âge les chéneaux étaient souvent limités par des balustrades pleines ou ajourées d'une grande richesse ; nos fig. 6 et 7 montrent

Fig. 5. — Coupe du chéneau de l'église de Montrouge, à Paris.

édifices du moyen âge, les chéneaux avaient une largeur suffisante pour permettre aux ouen coupe et en élévation un chéneau de ce genre qui couronne la façade du bâtiment sur la cour de l'hôtel de Cluny, à Paris. Ce chéneau rejette les eaux au moyen de gargouilles saillantes.

A l'époque de la renaissance les chéneaux surmontent souvent les entablements; quand

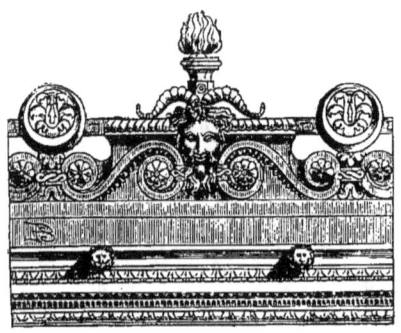

Fig. 8. — Chéneau de la cour du Louvre.

ils sont en pierre, on les place à plomb du mur. Notre fig. 8 présente un exemple de ce genre de chéneaux; il est tiré de la partie de la cour du Louvre bâtie par Pierre Lescot. Enfin notre fig. 9 montre

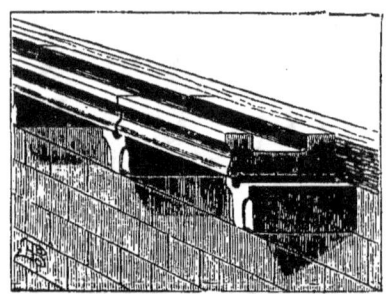

Fig. 9. — Chéneau porté sur des corbeaux.

un exemple de chéneau porté sur des corbeaux : il est en pierre, sans revêtement intérieur en métal; aussi au droit de chaque joint portant sur les corbeaux ceux-ci possèdent de petits caniveaux pour rejeter les eaux que laisserait fuir le chéneau. Aujourd'hui on fait des chéneaux en pierre, en terre cuite et en bois, qu'on garnit de zinc ou mieux de plomb. A l'aide de BESACES (voy. ce mot) on

établit des pentes et on divise les eaux, afin de les diriger vers les conduites de descente.

**CHENETS**, *s. m. pl.* — Ustensiles de cheminée, qui servent à élever et à soutenir le bois, afin de faciliter sa combustion. Les chenets ont existé probablement de toute antiquité, car dès que l'homme fit du feu il dut éprouver le besoin de soutenir le bois, afin de le brûler plus commodément. Les premiers chenets durent être des pierres longues, et plus tard des briques. Anciennement on disait *chiennets*, sans doute parce qu'on orna les chenets de métal de têtes de chiens, ou bien parce qu'ils étaient plantés en avant de la cheminée, comme des chiens. Ce qui est curieux, c'est que les Anglais les nomment *dogs*, et les Allemands *feuer hund*, qui signifient également *chiens* et *chiens de feu*. Dans quelques provinces de la France on nomme les grands chenets de cuisine *landiers*, parce que leur sommet porte un récipient pour recevoir des charbons enflammés qui *landent*, d'où le nom de *landiers*. Ces récipients servent à préparer ou tenir chauds des plats. On fabrique des chenets en fer, en bronze, en cuivre, etc.

**CHENIL**, *s. m.* — Local destiné au logement des chiens; il peut être plus ou moins vaste, suivant le nombre de têtes qu'il est appelé à contenir; mais, quelle que soit son importance, il doit toujours être sain et bien exposé. Le chien est peu exigeant, mais il redoute les atteintes de l'humidité; il faut donc l'en préserver. Aussi agira-t-on sagement de placer les chenils au midi ou tout au moins à l'abri des vents de l'ouest. S'ils sont exposés au midi, on devra planter au-devant de ces locaux des arbres à feuilles caduques, qui l'ombrageront pendant l'été, et qui en hiver laisseront arriver dans la cour du chenil les rayons du soleil. Ordinairement on établit de chaque côté du chenil des banquettes de 1$^m$,05 de largeur, entre lesquelles on réserve un passage de 2 mètres, soit en tout 4$^m$,10 de largeur. Si, d'après ces bases, on veut calculer les dimensions à donner au chenil, comme cette largeur de 4$^m$,10 est à peu près invariable, il ne reste plus qu'à déterminer la longueur du local. Pour l'obtenir il faut multiplier $0^m,80$ par la moitié du nombre de chiens qu'on doit loger. On aura donc pour l'expression en surface :

$$S = \frac{n \times 0^m,80 \times 4^m,10}{2} = n \times 1^{m2},64.$$

Si nous substituons à $n$ une valeur, 8 par exemple, en effectuant les calculs nous aurons :

Pour la longueur L $= 0^m,80 \times 4 = 3^m,20$ ;

pour la surface $S = \dfrac{8 \times 0^m,80 \times 4^m,10}{2} = n \times 1^{m2},64$

ce qui nous donnera de part et d'autre $13^{m.\,q.}$, $12^{d.\,c.}$ pour la surface du chenil, comme le démontrent les deux opérations suivantes :

$$S = \frac{8 \times 0^m,80 \times 4^m,10}{2} = 13^{m2},12$$

ou bien

$$S = 8 \times 1^m,64 = 13^m,12.$$

On construit de grands, de petits et de moyens chenils ; mais, quelles que soient leurs dimensions, ils doivent posséder une chambre contenant des banquettes et une cour assez

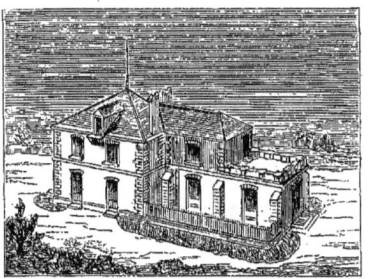

Fig. 1. — Chenil ( vue perspective ).

spacieuse, qui contiendra de l'eau vive, ou une auge dans laquelle l'eau sera souvent renouvelée.

Le sol du chenil doit être dallé, ou tout au moins pavé ou bétonné ; il doit avoir une double inclinaison partant des murs latéraux pour aboutir au milieu du chenil, qui sera le point le plus bas. Cette disposition facilite l'écoulement des urines, ainsi que les lavages. Les chiens placés côte à côte ont souvent l'habitude de se

mordre ; pour les en empêcher, il suffit d'établir sur les banquettes, à $0^m,80$ d'axe en axe, de petites séparations ou cloisons légères en bois, hautes de $0^m,40$ à $0^m,50$. Ces petits boxes

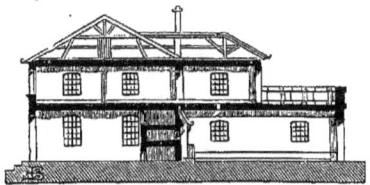

Fig. 2. — Coupe du précédent chenil, faite sur la ligne D B A de la fig. 3.

présentent encore l'avantage d'empêcher la transmission de la gale, des dartres et autres maladies contagieuses. Du reste, dans les grands

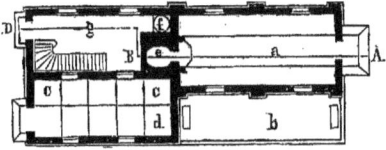

Fig. 3. — Plan d'un chenil (rez-de-chaussée) ; $a$, chenil ; $b$, cour ; $c$, chiens aggravés ou malades ; $d$, lices portières ; $e$, four ; $f$, chaudière ; $g$, entrée.

chenils, on fera bien de séparer les chiens par paire. Un bon type de chenil est celui qui existe au jardin zoologique d'acclimatation, à

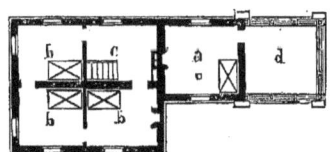

Fig. 4. — Plan d'un chenil ($1^{er}$ étage). $a$, chambre du maître piqueur ; $b$, $b$, $b$, chambres ; $c$, dégagement ; $d$, terrasse.

Paris ; nous l'avons dessiné et décrit dans notre *Traité des constructions rurales* (p. 296 et 297 ), ainsi que d'autres types que nous avons construits en province ; et parmi eux celui qui est représenté par nos fig. 1, 2, 3 et 4, dont les légendes explicatives font comprendre l'agencement.

CHÉNISQUE, *s. m.* — Ornement antique en relief, représentant la tête et le col d'une oie, ou d'un cygne, qu'on plaçait à l'extrémité supérieure de la proue d'un navire, par opposition à l'APLUSTRE (voy. ce mot) qui déco-

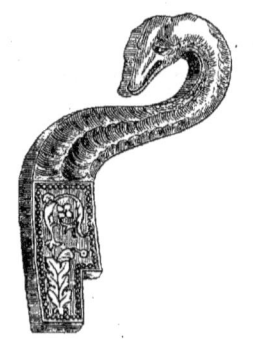

Fig. 1. — Chénisque, d'après un bas-relief (musée du Capitole).

rait la poupe. Ce terme, dérivé du grec χη-νίσκος, de χήν, oie, est synonyme d'*acrostolium*,

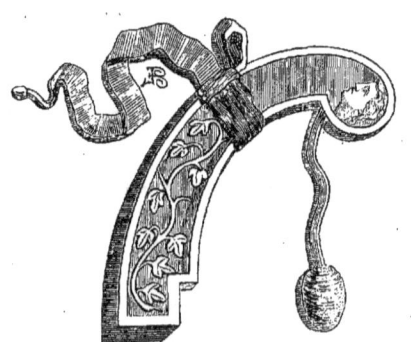

Fig. 2. — Chénisque, d'après un bas-relief (musée du Capitole).

ACROSTOLE. (Voy. ce mot.) Nos fig. 1 et 2 donnent deux chénisques d'après des bas-reliefs du musée du Capitole.

CHERCHE. — Voy. CERCE.

CHERCHE-FICHE. — Voy. CHERCHE-POINTE.

CHERCHE-POINTE, *s. m.* — Espèce de poinçon servant à chercher les trous des fiches, pour les pointer ou les arrêter par des pointes. L'extrémité supérieure du cherche-pointe porte un talon, pour aider à le retirer du trou quand on l'a enfoncé de force. Les cherche-

pointes servent aussi à décheviller la menuiserie ; il en existe de droits et d'autres légèrement courbes.

CHEVAL-DE-TERRE, *s. m.* — Cavités remplies de terre qui se trouvent dans les blocs de marbre. On nomme encore ces cavités *terrasses*.

CHEVALEMENT, *s. m.* — Grand étayement composé de plusieurs pièces de bois disposées en manière de chevalet, comme le fait

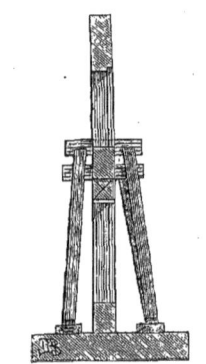

Fig. 1. — Chevalement (profil).

voir de profil notre fig. 1. Les chevalements servent à supporter la façade d'un bâtiment lorsqu'on est obligé d'en démolir une partie

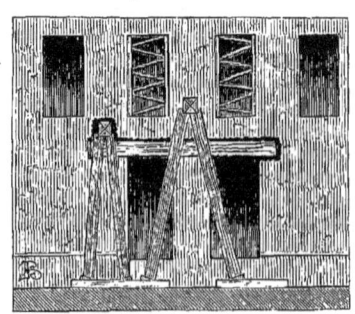

Fig. 2. — Chevalement (face).

inférieure pour la reconstruire ou pour la modifier. Notre fig. 2 montre la face du chevalement de la fig. 1. Cet étayement a été construit pour supprimer un trumeau entre deux fenêtres du rez-de-chaussée, afin de passer un poitrail, pour établir une devanture de boutique.

Lorsqu'on place un chevalement sous une façade, on étrésillonne les baies des étages supérieurs. Dans notre fig. 2 les deux baies du milieu sont seules étrésillonnées. — Quand la façade d'un bâtiment ne présente pas toute la stabilité désirable, on la maintient encore par des CONTRE-FICHES. (Voy. ce mot.) Des étais verticaux ou *chandelles* sont aussi placés sous les planchers inférieurs. (Voy. ÉTAIS.)

Les chevalements doivent être faits avec des bons bois de brins suffisamment forts. Ils réclament pour leur exécution les soins les plus minutieux et une très-grande précision. Ils doivent porter sur un sol très-solide et sur des madriers. (Voy. ÉTAYEMENT.)

CHEVALÉES, *s. f.* — Étages soutenus à l'aide d'un chevalement.

CHEVALET, *s. m.* — Pièce de charpente formée par l'assemblage de deux *linçoirs* ou *noulets* sous le faîte d'une lucarne; on le nomme aussi *chevalet de lucarne*.

En couverture, ce terme désigne deux

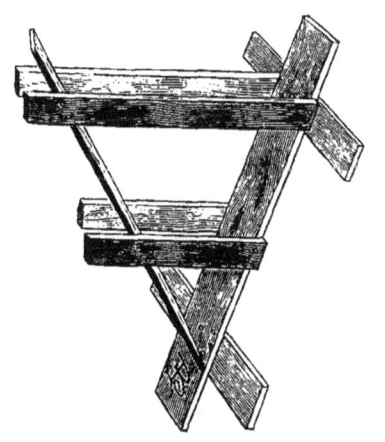

Chevalet du couvreur.

ustensiles très-différents : c'est un support dont se servent les plombiers pour soutenir les tuyaux qu'ils soudent, ou bien c'est une espèce de console faite de planches minces et légères (voy. notre figure), que les couvreurs attachent avec des clous ou des cordes aux bois de char-

pente, et sur lesquelles ils s'échafaudent. Ces chevalets se nomment encore *triquets* et *traquets*.

CHEVALET, outil de treillageur; c'est une espèce de petit banc à l'une des extrémités duquel s'élève une planche inclinée, nommée *planchette*. Le treillageur emploie ce chevalet pour *planer* les bois.

Les serruriers appellent *chevalet* deux instruments différents : une boîte qui supporte le *foret* ou la *fraise*, et une espèce de presse dont ils se servent pour blanchir.

CHEVALET, appareil servant de support aux peintres pour peindre des tableaux de petites dimensions ; d'où l'expression de *tableaux de chevalet*, et aux sculpteurs pour modeler des bas-reliefs. Par extension, on nommait aussi chevalet un appareil à trois ou quatre pieds qui supportait des bustes et des statues; aujourd'hui on le nomme plutôt *selle*. Enfin le chevalet sert dans les salles de cours pour supporter un tableau noir sur lequel on dessine ou sur lequel on écrit.

CHEVALET. En termes de fortification, c'est un assemblage de pièces de bois servant de pile à un pont, de fascines ou de madriers. On s'en sert aussi dans les places fortes, pour communiquer avec des ouvrages détachés.

En termes de marine, *chevalet* a deux significations : c'est d'abord chacun des deux montants qui portent la roue d'un gouvernail ; ensuite, une machine servant à passer les câbles d'un lieu à un autre.

CHEVALET, sorte de râtelier d'armes, dans les rendez-vous de chasse, dans les casernes, ou les corps de garde.

CHEVALIS, *s. m.* — Passage dans une rivière dont les eaux sont peu profondes.

CHEVAUCHÉ A JOINT, *part. passé.* — Disposition employée en menuiserie, par laquelle le bord d'une planche recouvre la suivante, ou bien dans laquelle les joints des abouts des planches ne se rencontrent pas, comme dans un plancher de frise, par exemple.

CHEVAUCHEMENT, *s. m.* — Croisement de deux pièces ; mais en technologie on dit plutôt CHEVAUCHURE. (Voy. le mot suivant.)

**CHEVAUCHURE,** *s. f.* — Partie d'une table de plomb qui recouvre l'extrémité de l'autre. Certains revêtements, certaines couvertures sont *en chevauchure.* La longueur de la chevauchure doit être suffisante pour empêcher l'eau de remonter entre les deux parties chevauchées. La chevauchure correspond à ce qu'on nomme le *pureau* dans les couvertures en ardoises. Dans les couvertures en plomb on remplace la chevauchure par un bourrelet, en retournant ensemble les deux bords des tables de plomb qui se réunissent. (Voy. EMBARDELLEMENT et DÔME.)

**CHEVET,** *s. m.* — Partie extrême de l'abside d'une église. Les chevets sont construits sur plans polygonaux, semi-circulaires, ou même rectangulaires. Quand le chevet est un mur droit, il peut être percé d'une ou de trois fenêtres et pourvu de contre-forts. (Voy. ABSIDE.) L'étymologie de ce mot vient de *capitium, caput,* tête, parce que l'abside représente la partie supérieure de la croix sur laquelle le Christ appuya sa tête. — Garniture de plomb qu'on met au bord des chéneaux.

**CHEVÊTRE,** *s. m.* — Pièce de bois faisant partie de l'enchevêtrure qu'on ménage dans les planchers, soit pour laisser passer des tuyaux de cheminées, des tuyaux de conduites, des trémies, etc. Le chevêtre porte des mortaises pour recevoir les solives de remplissage du plancher; il est lui-même assemblé par ses abouts sur les

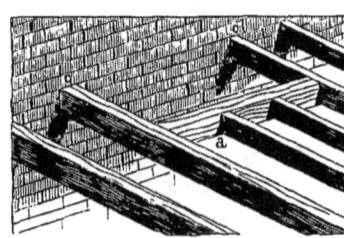

Chevêtre. *a*, chevêtre; *c, c*, solives d'enchevêtrure.

solives d'enchevêtrure. (Voy. notre figure.) Quand la trémie est à l'angle d'une pièce, le chevêtre est encastré par un de ses abouts dans une solive d'enchevêtrure, et de l'autre dans le mur. — Dans les planchers en fer, le che-

vêtre est un fer à double T qui se relie par des cornières avec les solives d'enchevêtrure, ou bien celles-ci ont des sabots en fer, dans lesquels portent les abouts du chevêtre.

**CHEVÊTRE (FAUX).** — Chevêtre placé derrière un autre, mais qui ne reçoit pas d'assemblage.

**CHEVILLE,** *s. f.* — Petit morceau de bois de forme cylindrique, légèrement conique, et taillé quelquefois en pointe (fig. 1 et 2). Les chevilles sont introduites avec force dans un trou

Fig. 1 et 2. — Chevilles du menuisier et du charpentier.

(*enlaçure*) traversant le tenon et la mortaise; elles servent à assujettir les assemblages de charpenterie et de menuiserie. Dans ceux-ci, on emploie généralement des chevilles de forme quadrangulaire, qu'on enfonce à force dans un trou cylindrique d'un petit diamètre; aussi la cheville, obligée de se mouler en cylindre, exerce une pression considérable sur les parois du trou, ce qui donne une grande solidité à l'assemblage.

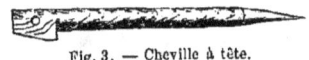

Fig. 3. — Cheville à tête.

Avant d'assembler définitivement les charpentes, les charpentiers les assemblent provisoirement, au moyen de chevilles en fer de 0m,30 à 0m,40 de largeur; l'une des extrémités de ces chevilles (fig. 3) est munie d'une tête au milieu de laquelle on a pratiqué un œil qui sert à arracher la cheville. Si elle résiste trop, on donne quelques coups de marteau sous cette tête, en frappant de bas en haut.

Les serruriers assemblent les pièces de fer non-seulement avec des boulons d'assemblage et des *rivets*, mais avec des chevilles en fer et des *chevillettes*.

**CHEVILLE DE RANCHE,** espèce d'échelons de 0m,50 de longueur, qui portent le RANCHE (voy. ce mot) d'un engin ou la volée d'une grue. Les chevilles de ranche servent aux ouvriers à grimper au sommet de certains appareils. (Voy. Échelier.)

CHEVILLER, *v. a.* — Assujettir des assemblages en menuiserie, en charpenterie, à l'aide de chevilles.

CHEVILLETTE, *s. f.* — Petite broche de fer semblable à un fort clou à tête plate, et dont se servent les charpentiers pour consolider des assemblages en charpente.

Dans les chemins de fer, les chevillettes sont des tiges de fer servant à fixer sur les traverses les coussinets des rails. Ces chevillettes sont

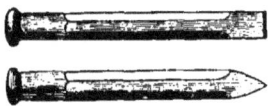

Fig. 1 et 2. — Chevillettes.

à sections rondes, octogonales, et mesurent 0ᵐ,15 à 0ᵐ,17 de longueur sur 16 à 18 millimètres de diamètre ; notre figure montre les deux spécimens les plus employés.

CHÈVRE, *s. f.* — Machine qui sert aux maçons, aux charpentiers et aux serruriers, à élever des fardeaux. Cette machine (voy. notre figure) se compose de deux longrines, nommées *bras* ou *bicoqs*, formant un angle aigu, et dont l'écartement est maintenu par plusieurs traverses qui s'assemblent à tenon et mortaises dans ces montants ou longrines. Vers la partie inférieure des bras, à 1ᵐ,60 du sol, est fixé l'arbre d'un treuil cylindrique dans la partie sur laquelle s'enroule le câble et dans celles engagées dans les tourillons. En avant de ceux-ci il existe deux parties carrées sur l'arbre, dans lesquelles sont pratiqués les trous destinés à recevoir le bout des leviers servant à la manœuvre. Les traverses ou *entretoises* sont espacées de 0ᵐ,90, ce qui forme une espèce d'échelle permettant de monter jusqu'au sommet de la machine, où se trouve une poulie tournant autour d'un boulon qui, traversant les bras, sert aussi à en relier la partie supérieure. — *Équiper* une chèvre, c'est en assembler les diverses parties, afin de la mettre en état de fonctionner ; l'équipement terminé, on

dresse la chèvre non perpendiculairement, mais en lui *donnant du nez*, c'est-à-dire en la tenant inclinée (voy. notre figure, à droite), afin que les fardeaux en montant ne puissent heurter ni le treuil ni les traverses. Pour la maintenir dans cette position, on l'amarre avec trois cordages : deux qu'on nomme *haubans*, qui ti-

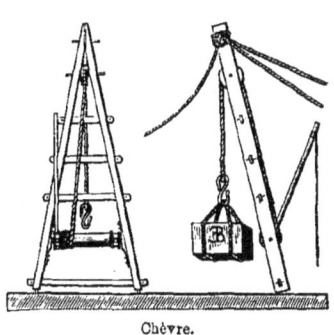

Chèvre.

rent en sens contraire de son inclinaison, et destinés à maintenir la chèvre dans sa position. Le troisième cordage, placé à l'opposé des deux autres, est nommé *contre-hauban ;* il a pour objet de prévenir le renversement de la machine. Comme, de ces trois cordages, les haubans sont les seuls sur lesquels agisse le fardeau, on doit avoir bien soin de les amarrer à des objets environnants qui présentent une très-grande solidité. Souvent le treuil des chèvres est commandé par des engrenages que l'on fait mouvoir à l'aide de manivelles ou de leviers en fer ; un *déclic* qui y est adapté empêche les fardeaux de redescendre tout à coup, quand on les élève, ce qui évite souvent bien des accidents.

CHEVRETTE, *s. f.* — Petit morceau de fer carré, recourbé à ses extrémités, pour former pied ; c'est une espèce de petit chenet double en fer, qui se place dans les poêles, pour élever le bois et faciliter sa combustion.

CHEVRON, *s. m.* — Pièce de bois de faible équarrissage, servant dans les combles à supporter les lattis ou les voligeages qui reçoivent la couverture. La grosseur de l'équarrissage varie suivant la dimension du comble et l'importance de l'édifice. Dans les maisons privées il mesure de 0ᵐ,08 à 0ᵐ,09 sur les deux côtés; dans des usines ou des fabriques dont les combles ont une grande portée il atteint 0ᵐ,14 à 0ᵐ,15 de hauteur sur 0ᵐ,08 à 0ᵐ,10 de largeur. Lorsque la hauteur du rampant de comble ne permet pas d'employer des chevrons d'une seule pièce, on les fait de plusieurs pièces allant d'une *panne* à l'autre et chevauchés, ou mieux ajoutés bout à bout au moyen d'entailles en sifflet ; il faut avoir soin que ces entailles portent sur les pannes. Quant à l'assujettissement des chevrons, il se fait avec des grands clous d'épingles, rarement avec des chevilles. Dans les bâtiments de peu d'importance, on pose le pied des chevrons dans le massif couronnant la corniche ; dans ceux, au contraire, où l'on suit les règles d'une bonne construction, une plate-forme ou sablière entaillée reçoit le pied des chevrons. Dans d'autres constructions le chevron est libre et fait saillie hors du mur. Cette disposition, assez usitée en Italie, donne aux bâtiments un caractère rustique qui est en parfaite harmonie avec des édifices tels que manufactures, docks, entrepôts, usines et constructions rurales. Leur extrémité ou *about* est alors profilée en console ou en modillons. — Suivant les différentes positions qu'il occupe dans le comble, le chevron porte différentes désinences ; on distingue les *chevrons de noue, de croupe* ou *d'empanon*, suivant qu'ils portent une noue, un arêtier ou une traverse ; les *chevrons de ferme* ou *de long pan* sont ceux qui portent sur l'arbalétrier ; ceux *de jouée* ou *de fermette* forment le comble d'une lucarne ou ses côtés.

Le chevron a été employé de toute antiquité; en effet, la première demeure de l'homme n'a pu être couverte qu'à l'aide de chevrons ; c'est un fait incontestable, puisque dans les cabanes primitives, sculptées sur la pierre ou représentées en terre cuite, nous voyons des représentations de chevrons. (Voy. les figures du mot CABANE.)

CHEVRON, ornement caractéristique de l'époque romane, qui consiste en un tore ou baguette courant en zigzag, ce qui lui a valu les dénominations de zigzag ou BATONS ROMPUS. (Voy. ce mot et les figures qui l'accompagnent.) — Les chevrons peuvent être simples ou multiples, c'est-à-dire composés de plusieurs che-vrons simples juxtaposés comme le montre notre figure ; on les nomme aussi dans ce cas *tores guivrés, chevrons multiples*. — Lorsque deux cours de chevrons sont disposés de manière à ce que leurs angles soient opposés et que leur réunion forme une suite de losanges ouverts ou fermés, on les nomme *contre-chevrons* (voy. BATONS ROMPUS, fig. 2°) et vulgairement *contre-zigzags*, ou *tores contre-chevronnés* ou *contre-zigzagués*. Les chevrons et contre-chevrons ont disparu de l'ornementation avec les dernières traditions de l'art roman qu'ils caractérisent, c'est-à-dire au commencement du XIIIᵉ siècle. Mais pendant l'époque romane cet ornement se rencontre très-fréquemment sur les bandeaux, les bases, fûts et tailloirs des colonnes, mais principalement sur les archivoltes. En termes de blason, le chevron est une des pièces honorables de l'écu : on le considère comme le symbole de la constance et de la fermeté ; il affecte exactement la forme d'un A renversé. (Voy. BLASON.)

CHEVRONNÉ, ÉE, *part. passé.* — Décoré de CHEVRONS. (Voy. ce mot.)

CHEVRONNER, *v. a.* — Mettre en place les chevrons d'un comble.

CHIEN, *s. m.* — Bretteure à grosses dents; marteau de tailleur de pierres à grosse bretteure. (Voy. BRETTURE et MARTEAU.)

CHIEN-ASSIS, *s. m.* — Petite lucarne destinée à éclairer, mais surtout à donner de

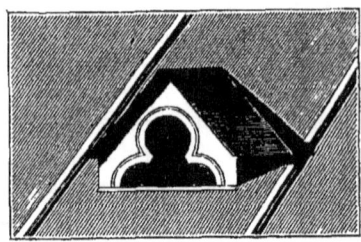

Chien-assis.

l'air dans un comble. Notre figure montre un type de *chien-assis* fréquemment employé dans les édifices du moyen âge.

CHIFFRE, *s. m.* — Ornement d'architecture, de serrurerie, de menuiserie, qu'on retrouve particulièrement sur les objets, les murailles et balustrades de l'époque de la renaissance. Cet ornement se compose d'un entrelacement de lettres fleuronnées en bas-relief, gravées ou découpées à jour. Souvent les chiffres sont surmontés de couronnes. Dans la balustrade du pignon occidental de la Sainte-Chapelle du Palais, à Paris, on remarque au milieu des fleurs de lis des K, initiale de Karolus, parce que cette balustrade avait été refaite sous Charles VII.

Au Louvre, on peut voir les chiffres de Henri II et de Catherine de Médicis, de Henri IV, de Louis XIV, etc. Dans les châteaux de Chambord, de Blois, de Fontainebleau et autres résidences de la renaissance, on voit sur les murs, sur des panneaux de menuiserie, peints ou sculptés, le chiffre de François Ier une grande F, surmontée d'une salamandre couronnée, ou les chiffres de Henri II et Diane de Poitiers, de Henri IV et de Gabrielle d'Estrées.

Beaucoup de clefs anciennes ont leurs anneaux formés par des chiffres.

CHIMÈRE, *s. f.* — Monstre de la fable qui avait une tête de lion, un corps de chèvre et une queue de dragon ou de serpent. Le nom de chimère ou *grylle* s'applique également à toute figure humaine réunie avec diverses parties d'animaux ; tels sont les centaures et les centauresses, les sphinx, les sirènes, les pégases, les griffons, les gargouilles. On voit au musée de Florence un bronze découvert à Arezzo, en 1544, qui représente une magnifique chimère.

Le moyen âge et la renaissance ont employé soit en peinture, soit en sculpture, une grande variété de chimères, et beaucoup de gargouilles de cette époque nous montrent des spécimens d'une originalité remarquable. Une chimère assez singulière est celle qui se trouve placée à l'angle de la balustrade ajourée qui décore la façade principale de Notre-Dame de Paris.

La chimère était figurée sur les médailles de Corinthe, de Panticapée, de Sériphos et de Sicyone.

Par extension, dans le langage ordinaire, on donne le nom de *chimères* à des monstres fantastiques, créés par l'imagination d'un artiste ; ainsi Ducerceau, Lepautre, Bérain et d'autres dessinateurs ont créé en grand nombre dans leurs compositions des *êtres chimériques*, qu'on nomme également *chimères*.

CHINOISE (Architecture). — Le génie de chaque peuple se révèle, dit-on, dans son architecture ; c'est en vertu de cette loi ethnographique que le peuple chinois, si différent des autres par ses mœurs, ses coutumes, son genre de vie, possède une architecture qui lui est propre et qu'on ne peut rattacher à aucun autre style ancien ou moderne. L'architecture chinoise, quel que soit le type de monument auquel elle appartient, présente un caractère de simplicité, de provisoire, qui a lieu de surprendre les peuples qui construisent des monuments solides, durables, qui semblent érigés en vue de défier les siècles.

De ce que l'architecture chinoise est toute différente de celle des autres peuples, certains auteurs ont prétendu que la monotone uniformité du style chinois à travers les âges, son manque d'ampleur, ses proportions bornées, ses formes vulgaires, ses matériaux mesquins, tout cet ensemble n'était que l'expression, la résultante des idées étroites et des courtes vues de cette race. On ne peut, selon nous, se tromper plus grossièrement. Le peuple chinois, aujourd'hui que nous commençons à le connaître, n'est pas tel qu'on nous l'a représenté dans le passé ; sa littérature, ses arts, l'état avancé de ses sciences, témoignent que ce peuple est très-savant, très-érudit et même très-artiste. Et si son architecture est toute différente de celle des Assyriens, des Égyptiens, des Grecs et des Romains, si elle ne présente qu'un caractère utilitaire et pour ainsi dire temporaire, c'est que le peuple chinois l'a bien voulu. Il avait même d'excellentes raisons pour agir ainsi ; car il ne faut pas oublier que l'architecture n'est pas seulement le reflet du génie d'un peuple, mais que les climats et les matériaux influent également sur le caractère de cet art. Or, en Chine, la fréquence et la violence des tremblements de terre, ainsi qu'une grande humidité de l'air qui corrode les matériaux, sont cause qu'on y construit des édifices bas, et qu'on emploie de la terre cuite émaillée. Telles sont les véritables causes du caractère sobre, temporaire et utilitaire de l'architecture chinoise, dont le style n'a jamais varié à aucune époque, de sorte que par le présent on peut juger du style passé.

Après ces généralités, nous envisagerons l'architecture chinoise dans ses édifices civils, dans ses monuments, ainsi que dans ses travaux publics.

Les annales chinoises rapportent que les premiers hommes de la Chine vivaient à l'état sauvage et n'avaient pour demeures que des cavernes; celles-ci devenant insuffisantes, ils se créèrent des gîtes sur la fourche des arbres, afin d'échapper aux bêtes féroces; enfin ils habitèrent des cabanes, qu'ils réunirent en grand nombre dans des enceintes dont pendant la nuit ils fermaient les issues, afin de

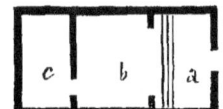

Fig. 1. — Plan d'une maison chinoise.
*a*, cour; *b*, salon; *c*, chambre.

prévenir les incursions des animaux sauvages et dormir en toute sûreté. Vingt-cinq siècles avant notre ère, les Chinois n'eurent pas d'autres demeures: comme on le voit, c'est l'histoire de tous les peuples au début de leur civilisation; mais à partir de cette époque ils inventèrent la brique et ils créèrent la maison telle qu'elle existe aujourd'hui; c'est-à-dire que la maison chinoise se compose de quatre murs, d'une porte et d'un toit. Dans le rectangle formé par les quatre murs, à l'aide de cloisons on créa (fig. 1) en *a*, une cour (*tin*), en *b*, un salon (*tan*), en *c*, une chambre à coucher (*che*). Les murs, à l'origine, n'étaient percés d'aucune fenêtre; les pièces étaient éclairées seulement par des ouvertures pratiquées sur le toit: ces ouvertures ne portaient pas de châssis, de sorte que la pluie et la neige pénétraient en même temps que le jour dans la maison. La cour, *a*, était ornée de vases de fleurs et d'arbustes; et la première pièce qui donnait sur cette cour, le salon, *b*, était exhaussé de

quelques marches au-dessus du sol de la cour.

Telle est dans toute sa simplicité le plan-type de la maison privée du Chinois; quand la famille est considérable, on ajoute une

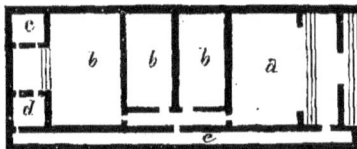

Fig. 2. — Plan d'une maison chinoise (2ᵉ type).
*a*, cour; *b*, *b*, *b*, chambres; *c*, cuisine;
*d*, pièce pour les domestiques; *e*, couloir de dégagement.

maison à la suite de la première, et ainsi de suite jusqu'à douze, d'où l'expression chinoise pour indiquer un homme riche: « Il a *une maison à douze cours.* »

Il existe un second type, qui n'est guère plus

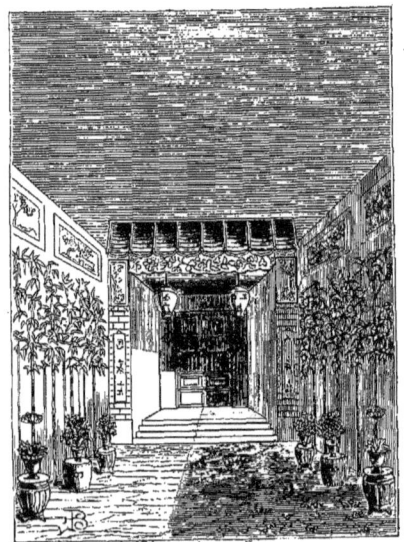

Fig. 3. — Cour d'une maison chinoise.

compliqué que le premier; il possède une chambre et un salon de plus, ainsi qu'une cuisine et un couloir de service. (Voy. notre fig. 2.)

La décoration est fort sobre; notre fig. 3 montre une cour avec ses vases de fleurs et ses bambous. Sur les montants de la porte sont accrochées aux murs des tablettes sur lesquelles sont inscrites des sentences de Confucius (*Chuen-Tsien*). L'ensemble des pièces présente l'effet d'un hangar ; pas de plafond, mais la charpente de la toiture est apparente, elle est peinte en noir ou en rouge, relevée de filets dorés dans les belles maisons, et elle supporte des tuiles vernissées en blanc. Le pavé est en carreaux de terre cuite rouge, ou de marbre à deux couleurs. Les colonnettes, quand il s'en trouve, sont droites et minces ; elles sont ornées d'anneaux ou de clochettes. Le soubassement des pièces est garni de nattes ou de porcelaine dans une hauteur de $0^m,95$ à $0^m,98$ environ.

Le genre de maison que nous venons de décrire est à une seule rangée ; un troisième type de maison est dit *à deux rangées :* c'est le même plan que celui de notre fig. 2, rabattu sur le côté du couloir considéré comme charnière ; enfin le troisième type possède un corps de logis double, séparé par un jardin.

Les nombreux portiques qui relient entre eux les différents corps de bâtiments ont fait multiplier les colonnes, qui ne sont que des poteaux ou des points d'appui, car les colonnes chinoises n'ont ni bases ni chapiteaux ; mais dans les palais elles sont décorées avec des incrustations de cuivre, d'ivoire, de nacre, et bariolées de peintures et de dorures. Le bois le plus employé est le bambou pour les colonnettes, les solives et autres ouvrages légers ; pour des travaux, au contraire, qui doivent présenter une grande stabilité et fournir des points d'appui solides, on emploie une espèce de mélèze très-commun, nommé *nan-mou.* La plupart des maisons n'ont qu'un étage, mais souvent deux. Les Chinois sont très-habiles dans l'art de travailler le bois.

L'architecture des jardins est des plus curieuses : les Chinois s'ingénient à créer des monstres avec des arbres qu'ils taillent, qu'ils serrent et qu'ils façonnent de mille manières, afin de leur faire prendre des formes burlesques.

Parmi les monuments les plus remarquables de la Chine on doit citer les greniers d'abondance, et surtout les arcs de triomphe. On en élève un nombre considérable en l'honneur des empereurs, des généraux, des mandarins, des lettrés, et de tous ceux qui ont rendu quelques services au pays. Ces arcs, généralement en bois, forment une grande baie isolée, ou

flanquée de deux arcs plus petits, et ils sont tous couronnés d'un toit avec les bords relevés, et de galeries ajourées, armées de clochettes et autres bibelots. Les palais et les pagodes ne présentent pas une architecture particulière ; ces édifices ont de plus grandes proportions que les maisons privées, voilà toute la différence. — Mais là où le peuple chinois est vraiment grand, c'est dans ses travaux publics : les canaux de navigation et d'irrigation sont très-nombreux et sous tous les rapports remarquables ; beaucoup de leurs ponts y sont d'une hardiesse de construction surprenante. Le pont de Tsin-tchéou, par exemple, a 1,125 mètres de longueur ; les piles, éloignées les unes des autres de $15^m,25$, sont reliées entre elles par des pierres de même longueur, qui forment le tablier du pont. D'autres ponts sont en bois, et ils sont suspendus à des piles ou à des rochers à l'aide de grandes chaînes ; quelquefois ces ponts ont leurs têtes décorées d'arcs de triomphe, principalement dans la province de Kiang-Nan.

Mais parmi tous ces travaux publics, le plus prodigieux c'est sans contredit celui de la *grande muraille.* Cette construction est attribuée à Tsin-chi-hoang-ti, empereur qui régnait trois cents ans av. J.-C. Cependant quelques historiens prétendent que l'ancienne muraille a été ruinée et que la construction de celle qu'on voit aujourd'hui n'est pas antérieure au XVe siècle ; mais, quelle que soit la date de ce gigantesque travail, il n'en est pas moins des plus curieux. La grande muraille, de même que ses tours carrées, sont crénelées. Elle se développe sur une longueur de 2,400 kilomètres environ, en suivant toutes les sinuosités du terrain ; sa plate-forme est assez large pour permettre à six cavaliers d'y courir de front ; on y arrive par des degrés de pierres ou de briques ménagés de distance en distance entre les parapets. Il n'a pas fallu moins de cinq à six millions d'hommes travaillant pendant dix ans pour élever cette muraille, dont le soubassement est en pierres et le reste en briques ; dans quelques parties, à l'extrémité occidentale surtout, la muraille n'est qu'en terre.

Bibliographie. — Il existe peu de livres sur

l'architecture chinoise ; nous ne connaissons guère qu'un volume de V. Chambers, intitulé : *Dessins des édifices chinois*, in-fol. Londres, 1737.

CHIPOLIN, *s. m.* — Peinture à la colle, qu'on obtient au moyen d'un grand nombre de couches de blanc d'apprêt, ainsi que de plusieurs couches de vernis poncées et adoucies.

CHIQUETER, *v. a.* — C'est, à l'aide d'un pinceau à chiqueter (voy. BROSSE), faire des mouchetures sur un soubassement en peinture, afin d'imiter le marbre, le granit ; avec le pinceau on frappe sur un morceau de bois de façon à projeter les mouchetures sur la partie à chiqueter.

CHLORURE DE CHAUX, *s. m.* — Composé de chlore et de chaux, employé comme désinfectant. Le chlorure de chaux sert aussi, à l'aide du bois de charme, à fabriquer l'ivoire artificiel, qui lui-même, à l'aide d'une coloration, fait de l'ébène artificiel.

CHŒUR, *s. m.* — Partie d'une église en tête de la nef, dans laquelle se tiennent les prêtres, les chantres et les clercs. On nomme ainsi cette partie de l'église parce qu'on y chante autour de l'autel, comme autrefois, dans l'ancienne Grèce, on exécutait des danses solennelles accompagnées de chants autour des autels des dieux et des déesses. Dans les premières basiliques chrétiennes, il n'y avait pas de chœur, parce que les chantres se tenaient en avant de l'abside, et n'étaient séparés du public que par une simple balustrade.

Dans les églises romanes le chœur est encore fort réduit, quand l'église en possède ; il n'a qu'une ou deux travées ; au xii° et au xiii° siècle il prend beaucoup plus d'extension, il atteint même en longueur. le tiers ou la moitié de la longueur de la nef.

Dès le xiii° siècle le chœur se décora de magnifiques stalles pour les prêtres, les chanoines, les officiants. Ces stalles étaient adossées contre des murs qui étaient décorés, du côté opposé, de magnifiques bas-reliefs ou de panneaux de bois sculptés. Dans certaines églises de cette époque, le devant du chœur était même fermé par un JUBÉ. (Voy. ce mot.)

Le désir d'agrandir les églises et de démasquer le chœur fit démolir beaucoup de jubés et un grand nombre de clôtures et de bas-reliefs situés entre les piliers des chœurs. (Voy. STALLES.)

Dans les monastères de femmes, on appelait *chœur* une salle attenante à l'église, mais qui en était séparée par un grillage, et quelquefois couverte de rideaux. Cet usage s'est encore conservé dans certaines localités ; ainsi, à l'église de l'Abbaye-aux-Dames, à Caen, les religieuses n'entendent les offices que dans un second chœur, situé dans l'abside et fermé par une clôture et des rideaux. (Voy. ÉGLISE.)

CHORAGIQUES (MONUMENTS). — Monuments érigés dans l'ancienne Athènes par les *chorèges* qui avaient remporté des prix de musique. Les chorèges étaient les chefs de chœurs d'enfants et d'adolescents fournis par chacune des dix tribus de l'Attique, pour la célébration des fêtes solennelles. Pour être chorége, il fallait avoir plus de quarante ans, et posséder une grande fortune, car on devait pourvoir à la nourriture, à l'instruction, aux costumes des choristes, ainsi qu'au local nécessaire aux répétitions. Aussi, quoique les fonctions de chorége donnassent accès aux plus hauts emplois de la république, il arrivait souvent qu'aucun citoyen ne voulait se charger des frais considérables que nécessitait cette charge. Dans ce cas, l'État nommait d'office un ou deux citoyens, qui supportaient en commun les frais. Les personnes du chorége et des choristes étaient inviolables. Des concours étaient établis entre les diverses tribus de l'Attique, et les choristes s'y préparaient longtemps à l'avance. Le jour de la lutte arrivé, le vainqueur recevait comme prix un trépied de bronze ciselé par un habile artiste (1). Une

---

(1) Dès les temps héroïques, le trépied était considéré, en Grèce, comme la plus noble des récompenses des jeux publics. Homère (*Iliade*, ch. 23) fait dire à Achille présidant les funérailles de Patrocle : « Les trépieds doivent être disputés d'abord, comme étant les plus grands prix. »

inscription gravée sur le trépied indiquait le nom de la tribu qui avait remporté la victoire, ainsi que celle du chorége qui avait fait les frais du concours, du poëte qui avait écrit le poëme, enfin le nom de l'archonte. Ces trépieds étaient surmontés d'anneaux servant d'anses pour les transporter ; on les nommait τρίποδες

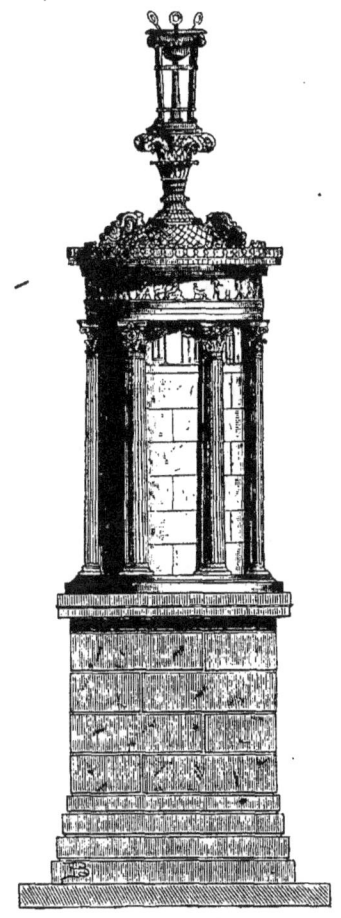

Fig. 1. — Monument chorégique de Lysicrates.

ὠτώεντες (trépieds à oreilles). Comme c'était un très-grand honneur de remporter une pareille récompense, les vainqueurs faisaient élever une colonne, ou un petit édicule, afin de l'exposer publiquement. Une large rue d'Athènes possédait de ces colonnes en si grand nombre, qu'elle avait été nommée la *rue des Trépieds.* — En général les colonnes choragiques

étaient surmontées de chapiteaux dont l'abaque était triangulaire ; on en voit encore aujourd'hui àl'acropole d'Athènes.(Nous les avons indiqués en A au mot Acropole, pl. I, p. 30.) Il existe aujourd'hui fort peu de monuments choragiques ; le plus important, et par cela même le plus célèbre, est celui de Lysicrates, que montre notre figure et qu'on a surnommé à tort *la lanterne de Démosthènes* ou même *de Diogène.* Ce monument a subi de graves mutilations, et il serait aujourd'hui entièrement ruiné, sans les travaux qu'y exécuta à ses frais, en 1832, un architecte français, Jules Goury ; il a été érigé 335 ans av. J.-C. Cette date est déterminée par le nom de l'archonte qui se voit gravé sur l'architrave, à la fin de l'inscription, en trois lignes que voici :

« Lysicrates de Cycine, fils de Lysithides, avait fait les dépenses du chœur.

« Le prix pour le chœur des jeunes gens avait été remporté par la tribu acamantide. Théon était le joueur de flûte.

« Lysiadès, Athénien, était le poëte ; Évanète, l'archonte. »

Le monument choragique de Lysicrates est d'autant plus intéressant à étudier, qu'il présente dans son ensemble plusieurs particularités des plus remarquables. A part sa

Fig. 2. — Chapiteau du monument de Lysicrates.

forme, qui est des plus élégantes, et qui présente un caractère spécial, nous devons signaler son chapiteau, qui est un exemple unique de l'ordre corinthien grec, et qui nous permet de constater la finesse et le goût avec lesquels cet ordre était traité en Grèce, bien avant son apparition chez les Romains (voy. fig. 2). L'examen de la colonnade nous a fourni aussi un renseignement précieux, c'est que les chapiteaux n'étaient qu'épannelés du côté du mur, ce qui a permis de constater que le système d'épannelage des Grecs était à peu près semblable à celui de nos jours pour la préparation des travaux de sculpture.

A l'acropole d'Athènes, plus bas que les deux colonnes choragiques dont nous avons parlé plus haut (voy. *Plan de l'Acropole*, p. 30), sur le bord d'une route tracée à mi-côte, il existait un autre monument choragique, celui de Thrasyllus, qui avait été construit en l'an 308 avant notre ère; aujourd'hui on n'y voit que la grotte de Thrasyllus. Ce monument existait encore au XVII<sup>e</sup> siècle. Stuart et Revett nous donnent

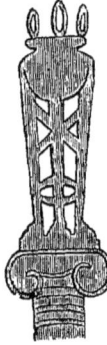

Fig. 3. — Trépied choragique sur les vases peints.

l'inscription qui se trouvait au milieu de l'architrave; elle était ainsi conçue :

« Thrasyllus, fils de Thrasyllus de Décélia, a consacré un trépied en reconnaissance de la victoire qu'il a remportée pour la tribu Hippothoontide, avec un chœur d'hommes. Évius de Chalcis était musicien ; Næchmeus était archonte, et Karchidamus, fils de Sotis, était le poëte. »

Aujourd'hui la grotte de Thrasyllus a été convertie en chapelle.

Beaucoup de vases peints montrent dans leur décoration des trépieds choragiques ; notre fig. 3 offre un exemple de ceux-ci.

On devrait dire plutôt *chorégique*, le grec χορηγικός étant plus usité que χοραγικός.

CHORAGIUM, vaste pièce située derrière la scène dans les théâtres antiques. C'était là

que l'on gardait les accessoires. (Festus, *s. v.* ; Plaut., *Capt.*, Prol., 60 ; Vitruve, V, 9, 1; Demosth., *de Falsa legat.*, 200.) Cette pièce servait encore aux répétitions des chœurs. (Voy. THÉATRE.)

CHORAGIUM, espèce de ressort dans les machines hydrauliques de l'antiquité. (Vitruv., X, 8, 1.)

CHORÉGE. — Voy. CHORAGIQUES (*Monuments*).

CHOU (FEUILLES DE). — Ornements fréquemment employés aux XV<sup>e</sup> et XVI<sup>e</sup> siècles dans les édifices gothiques. Les sculpteurs de l'époque ogivale flamboyante et du commencement de la renaissance imitèrent surtout les feuilles du chou frisé, et ils en tirèrent un excellent parti pour décorer des rampants de pignons, des arcades, des arêtes de pyramides et de pinacles ; ils l'employèrent aussi en CROCHET. (Voy. ce mot.) Les feuilles de chou mêlé au chardon produisent un très-bel effet. (Voy. FLORE ARCHITECTURALE.)

CHRÉTIENNE (ARCHITECTURE). — Voy. BYZANTINE, JÉSUITIQUE, LATINE, OGIVALE, ROMANE (*Architecture*).

CHROMATE, *s. m.* — Nom générique des sels formés par la combinaison de l'acide chromique avec des bases salifiables. En peinture on emploie des chromates d'argent, de mercure, de plomb, de zinc, etc. — Avec les chromates d'argent et de mercure on obtient des rouges pourpres, qui sont très-brillants, mais d'un prix fort élevé. Avec les chromates de plomb, de baryte, de chaux et de zinc, on obtient des jaunes plus ou moins intenses.

CHROME (JAUNE DE). — Couleur obtenue à l'aide de CHROMATES. (Voy. ce mot.)

CHUTE, *s. f.* — En sculpture, c'est un culot, un bouquet pendant de feuilles, de fleurs ou de fruits, ou bien un bouquet de ces trois éléments décoratifs réunis ensemble. — En architecture hydraulique, c'est une différence de niveaux entre deux biefs d'un canal.

On utilise les chutes d'eau comme force motrice pour des moulins, des scieries, etc.

**CIBORIUM, CIBOIRE,** *s. m.* — Espèce de dôme, quelquefois de pierre ou de marbre, mais plus souvent de bois ou de métal, porté

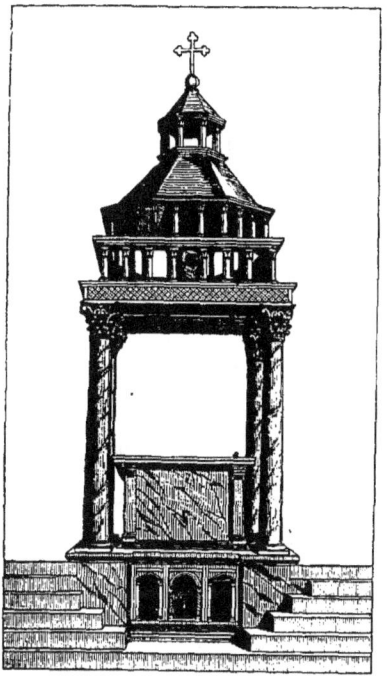

Fig. 1. — Ciborium de la basilique de Saint-Georges au Vélabre, à Rome.

sur des colonnes, qui couvrait le maître-autel des basiliques anciennes. Au centre du ciborium était suspendue, au moyen d'une chaîne, une colombe en argent ou une tour d'ivoire qui contenait les hosties. Aujourd'hui, elles sont déposées dans une espèce de calice, nommé *ciboire*, et le grand ciborium s'appelle également BALDAQUIN. (Voy. ce mot.) Un ciborium renommé est celui dont l'empereur Justinien fit don à Sainte-Sophie. Il était exécuté en argent massif, et les colonnes étaient en vermeil. Il existe en Italie d'anciens ciborium; notre fig. 1 montre celui de la basilique de Saint-Georges au Vélabre, à Rome; c'est peut-être un des plus remarquables parmi les anciens ciborium. Il se compose de

quatre colonnes en porphyre noir surmontées de chapiteaux, corinthiens sur celles de devant et composites sur les colonnes de derrière. Les architraves supportent chacune huit colonnettes en marbre blanc, couronnées d'une corniche qui supporte elle-même un second rang de colonnettes sur plan octogone. Notre fig. 2 montre un magnifique ciborium moderne exécuté sur les dessins d'un éminent artiste, M. Vaudremer, pour l'église de Montrouge, à Paris; ce monument, dans son genre, est sans contredit une des œuvres les mieux conçues et les plus remarquables de notre époque.

**CIEL DE CARRIÈRE.** — Voy. CARRIÈRE.

**CIMAISE.** — Voy. CYMAISE.

**CIMBLOT.** — Voy. SIMBLOT.

**CIMENT,** *s. m.* — Produit provenant de la cuisson complète de certains calcaires marneux ou argileux susceptibles de durcir très-rapidement dans l'air ou dans l'eau.

Les ciments ne s'éteignent ni ne font effervescence avec l'eau; mais, réduits en poudre et gâchés, ils durcissent facilement et promptement. A quelle époque remonte la découverte du ciment? Les uns l'attribuent aux Romains et les autres à Smeaton, c'est-à-dire vers 1756. Ces deux versions sont également fausses. Les Romains n'ont jamais connu le ciment; ils n'ont employé qu'un mortier hydraulique qu'ils tenaient des Étrusques, leurs maîtres dans l'art de bâtir. Quant à Smeaton, il aurait été devancé par des ingénieurs français, puisqu'un moine bénédictin, dom Coudret, rapporte dans ses *Dissertations sur l'histoire générale de la Franche-Comté* que, « vers 1651, existaient, dans les environs de Vesoul, plusieurs fabrications de ciments de *toutes pièces*, provenant de la cuisson de pierres grises tirées des lieux mêmes. Ce ciment servait, *sans adjonction de tuileaux ni briques*, aux digues élevées sur les rives de l'Ognon, pour s'opposer à ses débordements désastreux (1). » — Ce ne fut qu'en

(1) Nous avons vainement cherché cet ouvrage, qui doit être rare; Brunet ne mentionne pas dom Coudret dans son *Manuel du libraire;* la citation que le lecteur

1796 que Parker et Wyat prirent les premiers un brevet d'invention pour l'exploïtation d'un *calcaire argileux* produisant une matière ana-

logue à la chaux hydraulique, mais à prise plus énergique, et ils le nommèrent *Roman cement* (ciment romain), dénomination complé-

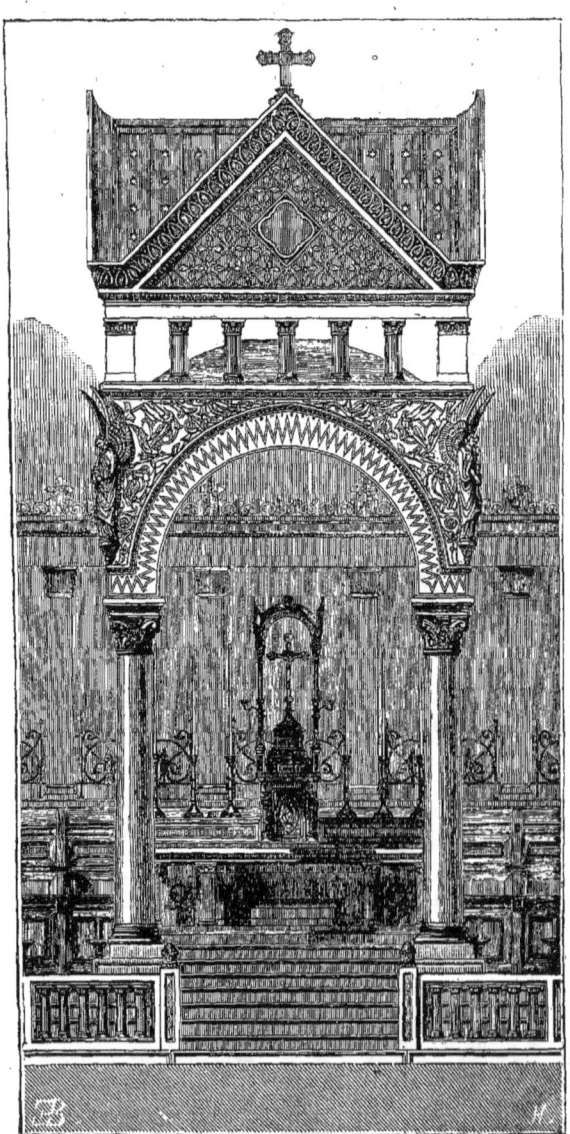

Fig. 2. — Ciborium de l'église de Saint-Pierre, à Montrouge-Paris.

tement fausse. Vers la même époque un ingé-

nieur français, Lesage, attira l'attention des constructeurs sur les propriétés hydrauliques du calcaire des galets de Boulogne-sur-Mer, duquel il obtenait une substance équivalente

vient de lire est tirée d'un opuscule de M. S. Ferrand qui a pour titre *les Ciments hydrauliques* (p. 86), 1 vol. in-18, Paris, 1870.

à la chaux hydraulique anglaise ; il la nomma *plâtre-ciment*. Lacordaire, ingénieur des ponts et chaussées de la Haute-Saône, eut-il connaissance des anciennes fabrications du ciment naturel relatées par dom Coudret ? Puisqu'il vécut dans le même pays, c'est présumable ; toujours est-il qu'il construisit à Pouilly des fours pour la cuisson du calcaire jurassique, et qu'il créa un excellent ciment, connu sous le nom de *ciment de Pouilly*, qui possède encore aujourd'hui une bonne réputation. — Dès 1756, Loriot publia une brochure sur la fabrication du ciment, qui fit assez de bruit; mais il ne parlait pas du ciment naturel : il donnait une recette pour fabriquer une espèce de chaux hydraulique, composée de sable, de tuileau et de chaux ; et, pour empêcher une prise rapide de son *ciment* (il l'appelait ainsi), Loriot conseillait avec raison d'employer de la chaux *vieille* et *éventée*, à laquelle il mêlait de la chaux vive au moment de se servir de cette substance. Dès cette époque, l'usage du ciment est reconnu excellent, et les Anglais en fournissent d'énormes quantités à la France.

Heureusement qu'un de nos compatriotes, Vicat, étudia dès 1819 et fixa en France cette industrie ; grâce aux travaux de ce savant, non-seulement nous cessâmes d'être tributaires de l'étranger, mais chaque contrée put construire des fours à ciment, car presque partout on trouve les calcaires propres à cette fabrication.

Aujourd'hui on compte plus de vingt-cinq à vingt-huit variétés de ciments, mais les meilleures marques de France sont : le ciment de Gariel de Vassy (Yonne), de Pouilly (Côte-d'Or), de Portland de Boulogne-sur-Mer (Pas-de-Calais), de Grenoble et de la Porte-de-France (Isère), de Moissac (Tarn). Le bassin de Paris renferme aussi des ciments d'excellentes qualités ; citons les ciments de Charonne, de Montreuil-sous-Bois, des Moulineaux.

PRATIQUE. — De 1830 à 1855, c'est-à-dire dans les premiers temps qu'ils furent employés grandement dans notre pays, les ciments, en général, laissaient encore à désirer sur bien des points de leur fabrication. Aussi ces imperfections furent-elles cause de grands déboires pour les constructeurs. Aujourd'hui, pour obvier en partie aux inconvénients d'une fabrication défectueuse, il convient de n'employer les ciments qu'après les avoir gardés assez longtemps en grand tas sur les travaux ou dans des magasins qui ne soient ni trop secs ni trop humides. On a reconnu, en effet, que les ciments dits *de Portland* de fraîche fabrication avaient une prise trop rapide, surtout quand on les emploie à l'air et quelquefois au soleil sous des températures de 25 à 28 degrés centigrades. C'est là, sans contredit, que se trouve l'écueil. Il est certains travaux exécutés à l'air qui réclament des soins particuliers, et pour lesquels il est utile que la pâte des ciments, après leur gâchage, conserve une malléabilité constante pendant son emploi, particulièrement pour les travaux de briquetage, des raccords et des rejointements de pierres. Pour ces travaux spéciaux, il faut que les ciments employés ne fassent prise qu'au bout de 30 à 40 minutes, afin que la pâte, molle et pour ainsi dire laiteuse, ait le temps de pénétrer dans les pores de la brique et dans ceux des pierres ; c'est une des conditions sans lesquelles on ne peut espérer une adhérence parfaite. Ce résultat ne peut être obtenu avec les ciments à prise rapide, ou de récente fabrication, dont la pâte durcit au bout de quelques minutes et souvent de quelques secondes, surtout si les briques et les pierres n'ont pas été suffisamment humectées.

Du reste, le travail d'hydraulicité qui s'accomplit dans les mortiers à base de ciment est encore peu connu, et, malgré les études d'hommes de très-grande valeur, tels que Vicat, Rivot, Lebrun et d'autres, nous croyons cette substance incomplétement connue ; il serait à désirer que la chimie vînt en aide aux cimentiers, et déterminât certains points encore obscurs de la fabrication, ainsi que les conditions les plus favorables pour arriver à donner un excellent produit; car l'emploi du ciment dans nos constructions modernes est considérable. Ses admirables propriétés hydrauliques, la manière dont il se comporte à l'air, sa manipulation facile, l'ont rendu de tout temps indispensable dans la bonne construction. Aujourd'hui les immenses travaux maritimes, les constructions d'égouts, d'aqueducs, de réservoirs, citernes, bassins, d'édifices même, ont généralisé d'une manière inusitée son emploi. Il est donc très-désirable que les fabricants de ciments étudient ce produit, pour le livrer dans les meilleures conditions possibles, et puissent toujours fournir une qualité constante. Disons, en terminant cet article, que malheureusement la cupidité de certains industriels les pousse à sophistiquer leurs produits en y mêlant de fortes proportions de sable, de chaux éteinte, ou d'autres résidus pulvérisés ; aussi les constructeurs ne doivent pas reculer devant les frais d'une analyse qui peut leur épargner les plus graves catastrophes.

CIMENT DES FONTAINIERS, ciment composé de houille, de mâchefer broyé, de tuileau, de grès tendre réduit en poudre, le tout mélangé avec de la chaux vive éteinte et bien broyée.

CIMENTIER, *s. m.* — Ouvrier qui travaille, qui emploie le ciment ; fabricant de ciment ; vendeur de ciment.

CIMETIÈRE, *s. m.* — Ce mot, dérivé de κοιμητήριον, dortoir, lieu de repos, sert à désigner un lieu destiné à la sépulture des morts. Tous les peuples ont toujours témoigné un très-grand respect pour les morts. Les Assyriens, les Mèdes, les Perses, les Égyptiens, les Éthiopiens, les Hébreux, les Grecs et les Romains, eurent comme les nations modernes des lieux spécialement destinés à la sépulture des morts, et des caveaux pour leurs défunts. Chez la plupart de ces peuples, mais principalement chez les Grecs et les Romains, une législation particulière réglait les funérailles et s'occupait de la police des cimetières.

Chez les peuples orientaux, comme le terrain consumait rapidement la dépouille mortelle de l'homme, la crémation n'était pas en usage ; les Grecs et les Romains la pratiquaient, au contraire, par une sage mesure d'hygiène et de salubrité. Les cendres étaient ensuite enfermées dans des urnes, et chacun avait le droit de les garder chez soi, ou de les déposer dans les cimetières. Mais tous les citoyens n'avaient pas les moyens de brûler les cadavres de leurs morts, c'était une opération d'un prix fort élevé ; aussi les pauvres, chez les Grecs et chez les Romains, étaient enterrés dans des fosses communes.

Les premiers chrétiens ensevelissaient leurs morts dans les CATACOMBES (voy. ce mot) ; plus tard ils les ensevelirent autour des églises, dans des enceintes fermées, nommées CHARNIERS (voy. ce mot et OSSUAIRE). — Au moyen âge, les cimetières étaient de vrais monuments entourés de portiques servant de promenoirs, et sous lesquels les grands personnages ou les castes privilégiées avaient le droit de se faire inhumer.

Les cimetières contenaient en outre une chapelle, une chaire à prêcher, une lanterne des morts ou falot, espèce de colonne diminutif de phare, au sommet duquel brûlait une large flamme résineuse.

Un des plus beaux cimetières de ce genre, c'est le célèbre *Campo-Santo* de Pise. C'est une vaste enceinte rectangulaire, entourée sur ses quatre côtés d'un large portique. Sur l'un des grands côtés du rectangle il existe deux entrées qui par un chemin correspondent chacune à un oratoire, tandis qu'une chapelle mortuaire se trouve dans l'axe d'un des petits côtés de l'enceinte. (Voy. HYPOGÉE, NÉCROPOLE.)

JURISPRUDENCE ET LÉGISLATION. — Pendant longtemps on ne pouvait créer en France des cimetières sans l'intervention de l'autorité ecclésiastique, car jusqu'au milieu du XVIIIe siècle on les plaçait toujours près des églises. De là de vives réclamations ; aussi le parlement de Paris, pour y mettre fin, défendit d'inhumer dans les cimetières de cette ville (arrêt du 21 mai 1765). Une loi (mars 1776) prohiba, sauf pour certains personnages, l'inhumation dans les églises mêmes ; mais l'arrêt et la loi que nous venons de mentionner restèrent lettre morte jusqu'au décret du 23 prairial an XII (12 juin 1804), qui fixa à cinq ans le temps nécessaire pour faire usage des cimetières supprimés ; il édicta en outre qu'aucun cimetière ne pourrait être établi à une distance moindre de 35 mètres de l'enceinte des villes et bourgs, et plus tard ce décret s'appliqua également aux communes rurales. (Circ. ministérielles des 20 juillet 1841 et 30 décembre 1843.) — Le propriétaire d'une maison qui ne se trouve pas dans l'enceinte ou dans la masse des habitations d'une ville ou d'un bourg n'a pas le droit d'exiger que la distance à laquelle doit être créé un cimetière se compte à partir des murs de son habitation. (Cons. d'Ét., 13 nov., 1835 ; 10 janv. 1856 ; 7 janv. 1869.)

L'établissement d'un cimetière nouveau ou la translation d'un ancien est ordonné, le conseil municipal entendu, par un arrêté préfectoral, qui détermine également, après avis du conseil municipal et une enquête *de commodo et incommodo*, l'emplacement du nouveau cimetière. Les préfets ne sont tenus d'en référer au ministre qu'autant qu'il y a lieu de procéder par voie d'expropriation forcée, ou si la dépense excédait 30,000 fr. pour les communes dont le revenu est au-dessus de 100,000 fr. et 20,000 fr. pour les autres. (L. 18 juil. 1837, art. 46 ; circ. minist. du 30 déc. 1843.)

Les propriétaires contigus à un terrain dont l'administration veut faire un nouveau cimetière n'ont aucun moyen de s'y opposer, alors que les formalités voulues ont été entièrement remplies.

Aux termes des articles 1 et 2 du décret du 7 mars 1808, nul ne peut, sans autorisation, élever aucune habitation, ni creuser aucun puits, à moins de 100 mètres des nouveaux cimetières transférés hors des communes en vertu des lois et règlements. — Les bâtiments existants ne pourront également être restaurés ni augmentés sans autorisation. Les puits pourront, après visite contradictoire d'experts, être comblés, en vertu d'ordonnance du préfet du département, sur la demande de la police locale. — Les infractions aux lois sur les distances à observer pour bâtir et creuser des puits autour des cimetières tombent sous le coup l'art. 471, n° 15, du Code pénal. Une simple réquisition du ministère public suffit pour en faire prononcer l'application. (Cass., 23 fév. 1867.) Le juge de simple police correctionnelle, saisi de la contravention, peut décider si la construction constitue ou non une habitation, et si elle est ou non à la distance déterminée. (Cass., 27 avril 1861.)

Les propriétaires voisins d'un cimetière à créer, ou d'un ancien à agrandir, ont-ils droit à des dommages-intérêts en raison de la dépréciation que ce voisinage et les servitudes qu'il impose causent à leur propriété ?

Un arrêt de la cour de Nancy (30 mai 1843) a jugé la négative : en effet, la cour a pensé avec raison que les inconvénients qui peuvent résulter d'un pareil voisinage rentrent dans les causes d'augmentations et de diminutions de valeur auxquelles sont exposées les propriétés (voy. Dalloz, *Rép.*, v° *Culte*, n° 816) ; en outre, le conseil d'État a décidé (arrêts des 28 juillet 1824 et 8 mars 1855) que l'autorité administrative est incompétente pour décider d'une pareille demande ; c'est donc aux tribunaux ordinaires qu'il faut s'adresser. Le seul fait du déplacement d'un mur d'enceinte d'une ville et de son rapprochement du cimetière, n'a pas pour conséquence de faire cesser sur les terrains nouvellement annexés la servitude de *non œdificandi* qui grève la zone de 100 mètres autour du cimetière. Il n'y a qu'une loi qui puisse édicter cet affranchissement. (Cass., 27 avril 1861. Consulter aussi un arrêt de la cour de cassation en date du 23 fév. 1867.) Pour les translations des concessions, des servitudes, les concessions et police des cimetières, les inscriptions et les inhumations dans les propriétés particulières, nous n'avons pas à en parler ; aussi nous renvoyons le lecteur à des ouvrages spéciaux.

**CIMIER**, *s. m.* — Ornement de casque placé au-dessus de la partie arrondie qui protège la tête. — En termes de blason, le cimier est tout objet posé sur le timbre ou casque qui surmonte l'écu.

**CINABRE**, *s. m.* — Sulfure de mercure, qu'on nomme aussi à tort *vermillon ;* c'est une matière rouge, dure, compacte, lourde ; le cinabre est un produit naturel, tandis que le même produit obtenu artificiellement se nomme Vermillon. (Voy. ce mot.)

**CINGLER**, *v. n.* — Tracer des lignes droites à l'aide d'un cordeau blanchi, noirci ou sanguiné. Le cordeau est tendu entre deux points, et, en le soulevant vers son milieu et le pinçant entre le pouce et l'index, il dépose la poussière colorante et *cingle* la ligne ; ce que les charpentiers appellent *battre* la ligne.

**CINQ-FEUILLES,** *s. m.* — Ornement d'architecture de l'époque ogivale, en forme de rosace, présentant cinq divisions ou lobes. — On dit aussi *quintefeuille.*

**CINTRAGE,** *s. m.* — Pose des cintres en charpente nécessaires à la construction d'une voûte ; construction d'un arc ou d'une voûte. Pose des couchis, ou des planches au moyen desquelles on fait les augets, les bandes de trémies, le hourdis des cloisons légères, etc. On confond souvent les mots *cintrage* et *cintre*; de nombreux auteurs regardent ces deux mots comme synonymes, ce qui est complétement faux, puisque le *cintrage* est une opération, et le *cintre* une courbure ou un assemblage de pièces de bois. Le contraire du cintrage est le *décintrage*, mais on dit plus usuellement DÉ-CINTREMENT (voy. ce mot), quoique le terme *cintrement* ne soit pas employé. (Voy. VOUTE.)

**CINTRE,** *s. m.* — Courbure intérieure d'une voûte, d'une arcade, d'un ARC. (Voy. ce mot.) — Les voûtes sont maçonnées sur des formes qu'on désigne sous le nom de *pâtés* lorsqu'elles sont faites en terre, ou à l'aide d'un massif de moellonnaille, et sous celui de *cintre* lorsque cette forme est construite en charpente. Que l'on construise les voûtes sur cintre ou sur pâté, on doit, afin d'éviter une dépense inutile, ne commencer à soutenir la maçonnerie que vers le joint incliné à 30 degrés sur l'horizontale. (Voy. VOUTE.) Si la voûte est établie suivant le profil d'équilibre, la pression normale sur le cintre sera sensiblement constante pour les voûtes circulaires, et, réciproquement, au rayon de courbure pour les autres voûtes.

Rapportée à l'unité de longueur et de largeur de l'intrados, si on suppose le frottement nul, cette pression a pour expression, selon que la voûte est circulaire ou non circulaire :

$$P = S\left(E + \frac{E^2}{2r}\right) \text{ ou } P = S\left(E + \frac{E^2}{2R}\right)$$

P, pression normale sur le cintre par unité de surface d'intrados ;

S, pesanteur spécifique de la maçonnerie ;

E, épaisseur de la voûte à la clef;

r, rayon de l'intrados ;

R, rayon de courbure au sommet de l'intrados.

La formule donne la pression sur le cintre en ce point.

A cause du frottement et de l'adhérence du mortier, si faibles qu'ils soient au moment même de la construction, on doit regarder les valeurs ci-dessus de P comme des limites supérieures, et les appliquer dans ce sens aux calculs de l'établissement des cintres en charpente; mais, avant d'étudier la construction et l'établissement de ces derniers, nous dirons qu'il existe un genre de forme qui participe à la fois du pâté et du cintre : ce sont des formes en briques; nous en parlerons au mot FORME.

Les cintres en charpente, exclusivement usités dans les constructions importantes, doivent être construits avec beaucoup d'économie. Or, ici l'économie résulte principalement de la manière dont les efforts sont répartis. Si les fermes sont trop espacées, chacune d'elles supporte, ainsi que les *couchis*, une charge considérable. Il faudra donc dans ce cas des bois d'un plus fort équarrissage, qui coûteront plus cher comme acquisition et comme *levage*. Si au contraire les fermes sont très-rapprochées, on obtiendra une grande économie sur le volume total des bois, surtout sur celui des couchis; mais, d'un autre côté, la main-d'œuvre par mètre cube de bois sera beaucoup plus considérable, et, les travaux terminés, les bois démontés seront fort dépréciés.

C'est donc entre ces deux limites qu'il faudra se tenir pour la construction des cintres ; on est du reste souvent gouverné à cet égard par la longueur des berceaux, laquelle doit être divisée en parties égales. Aussi ces espacements varient-ils en exécution, depuis 1ᵐ,20 jusqu'à 2ᵐ,25 et 2ᵐ,50. A égalité de dépense, ou même avec un certain excès de dépense, on doit préférer les fermes peu espacées, parce que, étant moins chargées, elles se prêtent mieux à un décintrement fait avec méthode et mesure.

Lorsqu'on a réglé l'espacement des fermes, l'établissement des couchis n'offre aucune difficulté; chacun d'eux fonctionne comme une poutre reposant sur deux appuis et supportant sur chaque unité de longueur une charge connue. Il doit avoir des dimensions telles que cette charge ne lui fasse point prendre une flèche appréciable.

Voici donc comment on opérera :

Soit L la distance entre les axes des deux fermes ;
N le nombre total des files de couchis ;

s'il s'agit d'un plein cintre, par exemple, la pression normale sur l'unité de longueur du berceau et de l'intrados étant connue, sur les 120 degrés d'amplitude du cintre et sur la longueur du berceau, la charge totale sera, par suite :

$$\frac{\pi\,S\,L}{3}\,(\,2\;Er\,+\,E^2\,)\,;$$

et la charge Q, uniformément répartie sur un des couchis, deviendra, N étant le nombre des couchis compris dans l'amplitude de 120 degrés,

$$Q = \frac{\pi\,S\,L}{3}\frac{L}{N}(2\;Er\,+\,E^2).$$

Cette valeur Q, qui décroît non-seulement en raison directe de l'espacement des fermes, mais encore en raison inverse du nombre des couchis, servira à régler les dimensions cherchées au moyen des formules de mécanique données sur la résistance des bois.

On sait que la résistance à la flexion d'une pièce en portée est très-notablement accrue lorsque ses deux extrémités sont fixées sur les supports. Ainsi, après avoir réglé les dimensions des couchis comme s'ils devaient être simplement posés sur les fermes, on se procurera un grand avantage de stabilité en les clouant à leurs extrémités sur les fermes. Ce procédé, assez usité maintenant, est utile en outre pour le *contreventement* des fermes à leur sommet, c'est-à-dire là où elles tendent le plus à se déverser; de plus, il contribue à la facilité et à la régularité de la pose des voussoirs. — L'espacement des couchis dépend de l'espèce de maçonnerie dont la voûte est formée.

Pour les voûtes de grande dimension, construites en gros matériaux, on laisse un vide entre les couchis; pour celles construites en petits matériaux, tels que moellons, briques, béton, etc., les couchis sont serrés les uns contre les autres et forment un plancher solide sur lequel les ouvriers peuvent travailler. Dans ce cas les couchis présentent encore un avantage, celui de former une espèce de voûte qui permet d'alléger sensiblement les fermes des cintres.

Parfois on donne aux couchis des dimensions assez fortes pour pouvoir les espacer de $0^m,10$ à $0^m,15$ ; dans ce cas on les recouvre de planches minces jointives, que l'on fixe transversalement au-dessus des couchis, et, vu la flexibilité de ces planches, on leur fait prendre la courbure de la voûte.

Les fermes des cintres peuvent être combinées suivant trois principes différents : ou bien ces fermes ne sont soutenues qu'à leur naissance par la maçonnerie qui supporte à la fois la charge verticale et la poussée horizontale de ces fermes; on dit alors que les cintres sont à *fermes retroussées ;* ou bien il existe d'une naissance à l'autre un certain nombre de points fixes, dont l'effet est de partager réellement la ferme totale en plusieurs autres de moindre ouverture; on dit alors que les fermes sont *fixes ;* enfin on emploie encore un système mixte, qui consiste à établir d'abord les fermes de manière qu'elles puissent être soutenues sur les deux naissances seulement, puis être étayées, pendant la construction, au moyen d'un certain nombre d'appuis fixes. On trouve à cette dernière disposition l'avantage de pouvoir partager en deux l'effet du décintrement, en supprimant d'abord les étais, puis en n'enlevant le cintre proprement dit qu'après le premier effet du tassement. — Les trois systèmes que nous venons de décrire ont réciproquement des avantages et des inconvénients; mais, quelle que soit la composition d'un cintre, il est indispensable qu'il soit *contreventé*, c'est-à-dire que les fermes soient reliées entre elles par des moises horizontales ou en écharpes. Quelle que soit, du reste, la disposition adoptée, elle doit toujours remplir ces deux conditions :

1° Empêcher le relèvement du sommet de la ferme, au moyen de grandes moises, ou de brides partant de ce sommet et fixées vers les naissances. On doit aussi, pendant la construction des reins, poser une surcharge provisoire sur le sommet des fermes.

2° Ramener, autant que possible, tous les efforts à des résultantes horizontales qui se neutralisent réciproquement, en montant la voûte symétriquement des deux côtés à la fois.

Lors de la pose des cintres, beaucoup de constructeurs ont l'habitude de donner aux fermes un certain surhaussement qui a pour but de contre-balancer l'abaissement du sommet de la voûte qui peut résulter soit du tassement du cintre pendant la construction, soit de celui de la voûte après le décintrement.

Pour les petites voûtes en brique on emploie à Paris un cintre très-commode, facile à monter et à décintrer : c'est le *cintre Bertemait*. Aujourd'hui on fait également des cintres en fer qui sont montés sur rails, de sorte que dans certains travaux d'aqueducs, une fois que quelques mètres de voûte sont terminés et suffisamment solides, on pousse le cintre en arrière, pour continuer une autre portion. (Voy. PATÉ, CINTRAGE, DÉCINTREMENT et VOUTE.)

PRATIQUE. — Les cintres employés à la construction des voûtes sont de véritables fermes de combles, avec cette différence que celles-ci sont faites à demeure, tandis que les cintres ne sont employés que provisoirement.

Pour les baies ou les voûtes de petite dimension, leur construction est très-simple : on prend souvent deux ou trois planches de 0ᵐ,034 à 0ᵐ,054 d'épaisseur ; on scie l'un de leurs côtés suivant la courbe de l'intrados de la voûte. On pose ces planches sur champ ; on les che-

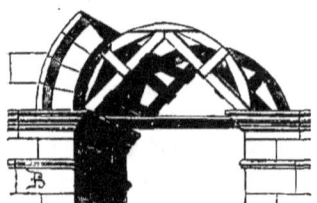

Fig. 1. — Cintre pour une arcade.

ville, ou on les fixe par des traverses, des tasseaux ou des étrésillons. Les cintres sont ensuite maintenus à la hauteur nécessaire par des potelets droits ou inclinés, suivant le système de charpente adopté. Notre fig. 1 montre un cintre pour une arcade ; nous le

donnons comme un type fort simple et très-solide.

Notre fig. 2 fait voir un deuxième type,

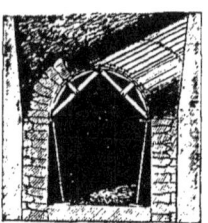

Fig. 2. — Cintre pour égout portant son couchis.

peu compliqué, employé pour la construction des égouts ; deux potelets soutiennent deux petites fermes qui, s'arc-boutant, forment un

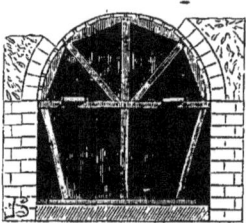

Fig. 3. — Cintre pour voûtes légères.

arc plein cintre ; cette même figure fait voir les couchis posés sur les cintres.

Notre fig. 3 donne un système de cintre

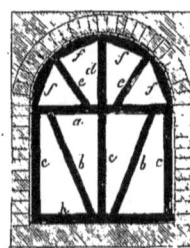

Fig. 4. — Cintre pour grandes voûtes.
*a*, entrait ; *b, b*, jambes de force ; *c, c, c*, poteaux ; *d*, poinçon ; *e, e*, fiches ; *f, f*, courbes ; *h*, sablière.

extrêmement léger, fréquemment employé pour la construction des voûtes légères. Mais pour des voûtes plus considérables il faut employer des cintres plus forts, tels que celui qui est représenté par notre fig. 4. L'entrait *a* est soutenu par deux jambes de force *b, b*, et trois poteaux *c, c, c.* En outre, ce cintre a un poinçon *d,* deux fiches *e, e,* des pièces courbes *f,f,* destinées à recevoir les madriers ou couches sur lesquels repose la maçonnerie. L'ensemble de cette charpente s'appuie sur une sablière *h.* — L'entrait est toujours placé à la hauteur de la naissance de la voûte. Quand celle-ci atteint de très-vastes proportions, à un plus grand nombre de fiches on ajoute des contre-fiches.

CINTRE. — Dans les salles de spectacle, on nomme *cintre* la partie du plafond située au-dessus de la scène, où se perd la toile quand elle s'élève, et dans laquelle se placent les diverses machines, toiles de fond, bandes de ciel, gloire, nuages, etc.

CINTRE ( Arc en plein ). — Voy. ARC, à la page 120.

CINTRER, *v. a.* — Poser des cintres en charpente pour la construction d'une voûte. Construire la voûte elle même. — Dans une acception plus générale, ce mot se rapporte à la pose des planches étrésillonnées à l'aide desquelles on fait les augets de planchers, les bandes de trémie, le hourdis des cloisons légères, etc.

CIPOLIN, *adj.* — Espèce de marbre gris verdâtre et blanc. Ce mot dérive de l'italien *cipolino,* petit oignon, parce qu'en effet le marbre cipolin est composé de parties courbes adossées les unes aux autres, qui rappellent la superposition des couches de l'oignon.

En peinture, ce terme désigne un genre de peinture en détrempe et vernis pour laquelle on emploie de l'ail lors de l'application de la première couche.

CIPPE, *s. m.* — Colonne peu élevée, sans base ni chapiteau, quelquefois ronde, mais généralement de forme quadrangulaire. Le cippe servait à indiquer des limites; c'était une sorte de colonne milliaire. Mais ce terme désigne surtout des monuments funéraires, qui affectaient la forme d'un autel antique. Une cavité pratiquée dans l'intérieur des cippes permettait d'y déposer les cendres des morts. Les cippes quelquefois n'étaient simplement qu'un monument commémoratif, consacré aux mânes et aux divinités infernales. Quelquefois la partie supérieure des cippes offrait un petit fronton entre deux oreilles, ou un couronnement de moulure,

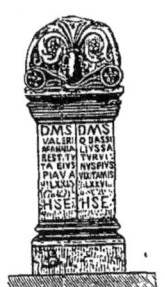

Cippe funéraire antique.

surmonté d'une *stèle;* d'où son nom, car στήλη n'est que la traduction en grec de *cippus,* cippe. Notre figure montre un cippe ancien. — Enfin, quand on traçait avec la charrue l'enceinte d'une ville, on élevait de distance en distance des cippes, là où devaient plus tard se trouver les tours des murailles.

CIRCONFÉRENCE, *s. f.* — Ligne dont tous les points sont également distants d'un point intérieur appelé *centre.*

CIRCONVALLATION (LIGNE DE), *s. f.* — Ouvrages de fortification passagère, dont une armée de siége s'environne, pour se défendre contre les attaques des troupes qui tenteraient de débloquer la place. On appelle au contraire *ligne de contrevallation* le fossé avec parapet, ou toute autre ceinture défensive, que les assiégeants opposent aux sorties de l'assiégé.

CIRCONVOLUTIONS, *s. f. pl.* — Ligne spirale d'une volute ou d'une colonne torse.

CIRCULAIRE, *adj.* — Forme courbe, ligne courbe issue du cercle. — Les travaux exécutés suivant une forme circulaire, comme murs, enduits, taille de pierre, etc., étant plus difficiles à exécuter et exigeant plus de soins et plus de temps, sont l'objet d'une *plus-value* qui double quelquefois le prix de ces travaux.

CIRE, *s. f.* — Substance fabriquée par les abeilles et qui sert à divers usages. Elle est employée dans la peinture à la cire (voy. ENCAUSTIQUE), par les doreurs, qui s'en servent pour donner au bronze la teinte d'*or rouge*. La cire des doreurs est composée de cire jaune, d'ocre rouge, de vert-de-gris et d'alun. — Les marbriers emploient également une cire pour recoller les éclats de marbre qui se produisent dans la taille, pour boucher les fissures et les trous dans toutes sortes de marbres. Les raccords avec cette cire sont faits avec tant d'habileté que souvent l'œil le plus exercé n'aperçoit rien.

CIRQUE, *s. m.* — Genre d'édifice particulier aux Romains, qui correspondait au stade des Grecs. Il existait cependant une différence assez sensible entre ces deux genres d'édifices : le cirque était plus grand que le stade et renfermait en outre dans son axe une barrière (*spina*) et des CARCERES. (Voy. ce mot.) — A son origine le cirque romain n'était qu'un espace plat et découvert, autour duquel on élevait, seulement pour les jours de courses, des échafaudages en bois. (Polyb., XXX, 13, 2.) Cependant, même avant l'expulsion des rois, on construisit en dehors de l'enceinte de Rome un cirque permanent qui subsista jusqu'à la dissolution définitive de l'empire. Le plan était une forme oblongue (fig. 1); la ligne des courses est marquée en *a, a;* le point de départ des chevaux était en *d,* quand ils sortaient des *carceres, c;* au milieu de celles-ci se trouvait la porte *b,* par laquelle passait le cortége du cirque avant le commencement des courses :

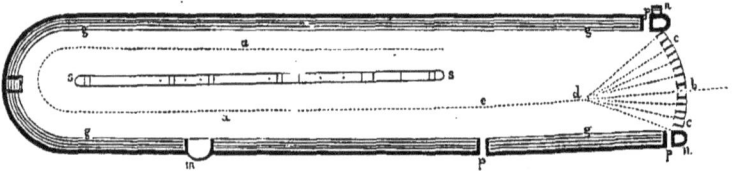

Fig. 1. — Plan d'un cirque antique.

cette porte était dans l'axe de la ligne *a.* En face de celle-ci, dans la partie circulaire, se trouvait la porte triomphale (*porta triumphalis*), par laquelle sortaient les vainqueurs. Les chevaux sortant des *carceres* se rendaient sur le point *e,* où se trouvait la corde blanchie à la craie (*alba linea*), fixée entre deux petits piliers de marbre (*hermulæ*). On ne détachait cette corde qu'au moment où les chevaux se trouvaient rangés de front, et qu'on avait donné le signal du départ. La tribune de l'empereur se trouvait au point *m ;* trois autres portes existaient en *p, p, p;* l'une d'elles, celle qui est en face de l'*alba linea* (*e*), était appelée *porta libitinensis;* c'est par là qu'on emportait les conducteurs blessés ou tués. Les gradins *g, g,* sont placés tout autour, sauf au devant des *carceres;* enfin la *spina* se trouve en *s, s.* (Liv., I, 35; Varro, *L. L.,* V, 135; Dionys., III, 68.) Les *carceres* étaient flanquées de tours *n, n;* notre fig. 2

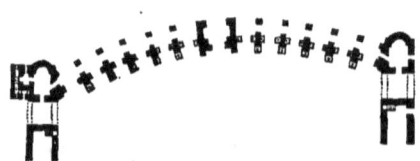

Fig. 2. — Plan des *carceres* d'un cirque.

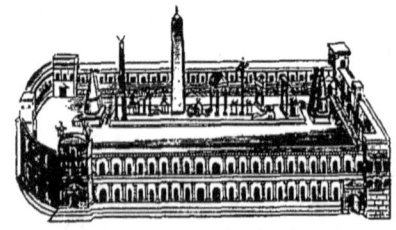

Fig. 3. — Vue d'un petit cirque, d'après une ancienne gravure.

montre à une plus grande échelle les *carceres*.

La *spina* servait de soubassement à des obélisques, à des pyramides, à des bornes (*metæ*), à des statues et à des édicules. La dimension des cirques fut, comme celle des amphithéâtres, très-variée; mais cependant on leur

donnait toujours assez de longueur pour fournir aux courses une carrière étendue. Quant
à l'architecture, elle ressemblait beaucoup à
celle des amphithéâtres, comme le lecteur peut
s'en convaincre en jetant les yeux sur notre
fig. 3.

Aujourd'hui on donne le nom de *cirque* à
des salles circulaires qui servent à donner des
représentations équestres. Paris possède deux
cirques : l'un d'été, aux Champs-Élysées ; l'autre
d'hiver, boulevard des Filles-du-Calvaire. Ces
cirques sont construits sur un plan polygonal ;
leurs fermes en charpente sont de grandes
portées et méritent une mention particulière.

**CISAILLEMENT. — Voy. RÉSISTANCE.**

**CISAILLES**, *s. f. pl.* — Gros ciseaux servant à couper à froid les feuilles de métal. Il
existe plusieurs genres de cisailles ; les plus
grandes sont fixes et se manœuvrent à l'aide
d'un balancier à bras ou mû par la vapeur, et les

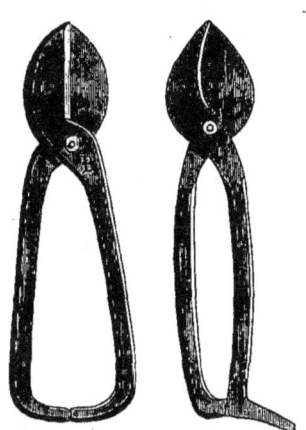

Fig. 1 et 2. — Cisailles.

feuilles de métal sont approchées des cisailles ;
d'autres, plus petites, sont formées par de courtes lames demi-elliptiques et se manœuvrent à
la main : de ces dernières, les unes ont la forme
des sécateur de jardin (voy. nos fig. 1 et 2),
d'autres ont l'une de leurs branches pourvue
d'un coude qui permet de les fixer dans un
étau ou dans un trou ménagé sur un ÉTABLI.
(Voy. ce mot.)

**CISEAU**, *s. m.* — Instrument en acier et
tranchant, qui sert à plusieurs corps d'état ; d'où
plusieurs genres de ciseaux : ceux du tailleur
de pierre (fig. 1 et 2), dont l'un, A, sert à louver
la pierre, et l'autre, B, à la ciseler. Le tailleur

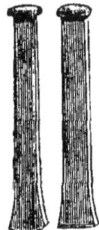

A.  B

Fig. 1 et 2. — Ciseaux à louver et à ciseler.

de pierre emploie aussi le ciseau *à bourrelet*
ou *à maillet*, dit aussi *ciseau plat*, qui sert à
remplacer les aspérités laissées sur la pierre
par le travail du poinçon, de la gradine ou de
la boucharde, par une suite de ciselures plus
ou moins rapprochées.

Le ciseau du menuisier est un outil, à manche de bois, dont le fer n'a qu'un biseau, du
reste semblable au FERMOIR. (Voy. ce mot.) Le
manche de ce ciseau est cylindrique ou à plusieurs pans ; le fer plat est élargi du côté du
tranchant. La partie supérieure est renforcée
et porte une *embase* sur laquelle se trouve la
*soie* ou pointe, qui est engagée dans le manche.
(Voy. BEC-D'ANE.)

Les ciseaux du serrurier lui servent à couper le fer à chaud et à froid ; les premiers sont

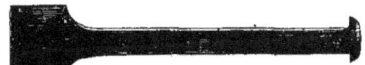

Fig. 3. — Ciseau du ferreur serrurerie).

dits ciseaux *à chaud* ou *tranches*, les seconds
se nomment BURINS (voy. ce mot) ; cet ouvrier
emploie encore le BEC-D'ANE (voy. ce mot) et
le ciseau à ferrer, qui présente deux formes :
l'une ressemble au ciseau du tailleur de pierre
(fig. 2), l'autre est une tige de fer carrée,
avec les arêtes abattues, qui se termine par
une lame plate et large (fig. 3).

Le ciseau du plombier est un instrument

qui lui sert à aviver et gratter le plomb, afin de faciliter la prise de la soudure.

CISELET, *s. m.* — Petit ciseau de marbrier, qui lui sert à la taille des moulures et à travailler l'épaisseur des marbres minces.

CISELURE, *s. f.* — L'art de la ciselure n'est pas étranger aux travaux d'architecture, mais il n'est qu'accessoire; ainsi on cisèle le bronze, la fonte et d'autres métaux, afin de donner plus de finesse aux reliefs. (Voy. FONTE.)

Pour la taille des pierres ce mot est peu employé, il est synonyme de *plumée*; on l'applique cependant à cette taille au ciseau, faite sur les parements de pierre, près de leurs arêtes, pour en dresser le parement. (Voy. TAILLE DE PIERRE.)

CISIUM. — Voiture légère à deux roues, tirée par deux chevaux, qui servait chez les Romains pour les courses pressées. (Cic., *Phil.*, II, 3.) Le *cisium* se trouve représenté quelquefois sur des bas-reliefs.

CITADELLE, *s. f.* — Forteresse élevée dans l'intérieur des villes, ou dans le voisinage de celles-ci : dans le premier cas, elle sert pour réprimer les séditions intérieures; dans le second cas, c'est un poste avancé pour défendre la place contre l'ennemi. — Voy. MILITAIRE (*Architecture*).

CITÉ, *s. f.* — Quartier particulier des villes antiques, dont la tradition s'est conservée jusqu'à nous. Ainsi bien des villes modernes ont encore leur *cité* : à Londres, le quartier des affaires se nomme la Cité; à Paris, nous avons l'île de la Cité, qui a été le berceau de Lutèce.

C'est aussi une grande cour ou la réunion de plusieurs cours entourées de bâtiments appartenant à un propriétaire ou à plusieurs, et qui sert de passage. On leur donne ce nom à cause de leur analogie avec une petite ville. On ne trouve des maisons ainsi disposées que dans les grandes villes; le but de leur construction est d'utiliser un vaste terrain destiné d'abord à une seule maison et vendu à divers propriétaires après lotissement. Les propriétés comprises dans l'enceinte d'une cité de ce genre sont généralement soumises à des servitudes réciproques.

CITÉS OUVRIÈRES. — On désigne sous ce nom des logements sains et économiques, bâtis dans les grands centres industriels, dans les faubourgs d'une ville, ou aux alentours d'une usine ou d'une manufacture. L'idée de cette création nous vient d'Angleterre; ce fut la Société pour l'amélioration de la condition des ouvriers (*building society*) qui inaugura, en 1845, à Manchester, ce nouveau genre de logement. Quelques années plus tard, vers 1849 ou 1850, diverses villes de France et de l'étranger construisirent des cités ouvrières en assez grand nombre.

CITERNE, *s. f.* — Excavation de forme et de profondeur variables, revêtue de maçonnerie hydraulique et destinée à recueillir et à conserver les eaux pluviales. — En usage dès l'antiquité la plus reculée, les citernes ont été l'objet d'une sérieuse étude de la part des peuples anciens, principalement des Romains, dont il nous reste des travaux importants et remarquables. C'est qu'en effet, dans les pays exposés à de grandes sécheresses, ces réservoirs sont de la plus haute utilité.

Les citernes les plus remarquables de l'antiquité sont : celles d'Alexandrie, qui recevaient les eaux du Nil : elles occupaient, dit-on, presque toute la ville; celle dite des *Sept salles*, près des bains de Titus, à Rome, et dont on voit encore des ruines. Dans les environs de Tunis il existe aussi des restes imposants de citernes carthaginoises. Au sommet du cap Misène, tout près de Baïes, on peut voir une citerne antique d'une importance moyenne, qui mesure 68 mètres sur 26$^m$,50 environ ; on la nomme la *Piscine admirable*; construite en briques, elle est divisée en cinq galeries recouvertes en voûte d'arête portant sur des piliers. A Constantinople, il y a une citerne antique connue sous le nom un peu emphatique des *Mille colonnes*, car les colonnes, disposées sur des lignes verticales et horizontales, 16 d'un côté et 14 de l'autre, ne donnent un total que de 224 colonnes.

PRATIQUE. — Quand on veut recueillir les eaux pluviales à l'aide des toitures, on ne doit employer que de l'ardoise ou des tuiles. Le zinc et le plomb offrent bien de bonnes surfaces d'alimentation, mais les eaux provenant des couvertures métalliques sont un danger pour la santé de l'homme et des animaux qui les boiraient.

La construction des citernes demande beaucoup de soins. On doit employer de bons matériaux, briques, roches, meulières, et les hourder avec des mortiers hydrauliques ; il faut rejointoyer ces matériaux avec de bons ciments. On leur donne toute sorte de formes : elles sont carrées, rectangulaires, circulaires; cette dernière forme serait la plus avantageuse, car avec un minimum de matériaux on obtient un grand emmagasinement ; mais elle présente de sérieuses difficultés au point de vue de la construction.

Il vaut mieux, pour obtenir un fort cube, donner de la profondeur aux citernes plutôt que de la surface. Dans ces conditions, l'eau s'évapore moins et conserve mieux ses qualités. Les eaux qui se rendent dans la citerne, soit par les toitures, soit par des rigoles ou canalisations existant sur des chemins pavés ou autres matériaux, ces eaux, disons-nous, ne doivent pas arriver directement dans la citerne. Il leur faut traverser auparavant un ou deux *citerneaux* ou bassins épurateurs, dans lesquels l'eau se débarrasse des matières étrangères qu'elle a pu entraîner. Plus les récipients précédant les citernes seront grands, plus l'eau sera claire et limpide quand elle arrivera dans la citerne. Notre figure montre la coupe d'une citerne avec deux bassins épurateurs. La citerne est en *c*, elle est pourvue d'une ouverture circulaire qui permet d'y puiser de l'eau, et suffisamment large pour permettre le passage d'un homme pouvant descendre dans l'intérieur de la citerne, pour la réparer ou pour la nettoyer. Par cette même ouverture on peut faire passer un tuyau de pompe pour puiser de l'eau. Les eaux recueillies arrivent dans un premier citerneau *a*, muni d'une cloison qu'on établit tantôt en bois, tantôt avec une dalle. Cette cloison sert à arrêter les menus débris ou autres détritus légers, paille, plumes,

etc., qui, surnageant, arriveraient dans la citerne et seraient une source d'impuretés; elles sont arrêtées par cette dalle ; on peut les retirer par un petit regard pratiqué au-dessus du compartiment du citerneau. Tandis que les matières lourdes tenues en suspension dans l'eau se précipitent au fond du citerneau, l'eau, plus limpide déjà, s'échappe par la conduite *e* pour arriver dans le second citerneau *b*, qui renferme des cailloux et du charbon. Une deuxième clarification s'opère dans celui-ci, et l'eau, reprenant le niveau du canal, arrive par ce dernier dans la citerne *c*. Les deux citerneaux sont munis d'une ouverture dallée qui sert au nettoyage de ces deux bassins épurateurs. La citerne une fois construite, il faut attendre qu'elle soit bien sèche avant d'y faire arriver de l'eau.

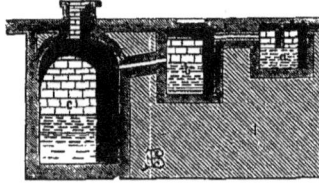

Citerne : *a*, citerneau ; *b*, épurateur ; *c*, citerne proprement dite.

*Dimensions.* — La capacité d'une citerne doit être calculée à raison de la quantité d'eau qui tombe annuellement. Sous notre climat, on peut compter 50,000 litres d'eau par 100 mètres carrés de couverture, soit 50 centimètres cubes par mètre carré. Mais, comme il y a des saisons pluvieuses et des temps de sécheresse, puisque la pluie arrive à différentes époques de l'année, il faut admettre que le réservoir peut se remplir plusieurs fois dans le courant de l'année. Aussi a-t-on l'habitude de faire les citernes d'une capacité d'un tiers inférieure à la dépense de l'eau. Aujourd'hui on construit des citernes surtout dans les exploitations rurales, et voici ce qu'on estime la consommation moyenne d'eau par jour : un homme, environ 10 à 12 litres par jour; un animal de taille moyenne, 25 à 30 litres ; environ 35 à 40 litres pour un cheval ou un bœuf.

Quoiqu'il soit bien difficile de rien préciser à cet égard, nous donnerons, pour déterminer la capacité des citernes, une formule appliquée par de nombreux agriculteurs, et pour l'adoption de laquelle ils supposent que l'eau d'une citerne se renouvelle tous les deux mois. La voici :

$$C = 0{,}61\,H + 3\,C + 2\,B + 0{,}12\,M + 0{,}20\,P.$$

H est le nombre de personnes adultes, C celui des chevaux, B celui des bœufs, M celui des moutons, et P celui des porcs.

CITERNES-FILTRE. — Les citernes ordinaires dont nous venons de donner la description emmagasinent les eaux, mais celles-ci en sortent presque aussi impures qu'elles y sont arrivées; de sorte qu'après un fort orage, lorsque les eaux parcourent des terrains détrempés, elles sont chargées de parties terreuses qui les troublent profondément, et il faut attendre plusieurs jours avant qu'elles recouvrent une limpidité désirable. C'est pour obvier à cet inconvénient qu'on a imaginé des *citernes-filtres* et des *citernes vénitiennes*. Les premières se composent d'une suite de citerneaux qui renferment, le premier des cailloux, le second du sable lavé ou du charbon, et le troisième est rempli de chiffons de laine. Après avoir traversé ces trois citerneaux, l'eau arrive claire et limpide dans la citerne proprement dite. Pour construire la citerne vénitienne, on creuse dans le sol un orifice de 3 mètres de profondeur, affectant la forme d'un tronc de pyramide renversé. On maintient les terres à l'aide d'un bâti en charpente. Sur ce bâti, on étale une couche d'argile bien compacte, dont on a soin de lisser la surface. L'épaisseur de la couche varie de $0^m{,}20$ à $0^m{,}30$, suivant la capacité du tronc de pyramide. Cette argile a pour effet de résister à la pression de l'eau et rendre les parois de l'excavation imperméables, enfin d'empêcher les racines des végétaux et des arbres d'arriver dans cette enceinte. Le centre de l'excavation est bâti en forme de cuvette circulaire de 3 mètres de diamètre. C'est sur celle-ci qu'on élève une maçonnerie de briques de forme cylindrique, dont le diamètre intérieur est de $1^m{,}20$. Les briques des assises inférieures de ce puits sont percées de petits trous coniques permettant le filtrage des eaux.

JURISPRUDENCE. — Chacun est libre de construire chez soi une citerne, et cela aussi près que l'on veut d'une propriété voisine; toutefois le propriétaire de la citerne est responsable du préjudice que le voisin pourrait éprouver par l'infiltration des eaux. (C. C., 544 et 1383; Desgodets, art. 217, n° 10.) En conséquence, il est de son intérêt de faire les murs en bonne maçonnerie; il est tenu, en outre, comme pour les puits, de faire un contre-mur. — Il est défendu de faire une citerne sous la voie publique, et cela d'une manière absolue, quand bien même un maire aurait accordé une autorisation. (Cass., 29 mai 1835.) Car celui-ci ne peut dispenser un citoyen de l'exécution d'un règlement général. Les citernes communes à plusieurs propriétaires doivent être entretenues à frais communs; elles sont régies d'après les mêmes principes que les puits mitoyens. (C. C., 655.) Les questions de servitudes et d'usage des eaux d'une citerne sont de la compétence des tribunaux. — Le droit de puiser à la citerne d'autrui est une servitude qui ne peut se prouver que par titre.

CITERNEAU. *s. m.* — Petit bassin, petit réservoir dans lequel les eaux pluviales viennent se purifier avant de se rendre dans la CITERNE. (Voy. ce mot.)

CIVIÈRE, *s. f.* — Petit brancard, dont les deux traverses longitudinales formant les bras sont réunies par quatre ou cinq contre-traverses engagées à tenons. — La civière sert à transporter de petits matériaux. Ce mode de transport est à peu près le seul praticable pour les petits fardeaux, surtout s'il s'agit de gravir des pentes que ne pourrait parcourir une brouette. La civière, qu'on nomme aussi BARD (voy. ce mot et la figure qui l'accompagne), est utilement employée sur les grands chantiers pour transporter du moellon piqué ou des pierres de taille qui ne sont pas d'un grand poids; c'est même le meilleur mode de transport à employer pour les objets fragiles, tels que les sculptures, quand leur poids le permet.

CIVILE (ARCHITECTURE). — On comprend sous ce titre générique tous les monuments d'architecture qui présentent un caractère civil, tels que les bâtiments d'habitation à la ville et à la campagne, ceux destinés aux services publics et administratifs, ceux d'instruction qui appartiennent à la commune ou à l'État; les édifices hospitaliers, tels que hospices, hôpitaux, maisons de retraite, asiles, crèches, etc. Cette architecture renferme donc plusieurs catégories de monuments fort distinctes les unes des autres; de là l'*architecture civile* proprement dite, comprenant les édifices publics; l'*architecture privée*, qui comprend tous les genres de bâtiments élevés par les simples particuliers : celle-ci se subdivise en *architecture domestique*, *urbaine*, *suburbaine*, *rurale*, *manufacturière*, *industrielle*. Les bâtiments de l'architecture civile sont d'autant plus variables dans leur forme et dans leur caractère, que leurs destinations sont elles-mêmes très-diverses. La grandeur, la noblesse, la solidité, la simplicité, la richesse, tous les caractères enfin peuvent être imprimés sur les constructions civiles. L'architecture civile, la première dans l'ordre des satisfactions humaines, varia selon les temps et les pays ; aussi n'en est-il aucune qui peigne avec plus de précision les goûts, les mœurs, le degré de civilisation d'une société, d'un peuple.

Pour ce qui concerne chacun des édifices civils, le lecteur devra se reporter aux articles spéciaux disséminés dans ce dictionnaire, et, comme complément du présent article, il devra lire ce que nous donnons aux mots MANU-FACTURIÈRE, MILITAIRE, RELIGIEUSE et RU-RALE (*Architecture*). (Voy. ces mots.)

**CLAIE**, *s. f.* — Assemblage de bois ou d'osier, composant un treillis, et qui sert au marchand de sable pour séparer le gros caillou du petit, et le sable du gravier.

En termes de treillageur, c'est un assemblage de lattes ou de bois plus forts que celles-ci, qu'on emploie comme clôture, ou pour former des parcs à bestiaux, principalement pour les moutons. — Enfin, dans ces dernières années, avec de petites lattes en bois ayant un centimètre ou deux de largeur, ou même affectant la forme de joncs, on a fait des claies qui servent à ombrager les serres, afin d'empêcher

les rayons ardents du soleil de brûler les plantes qu'elles renferment.

**CLAIN**, *s. m.* — Biseau que le tonnelier fait sur l'extrémité de chaque douve.

**CLAIRE-SOUDURE ou CLAIRE-ÉTOFFE**, *s. f.* — Nom d'une sorte d'alliage composé de plomb et d'étain.

**CLAIRE-VOIE**, *s. f.* — Ouvrages dont les pièces laissent entre elles des espaces vides, tels que les cloisons de remplissage, les combles, etc. — On fait également des clôtures en claire-voie.

Étage supérieur d'une nef d'église, formé par une suite de fenêtres éclairant directement la nef. Dans les basiliques et dans les églises romanes, il existe peu de claires-voies, ou du moins elles sont de peu d'importance. Avec le style ogival la claire-voie prend beaucoup de développement; aux XIVe et XVe siècles elle permet d'étaler dans les vitraux un luxe inusité jusqu'alors. On dit aussi, mais plus rarement, *clair-étage*, qui est la traduction du mot anglais *clere-story*, très-usité parmi les archéologues de la Grande-Bretagne.

Philibert Delorme semble avoir étendu la signification de ce mot jusqu'aux découpures ajourées des clefs de voûtes pendantes des monuments de style ogival tertiaire.

**CLAIRE-VOIE (A)**, *loc. adv.* — A jour. On fait des portes à claire-voie, des palissades à claire-voie. Anciennement, et dans quelques localités encore, on nommait les couvertures vitrées, des *couvertures à claire-voie*, ou même simplement des *claires-voies*.

**CLAMEAUX**, *s. m. pl.* — Clous ou crampons à deux pointes coudées, pour des constructions provisoires; on les emploie pour fixer des pièces de bois l'une sur l'autre ou l'une contre l'autre.

**CLAM ou CLAMP**, *s. m.* — Terme de marine. Pièce de bois plate et flexible, qui, étant appuyée contre un mât ou un pilier, sert à le soutenir et à le fortifier; d'où le verbe ACCLAM-PER. (Voy. ce mot.)

**CLAMPE**, *s. f.* — Terme de charpenterie, sorte de crampon ou d'emboîture.

**CLAN**, *s. m.* — Terme de marine. Mortaise pratiquée dans les murailles, au bout des vergues, au pied des mâts de hune, etc.

**CLAPET**, *s. m.* — Terme de fontainier. Soupape qui se lève et qui se ferme à la manière d'un couvercle à charnière. On fait des clapets en cuir, en caoutchouc ; on les place au bas des corps de pompe, au piston et au bas du tuyau d'aspiration. Les clapets se relèvent par l'aspiration de la pompe et retombent sous leur propre poids et celui de l'eau qui les recouvre.

C'est encore une espèce de soupape pratiquée dans une porte d'écluse de manière à s'ouvrir ou à se fermer par la seule action des eaux.

**CLAPIER**, *s. m.* — Ensemble de trous dans lesquels se retirent les lapins dans une garenne ; par extension, c'est un réduit clos et pavé dans lequel on élève des lapins en liberté. (Voy. LAPINIÈRES et GARENNES.)

**CLAPIS**, *s. m.* — Grand éclat fait par la maladresse d'un ouvrier lorsqu'il taille le marbre.

**CLAQUET**, *s. m.* — Petite latte de bois placée sur la trémie d'un moulin, et qui bat continuellement quand celui-ci fonctionne.

**CLASSE**, *s. f.* — Salle dans laquelle on instruit des élèves dans une pension, dans un collége, dans un lycée. (Voy. ÉCOLE.)

**CLASSIFICATION**, *s. f.* — Action de distribuer par classes. La classification des monuments est d'une extrême importance au point de vue archéologique et historique. Il y a quelques années à peine que l'architecture du moyen âge, faussement dénommée *gothique*, était divisée en *gothique moderne, gothique ancien ;* on l'appelait même architecture *lombarde, carlovingienne, saxonne* et *normande*. La belle architecture française du XVIᵉ siècle n'était pas connue des Français, puisque l'illustre Quatremère de Quincy, membre de l'Institut de France, ne voit dans l'église Saint-Eustache que du *gothique moderne* dérivé de l'arabe. (*Dict. d'arch.*, ARAB, p. 69.) Or à Saint-Eustache il n'y a de *gothique*, pour employer l'expression de Quatremère, qu'une partie de la tour, enchâssée dans le portail du midi, et l'ensemble de l'église n'a été construit que de 1532 à 1642, sur les plans de l'architecte David ; toute la construction est l'œuvre de ce dernier, sauf le portail occidental, qui a été commencé par Mansart de Jouy en 1754, continué par Moreau en 1788, mais qui n'a jamais été terminé.

Heureusement, vers 1837, le Comité historique des arts et monuments, voulant mettre un peu d'ordre dans nos monuments nationaux, établit une classification qui a assigné à chaque édifice son époque et par conséquent son style ; voici cette classification :

Style latin, du Vᵉ au XIᵉ siècle.
Style roman, du XIᵉ et du XIIᵉ siècle.

Style ogival
{ primaire ou en lancette, XIIIᵉ siècle.
secondaire ou rayonnant, XIVᵉ siècle.
tertiaire ou flamboyant, XVᵉ siècle et première moitié du XVIᵉ.

Enfin se trouve placé à la suite de ce style, la renaissance française, le style Louis XIII, Louis XIV, Louis XV et Louis XVI.

Pour les châteaux, divers archéologues ont proposé le classement particulier suivant :

PREMIÈRE CLASSE.

Depuis le Vᵉ jusqu'au Xᵉ siècle. Roman primitif.

DEUXIÈME CLASSE.

Depuis la fin du Xᵉ jusqu'au XIᵉ siècle. Roman secondaire.

TROISIÈME CLASSE.

Depuis la fin du XIᵉ jusqu'au XIIᵉ siècle. Roman tertiaire.

QUATRIÈME CLASSE.

Depuis le XIIᵉ siècle. Style ogival primitif.

CINQUIÈME CLASSE.

Depuis le XIVᵉ et la première moitié du XVᵉ siècle. Style secondaire et tertiaire.

SIXIÈME CLASSE.

Depuis la deuxième moitié du XVᵉ jusqu'au XVIᵉ siècle. Style quaternaire.

Quant à la classification par catégorie de monuments, nous n'avons pas à en parler ici : le lecteur trouvera au mot ARCHITECTURE la division des monuments suivant leur destination.

CLAUSOIR, *s. m.* — Dernière pierre introduite entre les pierres d'une assise pour la compléter ; les clefs de voûte, d'arc ou de plate-bande sont des clausoirs ; ils sont mis en place par glissement ou par insertion, leurs joints sont coulés ou fichés. L'étymologie de ce mot est très-visible, elle vient du latin *claudere*, fermer.

CLAUSTRA, mot latin très-usité dans la langue des archéologues : c'est un genre de fer-

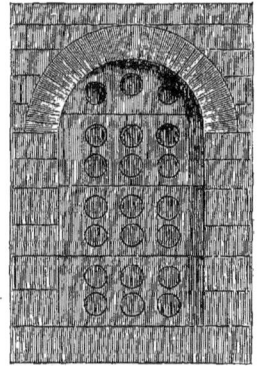

Fig. 1. — Claustra avec trous circulaires.

meture de baies au moyen de dalles de pierre ou de terre cuite, ajourées soit par des croisil-

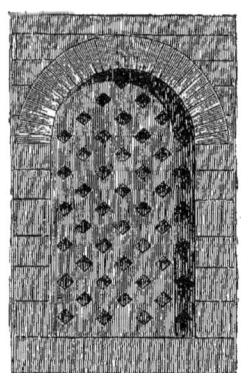

Fig. 2. — Claustra avec trous carrés.

lons, soit par d'autres figures géométriques ; les Grecs et les Romains, ainsi que les archi-

tectes romans ont souvent employé des *claustra*. A l'église Saint-Germain des Prés, on peut en voir dans la tour du clocher, qui date du Xe siècle.

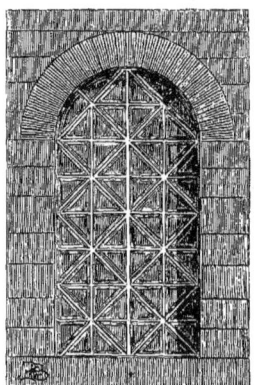

Fig. 3. — Claustra avec des croisillons.

Nos figures représentent les trois types les plus usuels.

CLAUSTRAUX ( BATIMENTS ). — Mots employés pour désigner les bâtiments annexés à un cloître, ou le cloître lui-même. — Voy. CLOITRE et MONASTIQUE ( *Architecture*).

CLAUSTRE ou CLOSTRE, *s. m.* — Demi-cylindres en poterie qu'on superpose en les chevauchant, pour remplacer les balustres d'une balustrade.

CLAVEAU, *s. m.* — Pierre taillée en forme de coin et qui entre dans la composition d'un arc ou d'une voûte ; aujourd'hui, on emploie ce mot comme synonyme de *voussoir*, tandis qu'anciennement le claveau ne faisait partie que de l'arc et le voussoir de la voûte. — Les claveaux doivent toujours être en nombre impair, et celui qui est au sommet de l'arc se nomme CLEF ( voy. ce mot) ; cependant certains monuments romans de l'Auvergne possèdent des arcs plein cintre dont les claveaux sont en nombre pair, de sorte qu'il y a un joint au point le plus élevé de l'arc. Cette disposition est mauvaise, parce qu'elle augmente la poussée ; ensuite, en cas de tassement, l'un des deux claveaux supérieurs forme *balèvre* sur l'autre.

Quand un arc est formé par deux rangs de claveaux, le rang inférieur est garni d'angles saillants qui s'emboîtent dans les angles rentrants du rang supérieur ; dans ce cas, ces claveaux sont dits *engrenés*. (Voy. ENGRENURE et ENGRENER.) — Un claveau a six faces : la face inférieure, qui se nomme aussi *douelle* ou *intrados ;* la face opposée ou supérieure, nommée *extrados ;* les deux faces qui touchent les claveaux voisins sont les lits ; enfin, les faces verticales, dont l'une au moins fait parement, sont les *têtes* du claveau. Il y a des claveaux simples et des claveaux à *crossettes ;* un arc construit avec ces derniers est dit *appareillé en tas de charge.* — Voy. CHARGE (*Tas de*).

**CLAVETTE**, *s. f.* — Petite lame de fer à tête et à repos, qui se place dans la mortaise d'un boulon mobile rond ou carré pour l'arrêter. — Là *clavette double* est formée d'une lame double dont la courbure arrondie forme tête; une fois la clavette en place, on relève l'extrémité de ses branches, afin qu'elle ne puisse sortir.

Les clavettes des boulons d'écartement ont souvent la forme d'une S.

**CLAVETER**, *v. a.* — Placer des clavettes. Les anciens vitraux avaient leurs BARLOTIÈRES clavetées sur leurs ARMATURES. (Voy. ces mots.)

**CLAYER**, *s. m.* — Grosse claie.

**CLAYON**, *s. m.* — Petite claie servant de clôture. C'est aussi une longue perche de bois refendu et flexible qui sert à entrelacer des pieux.

**CLAYONNAGE**, *s. m.* — Assemblage de pieux et de fascines, destinés sous forme de claies à soutenir les terres d'une tranchée ou d'un remblai qui tendraient à s'ébouler. On emploie également des clayonnages pour défendre contre les eaux les bords des rivières.

**CLÉCHÉ**, *adj.* — Terme de blason. Se dit d'une pièce percée à jour de manière à laisser voir le champ de l'écu.

**CLEF** ou **CLÉ**, *s. f.* — Ce mot se prend dans des acceptions très-variées et s'applique même à des objets tout à fait différents. — En maçonnerie, il y a deux sortes de clefs, les *clefs d'arcs* et les *clefs de voûtes.* La clef d'arc est le claveau qui se trouve au sommet

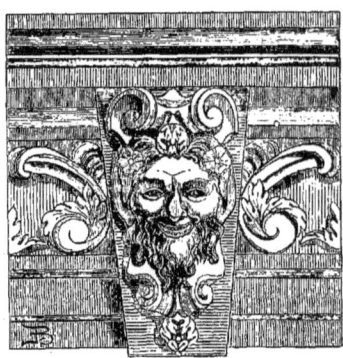

Fig. 1. — Clef d'une fenêtre du XVIIᵉ siècle.

de cet arc, et qu'on pose en dernier lieu pour le fermer. C'est lui qui maintient en place tous les autres. Dans les portes de villes, de châteaux, d'arcs de triomphe, ces clefs sont fréquemment décorées, elles portent des écussons, des cartouches, et même, suivant leur

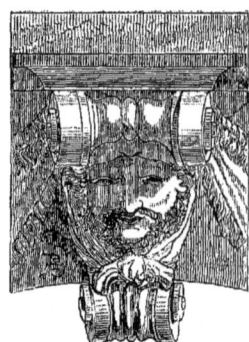

Fig. 2. — Clef-console au château de Versailles (XVIIᵉ siècle).

décoration, elles reçoivent différents noms ; elles sont dites en *bossages* quand elles font une simple saillie sur les autres claveaux, comme dans les archivoltes toscan et dorique, par exemple : le bossage peut être uni, à tête de diamant, à filet, etc. ; elles sont dites à *mascaron* quand elles portent un masque, telle est la clef (fig. 1) d'une fenêtre d'un hôtel du XVII<sup>e</sup> siècle situé à Paris, quai de la Tournelle. Les clefs sont *à nervures et à enroulement* lorsqu'elles représentent une console. Nos fig. 2 et 3 montrent de face et de profil une clef-console placée au-dessus de l'arcade qui sert de passage

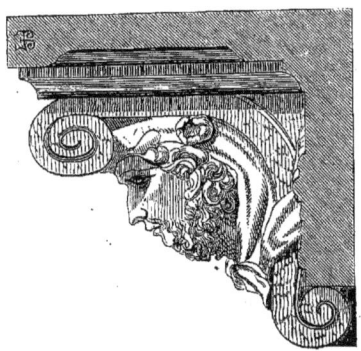

Fig. 3. — Clef-console au château de Versailles.

entre la grande cour et la cour de marbre au château de Versailles.

Dans l'antiquité, les arcs de triomphe étaient ornés de magnifiques clefs ; nos fig. 4 et 5 montrent de face et de profil un type qui pro-

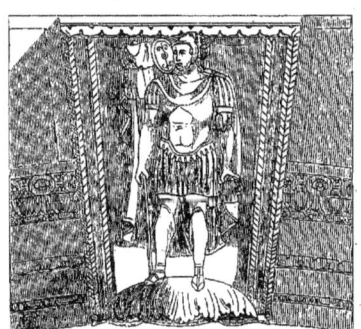

Fig. 4. — Clef de l'arc de Septime-Sévère (face).

vient de l'arc de Septime-Sévère, à Rome.

Les clefs de voûtes varient suivant la nature de la voûte à laquelle elles appartiennent ; ainsi la clef d'une voûte sphérique est un cône tronqué, tandis que celle d'une voûte d'arête affecte la forme d'une croix (fig. 6). Ces clefs sont souvent fort ornées dans les monuments du XII<sup>e</sup> siècle et dans les derniers temps de l'architecture ogivale (style flamboyant). —

Suivant la manière dont elles sont appareillées, les clefs ont reçu diverses dénominations : la *clef passante* occupe deux assises comme hauteur, et quelquefois la partie engagée dans

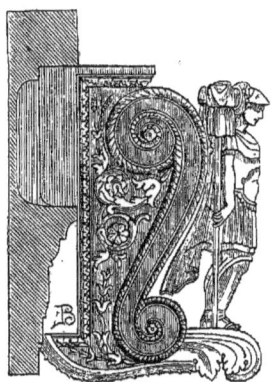

Fig. 5. — Clef de l'arc de Septime-Sévère (profil).

l'assise supérieure est taillée en *crossette* ou à *queue d'aronde* ; la *clef pendante* descend en contre-bas de la voûte, et elle est souvent décorée de magnifiques sculptures, à la fin du XV<sup>e</sup> et au XVI<sup>e</sup> siècle ; notre fig. 7 montre une clef pendante de l'époque de la renaissance : elle décore le plafond de la chapelle des fonts

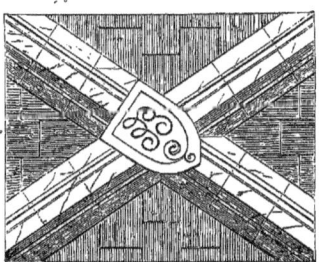

Fig. 6. — Clef de voûte-d'arête avec écusson.

baptismaux de l'église de Tillières (Eure). — Dans le chœur de l'église Saint-Eustache, à Paris, il existe une clef pendante très-curieuse ; dans la même ville, à Saint-Gervais, on voit une clef pendante d'une longueur de cinq mètres ; mentionnons enfin comme clef pendante d'une grande dimension celle du portail méridional de l'église de Saint-Ouen, à Rouen.

En charpenterie, on nomme clef, une petite

pièce de bois qui affecte diverses formes ; c'est tantôt un petit coin qu'on fait entrer de force dans deux pièces de bois moisées, ou bien c'est une petite pièce de bois qu'on passe à travers deux mortaises ; on la serre par une clavette ou mieux par une cheville ; les aiguilles pen-

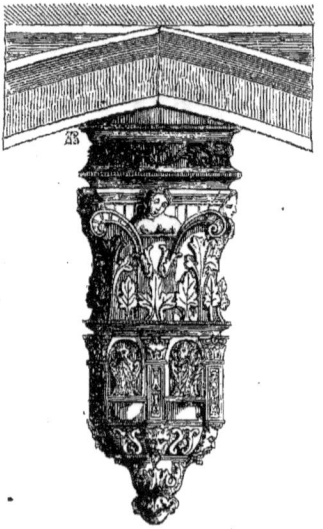

Fig. 7. — Clef pendante de la renaissance.

dantes qui soutiennent les entraits de certaines charpentes portent souvent des clefs. — C'est encore une pièce de bois arc-boutée par deux décharges qui fortifie une poutre ; enfin c'est une courte barre de fer dont on arme chaque

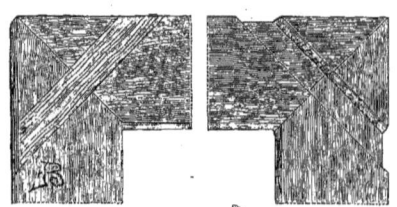

Fig. 8. — Clef de joints.

bout de poutre, et qu'on scelle dans les murs sur lesquels elle porte.

En menuiserie, on nomme clef une petite pièce de rapport qui, logée dans une entaille ou une mortaise faite dans l'épaisseur de deux pièces de bois, s'oppose à l'écartement de ces pièces. Ce genre d'assemblage est appelé *joint*

à *clef*, il est employé fréquemment pour réunir deux planches jointives destinées à former un panneau. Notre fig. 8 montre l'assemblage à clef de deux pièces de bois destinées à former l'angle d'un châssis : à droite, on voit les bois entaillés prêts à recevoir la clef ; à gauche, la clef est en place.

Dans une scie, on nomme clef ou *garrot* une petite broche en bois qui sert à raccourcir par torsion les cordes qui relient les montants d'une scie, afin de tendre la lame.

En serrurerie, il existe une très-grande variété de clefs ; la plus connue est celle qui sert à ouvrir les serrures : elle se compose d'un anneau supporté par une partie moulurée nommée embase, d'une tige nommée *canon* et d'un panneton ; la clef peut être forée ou BÉNARDE (voy. ce mot et la figure qui l'accompagne); dans le premier cas le canon est creux, dans le second il est plein ; le panneton peut être évidé d'une manière plus ou moins compliquée, c'est-à-dire *découpé de garniture* suivant la forme de celle de l'intérieur de la serrure. Les clefs du moyen âge et de la renaissance sont souvent très-richement ouvrées.

Le panneton est *anglais* ou *à museau*, c'est-à-dire *droit* ou muni de *nervures*, *en chiffres* ou *tourmenté*, c'est-à-dire que son plan présente la forme d'un chiffre ou de lettres ou de cour burcs quelconques; de là des clefs dites *en Z*, *en S*, *en C carré*, *en 5*, etc. Le panneton peut être taillé d'une PLANCHE, d'une BOUTEROLLE, d'un HAYNE, d'un ROUET (voy. ces mots), d'un rouet *croisé*, *croisetté* ou *recroisetté*, d'une pleine croix, etc.

La *clef à gorge* est celle qui a le museau de son panneton découpé d'entailles de différentes hauteurs, symétriques ou non; cette clef peut être *forée* ou *bénarde*. La *clef à pompe* a sa tige refendue par plusieurs entailles dites *barettes*, son panneton est très-petit. Ces deux genres de clefs ont créé deux genres de serrures dites *serrures à gorge* et *serrures à pompe*. Les clefs de serrures ont leurs anneaux historiés, en fer, en acier, en cuivre ; les *embases* sont quelquefois *à facettes*, et les forures sont *carrées*, *triangulaires*, en *trèfle*, en *pique*, en *cœur*, *doubles* ou *profilées* diversement, intérieurement ou extérieurement.

On nomme *passe-partout* ou CROCHET (voy. ce mot et la fig. 5) une espèce de clef rudimentaire employée par les serruriers pour ouvrir les *serrures*, dont on a égaré les clefs. Ces *crochets* sont faits de manière que leur panneton puisse pénétrer dans un grand nombre de *garnitures*.

L'usage des clefs remonte à une très-haute antiquité ; les Égyptiens, les Grecs et les Romains fabriquaient de grosses clefs en fer et de petites en bronze.

Outil en fer, qui sert à serrer et desserrer les écrous. Ces clefs sont droites ou cintrées en forme d'S, leurs extrémités sont évidées d'entailles en forme d'écrous. On emploie également pour le serrage des écrous la *clef anglaise* : c'est un outil qui se compose de deux *mâchoires*, dont l'une est fixe et l'autre avance ou recule suivant le besoin, à l'aide d'une vis opérant sur le manche de l'outil. Les serruriers nomment encore *clefs* des coins droits ou à talons qui serrent les assemblages en fer (voy. CHAINAGE, fig. 7), ou bien le même genre de coin qui fixe solidement un fer cylindrique, au moyen d'un tenon et d'une rainure dans laquelle cette clef est placée.

En termes de fontainier, la *clef* est un outil en fer, en forme de T, qui sert à ouvrir et fermer les robinets des bouches d'eau ; c'est aussi la partie mobile du robinet, c'est la tige en forme de T ou à tête carrée qui tourne dans le BOISSEAU (voy. ce mot, fig. 2 et 3) du robinet.

En fumisterie, la *clef* des poêles est une plaque de tôle de la forme du tuyau de fumée, et qui sert à régler le tirage de ces poêles.

CLENCHE, *s. f.* — Pièce principale d'un oquet *a* (voy. notre fig.), qui, à l'aide d'un

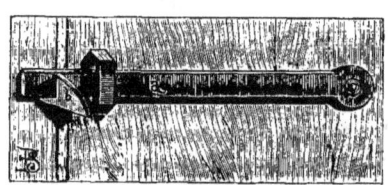

Clenche.

mentonnet *b*, maintient fermés une porte ou un vantail. Dans certaines localités, ce mot est synonyme de LOQUET. (Voy. ce mot). — D'après Littré, on dit également *clenchette* et *clinchette*.

CLERESTORY. — Voy. CLAIRE-VOIE.

CLINCAILLERIE, CLINCAILLIER. — Anciens mots, remplacés aujourd'hui par *quincaillerie, quincaillier*.

CLIQUART, *s. m.* — Pierre calcaire dure des environs de Paris, peu coquilleuse, d'un grain fin et égal, analogue au liais, à la finesse près. Cette pierre d'excellente qualité devient de plus en plus rare ; les carrières en sont presque épuisées. La hauteur de son banc est de 0m,33. Dans les carrières de Bagneux, de Clamart, d'Arcueil et même du Val-Meudon, on tire une espèce de *faux cliquart* qu'il ne faut pas confondre avec la véritable, que fournissaient les carrières de Vaugirard et de Montrouge.

CLOAQUE. — Voy. ÉGOUT.

CLOCHE, *s. f.* — On a quelquefois appelé *cloche* ce que dans un chapiteau on nomme aujourd'hui exclusivement CORBEILLE. (Voy. ce mot et CHAPITEAU.)

Dans un calorifère à air chaud, on nomme *cloche* le récipient en fonte du combustible. Ce récipient est de forme cylindrique, sphérique, hémisphérique ou polygonale ; il est placé au-dessus de la grille ou foyer.

CLOCHE DE BRONZE. — Instrument de bronze qui sert à donner divers signaux ; c'est pourquoi on le nommait en vieux français *sing* (de *signum*, signal). Quoique formant une seule pièce, on distingue dans une cloche : l'*anse* ou les anses, au moyen desquelles on la suspend à une armature, nommée *hune* ou *mouton* (la pièce de bois à laquelle la cloche est suspendue s'appelle *sommier*) ; le *cerveau*, au sommet de la cloche, à l'intérieur duquel se trouve la *bélière* ou gros anneau portant le *battant* qui la fait vibrer. Le cerveau, qui est renforcé par l'*onde* ou *calotte*, a l'épaisseur du bord, et son diamètre est la moitié de celui de la cloche à son bord ; le bord extrême, terminé en angle aigu, est nommé *patte* ; immédiatement au-dessus se trouve le gros *bord*, appelé aussi la *panse* ou *pince,* mais plus généralement la *frappe,* parce que le *battant* frappe sur cette partie, la plus épaisse de la cloche. Le corps de l'instrument (le *module*) se mesure sur l'épaisseur du bord, ce qui fait qu'on désigne les cloches par les appellations de 12, 14, 16 *bords,* suivant que leur diamètre est 12, 14, 16 fois plus grand que l'épaisseur de la *frappe;* enfin l'espèce de moulure ou tore que forme à l'extérieur la partie bombée se nomme *faussures.* — L'origine des cloches, telles qu'elles sont aujourd'hui, ne remonte pas au-delà du VIe siècle, mais l'origine des petites cloches, des clochettes, remonte à la plus haute antiquité; en effet, les inscriptions ou l'histoire nous apprennent que les Égyptiens faisaient un grand bruit de cloches aux fêtes d'Osiris. Les prêtres de Proserpine se servaient à Athènes de clochettes pendant la célébration des sacrifices. Au dire de Pline, le tombeau de Porsenna était orné de clochettes; enfin à Rome l'ouverture des bains (Mart., XIV, 163) et des marchés était annoncée par le son des cloches. (Voy. Plaut., *Trin.,* IV, 2, 26; Suet., *Aug.,* 91.) — Suivant l'usage auquel elles sont destinées, les cloches ont, d'après Durand (*Rationale divinorum, Offic.,* I, 4), six dénominations : *squilla* était la cloche du réfectoire, *cymbalum* celle du cloître, *nola* celle du chœur, *nonula* celle de l'horloge, *campana* celle du clocher, *signum* celle des tours ou BEFFROIS. (Voy. ce mot.)

**CLOCHE A PLONGEUR.** — Appareil, nouvellement inventé, qui permet d'étudier la profondeur des eaux et d'exécuter des travaux hydrauliques. C'est ordinairement un tronc de pyramide quadrangulaire; mais on en fait de différentes formes.

**CLOCHER,** *s. m.* — Espèce de tour, élevée au-dessus ou à côté d'une église, destinée à contenir les cloches. Il y a ordinairement dans un clocher deux parties bien distinctes : la tour ou clocher proprement dit, et la flèche qui la surmonte. Dans les premiers temps où les chrétiens firent usage des cloches, c'est-à-dire vers les VIe et VIIe siècles, les clochers des églises furent en bois; ce n'est guère que vers le IXe siècle qu'ils furent construits en pierre.

A cette époque les clochers n'étaient pas très-élevés et leur place habituelle fut le milieu du transept *a* (fig. 1, à droite); mais on en élevait aussi fréquemment un ou deux sur le portail, soit au droit du porche *b* (même fig.), soit en saillie ou surmontant le porche (même fig., à gauche), soit aux extrémités du transept (même

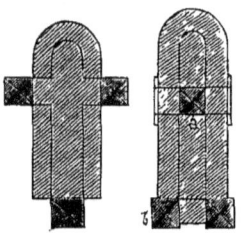

Fig. 1. — Diverses positions du clocher dans les églises à plusieurs clochers.

fig., à gauche). Quand l'église n'avait qu'un clocher, il était soit sur le côté, au droit du transept, engagé ou en dehors, soit plus rarement au chevet (fig. 2). Les premiers clochers furent isolés comme les baptistères : on les nom-

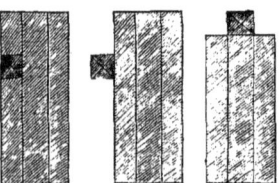

Fig. 2. — Diverses positions du clocher dans les églises à un seul clocher.

mait alors CAMPANILES. (Voy. ce mot.) Puis, on en éleva sur les toits des églises, sur une ou deux arcades recouvertes d'un toit à deux égouts : on les nomma *clochers-arcades,* mais plutôt clochers en BATIÈRE (voy. ce mot et les figures). Plus tard on multiplia les clochers, et certaines églises en eurent jusqu'à sept et huit.

Les clochers affectent plusieurs formes : ils sont carrés et terminés par une plate-forme, une terrasse, comme le campanile de Saint-Germain-l'Auxerrois, à Paris (voy. cette fig., page 328); tantôt la tour est couronnée d'un petit dôme, comme à Saint-Front de Périgueux (fig. 3); tantôt elle est surmontée d'une pyramide à six ou huit pans, nommée *flèche,* comme à l'église Saint-Germain, à Auxerre (fig. 4).

Dans les églises romanes les clochers d'une certaine importance étaient construits sur un plan circulaire ou octogonal ; il se composait de plusieurs étages, ornés d'arcatures aveugles dans les étages inférieurs et d'arcades géminées dans les étages supérieurs. (Voy. not. fig. 4.) — Dans les églises de style ogival les clochers possèdent moins d'étages, mais ils sont

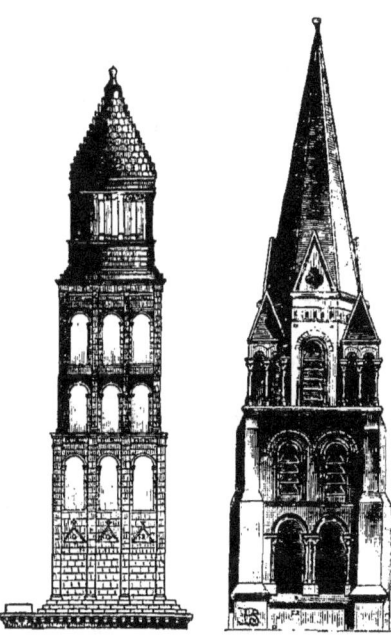

Fig. 3. — Clocher roman
de l'église Saint-Front,
à Périgueux.

Fig. 4. — Clocher roman
de l'église
de Saint-Germain, à Auxerre.

très-élevés, et les longues baies présentent dans leur ébrasement des colonnettes très-fines et très-élancées, d'une grande élégance.

Les clochers renferment des beffrois en bois pour supporter les cloches ; les baies supérieures des clochers sont garnies d'abat-sons, non-seulement pour renvoyer le son des cloches vers le sol, mais encore pour préserver les charpentes des beffrois des eaux pluviales. (Voy. BEFFROI (fig. 6), FLÈCHE, TOUR, etc.)

CLOCHETON, s. m. — Amortissement en forme de clocher. Ce sont de petites tourelles surmontées de pyramides et dont le principal usage est de flanquer les pignons, ou de décorer à leur naissance les flèches des clochers. Les clochetons semblent croître comme des rejetons au pied des flèches ; ils remplissent les vides que la forme octogonale ou hexagonale de celles-ci laisse aux quatre angles de la tour qui sert de base à la flèche. — Les clochetons flanquant les pignons sont extrêmement rares au XIe siècle, ils sont plus communs au XIIe siècle. A cette époque, les clochetons sont un diminutif de la flèche qu'ils accompagnent ; ils sont ordinairement au nombre de quatre. Au XIIe siècle, ils offrent le même aspect ; mais ils sont fréquemment réunis au nombre de huit, quatre carrés sur les faces et quatre autres octogonaux sur les angles. Au XIVe siècle, leur ornementation seule change, elle devient plus élégante. Au XVe siècle, ils se détachent de la flèche et paraissent la buter, au moyen d'arcs rampants ; ils ressemblent alors à de véritables contre-forts de la même époque.

Quelques archéologues ont confondu les clochetons avec les pinacles ; les premiers diffèrent des seconds, d'abord par leurs plus grandes dimensions, ensuite par la place qu'ils occupent. Les pinacles, en effet, servent à couronner des contre-forts, tandis que les clochetons sont surtout destinés à garnir, comme nous l'avons déjà dit, les bases d'une flèche, et quelquefois les côtés d'une façade, comme à l'église Notre-Dame, à Poitiers.

CLOCHETTES. — Voy. GOUTTES.

CLOISON, s. f. — (Du latin claudere, fermer, clore), murs légers servant à établir des séparations entre les gros murs d'une construction. Les cloisons déterminent les diverses pièces d'une habitation ; elles ne doivent supporter aucune charge, et il faut les éloigner des tuyaux de cheminées quand il entre du bois dans leur construction ; à plus forte raison, on ne doit adosser aucune cheminée, aucun foyer, contre les cloisons de ce dernier genre.

PRATIQUE. — Suivant les matériaux employés pour leur construction, on distingue quatre genres de cloisons : les cloisons en briques, les cloisons en carreaux de plâtre, les cloisons de charpente ou de remplissage et les cloisons en planches. Les trois premières sont dites *cloisons en maçonnerie* et les dernières *cloisons de menuiserie*.

CLOISONS EN MAÇONNERIE. — Ces cloisons se font en briques ordinaires, en briques creuses ou poteries, en carreaux de plâtre, en cloisons de remplissage. — Pour celles en briques on emploie la brique la mieux moulée, et on a soin de la bien poser par assises horizontales et sur un lit de mortier ou de plâtre bien égal, surtout lorsque les cloisons sont faites en GALANDAGES (voy. ce mot) ou en briques posées de champ; on fait aussi des cloisons en briques plates nommées PANERESSES (voy. ce mot et BRIQUETAGE). — Les cloisons en briques creuses ou poteries s'exécutent comme celles faites en brique ordinaire.— Les cloisons en carreaux de plâtre présentent le triple avantage d'être légères, de se monter rapidement et de sécher promptement; les carreaux sont en plâtre pur, ils portent une rainure sur leur tranche pour le scellement. On fait aujourd'hui des carreaux creux en plâtre. (Voy. CARREAU DE PLATRE.)

Les cloisons de charpente ou de remplissage, en pans de bois, dites aussi cloisons légères, cloisons mixtes, se composent de poteaux, de traverses et d'huisseries de 0$^m$,08 sur 0$^m$,10, et de poteaux de remplissage. Les bois employés sont dressés, corroyés, et portent au droit des baies une feuillure destinée à recevoir les vantaux; l'intervalle entre les poteaux est rempli par des bois provenant du déchirage des bateaux, ils sont posés à claire-voie et maintenus dans la rainure ou grain d'orge des entretoises et dans une entaille continue pratiquée dans le carrelage : on remplace quelquefois celle-ci par une coulisse à rainure. Des rainures à grain d'orge existent de même sur les flancs des poteaux d'huisserie et de remplissage. Ces derniers poteaux sont indispensables dans les travées ayant plus de trois mètres, ainsi qu'aux angles saillants; dans ceux-ci les poteaux ont l'arête extérieure arrondie. (Pour ce qui concerne les HUISSERIES, ENTRETOISES, POTEAUX, voy. ces mots.)

Un deuxième mode d'exécuter les cloisons légères ou mixtes est le suivant : on scelle d'abord dans le plafond et dans le carrelage les poteaux d'huisserie et de remplissage ; puis, quand la menuiserie est entièrement disposée,

on procède à la pose des lattes, à l'exécution des hourdis, des crépis et de l'enduit. (Voy. LATTES.) Pour faire le hourdis, on adosse contre une face de la cloison des planches, on les étrésillonne ; puis, du côté opposé, on applique le plâtre, qui se trouve ainsi retenu par les planches.

Le plâtre employé est celui dit *au panier*; il doit être mélangé avec de la MUSIQUE (voy. ce mot) : c'est d'abord plus économique de l'employer ainsi, ensuite il modère la poussée du plâtre qui ferait roidir les huisseries. L'addition de la musique au plâtre ne doit pas dépasser un huitième ; dans de plus fortes proportions, elle affaiblirait par trop le plâtre et nuirait à la solidité. Les cloisons dont nous venons de parler ont ordinairement 0$^m$,08 d'épaisseur, celle-ci atteint quelquefois jusqu'à 0$^m$,11. Avant l'emploi des cloisons que nous venons de décrire, on faisait et on fait encore, dans certaines localités, des cloisons en planches jointives qu'on recouvre de plâtre au moyen d'un *lattis*, d'un *gobetage* et d'un *enduit*.

CLOISONS DE MENUISERIE. — Elles se font en planches, elles sont pleines ou vitrées. Les premières peuvent être composées de planches assemblées à rainures et languettes : on les recouvre alors d'une tenture; ou bien elles sont assemblées à cadre et à panneaux, lorsqu'elles doivent rester apparentes. Les cloisons vitrées ressemblent à celles-ci, sauf qu'à 1$^m$, 50 environ au-dessus du sol, elles possèdent des châssis vitrés ; ce genre de cloison est très-usité dans les bâtiments scolaires.

En serrurerie, on appelle *cloisons* les tôles qui forment les côtés de la boîte qui contient la garniture d'une serrure. La cloison est fixée sur la palastre au moyen d'*étoquiaux* à tenons.

En fumisterie, les cloisons sont de petites murailles en briques qui dans un appareil de chauffage forment la conduite de la fumée.

CLOISONNAGE. — Tout ouvrage de cloison, mais plus particulièrement en PAN DE BOIS. (Voy. ce mot.)

CLOITRE, s. m. — Enclos circonscrit par les bâtiments d'un monastère, d'une communauté religieuse, le cloître est l'analogue du PÉRISTYLE (voy. ce mot) de la maison romaine, car il était ordinairement entouré de galeries ou portiques couverts, au milieu desquels se trouvait le préau. Celui-ci servait de jardin, de cour, et quelquefois de cimetière. Le cloître était généralement un parallélogramme rectangle ; il était flanqué à droite de l'église, à gauche du réfectoire, et dans le fond de la salle capitulaire : comme il était adossé à des bâtiments, il était couvert d'un toit à un seul égout. Au xvᵉ siècle les arcades des cloîtres étaient fermées par des fenêtres garnies de vitraux. Les fresques même décoraient la voûte ou les murs des galeries couvertes. Parmi les beaux cloîtres qui subsistent encore, mentionnons, en France, ceux de Saint-Trophime à Arles, de Saint-Sauveur à Aix, de Sylvacane dans les Bouches-du-Rhône, de Saint-Georges de Bocherville (Seine-Inf.), des abbayes de Moissac, d'Elne et de Fontenay et du Mont-Saint-Michel, des cathédrales de Rouen, du Puy, de Saint-Jean des Vignes à Soissons ; en Italie, ceux de l'Annunciata et de Santa-Maria-Novella à Florence, de Saint-Georges à Venise, des Chartreux et de Saint-Paul hors les Murs à Rome, des Chartreux à Naples, de Sainte-Scolastique à Subiaca, des moines de Montréal à Palerme.

Citons encore ceux de Cantorbéry en Angleterre, de Bonn (Prusse), de l'abbaye de Saint-Jean à Tolède (Espagne), et du couvent de Belem à Lisbonne.

CLOITRE (Voûte en arc de). — Voy. VOUTE.

CLOQUE, s. f. — Maladie des arbres qui rend le bois impropre à la construction, parce que l'arbre qui en a été atteint se plie, se ride, se décolore et pourrit hâtivement.

CLOSOIR, s. m. — Planche placée entre les *banches* ou coffre servant à construire les murs en pisé ; le closoir est placé à l'extrémité d'un coffre. (Voy. PISÉ.)

CLOTURE, s. f. — Construction qui circonscrit et qui enferme un espace. Il y a des clôtures en maçonnerie, en charpente, en fer, en treillage, en haies, etc.

Les clôtures en maçonnerie sont faites en bauge ou PISÉ (voy. ce mot), en pierres, en briques, en plâtras ; ces clôtures sont recouvertes d'un chaperon.

Les clôtures en bois, nommées aussi *palissades* et *treillages* suivant leur composition, servent surtout pour enclore les propriétés rurales ; on les appelle *clôtures à lisses*, quand elles se composent de pieux ou poteaux enfoncés en terre, sur lesquels on cloue des LISSES (voy. ce mot) ; *palissades* ou *claires-voies*, quand sur des poteaux équarris, et reliés haut et bas par des lisses, on cloue des lames verticales de bois ; *clôture de treillages*, quand des pieux supportent une sorte de treillis en lattes de chêne, que celles-ci soient verticales ou inclinées en sens inverses pour former des rectangles ou des losanges. Enfin, on fait des clôtures en fil de fer rond d'un assez fort diamètre ; l'usage en est même tellement répandu aujourd'hui qu'il n'est pas nécessaire de décrire ce genre.

JURISPRUDENCE. — Nous ne nous occuperons ici que de la clôture rurale, car pour la clôture urbaine nous en parlerons au mot MUR. — Un héritage est réputé clos quand il est entouré d'un mur de 1ᵐ, 32 de hauteur, avec barrière ou porte, ou bien s'il est exactement fermé et entouré d'une clôture rurale de même hauteur ; et par clôture rurale il faut entendre les palissades, les treillages, les haies vives ou haies sèches faites avec des pieux ou cordelées avec des branches, enfin un fossé de 0ᵐ,66 de profondeur sur au moins 1ᵐ, 32 de large à l'ouverture. (Lois des 28 sept., 6 oct. 1791, sect. 4, art. 6.)

L'article 661 du Code civil, qui dit que tout propriétaire dont l'héritage joint immédiatement le mur de clôture de son voisin peut, en tout temps et en tous lieux, rendre ce mur mitoyen, ne peut être appliqué aux clôtures rurales (c'est-à-dire aux haies, palissades et fossés) ; le propriétaire peut se refuser à en céder la mitoyenneté.

Les frais d'entretien, de réparation et de refection d'une clôture mitoyenne sont à la charge de ceux qui y ont droit; tous les intéressés peuvent y être contraints par un seul; de même l'un des intéressés peut s'en affran-

chir en abandonnant son droit de mitoyenneté : nous l'avons déjà dit au mot ABANDON
(voy. ce mot), où nous avons donné les articles 656 et 699 du Code civil.

Ceux qui dégradent ou détruisent les clô-

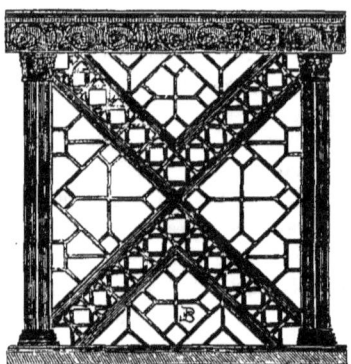

Fig. 1. — Grille de clôture, à Aix-la-Chapelle.

tures rurales sont passibles d'amende et peuvent en outre être condamnés à des dommages-
intérêts dont le minimum est fixé à 50 fr.
(Voy. *Code pénal*, art. 456 et 391.)

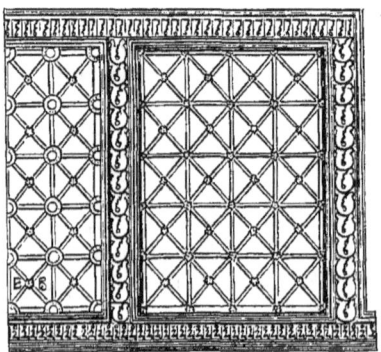

Fig. 2. — Grille de clôture, à Aix-la-Chapelle.

CLOTURES. — On désigne encore sous cette
dénomination des clôtures de fenêtres, grilles
ou *claustra* de chœur d'une église (voy. CAN-
CEL), enfin des grilles de chapelles dans les
églises ; elles sont en bois, en fer, en bronze, et,
quelle que soit la matière mise en œuvre,
elles sont souvent fort riches et artistement
travaillées. Nos figures 1 et 2 donnent un
ensemble d'une partie des grilles de chapelle qui
existent à l'église de Notre-Dame, à Aix-la-

Chapelle ; au mot BRONZE (fig. 1 et 2) nous
avons donné des détails à plus grande échelle
de ces mêmes grilles.

CLOU, *s. m.* — Dans les constructions on
emploie des clous de divers genres qui ont
chacun leur application spéciale ; on les appelle *clous à lattes, clous à bateaux, clous d'é-
pingle, à bâtiments, à voliges, à ardoises*, etc. A
cette énumération on peut ajouter les *rappointis*, vieilles tigettes de fer appointées dont
nous parlerons à leur rang. (Voy. RAPPOIN-
TIS.) — Les clous sont en général de petites
broches en fer, en cuivre ou en zinc effilées à
l'une de leurs extrémités, et portant une tête de
forme variable à l'autre ; la tige des clous est
cylindrique ou prismatique ; la pointe est ordinairement pyramidale ou elle forme un taillant
à deux biseaux.

CLOUS A LATTES. — Leur tige est carrée
et leur tête très-large par rapport à leur longueur qui est de $0^m,28$ environ. Ces clous,
qu'on nomme aussi *clous à plafonner*, se fabriquent maintenant par des procédés mécaniques et sont sujets à se tordre et à se casser,
défauts qu'ils n'avaient pas autrefois ; aussi
emploie-t-on aujourd'hui pour latter des *clous
d'épingle*. Dans un kilogramme il y a environ 700 à 750 clous à latter. A raison de quatre clous par latte, il en faut 250 grammes par
bottes de lattes, y compris pertes et déchets,
c'est-à-dire 94 grammes par mètre superficiel
de lattis jointif. Les clous à lattes sont fournis par l'entrepreneur de maçonnerie, et le
montant de leur valeur se trouve implicitement compris dans le prix du lattis.

CLOUS A BATEAUX. — Ces clous sont à peu
près de même forme que les précédents, seulement leur tête est moins forte et de forme un
peu pyramidale, tandis que celle des clous à
lattes est plate ; ils diffèrent aussi de ces derniers par leurs dimensions qui sont beaucoup
plus considérables, leur longueur est de 0,035.
On les emploie à larder les places où un lattis
serait insuffisant pour faire adhérer fortement
une forte charge de plâtre. Les clous à bateaux
sont fournis au maçon par le serrurier.

Les fabricants classent leurs clous à raison
du poids du mille exprimé en livres ou en ki-

logrammes. Ainsi on dit 5 livres, 10 livres, 12 livres, 5 kilog., pour des clous dont le mille pèse 5, 10, 12 livres, ou 5 kilogrammes.

Les clous que nous venons de décrire sont les plus employés, mais il en existe une va-

Fig. 1. — Clou à crochet brut.

riété considérable que nous allons passer en revue ; ce sont :

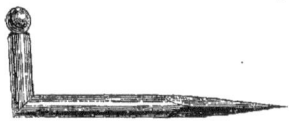

Fig. 2. — Clou à crochet poli.

Les *clous de cuivre* et *de zinc*, employés pour le doublage des navires ou pour la menuiserie

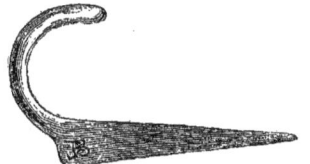

Fig. 3. — Clou à crochet courbe et émaillé.

des magasins à poudre et de diverses industries ; les clous de cuivre servent également

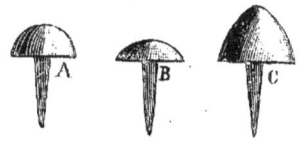

Fig. 4, 5 et 6.
Clous dorés, A, perle ; B, lentille ; C, chiffre.

pour fixer les grandes ardoises pour couverture. De ces clous les uns sont fondus, les autres forgés ; les premiers ne mesurent que quatre centimètres de long, tandis que les clous forgés sont de toutes longueurs. Enfin aujourd'hui on découpe des clous dans de la tôle de fer ; ils ont la forme d'un petit coin

quand ils sortent du découpage, et l'ouvrier fait la tête à la forge. Quand le clou est forgé, il est fabriqué par un cloutier qui sur un outil appelé *tas* fait la pointe, et puis la tête sur un autre outil nommé CLOUIÈRE. (Voy. ce mot.) A l'aide de machines, on fait des clous dits *à la mécanique*; les *clous d'épingle* sont

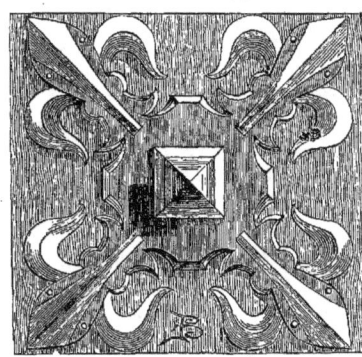

Fig. 7. — Tête de clou à Tolède (Espagne).

fabriqués ainsi. On fait aujourd'hui en Angleterre beaucoup de clous en fonte douce, dite *fonte malléable*; ils sont de mauvaise qualité, se tordent facilement et se cassent même, si on ne les enfonce pas bien d'aplomb.

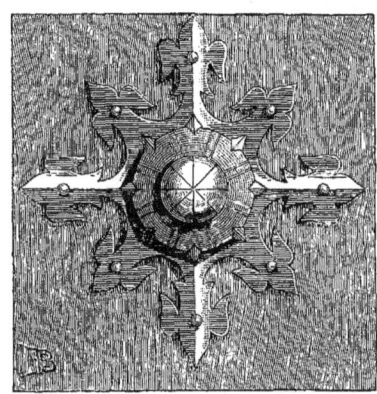

Fig. 8. — Tête de clou à Tolède (Espagne).

Les *clous d'ardoises* ou *d'ardoisiers* sont à tête très-plate et très-mince, ils servent à fixer les ardoises des couvertures ; ces clous en fer sont souvent zingués. — Les *clous à chevrons*, employés par les charpentiers : on les nomme aussi clous à épingles ; les *clous à bâtiments*, qu'on emploie pour fixer les gros fers; les *clous mariniers* pour plates-bandes, les *clous à penture* à tige quadrangulaire et à tête méplate ou quadrangulaire; les *clous à parquets* ou *broches à parquets* sans tête : on les nomme *clous à taquet*, on les enfonce avec le

fig. 3 montre un spécimen de ce genre, dans lequel on voit l'émail sur la partie courbe tandis que la pointe du clou est brute. Enfin, les tapissiers emploient des clous nommés Bro-

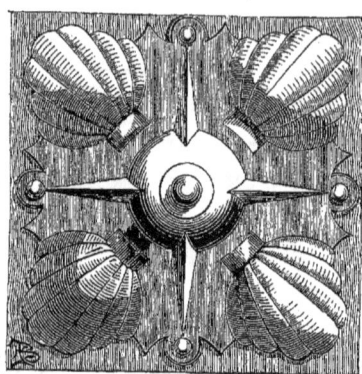

Fig. 9. — Tête de clou à Tolède (Espagne).

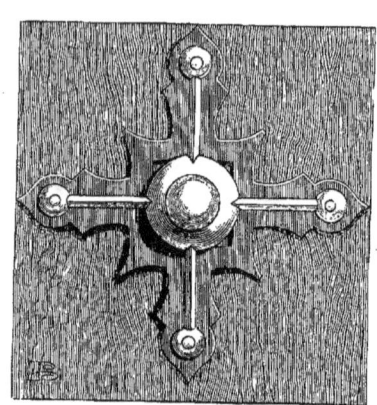

Fig. 11. — Tête de clou à Ségovie (Espagne).

CHASSE-POINTE (voy. ce mot). *Clou rivé*, celui qui n'a pas de pointe ; il a une tête fraisée ou demi-sphérique : on le pose à la place de vis

QUETTES (voy. ce mot) et des clous dorés, et suivant leurs formes ils les nomment (voy. nos fig. 4, 5, 6), *perles* A, *lentilles* B, *chiffres* C, parce

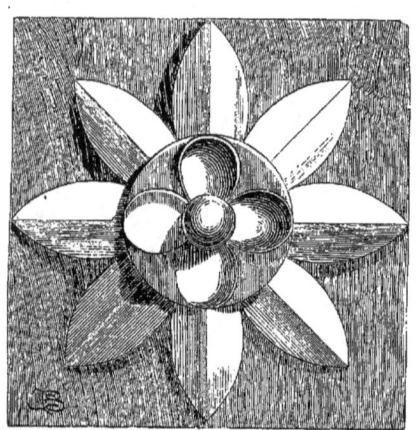

Fig. 10. — Tête de clou à Tolède (Espagne).

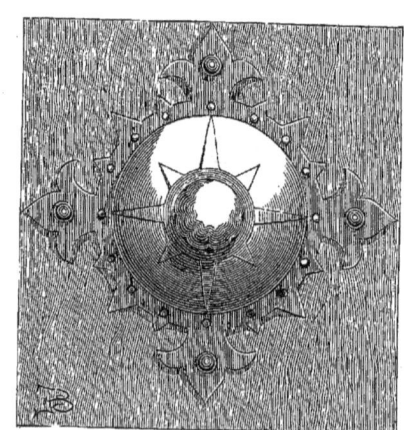

Fig. 12. — Tête de clou à Madrid (Espagne).

au collet des paumelles, des pentures et même de certaines charnières.

Les *clous à crochet à tête coudée*; ils sont bruts, (fig. 1) polis, à boule (fig. 2) ; on nomme ces derniers à gonds, ou bien ils ont leurs deux extrémités en pointe. On fait aussi des clous à crochet courbe et émaillé pour maintenir en place les fils des sonneries électriques ; notre

que les deux premiers affectent la forme d'une perle ou d'une lentille et le second celle du chiffre 4. Les tapissiers emploient pour clouer les tapis ou les sommiers des clous à tête ronde qu'ils nomment *bossettes*. (Voy. BROQUETTES, ÉPINGLE.)

Après avoir décrit les divers genres de clous, nous devons parler des clous à tête richement ornée employés à la décoration des pentures, des menuiseries et des portes. Dans l'antiquité et dans les temps modernes, les portes de bois, mais surtout de bronze, sont renforcées et ornées de clous de métal, principalement de bronze, qui affectent la forme de

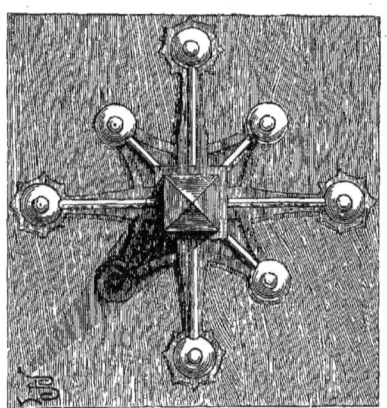

Fig. 13. — Tête de clou à Tolède (Espagne).

fleurons assez saillants ; on les nomme BULLES. (Voy. ce mot.)

Beaucoup de portes en Italie, surtout celles des palais de Florence, sont couvertes de bulles.

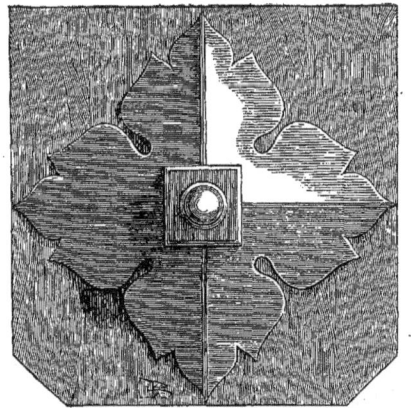

Fig. 14. — Tête de clou à Tolède (Espagne).

D'autres clous, surtout ceux du xvie siècle, ont leur tête figurant des masques humains, des mufles d'animaux, des chimères ou autres animaux fantastiques, des feuillages, des écus

sons armoriés, etc. Ces têtes de clous sont en bronze ou en cuivre fondu, et quelquefois ciselées. Ces clous décoraient non-seulement des portes, mais même des meubles. Dans tous les pays où la ferronnerie a été en grand honneur et dans lesquels, par conséquent, on savait très-

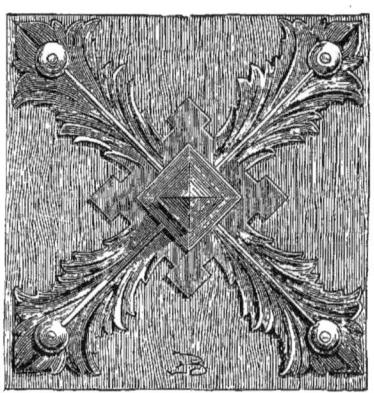

Fig. 15. — Tête de clou à Ségovie (Espagne).

bien forger le fer, on a fabriqué des têtes de clous avec une très-grande recherche et souvent on a créé de fort beaux types. Un des pays les plus riches en ce genre c'est l'Espagne, et principalement les villes de Tolède, de Madrid, de Séville, de Guadalajara et de Ségovie. Dans ce pays les architectes semblent avoir attaché une grande importance à ce genre de décoration. Les moyens employés pour fabriquer cette ferronnerie sont des plus simples. Elle était forgée, martelée ; les découpures étaient faites à froid au ciseau, et le poinçon avait façonné les nervures et les côtes ; enfin l'œuvre paraît souvent terminée avec un ciseau si fin, qu'on dirait que la gravure est burinée. (Voy. nos fig. de 7 à 15). Nous avons donné ces dessins à une assez grande échelle, car nous pensons que les artistes pourront y puiser plus facilement des éléments d'inspiration.

CLOUAGE, s. m. — Action de clouer.

CLOUER, v. a. — Fixer au moyen de clous.

CLOUIÈRE, s. f. — Espèce d'enclume ou morceau de fer de 0m,35 de longueur environ, portant une table d'acier percée d'un trou rond, méplat et carré, qui sert à rabattre et à façonner la tête d'un clou ou de petits boulons.

CLOUTERIE, *s. f.* — Fabrique de clous.

CLOUTIER, *s. m.* — Ouvrier qui fabrique des clous. C'était aussi une ancienne corporation dénommée aussi corporation des *larmiers*, des *étameurs* et *marchands ferronniers, cloutiers d'épingle*, ou *épingliers*.

COALTAR, *s. m.* — Résidu provenant de la distillation de la houille dans les cornues à gaz. Ce produit est employé pour enduire des pieux de poteaux de chapes de voûtes et des toitures économiques de feutre, de carton ou de papier goudronnés. On l'étale à la BROSSE. (Voy. ce mot et COUVERTURES ÉCONOMIQUES.)

COBALT, *s. m.* — Couleur bleue, obtenue par divers procédés au moyen d'un sel de cobalt calciné avec un excès d'alumine hydratée. Cette couleur est employée pour l'aquarelle.

COCHE, *s. f.* — Petite entaille, ou cran, pratiquée sur des pièces de bois ou sur des fers méplats.

COCHENILLE, *s. f.* — Rouge intense écarlate, obtenu au moyen d'un gallinsecte vivant sur le nopal ; cette couleur est employée pour l'aquarelle.

COCHÈRE. — Voy. PORTE.

COCHONNET, *s. m.* — Petit bout de latte taillé ou profilé dont on se sert, en divers cas, comme d'un calibre.

COFFRE, *s. m.* — Quand le conduit de la fumée dans une cheminée est construit en boisseaux de terre cuite ou en brique Gourlier, on le nomme tuyau ; mais quand il est de forme rectangulaire, qu'il soit construit en *pigeonnage* ou en brique ordinaire, il prend le nom de *coffre*.

Dans un coffre, toutes les cloisons ou petits murs portent le nom générique de *languettes;* mais, suivant la place qu'elles occupent dans le coffre, on les distingue par un nom particulier. Ainsi (voy. not. fig.) on nomme *languettes de face* celles placées en *a, a, languettes costières* celles *c, c,* formant faces en retour, et *languette de refend* celle en *d,* qui divise le coffre en deux parties.

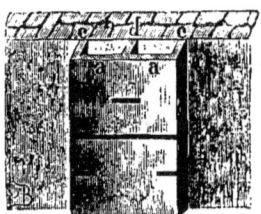

Coffre de cheminée.
*a, a,* languettes de face; *c, c,* languettes costières ; *d,* languette de refend.

Dans le langage des chantiers, on dit simplement : *faces, costières* et *languettes*. Dans tout coffre, il n'y a jamais qu'une languette de face et deux costières, tandis que les languettes de refend sont en nombre variable, mais toujours égal à celui des conduits moins un. Les coffres doivent être construits en bonne brique, quand on emploie ces matériaux ; lorsqu'ils sont faits en pigeonnage de plâtre, leur construction exige beaucoup plus de soins; ils sont plus économiques, mais moins durables.

Le ramonage des coffres, d'après l'ordonnance du 24 novembre 1843, ne peut être fait par l'introduction d'un ramoneur dans les coffres, que s'ils ont au moins $0^m,60$ sur $0^m,25$; autrement, on doit employer la corde et le hérisson. (Voy. RAMONAGE.)

COFFRE. — En couverture, c'est une surélévation, en bois, en fer, en fonte, en plâtre ou en maçonnerie, sur laquelle est souvent fixé un châssis à tabatière. (Voy. CHASSIS, fig. 1 et 2.)

COGNASSIER, *s. m.* — Arbre de la famille des rosacées, dont le bois est d'une contexture fine et serrée et de couleur rougeâtre. Ce bois est employé pour monter les outils de menuisier, pour les dents d'engrenages en bois.

Il est employé dans la marqueterie; teint en noir par les ébénistes, ils le substituent au bois d'ébène qu'il imite parfaitement.

**COGNÉE,** *s. f.* — Sorte de hache pour couper le bois; les charpentiers emploient cet outil pour faire des entailles profondes ou pour blanchir le bois. Les cognées sont toutes pourvues d'un manche qui sert à les manœuvrer; leurs variétés sont nombreuses; on distingue: la *grande* et la *petite cognée du charpentier,* la *cognée ordinaire renforcée,* la *cognée à blanchir simple* et *à douille,* la *cognée à la lyonnaise avec tête,* la *cognée du bûcheron.*

**COGNER,** *v. a.* — Frapper sur un clou, sur une cheville, pour l'enfoncer.

**COGNEUX,** *s. m.* — Outil du fondeur en sable.

**COGRAINS,** *s. m. pl.* — Parcelles de fer qui s'attachent à la filière dans les tréfileries.

**COGUENOSCO,** *s. m.* — Mastic employé par les marins pour boucher les gerçures des gélivures du bois.

**COIFFER,** *v. a.* — Des appareils ou une construction couronnant une autre partie de construction peuvent la coiffer; ainsi on dit: *coiffer* de mitres les tuyaux de cheminées, *coiffer* une tour d'un toit conique, etc.

**COIGNAGE,** *s. m.* — Portion de la maçonnerie d'un fourneau de grosse forge.

**COIGNET,** *s. m.* — Petit coin, employé dans la marine.

**COIGNEUX,** *s. m.* — Batte employée pour comprimer le sable des moules, dans la fonte des monnaies.

**COIN,** *s. m.* — Outil de fer en forme d'angle solide, qui sert à fendre le bois. (Voy. not. fig.) — Les serruriers emploient des coins pour le serrage et le bandage des colonnes, des chaînes,

et dans quelques autres cas. — Les menuisiers nomment *coins :* 1° de petits angles solides en bois qui servent à fixer les fers des rabots, des varlopes, dans la lumière de ces outils; 2° de petits angles solides en bois que les

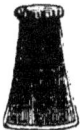

Coin de fer.

scieurs de long placent dans le trait de scie d'une pièce de bois qu'ils refendent. Ces coins servent à maintenir un écartement qui permet à la scie d'avancer.

Dans la construction des voies ferrées, pour assurer les rails dans les coussinets, on emploie des coins de chêne de 0$^m$,245 de longueur sur 0$^m$,06 de largeur.

**COL,** *s. m.* — Partie étranglée du balustre; elle est située entre le chapiteau et la panse.

**COL-DE-CYGNE,** *s. m.* — En serrurerie, on nomme ainsi toute la pièce de fer ou de cuivre dont la courbure imite le col du cygne.

**COLARIN.** — Voy. GORGERIN, ORLE, etc.

**COLCOTAR,** *s. m.* — Peroxyde de fer rouge, provenant de la décomposition du protosulfate de fer au moyen du feu; on nomme cette composition *rouge d'Angleterre,* elle sert à polir les glaces, l'acier et d'autres métaux.

**COLIFICHET,** *s. m.* — Petite pièce du bâti d'un parquet; c'est un petit panneau triangulaire qui, dans une feuille de parquet, est assemblée entre les feuilles d'onglet et le bâti.

**COLIMAÇON.** — Voy. ESCALIER.

**COLLAGE,** *s. m.* — En menuiserie, c'est une opération qui a pour but de réunir ou de consolider deux pièces au moyen de colleforte. Les assemblages à rainures et à languettes sont ordinairement collés. — En tenture, le collage du papier est une application de papiers peints sur les murs d'un appartement; quand ces murs sont neufs, il faut avoir soin de les EGRENER (voy. ce mot), et, si les papiers de tenture sont de prix, on doit appliquer auparavant du papier gris, et poncer.

Le collage du papier se paye au rouleau 15, 20, 25 centimes et plus, suivant la qualité du papier ; les rouleaux de bordures se comptent double, comme indemnité de main-d'œuvre. Le découpage des bordures, lorsqu'il a lieu, se compte à part. Les ouvriers peintres exécutent, en général, le collage des papiers; mais il vaut mieux que ce soient des ouvriers spéciaux nommés *colleurs* qui tendent les papiers peints : l'ouvrage est bien mieux fait.

COLLATÉRAL, *s. m.* — Les collatéraux, nefs secondaires ou *bas-côtés*, sont deux portions de l'église parallèles à la nef principale, sur laquelle elles s'appuient, et dont elles ne sont séparées que par des piliers ou colonnes. Dans les basiliques latines, les collatéraux se terminaient brusquement, à leur point de jonction avec la naissance de l'abside, par un mur transversal.

Dans les basiliques chrétiennes, les collatéraux possédaient des absides secondaires, qui servaient l'une à recevoir le trésor, et l'autre la sacristie. Le XIIᵉ siècle, en les prolongeant au delà du sanctuaire, où ils prennent le nom de *pourtour du chœur*, y ajoutent une série de chapelles correspondantes. Plus tard, cette ceinture de chapelles, se prolonge au delà des transepts jusqu'à l'autre extrémité de la nef. Les collatéraux, quelquefois doubles dans les grands édifices, supportent souvent des galeries.

COLLE, *s. f.* — Substance gluante, pâteuse ou liquide, qui sert à coller, c'est-à-dire à réunir par juxtaposition différents objets. On enduit les parties à rapprocher, suivant leur nature, on les serre par divers engins, la colle se solidifie et se sèche, et puis on desserre. Il existe un grand nombre de colles, les plus usuelles sont : la *colle de pâte*, qui sert à coller les papiers de tenture, et est faite avec de la farine que l'on fait bouillir avec de l'eau

pendant un certain laps de temps; on y ajoute quelquefois de la *colle de parchemin.* Celle-ci est obtenue au moyen de rognures de parchemin qu'on fait bouillir quatre à cinq heures dans l'eau. Cette colle est employée pour faire les ouvrages en détrempe qu'on se propose de vernir ou de dorer. Il existe une colle de parchemin dite *colle à la brochette;* cette colle, plus commune, est préparée comme la précédente, mais avec de vieux parchemins et des rognures de gros parchemins de tanneries. Avec les rognures de peau blanche de mouton, qu'on dissout à l'aide de l'ébullition de l'eau, on fait de la *colle de gant;* cette colle est employée dans les travaux ordinaires de détrempe.

Enfin, sous le nom de *colle forte, colle de Givet, colle de Flandre,* il existe des colles gélatineuses fabriquées à l'aide de la gélatine plus ou moins pure ; ces colles sont employées par les menuisiers, par les peintres ; ces derniers l'emploient, suivant le cas, pure ou délayée avec diverses substances colorantes.

Sous la dénomination de *colle à bouche,* les architectes emploient de petits bâtons de colle-forte, épurée et parfumée; ils s'en servent pour coller leurs feuilles sur les planches à dessiner. (Voy. DÉTREMPE.)

COLLE (Peinture à la). — Voy. PEINTURE.

COLLÉGE, *s. m.* — Établissement destiné à l'instruction de la jeunesse. Il existe deux genres de colléges, ceux appartenant à l'État, on les nomme LYCÉES (voy. ce mot), et ceux fondés et entretenus par les communes, qu'on nomme colléges communaux. — Un collége comprend, suivant son importance, une ou plusieurs cours, des préaux. Les bâtiments servent au rez-de-chaussée pour des classes ou des salles d'étude; au premier, de réfectoires ou de dortoirs; dans les colléges importants les dortoirs occupent un second et un troisième étage. Dans ces édifices, comme dans tous ceux qui sont habités par un grand nombre de personnes, on doit étudier un système de chauffage et de ventilation très-complet, ainsi que tout ce qui doit assurer une parfaite salubrité des locaux. (Voy. ÉCOLE.)

COLLÉGIALE (ÉGLISE). — On appelle

église collégiale celle qui est uniquement des-servie par un chapitre. — Les Saintes-Cha-pelles (voy. ce mot) étaient des collégiales de fondation royale, et la nomination aux pré-bendes appartenait au souverain. D'autres collégiales étaient d'anciens monastères dont on avait sécularisé les moines. (Voy. Église.)

COLLET, *s. m.* — Partie la plus étroite d'une marche dansante, c'est-à-dire celle qui se trouve près du noyau ou du limon d'un escalier *tournant* (voy. Escalier, Marche); c'est aussi la partie mince d'un balustre qu'on nomme également Col. (Voy. ce mot.)

En serrurerie, c'est la portion d'une penture, d'une paumelle, etc., la plus proche de l'œil. (Voy. Penture, Gond.)

En plomberie, c'est le renflement existant à l'extrémité d'un tuyau et qui sert à mainte-nir ce tuyau au-dessus d'un autre.

COLLEUR, *s. m.* — Ouvrier peintre qui s'occupe spécialement du collage du papier de tenture. (Voy. Collage.)

COLLIER, *s. m.* — Chapelet de perles ou d'olives qui fait partie de la décoration d'un chapiteau ; les *colliers* ou *chapelets* se placent surtout au-dessous d'un rang d'oves. (Voy. Chapelet.) Ce terme est aussi synonyme de Gorgerin. (Voy. ce mot.)

En serrurerie, c'est un lien de fer ou de bronze qui sert à maintenir ou consolider plusieurs pièces ensemble; de là divers genres de colliers ou brides : on nomme *collier de colonne* une bride double qui relie deux co-lonnes accouplées ; *collier de tuyau*, une bride soutenant des tuyaux au-dessous des collets, ces colliers sont cintrés, à charnières, à patte ou à pointe, à double scellement ; *collier de grille*, la ferrure percée d'un trou rond qui tourne sur un montant de grille et qui cons-titue souvent, avec le pivot du bas, la partie ouvrante d'une grille ; *collier de rampe*, un collier qui en consolide les barreaux ; *collier de stalle*, une ferrure en fer ou en cuivre réunis-sant une stalle d'écurie au poteau de devant.

COLOMBAGE, *s. m.* — Petit poteau de remplissage dans une cloison, et par suite remplissage de cloison fait en terre, plâtras et gravois, etc., recouvert de mortier ou de plâtre.

COLOMBE, *s. f.* — Forts poteaux qui, dans les cloisons en pan de bois, se pla-cent à l'aplomb des poutres et servent à les porter.

C'est aussi une grosse varlope légèrement in-clinée, portée sur quatre pieds, et sur laquelle

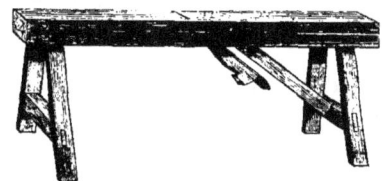

Colombe de l'emballeur.

les emballeurs dressent les arêtes de leurs plan-ches ; au lieu de pousser la varlope sur la plan-che à dresser, comme font les menuisiers ou les charpentiers, les emballeurs poussent la planche sur la varlope, qui, fixée sur quatre pieds, présente son fer. (Voy. notre figure.)

COLOMBIER, *s. m.* — Bâtiment vulgai-rement nommé pigeonnier, destiné à loger des pigeons. Avant l'abolition des droits féo-daux, c'était une des prérogatives seigneuria-les d'avoir de ces bâtiments isolés, construits en maçonnerie et présentant la forme d'une tour ronde ou carrée. Les colombiers se placent ordinairement au centre de la cour des fermes, de manière à être parfaitement isolés, et à l'abri des attaques des chats, fouines et autres animaux dont l'introduction dans le colombier aurait les plus grands inconvénients. C'est pourquoi le logement des pigeons se trouve toujours placé au-dessus d'un rez-de-chaus-sée ; on ne peut y accéder qu'au moyen d'une échelle qu'on place et qu'on déplace à volonté. Il y a deux genres de colombiers : le colombier *à pied*, qui se fait en maçonnerie, et les *volets* ou *fuies*, qui existent sur d'autres bâtiments et qui portent sur des piliers en pierres ou sur des poutres droites. L'intérieur des colombiers est garni de nids qu'on nomme *boulins*.

Les colombiers doivent être construits sur de plus vastes proportions que les locaux destinés aux autres oiseaux, car le pigeon est très-délicat; il aime beaucoup la propreté. Il se plaît de préférence dans les pigeonniers blanchis à la chaux et qui sont élevés et tranquilles. Il est nécessaire d'établir dans les colombiers une ventilation active; un excellent moyen consiste à réserver deux ouvertures superposées : l'une au midi, placée au niveau du sol, sera fermée par un volet, dans lequel on aura pratiqué un trou de la grosseur d'un pigeon; l'autre ouverture au levant, qui pourra n'être qu'un orifice de ventilation, sera située au-dessous du plafond ; souvent aussi on pratique dans les combles une espèce d'évent. (Voy. PIGEONNIER.)

COLOMBINS, *s. m. pl.* — Petites nervures ou jouées réservées sur le pourtour intérieur des carreaux de faïence des poêles, les colombins sont percés de trous qui servent à les agrafer.

COLONNADE, *s. f.* — Disposition architecturale d'un ensemble de colonnes semblables disposées en files sur un plan droit ou circulaire, sur un ou plusieurs rangs. Les colonnades peuvent exister à l'intérieur ou à l'extérieur des monuments ou bien concurremment sur les façades intérieures et extérieures. Elles peuvent présenter un caractère d'utilité, ou n'être qu'un motif de décoration, comme parfois réunir ces deux conditions. Les colonnades sont surmontées indifféremment de plates-bandes ou d'arcades. Quand la colonnade forme l'entrée d'un monument, on la nomme PÉRISTYLE ou PORTIQUE (voy. ces mots) ; mais si la colonnade règne autour de ce monument, il est dit *périptère*. (Voy. TEMPLE.)

La colonnade a été très-employée dans l'antiquité, en Égypte, en Grèce, en Italie. Il existait de belles colonnades à Louqsor, à Karnac, à Thèbes, à Balbec et à Palmyre, au temple de Jupiter Olympien à Athènes, à celui de Vénus à Pompéi, à celui de Sérapis à Pouzzoles; tous les agoras et les forums étaient entourés de colonnades formant des portiques,

qui reliaient entre eux des points fort éloignés les uns des autres. Parmi les colonnades modernes les plus célèbres, mentionnons celle du Bernin qui circonscrit la place Saint-Pierre à Rome, celle de Claude Perrault au Louvre, celle des monuments de Gabriel sur la place de la Concorde à Paris, la colonnade circulaire de Mansart dans un des bosquet des jardins de Versailles. La distance d'axe en axe qui sépare le fût des colonnes se nomme ENTRE-COLONNEMENT. (Voy. ce mot.)

COLONNE, *s. f.* — Support de forme généralement cylindrique, qui comprend trois parties : la base ou empatement qui lui sert de pied, le fût ou partie centrale, et le chapiteau qui couronne le fût. La colonne doit probablement son origine à des supports faits à l'aide de troncs d'arbres. Employée d'abord

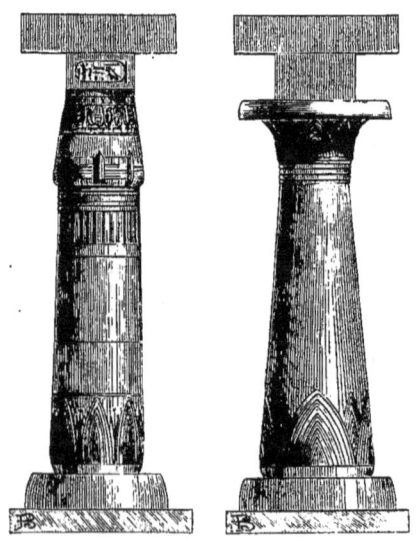

Fig. 1.                      Fig. 2.
Temple de Karnac, à Thèbes.

comme soutien indispensable, elle devint plus tard un ornement et le membre fondamental des ordres d'architecture.

L'emploi de la colonne est fort ancien; les monuments hindous taillés dans le roc nous présentent des spécimens de colonnes rondes, carrées ou octogonales, ces colonnes sont déjà légèrement *galbées*; les monuments persépolitains possèdent également des colonnes. Les monuments de l'antique Égypte nous montrent aussi des colonnes dans des proportions colossales. Si les colonnes égyptiennes ne sont pas galbées suivant un renflement, elles sont au moins légèrement coniques, et tantôt le chapiteau, continuant la forme du cône, rappelle le lotus en bouton ; tantôt, s'épanouissant en corbeille, il montre la fleur ouverte du lotus. Nos figures 1 et 2 donnent deux types de colonnes égyptiennes tels que nous venons de les décrire, ils proviennent du temple de Karnac à Thèbes.

L'architecture grecque et l'architecture romaine emploient avec profusion la colonne, soit à l'intérieur, soit à l'extérieur des monuments.

L'architecture de l'époque romane et de l'époque ogivale l'utilise aussi ; mais, tandis que les architectes romans font des colonnes trapues, l'art ogival crée des colonnes extrêmement frêles, dont il dissimule la maigreur en les réunissant en faisceaux qui s'élancent de la base des églises à la naissance de leurs voûtes.

Enfin la renaissance s'empara, mais en les modifiant considérablement, des ordres antiques, et elle créa des colonnes ayant des proportions fort remarquables.

La forme, la proportion, la destination, la disposition, la matière et l'appareillage des colonnes varient beaucoup, comme nous allons le voir dans le courant de cet article.

On appelle colonne *jumellée* (fig. 3) celle dont

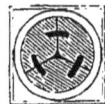

le fût est formé de trois morceaux de pierre, posés en délit et liés haut et bas au moyen de crampons de métal ; on les fait ainsi pour leur donner l'apparence de colonnes monolithes ; mais il est nécessaire qu'elles soient cannelées pour dissimuler les joints verticaux qui en résultent. On nomme aussi quelquefois cette colonne *colonne gémellée.*

La *colonne de maçonnerie* est faite de moellons ou de briques et recouverte d'un enduit

de mortier, de plâtre ou de stuc, bien que quelquefois elle ne soit pas revêtue ainsi. Ces colonnes sont surtout employées par économie ou dans les pays dans lesquels les matériaux, durs et extractibles par gros blocs, sont rares ou impossibles à trouver.

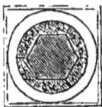

Fig. 3 *bis.* — Colonne incrustée.

Lorsque le fût d'une colonne est formé de plusieurs assises de pierre ou de marbre qui ont moins de hauteur que le diamètre de la colonne, on l'appelle *colonne par tambour.* Si le diamètre des colonnes est trop large pour

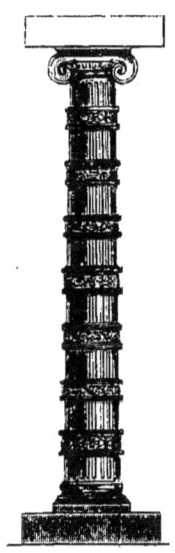

Fig. 4: — Colonne ionique bandée, baguée ou à tambours.

faire un tambour d'un seul morceau, on assemble deux demi-tambours, et dans les assises supérieures on a soin que les joints se coupent de manière à former liaison. C'est ainsi que sont construites les colonnes d'une assez forte dimension dans la plupart des édifices de Paris.

Une *colonne par tronçon,* au contraire, se compose de morceaux qui ont en hauteur plus que le diamètre de la colonne.

Les *colonnes moulées* sont faites avec du béton, ou des cailloux de diverses couleurs liés entre eux par un ciment. Ces colonnes, une fois durcies, sont polies ; elles imitent le marbre.

Les *colonnes incrustées* (fig. 3 *bis*) sont composées de pierres ou de briques hourdées en plâtre ou en mortier; on les revêt de placage en marbre.

La *colonne variée* est formée de diverses matières, telles que le marbre et la pierre, à la fois disposées par tambours de différentes hauteurs, dont les plus bas servent de bandes et excèdent le nu du fût qui est en pierre ; la colonne variée ou à tambour est aussi appelée *colonne bandée* et *baguée* (fig. 4). On donne encore le nom de colonne variée à celle qui est ornée de bronzes ou d'autres métaux rapportés sur la pierre ou le marbre qui en forment la masse.

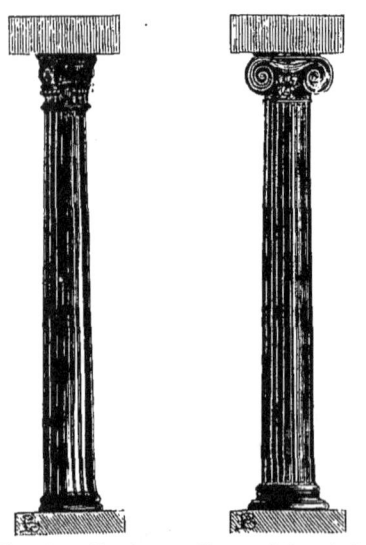

Fig. 4 *bis*. — Temple de Vesta, à Tivoli.

Fig. 5. — Colonne ionique de l'Erectheion, à Athènes.

lonnes de ce genre d'un fort diamètre à l'ancien temple de Diane, à Éphèse.

La colonne est *cannelée* ou *striée* si son fût est cannelé, soit dans toute sa longueur, soit seulement à partir du tiers inférieur de sa hauteur. Nous en donnons deux exemples : le premier (fig. 4 *bis*) est une colonne du temple de Vesta, à Tivoli ; le second (fig. 5) est une colonne de l'Erectheion, à Athènes. Elle est dite *cannelée ornée* lorsque les cannelures sont remplies de fleurons, de feuillages ou de tout autre ornement, quelquefois dans le tiers inférieur, quelquefois dans toute la hauteur du fût, quelquefois seulement par intervalles (voy. CANNELURES, de la fig. 9 à la fig. 16) ; *cannelée rudentée*, quand les cannelures sont remplies de câbles, de roseaux, de bâtons, dans tout ou partie de leur longueur. (Voy. CANNELURES, fig. 7, 8, 11 et 12.)

On nomme *colonne colossale, monumentale, historique, triomphale, commémorative*, toute colonne d'une dimension extraordinaire, quoique proportionnée dans toutes ses parties. Ce genre de colonnes faites pour être isolées, d'où le nom de *colonnes solitaires* qu'on leur donne, n'est qu'un monument qui sert à rappeler des victoires ou un grand événement historique : telles sont les colonnes Trajane et Antonine à Rome ; les colonnes en bronze de la Grande

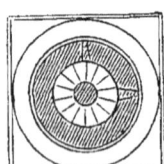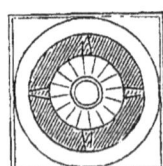

Fig. 5 *bis*. — Colonnes creuses avec escalier à noyau, ou à limon.

Si nous nous occupons des différentes formes de la colonne, nous distinguerons : la *colonne en balustre*, espèce de pilier rond en forme de BALUSTRE (voy. ce mot) allongé avec base et chapiteau ; mais ce genre de colonne ne peut être appliqué que sur un point qui ne porte pas une forte charge. La *colonne en bas-relief* est celle dont le fût est orné de sculptures en bas-relief ; M. Wood a découvert des co-

Armée et de la place de la Bastille à Paris, et la colonne appelée le *Monument* à Londres, etc. Ces colonnes sont généralement creuses et le noyau de l'escalier est plein ou évidé (fig. 5 *bis*.) En commémoration de victoires navales, on élève des *colonnes navales* ou *rostrales*, ainsi nommées parce qu'elles sont décorées de proues de navires (*rostra*). Enfin, il existe des colonnes *funéraires, milliaires* et *votives* ; les premières élevées en l'honneur des morts, les secondes servant à indiquer les distances d'une ville à une autre, et les dernières construites par suite d'un vœu.

La dénomination de *colonne composée* s'applique à toute colonne dont les ornements et la composition diffèrent de la forme ordinaire et des usages reçus ; la dénomination de *toscane, dorique, ionique, corinthienne,* ou *composite,* indique les noms des colonnes appartenant à l'un des cinq ordres d'architecture. (Voy. ORDRES.) La *colonne cylindrique* est

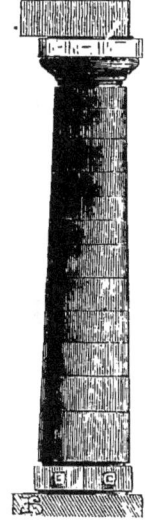

Fig. 6. — Colonne diminuée, dorique grec, temple de Ségeste (Sicile).

celle dont le fût n'a ni renflement, ni diminution ; telles sont les colonnes employées au moyen âge. La colonne est au contraire dite *diminuée* (fig. 6) lorsque, sans avoir de renflement, elle éprouve une diminution de diamètre à partir de la base, et affecte par conséquent la forme d'un cône tronqué très-allongé ; telles sont les colonnes d'ordre dorique grec. La *colonne en faisceau* est la réunion de plusieurs colonnes engagées les unes à côté des autres ou dans un pilier formant un noyau commun ; cet exemple se rencontre fréquemment pendant l'époque ogivale. Quelques monuments égyptiens, un tombeau à Beni-Hassan, par exemple, ont quatre colonnes engagées n'en formant qu'une.

Le nom de *colonne feinte* s'applique à toutes

les colonnes figurées, soit en menuiserie, soit en peinture, ou de toute autre manière, et qui ne sont créées que dans un but décoratif.

On appelle *colonne feuillée* ou *imbriquée* celle dont le fût est couvert de feuilles ou d'imbrications sculptées, ce qui lui donne une ressemblance avec la tige d'un palmier. (Au mot CHAPITEAU nous avons donné un chapiteau des arènes de Lutèce (fig. 27) supporté par une colonne feuillée ou imbriquée.)

La *colonne fuselée* est celle qui renflée d'une manière extraordinaire ressemble à un fuseau.

La *colonne Hermétique* est celle qui au lieu de chapiteau est surmontée d'une tête de Terme, d'*Hermès.*

La *colonne marine* est celle dont le fût est taillée en cristallisations, en stalactites, soit dans toute sa hauteur, soit seulement par zones ou bandes ; telles sont celles de la fontaine de Médicis, située dans la partie Est du jardin du Luxembourg, à Paris.

La *colonne ovale* est celle dont la section présente une forme elliptique (fig. 7).

La *colonne à pans* ou *polygonale* a son fût

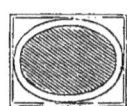 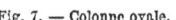 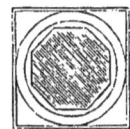

Fig. 7. — Colonne ovale.        Fig. 8. — Colonne à pans.

taillé à facettes ou en polygone (fig. 8) ; on en trouve dans les monuments égyptiens et dans les monuments grecs.

La *colonne pastorale* est celle qui présente l'aspect d'un tronc d'arbre dépourvu de ses branches, mais muni de son écorce et de ses nœuds ; la *colonne rustique,* celle qui porte des bossages unis ou piqués.

La *colonne renflée* est celle qui au tiers de sa hauteur présente un renflement. L'antiquité offre peu d'exemples de colonnes renflées ; mais, au contraire, elle nous a fourni en très-grand nombre des exemples de colonnes qui diminuent toujours en s'élevant, en suivant soit une ligne droite, soit une ligne légèrement courbe.

La *colonne rudentée* est ornée sur le nu de

son fût de *rudentures,* produisant l'effet contraire des cannelures ; on lui donne aussi le nom de *colonne à fût godronné.*

La *colonne à fût torse* décrit six circonvolutions en spirale ; Vignole donne des règles

la *colonne torse* à fût droit : cette dernière a un fût ordinaire orné de cannelures ou d'ornements tournant autour du fût suivant une ligne en spirale) ; *colonne corollitique,* celle qui est ornée de feuillages ou de fleurs tressées

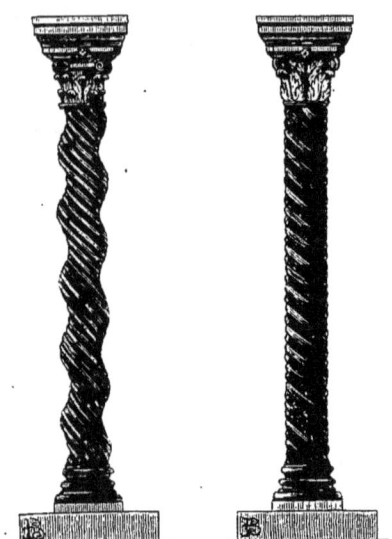

Fig. 9. — Colonne torse cannelée.

Fig. 9 bis. — Colonne torse mosaïquée du cloître de Saint-Laurent hors les Murs, à Rome.

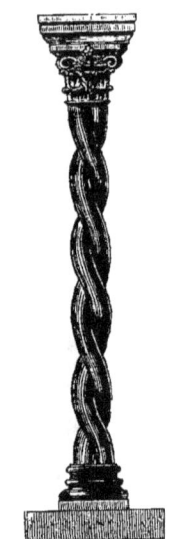

Fig. 11. — Colonne torse rudentée du cloître de Saint-Paul hors les Murs, à Rome.

pour la tracer. Elle est dite *torse cannelée* (fig. 9) lorsqu'elle est ornée de cannelures qui suivent la spirale du fût dans tout son développement ; *torse ornée,* lorsque le fût est couvert,

en spirale autour de son fût, ou de couronnes, de festons et de guirlandes de fleurs.

Par rapport à la disposition qu'elle occupe dans la construction, une colonne est dite *adossée* ou *engagée* (fig. 12), si elle est appuyée

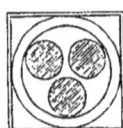

Fig. 10. — Colonne torse évidée.

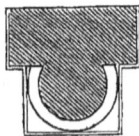

Fig. 12. — Colonne adossée ou engagée.

en tout ou partie, de feuillages, de bas-reliefs et autres ornements, tels que des mosaïques, par exemple ( fig. 9 *bis* ) ; *torse évidée* (fig. 10), lorsqu'elle est faite de deux ou trois tiges ordinairement très-grêles tortillées ensemble et laissant un vide au milieu ; enfin *torse rudenlée* (fig. 11), lorsqu'elle offre l'aspect d'un gros câble (il ne faut pas confondre la colonne à fût torse rudenté que nous venons de décrire avec

sur le nu d'un mur, ou si elle y tient par le tiers ou par le quart de son diamètre ; *angulaire* (fig. 13), si elle est élevée à l'angle d'un édifice.

On appelle *colonne d'attique* une colonne de petite dimension qui, dans un édifice, couronne un grand ordre ; *colonne doublée* (fig. 14), celle qui est liée avec une autre de manière que leurs fûts se pénètrent plus ou moins ; *colonne flanquée* (fig. 15), la colonne engagée entre deux demi-pilastres ; *isolée*, celle dont le fût n'est ni lié ni engagé ; *liée* (fig. 16), celle qui tient à une autre ou à un pilastre par une lan-

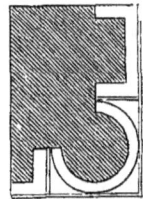

Fig. 13. — Colonne angulaire.

guette ou par un corps quelconque, mais sans pénétration de base ni de chapiteau ; *nichée*

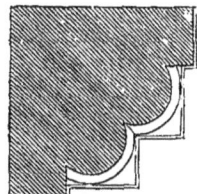

Fig. 14. — Colonne doublée.

(fig. 17), celle dont le fût isolé entre de tout son diamètre, ou au moins de la majeure par-

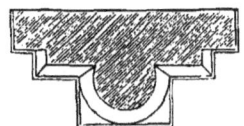

Fig. 15. — Colonne flanquée de deux pilastres.

tie, dans le parement d'un mur parallèle creusé pour la recevoir.

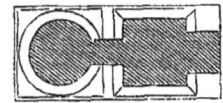

Fig. 16. — Colonne et pilastre liés.

Les *colonnes groupées* sont celles qui sont réunies par quatre, mais qui ne se pénètrent pas (fig. 18).

Les *colonnes accouplées* (fig. 19) sont élevées deux à deux de manière que leurs bases et leurs

chapiteaux s'approchent le plus près possible sans se toucher, comme à la colonnade du Louvre, de l'Opéra de Paris, etc. Ces colonnes peuvent être accouplées de face ou sur une profondeur.

Les *colonnes cantonnées* sont celles qui se

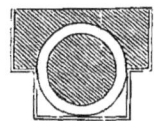

Fig. 17. — Colonne nichée.

trouvent engagées dans les angles d'un pilier carré pour soutenir la retombée de quatre

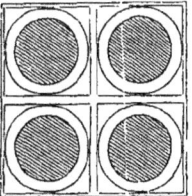

Fig. 18. — Colonnes groupées.

arcs. (Au mot CANTONNÉ nous avons donné deux figures qui montrent un pilier canton-

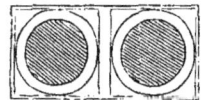

Fig. 19. — Colonnes accouplées.

né et un pilier avec colonnes adossées.) Suivant l'emplacement qu'elles occupent sur la façade d'un édifice, on nomme les colonnes *inférieures, médianes, supérieures ;* ces dénominations se comprennent sans autres explications.

Les *colonnes majeures* sont celles d'une grande proportion qui régissent l'ordonnance d'un édifice, auquel sont également employées des colonnes de plus petites dimensions ; les *colonnes rares*, celles entre lesquelles il existe un grand entre-colonnement : Vitruve qualifie ce dernier d'*aréostyle*. (Voy. ENTRE-CO-LONNEMENT.) Les *colonnes serrées* sont celles qui sont très-rapprochées comme dans le *pycnostyle*. ( Voy. ENTRE-COLONNEMENT et ORDRES. )

En menuiserie, les *colonnes d'assemblages* sont creuses et composées de pièces de bois ( *membrures* ) *assemblées, collées, chevillées* ou *mortaisées;* souvent ces membrures sont collées et chevillées sur des madriers circulaires, mais plutôt à pans, puis on façonne ces colonnes sur le tour.

En serrurerie, on fait des colonnes en fer, mais plutôt en fonte, qui sous un petit diamètre présentent une grande résistance ; ces colonnes sont pleines ou creuses : ces dernières sont plus résistantes. On emploie aujourd'hui des colonnes en fonte dans les gares de chemins de fer, dans les halles et marchés, dans les entrepôts, comme support de couvertures vitrées, etc. Pour les devantures de boutiques et de magasins, les colonnes de fonte permettent d'obtenir de grandes baies, ensuite les colonnes sont bien plus faciles à dissimuler.

En fumisterie, on nomme *colonne de poêle* une enveloppe en faïence composée de cylindres creux qui s'emboîtent les uns dans les autres. Ces poteries servent de revêtement aux conduits de la fumée.

COLONNETTE, *s. f.* — Diminutif de colonne, petite colonne ; on donne plus particulièrement ce nom aux colonnes de l'architecture ogivale, qui présentent une si grande disproportion entre la dimension de leur diamètre et la longueur de leur fût. Les colonnettes furent beaucoup employées en faisceaux pour décorer les piliers du moyen âge. Les architectes romans ont beaucoup employé les colonnettes dans les cloîtres, les galeries, les préaux ; ils en ont décoré les fûts de cannelures, de rinceaux, d'enroulements, de torsades, d'imbrications, de feuillages, de godrons, de chevrons et de contre-chevrons.

COLOPHANE, *s. f.* — Résine provenant de la distillation des bois de pin ; on l'appelle aussi *brai sec* ou *arcanson*. La colophane entre dans la composition de certains vernis.

COLORATION, *s. f.* — Action de colorer, ensemble des procédés qui permettent de colorer de diverses manières les matériaux de construction, mais surtout la pierre. ( Voy. POLYCHROMIE. )

COLTINAGE, *s. m.* — Transport de fardeaux à force d'homme et sur l'épaule. Lorsqu'on dispose d'un personnel suffisant, les transports des pièces de charpente, dans l'intérieur d'un chantier, se font au moyen du *coltinage*. Il en est de même pour les grosses pièces de ferronnerie, les armatures, etc. Les maçons *coltinent* les échasses, les boulins, les échelles, les sacs de plâtre; les menuisiers les planches, membrures, madriers et autres pièces de bois. On *coltine* également dans les travaux de démolitions. Pendant certaines périodes de l'antiquité et du moyen âge, les constructeurs n'employaient guère que de petits matériaux, aussi le coltinage était presque le seul mode de transport sur les chantiers. ( Voy. BARDAGE. )

COLTINER, *v. a.* — Opérer le transport des matériaux à force d'homme et à l'épaule. ( Voy. l'art. précéd. )

COMBINAISON. — Voy. CADENAS.

COMBLE, *s. m.* — Réunion de pièces de bois ou de fer, ou de pièces de bois et de pièces de fer, destinées à supporter la couverture d'un bâtiment. Le comble et la couverture constituent ensemble ce qu'on nomme le toit ou la toiture, c'est-à-dire ce qui couvre un édifice. On doit considérer trois points essentiels dans la construction d'un comble : sa *pente* ou sa *courbure*, qui dérive de sa hauteur, sa *forme* et sa *construction*.

Dans la pente d'un comble, rien ne doit être livré à l'arbitraire ; il faut considérer le climat sous lequel on construit ainsi que les matériaux qu'on emploie pour la COUVERTURE. ( Voy. ce mot. )

En France, on adopte généralement pour la hauteur des combles le tiers ou le quart de la largeur du bâtiment, cette largeur mesurée hors œuvre. Cette proportion est en effet fort convenable pour notre climat, surtout en employant la tuile plate ou l'ardoise. Pour les couvertures en tuiles creuses, on doit adopter un cinquième de la hauteur des bâtiments, parce qu'une pente plus considérable pourrait donner aux tuiles de cette espèce une propension à glisser. — Les combles sont très-variables dans

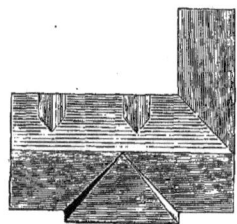

Fig. 1. — Comble à deux versants,
avec une aile en appentis, deux lucarnes et un avant-corps.

leurs formes; ils peuvent être à *deux pentes* ou à *deux égouts* ou *versants* (fig. 1 et 2); de forme pyramidale, conique, demi-cylindrique, sphé-

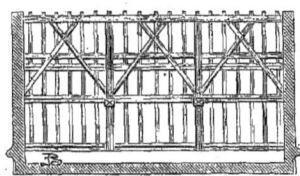

Fig. 2. — Comble à deux versants,
coupe dans l'axe de la charpente.

rique, sphéroïde, à la *Mansart* (fig. 3); on nomme aussi ces derniers combles brisés; ils sont très-usités à Paris. Ils présentent en profil

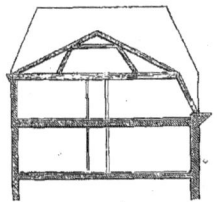

Fig. 3. — Comble brisé, ou à la Mansart.

un trapèze plus ou moins régulier, surmonté d'un triangle, nommé *faux-comble*. L'arête horizontale formée par la jonction des deux pentes se nomme *brisis*.

La charpente totale d'un comble se compose toujours de plusieurs parties séparées

nommées FERMES (voy. ce mot), qu'on peut composer de différentes manières. La construction des combles à grande portée présente de grandes difficultés; on la considère avec juste raison comme la partie la plus importante de la charpenterie.

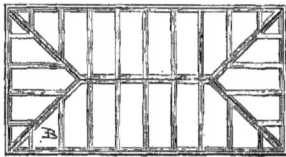

Fig. 4. — Comble pyramidal ou en pavillon (plan).

Lorsque le comble n'a qu'un versant, on le nomme APPENTIS (voy. ce mot), et dans ce cas, il sert à couvrir des constructions adossées à d'autres.

Le *comble pyramidal*, ou *en pavillon* (fig. 4

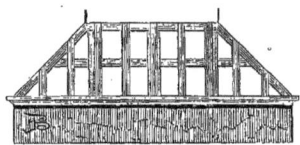

Fig. 5. — Comble pyramidal, ou en pavillon (élévation).

et 5), est formé de quatre ou d'un plus grand nombre de faces triangulaires.

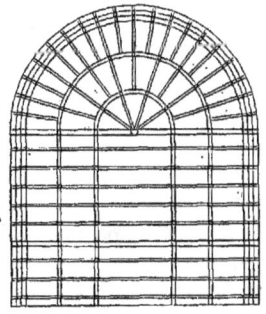

Fig. 6. — Comble en croupe (charpente).

Le *comble en croupe* (fig. 6 et 7) se termine à ses extrémités soit par une surface circulaire, soit par une surface conique, soit par un plan, qui relie les deux versants longitudinaux; les absides circulaires ou polygonales des églises sont couvertes par des combles en croupe. —

Les deux pentes d'un comble qui se rencontrent forment un angle rentrant et un angle saillant ; le premier se nomme NOUE et le second ARÉTIER. (Voy. ces mots.)

Le *comble en carène* (fig. 8) présente l'aspect de la carène d'un vaisseau, c'est-à-dire d'un navire renversé ; il était fort usité dans l'antiquité, et à Rome un quartier, situé entre le mont Esquilin et la porte Capène, se nommait *Ca-*

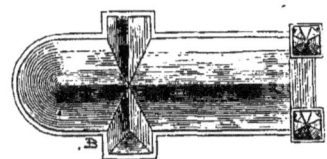

Fig. 7. — Comble en croupe avec sa couverture.

*rinæ,* parce que ses maisons étaient surmontées de ce genre de comble.

Le *comble moisé* est celui dont les fermes sont en *bois de sciage* et dont l'entrait et les arbalétriers sont moisés.

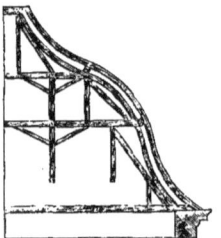

Fig. 8. — Comble en carène.

Le *comble lierné* est un comble cintré fait de *bois de sciage* ou de *plats-bords*, dont les courbes sont liées par des traverses appelées LIERNES. (Voy. ce mot.)

Le *comble sphérique,* ou *en dôme,* est celui dont la surface affecte la forme d'une calotte sphérique ou elliptique ; le *comble conique* (fig. 9) est celui qui a la forme d'un cône, il est construit naturellement sur un plan circulaire. Ces deux genres de combles se composent de principaux chevrons en demi-ferme assemblés par le haut sur un poinçon commun placé au centre, et par le bas dans une *sablière* ou *plate-forme* circulaire, et les deux cours, très-souvent doubles, de cette plate-forme sont réunis par des BLOCHETS. (Voy. ce mot.)

L'intervalle entre les principaux chevrons est rempli par d'autres, dont le nombre diminue en raison de la circonférence qui se rétrécit de plus en plus en arrivant vers le sommet, terminé par le poinçon qui fait à lui seul l'extrémité du cône. Notre fig. 9 fait parfaitement comprendre le système de construction que nous venons de décrire.

Il nous reste à parler de trois systèmes de comble qui ont une certaine célébrité. — Le premier en date (XVIᵉ siècle) est le comble dit *à la Philibert Delorme,* du nom de son inventeur. Ce système consiste à établir des courbes en planches doubles, maintenues par des liernes et assemblées sur la sablière. Chaque courbe sert en même temps de ferme et de

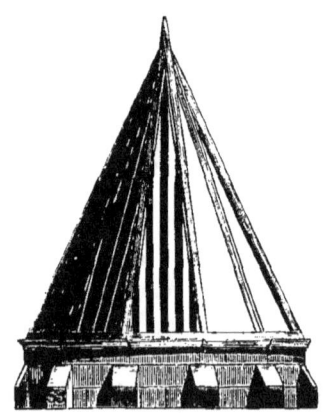

Fig. 9. — Comble conique.

chevrons. Le comble à la Philibert Delorme n'est en somme qu'une voûte plein cintre en bois ; le plus grand qui ait été construit est celui qui couvrait anciennement la Halle au blé de Paris, qu'un incendie a détruit et qui a été reconstruit en fer tel qu'il existe aujourd'hui. (Voy. FERME.)

Le second système, beaucoup plus récent, c'est celui du colonel Emy ; il consiste dans l'emploi de madriers longs et étroits superposés les uns aux autres comme les feuilles de ressort d'une voiture. Ces madriers mesurent 0ᵐ,055 d'épaisseur, 0ᵐ13 de largeur, sur 12 à 13 mètres de longueur. Toutes les fermes, ou plutôt tous les arcs sont placés à 9 mètres de distance l'un de l'autre et maintenus par des moises horizontales et des moises pendantes qui tendent au centre. Le système du colonel Emy est surtout avantageux pour les combles d'une grande portée, et, sous ce rapport, il est un des plus grands perfectionnements apportés de nos jours à l'art de la charpenterie.

Le troisième système, imaginé par l'Anglais Haldworth, ressemble beaucoup au précédent. Il consiste en courbes formées par des poutrelles dans lesquelles on donne deux traits de scie dans le sens de la longueur et jusqu'à 0m,75 environ de leurs extrémités. Ces poutrelles ayant subi cette préparation, sont placées dans une étuve à vapeur, courbées, enfin boulonnées suivant l'arc voulu. Une ferme se compose de deux arcs assemblés par le bas dans un tirant et par le haut dans un poinçon.

A part les dénominations qui précèdent, on désigne encore les combles sous les divers noms suivants :

COMBLE A PIGNON, celui qui est soutenu par un mur pignon en face.

COMBLE A POTENCE, un comble ou appentis porté sur le mur contre lequel il est adossé.

COMBLE A TERRASSE, COMBLE TRONQUÉ, celui qui se termine en terrasse.

COMBLE EN ÉQUERRE, celui dont l'angle au sommet est droit, et qui tient le milieu entre un comble aigu et un comble surbaissé.

COMBLE PLAT OU SURBAISSÉ, celui dont la hauteur est proportionnelle à la hauteur d'un fronton triangulaire.

COMBLE EN PATTE D'OIE, une espèce d'auvent à pans et à deux ou trois arétiers.

COMBLE POINTU, celui dont les côtés font un angle très-aigu, de 60 degrés au moins; c'est une variété de comble à deux égouts.

COMBLE VITRÉ, un grand châssis vitré à une ou plusieurs pentes, souvent destiné à couvrir une cour, un magasin. Les petits combles vitrés s'appellent LANTERNE, LANTERNON. (Voy. ces mots.)

COMBLES EN FER. — Aujourd'hui, on commence à employer des combles en fer, qui ont l'avantage d'être légers et à l'abri des incendies. Chaque ferme a un tirant formé de deux éléments principaux, savoir : un arc de 0m,25 à 0m,40 de flèche, et plus, suivant la portée, et une corde ou tirant terminé par des talons contre lesquels l'arc vient buter. Ces deux parties essentielles sont maintenues par des liens. De ce tirant partent des *aiguilles* verticales destinées à supporter toutes les pièces qui composent la partie rampante du comble et en outre celles qui relient tout le système. (Voy. FERME.)

Quoique les combles en fer coûtent environ deux ou trois fois plus que les combles en bois, nous n'hésitons pas à en recommander l'emploi pour les monuments qui ont à redouter les incendies, tels que théâtres, musées, bibliothèques.

COMBLES EN FONTE. — On a aussi exécuté des combles en fonte; nous en avons certains exemples dans les bâtiments industriels et dans les gares et halles de chemins de fer. Une ferme en fonte se compose ordinairement de deux parties symétriques, dont la ligne de séparation est sur l'axe des poinçons; on rapproche les deux parties dont le point de contact est sur le poinçon, et c'est sur ce dernier que se fait le boulonnement. Aujourd'hui, grâce à une parfaite entente des combles en fer, l'emploi des combles en fonte tend à disparaître. (Voy. COUVERTURE.) (Pour la législation de ce mot, voy. FAÇADE, MAISON, etc.)

COMBLER, v. a. — Remplir une cavité avec des matériaux rapportés.

COMMANDERIE, s. f. — Espèce de monastère habité par des frères appartenant aux ordres chevaliers et hospitaliers. Les commanderies étaient construites sur un plan identique à celui des monastères, mais elles présentaient en outre un certain caractère militaire, qui se révélait par la présence d'une tour seigneuriale ou donjon que ne possédaient point les autres établissements monastiques. (Voy. MONASTÈRE, TOUR, PRÉCEPTORIALES.)

COMMÉMORATIFS (MONUMENTS). — Monuments élevés pour perpétuer le souvenir de certains événements mémorables, survenus dans l'histoire d'une nation. Les édifices de ce genre sont répandus en très-grand nombre sur la surface du globe; car l'homme, à quelque civilisation qu'il ait appartenu, a toujours tenu à rappeler à ses descendants le souvenir d'un événement ou d'une catastrophe, d'une victoire ou d'une défaite. C'est pour satisfaire à ce désir qu'il a érigé des monuments commémoratifs qui affectent des formes très-variées; ce sont de simples pierres, des colonnes, des édicules, des ponts, des pyramides, des portes, des arcs de triomphe. Il ne peut entrer dans le cadre de cet ouvrage de

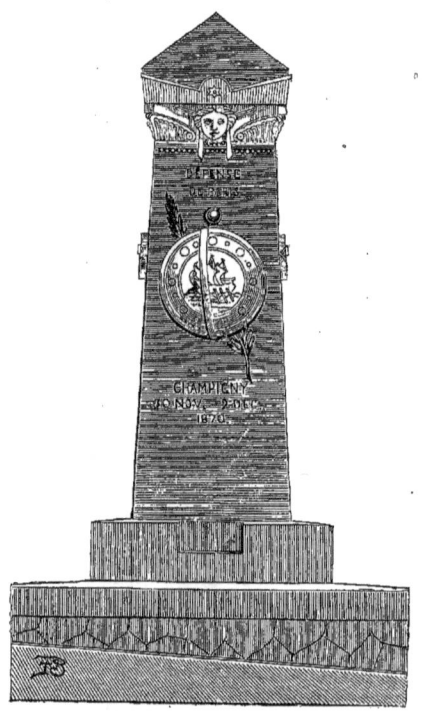

Fig. 1. — Pierre commémorative de Champigny.

donner une nomenclature des monuments commémoratifs répartis sur la surface du globe, nous devons nous borner simplement à l'énumération de quelques-uns de ceux qui existent sur le sol de notre pays.

Autour de Paris, pour perpétuer le souvenir des combats qui se sont livrés sous les murs de la grande cité pendant la guerre de 1870-71, on a érigé des pierres commémoratives qui ont beaucoup de caractère. Notre fig. 1 montre le monument érigé à Champigny par notre confrère E. Vaudremer; notre fig. 2, celui de Buzenval, construit par notre

confrère Charles Chipiez, professeur d'architecture; notre fig. 3, celui de Châtillon, dont l'auteur est M. Bruneau. La ville de Paris avait mis au concours la construction de ces pierres commémoratives, et, parmi les

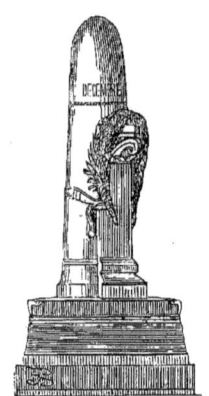

Fig. 2. — Pierre commémorative de Buzenval.

projets exposés qui n'ont pas été adoptés par le jury, nous avons remarqué un fort beau projet de M. Thierry-Ladrange, professeur d'architecture. Notre fig. 4 représente l'œu-

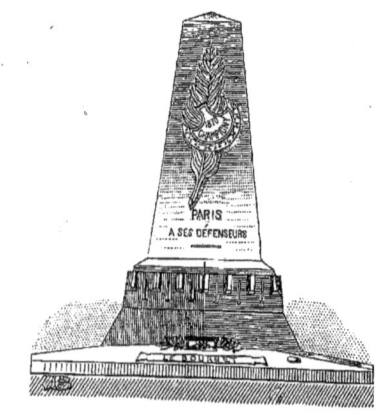

Fig. 3. — Pierre commémorative de Châtillon.

vre de notre confrère. C'est une tente qui abrite les soldats morts sous Paris pour la défense de la France.

A l'intérieur de Paris, il existe aussi des monuments commémoratifs, l'arc de triomphe de l'Étoile, le monument de la place de Clichy érigé en l'honneur de Moncey, en souvenir de sa défense de Paris, par notre confrère

Ed. Guillaume. Citons avec éloge, la colonne en bronze de la Grande Armée, et surtout celle de la place de la Bastille. Ce dernier monument possède à nos yeux un très-grand mérite : c'est une œuvre tout à fait originale, car elle ne ressemble à aucun autre monument de l'antiquité ni des temps modernes ; c'est l'œuvre de M. Duc, notre éminent confrère. Ce qui est surtout admirable dans la colonne de Juillet, c'est que sa fine ornementation est fort bien appropriée à sa destination et au métal qui la compose. Cette grande colonne de bronze, de 50ᵐ,33 de hauteur, pèse 179,500 kilogrammes ; son chapiteau, dont les faces mesurent 5 mètres, a 2ᵐ,70 de hauteur, et pèse 12, 000 kilogrammes (nous

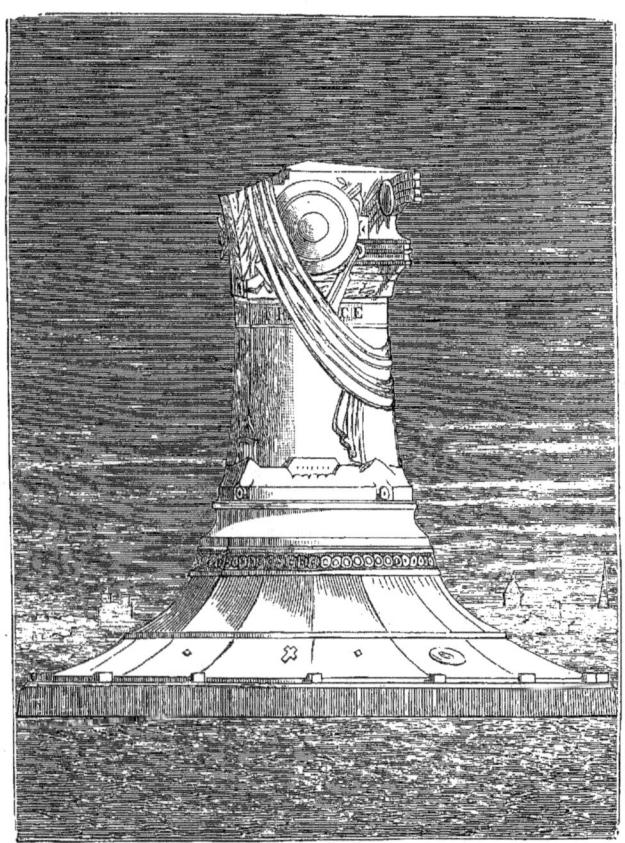

Fig. 4. — Pierre commémorative des combats livrés sous Paris. (Projet de M. Thierry-Ladrange.)

l'avons donné au mot CHAPITEAU, fig. 38). Parmi les monuments commémoratifs français, citons : le plan de l'Aiguille, à Vienne (Isère), l'arc de triomphe de Marseille, connu sous le nom de *Porte d'Aix*. Le premier de ces monuments est aussi désigné sous le titre de *tombeau de Vespasien* ou *d'Alexandre-Sévère*. La tradition rapporte que Pilate, exilé de Judée, l'aurait fait construire. Quant à l'arc de triomphe de Marseille, il a été érigé pour célébrer les hauts faits du duc d'Angoulême, le vainqueur du Trocadéro.

COMMISSURE, *s. f.* — Au XVIᵉ siècle, ce mot servait à désigner un joint.

COMMODO ET INCOMMODO (DE). — Voy. ENQUÊTE.

**COMMUNS**, *s. m. pl.* — Bâtiments accessoires d'une grande habitation, tels que cuisines, caves, écuries, remises, greniers à foin, logements de domestiques, etc.

**COMPAGNON**, *s. m.* — Synonyme d'ouvrier. — Le compagnon est l'apprenti ou garçon qui, ayant servi les compagnons habiles pendant un certain temps, montre de l'intelligence, de la bonne volonté, une certaine expérience du métier et qui se met lui-même à travailler du consentement du patron ou du MAÎTRE COMPAGNON. (Voy. l'art. suiv.) Les compagnons maçons, en quittant leur état de garçon, deviennent d'abord *limousins*, puis *maçons à plâtre*.

Le compagnon a pour le servir un AIDE. (Voy. ce mot.)

**COMPAGNON (MAÎTRE)**, *s. m.* — Le maître compagnon, ou chef d'atelier, est l'ouvrier maçon qui, ayant acquis, par son passage par tous les degrés de sa profession, des connaissances étendues, est chargé chez un entrepreneur de surveiller les maçons à plâtre, les limousins et les garçons qui se trouvent sur l'atelier; c'est le second de l'entrepreneur et son bras droit. Il reçoit toutes les fournitures faites au chantier, chaux, plâtre, sable, moellons, briques meulières; il vérifie les qualités et quantités; il rectifie les lettres de voiture et les factures, s'il y a des erreurs; il refuse les matériaux avariés ou de qualité inférieure; il tient un état exact des quantités reçues pour établir les comptes des fournisseurs; il note assidûment les journées et les heures de travail de chaque ouvrier de son chantier; il distribue l'ouvrage à ses hommes eu égard à la capacité de chacun d'eux.

Le maître compagnon fait également les tracés et donne toutes les explications nécessaires, afin que les travaux soient exécutés suivant les conditions des plans, des devis et CAHIER DES CHARGES (voy. ce mot) remis à l'entrepreneur.

Un maître compagnon ne travaille pas manuellement, car cette occupation rendrait incomplète la surveillance qu'il doit exercer, mais il doit être assez habile dans la pratique de son métier pour pouvoir donner de sages avis et montrer au besoin aux ouvriers peu expérimentés la manière d'accomplir leur tâche. Sur les ateliers de peu d'importance cependant le maître compagnon travaille de sa main.

En raison de ses fonctions, le maître compagnon doit posséder un fonds d'instruction solide, c'est-à-dire qu'il doit savoir parfaitement lire, écrire et compter, et connaître un peu de dessin, de géométrie usuelle et de stéréotomie. Il est tenu de dresser, contradictoirement avec les agents de l'architecte et de l'ingénieur, les attachements écrits et figurés; souvent il est appelé à s'entendre avec eux sur les moyens d'exécution. — Tout ce que nous venons de dire concerne plus particulièrement le chef d'atelier des travaux de maçonnerie, parce que c'est celui dont les attributions présentent le plus d'importance et de variété, mais on peut l'appliquer également aux maîtres compagnons des autres corps d'état, tels que charpentiers, menuisiers, couvreurs, plombiers, serruriers, etc. Le salaire de chacun de ces chefs d'ateliers varie en raison de la profession à laquelle ils sont attachés, mais ils sont naturellement mieux rétribués que les simples ouvriers et payés au mois plutôt qu'à la journée.

**COMPAGNONNAGE**, *s. m.* — Temps pendant lequel un compagnon devait travailler chez son maître après son apprentissage; c'était le deuxième degré du noviciat avant d'arriver à la *maîtrise*. Mais ce terme désigne surtout une association entre compagnons, c'est-à-dire entre des ouvriers de même métier, dans le but de se prêter aide, assistance et secours mutuels pour se procurer de l'ouvrage. Le compagnonnage est une sorte de franc-maçonnerie qui a été créée au moyen âge, en même temps que les jurandes et les maîtrises, pour résister comme elles aux envahissements des établissements monastiques, qui exerçaient tous les métiers.

D'après quelques auteurs les sociétés de compagnons auraient été affiliées aux Templiers, et cela dès le Xᵉ siècle; mais on ne possède pas de preuves certaines à cet égard, leur existence officiellement constatée ne date que du

XIII° siècle avec Erwin de Steinbach, l'architecte de la cathédrale de Strasbourg, qui en dirigea pendant vingt ans les travaux. Ce serait à Ratisbonne, vers 1459, qu'auraient été dressés les premiers statuts, afin de réunir en une seule toutes les associations des maçons disséminées jusque-là et sans liens aucuns. Un document du XV° siècle nous apprend les règles d'initiation des *compagnons du devoir* pour plusieurs corporations ; la cérémonie de la réception fut condamnée par la faculté de théologie de Paris le 14 mars 1655, comme étant entachée d'hérésie et d'impiétés.

Il existe encore aujourd'hui des compagnons qui forment trois groupes principaux, ce sont les *enfants de Salomon*, ceux de *maître Jacques* et ceux du *père Soubise*. Les enfants de Salomon auraient reçu, d'après la tradition, leurs statuts de la main même de Salomon ; ils sont partagés en *compagnons étrangers* ou *loups* et en *compagnons de la liberté* ou *gavots* (du mot *gave*, torrent) ; la première division comprend les tailleurs de pierres ; la seconde, les charpentiers, les menuisiers et les serruriers.

Les enfants de maître Jacques eurent, dit-on, pour fondateur de leur société un Gaulois qui, après avoir étudié l'architecture en Grèce, se rendit à Jérusalem et travailla comme collaborateur de Salomon au célèbre temple de celui-ci. Les enfants de maître Jacques comprennent dans leur corporation les tailleurs de pierres, dits, *loups-garous* ou *compagnons passants*, les menuisiers, dits *compagnons du devoir* ou *dévoirants*, *dévorants ;* font également partie de cette dernière classe les charrons, les tourneurs, les sabotiers, les vitriers, les taillandiers, les tanneurs, les corroyeurs, les ferblantiers, les forgerons, les chaudronniers, les boulangers, etc.

Enfin les enfants du père Soubise comprennent des charpentiers, qui se qualifient de *drilles*, des couvreurs et des plâtriers. Le maître charpentier est appelé *singe ;* le maître compagnon, *gâcheur ;* le compagnon, *chien ;* l'aspirant, *renard*, et l'apprenti, *lapin*. Le père Soubise était, d'après la légende, grand ami de maître Jacques, avec lequel il avait travaillé au fameux temple de Salomon ; mais, une alterca-

tion s'étant élevée entre eux, le père Soubise aurait tué son ancien camarade. C'est depuis cette époque que date l'inimitié des classes de compagnons entre elles, et même aujourd'hui dans leurs querelles de chantiers les ouvriers se reprochent les inimitiés de leurs fondateurs. Ces trois classes de compagnonnages se distinguent entre elles par certains attributs, l'équerre, la règle, le compas, le fer à cheval, le martelet, le maillet, ainsi que par la couleur des rubans dont ils ornent leurs cannes le jour de leurs fêtes.

**COMPARTIMENT**, *s. m.* — Disposition régulière de lignes droites, brisées, parallèles, courbes, sinueuses, ou composée de lignes droites et de portions de cercle de toute grandeur et présentant un motif ou un ensemble dont la répétition constante ou alternée forme

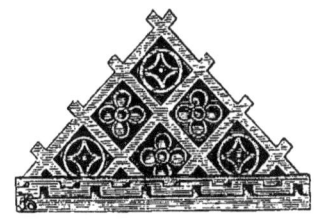

Compartiments avec rosaces.

la décoration d'une surface quelconque. (Voy. notre fig.) On utilise les compartiments à la décoration des dallages, des pavements, des murs, des voûtes, des plafonds, etc. On exécute des compartiments en marbre et en mosaïque dans les revêtements des murs et du sol, en bois dans les parquets et les lambris de menuiserie, en tuiles et en ardoises sur les couvertures, en verres dans les fenêtres et les vitraux. (Voy. CARREAU, COUVERTURE, PAVEMENT, PLAFOND, VITRAIL.)

COMPARTIMENT DE PARTERRE. — C'est l'arrangement symétrique des différentes parties dont on veut former un parterre. Avec Lenôtre l'art des jardins à compartiments a été poussé à ses extrêmes limites et chaque partie des compartiments avait son nom. (Voy. BEC DE CORBIN, PARTERRE, etc.)

**COMPAS**, *s. m.* — Instrument composé de

deux branches mobiles autour d'un axe et servant soit à tracer des courbes, soit à mesurer des longueurs (fig. 1) ou des épaisseurs. Il existe divers genres de compas : les compas

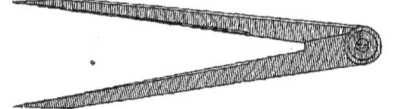

Fig. 1. — Compas à pointe sèche.

de dessinateur, comprenant le compas *à pointe sèche* (fig. 2), le compas à crayon (fig. 3) ou à tire-ligne, le compas à balustre et le compas

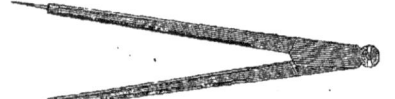

Fig. 2. — Compas à pointe sèche du charpentier et du menuisier.

de réduction; les compas de charpentier, comprenant le *compas d'appareilleur* ou à *tracer les épures*, le *compas à verge en bois*

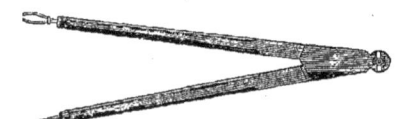

Fig. 3. — Compas à crayon du charpentier et du menuisier.

(fig. 4), qui n'est qu'une règle en sapin de longueur variable et qui porte à ses extrémités deux *poupées* en chêne pourvues cha-

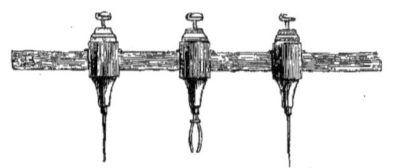

Fig. 4. — Compas à verge du charpentier.

cune d'une mortaise dans laquelle entre la *verge* ou *règle;* le *compas fixe*, qui est en fer et porte des pointes de distance en distance : il sert à mesurer la longueur des bois en grume; le *compas à quart de cercle*, qui sert à prendre une mesure précise : on la fixe à l'aide d'une vis de pression qui serre l'arc dans la mortaise

pratiquée dans l'une des branches du compas; enfin les *compas d'épaisseur*, qui affectent des formes différentes, et dont l'un, dit *maître à danser*, sert à mesurer le diamètre des tuyaux, cylindres ou autres objets creux.

**COMPLUVIUM**, *s. m.* — Ouverture carrée, pratiquée au centre du toit de l'atrium de la maison romaine, qui rejetait dans l'*impluvium* l'eau du comble en appentis couvrant le *cavædium*. Un passage de Suétone (*Aug.*, 92) donne à ce mot un sens plus étendu ; il signifierait tout l'espace découvert (*area*) entourée par la colonnade. (Voy. ATRIUM, où des bois et une planche en couleur font bien comprendre la position du *Compluvium*. Voy. aussi CAVÆDIUM.)

**COMPOSITE** (ORDRE). — Le composite, comme il est dit au mot CHAPITEAU, n'est qu'une modification du corinthien ; il a les mêmes proportions que ce dernier et la même décoration, avec plus de richesse. Les Romains, qui paraissent avoir les premiers employé cet ordre *composé*, nommé plus tard *composite*, le considéraient comme une licence architectonique, une simple variante de l'ordre corin-

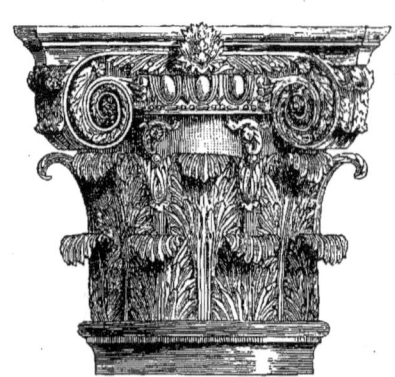

Chapiteau composite de Michel-Ange.

thien. Aussi ils n'adoptèrent jamais de type de chapiteau composé, car dans cet ordre il varia presque à l'infini. (Voy. CHAPITEAU.) — La seule différence assez notable existant dans le chapiteau composite ancien, c'est qu'il participait à la fois de l'ionique et du corinthien. C'est sur ce caractère seul, qui ne peut constituer un ordre distinct, que les modernes ont établi l'ordre *composite*, qui a été si en faveur à l'époque de la renaissance ; aussi tous les architectes du XVIᵉ siècle, principalement en Italie, Vignole, Palladio, Scamozzi, Michel-Ange, ont créé leur chapiteau composite ; notre figure en montre un type imaginé par Michel-Ange, type qui ne diffère guère des chapiteaux antiques et qui se rapproche même beaucoup de celui de l'arc de Titus à Rome. (Voy. ORDRES.)

COMPOSTO. — Espèce d'*aire*, dite *aire à la vénitienne ;* elle est composée d'une première couche de pouzzolane, de brique pilée et de chaux vive, et d'une seconde couche de chaux de pouzzolane tamisée, dans laquelle on a introduit des fragments de marbre précieux. Le pavement de la grande salle du palais des Doges à Venise est fait d'un composto dans la composition duquel il y a des jaspes, du serpentin, du porphyre et même du lapis-lazzuli.

COMPRESSIBLE (TERRAIN). — Sol susceptible de subir une dépression, de s'affaisser sous une forte charge. Tous les terrains sont en général plus ou moins compressibles ; mais les anciens marais, les terres rapportées, les sols tourbeux sont tellement compressibles qu'avant d'établir une construction sur ces terrains, il est nécessaire de les affermir par des travaux préliminaires dans toute l'étendue des FONDATIONS. (Voy. ce mot.) (Pour tout ce qui est relatif à la résistance, à la compression, voy. RÉSISTANCE DES MATÉRIAUX, ÉCRASEMENT, STATIQUE, etc.)

COMPRIMÉ (ASPHALTE). — Voy. CHAUSSÉE D'ASPHALTE.

COMPRIMÉ (AIR). — Voy. VENTILATION.

COMPROMIS, *s. m.* — Terme de droit. C'est une convention par laquelle les parties, dérogeant à l'ordre des juridictions usuelles, soumettent leurs contestations à des ARBITRES. (Voy. ce mot.) Les compromis peuvent être rédigés par acte authentique ou sous

seing privé, sur papier libre ou sur timbre. Quand ils sont faits par acte sous seing privé, ils doivent être signés par les parties intéressées ou par leurs fondés de pouvoir et datés.

COMPTABILITÉ, *s. f.* — La comptabilité du bâtiment comprend les comptes d'acquisition et de paiement des matériaux, le piquage des journées des ouvriers, la tenue des attachements, la réception des matériaux et des ouvrages, l'établissement, le règlement et le paiement des mémoires, enfin la tenue générale des livres de comptabilité. Dans les travaux du bâtiment, il y a deux intérêts opposés, celui de l'entrepreneur et celui pour le compte duquel on construit. Ce dernier intérêt est représenté par l'architecte ou ses agents. Les comptes d'acquisition des matériaux, de même que le piquage des journées, l'établissement des attachements et des mémoires, concernent uniquement l'entrepreneur ; néanmoins, dans les travaux des ponts et chaussées, ainsi que dans ceux d'architecture exécutés en régie, le piquage des journées est fait également par le conducteur ou le piqueur. La rédaction des attachements, après avoir été faite par les soins de l'entrepreneur, est collationnée sur un travail contradictoire de l'architecte ou de ses agents. — Dans les travaux de peu d'importance sur lesquels l'entrepreneur n'entretient pas un commis, c'est le maître compagnon qui avec son patron tient la comptabilité. — Les mémoires sont généralement établis par un métreur spécial, que l'entrepreneur charge aussi de la rédaction des attachements.

La vérification et le règlement des mémoires, ainsi que les propositions d'à-compte à à payer, sont faits par l'architecte assisté d'un vérificateur. (Voy. ATTACHEMENT, MÉMOIRE, RÈGLEMENT, VÉRIFICATEUR, etc.)

COMPTE (REPRISE EN). — Voy. REPRISE EN COMPTE.

COMPTEUR, *s. m.* — Appareil qui sert à compter ; il existe des compteurs à calculs, à eau, à gaz. Ces deux derniers doivent être bien entretenus, et être placés d'aplomb, en contre-bas des fluides qu'ils comptent, et soustraits à l'action de la gelée.

**CONCAVE,** *adj.* — Dont le milieu est plus déprimé que les bords, c'est le contraire de convexe.

**CONCAVITÉ,** *s. f.* — Partie creuse d'un corps, d'une surface; la concavité d'une voûte est l'intrados de cette voûte.

**CONCENTRIQUE,** *adj.* — Qui a le même centre, se dit en parlant de cercles, de courbes, d'ARCS. (Voy. ce mot.)

**CONCERT (SALLE DE),** *s. f.* — Local dans lequel on donne des concerts; bâtiment qui renferme ce local.

Les salles de concert ont une grande analogie avec les salles de spectacle, soit au point de vue de leur disposition d'ensemble, soit au point de vue décoratif; nous ne parlerons donc pas de leur construction, mais nous renverrons au mot THÉATRE.

**CONDAMNER,** *v. a.* — Ne plus se servir d'une baie; on condamne une porte, une fenêtre, un passage, en empêchant ces baies de s'ouvrir.

**CONDUCTEUR,** *s. m.* — Employé qui, sous les ordres d'un architecte ou d'un ingénieur, est chargé de la conduite des travaux d'un chantier, c'est-à-dire qu'il surveille les ouvriers, la qualité des matériaux, mesure et cube les ouvrages, tient un carnet d'attachements, fait le relevé de ceux-ci contradictoirement avec les employés de l'entrepreneur. Il est sous les ordres des inspecteurs et des sous-inspecteurs, mais il commande aux piqueurs et au chef d'atelier.

**CONDUCTEUR DE PARATONNERRE.** — Barre de fer ou corde métallique qui met en communication la tige d'un paratonnerre avec un *perfluide.* (Voy. PARATONNERRE.)

**CONDUIT,** *s. m.* — Sous le nom générique de conduit, on désigne tout passage long et étroit permettant l'écoulement d'un fluide.

— Les conduits pour les eaux pluviales, pour la distribution du gaz d'éclairage ou des eaux affectent la forme de tuyaux et se nomment CONDUITES (voy. ce mot); ceux pour la fumée des cheminées, TUYAUX ou COFFRES (voy. ces mots); ceux mettant les siéges d'aisances en communication avec la fosse se nomment CHUTE (Tuyau de). (Voy. ce mot.)

Tous ces conduits sont faits de diverses matières; ils sont construits en maçonnerie, ou établis au moyen de tuyaux en métal ou de terre cuite ajoutés bout à bout.

Il est un autre genre de conduits, qui fut en usage dans l'antiquité et qui offre un certain intérêt d'étude, ce sont ceux qui tout en alimentant la combustion dans les HYPOCAUSTES (voy. ce mot) concouraient, en même temps que ceux-ci, à échauffer les chambres des habitations antiques et les salles de BAINS. (Voy. ce mot et THERMES.) Ces conduits étaient en terre cuite, de forme rectangulaire et percés de trous latéraux pour permettre le passage de l'air chaud. Ils étaient obstrués à leur départ par une tuile qui empêchait l'arrivée de la fumée du foyer dans la chambre. Ceux, au contraire, qui conduisaient au dehors la fumée de l'hypocauste étaient ouverts à leur naissance, et les trous latéraux étaient bouchés. Ils portaient des *stries* ou *cannelures* pour faciliter l'adhérence (grippement) des enduits dont on les recouvrait.

En menuiserie, le conduit est la partie excédante du *fût d'un outil* (soit en dessous, ou sur le côté) qui sert à l'appuyer contre le bois et l'empêcher de dévier.

En serrurerie, le conduit est un petit tube en tôle ou en fer-blanc encastré dans le mur et dans lequel passent les fils de tirage d'une sonnette; on nomme ce genre de conduit *fourreau.* Le conduit de sonnette est encore un crampon à double pointe, en fil de fer fort, qui, planté dans un trou à tampon, retient les fils de sonnette à une hauteur voulue. — Le conduit d'un verrou est le crampon faisant l'office de conducteur à sa tige. (Voy. VERROU.) — Enfin on appelle conduit ou *tube de longe*, *de billot*, un tuyau en fonte qui sert, dans les écuries et dans les boxes, à attacher les longes des chevaux.

En fumisterie, le conduit est une canalisation établie dans l'épaisseur des planchers et qui, prenant l'air extérieur, l'amène autour des châssis des cheminées pour augmenter le tirage de ces dernières. Ces conduits sont ordinairement en tôle recouverte de plâtre, ou en tuile de Bourgogne. (Voy. VENTOUSE.)

CONDUITE, s. f. — Série de tuyaux servant à canaliser l'eau ou le gaz. Les conduites de gaz et d'eau de peu d'importance sont en plomb, celles d'un diamètre considérable sont en poterie, en fonte, en *tuyaux chameroy*, etc. (Voy. EAU.)

En fumisterie, on appelle conduites les tuyaux servant à transporter la chaleur, au moyen de la vapeur ou de l'eau bouillante. (Voy. VAPEUR, THERMOSIPHON, etc.)

CONDUITE DES TRAVAUX. — La conduite des travaux est un des points les plus importants dans la construction d'un bâtiment. Elle est confiée par l'architecte à ses inspecteurs et conducteurs, et par l'entrepreneur à ses commis et chefs d'ateliers; elle se fait donc contradictoirement et à des points de vue différents.

Toutes les fois que l'importance des travaux l'exige, l'architecte désigne l'emplacement des chantiers et les ateliers affectés à chaque nature de travaux.

Il doit prendre les mesures nécessaires pour que les fers, les plombs, les bois, et autres matériaux ayant une valeur intrinsèque, soient rangés en magasin et inventoriés. Ces matériaux ne peuvent être enlevés ou réemployés que sur un ordre signé de l'architecte ou de ses agents.

Toutes les mesures de police que les architectes jugent convenable de prendre, soit pour assurer l'ordre sur les travaux parmi les ouvriers, soit pour la conservation des monuments, sont notifiées aux entrepreneurs, qui doivent, ainsi que leurs agents et ouvriers, s'y conformer scrupuleusement. Les travaux, suivant leur nature, doivent toujours être entrepris en bonne saison; et l'architecte et ses agents doivent s'assurer, avant de commencer un ouvrage, que les matériaux sont disposés à l'avance et prêts à être employés, afin d'é-

viter des retards pendant l'exécution. Lorsque, par suite d'une autorisation spéciale, il sera nécessaire de déposer, d'enlever ou de démolir certaines portions d'un édifice ayant une valeur au point de vue de l'art ou de l'archéologie, l'architecte devra faire dresser un état actuel des parties qu'il s'agit de remplacer, avant de commencer l'exécution.

L'architecte ou ses agents veillent à ce que les matériaux provenant de démolitions soient immédiatement descendus sur les chantiers désignés; qu'ils ne soient jamais déposés, même temporairement, sur des voûtes, des dallages et des couvertures; que la descente des matériaux soit faite avec soin, au moyen des équipages suffisants, et de manière à éviter toute espèce d'accidents. L'architecte et ses agents ont soin de s'assurer que les entrepreneurs chargés de travaux sont munis, chacun en ce qui les concerne, de tous les engins reconnus nécessaires, et que ces engins sont en bon état et bien établis.

Les dépôts de matériaux, tels que bois de charpente, pierres, moellons, etc., doivent toujours être isolés des monuments de manière à ce que le voisinage de ces dépôts ne puisse causer de dégradation aux édifices.

Lorsque les travaux sont exécutés à proximité de sculptures, bas-reliefs, statues, l'architecte et ses agents doivent indiquer aux entrepreneurs toutes les mesures de précaution nécessaires pour couvrir et protéger ces objets pendant la durée du travail. On devra prendre toutes les mesures convenables pour que, pendant la durée des réparations, les vieilles maçonneries intérieures, et les voûtes particulièrement, soient autant que possible préservées de la pluie. Au contraire, si en plein été on construit des voûtes en briques, on devra les arroser deux ou trois fois dans la journée, afin que le mortier formant liaison ne se dessèche pas trop promptement, ce qui serait nuisible à la solidité desdites voûtes. — Tels sont les soins généraux qu'on doit donner à la conduite des travaux.

CONE, s. m. — Solide compris sous une surface engendrée par une *génératrice* se mouvant en suivant le tracé d'une courbe appelée *directrice*, et passant par un point fixe nommé *sommet*. Le cône a ordinairement pour directrice une circonférence. Le cône est *droit* si son sommet est perpendiculaire au centre du cercle de sa base ; dans le cas contraire, il est *oblique*. Si un plan parallèle ou non à celui du cercle coupe le sommet du cône, il est dit *cône tronqué*. Le volume du cône est égal au tiers du produit de sa base par sa hauteur :

$$V = \frac{1}{3} \pi R^2 \times H.$$

V indique le volume, R le rayon du cercle de base, H la hauteur ; quant à π, sa valeur égale 3,1416.

**CONGÉ, s. m.** — Surface concave, formant l'adoucissement d'un fût de colonne avec sa base et son chapiteau. (Voy. FUT.)

En menuiserie, c'est un outil propre à former cette courbe.

En matière de louage, le *congé* est la déclaration écrite ou verbale par laquelle l'une des parties signifie à l'autre qu'elle entend mettre fin à une location. Si le bail est verbal, l'une des parties ne pourra donner congé à l'autre qu'en observant les délais fixés par l'usage des lieux. (Voy. BAIL, LOUAGE, LOCATION.)

**CONOIDE, s. f.** — Surface de douelle du berceau qui croise une voûte annulaire. Elle est engendrée par une droite qui se meut en demeurant toujours horizontale et en s'appuyant d'une part contre l'axe vertical de la voûte annulaire et contre une courbe elliptique ou parabolique tracée à la volonté du constructeur ; en un mot et en d'autres termes, une conoïde est un solide formé par la révolution d'une section conique autour de son axe.

**CONSCIENCE, s. f.** — Plastron de bois garni d'une plaque de fer que les ouvriers placent sur leur estomac (contre leur *conscience*), pour soutenir et pousser un foret pendant qu'on le fait tourner avec un archet ; plusieurs corps d'état (serruriers, marbriers,

treillageurs, fabricants de chaises, etc.) emploient cet engin. (Voy. not. fig.)

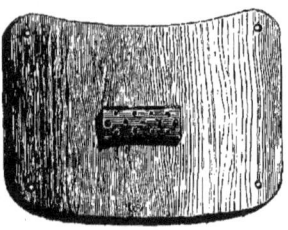

Conscience.

**CONSERVATION DES BOIS.** — Voy. BOIS.

**CONSOLE, s. f.** — Corps saillant affectant ordinairement la forme d'une S et qui sert à soutenir un balcon, une galerie, une corniche, une colonne, des vases, des statues ou tout autre objet décoratif. La console sert également à orner un chambranle de porte qui est

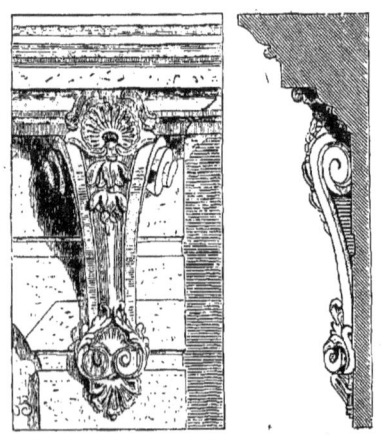

Fig. 1. — Console du XVIIIᵉ siècle, rue Saint-Germain l'Auxerrois, à Paris.

couronné d'une corniche. (Voy. notre planche XVIII.)

On fait des consoles en pierre, en marbre, en bois, en métal, etc. ; souvent les clefs d'archivolte sont ornées de consoles. Suivant la forme qu'elles affectent, les consoles ont reçu différents noms ; on distingue en effet :

La *console arasée*, c'est-à-dire celle dont les enroulements affleurent les côtés ;

La *console plate*, qui est en manière de CORBEAU (voy. ce mot);

La *console en enroulements*, celle qui a des volutes à son sommet et à sa base;

La *console en encorbellement*, qui a beaucoup de saillie et qui est composée ordinairement de plusieurs assises;

La *console renversée*, celle dont la partie la plus saillante est en bas, et qui sert d'ADOU-CISSEMENT (voy. ce mot), comme à la façade de l'ancien Hôtel de ville de Paris, ou bien comme les consoles qui surmontent les colonnes en avant-corps des pavillons du nouveau Louvre;

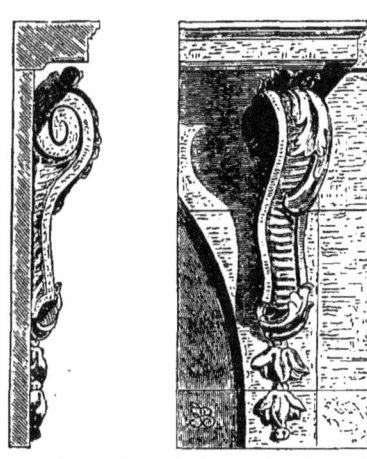

Fig. 2. — Console du XVIIIᵉ siècle, rue de la Harpe, à Paris.

La *console rampante*, celle qui suit le mouvement d'un plan incliné;

La *console coudée*, celle dont le contour en ligne courbe est interrompu par quelque angle ou partie droite;

La *console-clef*, celle qui remplit ces deux offices. (Voy. CLEF, fig. 4 et 5..)

Le type de la console antique affectait la forme, très-logique du reste, d'un robuste talon. Au moyen âge, elle est plutôt un ornement; elle se dessine tantôt en calotte, corbeilles, mascarons, figurines; elle se transforme même en cul-de-lampe. La renaissance crée de belles formes de console, dessinées souvent avec beaucoup de talent et d'originalité; enfin, au XVIIIᵉ siècle, la console n'est souvent qu'un ornement, comme le montrent nos fig. 1 et 2.

Cette dernière console n'a même l'air que d'être un placage; elle décorait la façade d'une maison aujourd'hui démolie, située rue de la Harpe, à Paris.

En serrurerie, c'est une pièce de fer cintrée qui sert à arrêter la courbe d'un jambage de fourneau de cuisine, etc.

Les fabricants d'appareils à gaz nomment *consoles d'éclairage* des espèces de *bras* ou *potences* qui portent les réverbères à gaz dans les rues trop étroites pour recevoir des candélabres.

CONSOLIDATION, *s. f.* — Action de consolider.

CONSOLIDER, *v. a.* — Rendre plus solide; l'art de bâtir donne, suivant les cas, des moyens très-divers, que le lecteur trouvera dans différents articles de ce dictionnaire.

CONSTANTINOPOLITAINE (ARCHI-TECTURE). — Héritiers de l'art des Romains, les artistes constantinopolitains suivirent le même système dans l'emploi de l'arc et de la voûte; ils le développèrent même d'une manière très-remarquable. Ce développement fut l'un des caractères les plus saillants du style architectural de l'empire d'Orient. Ainsi les architectes constantinopolitains abandonnèrent complétement l'emploi de l'architrave pour lui substituer l'arcade. Ne s'arrêtant pas à cette unique innovation, ils surmontèrent leurs églises d'immenses coupoles, genre de voûtes que les Romains avaient très-peu employé et dans des conditions différentes. (Voy. COU-POLE.) L'invention que firent ces architectes des PENDENTIFS (voy. ce mot) fut une application nouvelle et hardie de la forme courbe dont on commençait déjà à faire un emploi presque abusif. Nous n'en dirons pas plus long sur ce style d'architecture, qui n'est qu'une partie du style byzantin, et comme complément nous prierons le lecteur de consulter les mots BYZANTINE et LATINE (*Architecture*).

CONSTRUCTEUR, *s. m.* — Celui qui construit; mais on ne devrait désigner sous ce nom que l'homme qui sait construire ; on dit architecte-constructeur, ingénieur-constructeur, entrepreneur-constructeur, etc.

**CONSTRUCTIBILITÉ,** *s. f.* — Qualité de ce qui est constructible.

**CONSTRUCTIBLE,** *adj.* — Qui peut être construit ; ainsi on dit d'un plan, d'un projet, qu'ils sont ou ne sont pas *constructibles*.

**CONSTRUCTIF, IVE,** *adj.* — Qui a la force de construire.

**CONSTRUCTION,** *s. f.* — Action de construire. La construction, comme l'architecture, est à la fois une science, et un art qui comporte deux parties : la théorie et la pratique. La différence qui caractérise l'architecture et la construction, c'est que celle-ci fait partie de l'architecture, tandis qu'à elle seule elle forme un tout complet et ne comprend pas seulement l'art de bâtir les édifices, mais aussi les machines, les constructions navales, etc. Mais nous ne pouvons nous occuper ici de ce mot que dans un sens restreint, dans le sens de l'art de bâtir. En nous plaçant à ce point de vue, la construction comprend trois divisions distinctes : 1° l'étude des sciences chimiques, physiques et naturelles, qui embrasse la connaissance générale des matériaux ; 2° l'étude de la mécanique, qui comprend la mise en œuvre des matériaux, l'emploi des moteurs, de l'outillage et de toute la machinerie ; 3° la comptabilité, c'est-à-dire l'administration et la direction des chantiers, la jurisprudence et la législation des bâtiments. — Pour les définitions complémentaires de ce terme, nous renverrons le lecteur au mot ARCHITECTURE.

Ce mot s'emploie également comme synonyme d'architecture et s'applique à tout édifice public ou privé ; ainsi on dit, *constructions civiles, militaires, religieuses, rurales, urbaines*.

JURISPRUDENCE. — L'administration ne peut contrôler le mode de construction intérieure des bâtiments, ni s'immiscer d'aucune façon dans l'emploi, la mise en œuvre et la qualité des matériaux. Un préfet ne peut prescrire l'établissement de dosserets en pierre de taille à l'intérieur des constructions ; ainsi jugé (22 août 1862) par le tribunal correctionnel de la Seine (*Encyclop. d'Arch.*, 1862). — Un arrêté préfectoral, ni même un décret, ne peuvent non plus prescrire de disposer symétriquement la construction des façades des maisons établies le long de la voie publique, à moins qu'une loi spéciale n'ait investi l'administration de ce droit, ou que les propriétaires n'aient accepté volontairement par une convention l'obligation de disposer symétriquement les façades de leur immeuble. (C. d'Ét., 11 nov. 1859 ; id., 19 juin 1863.)

Pour les distances et les règles à observer dans certaines constructions, l'article 674 du Code civil renvoie aux règlements et aux usages particuliers. (Voy. VOIRIE.)

Un maire ne peut permettre que ce qui n'était pas défendu aux anciens officiers de la petite voirie d'utiliser. Dès lors, il excède ses pouvoirs en consentant à ce qu'il soit fait aux constructions situées en saillie quelques ouvrages de nature à les conforter, conserver ou soutenir. Son devoir est, au contraire, de s'opposer à leur exécution. (Cass., 6 déc. 1833 ; Durieux-Demoret, 4 janvier 1855 ; Vanreynschoate.)

Bien que les constructions en retraite soient également contraires à la régularité de l'alignement, le maire ne doit pas exercer la même rigueur à leur égard, puisque l'administration a toujours les moyens de faire disparaître les enfoncements qui nuisent à la salubrité ou à la sûreté publique. (Art. 164-65 de l'*Instruction concernant la voirie urbaine* du 31 mars 1862.)

**CONSTRUCTION (Poêle de).** — En fumisterie, on nomme ainsi de grands poêles en faïence à compartiments ou en biscuit que les fumistes construisent sur l'emplacement que ces poêles doivent occuper.

**CONSTRUCTIONS CIVILES, MILITAIRES.** — Voy. CIVILE, MILITAIRE (*Architecture*).

**CONSTRUCTIONS RELIGIEUSES, MONASTIQUES.** — Voy. RELIGIEUSE (*Architecture*).

**CONSTRUCTIONS RURALES ET RUSTIQUES.** — Voy. RURALE (*Architecture*).

**CONTIGUITÉ,** *s. f.* — État de choses qui se touchent ; ainsi deux héritages, deux maisons, sont contigus lorsque rien ne les sépare. — Pour la jurisprudence voyez MITOYEN (*Mur*), SERVITUDE et VUE.

CONTOUR, *s. m.* — Ligne qui délimite la forme d'un corps, du terrain, etc.

CONTOURNEMENT DES FIBRES DU BOIS. — Défaut du bois causé par le vent, qui imprime à l'arbre une torsion. Les arbres ainsi contournés reçoivent le nom de *bois tordu* ou *bois rebours ;* ils ne peuvent être équarris, car le fil du bois se présente en tous sens et souvent au rebours du mouvement de l'outil, tellement que le bois s'arrache au lieu de se laisser couper. Les arbres exposés au vent d'ouest présentent souvent ce défaut.

CONTRACTURE, *s. f.* — Ce terme, employé par Vitruve, sert à désigner le rétrécissement de la colonne dans sa partie supérieure.

CONTRADICTOIRE, *adj.* — Pesée, vérification contradictoires, c'est-à-dire pesée, vérification faites entre deux ou plusieurs parties diversement intéressées.

CONTRARIER, *v. a.* — Exécuter un travail d'ajustement spécial.

CONTRAT, *s. m.* — Convention par laquelle une ou plusieurs personnes s'obligent envers une ou plusieurs autres à donner, à faire ou à ne pas faire quelque chose. D'où l'expression *contractuel,* qui signifie clause stipulée par un contrat; ainsi on dit peine, obligation, succession *contractuelle.* (Voy. CAHIER DES CHARGES.)

CONTRE-ABSIDE, *s. f.* — Abside terminant une église du côté opposé à l'abside principale. Cette disposition, assez rare du reste, rejette la porte principale sur l'axe des transepts ou sur l'axe des collatéraux.

CONTRE-ALLÉE, *s. f.* — Allée d'un jardin, parallèle et placée sur les côtés d'une grande ALLÉE (voy. ce mot); car il y a ordinairement deux contre-allées, l'une à droite et l'autre à gauche de l'allée principale.

CONTRE-ARCATURE, *s. f.* — Arcs secondaires ou sous-arcs, qui sont comme des expansions de l'intrados des arcs qu'ils décorent. Ainsi les lobes qui existent dans les réseaux des fenêtres ogivales sont déterminés par des contre-arcatures. Cependant, on a plutôt donné ce nom aux contre-arcatures formant

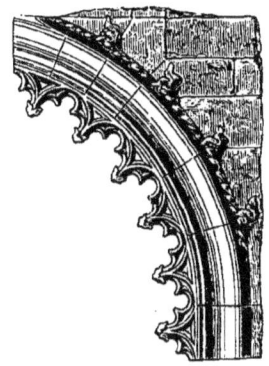

Contre-arcature.

une suite de découpures en manière de festons décorant l'intrados d'une arcade. (Voy. notre figure.) — Ce n'est qu'au XIIIe siècle qu'apparaissent les premières contre-arcatures déterminant des lobes et à la fin du XIVe siècle qu'on rencontre celles auxquelles on a donné vulgairement le nom de FESTONS. (Voy. ce mot.) L'emploi des unes et des autres devint de plus en plus étendu au fur et à mesure que l'architecture ogivale approcha de sa fin.

CONTRE-ARÊTIER, *s. m.* — Tuile ou ardoise qui précède celle qui est coupée obliquement pour former l'ARÊTIER. (Voy. ce mot.) — On dit aussi *contre-approche.*

CONTRE-BANDE, *s. f.* — Terme de blason. Bande divisée en deux parties de différents émaux. (Voy. BLASON.)

CONTRE-BARRE, *s. f.* — Terme de blason. Barre divisée en deux demi-barres, dont l'une est de métal et l'autre de couleur. (Voy. BLASON.)

CONTRE-BAS (En), *adv.* — De bas en haut; opposé à *contre-haut*, qui signifie du haut en bas; d'où les expressions, poser un seuil, une assise en contre-bas ou en contre-haut, c'est-à-dire au-dessous du sol ou au-dessus.

CONTRE-BOUTER ou CONTRE-BUTER, *v. a.* — Contenir la poussée d'une forme quelconque de construction ou d'un terrain au moyen d'un CONTRE-FORT, d'un ARC-BOUTANT ou d'un ÉTAI. (Voy. ces mots.)

CONTRE-BRETÈCHE, *s. f.* — Terme de blason. Rangée de créneaux de différent émail. (Voy. BLASON.)

CONTRE-CANIVEAU, *s. m.* — Pavé placé contre un caniveau et sur la même ligne.

CONTRE-CHAMBRANLE, *s. m.* — Moulures rapportées contre un chambranle, soit pour l'orner, soit pour lui donner une plus grande apparence. On utilise les contre-chambranles en maçonnerie, en marbrerie, mais surtout en menuiserie. (Voy. CHAMBRANLE.)

CONTRE-CHASSIS, *s. m.* — Châssis de papier ou de verre qu'on met contre un autre châssis.

CONTRE-CHEVRON, *s. m.* — Terme de blason. Chevron opposé à un autre de différent émail. (Voy. BLASON.) — Ornement d'architecture nommé aussi BÂTONS-ROMPUS. (Voy. ce mot.)

CONTRE-CLAVETTE, *s. f.* — Sorte de clavette de renfort qu'on place à côté d'une autre, pour augmenter la force du serrage de deux pièces.

CONTRE-CLEF, *s. f.* — Claveaux ou voussoirs adjacents à la clef d'un arc, d'une voûte, d'une plate-bande. (Voy. CLEF, VOUSSOIR.)

CONTRE-CŒUR, *s. m.* — Partie verticale de la cheminée comprise entre les deux jambages. Elle est adossée au mur sur lequel la cheminée s'appuie; c'est ordinairement un contre-mur en brique, mais on emploie aussi comme contre-cœurs des plaques de fonte ornées. La peinture des contre-cœurs se fait à la colle quand ils sont en construction, et à la plombagine quand ils sont en fonte. La peinture à la colle se fait avec du noir de charbon en poudre et de la colle de peau, une seule couche suffit; mais même lorsqu'on donne une couche de plombagine sur les contre-cœurs en fonte, ils doivent avoir été peints à la colle. — Pour la législation, voy. CONTRE-MUR.

CONTRE-COMPONÉ, *adj.* — Terme de blason. Dont les compons sont disposés à l'inverse des fasces de l'écu. (Voy. BLASON.)

CONTRE-CORNIÈRE, *s. f.* — Bande de fer renforçant une cornière; en construction navale, c'est une pièce de bois qui sert à lier la cornière et les estains.

CONTRE-COUDE, *s. m.* — Second coude en sens inverse d'un premier.

CONTRE-COUDÉ, ÉE, *p. passé.* — Objet coudé en sens inverse d'un autre ou de plusieurs autres coudes. (Voy. FER fig. 1.)

CONTRE-COURBE, CONTRE-COURBURE, *s. f.* — Courbe ou courbure contraire à la forme habituelle; c'est ordinairement une courbe renversée qui termine la partie supérieure d'un arc en tiers-point. Les arcs en accolade sont généralement surmontés de contre-courbes.

CONTRE-EMPOISE, *s. f.* — Pièce de fer ou de fonte qui sépare les tourillons du cylindre à étirer.

CONTRE-FENÊTRE, *s. f.* — Fenêtre placée dans un châssis qui s'ouvre de dedans en dehors, c'est-à-dire en sens inverse des fenêtres ordinaires. C'est une double fenêtre fort en usage sous les climats froids et humides.

CONTRE-FICHE, *s. f.* — Étai placé obliquement pour soutenir une construction ou un mur chancelant ; c'est un étai proprement dit. Le pied de la contre-fiche doit porter sur une semelle nommée *couchis* et être maintenu par une détente et des *rappointis*, ou mieux des *chevillettes ;* sa tête doit porter dans une entaille.

En charpente, c'est une pièce de bois d'un comble placée en arc-boutant et servant à lier les arbalétriers et le poinçon. — Dans les fermes en fer, on nomme les contre-fiches des BIELLES. (Voy. ce mot.)

CONTRE-FIL (A), *adv.* — Un menuisier rabote à *contre-fil* quand il pousse son rabot à rebours du fil du bois.

CONTRE-FORT, *s. m.* — Pilier de pierre ou de maçonnerie élevé en saillie contre un mur, pour lui prêter une plus grande solidité. Appliqués à un mur de soutènement, de quai, de terrasse, ils servent à retenir la poussée des terres, et, dans ce cas, on les nomme aussi ÉPERONS. (Voy. ce mot.)

Les contre-forts dans les édifices de l'époque

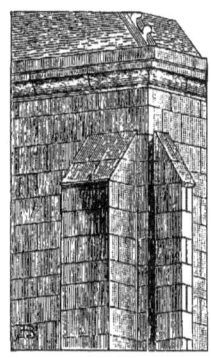

Fig. 1. — Contre-fort du XIIᵉ siècle (1ᵉʳ type).

romane formaient une faible saillie sur les murs, et leurs sommets étaient reliés par des arcatures. On les nommait quelquefois *bandes lombardes*. (Voy. BANDES.) — A l'époque de transition, quand on commença à élever des voûtes en arc de cloître, la place des contre-forts fut indiquée par chaque travée ; à l'époque ogivale, le contre-fort devint un élément caractéristique de ses églises. Au XIIᵉ siècle, le contre-

fort est très-lourd (fig. 1), et pour l'allégir les constructeurs le divisent par des retraites en plusieurs étages (fig. 2) ; ils l'isolent de la construction au XIIIᵉ siècle, mais il est encore lourd et sévère et rappelle les piliers à res-

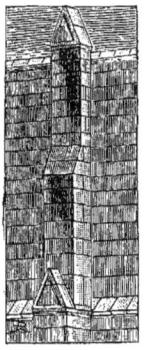

Fig. 2. — Contre-fort du XIIᵉ siècle (2ᵉ type).

sauts du XIIᵉ siècle. Notre fig. 3 représente un des contre-forts de la cathédrale de Chartres,

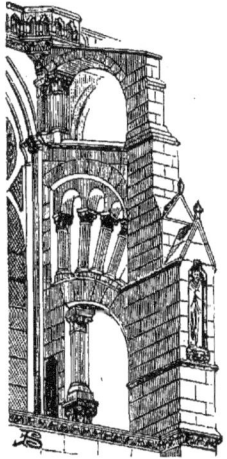

Fig. 3. — Contre-fort de la cathédrale de Chartres.

nous l'avons pris au niveau des arcs-boutants ; nos lecteurs remarqueront que l'arc du milieu est occupé par une série de colonnes disposées comme les rayons d'une roue. Vers la fin du XIIIᵉ siècle, les contre-forts commencent à devenir plus légers pour aboutir à une très-grande élégance au XIVᵉ et au XVᵉ siècle. Leur face et quelquefois leurs flancs sont décorés de colonnettes et de pignons, de moulures et de compartiments, ils sont surmontés de clochetons, de pinacles et de statues. Enfin, au XVIᵉ siècle, la renaissance remplace les contre-forts par des colonnes surmontées de consoles renversées, qui sont loin de présenter autant d'élégance que les contre-forts de l'époque ogivale.

CONTRE-FRUIT. — Voy. Fruit.

CONTRE-GARDE, s. f. — Terme d'architecture hydraulique. Espèce de crèche faite de quartiers de pierre posés à sec au milieu d'une pile de pont.

En termes de fortification, c'est un ouvrage construit autour d'un bastion, d'une demi-lune, etc. On le nommait autrefois couvre-face. Cet ouvrage, en terre ou en maçonnerie, sert à renforcer les parties faibles d'une enceinte; il est construit en avant des bastions et parallèlement à ses faces, d'où son nom ancien de couvre-face. Il sert à mettre le bastion à l'abri des batteries de brèche et forcer l'ennemi à vaincre un obstacle de plus, avant d'arriver.

CONTRE-HERMINE, s. f. — Terme de blason. Fourrure qui est le contraire de l'hermine pour les couleurs. Elle est sable pour le fond et d'argent pour les mouchetures. (Voy. Blason.)

CONTRE-HAUT. — Voy. Contre-bas.

CONTRE-HEURTOIR, s. m. — Fer affectant la forme d'une tête de boulon demisphérique, polygonale ou circulaire, qui reçoit le choc du Heurtoir. (Voy. ce mot.)

CONTRE-IMBRICATIONS, s. m. —

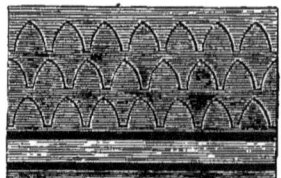

Contre-imbrications.

Ornement en écailles de poisson placées en retraite les unes sur les autres, mais en creux, tandis que les Imbrications (voy. ce mot) sont en saillie.

CONTRE-IMBRIQUÉ, ÉE, adj. — Colonne, pilier, etc., décoré de contre-imbrications.

CONTRE-JAMBAGE, s. m. — Petit mur élevé contre les jambages des fourneaux ou des cheminées de cuisine pour les renforcer.

CONTRE-JAUGER, v. a. — Porter sur la seconde face d'une pièce de bois des lignes tracées déjà sur la première, afin de tracer de mêmes dimensions les joints, les tenons et les mortaises; les charpentiers se servent de compas pour contre-jauger.

CONTRE-JUMELLE, s. f. — Rangée de pavés qui, inclinés et se joignant deux à deux, forment le milieu d'un ruisseau.

CONTRE-LATTES, s. f. — Les contre-lattes sont de deux sortes : celles pour tuiles sont de belles lattes carrées qu'on cloue sur la latte parallèlement aux chevrons; celles pour ardoises sont des chevrons refendus en deux à la scie. Dans beaucoup de pays on emploie les contre-lattes; aujourd'hui, à Paris et dans beaucoup de contrées du Nord, les lattes et voliges remplacent les contre-lattes.

CONTRE-LATTER, v. a. — Garnir de contre-lattes; latter une cloison ou un pan de bois des deux côtés pour les recouvrir en plâtre.

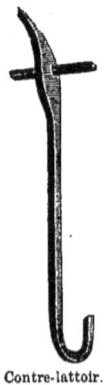

Contre-lattoir.

CONTRE-LATTOIR, s. m. — Instrument

de fer qui sert à soutenir la contre-latte pour son clouage. (Voy. notre fig.)

**CONTRE-LOBES**, *s. m.* — Festons arrondis qui décorent l'intrados de certains arcs. On les nomme *contre-lobes* parce qu'ils sont creux au lieu d'être saillants comme les LOBES. (Voy. ce mot.)

**CONTRE-MAITRE**, *s. m.* — Synonyme de *maître compagnon*, de *chef d'atelier*. Principal ouvrier chargé de la direction d'un atelier. — Le chef d'atelier des serruriers s'appelle *contre-maître* et ne porte pas, comme dans les autres corps d'état, le nom de *maître compagnon*, bien que le compagnonnage se soit conservé chez les ouvriers serruriers.

**CONTRE-MARCHE**, *s. f.* — Partie antérieure et verticale qui dans un escalier forme le devant de la marche. La contre-marche s'enbrève avec la marche; elle mesure ordinairement 0^m,16 à 0^m,17 de hauteur. Certains escaliers n'ont pas de contre-marches. (Voy. MARCHE, ESCALIER.)

**CONTRE-MARQUE**, *s. f.* — Traits (barre, croix, rond, double-croix, etc.) que les charpentiers tracent sur les pièces de bois, à mesure qu'ils les façonnent, afin de les reconnaître plus aisément au moment de l'assemblage.

**CONTRE-MUR**, *s. m.* — Second mur que l'on adosse à un autre mur pour le garantir ou le fortifier. — D'après son étymologie, ce mot indiquerait un mur qui se trouve appliqué après coup contre un autre entièrement construit. Il n'en est rien : on peut bâtir un contre-mur en même temps que le mur sur lequel il est adossé; le contre-mur peut être un mur distinct, ou bien être encastré dans le mur proprement dit.

JURISPRUDENCE ET LÉGISLATION. — L'article 674 du Code civil oblige, dans certains cas, à faire des contre-murs; voici cet article :

Celui qui fait creuser un puits ou une fosse d'aisances près d'un mur mitoyen ou non; celui qui veut y construire cheminée ou âtre, forge, four ou fourneau, y adosser une étable, ou établir contre ce mur un magasin de sel ou des amas de matières corrosives, est obligé de laisser la distance prescrite par les règlements et usages particuliers sur ces objets, ou à faire les ouvrages prescrits par les mêmes règlements et usages pour éviter de nuire au voisin.

Le contre-mur est également indispensable si l'on veut faire passer un aqueduc le long d'un mur, ou bien si on veut y adosser ou y entasser des terres jectisses ou autres, des fers, des pierres, des bois, du fumier, des salpêtres, des débris d'animaux pour les manufactures, ou toutes autres matières corrosives ou susceptibles d'engendrer l'humidité, ou capables de charger et d'endommager le mur. (Lepage, t. 1, p. 122 et suiv.; Desgodets, *Cout. de Paris*, art. 188, 191, 192; Pardessus, *Servitudes*, nos 199 et 200; V. Fournel, *Contre-mur*.)

On doit faire également un contre-mur lorsqu'on veut construire à la limite de deux héritages qui ne sont pas de niveau. — Voy. MITOYEN (*Mur*).

L'épaisseur, l'élévation, la composition, les fondations, en un mot les règles et les conditions de construction d'un contre-mur ne sont pas indiquées dans le Code; il faut donc se conformer sur ces divers points aux usages, aux coutumes et aux règlements de chaque localité; mais on admet assez généralement et suivant le cas une épaisseur de 0^m,22, des fondations de 0^m,65 de profondeur et une élévation égale à celle de la masse des objets que le contre-mur doit soutenir ou écarter. (Lepage, t. 1, p. 122 et suiv., et 160; Pothier, *de la Société*, n° 211; Pardessus, nos 199, 200.)

Pour les fosses d'aisances, le contre-mur aura 0^m,32. La distance entre un puits et une fosse d'aisances sera de 1^m, 30, compris les murs de la fosse et du puits; entre deux puits, 1 mètre pour le moins. (C. P., 191.)

Qui fait étables, ou autres choses semblables, contre un mur mitoyen, doit faire contre-mur de 0^m,22 d'épaisseur, de hauteur jusqu'au rez-de-chaussée de la mangeoire. (C. P., 188.)

Le contre-mur pour cheminées et âtres sera en tuileaux ou matériaux de même nature et aura 0^m,16 d'épaisseur. (C. P., 189.)

Qui veut faire forges, fours et fourneaux, contre un mur mitoyen, doit laisser 0ᵐ,16 de vide et intervalle entre-deux du mur du four et forge, et doit être ledit mur de 0ᵐ,32 d'épaisseur. (c. r., 190.)

A qui incombent les frais de construction du contre-mur ? Ils sont à la charge de celui qui établit l'ouvrage qui rend l'établissement du contre-mur' nécessaire.. Le voisin n'y doit contribuer en quoi que ce soit, encore que l'ouvrage lui profiterait indirectement. — Cependant si des constructions nécessitant le contre-mur étaient faites l'une contre l'autre par les deux propriétaires mitoyens, « la maçonnerie séparative formerait un ensemble dont chacun aurait sa part. » (Lepage, t. 1, p. 131 ; Frémy-Ligneville, t. 2, n° 617.)

Le contre-mur doit-il être incorporé au mur ? Les avis des jurisconsultes sont fort partagés sur ce point. Lepage fait observer qu'à moins d'usage contraire, le propriétaire du mur peut toujours s'opposer à l'incorporation. Goupy soutient que l'incôrporation du contre-mur est avantageuse, et doit avoir lieu dans l'intérêt du mur lui-même. Desgodets, Fournel et Merlin enseignent au contraire qu'on doit, en général, éviter d'incorporer au mur le contre-mur, afin que les réparations ou le remplacement de celui-ci puisse s'opérer sans arrachement ni altération du mur. Nous sommes de cet avis ; mais nous ajouterons cependant qu'il y a lieu de distinguer suivant les cas. Ainsi nous estimons qu'il n'y a pas lieu d'incorporer le contre-mur quand il ne constitue qu'une simple séparation et qu'il n'a pas à supporter de charge ; dans le cas contraire, si le contre-mur a pour objet de soutenir, de réconforter le mur, de l'aider à supporter la charge des terres supérieures ou la retombée de voûtes de caves, il est, selon nous, indispensable d'incorporer au mur le contre-mur ; c'est une simple appréciation qui tombe sous le sens. Du reste, n'avons-nous pas vu dans la pratique des contre-murs collés à des murs qui laissaient glisser ceux-ci par suite d'un tassement ; ce qui n'aurait pas eu lieu si le mur et le contre-mur eussent été incorporés et solidaires l'un de l'autre. — Nous ne pouvons discuter ici plus longuement la question si compliquée du contre-mur ; nous renverrons le lecteur aux autres mots de ce dictionnaire qui traitent aussi du contre-mur, à FOSSE D'AISANCES, PUITS, ÉTABLE, MITOYEN (*Mur*), etc., ainsi qu'aux auteurs suivants : Desgodets, *Coutume de Paris*, art. 188, n° 7, et art. 191, n° 1 ; Merlin, *Rép.*, v° *Contre-mur* ; Pardessus, t. 1, n° 200 ; Lepage, t. 1, p. 129 ; Toussaint, n° 984 ; Frémy-Ligneville, t. 2, n° 616.

**CONTRE-PANNETON**, *s. m.* — Platine évidée destinée à recevoir les pannetons d'une espagnolette ou d'un verrou à pignon. Il y a des contre-pannetons de divers genres et qui sont semblables aux AGRAFES. (Voy. ce mot, § *Serrur.*)

**CONTRE-PASSE** (SCIER À), *v. a.* — Terme de marbrerie. C'est débiter le marbre par tranches prises sur la hauteur du bloc.

**CONTRE-PILASTRE**, *s. m.* — Partie d'un pilastre qui flanque à droite et à gauche et quelquefois d'un seul côté un pilastre plus saillant.

**CONTRE-POIDS**, *s. m.* — Objet de fer, de fonte ou de plomb, ayant la forme d'un saucisson, qui sert à exercer une pesée pour relever des rideaux de cheminée, des doubles châssis, des fermetures de guichet dans des caisses de paiements, etc. A cause de sa forme, les ouvriers le nomment simplement *saucisson*.

**CONTRE-POSEUR**, *s. m.* — Ouvrier qui aide le poseur à recevoir les pierres de la grue ou de la chèvre et à les mettre en place après le montage ; le contre-poseur se nomme également PINCEUR. (Voy. ce mot.)

**CONTRE-PROFIL**, *s. m.* — Moulure exactement semblable à une autre comme profil, mais taillée d'une façon opposée, c'est-à-dire que le contre-profil s'emboîte dans le profil. C'est aussi un profil qui se retourne sur les flancs d'un même profil plus saillant.

**CONTRE-PROFILÉ**, ÉE, *p. pass.* — Se dit d'un membre d'architecture ou d'un objet, dont le profil de la face principale se retourne sur les flancs. Les marches d'escaliers dits à *l'anglaise* sont contre-profilées. — C'est aussi une pièce de bois entaillée de manière que les creux reçoivent les moulures qui sont en relief.

**CONTRE-RETABLE**, *s. m.* — Partie supérieure d'un rétable, elle est occupée par un tableau ou un bas-relief. Les rétables n'existent qu'aux autels adossés.

**CONTRE-REVERS**, *s. m.* — Côté du ruisseau opposé au plus large dans une chaussée creuse.

**CONTRE-RIVURE**, *s. f.* — Petite plaque de fer ou de cuivre, petite rondelle que l'on met entre le bois et une rivure.

**CONTRESCARPE**, *s. f.* (Arch. milit.) — Paroi extérieure d'un fossé opposée à l'escarpe ou rempart. Elle est beaucoup plus rarement revêtue de maçonnerie que l'escarpe, qui est la paroi la plus importante, et quand elle a un revêtement, il est traité de même que l'escarpe et autres murs de revêtement ou de soutènement. (Voy. Chemin couvert et Mur.)

**CONTREVAIR**, *s. m.* — Terme de blason. *Vair*, où la pointe des petites pièces d'azur est opposée à la pointe des pièces de même couleur, et la pointe des pièces d'argent est opposée à la pointe des pièces d'argent, d'où l'adjectif *contrevairé*, c'est-à-dire chargé de contrevair. (Voy. Blason.)

**CONTREVALLATION**, *s. f.* (Arch. milit.) — Fossé et retranchement qu'on fait autour d'une place assiégée pour lui couper toutes les communications avec le dehors.

**CONTREVENT**, *s. m.* — Volet en bois ou en fer placé à l'extérieur des baies de croisée. — En charpente, c'est une pièce de bois qui sert à consolider la charpente des beffrois; dans une charpente de comble, ce sont des pièces posées obliquement dans la longueur de celui-ci; elles vont du poinçon au faîtage, elles empêchent le déversement des fermes qu'elles con-

*trevent*, d'où le terme de *contreventement* pour exprimer le résultat obtenu par ces contrevents.

**CONVENTIONNELS.** — Voy. Signes et Teintes conventionnels.

**CONVEXE**, *adj.* — Qui présente une courbure en saillie.

**COORDONNÉES**, *s. f. pl.* — Terme de géométrie. Système de lignes droites ou courbes qui servent à déterminer un point, soit sur une surface, soit dans l'espace.

**COPAL**, *s. m.* — Résine qu'on tire par incision de divers arbres; elle entre dans la composition des beaux vernis dits *vernis copal*.

**COPEAU**, *s. m.* — Ruban de bois enlevé par le fer tranchant d'un outil. — En serrurerie, ce sont de petits rubans de fer qu'enlève l'outil du tourneur, ou la machine à raboter. — Les treillageurs nomment ainsi de petites pièces de bois refendues, très-minces, qu'ils dressent et unissent avec la *plane*. Les copeaux leur servent à faire des fleurs et autres ornements de leurs treillages.

**COQ**, *s. m.* — Arrêt de charnière-briquet. (Voy. Charnière.)

**COQUE**, *s. f.* — Enveloppe d'une Ove. (Voy. ce mot.)

**COQUILLE**, *s. f.* — Ornement d'architecture et de sculpture qui imite les enveloppes calcaires des mollusques testacés. La renaissance a beaucoup employé cet ornement, soit pour des cartouches, soit dans les culs-de-four des niches. — En serrurerie, on appelle verrou à coquille celui dont le *poucier* a la forme d'une coquille.

**Coquille d'escalier.** — Dans un escalier à vis, c'est le dessous des marches qui tourne en colimaçon et porte leur délardement; d'où l'expression *escalier en colimaçon*.

**COQUILLEUX, SE, COQUILLIER,**

ÈRE, *adj.* — Qui renferme des coquilles. Il existe des roches, des pierres coquilleuses, ou coquillières. Les parements de ces pierres sont troués par l'incrustation de petites coquilles.

CORBEAU, *s. m.* — Forte saillie de pierre, de bois, ou de fer, destinée à supporter divers objets, des poutres, des corniches, des arcatures, etc. Les modillons des corniches de l'époque romane et de celle de transition au style ogival ont reçu le nom de corbeaux, quoique ce ne soient que de véritables modillons. On a également donné à tort le nom de *corbeaux* à des encorbellements, profilés ou sculptés, qui supportent la retombée des nervures de voûtes ou celle de colonnettes engagées : ce sont des CULOTS. (Voy. ce mot.) Du reste, ceux-ci diffèrent essentiellement des corbeaux au point de vue de la construction, car ils sont ordinairement pris dans une pierre d'assise, tandis que le corbeau est toujours formé d'une pierre distincte, souvent de qualité différente. Cette pierre forme parpaing dans le mur, et la longueur de sa queue

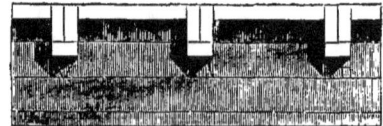

Fig. 1. — Corbeaux-modillons.

est motivée par la nécessité de faire équilibre à la partie saillante qui reçoit une charge quelconque.

Les corbeaux-modillons (fig. 1) sont d'un emploi très-fréquent aux XIᵉ et XIIᵉ siècles : ils soutiennent la table en encorbellement qui compose presque à elle seule les corniches de cette époque ; mais il y a lieu d'observer ici qu'il ne faut pas confondre ces corbeaux-modillons avec les consoles formant des MACHICOULIS. (Voy. ce mot.)

Il existe une très-grande variété dans les corbeaux de corniche ; cependant on peut, sous le rapport de la décoration, les grouper en cinq divisions : 1° ceux profilés de moulures, décorés de feuillages ou autres détails employés en architecture ; 2° ceux décorés de pièces héraldiques ou de combinaisons géomé-

triques ; 3° ceux chargés de représentations animales ; 4° ceux chargés d'outils, d'instruments ou d'objets mobiliers, etc.; 5° ceux dont la décoration comporte des sujets bizarres et fantastiques, n'ayant pas d'analogues dans la nature. — Les motifs les plus fréquents sont : dans la première classe, les gorges, tores, pointes

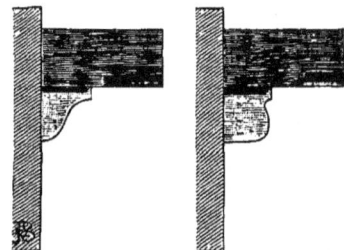

Fig. 2. — Corbeaux en forme de consoles.

de diamants, etc.; dans la seconde classe, les chevrons, frettes, losanges, hexagones, etc.; dans la troisième, des têtes grimaçantes avec de longues oreilles et même le corps entier de certains animaux ; dans la quatrième classe, des maillets ou marteaux, des tonneaux, vases, bouteilles, etc.; quant à la cinquième classe, les sujets y sont si divers et si bizarres qu'il n'est pas possible de les dénommer.

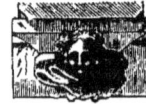

Fig. 3. — Corbeau en pierre (face).

Les corbeaux supportant les portées de pièces de charpente (fig. 2), qu'on pourrait appeler *corbeaux-consoles*, pour les distinguer des précédents, se trouvent à l'intérieur des clochers, sous les charpentes des BEFFROIS. (Voy. ce mot.) Ces charpentes ne sont jamais scellées dans les murs et portent uniquement sur des corbeaux. On retrouve encore ce dernier genre de corbeaux à l'intérieur des édifices sous la portée des poutres, sous les lambourdes longeant les murs, etc. Leur forme la plus fréquente est celle indiquée par nos figures 3 et 4. Quelquefois, on les double, on les triple pour obtenir plus de solidité. Ils furent également sculptés, dès le XIIIᵉ siècle, en forme de figures accroupies ou de *marmousets* (voy. ABOUT, fig. 2), principalement lorsqu'ils étaient en bois. D'autres fois ces corbeaux faisaient partie d'une colonne engagée ou d'un pilastre, dont ils constituaient en quelque sorte le

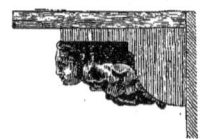

Fig. 4. — Corbeau en pierre (profil).

chapiteau. Il existe dans des monuments du XIIIᵉ au XIVᵉ siècle des chapiteaux de colonnes isolées recevant la retombée des nervures de voûtes et formant ainsi corbeaux. Ce système

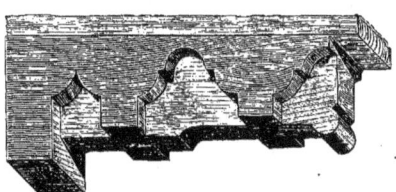

Fig. 5. — Corbeau en bois à Palerme (Sicile).

de construction est vicieux, surtout lorsque l'about de la pièce de bois pose sur la seule saillie et ne porte pas sur le mur, car dans ce cas la charge provoque le bouclement des

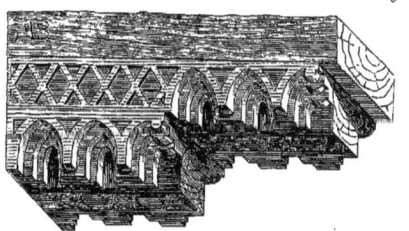

Fig. 6. — Corbeau en bois à Palerme (Sicile).

murs. Ce système est seulement applicable aux charpentes de beffroi, pour lesquelles on doit éviter tout scellement ou solidarité dans les murs, à cause de l'ébranlement considérable que cause le branle-bas des cloches ; mais dans les clochers l'épaisseur et la solidité des murs empêchent jusqu'à un certain point leur bouclement.

Dans les planchers où les poutres sont apparentes, leur about porte souvent sur des corbeaux en bois sculptés, souvent décorés avec beaucoup de richesse ; nous citerons comme des modèles dans ce genre des corbeaux-consoles existant à Palerme (Sicile). Nos fig. 5 et 6 en donnent une fidèle reproduction.

Les corbeaux n'ont pas toujours eu la mission de soulager uniquement la portée des poutres ; on les a utilisés également sous les linteaux des baies monolithes rectangulaires, principalement à l'époque romane et dans les premiers temps du style ogival. Ils commencent à devenir rares pour cet usage au XIVᵉ siècle. — Pour la jurisprudence, voyez MITOYEN (*Mur*).

CORBEILLE, *s. f.* — C'est la partie du chapiteau comprise entre l'astragale et le tailloir, c'est pour ainsi dire l'âme, le noyau du chapiteau, abstraction faite des ornements qui le décorent. On pourrait également donner à ce chapiteau, comme le font les Anglais, le nom de *cloche*. Dans les édifices ou parties d'édifice qui ne pouvaient se prêter à la décoration, on trouve au moyen âge des chapiteaux dont la corbeille est sans ornements. La dénomination de *corbeille* est tirée de la forme que présente le chapiteau corinthien, et elle n'existe que dans celui-ci et dans les chapiteaux qui en dérivent. — Dans l'antiquité et dans des époques plus rapprochées de nous, alors que les chapiteaux conservaient les principes du corinthien pur, leur corbeille garda la forme typique qui lui valut son nom grec (κάλαθος), mais à partir du XIᵉ siècle, et surtout du XIIᵉ, cette forme varia beaucoup suivant les styles et les différentes époques. — C'est ainsi que, depuis le XIᵉ siècle jusqu'au retour aux ordres antiques, la corbeille des chapiteaux a affecté la forme *cylindrique, cubique, conique* (cône tronqué et renversé), *cordée* (en cœur), *pyramidale* (pyramide tronquée et renversée), *urcéolée*, c'est-à-dire étranglée, resserrée dans son milieu ; *campanulée*, en forme de cloche ; *infundibuliforme*, en forme d'entonnoir ; *godronnée*, ornée de godrons ; *scaphoïde*, en forme de nacelle. Les premières formes datent de l'époque romane, les autres se sont successivement révélées aux XIIIᵉ, XIVᵉ et XVᵉ siècles. ( Voy. CHAPITEAU.)

CORBIN (Bec de). — Voy. Bec et Parterre.

CORDAGE, *s. m.* — Toute corde qui sert dans un chantier. Les cordages sont fort employés dans la construction des édifices par les maçons, les charpentiers, parfois aussi par d'autres ouvriers, mais accidentellement. — Suivant leur grosseur, les cordages prennent le nom de *câbles*, *câbleaux*, *cordages à main* ou *troussières*, *cordeaux* ou *lignes*. Chacun de ces cordages est ordinairement affecté à un usage particulier. — Les graves accidents que peuvent entraîner des cordages de mauvaise qualité font que les entrepreneurs, les chefs de chantiers et les ouvriers doivent s'assurer, chacun en ce qui les concerne, de leur bonne qualité, s'ils sont neufs; et de leur état, s'ils ont déjà servi. Les bons cordages sont ordinairement durs et souples tout à la fois, on reconnaît facilement leur plus ou moins belle qualité à leur aspect argentin, de couleur gris-perle, ensuite verdâtre et puis jaune; s'ils sont de couleur foncée très-brune, c'est que le chanvre a été trop roui, dans cet état il a trop fermenté et commence à pourrir ; s'ils sont tachetés de brun ou de points roses ou verdâtres, c'est que le chanvre a été trop mouillé, et les parties brunes sont ordinairement pourries. Pour cacher ces défectuosités, les cordiers trempent les cordes dans du tan, ce qui d'après eux les préserve de la pourriture; cela est très-vrai, mais en général il faut acheter les cordages dans leurs tons naturels, car c'est le plus sûr moyen de n'être pas trompé sur leur qualité. Ils doivent aussi être considérés comme défectueux quand ils sont cotonneux avant d'avoir servi, quand ils renferment des esquilles et des chènevottes, ou que les torons sont inégalement tordus et possèdent des étranglements.

L'âme que l'on place quelquefois à l'intérieur des cordages, pour en augmenter la grosseur, a l'inconvénient de les échauffer, et par suite de les pourrir, quand ils ont absorbé de l'eau. En général, il faut éviter de se servir de tout cordage sentant le moisi, l'échauffé, et *à fortiori* le pourri. Les meilleurs cordages se fabriquent avec des chanvres provenant de la Russie, de la Suisse, de l'Alsace et de la Haute-Italie.

D'après les expériences de Duhamel, D et C étant respectivement en centimètres le diamètre et la circonférence d'une corde blanche en chanvre, le poids capable de rompre cette corde est moyennement égal à 400 $D^2$ ou 4,5 $C^2$ kilogrammes : ce qui revient à environ 5 kilogrammes, par millimètre carré de section. D'après diverses expériences, il résulte que les cordes rompent de préférence aux points d'attache ou d'enroulement et aux nœuds; elles cèdent au bout de quelques heures sous des efforts plus faibles que ceux qu'elles auraient supportés pendant quelques minutes. Ces mêmes expériences déterminent la résistance des cordes par millimètre carré de section; mais, dans la pratique, on ne doit pas leur faire supporter plus de la moitié de la charge indiquée par les formules. Dans tous les cas, la rupture est toujours précédée par un commencement de torsion et par un allongement qui est, en moyenne, d'un sixième de la longueur primitive. Pour la moitié de la charge de rupture, quantité à laquelle on se borne dans la pratique, cet allongement n'est que d'environ un dixième.

La résistance d'une corde goudronnée n'est que les deux tiers ou les trois quarts de celle d'une corde blanche de même diamètre et d'un même nombre de torons; ces cordes absorbent en goudron un sixième de leur poids.

La résistance des cordes mouillées n'est que d'environ le tiers de celle des cordes sèches, parce que l'humidité dont la corde est imprégnée facilite le glissement des fils et des torons les uns sur les autres; c'est pourquoi le graissage, au moyen d'huile, de savon ou de suif, est préjudiciable à la durée des cordes et à leur résistance.

Selon qu'une corde s'allonge d'un septième ou d'un cinquième sous la charge de rupture, son diamètre diminue d'un quatorzième ou d'un septième.

Une corde sèche, en se mouillant, perd d'un trentième à un vingtième de sa longueur primitive; ce raccourcissement, quelque faible qu'il puisse paraître au premier abord, a déjà causé beaucoup d'accidents dans les chantiers ; il faut donc en tenir compte dans l'emploi des cordes très-longues, sujettes à être accidentellement et subitement mouillées par une forte averse.

Étudions maintenant la raideur des cordes au point de vue de la résistance. Lorsqu'on surmonte une résistance Q au moyen d'une corde qui s'enroule sur une poulie ou sur un tambour, en outre de Q, la puissance P doit vaincre une résistance R, due à la raideur de la corde, c'est-à-dire à la difficulté que l'on éprouve pour infléchir cette corde. Il résulte des expériences de divers praticiens que R est inversement proportionnel au diamètre de la poulie, et qu'on a ( D étant le diamètre de la poulie ou du tambour ) : A, quantité ou raideur constante pour une même corde ; BQ, quantité ou raideur variable proportionnelle à Q ;

$$R = \frac{1}{D} (A + BQ).$$

En discutant les résultantes ci-dessus rapportées, M. le général Morin a conclu que :

1° Pour les cordes en chanvre non goudronnées, dites *cordes blanches*, sèches ou imbibées d'eau, en bon état, A et B varient à peu près proportionnellement au carré du diamètre de la corde ;

2° Que, pour ces mêmes cordes à demi usées, A et B varient à peu près proportionnellement comme les puissances 1, 5, c'est-à-dire comme les racines du carré du diamètre des cordes ;

3° Que, pour les cordes goudronnées, B est proportionnel au nombre des fils du carré de la corde.

De cette discussion, M. Morin a conclu les formules suivantes, dans lesquelles $n$ désigne le nombre des fils de la corde :

1° Cordes blanches :

$$A = (0,000297 + 0,000245\, n)\, n\, ;$$
$$B = 0,000363\, n :$$

d'où :

$$R = \frac{1}{D} (0,000299 + 0,000245\, n)\, n$$
$$+ 0,000363\, nQ \text{ kilogr.}$$

2° Cordes goudronnées :

$$A = (0,0014575 + 0,000346\, n)\, n\, ;$$
$$B = 0,0004181\, n :$$

d'où :

$$R = (0,0014575 + 0,000346\, n)\, n$$
$$+ 0,0004181\, nQ \text{ kilogr.}$$

Supposons qu'on veuille connaître la résistance due à la raideur d'une corde blanche neuve de $0^m,0254$ de diamètre, s'enroulant sur une poulie de $0^m,40$ de diamètre et élevant un poids de 500 kilogrammes.

Remplaçant dans la première formule les lettres A et B par leur valeur correspondante, on a, en faisant $D = 0,40$ et $A = 500$ :

$$R = \frac{1}{0,40} (0,5787504 + 0,017424 \times 500) = 25 \text{ kilogr. } 26.$$

Les cordes blanches imbibées d'eau ont une raideur sensiblement plus grande que quand elles sont sèches, surtout lorsque leur diamètre est un peu fort.

On diminue beaucoup la raideur des cordes en les imprégnant d'un corps gras ou en les frottant de savon, mais nous avons vu que ce moyen diminue beaucoup leur résistance.

CORDE, *s. f.* — Ligne droite sous-tendant un arc. — C'est aussi un tortis fait de matières textiles, mais principalement de chanvre.

CORDE A NŒUDS. — Grosse corde à laquelle on fait des nœuds. Ce genre de corde est employé dans les travaux du bâtiment par les fumistes, les couvreurs, les peintres, les badigeonneurs, pour exécuter des travaux sur des murs de façade. Les nœuds servent à grimper après la corde à l'aide de crochets, des *étriers* ou jambières ; et, une fois arrivé à une hauteur voulue, les mêmes nœuds servent avec les mêmes crochets à arrêter la sellette sur laquelle l'ouvrier est assis. Pour les travaux des clochers, les ouvriers emploient une corde à nœuds plus légère, qu'on nomme *fouet*.

CORDEAU, *s. m.* — Petite corde dont se servent les charpentiers pour *battre* la ligne, c'est-à-dire pour tracer des lignes droites sur les pièces de bois. Le cordeau, qu'on nomme également *ligne*, est frotté d'une poudre colorante, blanche, noire ou rouge ; on tend le cordeau entre les deux extrémités de la ligne à tracer, on soulève légèrement dans un plan perpendiculaire à la face de la ligne à tracer : la corde en frappant le bois détache de la poudre colorante qui marque le trait. (Voy. BATTRE.)

Les jardiniers emploient également le cordeau pour tracer des allées à l'aide de piquets.

CORDELIÈRE, *s. f.* — Baguette sculptée en forme de grosse corde. Cet ornement a été très-employé à l'époque romane. (Voy. CABLE et les figures de ce mot.)

CORDON, *s. m.* — Assise de pierre saillante et généralement taillée en gros tore, le cordon diffère du bandeau en ce qu'il n'indique pas toujours un plancher, un étage, une arase. Cependant dans les murs de revêtement et de soutènement, le cordon se trouve placé au sommet du mur dont il forme l'arase; dans ce cas, il indique la ligne de démarcation entre le mur lui-même ou la hauteur du sol et le parapet.

En serrurerie, ce terme sert à désigner l'ensemble des pièces nécessaires au tirage d'une sonnette, fils de fer ou de laiton, cordon proprement dit, bascule, mouvement, ressort de rappel, aile de mouche, etc.

CORDON DE PORTE-COCHÈRE. — Ensemble des pièces faisant ouvrir cette porte.

CORINTHIEN (ORDRE). — Un des ordres d'architecture, le plus riche et le plus orné; il est décoré de feuilles d'acanthe, de laurier, de persil, d'olivier, etc. (Voy. ORDRE et CHAPITEAU.)

CORMIER, *s. m.* — Cet arbre, de la famille des rosacées, se nomme également *sorbier cultivé*; sa hauteur varie de 15 à 30 mètres. Son bois, fin, dur et compacte, de couleur rougeâtre, est fort estimé pour les rouages et autres parties de la charpenterie des machines. Il sert aussi à monter les outils du menuisier; il fournit des fûts de varlopes, de rabots, de bouvets, etc. La racine du cormier est employée pour faire des manches de couteaux et des cuillers de cuisine.

CORNADIS, *s. m.* — Les ruminants gas-

pillent beaucoup leur nourriture; aussi, pour éviter cette déperdition qui parfois est considérable, on emploie un agencement particulier de mangeoire, nommé *cornadis*, qui fait réaliser de notables économies à l'éleveur.

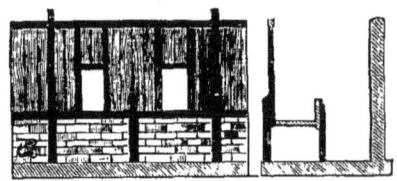

Fig. 1. — Cornadis à cloison pleine (face et profil).

Cet agencement oblige l'animal qui veut prendre sa nourriture à passer le cou à travers une fenêtre pratiquée dans une cloison pleine ou ajourée. Or, comme la mangeoire se trouve immédiatement au-dessous de cette

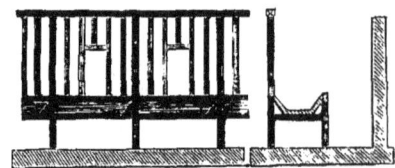

Fig. 2. — Cornadis à claire-voie (face et profil).

cloison, l'animal, en mangeant, ne peut fouler aux pieds sa nourriture, car celle qui s'échappe de ses dents tombe dans l'auge.

On a diversement construit les cornadis; nos figures donnent de face et de profil deux types : l'un (fig. 1) est une cloison pleine, tandis que l'autre (fig. 2) est une cloison à claire-voie. — Nos profils montrent le couloir de service par lequel on donne la nourriture aux animaux.

CORNE D'ABAQUE, *s. f.* — Encoignure à pans coupés du tailloir d'un chapiteau corinthien ou composite. Le chapiteau ionique possède également des cornes, et même le centre de la volute porte quelquefois une petite corne. Citons comme exemple le chapiteau du forum triangulaire de Pompéi. (Voy. CHAPITEAU, fig. 14.)

CORNE DE VACHE, *s. f.* — Espèce de voussure servant à évaser l'ouverture d'un tunnel, mais surtout d'une arche de pont; c'est une construction formée d'une partie de voûte d'un seul côté et servant à porter un mur en porte à faux; on dit aussi *corne de bœuf*, mais ce terme est bien moins usité.

CORNE (Ouvrage à). — Voy. MILITAIRE (*Architecture*).

CORNETTE, *s. f.* — Fer méplat, incrusté dans l'encoignure d'un bâtiment pour la protéger contre le choc des essieux des véhicules.

CORNICHE, *s. f.* — Ce terme, dérivé du grec κορωνίς (faîte, sommet, couronne), désigne en effet un membre saillant d'architecture qui sert à couronner le faîte, le sommet d'un bâtiment quelconque. La corniche reçoit le pied des chevrons du comble et abrite en même

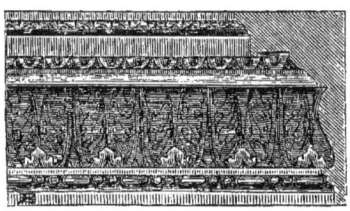

Fig. 1. — Corniche intérieure (1ᵉʳ type).

temps la face du mur inférieur. Par extension, on a appliqué ce nom à tout ornement en saillie composé de moulures, ornant une salle ou servant de couronnement à une face, en-

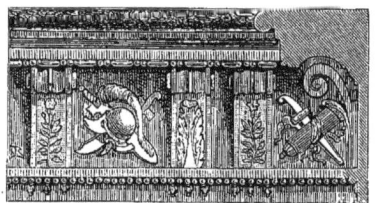

Fig. 2. — Corniche intérieure (2ᵉ type).

fin se trouvant sur un endroit quelconque d'un parement apparent et formant une ligne saillante d'architecture. (Voy. fig. 1 et 2.)

Les dispositions et la composition des corniches sont soumises à certaines règles presque invariables; car, faisant partie intégrante de l'entablement des ordres d'architecture, elles

ont des proportions déterminées. (Voy. ENTABLEMENT et ORDRES.) Mais, alors même qu'il s'agit de couronner un édifice qui n'est pas décoré d'ordres d'architecture, il faut prendre

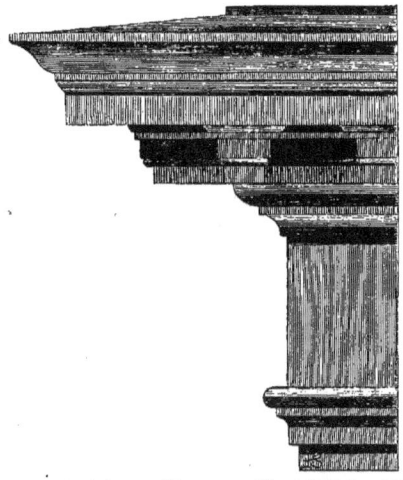

Fig. 3. — Corniche complète avec modillons, frise et architrave.

en considération la hauteur de l'édifice, sa décoration et son caractère. La hauteur de l'édifice, qu'on divise en un certain nombre de parties, sert à établir la proportion générale de la corniche. Ainsi, aux palais Farnèse et Massimi, Michel-Ange, Vignole et Peruzzi

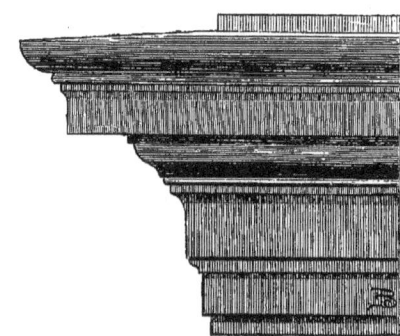

Fig. 4. — Corniche architravée (1ᵉʳ type).

ont pris pour proportion de leur corniche le vingt-quatrième de la hauteur totale de la façade, proportion qui peut paraître un peu faible, mais que ces architectes semblent avoir adoptée d'après celle de la grande corniche extérieure du Panthéon, qui n'a que le vingt-sixième de la hauteur totale du monument.

Dans plusieurs palais de Palladio et de Scamozzi, la proportion, qui est d'environ un vingtième, est en général d'un effet satisfaisant. Ainsi, d'après les autorités que nous venons de citer, la hauteur de la corniche d'un édifice sans ordres d'architecture peut être fixée entre un dix-huitième et un vingt-unième de la hauteur totale du monument. — Quant à la composition et à la décoration de la corniche, elles doivent être en harmonie avec le caractère imprimé au monument.

Sur une façade il ne doit exister qu'une corniche ; c'est un contre-sens d'en mettre une à

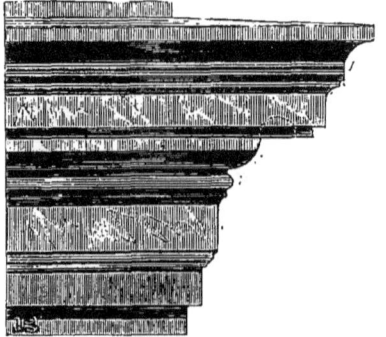

Fig. 5. — Corniche architravée (2e type).

chaque étage ; on doit séparer ceux-ci par des BANDEAUX (voy. ce mot) d'un profil simple et peu saillant.

Les corniches intérieures doivent suivre une progression de richesse bien entendue ; et, comme en pareil cas ce sont des lignes décoratives plutôt que de véritables corniches, elles ne doivent avoir une forte saillie que dans les appartements élevés.

CORNICHE ARCHITRAVÉE, celle qui se lie directement à l'architrave et qui n'a pas de frise (fig. 4 et 5).

CORNICHE EN CHANFREIN, celle qui n'est pas moulurée, qui est simplement épannelée.

CORNICHE CINTRÉE, celle qui se contourne en cintre, en arcade.

CORNICHE CONTINUE, celle qui dans toute son étendue n'est arrêtée par aucun ressaut ou n'est coupée par aucune baie.

CORNICHE COUPÉE, celle qui est interrompue, coupée dans son parcours.

CORNICHE RAMPANTE, celle qui suit un fronton aigu ; si le fronton était circulaire, ce serait une *corniche cintrée*.

CORNICHES VOLANTES, corniches en bois rapportées.

CORNIER (POTEAU), *s. m.* — Le qualificatif de *cornier* s'applique à tout objet placé à une encoignure ou sur une arête. Tel est dans un pan de bois le cas des *poteaux corniers*, pièces qu'il ne faut pas confondre avec les poteaux de fond. (Voy. POTEAU.) Les premiers sont toujours placés sur un angle, saillant ou rentrant. Quant au mode de construction des poteaux corniers, il est absolument le même que celui des poteaux de fond ; nous renverrons donc le lecteur à l'article cité ci-dessus.

Au moyen âge surtout, pendant le XVe et le XVIe siècle, alors que les maisons en bois étaient nombreuses et richement décorées de sculptures, les poteaux corniers par leur position et leur importance dans la construction reçurent ordinairement une ornementation plus riche que les autres parties de la façade et figurèrent assez souvent l'arbre généalogique dit de Jessé, tel que celui qu'on voit à Paris, à l'angle de la rue des Prêcheurs.

Aujourd'hui, dans les constructions en pans de bois, les poteaux corniers sont armés d'équerres en fer dont les branches sont clouées et boulonnées sur les sablières et les chapeaux.

CORNIÈRE, *s. f.* — Fer laminé dont le profil est un angle droit, dont les côtés ou branches sont égales ou inégales. Il y a des

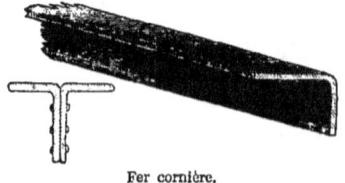

Fer cornière.

cornières dont l'angle intérieur est à vive arête, d'autres sont renfoncées d'un congé. Les fers cornières rendent de très-grands services, car leur emploi dans les constructions est très-multiple ; mais ils sont surtout employés pour réunir des plaques de tôle pour faire des poitrails et des poutres en fer. L'assemblage des fers cornières et des tôles se fait à l'aide de rivets. (Voy. not. fig.)

En couverture, on nomme *cornière* une rangée de tuiles, à la jonction de deux pentes de toit, qui sert à l'écoulement des eaux pluviales; dans les couvertures en plomb, en zinc, en ardoise, la rangée de tuiles est remplacée par un canal de plomb qui suit la pente de l'angle formé par la jonction des deux pentes.

**COROLLITIQUE.** — Voy. COLONNE.

**CORPORATION**, *s. f.* — Réunion d'individus appartenant au même métier; anciennement on la nommait *maîtrise*. Pour devenir maître, il fallait avoir été *compagnon* (voy. COMPAGNONNAGE) et avoir produit un CHEF-D'ŒUVRE. (Voy. ce mot.)

**CORPS**, *s. m.* — Toute partie de construction qui par sa saillie excède le nu du mur ; si cette partie est un corps de logis très-saillant, on le nomme AVANT-CORPS. (Voy. ce mot.) On nomme *corps de fond* tout corps partant du pied d'une construction, qu'il s'élève ou non avec *empatement* et *retraite*.

CORPS DE BATIMENT, un bâtiment seul et isolé ou compris dans un ensemble.

CORPS DE GARDE, un petit bâtiment destiné à loger des soldats de garde. Ce local est situé à rez-de-chaussée, il est généralement isolé, il contient une chambre d'officier, une salle avec lits de camp pour les gardes et deux petites pièces, servant de violon, l'un pour les hommes, l'autre pour les femmes qu'on a pu arrêter.

CORPS DE LOGIS, partie d'un bâtiment isolé ou attenant à un autre qui sert de logement.

**CORRECTE**, *s. m.* — Nom du chef d'atelier, du commis des menuisiers, et qui correspond au *gâcheur* des charpentiers. Comme ce dernier, le correcte doit connaître le travail pratiquement, et pour cela il doit avoir travaillé comme compagnon pendant un certain temps. De même que le gâcheur, le correcte doit être versé dans la géométrie élémentaire ;

il doit également connaître le trait de charpente et de menuiserie, puisque c'est lui qui trace les épures et qui en surveille l'exécution et l'application à l'atelier.

**CORRIDOR**, *s. m.* — Galerie longue et étroite, ou large allée, qui sert de dégagement à une série de pièces ou à plusieurs appartements.

**CORROI**, *s. m.* — Enduit de terre glaise ou de chaux et de ciment que l'on emploie contre les infiltrations dans les travaux hydrauliques, tels que bassins, réservoirs, aqueducs.

La couche de corroi dont on garnit aussi les fonds des canaux, rivières artificielles, viviers, etc., s'oppose par son impénétrabilité aux infiltrations des eaux. La matière préparée et non encore employée porte également le nom de *corroi*.

L'épaisseur des corrois varie suivant la nature du sol destiné à les recevoir, suivant aussi la hauteur et par conséquent le poids de la masse d'eau qui doit les recouvrir, ou à l'irruption de laquelle ils doivent s'opposer.

Il est peu de travaux qui réclament autant de soin que l'application d'un corroi. Un des points essentiels, c'est d'en prévenir le fendillement, accident qui se manifeste souvent lorsqu'on vide les bassins. Le fendillement résulte du retrait considérable de l'argile en se desséchant. Pour obvier à cet inconvénient, on mélange une assez grande quantité de sable avec l'argile, dont il divise les molécules. On a aussi obtenu de bons résultats en introduisant une certaine proportion de chaux éteinte dans la pâte du corroi.

**CORROYER**, *v. a.* — Pétrir de la terre glaise pour en former un *corroi;* c'est aussi mélanger et pétrir longuement, avec le rabot ou broyon, de la chaux avec du sable, du ciment, du caillou, etc., pour en faire du mortier ou du béton.

En termes de menuiserie, c'est dégrossir, dresser, équarrir et blanchir une pièce de bois avec la varlope ou le rabot.

En termes de serrurerie, ce mot est synonyme

de *forger*; c'est battre le fer à chaud, réunir et souder plusieurs tiges ensemble au marteau.

**CORVÉE**, *s. f.* — Travail de peu d'importance que les ouvriers traduisent par BRICOLE. (Voy. ce mot.)

**COSTIÈRES**, *s. f.* — Languettes déterminant les flancs ou les faces latérales d'un coffre de cheminée; ce n'est que dans la pratique journalière qu'on emploie ce mot sans y joindre celui de *languette*. (Voy. COFFRE et la fig. qui l'accomp., et LANGUETTE.)

**COTE**, *s. f.* — Mesure de dimension inscrite sur un plan pour éviter d'avoir recours à l'échelle et pouvoir apprécier du premier coup la mesure d'un ensemble ou des parties de celui-ci.

L'apposition des cotes sur un plan ne dispense pas d'y mettre également l'échelle d'après laquelle le plan a été rédigé; mais ce sont toujours les cotes qui font foi et auxquelles on doit se rapporter. On comprend que sur un dessin non dressé à l'échelle, comme un croquis, les cotes sont encore plus indispensables, car elles sont tout.

Les cotes s'indiquent sur les plans en chiffres arabes placés au milieu ou sur l'axe de la dimension à laquelle elles se rapportent. On attache les cotes aux extrémités des dimensions par un trait plein ou mieux encore ponctué; elles sont inscrites à l'encre rouge, terminées par une petite flèche indiquant les points précis où commencent et où finissent les dimensions inscrites. — Les cotes, étant, comme nous l'avons dit, ce qui fait foi sur un plan, doivent être très-lisibles, exactement écrites, bien attachées, sans ratures, et surtout collationnées avec le plus grand soin.

**COTE**, *s. f.* — De même que dans le langage usuel, ce mot signifie ligne saillante; ainsi on dit les *côtes* d'un dôme, d'une feuille d'ornement sculpté. — C'est aussi le *listel* nommé *canne* qui sépare les CANNELURES. (Voy. ce mot.)

COTES DE COUPE, saillies qui séparent les douelles d'une voûte sphérique en parties égales.

COTES DE VACHE, fer carillon ou fanton servant de remplissage à un fourneau de forge, de cuisine, à un plancher en fer ou à tout autre travail de fumisterie ou de maçonnerie. — En serrurerie, on appelle aussi *côtes* les saillies de profil des fers à T, des poutres, etc.; dans ce cas ce mot est synonyme d'AILE. (Voy. ce mot.)

COTES DU VERRE, stries ou filets saillants qui se trouvent sur la surface du verre, et qui, comme les *bulles* et les *bouillons*, constituent un défaut.

**COTER**, *v. a.* — Mettre les cotes ou mesures sur un plan, d'où l'expression *plan coté*. — Ce travail doit être fait avec le plus grand soin et la plus rigoureuse exactitude. (Voy. COTE.)

**COTÉS** (BAS-). — Voy. BAS-CÔTÉS et COLLATÉRAL.

**COTERIE**, *s. f.* — Nom avec lequel les ouvriers du bâtiment s'interpellent dans le chantier; d'où l'habitude prise par les architectes d'appeler les peintres ou les menuisiers de cette façon : La coterie peintre, la coterie menuisier, écoutez, etc.

**COTIÈRES**, *s. f. pl.* — Voy. COSTIÈRES.

**COUCHE**, *s. f.* — Ce mot a dans les industries du bâtiment les mêmes acceptions que dans le langage usuel. Il s'applique à toutes les matières plus ou moins liquides susceptibles d'être étendues. Ainsi on dit une *couche* de mortier, de plâtre, de ciment, de sable, de terre, etc.

Pour les pierres, les briques, etc., on se sert du mot *assise* pour désigner une couche de mortier ou de plâtre gâché étendue horizontalement; on emploie aussi le mot *lit*.

La peinture en bâtiments, quelle qu'en soit la nature, peut être appliquée à une, deux, trois couches, et plus.

Il est bon de donner à chacune un ton différent pour être assuré que toutes ont été apposées. On ne doit jamais appliquer une couche que la précédente ne soit parfaitement sèche et n'ait été examinée et acceptée par l'architecte.

Les ouvriers donnent aussi à certaines pièces des étaiements le nom de *couche*, qui est une corruption de COUCHIS. (Voy. ce mot.)

COUCHER, *v. a.* — Étendre une couche de peinture à l'aide d'une brosse; c'est mettre des couleurs l'une sur l'autre à plusieurs reprises.

COUCHER D'ASSIETTE, *v. a.* — Étendre la préparation destinée à recevoir l'or. (Voy. ASSIETTE.)

COUCHIS, *s. m.* — Pièce de bois méplate faisant partie d'un étaiement. Comme l'indique son nom, cette pièce est couchée sur le sol ou contre une paroi horizontale recevant le pied ou l'about d'une CONTRE-FICHE (voy. ce mot) ou d'un ÉTRÉSILLON. (Voy. ce mot.) Le couchis a pour mission de répartir la pression de la pièce butante sur la plus grande surface possible, aussi emploie-t-on comme *couchis* des *madriers* plats-bords et autres pièces analogues.

C'est sur des couchis que reposent le pied d'un CHEVALEMENT (voy. ce mot) et que l'on pose les *détentes* et *chevillettes* qui maintiennent le pied de ce chevalement. On dit aussi quelquefois *couche*. (Voy. ÉTAIEMENT.)

Les couchis sont encore des pièces de charpente d'un cintre sur lesquelles portent les voussoirs d'une voûte en construction.

COUCHIS DE LATTES. — Lattis à lattes jointives des solives d'un plancher pour recevoir l'aire en plâtre.

COUCHOIR, *s. m.* — Petit instrument de buis qui sert aux doreurs, comme le BILBOQUET (voy. ce mot), pour prendre les feuilles d'or.

COUDE, *s. m.* — Brisure à angle droit ou obtus, rarement à angle aigu. — Dans les tuyaux cette brisure est adoucie par un arrondissement, afin que la circulation intérieure soit moins gênée.

L'industrie ne se contente pas de fabriquer les tuyaux droits; elle confectionne encore des *coudes* et des *contre-coudes* de divers calibres prêts à être posés; on en fait en tôle, en zinc, en fonte, etc. — Dans le métrage des tuyaux, les coudes se développent sur leur côté le plus long, sans préjudice du droit à une plus-value.

COUDER, *v. a.* — Contourner en coude un tuyau, une barre de métal, etc. — Lorsque la pièce coudée reprend sa direction primitive ou à peu près au moyen d'un second coude inverse du premier, cette pièce est dite CONTRE-COUDÉE. (Voy. ce mot et FER.)

COUDER, *v. n.* — Quand le plâtre commence à faire prise et qu'en laissant couler une truellée, le plâtre commence à faire prise, on dit qu'il *coude*.

COUDRE, *v. a.* — Arrêter les différentes parties d'un treillage avec du fil de fer.

COULAGE, *s. m.* — Opération qui consiste à introduire sous les pierres du mortier, du plâtre très-liquide, nommé COULIS. (Voy. ce mot.) — Pour le coulage du béton, voy. BÉTONNAGE.

Pour opérer ainsi le remplissage des joints, on ferme tout leur contour avec un solin de plâtre ou de mortier consistant, ou bien on calfoutre les joints avec un bout de cordeau, mais on a soin de laisser libres deux petites ouvertures avec godets dont l'un sert d'évent, c'est-à-dire laisse échapper l'air, tandis que l'autre sert à verser le coulis. Pendant cette opération, il faut remuer le coulis à mesure qu'on le verse, pour qu'il reste bien homogène et que l'eau ne s'introduise pas seule dans le joint.

COULER, *v. a.* — En posant la pierre de taille, *couler un joint* signifie le remplir de mortier liquide appelé COULIS (voy. ce mot et COULAGE); on ne coule que les joints verticaux. Une pierre posée ainsi se dit *pierre coulée*, comme on dit dans un autre cas *pierre fichée*.

COULÉ (Fer), *s. m.* — Sorte de fer de fonderie.

COULEUR, *s. m.* — Substances végétales, mais surtout minérales, qui, mélangées avec de l'eau, de la gélatine, de l'huile ou de l'essence, forment une pâte plus ou moins liquide avec laquelle on peint les bâtiments ou des objets très-divers, pour les soustraire aux intempéries de l'air ou les décorer.

COULEUR D'EAU. — Le fer ou l'acier recuits deviennent d'abord d'un beau bleu, puis bruns; si on les fourbit alors à la pierre de sanguine, ces métaux prennent une teinte brillante nommée *couleur d'eau*.

COULEUVRE, *s. f.* — Fente ou lézarde qui par suite d'un vice de construction se produit à une voûte.

COULIS, *s. m.* — Plâtre gâché très-clair, ou mortier de sable et de chaux très-liquide, qui sert à *couler* et *ficher* les joints des pierres, au moyen du COULAGE. (Voy. ce mot.)

Le coulis, étant composé de plâtre noyé ou de mortier délavé, ne présente aucune solidité. Aussi on ne doit couler les joints que quand les parties à remplir n'ont pas de charge à soutenir, tels que les joints verticaux ou d'aplomb, et jamais pour les lits horizontaux; encore, dans le premier cas, vaut-il mieux employer du plâtre, plutôt que du mortier, qui dans l'état où il est employé ne peut avoir aucun effet utile.

COULISSE, *s. f.* — Espèce de canal formé de deux planches clouées à angle droit et au moyen duquel on fait parvenir le mortier ou le béton sur des parties de construction en contre-bas du sol; on nomme aussi cette coulisse *canal, conduit, couloir*. — C'est aussi une barre de bois portant une rainure, posée sur un plancher ou sous un plafond pour recevoir le pied ou la tête d'une cloison. On emploie les cloisons à coulisses, quand on veut rendre une cloison solidaire de la bâtisse, sans entailler le plancher et le plafond. C'est encore une rainure dans laquelle se meut une partie mobile de menuiserie, telle que porte, châssis, tiroir, vantail de porte, etc.; les décorations théâtrales glissent également dans des coulisses qui, par extension, ont fait donner le nom de *coulisses* aux emplacements situés de chaque côté de la scène d'un théâtre.

Dans l'architecture hydraulique, la coulisse est la rainure qui reçoit une trappe d'écluse; par analogie les fumistes appellent coulisses les petites ouvertures glissant dans des rainures pratiquées sur les portes de poêles, de calorifères, etc., que ces portes soient verticales ou horizontales.

COULISSE (Bouton de). — Petit bouton monté sur platine placé sous une serrure, au moyen duquel on fait mouvoir le pène à ressort, ou qui sert à ouvrir le demi-tour d'une serrure.

COULISSEAU, *s. m.* — Petit bâti dans lequel glisse le côté d'un tiroir; ce côté porte

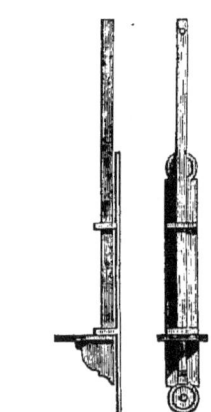

Fig. 1. — Coulisseau à poncier.

une rainure qui reçoit la languette du coulisseau.

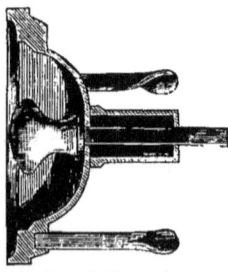

Fig. 2. — Coulisseau à pompe.

En serrurerie, c'est un petit mouvement de tirage monté sur platine, placé ordinairement sur un panneau de glace (en marbre, en cuivre, en bois, etc.) et servant à faire mouvoir une sonnette. Il existe des coulisseaux à *poucier* (fig. 1), à *pompe* (fig. 2), et à *bascule*.

Dans les crémones, c'est une sorte de petite boîte fixée par des vis dans laquelle glisse la tige de la CRÉMONE. (Voy. ce mot.)

COULOIR, *s. m.* — Passage ou dégagement, dans un appartement, un théâtre, ou tout autre édifice.

En maçonnerie, on appelle *couloir* une espèce de machine, de tour en bois, au moyen de laquelle on fabrique du béton, et qui sert en même temps à le couler dans une excavation, ou même dans l'eau. Un couloir à béton très-répandu est celui de M. Krantz; nous l'avons donné et décrit à BÉTONNIÈRE (fig. 2). (Voy. ce mot et BÉTONNAGE.)

En fumisterie, le couloir est un petit espace pour la circulation de la fumée; il est ménagé entre les cloisons en briques et les carreaux d'un poêle de construction.

COULOTTE, *s. f.* — Locution vulgaire employée pour COULISSE. (Voy. ce mot.) Au pluriel, ce terme désigne de fortes pièces de bois que les scieurs de long mettent sur tréteaux pour porter le bois qu'ils ont à refendre.

COUP, *s. m.* — En serrurerie, *porter* ou *tenir coup*, c'est, à l'aide d'un *marteau* ou du *tas*, recevoir sur la paroi opposée d'un objet le coup de marteau de celui qui frappe cet objet.

En maçonnerie, quand un mur est déversé, qu'il n'est plus d'aplomb et menace de tomber, on dit que ce mur prend coup.

COUP DE CROCHET. — Petite cavité pratiquée par les maçons à l'aide d'un crochet; cette cavité sert à dégager les moulures de plâtre.

COUPE, *s. f.* — Dessin représentant l'aspect d'un édifice supposé *coupé* verticalement, dans le but de montrer le profil général de l'édifice et celui de chacune de ses parties; par exemple l'épaisseur des murs, des planchers, la disposition intérieure des étages,

l'agencement des combles, etc. En général, on fait des coupes géométrales, mais on en fait aussi en perspective, ce qui permet d'y voir plus clairement les profils des moulures, la forme et la hauteur des baies, la décoration intérieure et jusqu'à certaines parties de l'ameublement. — Il est de convention d'indiquer dans les coupes toutes les sections par des teintes roses si le dessin est lavé, ou par des hachures obliques s'il est simplement rendu au trait. (Voy. SIGNES ET TEINTES CONVENTIONNELS.)

En construction, on nomme *coupe* l'inclinaison de lit des voussoirs et claveaux, et, pour ce motif, on appelle ces pierres, et celles qui leur sont analogues, *pierres en coupe*. Pour la même raison et dans les mêmes cas, on dit : *donner* peu ou beaucoup *de coupe* à une pierre.

En menuiserie, on entend sous ce terme, la manière de disposer sur le bois les joints des moulures et des champs.

COUPE DU VERRE. — Fente pratiquée dans une feuille de verre avec un diamant. On peut juger d'une bonne coupe lorsque le diamant file sur le verre avec un cri particulier (ni aigre, ni doux). La fente doit en outre former une trace noire, fine, qui s'ouvre lentement, et, une fois ouverte, elle ne doit laisser aucune poussière blanche et briller comme un fil d'argent.

COUPE-LARME, *s. m.* — Petit canal pratiqué sous l'appui d'une croisée pour rejeter l'eau.

COUPE-DE-FONTAINE, *s. f.* — Grande VASQUE. (Voy. ce mot et FONTAINE.)

COUPE DES PIERRES, *s. f.* — C'est l'art de couper les pierres, de sorte qu'étant taillées d'après l'*épure*, appareillées et mises en place, elles forment une construction solide, comme une voûte, une trompe, une arrière-voussure, etc. La coupe des pierres est une des branches de de la STÉRÉOTOMIE. (Voy. ce mot, ainsi que TAILLE, TRAIT.)

COUPÉ, ÉE, *part. passé.* — Pan coupé. (Voy. PAN.)

COUPEMENT, *s. m.* — Ce mot s'emploie rarement seul; les charpentiers disent *coupe-*

*ment sur le tas*, pour exprimer l'action de couper à la scie, sur les lieux mêmes où les travaux s'exécutent, un chevron, une solive de remplissage, une sablière, etc. Lorsqu'on ne peut opérer le *coupement* à la scie, on emploie l'ÉBAUCHOIR. (Voy. ce mot.)

COUPER, *v. a.* — Diviser, inciser, faire une COUPE. (Voy. ce mot.)

*Couper une pierre*, c'est la réduire trop sur son lit ou sur ses parements, en sorte qu'étant par trop *maigre* elle ne peut servir pour l'emplacement qu'elle devait occuper ; comme on le voit, *couper une pierre* ou *tailler une pierre* sont deux choses différentes qu'il ne faut pas confondre.

*Couper le plâtre*, c'est faire les moulures de plâtre à l'outil ou à la main, au lieu de les *traîner au calibre ;* ce procédé était fort en usage anciennement, mais aujourd'hui il n'est guère employé que pour exécuter les angles des corniches.

COUPERET, *s. m.* — Marteau très-pesant à deux pannes droites et tranchantes, qui sert à refendre les pavés (voy. notre fig.), ou pour

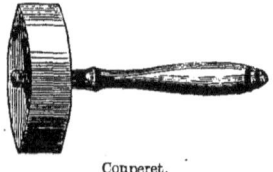

Couperet.

le piquage des matériaux d'une grande dureté. Ainsi, c'est avec le couperet qu'on smille et qu'on pique la meulière et le granit, qu'on ébarbe les pavés de grès et qu'on refend ceux de gros échantillons pour en faire des pavés dits *de deux*. — Pour obtenir ces derniers on se sert d'un couperet pesant 25 kilogr., et d'un autre plus petit, nommé *portrait*, qui n'en pèse que cinq. Le premier de ces outils est fourni à l'ouvrier par le carrier ou le maître paveur.

COUPEROSE, *s. f.* — Nom de l'ancienne chimie remplacé aujourd'hui par celui de sulfate ; il existe des sulfates de fer, de cuivre, de zinc, etc. Ce dernier est le plus employé en peinture ; il sert de siccatif pour les couleurs détrempées à l'huile, mais il faut avoir soin de ne pas en mettre en excès, parce que le sulfate de zinc fait jaunir les teintes.

COUPES CARRÉES, *s. f. pl.* — Coupes faites en travers d'une pièce de bois, perpendiculairement à sa longueur. — Les *coupes d'onglet* se font diagonalement dans la largeur des pièces de bois ; si elles font un angle plus ou moins ouvert que l'angle droit, on les nomme *fausses coupes.* ·

COUPLET, *s. m.* — Espèce de fortes charnières dont on fait usage pour les gros ou-

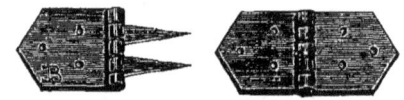

Couplets à goujons et à pans.

vrages de serrurerie ; elles sont de deux sortes, à pans ou à goujons. Notre figure représente à droite un couplet à pans, et à gauche un couplet à goujon.

COUPOLE, *s. f.* — Voûte hémisphérique ou d'une forme qui se rapproche plus ou moins de la demi-sphère et dont l'extérieur porte le nom de DÔME. (Voy. ce mot.)

En rangeant parmi les coupoles toutes les voûtes analogues à la demi-sphère, nous comprenons sous cette dénomination toutes les voûtes susceptibles par leur forme générale de donner naissance à un dôme. Les coupoles peuvent donc être élevées sur un plan circulaire, sur un plan hexagonal, octogonal ou elliptique. Dans ces divers cas, la coupole conserve la forme hémisphérique en rachetant la forme brisée du plan sur lequel elle repose au moyen de *pendentifs*. (Voy. fig. 3.) Ou bien elle reproduit la forme même des constructions qui lui servent de base en présentant un certain nombre de pans correspondants à celui de la figure géométrique de sa base. — Dans leur élévation, ces voûtes peuvent suivre soit la courbure du cercle, soit celle de l'ellipse.

Les Romains, en perfectionnant le système des voûtes et en surmontant leurs temples, leurs édifices circulaires et les grandes salles rondes de leurs thermes de voûtes hémisphériques, furent les véritables créateurs de la coupole. Mais ce fut surtout avec l'apparition du style BYZANTIN (voy. ce mot) que les coupoles se multiplièrent et furent employées avec profusion, là même où un genre de voûte moins compliqué eût été plus naturel. Il n'est pas un édifice religieux de cette époque, si restreintes qu'en soient les proportions, qui ne présente dans son ensemble une ou plusieurs coupoles. Les Grecs du moyen âge conservèrent cette tradition architectonique, qu'ils ont transmise en même temps que leur

qu'au style latin. Cette influence incontestable du style byzantin en Occident se fit surtout sentir à partir du XIᵉ siècle, époque à laquelle tous les nouveaux États issus du démembrement de l'empire furent définitivement constitués. Du reste, dès cette époque, par suite des croisades, les relations avec l'Orient devinrent beaucoup plus actives.

C'est principalement sur les bords du Rhin, et dans les provinces du centre de la France, qu'on rencontre des églises romanes, ou plutôt romano-byzantines, pourvues de coupoles. Ainsi à Neuss, à Mayence, à Cologne, on remarque, sur la croix des transepts et des nefs,

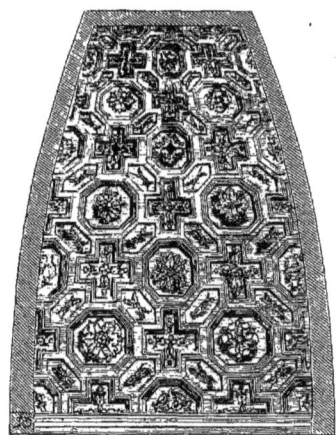

Fig. 1. — Coupole décorée de compartiments.

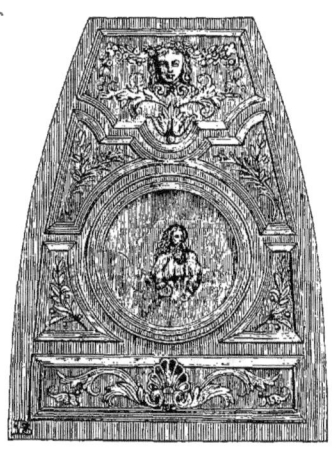

Fig. 2. — Coupole décorée de compartiments avec des médaillons peints.

religion chez les anciens Moscovites, aussi la coupole est-elle encore un des éléments caractéristiques de l'architecture russe.

Si en Orient les édifices chrétiens des premiers temps furent pourvus de coupoles, en Occident le style latin, perpétuant les antiques dispositions de la basilique païenne, n'en fit point usage; on ne peut considérer en effet comme coupoles les voûtes en cul-de-four qui surmontaient les absides de ces basiliques. — En Occident il n'existe pas de coupoles postérieures à la chute de l'empire romain ou antérieures au XIᵉ siècle, si ce n'est dans quelques édifices épars, fort peu nombreux du reste, dans lesquels l'influence orientale s'est tellement fait sentir qu'on peut les considérer comme appartenant plutôt au style byzantin

des coupoles elliptiques en élévation et circulaires ou à pans, suivant la disposition du tambour et la présence ou l'absence de pendentifs. — Dans le Poitou, le Périgord et l'Auvergne, il existe un certain nombre d'églises offrant la même disposition; la plus remarquable de toutes est celle de Saint-Front, à Périgueux.

Pendant l'époque ogivale, la coupole fut abandonnée dans tous les pays que nous venons de citer; mais la renaissance ramena les coupoles, qui de bonne heure reprirent faveur dans les pays même où elles avaient été inconnues. Au commencement du XVᵉ siècle, Brunelleschi éleva à Florence la fameuse coupole de Sainte-Marie des Fleurs et conçut la première *coupole double*, qui consiste en une première voûte intérieure, ordinairement hémisphérique, au-dessus de laquelle se trouve un vide où se placent les escaliers, puis en une seconde, d'un galbe plus ou moins élevé, destinée à donner au dôme cette forme élancée ou pyramidante qui produit un si bel effet. La coupole de Sainte-Marie des Fleurs peut encore être considérée comme une coupole de style gothique, type extrêmement rare.

Soixante ans plus tard, Rome vit s'élever celle de Saint-Augustin. L'élan était donné, toutes les difficultés furent surmontées par le génie de Brunelleschi, et toutes les églises se couvrirent de coupoles. En première ligne se place celle de l'église de Saint-Pierre, dont

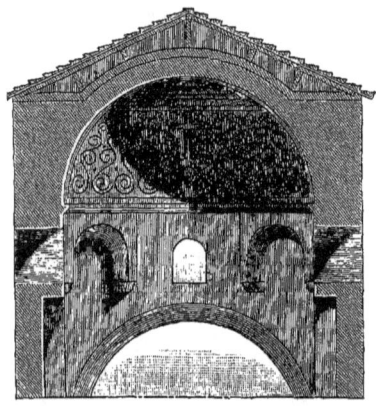

Fig. 3. — Coupole sur pendentifs.

l'idée première est de Bramante, mais qui fut exécutée par della Porta et Fontana. Citons encore celles de Saint-Jean des Florentins, de Saint-André della Valle, de l'église du Gézu, celle du petit temple élevé par Bramante dans le cloître de San-Pietro in Montorino, remarquable par sa petite dimension. Cette coupole peut être considérée comme une miniature, puisqu'elle ne mesure que 4m,58 de diamètre intérieur.

Signalons comme exemples de coupoles modernes celle de Saint-Paul, œuvre de Cristopher Wren; celles des églises des Invalides dont nous donnons le DÔME (voy. ce mot), du Val-de-Grâce, de la Sorbonne et du Panthéon, à Paris. Cette dernière, commencée par Soufflot, fut achevée par Rondelet, qui, dans son admirable *Traité de l'art de bâtir*, nous a laissé

une description des plus détaillées de sa construction, des matériaux et des machines qui y furent employées.

La coupole, enfin, est un des caractères distinctifs de l'architecture dite JÉSUITIQUE. (Voy. ce mot.) Disons aussi que la Chine est un pays dans lequel la coupole est en grande faveur, non-seulement pour les temples, mais même pour les monuments civils.

La décoration intérieure des coupoles peut être fort simple ou très-riche, suivant le caractère de l'édifice. On emploie beaucoup la peinture à fresque pour ce genre de décoration, ou bien on trace des caissons et des compartiments dans la pierre, le bois ou le plâtre. On peut laisser apparente la matière composant ces caissons et compartiments, ou la recouvrir de peintures et de dorures. Nos figures 1 et 2 montrent deux genres de décoration assez employés.

PRATIQUE. — Le système d'établissement et de construction des coupoles est à peu de chose près le même pour tous les genres. Sur quatre forts piliers, formant les angles de l'intersection de la nef et du transept, reposent des arcs en plein cintre sur lesquels s'élève le tambour qui supporte la coupole proprement dite. Entre les arcs adjacents il reste un vide triangulaire qu'on remplit par une portion de voûte sphérique nommée *pendentif*. La figure 3 montre une coupole de ce genre. La première voûte intérieure, dont l'œil embrasse toute la forme, doit être hémisphérique, seulement un peu surélevée, eu égard à l'imposte qui, sans cela, masquerait une partie de sa courbure. La voûte extérieure doit toujours être sphéroïdale elliptique, plus ou moins allongée selon l'emplacement.

Les matériaux les plus convenables pour construire les coupoles sont ceux qui à la solidité joignent une extrême légèreté. Les poteries creuses et les briques légères sont les matériaux qui conviennent le mieux.

On peut aussi employer le bois, comme Mansart l'a fait aux Invalides pour la voûte extérieure, mais ce mode coûteux réclame de fréquentes réparations et présente beaucoup de chances d'incendie. Si l'on se résout à l'adopter, il est bon de suivre pour sa construction le système de Philibert Delorme qui offre une extrême légèreté. (Voy. Dôme.)

COUR, s. f. — Espace clos de murs ou de bâtiments, presque toujours découvert, et dépendant d'un édifice public ou privé. Sa destination est de donner du jour et de l'air aux bâtiments qui lui sont contigus et de leur servir de dégagement. Suivant leur position et leur usage particulier, les cours reçoivent diverses qualifications, telles que *avant-cour, arrière-cour, cour de service, de cuisines, d'écuries, cour à fumier, cour principale, cour d'honneur*, etc.

Quelles que soient leurs formes et leur décoration (du reste très-variables), les cours doivent avoir une certaine étendue, afin que la circulation de l'air y soit large et facile et que la lumière y arrive en quantité suffisante.

C'est à tort que, dans nos maisons modernes, sous prétexte de la cherté du terrain, on leur donne une exiguïté excessive, et qu'en outre les bâtiments qui les entourent sont dénués de décoration. Une condition à observer dans la construction des cours, c'est que l'accès en soit facile et que les escaliers qui y prennent naissance soient bien en vue.

Quand les cours sont assez vastes, on doit y créer un parterre, et le décorer de plantes vertes, de caisses de fleurs, de statues, de fontaines jaillissantes et de tous autres objets qui, tout en concourant à leur salubrité, servent également à leur embellissement.

Les cours dans lesquelles pénètrent les voitures sont pavées en grès, en porphyre ou en cailloux étêtés; dans celles au contraire qui ne donnent pas accès aux chevaux, le sol doit être bitumé, dallé de pierre ou même de marbre de diverses couleurs.

Dans les grandes villes, surtout dans les quartiers commerçants, les cours sont couvertes par des châssis en fer vitrés.

Les édifices publics sont souvent précédés d'une cour fermée par une grille. (Voy. plus loin Cours.)

JURISPRUDENCE. — Celui qui a la propriété exclusive d'une cour peut en jouir comme bon lui semble, pourvu toutefois qu'il se conforme aux lois, règlements et arrêtés de police.

Si une cour est grevée de servitudes légales, naturelles ou conventionnelles, le propriétaire de ladite cour est obligé de les maintenir et de les respecter; si c'est une servitude conventionnelle de passage, et que le contrat n'en réserve aucune partie, la cour se trouve par ce fait grevée en totalité. (Voy. Servitude, Vue.)

Dans les villes, bourgs et villages, il existe des places ou emplacements nommés *communes, patus, quereurs, ruages*, qui sont de véritables cours communes; on applique à celles-ci les mêmes lois et règlements qu'à ce genre de cours, et le droit à l'usage de la cour commune n'est plus un simple droit de servitude, mais un droit de propriété transmissible à un tiers, avec la maison pour l'usage de laquelle la servitude existe.

Il arrive assez fréquemment à la campagne que, après le décès d'un propriétaire d'un immeuble ayant plusieurs corps de logis, cet immeuble est divisé entre ses héritiers; alors la cour devient *commune* entre tous les cohéritiers; dans ce cas, chaque intéressé a le droit de se servir pour ses usages et agréments de la totalité de la cour, mais il est tenu de faire les réparations de ladite cour dans la proportion de l'importance des bâtiments qu'il occupe dans ladite cour commune. Ces réparations comprennent le pavé de la cour, les murs de clôture, la porte ou portail d'entrée, les puits, hangars, fosses d'aisances, etc. Ici la règle stipulée par le Code civil (art. 815), que nul ne peut rester dans l'indivision, cette règle, disons-nous, souffre exception; car, dans l'espèce, une cour commune ou un emplacement entouré de bâtiments appartenant à divers propriétaires, sont en quelque sorte assimilés à la voie publique, surtout en ce qui concerne l'action que la police a le droit d'y exercer.

COUR (Basse-). — Voy. Basse-cour.

COURANT, TE, adj. — Synonyme de l'expression *linéaire;* ainsi on dit : moulures, travaux, exécutés au *mètre courant.*

COURANTE (Main). — Voy. Main courante.

COURBE, *s. f.* — Toute pièce de bois dont la face ou le plat est cintré, soit en plan, soit en *bouge*, c'est-à-dire de face. Au pluriel ce terme désigne des pièces de bois servant de membrure à une voûte de charpenterie ; souvent ces pièces servent d'*arbalétriers.* — Les escaliers suspendus ont leurs limons courbes, on les nomme *courbes rampantes.*

Courbe de pression. — Voy. Voute.

COURBURE, *s. f.* — Forme arquée d'une ligne ; ainsi on dit la courbure d'un dôme, d'un navire, d'un arc, pour exprimer le profil d'un dôme, etc.

COURÇON, *s. m.* — Bout de planche qui, n'étant pas de longueur, est employé dans le remplissage des feuilles de parquet.

En serrurerie, le courçon est un fer du Berry très-doux dont la section est à pans irréguliers et qui ne mesure que 0ᵐ,60 à 1ᵐ,20 de longueur. — On écrit aussi *courson.*

COURGE, *s. f.* — Espèce de corbeau de

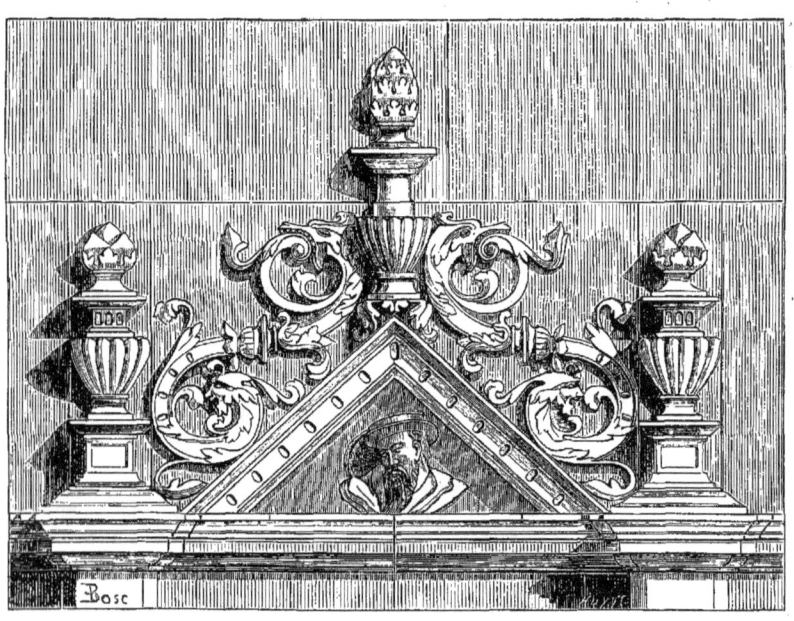

Couronnement d'une piscine du XVIᵉ siècle, église d'Arques.

pierre ou de fer qui porte le faux manteau d'une ancienne cheminée.

COURONNE, *s. f.* — Ornement de sculpture représentant deux branches de laurier, de chêne, de hêtre, d'olivier, etc., réunies et liées de façon à former une couronne. — C'est aussi tout objet formant un couronnement : l'astragale est la couronne du haut du fût ou du bas d'un chapiteau ; une balustrade est la couronne d'une tour, d'un bâtiment, etc.

COURONNEMENT, *s. m.* — Pris dans une acception générale, ce mot signifie, en ar-

chitecture, tout membre ou tout ornement qui termine un édifice ou une partie d'édifice. Ainsi la corniche couronne l'entablement, et celui-ci une ordonnance d'architecture. Un chaperon couronne un mur, un péristyle est couronné par un fronton. Une lanterne sert de couronnement à une coupole, etc., celle-ci à un monument.

Dans un sens plus restreint et plus précis, le mot *couronnement* s'applique surtout aux objets de pure décoration que l'on fait servir d'amortissement soit à certains édifices, soit à certaines parties d'édifice. Le monument de Lysicrate portait un magnifique couronnement; au mot Choragique nous avons donné cet édicule, ainsi que le panicule de feuillage qui le couronne en amortissement. Les quadriges et les statues servent également de couronnement. A toutes les époques on a employé des couronnements, mais la renaissance française en a usé avec plus de profusion peut-être qu'aucune autre époque, et souvent les motifs imaginés par les artistes de ce temps-là étaient des merveilles de goût et de composition; il suffit de jeter les yeux sur les créations de ces artistes pour s'en convaincre. Notre figure (voy. la page précédente) montre le couronnement d'une piscine qui se trouve dans l'église d'Arques, près de Dieppe, église qui date du XVIᵉ siècle.

COURONNER, v. a. — Terminer un bâtiment ou une partie de bâtiment par un amortissement quelconque.

COURS, s. m. — Ce terme, abréviatif de *course*, signifie un lieu destiné aux courses. Dans plusieurs villes d'Italie, on donne en effet ce nom (*corso*) à la plus belle et la plus grande rue, dans laquelle à certaines époques de l'année on donnait autrefois des courses de chevaux : telle est l'origine de ce mot; ajoutons cependant qu'aujourd'hui certains *corso* sont très-étroits; par exemple, le fameux *corso* de Rome ne mesure pas plus de 13 à 14 mètres de largeur.

Les cours sont aujourd'hui de grandes et larges avenues plantées d'arbres et situées en dehors ou aux extrémités d'une ville ; ce sont les lieux habituels de promenade des habitants.

Le nom de cours se donne encore à une suite continue de plusieurs pièces mises bout à bout; c'est ainsi qu'on dit un *cours d'assises*, un *cours de pannes*, de *plinthes*, de *plates-formes*, de *sablières*, un *cours d'ornements :* ce dernier est généralement formé d'ornements courants.

Cours d'eau, sente par laquelle les eaux suivent leur cours, soit dans un lit naturel (fleuve, rivière), soit dans un lit creusé de main d'homme (canal). — Pour la législation de ce mot, voyez Canal, Eau, Rivière.

COURSE, s. f. — Ce mot n'est guère usité qu'en serrurerie, c'est le chemin, l'espace que parcourt un pène de serrure, soit pour entrer, soit pour sortir de la serrure ; un verrou, une targette sur leurs platines, un mouvement de sonnette dans son oscillation.

COURSIER, s. m. — Chenal servant à conduire l'eau sur une roue d'aube, ou sur les *alichons* d'une roue hydraulique. (Voy. Alichon.) Le coursier se compose souvent d'une canalisation en bois, ou bien d'un canal creusé dans des pierres de taille.

COURTINE, s. f. — Dans l'architecture militaire, la courtine est la partie d'une enceinte fortifiée qui sépare deux bastions. — Voy. Militaire (*Architecture*).

COUSSIN, s. m. — Outil du doreur qui lui sert à porter et couper l'or à l'aide du couteau. C'est une petite planche de bois rembourrée avec du bon coton cardé et recou-

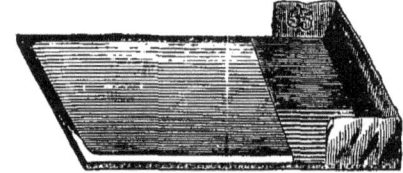

Fig. 1. — Coussin du doreur (1ᵉʳ type).

vert d'une peau de veau dégraissée ou d'une peau de daim. Une feuille de parchemin borde sur trois côtés cette planchette (voy. not. fig. 1);

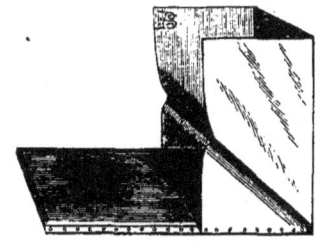

Fig. 2. — Coussin du doreur (2ᵉ type).

ce bordage empêche le vent de soulever ou même d'emporter la feuille d'or, car son extrême ténuité la rend très-légère. Il existe un autre modèle de coussin dont les oreilles en parchemin sont plus hautes et disposées de façon à pouvoir être pliées après le travail ; notre fig. 2 montre ce genre de coussin. — En couverture, le coussin est une petite fascine en paille que les couvreurs fixent aux extrémités de leurs échelles pour garantir la couverture contre le choc ou la pression du bois de l'échelle.

COUSSINET, *s. m.* — Ce terme est synonyme de SOMMIER. (Voy. ce mot.) — C'est aussi le flanc ou face latérale des volutes du chapiteau ionique à volutes droites ; on appelle le coussinet *oreiller* ou BALUSTRE. (Voy. ce mot, pag. 195.)

En serrurerie, c'est un morceau d'acier dans lequel on a pratiqué des filets ou pas de vis. Cette pièce porte un tenon de chaque bout pour s'ajuster dans un tourne-à-gauche, qui sert à TARAUDER. (Voy. ce mot.)

Sur les voies ferrées, c'est un support en fonte qui sert à fixer les rails sur les traverses. Les coussinets sont de formes diverses, et de deux genres, les *coussinets de joint* et les *coussinets intermédiaires ;* ils sont en excellente fonte, car ils doivent pouvoir supporter une grande compression, et résister aussi à une traction de 12 à 14 kilogr. par millimètre carré de section. — Les coussinets se composent d'une semelle ou base, qui sert à les fixer sur les traverses au moyen de *chevillettes* et de joues, comprenant entre elles un espace appelé *chambre,* laquelle est traversée par le rail, qui est serré contre l'une des joues avec des coins en bois de chêne fort dur.

COUTEAU, *s. m.* — Plusieurs corps d'état se servent de couteaux : les peintres, pour ramasser leur couleur pendant le broyage, c'est le *couteau à palette ;* ils en possèdent un autre

Fig. 1. — Couteau du doreur.

dit *grattoir,* parce qu'il sert à gratter ; les doreurs pour couper les feuilles d'or (fig. 1). Les vitriers en possèdent de plusieurs genres : c'est le *couteau à mastiquer,* qui affecte deux formes

différentes (fig. 2 et 3), le *couteau à démastiquer* ou *dévitrer* (fig. 4), qui sert à faire sauter les débris de verre ou de vieux mastic ; le *couteau à remettre en plomb,* qui a deux tranchants ; il est mince sur les bords, plus épais

Fig. 2. — Couteau à mastiquer (1er type).

et à côtes dans son milieu. Il est emmanché dans un morceau de bois de $0^m,08$ à $0^m,11$ de longueur. Le *couteau à raccoutrer* a la forme

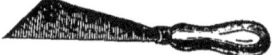

Fig. 3. — Couteau à mastiquer (2e type).

d'un couteau de table dont la lame serait courte ; sa lame n'est pas tranchante. Le vitrier, avant de contre-sonder les panneaux, se sert

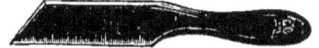

Fig. 4. — Couteau à dévitrer.

de ce couteau pour relever les ailes du plomb qui entoure une pièce à changer, ensuite pour les rabattre sur la pièce nouvelle. Le couteau à raccoutrer sert aussi à gratter les soudures cassées ou brûlées qui sont à refaire. — En serrurerie, *forger en lame de couteau,* c'est amincir un fer sur l'une de ses rives.

COUTRE, *s. m.* — Outil du treillageur, dont le tranchant à deux biseaux est sur la longueur. Il y a deux genres de coutres qui ne diffèrent que par la manière dont ils sont emmanchés.

COUTTE. — Voy. CRAPAUDINE.

COUTURE, *s. f.* — En charpente, on nomme couture, la distance qui existe entre un joint et l'*enlaçure* d'un assemblage. En couverture, ce sont deux doubles plis existant entre deux feuilles de métal, ou deux tables de plomb, et qui servent à les assembler ; enfin les treillageurs nomment ainsi le lien de fil de fer avec lequel ils arrêtent leur treillage.

COUVERTE, *s. f.* — Espèce de vernis, dû à la vitrification d'oxydes métalliques ou de substances salines, dont on revêt les terres cuites, qui sont alors dites *terres cuites vernissées*. Il ne faut pas confondre la couverte avec l'*émail*. La pensée d'assurer la conservation des objets de la céramique, l'intention de les rendre imperméables et de les décorer, ont conduit à les revêtir d'une couverte. C'est principalement dans le but de décorer les terres cuites qu'on mêle aux matières constitutives de la couverte des substances colorantes susceptibles de vitrification, et au moyen desquelles on obtient des tons à la fois éclatants et solides.

Les Égyptiens, les Assyriens, les Indiens, les Chinois, connaissaient les couvertes métalliques et les ont employées pour décorer leurs terres cuites et leur assurer une grande durée. Les Grecs, les Étrusques, ont suivi leur exemple, tandis que les Romains, qui ne pouvaient ignorer ce perfectionnement, paraissent n'avoir produit aucune terre cuite vernissée.

Au moyen âge, à la renaissance et actuellement, on a recouvert et on recouvre de couvertes diversement colorées des carreaux pour pavement et revêtements, des tuiles pour couvertures, des briques pour constructions, enfin des objets de toutes sortes employés à la décoration des édifices.

COUVERTURE, *s. f.* — Revêtement appliqué sur le comble d'un bâtiment dont il forme la toiture. On emploie dans ce but de nombreux matériaux, les pierres dures, l'ardoise, la terre cuite, les métaux, le chaume, des cartons, des toiles et des feutres bitumés, ainsi que du bitume. Mais, quelle que soit la nature de la matière employée, une bonne couverture doit remplir des conditions indispensables d'imperméabilité, de légèreté, d'incombustibilité, de durée et de solidité.

Les anciens paraissent avoir apporté un soin extrême dans la construction de leurs couvertures. Ils en faisaient en bronze, en dalles de marbre pour les édifices d'une grande richesse et en terre cuite pour ceux d'un ordre plus modeste. Les riches et gracieux anté-

fixes dont ils décoraient les toits témoignent hautement du soin qu'ils apportaient dans ce détail de leur construction.

Dès le XIIIᵉ siècle, et jusqu'au milieu de la renaissance, la couverture fut l'objet de soins tout particuliers de la part des architectes, qui en tirèrent un parti très-avantageux pour l'ornementation générale des bâtiments. A l'aide de tuiles vernissées de diverses couleurs, au moyen d'ardoises diversement taillées, ils composèrent des couvertures d'un aspect agréable, accompagnées de Crêtes (voy. ce mot), d'épis, de girouettes et autres ornements.

COUVERTURES EN TUILES. — L'emploi des tuiles pour la couverture des édifices remonte à une haute antiquité ; les Romains y ont imprimé ce caractère vigoureux et monumental qui distingue leur architecture. La couverture se composait de grandes et fortes tuiles plates, à peu près rectangulaires et pourvues dans

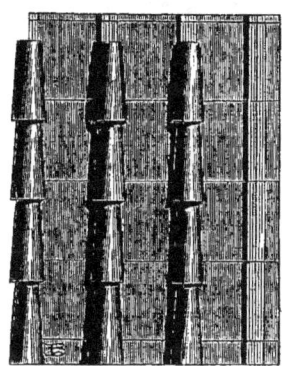

Fig. 1. — Couverture en tuiles romaines.

le sens de la longueur de deux rebords saillants et de tuiles à peu près demi-cylindriques ; les tuiles plates reposaient à côté les unes des autres et leurs joints (fig. 1 et 2) étaient couverts de tuiles creuses qui à chaque rangée se terminaient par un ANTÉFIXE. (Voy. ce mot.)

Les tuiles plates se nommaient *tegulæ*, les tuiles creuses *imbrices*. La durée de cette couverture est très-longue, mais son poids est excessif, elle pèse jusqu'à 136 et 138 kilogrammes par mètre carré, ce qui nécessite de fortes charpentes pour la supporter. Cependant l'Italie moderne a conservé, dans bien des provinces, ce genre de couverture, mais en la rendant plus légère. On fait usage également dans ce pays de tuiles plates s'emboîtant les unes sur les autres. Nous en parlerons plus loin.

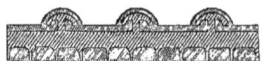

Fig. 2. — Coupe de la couverture romaine.

TUILES CREUSES OU A CANAL. — En France, au contraire, surtout dans les provinces méridionales, les tuiles creuses ont été seules conser-

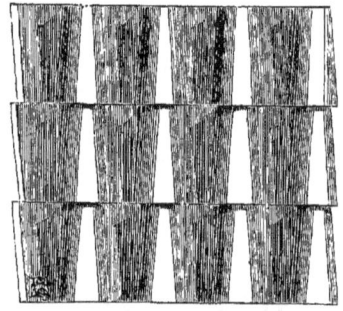

Fig. 2 *bis*. — Couverture en tuiles creuses.

vées ; on les nomme *pannes, chanées, chapeaux*. Ce sont (fig. 2 *bis*) des demi-cylindres légèrement coniques et qui mesurent de 0ᵐ,35 à 0ᵐ,55

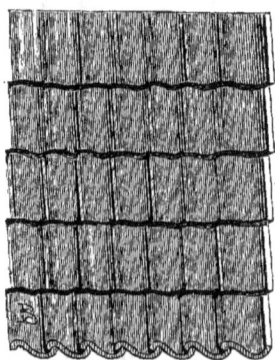

Fig. 3. — Couverture en tuiles flamandes en ∽.

de longueur. Pour établir cette espèce de couverture, il ne faut pas que la pente du comble soit de plus de 26 degrés. Sur des chevrons distants de 0ᵐ,30 les uns des autres, on établit un plancher en voliges jointives ou en

tuiles minces, et, sur ce plancher, on pose les tuiles creuses ; celles de dessous servent d'égout et sont nommées *chanées*, et celles de dessus *chapeaux*.

TUILES EN ∽ DITES FLAMANDES. — Les tuiles flamandes sont à la fois concaves et con-

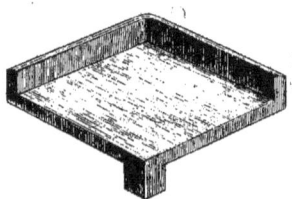

Fig. 4. — Tuile carrée et à crochet.

vexes ; elles se posent à recouvrement, c'est-à-dire que la partie concave s'emboîte dans la partie convexe ; elles forment donc à la fois *chapeaux* et *chanées*. (Voy. not. fig. 3.)

TUILES CARRÉES. — Les tuiles carrées sont munies sur deux de leurs côtés contigus d'une ailette ; et à l'angle opposé, et en dessous, le tuilier a ménagé une sorte d'agrafe ou crochet (fig. 4) qui porte dans l'angle formé par les ailettes de la tuile, de sorte que celle-ci une fois accrochée, ne peut glisser. Notre fig. 5 fait voir ce genre de couverture. Enfin

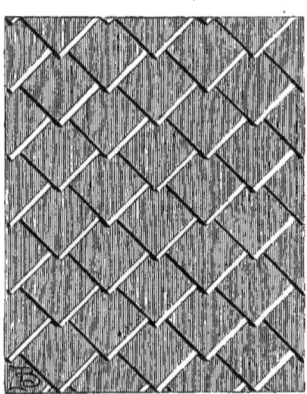

Fig. 5. — Couverture en tuiles carrées et à crochet.

se fait aujourd'hui une quantité de tuiles à emboîtement dont les modèles sont si multiples que nous n'essayerons même pas de les énumérer ; nous ajouterons seulement qu'avec des tuiles rouges et noires on forme des couvertures présentant des dessins variés : notre figure 6 montre un spécimen de ce genre de couvertures.

COUVERTURES EN PIERRES. — Toute pierre

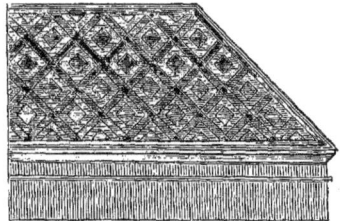

Fig. 6. — Couverture avec tuiles à deux couleurs.

qui peut se débiter en dalles minces est susceptible d'être employée pour ce genre de couverture. Les anciens en firent un fréquent

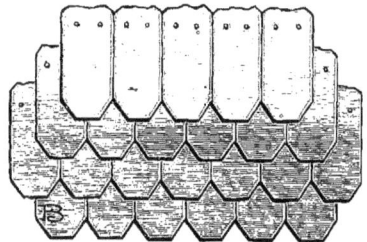

Fig. 7. — Couverture en ardoises, écailles à cinq faces.

usage ; aujourd'hui on n'emploie guère qu'une pierre schisteuse, l'*ardoise*.

COUVERTURES EN ARDOISES. — L'ardoise

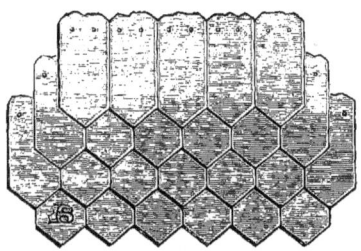

Fig. 8. — Couverture en ardoises, formant des hexagones.

est une excellente couverture. Sa légèreté jointe à sa propreté la fait préférer à toute autre matière pour les grands édifices. On peut la tailler sous diverses formes. Au mot ARDOISE nous avons donné différents spécimens de ce genre de couverture, nous compléterons

ici ces spécimens. (Voy. nos fig. 7, 8, 9, 10, 11 et 12.) — L'ardoise, comme la tuile, s'attache sur un voligeage avec deux ou trois clous par ardoise, suivant ses dimensions. Notre figure 13 montre le genre de construction de cette cou-

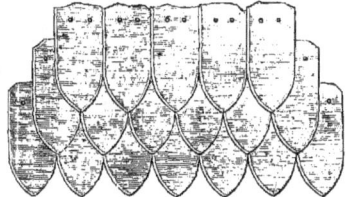

Fig. 9. — Couverture en ardoises, en écailles pointues.

verture ; à droite on aperçoit les pannes et les chevrons, à gauche le voligeage et dans le coin inférieur les ardoises posées ; enfin notre figure 14 montre une disposition adoptée pour

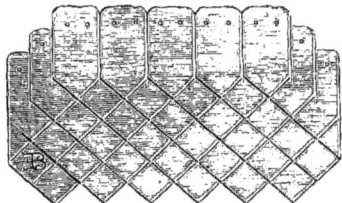

Fig. 10. — Couverture en écailles carrées.

agrafer les ardoises pour couverture. C'est un système assez ingénieux. Le crochet de gauche est employé pour les charpentes métalli-

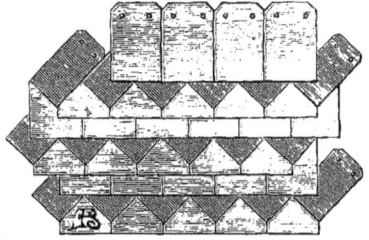

Fig. 11. — Couverture en ardoises
posées alternativement droites et obliques.

ques, il s'agrafe simplement sur la cornière formant latte ; le crochet de droite sert, au contraire, pour les charpentes en bois. L'extrémité de la lame en métal, légèrement coudée, est percée d'un trou qui permet son clouage sur le lattis ; l'extrémité inférieure agrafe l'ardoise. Les crochets portent dans le bas une petite bande ou traverse faisant corps avec eux. Cette traverse sert à engager ses deux bras sous les pureaux inférieurs de droite et de gauche, ce qui donne de la rigidité à l'ensem-

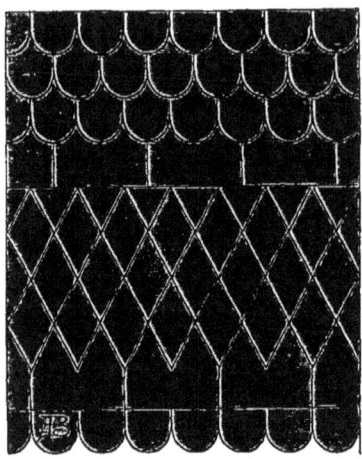

Fig. 12. — Couvertures en ardoises, losanges et écailles.

ble de la couverture et ôte toute prise au vent. — La coupe placée entre les deux crochets fait suffisamment comprendre la construction de ce système de couverture.

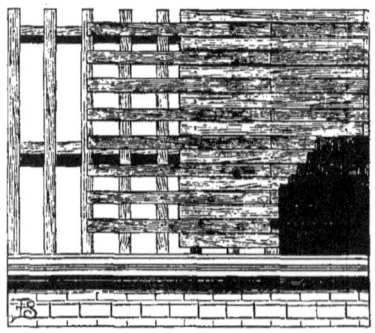

Fig. 13. — Construction de la couverture en ardoises.

LAVES. — Dans les contrées dans lesquelles il existe des volcans éteints, on utilise la lave en couverture; on construit avec celle-ci comme si on employait la grosse ardoise (modèle anglais).

COUVERTURES MÉTALLIQUES. — Le plomb, le zinc, le cuivre, la fonte et même le fer la-

miné ont été successivement appliqués en couverture. — Le plomb ne peut être employé que pour certaines portions de couvertures, car son prix élevé et même son poids sont un grand obstacle pour généraliser son emploi. — Le zinc, depuis qu'on est parvenu à le laminer, c'est-à-dire depuis cinquante à soixante ans, a remplacé le plomb dans presque tous ses emplois en couverture. On doit éviter de le mettre en contact avec d'autres métaux, no-

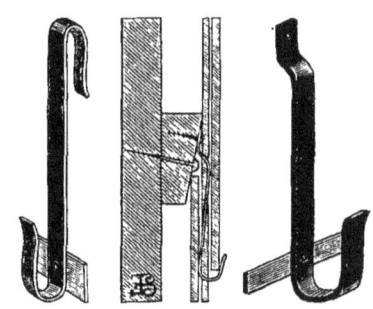

Fig. 14. — Crochets pour arrêter et fixer les ardoises pour couvertures.

tamment avec le fer; car, sous un climat humide, ces deux métaux constituent les éléments d'une pile voltaïque, ce qui contribue à leur destruction réciproque et par suite à celle des couvertures où ils sont employés. Avec le zinc on fait des couvertures à tasseaux; on fait également des couvertures ondulées pour appentis, hangars, etc. — Enfin, sous le nom d'*ardoises métalliques*, on fabrique aux forges de Montataire des tôles galvanisées qui ne pèsent que quatre kilogr. le mètre carré, et qui coûtent, voligeage compris, 6 francs à 6 fr. 50 le mètre carré.

COUVERTURES ÉCONOMIQUES. — Sous ce titre, on comprend tous les genres de couvertures dont le prix de revient n'est pas très-élevé; ce sont : les *couvertures végétales ;* les *couvertures bitumineuses* ou à *base de goudron*, qui renferment : le *papier* et le *carton goudronnés*, le *carton-cuir*, le *feutre asphaltique;* enfin les *couvertures en bois* (planches ou BARDEAUX). (Voy. ce mot.)

Nous ne pouvons nous étendre sur ces divers genres de couvertures, sans sortir du cadre de ce dictionnaire; aussi renverrons-nous le lecteur aux mots BARDEAU, CARTON, FEU-

TRE, etc., ainsi qu'à des ouvrages spéciaux, notamment à notre *Traité des constructions rurales*, qui renferme les détails les plus complets sur les couvertures économiques.

**COUVRE-CHEF**, *s. m.* — Synonyme de DAIS. (Voy. ce mot.)

**COUVRE-JOINT**, *s. m.* — Tout objet recouvrant un joint.

En menuiserie, c'est une tringle de bois mince et chanfreinée qu'on rapporte sur les joints de planches accolées. Les couvre-joints peuvent également être faits avec des baguettes moulurées ou dont la section présente un demi-cercle.

En couverture, les couvre-joints sont tantôt des bandes de métal recourbées et agrafées aux feuilles de manière à leur conserver une *dilatation libre ;* ou bien ce sont de fortes tringles de forme trapézoïdale, des *tasseaux* qu'on recouvre de métal. Les tuiles creuses ( *chapeaux* ) ( **voy.** COUVERTURES ) posées sur les joints des tuiles plates à rebords, qui ne sont que juxtaposées, constituent des couvre-joints.

**COUVREMENT**, *s. m.* — Abréviatif peu usité et synonyme de RECOUVREMENT. (Voy. ce mot.)

**COUVREUR**, *s. m.* — Ouvrier qui fait des couvertures ou entrepreneur de couvertures. Autrefois on donnait exclusivement le nom de *couvreur* à l'ouvrier qui faisait la pose de la tuile ou de l'ardoise. Les ouvriers établissant les couvertures en métaux se nommaient *plombiers* et *zingueurs*. Cette distinction entre les ouvriers d'un même corps d'état a disparu aujourd'hui, et les couvreurs sont ceux qui font les couvertures ; on dit cependant *couvreur-plombier*, car le couvreur-entrepreneur fait aussi tous les travaux de plomberie.

Les principaux outils employés par le couvreur sont, avec les échelles et les cordages, l'*essette*, l'*enclume*, sur laquelle se taille l'ardoise avec le *marteau dit à ardoise,* qui sert en même temps à clouer, le *tire-clou*, le *martelet* pour couper la tuile, le *contre-lattoir*, enfin l'*auge* et la *truelle*. (Voy. ces mots et les figu-

res qui les accompagnent.) — Les couvreurs se divisent en compagnons et en aides ou garçons ; leur salaire est le même en été et en hiver, bien que les journées soient moins longues dans cette dernière saison. — Le métier de couvreur exige beaucoup de prudence et d'adresse et une grande souplesse de corps.

**COYAUX**, *s. m. pl.* — Petites pièces de bois formant un adoucissement entre le pied des chevrons et la saillie de l'entablement.

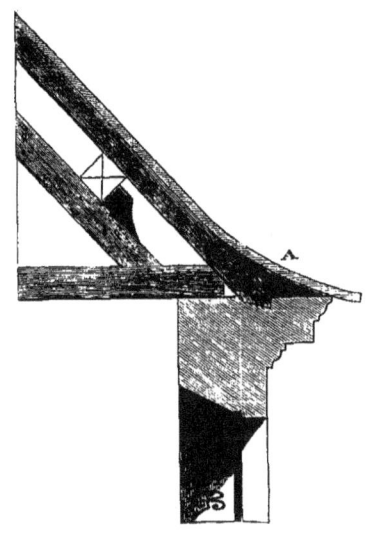

Coyaux.

(Voy. not. fig.) Les coyaux A ont pour but de former l'égout d'un comble et de faciliter la chute et l'écoulement des eaux pluviales.

**COYER**, *s. m.* — Maîtresse solive, posée en diagonale, qui reçoit l'assemblage des *soliveaux* en *empanon ;* ce sont en un mot les *entraits* des *arêtiers* et ceux des *noues*, ainsi que ceux des demi-fermes. Le coyer s'assemble ordinairement dans une pièce horizontale par l'une de ses extrémités, tandis que l'autre reçoit le pied de l'arbalétrier.

**CRAIE**, *s. f.* — La craie compacte est depuis longtemps employée comme pierre à bâtir dans les pays dépourvus de roches ou autres pierres à bâtir, mais elle ne fournit que de mauvais matériaux. La craie tendre, susceptible d'être coupée au couteau au sortir de la carrière, acquiert à l'air une certaine dureté ; mais cette substance n'est jamais capable de supporter une lourde charge.

La craie (*carbonate de chaux*), connue sous le nom de *blanc de Meudon, de Bougival, blanc d'Espagne*, est employée en très-grande quantité par les peintres, seule ou mélangée avec du blanc de plomb ou de zinc ; elle sert à faire les couches d'enduits. ( Voy. BLANC.)

CRAMOISI, *s. m.* — Couleur secondaire, obtenue à l'aide de laque carminée, de carmin et d'une pointe de blanc d'argent.

CRAMPON, *s. m.* — Morceau de fer ou de bronze replié à crochet à ses deux extrémités, ou à *queue d'hironde*. Les crampons servent à consolider et à retenir les pierres d'une assise ou tout autre objet ; ils sont à scellement *en queue de carpe*.

Les Romains, à l'aide du crampon à *queue d'hironde*, ont employé un appareil qu'ils nommaient *opus revinctum*. (Voy. APPAREIL, fig. 15.)

En marbrerie, les crampons sont de petites agrafes qui servent à réunir des dalles en marbre, ou des chambranles de cheminée, avec des montants ou des contre-chambranles.

En serrurerie, le crampon est un guide du battant d'un loquet ; une gâche de verrou, de targette ; il est à pointe, à scellement ou à patte.

CRAMPONNER, *v. a.* — Réunir, rendre solidaire au moyen de *crampons*.

CRAMPONNET, *s. m.* — Petit crampon. Quand on se sert de ce terme pour désigner une pièce de fer située en face de la palastre d'une serrure, il est synonyme de PICOLET. (Voy. ce mot.)

CRAN, *s. m.* — Entaille pratiquée principalement dans du bois, du fer, et qui sert souvent d'arrêt ; d'où le terme *cran d'arrêt*.

CRAPAUD, *s. m.* — Sorte de LOQUETEAU. (Voy. ce mot.)

CRAPAUDINE, *s. f.* — Pièce de fer, de fonte ou de bronze, destinée à recevoir le tourillon d'un pivot. Souvent, la crapaudine elle-même porte le pivot. Il y a des crapaudines *à patte, à pointe, à scellement, à boules*. Il en existe aussi *à queue*, qui s'attachent soit au *chambranle*, soit dans l'*embrasure*. Les crapaudines des grandes portes sont des masses cubiques de fonte portant goujons.

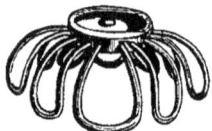

Crapaudine (plomberie).

En plomberie, c'est une petite grille (voy. notre fig.), ou une plaque de métal (plomb, cuivre rouge ou fer) percée de trous, qu'on place sur l'orifice d'un tuyau ou dans une cuvette pour empêcher les détritus ou immondices de s'introduire dans le tuyau et de l'obstruer dans un temps plus ou moins long.

CRASSES OU ÉCUMES. — Parties de plomb converties en oxydes par la fusion ; on les retire de la chaudière avec une cuiller perforée comme une écumoire. On révivifie ces crasses en les repassant au creuset.

CRAYON, *s. m.* — Sur les chantiers de construction et dans les ateliers, on emploie comme crayon de la *craie*, de l'*ardoise* ou *pierre noire*, du *charbon de bois*, surtout du charbon de *fusain*, de la *sanguine* ou *pierre rouge*. Ces diverses substances servent à tracer les épures et les coupes, ainsi qu'à écrire toutes les marques et indications nécessaires. La sanguine est une des meilleures substances à employer dans les opérations d'implantations de bâtiments ou de levé de plans, parce que sa couleur se distingue sur presque tous les fonds et que ses traces ne s'effacent que difficilement.

Les crayons dont on se sert pour les dessins d'architecture sont ceux vulgairement connus sous le nom de crayons de mine de plomb, crayon de bois, à cause de l'enveloppe qui les protége. Les meilleurs crayons sont ceux dits *graphite de Sibérie* de *la mine Ali-bert*. Ils sont noirs, donnent un trait net et fin. Les numéros les plus employés par les architectes sont H B pour esquisser, H H pour arrêter le trait, H, H, H, pour achever le dessin; avec le trait donné par ce dernier numéro, on peut très-bien laver un dessin; enfin il y a des numéros plus durs, des quatre H, des cinq H et même des six H : ce dernier numéro n'est guère employé que pour dessiner sur bois. Nous avons dessiné tous les bois de ce dictionnaire avec un crayon six H de la mine Alibert.

CRAYON, *s. m.* — Sorte de marne blanchâtre dans laquelle domine le sable et l'argile. Le crayon est employé dans la confection de certains mortiers.

CRÈCHE, *s. m.* — Enceinte pratiquée autour du pied d'une pile ou devant une culée de pont au moyen d'une file de pieux fichés en terre. Les crèches sont remplies de maçonnerie à pierre sèche.

CRÈCHE. — Appareil servant à contenir la nourriture des chevaux, des bœufs (voy. MANGEOIRE), mais principalement des moutons. — Les crèches se composent de deux parties distinctes : d'un râtelier et d'une petite

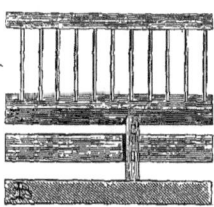

Fig. 1. — Crèche double pour bergeries (élévation).

auge ou mangeoire placée au-dessous. Souvent dans les bergeries on se contente, au lieu de crèches, de garnir les murs de petits râteliers, sous lesquels on met des auges portatives. — Les crèches doivent être assez basses pour permettre à l'animal d'y prendre aisément sa nourriture, et cependant assez élevées pour que les moutons ne puissent grimper dessus. Les barreaux des râteliers doivent avoir 0m,13 d'écartement d'axe en axe. Cet écartement suffit pour empêcher les animaux de passer leurs têtes, car il arrive souvent que, si les barreaux ont 0m,15 à 0m,16 d'écartement, l'animal, en forçant avec sa tête, passe celle-ci à travers les barreaux et puis ne peut la retirer, ce qui peut occasionner des accidents. Les crèches sont fixes ou mobiles, et peuvent dans les deux cas être simples ou doubles. Les crèches simples

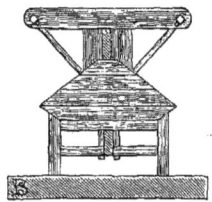

Fig. 2. — Crèche double pour bergeries (profil).

sont ordinairement adossées aux murs des bergeries, elles ne diffèrent de celles établies pour les chevaux que par leurs dimensions. Les râteliers ont 0m,55 à 0m,60 de hauteur. Ils se placent à 0m,20 au-dessus de l'auge et doivent

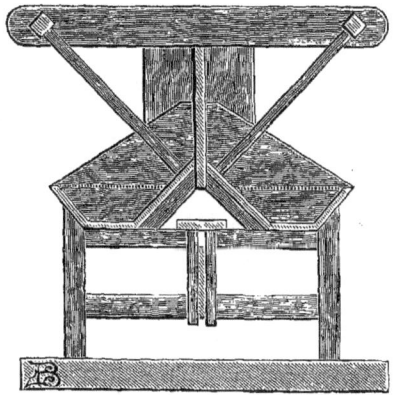

Fig. 3. — Crèche double pour bergeries (coupe).

être légèrement inclinés; l'auge, en bois ou en pierre, mesure 0m,15 à 0m,16 de profondeur avec une ouverture de 0m,30 à sa partie supérieure.

Dans certaines contrées, l'on tient les troupeaux sous des hangars; dans ce cas, il faut avoir des crèches mobiles. Il existe plusieurs systèmes, mais les deux qui sans contredit sont les plus commodes sont représentés par nos figures. Nos croquis 1, 2 et 3 représentent une double crèche en bois qui est très-solide et très-économique; c'est un des meilleurs types : aussi avons-nous donné (fig. 3) une coupe à l'échelle de 0ᵐ,05 pour mètre. Nos croquis

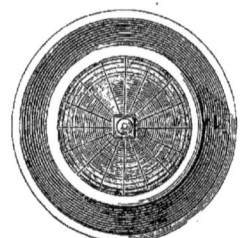

Fig. 4. — Crèche circulaire pour bergeries.

4 et 5 montrent une crèche mobile circulaire qu'on monte à volonté. Le système se compose d'un gros dé en pierre, qu'on enfonce dans

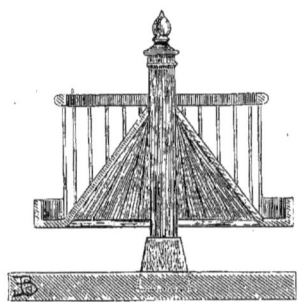

Fig. 5. — Crèche circulaire pour bergeries.

la terre ou qu'on pose sur le sol. Ce dé supporte un fort poteau qui porte lui-même un râtelier et une mangeoire; ces figures sont tirées de notre *Traité des constructions rurales*, où le lecteur trouvera les modèles de crèches les plus perfectionnés.

**CRÉDENCE**, *s. f.* — Tablette de pierre supportée sur une colonnette, un pilastre, un cul-de-lampe ou une console, et adossée à un

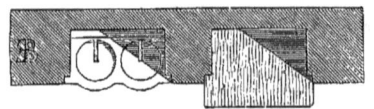

Fig. 1. — Plan d'une crédence et d'une piscine romanes.

mur. Les crédences sont placées auprès des autels dans les églises chrétiennes et elles reçoivent les objets nécessaires à la célébration de la messe. Telles sont les simples crédences. Mais dès l'époque romane on trouve des crédences enfermées dans de doubles niches, dont

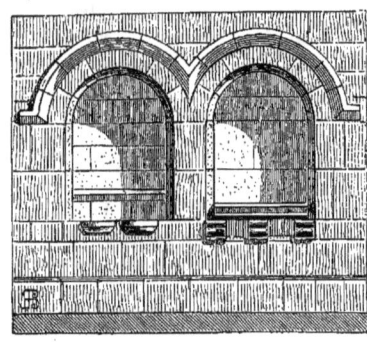

Fig. 2. — Crédence et piscine romanes.

l'une sert effectivement de tablette et l'autre de piscine. Nous donnons (fig. 1 et 2) une crédence romane de l'église de Saint-Pons. — Rares aux XIᵉ et XIIᵉ siècles, elles se retrouvent plus fréquemment au XIIIᵉ et au XIVᵉ siècle.

**CRÉMAILLÈRE**, *s. f.* — En menuiserie, c'est une tringle de bois dentelée sur champ, qui reçoit dans ses encoches des tasseaux pour

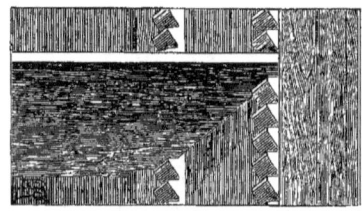

Crémaillère des bibliothèques.

supporter les tablettes d'une bibliothèque, d'une armoire, etc. (voy. notre figure).

Outil à fût destiné à faire des crémaillères.

En charpenterie, c'est le faux-limon d'un escalier à redents, noyé dans l'épaisseur d'un *mur déchiffre* d'une cage d'escalier, quand celle-ci est construite en pans de bois. La crémaillère reçoit, à l'opposé du limon véritable, l'un des abouts des marches de l'escalier. Dans les escaliers modernes dits *escaliers à l'anglaise*, les véritables limons sont eux-mêmes taillés en crémaillère. (Voy. LIMON et ESCALIER.)

En serrurerie, ce terme désigne : 1° une pièce mécanique qui s'engrène avec un pignon ; 2° une tringle en fer évidée de mortaises fixée avec un piton dans un châssis à tabatière, et servant à l'aide d'un mentonnet à ouvrir ou seulement entr'ouvrir plus ou moins le châssis ; 3° une pièce de fer qu'on place en travers des portes cochères ; 4° un ustensile découpé de crans et placé dans une cheminée de cuisine. Du reste, en serrurerie on fait un grand usage des crémaillères : par exemple, pour les crics, l'ouverture des écluses et des vannes, etc., etc.

CRÉMONE, s. f. — Sorte de fermeture remplaçant avec avantage l'ancienne espagnolette, ainsi que les verrous pour placards et armoires. Toute crémone à *double mouvement* se compose : d'une *tige*, d'un *boîtier* ou *boîte*, d'un *bouton* servant à faire manœuvrer la tige, de deux *gâches* et de deux ou plusieurs *coulisseaux*. Certaines crémones, celles des portes cochères par exemple, s'ouvrent et se ferment à l'aide d'une clef. Les tiges de crémone peuvent recevoir des PANNETONS. (Voy. ce mot.)

CRÉNEAU, s. m. — Les parapets des anciennes fortifications sont surmontées, de distance en distance, de petits piliers de pierre nommés *merlons;* l'intervalle qui les sépare est ce qu'on nomme *créneau.* Celui-ci est à la hauteur de la poitrine du défenseur d'une place,

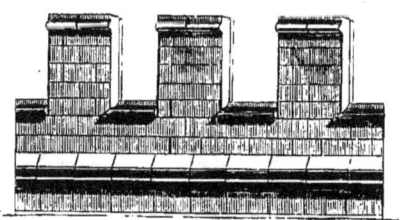

Fig. 1. — Créneaux.

il lui servait à tirer sur l'ennemi, et à se mettre presque à l'abri de ses coups. — Comme les merlons sont inséparables des créneaux, ce terme, employé au pluriel, exprime ordinairement la réunion des deux choses, de sorte qu'on peut dire sans parler d'une manière incorrecte qu'une *tour est couronnée de créneaux;* mais il est bon de ne pas perdre de vue que le créneau est l'entaille, l'embrasure, et que c'est le *merlon* qui est la saillie.

Les merlons et, par suite, les créneaux affectent des formes différentes; nos figures 1 et 2 en montrent plusieurs types, dont l'un (fig. 2)

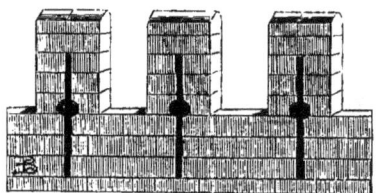

Fig. 2. — Créneaux avec meurtrières.

possède une meurtrière dans son merlon. Avec les nouveaux engins de guerre et le système de fortification adopté, les créneaux ont disparu de notre système de défense. On fait aujourd'hui des créneaux au-dessus des parapets avec des sacs à terre. — Voy. MILITAIRE (*Architecture*).

CRÉNELÉ, ÉE, p. pass. — Garni de créneaux, dentelé suivant la forme qu'affectent ordinairement les créneaux; ainsi on dit : une *muraille crénelée*, une *tour crénelée*, etc. (Voy. CRÉNEAU.)

CRÉNELURE, s. f. — Rainure triangulaire qu'on nomme aussi *grain d'orge;* elle a la forme d'une dent de scie. L'outil employé à pousser cette rainure s'appelle également *crénelure.*

CRENON, s. m. — Petit bloc d'ardoise. Dans l'exploitation de l'ardoise, on fait sauter des blocs plus ou moins forts à l'aide de divers procédés; l'un d'eux consiste, quand le schiste ardoisier est incliné, à introduire de forts leviers dans les joints du banc. On agit sur ces leviers au moyen de cordages tirés avec un treuil ou à bras d'homme. Le bloc en tombant dans la tranchée se brise en plusieurs petits blocs qu'on nomme *crenons.*

CRÉOSOTE, s. f. — Substance obtenue par la distillation de la houille, de la tourbe ou du goudron; elle est employée comme désinfectante et pour la conservation des bois.

CRÉPI, *s. m.* — Couche de plâtre qu'on applique sur un mur en maçonnerie, en pan de bois, sur le hourdis d'une cloison, sur un auget, etc., pour préparer la surface à recevoir l'enduit. Parfois cependant, par raison d'économie, les crépis ne se recouvrent pas d'enduit : par exemple, sur les murs de clôture, des pignons, etc., qu'on veut exécuter à bon marché.

On fait aussi, avec du plâtre *ausas*, des tables renforcées ou des parties saillantes qui sont encadrées de moulures ou de bandeaux dans un but décoratif. On appelle ce genre de crépi *moucheté*, parce qu'il contient une grande proportion de *mouchettes*, que l'on jette au moyen du balai, comme pour le gobetage.

On colore quelquefois le crépi moucheté, soit au moyen de charbon ou de mâchefer pilés, pour obtenir une couleur d'un gris plus ou moins foncé ; ou bien, pour avoir des mouchetages jaunes ou rouges, on mêle au plâtre des ocres colorantes. Ces sortes de décorations, faites avec discernement, ornent d'une manière convenable les bâtiments ruraux.

CRÉPIR, *v. a.* — Appliquer un crépi, faire un crépissage.

CRÉPISSAGE, *s. f.* — Pour exécuter un crépissage au plâtre sur un mur neuf, on commence par mouiller son parement, sur lequel on projette du plâtre. S'il s'agit au contraire d'une vieille maçonnerie, on doit *hacher* ou *bûcher* le vieux plâtre, puis on le nettoie et on l'humecte convenablement. Ces opérations sont indispensables pour obtenir un crépi adhérent.

Le plâtre ne doit pas être gâché trop serré ; quand il commence à COUDER (voy. ce mot), on le projette à la truelle sur la surface à crépir. Ce jet exige de l'habitude pour que le plâtre s'applique régulièrement sur la construction et sans trop de perte. Dès que le plâtre commence à prendre dans l'auge, il faut l'employer à la TALOCHE. (Voy. ce mot.) En passant le plâtre jeté à la truelle, le maçon commence à dresser le crépi qu'il achève de rendre plan à l'aide de la truelle, et, passant légèrement avec le tranchant de cet outil sur la surface du crépi, il y forme de petites hachures qui permettent à l'enduit ultérieur une parfaite adhérence. —

Les crépis destinés à rester apparents doivent être d'un fini plus parfait que ceux qui doivent recevoir un enduit.

Les crépis de plafonds offrent plus de difficultés que ceux faits sur plans verticaux, aussi sont-ils payés avec une plus-value.

CRÊTE, *s. f.* — Ornement découpé et à jour, courant sur le faîtage d'un comble, auquel il sert en quelque sorte d'amortissement. Particulière à l'architecture romane et ogivale, l'idée de cette décoration a pu tirer son origine des cours d'antéfixes de l'architecture antique. Les antéfixes, en effet, décoraient non-seule-

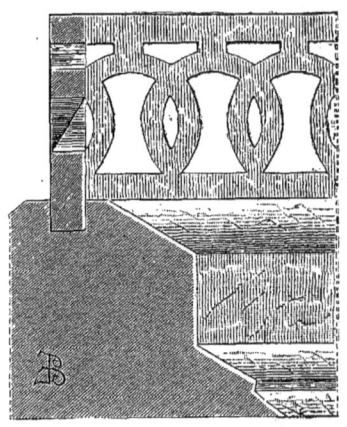

Fig. 1. — Crête de l'église Saint-Trophime, à Arles.

ment le pied, mais aussi le faîtage des combles. Ces ornements, dont il existe en Auvergne et dans l'extrême midi de la France des spécimens du XIe et du XIIe siècle, furent d'abord

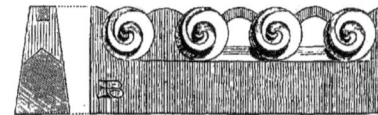

Fig. 2. — Crête de l'église de Cogniat (Allier).

en pierres, et par conséquent leur dessin était largement exécuté et peu compliqué. Notre fig. 1 montre de face et de profil une crête en pierre de l'église romane de Saint-Trophime, à Arles (Bouches-du-Rhône) ; tandis que notre fig. 2 représente celle de l'église de Cogniat (Allier). Plus tard on les fit en fer et en plomb, et ces matières permirent de leur donner une ornementation très-riche et des plus élégantes.

C'est au xvᵉ et au xviᵉ siècle que ce genre de décoration fut le plus en faveur. Dès le xvᵉ siècle, aux crêtes se joignirent, pour décorer les sommets des combles, des *épis*, des *girouettes* et des *lambrequins* de plomb.

En couverture, on nomme crête le scellement au mortier ou au plâtre que l'on exécute sur les tuiles faîtières pour les relier les unes aux autres.

En termes de fortification, c'est la partie la plus élevée d'un glacis, qui forme le parapet d'un chemin couvert.

**CRÉTIAUX**, *s. m. pl.* — Petites surfaces horizontales réservées au droit des joints sur les rampants de corniches de certains édifices du moyen âge. Les crétiaux servaient à éloigner les eaux tombant des combles et permettaient aux ouvriers de marcher sur la saillie des corniches.

**CREUSER**, *v. a.* — Rendre creux. En serrurerie, on creuse certaines pièces; en termes de terrassier, c'est pratiquer une excavation dans le sol, faire une fouille.

**CREUSET**, *s. m.* — Récipient en terre réfractaire employé pour la fusion des métaux. — C'est aussi un fourneau à forge qui sert à *raffiner* et *revivifier* les *miettes*, les *cendres*, les *crasses* ou *écumes* du plomb, après les avoir lavées.

**CREVASSE**, *s. f.* — Fente dans un terrain, dans un mur, dans un plafond ou dans un enduit.

**CRIBLE**, *s. m.* — Outil du terrassier ou du marchand de sable, qui permet de séparer le caillou du sable, et celui-ci en gros sable et en sable fin. Il existe des cribles ronds et des cribles carrés de grandes dimensions; quelques-uns sont placés dans les chantiers comme des chevalets, et un *pelleur* jette avec force contre leur face du sable et du caillou mêlés : le premier traverse d'un côté, tandis que le caillou descend en avant du crible.

**CRIC**, *s. m.* — Outil composé d'une **Crémaillère** (voy. ce mot) qui est mise en mouvement par des engrenages, mus eux-mêmes par une manivelle dont l'axe est pourvu d'un **Encliquetage** (voy. ce mot) afin d'empêcher la barre dentelée de redescendre sous le poids de la charge, quand on s'arrête et qu'on n'exerce plus aucun effort. Cet outil sert aux charpentiers et aux maçons pour soulever et mouvoir de lourdes charges. La tête de la crémaillère porte deux *cornes* disposées en manière de croissant, mobile autour de son axe, et quelquefois immobile. Le pied de la crémaillère est recourbé en dehors et porte éga-

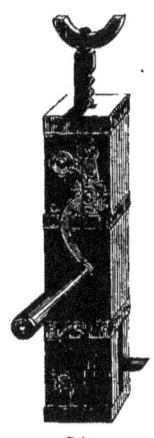

Cric.

lement un crochet faisant saillie hors de la boîte. (Voy. notre figure.) Celui-ci sert à lever les objets dont le point de prise est à une faible élévation au-dessus du sol, sur lequel le cric prend son point d'appui. — Le cric est surtout employé sur les chantiers où l'on taille la pierre ; les binards qui servent au transport des pierres en sont aussi généralement pourvus.

**CRIQUES**, *s. f. pl.* — Fentes transversales existant sur des pièces de fer forgé; elles sont causées par la pression du *martinet*. Les fers *aigres* portent souvent des criques.

**CROCHET**, *s. m.* — En architecture, ce mot est quelquefois synonyme de crosse; nous n'en parlerons pas ici et nous renverrons le lecteur au mot CROSSE, qui est plus usité dans ce sens.

En serrurerie, ce mot a des significations très-diverses ; c'est : 1° une *fausse clef*, nommée aussi *rossignol*, qui sert à forcer les serrures :

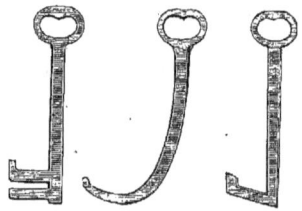

Fig. 1. — Crochets dits rossignols.

ces crochets sont employés par les serruriers pour ouvrir les serrures dont on a égaré les clefs, notre fig. 1 montre trois genres de ces crochets ; 2° un *crochet plat*, servant à fermer les armoi-

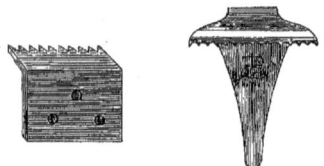

Fig. 2. — Crochets d'établi à pattes et à pointe.

res ; 3° le *crochet rond* qui sert à la fermeture des volets-persiennes et sert aussi à arrêter les vantaux de porte, de croisée, etc. ; 4° le *crochet d'arc-boutant*, de même forme que le précé-

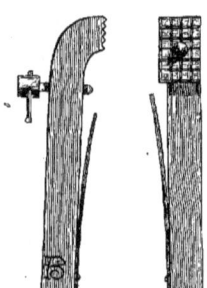

Fig. 3. — Crochets d'établi.

dent, mais beaucoup plus fort et plus solide ; 5° tout *coude* fait à l'extrémité d'une tringle (CLOU A CROCHET). (Voy. ce mot.)

En menuiserie, on nomme *crochets d'établi* des espèces de pattes (fig. 2) coudées et dentelées qui entrent dans une ouverture nommée

*boîte de crochet*, placée à gauche et au bout supérieur du devant de l'établi.

Le crochet d'établi affecte des formes très-

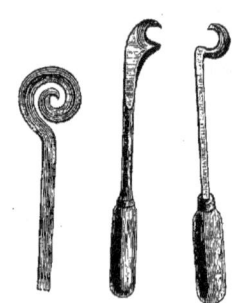

Fig. 4. — Crochets à mouchettes.

diverses ; notre figure 3 en montre deux types.

C'est encore un outil qui sert à creuser une

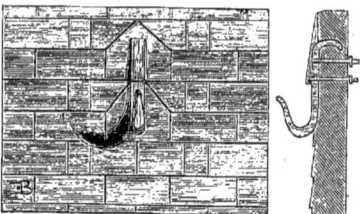

Fig. 5. — Crochet de couverture.

partie concave plus large à l'intérieur qu'à son orifice. Il y a deux formes principales de ce genre.

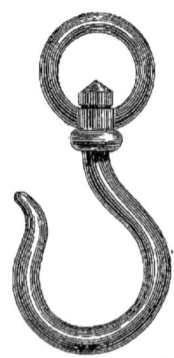

Fig. 6. — Crochet employé par plusieurs corps d'état.

CROCHET A MOUCHETTES, outil qui permet de faire une baguette dans l'intérieur d'une pièce creuse. Notre figure 4 montre trois crochets à mouchettes différents.

CROCHET DU BRIQUETEUR, petit outil qui sert à tracer dans un enduit des joints d'appareil feints ; on le nomme aussi à cause de son emploi TIRE-JOINT. (Voy. ce mot.)

En couverture, on nomme crochet une tigette de fer rond recourbée et affûtée à l'une de ses extrémités (voy. notre fig. 5) ; ce crochet, posé de distance en distance et boulonné sur les chevrons, sert pour le service des couvreurs, qui nettoyent ou réparent la COUVERTURE. (Voy. ce mot, où nous donnons des crochets agrafes.)

Dans l'industrie de la quincaillerie, il existe une prodigieuse quantité de crochets ; l'un, qui est d'un usage fréquent sur les chantiers, est celui représenté par notre figure 6. Plusieurs corps d'état s'en servent, à l'aide d'une corde ou d'une chaîne, pour le montage des matériaux.

CROISÉE, s. f. — Il ne faut pas confondre ce mot avec celui de fenêtre ; ce dernier s'applique à la baie, tandis que croisée désigne le châssis formant clôture. Son nom lui vient des croisées de pierres ou meneaux en croix des constructions civiles du moyen âge. (Voy. CROISILLON.) — La croisée est donc un ouvrage de menuiserie, quelquefois de serrurerie, garni de vitres destinées, tout en complétant la clôture, à laisser pénétrer la lumière dans l'intérieur d'un bâtiment. La croisée peut être à un vantail ou deux vantaux ou s'assembler à coulisses ; c'est pourquoi on distingue les croisées à *un vantail,* celles à *deux* vantaux, et celles à *coulisses,* vulgairement dites à *guillotine.* L'emploi de ces dernières devient très-rare en France, sauf dans quelques provinces ; elles sont encore assez répandues en Angleterre et en Belgique. — Indépendamment du châssis principal, des *petits bois* divisent l'ouverture en compartiments suivant des proportions particulières déterminées par la dimension des pièces de verre. Suivant le mode d'assemblage et la disposition de ces petits bois, on distingue encore les croisées à *grands* et *à petits carreaux,* celles à *pointe de diamant,* à la *grecque,* à *trèfle,* etc. Enfin il y a des fenêtres *cintrées* et d'autres dites en *ogive,* quand leur forme épouse celle de l'intrados d'un arc aigu. Plus l'industrie progresse, plus le perfectionnement et le confort s'introduisent dans l'habitation, plus le nombre des petits bois diminue ; aujourd'hui même on fait des croisées qui ne se composent que d'un châssis sans petits bois, et dans lequel une grande glace remplace les petites pièces de verre. On ferre les croisées à l'aide de fiches, et on les maintient fermées à l'aide d'espagnolettes ou plutôt de crémones.

CROISÉE DOUBLE, seconde croisée posée à l'extérieur des tableaux des fenêtres ou à fleur de la baie.

CROISÉE ou CROIX D'AUGIVES. — Nom que portaient autrefois les nervures saillantes et diagonales des voûtes d'arête. (Voy. OGIVE.)

CROISER ET RECROISER, v. a. — Partager une ouverture ou baie en plusieurs compartiments par des CROISILLONS. (Voir ce mot ci-après.)

CROISILLON, s. m. — Barres de pierre, de bois ou de métal, posées de manière à figurer une croix. Les croisillons en croix de Saint-André ont été fréquemment employés dans l'antiquité pour des balustrades, des grilles et autres clôtures à jour ; à cette époque, c'était aussi un motif de décoration, on les nommait CLAUSTRA. (Voy. ce mot.)

Les fenêtres des édifices civils du moyen âge et de la renaissance étaient fréquemment divisées par des meneaux en pierres disposés en croisillons.

Quelques auteurs ont aussi donné ce nom et même celui de croisée au point de réunion de la nef et des transepts des églises.

En menuiserie, on nomme croisillons les petits bois qui forment des compartiments dans les châssis des croisées.

CROISSANT, s. m. — Pièce de fer ou de cuivre, objet de quincaillerie qui se scelle dans les faces de cheminée et qui sert à maintenir debout les pincettes et les pelles à feu. L'extrémité libre du croissant est à boule ou à vase.

C'est aussi un évidement pratiqué dans la platine d'un verrou à ressort, d'un loqueteau ou d'une targette ; mais on nomme plutôt cet évidement *poucier.*

CROIX, s. m. — Ce terme est le nom d'une

figure particulière et celui d'un objet qui devint souvent un monument d'une certaine importance. La croix est une figure géométrique des plus élémentaires, et, à cause du crucifiement du Christ, elle devint le symbole de la religion chrétienne ; c'est pourquoi elle a été fréquemment appliquée au plan et à l'ornementation des édifices religieux, principalement des églises.

La croix peut être simple ou composée, unie ou ornée. Elle peut même varier dans le nombre comme dans la disposition de ses bras ; ainsi, on distingue (voy. nos fig.) la *croix de Saint-André,* fréquemment employée comme

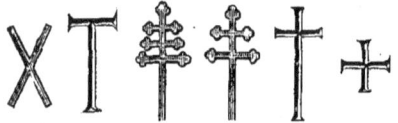

Fig. 1 à 6. — Divers genres de croix.

décharge dans les pans de bois, les grands combles, les cintres pour la construction des voûtes, les grands échafauds ; la croix ordinaire ou type *primitif,* qu'on appelle aussi *tau* à cause de sa ressemblance avec la lettre grecque de ce nom ; la *croix papale,* à trois rangs de bras ; la *croix archiépiscopale,* ou à deux rangs de bras, elle est aussi dite *de Lorraine* parce qu'elle formait le principal motif des armoiries de la Lorraine ; la *croix latine,* enfin la *croix grecque.*

Lorsque les croix sont ornées, elles prennent, indépendamment des noms que nous avons indiqués, les qualifications de *croix pattée,* lorsque l'extrémité des bras s'élargit ; de *croix ancrée,* lorsqu'ils sont recourbés ; de *croix fleuronnée,* quand des fleurons les terminent ; *florencée,* quand ces fleurons sont des fleurs de lis ; *potencée,* quand les bras sont en forme de potence ; *contrepotencée,* quand les potences sont opposées, etc.; du reste, au mot BLASON, plusieurs écus portent différents genres de croix que le lecteur pourra consulter, s'il le désire.

CROMLECH. — Voy. CELTIQUES (*Monuments*).

CROQUIS, *s. m.* — Dessin fait à main

levée, qui reproduit un dessin sans autres proportions et dimensions que celles fournies par une sûreté de coup d'œil plus ou moins grande de la part du dessinateur.

On nomme *croquis coté* un croquis portant les cotes de grandeur de l'objet représenté.

CROSSE, *s. f.* — Ornement, particulier à l'architecture ogivale, qu'on nomme aussi *crochet.* On retrouve cet ornement sur l'extrados des arcs, les rampants des frontons, les arêtes des pyramides, etc.

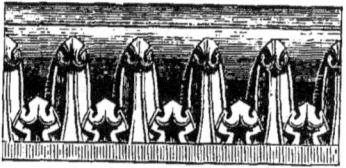

Fig. I. — Crosses entablées du XIIIᵉ siècle.

Les crosses imitant les bourgeons des arbres apparaissent à la fin du XIIᵉ et au commencement du XIIIᵉ siècle ; c'est surtout à l'origine qu'ils méritent le nom de *crosse.*

Les premiers types sont de simples tiges

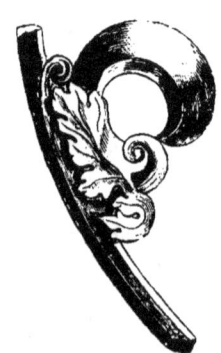

Fig. 2. — Crosses du XIVᵉ siècle.

assez longues et recourbées en volute à leur extrémité ; ils sont dits *feuilles entablées* (fig. 1), quand ils décorent les corniches et les entablements.

Au XIVᵉ siècle, la tige des *crosses* se raccourcit, puis disparaît, et leur courbure en volute regarde la terre (fig. 2), ou se redresse au contraire en l'air, comme le montrent les deux figures suivantes.

Les crosses du xv⁰ siècle (fig. 3 et 4) gardent ce galbe et prennent pour type ordinaire la

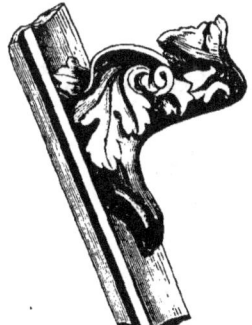

Fig. 3. — Crosses du xv⁰ siècle.

feuille de vigne, de chardon ou de choux, et se dessinent avec beaucoup d'élégance. Quelque-

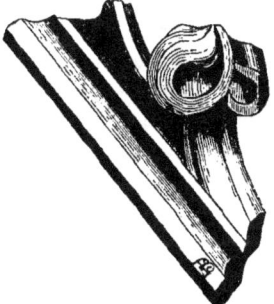

Fig. 4. — Crosses du xv⁰ siècle.

fois aussi les crosses sont remplacées par des espèces de cornes, de faucilles, ou dents de san-

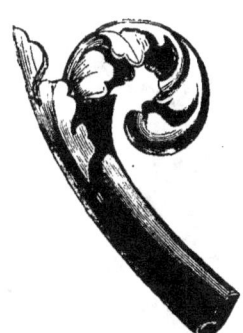

Fig. 5. — Crosses du commencement du xvi⁰ siècle.

glier, par des animaux ou des monstres fantastiques accroupis sortant de feuillages. Il en est même qui sont terminées par des têtes d'homme; enfin, au commencement du xvi⁰ siècle, les crosses affectent les formes

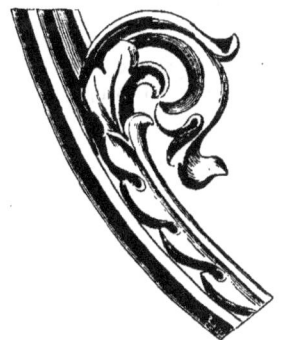

Fig. 6. — Crosses du commencement du xvi⁰ siècle.

que montrent nos fig. 5 et 6. — Voy. Enta-blées (*Feuilles*).

CROSSETTE, *s. f.* — Espèce d'oreille que forme la partie supérieure et transversale du chambranle d'une baie rectangulaire. Les crossettes sont fréquemment employées dans les édifices de l'architecture grecque; notre figure présente en *a*, *b*, *c*, trois genres de crossette.

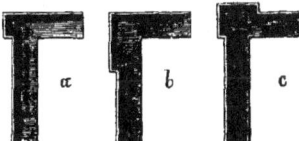

Fig. 1, 2 et 3. — Crossettes.

C'est encore une certaine saillie des pierres destinées à s'encastrer dans une entaille de même forme pratiquée dans une pierre adjacente. Ce genre de crossette a pour but de consolider les plates-bandes d'une grande étendue. Dans ces temps modernes, on a imaginé de ne plus extradosser les arcs, mais d'entailler le haut des voussoirs pour les faire raccorder avec les assises horizontales; ce mode d'appareil, dont on rencontre des exemples dans les constructions antiques, a repris faveur à notre époque, surtout à Florence, ce qui lui a valu aussi le nom d'*appareil florentin.* Quand une voûte est ainsi appareillée, on dit qu'elle l'est en *tas de charge.* (Voy. CHARGE.)

CROUPE, *s. f.* — Surface triangulaire comprise entre deux arêtiers. En supposant un comble composé de deux rampants, la croupe est le triangle formé par la *troncature* du comble. Un comble à pavillon carré est, si l'on veut, composé de quatre croupes. Les arêtes en pente qui résultent de la rencontre des croupes avec les *longs-pans* portent le nom d'*arêtiers*.

La surface des croupes est donc formée par une suite de chevrons de différentes grandeurs ; le plus long, celui qui s'assemble par le haut dans le poinçon et par le bas dans la sablière ou plate-forme, se nomme *chevron de croupe*. On assujettit les chevrons, par le pied dans une entaille pratiquée dans la plate-forme et par le haut avec des chevilles en fer, après les avoir taillées d'onglet, afin de les faire porter solidement sur les arêtiers ou faîtage. On les assemble aussi à tenons et à mortaises. Les *croupes biaises* sont formées de fermes biaises et d'*empannons délardés*.

On nomme encore croupe la partie extérieure et arrondie du chevet d'une église. (Voy. COMBLE.)

CROUTES D'ÉTAIN, *s. f. pl.* — En plomberie, on nomme ainsi une couche d'étain appliquée sur une table ou ardoise de plomb, ou sur quelque amortissement.

CRYPTE, *s. f.* — Chapelle située sous le chœur d'une église. Les cryptes rappellent

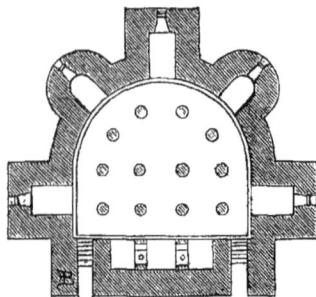

Fig. 1. — Crypte d'Issoire.

évidemment les salles ou chapelles pratiquées dans les souterrains où les premiers chrétiens pratiquaient l'exercice de leur culte.

Sous les autels des anciennes basiliques, il y avait une cavité étroite où se plaçaient les reliques des saints et quelquefois leurs tombeaux. Cette cavité s'appelait *martyrium* ou

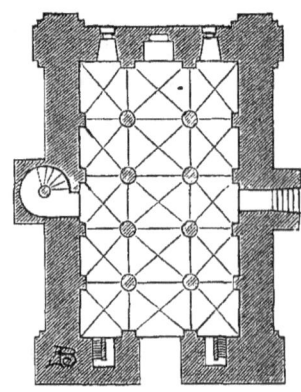

Fig. 2. — Crypte de Lastingham.

*confessio*, et c'est elle qui a aussi maintenu l'usage des cryptes. Petites à leur origine, les cryptes ne cessèrent de s'agrandir jusqu'au XIIe siècle, époque à laquelle elles s'étendirent non-seulement sous le chœur, mais où elles reproduisirent quelquefois le plan de l'église elle-même.

Notre fig. 1 montre une crypte pratiquée sous le chœur de l'église d'Issoire ; elle est de forme demi-circulaire, et les quatre colonnes centrales supportent le maître-autel du chœur.

Notre fig. 2 fait voir une crypte rectangulaire de Lastingham.

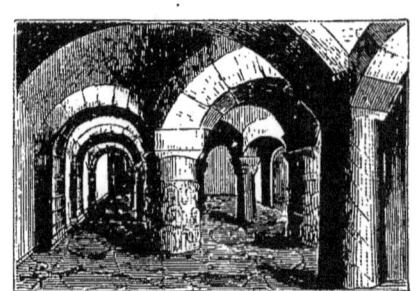

Fig. 3. — Crypte de Lanmeur.

Notre fig. 3 représente une crypte très-ancienne, celle de Lanmeur, bâtie sous une église romane primitive qui se trouve située entre Plestin et Morlaix, dans le Finistère. Cette crypte date peut-être du Xᵉ et même du IXᵉ siècle. Quelques archéologues ont prétendu que les sculptures qu'on remarque sur les colonnes figurent des serpents ou des racines de nénufar; il est bien difficile de se prononcer, car les sculptures en question sont très-frustes en tant que modelé, sinon comme forme. Il existe dans cette crypte, auprès de la petite baie qu'on aperçoit sur le fond à gauche, une de ces antiques fontaines sacrées assez communes en Bretagne, aux eaux de laquelle on attribue des cures miraculeuses. A une certaine époque, les capitulaires de Charlemagne et les conciles ont interdit le culte de cette fontaine sous peine d'excommunication.

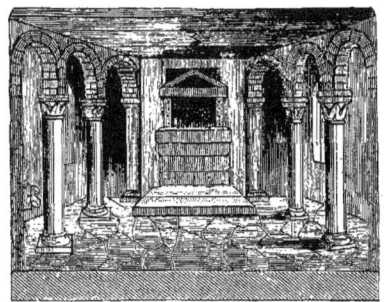

Fig. 4. — Crypte de Vic.

Une autre crypte assez curieuse est celle de la petite église de Vic, dans le Bourbonnais, que fait voir notre fig. 4. Elle possède dans le fond un autel primitif en forme d'édicule, et les voûtes, fait assez rare, sont remplacées, par un plafond plat. Les chapiteaux qui coiffent les colonnes sont de forme cubique. Il est probable que cette crypte est du commencement du XIᵉ siècle, ou de la fin du Xᵉ.

**CUBAGE,** *s. m.* — Se dit à la fois de l'opération au moyen de laquelle on détermine le volume d'un corps solide et de ce volume lui-même. On évalue par le cubage le volume des bois, des pierres, des fouilles, etc. Le cubage des corps s'obtient en multipliant la surface de leur base par leur hauteur, réduite ou réelle. (Voy. MÉTRAGE.)

**CUBE,** *s. m.* — Le cube, ou hexaèdre ré-

gulier, est un parallélipipède rectangle à six faces égales. Abusivement, le mot *cube* est pris quelquefois dans le sens de parallélipipède rectangle sans pour cela que ses faces soient égales. Le volume d'un cube est égal au carré de sa base multiplié par sa hauteur; mais, comme ses dimensions sont toutes égales entre elles, on a : $V = C^3$ (V étant le volume et C l'un des côtés). — Ce mot est aussi employé comme synonyme de *volume.*

**CUBER,** *v. a.* — Mesurer les trois dimensions d'un corps pour en évaluer le *cube* ou *volume.*

**CUBIQUE,** *adj.* — En forme de cube ou à peu près. Cette figure géométrique, comme beaucoup d'autres qui se trouvent dans la nature, se rencontre également en architecture dans des conditions très-variées; ainsi on dit *masse cubique, chapiteau cubique, dé cubique,* etc.

**CUEILLIE D'ANGLE,** *s. f.* — Espèce de nu, ou plutôt de double nu, que l'on établit dans les angles des murs, des cloisons ou des plafonds, et qui sert de guide, de repère pour l'application de l'enduit sur les faces qui lui sont adjacentes. — La cueillie est aussi un filet de plâtre dressé le long d'une règle, qui sert de repère pour lambrisser, enduire de niveau, et dresser à plomb les pieds-droits des portes, des croisées et des cheminées.

**CUILLER,** *s. f.* — Pierre ou dalle plus ou moins évidée en cuvette, quelquefois à simple pente, qu'on place sous la chute de l'eau d'une borne-fontaine, d'une pompe, d'un tuyau de descente, etc., afin d'empêcher la chute de l'eau de dégrader et creuser le sol. Les cuillers sont ordinairement posées sur un massif hourdé à bain de mortier.

En plomberie, c'est un récipient qui ressemble à une petite casserole, avec lequel les plombiers puisent dans la chaudière le plomb en fusion. C'est avec cette cuiller qu'ils portent le plomb dans la poêle qui est au bout de leur moule.

Les scieurs de pierre nomment *cuiller* un

outil qui a cette forme (voy. not. fig.) et qui leur sert à jeter l'eau et le grès dans le trait

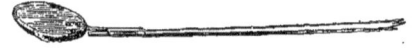

Cuiller des scieurs de pierre.

de scie fait dans la pierre dure avec la scie sans dents.

**CUIR**, *s. m.* — Le cuir est très-employé dans les travaux de construction, soit pour les tuyaux qui amènent l'eau dans le chantier, pour les tuyaux des armoires à incendies, pour des courroies de transmission; soit enfin, sous forme de rondelles, pour garnir les joints des tuyaux des brides, etc.

CUIR (Carton). — Voy. CARTON.

**CUISINE**, *s. f.* — Pièce de l'habitation dans laquelle on prépare les mets et les plats servant à la nourriture de l'homme et des animaux. Dans les fermes, les cuisines rurales ont une grande importance, mais à la ville comme à la campagne les cuisines doivent être largement ventilées. (Voy. VENTILATION.)

**CUISSE**, *s. f.* — Côte ou canne placée entre deux canaux de TRIGLYPHES. (Voy. ce mot.) Notre fig. donne à grande échelle un trigly-

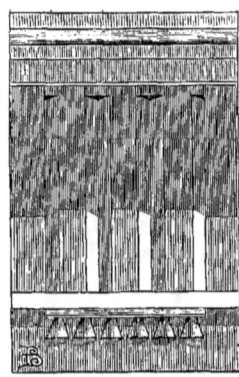

Triglyphes montrant trois cuisses.

phe où l'on peut voir des cuisses. — En serrurerie, on nomme *cuisse de grenouille* tout objet qui a cette forme, comme certains anneaux, les fers de *tire-douilles*, etc.

**CUIVRE**, *s. m.* — Métal d'un rouge particulier, très-malléable, très-ductile et très-tenace; c'est le plus tenace des métaux après le fer. Il entre en fusion à 27 degrés du pyromètre de Wedgvood, c'est-à-dire vers 800 degrés centigrades. Sa pesanteur spécifique est d'environ 8,800. Sa dilatation linéaire de 0 à 100 degrés est de 0,0017. A une haute température, il se combine avec l'oxygène de l'air et forme de l'oxyde brun. A la température ordinaire et dans l'air humide, il s'oxyde et se couvre d'une substance verdâtre connue sous le nom de *vert-de-gris (sous-carbonate de cuivre)*.

Le cuivre, pur ou allié au zinc (laiton), est employé à la fabrication des tuyaux, des corps de pompe, etc. Il sert même au doublage des navires, et on en fait aujourd'hui des menus objets de serrurerie et de quincaillerie, tels que clous, vis, boulons, rivets, charnières, targettes, verrous, etc. Il a été également employé à la couverture des édifices, notamment à la cathédrale de Saint-Denis. Allié à l'étain, il donne un nouvel alliage nommé BRONZE. (Voy. ce mot.) Le cuivre rouge pur se nomme ROSETTE. (Voy. ce mot.)

**CUIVRÉE**, *s. f.* — Fausse dorure obtenue à l'aide de feuilles de cuivre ou de laiton, car le cuivre étant très-ductile se prête comme l'or au battage en feuilles minces.

**CUL-DE-BASSE-FOSSE**, *s. m.* — Espèce d'ancien cachot, en forme de cul-d'œuf ou de cône renversé.

**CUL-DE-CHAPEAU**, *s. m.* — Extrémités de la platine d'un verrou, d'une targette, etc., qui sont découpées en demi-cercle.

**CUL-DE-FOUR**, *s. m.* — Voûte sphérique, voûte formée d'un quart de sphère. Ces voûtes couvraient les absides des anciennes basiliques, celles des églises latines et romanes du XIᵉ siècle. C'est au XIIᵉ siècle que les voûtes des chevets ont été établies à pans et à nervures. — Un cul-de-four n'est autre chose qu'une demi-coupole. (Voy. COUPOLE et VOÛTE.)

CUL-DE-FOUR EN PENDENTIFS. — Voûte sphérique qui est rachetée par quatre pendentifs. (Voy. COUPOLE.)

CUL-DE-NICHE. — Fermeture cintrée d'une niche sur un plan circulaire.

CUL-DE-LAMPE, *s. m.* — Encorbellement ou pierre saillante de forme pyramidale renversée, destiné à supporter une base de colonne, la retombée d'un arc ou des nervures de voûtes, une statue, etc. La période romane créa des culs-de-lampe simples et cubiques qu'elle orna plus tard de feuillages et de figurines ; l'art ogival les évida et en fit des merveilles de sculpture qui ne furent surpassées que par les culs-de-lampe de la renaissance, qui créa de véritables chefs-d'œuvre de délicatesse et de goût. — Par extension, on a donné le nom de cul-de-lampe à de véritables CLEFS PENDANTES (voy. ce mot), surtout à celles des fermes en fer. — Ce sont aussi de petites vignettes dessinées par les architectes sur des feuilles de dessin, et destinées à remplir, comme dans les livres, du papier blanc.

CUL-DE-POULE, *s. m.* — Renflement évidé situé au centre d'un bouton d'espagnolette, ou d'une poignée de crémone.

CULÉE ou BUTÉE, *s. f.* — Dans l'architecture hydraulique, on nomme ainsi le massif de maçonnerie qui arc-boute la poussée de la première ou de la dernière arche d'un pont. Les ponts en bois d'une certaine importance possèdent également des culées en maçonnerie qui reçoivent le pied des fermes ; les ponts de charpente de moindre importance ont des culées en bois, qui comprennent une file de pieux recouverts de CHAPEAUX (voy. ce mot), et de chaque côté de cette file on construit une aile par le même procédé ; sur ces pieux on cloue des madriers horizontaux et des palplanches verticales posées jointives ; enfin cette sorte d'encaissement est rempli de cailloux et de sable.

Les ponts suspendus ont également des culées pour recevoir les scellements ou amarres des chaînes ou des câbles en fil de fer.

Tout ce qui a trait à la fondation et à la construction des culées se trouve au mot PILE, auquel nous renvoyons le lecteur.

L'épaisseur des culées est fort variable, car on ne peut fixer des règles invariables pour leur construction. Quelques ingénieurs assignent à l'épaisseur de la culée un sixième de plus qu'à celle de la pile, proportion qui peut suffire pour des arches plein cintre ou pour des arches surhaussées ou en ogive, qui produisent un minimum de poussée, mais qui est insuffisante pour des arches en arc de cercle ou surbaissées. Du reste, l'épaisseur à donner aux culées dépend aussi de la nature du sol sur lequel elles reposent, et surtout de la résistance plus ou moins grande que présente le terrain sur lequel elles s'appuient. Si les culées se rattachent à un quai, il est bon qu'elles soient à peu près dans le même plan que le parement du quai, afin de ne rétrécir le lit de la rivière par aucune saillie. De même qu'aux piles, on place sur les culées des ARGANEAUX (voy. ce mot), afin de pouvoir s'amarrer au besoin.

Lorsqu'il existe un chemin de hallage sur les berges des cours d'eau, on le fait passer quelquefois à travers la culée au moyen d'une arcade qui n'a que la stricte largeur de ce chemin.

Si le pont est sur une route, on accompagne ordinairement la culée de murs d'épaulement perpendiculaires à l'axe du pont ; des murs en ailes se raccordent en outre avec les murs d'épaulement en formant un angle d'ouverture variable et s'élèvent en talus.

CULÉE D'ARC-BOUTANT, *s. f.* — Fort pilier qui reçoit la retombée d'un arc-boutant d'église. (Voy. CONTRE-FORT, fig., et ARC-BOUTANT.)

CULIÈRE. — Voy. CUILLER.

CULOT, *s. m.* — Ornement de sculpture, point de départ d'où sortent des arabesques, des feuilles d'acanthe, etc. Quand ce mot est synonyme de CUL-DE-LAMPE (voy. ce mot), c'est une espèce de console ou de corbeau surmontée d'un ABAQUE (voy. ce mot) sculpté ou profilé, soutenant la retombée d'un arc-doubleau ou des croix d'augives.

CULOTTE, *s. f.* — Bout de gros tuyau, ordinairement en fonte et quelquefois en plomb, portant sur ses côtés deux ou trois branches pour se joindre à divers embranchements. La

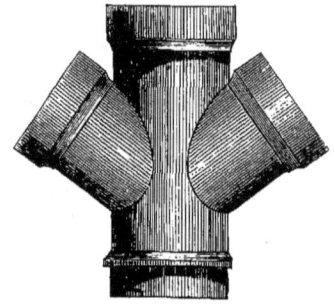

Culotte double en fonte.

culotte double a deux embranchements et quatre ouvertures pour recevoir deux descentes et la cuvette du siége d'aisances. (Voy. notre fig.) — La culotte simple n'a qu'un embranchement.

CUNETTE ou CUVETTE, *s. f.* — Fond d'un canal d'Egout. (Voy. ce mot.) C'est aussi un petit canal pratiqué au fond d'un fossé d'une place forte et suivant l'axe de ce fossé. Souvent la cunette contient de l'eau. Par extension, on a donné ce nom aux petits fossés qui règnent le long des routes entre les arbres qui la bordent; la terre qu'on retire de ces fossés est utilisée pour recharger les Accote-ments. (Voy. ce mot.)

Les terrassiers nomment *cunette* des galeries qu'ils percent dans un massif de terrain à déblayer, afin de pouvoir l'attaquer plus grandement et activer le travail.

CUNEUS, *s. m.* — En français *coin.* — Portion de la précinction d'un théâtre antique, comprise entre deux escaliers donnant accès aux gradins. Son nom lui vient de la forme de coin que lui fait prendre la convergence des escaliers vers le point central. (Voy. Amphithéâtre et Théâtre.)

CURAGE. — Voy. Canal, § *Jurisprudence.*

CURE-MOLE, *s. f.* — Sorte de drague à main employée pour extraire la vase du fond de l'eau.

CURER, *v. a.* — Enlever la vase, le limon, le gravier ou le sable qui se trouvent au fond d'un canal, d'un égout, d'un fossé, d'un puits, etc.

C'est encore approfondir des cunettes, ou nettoyer des fosses d'aisances.

CURVILIGNE, *adj.* — Se dit d'une figure formée de lignes courbes.

CUVE, *s. f.* — Grand baquet en bois ou en cuivre, de forme circulaire ou elliptique, dont le fond est une portion de calotte sphérique ; d'où l'expression : *Emboutir en fond de cuve*, c'est-à-dire arrondir sphériquement une plaque de métal.

CUVE BAPTISMALE. — Voy. Fonts baptismaux.

CUVETTE, *s. f.* — Vase en fonte ou en plomb, placé sous les pierres d'évier, sous les fenêtres ou à côté de celles-ci, et qui sert à recevoir à chaque étage les eaux ménagères qu'y déverse chaque locataire. Les cuvettes ont un tuyau d'embranchement qui aboutit à un tuyau principal de descente. — Les cuvettes, suivant la place qu'elles occupent, se composent de trois pièces; celles qui sont sous les pierres d'évier, ou sous les croisées, com-

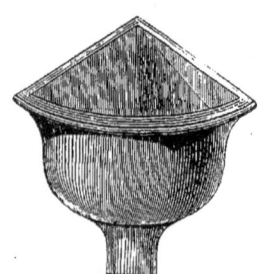

Cuvette d'angle en fonte.

prennent le devant, qui forme la hotte, et une crapaudine, qui empêche les cheveux ou autres détritus contenus dans les eaux d'arriver dans le tuyau et de l'obstruer. Les cuvettes placées en dehors de la fenêtre ont de plus un dossier ou pièce de plomb appliquée contre le mur. Pour l'écoulement des eaux pluviales, on place également des cuvettes à la partie supérieure des tuyaux de descente, au-dessous du dauphin ou orifice d'écoulement des chéneaux ou gouttières. Dans les angles rentrants des bâtiments on place aussi des *cuvettes dites d'angle*. Notre figure en montre un type en fonte unie, mais souvent elles sont ornées.

**CUVETTE D'AISANCES HYDRAULIQUE.** — Système hydraulique que l'on adapte sur les siéges en maçonnerie, pour empêcher l'odeur des fosses d'aisances de pénétrer dans les cabinets et par suite dans les appartements. Il existe de très-nombreux systèmes, l'un des plus répandus et des plus simples est celui qui, en soulevant un anneau pour lever le clapet de la cuvette, envoie une grande masse d'eau par un tuyau qui aboutit au bord supérieur de la cuvette.

**CUVETTE DE JAUGEAGE.** — Voy. JAUGEAGE.

**CYBORIUM.** — Voy. CIBORIUM.

**CYCLOÏDE**, *s. f.* — Courbe produite par l'entière révolution d'un point appartenant à un cercle qui tourne sur un plan.

**CYCLOMÉTRIE**, *s. f.* — Art de mesurer des cercles ou des cycles.

**CYCLOPÉEN, ENNE**, *adj.* — Fait par les Cyclopes, peuple qu'on dit arcadien ou pélasgique. On désigne sous le nom de murs et monuments cyclopéens des constructions archaïques faites avec de très-grosses pierres, de roche dure, taillées en blocs irréguliers à joints incertains et posés à sec et sans ciment. On voit encore des constructions cyclopéennes à Mycènes et à Tyrinthe en Grèce, et dans beaucoup de villes d'Italie, entre autres à Signia. Le qualificatif de *pélasgiques*, appliqué à ces constructions, serait plus exact, car les Pélasges faisaient ainsi les murs de leurs villes. — Voy. PÉLASGIQUES (*Constructions*).

**CYGNE.** — Voy. COL DE CYGNE.

**CYLINDRAGE DES CHAUSSÉES.** — Voy. CYLINDRE et CHAUSSÉE.

**CYLINDRE**, *s. m.* — Corps arrondi, allongé et d'un diamètre égal dans toute sa longueur; il y a des cylindres droits et des cylindres obliques. — En géométrie, le cylindre est une surface décrite par une ligne droite génératrice se mouvant toujours parallèlement à elle-même en s'appuyant sur une circonférence. La droite passant par le centre, et parallèle à la génératrice, se nomme *axe* du cylindre.

C'est aussi un gros rouleau de bois, de pierre, et surtout de fonte, qui sert à écraser ou com-

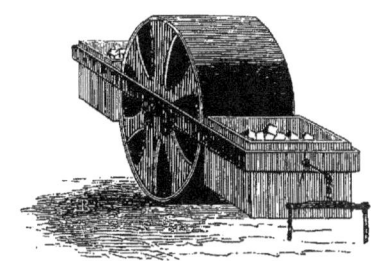

Fig. 1. — Cylindre pour le cylindrage des chaussées d'empierrement.

primer les matériaux employés à l'empierrement des routes. Le cylindre porte de chaque côté deux tourillons qui tournent dans des

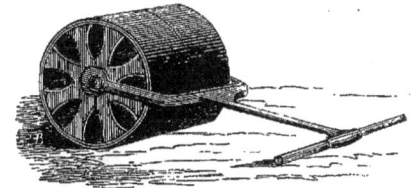

Fig. 2. — Cylindre pour les travaux horticoles.

coussinets fixés à un bâti, auquel on attache des chevaux en nombre plus ou moins considérable, suivant le poids du rouleau ou de la charge qu'il supporte. Notre fig. 1 fait voir un cylindre portant deux caissons qu'on remplit de lourdes pierres. Aujourd'hui, pour les grands travaux de routes et de chaussées, on n'emploie guère que des cylindres mus par la vapeur, d'un poids considérable, qui présentent l'avantage de marcher en avant et en arrière, suivant les nécessités de l'opération. On a fait également (voy. notre fig. 2) de petits rouleaux en fonte pouvant être roulés par un homme qui s'attelle à la flèche du rouleau, qui porte une barre transversale. Ce rouleau est employé pour les allées de jardin et la compression des pelouses et des gazons, ainsi que pour divers autres travaux qu'on exécute dans les jardins.

CYLINDRIQUE, *adj*. — Qui a la forme d'un cylindre. Certaines colonnes sont cylindriques ; d'autre sont fusiformes ; on dit aussi,

machines cylindriques, tambours cylindriques, etc. Les laminoirs portent des rouleaux cylindriques.

CYMAISE, *s. f.* — Moulure composée d'un talon renversé; autrefois le talon lui-même portait le nom de *cymaise*.

C'est aussi une moulure quelconque, placée à hauteur d'appui dans les intérieurs des bâtiments et couronnant le soubassement des parois des murs.

CYMATIFORME, *adj*. — En forme de cymaise.

FIN DU PREMIER VOLUME.

www.ingramcontent.com/pod-product-compliance
Lightning Source LLC
Chambersburg PA
CBHW051339220526
45469CB00001B/26